2021

安吉年鉴

ANJI NIANJIAN

安吉县人民政府地方志编纂室　编

方志出版社
Publishing House of Local Records

图书在版编目(CIP)数据

安吉年鉴.2021/安吉县人民政府地方志编纂室编.
--北京:方志出版社,2022.5
ISBN 978-7-5144-5074-3

Ⅰ.①安… Ⅱ.①安… Ⅲ.①安吉县—2021—年鉴
Ⅳ.①Z525.54

中国版本图书馆CIP数据核字(2021)第275425号

安吉年鉴(2021)

编　　者:安吉县人民政府地方志编纂室
责任编辑:丛　珺

出 版 者:方志出版社
地址　北京市朝阳区潘家园东里9号(国家方志馆4层)
邮编　100021
网址　http://www.zgfzcb.cn
发　　行:方志出版社图书经销中心
电话　(010) 67110500
经　　销:各地新华书店
设计排版:杭州美迪图文设计有限公司
印　　刷:浙江海虹彩色印务有限公司

开　　本:889×1194　1/16
印　　张:34
字　　数:954千字
版　　次:2022年5月第1版　2022年5月第1次印刷
印　　数:0001～1000册

ISBN 978-7-5144-5074-3　　定价:200.00元

○8月15日，“绿水青山就是金山银山”理念提出十五周年理论研讨会在安吉召开，中共浙江省委书记车俊（主席台正中）讲话

○8月15日，全省高水平建设新时代美丽浙江推进大会在安吉余村召开，中共浙江省委副书记、省长袁家军（主席台左五）发布《深化生态文明示范创建 高水平建设新时代美丽浙江规划纲要（2020—2035年）》

○6月10日，深入学习贯彻习近平总书记重要批示精神暨湖州市安吉县推行“导师帮带制”15周年工作研讨会在县内召开

○1月12日，中共安吉县委十四届十次全体（扩大）会议暨经济工作会议召开

○5月27日，安吉县人大主题公园举行开园仪式

○9月15日，安吉县“女委员”工作总室挂牌启用仪式在昌硕街道举行

○12月23日，安吉县创建全国文明城市总结表彰暨推进大会召开

○12月23日，安吉县创建全国文明城市总结表彰暨推进大会上，省委宣传部副部长、省文明办主任卢春中（左）讲话，县委书记、县文明委主任沈铭权（右）主持，并共同为“全国文明城市”奖牌揭牌

○9月16日，昌硕街道决战全国文明城市创建出征仪式在生态广场举行

○志愿者文明交通劝导

○文明交通执勤

○文明创建深入社区

○1月28日，安吉驰援武汉医疗队出发

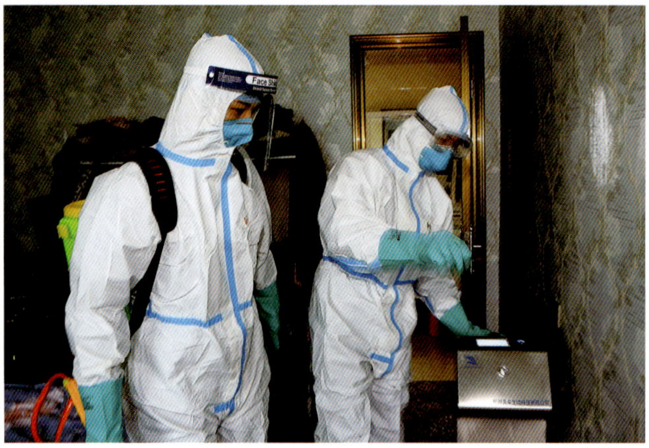

○2月12日，疾控战士在一线

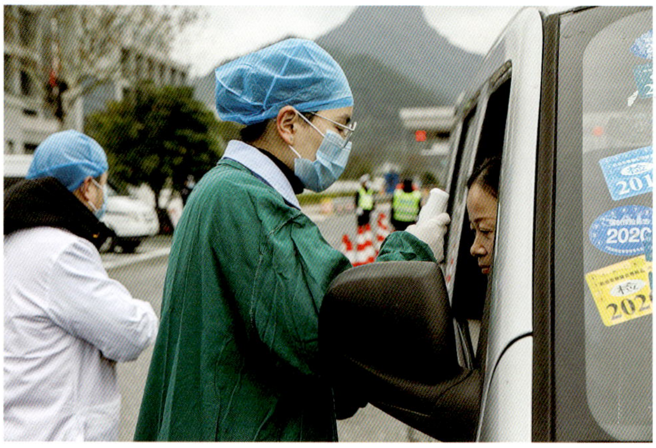

○2月7日，不漏一车一人，严把疫情防控关

○3月31日，浙江省第五批返浙医疗队到安吉休整欢迎仪式举行

○8月20日，市委副书记、市长王纲（前排右二）到安吉专题调研长三角产业合作区规划建设工作

○12月12日，市委常委、县委书记沈铭权（前排中）调研重点交通项目推进工作

12月20日，县长宋波（右二）调研示范区工业项目

9月16日，县人大常委会主任陆为民（前排左一）调研孝丰镇梦山水庄园建设项目

○12月3日，县政协主席赵德清（左二）带队调研政协委员工作室

○11月17日，县委副书记、政法委书记徐卫勇（前排右一）调研鄣吴镇矛盾纠纷调处化解中心

6月28日，商合杭高铁安吉站开通仪式举行

2020年，安吉上港全年集装箱吞吐量32万标箱，位列全省第一

○3月5日，全县经济发展攻坚动员大会在县行政中心召开

○7月30日，国家安吉竹产业示范园区开园开工仪式在孝丰镇举行

○2月5日，浙江东方基因生物制品股份有限公司在上交所科创板上市，成为湖州市首家科创板上市企业

○5月28日，2020区域经济——稳外贸与区域经济协调性高质量发展大会召开

○7月17日，2020年度长三角县域绿色发展峰会在安吉召开

○10月24日，2020新时代两山试验区·安吉县第十三届投资贸易人才洽谈会举行

○10月16日，2020年“世界粮食日”和全国粮食安全宣传周主会场活动在厦门举行，安吉县县长宋波（左前一）参加全国粮食安全教育基地授牌仪式

○12月1日，浙江省第十七届林业科技周活动启动仪式在安吉举行

○7月10日，浙江宇翔职业技术学院正式建校揭牌仪式暨党委成立大会举行

○11月6日，2020绿色发展科技创新大会在安吉召开

○9月25日，程昕东先生典藏艺术作品与图书捐赠仪式在安吉图书馆举行

○9月4—5日，第三届中国医疗器械创新创业大赛体外诊断（IVD）产品类复赛暨中国·安吉体外诊断产品类创新大赛举行

○8月19日，安吉县加快国家全域旅游示范区高质量发展大会召开

○3月10日，浙江省2020年文化和旅游重大项目集中开工（主会场）暨安吉白茶小镇开工奠基仪式举行

○5月18日，浙江安心游“零零联盟”成立暨万人自驾游浙江携程复兴V计划启动仪式在竹博园景区举行

○8月1日，荣耀天空之城开业

○11月7日，2020中国·安吉"云上草原杯"全国山地户外运动多项赛举行

○11月27日，2020长三角体育社团发展高峰论坛在安吉举行

○12月13日，安吉选手马澳龙（左一）获得中华人民共和国第一届技能大赛"管道与制暖"赛项银牌，并被授予"全国技术能手"称号

10月15日，浙江省殡葬工作现场会在安吉召开

12月11日，2020·长三角生态寺院建设现场会在安吉召开

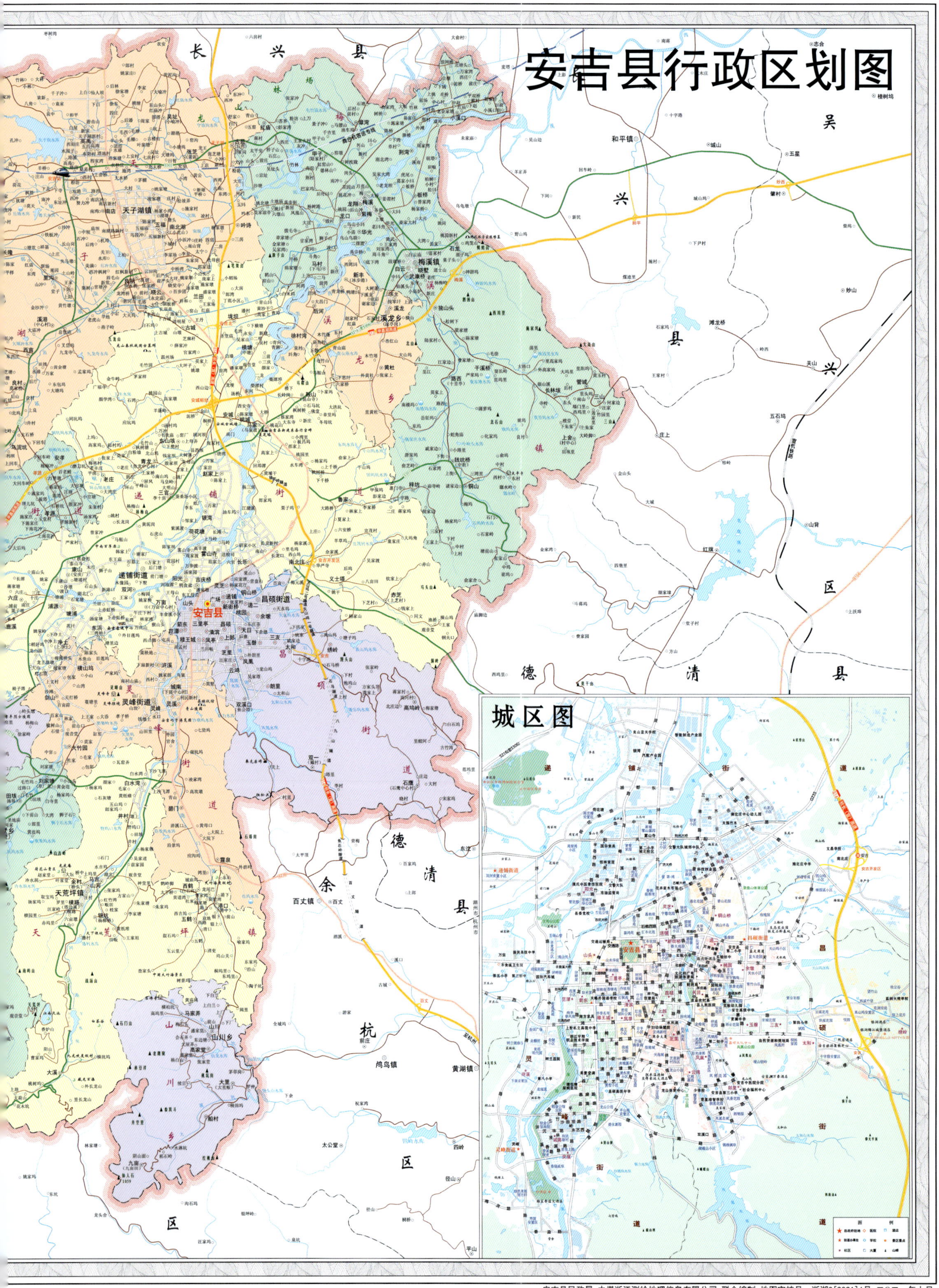

安吉县民政局 中煤浙江测绘地理信息有限公司 联合编制 地图审核号：浙湖S[2021]6号 二〇二一年十月

安吉县村（社区）标准名称一览表

序号	乡镇（街道）	行政村（168）	社区（47）
1	**递铺街道**	双河、赤芝、三官、银湾、老庄、青龙、六庄、康山、安城、兰田、古城、垅坝、横塘、马家、鞍山、万亩、雾山寺、东山垓、荷花塘、鹤鹿溪、赵家上、吉庆桥、南北庄、鲁家、义士塔、（25个）	长乐、塘浦、东浜、净土、阳光、浦源、桃城（7个）
2	**昌硕街道**	双一、双溪口、高坞岭、石鹰（4个）	上郎、递二、余墩、递铺、山头、绣岭、范潭、芝里、三友、朗里、天目、玉磬、凤凰、云鸿、广场、凤亭、清滨、箭东、昌硕、桃园、灵芝、太和、新街桥、铜山桥、三里亭、穆王城（26个）
3	**灵峰街道**	碧门、霞泉、横山坞、剑山、灵峰、大竹园（6个）	城南、浒溪、灵溪（3个）
4	**孝源街道**	皈山场、孝源、观音桥、尚书干 、洛四房（5 个）	安孝（1个）
5	**梅溪镇**	马村、龙口、红庙、甲子、梅溪、荆湾、章湾、板桥、华光、石龙、三山、管城、上舍、路西、铜山、梓坊、武康桥、小溪口、独山头、长林垓、钱坑桥、干溪桥（22个）	白云、龙翔、紫梅、晓墅（4个）
6	**溪龙乡**	溪龙、徐村湾、后河、新丰、黄杜（5个）	
7	**天子湖镇**	高禹、高庄、余石、吴址、吟诗、古苑、张芝、南店、五福，良朋、里沟、溪港、晓云、长隆、西亩、良村、乌泥坑、受荣、迂迢、南北湖（20个）	
8	**鄣吴镇**	鄣吴、玉华、景坞、民乐、上吴、上堡（6个）	
9	**杭垓镇**	杭垓、松坑、桐杭、唐舍、尚梅、磻溪、文岱、桐坑、杭河、岭西、高村、姚村、吴村、缫舍、大坑、七管、和村、新上塘（18个）	
10	**孝丰镇**	狮古桥、潴口溪、横溪坞、赤坞、白杨、夏阳、赋石、新村、竹根前、大竹竿、大河、老石坎、下汤、横柏、溪南（15个）	三眼井、北街、南台、孝丰、城东、城北（6 个）
11	**报福镇**	报福、汤口、上张、中张、洪家、石岭、景溪、彭湖、深溪坞、统里（10个）	
12	**章村镇**	章村、长潭、河垓、郎村、浮塘、高山、章里、茅山（8个）	
13	**上墅乡**	刘家塘、田垓、上墅、罗村、施阮、龙王、董岭（7个）	
14	**天荒坪镇**	山河、井村、马吉、余村、银坑、横路、大溪、西鹤、白水湾、港口、五鹤（11个）	
15	**山川乡**	山川、高家堂、马家弄、大里、船村、九亩（6个）	

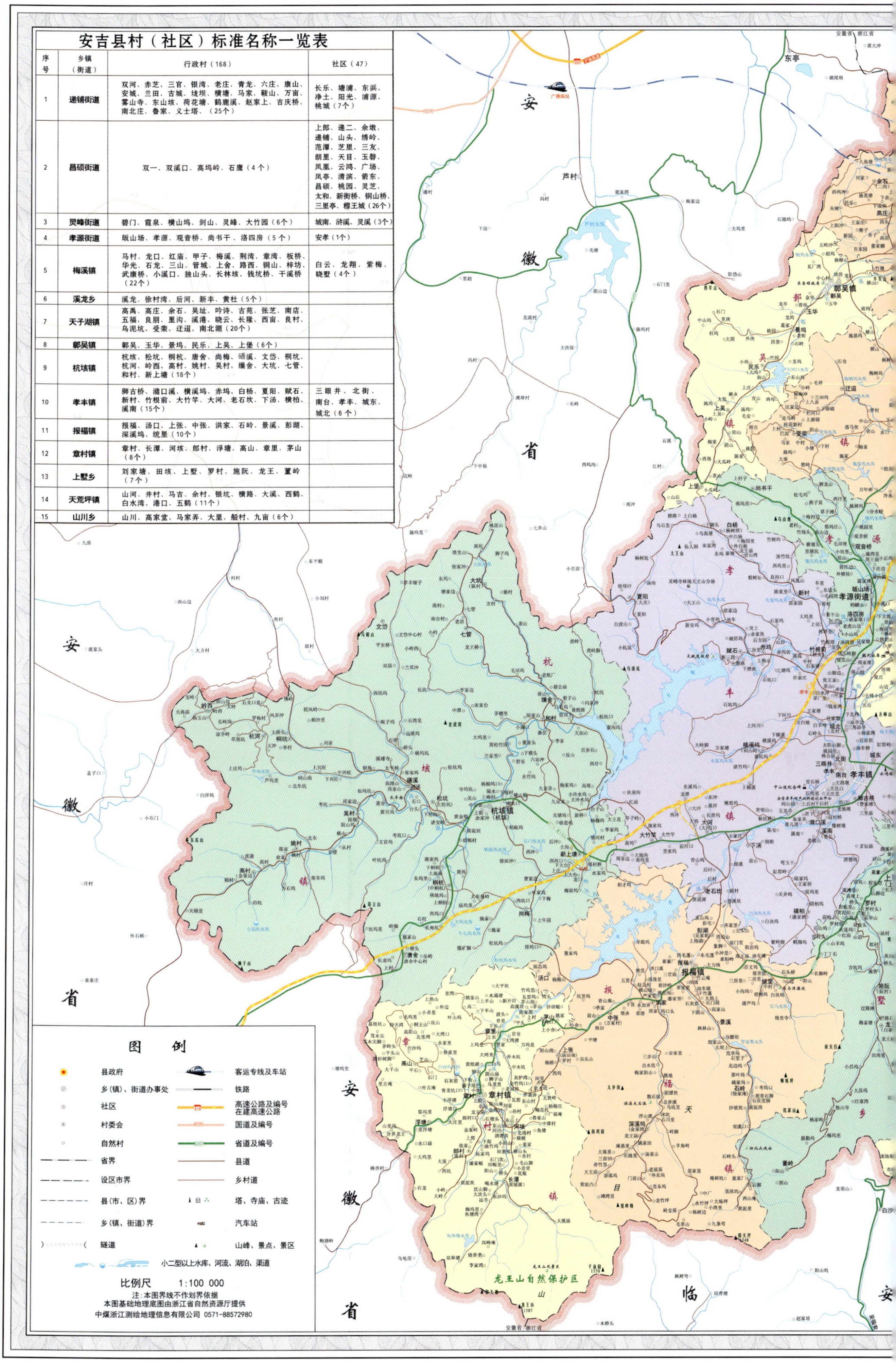

编辑说明

一、本年鉴以马克思列宁主义、毛泽东思想、邓小平理论、“三个代表”重要思想、科学发展观、习近平新时代中国特色社会主义思想为指导，坚持辩证唯物主义和历史唯物主义的立场、观点和方法，全面系统地逐年记载安吉县政治、经济、文化、社会的基本面貌和发展状况。

二、本年鉴记载时间为2020年1月1日至12月31日。

三、本年鉴分为特载、专记、大事记、县情概览、政治、基础设施、经济、教科文卫、社会生活、名录、乡镇街道11个类目，采取类目—分目—次分目—条目四级框架结构，个别内容较复杂的在次分目下增设三级分目。

四、本年鉴所采用的稿件，均由有关单位专人撰写或提供，并经供稿单位领导把关，县保密局作保密审查。凡涉及县内国民经济和社会发展全局性的数据，以县统计局统计为准，统计局未作统计的，由各业务部门提供。个别数据因资料来源和统计口径各不相同，而不尽一致。

五、本年鉴所采用的图片由县新闻集团及各相关单位提供，不单独标注摄影者和供稿者信息。

《安吉年鉴》编辑部

主　　编　杨　盛

副 主 编　查道胜　唐银荣

责任主编　徐基本

责任编辑　鲍根贵　李　凌　毛丽云

编辑人员　梅　松　胡江伟　张　倩　吕琳榄

封面摄影　潘学康

特　载

专　记

大 事 记

县情概览

政　　治

基础设施

经　济

教科文卫

社会生活

名　录

乡镇街道

索　引

Contents

Infrastructure

Economy

Education, Science and Technology, Culture and Health

Social Life

Directory

Towns and Streets

Indexes

忠实践行绿水青山就是金山银山理念
全面深化中国最美县域建设
全力争当社会主义现代化先行示范县

——在县委十四届十次全体(扩大)会议暨经济工作会议上的报告

(2021年1月12日)

中共湖州市委常委、安吉县委书记　沈铭权

各位委员、同志们：

这次会议的主要任务是：高举习近平新时代中国特色社会主义思想伟大旗帜，认真贯彻党的十九大和十九届二中、三中、四中、五中全会及中央经济工作会议精神，深入贯彻习近平总书记视察浙江、安吉重要指示精神，全面落实省委十四届八次全会、市委八届十次全会和省市委经济工作会议部署要求，听取县委常委会工作报告，审议通过《中共安吉县委关于制定安吉县国民经济和社会发展第十四个五年规划和二〇三五年远景目标的建议》《中共安吉县委关于更高水平建设全国文明城市的决定》，进一步动员全县上下忠实践行绿水青山就是金山银山理念，全面深化中国最美县域建设，全力争当社会主义现代化先行示范县。

下面，我代表县委常委会讲四个方面：

一、奋勇争先，决战决胜，顺利收官“十三五”

刚刚过去的2020年，是极不平凡、极有意义的一年。面对国际国内形势的深刻复杂变化，特别是突如其来的新冠肺炎疫情，县委常委会团结带领全县上下坚决贯彻落实党中央、省市委决策部署，紧紧围绕奋力打造“重要窗口”县域样本，努力成为新时代美丽中国县域窗口，深入实施“一〇三六”改革发展工作部署，全面落实“六稳”“六保”任务，全力打好“十三五”收官战。2020年，全县财政总收入100.1亿元，增长11.1%，其中一般公共预算收入59.8亿元，增长11.6%；预计：地区生产总值达490亿元，增长3.5%，城乡居民人均可支配收入分别增长4.5%和6.5%。一年来的具体工作和成效主要体现在以下六方面：

第一，始终牢记谆谆嘱托，坚决扛起使命担当。去年春天，习近平总书记时隔15年再次亲临安吉视察，对各方面给予充分肯定，赋予“再接再厉、顺势而为、乘胜前进”的新指示新期望。县委常委会始终牢记安吉作为绿水青山就是金山银山理念诞生地的使命担当，第一时间组织学习、周密部署，推动习近平总书记重要指示批示精神在安吉落地生根、开花结果。提高站位，深刻领会。把学深悟透习近平总书记重要指示批示精神作为首要政治责任，召开县委常委会会议、县委理论学习中心组学习会、工作部署会，重走总书记视察安吉之路，组织“万名党员进党校”，开展宣讲300多场次，营造了学思用贯通、知信行合一的浓厚氛围。系统谋划，科学部署。坚决把习近平总书记重要指示批示精神贯彻到全局，不断增强“窗口”意识，坚决扛起“窗口”担当，紧密结合新时代浙江(安吉)县域践行“两山”理念综合改革创新试验区建设，明确5方面23条52项贯彻举措，聚力打造“五大美丽事业”县域窗口。协同推进，高效落实。把习近平总书记的重要指示批示精神作为建设“重要窗口”的根本指引，对标对表、挂图作战、聚力攻坚，切实增强“两个维护”的政治定力和政治能力。一年来，“导师帮带制”持续深化；社会矛盾纠纷调处化解中心实现县乡村三级全覆盖，创新设立每月30日为领导干部集中下访日，矛盾纠纷调处化解率达97%以上；余村“两山”示范区建设全面推进，“1+1+4”组团发展格局初步形成；长龙山抽水蓄能电站加快建设，首台机组进入总装阶段；“白叶一号”产业帮扶助力三省五县贫困人口增收致富，并入选省精准扶贫十大案例，习近平总书记关心关注的一批重点事项得到有效落实。

第二，科学统筹化危为机，大战大考取得双赢。县委常委会坚持把人民生命健康放在第一位，下好先手棋、打好主动仗，一手抓疫情防控，一手抓复工复产，经济运行迅速回稳向好。慎终如始守好净土。面对突如其来的新冠疫情，县委常委会团结带领全县人民心往一处想、劲往一处使，做到见势早、行动快、管控实，第一时间启动重大突发公共卫生事件一级响应，高效运行“1办7组”防疫指挥体系，“天使白”“橄榄绿”“守护蓝”“志愿红”闻令而动、迅速集结，快速落实“源头查控+硬核隔离+精密智控”机制，精准运用“大数据分析+网格化排摸”，实行闭环管理，守住“中小门”，保持“零确诊”“零疑似”。多措并举惠企暖企。高效推进“三服务”活动，聚焦开复工、聚力破“五未”，出台“安十条”等惠企政策，创新推出“复工导师团”“招商员+推销员”“就业直通车”“共享员工”“云上招聘”，全面落实“五减”“两直”政策，推出“抗疫专项贷”等金融产品，累计解决企业实际困难和问题2万多个，减免各类税费24.3亿元，及时办理出口退税25.7亿元，全县新增各项贷款166.4亿元，其中新增企业类贷款91.9亿元。争先创优赢得先机。全面实施“五大攻坚行动”，大力开展“夜光会战”“机器换人”，全县规上工业增加值增长8%，增幅居全市第一，亿元以上项目新签约143个、开工入库106个、竣工60个，安吉白茶连续十一年跻身区域公用品牌价值全国十强，旅游业增加值达50.7亿元，恢复到2019年同期水平。全职引进中国社会科学院学部委员王巍，惠嘉生物入选省领军型创新团队。商合杭高铁安吉站开通运营，申嘉湖高速孝源至唐舍段、304省道矮部里至南北庄段、长湖申航道西延等项目快速推进。获评全省“争先创优”行动第三季度出口领域“最佳实践”案例。

第三，持续擦亮绿色品牌，美丽事业绽放精彩。县委常委会坚持以习近平生态文明思想为引领，推动生态品质不断提升，转化通道持续拓宽。绿色品牌更加响亮。全面展示绿水青山就是金山银山理念实践成果、制度成果、理论成果，承办“绿水青山就是金山银山”理念提出十五周年理论研讨会、高水平建设新时代美丽浙江推进大会等省级以上高规格会议活动15项，《人民日报》、新华社、中央广播电视总台等中央主流媒体报道新时代“两山”试验区建设等经验做法1935篇。美丽底色更显靓丽。聚力推进蓝天、碧水、净土、清废四大行动，科学编制并发布“三线一单”，加快“污水零直排区”“无废城市”建设，空气优良率达94.5%，臭氧改善幅度全省第一，三夺全省五水共治“大禹鼎”，一般工业固废综合利用率、危险固废无害化处理率达99%以上。改革发展成果丰硕。扎实推进新时代“两山”试验区建设，全国率先探索农业“标准地”、旅游“标准地”改革，持续打好低效企业出清、“五未”土地处置等组合拳，预计全年规上工业亩均税收21万元，同比提升15%，安吉县全域旅游、“两山银行”、“导师帮带制”等7项改革经验入选省《领跑者》《竞跑者》，《“两山”理念指引下的安吉美丽县域综合改革创新》获评全省改革创新特别贡献案例。

第四，全力攻坚文明创建，城乡面貌焕然一新。县委常委会坚持创建为民、创建靠民、创建惠民，推动美丽形象持续提升、文明内涵不断丰富，全国文明城市首创首成、高位创成。城乡环境大幅改善。聚力攻坚老旧无物业小区、背街小巷、专业市场、城郊接合部等重点区域，深入开展小城镇环境综合整治、人居环境百日提升等专项行动，创新推出“潮汐停车位”、机关企事业单位定时开放免费停车等惠民举措，“牛皮癣”“五线乱拉”等难点问题有效解决。“四美”共建有力有效。持续深化优雅竹城建设，大力推进走通递铺港工程、走通浒溪工程，浙江自然博物院安吉馆工程荣获“鲁班奖”。天荒坪镇获评美丽城镇建设省级样板。高标准开展“三村示范”创建，新增美丽乡村精品示范村7个、经营示范村10个，创成省善治示范村21个。加快打造美丽园区，开发区入选国家级绿色工业园区。获评全省大花园典型示范建设唯一优秀县。文明新风引领风尚。大力弘扬社会主义核心价值观，新时代文明实践中心建设深入推进，“光盘”行动、公筷公勺逐渐成为习惯，礼让行人、对标停车深入人心。

第五，共建共享全面小康，民生福祉不断提升。县委常委会坚持把人民对美好生活的向往作为奋斗目标，抓好“关键小事”，办好民生实事，人民群众的获得感、幸福感、安全感不断增强。社会事业扎实推进。坚持教育事业优先发展，“安吉游戏”品牌更加响亮，高考一段上线人数七年连增，浙江宇翔职业技术学院正式纳入全国普通高校序列。加快推进“健康安吉”建设，爱国卫生运动广泛开展，“三医”联动深入推进，实现与长三角地区就医双向互通。社会保障持续加强。千方百计稳定和扩大就业，新增城镇就业2.9万人，城镇登记失业率控制在1.5%以内，基本医疗、养老参保率分别达99.8%和98.9%。兜底帮扶不断优化，在册困难群众“一对一”结对实现全覆盖。社会治理成效明显。持续深化新时代乡村治理“余村经验”，“法治安吉”“平安安吉”建设不断深化，“七五”普法圆满收官，扫黑除恶专项斗争纵深推进，安全生产事故、死亡人数分别下降37.8%和33.3%，平安建设实现十五连冠。

第六，纵深推进全面从严治党，党的建设切实加强。县委常委会坚持从严从实抓党建，全域推进“美丽党建”强基行动，着力锻造忠诚干净担当的干部队伍。思想引领持续深化。建立健全“不忘初心、牢记使命”长效机制，组织开展“坚定‘两山’路、奋斗新时代”主题活动，牢牢把握意识形态工作主动权，充分运用“最美县域大讲堂”“青干学堂”等各类载体，开展轮训310批次，培训党员干部3万多人次，推动学习贯彻习近平新时代中国特色社会主义思想往深里走、往实里走、往心里走。基层基础持续夯实。围绕“越换越好、越换越强，平稳有序、风清气正”目标，高质量完成208个村（社区）组织换届工作，村（社区）干部年龄、学历、结构实现“三个优化”。高质量完成农村发展党员违规违纪排查整顿全省试点工作。深入实施“双创双全”组织力提升工程，全面开展“红智引擎、四季争先”主题活动，各领域党的组织建设不断提升。队伍建设持续加强。完善干部日常管理考核机制，激励党员干部深入一线作战锤炼，重实干重实绩的用人导向更加鲜明。坚持严管厚爱相结合，为9名受到不实信访举报的党员干部澄清正名，“两个担当”氛围更加浓厚。政治生态持续优化。建立健全“四责协同”机制，统筹推进“四个全覆盖”，不断加大正风肃纪力度，落实完成省委巡视整改，“清廉安吉”建设取得新成效。2020年11月9日，中央政治局常委、中纪委书记赵乐际在安吉调研时，对推进清廉建设、推动全面从严治党向基层延伸等各方面工作给予充分肯定。

与此同时，县委常委会大力支持县人大及其常委会、县政府、县政协、县监委和法检两院积极履行职能，切实强化党管武装，加强和改进新形势下统战工作，工会、共青团、妇联、科协、残联、慈善、红十字会、老干部、关心下一代、退役军人等工作取得新进展。

同志们，过去的一年，遇到的困难比预想的多得多，取得的成绩比预期的好得多。把绿水青山就是金山银山理念诞生地的崇高使命，转化为前行动力、比拼激情、担当作为，在改革中加压奋进，在发展中砥砺前行，迎来了一次又一次振奋人心的历史时刻，在极不平凡的一年里取得了极不平凡的成绩，实现了“十三五”顺利收官。平凡铸就伟大，英雄来自人民。每个人都了不起！向所有的奋斗者、实干家致敬！向所有平凡的英雄致敬！

回顾“十三五”，习近平总书记对安吉的关心关爱，为我们奋斗前行注入了最强劲的动力，始终指引激励着全县党员干部群众坚定不移践行绿水青山就是金山银山理念，紧紧围绕“两聚一美”发展大局，全面开启新时代“两山”试验区建设，奋力推动我县“十三五”时期经济社会发展实现了新的跨越。

“十三五”时期，安吉县赶超动能越来越强，综合实力迈上新台阶。安吉县先后连续两年入选“两山”发展百强县第1名，县域经济综合竞争力百强县第51名，成为创新百强县，获评国家新型工业示范基地、国家绿色工业园区，进入浙江省工业大县行列。与“十二五”期末相比，全县地区生产总值从324亿元增加到490亿元，三次产业比从8.1：49.2：42.7调整到5.5：44.5：50，财政总收入从55.7亿元增加到100.1亿元，首次突破百亿元，一般公共预算收入从33亿元增加到59.8亿元。全社会研发经费投入、高新技术企业实现翻番，入选首批国家创新型县，国家级创新平台、“金牛”“金象”企业、科创板上市企业实现零突破，累计实现企业上市5家，规上工业企业从390家增加到520多家，引进落地亿元以上项目182个，全县规上工业亩均税收年均增长14.8%。农业农村现代化综合发展水平走在全省前列。

“十三五”时期，安吉县城乡面貌越来越美，融合发展进入新阶段。安吉县成功入选首批国家全域旅游示范区，连续两年荣获全国旅游综合实力百强县第1名，全省大花园典型示范建设连续两年获省政府督查激励。国家城乡融合试验区建设扎实推进，山头、驿站西侧等8个区块城中村遗留问题全面清零，“一环七纵七横”城市路网基本形成，累计建成县域绿道网265.3公里，浙江自然博物院安吉馆、新图书馆等一批地标性工程相继建成使用。获评小城镇环境综合整治全省优秀单位，12个整治点成为省级样板。《安吉县践行“两山”理念推进美丽乡村建设》成为全国十大改革案例，新增美丽乡村精品示范村62个、经营示范村25个、治理示范村5个，创成省善治示范村55个，A级景区村庄实现行政村全覆盖，村均集体经营性收入增长180.3%。

“十三五”时期，安吉县生态品质越来越优，全域美丽开辟新境界。安吉县先后荣获首批中国生态文明奖、全国生态文明建设示范县、全国文明城市，入选全国首批“两山”理论实践创新基地。发布全国首个《美丽县域建设指南》地方标准，创新实施生态补偿等制度，持续深化生态文明“集中推进日”活动，严格落实中央环保督察整改工作。地表水、饮用水、出境水达标率始终保持“三个100%”，空气优良率稳居全市第一，垃圾分类、绿色出行、禁燃禁放、文明圈养、绿色殡葬等成为新时尚。

“十三五”时期，安吉县开放步伐越来越快，合作共赢打开新局面。安吉县连年入选中国营商环境百强县和全国投资潜力百强县，发布全国首个《县域营商环境评价准则》。进出口总额从“十二五”期末的161.6亿元增加到340亿元，连续十二年保持全市第一。“公铁水空”立体交通网全面构建，“一纵一横”高速路网初步形成，首条高铁建成通车，上港码头年集装箱吞吐量突破32万标箱，居全省内河港口第一位，天子湖通用机场启用运营。创新监地融合发展，启动建设长三角产业合作区，“白叶一号”产业帮扶成为东西部合作重要典范。

“十三五”时期，安吉县群众生活越来越好，民生福祉达到新水平。安吉县获评全国平安建设先进县，夺得全省首批“一星平安金鼎”。每年新增财力的三分之二投入民生领域，全省率先实现13项公共服务全覆盖，学前教育享誉国际，基础教育稳步提升，职业教育取得世界级荣誉，本土全日制普通高校实现零突破。公立医院综合改革、县域医共体建设走在全省前列。城镇登记失业率逐年下降，住房、医疗、救助、养老等保障体系更加完善，城乡居民收入比预计由1.93：1缩小到1.68：1。县域治理持续优化，基层治理网格更加健全，和谐稳定社会局面不断巩固。

同志们，五年的拼搏、发展和成就，是习近平新时代中国特色社会主义思想正确指引的结果，是党中央和省市委坚强领导的结果，是全县上下共同努力的结果，凝聚了广大党员干部群众的心血和汗水。在此，我代表县委常委会，向大家表示衷心的感谢和诚挚的敬意！

在肯定成绩的同时，我们也要清醒看到经济社会发展中还存在一些薄弱环节和短板，主要是：经济总量还偏小，经济发展中结构性、素质性矛盾依然存在，产业发展质效有待提高，县域创新能力有待增强；城乡发展还存在不平衡，城乡建设的品质和精细化管理水平还有待提升；公共服务供给仍有短板，教育资源、医疗水平、公共文化设施等与人民群众的需求还存在一定差距；干部队伍综合素质还需进一步提升，服务能力、行政效率还有待提高，等等。对于这些问题，必须高度重视，认真研究，切实加以改进。

二、站位全局，科学定位，系统谋划“十四五”

党的十九届五中全会是在我国进入新发展阶段、实现中华民族伟大复兴关键时期召开的一次具有里程碑意义的重要会议，为夺取全面建设社会主义现代化国家新胜利提供了科学指南。省委十四届八次全会围绕忠实践行“八八战略”、奋力打造“重要窗口”，向全省发出争创社会主义现代化先行省的动员令，吹响了向第二个百年奋斗目标进军的冲锋号。市委八届十次全会提出加快打造“重要窗口”示范样本，奋勇争当社会主义现代化先行省排头兵的明确目标。县委常委会认为，要贯彻落实好中央、省市委全会精神，必须审时度势、科学研判，清醒认识“十四五”时期安吉所处的历史方位和肩负的历史使命，牢牢把握新一轮发展主动权。

*未来五年，是安吉高质量绿色发展的“加速期”。*党的十九届五中全会提出，坚持以推动高质量发展为主题，作出实现碳达峰、碳中和的重大决策，低碳绿色成为时代潮流。习近平总书记考察浙江时，明确要求浙江生态文明建设要先行示范，省委提出要加快建成美丽中国先行示范区。随着全省“四大”建设、三大科创高地建设的深入推进，安吉作为绿水青山就是金山银山理念诞生地，正迎来生态优势、先发优势转化为赶超胜势的大好时期，为加快产业生态化、生态产业化，打造全产业美丽经济，创造了良好的时代机遇。

*未来五年，是安吉融入重大战略的“窗口期”。*进入新发展阶段，中央作出构建新发展格局的重大战略部署，省委提出要努力打造国内大循环的战略支点、国内国际双循环的战略枢纽。随着“一带一路”建设、长江经济带发展、长三角一体化发展、G60科创走廊建设、杭州城西科创大走廊建设等国家、省重大战略交汇叠加，安吉作为融杭接沪、联通苏皖的重要节点，服务构建新发展格局具有交通物流便利、对外贸易活跃、营商环境优越等有利条件，借势发展、借力发展的空间将更为广阔。

*未来五年，是安吉城乡融合发展的“深化期”。*党的十九届五中全会提出要推进以人为核心的新型城镇化，省委强调要统筹推进新型城镇化和乡村振兴，推动以县城为重要载体的城镇化建设，推进县域经济向城市经济升级。安吉作为美丽乡村发源地，城乡融合发展的基础扎实，中国最美县域建设深入人心。进入新发展阶段，要坚持把续写好美丽事业新篇章作为贯彻落实习近平总书记重要指示精神的核心要义，在提升城乡协调发展水平上保持先行，形成更多经验，提供更多案例。

*未来五年，是安吉改革系统集成的“攻坚期”。*习近平总书记在浙江工作时提出“发展出题目，改革做文章”，省委提出要发挥改革的突破和先导作用，依靠改革应对变局、开拓新局，努力使改革成为“重要窗口”最鲜明特质。“十四五”时期，安吉要争当全省“重要窗口”县域样本，必须用好改革关键一招，以新时代“两山”试验区为重要战略支撑，在“全面”上谋划、在“深化”上发力，集中各方面各领域的智慧和经验，集成一批标志性、特色性改革成果，为加快推进社会主义现代化建设多探路、多闯关、多破题。

*未来五年，是安吉县域治理现代化的“迭代期”。*省委提出要构建党建统领的整体智治体系，全面建成“整体智治、唯实惟先”的现代政府，发挥数据推进政府治理体系和治理能力现代化的重要作用，推动治理平台、治理举措迭代升级。数字赋能社会治理，是加快形成“县乡一体、条抓块统”整体治理格局的关键内容，是更高水平深化基层治理的重要路径。要加快运用数字技术，搭建高效协同的智治平台，通过数据共享、流程再造，有序推动治理模式转型，走出一条与数字变革相适应的县域治理现代化新路子。

基于以上分析研判,对照省委"争创社会主义现代化先行省"的目标任务,对标市委常委会对安吉县提出"一个目标、三个坚定不移、五个时代样板"的定位要求,县委常委会认为,安吉县肩负着习近平总书记赋予的新指示新期望,必须扛起新使命新担当,忠实践行绿水青山就是金山银山理念,更高质量建设新时代"两山"试验区,更高水平建设全国文明城市,更高品质建设中国最美县域,奋力打造"重要窗口"县域样本、努力成为新时代美丽中国县域窗口,全力争当社会主义现代化先行示范县。

"十四五"时期,要加快实现"五个现代化走在前列":

——高质量发展现代化走在前列。在质量效益明显提升的基础上,实现经济持续健康较快发展。全县地区生产总值年均增速高于全省 1 个百分点以上,力争达到 700 亿元,人均地区生产总值接近 2 万美元,一般公共预算收入突破 100 亿元,全社会研发经费投入占地区生产总值比重达到 3.6%,争当新时代全国绿色发展标杆。

——生态文明现代化走在前列。生态产品供给能力、资源能源开发利用效率大幅提高,碳排放总量和主要污染物排放总量控制保持先进水平,空气质量优良率稳定保持在 92%以上,地表水水质持续稳定在Ⅱ类以上,生态系统生产总值(GEP)年均增长达到 2%,争当新时代美丽中国县域窗口。

——城乡融合现代化走在前列。全县城乡居民权益平等化、城乡公共服务均等化、城乡居民收入均衡化、城乡要素配置合理化及城乡产业发展融合化水平明显提升,新型城镇化质量显著提高,常住人口城镇化率达到 72%,美丽乡村提档升级,争当新时代全国城乡融合样板。

——县域治理现代化走在前列。县域治理体系和治理能力现代化取得重大成果,"整体智治、唯实惟先"的现代政府基本建成,"平安安吉""法治安吉"建设取得显著成效,形成共商共治共建共享的社会治理格局,争当新时代全国县域治理典范。

——共同富裕现代化走在前列。居民收入水平与经济发展基本保持同步,城乡居民收入比缩小到 1.65∶1,人民群众全生命周期需求普遍得到更高水平满足,教育、文化、医疗、养老等公共服务均等化率先实现,全覆盖可持续的社会保障体系更加完善,争当新时代美好生活向往地。

安吉县要完成新发展阶段肩负的新使命,必须坚持战略、战术、战法有机统一,扬长补短争创新优势,切实把握好以下基本要求:

——坚持绿色引领。始终将绿水青山就是金山银山理念贯穿到经济社会发展全过程各领域,全面加快"绿水青山"向"金山银山"高效转化,全力推动"金山银山"更好反哺"绿水青山",不断赋予绿水青山就是金山银山实践新内涵,让绿色成为安吉发展最动人的色彩。

——坚持改革创新。牢固树立创新思维,进一步深化改革,破除体制机制障碍,充分释放创新活力,大力推进科技创新、制度创新,持续增强高质量发展的动力和活力,让改革创新成为安吉发展的强劲引擎。

——坚持开放融入。主动融入和服务构建新发展格局,更大范围、更宽领域、更深层次融入国家、省重大战略,更好实现借梯登高、借船出海、借力发展,让开放成为安吉发展的鲜明特质。

——坚持数字赋能。坚持把数字赋能作为基础性、战略性任务,切实以数字化引领、撬动各领域各方面改革,用"数字"为经济赋能、为发展提质、为治理增效,让数字成为安吉发展的强大动能。

——坚持系统观念。进一步提升全局观、增强发展观、树立正确政绩观,持续把绿水青山就是金山银山理念蕴含的优势论、奋斗论、为民论,更好地转化为系统整体推进中国最美县域建设和争当社会主义现代化先行示范县的强大动力,做到全局与局部相统一,当前与未来相协调,整体推进和重点突破相衔接,让系统观念成为安吉发展的普遍共识。

这次提交全会审议的《中共安吉县委关于制定安吉县国民经济和社会发展第十四个五年规划和二〇三五年远景目标的建议》,紧紧围绕中央、省市委的决策部署,立足安吉实际,提出了"十四五"时期安吉县发展的总体要求、主要目标、重大任务、重要举措和二〇三五年的远景目标,对于指导安吉县"十四五"规划纲要编制、引领未来经济社会发展,具有十分重要的意义。希望大家认真讨论、集思广益,共同把这个文件完善好,使之更加符合安吉发展的实际,更加符合全县人民的意愿，成为引领安吉改革发展的总纲领。

三、激情奋战，创优创强，全力开局“十四五”

2021年是中国共产党成立100周年，是全面建设社会主义现代化的起步之年，是“十四五”开局之年。五年看头年，开局是关键。2021年工作总体要求是：高举习近平新时代中国特色社会主义思想伟大旗帜，深入贯彻习近平总书记视察浙江、安吉重要指示精神，全面贯彻党的十九大和中央省市委全会及经济工作会议精神，按照省委“忠实践行‘八八战略’、奋力打造‘重要窗口’，争当社会主义现代化先行省”和市委“一四六十”工作体系部署要求，始终忠实践行绿水青山就是金山银山理念，持续深化“一〇三六”改革发展工作部署，大力实施“人才科技聚能、数字赋能突破、现代产业提质、企业培大育强、乡村振兴先导、开放融入升级、文明城市提档、生态环境提标、幸福民生提升、县域治理创新”十大工程，深入开展“改革集成攻坚、双进双产比拼、营商环境优化”三大行动，不断完善“高质量绿色发展、高标准生态保护、高水平开放合作、一体化城乡融合、市场化要素配置、现代化县域治理”六大机制，更高质量建设新时代“两山”试验区，更高水平建设全国文明城市，更高品质建设中国最美县域，奋力打造“重要窗口”县域样本、努力成为新时代美丽中国县域窗口，为全力争当社会主义现代化先行示范县开好局、起好步，以优异成绩庆祝建党100周年。2021年的主要预期目标为：全县地区生产总值增长8.5%；财政总收入和一般公共预算收入均增长10%以上；城乡居民人均可支配收入分别增长8%和9%。具体做好以下六方面工作：

（一）坚持科技引领，着力推进创新型县建设。大力实施人才科技聚能工程，努力打造创新主体“集结地”、科技人才“蓄水池”，积极构建“热带雨林”式的创新生态，让创新成为高质量赶超发展的强力引擎。

不断增强创新能力。强化企业创新主体地位，持续拓展创新创业空间，放大创新策源“乘数效应”。强化自主创新，实施规上企业研发机构建设提升专项行动计划，引导企业加大科研投入，鼓励行业领军企业牵头组建创新联合体，推动产业链上下游协同创新、融通发展。加强主体培育，实施科技型企业“双倍增”行动，开展“双高”企业培育计划，大力培育“小巨人”“专精特新”企业，推动高新技术企业“顶天立地”、科技型中小企业“铺天盖地”。提升平台能级，以更大力度融入省级三大科创高地、G60科创走廊、杭州城西科创大走廊建设，加快设立产业技术研究院，构建“苗圃—孵化器—加速器—产业园区”全链条产业培育体系，推动科创园、“两山”创客小镇、上海交大·浙江安吉生命健康联合研究中心等高效运行。

持续壮大人才队伍。加强人才引育，提升规模质量，更好发挥硬核聚才“磁石效应”。大力引进高端人才，高质量推进国家和省级引才计划、南太湖精英计划、美丽英才计划等重大人才工程，推广“揭榜挂帅”引才模式，靶向招引“高精尖缺”科技领军人才，重点集聚一批优秀青年科技人才，汇聚天下英才来安吉创新创业。加快培育企业人才，开展“安商名企”成长行动，打造一支具有全球视野、战略思维和创新能力的新生代企业家队伍。集聚新时代“两山”工匠，着力培养与产业需求相适应的创新型、应用型、技能型人才。积极畅通人才就业，深入实施“迎风归巢”行动，完善大学生实习应聘、就业创业全链支持体系，鼓励校企共建产业学院，探索定向培养模式，高标准建设安吉技师学院。

全面优化创新生态。深入推进科技创新体制改革，打造最优创新环境，增强创新生态“雨林效应”。推动创新服务升级，实施人才新政4.0，优化引才留才用才全方位服务机制，深化人才项目成长助推行动，推进“人才一件事”改革，加快打造人才创新创业服务综合体，不断增强人才归属感。加快科技成果转化，深入推进科技大市场建设，创新利益分配，推动科技成果转化市场化社会化运行。强化知识产权全链条保护，加快中国安吉（绿色家居）知识产权快速维权中心建设。促进金融模式创新，加大创新引领基金投入，推广创新券，实施“科技贷”扩面增效行动，加快形成以政府投入为引导、企业投入为主体、社会投入为补充的多元化科技投入体系。

（二）坚持质效并重，着力完善现代产业体系。大力实施现代产业提质工程和数字赋能突破工程，推动产业发展向全球产业链价值链中高端跃进，不断提高现代产业体系整体竞争力。

加快现代产业升级。围绕构建"2+5"现代产业体系,推进产业基础高级化、产业链现代化。着力完善平台体系,全面推进开发区(园区)整合提升,统筹推进五大平台功能优化、主业明晰、错位发展。支持开发区打造高能级战略平台、示范区建设高质量骨干平台,推进笔架山农业高新区、国家安吉竹产业示范园区创建国家农业高新技术产业示范区,加速灵峰国家级旅游度假区打造"中国最美公园"。加强小微园建设、管理与提升。着力升级优势产业,全面提升绿色家居产业,实施传统制造业改造提升2.0版,开展冲刺"千亿产值百亿利税"三年行动,深化质量、标准、品牌战略,提高产业智造水平。全面提质生态旅居产业,加快文旅融合、农旅融合,强化产业融合互动,全力打造长三角最佳旅游目的地。着力培育新兴产业,大力实施数字经济"一号工程2.0版",培育壮大数字产业,推动工业、农业、服务业数字化转型,积极打造数字强县、云上安吉。加快发展新技术、新产品、新业态、新模式,推动生命健康、高端装备、电子信息、新材料、通用航空五大战略性新兴产业集群化、规模化发展,努力打造五大百亿级"新星"产业群。

抓实项目"双进双产"。深入开展"双进双产"比拼行动,全力以赴招项目,千方百计扩投资。拼出招商引资新实绩,持续优化招商机制,更大力度推进全球招商、源头招商、产业链招商,严格落实"345+1.5"准入标准,着力引进一批高质量外资项目和"大好高""小精尖"项目,全年新引进5亿元以上项目35个以上,力争50亿元、100亿元以上项目实现新突破。比出项目推进加速度,完善项目全生命周期服务管理,持续攻坚"五未"项目,抓好省市县长工程、省重大产业项目,推动开发区大数据产业园、生命健康产业园等取得新进展。抓出培大育强新成效,深入实施企业培大育强工程,打好"新上规""小升规""放水养鱼"系列组合拳,精准培育"隐形冠军""单项冠军"和"双金""双高"企业,实施"百亿大企业"专项培育计划,推动头部企业股改上市,鼓励实施兼并重组。深化国企改革,推动国企做强做优做大。

打造最优营商环境。持续深化营商环境优化行动,全面提升市场化法治化国际化水平,努力打造营商环境全国标杆县。优化要素配置,持续深化"亩均论英雄""标准地""绿色金融"改革,完善亩产效益综合评价体系,大力破解土地资源闲置、低效利用等问题,引导企业走绿色、高效、集约发展道路。优化政务服务,实施"三服务"2.0版,深化企业"集中服务日"活动,推进政务"一朵云"平台建设,完善惠企政策"清单",构建亲清政商关系,为企业发展营造良好环境。优化市场环境,深化"互联网+监管",完善市场准入负面清单,推行"综合查一次",包容审慎监管新产业新业态,深化信用安吉建设,健全数字化信用管理,构建市场主体全生命周期监管链。

(三)坚持主动融入,着力服务构建新发展格局。深入实施开放融入升级工程,高质量服务国内大循环,高水平融入国内国际双循环,不断提升开放型经济发展水平。

畅通内外交通网。持续深化交通强国建设试点,大力提升双循环通道能级,打造内联外畅两个"3060交通圈"。完善对外开放"主动脉",加快高铁宁杭二通道项目前期,推动德安高速、杭安高速等取得突破,确保申嘉湖高速孝源至唐舍段、杭长高速开发区互通等如期竣工通行。畅通县域联通"内循环",持续完善"三纵三横"快速干线路网,加快推进一批国省道新改建项目,深化"四好农村路"和绿道网建设,推进西南片区旅游环线建设,加快形成联乡串镇的交通网。拓宽物流运输"大通道",谋划长三角现代化物流节点,加强陆港、海港、信息港联动,完成长湖申航道西延工程,改造提升码头场站,实现农村物流网点全覆盖,加快建设数字物流港,构建通江达海、便捷高效的综合物流运输体系。

打造开放新高地。积极抢抓国家、省重大战略机遇,不断拓宽开放领域,打造深度融入双循环特色节点县。打好融入长三角"主动仗",深度参与长三角产业合作区建设,积极承接杭州、上海都市圈高端资源,深化示范区与上海临港、张江科技园区交流合作,拓展"飞地"空间,形成产业联动、功能融合、要素互济的一体化发展新局面。开拓海外市场"新空间",鼓励企业深耕"一带一路"沿线市场,加快布局公共海外仓、海外运营中心,开展"跨境贸易+内销转型"双畅通行动,推动安吉智造在国际贸易中融得更深、走得更远。

扩大区域合作“朋友圈”,加快长三角政务服务“一网通办”和公共服务共建共享,深化“白叶一号”产业帮扶,持续深化东西部扶贫协作和对口支援等工作,实现资源整合、服务互通、共赢发展。

培育消费大市场。坚持市场导向,全力激活存量、创造增量,不断激发消费活力。加快丰富消费业态,深入推进数字生活新服务样板县创建,加快发展“网上菜场”“网上餐厅”等数字商贸业态,规范发展网红经济、直播带货,大力培育主题小镇、夜间经济、康养旅游等新业态新产品。加速释放消费潜力,加大高等级景区创建力度,大力营销“中国亲子旅游第一县、国际乡村生活示范地”等旅游品牌,扩大节假日消费。租购并举促进房地产市场平稳健康发展。持续优化消费环境,加强消费信用和标准体系建设,深入实施放心消费行动,保护消费者权益,深化“厨房革命”,保障“舌尖上的安全”,营造安全友好的消费环境。

(四)坚持城乡一体,着力打造美好生活向往地。坚持把文明城市建设作为中国最美县域建设的重要抓手,实施新型城镇化和乡村振兴“双轮驱动”,加快城乡协调融合发展。

共建文明城市。深入实施文明城市提档工程,全面提升城市美丽形象,彰显文明魅力。提升城市品质,坚持规划引领,精心编制国土空间总体规划。严格落实“三线三度三性”全域美丽空间管控机制,加强城市设计和风貌管控。开展新一轮“优雅竹城”建设,深入实施“洁美亮绿”、景观提升、节点改造等工程,全面提升城市主次干道、老旧小区、背街小巷整体形象。强化精细管理,加快建设海绵城市、韧性城市,增强城市供水供气、防洪排涝、消防应急等安全防护能力。深入推进农贸市场、专业市场、城郊接合部等专项治理,全面开展美丽城镇、美丽园区、美丽街巷等美丽创建,丰富“城市大脑”应用场景,不断提升城市管理规范化、精细化、智慧化水平。提升文明素质,深入推进新时代文明实践中心建设,开展文明旅游、文明施工、文明出行等文明素质提升行动,推动文明创建从行政主导向社会自觉转变,从阶段性攻坚向常态化创建、长效化治理转变。县委常委会在本次会议上提交了《中共安吉县委关于更高水平建设全国文明城市的决定》,希望大家充分讨论、提好建议。

推进乡村振兴。持续深化乡村振兴先导工程,争创全省乡村振兴集成创新示范县。大力发展现代农业,严守耕地红线,全面做好粮食生猪稳产保供。加快完善“农业+”产业体系,大力发展休闲农业、森林康养产业,培育多种模式融合经营的林下经济。深入实施“1+1+N”农业品牌发展战略,加强安吉白茶原产地保护,大力培育区域公用品牌,不断提升竞争力、扩大影响力。加强农业主体培育,大力实施“两进两回”行动,鼓励青年、乡贤回乡创新创业。深化“三位一体”农合联改革,支持农业大户、农民合作社等新型农业主体参与乡村经营。加快发展农村电商,持续扩大椅、竹等特色产品市场空间。深化美丽乡村创建,加快余村“两山”示范区建设,推进余村未来社区建设。深化“三村示范”,持续推进农村人居环境整治提升,加快美丽乡村片区化发展,争创新时代美丽乡村标杆县。落实集体经营性建设用地入市制度,规范农村“三资”管理,推进村集体经济年经营性收入50万元以下薄弱村(社区)清零。

共享幸福生活。聚焦人的全生命周期,大力实施幸福民生提升工程,不断满足人民群众美好生活需要。让民生保障更安心,完善收入增长和财富分配合理调节机制,扩大中等收入群体,提高低收入群体收入。健全社会保障体系,高度重视困难群体帮扶,大力发展养老、残疾人、红十字、慈善、救助等事业。让公共服务更暖心,加快推进民生改善PPP项目,持续擦亮学前教育品牌,深化基础教育优质均衡发展,提升职业教育、成人教育服务经济能力。加强县域医共体建设,提升基层医疗卫生机构服务水平,完善疾病预防控制体系。深度挖掘特色文化内涵,持续提升文化礼堂、城市书房等公共文化服务品牌。让百姓生活更舒心,推进绿色智慧城市建设,有效整治交通拥堵、停车难等问题,打造便民生活服务圈,完善村(社区)综合性服务网点,不断提高群众生活便捷度、满意度。

(五)坚持先行示范,着力提升生态环境品质。聚力实施生态环境提标工程,推进全形态治理、全过程防控、全领域保护,确保生态文明建设始终走在前列。

深化生态治理。深入开展全要素治理,着力打造赏心悦目的绿水青山。筑牢绿色屏障,严格落实“三线一单”，高水平推进全域绿化美化，整合优化自然保护区，加强生物多样性保护，以生态空间之治筑牢绿色发展屏障。优化环境质量，持续推动细颗粒物和臭氧浓度“双控双减”，加强水源地保护，深化“美丽河湖”“智慧管网”建设，做好“限药减肥”，全力创建“无废城市”，力争再摘“蓝天之星”、再夺“大禹鼎”。抓实生态修复，深化水生态修复示范试点县建设，推动山水林田湖草统筹修复、一体保护，深入推进全域土地综合整治、矿地综合利用与生态开发，有效提升生态环境资源供给规模与质量。

完善长效管护。健全生态管护长效管理机制，加快推动生态环境治理能力现代化。加强闭环管理，加快升级智慧环保平台，加强自然资源数字化管理，健全生态环境网格化监管制度，完善源头预防、过程控制、损害赔偿、责任追究的生态环境保护体系。探索价值转化，推广生态系统生产总值(GEP)核算，培育生态产品和生态资产交易市场，总结推广“两山银行”经验，有效促进生态产品价值实现，推进落实碳达峰行动，探索碳排放权交易，加速生态资源汇聚流通、转化升值。强化责任落实，持续做好中央生态环保督察整改，深化跨区域生态补偿和环境协同治理，健全落实乡镇领导干部自然资源资产离任(任中)审计等制度，确保生态治理主体责任压得更紧、落得更实。

推进绿色转型。坚持生态优先、绿色发展，全方位推进绿色革命，加快建设人与自然和谐共生的现代化。推进绿色生产，加快发展生态农业、绿色制造业，推进产业结构绿色化、生产过程清洁化、资源利用高效化。鼓励低碳生活，深入开展“绿色细胞”创建，深化垃圾源头减量，强化废旧物资循环利用，拒绝“舌尖上的浪费”，形成简约适度、绿色低碳生活新风尚。提升生态自觉，深化生态文明“集中推进日”，发挥河(湖)长制、路长制、林长制等综合效应，大力弘扬生态文化，引导公众有序参与环境保护、绿色志愿服务，切实增强全社会共建生态文明的行动自觉。

(六)坚持协同高效，着力推进县域治理现代化。推动数字赋能、整体智治，全面实施县域治理创新工程，加快推进县域治理体系和治理能力现代化。

推动改革系统集成。加快推进新时代“两山”试验区建设，深入开展改革集成攻坚行动，持续创造体制机制新优势。加强清单化落实，坚持目标导向、问题导向、效果导向，全力抓实新时代“两山”试验区改革清单，深化省市县三级联席会议机制，向上对接争取更多改革试点，更大力度推进生态产品价值实现机制、监地融合发展等重点改革，努力创造更多可复制可推广的改革实践样本。加强数字化引领，加快建设“掌上办事”“掌上办公”“掌上治理”，推动“一件事”集成改革提质扩面。加强数据共享，大力整合信息平台，着力打造集应急指挥、环境保护、城市管理、社会治理等为一体的县域智治中心。加强联动化推进，坚持以“微改革”为抓手，聚焦群众生活的痛点和公共服务的盲点，有效提升基层治理效能。统筹推进“亩均论英雄”“标准地”、农村宅基地“三权分置”等改革，综合集成一批引领性强、影响力大、辨识度高的改革标志性成果。

提升整体治理效能。坚持以“智治”手段推动资源高效整合，构建上下贯通、执行有力、运转顺畅的一体化治理格局。增强整体合力，牢固树立整体治理理念，全面整合党政机关各项职能，推动各部门各层级在大局中思考、在大局中行动，增强贯彻落实中央和省市县各级党委决策部署的合力。加强部门协同，厘清权责界限，动态完善权责、监管事项和综合执法事项三张清单，打破“数据孤岛”“信息壁垒”“业务障碍”，强化纵向横向、线上线下协同，做到系统谋划、专班推进、一体推动。加强县乡协同，深化“县乡一体、条抓块统”改革，统筹“一中心四平台一网格”，强化县乡村三级社会矛盾纠纷调处化解中心联动运行，不断深化推广新时代乡村治理“余村经验”。

维护社会和谐稳定。坚持把法治作为现代治理的最优方式，强化风险防控，不断开创和谐稳定新局面。提升依法治理水平，启动实施“八五”普法，深化司法体制综合配套改革，严格落实行政执法“三项制度”，打造更高水平的法治政府。支持各民主党派、工商联、无党派人士等建言献策，依法管理民族宗教事务，依法开展港澳台侨等各项工作。完善平安建设体系，坚持“防为主、防为上”，巩固扩大扫黑除恶专项斗争成果，全面加强公共安全监管，开展安全生产综合治理行动，完善公共卫生应急管理体系，抓好常态化疫情防控工作，发展壮大群防群治队伍，筑牢维护社会和谐稳定的人民防线。织密风险防控网络，健全风险预警预测机制，抓好存量风险化解和增量风险防范。常态化开展产业链断链断供风险排查，加强产业链供应链安全保障。深度推进诉源治理，深化领导干部定期下访机制。

四、全面从严，唯实惟先，不断强化政治保证

立足新起点，奋战新征程，要以庆祝建党100周年为契机，深入贯彻新时代党的建设总要求，坚定不移全面从严治党，为“十四五”精彩开局提供坚强政治保证。

（一）突出思想引领，恪守忠诚政治本色。坚持以政治建设为统领，认真贯彻落实习近平总书记重要指示精神和党中央、省市委重大决策部署。坚决做到“两个维护”，坚持以习近平新时代中国特色社会主义思想武装头脑、指导实践，建立健全保障“两个维护”的制度机制，持续推动全县党员干部践行“两个维护”最坚决、贯彻总书记指示批示最有力、爱戴总书记情感最真挚。坚守初心使命，精心组织以“在安吉感受红色力量”为主题的庆祝建党百年系列活动，巩固深化“不忘初心、牢记使命”主题教育成果，引导党员把初心使命付诸全力争当社会主义现代化先行示范县的不懈奋斗中，努力创造一批更有安吉辨识度的实践范例和发展成果。凝聚发展合力，充分发挥党委总揽全局、协调各方的作用，大力保障人大依法履职，全力支持政府依法行政，积极推动政协民主协商，支持法院、检察院依法独立行使职权，更好发挥工青妇等群团组织优势，广泛凝聚各方智慧力量，加快汇集推动发展、奋勇赶超的强大合力。

（二）突出固本强基，建强基层战斗堡垒。坚持“一切工作到支部”的鲜明导向，着力提升基层组织的组织力、凝聚力、战斗力。健全组织体系，做好村（社区）组织换届“后半篇文章”，实施村（社区）干部“三个一百”培育行动，不断激发基层干事创业活力。深入推进“街社点单、部门接单”“红色物业”“双联系双报到”等做法，推动党的全面领导落实到城乡基层方方面面。激发组织活力，深化“双创双全”组织力提升工程，持续推进“红智引擎、四季争先”主题活动，健全评比激励机制，不断增强党建引领作用。夯实组织基础，狠抓新一轮“三年强村计划”，深化党员分类管理，着力建设引领时代发展的先锋队伍。聚力打造“8分钟党群服务圈”，高标准建成一批星级党群服务中心。

（三）突出能力建设，锻造过硬干部队伍。塑造唯实惟先、善作善成的团队文化，大力建设想干事能干事干成事不出事的干部队伍。加强帮带传承，聚焦全面提升党员干部“七种能力”，深化拓展“导师帮带制”，持续用好“最美县域大讲堂”“青干学堂”等载体，选派优秀年轻干部到改革发展最前沿、攻坚克难第一线墩苗历练、加快成长。优化整体结构，稳妥有序开展县乡领导班子换届工作，突出政治素质高、专业能力强、工作作风实的选人用人导向，注重干部个体优选和班子整体优化相结合，打造适应社会主义现代化先行示范县建设需要的过硬团队。激励担当破难，积极搭建争先创优平台，探索建立干部日常表现“亮灯”机制，加大容错纠错、不实信访澄清正名力度，进一步推动“两个担当”落地落实。

（四）突出正风肃纪，涵养绿水青山政治生态。旗帜鲜明、态度坚决强化正风肃纪反腐，持续推进“清廉安吉”建设。压实主体责任，深入推进“四责协同”，严格执行党风廉政建设主体责任、监督责任双报告制度，落实“三重一大”制度，深化“党性党纪教育一刻钟”，加强党章党规党纪教育，筑牢拒腐防变思想防线。推进作风建设，全面落实中央八项规定精神，驰而不息纠治“四风”，切实做到“三个从严”，推动八大清廉单元建设，实现“清廉安吉”建设全域化、全覆盖。健全监督体系，统筹推进省委巡视整改“回头看”和县委巡察“全覆盖”，推动“四项监督”有机贯通，把贯彻落实习近平总书记重要指示批示精神作为政治监督的首要责任，持续围绕中心工作、重点工作开展监督检查，全面建设干部清正、政府清廉、政治清明、社会清朗的政治生态和良好发展环境。

同志们，征途漫漫，惟有奋斗。让我们更加紧密地团结在以习近平同志为核心的党中央周围，在省市委的坚强领导下，再接再厉、顺势而为、乘胜前进，忠实践行“绿水青山就是金山银山”理念，全面深化中国最美县域建设，为争当社会主义现代化先行示范县而努力奋斗！

安吉县人民代表大会常务委员会工作报告

——在安吉县第十六届人民代表大会第五次会议上的报告

(2021年2月1日)

安吉县人大常委会主任　陆为民

各位代表：

受县人大常委会的委托，我向大会报告工作，请予审议，并请列席会议的同志提出意见和建议。

2020年主要工作回顾

过去的一年，县人大常委会在县委的坚强领导下，深入贯彻落实党的十九大和十九届二中、三中、四中、五中全会精神以及习近平总书记视察浙江、安吉重要指示精神，紧紧围绕全县工作大局，突出工作重点，认真履行宪法和法律赋予的职责，全力助推新时代"两山"试验区建设，为奋力打造"重要窗口"县域样本、努力成为新时代美丽中国县域窗口履职尽责、贡献力量。全年，共召开常委会会议9次、主任会议17次，开展执法检查、视察、调研70次，听取和审议专项工作报告25次，依法作出决议、决定14项，较好完成了县十六届人大四次会议确定的各项目标任务。

一年来，坚持高点站位，自始至终把牢政治方向

常委会始终坚持党对人大工作的全面领导，聚焦"重要窗口"县域样本的新目标新定位，勇担当、敢作为，确保人大工作与县委同心同向。

全面落实党委决策。深入贯彻落实习近平总书记系列重要讲话精神，紧密结合人大工作实际，用心领会、用力落实，进一步坚定沿着总书记指引的方向奋勇前进的决心和信心。坚决维护县委权威，主动将人大工作融入县委工作大局，统筹安排人大监督、决定、审议等各项工作，确保县委重大部署举措得到贯彻落实。一年来，常委会党组专题传达学习上级精神25次，努力把学习成果转化为推进人大工作的强大动力。依法圆满完成市委、县委重要人事安排，全年任免国家机关工作人员66人次，补选市人大代表4人、补选县代表6人。

全员参与"两战赢"。疫情发生以来，全县人大干部和各级人大代表积极响应县委号召，将疫情防控作为重大政治任务，全员上阵抗击疫情。常委会专题调研教育系统疫情防控和复学复课，主任会议听取审议全县疫情防控阶段性工作汇报，督促落实防控细节，稳妥推进复工复产。人大机关24名干部担任64家企业、项目的服务专员，帮助解决口罩紧缺、人才招引等实际难题30余项。乡镇(街道)人大成立"茶季帮忙团"、推出智慧抗"疫"平台，凝心聚力战"疫"。各级人大代表为抗疫捐钱捐物，带头当好政策宣传员、洗楼排查员、助企服务员，为"两战赢"汇聚了合力、贡献了力量。

全力增强责任担当。主动投身"重要窗口"县域样本建设大局，常委会班子成员牵头领办余村"两山"示范区建设、长龙山抽水蓄能电站建设、县智慧排水管网建设、乡村振兴"三乡联创"等7项重点工作，全力抓推进落实。高质量完成"旅游新业态安全发展策略探究""乡村振兴与全域旅游"等课题调研。积极融入"十四五"规划编制，广泛征求各级人大代表意见，反馈意见建议195条，为县域高质量发展提供人大智慧。做好村级组织换届联系走访工作，协助选优配强村社班子。

一年来，坚持围绕中心，聚智聚力服务发展大局

常委会始终围绕高质量发展大局，抓住全县改革发展的关键环节和重点工作，主动担当、全力作为。

推动经济发展提质增效。高度关注疫情影响下的经济运行态势，跟踪视察工业经济发展、数字经济、对外贸易、招商引资、营商环境等工作，助力经济平稳健康发展。首次对中央和省市县支持民营经济发展的一系列政策落实情况，开展专项检查，全力促进政策兑现。“看、听、议、评”百个重点建设项目，着力督促滞缓项目提速。聚焦“破五未”项目攻坚，集中视察调研全县“五未”项目。致力深化“三服务”，作出设立“企业集中服务日”的决议，不断优化营商环境。重视交通对经济的促进作用，视察重大交通基础设施建设，推动县际路网加速优化。

力促生态文明先行示范。顺应新时代生态文明建设的发展形势，作出调整环境综合治理“集中推进日”为生态文明建设“集中推进日”的决议，与时俱进丰富和发展生态实践。积极融入创城大局，紧盯安置区、老旧宿舍楼、背街小巷等改造盲点和薄弱点开展视察，对停车难、农贸市场整治等老大难问题跟踪问政，人大干部领办无物业小区，各级代表参与文明行动，为成功创建全国文明城市作出了贡献。紧盯“无废城市”建设，视察资源循环利用、生活垃圾精准分类、扬尘防治等工作，推动城市更加宜居。专项审议“走通递铺港”整治行动，提出高标准规划建设、精细化整治管理等建议，促进河岸环境优化。持续跟踪“三大水库”污染源溯源问题，开展建议落实情况专题询问。视察西苕溪流域建管，督实关于打造西苕溪“东方莱茵河”的代表建议，巩固治水成效、做优绿水转化文章。

助力乡村振兴加速领跑。常委会坚持市县联动，开展美丽乡村建设条例、乡村旅游促进条例落实情况专项督查，推动政府建立健全城乡融合发展体制机制，促进产业强、乡村美、农民富。聚焦全域旅游新业态，调研旅游特种设备运营管理，提出优质发展建议，推动旅游项目规范有序、安全运营。视察灵峰国家级旅游度假区、笔架山农业高新园区，推动高点站位、高标建设、高效运行。跟踪“三位一体”农合联建设和粮食生产安全管理，调研农村基层治理、产权制度改革、家庭农场发展等工作，巩固“消薄”成果，助力全面小康。

一年来，坚持公正高效，依法依规开展工作监督

常委会始终坚持习近平法治思想，牢固树立法治思维，着重把制度优势更好转化为社会治理效能。

推动法规有力实施。加强人大监督与检察公益诉讼工作衔接，建立五项工作衔接机制，促进公益诉讼法律监督层面有机贯通、相互协调。深入开展“两法两条例两决定”执法检查，保障法律法规有效贯彻实施。视察妇女权益保障法执行情况，推动妇女儿童权益保障工作高效落实。开展行政争议实质性化解工作监督，督促做好释法说理、息诉服判等工作。督查适用认罪认罚从宽制度落实情况，进一步强化认罪认罚自愿性和合法性审查。持续开展员额法官、员额检察官述职测评，树牢公正司法意识。

促进财政高效运行。加强对重点部门预算审查监督，跟踪反馈意见落实，预算报告更加透明完整。加大对乡镇参与式预算审查指导。用好用活预算联网监督系统，全过程监控绩效目标完成程度和预算执行进度。听取审计专项报告，对审计查出问题整改情况跟踪“回访”。加强对全口径政府性债务监督，强调摸清底数、强化约束，严控增量、化解存量。加大国资监管，审议企业国有资产管理情况，促进国有资产保值增值。

强化政府行政效能。首次开展本届人大决议决定“回头看”督查，重点听取推进“城中村”改造、推动民营经济高质量发展、推进城乡生活垃圾精准分类等决议决定的落实情况。着力深化行政处罚案件评审，围绕群众关心关注的城市管理问题开展询问监督，促进行政执法案件办理更加规范公正。开展部门工作评议，依法对县农业农村局工作进行评议。做好26件规范性文件备案审查。持续开展政府工作部门主要负责人述职测评，增强任命干部的法治意识和履职责任。

一年来，坚持民呼我应，倾心倾力增进民生福祉

常委会坚持以人民为中心

的发展思想,致力解决民生热点难点问题,努力增强群众获得感、幸福感、安全感。

高度重视民生改善。深化代表电视问政,对征集到的城市管理、交通出行、医疗保障等17项社会热点问题现场发问,并以“销号清单”跟踪问效。视察推进县域北部供水主管建设和农村饮用水达标提标工程,保障城乡居民饮水安全。审议西南片区“511行动计划”实施情况,跟踪监督农村公路改造提升,着力改善群众出行环境。聚焦“入学难”问题,专题调研义务段教育工作,在合理配置资源、深化教改等方面提出建议。高标准落实民生实事代表票决制,全程督办10件县级民生实事项目,开展满意度测评,推动民生工程更加惠民。

持续聚焦基层治理。调研矛盾纠纷调处化解“最多跑一地”工作,在完善管理体制、优化资源整合、提升服务水平、增强工作效能等方面提出意见建议,推动矛调中心建管走在全省前列。对“最多跑一次”改革工作进行跟踪监督,切实提高行政效率和服务水平。聚焦“数字安吉”建设,在电子商务、数字政府、智慧城市等领域开展调研,加快现代化进程。加强对科技创新工作的监督与支持,促进创新体系完善。视察气象监测预报预警和防灾减灾工作,督促构建高效协同的工作格局。视察全县应急管理工作,在制度完善、资源整合、队伍建设等方面提出意见建议,推动应急管理水平再上新台阶。

深入推进社会事业。紧盯疫后公共卫生管理能级提升,深入开展传染病防治专项监督,助力政府进一步补短板、堵漏洞、强弱项。先后视察乡镇卫生院标准化建设、村(社区)卫生服务站管理、医养结合等工作,筑牢民生健康保障网。督办标准化居家养老服务站建设,延伸服务站健康咨询、诊疗配药等职能,切实为老年人生活提供便利。视察退役军人服务保障体系建设,保障退役军人权益。全面完成正能量典型人物选树活动,全县15个乡镇(街道)共选树方铁城、朱岳年等典型人物20名,有力激发社会精神力量。

一年来,坚持开拓创新,有力有效发挥代表作用

常委会坚持代表主体地位,创新工作机制、丰富活动载体、完善制度规范,全力支持代表履职。

拓宽代表履职途径。探索“数字人大”建设,将代表知情问政“席位”从会场延伸到手机终端,构建政府部门与人大代表实时互动、共谋发展的良好局面。拓展代表联络站服务功能,以“联络站+服务窗”的形式,将代表(议政员)接待选民活动延伸到企业、小区、公园,推动24个代表联络站标准化、实效化运行。全年共接待群众4900余人次,收集意见建议1400余条。扩大代表对常委会及“一府一委两院”工作的参与度,组织代表参与座谈会、听证会、视察调研、见证执行等活动130人次,拓宽代表参政知情渠道。

激发代表履职热情。组织基层人大代表专题培训,成立导师帮带团队,开展《中华人民共和国民法典》专场讲座,全面提升履职能力。深入开展“比拼履职、争做表率”主题实践活动,发动代表参与到疫情防控、文明创城、乡村振兴等工作中,为社会发展出智出力。加强履职宣传,省市媒体相继报道42位代表的履职先进事迹,营造争先创优氛围。制定《安吉县人大代表参与矛盾纠纷化解工作实施方案》,126名代表(议政员)组建15个矛调专家团,以实际行动维护社会和谐稳定。

深化代表建议办理。积极创新议案、建议办理举措,通过“线上+线下多方督办”“人大纪委双监督”等方式,切实打通代表建议办理的“最后一公里”。对涉及城乡建设、交通运输、环境保护等方面的7件代表建议,采取常委会领导领衔督办、各专工委室对口督办的方式进行重点监督,持续跟踪落实。今年,122件代表建议的办理面商率、按期办结率、代表满意率均达100%,有力促进绿色家居供应链招商政策完善、小微企业高质量发展规划编制等决策落地实施。

一年来,坚持常抓不懈,从严从实加强自身建设

常委会主动顺应新形势,适应新要求,积极探索发挥人大职能作用的有效形式和途径,打牢履职尽责根基。

努力优化作风建设。始终把党的建设贯穿到人大工作全过程,忠诚履行“工作机关”“代表机关”职责,抓紧抓实人大政治机关建设。坚持主任会议前开展“党纪教育一刻钟”,常态化推进党风廉政建设和纪律作风改进,进一步筑牢思想防线。集中学习习近平总书记关于巡视巡察工作的重要论述以及《党委（党组）落实全面从严治党主体责任规定》，规范执行“三重一大”集体决策，抓好省委巡视整改和清廉机关建设，不断增强责任担当意识和廉洁从政意识。

*着力夯实基层基础。*加强对基层人大的联系指导，出台《安吉县人大常委会全面加强街道人大工作和建设的年度工作方案》，配套制定街道人大年度工作报告制度、常委会及各专工委联系街道人大工作制度。发布全国首个乡镇人大监督工作规范和街道人大工作规范，明确乡镇（街道）人大监督工作的基本原则、工作主体、工作机制、监督保障、履职评价五大体系，努力推进基层人大工作高质量发展。

*充分展示人大形象。*完成《安吉县人大志》初稿编纂，全面客观记述安吉县人大及其常委会70年的历史进程。依托安吉人大公众号和人大网等宣传阵地，广泛宣传县乡人大工作和代表事迹，先后在国家、省市媒体刊登新闻稿件和工作信息119篇次，有效展示了人大履职风采。打造全省首个综合性人大主题公园，新闻作品《“人大故事”与安吉百姓生活很近很近》荣获省第29届人大新闻奖。“三大水库污染源特定问题调查”工作案例获评“浙江人大与时俱进奖”优秀奖，历史首次。

一年来，常委会还认真做好人大信访工作，全年受理群众来信来访45件21人次，做到事事有回音、件件有落实，维护社会和谐稳定。加强与外地人大交流学习，先后接待了全国人大代表、长三角一体化调研组等150多批考察团，大力宣传推广安吉经验，为服务县域高水平开放发展发挥积极作用。

各位代表，2020年，县人大常委会工作取得的成绩，是县委正确领导的结果，是“一府一委两院”和全县人民大力支持的结果，是各级人大代表和全体人大工作者共同努力的结果。在此，我谨代表县人大常委会，向所有关心、支持人大工作的同志和社会各界人士，表示衷心的感谢！

在回顾工作成绩的同时，也清醒地认识到，常委会工作还存在一些差距和不足。主要是：刚性监督方法运用和监督工作实效需要进一步增强；人大代表履职管理和服务保障需要进一步优化；代表建议督办和自身建设力度还需进一步加大等等。对照这些问题，会广泛听取意见、认真研究改进，更加努力地推动县人大常委会各项工作迈上新的台阶。

2021年指导思想和主要任务

各位代表，党的十九届五中全会擘画了中国未来发展新蓝图，县委十四届十次全会开启了安吉加压奋进新征程。站在两个百年奋斗目标的交汇点上，会更加自觉地坚持以人民为中心，体现人民意志、保障人民权益，更好地满足人民群众对美好生活的向往；会更加自觉地坚持依法行使职权、充分发扬民主、严格依法办事，着力推动制度优势转化为治理效能；会更加自觉地坚持系统观念，创新人大工作理念方法，推动人大工作数字赋能、系统集成、协同高效；会更加自觉地担当尽责、与时俱进、完善发展、争创一流，交出人大履职的高分报表。

2021年是中国共产党成立100周年，是“十四五”规划的开局之年，是全县奋力打造“重要窗口”县域样本的关键之年，也是十六届人大工作收官之年。今年县人大常委会工作的指导思想是：高举习近平新时代中国特色社会主义思想伟大旗帜，深入贯彻习近平总书记关于坚持和完善人民代表大会制度的重要思想，坚决贯彻党的十九大和十九届二中、三中、四中、五中全会精神，全面贯彻习近平总书记对安吉“再接再厉、顺势而为、乘胜前进”的指示要求，在县委的坚强领导下，紧紧围绕县委“一〇三六”改革发展工作部署和县委十四届十次全会提出的目标要求，认真履行宪法和法律赋予的各项职权，忠实践行绿水青山就是金山银山理念，全面深化中国最美县域建设，凝心聚力促发展，砥砺奋进为民生，为奋力打造“重要窗口”县域样本、努力成为新时代美丽中国县域窗口，全力争当社会主义现代化先行示范县贡献人大力量。

根据指导思想，常委会今年工作的主要任务是：

一、紧跟核心，在坚定政治方向上更进一步

更加自觉地坚持党的领导，深入学习和深刻领会习近平总书记关于坚持和完善人民代表大会制度的重要思想，牢牢把握做好新时代人大工作的重大原则、思路举措和目标任务，切实为全县经济社会发展提供坚强的制度保障。更加坚决地维护县委权威，坚持重大事项、重大活动及时向县委请示，确保在思想上紧贴县委意图，工作上紧扣县委主题，行动上紧跟县委步伐，使人大工作始终保持正确的政治方向。更加准确地把牢履职重点，努力把县委的重大决策部署上升为全县人民的共同意志，切实担负起人民的信任、历史的重托，让宪法和法律赋予人大的职权更好地服务于全县改革、发展、稳定大局，推动人大工作与时俱进、创新发展。

二、聚焦发展，在依法履职行权上更进一步

坚持推动高质量发展走在前列的鲜明导向，积极跟进，主动融入全县工作大局，通过重大事项决定权的行使，推动重要决策有效落实。着力在依法监督上下功夫。围绕“十四五”规划目标，加强对国民经济社会发展计划和财政预算执行情况的审查监督，听取国有资产管理综合报告，开展《浙江省民营企业发展促进条例》《浙江省数字经济促进条例》贯彻情况执法检查，做好财政预算支出绩效管理和专项资金的全过程监督，增强预算精准度。积极探索常委会“二次审议”等方式，推动审议意见落实到位。着力在精准监督上见实效。全面聚焦事关全县改革发展稳定的重大事项，不断深化视察调研、执法检查、会议审议、备案审查等工作，积极推动专项评议、专题询问、特定问题调查常态化运行，对县委关于经济工作重大决策部署贯彻落实情况开展专项检查，推动创新求变、攻坚突破。持续督查生活垃圾精准分类，推动形成长效常态。着力在重点监督上求突破。坚持“绿色发展、科技引领”的主基调，聚焦制造业六大产业，在数字化转型、新兴产业集聚、营商环境优化等重点领域深度调研，在创新孵化、分类培育、服务上市等关键环节精准发力，全力助推实体经济高质量发展。紧盯安全生产重点领域开展专项监督，筑牢安全防火墙。围绕交通强县建设重点，督查重大交通项目规划建设，推动安吉深度融入长三角一体化战略体系。着力在有效监督上促提升。立足加强和创新社会治理，跟踪视察矛盾调处化解，深入调研未来社区、数字政府、智慧城市建设，推动改革与创新协同发力。继续做好对重点建设项目以及“五未”项目的监督视察和调研评议，推动项目落地见效。

三、牢固宗旨，在推动民生改善上更进一步

顺应时代发展的新变化和人民群众对美好生活的新向往，努力探索、创新实践，推进社会事业高质量发展。聚焦生态文明实践。视察三大水库水源地保护、水资源开发与利用、美丽河湖建设，检查“河长制”落实情况，推动建立2省8县生态环境保护联合督查机制，持续提升绿水青山“颜值”。围绕打造生态宜居的发展环境，紧盯静脉产业园、“无废城市”建设，视察美丽城镇，高质量推进人居环境优化。聚焦农业农村现代化。推进实施乡村振兴战略等方面重点内容，深度调研全域土地整治、农村基层治理和产权制度改革，跟踪视察农业机械化、家庭农场发展，督实“三村示范”创建，助力乡村全面振兴。围绕文旅深度融合发展，视察旅游新业态安全管理，并对本届文旅建设项目开展“回头看”督查，推动构建联动创新创业生态系统。聚焦多元化民生需求。视察职工基本医疗保险、教育民生保障、后疫情时代企业用工等工作，强化共建共享。跟踪教育人才引进、乡村教师待遇保障、教育减费政策落实，扎实推进教育事业优质均衡发展。密切关注公共卫生事业，深入开展“两法两条例两决定”执行情况检查，调研疾病预防与健康管理、数字医疗、医养结合等工作，推动完善公共卫生应急管理体系。聚焦“法治安吉”建设。紧密跟踪电信网络新型违法犯罪治理、青少年儿童权益保障等工作开展调研和审议，全力保障人民权益。继续开展员额法官、员额检察官述职测评，促进司法为民，保障司法公正。

四、固本强基，在加强能力建设上更进一步

全面学习贯彻党的十九届五中全会精神和习近平总书记视察浙江、安吉重要指示精神以及省市县委全会精神，准确把握时代脉搏，努力提升全县人大整体工作水平。持续完善制度机制。积极探索人大理论创新、制度创新和实践创新，密切县乡人大联系联动，支持和鼓励基层人大打造亮点和特色，推动全县人大工作深入实践。持续做优代表工作。用活用深代表联络站，探索数字化履职机制，做优品牌建设，实现精准高效运行。继续深化代表电视问政，重点抓好部门承诺兑现，做到问准督实有成效。加大对本届优秀代表和先进代表小组的宣传力度，在更高层次、更广平台展现履职风采和履职成果。认真做好代表换届工作，把牢代表政治关、素质关、结构关，确保换届选举风清气正、人民满意。持续提升履职能力。坚持与时代同频，主动适应形势发展需要，以改革创新思维、数字赋能理念和务实高效举措推进自身建设，切实增强统筹协调、调查研究和跟踪督办的能力。持续改进工作作风。坚持党建总揽，持之以恒抓好人大机关作风建设，注重培养团队精神，提升人大工作整体效能和集成效应。坚持把纪律和规矩挺在前面，严格落实“一岗双责”，认真执行民主集中制，推进全面从严治党向纵深发展。

各位代表，时代赋予重任，人民寄予厚望，目标催人奋进。在新的一年里，县人大常委会将始终保持奋进者姿态、激发创造性张力，积极发挥“五个优势”，展现一流担当，争创一流业绩。功成不必在我，但功成必定有我，让我们更加紧密地团结在以习近平同志为核心的党中央周围，把思想和行动统一到县委十四届十次全会的重要决策部署上来，再接再厉、顺势而为、乘胜前进，为忠实践行绿水青山就是金山银山理念，全面深化中国最美县域建设，全力争当社会主义现代化先行示范县贡献人大力量！

政府工作报告

——在安吉县第十六届人民代表大会第五次会议上的报告

(2021年2月1日)

中共安吉县委副书记、安吉县人民政府县长　宋　波

各位代表：

现在，我代表县人民政府，向大会作工作报告，请予审议，并请县政协委员和其他列席人员提出意见。

一、2020年主要工作和“十三五”发展成就

2020年极不平凡。面对国际国内形势深刻复杂变化特别是突如其来的新冠肺炎疫情，我们坚持以习近平新时代中国特色社会主义思想为指导，认真贯彻习近平总书记视察浙江、安吉重要指示精神，全面落实中央和省市县委全会、经济工作会议决策部署，在县委的坚强领导和县人大、县政协的监督支持下，深入实施“一〇三六”改革发展工作部署，统筹疫情防控和经济社会发展，扎实做好“六稳”工作，全面落实“六保”任务，较好地完成了县十六届人大四次会议确定的各项目标任务。实现地区生产总值487.1亿元，增长4.3%，增幅全市第一；完成财政总收入100.1亿元，增长11.1%，其中一般公共预算收入59.8亿元，增长11.6%；城乡居民人均可支配收入分别达到59518元、35699元，增长4.5%和6.6%；十方面民生实事圆满完成。

一年来，充分发挥优势，沉着应对挑战，着力把优势变胜势、不可能变可能，交出了一张好于预期的亮丽成绩单。这一年，习近平总书记时隔15年再次亲临安吉视察，赋予我们“再接再厉、顺势而为、乘胜前进”的新指示新期望，全县上下倍感振奋、倍增干劲。这一年，省委、省政府在安吉县高规格召开“绿水青山就是金山银山”理念提出十五周年理论研讨会、高水平建设新时代美丽浙江推进大会，为干好下个十五年指明了前进方向。这一年，坚决打好防控阻击战、发展总体战，坚守了“湖州西南大门、安吉一方净土”，经济运行实现“二季稳”“半年正”“三季进”“全年赢”。这一年，全县财政总收入首次破百亿，成功跻身省工业大县、迈入高铁时代、获评全国文明城市，再次以第一名成绩入围全国县域旅游综合实力百强县。这一年，坚持“谋五年、定三年、干当年”，以全域国土空间规划为底图，系统谋划了生产力布局、资源要素保障、交通内联外畅、人才科技支撑等工作，为开启社会主义现代化新征程打下坚实基础。重点做了以下工作：

(一)坚持两手硬、力夺两战赢，展现双线作战硬实力

率先启动紧急响应。见势早、行动快、管控实，组建“一办七组”，全员到岗到位、全天值班值守，在全市率先启动重大突发公共卫生事件紧急响应，率先严控规模集聚活动，率先远端劝阻、设卡通行，累计停办集体聚餐4689桌，劝退游客18.6万人，劝返重点疫区来安9124人。

率先实施精密智控。落实“源头查控+硬核隔离+精密智控”机制，依托“大数据+网格化”排查户籍和暂住人口67.5万人，对8193名疫区返安人员实行分级管控。创新口罩线上预售系统，各类防疫物资保障有力。落实常态化防控措施，坚持“人”“物”并防，推行“亮码+测温+戴口罩”，强化冷链食品监管，持续

保持“零确诊”“零疑似”。

率先开展复工复产。创新实施企业复工复产、招商引资引才、重点项目推进、白茶生产销售、消费旅游提升“五大攻坚战”，联动打出“夜光会战”“共享员工”等系列组合拳，扎实开展深化“三服务”、助企开复工专项行动，累计接回省外新老员工3.2万余人，解决企业项目问题2800余个，“五减”“两直”和工业、服务业“双十条”等政策累计降本减负53.5亿元，复工复产指数持续位居省市前列。

（二）逆势育新机、奋力开新局，融入内外联动新格局

有效投资持续扩大。固定资产投资增长6.9%，其中工业投资增长23%。深入开展招大引强攻坚、破“五未”项目攻坚行动，新引进亿元以上项目143个，完成项目开竣工166个，54个市定“五未”项目完成年度清零任务，省、市、县长项目工程落地率83.3%。抢抓政策“窗口期”，列入省稳投资重大项目清单18个，新增政府专项债4亿元。

内需潜力持续释放。实施数字生活新服务行动，大力发展电商业务，完成网络零售额145.1亿元，增长25.8%。成立全国首个“零零联盟”，开展“请你来安吉”系列主题营销，旅游业增加值恢复到2019年同期，获评全省文旅消费试点。启动全域旅游“三乡联创”。

外贸优势持续增强。构建“产业集群＋跨境电商”新模式，完成自营出口338.4亿元，总额全市第一，跨境电商交易额增长80.3%，稳外贸工作获评省争先创优行动“最佳实践”。推进外贸“三转”，转引出口额14.9亿元。推出全省首个“承保跨境电商＋海外仓”试点，办理承保业务1719万美元。

（三）紧扣高质量、提升竞争力，打好转型提升组合拳

企业培育成效明显。规上工业企业利税、利润分别增长33.7%、49%，均居全市第一。新增科创板上市企业1家、“隐形冠军”“小巨人”“单项冠军”等专精特新企业5家，完成“个转企”406家、“小升规”65家。加强质量品牌建设，新增“浙江制造”认证企业14家，通过绿色产品认证9个，发布“浙江制造”标准6项。

制造业加快转型。制定制造业高质量发展方案，大力发展“1＋5”产业，规上工业增加值增长8.4%，增速全省42个工业大县第一，其中战略性新兴产业、高新技术产业、装备制造业增加值分别增长17.2%、12.9%、13.4%，数字经济核心产业增加值增长39.1%。实施传统制造业改造提升2.0版，“两化”融合发展水平首次迈入全省第一梯队，分行业试点评估全省第一，家具及竹木制品产业创成国家新型工业化产业示范基地，整治提升“低散乱”企业243家，出清低效企业803家。

园区承载力增强。明确五大园区产业方向，科学布局制造业“1＋5”产业园。提升园区能级和承载力，开发区成为国家级绿色工业园区，示范区监地融合拓展空间4200亩，笔架山农业高新区创成省级现代农业园区。完善园区配套，建设基础设施项目76个、总投资13.1亿元。落实小微产业园建设计划，新建成小微园2个。

（四）聚焦强动能、聚力增后劲，奏响改革开放最强音

创新驱动强实力。加快国家创新型县创建，研发经费支出增长29%。推动浙江生态文明研究院、生命健康联合研究中心等创新载体落地，竹产业创新服务综合体入围省级创建名单。实施科技十条新政，新增高新技术企业51家、科技型中小企业144家、省级企业研究院15家。迭代升级人才新政，新入选国家和省级各类引才计划14人，新招引大学生及各类人才2.9万人。安吉高级技工学校入选国家级技能人才培育基地、有望升格技师学院。

改革撬动添活力。高质量完成新时代浙江（安吉）县域践行绿水青山就是金山银山理念综合改革创新试验区年度169项重点任务，“两山银行”实体化运营。以数字化手段推进“一件事”集成改革，78%的民生事项实现“就近可办、县域通办”，一般企业投资项目开工前审批压缩至50天，部门间上线事项网上可办率100%。持续推进“亩均论英雄”“标准地”改革，全国首块农业“标准地”、旅游“标准地”分别挂牌出让，消化处置“五未”土地8978亩。深化绿色金融改革，绿色信贷余额占比全市第一，农行安吉支行成功扩权升格。国企改革基本完成，2家国企通过AA＋信用评级。

开放带动聚合力。落实长三角地区主要领导座谈会成果，牵头组建长三角绿色制造联盟，长三角产业合作区湖州片区启

动规划建设。深度融入上海大都市圈、杭州都市区，上海、杭州“飞地”落地建设。完成合同外资5.8亿美元，实到外资1.7亿美元。加快推进重大交通设施建设，申嘉湖高速孝源至唐舍段主线路基全线贯通，杭长高速安吉开发区互通、304省道安吉至德清段加速建设，高铁宁杭二通道取得实质性突破。深化东西部扶贫协作，“白叶一号”产业帮扶的5县如期实现脱贫“摘帽”。

（五）着眼全域美、致力全面兴，推进城乡发展一体化

城市建设提升品质。启动国家新型城镇化标准化试点建设，推进城市有机更新，改造提升老旧小区5个，新增城区停车位1400个。开展“城市体检”，加快智慧管网改建，疏通地下管网250余公里。开展文明城市创建“百日攻坚”，加强“五线”整治，累计整理63.3万米，推进生活垃圾精准分类，资源化利用率、无害化处理率均达100%。提升城市经营能力，千万级以上税收楼宇达到14幢，其中亿元级3幢。天荒坪镇获评美丽城镇省级样板，梅溪镇入选省小城市培育试点。浙江自然博物院安吉馆工程获“鲁班奖”。

乡村振兴拓展深化。获评全国乡村振兴百佳示范县、县域数字农业农村发展先进县，建成全国新时代乡村电气化试点，《美丽乡村建设指南》获中国标准创新贡献奖。新时代美丽乡村提档升级，新增省级美丽宜居村3个，余村入选省“未来社区”试点。开展农村人居环境“百日提升”行动，清理垃圾1.6万吨、乱堆放乱搭建2万余处。农饮水达标提标行动圆满收官，惠及人口覆盖率99%。农村闲置宅基地和住房“三权分置”改革不断深化，招引乡村振兴项目25个，带动村集体增收2415万元，消除集体经济年经营性收入50万元以下的欠发达村42个。实施“1＋1＋N”农业品牌发展战略，安吉白茶品牌价值达到41.6亿元，安吉竹林鸡、竹笋成为国家地理标志保护产品，入选全国农业绿色发展先行先试支撑体系建设试点。

环境质量持续提升。全力做好中央环保督察反馈问题整改。深入推进蓝天、碧水、净土、清废四大行动，坚决打好污染防治攻坚战。$PM_{2.5}$ 28微克/立方米，空气优良率94.5%，臭氧改善幅度全省第一。开展全域高标准治水，24个县控及以上断面水质全部Ⅱ类及以上。启动省级“无废城市”试点，在全市率先完成垃圾填埋场标准化封场。获批全国唯一山水林田湖系统治理创新基地、自然资源综合改革国家级试点，创成省级美丽河湖4条，清理小水电86座，新增造林4348亩，省级森林城镇实现全覆盖，成为2020年全省唯一“省级森林休闲养生城市”。

（六）围绕补短板、着力强弱项，争当基层治理排头兵

民生治理稳步开展。就业和社会保障水平持续提升，城镇登记失业率1.47%，基本医疗保险精准拓面，职工医疗保险纳入市级统筹。新增住房公积金缴存职工2.4万人，完成住房保障269户。扎实推进城镇危旧房治理，完成解危350户。民生改善PPP项目启动建设。义务段公办学校“空调进校园”工程全面完成，高考一段上线数再创新高，宇翔职业技术学院正式纳入全国普通高校序列。“健康浙江”考核全市第一，全市首家县级婴幼儿照护服务指导中心正式运行。完成第七次全国人口普查。扎实推进“新时代枫桥式退役军人服务站”建设，创成国家级“示范型”服务站6个。妇女、儿童、红十字、慈善、残疾人等事业取得新进步。

社会治理扎实推进。圆满完成重大警卫安保任务，社会大局保持和谐稳定，实现平安建设十五连冠，夺得全省首批“一星平安金鼎”，年度综合满意测评全省第二、全市第一。“最多跑一地”改革持续深化，全省率先实现县乡村三级矛调中心全覆盖。深入推进扫黑除恶专项斗争，刑事、治安案件分别下降37.6%、32.6%。“七五”普法圆满收官，创成省级民主法治村15个、善治示范村21个。完成安全生产综合治理三年行动，事故起数下降37.8%，死亡人数下降33.3%。成功抗击超大雨量超长时限梅汛。

政府治理提升水平。扎实推进法治高效阳光廉洁政府建设，加快打造“整体智治、唯实惟先”现代政府。“行政争议实质化解”成为全省法治政府建设“最佳实践”，“综合查一次”全面铺开。加快政府数字化转型，“无纸化会议、无纸化办公”成为常态。建立重大改革、重大事项、重点指标定期分析评价制度，政府执行力有效提升。主动接受县人大、县政协监督，邀请人大代表、政协委员列席县政府

常务会议。落实全面从严治党主体责任，建立“一岗双责”定期督查机制。规范政府投资、购买服务等行为，从紧安排各项支出，非刚性、非重点项目支出压减15.1%。完成省委巡视反馈问题整改。

各位代表，2020年各项目标任务的顺利完成，为“十三五”画上了圆满句号。五年来，紧紧围绕“两聚一美”发展大局，攻坚克难、砥砺前行，全力加快高质量赶超发展，高水平全面建成小康社会胜利在望。

五年来，坚定不移践行绿水青山就是金山银山理念。先后荣获全国首批生态文明奖、全国生态文明建设示范县，成为全国首批绿水青山就是金山银山理念实践基地，安吉县群众代表浙江省领取联合国“地球卫士奖”。$PM_{2.5}$平均浓度从每立方米50微克下降到28微克，空气优良率稳居全市第一。国家“水十条”考核断面全部达标，成功三夺“大禹鼎”。土壤安全利用率100%。绿色生产生活方式加快形成。

五年来，坚定不移加快高质量赶超发展。成功入围全国县域综合竞争力百强县、首批国家创新型县创建。地区生产总值从324.2亿元增加到487.1亿元，年均增长7.9%，高于省均1.4个百分点。财政总收入从55.7亿元增加到100.1亿元，其中一般公共预算收入从33亿元增加到59.8亿元，年均分别增长12.4%和12.6%，分别高于省均4.5和4.1个百分点。研发经费支出从7.2亿元增加到12.4亿元，高新技术企业从46家增加到205家。规上工业企业从395家增加到528家，规上工业增加值从107.2亿元增加到183.4亿元，累计企业上市5家。服务业分类发展评价全省第一，创成全国首批全域旅游示范区。农业现代化综合发展水平走在全省前列。

五年来，坚定不移全面深化改革开放。成功获批并启动新时代浙江（安吉）县域践行绿水青山就是金山银山理念综合改革创新试验区建设，落地转化省级及以上改革创新试点55项。“最多跑一次”改革等5项工作获省政府督查激励，政府数字化转型全面深化，“亩均论英雄”“标准地”改革和“五未”土地处置取得新进展，连续入选中国营商环境百强县。绿色金融改革深入推进，金融机构存贷款余额从799.6亿元增加到1737.5亿元。主动融入长三角一体化发展，成功纳入杭州都市区核心区，长三角产业合作区湖州片区启动规划建设。入选“交通强国”试点，立体交通网络初步构成。外贸外资稳中有升，自营出口占省份额从9.3‰提高到13.4‰，利用外资从6.9亿美元增加到10.3亿美元。东西部扶贫协作拓展深化，“白叶一号”产业帮扶成为全省精准扶贫十大案例。

五年来，坚定不移提升中国最美县域整体形象。获评国家森林城市、省大花园典型示范建设唯一优秀县、新时代美丽城镇建设优秀县、美丽乡村示范县、首批“无违建”县。城市功能不断完善，“一环七纵七横”城市路网基本形成，累计改造提升老旧小区29个，攻坚清零城中村8个，新增城区停车位1.3万余个，新图书馆等一批地标项目建成使用。小城镇环境综合整治圆满收官，获评省级样板点位12个，创成省级美丽城镇2个。《践行“两山”理念推进美丽乡村建设》入选全国十大改革案例，建成国家级美丽宜居示范村5个、省级美丽宜居示范村31个，创成省级美丽乡村特色精品村23个。

五年来，坚定不移让群众共享经济社会发展成果。城镇登记失业率逐年下降，城乡居民收入稳步提升，城乡居民收入比从1.93∶1缩小到1.67∶1。基本养老、基本医疗保险参保率分别达到98.9%、99.8%。创成省级教育基本现代化县，学前教育“安吉游戏”模式享誉国际，义务教育质量稳步提升，职业教育特色发展，本土全日制普通高校实现零的突破。公立医院综合改革、县域医共体建设全省优秀，平均预期寿命从78.68岁提高到82.41岁。全省率先实现13项公共服务全覆盖，成功实现城乡同质饮水。获评全国平安建设先进县，新时代乡村治理“余村经验”全市推广，社会大局持续和谐稳定。

各位代表，“十三五”时期取得的成绩来之不易。这是习近平新时代中国特色社会主义思想科学指引的结果，得益于党中央、国务院和省委省政府、市委市政府的正确领导，得益于历届县委县政府打下的良好基础、各套班子的通力合作，得益于全县广大党员干部群众的共同努力和团结奋斗。借此机会，我代表县人民政府,向全县人民、广大建设者,向全体人大代表、政协委员、离退休老同志,向各民主党派、工商联、无党派人士、人民团体和各界人士,向省、市驻安机构、武警部队官兵、公安干警、消防救援队伍,向所有关心支持安吉发展的海内外朋友们,表示衷心的感谢!致以崇高的敬意!

安吉县经济社会发展中还存在不少短板弱项。主要是:总体实力还不够强,受外部形势影响,当前经济持续回升向好的基础还不够稳。产业质效还不够优,支撑性、引领性的重大产业项目还不够多,人才科技与产业结合还不够紧密。城乡品质化建设、精细化管理做得还不够好。教育、医疗、住房等公共资源配置还不够均衡。公共安全、安全生产等领域还存在风险隐患。少数干部思想、能力、作风还跟不上新的形势要求,等等。对这些问题,一定高度重视,采取有效措施,切实加以解决。

二、"十四五"时期的主要目标和重点任务

根据《中共安吉县委关于制定安吉县国民经济和社会发展第十四个五年规划和二〇三五年远景目标的建议》,编制了《安吉县国民经济和社会发展第十四个五年规划和二〇三五年远景目标纲要(草案)》,提请大会审议。经本次大会批准后,将认真组织实施。

"十四五"时期,是我国开启全面建设社会主义现代化国家新征程的第一个五年,也是安吉县高质量绿色发展的"加速期"、融入重大战略的"窗口期"、城乡融合发展的"深化期"、改革系统集成的"攻坚期"、县域治理现代化的"迭代期"。必须忠实践行绿水青山就是金山银山理念,全面深化中国最美县域建设,再接再厉增添新优势;必须主动把握新一轮产业革命和产业变革机遇,加快创新驱动、改革破题、数字赋能,顺势而为汇聚新动能;必须深度参与长三角一体化国家战略、全省"四大"建设,充分发挥区位、生态、营商环境等各方面优势,乘胜前进融入新格局。全县上下一定要保持奋进者姿态、激发创造性张力,集中精力做好自己的事,以"十四五"时期的突破性成就,为实现二〇三五年远景目标奠定坚实基础。

"十四五"时期经济社会发展的指导思想是:高举习近平新时代中国特色社会主义思想伟大旗帜,深入贯彻党的十九大和十九届二中、三中、四中、五中全会精神,全面贯彻党的基本理论、基本路线、基本方略,统筹推进"五位一体"总体布局,协调推进"四个全面"战略布局,坚持党的全面领导,坚持以人民为中心,坚持新发展理念,坚持深化改革开放,坚持系统观念,坚持稳中求进工作总基调,以推动高质量发展为主题,以深化供给侧结构性改革为主线,以改革创新为根本动力,以满足人民日益增长的美好生活需要为根本目的,忠实践行"八八战略",始终坚持绿水青山就是金山银山理念,持续深化"一〇三六"改革发展工作部署,更高质量建设新时代浙江(安吉)县域践行绿水青山就是金山银山理念综合改革创新试验区,更高水平建设全国文明城市,更高品质建设中国最美县域,奋力打造"重要窗口"县域样本、努力成为新时代美丽中国县域窗口,全力争当社会主义现代化先行示范县。

"十四五"时期发展的主要目标是:在质量效益明显提升的基础上实现经济持续健康较快发展,全县地区生产总值年均增速高于全省1个百分点以上,到2025年力争达到700亿元,人均地区生产总值接近2万美元,一般公共预算收入突破100亿元,研发经费支出占地区生产总值比重达到3.6%,常住人口城镇化率达到72%,居民收入水平与经济发展基本同步,城乡居民收入比达到1.62∶1。实现上述目标,必须聚焦聚力省委现代化"十个先行""十三项战略抓手"、市委"十个方面高水平"和县委"五个现代化走在前列",着重抓好以下工作:

(一)加强生态文明建设。实施生态环境提标工程,争当新时代美丽中国县域窗口。全力打好生态环境巩固提升持久战,实施最严格的生态空间管控,统筹推进大气污染防治、水环境质量提升、土壤污染治理修复和全域"无废城市"建设,守护天蓝水清土净的美丽安吉。到2025年,$PM_{2.5}$确保28微克/立方米,力争低于25微克/立方米,空气优良率稳定在92%,力争达到95%,地表水、饮用水、出境水达标率稳定保持"三个100%",建成省级全域"无废城市"示范县。落实碳达峰、碳中和要求,加快生产方式绿色化转型,倡导绿色低碳生活方式,提升资源节约集约利用水平,打造绿色低碳型社会。拓宽绿水青山就是金山银山转化通道，健全生态产品价值实现机制，生态系统生产总值年均增长2%。

（二）强化改革创新赋能。高质量推进新时代浙江（安吉）县域践行绿水青山就是金山银山理念综合改革创新试验区建设，打造全国县域改革创新示范引领高地。高质量建设国家创新型县，打造联通杭州城西科创大走廊、合肥经济技术开发区的引流通道和承载平台。实施人才科技聚能工程，每年新增高新技术企业60家、科技型中小企业170家，到2025年，力争新引进大学生12万名以上，其中高层次人才3000名以上，培育农村实用人才1万人以上，探索形成安吉特色的产教融合模式。实施数字赋能突破工程，建设"掌上办事之县""掌上办公之县"，到2025年，依申请政务服务办件"一网通办"率90%，"掌上办事"政务服务事项覆盖率99%，营商环境便利度保持全省前列。深化要素配置改革，促进资源公平出让、高效利用。深入实施信用建设"531X"工程，建设信用安吉。

（三）构建现代产业体系。构建"一心引领、两带驱动、五区示范、全域美丽"空间新格局，实施现代产业提质工程，做强生态旅居、绿色家居两大特色优势产业，做大生命健康、高端装备、电子信息、新材料、通用航空五大新兴产业，成为新时代全国绿色发展标杆。落实制造业高质量发展方案，到2025年，力争制造业"1+5"产业总产值达到1800亿元。实施企业培大育强工程，打造"单项冠军"安吉方阵，上市公司达到18家以上。实施传统制造业改造提升2.0版，推进产业基础再造和产业链提升。实施数字经济"一号工程2.0版"，推进数字产业化、产业数字化。推动先进制造业和现代服务业深度融合，大力发展科技服务、现代物流、绿色金融等生产性服务业，做优做强现代商贸、健康服务等生活性服务业。实施生态旅居产业融合工程，加快文旅、体旅、农旅、康旅融合发展，提升产业附加值和发展水平。以"1+1+N"农业品牌发展战略为支撑，大力发展现代农业。

（四）提升内外联动水平。深入实施开放融入升级工程，努力成为服务构建新发展格局的示范样本。以扩大内需为战略基点，培育壮大消费新业态新模式，推进社会消费品总额稳健增长。实施新一轮扩大有效投资行动，大力推进"两新一重"等重大项目建设，固定资产投资适度快于经济增长。深度参与长三角一体化战略，全面接轨上海大都市圈、融入杭州都市区，扎实推进长三角产业合作区湖州片区建设，打造长三角跨区域产业集群建设样板。以交通一体化牵引区域一体化，实施综合交通"3242"工程，加快融入长三角1小时交通圈、"轨道上的长三角"，构建"一横一纵"高铁网、"两横两纵"高速路网，提升内部路网品质，形成内联外畅"3060"交通圈。发展更高水平开放型经济。推进浙江澳门（安吉）经贸合作区建设。持续做好"白叶一号"产业帮扶、对口支援等工作。

（五）推进城乡融合发展。持续推进新时代美丽城市、美丽城镇、美丽乡村建设，争当新时代全国城乡融合样板。实施中心城市能级提升行动，推动昌硕精致生活城、城北绿色智造城、灵峰山水休闲城、苕溪未来创新城四城联动，加快主城区—孝丰一体化发展。加快城市更新，实施畅通工程，积极推进海绵城市、韧性城市建设。实施文明城市提档工程，扎实开展"四大升级行动""十大提升工程"，努力建设全国文明城市典范。构建有机统一城镇发展体系，特色化建设美丽城镇。实施乡村振兴先导工程，开展新时代美丽乡村振兴示范带、示范区创建，高质量建设余村"未来社区"试点。推动美丽乡村人居环境提档升级，建立健全农村人居环境长效管理机制，到2025年，3A级景区村庄覆盖率提高至50%。

（六）持续保障改善民生。实施幸福民生提升工程，完善为民办实事长效机制，扎实推动共同富裕，打造新时代美好生活向往地。全面落实就业优先战略，城镇登记失业率控制在3%以内，到2025年，新增就业人数9万以上。加快教育现代化，深入推进全国义务教育优质均衡县创建，推动各年龄段教育优质发展。扎实推进"健康安吉"建设，健全公共卫生体系，深化县域医共体建设，优化配置医疗资源，提升医疗服务质量。优化公共文化服务供给，丰富人民文化生活，健全全民健身服务体系，建设浙江省体育现代化县。完善城乡居民基本养老、基本医疗、大病、失业等保险政策，基本实现法定人员参保全覆盖。加强对妇女儿童、残疾人等群体的关心关爱，健全养老服务体系，推动慈善事业健康发展。实施县域治理创新工程，全面深化法治安吉建设，加快政府数字化转型，全面推广新时代乡村治理“余村经验”，成为新时代全国县域治理典范。统筹发展和安全，加快构建大平安机制，平安指数、群众安全感满意度持续位居全省前列。

三、2021年工作安排

2021年是建党100周年，是“十四五”开局之年，也是争当社会主义现代化先行示范县的启动实施之年。做好今年的各项工作，总的是要全面贯彻习近平总书记重要指示批示精神，坚决落实中央和省市各项决策部署，立足新发展阶段，贯彻新发展理念，融入新发展格局，紧紧围绕县委十四届十次全会暨经济工作会议确定的目标任务，深入实施“一〇三六”改革发展工作部署，扎实做好“六稳”工作，全面落实“六保”任务，奋力打造“重要窗口”县域样本、努力成为新时代美丽中国县域窗口，为全力争当社会主义现代化先行示范县开好局、起好步，以优异成绩庆祝建党100周年。

综合各方面考虑，建议今年全县经济社会发展主要预期目标为：地区生产总值增长8%；财政总收入增长8%，其中一般公共预算收入增长10%以上；城乡居民人均可支配收入分别增长8%、9%；规上工业增加值增长8%；服务业增加值增长8.5%；社会消费品零售总额增长7%；固定资产投资增长10%；城镇登记失业率控制在3%以内。完成省市下达的能源和环境指标计划目标。

实现以上目标，必须在落实常态化疫情防控措施的基础上，高质量做好11个方面工作：

（一）高质量推进科技创新和人才引育。实施人才强县、创新强县首位战略，研发经费支出占地区生产总值比重达到2.9%，创成国家创新型县。优化科创平台体制机制，提升科创园、“两山”创客小镇能级，高标准建设浙江生态文明研究院、绿色家居工业设计研究院、安吉白茶研究中心，加快生命健康联合研究中心成果转化，启动省级竹产业创新服务综合体、灵峰“智慧绿谷”建设，确保省级椅艺产业创新服务综合体通过验收。加快中国安吉(绿色家居)知识产权快速维权中心建设。落实科技十条新政，激发企业主体活力，新认定省级高新技术企业研发中心10家、企业研究院10家、企业技术中心1家，实施“尖兵、领雁”攻关项目5个以上。实施科技型企业“双倍增”行动，新增高新技术企业60家以上、科技型中小企业170家以上。深入推进“南太湖精英计划”“美丽英才计划”“硕博招引”4.0行动，全职引进顶尖和领军人才15人以上，新增国家和省级引才计划专家10人以上，新引进大学生2.5万人以上。实施新时代“两山”工匠集聚工程，新增高技能人才2500人以上。实施“安商名企”成长行动，加强新生代企业家培养。

（二）高质量推进平台能级提升和项目双进双产。落实五大园区发展规划，支持开发区打造高能级战略平台、示范区建设高质量骨干平台，加快建设灵峰“中国最美公园”，争创国家农业高新技术产业示范区。加大园区规划建设，开展园区风貌管控专项整治，全年完成基础设施投入11亿元以上。加快制造业“1+5”产业园建设提升，严格执行入园标准，推进产业集聚、企业集中。启动建设小微产业园3个、建成2个。深入开展双进双产比拼行动，实施项目全生命周期动态管理，引进5亿元以上项目超35个，认定市“大好高”项目60个以上，入选省重大产业项目10个，2020年、2021年招引的项目开工率分别达到90%、50%。省市县长项目工程落地率70%以上。扎实开展“深化‘三服务’、聚力‘破五未’”项目攻坚行动，化解“五未”项目100个以上。

（三）高质量推进制造业发展。落实制造业“1+5”产业高质量发展方案，做大做强产业集群，其中五大新兴产业增加值增速快于面上3个百分点以上。实施传统制造业改造提升2.0版，深入推进分行业省级试点，加快推进企业数字化智能化绿色化，实施智能化技改项目30个、绿色化技术改造项目12个，整治提升“低散乱”企业125家以上。实施数字经济“一号工程2.0版”，核心产业增加值增长11%以上。实施产业基础再造和产业链提升工程，落实“链长制”，构筑省级产业链上下游企业共同体1个。完成公共设计生产力服务中心建设投运。落实“放水养鱼”计划，全年为企业减负40亿元。深化绿色金融改革创新示范县创建，金融机构本外币存贷款余额突破2000亿元。大力度推进培大育强、培精育专专项行动，新增“隐形冠军”“小巨人”“单项冠军”等专精特新企业4家，完成上市挂牌2家、“小升规”50家以上。加强质量品牌建设，通过绿色产品认证6个、“浙江制造”认证产品8个，新增“品字标”企业5家、“浙江制造”标准3项。

（四）高质量推进服务业创新融合发展。深入推进省级数字生活新服务样板县创建，大力发展电商等新业态，网络零售额增长15%以上。积极争创省“两业”融合试点，大力培育发展现代物流、科技信息等生产性服务业，增加值占服务业增加值比重突破40%。扎实推进省文旅消费试点建设，全力创建全省首批文旅融合改革试验区。加大文旅项目招引投资力度，完成投资30亿元以上，旅游增加值占地区生产总值比重稳步提升。加快民宿产业高质量健康发展，培育主题文化民宿村落3个、创成1个，提升农家乐集聚区3个。实施楼宇经济培育计划，千万级以上税收楼宇达到15幢。培育发展“夜间经济”，打造消费示范街点3个，品质化改造文化风情商业街区3条。深化放心消费行动，建设放心消费单位4000家。

（五）高质量推进改革系统集成。深入开展改革集成攻坚行动，以新时代浙江（安吉）县域践行绿水青山就是金山银山理念综合改革创新试验区建设为统领，高质量完成年度107项重点任务。以数字化改革撬动各领域改革，深化政务服务2.0建设，推进群众、企业全生命周期和部门间“一件事”改革集成，推出“智能秒办”事项100项、“无感智办”事项50项，民生事项“就近可办、全域通办”80%以上，企业投资项目审批“最多80天”。启动县域智治中心建设。深入开展营商环境优化行动，完善企业“集中服务日”活动，打造“三服务”2.0版，营商环境全省排名争先晋位。深入推进信用安吉建设，建立健全信用评价、监管和惩戒体系。深化“亩均论英雄”“标准地”改革，深入开展亩均效益领跑者行动，完善综合评价机制，规上工业企业亩均税收、亩均增加值分别增长15%和12%以上。推动要素保障和高质量利用，引导资源要素向优势产业、优质企业集中，处置消化“五未”土地7000亩。落实能源“双控”“减煤”措施，加强全过程动态管控，淘汰落后产能企业15家以上，腾出用能空间1万吨以上标煤。继续深化监地融合发展。实施国企专项改革。

（六）高质量推进战略融入和对外开放。深度融入长三角一体化发展，以主力担当推进长三角产业合作区湖州片区建设。主动融入上海大都市圈、杭州都市区，上海、杭州“飞地”建成投运。深入实施“交通强国”试点，扎实推进高铁宁杭二通道及杭安、德安高速前期工作，确保申嘉湖高速孝源至唐舍段、304省道安吉至德清段建成通车。高标准建设数字物流港项目一期，完成年度投资3亿元。发展更高水平外向型经济，稳定传统市场、拓展新兴市场，确保自营出口占省份额基本稳定。构建跨境电商生态服务体系，跨境电商交易额增长30%以上，绿色家居产业集群跨境电商园建成投运。积极应对国际贸易摩擦，开展贸易调整救助试点，降低企业出口风险。推进浙江澳门（安吉）经贸合作区建设，完成合同外资5亿美元、实到外资2.5亿美元。深化东西部协作，继续做好“白叶一号”产业帮扶。

（七）高质量推进新型城镇化。编制实施国土空间规划。实施新一轮“优雅竹城”建设，加快地下智慧管网改造建设，启动凤凰山公园二期，开展昌硕路综合改造工程，改造提升老旧小区7个。高质量建成杭长高速安吉开发区互通、高铁大道。实施文明城市创建“十大提升工程”。加强专业市场、“五线”整治提升，创成放心农贸市场3家。持续抓好生活垃圾精准分类，高标准创建省级垃圾分类示范小区。探索小区停车资源共享模式，用好地上地下停车空间，实施城区“无杆停车、无感支付”。争创“千年古县”，加快梅溪省级小城市培育试点建设，力争孝丰入选“千年古城”复兴计划，启动省级美丽城镇创建3个、创成样板1个。

（八）高质量推进乡村振兴。加快全国农业绿色发展先行先试支撑体系试点县建设，深化“1+1+N”农业品牌发展战略，大力发展西南片区林下经济，确保各类农产品总产值达到45亿元以上。坚决遏制耕地“非农化”、防止“非粮化”，完成农村乱占耕地建房问题专项整治，建成高标准农田8000亩以上，确保全年粮食总量达8.1万吨。完成生猪保供稳价任务。深化省数字乡村试点示范县建设，完成农业数字化种养殖基地改造20个。深入推进省“耀眼明珠”建设，提升余村—竹博园景区、古城国家考古遗址公园品质，继续领跑省大花园示范县创建。推动美丽乡村提档升级，加强历史建筑保护利用，创成省级美丽宜居示范村3个，启动新时代美丽乡村振兴示范带、示范区创建。加快余村“未来社区”试点建设。加强农房安全隐患排查整治，启动农村生活污水提标改造五年计划，完成20吨以上终端标准化运维，提标改造终端40座，农村垃圾精准分类准确率90%以上。加快推进西南片区“511”工程，确保农村等级公路、物流、公交“村村通”全覆盖。推动新时代乡村集成改革，深化“三位一体”农合联建设，推动农村集体经营性建设用地入市、闲置宅基地和住房盘活利用，消除集体经济年经营性收入50万元以下的欠发达村。

（九）高质量推进生态文明建设。高标准完成第二轮中央环保督察反馈问题整改。深入实施蓝天、碧水、净土、清废四大行动，协同推进$PM_{2.5}$和臭氧“双控双减”，加强氮氧化物治理，确保$PM_{2.5}$ 30微克/立方米以下，空气优良率稳定在90%以上。扎实推进水生态示范试点县建设，确保县级及以上交界断面水质全部Ⅱ类及以上，奋力夺取“大禹鼎”银鼎。加强土壤污染防治，污染地块安全利用率92%以上。加快省级资源循环利用示范基地二期建设，规上工业企业全部启用固废分类中心，创成省级“无废城市”。深入推进全国山水林田湖系统治理创新基地、省级山水林田湖草生态保护修复试点，启动自然资源综合改革国家级试点，推进全域绿化美化行动，实施西溪、南溪流域治理工程，新增造林3440亩，创成省级美丽河湖1条。实施节水行动，创成国家级节水型社会。研究碳达峰、碳中和落实举措，争取省级碳排放改革试点。深入开展绿色细胞创建，严格执行限塑令，确保取消“六小件”全覆盖。深化县内流域上下游生态补偿机制，探索跨省生态补偿和环境协同治理。

（十）高质量推进民生改善。落实就业优先政策，新增城镇就业2万人以上，确保零就业家庭动态归零。实行基本医疗保险市级统筹制度，推进基本养老保险精准扩面。完善住房保障体系，货币租赁补助中低收入困难家庭200户以上，进一步扩大住房公积金覆盖受益面。提升老年人、妇女儿童保障水平，完成生活困难老年人家庭适老化改造200户，建成村（社区）儿童之家20个。加快实施民生改善PPP项目，启动第二初中、妇保院等迁改建工程。支持浙江宇翔职业技术学院建设发展。高水平推进“健康安吉”和县域医共体建设。抓紧抓实外防输入、内防反弹工作，健全“源头查控＋硬核隔离＋精密智控”机制，强化重点场所监管，落实冷链物防闭环管控，持续巩固疫情防控成果。深入开展爱国卫生运动，通过国家卫生县城复评。推进文化事业和文化产业发展，启动文化馆、工人文化宫迁建工程，创成省级文化产业街区1条、市级文化产业园区2个。深化省退役军人全生命周期服务管理试点建设，加强国防动员教育。支持工青妇、红十字、残疾人、慈善等社会事业发展，做好民宗、台侨、外事、档案、史志等工作。

（十一）高质量推进基层治理。深化“最多跑一地”改革，数字赋能政法改革，加强乡镇（街道）基层社会治理“一中心四平台一网格”建设，提高三级矛调中心运行效能。坚持和发展新时代乡村治理“余村经验”，启动“八五”普法，新增国家民主法治示范村1个以上，完成全国农村社区治理实验区评估验收。坚持“防为主、防为上”，构建立体化、智慧化社会治安防控体系，依法严厉打击“黄赌毒”“盗抢骗”以及网络电信诈骗、涉枪涉爆等违法犯罪。加强基层应急管理体系和能力建设，加强自然灾害防治，深入开展第二轮安全生产综合治理三年行动，强化消防、交通、危化品、食品药品等安全监管，生产安全事故起数、死亡人数均下降25%以上，确保平安建设十六连冠，力夺“长安杯”。

各位代表，今年继续按照“群众提、代表定、政府办”的理念，通过公开征集、深入论证和反复征求意见，梳理形成了十二方面民生实事候选项目，提请大会票决。确定后，将全力组织实施，确保高质量完成。

四、建设党建统领的整体智治现代政府

干好新一年、开局“十四五”，必须坚持县委统一领导、凝聚各方力量。我们将树牢“四个意识”，坚定“四个自信”，坚决做到“两个维护”，以建设法治高效阳光廉洁政府三年行动为牵引，全力推进“整体智治、唯实惟先”现代政府建设，全面提升政府工作现代化水平。

打造职责法定、依法行政的法治政府。全力争创“法治浙江（法治政府）示范县”。落实“三重一大”决策制度，严格规范重大行政决策制定和执行程序。探索实施“一支队伍管执法”改革，完善“部门专业执法＋综合行政执法＋联合执法”的行政执法体系。实施《行政诉讼案件败诉问责暂行办法》，完善行政复议体制机制，推动乡镇（街道）各类规范性文件、合同和决策等合法性审查全覆盖。

打造县乡一体、部门协同的高效政府。继续实施重大改革、重大事项、重点指标定期分析评价制度，建立“专项专班专题”推进机制，确保中央和省市县委各项决策部署落细落实。推行“项目化实施＋专班化推进”运作方式，推进重点领域和重大改革“一条边”管理。加快政府数字化转型，全面推行“无纸化会议、无纸化办公”，让部门间“最多跑一次”成为常态。加大精文简会力度，持续为基层减负。

打造公开透明、公平公正的阳光政府。自觉接受县人大依法监督、县政协民主监督和社会各界监督，坚持并用好电视问政、政协委员“面对面”、“12345”政府阳光热线等平台，继续邀请人大代表、政协委员列席县政府常务会议，多渠道听取意见建议。高质量办理人大议案建议、政协提案，确保及时反馈、满意率“两个 100%”。深化阳光行政，非涉密文件 100%向社会公开。规范和完善县政府领导接访下访制度。

打造全面从严、全面过硬的廉洁政府。认真履行全面从严治党主体责任，严格落实中央八项规定精神，严肃纠治“四风”问题，特别是形式主义、官僚主义。加大公共投资、公共资金、公共权力以及国有资产资源的审计监督，推进政府采购、招投标监管。完善预算管理体系，进一步压缩执行率低于 90%的部门预算。从紧安排各项支出，严控“三公”经费和会议费、培训费，非刚性、非重点项目支出压减不低于 10%。

各位代表，新目标鼓舞人心、新征程催人奋进。让我们紧密团结在以习近平同志为核心的党中央周围，在中共安吉县委的坚强领导下，再接再厉、顺势而为、乘胜前进，奋力打造“重要窗口”县域样本、努力成为新时代美丽中国县域窗口，为争当社会主义现代化先行示范县和实现“十四五”良好开局而努力奋斗！

中国人民政治协商会议
安吉县委员会常务委员会工作报告

——在政协第九届安吉县委员会第五次会议上的报告

(2021年1月31日)

安吉县政协党组书记、主席　赵德清

各位委员：

我代表中国人民政治协商会议第九届安吉县委员会常务委员会，向大会报告工作，请予审议，并请会议列席人员提出意见。

一、2020年工作回顾

2020年，极不平凡、极有意义。一年来，县政协在县委坚强领导下，把助力统筹疫情防控和经济社会发展作为工作主线，把双向发力作为履职主业，把加强思想政治引领、广泛凝聚共识作为中心环节，积极工作、认真履职，在奋力打造“重要窗口”县域样本、努力成为新时代美丽中国县域窗口中作出政协贡献。

(一)旗帜鲜明讲政治，在强化思想政治引领中明方向、强使命

一年来，县政协始终把党的政治建设摆在首位，提高政治站位，不忘初心使命，确保政协事业沿着正确政治方向前进。

巩固思想政治根基。我们坚持用习近平新时代中国特色社会主义思想武装头脑，在学懂弄通做实上下功夫。通过政协党组(扩大)会议带头学、常委会会议专题学、委员培训集中学、机关干部经常学等常态化机制，认真学习习近平总书记关于加强和改进人民政协工作的重要思想，认真学习党的十九届四中、五中全会和省市县委全会等重要会议精神，增强对新发展阶段、新发展理念、新发展格局的深刻领悟，营造学思用贯通、知信行合一的浓厚氛围，增强“四个意识”，坚定“四个自信”，做到“两个维护”，在思想上看旗，在行动上看齐。

笃学践行殷殷嘱托。我们将贯彻落实习近平总书记视察浙江、安吉重要讲话精神作为重大政治任务，向全体委员发出《铭记嘱托　牢记使命　砥砺前行》倡议书，把总书记赋予安吉“再接再厉、顺势而为、乘胜前进”的嘱托转化为做好政协工作的思想动力、精神动力和工作动力。通过政协主席读书会、“崇学讲堂”等多种形式，分层分类开展培训研讨活动32场次，形成笔谈文章50余篇，其中6篇在《人民政协报》等全国及省级以上媒体刊登，形成浓厚的学思践悟氛围。

坚持县委全面领导。我们始终把党的领导贯穿于政协工作的全过程、各方面，坚持将县委常委会会议精神的贯彻落实作为政协党组(扩大)会议和政协主席会议的第一个固定议题，第一时间传达学习县委有关决议，把增强“窗口”意识、助推“窗口”建设作为建言资政和凝聚共识的重要内容，把县委决策部署转化为政协组织和政协委员的实际行动，增强政协履职的主动性、积极性、创造性。

(二)融入中心促发展，在倾情服务中心大局中见行动、显担当

一年来，县政协紧扣中心大局，主动献计出力，确保党政中心工作推进到哪里，政协履职就

跟进到哪里，助推力量就汇聚到哪里。

全员倾力“两手硬、两战赢”。面对突如其来的新冠肺炎疫情，政协系统闻令而动、听令而行，与党政同心战疫、共克时艰，全力投身疫情防控阻击战，守护“一方净土”。班子成员赴联系乡镇、企业、项目等防控一线，督促指导包括近70家政协委员企业在内的150家企业落实疫情防控和开复工要求，协调解决一批人员防护、物流畅通、物资准备等问题。政协委员和机关干部积极参与卡点、小区、楼道志愿服务，捐款捐物350多万元、口罩20多万只。聚力“六稳”“六保”任务，收集反映涉及疫情防控的社情民意信息，其中推进企业有序开复工、疫后休闲旅游产业恢复性发展等建议获市县领导批示，助力抗疫与发展取得“双胜利”。

全力参与“全国文明城市创建”。我们连续三年聚焦“全国文明城市创建”主题，以专题协商、双月对口协商、提案办理协商、专项民主监督等形式，开展协商、监督活动11场次，提出建议96条，经办理落实，有效推动垃圾分类、停车管理、背街小巷整治、无障碍设施建设等创城工作开展。县政协领导带队深入乡镇（街道）、村（社区）和创建点，进行督查指导；政协机关对领办责任小区和路段，定人定岗开展精细化常态化服务；政协委员主动参与，助力所在单位、社区创城工作。政协机关、多名政协委员获创城工作嘉奖、记功。

全心投入“三服务”活动。按照县委县政府部署，动员政协系统热情关注和积极参与新时代“两山”试验区建设。围绕项目“双进”、园区平台建设等主题，开展政协常委会专题视察。积极开展“企业集中服务日”、生态文明“集中推进日”、“五未”项目推进活动，联系指导村（社区）组织开展换届工作。调研乡镇、村（社区）、企业、项目，推动解决一批企业、项目反映强烈的停车难、用地难、运营难等问题。以“六个一”为活动载体，主动融入“争先创优”行动，为党政分忧，助力打好“十三五”收官战。

（三）建言资政强主业，在坚持传承创新中添活力、促实效

一年来，县政协准确把握专门协商机构新定位，把履职的想法、办法和干法统一起来，积极发挥协商平台优势，努力为党政决策贡献政协智慧。

用好“请你来协商”平台，提高协商参与度、精准度和贡献度。充分发挥“2＋6＋X”协商体系中的“6”类常态协商作用，聚焦“献计‘十四五’奋进新征程”“深化全国文明城市创建 推进县域治理现代化建设”主题，开展县委书记、县长与政协委员两个“面对面”活动，为编制“十四五”规划和文明城市创建建言献策。聚焦在常态化疫情防控中跑出高质量绿色发展加速度，开展民宿规范提升、打造“无废县”重点课题调研，为县委县政府提供决策咨询；选择物流业规范提升、学校公共卫生治理体系建设主题，开展双月对口协商，协商成果得到县主要领导批示肯定。围绕“社会组织培育与管理”“文化礼堂作用发挥”等主题向4个党政部门委派民主监督小组，同时针对2019年协商成果的落实情况开展“带头督、回头看”，健全履职链条。

打造“安吉之治·我来协同”平台，提高履职辨识度、显示度和美誉度。因应社会治理大势，在全国率先出台《关于参与社会矛盾纠纷调处化解 助推县域治理现代化的实施意见》，系统构建“安吉之治·我来协同”平台体系。坚持“不建机构建机制”，聚焦乡镇、村（社区）、学校、医院、企业等基层治理重点领域，组织广大政协委员、各民主党派、各参加单位整体联动，分类分级设立县矛调中心委员工作室、女委员工作室、民主党派委员工作室等微平台27个，运用调研协商、提交提案、反映社情民意以及参与下访问访、听证评议、跟踪问效等履职途径，推动履职向基层拓展，着力破解政协工作“基层没脚、基础不牢”问题，成效初显。先后在全国政协汪永清副主席主持的“十四五”社会治理规划编制视频座谈会和全国地方政协社法委工作座谈会上，作安吉政协助推基层治理工作经验交流。

依托“跨界”“跨区域”平台，扩大履职工作面、覆盖面和影响面。坚持“议而有效、事有推进”，运用“跨界”思维，适度打破界别界限，深化界别议事厅、“桥梁”工作室等“X”平台建设。创建“两山”委员会客厅，汇聚“两山”转化合力。围绕“创赢发展·争先创优”主题，开展委员企业“圆桌会议”，形成的成果得到县委县政府主要领导批示。全面走访各民主党派，倾听党派声音，凝聚党派合力。积极助力

长三角产业合作区建设，举办苏浙皖6县(市)政协主席第一次联席会议，签署共建跨区域协商平台协议，探索共谋一体化发展、共商一体化治理的“非常6+1”跨省域协商平台。

(四)凝聚共识筑同心，在发挥独特优势中聚众力、增动能

一年来，县政协始终锚定广泛凝聚共识的履职价值取向，认真落实政协统战责任，着力形成服务安吉改革发展的共同意志和精神力量。

开放议政增进共识。疫情期间，创新“政协+互联网”工作方法，围绕白茶安全采摘、外贸企业脱困等主题，开展多场网络在线协商。全年对各类“请你来协商”活动实现融媒体直播全覆盖，增强了界别群众的代入感，扩大了政协履职的开放度。用好提案工作信息化平台，实现提案提交、审查、交办、回复和评价全流程信息化管理。视频连线省政协民生论坛，就乡村振兴人才体制机制问题提出建议，得到葛慧君主席现场点评。

服务民生扩大共识。开展委员“六下乡”服务活动，为企业员工“送清凉”、为一线建设者“送安全”、为留守儿童“送温暖”、为新居民子女“送心愿”，受到群众欢迎和好评。举办“政在直播·协手同行”委员直播带货活动，助推疫情期间产品销售和旅游消费。围绕小区管理、居家养老、潮汐车位、浒溪改造、文化礼堂建设等民生事项提交提案，推动民生实事解决。发挥省政协信息直报点作用，全年报送复工复产、就业就学、医疗卫生、社会保障等方面社情民意信息302篇，其中被全国政协和省市政协录用67篇，获批示15次，1篇被评为全国政协优秀信息，在全省政协信息直报点年度考核中名列第一。

讲好故事传播共识。启动《安吉政协志》及《一根竹子的神韵》《一片叶子的传奇》《一把椅子的魅力》《一方全域大景区的风采》“四个一”丛书编撰工作。同省政协联谊报社联合出品全省首个委员履职微电影《妈妈的手机》，在新年元旦全网推出，观看人数超200万，引起新华社、《浙江日报》等媒体广泛关注。受邀在省委党校省组中青班、团省委组织的地市级以上团干部培训班上授课，讲好安吉践行“两山”理念、推行导师帮带制等故事。《人民日报》、《人民政协报》、《联谊报》和新华网、“同心苑”公众号等省级以上媒体全年报道安吉县政协特色工作73篇，其中2篇登上《人民政协报》头版，荣获2020年度全省政协宣传先进单位。

(五)强化责任浓氛围，在加强自身建设中强本领、树形象

一年来，县政协主动适应新形势，着力推进“两个全覆盖”、解决“两个薄弱”、建好“两支队伍”，多措并举强基固本。

强党建促进提质增效。贯彻新时代党的建设总要求，加强和改进政协党的建设，充分发挥政协党组把方向、管大局、保落实的领导作用。加强对机关党组的领导，定期听取机关党组工作汇报。创新成立8个专委会功能型党支部，出台《县政协专委会功能型党支部工作规则》，实现“党的组织对党员委员的全覆盖、党的工作对政协委员的全覆盖”，做到融入履职抓党建、抓好党建促履职。

强队伍激发责任担当。完善委员管理、考核、评价、约谈等机制，引导委员争做“责任委员”。加强履职能力培训，激发委员履职热情，提高履职活跃度，扩大履职参与面，做到忠诚履职、主动履职、创新履职、跨界履职、有效履职。广大政协委员在统筹疫情防控与经济社会发展一线中奋斗有我、建功立业，倍受教育、尽显风采，涌现出一批在防疫抗疫、经济发展、社会治理和政协履职工作中成绩突出的典型，发挥了政协委员在政协工作中的主体作用、本职工作中的带头作用、界别群众中的代表作用。

强作风焕发机关活力。修订政协机关工作制度，为政协履职提供制度保障。发挥各专委会在政协工作中的基础性作用，组织和指导各界别、各履职平台参政议政有序有效开展。定期推送“主席推荐阅读”，开展“头脑风暴”“信息清零”和理论研讨等活动，营造崇学善思、生动活泼的工作氛围。依托政协党组会议、警示教育活动、“党性党纪教育一刻钟”等，深入开展党风廉政建设，支持派驻纪检监察组开展工作，确保政协机关心齐劲足、风清气正。

各位委员、同志们！回顾过去一年，县政协各项工作有效推进，是县委坚强领导和县人大、县政府大力支持的结果，是广大政协委员、参加县政协的各党派团体和社会各界共同努力的结果。在此，我代表县政协常委会

表示衷心感谢！

对标县委和上级政协对人民政协的新要求，从履职“回头看”和工作“向前看”角度剖析，还存在一些薄弱环节，主要是履职活动数量不少，但高质量的成果不多，质效有待提高；凝聚共识工作机制不够完善，制度有待健全；政协工作向基层延伸的探索实践不够有力，工作有待规范；委员履职参与面不够均衡、不够充分，履职动能有待增强。对这些问题，我们将在今后的工作中认真加以改进。

二、2021年工作任务

2021年是中国共产党成立100周年，是全面建设社会主义现代化的开启之年，是“十四五”开局之年，做好政协工作意义重大、使命光荣。县政协工作的总体要求是：坚持以习近平新时代中国特色社会主义思想为指导，全面贯彻中共十九大和十九届二中、三中、四中、五中全会精神，深入贯彻习近平总书记视察浙江、安吉重要讲话精神，增强“四个意识”、坚定“四个自信”、做到“两个维护”，牢牢把握团结和民主两大主题，围绕立足新发展阶段、贯彻新发展理念、构建新发展格局，围绕忠实践行绿水青山就是金山银山理念，认真落实中共安吉县委各项决策部署，聚焦“十四五”开好局起好步，聚焦更高质量发展主线，着力强化思想政治引领，着力广泛凝聚各界共识，着力提高建言资政质效，着力发挥专门协商机构作用，着力增强委员责任担当，为全力争当社会主义现代化先行示范县贡献智慧和力量。要抓好以下四方面工作：

（一）筑牢政治圆心，自觉在党的领导下推进政协工作

站在“两个百年”历史交汇点上，带领全县政协系统回望党的光辉历程和伟大成就，坚守人民政协成立初心，汇聚众志成城的精神伟力，巩固团结奋斗的共同思想政治基础。

着力加强政治能力建设。把加强党的政治建设始终摆在政协工作首位，不断提高政治判断力、政治领悟力和政治执行力，把政治过硬建立于坚定的政治信念之上，把“两个维护”全面落实到各项履职中、贯穿于工作全过程，守住政治圆心、拉长包容半径、画出最大同心圆。巩固深化“不忘初心、牢记使命”主题教育成果，引导广大委员把初心使命付诸全力争当社会主义现代化先行示范县的不懈奋斗中。开展庆祝建党百年活动，“在安吉感受红色力量”，激发爱党之情、爱国之志、爱民之心。

切实强化思想理论武装。坚持用党的创新理论团结教育引导广大政协委员和社会各界人士，做到入脑入心、走深走实、凝心铸魂。通过县政协党组理论中心组、主席读书会、“崇学讲堂”、掌上履职平台学习群等形式，强化思想理论、方针政策、时事政治学习，强化中国共产党史、新中国史、改革开放史、社会主义发展史和统一战线历史、人民政协历史学习，树牢新时代人民政协工作的“根”和“魂”，在思想上精神上紧紧团结在一起。加强政协理论研究，促进政协协商与基层协商相衔接、与社会治理相结合，探索中国式民主在基层的生动实践。

全面贯彻县委决策部署。坚持围绕“公转”抓好“自转”，自觉把政协工作放到全县中心大局“一盘棋”中去谋划、去推进。聚焦社会主义现代化先行示范县建设目标，紧扣县委“五个现代化走在前列”、“一〇三六”改革发展工作部署，主动对标“双向发力”，振奋精神履职尽责，把县委的主张转化为参政议政、民主监督、政治协商的共识，确保在政治上同向、思想上同心、步调上同频、工作上同步，切实把县委决策部署落实到思想和行动上来，转化为社会各界的共同意志和共同行动，凝心聚力谋发展、同心同行促发展、用心用情为发展。

（二）保持协商张力，自觉在服务大局中推进政协工作

发挥“请你来协商”平台作用，突出“绿色发展”“善治和谐”“美好生活”等重点，加强融合履职，推进政协工作向基层延伸，形成更多高质量资政成果，助力党政科学决策、有效施政。

聚焦党政关切献策。提高站位，主动作为，强化服务助力，积极参与新时代“两山”试验区建设。围绕“构建共同富裕新格局、打造美好生活向往地”“贯彻新发展理念、打造绿色发展链”，开展县委书记、县长与政协委员“面对面”活动。围绕“完善矛盾纠纷源头治理机制”“加快发展城市经济”“全面推进乡村振兴”，开展课题调查研究。围绕“营商环境优化”“城市小区治理”“技能型人才引用留育管”“困难弱势群体关爱”，开展双月对口协商。把“执行限塑令、取消六小件”“加快发展现代服务

业”“推广智慧停车”等主题，作为今年民主监督项目，开展协商式监督，推动工作落到实处、见到实效。慎终如始做好常态化疫情防控，在有效履职中服务促进改革发展。

围绕县域治理发力。立足政协，面向基层，推动“安吉之治·我来协同”工作扩面提质，助力县域治理现代化取得新成效。新建一批企业、学校、医院委员工作室，发挥好已建各级各类委员工作室等微平台作用，让委员走进群众、群众走进政协，走好新时代政协工作的群众路线，推动政协履职之树扎根基层沃土、枝繁叶茂。协同社会治理相关职能部门，助推深化矛盾纠纷源头治理工作，构建基层矛盾纠纷不扩散、不激化、不上行的全周期闭环治理机制，通过“条抓块统”，促进“事心双解”，形成解决一批利益诉求、化解一批矛盾纠纷、提出一批提案建议、形成一批协商成果、汇聚一批共识力量“五个一批”成果，让“政协之力”助推“安吉之治”成为靓丽风景线。

紧盯民生实事建言。以不断满足人民群众美好生活需要为导向，坚持选题聚焦民生、协商贴近民生、成果服务民生。用好县领导领办重点集体提案、政协常委会民主评议提案办理等制度，提高重大民生提案办理质效，助力增强人民群众的获得感、幸福感、安全感。发挥“民意直通车”作用，把反映群众诉求、促进民生改善作为选题重要方向，组织委员报送社情民意信息，促进民生热点难点堵点问题解决。依托界别议事厅、“桥梁”工作室等平台，把协商搬进社区、搬进网格、搬进群众中间，打造离群众最近的“民生议事堂”，让协商有力度、有深度、更有温度。

（三）激发履职共情，自觉在凝聚共识中推进政协工作

树立人民政协一切工作重在凝聚共识的鲜明导向，把党中央和省市县委决策部署及对人民政协工作的要求落实下去，把各党派团体和各族各界人士的智慧力量凝聚起来，引导界别群众同心向党。

扛起使命，做到凝有方向、聚有目标。人心是最大的政治、共识是奋进的动力。准确把握安吉肩负的历史使命，主动适应新发展阶段现代治理的新要求、统战特点的新变化，树立系统观念，运用集成方法，对标“十四五”精彩开局找准履职方位，把凝聚共识这篇大文章认真做好：一要聚焦政治建设，凝聚看旗看齐共识；二要聚焦绿色发展，凝聚争先争优共识；三要聚焦县域治理，凝聚助力助推共识；四要聚焦美好生活，凝聚创新创业共识；五要聚焦双向发力，凝聚有用有效共识；六要聚焦系统集成，凝聚规制规范共识；七要聚焦提质增效，凝聚有为有位共识。要把凝聚以上“七种共识”作为政协履职的出发点和着力点，以实际行动，汇聚起争当社会主义现代化先行示范县的广泛共识和磅礴合力。

发挥优势，做到凝有载体、聚有平台。把握好工作开展之形、演进之势，出台《关于加强和促进人民政协凝聚共识工作的意见》，以开放的胸怀、开放的视野，发挥“两山”委员会客厅、界别议事厅、委员工作室等各类协商平台在凝聚界别群众共识上的重要作用，拓展由内向外、由上向下的聚识通道，推动政协工作向新的社会阶层人士、互联网用户、基层群众、海内外乡贤等延伸，形成从党内到党外、从常委到委员、从委员到界别群众的凝心聚力工作格局。

注重实效，做到凝有策略、聚有艺术。建言资政是履职成果，凝聚共识也是履职成果，甚至是更加重要的履职成果。面向委员，进一步增进共识、深化共识。坚持做到政协所有工作都要赋予凝聚共识的意识、所有履职都要赋予凝聚共识的功能、所有成果都要赋予凝聚共识的评价，把履职的过程变为凝聚共识的过程，把凝聚共识的过程变为助推改革发展的过程。面向社会，进一步传播共识、扩大共识。政协组织开门就是群众、出门就是基层。政协委员要主动深入基层、走入群众，在共情互动中有效增强共鸣，当好政协工作的主体，当好建功“十四五”的主力，当好传递正能量的“主播”，形成凝心聚力的滚雪球效应，为助推安吉高质量绿色发展厚植群众基础。

（四）展现奋进姿态，自觉在提升能力中推进政协工作

把加强履职能力建设作为政协履职的关键之举，练就与奋进新征程相匹配的新能力，推动政协工作高质量发展，为党委政府当好参谋。

切实发挥党建引领作用。政协党组要全面肩负起实现党对人民政协工作领导的重大政

治责任，把政协党建工作抓起来、抓上去、抓到底，为政协事业发展提供坚强的政治保证。健全专委会功能型党支部作用发挥机制、党员委员经常性作用发挥机制，以党建高质量推动履职高质量。充分发挥全面从严治党引领保障作用，严格落实党风廉政建设责任制，坚定政治方向，保持政治定力，建设正气充盈的政协团队。

切实发挥委员主体作用。政协作用发挥在委员、活力展现看委员、事业发展靠委员。政协委员要始终以“为国履职、为民尽责”为使命，强化责任担当，敢当“先行队”，勇做“领跑者”，知责于心、担责于身、履责于行，推动政协工作唯实惟先、善作善成、向深向好。开展导师帮带活动，帮出真本领、带出好作风、干出新业绩。加强委员履职能力建设，抓实委员履职能力培训，促进委员政治把握能力、调查研究能力、联系群众能力、合作共事能力有新提升。做好本届政协委员履职综合考评，优化界别委员结构，夯实政协履职的组织基础。

切实发挥机关服务保障作用。出台《关于加强改进县政协专门委员会工作和制度建设的实施意见》，提高专委会工作质量，为委员履职创造良好条件。通过数字赋能，构建数字履职新模式，让委员思想在线、智慧在线、联系不断线，打造“数字政协”。提升文史和宣传工作品质，综合运用“头脑风暴”“主席推荐阅读”等途径，让学习蔚然成风，打造“书香政协”。深入推进清廉机关、模范机关建设，以精细精致的服务保障确保政协工作高效运转，打造“效能政协”。

各位委员、同志们！2020，我们一起走过；2021，我们携手前行。让我们更加紧密团结在以习近平同志为核心的中共中央周围，在中共安吉县委的坚强领导下，同心同德、踔厉奋进，为全力争当社会主义现代化先行示范县作出新的更大贡献，以优异成绩庆祝中国共产党百年华诞！

安吉创建全国文明城市纪事

2017年底,安吉县成功获得全国文明城市提名,2018年开始与全省其他14个县市一起,参与角逐第六届县级全国文明城市。2020年11月10日,中央文明办公布第六届全国文明城市入选城市名单和复查确认保留荣誉称号的前五届全国文明城市名单,安吉以县级入选城市全国排名第16的好成绩。11月20日召开的全国精神文明建设表彰大会上,安吉被评为第六届全国文明城市。作为城市竞争中含金量最高、综合性最强、影响力最大的“金字招牌”,创建难度不言而喻。三年来,安吉县秉承创建为民、创建靠民、创建惠民理念,坚持全民、全域、全程创建,实现争先进位、首创首成、高位创成。

用心打造一座文明城市

在马克思主义哲学里,社会属性是人的最主要、最根本的属性。一座城的文明程度,根本在于每个人的文明。

2020年11月20日,全国精神文明建设表彰大会在京召开,安吉以综合成绩全国第16名的好成绩,被评为第六届全国文明城市并受到表彰。

这是所有安吉人共同努力的结果,正是每个安吉人的共同参与,才为这座绿色之城赢得了这张沉甸甸的城市名片。

众所周知,在所有创建中,全国文明城市是含金量最高、综合性最强、影响力最大的城市品牌,也是一座城市最有价值的无形资产。

“安吉能在250个提名城市中不断争先进位,并且首创首成、高位创成,最大的功臣是广大群众。”县创建办主任沈一平说。三年创建中,安吉始终秉承创建为民、创建靠民、创建惠民理念,留下的宝贵经验中最重要的就是坚持全民创建,让每一个安吉人都成为文明城市最小的因子,也成为文明城市创建最大的主体、最强的底气。

从“不关我事”到“我来领办”

创建,没有经验可循,难免忐忑。

作为主城区,也是全国文明城市创建的主战场,昌硕街道辖区有44个安置小区、104个无物业小区、170条背街小巷、30多处点状散居地。“作为属地,我们责无旁贷,但哪怕把所有人平摊到点位,还是人手不够,压力可想而知。”街道党委委员祝冬说。

压力源于对创建的未知。2017年底,全国文明城市创建大幕拉开,“创建和谁有关?”成了问题。当时,不少部门的想法是,“不关我事”。正因为如此,祝冬盘算着人手,越想越没底。

在县创建办牵头下,经县级层面讨论确定实施领办制,让全县各级各部门与全国文明城市创建有了千丝万缕的直接关系。这一领办机制,将原本无权责关系的城区73个老旧无物业小区、70条背街小巷、14个专业市场,变成了机关部门和国有企事业单位的领办对象。

老电影院区块8幢宿舍楼原本是出了名的脏乱差,墙皮剥落、长满青苔,一下雨就积水,车辆乱停、垃圾乱扔、电线杂乱。县文体旅游局领办后,先后投入资金实施五线下地、外墙粉刷、地面浇筑、排水管安装。“总共投入50多万元,该整改的都改了。”该局创建督查办负责人雷涨说。

部门领办，也遇到了新问题。由于没有执法权，对于屡教不改依然乱停车的居民、楼梯间私自搭建的“小厨房”、随意搭起的遮阳篷等，领办部门无法及时处理。

为了解决这一问题，经多次协调，安吉县推出联合执法机制，属地、住建、公安、综合执法、消防、市场监管等部门成立联合执法小组。“领办部门没法管的，就是我们的职责。”联合执法小组相关负责人说。

多部门联合执法，打通了行政管理边界，点对点执法又实现了精准管理，以部门合力迅速把城市治理“绣花功夫”延伸到了社区治理、大街小巷。不到一个月，老电影院区块重焕新生。在这里住了20多年的李德宝直言，从未想过能这样干净、整洁。

和老电影院区块一样，县公安局领办的张家村小区建起了小型停车场，停车不再紧张；县委政研室领办的秋芦东苑安装了视频监控，乱堆物、乱倾倒明显改善；安吉新闻集团领办的迪阳公寓，从无人管变成了“天天有人在、事事有人管”……

而在街巷长制保障下，原本是城市阴暗面的背街小巷也有了“美丽模样”；经过部门合力开展专项行动、实施长效管理，原本混乱无序的专业市场有了新样子。

县创建办综合协调科科长姜天安认为，领办制、联合执法等机制创新以及完善的督查考核，让全国文明城市创建形成了“分内事认真做、分外事开心做、交叉事抢着做”的浓厚氛围。

“第一年，我们每周要开三四次协调会；到了第三年，一个月都难得开一次。这说明大家都知道自己的岗位在哪、职责在哪，事情办起来自然就顺、效果就好。”他说。

从“要我创建”到“我要创建”

创建最大的主体是群众。

公共环境好了，居民、商户也慢慢从“要我创建”转变为“我要创建”。

张家村小区居民蒋爱民看着小区一点点从过去的脏乱差变得干净整洁，他意识到，自家小院有些碍眼了。于是主动花费数万元，修缮屋檐、美化内院环境。小区居民张如军等人自发行动，成立住管会，每天劝导违停、督查环境卫生。

和张家村小区一样，全县许多无物业小区都成立了自治组织，200户以上成立业委会，200户以内的灵活成立住管会、楼管会，基层治理的微小细胞愈发活跃。

“创建也是为了我们好，不仅看着舒坦，客人也更愿意来逛了。”新天地建材市场商户刘静说，在新天地建材市场开店14年，“从未见到这里这么干净过！”整治启动后，她主动把摆在消防通道上的货物搬了进来。

沿街商户在“星级文明商户”创建带动下，签订责任书，承诺做到包垃圾分类、包秩序井然、包立面美观等“五包十不准”。凤凰路、胜利路商户成立商户联合会，实行自律自治。

“以前是被管理，现在我们都把自己当成了城市管理的主人。”凤凰路商户联合会主任陈月琴说，商户加入进来后，不仅管“店内事”，还管“店外事”。据不完全统计，商户自治委员会成立后，凤凰路、胜利路电瓶车乱停放现象减少了约56%，越店经营现象减少约70%，垃圾分类准确率从75%提升至90%，乱晾晒、乱张贴、乱排水和破坏绿化行为“零发生”。

曾有过不文明行为的群众，在柔性执法劝导下，更加深刻地理解了文明创建的内涵。孝丰镇副科级组织员俞军政说，通过对不文明停车行为人开具“文明服务令”，让他们参与文明劝导，在志愿服务中潜移默化提升了文明素养。

从“政府推动”到“全民合唱”

随着全国文明城市向纵深推进，氛围愈发浓厚。

60多岁的杨建福是孝丰镇南台社区老党员，也是一名“五老志愿者”，与社区其他老党员、老教师、老干部、老职工、老战士一起，轮流在通德路、南街、郭巨路、云鸿塔路执勤文明劝导。“我们年龄大，年轻人更愿意接听。”杨建福说。

受父母影响，县综合行政执法局工作人员的子女成立了“烟蒂作战小分队”，利用放学时间到街头巷尾捡拾烟头。“孩子们这么认真，看到他们来劝，大家都会立马纠正。”青麦公益负责人谢列成说，组织学生们开展捡拾垃圾、文明劝导、清理“牛皮癣”等活动，对学生们来说，也是一次接受文明教育、参与文明实践的好机会。

新安吉人也主动融入。长乐社区新居民王巧白天在企业上班，晚上就到小区巡查。“虽然我是外地人，但从未觉得自己是创建局外人。”她说，社区里和她一样的新安吉人有上万名，她通过竞聘当选为社区新居民妇联副主席，在美丽家庭、美丽庭院等创建中，新居民一样没落下。

“从老人到小孩，从机关干部到普通群众，从本地居民到新居民，我们很明显感受到，身边的志愿者越来越多了。”县志愿者协会秘书长顾星星说。

据统计，创建三年来，安吉县志愿者队伍从211支增加到569支，志愿者数量从7.2万人增加到10.58万人。志愿活动从最初的送爱心，到捡拾垃圾、清理“牛皮癣”、劝导文明养犬等，再到形成“弯腰一秒钟”等志愿服务品牌，满城尽带红马甲，成为安吉这座城市的亮丽风景。

“人人是文明因子，个个是创建主体”，不再单纯地指广泛发动群众力量参与志愿服务，更多地在于老百姓日常生活中，一句“这里不好停车”的提醒，一次“烟蒂是干垃圾”的叮嘱，一次“遛狗要套牵引绳”的自觉……

文明花开满城香

城乡面貌焕然一新，基础设施日趋完善，环境卫生干净整洁，交通秩序井然有序，城市景观新建提升……行走在安吉的大街小巷，全国文明城市创建带来的美好成果处处可见可感。

3年创建，玉汝于成，文明花开满城香。在这场考验耐力和持久力的长跑中，安吉县始终坚持全域创建理念，既突出主城区这个重点，又兼顾所有集镇、乡村，推动创建成果覆盖城乡、普惠城乡。

城乡“一盘棋、一张网、一体化”的文明，才是更高水平、更高质量的文明；整个县域干净、整洁、有序的文明，才是人民群众向往的文明。

从面子到里子

全国文明城市创建是一项系统性工程。作为文明程度最直接的反映，市容环境无疑是“门面”。内外兼修扮靓市容环境，不仅要让看得见的“城市会客厅”整洁亮丽，也要让看不见的“隐秘角落”干净敞亮。

初冬时节，递铺路车马依旧，馥郁的人文气息与商贸繁荣景象相得益彰，这是老街新生绽放的勃勃生机。作为县城最早建成的道路，递铺路曾有雨污混流、五线混乱、空间逼仄等突出问题，不仅路域环境亟待提升，上下班高峰期间，车辆“动弹不得”的情况也时有发生。

2019年初，递铺路(胜利路至环翠路)改造提升启动。仅仅半年多时间，天空“蜘蛛网”消失了，路面宽阔了，机动车和非机动车分流了，车辆停放有序了……留心观察，新生的老街植入了不少文化元素：燃气大厦附近有雕塑小品，中国银行安吉支行附近能看到创意墙绘，再往北还有一处绘有老递铺城区地图的地雕。

路网升级让城市“血脉”更畅，群众获得感、幸福感更强。3年里，凤凰路、石佛路、齐云路等城市主干道综合改造工程完工，打通断头路、提升路域环境，优雅竹城“颜值”更高。家住嘉华苑小区的严聪说，“石佛路从双向二车道升级到四车道，路边的停车位变多了，开车回家时，路上花的时间都短了”。

创建由表及里，从“街面”延伸到“街背”，从“面子”深入到“里子”。“这里地势比主路低，以前每次下雨，雨水都会涌到地下室门口，有时候水太深，穿雨鞋都不管用。”谈及天目联建楼的变化，住户陈财德说，得益于背街小巷改造工程实施，联建楼排水问题彻底解决。

由于部分区域开发早，基础设施相对老旧，再加上无物业管理，背街小巷一度存在环境脏乱差问题。作为城市的“里子”，虽然看上去是小范围、小事情，但对于提升城市整体形象、改善居民生活却有着重要现实意义。2019年，安吉县实行“街巷长制”，城区50米以上的背街小巷由县级机关部门认领，负责长效管理；50米以下的背街小巷，由昌硕街道实施面上环境整治。

经营副食品店的蔡荣富对朱家村路的变化如数家珍。他说，过去路面破损，时常积水；垃圾乱堆放，蚊蝇乱飞。领办单位县综合执法局牵头整治后，路面重新浇筑、垃圾不再乱堆。每天，沿朱家村路一路向北，递铺港一侧传来悠扬的乐曲，老人伴着旋律健身；另一侧沿街店铺开张迎客，烟火气浓郁。

3年里，全县各机关部门和国有企事业单位，分别领办城区70条主要背街小巷、73个老旧无物业小区和14个专业市场，整治环境、更新设施、长效管理，各类违建、“牛皮癣”、空中“蜘蛛网”等基本上消失，城市精细化管理短板基本补齐。

从硬件到软件

3年创建，从硬件到软件，引

发了实实在在的“文明之变”。

近年来，安吉县对城市公园广场和主次干道路口的小品进行精心设计、制作，提炼、展示安吉竹文化、茶文化、生态文化和历史文化。这也就有了以社会主义核心价值观为主题的生态广场、以志愿服务为主题的驿站广场、以新时代文明实践好人为主题的昌硕公园。

在生态广场，新设的雕塑外形是一本摊开的书，写着三字经版的《安吉市民文明公约》；以余村等安吉标志性景色为背景的公益广告有机融入绿植；24字社会主义核心价值观内容，以窗棂形式安装在树穴……

在昌硕公园，《安吉好人赋》赞扬着安吉人的善良品质。拯救落水男子的“浙江好人”刘杰，扶助老人在车流中过马路的快递小哥贾伟，身残志坚却自强不息的“牛娃子”杨冬林……耳熟能详的道德模范事迹以图文形式展现，用身边的好人好事教育身边的人。而在驿站广场，以志愿服务为主题的文化小品也于细节处体现着安吉这座城市的温度。

全国文明城市创建与市民文明素质涵养互相促进，硬件与软件整体提升相辅相成。

停车是一个城市最显而易见的文明现象。为解决“停车乱”“停车不规范”等不文明现象，县综合行政执法局疏堵结合，通过停车位新建改建、应划尽划，规范城区停车。3年来，县城区新增7个停车场、近2万个机动车位、2.1万个非机动车位。在夜间和双休日，向社会公众免费开放28家机关、企事业单位1650个停车位。在部分小区路边，还设置了“潮汐车位”。如今，群众对停车方面的投诉量同比下降80%。

农贸市场与群众生活息息相关，也彰显着城市的文明程度。对这一部位的整治提升，不仅关系市容市貌，也对涵养城市文明具有潜移默化的影响。3年来，递铺中心农贸市场、三里亭农贸市场、凤凰山农贸市场和梅溪、孝丰等乡镇农贸市场经过整治、改造、提升，市场内、外部环境明显改善。

曾经的凤凰山农贸市场综合环境差，市场公厕内垃圾成堆，且没水可用；市场二楼、三楼，存在“三合一”场所违法住人现象，乱堆物、养犬、电瓶车乱停等各种乱象随处可见。“经过整治，市场环境大变样，现在环境好了，秩序也规范了，这都是看得到的变化。”市民谢芳说。

从城市到乡村

美丽乡村是安吉的一张金名片。在全域创建中，安吉县全力推进城市公共服务触角延伸，结合美丽乡村长效管理，绘出了一张城郊接合部、乡村的文明新画卷。

长乐社区是典型的城郊接合部。随着工业经济发展，社区拥有新居民上万人。长乐创新自治模式，成立新居民融洽促进会、新居民党支部、企业计生协联合会，并以竞聘新居民“村官”等方式，让新居民主动融入社区，提升自治效能。

2019年，在长乐社区在新居民出租房开展美丽家庭创建基础上开展新居民美丽庭院创建，引导新居民做好小家美化，助推区域环境改善和提升。2020年6月，长乐社区筹资建设的营盘山体育公园开放，健身步道、登山步道、广场、健身器材等功能设施以及喊泉、碰碰船、枪炮馆、森林KTV等娱乐项目，满足了社区居民对美好生活的向往。

“洗脸”、清废、理线、“治癣”……在全国文明城市创建中，安吉县扎实推进小城镇环境综合整治、农村人居环境“百日攻坚”和“百日提升”，从优雅竹城到美丽乡镇再到美丽乡村，处处皆是美丽风景。

报福镇上张村文化资源丰富。百年古树、春秋战国时期先民拓荒历史、明清时期建筑遗址、杨潘两大家族历史……“充分挖掘人文资源，通过文化设施建设提升村容村貌，丰富乡村文化内涵。”上张村党总支书记王炳法说，围绕“古朴上张”，村里修建文化礼堂、山民文化馆等文化展示设施；着重在前门坦自然村打造节点，修复前门坦古村落，建起古树公园、休闲广场、星级公厕等，把村庄建成了一个大景区。

在余村，村民们打破“心墙”、推倒围墙，开放了庭院。走入村中心区域，家家户户的庭院色彩斑斓，相映成趣。庭院间用步行道串联，游客穿行其间，一步一景，仿佛置身于大花园。以首批开放庭院的15户示范户为核心，余村形成了一条“味道特色街”。“庭院打开后的街道更美观了，游客也更多了，也让村民彼此的心更近了。”绿缘民宿业主胡斌在打开自家庭院后，深刻地感受到这个庭院开对了。

人视水见形，视民知治不。创建全国文明城市的成效，老百姓说了算。在天子湖镇高禹村，由党员、村民代表、青年、乡贤等人群组成的“五支队伍”有了新任务，负责动态管理天子岗路、东阳路等高禹村5条主要街道。“大家都有了主人翁意识，不仅‘自扫门前雪’，还积极参与村里环境卫生的日常管理，一起呵护好创建成果。”高禹村党委副书记程林表示。

让文明行为习惯成自然

三年来，身边的文明习惯多了起来：即使没有桶边督导员，居民们也遵守垃圾分类投放；即使没有队员执法，摊贩也不再随地摆摊；即使交警没来抄牌，司机依然按照箭头停车。

这正应了：文明不是刻意，而是一种自然而然的气质。

用三年时间，安吉实现了环境之变、秩序之变、素质之变，最终上升为城市整体的气质之变。每一丝气质的变化，都离不开机制的创新。从啃下“硬骨头”到常态长效管理，制度创新从未缺席。

创建之初——硬骨头，我们怎么啃?

因为是首次创建，安吉有很多基础设施要完善，有很多“硬骨头”要啃下，有很多不文明行为习惯要纠正。

“脏乱差”的递铺中心农贸市场就是一块“硬骨头”。

彼时的农贸市场各类问题十分突出。没有垃圾桶，菜叶随地丢；道路狭窄，保洁人员不足；占道经营、违章停车、消防通道被堵塞等问题也时常发生。“踮着脚尖来买菜”是很多人的习惯。

多年来，安吉县进行过几轮整治行动，试图解决农贸市场的脏乱差问题，但最后都未取得明显成效。“整治来整治去，还是会回到老样子，真是‘老大难’。”市民感叹。

“农贸市场的问题，不是一个部门、一个乡镇能够解决的，必须形成合力，从根本上予以解决。”昌硕街道相关负责人说。农贸市场问题的根源在于产权多元、自产自销的农户管理难、批发零售混合等。

“老大难”的现状，呼吁机制创新。从2018年开始，安吉县首次成立中心农贸市场整治提升联合管理办，由昌硕街道牵头，市场监管、综合执法、公安、交警等部门共同参与。三年来，各职能部门与属地联合起来，给农贸市场动了一次“大手术”。硬件提升全方位无死角，包括道路硬化、安装硬性隔离设施、商铺立面改造等；针对“三小车”停放、占道经营、卫生等动态问题，公安、交警、综合执法、市场监管等部门抽调专人，定期开展联合执法行动。

从环境到秩序，短短两三年时间，农贸市场发生蝶变，逛市场就像是在逛超市。

“为什么以前一直拿不下的‘硬骨头’，我们这次能啃下？究其原因，就在于建立了部门共建、监督考核、联合执法等机制。”县创建办相关负责人说。递铺中心农贸市场的成功经验，复制到三里亭农贸市场、凤凰农贸市场等老旧农贸市场，让各处市场实现旧貌换新颜。

这些源于实践的宝贵经验，经过总结提升，不断向其他领域延伸。

一条条背街小巷、一个个专业市场和无物业小区，乱停车、乱搭建、乱晾晒等问题频发，得益于部门领办机制，领办单位各司其职、县创建办督查跟进，促成化茧成蝶。针对停车难，县综合执法、公安、城投等部门合力，2年增设2万余个机动车位；面对无处不在的“牛皮癣”，公安、综合执法、住建等联合发力，让“牛皮癣”消失了……机制保障，“老大难”不再难，“硬骨头”被啃下。

创建之中——不反弹，我们怎么办?

文明进步没有止境，解决问题不是最难之事，最难之处在于维持。

9月起，递铺中心农贸市场管理再次升级：原本就少见的占道经营现象，完全消失匿迹。

这一变化，源自《安吉县中心农贸市场门(摊)前“三包”管理办法》的出台。市场内确保有2名以上管理人员不间断巡查，一经发现“门前三包”落实不到位，就对商户罚款、扣分，直至清退。在雷厉风行的制度约束下，商户逐步从被动落实到养成习惯、自觉遵守。

从部门共同执法、管理，到市场自我管理，意味着整治不是“一阵风”，而是全过程、全时段。“部门共建、联合执法，虽然能以重拳出击、快刀斩乱麻之势去恶疾，但最重要的还是要让百姓养成文明行为习惯。”县创建办相关负责人说，反思过去创建全国文明县城、小城镇环境综合整治等历程，若想防止不文明行为反弹，就需要扎密制度笼子，建立健全常态长效推进机制。

各部门、乡镇(街道)摸着石头过河,一边“啃”下辖区里的创建“硬骨头”,一边在探索各类长效管理机制。

牵头部门充分发挥作用。全县建立县领导督查机制、县创建办建立督查派单催办机制,扫除一个个创建重点、难点点位;执法单位进入小区内部存在困难,属地街道管理没有抓手,县创建办成立联合执法小组“尖刀连”,成功进入过去无法涉及的小区开展执法。这些机制打破了部门、属地之间的“藩篱”、障碍,充分发挥各自优势,让创建声势如滚雪球般无所阻碍、一往无前。

职能部门在各领域升级管理手段。县综合执法局不仅实施了户外广告整治、空调外机整治、犬类专项整治等集中整治行动,还建立了户外广告提前审批制、小区装修物业提前介入制、空调外机安装申报机制。管理前置,预防了大量不文明行为出现。

属地乡镇(街道)也在积极探索,针对创建中薄弱环节的村改居社区,昌硕街道设立“周三集中行动日”,持续改善人居环境;报福镇建立生态保护长效机制,针对重点区域、重点领域、重点行业,每周开展1次督查和暗访,交办责任科室和村整改;在梅溪,每天交通路口志愿劝导、每周主要领导带队巡街、周三志愿服务活动成为固态……各项机制形成闭环,创建没有“暂停键”。

创成之后——马拉松,我们怎么跑?

文明创建是一条单行线,是一场没有终点的马拉松;短板的补齐、创建的提升、文明的升华,永无止境。

“今后的创建要实现硬件改善与居民素质提升并举、刚性执法与柔性引导兼具、低效管理向高效治理升级,归根到底,要从创建全国文明城市过渡到建设全国文明城市。”县创建办相关负责人说。

创建与建设,一字之差,区别巨大。

未来的建设更强调“软硬结合”。以垃圾分类为例。城区餐厨垃圾收运体系建设工程是全县年度十大民生实事之一。目前,安吉县已完成硬件建设,但餐厨垃圾处理厂又面临新的情况:每日垃圾数量不足,无法满负荷运转。

原来,餐厨垃圾处理的前提是分类准确。“这暴露出当前餐饮单位、居民易腐垃圾分类意识不强、质量不高;硬件完善了,但软件却还未跟上。”县分类办相关负责人表示。为了“对症下药”,县分类办总结出“分类九法”:既包括硬件方面的完善,也从多元激励、红黑张榜、刚柔并济等方面出发,加大正面宣传引导力度。

“垃圾分类一事启发我们,既要每年动态更新优雅竹城,完善硬件;更不能忽视素质的提升。”县创建办相关负责人说。着眼于此,一些部门、乡镇已经行动起来:“光盘行动”、推广公筷公勺行动、文明养犬行动等纷纷启动。

建设文明城市还需“刚柔并济”,教育与管理并重。过去,针对不文明行为,执法部门贯彻“严管重罚”理念。“但越执法就越发现,刚性执法没有尽头,罚了总会再次出现,若要从根本上减少这些行为,必须有柔性执法作为补充,更好地起到教育引导作用。”县综合执法局相关负责人说。

近年来,该局推出社会服务折抵罚款、轻微违法行为首错不罚、朋友圈集赞代替罚款等多种执法模式,赢得了不少群众好评。据统计,柔性执法后的领域,违法行为复发率大大降低。“我们也会持续探索柔性执法新模式,让违法者真正从思想上转变。”该局相关负责人说。

以“自治+智治”为方向的管理升级也很重要。单纯依靠政府管理和推动,管理效率不高。2020年以来,昌硕街道在小区、楼道探索成立楼管会、住委会、业委会等自治组织,倡导居民自治。在建立了自治组织的小区,居民自我管理,大大减少了行政成本和精力投入。县综合执法局在凤凰路、胜利路成立商户自治委员会,探索“自我管理、自我服务、自我调解、自我监督”管理模式,覆盖商户4360余家。

提高管理效能,还要在“智治”上下功夫。“我们已有了全县犬类管理智慧系统、县综合执法局的智慧城管系统、县交警大队的智慧交通指挥系统等,未来还可以探索更多智慧应用,不断丰富功能、提高效率。”县创建办相关负责人表示,这也是绿色智慧城市建设的重要内容。

(欧阳爱琼　林泽宇　江　汇)

1月

2日 “花YOUNG青春”湖州市农村电商集市暨安吉县首届农村电商文化节在杭垓镇松坑村举行。县委副书记、政法委书记赵德清出席开幕式，并为杭垓镇“中国竹木园林制品之乡”揭牌。

6日 中共安吉县委十四届八次全体(扩大)会议暨经济工作会议举行。出席这次全会的县委委员35名，候补委员7名。县委常委会主持会议。市委常委、县委书记沈铭权代表县委常委会作工作报告。县委副书记、代县长宋波部署2020年经济工作。县领导陆为民、叶海珍、赵德清等参加。会议听取和讨论了沈铭权受县委常委会委托所作的工作报告，总结2019年成绩，部署2020年任务，审议通过《中共安吉县委关于认真学习贯彻党的十九届四中全会精神 奋力争当推进县域治理现代化先行地排头兵的决定》。

同日 举行党管武装工作暨国防动员委员会全体会议。县委书记、县人武部党委第一书记沈铭权讲话，县委副书记、政法委书记赵德清主持，县委常委、常务副县长潘鸣，县委常委、县人武部政委刘小翔参加。会上，递铺街道、孝源街道、溪龙乡、上墅乡四个乡镇党委负责人进行了党管武装工作述职，其他11个乡镇(街道)作书面述职。

10日 全县“不忘初心、牢记使命”主题教育总结大会召开。县委书记沈铭权、市委主题教育第十巡回指导组组长王后明讲话。县委副书记、代县长宋波主持。陆为民、叶海珍、赵德清等县四套班子领导，县法院院长、县检察院检察长、县政协秘书长出席会议。会上，递铺街道党委、综合执法局党委、山川乡九亩村党支部、昌硕街道广场社区党总支、维笙香溢大酒店有限公司党支部负责人作交流发言。

14日 县委副书记、代县长宋波主持召开座谈会，邀请两区、各乡镇(街道)、县财政局、审计局有关负责人以及部分老干部代表，就提请县十六届人大四次会议审议的《政府工作报告》广泛征求意见和建议。

15日 最高人民法院第三巡回法庭第七次行政审判工作座谈会在县内举行。最高人民法院党组成员、副院长、第三巡回法庭庭长高憬宏，省高院副院长朱新力等出席，市委常委、县委书记沈铭权致辞，市中院院长李章军、县法院院长沈芳君参会。本次座谈会上，巡回区各高级法院交流了本地区2019年度行政审判情况和2020年度工作规划，重点交流完善“行政争议实质化解的新机制构建”方面的经验和做法，并就相关问题开展研讨。

14—18日 沈铭权、宋波、赵德清等县委县政府领导分别带队开展走访慰问，向县处级离退休老干部、基层党员群众、省直在安吉有关单位送上新春祝福。

16日 在浙江国际影视中心，2019年度(第17届)风云浙商颁奖盛典隆重举行。恒林家居股份有限公司董事长王江林荣膺2019风云浙商称号并上台领奖，成为新时代的浙商形象代表。

17日 新时代浙江(安吉)县域践行“两山”理念综合改革创新试验区建设推进座谈会在杭州举行。会议由省发改委组织召开，省发改委副主任徐幸主持。会上，市委常委、县委书记沈铭权介绍新时代“两山”试验区建设情况及下一步工作思路。

18日 县委副书记、代县长宋波主持召开县政府第26次常务会议，研究讨论《安吉县“聘任制硕博专员”招聘管理办法》《规范招引企业财政奖励审批程序的实施方案》《安吉县投资项目审计监督实施办法》《安吉县工业经济政策(2020年修订)》《安吉县打造绿色智慧城市助推新时代“两山”试验区建设实施方案》《2020年政府投资项目计划》等事项。会议首次采用无纸化办公系统。

19日 全县1月“一把手工程”例会暨第一季度“春季竞赛”动员会举行。县委书记沈铭权讲话。宋波、陆为民、叶海珍、赵德清、徐卫勇等县四套班子领导，县检察院检察长、政协秘书长参加。县委常委、常务副县长潘鸣作“春季竞赛”活动具体部署。会议公布了全县2019年各平台乡镇(街道)经济目标任务完成情况，并举行流动红旗颁发仪式。

20日 县委召开2019年度全县党委(党组)书记抓基层党建和人才工作述职评议会。县委书记沈铭权讲话。县委副书记、代县长宋波，县委副书记、政法委书记、开发区党工委书记徐卫勇和其他县委常委出席。县委常委、组织部部长朱伟主持。

21日 召开新型冠状病毒感染的肺炎疫情防控工作会议。会前，县委书记沈铭权就做好新型冠状病毒感染的肺炎疫情防控工作做出部署。他强调，要坚决贯彻落实习近平总书记、李克强总理对新型冠状病毒感染的肺炎疫情的重要指示批示精神，切实把思想和行动统一到党中央、国务院和省委、省政府以及省疫情防控工作领导小组会议的部署要求上来。各单位要强化风险意识，根据职责分工落实工作举措，做好应急预案，严控疫情蔓延，全力保障人民群众的健康安全。会上，县委副书记、代县长宋波作工作部署，县委副书记、政法委书记、开发区党工委书记徐卫勇主持会议。成立了由沈铭权、宋波担任组长的新型冠状病毒感染的肺炎疫情防控领导小组。

22日 开展第84个生态文明建设“集中推进日”活动。县委副书记、代县长宋波，县政协党组书记赵德清分别带队。

24日 县内启动突发公共卫生事件一级响应。各乡镇(街道)要建立严密的组织管控体系，落实社区网格化管理，对疫区来安人员进行全面排查、信息登记、体温检测等，未发热人员严格执行14天居家、居宾馆隔离观察，有发热、呼吸道感染症状的人员，必须及时到医疗机构发热门诊就医，并主动告知在疫区旅行、居住史，和哺乳动物、禽类接触史，以及和类似病例的密切接触史。就诊人员和陪护人员在诊疗过程中全程佩戴医用外科口罩。在全县5个高速路口和1个省际交界口岸以及县客运中心开展人员排查、健康问询和体温测量，并检查是否携带野生动物，发现发热人员立即送医，携带野生动物一律予以没收。全县宾馆、酒店、民宿、农家乐等要对来自湖北的人员严格落实信息登记、体温检测、隔离观察等措施。各旅行社、宾馆、酒店、景区要对旅客取消行程、退订行程做好全额退款服务。倡议各大景区主动关闭。取消农村文化礼堂、农村家宴中心等场所的各类聚会宴会活动，暂停举办三桌以上(含三桌)的集体聚餐活动。暂时停办全县所有聚集性群体文化活动，全县所有公共文化场馆、体育场馆和经营性文化场所、校外培训机构等全部关闭。所有宗教活动场所一律暂停对外开放。在客运中心、农贸市场、大型商超等人员密集公共场所开展体温监测，对中央空调进行专业清洗消毒，实行每日消杀、开窗通风。全县范围内禁止一切野生动物交易和活禽交易。

同月 在国家科学技术奖励大会上，由惠嘉生物科技股份有限公司作为主要完成单位的项目“猪健康养殖的私用抗生素替代关键技术及应用”荣获国家科技进步二等奖，这也是本次全市唯一的国家科技进步奖。“猪健康养殖的私用抗生素替代关键技术及应用”项目由惠嘉与浙大动物科学学院汪以真教授团队合作研发。

2月

5日 浙江东方基因生物制品股份有限公司在上海证券交易所科创板上市，简称“东方生物”，证券代码688298。

8日 举行第17次新型冠状病毒感染肺炎疫情防控领导小组(扩大)电视电话会议，听取部分乡镇(街道)和平台防控工作汇报、县纪委走访督导情况点评，通报核查人员落地情况，部署下一步工作。会议要求全县上下要突出“两手抓”，继续保持严防严控，确保疫情“稳得住”的同时，逐步恢复正常生产生活秩序，确保全年发展目标实现，在全省全市“一盘棋”导向下，为发展大局多做安吉贡献。

9日 县援鄂医疗队出征仪式举行。县委书记沈铭权致辞。县内第一批援助武汉医疗队派出了2名医疗队员，截至8日，已在武汉一线工作13天；此次新一批出征的5名队员分别来自县人民医院、中医院、第二人民医院和第三人民医院，均拥有丰富的临床工作经验。

10日 召开第19次新冠肺炎疫情防控工作领导小组（扩大）电视电话会议，传达学习省新冠肺炎疫情防控工作领导小组例会精神，听取部分平台和乡镇（街道）疫情防控和企业复工复产工作汇报、县纪委走访督导情况点评，部署下一步工作。县委书记沈铭权讲话，县委副书记、代县长宋波做工作部署。会议强调落细落实疫情防控和复工复产举措，坚决打赢防控阻击战发展总体战。

12日 召开第21次新冠肺炎疫情防控工作领导小组（扩大）电视电话会议，听取部分乡镇（街道）疫情防控和企业复工复产工作汇报、县纪委走访督导情况点评，通报全县企业复工复产准备相关情况，部署下一步工作。县委书记沈铭权讲话，县委副书记、代县长宋波做工作部署。会议强调全县上下要切实认清形势、统一认识，进一步强化思想共识，把握好“一手抓疫情防控，一手抓复工复产”这一当前工作主基调，准确识变、科学应变、主动求变，坚持“两手抓”“两手”都要硬，把各项措施抓实抓细抓落地，以最严要求、最硬作风、最有力举措，坚决打赢疫情防控阻击战和发展总体战，向全县人民交上一张双赢的答卷。

同日 县委副书记、代县长宋波召集相关部门召开疫情防控和复工复产会商会议，研究讨论《关于做好安吉县服务业企业有序复工和疫情防控工作的指导意见（征求意见稿）》《安吉县关于疫情防控期间建设项目开复工工作的通知（征求意见稿）》。

同日 中共安吉县委办公室、安吉县人民政府办公室下发《关于开展“深化‘三服务’、助企开复工”专项行动的通知》，通知决定在全县组织开展以“专员＋专班”为主要形式、“1＋X”专员指导为主要任务的“深化‘三服务’、助企开复工”专项行动。

13日 市委常委、市公安局局长夏文星带队先后到县内东城花园小区、霞泉卡点、恒林家居股份有限公司等处检查指导复工复产和疫情防控“两手抓”工作。市委常委、县委书记沈铭权陪同。

同日 县委书记沈铭权先后赴示范区洁美电子信息材料、临港热电、华逸化纤、长虹制链四家企业开展“三服务”活动，检查指导企业疫情防控和复工复产工作。他强调，要用点对点的指导、实打实的举措、心贴心的服务，把服务精准高效落到企业急需处，一手抓好疫情防控，一手抓好复工复产，坚决打赢防控阻击战和发展总体战，两手都要硬、两战都要赢。

14日 市人大常委会副主任沈志华、张兰新分别带队先后到浙江东方基因生物制品有限公司、福斯特（安吉）新材料有限公司、申嘉湖高速公路安吉孝源至唐舍段工程、浙江洁美科技有限公司开展“深化‘三服务’、助企开复工”专项行动。

17日 召开第24次新冠肺炎疫情防控工作领导小组（扩大）电视电话会议，对推行“湖州健康码”和县内实行“湖州健康码”闭环管理运行机制作相关部署。会议要求要全面落实中央和省市决策部署要求，强化数字赋能，全面落实好“健康码”的使用和管理，确保疫情管控更精准高效，企业复工复产更安全有序，实现“两手抓、两手硬、两战赢”目标。县委书记沈铭权讲话，县委副书记、代县长宋波做工作部署。

18日 召开第25次新冠肺炎疫情防控工作领导小组（扩大）电视电话会议，传达学习省委常委扩大会议精神，部署县内疫情防控、企业和项目复工复产工作。同时，县新型冠状病毒感染的肺炎疫情防控工作领导小组发布《关于进一步完善新冠肺炎防控措施加快恢复生产生活秩序的通告》。

20日 根据省委统一安排，省委常委、组织部部长黄建发先后到东方基因、上港国际港务、中源家居、申嘉湖高速公路（孝源至唐舍）、长龙山抽水蓄能电站、306省道唐舍岭卡口开展“三服务”，指导疫情防控和复工复产工作，协调解决有关难题。他强调，要严格落实省委部署要求，在确保安全生产的前提下，实实在在帮助企业解决问题，支持和帮助企业开足马力复工复产，推动人员动起来、城市转起来、乡村活起来，确保“两手都要硬、两战都要赢”。

23日 召开第26次新冠肺炎疫情防控工作领导小组（扩

大)电视电话会议,传达学习贯彻习近平总书记在中央统筹推进新冠肺炎疫情防控和经济社会发展工作部署会议上的重要讲话精神,听取乡镇(街道)、平台疫情防控和复工复产工作汇报,部署下一步工作。会议要求以更严要求,更硬措施,更实作风,坚决打赢疫情防控和经济社会发展两场仗。县委书记沈铭权讲话,县委副书记、代县长宋波做工作部署。

25日 全县统筹推进新冠肺炎疫情防控和经济社会发展工作会议举行。县委书记沈铭权讲话,县委副书记、代县长宋波主持,陆为民、叶海珍、赵德清、徐卫勇等县四套班子有关领导,县法院院长、检察院检察长参加。

26日 开展第85个生态文明建设"集中推进日"活动。县委书记沈铭权先后赴昌硕街道、溪龙乡、梅溪镇,就疫情防控和复工复产工作开展检查指导。县人大常委会主任陆为民先后前往竹博园、欣远竹制品、申嘉湖高速西延大坞隧道(杭垓段)、孝丰南溪河道、永裕股份,现场检查指导景区、企业、重点工程复工复产及五水共治情况。

27日 2020年第一季度重点项目集中开竣工活动暨中源家居未来工厂产业园项目开工仪式举行。市县领导沈铭权、项乐民、宋波、陆为民、叶海珍、赵德清、徐卫勇、潘鸣、管永丰、陈卫卫分别在主分会场参加。本次集中开竣工活动的62个项目中,开工49个,竣工13个,总投资248.8亿元。项目涵盖装备制造、绿色家居、文化旅游、基础设施、城乡融合等领域。

同日 市人大常委会主任胡菁菁带队到县内开展"深化'三服务'、助企开复工"专项行动,市委常委、县委书记沈铭权,县人大常委会主任陆为民陪同。

28日 召开县委书记专题会议,听取十四届县委第七轮巡察及对县人防办"机动式"巡察工作情况专题汇报,并审议通过了十四届县委第八轮巡察工作方案。县委书记沈铭权主持会议并讲话,县委副书记、代县长宋波,县委副书记、政法委书记、开发区党工委书记徐卫勇,县委常委、县纪委书记、县监委代主任柏建华,县委常委、组织部部长朱伟参加。

是月 湖州市2019年度"金象金牛"企业名单公布,浙江天振竹木开发有限公司成功获评,成为县内首家"金象"企业。

3月

1日 全省首批进入隔离病房抗击新冠肺炎疫情的医护人员到达安吉,开始为期14天的休养。市委常委、县委书记沈铭权致欢迎辞,县委副书记、代县长宋波,县委常委、天荒坪镇党委书记高发义,副县长任贵明为他们送上鲜花和书籍。

2日 县内突发公共卫生事件由一级响应调整为二级响应。

3日 县委财经委员会举行第五次会议。县委书记、县委财经委员会主任沈铭权讲话,县领导宋波、陆为民、叶海珍、赵德清、徐卫勇出席。

4日 省委常委、统战部部长熊建平到县内调研指导疫情防控和复工复产工作,深入开展"三服务"。市县领导李上葵、沈铭权、徐卫勇参加。熊建平对县内前阶段疫情防控和复工复产各项工作表示充分肯定。

5日 全县经济发展攻坚动员大会在县行政中心南门广场召开。县委书记沈铭权号召全县上下在中央和省市委的坚强领导下,蓄力与时代同行,砥砺与韶光奋争,一起奔跑、一起奋斗,共克时艰、共创辉煌,奋力夺取中国最美县域高质量发展新胜利。县委副书记、代县长宋波作动员部署,县领导陆为民、叶海珍、赵德清等参加,并为受到嘉奖的优秀企业颁奖。

10日 浙江省2020年文化和旅游重大项目集中开工(主会场)暨安吉白茶小镇开工奠基仪式在县内举行。省委常委、宣传部部长朱国贤宣布全省文旅重大项目开工,副省长成岳冲,省文化和旅游厅党组书记、厅长褚子育介绍全省文旅项目投资建设情况,市委常委、宣传部部长范庆瑜汇报全市文旅项目投资建设情况。

11日 全县深化"三服务"、共建试验区暨2020年度新时代"两山"试验区建设推进大会召开。县委书记沈铭权讲话,县委副书记、代县长宋波传达全市"深化三服务、奋战五个年"会议精神,并就县"三服务"和新时代浙江(安吉)县域践行"两山"理念综合改革创新试验区建设任务作具体部署。会议以视频形式召开,各乡镇(街道)设分会场。会议通报了2019年相关先进集体和个人名单。示范区、经信局、投资促进中心、资源规划局、递铺街道、报福镇作交流发言。会议还就全县房屋建筑安全隐患排查整治专项行动进行部署。

同日 开展首个企业“集中服务日”活动。沈铭权、宋波、陆为民、叶海珍、赵德清等县四套班子领导分赴企业和项目建设现场,了解生产经营和建设推进情况,与企业家一起分析形势,现场协调解决他们提出的问题。

12日 湖州师范学院—安吉县人民政府“两山”理念研究院共建项目签约仪式在安吉举行。湖州师范学院党委书记、“两山”理念研究院院长金佩华,市委常委、县委书记沈铭权致辞,湖州师范学院党委副书记陈永华介绍共建项目协议内容。

14日 《垃圾分类示范学校建设规范》正式实施。这是县内制定的全国首个垃圾分类示范学校建设地方标准规范。该规范由县综合执法局(城市管理局)联合浙江省标准化研究院、县中国美丽乡村标准研究中心、县教育局共同起草,县城镇生活垃圾分类办归口,县市场监管局发布。

15日 “春从这里来,同心种植感恩林”活动在余村举行。活动由省卫健委和安吉县人民政府主办,由到县内休养的全省首批抗疫一线医护人员发出倡议。现场还举行了倡议书宣读、授旗、浙一医院首例收治新冠肺炎患者代表发言等仪式,县离退休干部代表陶紫正向医护人员代表赠送书画。仪式结束后,首批抗疫一线医护人员代表与省卫健委、浙医一院,以及县内一线抗疫干部、群众,基层干部,村社区工作者,党员志愿者,群众志愿者,县卫健系统,援鄂医务人员家属,余村村民等群体代表一同种植“感恩林”。此外,医务人员还上了一堂特殊党课,参观余村乡村治理智慧平台,并观看“两山”理念发表视频。市委常委、县委书记沈铭权致辞。

17日 县纪委十四届五次全会召开,传达学习十九届中央纪委四次全会、省纪委十四届五次全会、市纪委八届四次全会精神,回顾总结2019年县纪检监察工作,研究部署2020年主要任务。县委书记沈铭权讲话,宋波、陆为民、叶海珍、赵德清、徐卫勇等县四套班子领导,县法院院长、检察院检察长、政协秘书长等参加会议。县委常委、县纪委书记、县监察委代主任柏建华代表县纪委常委会作工作报告。

18日 新时代浙江(安吉)县域践行“两山”理念综合改革创新试验区建设月度推进会举行。县委书记沈铭权强调,要坚持目标导向、问题导向和结果导向,聚焦目标任务,强化督促检查和跟踪落实,扎实推动各项改革事项落地,确保新时代“两山”试验区建设取得更加显著成效。

19日 省人大常委会副主任赵光君带队到县内调研检察机关法律监督工作。调研组一行先后前往递铺街道鲁家村、东方基因生物制品有限公司、恒林家居股份有限公司,详细了解美丽乡村精品示范村建设、企业疫情防控及复工复产工作。随后走进县人民检察院,参观了院史厅、县廉政教育基地,并座谈听取了县检察院关于法律监督工作情况的汇报,征求了县监委、政法委、法院、公安局、司法局有关意见建议。市县领导胡菁菁、沈铭权、喻运鑫、陆为民参加。

同日 省援鄂首批返浙医疗队151名队员回到浙江,赴安吉进行集中休养。市县领导王纲、沈铭权、宋波在现场迎接。市委常委、县委书记沈铭权主持欢迎仪式,市委副书记、代市长王纲致辞。

同日 举行2020年全国文明城市创建第一次督查,并召开座谈会,回顾总结前期工作,对下阶段工作进行再动员、再部署。县委书记沈铭权强调,全县上下要进一步在工作上紧起来、纪律上严起来、作风上实起来、标准上高起来、节奏上快起来,始终保持一着不让的好状态,全力抓好各项工作任务;以决战决胜的姿态,坚决打赢全国文明城市创建攻坚战。县委副书记、代县长宋波,县政协主席叶海珍参加。

23日 县内突发公共卫生事件应急响应调整为三级,防控工作进入常态化管理。截至23日,县内无确诊病例。

24日 2020中国安吉白茶博览会暨“白茶飘香四十年”主题活动举行,通过网络直播、“云”端互动,介绍2020年安吉白茶长势、市场情况和安吉白茶40年发展历程。县委副书记、代县长宋波宣布安吉白茶正式开采并作推介。

25日 副省长陈奕君带队先后到天荒坪镇余村、递铺街道鲁家村、灵峰街道大竹园村、城北污水处理厂就美丽乡村建设、环境整治、乡村振兴战略实施等工作进行调研。市委常委、县委书记沈铭权,副市长朱留沙,县委副书记、代县长宋波参加。

同日 开展第86个生态文

明建设“集中推进日”活动。县委副书记、代县长宋波，县政协主席叶海珍分别带队赴一线检查指导。

26日 市人大常委会党组副书记、副主任董立新带队到县内调研市级农村生活垃圾分类处理标杆村创建工作。县人大常委会主任陆为民陪同。

31日 县委审计委员会召开第二次会议，深入学习贯彻习近平总书记对审计工作的重要指示精神，李克强总理在听取审计署工作汇报时的重要讲话精神，认真贯彻落实省委审计委员会第三次会议精神，研究部署安吉县审计工作。县委书记、县委审计委员会主任沈铭权主持会议并讲话。会议听取了2019年全县审计工作情况和2020年审计工作安排，以及2020年审计项目计划安排情况的汇报。

同日 湖州市环境治理（安吉）司法协同中心揭牌仪式举行。同时揭牌成立了南太湖法院环境资源（安吉）巡回审判庭、湖州市生态环境损害赔偿磋商安吉分中心。

4月

1日 县委全面深化改革委员会举行第二次会议。县委书记、县委改革委主任沈铭权讲话。县领导宋波、陆为民、叶海珍、徐卫勇出席。

9日 沈铭权、陆为民、叶海珍、赵德清等县四套班子领导，县法院院长、县检察院检察长、县人武部部长、县政协秘书长齐赴天荒坪镇余村、县社会矛盾纠纷调处化解中心，参加“坚定‘两山’路 奋斗新时代”县委理论学习中心组集中学习活动。一同重走2020年3月30日习近平总书记视察安吉之路，重温总书记谆谆嘱托与殷切期望，进一步把总书记的亲切关怀转化为前进动力，把总书记的重要指示转化为推动发展的实际行动，再接再厉，顺势而为，乘胜前进，努力把安吉建设成为展示新时代美丽中国的县域窗口。

12日 县委第八轮巡察工作动员会暨巡察业务培训班开班式举行。经县委批准，4月到6月，八届县委第八轮巡察共安排四个巡察组和13个巡察小组，对昌硕街道、梅溪镇、天子湖镇、鄣吴镇下辖的74个村（社区），以及城投集团、交投集团两个国企党组织开展巡察。

14日 全省建设平安浙江工作会议在杭举行。会议以视频形式召开，各市、县（市、区）设分会场，并颁发了浙江省首批一星平安金鼎。安吉成为首批连续15年达平安建设标准的县（市、区），实现平安创建十五连冠。县委书记沈铭权代表安吉在主会场接受省委、省政府颁发的一星平安金鼎，县领导宋波、陆为民、叶海珍、徐卫勇等在安吉分会场收看收听。

15日 省委常委、政法委书记王昌荣到县内调研县级社会矛盾纠纷调处化解中心运行情况。市县领导夏文星、沈铭权、宋波、徐卫勇等陪同。

同日 全县党建政法工作会议召开。县委书记沈铭权强调，要坚持以习近平总书记视察安吉重要指示精神为引领，统筹抓好基层党建、宣传思想、统战群团、平安稳定各方面工作，系统谋划、整体推进，突出重点、狠抓关键，进一步凝聚起“两手抓、两手硬、两战赢”的强大合力，为高质量建设中国最美县域、打造展示新时代美丽中国的县域窗口保驾护航。县委副书记、代县长宋波主持。

16日 省委第五巡视组巡视安吉县工作动员会议召开。根据省委统一部署，省委巡视组将在安吉县工作2个月左右的时间。根据省委要求和巡视工作职责，省委巡视组主要受理反映安吉县领导班子及其成员、下一级党组织领导班子主要负责人和重要岗位领导干部问题的来信来电来访，重点是关于违反政治纪律、组织纪律、廉洁纪律、群众纪律、工作纪律、生活纪律等方面的举报和反映。其他不属于巡视受理范围的信访问题，将按规定由被巡视单位和有关部门认真处理。

17日 4月全县“一把手工程”例会暨第二季度“夏季攻坚”动员会举行。县委书记沈铭权讲话，陆为民、赵德清、徐卫勇等县四套班子领导、县法院院长参加。县委常委、常务副县长潘鸣就“夏季攻坚”活动做具体部署。

18日 县委书记沈铭权赴梅溪镇梓坊村、铜山村、长林垓村，宣讲习近平总书记视察安吉重要指示精神，调研乡村振兴战略推进情况。

19日 县委书记沈铭权先后到昌硕街道、孝源街道矛调中心改建，孝丰镇矛调中心提升工程专题调研县、乡镇（街道）两级社会矛盾纠纷调处化解中心建设。

21日 省政协副主席陈铁

雄带队来县内,开展“深化‘多规合一’改革、推进省域国土空间治理现代化”专题调研。市县政协领导叶理中、叶海珍陪同。

22日 《诗意栖居——在“浙”里看见美丽中国》新书首发暨赠书活动在天荒坪镇余村举行。省委宣传部副部长李杲,浙江出版联合集团党委书记、董事长、总裁鲍洪俊,本书作者之一、新华社浙江分社社长何玲玲分别介绍了新书的发行意义、出版经过、创作历程等情况。

同日 副省长刘小涛到县内,就余村发展和“四好农村路”建设开展调研。市县领导沈铭权、项乐民、宋波陪同。

同日 开展第87个生态文明建设“集中推进日”活动。县委书记沈铭权、县人大常委会主任陆为民分别带队赴一线检查指导。

24日 习近平总书记视察安吉重要指示精神学习会暨全县第一期村(社区)党组织书记工作交流视频会召开,深入学习贯彻落实习近平总书记在浙江、安吉考察时的重要讲话精神,进一步加强基层党组织建设,推进“三治”有机结合、深入融合,加快推动乡村治理现代化。县委书记沈铭权讲话。

26日 省委召开县委书记工作交流会。县委书记沈铭权以“始终牢记习总书记的谆谆嘱托　努力打造‘重要窗口’的县域样本”为主题作交流发言。宋波、陆为民、叶海珍、赵德清、徐卫勇等县四套班子领导,县法院院长、县检察院检察长、县政协秘书长在安吉分会场参加。会议结束后,就做好贯彻落实会议精神作具体工作部署。

同月 安吉发布《安吉县“两山银行”试点实施方案》,以县域内国有企业——城投集团为主体,组建县乡两级“两山银行”,并提出将全面摸清山、水、林、田、湖、草等生态资源以及农村宅基地、农房、古村、古镇、老街等闲散资源“家底”,统一纳入“两山银行”,选择合适标的推向市场,实现生态资源向资产、资本的高水平转化。

是月 国家文物局官方微信公布了2019年度全国十大考古新发现初评结果,20个考古项目入围终评。安吉龙山越国贵族墓园名列其中。安吉龙山107号古墓葬(俗称八亩墩)位于递铺街道古城村,是全国重点文物保护单位——龙山越国贵族墓群中规模最大、等级最高的一座完整墓园。

5月

5日 县委书记沈铭权调研长湖申航道西延工程安吉段建设情况。长湖申航道西延工程安吉段全长29公里,于2017年底启动,按内河天然航道Ⅳ级标准建设。工程通过实施桥梁改造、航道疏浚、航道护坡、锚泊区配套等工程建设,破解原航道段等级偏低、船舶运载受限等问题,进一步提升内河航道运输能力,助力水运经济发展。

6日 全县建设平安安吉暨扫黑除恶专项斗争领导小组(扩大)会议举行。会议深入贯彻落实习近平总书记视察安吉重要指示精神,研究部署平安安吉建设各项工作。县委书记沈铭权讲话,县委副书记、代县长宋波宣读先进工作单位和个人名单,县人大常委会主任陆为民、县政协主席叶海珍、县政协党组书记赵德清出席。

同日 县委全面依法治县委员会召开第二次会议,深入学习贯彻落实中央和省市委相关会议精神,研究部署下一步法治安吉建设主要任务。县委书记、县委全面依法治县委员会主任沈铭权主持会议并讲话,县领导宋波、陆为民、叶海珍、赵德清、徐卫勇等出席。会上,县委全面依法治县办相关负责人作情况汇报。县综合行政执法局、昌硕街道党政主要负责人进行述职述法。

7—9日 中国人民政治协商会议第九届安吉县委员会第四次会议在行政中心举行。本次会议应出席委员228名,实到委员219名,符合政协章程规定。叶海珍代表政协第九届安吉县委员会常务委员会作工作报告。伍水荣代表政协第九届安吉县委员会常务委员会作九届三次会议以来提案工作情况的报告。13位政协委员分别以《关于高效率促进“两山”成果转化 高质量推进新时代“两山”试验区建设的建议》《关于健全我县公共卫生应急管理体系的建议》《关于推进工业固废治理“最后一公里”的建议》等为主题进行发言。会议以无记名投票方式进行选举,赵德清当选为政协第九届安吉县委员会主席。会议通报了一批政协工作成绩突出的集体和个人,通过了《铭记嘱托　牢记使命　砥砺前行》倡议书和县政协九届四次会议提案初审情况的报告和县政协九届四次会议决议。

8—9 日 县第十六届人民代表大会第四次会议在行政中心举行。大会应到代表 230 名，出席会议的代表 227 名，符合法定人数。大会投票通过了 2020 年安吉县人民政府民生实事项目；以举手表决形式，通过了关于安吉县人民政府工作报告、安吉县 2019 年国民经济和社会发展计划执行情况及 2020 年国民经济和社会发展计划、安吉县 2019 年财政预算执行情况及 2020 年财政预算、安吉县 2019 年度环境状况和环境保护目标完成情况报告、安吉县人大常委会工作报告、安吉县人民法院工作报告、安吉县人民检察院工作报告、调整环境综合治理“集中推进日”为生态文明建设“集中推进日”等决议。会议依法选举宋波为安吉县人民政府县长。

11 日 举行 5 月份全县“一把手工程”例会暨“争先创优”行动动员会。县委书记沈铭权讲话，县委副书记、县长宋波主持，陆为民、赵德清、徐卫勇等县四套班子有关领导参加，县委常委、常务副县长潘鸣作“争先创优”行动具体部署。

12 日 省政协副主席郑继伟带队到县内，专题调研省重点项目长龙山抽水蓄能电站建设情况。市县领导沈铭权、方新旗、赵德清等陪同。

12—14 日 开展 5 月“企业集中服务日”活动，沈铭权、宋波、陆为民、赵德清等县四套班子领导分赴企业，深入了解生产经营情况，协调解决发展难题，开展普惠政策宣讲解读。

13 日 全市县区“互看互学互比”活动举行。市四套班子领导，专项督查组组长和各县区、市级有关部门负责人先后观摩了位于开发区的安费诺飞凤（安吉）通信部品有限公司年产 7 亿片移动消费品配件及年组装 3 万台自动化设备生产线项目，浙江敏泰科技有限公司年产 5 万吨铝制品、120 万个汽车铝电池及年组装 6 条大型装备生产线建设项目，现场考察学习、集中观摩点评。市委常委、县委书记沈铭权作县内经济社会发展情况介绍。

14 日 县政府与中国移动湖州分公司 5G 战略合作协议签约仪式举行。县委副书记、县长宋波，中国移动湖州分公司总经理郑航海分别致辞。

16 日 县委副书记、县长宋波主持召开县城乡规划委员会 2020 年第一次例会，研究中国安吉白茶小镇溪山茶旅项目总体规划方案、中国安吉白茶小镇——小镇客厅及其附属建设项目设计方案、中国安吉白茶小镇——上马坎博物馆及白茶博物馆建设项目设计方案、县生态资源循环利用基地（静脉产业园）规划方案等。

18 日 “吾心安处是浙里”——浙江安心游“零零联盟”成立暨万人自驾游浙江携程复兴 V 计划启动仪式在安吉举行。

19 日 全县武装工作暨国动（教）委全体会议举行。会议深入贯彻落实习近平新时代中国特色社会主义思想和习近平强军思想，第一时间贯彻落实全市武装工作暨国动（教）委全体会议精神，研究部署当前和今后一个时期安吉县武装工作、国防动员等各项任务。县委书记、县人武部党委第一书记沈铭权讲话，县委常委、县人武部政委刘小翔，县人武部部长赵德民参加。

25—26 日 副省长王文序到县内调研民政工作。市县领导沈铭权、项乐民、夏坚定、宋波、赵德清陪同。

27 日 举行新时代浙江（安吉）县域践行“两山”理念综合改革创新试验区建设推进会暨“两山银行”试点建设部署会。

同日 开展第 88 个生态文明建设“集中推进日”活动。县委副书记、县长宋波，县政协主席赵德清分别赴一线检查指导。

28 日 中国稳外贸与区域经济协调性高质量发展大会在安吉举行。省商务厅一级巡视员徐高春，市委常委、县委书记沈铭权分别致辞。中国复关及入世谈判首席谈判代表、原国家外经贸部副部长、中国匠心企业家峰会组委会总顾问龙永图，华立集团董事局主席、中国匠心企业家峰会组委会理事长汪力成，浙江百合花集团股份有限公司董事长、中国匠心企业家峰会组委会副理事长陈立荣特邀参加。会议第二阶段还进行了嘉宾主旨演讲，并举行高质量匠心企业颁奖。会前，部分嘉宾赴县内部分企业实地考察。

同日 县第十六届人民政府第四次全体会议暨廉政工作会议召开。县委副书记、县长宋波强调，县政府系统要坚决贯彻落实习近平总书记在浙江、安吉视察时的重要讲话和指示精神，以“扛起‘重要窗口’县域样本使命担当、打造‘整体智治、唯实惟先’现代政府”为要求，进一步统一思想抓落实、集中精力抓落实、凝聚力量抓落实,奋力夺取中国最美县域高质量发展新胜利。

同日 安吉县人大主题公园举行开园仪式。主题公园位于递铺街道长乐社区,占地约200亩,全方位、立体化地展示了人大相关法律法规、发展历程、职能职权等内容。主题公园共分为人大机构、宪法和法律、宣传长廊、重要讲话、铿锵足迹、重要决议、历史见证、人大联络站等八个主要板块。每个板块都以景观小品的方式进行了展示,它们融于环境、各有特色,是公园里一道道独特的风景。

30日 召开村社组织换届工作推进会,贯彻落实省市相关要求,听取村社组织换届工作推进情况汇报,研究部署下一步工作任务。县委书记沈铭权讲话,会议传达了村社组织换届准备工作相关要求。会上,孝源街道、天子湖镇、杭垓镇、孝丰镇、山川乡5个乡镇做相关情况交流。

是月 安吉县被省发改委、省环境厅、省交通运输厅、省文化和旅游厅确定为省第一批大花园示范县创建唯一优秀县。县内围绕“两山”理念发源地这一最大亮点,以项目促发展,通过美丽乡村建设、壮大产业平台、发展全域旅游等方式,打通“两山”转化通道。去年全县接待游客2800万人次,旅游总收入388.24亿元,旅游业增加值增长11.9%。

6月

2日 市人大常委会副主任董立新带队到县内开展动物防疫、野生动物保护相关法律法规和决定执法检查,县领导陆为民陪同。

同日 省海港集团、宁波舟山港集团党委书记、董事长毛剑宏带队先后到赴余村和永艺、恒林、中源三家企业,考察生态文明建设和外贸企业发展。市委常委、县委书记沈铭权陪同。

5日 上海市副市长汤志平带队先后到天荒坪镇余村、灵峰街道大竹园村,考察生态文明建设、城乡建设等工作。市委常委、县委书记沈铭权,市政协副主席高东陪同。

7日 国家发改委副秘书长苏伟带队,到县内调研生态文明建设和新时代浙江(安吉)县域践行“两山”理念综合改革创新试验区建设推进情况。省发改委一级巡视员徐幸陪同,县领导沈铭权、宋波、赵德清等参加。

8日 沪、苏、浙、皖一市三省市场监督管理局围绕共同推进长三角绿色产品认证,发布《沪苏浙皖共同推进长三角绿色产品认证余村倡议》。该倡议就创新合作共推机制、共同搭建高水平开放式绿色认证联盟、聚焦产业发展等方面提出6条倡议,并确定安吉余村为联席会议制度的名誉会址。

10日 深入学习贯彻习近平总书记重要批示精神暨湖州市安吉县推行“导师帮带制”15周年工作研讨会在县内举行。新华社党组成员、副社长刘正荣,省党建研究会会长、省人大常委会原副主任王永昌讲话,市委常委、组织部部长徐仲仪致辞,市委常委、县委书记沈铭权,省委党校副校长、教授陈立旭作主旨发言,县领导宋波、陆为民、赵德清参加。

13日 全县基层社会治理提升年暨社会矛盾纠纷调处化解中心建设推进会召开。县委书记沈铭权讲话,县委副书记、县长宋波主持,县委副书记、政法委书记徐卫勇作工作部署。

16日 首届湖州商品交易会安吉会场活动举行。活动以“践行‘两山’理念、消费促进发展”为主题,现场展会分设绿色家居、竹制品、农副产品、食品零售、旅游文创等七大展区。展会期间,政府将联动企业、商家,通过线上线下同步进行的方式推出消费券发放活动,并将在下半年各类消费活动中持续发放,消费券发放总额为1500万元。

19日 县委农村工作会议暨农村人居环境“百日提升行动”部署会议召开。会议深入学习领会习近平总书记关于“三农”工作重要论述,坚决贯彻落实习近平总书记视察安吉重要指示精神,围绕各级相关会议要求,研究部署2020年工作任务。县委书记沈铭权讲话。县人大常委会主任陆为民、县政协主席赵德清出席,县委常委、统战部部长任烽主持。

24日 省委常委、组织部部长黄建发来县内,调研村社组织换届准备以及特色产业发展、农村人居环境整治、矛调中心建设等工作,并开展“三服务”。市县领导徐仲仪、沈铭权、宋波、徐卫勇陪同调研。

28日 商合杭高铁安吉站开通仪式举行。市人大常委会主任孙贤龙宣布开通。市委常委、县委书记沈铭权,中国铁路上海局集团有限公司工会主席、副总经理何元庆，京福铁路客专安徽有限责任公司副总经理唐强分别致辞。县人大常委会主任陆为民、县政协主席赵德清等县四套班子领导，县法院院长、检察院检察长、人武部部长、政协秘书长参加，县委副书记徐卫勇主持。

同日 新时代浙江（安吉）县域践行“两山”理念综合改革创新试验区建设工作推进会召开。省发改委一级巡视员徐幸讲话，市委常委、县委书记沈铭权作推进情况介绍，县领导宋波、赵德清参加。

28—29日 全省“两山银行”试点推进会在安吉召开。会议贯彻落实习近平总书记在浙江考察时的重要讲话精神和省委十四届七次全会精神，交流总结各地“两山银行”试点工作经验做法，研究部署下一步工作任务。

29日 以“续写‘两山’理念新篇章·展现‘重要窗口’新作为”为主题的浙江老干部“信仰对话”系列活动暨“银雁返乡”志愿服务项目启动仪式在余村举行。省委宣传部副部长、省文明办主任卢春中，省委老干部局副局长施建荣，市委常委、县委书记沈铭权出席。活动发布了浙江老干部“银雁返乡”志愿服务项目，并宣读倡议书。与会人员还参观了鲍新民工作室。

30日 举行庆祝建党99周年暨“红色传唱人”第二季展演，共同缅怀历史，传唱身边榜样，弘扬奋斗精神。县委书记沈铭权致辞，县领导陆为民、赵德清、徐卫勇参加。晚会为2019年度县级基层党建整乡推进示范乡镇党委和“双创双全”先锋示范村党组织颁奖，通报了全县100名优秀共产党员名单，并对党员代表进行颁奖。晚会上，22位红色传唱人讲述了奋斗在“两战”以及基层治理、“两山”转化等领域的感人党员故事。

7月

6日 县委理论学习中心组（扩大）会议举行。县委书记沈铭权主持并讲话，宋波、陆为民、赵德清、徐卫勇等县四套班子领导，县政协秘书长等参加。会议交流了年度调研课题，与会县领导围绕课题、2020年以来工作及县委县政府下一步工作思路和重点作交流发言。同日，县委理论学习中心组（扩大）会议暨中国最美县域大讲坛举行，专题学习民法典。会上，浙江大学光华法学院教授、博士生导师陈信勇对民法典作简要解读。

7日 安吉县人民政府、建设银行浙江省分行关于新时代浙江（安吉）县域践行“两山”理念综合改革创新试验区战略合作协议签约仪式举行。仪式上，建行湖州分行党委书记、行长陈硕作支持新时代“两山”试验区建设实施方案介绍。建行浙江省分行、湖州市分行、安吉县支行分别与县人民政府、重点政府平台、重大投资项目及普惠小微企业签署相关合作协议。

9日 2020年度全县城市管理委员会工作会议暨生活垃圾分类工作推进会议召开。县委副书记、县长宋波讲话，会议播放了问题曝光短片；通报了2019年度省市相关工作及县级部门荣誉获得情况并进行表彰。部分乡镇（街道）、相关部门以及村（社区）作交流发言。

同日 浙江宇翔职业技术学院正式建校揭牌仪式暨中共浙江宇翔职业技术学院委员会成立大会举行。省教育厅党委委员、副厅长于永明，市委常委、县委书记沈铭权，杭州市政协副主席、民进浙江省委会副主委谢双成，以及市县领导闵云、李红、宋波、陆为民、赵德清、任贵明出席，并进行揭牌。全国政协常委、副秘书长、民进中央副主席朱永新以视频方式表示祝贺。

10日 中国·安吉“两山”数字论坛在县内举行，共同探讨数字赋能路径，加快推动安吉政府数字化转型和融媒体发展。同时发布了安吉县DCMM国家标准测评以及安吉参与生态环境大数据国标制定相关情况，举行了政银数字合作省级试点——“社区金融云”安吉指尖物业项目、安吉县人民政府与阿里巴巴（中国）软件有限公司合作签约仪式。

14日 全县加强党的政治建设暨机关党的建设工作推进会举行。县委书记沈铭权讲话。会上，司法局、梅溪镇，公安局、综合执法局，政务办、孝源街道分别围绕不同主题进行发言。

15日 县委财经委员会召开第六次会议，深入学习贯彻习近平总书记在浙江、安吉考察时的重要讲话精神，分析研究“半年红”目标任务完成情况和下一步工作安排。县委书记、县委财经委员会主任沈铭权主持并讲话。

16日 2020年全县生态文明建设大会召开。县委副书记、县长宋波强调，各级各部门要以习近平总书记视察浙江、安吉时的重要讲话和指示精神为指引，再接再厉、顺势而为、乘胜前进,坚持问题导向,增强忧患意识,坚决担负起生态文明建设的政治责任,确保污染防治攻坚战圆满收官,努力成为全面展示新时代美丽中国的县域窗口。

17日 2020年度长三角县域绿色发展峰会在安吉举行。本次峰会主题为“共商区域合作,共谋绿色发展”。会议分两个阶段举行。第一阶段举行长三角县域绿色发展峰会签约仪式,宣告成立长三角产业合作区绿色制造联盟并发布安吉共识,三位专家作主旨演讲;第二阶段举行圆桌会议,“一岭六县”和湖州区域合作办相关领导作交流发言,长三办、一市三省发展改革委相关领导讲话。会上,长三角产业合作区绿色制造联盟成立,“一岭六县”联合发布安吉共识。

同日 2020安吉县半年度招商引才项目集中签约仪式举行。本次集中签约仪式共签约项目28个,总投资159.56亿元,固定资产投资141.18亿元。其中,二产项目22个,高层次人才项目6个,外资项目3个。

18日 安吉县文学艺术界联合会第四次代表大会召开。县委书记沈铭权出席开幕式并讲话。县领导宋波、陆为民、赵德清、徐卫勇、何承明出席开幕式。会议听取了县文联第三届委员会工作报告,审议通过了县文联第三届委员会工作报告的决议、县文联修改章程的决议,选举产生了安吉县文联第四届委员会委员和主席、副主席。

同日 由中宣部组织的中央媒体“走向我们的小康生活”主题采访报道活动到安吉余村进行采访。来自人民日报社、新华社、中央广播电视总台、求是杂志社、光明日报社、经济日报社、中国日报社等10多家中央、省级媒体的50余名记者,沿着习近平总书记调研余村之路,切身体会、记录“两山”理念在余村的生动实践。

21日 开展第90个生态文明建设“集中推进日”活动。县委副书记、县长宋波,县政协主席赵德清分别带队赴一线检查指导。

22日 开展7月“企业集中服务日”暨高温慰问活动。县委书记沈铭权,县委副书记、县长宋波,县人大常委会主任陆为民,县政协主席赵德清分别带队看望慰问坚守一线的职工,代表县四套班子为他们送去清凉,并向全县奋战在高温一线的广大劳动者致以崇高敬意、表示衷心感谢。县委副书记、政法委书记、开发区党工委书记徐卫勇参加。

23日 市政协主席杨建新带队到县内调研长三角产业合作区推进情况。市县领导沈铭权、李全明、赵德清参加。

同日 2020年县长与政协委员“面对面”活动举行。围绕“深化全国文明城市创建 推进县域治理现代化建设”主题,县委副书记、县长宋波与政协委员和群众代表面对面协商议政,零距离听取意见建议。县政协主席赵德清主持会议。9名政协委员和1名群众代表围绕协商主题,分别从规范、创新、提升和展望四个篇章提出了背街小巷整治、未来社区建设、城市设计规划等方面意见建议。县创建办、综合执法局、资源规划局就相关问题进行现场回应。

24日 根据省委巡视工作统一安排,省委第五巡视组向安吉县反馈巡视情况。省委巡视工作领导小组成员王海超出席向湖州市委常委、安吉县委书记沈铭权反馈的会议,并传达了省委书记车俊关于巡视工作讲话和指示精神,省委第五巡视组组长万亚伟主持会议并向沈铭权反馈了巡视情况。之后,王海超对抓好巡视整改工作提出要求,万亚伟代表省委巡视组向安吉县领导班子进行了反馈。湖州市委常委、市纪委书记、市监委主任梁雪冬参加相关反馈会议并就抓好安吉县巡视整改工作提出要求。沈铭权作表态讲话,宋波主持会议。

同日 7月全县“一把手工程”例会暨第三季度“秋季争收”动员会召开。县委书记沈铭权讲话,县委副书记、县长宋波作“秋季争收”工作部署。陆为民、赵德清、徐卫勇等县四套班子领导、法检两长、政协秘书长等参加。县委常委、常务副县长潘鸣主持。会议以视频形式展示了全县上半年各项经济目标任务完成情况,争先创优行动办、开发区、住建局、建设银行安吉支行负责人做交流发言。会议还通报了半年度考核结果,并颁发流动红旗。

25日 上海市人大常委会党组书记、主任蒋卓庆带队到县内考察。省人大常委会党组书记、副主任梁黎明,市人大常委会党组书记、主任孙贤龙,市委常委、安吉县委书记沈铭权,县人大常委会党组书记、主任陆为民陪同。

28日 省政协副主席周国辉带队到县内，就生态保护补偿模式机制创新开展专题调研。市县领导高东、宋波、赵德清陪同。

29日 中共安吉县委十四届九次全体（扩大）会议举行。出席这次全会的县委委员32名，候补委员7名。全会高举习近平新时代中国特色社会主义思想伟大旗帜，深入贯彻习近平总书记视察浙江、安吉重要指示精神，认真贯彻落实省市委全会部署要求，听取和讨论了沈铭权受县委常委会委托作的工作报告，审议通过《中共安吉县委关于深入学习贯彻习近平总书记视察安吉重要指示精神，坚定不移以“两山”理念引领中国最美县域高质量发展 奋力打造“重要窗口”县域样本 努力成为新时代美丽中国县域窗口的决定》。

30日 国家安吉竹产业示范园区举行开园开工仪式。示范园区是全国首批、全省唯一的国家级林业产业示范园区，以竹产业为发展主体，以科技研发为发展推力，以产城融合为发展方向，产业规划科学、发展定位清晰，截至7月底已有5个项目签约。

31日 市委常委、县委书记沈铭权，县委副书记、县长宋波带队到湖州军分区走访慰问，向部队官兵送上节日问候，共叙军民鱼水情。市委常委、军分区司令员江宏勋与慰问团一行座谈交流，军分区政委傅斌陪同。县委常委、人武部政委刘小翔参加。

8月

4日 县委理论学习中心组举行会议，专题学习《习近平谈治国理政》第三卷。县委书记沈铭权主持并讲话，宋波、陆为民、赵德清、徐卫勇和县委理论学习中心组其他成员出席。会上，县委常委、组织部部长朱伟，县委常委、宣传部部长何承明作中心发言。

同日 县委网络安全和信息化委员会召开第二次全体会议，深入学习贯彻习近平总书记关于网络强国的重要思想，认真落实省市委网信委第二次全体会议精神，总结2019年以来工作，部署下一阶段任务。会议听取安吉县网信工作以及有关文件起草情况汇报，审议通过了县委网络安全和信息化委员会2020年工作要点。

同日 2020年安吉县年轻干部能力提升培训班、党外干部能力提升培训班开班式举行。县委书记沈铭权出席，并主讲开班第一课。县委常委、统战部部长任烽出席，县委常委、组织部部长朱伟主持。

6日 2020年第二期村（社区）党组织书记工作交流视频会议召开，深入学习贯彻习近平总书记视察安吉重要指示精神，落实推进县委十四届九次全会工作部署，围绕“村社干部队伍素质提升”主题，交流探讨建强村社“两委”班子、培优村社干部队伍的好经验好做法。

同日 首届“余村经验”研讨会在县内召开。本届研讨会由安吉余村经验研究促进会、复旦大学中国乡村发展研究中心、复旦大学社会发展与公共政策学院和安吉县法学会共同主办。研讨会上，来自复旦大学及县委党校、县司法局的专家、教授围绕“乡村治理与新型农民的塑造”“乡村治理的系统动力学解析”等话题进行交流发言，并开展了现场讨论互动。县政协主席、安吉余村经验研究促进会会长赵德清出席研讨会。

7日 落实省委巡视反馈意见整改工作部署会召开，认真贯彻落实省委巡视反馈意见，对全县巡视整改工作进行动员部署。县委书记沈铭权讲话，县委副书记、县长宋波主持，县人大常委会主任陆为民、县政协主席赵德清等县四套班子领导，检察院检察长、政协秘书长等参加。县委副书记徐卫勇作工作部署。

同日 《孝源街道人大工作委员会工作规范》《上墅乡人大监督工作规范》新闻发布会举行，发布全国首个街道人大工作规范、乡人大监督工作规范。规范分别由孝源街道人大工委和上墅乡人大主席团与中国计量大学共同参与起草，并邀请各级人大专家和相关领域专家充分论证后形成。

8日 长三角产业合作区（一岭六县）文旅联合行动暨“绿水青山生态游”文旅产品采购大会在安吉县举行。省文化和旅游厅副厅长许澎，市县领导范庆瑜、宋波以及“一岭六县”有关领导参加。会议发布了《长三角产业合作区（一岭六县）文旅一体化联盟（安吉倡议）》；推介了长三角产业合作区文旅一体化精品路线——“长三角走心之旅”；一批文旅项目、文旅产品采购项目现场签约。启动了“绿水青山生态游”活动。

13日 安吉县第十七个生态文明日暨“无废城市”创建启动仪式在生态广场举行。活动进行了《安吉县“无废城市”实施方案》

发布、"无废城市"创建授旗。

14日 《乡村绿色治理指南》地方标准规范新闻发布会举行,全国首个乡村绿色治理县级地方规范发布。该指南制定工作由市生态环境局安吉分局发起,县市场监督管理局批准立项,长三角生态研究院起草,分为总则、治理主体、治理内容、治理路径、治理保障等5部分。

15日 省委、省政府在安吉举行理论研讨会。省委书记车俊讲话,省委副书记、省长袁家军主持。省领导葛慧君、郑栅洁、陈金彪、朱国贤、陈伟俊、梁黎明出席。市县领导王纲、孙贤龙、杨建新、夏文星、范庆瑜、沈铭权等参加。专家学者和有关负责人王炳林、王金南、潘家华、赵建军、沈满洪、顾益康等围绕"绿水青山就是金山银山"的历史脉络、哲学思考、理论内涵和实践要义进行了深入探讨,并就深化绿色发展提出意见建议。

同日 全省高水平建设新时代美丽浙江推进大会在余村召开。会议强调,要认真学习贯彻习近平生态文明思想和习近平总书记考察浙江重要讲话精神,坚定扛起生态文明建设先行示范的使命担当,深入践行"绿水青山就是金山银山"理念,扎实推进高水平美丽浙江建设,奋力建设展示人与自然和谐共生、生态文明高度发达的重要窗口。省委书记车俊、生态环境部党组书记孙金龙出席会议并讲话。省委副书记、省长袁家军发布《深化生态文明示范创建 高水平建设新时代美丽浙江规划纲要(2020—2035年)》。省政协主席葛慧君出席,省委副书记郑栅洁主持。会议以视频形式召开,各市、县(市、区)设分会场。会上,生态环境部、省政府签署了共建"生态文明先行示范省"战略合作协议,一批生态省建设突出贡献集体和个人代表、2019年度美丽浙江建设和"五水共治"工作先进受表彰,省生态环境厅、湖州市、宁海县、嘉兴港区乍浦镇、淳安县下姜村负责人做交流发言。县委书记沈铭权代表安吉接受表彰。

18日 全县"五未"项目推进动员会暨8月全县"一把手工程"例会举行。县委书记沈铭权讲话,县领导陆为民、赵德清、徐卫勇、潘鸣、陈卫卫参加。县委常委、常务副县长潘鸣作县"五未"项目推进工作部署。

同日 第三个医师节暨"最美医务工作者""最美健康守门人"颁奖典礼举行。安吉援鄂医疗队获"最美医务工作者"特别奖,王刚、徐海兰、曹乙等11人获"最美医务工作者"称号,侯琛琛、高力生、陈慧勇等10人获"最美健康守门人"称号。县委书记沈铭权致辞,县人大常委会主任陆为民,县政协主席赵德清,县委常委、宣传部部长何承明,副县长任贵明参加,并为获得荣誉的个人和团队颁奖。

19日 全市区县"互看互学互比"活动走进安吉。市四套班子领导、市实施争先创优行动领导小组办公室、各区县以及市直属有关单位负责人先后观摩了位于示范区的浙江鸿泉电子科技有限公司年产50万台智能增强驾驶系统和高级辅助驾驶系统项目,以及福斯特(安吉)新材料有限公司年产2万吨电子电路新材料、3万吨光伏封装材料项目,实地督查2020年以来主要经济指标完成情况,考察部分新建在建项目。县领导沈铭权、徐卫勇、潘鸣、陈卫卫参加。

同日 全县加快国家全域旅游示范区高质量发展大会举行,深入贯彻落实习近平总书记视察安吉重要指示精神,以及"绿水青山就是金山银山"理念提出十五周年理论研讨会、全省高水平建设新时代美丽浙江推进大会会议精神,动员部署全域旅游高质量发展工作,奋力夺取疫情防控和经济社会发展双胜利。省文化和旅游厅党组书记、厅长褚子育,市委常委、宣传部部长范庆瑜,市委常委、县委书记沈铭权出席会议并讲话或致辞,省文化和旅游厅党组成员、副厅长杨建武,县领导潘鸣、黄先国、任贵明、侯献荣出席。

同日 浙江省药监局安吉县医药创新和审评柔性服务站授牌仪式举行。服务站将为企业提供受理咨询、注册审评、预约指导等个性化服务,打通服务延伸"最后一公里"。仪式现场,省药监局向安吉县授"医药创新和审评柔性服务站"牌匾;"安吉县市场监督管理局药品监督管理所"正式揭牌;浙江医药高等专科学校与县市场监管局签订深化战略合作协议。

20日 市委副书记、市长王纲在专题调研长三角产业合作区规划建设工作时强调,要深入贯彻习近平总书记考察浙江和湖州重要讲话精神,紧紧围绕省、市委关于推动长三角一体化的决策部署,顺势而为、抢抓机遇,聚焦高质量,干出加速度,全力推进长三角产业合作区高水平规划建设。市县领导沈铭权、施根宝、房石磊、宋波、陈卫卫参加。

21日 县委副书记、县长宋波主持召开县政府第37次常务会议，研究讨论了《安吉县全域"无废城市"建设实施方案》《推进民生事项"就近可办、县域通办"工作实施方案》等事项。

22日 全县贯彻落实"绿水青山就是金山银山"理念，深入推进中国最美县域建设大会在"年年有余"研学中心召开。县委书记沈铭权讲话，县委副书记、县长宋波主持会议。

24日 2020年全县创建全国文明城市推进大会召开。县委书记沈铭权讲话，县委副书记、县长宋波主持，县人大常委会主任陆为民、县政协主席赵德清、县委副书记徐卫勇等县四套班子相关领导出席，县委常委、宣传部部长何承明作工作部署。

25—26日 开展第91个生态文明建设"集中推进日"活动。县委副书记、县长宋波，县人大常委会主任陆为民分别带队赴一线检查指导。

27日 全省农村饮用水达标提标行动决战决胜及清盘验收推进会在县内召开。副省长彭佳学出席会议并讲话，省政府副秘书长蒋珍贵主持，省水利厅厅长马林云作工作部署，市县领导夏坚定、宋波、项侃文、陈小龙参加。

25—29日 县委书记沈铭权率党政代表团赴湖南、贵州两地开展"白叶一号"帮扶项目推进，深入贯彻落实习近平总书记重要批示指示精神，全力做好"白叶一号"帮扶工作。湖南省副省长朱忠明会见了代表团一行。

9月

4日 安吉县与浙江科技学院深化合作会议在县内举行。会议总结交流近年来校地双方合作情况，就深化合作进行深入交流。浙江科技学院党委书记龚建立，校长、党委副书记赵东福，市委常委、县委书记沈铭权，县委副书记徐卫勇出席。

同日 启迪之星（安吉）加速器启动暨湖州霍里思特智能科技有限公司开业仪式在示范区小微企业产业园举行。

4—6日 第三届中国医疗器械创新创业大赛体外诊断（IVD）产品类复赛决赛暨中国·安吉体外诊断（IVD）产品类创新大赛、人体精密测量专场赛暨中国·安吉人体精密测量创新大赛在安吉举行。中国科学院院士、复旦大学常务副校长、复旦大学上海医学院院长、上海国际人类表型组研究院院长金力，国家医疗器械产业技术创新战略联盟理事长、中国医疗器械行业协会常务副会长姜峰出席相关赛事，市委常委、县委书记沈铭权，县委副书记、县长宋波分别出席并致辞，县委副书记、开发区党工委书记徐卫勇作县内大健康产业园推介。

8日 县政府党组2020年上半年度落实全面从严治党主体责任暨"一岗双责"工作会议召开，传达学习《党委（党组）落实全面从严治党主体责任规定》，对省委第五巡视组反馈意见整改工作进行再部署，推进"整体智治、唯实惟先"现代政府和廉洁政府建设。县委副书记、县政府党组书记、县长宋波主持并讲话。

10日 "美丽党建"强基行动现场推进会举行。县委书记沈铭权带队赴乡镇（街道）和机关企事业单位，调研基层党建工作。他强调，全县各级党组织必须深刻认识基层党建工作面临的新形势新任务新要求，切实增强思想自觉和行动自觉，牢牢抓住基层党建这个关键，把全县基层党组织真正建成坚强堡垒，使广大党员更好地发挥先锋模范作用，为奋力打造"重要窗口"县域样本、努力成为新时代美丽中国县域窗口提供坚强的组织保证。

同日 安吉县庆祝第三十六个教师节暨2020年最美教师颁奖典礼举行。县委书记沈铭权，县人大常委会主任陆为民，县委副书记徐卫勇出席并为"最美教师""最美教师"提名奖以及省、县"绿叶奖"获得者颁奖。黄云艳、张春萍、郑鸿翔等十人获得"最美教师"荣誉。

12日 县委理论学习中心组举行会议，专题学习习近平总书记在经济社会领域专家座谈会上的重要讲话精神、《中央巡视工作规划（2018－2022年）》。县委书记沈铭权主持并讲话，宋波、陆为民、赵德清、徐卫勇和县委理论学习中心组其他成员，市政协农业农村委副主任、县政协二级巡视员叶海珍出席。

13日 "绿水青山就是金山银山"理念与实践会议在安吉开幕。开幕式上，浙江大学校长、中国科学院院士吴朝晖，省生态环境厅党组副书记、副厅长虞选凌，市委副书记、政法委书记夏文星，市委常委、县委书记沈铭权分别致辞或讲话，县委副书记、县长宋波参加。本次会议至14日结束，包括主旨演讲、分论坛等活动。省委原常委、杭州市委原书记王国平，生态环境部环境规划院院长、中国工程院院士王金南，南京大学环境学院院长、中国工程院院士任洪强，浙江大学农生环学部主任、中国工程院院士朱利中，中国生态文明研究与促进会副会长兼秘书长刘青松等专家应邀参加相关活动。

15日 安吉县政协女委员工作总室挂牌启用。工作总室位于妇联界别议事厅，作为政协女委员三级服务网的主阵地，工作总室将不定期组织女委员开展交流探讨、分析矛盾案例，提升调解能力水平，助力社会治理。

16日 省委建设县级社会矛盾纠纷调处化解中心协调小组副组长、省人民检察院检察长贾宇，带队到县内调研指导县级矛调中心建设工作。市委副书记、政法委书记夏文星，市委常委、县委书记沈铭权，市人民检察院检察长孙颖，县委副书记、政法委书记徐卫勇，县人民检察院检察长陈章参加。

17—18日 全国妇联党组书记、副主席、书记处第一书记黄晓薇，在天荒坪镇余村就深化妇联改革、发挥家庭家教家风在基层社会治理的重要作用开展调研。市县领导王纲、范庆瑜、沈铭权、宋波陪同。

20日 新时代清廉乡村建设与乡村治理现代化研讨会在县内召开。中国纪检监察杂志社副总编辑雷戈，省纪委副书记、监委副主任暨军民，市委副书记、政法委书记夏文星致辞。市县领导梁雪冬、夏坚定、宋波、柏建华参加。会议颁发了新时代清廉乡村建设与乡村治理现代化研讨会十佳案例和优秀案例奖；发布了《清廉乡村建设规范》；举行了新时代清廉乡村建设与乡村治理现代化实践基地(安吉)揭牌仪式。会前，与会人员实地考察了解县内清廉乡村建设与乡村治理现代化推进情况。

21日 县委副书记、县长宋波赴天子湖镇人大代表中心联络站，以人大代表身份开展主题接待活动，宣讲习近平新时代中国特色社会主义思想，征集“十四五”规划编制和2021年民生实事项目意见建议。县人大常委会主任陆为民参加。座谈会上，人大代表们结合岗位实际，围绕乡村振兴战略实施、营商环境优化、休闲产业发展、基础设施完善等方面建言献策。

24日 中国农村青年致富带头人协会第二期高级研讨班暨“我的青春 我的丰收节”活动与会人员到县内考察。共青团中央书记处书记、中国农村青年致富带头人协会会长关志浩带队，市委常委、县委书记沈铭权陪同。

25日 县委全面深化改革委员会举行第四次会议。会议传达学习了中央全面深化改革委员会第十五次会议精神、省委全面深化改革委员会第十次会议精神，听取部分单位党委(党组)书记改革工作述职，听取公共场所服务大提升、综合行政执法改革、高水平推进营商环境优化等工作情况汇报。

同日 程昕东先生典藏艺术作品与图书捐赠仪式在安吉图书馆举行。法国驻华大使罗梁，克罗地亚驻华大使达里欧·米海林，立陶宛驻华使馆文化参赞托马斯，市委常委、宣传部部长范庆瑜，市委常委、县委书记沈铭权，县委常委、统战部部长任烽出席，副县长任贵明主持仪式。安吉乡贤、艺术家、国际艺术策展人程昕东现场为市县图书馆捐赠。本次向安吉县图书馆捐赠价值约1500万元的国际艺术家小型雕塑作品和部分典藏艺术图书。

同日 由甘肃省政协主席、党组书记欧阳坚带领的驻甘肃全国政协委员考察团到县内考察乡村振兴战略实施情况。省市县领导马光明、杨建新、沈铭权、赵德清陪同。

26日 大师故里·第四届中国亲子文旅节在鄣吴镇昌硕广场举行开幕仪式。本届中国亲子文旅节由安吉县人民政府主办，县文体旅游局和鄣吴镇承办，旨在进一步打响安吉“中国亲子旅游第一县”品牌，发布安吉亲子旅游产品特色，同时深入挖掘昌硕文化、扇文化、古鄣文化等特色内涵，打造“行走的课堂在古鄣”亲子研学主题，加快推进文旅产业融合。文旅节还包括扇博会、“金秋夜鄣吴”市集、演绎古鄣情等系列子活动。法国驻华大使罗梁，克罗地亚驻华大使达里欧·米海林，县政协主席赵德清宣布开幕。

27日 中国国际经济交流中心常务副理事长、执行局主任，国家发改委原副主任张晓强，联合国开发计划署亚太区高级经济顾问郝博霖一行到天荒坪镇余村调研。市县领导施根宝、宋波陪同。

同日 国家粮食和物资储备

局党组书记、局长张务锋到天荒坪镇余村、递铺街道鲁家村调研。市县领导施根宝、宋波陪同。

28日 县委召开县委书记专题会,听取十四届县委第九轮巡察工作情况专题汇报。会议听取了四个巡察组对鄣吴镇、县产投集团、县文旅集团以及鄣吴镇、山川乡、灵峰街道、上墅乡、递铺街道所辖65个村(社区)共68个单位党组织巡察情况汇报。研究了《十四届县委第十轮巡察工作建议方案》。县委书记沈铭权主持会议并讲话,县委副书记、县长宋波,县委副书记徐卫勇,县委常委、县纪委书记、县监委主任柏建华,县委常委、组织部部长朱伟参加。

29日 中国银行浙江省分行支持新时代浙江(安吉)县域践行"两山"理念综合改革创新试验区建设座谈签约活动举行。中国银行研究院院长陈卫东参加。中国银行浙江省分行党委书记、行长吴敏,县委副书记、县长宋波致辞。

同月 县市场监管局联合市生态环境局安吉分局、示范区、信访局、民政局等单位制定并发布了《乡村绿色治理指南》《美丽园区建设与管理规范》《居民绿色生活指南》《美丽县域市场服务规范》《社会矛盾纠纷调处化解中心建设、运行和管理规范》《绿色节地生态葬建设与管理规范》6项县级地方标准规范。

同月 中国标准创新贡献奖领导小组办公室公布了2020年中国标准创新贡献奖获奖名单。由安吉作为第一起草单位主导制定的《美丽乡村建设指南》(GB/T 32000—2015)获得标准项目奖三等奖。是全部获奖项目中唯一一个农村公共服务领域的国家标准。

同月 省市场监管局专题批复同意县内开展"食品案件快速办理平台"试点工作。标志着县内成为全省首个食品领域违法行为查处"数字化转型"试点县。

10月

9日 全县召开县级领导干部会议召开,通报近期全县重点工作推进情况,进一步增强领导干部对全局工作的整体把握,凝聚起冲刺全年目标的强大合力,动员全县上下以更加饱满的精神状态投入四季度各项工作中。县委书记沈铭权主持并讲话,宋波、陆为民、徐卫勇等县四套班子领导,县法院代院长、县检察院检察长、县政协秘书长参加。

10日 开展10月"企业集中服务日"活动。县委书记沈铭权,县人大常委会主任陆为民,县政协主席赵德清分别带队赴企业,协调解决企业发展中存在的问题,鼓励企业坚定信心,克难攻坚,勇开新局,为全县经济社会发展做出更大贡献。县委副书记、政法委书记、开发区党工委书记徐卫勇参加。

同日 县委召开全县村(社区)组织换届工作会议。县委书记沈铭权讲话,县委副书记徐卫勇主持。同时,县委召开全县村(社区)组织换届工作领导小组第一次会议,听取村社换届前期工作情况汇报,研究部署下一步重点工作。

同日 县规划委员会2020年第三次会议召开,研究县人民医院改造工程(建筑)设计方案、县妇保院改迁建项目规划(建筑)设计方案、安吉县天然气利用工程——中心气源站二期规划(建筑)设计方案等。县委副书记、县长宋波主持并讲话。

14日 全县2020年度健康安吉建设工作推进会暨秋冬季新冠肺炎疫情防控工作部署会召开。县委书记沈铭权讲话,县委副书记、县长宋波主持,副县长任贵明通报2019年健康安吉建设考核结果,部署2020年健康安吉和秋冬季疫情防控具体工作。

同日 全国人大代表浙江中心组第四小组围绕"以主力担当融入长三角一体化发展国家战略,打造长三角绿色发展引领区"主题,到县内开展专题调研。市人大常委会主任孙贤龙,市委常委、县委书记沈铭权,市人大常委会副主任张兰新,县人大常委会主任陆为民陪同。

15日 "天下浙商林"系列活动在余村举行。省委统战部副部长、省工商联党组书记陈浩,市委常委、统战部部长李上葵,市委常委、县委书记沈铭权,县委副书记徐卫勇出席。来自长三角浙商联盟和省外浙江商会的50余名知名浙商参加。

20日 10月全县"一把手工程"例会暨第四季度"冬季决战"动员会召开。县委书记沈铭权讲话,县委副书记、县长宋波作"冬季决战"工作部署,县委副书记徐卫勇通报季度流动红旗获得情况以及相关考核结果。县四套班子相关领导,县法院代院长、检察院检察长、政协秘书长等参加。会议以视频形式展示了全县前三季度各项经济目标任务完成情况，颁发了流动红旗。县发改局、经信局、商务局、税务局作交流发言。会议还就安洽会筹备、村社（组织）换届等工作进行具体部署。

21日 县委常委会召开第129次会议，听取了《关于规范执行"三重一大"事项集体决策制度的实施办法》《安吉县制造业六大产业高质量发展实施方案——安吉县六大产业发展"六个一"行动方案》《安吉县推进县域社会治理现代化工作方案》以及2020绿色发展科技创新大会筹备、县交通局工作等情况汇报。

22日 副省长彭佳学到县内调研指导落实省委巡视整改工作。市委常委、县委书记沈铭权就落实省委巡视整改工作进行汇报，副市长朱留沙、项乐民，县委副书记、县长宋波参加。

23日 第七届国际无人飞行器创新大奖赛暨2020年安吉航空嘉年华活动开幕式举行。中国航空学会副理事长李春宏，市人大常委会主任孙贤龙，市委常委、县委书记沈铭权致辞。

22—24日 2020新时代"两山"试验区·安吉县第十三届投资贸易人才洽谈会举行。总投资338亿元50个项目集中签约，总投资213.7亿元49个项目集中开竣工。市县领导杨六顺、沈铭权、项乐民、宋波、陆为民、徐卫勇，以及县四套班子有关领导，县法院代院长、县检察院检察长、县政协秘书长参加有关活动。开幕式上，进行了浙江"两山"乡村振兴绿色发展投资基金启动、安吉县重点产业招商启动等仪式，举行了以"新时代美丽中国县域窗口——绿色发展"为主题的主旨演讲。

24日 首届中国·安吉绿色发展青年博士论坛举办。活动进行了省级博士后工作站授牌等集中签约授牌仪式，以及企业"揭榜挂帅"等活动。

24日 中央档案馆馆长、国家档案局局长陆国强带队到县内考察档案工作，市委常委吴登芬、县政协主席赵德清陪同。

27—29日 县委书记沈铭权率党政考察团赴杭州余杭，上海杨浦，江苏常熟、苏州、吴江，以及湖州，围绕县域规划与城乡建设主题开展考察学习。考察期间，沈铭权还主持召开学习交流会。

31日 县委召开全县领导干部会议，传达学习贯彻党的十九届五中全会和省市领导干部会议精神，研究部署安吉县贯彻落实工作。县委书记沈铭权主持并作传达。宋波、陆为民、赵德清、徐卫勇等县四套班子领导，县法院代院长、县检察院检察长、县政协秘书长，市政协农业农村委副主任、县政协二级巡视员叶海珍等参加。

同日 2020年世界地板业工商峰会在县内召开。中国林业产业联合会副会长兼秘书长、中国林产工业协会执行会长王满参加，省林业局一级巡视员吴鸿，县委副书记、县长宋波致辞。

同月 小康杂志社联合国内多个权威部门和专业机构推出"2020中国综合投资热力百佳县市"榜单，安吉县以94.06分的综合评分位列全国第四、全省第二、全市第一。本次榜单共包含除直辖市所含区与港澳台地区以外的2657个全国县域行政单位，以网络大数据、县域专题调研、社会公众态度和专家评审进行加权，经综合测评得出。

11月

4日 全县乡镇（街道）党（工）委书记座谈会举行，深入贯彻落实党的十九届五中全会精神，梳理盘点2020年工作，研究谋划明年工作。15位乡镇（街道）党（工）委书记围绕乡镇特色工作、2021年工作思路以及对县委县政府工作意见建议等内容进行交流发言。县委书记沈铭权主持并讲话。

3—5日 县委副书记、县长宋波率党政考察团赴安徽、江苏、上海，围绕产业发展、园区整合提升、数字赋能经济发展等主题开展考察学习。

5日 上海交通大学·浙江安吉生命健康联合研究中心启动仪式在上海举行。上海交通大学党委常委、常务副校长，中国科学院院士丁奎岭出席；市委常委、县委书记沈铭权，上海交通大学科学技术发展研究院院长朱新远分别致辞。启动仪式上举行了首批项目签约、引才工作站授牌等活动。

6日 以数字经济赋能绿色发展为主题的2020绿色发展科技创新大会在安召开。生态环境部党组成员、副部长庄国泰，住房和城乡建设部总经济师杨保军出席开幕式并致辞，中国科协党组成员、书记处书记宋军线上致辞。市委常委、县委书记沈铭权作主旨报告。会议举行了"科创中国"中国环境科学学会安吉服务站签约揭牌仪式，及专题论坛活动。中国科学院院士、研究员、中科院城市环境研究所党委书记朱永官，中国节能环保集团有限公司总工程师兼中节能工程技术研究院院长邹结富，哥伦比亚大学可持续发展研究中心主任、联合国可持续发展解决方案网络（SDSN）主席、联合国秘书长高级顾问杰弗里·萨克斯作主旨报告；全球绿色城市对话中，遂宁市、长治市领导以本地绿色城市建设及发展经验展开深度交流，全面展示中国方案、中国智慧，来自英国、韩国、爱尔兰、意大利等国家的专家、学者通过视频连线实时参与对话讨论，带来绿色城市规划发展的国际视角与专业启发。

7日　2020中国·安吉“云上草原杯”全国山地户外运动多项赛开幕式举行。本次多项赛在山川乡举行，赛事内容包含越野跑、泛舟渡河、竹林迷宫、拓展项目、溯溪、定向越野、趣味拼图、导航定向、溜索、景区定向等项目，吸引了国内职业选手、国内AA级俱乐部选手、大众爱好者约700人参加。国家体育总局登山运动管理中心副主任、中国登山协会秘书长张志坚参加，县委副书记、县长宋波致辞，副县长任贵明主持。

11日　县政协民主党派委员工作室成立。成立仪式上，县政协分别为6个民主党派社区工作站授牌，民革安吉支部、玉磐社区代表作表态发言。县政协主席赵德清出席成立仪式并讲话。

12日　全省绿道网建设工作现场会在安吉召开。会议宣读了2019年度国家园林城市（城镇）、第四届“浙江最美绿道”名单和第二届“绿道健走大赛”获奖者名单。安吉余村绿道获评“浙江最美绿道”。省建设厅党组书记、厅长项永丹讲话，市委常委、常务副市长杨六顺致辞，县委副书记、县长宋波作交流发言。

13日　全国首个《“导师帮带制”工作规范》（以下简称《规范》）发布。该《规范》由上墅乡与湖州师范学院共同起草，邀请多位相关领域专家充分论证后形成。《规范》包括“导师帮带制”的基本原则、组织建设、帮带领域、导师管理、帮带对象管理、帮带工作要求以及帮带工作考核等具体内容，明确了“导师帮带制”的作用范围、受益对象、管理部门、工作目的等，为“导师帮带制”从安吉走向全国提供了一套可复制、可推广的实践样本。

同日　九三学社全国机关建设工作会议与会人员到天荒坪镇余村考察。考察组一行认真听取村庄规划及发展情况介绍，观看了“绿水青山就是金山银山”视频，详细了解余村十五年来坚定不移践行“绿水青山就是金山银山”理念的生动历程。对安吉新时代乡村治理“余村经验”给予充分肯定。

同日　第22届中国国际高新技术成果交易会智慧城市展在深圳举行，展览过程中举行了2020亚太智慧城市发展论坛，揭晓了“2020年度亚太智慧城市评选”结果。安吉获评“2020中国领军智慧县级城市”。在随后揭晓的“2020世界智慧城市大奖中国赛区治理与服务奖项评选”结果中，又荣获“2020世界智慧城市大会中国赛区治理与服务”大奖。

14日　2020湖州市旅游商品展览暨第三届安吉县旅游商品博览会开幕。本次博览会为期2天，分“绿水青山就是金山银山”（中国）旅游商品联盟峰会、现场考察、企业展销、商家品牌宣传直播等多项子活动。开幕式上，分别举行了“绿水青山就是金山银山”（中国）旅游商品联盟优品示范点授牌仪式和2020湖州市特色旅游商品大赛颁奖仪式。

17日　2020年度县委书记与政协委员“面对面”活动举行。围绕“献计‘十四五’、奋进新征程”主题，县委书记沈铭权与政协委员面对面座谈交流，“零距离”听取建议。9名政协委员和群众代表围绕协商主题，分别从现代产业构建、县域治理提升、社会民生改善三个篇章进行现场发言。县发改局、县经信局、县农业农村局等相关负责人现场回应。县政协主席赵德清主持。

同日　县委机构编制委员会召开2020年第四次会议，学习省委书记、省委机构编制委员会主任袁家军在省委机构编制委员会第三次会议上的讲话精神，审议有关机构编制事项。县委书记、县委机构编制委员会主任沈铭权主持会议并讲话。县委副书记、县长、县委机构编制委员会副主任宋波参加。

20日　全国精神文明建设表彰大会在北京举行。安吉以全国第16名的综合成绩，荣获“全国文明城市”荣誉称号。沈铭权代表安吉赴京参会受奖。

23日　县委理论学习中心组（扩大）会议举行，邀请浙江省记协副主席、浙江日报报业集团原副总编辑周咏南围绕“忠实践行'八八战略'奋力打造'重要窗口'"作专题报告。沈铭权、陆为民、赵德清、徐卫勇和县委理论学习中心组其他成员参加。

25日 全省村主职干部乡村振兴培训班在安吉开班，开班仪式在年年有余研学中心举行。省农办主任，省农业农村厅党组书记、厅长王通林讲话。市委常委、县委书记沈铭权致辞，副市长夏坚定出席。开班仪式由省农业农村厅党组成员、副厅长唐冬寿主持。开班仪式上，还举行了首批浙江省村干部乡村振兴讲师团聘书发放和授旗等活动。培训期间，学员将赴县内部分美丽乡村开展现场教学。

30日 国务院扶贫办召开"白叶一号"茶苗管理电视电话会。国务院扶贫办党组成员、副主任欧青平讲话，开发指导司司长左常升主持，副司长吴华参加。会议以视频形式召开，主会场设在国务院扶贫办，各省设分会场。市委常委、县委书记沈铭权在浙江分会场围绕安吉先富帮后富工作推进情况作交流发言，浙江省对口办、浙茶集团，以及湖南、四川、贵州三省扶贫办(局)作交流发言。县委常委、统战部部长任烽，县发改、农业农村、溪龙乡负责人参加，黄杜村党总支书记盛阿伟作即席发言。

同月 省经济和信息化厅公布《2020年全省传统制造业改造提升综合评估报告》，在全省三批次49个分行业省级试点改造提升综合评估中，安吉家具及竹木制品行业以132.4分的高分位列全省第一位，比第二名高出2.6分，也是唯一一个综合评估超过130分的行业，比上年提高2.1分。

同月 赛迪顾问县域经济研究中心公布"全国营商环境百强县(2020)"榜单，安吉位列榜单第60位，较上年度第64位实现再进位。

同月 黄杜村"一片白叶总关情"助力脱贫攻坚志愿服务项目，夺得中国青年志愿服务项目大赛首个金奖，创下全市参赛以来历史最好成绩。黄杜村党员志愿服务队成立于2005年，一直以来在村里开展理论宣讲、扶贫帮困、助农增收、平安维稳等志愿服务活动。2018年8月，安吉县被列为全国首批新时代文明实践中心建设试点县，根据全国试点中心建设要求，黄杜村成立了新时代文明实践站。至此，黄杜村党员志愿服务队有了一个崭新而响亮的名字"一片叶子"。"一片白叶总关情"助力脱贫攻坚志愿服务项目也正式开始实施。

同月 出台《农村集体经营性建设用地入市管理办法(试行)》(以下简称《办法》)，以规范农村集体经营性建设用地入市行为。根据《办法》，集体经营性建设用地入市，是农民集体以土地所有者身份通过公开方式，依法将农村集体经营性建设用地使用权在一定期限内以出让、租赁、作价出资(入股)等有偿方式交由其他单位或者个人使用，并以书面合同约定与土地使用者权利义务的行为。

同月 2021年度省级美丽宜居示范村创建名单公布，递铺街道古城村、上墅乡田垓村、杭垓镇松坑村、灵峰街道碧门村入选。在此之前，县内已经完成31个省级美丽宜居示范村创建。其中，天荒坪镇余村、山川乡高家堂、昌硕街道双一村、灵峰街道横山坞村和大竹园村已经跻身国家级美丽宜居示范村行列。

是月 由县住建局、安吉县中国美丽乡村标准化研究中心联合中国计量大学等机构起草制定的全省首个物业地方标准规范——《物业管理和服务评价规范》(DB330523/T 43—2020)发布。

12月

1日 省第十七届林业科技周启动仪式在县内举行。本届林业科技周活动以科技创新赋能"绿水青山转化金山银山"为主题。启动仪式上还颁发了省第二十届"科技兴林奖"。省政协副主席周国辉宣布活动启动。国家林草局科技司副司长王连志，中国林业科学研究院副院长黄坚，省林业局局长胡侠，市政协副主席高东，县委副书记、县长宋波参加。

同日 全县新一届村(社区)主职"履职第一课"暨第三期村(社区)党组织书记工作交流视频会召开。县委书记沈铭权宣讲党的十九届五中全会精神，并作"履职第一课"培训开班动员讲话。会议由县委常委、县纪委书记、县监委主任柏建华主持，县领导项侃文、朱伟、高发义、徐勇、沈鑫钰参加。会上，新一届村社主职干部集体宣誓，县委常委、组织部部长朱伟领誓。

2日 全市区县"互看互学互比"活动走进安吉。市四套班子领导，各区县以及市级有关部门负责人等来到县内，实地督查2020年以来主要经济指标完成情况，考察部分新建、在建项目。市委常委、县委书记沈铭权，县委副书记、县长宋波，县委副书记、开发区党工委书记徐卫勇参加。

同日 浙江两山旅游发展有限公司取得了天荒坪镇港口村一幢闲置农房的流转租赁使用权，并领到由县资源规划局颁发的农房流转租赁使用权证，流转期限30年。9月，县内出台《关于农村闲置农房(宅基地)流转的意见(试行)》，启动宅基地“三权分置”改革，大力推进确权工作，落实村集体所有权，保障农户资格权，适度放活使用权；并在此基础上出台系列配套政策，以探索宅基地“三权分置”为重点，进一步深化农村宅基地制度改革工作，为农村乡村振兴战略的土地要素保障闯出一条新路。这是县内发出的首本闲置农房流转租赁使用权证书，标志着农村宅基地“三权分置”改革全面落地。

4日 县委书记沈铭权主持召开“两代表一委员”共话“十四五”规划座谈会，面对面征求党代表和人大代表、政协委员对安吉“十四五”规划编制和未来发展的意见和建议。听取县发改局关于“十三五”规划完成情况和“十四五”规划基本思路介绍后，十五位党代表、人大代表、政协委员围绕产业发展、乡村振兴、金融服务、规划建设、民生改善等内容先后发言。县人大常委会主任陆为民，县政协主席赵德清，县委副书记徐卫勇等出席。

6日 新时代“两山”试验区建设专家服务暨“揭榜挂帅”项目交流对接活动举行，旨在推进县内与中国农业大学深度交流合作，共同探索绿水青山就是金山银山理念转化新路径，引导高校专家到基层服务。人社部留学人员和专家服务中心主任夏文峰，中国农业大学副校长杜太生，省人社厅党组成员、副厅长陈中，市委常委、县委书记沈铭权致辞。县委副书记、县长宋波陪同考察，县政协主席赵德清参加启动仪式并座谈。与会人员前往笔架山农业高新区、鲁家村、余村等地考察。中国农业大学专家与县内技术服务需求单位签订《导师帮带协议书》；向专家们发放了“安吉县特聘金牌导师”专家证书。部分安吉企业和平台发布“揭榜挂帅”项目需求、部分中国农业大学专家开展“揭榜挂帅”项目路演。同时与中国农业大学举行校地合作交流座谈会。

11日 2020·长三角生态寺院建设现场会在安吉召开。中国社科院世界宗教研究所所长郑筱筠发言，省委统战部副部长、省民宗委主任楼炳文讲话，市委常委、统战部部长李上葵致辞，县委副书记、县长宋波作交流发言。会议发布了《浙江省生态寺院建设管理与规范》团体标准；举行了长三角地区生态寺院建设联合倡议启动仪式。

17日 县政府第43次常务会议召开，研究讨论《安吉县29家县级机关部门下属国有企业分类处置方案》《安吉县农村房屋安全隐患排查整治专项行动工作方案》等事项。县委副书记、县长宋波主持并讲话。

18日 12月全县“一把手工程”例会，分析研究“冬季决战”和全年目标任务完成情况，动员大家昂扬斗志、只争朝夕，全力冲刺“全年红”“满堂红”，为2021年“开门红”和“十四五”起好步打下坚实基础。会议以视频形式展示了全县各项经济目标任务完成情况，县发改局、县经信局、县财政局、县资源规划局、县商务局、县投促中心以及开发区、示范区、灵峰街道、天子湖镇、孝丰镇作2020年工作情况和岁末年初工作安排汇报。县委书记沈铭权讲话，县委副书记、县长宋波主持并作具体工作部署，县人大常委会主任陆为民、县政协主席赵德清及县四套班子其他有关领导参加。

19日 召开县规划委员会2020年第五次会议，研究百之佳幼儿园新建项目规划(建筑)设计方案、第三中学新建工程规划(建筑)设计方案、椅艺小镇幼儿园新建工程规划(建筑)设计方案。县委副书记、县长宋波主持。

21日 县委全面深化改革委员会举行第五次会议。会议传达学习了中央全面深化改革委员会第十六次会议和省委全面深化改革委员会第十一次会议精神，听取了民主法制领域和社会治理体制改革专项小组、生态文明体制改革专项小组2020年度工作、《安吉县农村集体经营性建设用地入市管理办法(试行)》起草、安吉县职工基本医疗保险纳入市级统筹改革等情况汇报，听取部分单位党委书记改革工作述职。县委书记、县委改革委主任沈铭权强调，要充分认识做好改革工作的重大意义，必须进一步凝聚思想共识，为打造“重要窗口”县域样本、努力成为新时代美丽中国县域窗口汇聚更多动能。县领导宋波、陆为民、赵德清、徐卫勇参加。

22 日 中国安吉(绿色家居)知识产权快速维权中心筹建工作汇报会召开。国家知识产权局保护司二级巡视员武晓明，县委副书记、县长宋波讲话。

23 日 创建全国文明城市总结表彰暨推进大会召开，学习贯彻全国精神文明建设表彰大会精神，深入回顾总结安吉县的创建工作，表彰奖励先进集体和个人，动员部署下一阶段创建工作。省委宣传部副部长、省文明办主任卢春中讲话，县委书记、县文明委主任沈铭权主持，并共同为“全国文明城市”奖牌揭牌。县委副书记、县长宋波作具体工作部署，县人大常委会主任陆为民、县政协主席赵德清等县四套班子领导，县政协秘书长等出席。县委常委、宣传部部长何承明宣读表彰文件。

同日 县政府与安徽农业大学合作共建安吉白茶研究中心签约仪式举行。根据协议，合作将着重依托安徽农业大学科研资源优势和安吉白茶产业优势，坚持“真诚互信、合作共赢”原则，共建安吉白茶研究中心，深度开展产学研合作，提升安吉白茶全产业链创新创业能力。中共安徽省委委员，安徽省政协常委、安徽农业大学茶树生物学与资源利用国家重点实验室主任宛晓春，县委副书记、县长宋波，县委常委、组织部部长朱伟见证签约。安徽农业大学党委常委、副校长操海群，副县长张昕签署合作协议。

23—24 日 县委学习贯彻党的十九届五中全会精神专题学习会暨县委理论学习中心组(扩大)会议举行。与会人员听取了中央党校马克思主义学院副教授、哲学博士李双套所作《开启全面建设社会主义现代化国家新征程——党的十九届五中全会精神解读》讲座，与会县领导就外出考察调研课题成果进行汇报，并结合调研课题就“十四五”规划及2021年工作思路作交流发言。县委书记沈铭权主持，宋波、陆为民、赵德清、徐卫勇等县四套班子领导，县法院代院长、县检察院检察长、县人武部部长、县政协秘书长参加。

29 日 省委巡视整改工作情况通报暨清廉安吉建设推进会召开。县委书记沈铭权讲话，县委副书记、政法委书记徐卫勇通报省委巡视意见整改工作情况，县委常委、县纪委书记、县监委主任柏建华主持。会上，还观看了警示教育片。县委组织部、县卫健局、章村镇作交流发言。

同日 县委财经委员会召开第七次会议，总结回顾“十三五”期间和2020年经济工作，研判形势、研究对策，进一步指导做好2021年和今后一段时期经济工作。县委书记、县委财经委员会主任沈铭权主持并讲话。县领导宋波、陆为民、赵德清、徐卫勇参加。

30 日 安吉县新乡贤联谊总会成立大会暨新乡贤统战工作推进会举行。会议通过了新乡贤联谊总会章程和选举办法，选举产生了安吉县首届新乡贤联谊总会常务理事会；授牌成立了新乡贤联谊总会及上海、广东分会，县农商行还为新乡贤联谊总会进行了授信；现场展演了安吉县“乡贤不闲”工作品牌，并颁发2020年“美丽乡贤”证书、宣讲了“美丽乡贤”代表事迹等。市委常委、县委书记沈铭权致贺信，县人大常委会主任陆为民，县委常委、统战部部长任烽参加。

31 日 新时代浙江(安吉)县域践行“两山”理念综合改革创新试验区建设工作推进会在杭州举行。省发展改革委一级巡视员徐幸讲话，县委副书记、县长宋波作建设情况汇报，县政协主席赵德清、副县长张昕参加。

是月 浙江东方基因生物制品股份有限公司取得全省首张新冠病毒抗体检测试剂盒注册证。这也是全省唯一一家同时取得新型冠状病毒核酸检测试剂盒和新型冠状病毒抗体检测试剂盒注册证的企业。

是月 五福土墩墓入围2020年度浙江考古重要发现。墓群位于示范区北侧N12地块，4月，为配合园区招商引资和基础设施建设，省考古所联合县博物馆，启动了该墓群考古发掘工作。经调查，N12地块内共发现土墩16个，五福土墩墓群从分布看可划分为东西两区，东区有土墩7个，西区有土墩9个，大多数土墩存在一墩多墓的埋葬形式，截至11月底，共发掘土墩14个，墓葬54座，出土器物共352件。

是月 中国建筑业协会公示《2020—2021年度第一批中国建设工程鲁班奖(国家优质工程)入选名单》，126个工程荣登榜单，其中位于县内的浙江自然博物园核心馆区建设工程(主馆)入选，实现县内鲁班奖零的突破。

是月 灵峰度假区管委会2020-1地块8.96亩土地被安吉乐圩休闲农业以1051万元的价格摘得，成为全县也是全国首宗出让的旅游“标准地”。

县情简介

安吉县位于浙江省西北部，地处长三角地理中心，是上海黄浦江的源头、杭州都市圈重要的西北节点，县域面积1886平方公里，下辖8个镇3个乡4个街道，共215个村(社区)，户籍人口47万人。安吉建县于公元185年，县名取自《诗经》“安且吉兮”，是艺术大师吴昌硕的故乡。2005年8月15日，时任浙江省委书记的习近平在安吉余村首次提出了绿水青山就是金山银山的科学论断。多年来，安吉全县上下始终牢记习近平总书记的谆谆教诲，忠实践行绿水青山就是金山银山理念，探索走出了一条生态美、产业兴、百姓富的绿色发展之路。2020年，全县实现地区生产总值487.06亿元，增长4.3%；完成财政总收入100.1亿元，增长11.1%，其中一般公共预算收入59.8亿元，增长11.6%。城乡居民人均可支配收入分别为59518元和35699元。

生态宜居的清丽地。安吉境内“七山一水两分田”，拥有101万亩竹林、海拔1587米的浙北第一高峰龙王山、总面积1244公顷的安吉小鲵国家级自然保护区，亚洲第一、世界第二的天荒坪抽水蓄能电站坐落于此。多年来，全县空气质量优良率保持在85%以上，地表水、饮用水、出境水达标率均为100%，森林覆盖率、林木绿化率达到70%以上，被誉为气净、水净、土净的“三净之地”，获评全国首个生态县、联合国人居奖首个获得县。

绿色发展的先行地。全县拥有1个国家级农业科技园区、1个国家级旅游度假区、1个省级经济开发区和1个省际承接产业转移示范区。积极构建“2+5”现代产业体系，全面提升绿色家居、生态旅居两大传统优势产业，加快发展生命健康、高端装备、电子信息、新材料、通用航空五大战略性新兴产业。三次产业结构比为5.8∶44.4∶49.8。全县共有上市企业5家、新三板挂牌企业14家。安吉白茶品牌价值41.6亿元。竹产业以全国1.8%的立竹量创造了全国10%的竹业产值，椅业产业占国内市场的1/3、占全国椅业出口量的1/2。集民宿、高端旅游综合体、特色小镇于一体的全域旅游全面兴起，2020年共接待游客2104.7万人次，旅游总收入305亿元，获评首批国家全域旅游示范区。

美美与共的幸福地。安吉人文底蕴深厚，形成了竹文化、茶文化、昌硕文化、移民文化等多元交融的地域特色文化，文物蕴藏量居全国各县(区)前十位，境内的上马坎旧石器文化遗址，将浙江境内人类的历史提前到距今80万年前。全县拥有高铁1条、高速公路2条、通用航空机场1座，初步实现30分钟到杭州、湖州，90分钟到上海、苏州、南京、合肥的快捷出行。近年来，全县上下致力于建设中国最美县域，全面推进美丽县城、美丽城镇、美丽乡村、美丽园区“四美”共建，“四好农村路”成为全国样板，《美丽乡村建设指南》成为国家标准，新时代浙江(安吉)县域践行“两山”理念综合改革创新试验区落地实施，获评全国文明城市。

安吉的发展得到了上级领导亲切关怀和各级各界大力支持。2003年4月和2005年8月，时任浙江省委书记的习近平先后两次到安吉考察调研，指导安吉找到了绿色发展的“金钥匙”。2020年3月30日,习近平总书记时隔15年再次到安吉视察。安吉全县上下始终高举习近平新时代中国特色社会主义思想伟大旗帜,深入学习贯彻习近平总书记视察安吉重要指示精神,在中央和省市委的坚强领导下,忠实践行绿水青山就是金山银山理念,全面深化中国最美县域建设,奋力打造“重要窗口”县域样本,努力成为新时代美丽中国县域窗口,全力争当社会主义现代化先行示范县。

气　候

【概况】　2020年总的气候概况是:年平均气温显著偏高,其中7月异常偏低,4月、9月、10月、12月正常,6月偏高,1—3月、5月、8月、11月异常偏高。年降雨量偏多,各月起伏较大,其中8月显著偏少,4月、10月、11月、12月偏少,2月、3月、5月正常,9月偏多,1月、6月、7月异常偏多。年日照正常,其中1月、6月、7月显著偏少,其余月份均属正常。

2020年极端天气气候事件多发,民生和工农业生产影响较为复杂,有10件重要的天气、气候事件,分别为:年均气温夺亚军,多月气温异常偏高;暖冬开头严寒收尾,三次寒潮强势入侵;50天超长梅雨期创历史新高;强对流频频现身,雷电暴雨大风齐上阵;高温首日早早来到,夏季高温先抑后扬;夏旱之后是秋旱,携手增雨缓旱情;七月首次“空台”,台风影响少且弱;灰霾日数持续偏少,大气污染治理显成效;年初阴雨寡照,阳光出走雨量多;春夏秋均来早,冬季明显“缩水”。

·主要气候因子变化·

【气温】　全年平均气温显著偏高,为17.3℃,比常年16.1℃高1.2℃,比上年17.0℃高0.3℃,主要表现为:7月异常偏低,4月、9月、10月、12月正常,6月偏高,1—3月、5月、8月、11月异常偏高。极端最高气温为38.5℃,出现在8月15日;极端最低气温为-6.5℃,出现在12月31日。

全年日最高气温≥35℃的高温日35天,比常年偏多6.5天;日最低气温≤0℃的天数17天。

【降水】　全年降水量偏多,为1810.9毫米,比常年1423.4毫米多387.5毫米,比上年1706.2毫米多104.7毫米,各月降水量起伏较大。主要表现为:8月显著偏少,4月、10月、11月、12月偏少,2月、3月、5月正常,9月偏多,1月、6月、7月异常偏多。

全年雨日(雨量≥0.1毫米)167.0天,比常年152.8天多14.2天,比上年150.0天多17.0天。

【日照】　全年日照正常,为1413.1小时,比常年1771.7小时少358.6小时,比上年1648.2小时少235.1小时。全年3/4月数日照正常,1月、6月、7月显著偏少。

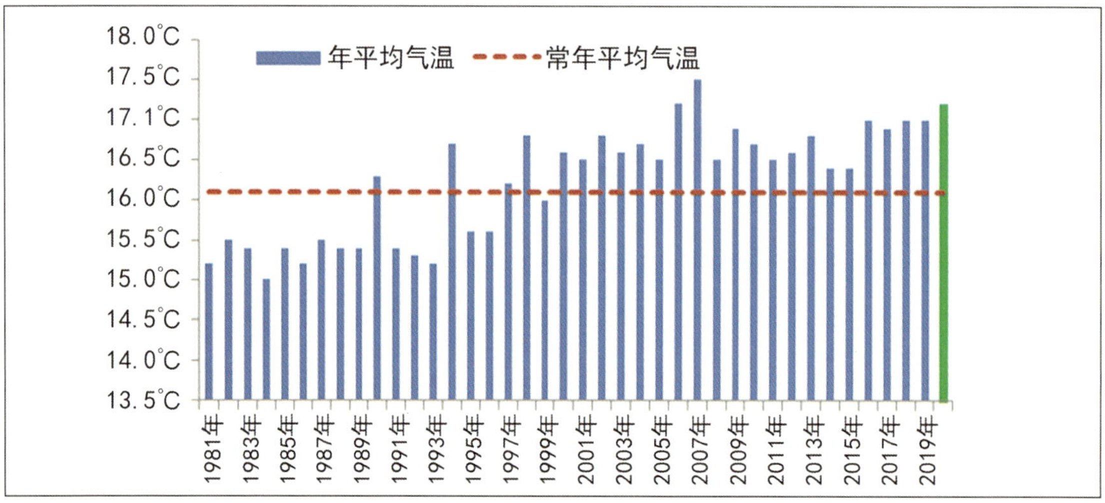

图1　1981—2020年安吉年平均气温(虚线为常年值)

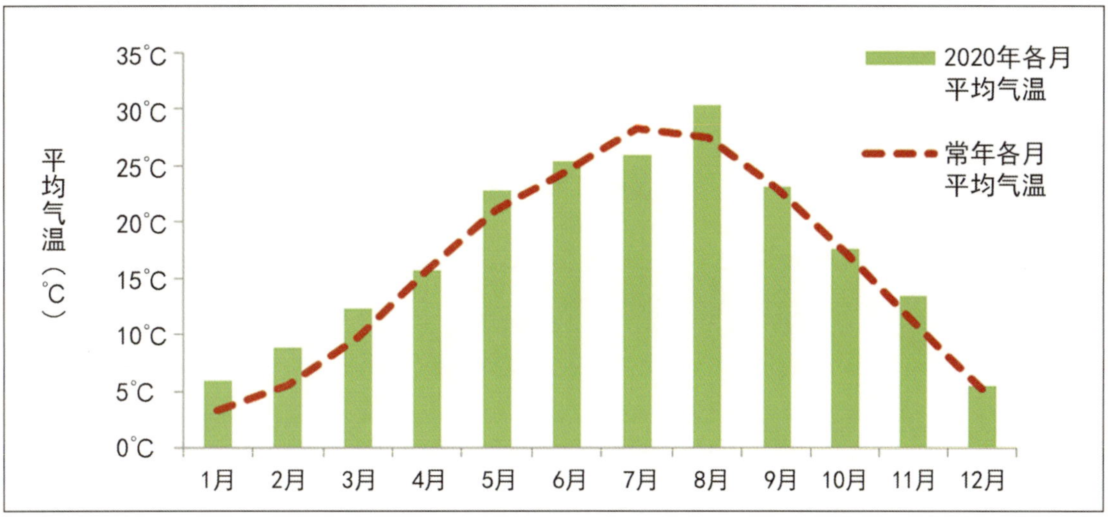

图 2　2020 年安吉各月平均气温(虚线为常年值)

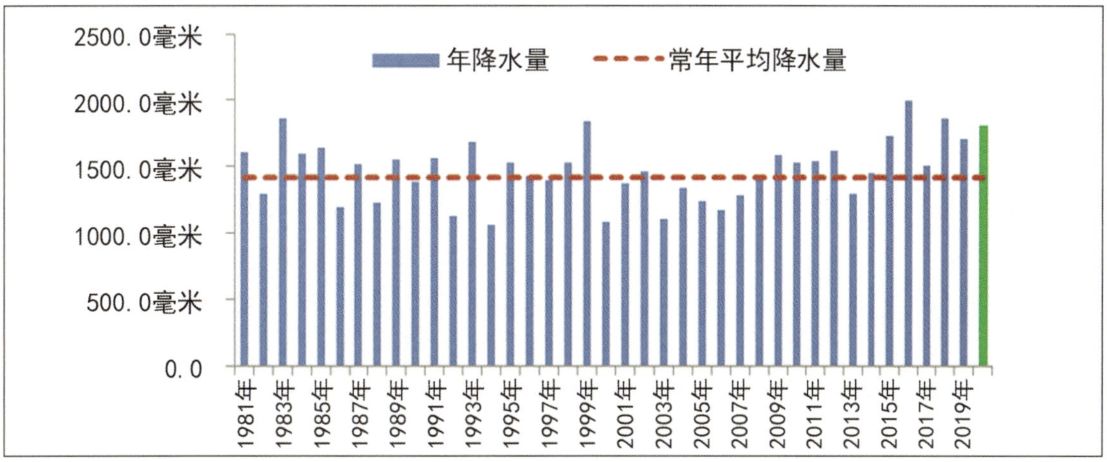

图 3　1981—2020 年安吉年降水量(虚线为常年值)

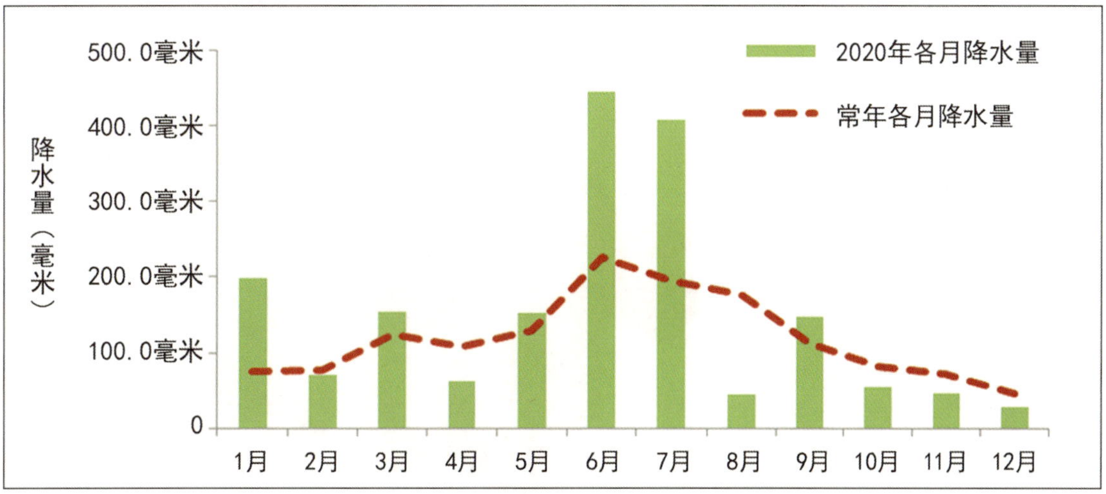

图 4　2020 年安吉各月降水量(虚线为常年值)

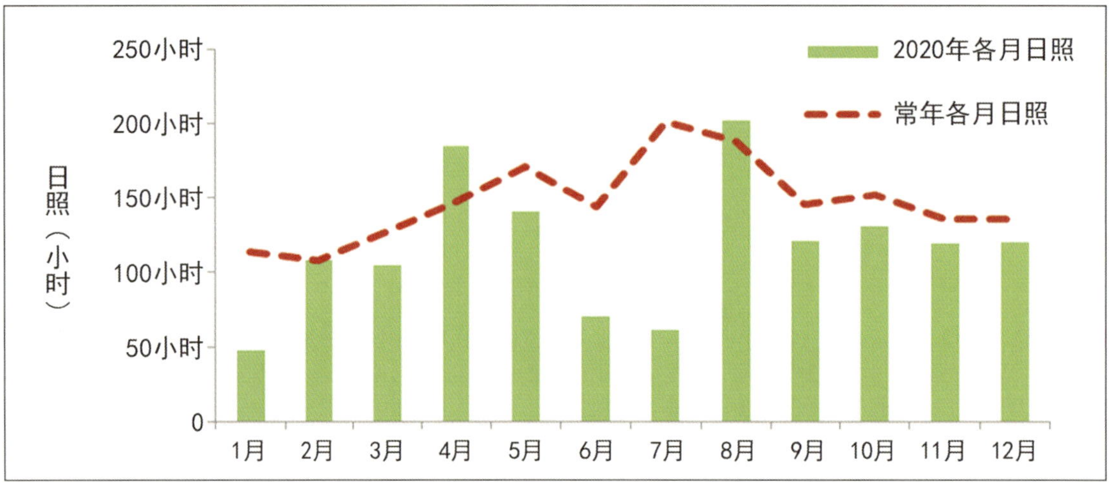

图5　2020年安吉各月日照时数(虚线为常年值)

·重要天气、气候事件·

【年均气温夺亚军,多月气温异常偏高】 全年平均气温显著偏高,变暖趋势持续。2020年安吉年平均气温为17.3℃,比常年高1.2℃,比2019年高0.3℃,为历史第2高值(仅次于2007年17.5℃)。2020年1—3月、5月、8月、11月平均气温均异常偏高。

【暖冬开头严寒收尾,三次寒潮强势入侵】 1—2月低温强度偏弱,安吉最低气温为-3.2℃,创历史同期新高;年内安吉低温日数17天,为历史第2少,仅次于2019年。

年内出现3次寒潮天气过程:2月14—16日、3月26—28日、12月29—31日,带来强降温、雨雪、大风和低温冰冻天气。其中,3月28日山区低温雨雪冰冻不利于白茶生长及采摘,高山区茶园被积雪覆盖,早春茶芽受冻。受寒潮影响,12月29日中午起安吉县出现剧烈降温、大风和雨雪天气过程,日平均气温过程降幅达12℃,12月31日最低气温平原-5～-8℃,山区-9～-12℃,高山区-13～-15℃,出现严重冰冻。

【50天超长梅雨期创历史新高】 梅雨期主要表现为入梅早、出梅晚、梅期超长、雨量大、暴雨过程频繁等特点。5月29日入梅,比常年(6月16日)偏早,为历史第2早,7月18日出梅,比常年(7月8日)偏迟;梅期50天,为有气象记录以来历史最长梅期。

梅雨期全县面雨量724.2毫米,是常年梅雨量(274.2毫米)的2.64倍,位居历史第2多(仅次于1999年775.8毫米)。全县雨量分布较为均匀,北部709.7毫米,中部744.6毫米,南部717.7毫米,最大余村862.6毫米,其次刘家塘村852.4毫米,灵峰村848.9毫米,上堡村822.0毫米。梅雨期间出现多轮强降雨过程,对水利、交通、农业、旅游业造成不利影响。

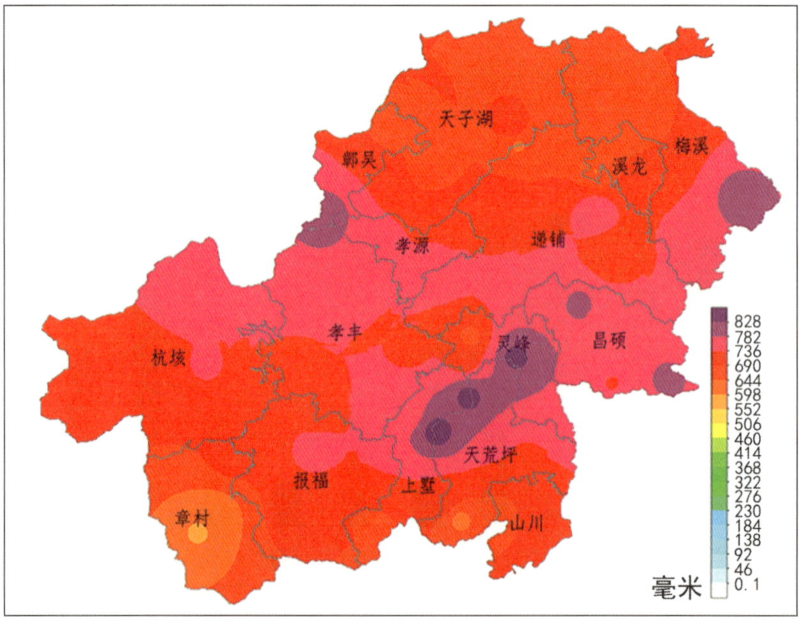

图6　2020年安吉县梅雨量分布图

【强对流频频现身，雷电暴雨大风齐上阵】 春夏强对流多发，出现了短时强降水、雷暴、大风、冰雹等。3月21日下午到夜里，全县普降雷阵雨，雨量大到暴雨，出现短时暴雨、短时大风和局地小冰雹等强对流天气。4月12日，安吉县出现雷阵雨天气，并普遍出现7～9级大风，最大云上草原23.1米/秒（9级），安吉国家观测站22.5米/秒（9级）。5月25日夜里，受对流云团影响，全县普降大到暴雨。7月19日20时—7月20日14时，全县面雨量46.2毫米，42%的站点出现暴雨，最大姚村98.1毫米，其次上堡村79.2毫米。8月10日午后，安吉县普遍出现雷阵雨天气，并伴有短时强降水、强雷电和雷雨大风等强对流天气，雨量最大玉华村45.5毫米，其次康山村35.1毫米，风速最大安吉国家站18.6米/秒（8级），其次董岭16.8米/秒（7级）。

【高温首日早早来到，夏季高温先抑后扬】 高温出现时间早，5月3日安吉站最高气温达36.6℃。年内安吉高温日数35天，7月高温日数异常偏少，仅3天，为有气象记录以来高温日数最少的年份；8月高温日数异常偏多，为24天，为有气象记录以来高温日数第二多的年份（仅次于1967年8月，30天）；极端最高气温为38.5℃，出现在8月15日。

【夏旱之后是秋旱，携手增雨缓旱情】 8月至9月上旬、10月中旬后期至11月中旬，连晴少雨，气象干旱发展，全县大部地区出现轻度—中度气象干旱，安吉县气象局携手临安区气象局、桐庐县气象局、淳安县气象局和安徽省宁国市气象局、绩溪县气象局就人工影响天气作业合作签订协议，构建防灾减灾跨省合作新模式，年内实施联合人工增雨作业3次，发射人影作业弹24枚，增雨量600余万立方米。

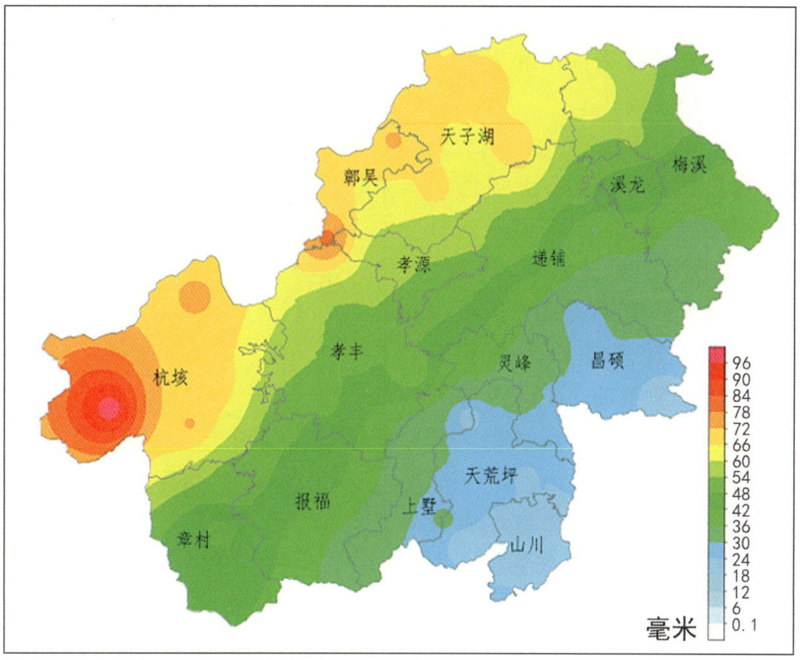

图7　7月19日20时—20日14时，安吉县气象自动站雨量分布

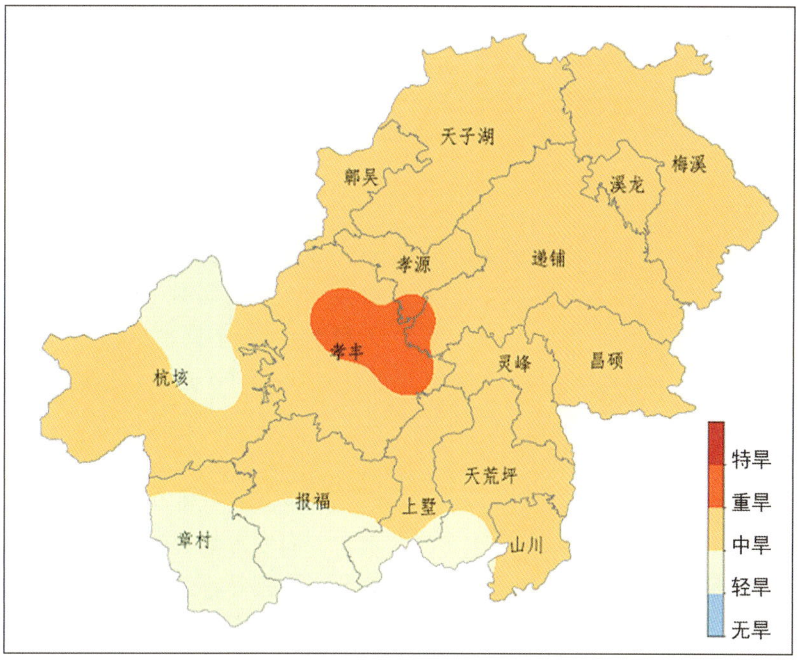

图8　11月18日安吉县气象干旱分布

【七月首次"空台"，台风影响少且弱】 7月无台风生成和登陆，为中国1949年以来7月首次"空台”;8—9月台风“黑格比”“巴威”给安吉县带来降雨和大风天气,影响程度较轻。

【灰霾日数持续偏少,大气污染治理显成效】 2020年共有霾日12天,比往年明显偏少,其中2月、5—10月均无霾日。从过去8年霾日变化趋势来看,年霾日数已从2013年的127天下降并稳定在20天以内。

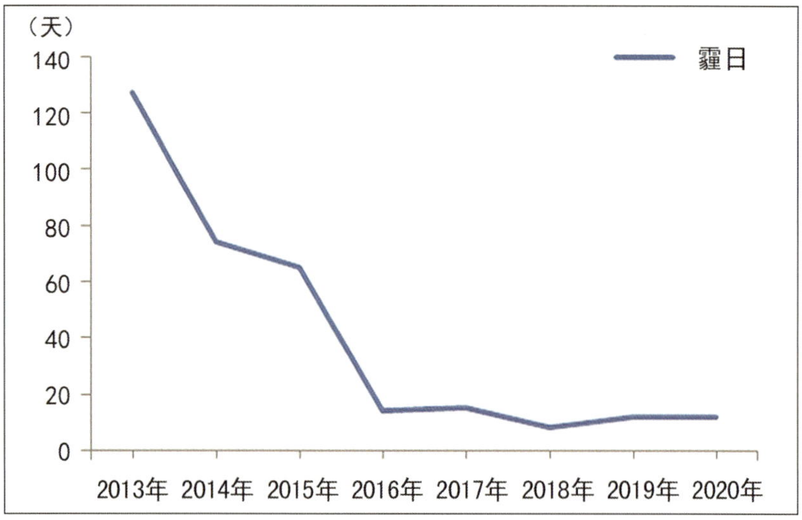

图9 2013—2020年安吉县霾日数变化趋势

【年初阴雨寡照,阳光出走雨量多】 1月,安吉县出现连续阴雨寡照天气,雨量198.7毫米,是常年的2.65倍,创历史新高;雨日18天,比常年多5.6天;日照47.5小时,只有常年的41.8%,创历史新低。阴雨寡照天气不利于农作物生长发育和农事管理,对生产生活、交通运输也有一定影响。

【春夏秋均来早,冬季明显“缩水”】 2020年2月24日入春,为有气象记录以来最早;5月8日入夏,较常年(5月20日)偏早12天;入秋为9月18日,较常年偏早3天;入冬为11月23日,较常年偏晚6天。2020年春季74天,夏季长达133天,秋季66天,春夏秋季节较常年均变长,冬季93天,较常年偏少28天,明显“缩水”。

·气象防灾减灾体系建设·

【新时代“两山”试验区建设】 5月,浙江省气象局印发《浙江省气象局关于支持新时代浙江(安吉)县域践行“两山”理念综合改革创新试验区气象建设的函》,浙江省气象局就支持安吉推进高水平气象现代化建设、提升高质量生态气象保障能力、开展高标准乡村振兴气象保障服务,加强安吉试验区气象工作的协调联动和保障上给予项目和资金的倾斜。年内争取上级建设资金308万元,2020年实际已到位219万元。建成浙江省首个茶园精细化立体气象观测网。全省率先建成县级智能网格预报预警发布系统,实现1小时到40天精细化无缝隙预报。牵头编制的全国首个《美丽乡村气象防灾减灾指南》国家标准3月正式发布实施。在全省率先实现省级气象防灾减灾标准化村(社区)全覆盖。向安吉县大气和土壤污染防治工作领导小组大气污染防治办公室提供全省首创5公里空间分辨率智能网格环境预报产品,为治气提供科技支撑,获分管副县长沈鑫钰高度肯定。

【推进白茶全产业链精细化气象服务】 年内在黄杜村建成包含10个农业气象监测站的白茶高密度精细化梯度观测站网。联合浙江省茶叶气象服务中心、安吉县茶叶站,创新推出全省首创5公里空间分辨率本地化白茶监测预报预警服务产品。年初疫情严重,第一时间融入安吉县大数据发展管理局联合开发“安吉县白茶生长交易管理云平台”,实现疫情防控期间白茶种植、采摘、加工、交易销售全产业链“直通式”气象服务,将精细化气象服务无缝隙发布到每位茶农茶商手上。据统计,白茶采摘期间,安吉县气象局服务人员下乡服务、调研17次,联合发布白茶专题气象服务11期,发布提醒、提示、预警短信73万条,云平台注册使用20万人次。真正做到疫情防控和农业生产两不误,助力茶产业增效,农民增收。

【创新人影工作方式】 创新人工影响天气工作方式,联合临安区气象局、桐庐县气象局、淳安县气象局和宁国市气象局、绩溪县气象局签订人工影响天气作业合作协议,实现联合组网、科学作业,确保在遇到干旱和跨区域适合作业的天气系统时,快速有序组织联合力量,共同开展防

8 月 25 日，安吉县人工增雨作业队进行人工增雨联合作业

灾减灾和跨地区人工影响天气联合作业。年内安全成功实施联合人工增雨作业 3 次，发射人影作业弹 24 枚，增雨量达 600 余万立方米，在缓解旱情、改善空气质量等方面成效明显。

【气象现代化建设】 联合安吉县自然资源和规划局、安吉县应急管理局、安吉县水利局、安吉县综合行政执法局等部门开展城市暴雨内涝、山洪、地质灾害等监测站点加密建设。完成县域暴雨监测预报预警系统项目建设和城市站改扩建工程验收工作。以鲁家、余村为试点推动新时代美丽乡村微型智能气象观测站网建设，县域气象监测能力进一步提升。全面完成气象观测自动化改革任务，开展天气现象视频智能观测仪业务试运行。

【第七届江浙两省七地气象业务技术交流会在安吉召开】 2020 年 11 月 17—18 日，第七届江浙两省七地气象业务技术交流会在湖州安吉召开，会议主题为“践行‘两山’理念，贡献气象力量”。南京信息工程大学研究生院院长、博士生导师邱新法教授，湖州市气象局党组书记、局长杨咏钢，副局长陈卫锋，安吉县农业农村局正科级干部、浙江省农村三产融合发展联合会智库委员会成员李健，湖州市气象学会秘书长陈峰云，苏州市气象学会副秘书长林惠娟及两省七地气象部门的领导、专家应邀参加交流会。本次会议共收到论文 40 篇，经评委会初选，推荐大会交流 10 篇，其余 30 篇书面交流。经过现场交流展示、专家点评等环节，最终经评委会研究，评选出 7 篇获奖论文。其中安吉县气象局《GBT 37926－2019〈美丽乡村气象防灾减灾指南〉国家标准解析》经评委会提议评为特等奖，《天目山地区重污染天气预测模型及其环流特征研究》获二等奖。举办业务技术交流会，活跃了气象科研学术氛围，开拓气象技术工作者视野，基层气象部门之间不断加强交流，学习新技术、新思路，为践行“绿水青山就是金山银山”理念，进一步提升基层气象业务、服务和管理水平，服务乡村振兴，为经济社会发展不断贡献气象力量。

（蒋晓梅）

11 月 17—18 日，第七届江浙两省七地气象业务技术交流会在安吉召开

国民经济和社会发展

【概况】 初步核算,2020年地区生产总值(GDP)487.06亿元,比上年增长4.3%。其中,第一产业增加值28.04亿元,第二产业增加值216.35亿元,第三产业增加值242.67亿元,分别增长1.4%、5.3%和3.8%。三次产业增加值结构由上年的5.9∶45.1∶49.0调整为5.8∶44.4∶49.8。

2020年,安吉县居民消费价格总水平(CPI)同比上涨3.0%,其中服务项目价格下跌0.3%,商品零售价格总指数上涨2.2%。从八大类商品和服务价格看,食品烟酒上涨10.9%,医疗保健下降0.2%,教育文化和娱乐上涨0.6%,其他用品和服务上涨4.7%,衣着下降0.1%,生活用品及服务下降0.1%,居住下降1%,交通与通信下降3.5%。

全县实现财政总收入100.11亿元,增长11.1%,其中地方财政收入59.76亿元,增长11.6%。从主要税种看,增值税23.66亿元,上涨31.5%;企业所得税5.28亿元,下降14.2%;个人所得税为5.81亿元,下降5.5%。全县财政支出86.22亿元,下降1.5%。从支出类别看,一般公共服务支出为6.44亿元,下降29.2%,公共财政民生支出71.01亿元,下降1.2%。其中,节能环保支出11.98亿元,增长0.1%;教育支出15.02亿元,增长0.3%;卫生健康支出8.68亿元,增长0.8%;科技支出4.42亿元,增长0.9%;社会保障和就业支出5.99亿元,增长8.3%。

【农业和农村建设】 2020年,安吉县农业生产总体平稳,实现农林牧渔业增加值28.57亿元,同比增长1.5%。全年粮食播种面积17.97万亩,增长2.3%;粮食总产量7.34万吨,增长0.3%。分品种看,稻谷、小麦等主要谷物播种面积均有所提升,其中稻谷增长2.6%,小麦增长3.7%。经济作物播种面积1.23万公顷,增长5.8%,其中油菜籽面积1570公顷,下降4.3%;蔬菜及

2020年安吉县分行业增加值一览表

表1

指标名称	增加值(万元)	增长率(%)
地区生产总值	4870578	4.3
第一产业	280448	1.4
第二产业	2163472	5.3
#工业	1965570	5.9
第三产业	2426658	3.8
#交通运输、仓储和邮政业	124955	5.5
批发和零售业	549553	1.4
住宿和餐饮业	130185	-9.8
金融业	408875	13.0
房地产业	319660	4.9
营利性服务业	426708	2.2
非营利性服务业	461255	3.7

2020年安吉县居民消费、商品零售和农业生产资料价格比上年涨幅情况表

表2

类别	涨幅(%)	类别	涨幅(%)
居民消费价格总指数	3.0	居住	-1.0
食品烟酒	10.9	生活用品及服务	-0.1
#粮食	1.3	交通和通信	-3.5
鲜菜	11.2	教育文化和娱乐	0.6
畜肉	44.4	医疗保健	-0.2
水产品	5.4	其他用品和服务	4.7
蛋	-2.0	商品零售价格总指数	2.2
鲜果	-3.1	农业生产资料价格指数	1.4
衣着	-0.1		

食用菌面积7972公顷，增长9.0%；花卉面积466公顷，下降2.3%。油菜籽产量0.35万吨，增长2.0%；蚕茧产量171吨，下降36.4%；生猪出栏5.5万头，下降27.6%；淡水产品产量1.86万吨，增长10.0%。

2020年末无公害农产品认定的农产品107个、基地71个，面积5.45万亩；获得绿色食品认定农产品89个，基地面积达6.39万亩；获得农产品地理标志1个，认定面积18万亩。全县累计建成“中国美丽乡村”187个村，其中精品示范村62个、122个精品村、8个重点村和2个特色村，完成乡村经营示范村创建25个；15个乡镇美丽乡村全覆盖，全县美丽乡村创建覆盖率100%。累计实施农村公路改造提升57.5公里，农村公路大中修101公里，危桥改造4座，建设公路服务驿站4个。2020年，安吉县农村饮用水达标提标行动实施项目56个，其中省级任务11个；提升受益人口14.81万人，累计投资2.40亿元。

【工业】 全年实现规模以上工业增加值183.39亿元，同比增长8.4%，其中轻工业增加值106.43亿元，增长9.1%；重工业增加值76.95亿元，增长7.5%。规模以上工业销售产值706.72亿元，增长15.4%，工业产品产销率97.06%。规模以上工业企业完成出口交货值288.63亿元，增长22.3%；出口交货值占销售产值的比重为40.8%，比2019年同期提高2.3个百分点。新产品产值335.29亿元，增长42.4%；新产品产值率46.0%，比2019年同期提高8.2个百分点。

全年规模以上工业实现营业收入733.61亿元，同比增长18.6%；利税97.60亿元，其中利润71.18亿元，分别增长33.7%、49.0%。16个工业行业达到了“营业收入超10亿或利税超亿元”，共实现营业收入682.03亿元、利税总额92.14亿元，分别占全部规模以上工业的93.0%和94.4%。利税超亿元的行业中，家具制造业29.50亿元，下降0.1%；医药制造业22.34亿元，增长778.4%；电力、热力生产和供应业9.78亿元，增长32.3%；通用设备制造业4.85亿元，增长44.6%；计算机、通信和其他电子设备制造业4.79亿元，增长149.2%。全县营业收入超10亿元企业有12家，5亿—10亿元企业有12家。

全年高新技术产业营业收入增长25.5%，利税和利润分别增长49.3%和70.9%。战略新兴产业营业收入、利税和利润分别增长35.4%、147.5%和194.2%。装备制造业实现营业收入138.94亿元，同比增长27.4%；实现利税15.28亿元，增长46.0%。

【固定资产投资和建筑业】 全年固定资产投资项目571个，完成固定资产投资187.59亿元，同比增长6.9%。其中，基础设施投资62.58亿元，增长23.6%。第二产业投资65.24亿元，增长23.0%，第二产业投资中技术改造投入37.78亿元，增长3.5%；第三产业投资122.35亿元，与

2020年安吉县规模以上工业增加值一览表

表3

指标名称	绝对数(亿元)	占规上工业增加值比重(%)
工业增加值总计	183.39	100.00
在总计中：轻工业	106.43	58.03
重工业	76.95	41.96
在总计中：		
绿色家居	75.59	41.22
#特色椅业	61.58	33.58
绿色竹业	10.66	5.81
生态家纺	3.35	1.83
健康休闲	34.94	19.05
#绿色食品	5.33	2.91
健康医药	27.80	15.16
装备制造	25.65	13.99
#高端装备	11.41	6.22
信息经济	9.23	5.03

2019年同期持平。全年完成房地产开发投资71.42亿元,同比增长0.6%。全年房屋施工面积568.75万平方米,增长19.3%;房屋竣工面积82.44万平方米,增长190.7%;商品房销售面积129.51万平方米,增长4.5%,其中住宅119.32万平方米,增长4.7%;商品房销售额165.64亿元,增长13.2%,其中住宅155.10亿元,增长12.7%。

全县年末在库建筑企业86家,其中一级资质企业3家、二级资质企业8家。全年建筑业企业完成建筑业总产值69.78亿元,增长8.8%,其中建筑工程产值58.13亿元,增长10.9%;安装工程产值9.13亿元,增长7.0%。房屋建筑施工面积455.10万平方米,增长4.9%。竣工产值39.58亿元,增长12.9%。

【国内贸易】 全县社会消费品零售总额下降3.4%。从限上单位看,粮油、食品类3.99亿元,增长5.6%;金银珠宝类0.89亿元,下降14.8%;汽车类4.13亿元,下降31.6%;石油及制品类5.92亿元,增长0.2%;家用电器和音像器材类2.61亿元,下降4.1%。市场成交额超亿元的市场7个,成交额29.87亿元。

【对外经济】 全年进出口总额347.13亿元,同比增长26.4%,其中进口8.76亿元,增长34.9%,外贸出口338.37亿元,增长26.2%。全县共有出口实绩企业921家,其中,2020年新增53家。出口实绩企业中,家具类企业615家,累计出口226.22亿元,同比增长18.9%,占全县出口总额66.9%;塑料制品企业累计出口28.72亿元,同比增长9.5%;竹木制品企业97家,累计出口7.23亿元,同比下降10.4%;化工产品企业累计出口33.48亿元,同比增长302.8%;纺织服装企业累计出口9.66亿元,同比增长11.9%;五金金属制品企业累计出口6.90亿元,同比增长2.1%;机电产品累计出口11.94亿元,同比增长81.8%。

全年共办理外资项目39个,其中新批外商投资企业24家,批准增资项目11个。全年合同外资5.85亿美元;实到外资1.66亿美元,同比增长38.9%。全年新批投资总额千万美元以上项目12个。办理的39个项目中,其中二产项目11个,合同外资4286万美元;三产项目28个,合同外资54191万美元。

【交通运输和邮电】 2020年末全县公路通车里程2258公里,其中高速公路59公里、国道49公里、省道178公里、县道452公里、乡道590公里、村道988公里。全年公路客运量745万人,同比增长41.3%,公路客运周转量21984万人公里,同比下降46.0%。全年完成公路货运量和周转量分别为2311万吨和13亿吨公里,同比增长14.3%和8.1%。全年累计完成水路货运量1398万吨、货物周转量27亿吨公里。全年完成集装箱吞吐量32万标箱,同比增长7.0%。

2020年末全县汽车保有量18.45万辆,比上年增加8636辆,增长4.9%。其中,小型汽车保有量16.21万辆,比上年增加1.07万辆,增长7.1%。全年小型汽车上牌照1.66万辆,比上年减少816辆,下降4.7%。

全年实现邮政电信业务收入12.34亿元,比上年增长12.8%;全县年末固定电话用户6.97万户,比上年减少3.28万户;移动电话用户80.25万户,增加5.94万户;年末互联网宽带用户28.44万户,减少3.33万户,减少10.5%;年末互联网光纤用户15.31万户,减少5.48万户,减少26.4%。

【金融】 金融机构年末本外币存款余额809.28亿元,贷款余额928.17亿元,分别比上年增长19.3%和21.8%;全年新增贷款166.35亿元,新增额同比多增36.71亿元。年末住户本外币存款余额384.91亿元,新增56.57亿元,新增额同比多增23.66亿元。

【教育和科技】 2020年末全县共有小学27所,招生5916人;在校生32909人,比上年增加1480人,小学学龄儿童入学率100.0%。小学生均校舍建筑面积10.7平方米,比上年增加1.7平方米;生均图书31册,比上年增加5册;每百名学生拥有计算机21台,比上年增加1台。共有初中18所,招生4871人;在校生13941人,比上年增加295人,初中入学率100.0%。初中生均校舍建筑面积17平方米;生均图书34册;每百名学生拥有计算机38台。全县各类中等职业教

2020年安吉县金融机构存贷款余额一览表

表4　　单位:万元

指　标　名　称	2020年末	比年初增减额
金融机构本外币存款余额	8092789	1308964
金融机构人民币存款余额	7830418	1198615
#住户存款	3842190	566224
金融机构本外币贷款余额	9281742	1663569
金融机构人民币贷款余额	9249682	1644806
#住户贷款	4164026	692315
#短期贷款	1725207	205517
中长期贷款	2438819	486798
#非金融企业及机关团体贷款	5085538	954457
#短期贷款	1459676	373267
中长期贷款	3529289	527353

2020年安吉县学校基本情况表

表5　　单位:所、人

学校类别	学校数	招生数	在校生数	毕业生数	专任教师数
中等职业学校	4	2992	7348	1781	535
普通中学	24	8233	23780	7474	1928
#高中	6	3362	9839	3037	777
小学	27	5832	32909	4803	1731

育学校4所,招生2992人,在校生7348人;普通高中6所,在校生9839人,毕业生3037人。

全县共有专任教师5262人,比上年增长5.2%,具有硕士以上学位教师161人,比上年增加18人。其中,义务教育中小学专任教师2882人,比上年增长6.0%;中等职业教育专任教师535人,比上年增长12.6%。

全县共有幼儿园27所,在园幼儿15144人,比上年增长2.0%。幼儿园专任教师1040人,比上年增加12人。

全年专利申请量5147件;专利授权量3708件,其中发明专利授权120件。全年经认定登记的技术成交项目126项,技术成交金额14.06亿元。年末已拥有省级高新技术企业研发中心94家,省级企业研究院39家;拥有国家级高新技术企业203家。全年获省级以上政府奖的科技成果4项。

【文化、体育和卫生】 2020年开展电影下乡放映2809场次,举办大型广场文化活动35场,组织基层文化活动920场。年末县图书馆藏书60万册,乡镇文化站藏书22万册。县博物馆建筑面积15924平方米,藏品总量12235件/套,三级以上藏品1347件。2020年末数字电视用户12.5万户,当年无净增。全年出版各类报纸520万份。

2020年全县累计开展各类体育赛事近200余场,其中国家级比赛3场,省级比赛12场。新创建省级全民健身中心1个,省级小康体育提升工程24个,百姓健身房12个,省级游泳池2个,社区多功能运动场7个,市级中心村全民健身广场4个,市级中心村体育休闲公园3个。新增体育场地面积约11.76万平方米。培训社会体育指导员新增369人,完成国民体质监测850人,体彩销售总额达2.06亿元。

2020年末拥有医疗卫生机构201个,其中县级医院5家、乡镇(街道)卫生院16家、社区卫生服务站125家、民营医疗机构25家。拥有医疗机构核定床位2682张,开放2929张(南湖监狱未纳入);卫生技术人员3642人,其中执业医师1247人、执业助理医师316人、注册护士1611人。每万人拥有医院(卫生院)床位数59张;每万人拥有卫生技术人员77.49人,其中医生33.25人。县婴儿死亡率、5岁以下儿童死亡率分别为0.6‰、1.21‰。全县基本医疗保险参保率99.82%。

【人口、就业、人民生活和社会保障】 全县年末户籍人口47.32万人,其中男性23.38万人、城镇人口17.64万人;60岁以上人口11.39万人,占总人口的

24.1%,占比较2019年同期提高0.7个百分点。全年出生人口3682人,出生率7.79‰;死亡人口3164人,死亡率6.69‰;人口自然增长率1.10‰。全年新增城镇就业29040人,失业人员再就业5567人,其中困难人员就业891人,城镇登记失业率1.47%。

据城镇居民家庭抽样调查,全年城镇居民人均可支配收入达到59518元,比上年增长4.5%。其中,工资性收入增长3.5%,经营净收入增长0.7%,财产净收入增长14.6%,转移净收入增长6.9%。人均消费支出37526元,增长1.3%。据农村居民家庭抽样调查,全年农村居民人均可支配收入达到35699元,增长6.6%。其中,工资性收入增长6.7%,经营净收入增长5.5%,财产净收入增长13.2%,转移净收入增长7.4%。人均生活消费支出23163元,增长1.0%。

全县年末参加城镇基本养老保险人数达到30.14万人,比上年增加1.52万人;参加城乡居民基本医疗保险人数25.22万人,比上年减少1.03万人;参加城镇职工基本医疗保险人数25.58万人,比上年增加2.48万人;参加失业保险人数16.74万人,比上年增加1.47万人;参加工伤保险人数24.91万人,比上年增加1.91万人;参加生育保险人数21.62万人,比上年增加6.51万人。

2020年末住房公积金正常缴存人数7.84万人,比上年增加0.78万人;全年归集住房公积金12.8亿元,增长32.2%;当年发放个人住房贷款8.06亿元(含公转商贷款),增长91.0%。

全县年末各类收养性社会福利单位拥有床位4852张,收养人数1272人;年末城镇"三无"、农村"五保"集中供养对象255人,集中供养率89.4%。全年得到政府最低生活保障的家庭3804户,人数5844人,其中城镇498人、农村5346人;全年发放低保保障金5193万元;低保标准为每月873元。全年销售社会福利彩票1.36亿元,筹集社会福利资金468万元。

【资源、城市建设、环境保护和社会安全】 2020年雨量偏多,气温显著偏高,日照正常。全县年降雨量1810.9毫米,比常年多387.5毫米,比上年少104.7毫米;雨日167天,比常年多14.2天;年平均气温为17.3℃,比常年16.1℃高1.2℃;年日照为1413.1小时,比常年少358.6小时;年极端最高气温为38.5℃,出现在2020年8月15日,年极端最低气温为-6.5℃,出现在2020年12月31日。

全年共完成造林面积289.80公顷,封山育林面积42116.80公顷,全年森林覆盖率70.2%。

全县地表水水质总体良好。监测断面Ⅱ、Ⅲ类水质达100%,监测断面水质满足功能区要求达100%,县出境断面水质达标率100%。县域环境空气质量综合指数为3.22,环境空气质量优良率94.5%。全年规模工业能耗消费同比增长14.1%;单位工业增加值能耗降低率-5.3%。全社会用电量38.58亿千瓦时,同比增长7.6%,其中工业24.37亿千瓦时,同比增长8.1%。

中心城区自来水普及率100%;中心城区污水处理率98.03%;生活垃圾无害化处理率100%;农村生活垃圾分类处理行政村全覆盖。

2020年,成功捧得省首批"一星平安金鼎"。全年共发生各类生产安全事故23起,死亡16人,受伤15人,同比分别下降37.8%、33.3%、31.8%。

中国共产党安吉县委员会

重要会议

【中共安吉县委十四届八次全体(扩大)会议暨经济工作会议】 2020年1月6日，中共安吉县委十四届八次全体(扩大)会议暨经济工作会议举行。出席这次全会的县委委员35名，候补委员7名。

县委常委会主持会议。市委常委、县委书记沈铭权代表县委常委会作工作报告，并在会议结束时作总结讲话。县委副书记、代县长宋波部署2020年经济工作。县领导陆为民、叶海珍、赵德清等参加。

会议高举习近平新时代中国特色社会主义思想伟大旗帜，深入学习贯彻党的十九大、十九届二中、三中、四中全会以及省市委全会精神，按照中央和省市委经济工作会议的部署要求，听取和讨论沈铭权受县委常委会委托所作的工作报告，总结2019年成绩，部署2020年任务，审议通过《中共安吉县委关于认真学习贯彻党的十九届四中全会精神 奋力争当推进县域治理现代化先行地排头兵的决定》。

1月6日，中共安吉县委十四届八次全体(扩大)会议暨经济工作会议召开

会议指出，2019年是新中国成立70周年，是全面建成小康社会的关键之年，也是新时代浙江(安吉)县域践行“两山”理念综合改革创新试验区建设的开局之年。县委常委会认真贯彻落实习近平总书记重要批示指示精神，聚焦奋力争当践行“两山”理念样板地模范生标杆县重大使命，按照市委对安吉县提出的“一个目标、三个坚定不移、五个时代样板”工作要求，团结带领全县广大党员干部群众，全面实施“一〇三六”改革发展工作部署，“两个维护”持续深化，县域经济持续向好，发展动能持续释放，人居环境持续提升，民生福祉持续改善，政治生态持续优化，经济社会发展取得了新成效。

2020年是全面建成小康社会决胜之年、“十三五”规划收官之年、“十四五”规划谋划之年，是习近平总书记在安吉县余村发表“绿水青山就是金山银山”

重要讲话十五周年，也是安吉县高质量推进新时代“两山”试验区建设的关键之年。做好2020年工作，最首要的就是要坚定不移贯彻落实习近平总书记对安吉的重要批示指示精神，努力抢占新时代“两山”实践制高点；最关键的就是要坚定不移扛起高质量赶超发展之责，努力抢占新时代区域竞争制高点；最根本的就是要坚定不移恪守发展为民理念，努力抢占新时代高水平全面小康制高点。做好2020年工作的总体要求是：高举习近平新时代中国特色社会主义思想伟大旗帜，全面贯彻党的十九大和十九届二中、三中、四中全会以及省市委全会精神，认真落实中央和省市委经济工作会议精神，按照省委“八八战略再深化、改革开放再出发”和市委“一四六十”工作体系部署要求，坚决扛起争当践行“两山”理念样板地模范生标杆县、推进县域治理现代化先行地排头兵重大使命，紧扣高水平全面建成小康社会目标任务，坚持稳中求进工作总基调，坚持新发展理念，坚持以供给侧结构性改革为主线，持续深化“一〇三六”改革发展工作部署，全面推进新时代浙江(安吉)县域践行“两山”理念综合改革创新试验区建设，奋力夺取中国最美县域高质量发展新胜利。

会议强调，围绕2020年全县工作指导思想和目标任务，重点要抓好六个方面工作：一要着眼提质提效，聚力增强绿色发展新动能，狠抓产业转型升级、项目“双进双产”和平台能级提升，为新时代“两山”试验区建设稳固坚实底盘；二要着眼创新创强，聚力释放要素配置新活力，加快重点领域改革，强化科技人才创新，持续优化营商环境，为新时代“两山”试验区建设注入新鲜活力；三要着眼互通互利，聚力构筑开放合作新格局，融入大战略，建设大交通，推进大开放，为新时代“两山”试验区建设打开更大发展空间；四要着眼全程全域，聚力创造生态环境新优势，高标准实行生态管护，全方位深化环境治理，常态化推进绿色生活，为新时代“两山”试验区建设厚植生态底色；五要着眼共建共享，聚力打造城乡融合新样板，提升全域规划，推进“四美”共建，优化服务供给，为新时代“两山”试验区建设提升内涵品质；六要着眼有为有序，聚力建设县域治理新高地，创新治理体系，深化文明共建，加快数字赋能，为新时代“两山”试验区建设营造更优环境。

县委要以全面提高党的建设质量为根本，坚决扛起主责、抓好主业，奋力推动全面从严治党向纵深发展，为推进新时代“两山”实践提供坚强保障。要强化政治引领，坚定政治方向，进一步增强政治自觉，提升政治能力，铸造忠诚之基。要强化基层基础，狠抓责任落实，严密组织体系，激发基层活力，打造坚强堡垒。要强化实干导向，系统化选用干部，多元化历练干部，常态化管护干部，锻造过硬团队。要强化挺纪在前，压实主体责任，深化正风肃纪，优化监督实效，营造清廉生态。

做好2020年经济工作，要牢牢聚焦奋力赶超、聚焦质效提升、聚焦项目引推、聚焦改革创新、聚焦攻坚克难，重点做好八个方面工作：一要推动产业升级，加快产业集聚集群，做大做强优势产业，大力培养新兴产业；二要狠抓“双进双产”，全力以赴推动项目见工地、见设备、见产品；三要加强企业培育，进一步巩固降本减负成效，加快市场主体升级，突出科技创新引领；四要加快平台提质，不断优化平台功能，完善平台配套，提升平台质效；五要突出改革增效，纵深推进“最多跑一次”改革，持续深化“亩均论英雄”改革，全面深化国企改革，争创省级生态产品价值实现机制试点；六要聚力开放赋能，主动融入重大战略，加快人才资源集聚，全力落实稳外新政，做好东西部扶贫协作；七要改善宜居品质，做好乡村振兴、污染防治攻坚、“四美”共建等工作；八要努力改善民生，加强公共服务，强化社会保障，创新社会治理，让老百姓更有获得感、幸福感和安全感。

会议还对岁末年初各项工作进行部署，要求全县上下坚持“干”字为先、“干”字当头，保持定力干，突出重点干，创新创造干，齐心协力干，提振精神干，努力把蓝图变为现实，把愿景变成实景，并统筹做好县委全会精神学习贯彻、“深化‘三服务’、助推开门红”活动开展、“不忘初心、牢记使命”主题教育成果巩固拓展以及民生保障、重要会议筹备、党风廉政建设等工作。

县纪委委员；县人大常委会、县政府、县政协党组成员；退出现职的县级党员领导，担任过副县级以上领导职务的党内老干部；各乡镇(街道)、开发区、示范区、度假区、农高区和县级机关各部门班子成员；县人大各专(工)委、县政协各专委主要负责人；县属国企和国企监事会主要负责人；消防大队、供电公司、邮政公司、烟草公司、电信公司、移动公司、联通公司、人民银行、银保监、各金融机构主要负责人；部分村(社区)党组织书记代表，基层党代表和重点企业代表等列席本次会议。非中共党员县级领导、县级部门非中共党员主要负责人、县各民主党派主要负责人；省南湖监狱、天蓄公司、长龙山公司、中德工程师学院、省自然博物院安吉馆、海关安吉办事处、高速交警安吉大队等单位主要负责人等受邀参加本次会议。

【中共安吉县委十四届九次全体(扩大)会议】 7月29日，中共安吉县委十四届九次全体(扩大)会议举行。出席这次全会的县委委员32名，候补委员7名。

县委常委会主持会议。县委书记沈铭权代表县委常委会作工作报告，并在会议结束时作总结讲话。县委副书记、县长宋波作经济工作部署，县委副书记徐卫勇参加。

全会高举习近平新时代中国特色社会主义思想伟大旗帜，深入贯彻习近平总书记视察浙江、安吉重要指示精神，认真贯彻落实省市委全会部署要求，听取和讨论了沈铭权受县委常委会委托作的工作报告，审议通过《中共安吉县委关于深入学习贯彻习近平总书记视察安吉重要指示精神 坚定不移以“两山”理念引领中国最美县域高质量发展 奋力打造“重要窗口”县域样本 努力成为新时代美丽中国县域窗口的决定》。

全会指出，在统筹推进新冠肺炎疫情防控和经济社会发展的特殊时期，习近平总书记到浙江、安吉考察并发表重要讲话，赋予浙江“努力成为新时代全面展示中国特色社会主义制度优越性的重要窗口”的新目标新定位，对安吉提出了“再接再厉、顺势而为、乘胜前进”的新使命新期望。作为“两山”理念诞生地，安吉必须在这场新时代“赶考”中进一步增强“窗口”意识、树立“窗口”标准、强化“窗口”担当，奋力打造“重要窗口”县域样本，努力成为新时代美丽中国县域窗口，在全省“重要窗口”建设中当标兵、作示范、走前列。

全会从对标习近平总书记的殷切期望、对标“重要窗口”建设的时代命题、对标最美县域建设的目标愿景三个方面深刻阐述了安吉奋力打造“重要窗口”县域样本，努力成为新时代美丽中国县域窗口的重要意义。全会指出，习近平总书记对安吉的亲切关怀、殷殷嘱托始终贯穿着“两山”理念这条主线，安吉必须坚定不移沿着“两山”理念指引的路子奋勇前进，不断丰富新时代“两山”实践内涵，把建设“重要窗口”县域样本、新时代美丽中国县域窗口作为践行“两个维护”的政治检验标准，努力答好中国特色社会主义实践的安吉卷；必须自觉把自己摆进去，切实把思想和行动统一到省市委决策部署上来，把县域“小窗口”放到省域“大窗口”建设的大格局中谋划落实，把建设“重要窗口”县域样本、新时代美丽中国县域窗口作为重大战略任务，以更具说服力、影响力的实践成果当好“重要窗口”的建设者、维护者和展示者；必须加快推动中国最美县域高质量发展，把建设“重要窗口”县域样本、新时代美丽中国县域窗口作为重要价值追求，高水平建设美丽经济、美丽环境、美丽文化、美丽民生、美丽党建“五大美丽事业”县域窗口，让“五大美丽事业”更具时代

7月29日，中共安吉县委十四届九次全体(扩大)会议举行

性、示范性和辨识度。

全会强调,建设"重要窗口"县域样本、新时代美丽中国县域窗口是一项系统工程,必须立足当前、着眼长远,科学谋划、统筹推进,找准路径、抓牢关键。要高水平建设新时代浙江(安吉)县域践行"两山"理念综合改革创新试验区,切实把试验区建设的"任务书"转化为高质量赶超发展的"工具箱""组合拳",努力在重点领域改革取得新突破,深度融入长三角一体化发展战略,为建设"重要窗口"县域样本、新时代美丽中国县域窗口创造更大优势、注入更强动力、拓展更大空间。要高质量编制"十四五"规划,精准谋划安吉未来五年的战略定位、发展目标,科学统筹县域空间布局、城乡布局、生产力布局,深入谋划一批重大改革、重大项目、重大工程、重大政策、重大平台,力争更多安吉元素纳入国家和省市规划"大盘子"。要高标准打造实践范例,持续打响美丽乡村、全域旅游、绿色家居、安吉白茶、昌硕文化、"余村经验"、导师帮带制、社会矛盾纠纷调处化解机制等特色品牌,着力形成一批可展示、可复制、可推广的实践范例,在全省"重要窗口"建设中充分展示安吉的独特魅力和别样精彩。

全会充分肯定了上半年工作成效。全会指出,2020年以来,全县上下实干争先、砥砺奋进,"两手硬、两战赢"取得阶段性重要成果。县委常委会带头深入学习贯彻习近平总书记重要指示精神,紧密结合新时代"两山"试验区建设、"两山"理念提出十五周年系列活动等,审议确定5方面23条52项贯彻举措,以实际行动落实"两个维护",同时科学统筹、克难攻坚,全力推动经济回暖。半年来,全县坚守一方净土,疫情防控保持"双零";紧盯目标任务,复工复产提速提效;加快动能转换,发展后劲持续增强;抓实民生改善,幸福生活更加美好;强化政治引领,党的建设深入推进。

全会强调,2020年是高水平全面建成小康社会和"十三五"规划收官之年,推动经济社会持续健康发展意义重大。县委要深入贯彻落实习近平总书记视察浙江、安吉重要指示精神,坚持目标不变、任务不减、标准不降,以战时状态、战时思维、战时作风,全力做好各项工作,奋力夺取"两战赢"、决胜"全年红",为打造"重要窗口"县域样本、成为新时代美丽中国县域窗口奠定坚实基础。重点抓好八个方面工作:一是坚持慎终如始,坚决打好疫情防控阻击战。进一步提升防控意识、强化常态防控和健全防控体系,切实保障人民群众生命安全和身体健康。二是坚持稳中求进,坚决打好经济发展攻坚战。持续做优做强实体经济,纵深推动"双进双产",不断优化营商环境,以非常之策稳住经济基本盘,抢占未来发展制高点。三是坚持内外联动,坚决打好改革开放整体战。深层次推进重点改革、宽领域扩大开放合作、大力度实施科技创新,努力取得更多实质性和突破性成果。四是坚持和谐共生,坚决打好生态环境保卫战。全力深化环境治理,持续加大管护力度,全面厚植绿色发展,坚持在保护中发展、在发展中保护。五是坚持协调发展,坚决打好城乡融合持久战。着力提升城镇品质,推进乡村全面振兴,深化文明建设,持续加强"三线三度三性"立体管控,加快"四美"共建,全力打造全国城乡融合样板。六是坚持共建共享,坚决打好县域治理阵地战。健全完善矛盾纠纷调解机制,创新发展新时代乡村治理"余村经验",完善治理体制、提升治理效能、化解社会风险,全力确保社会大局平安稳定。七是坚持造福人民,坚决打好民生改善接力战。着力拓宽富民增收渠道、加大民生保障力度、优化公共服务供给,推动民生福祉更加均衡、优质、普惠。八是坚持严抓实管,纵深推进全面从严治党。进一步强化政治责任、建强基层堡垒,锻造过硬队伍,严抓巡视整改,推动全县广大党员干部聚焦聚力"两战赢",以高质量党建引领安吉高质量发展。

全会要求,做好下半年经济工作,要在十个方面着力。要精准排查、防护到位,全面提升应对重大突发公共卫生事件的能力和水平,着力推进常态化疫情防控;要以深化"三服务"为抓手,扎实开展企业"集中服务日"活动,抓好纾困帮扶、稳外贸等工作,着力稳企助企惠企育企;要深化开展招大引强攻坚行动,做好谋划、承接和推进工作,着力推进项目"双进双产";要加快推动产业集聚,加快提升传统产业,加快培育新兴产业,着力加快产业转型升级;要聚焦系统性重构和创新性变革,聚力提升主平台能级、建精建强专业化园区、统筹推进园区建设，着力推进园区改革提升；要突出改革增效和开放赋能，加快推进新时代“两山”试验区建设，统筹抓好重点领域改革，深化长三角一体化战略融入，着力激发改革开放活力；要紧盯人才引育、平台创新和主体创强，着力抓好人才科技工作；要在整治上再发力、配套上再完善、乡村环境上再提升，确保高分通过全国文明城市创建；要坚决打赢污染防治攻坚战，稳步推进环境质量改善，着力解决突出环境问题；要以治理惠民生，以治理保稳定，以治理防风险，着力提升基层治理水平。要系统考虑生产力布局、资源要素配置、交通路网建设、人才科技等内容，全力做好“十四五”规划编制工作。

全会强调，要用工作的确定性、奋斗的确定性来应对发展形势和发展环境的不确定性，继续以战时状态、战时思维、战时作风抓经济社会发展，全力落实省市县委全会决策部署，高质量完成年度既定目标任务，确保建设“重要窗口”县域样本、新时代美丽中国县域窗口顺利开局。要以更加坚定的政治自觉抓落实，健全机制、严督实考，确保贯彻举措一抓到底、抓出成效。要以更加迅速有力的行动抓落实，把牢全年经济指标进度，全力以赴实现全年目标任务，把牢“十三五”收官进度，全力实现各项指标，把牢决胜高水平全面小康进度，扎实做好收官工作。要以更加昂扬的创新姿态抓落实，创造性谋划发展和推动工作，探索更多好经验好做法，加快提升各领域整体工作水平。要以更加突出的问题导向抓落实，对标“高质量”和“高水平”，着力补短板、强弱项。要以更加严实的纪律作风抓落实，严守纪律规矩，坚持实事求是，牢固树立“过紧日子”的思想，把省下的钱更多用于支持企业发展、民生改善和社会保障。

全会还就县委全会精神学习宣传与贯彻落实、“两山”理念提出十五周年系列活动推进、省委巡视组反馈意见整改落实、全国文明城市创建攻坚、村社组织换届、安全生产和防疫防汛抗旱等工作进行具体部署。会上，县委政法委、县经信局、昌硕街道、示范区、天荒坪镇余村作表态发言，会议还表决通过了十四届县委委员调整有关决定。

县纪委委员；县人大常委会、县政府、县政协党组成员，人武部部长；退出现职的县级党员领导，部分担任过副县级以上领导职务的党内老干部；各乡镇（街道）党委（党工委）、县级机关各部门党政主要负责人，开发区主任，县人大各专（工）委主要负责人、县政协各专委主要负责人，县委各巡察组组长，县委办、人大办、政府办、政协办班子成员；县属国企和国企监事会主要负责人；消防大队、供电公司、邮政公司、烟草公司、电信公司、移动公司、联通公司、人民银行安吉支行、银保监组、各金融机构主要负责人；以及部分村（社区）党组织书记代表、部分基层党代表、省市县优秀共产党员、援鄂医疗队党员代表和重点企业代表等参加会议。非中共党员县级领导、县级部门非中共党员主要负责人、县各民主党派主要负责人，省南湖监狱、天蓄公司、长龙山公司、浙江宇翔职业技术学院、中德工程师学院、省自然博物院、海关安吉办事处、高速交警安吉大队、上海铁路局嘉兴车务段安吉站主要负责人等受邀参加会议。

【常委会会议】 2020年，中共安吉县委共举行常委会会议38次。

1月10日，中共安吉县委举行十四届县委第98次常委会会议。传达学习市委副书记、代市长王纲到安吉调研讲话精神，听取2020年春节期间困难群众生活安排和走访慰问工作建议、2020年春节期间市场供应保障情况的汇报。会议指出，贯彻市委、市政府主要领导讲话精神，最为关键的是要集中精力抓发展、干事业，抓好市委八届八次全会、县委十四届八次全会各项决策部署的落实落地，以优异成绩迎接习近平总书记在安吉余村发表“绿水青山就是金山银山”重要讲话十五周年。会议就推进余村“两山”示范区建设进行部署。会议强调，“两山”理念从安吉余村出发，走向全省、全国，影响全世界。余村是展示安吉形象的窗口，更是展示“两山”理念的窗口。要充分认识到余村“两山”示范区建设的重要意义，进一步提高政治站位、扛起使命担当，高水平、高质量推进示范区建设，让余村的绿水青山颜值更高、金山银山成色更足、百姓生活品质更好。要进一步坚持问题导向，突出重点，抓实各项举措，优化规划设计、完善产业布局、充分激发内生动力，以余村为中心，辐射周边，让更多地区和群众受益。要进一步强化力量,凝聚各方合力,加快建设,实现“奋战两百天,‘两山’焕新颜”目标。会议要求,全县各级各部门要始终坚持以人民为中心的发展思想,用心用情做好关心困难群众生活冷暖工作,切实保障节日市场供应和消费需求,确保全县人民过上一个温馨、安全、文明、和谐、欢乐、幸福的春节。要进一步加强资源整合,统筹发挥各部门力量,有序开展走访慰问,紧盯重要物资和时段,备足库存、做好预案,确保猪肉等“菜篮子”商品不断供、不脱销、不出现价格大幅上涨等情况。要应帮尽帮,切实把关怀送到最需要的困难群众手里,同时加强监督检查,严明工作纪律,确保惠民措施不折不扣兑现,真正把好事办好、实事办实。

1月17日,中共安吉县委举行十四届县委第99次常委会会议。传达学习省十三届人大三次会议和省政协十二届三次会议精神,听取关于县十六届人大四次会议和县政协九届四次会议筹备,以及安吉县贯彻落实全国和全省扫黑除恶专项斗争领导小组第八次会议精神意见建议等情况汇报。会议要求,全县各级各部门要把学习贯彻省两会精神作为当前一项重要政治任务,全方位多层次组织传达学习,切实把广大党员干部的思想和行动统一到省委、省政府的决策部署上来,为推动安吉县高质量赶超发展凝心聚力。要主动对标对表省政府工作报告等重要文件中确定的各项目标和举措,立足全县发展实际以及条线具体工作,找准结合点、突破口,抓好落实,确保省两会精神在安吉落地生根、开花结果。要强化担当、接续奋斗,切实抓好经济运行,全面实现一季度“开门红”,确保高开稳走、高开高走;同时强化统筹,抓紧抓实岁末年初各项工作,确保全县人民过上一个欢乐祥和的春节。会议要求,即将召开的县两会是2020年继县委全会之后全县政治生活中的又一件大事,高效、有序开好会议,对高起点开局、高质量推进2020年乃至今后一个时期工作都具有十分重要的意义。各筹备工作组要周密部署、强化责任,严格依法依章,认真组织筹备好会议。要加强统筹,强化沟通联系,畅通信息渠道,密切配合,确保会议顺利召开。要贯彻落实好省两会的新要求、新部署,引导广大代表委员认真履职尽责,以会议的召开广泛凝聚新时代浙江(安吉)县域践行“两山”理念综合改革创新试验区建设、高质量建设中国最美县域的强大合力。要全面贯彻落实中央八项规定精神,强化作风纪律执行,坚持节俭办会,确保会议风清气正,努力把两会开成统一思想、提振信心、凝聚人心的大会。会议强调,全县上下要在全面总结过去成绩的基础上,进一步增强信心决心,不断深化对开展扫黑除恶专项斗争重要性的认识,深刻学习领会中央和省里两次重要会议的精神实质,持续巩固和扩大战果,确保党中央决策部署落到实处。要紧扣中央提出的“一十百千万”和省里提出的“十大专项行动”,突出重点,聚焦薄弱环节,统筹抓好各项工作,不断提升斗争质效,持续推动全县扫黑除恶专项斗争在纵深发展上取得新成效。乡镇(街道)和部门主要负责人作为“第一责任人”,要对专项斗争亲自研究、部署和调度,层层传导压力,层层压实责任;县扫黑办要切实发挥统筹协调作用,进一步加大协调督办力度;行业主管部门要落实好监管主体责任,确保按期整治到位,同时进一步加大督促检查力度,为深入推进扫黑除恶专项斗争提供有力保证。

1月20日,中共安吉县委举行十四届县委第100次常委会会议。传达学习中央纪委、省纪委全会精神,听取关于县纪委第十四届五次全会筹备,两区、乡镇(街道)、机关部门2019年度考核结果及2020年度考核办法,2019年全县表彰奖励评选结果,以及2019年“安吉骄傲”评选等工作情况的汇报。会议指出,这次中央纪委全会是在决胜全面建成小康社会、决战脱贫攻坚的关键时刻,召开的一次十分重要的会议。习近平总书记发表的重要讲话,高屋建瓴、统揽全局,思想深邃、内涵丰富,对以全面从严治党新成效推进国家治理体系和治理能力现代化作出战略部署,为推动全面从严治党向纵深发展提供根本遵循。省纪委全会也对2020年纪检监察的目标任务、重点工作作出全面部署。全县上下要提高站位、深刻领会,以“两山”理念诞生地的责任担当,加快推动安吉县全面从严治党更快一步、更进一步;要对标对表、狠抓落实,坚持以中央纪委和省纪委全会精神为指导,强化改革创新、优化办法举措，以永远在路上的执着推动安吉县全面从严治党向纵深发展；要加强领导、压实责任，严格落实“两个责任”，进一步压实领导干部“一岗双责”和纪委监督执纪问责责任，推动全面从严治党各项任务落到实处、取得实效。县纪委监察机构要提高本领、强健队伍，做到政治坚定、对党忠诚，不断提高专业素养和依法履职能力，为构建风清气正的政治生态提供保障。会议指出，调整完善考核办法，目的就是要构建科学完备的考核评价体系，发挥好考核“指挥棒”作用。要进一步对办法进行完善，结合实际情况，切实增强办法的可操作性，推动乡镇部门完成好各项目标任务；要体现考核导向，科学设置考评指标，使考核体系与新时代“两山”试验区建设、“三服务”活动开展、全域土地综合整治、全国文明城市创建等县委县政府中心工作相对应，进一步突出发展导向；要注重过程考核，提高考核的辨识度和精准度，不断健全完善考核体系，确保考核过程公平公正公开，更全面更客观地反映情况；要强化成果运用，加快完善相应的配套奖罚办法，全面落实奖优罚劣各项措施，让工作走在前列、勇挑重担、创新破难的单位和干部得到更大支持、受到更多褒奖。会议要求，要充分利用好这次表彰奖励的契机，加大对典型先进的宣传，鼓励争先创优，树立鲜明导向，激励干事创业，进一步提振广大党员干部的精气神，不断浓厚全县上下心齐气顺劲足实干的良好氛围。会议强调，评选2019年“安吉骄傲”要把握定位、深入比选，注重导向、推动发展，通过选树一批出彩的、具有事迹性的先进典型，充分体现群众性和时代性，进一步增强全县人民的自豪感和归属感，不断激发广大干部群众干事创业的积极性和主动性。要加强领导、精心筹备，确保把活动办得鼓舞人心、激励斗志。

1月28日，中共安吉县委举行十四届县委第101次常委会会议。传达中共中央政治局常务委员会会议和习近平总书记讲话精神、省委常委会会议精神及市委常委会会议精神；听取县防控工作领导小组办公室的情况汇报，研究部署下一步工作。会议指出，习近平总书记在中共中央政治局常务委员会会议上的重要讲话，是动员全党全国各族人民投身疫情阻击战的必胜宣言书、紧急动员令、科学作战图，充分体现以习近平同志为核心的党中央着眼于党和国家工作大局，对人民群众生命安全和身体健康的高度负责，为做好疫情防控工作指明方向、提供根本遵循。要坚决提高政治站位，切实增强“四个意识”、坚定“四个自信”、做到“两个维护”，站在政治任务、政治责任、政治纪律的高度，进一步强化“疫情就是命令，防控就是责任”，切实增强底线意识、强化风险担当，做好几个月、较长期的思想准备，全力以赴、精准务实、科学有效地做好疫情防控工作，确保党中央、国务院和省市委各项决策部署落到实处。会议强调，全县上下要坚决按照省委“一确保两争取”的工作原则（即确保浙江省不出现大规模传播、扩散、蔓延，努力争取不发生死亡病例，努力争取不发生医护人员感染），围绕“坚守湖州西南大门，坚守安吉一方净土”的既定目标，坚定信心、沉着应对，坚决打赢疫情防控阻击战、攻坚战、持久战。重点要做好以下五个方面：要进一步加强组织领导。按照省、市的部署要求和安吉实际，在原定工作领导小组架构不变的基础上增补相关领导和部门，也充分表明县委对这项工作的高度重视和坚决态度。领导小组成员和成员单位要切实扛起职责重担，各司其职、各尽其责，把工作做得更周密、更细致、更具体，形成疫情防控的有效闭环，确保更好地开展各项工作。要进一步加强排查管控。要在前期工作的基础上进一步加大排查管控力度，抓紧抓实“三大管控”（加大重点人员管控；加大重点场所管控；加大重点关口管控）。要进一步加强应急保障。要按照“想在前、防在前、做在前”的要求，切实加强应急措施预案储备，全力做好治疗药物、检测试剂、消杀药品、防护物品等各项医疗物资保障工作。要切实做好粮油、肉类、蔬菜等群众生活物资储备，多措并举保障市场供应和物价稳定。要加强人员保障，保护和激发医护人员的力量，科学调配医护人员力量，落实加班激励保障制度，体现关心关爱，重视缓解他们的身心压力，保障必要的休息，牢牢守住不发生医护人员感染的底线。要进一步加强宣传引导。随着疫情的发展，人们对于疫情的了解会越来越深入，也会越来越关注。对此，一定要营造公开透明的良好氛围，既要缓解群众焦虑紧张的情绪，又要凝聚共克时艰的力量，以此为防控工作赢得主动。要广泛宣传疫情防控措施，普及健康知识，让群众了解什么是新型冠状病毒、带来什么样的危害、怎么样去防治，教育引导广大群众自觉减少外出，做好佩戴口罩、卫生消毒等防护措施，切实增强群众自我防护意识和能力。要及时准确、公开透明发布疫情，及时回应社会关切，及时处理不实信息，严厉打击散布虚假信息等违法行为。要进一步加强统筹安排。省委已经要求省防控办组织相关部门加快研究节后返浙人员管控措施、工矿商贸等企业开工时间、学生开学日期等问题，包括对封闭县级以上公路、调配防护服和口罩等物资、调整市县两级两会会期、落实医护人员补贴补助政策等问题。这方面请各具体条线要加强对上沟通联系，及时掌握动态，坚决服从和贯彻落实上级的统一安排和部署。会议强调，要坚决牢固树立“疫情就是命令，防控就是责任”的理念，进一步弘扬“工作紧起来、纪律严起来，作风实起来、标准高起来，节奏快起来”的严实作风，众志成城、齐心协力，共同打好防控硬仗。各单位党政主要领导要全部在岗在位，切实做到统一调度、统一指挥、统一领导；各级党员干部要敢担当、善作为，带头不串门、不聚餐，做好随时返回岗位和接受任务的准备，坚决做到随叫随到、有令必到，在疫情防控工作中更好地践行初心使命。同时，各级党员在防控疫情的过程中，要注重自身的安全防护，尤其要加大对防控一线人员的培训指导，切实保护好他们的健康安全。县委书记沈铭权主持会议并讲话，县委副书记、代县长宋波作具体工作部署，陆为民、叶海珍、徐卫勇等县四套班子领导参加。

2月7日，中共安吉县委举行十四届县委第102次常委会会议。传达中共中央政治局常务委员会会议和习近平总书记讲话精神、省委书记车俊在疫情防控工作领导小组扩大会议上的讲话精神和市委常委扩大会议精神；听取县防控工作领导小组办公室和县经信局的情况汇报，研究部署下一步工作。会议指出，习近平总书记在中共中央政治局常委会会议上发表重要讲话，是在疫情防控工作的节骨眼上，对疫情防控特别是患者救治工作的再强调再部署，又一次对加强疫情防控工作进行全面部署，提出明确要求，为安吉坚决打赢疫情防控阻击战提供根本遵循。全县上下要认真学习习近平总书记关于疫情防控工作重要讲话精神，坚定必胜的信心、坚定必赢的信念，切实把思想和行动统一到习近平总书记关于疫情防控工作的重要讲话指示精神上来，统一到省委、省政府和市委、市政府决策部署上来，全力以赴打好打赢疫情防控阻击战。会议强调，各级各部门要进一步加大力量做好疫情防控。要加大对城乡居民小区的封闭管理力度，抓好重点人群的隔离管控，防止人员流动，避免疫情扩散。要压实责任。县处级领导干部和乡镇(街道)、指挥部成员单位领导班子靠前指挥，带头做好疫情防控工作，压实各级党组织和党员干部责任，将上级和县委、县政府安排部署落到实处。县纪委督查组要加大督查力度，对作风漂浮、不履职尽责的坚决予以问责。要统筹兼顾。会议强调，要明确目标，严格落实早发现、早报告、早隔离、早治疗和集中救治各项措施，力保在安吉不发生二代病例、医务人员不被感染、不发生死亡病例。要精准防控，按照国家和省级防控方案要求，深化细化应急预案和工作方案，从人员、场所、设备、药物、资金等方面做好充分准备，确保防控有力、万无一失。特别是要在提前介入、抓早抓小、主动预防上下功夫，坚持全流程、全天候、全覆盖联防联控，同时突出重点、抓牢关键，加强农集贸市场管理，加强客运中心等人员密集场所和公共交通工具的通风消毒、体温检测、卫生检疫等工作，加强有疫情地区来安人员排摸、疫情防控知识普及以及隔离措施落实、物资储备、医护人员培训等各项工作，将各项措施真正落到实处；广大干部群众要不信谣、不传谣，认真按照建议，全力做好预防工作。会议强调，要落实责任，乡镇(街道)要切实担起属地管理责任，部门要自觉肩负起行业监管责任，严格落实疫情日报告和零报告等各项制度。要严明纪律，严格落实值班值守、外出报备制度，完善应急机制，保持信息畅通；严格落实问责机制，对因执行法律法规和文件要求不坚决、防控措施不落实、监管工作不到位导致疫情发生的，严肃追究相关领导人员责任。卫健系统要提高政治站位、牢固树立大局意识，高度重视，做到防控措施快、医疗救治快，加强环境整治，切实做实做细各项防控工作；各成员单位要按照职责分工，各负其责、各司其职，落实好相关职责，切实担负起行业内新型冠状病毒感染的肺炎疫情防控工作的责任，形成群防群控的工作格局；纪委、组织部要加强督导，确保各项制度落实到位。县委书记沈铭权主持会议并讲话，县委副书记、代县长宋波作具体工作部署，陆为民、叶海珍、徐卫勇等县四套班子领导参加。

2月14日，中共安吉县委举行十四届县委第103次常委会会议。学习贯彻全省新冠肺炎疫情防控工作视频会议、市委常委扩大会议精神，通报近期全县疫情防控和企业复工复产工作情况，部署下一步工作。会议指出，自启动疫情防控工作以来，安吉县在中央和省市委的坚强领导下，紧紧围绕“坚守湖州西南大门，坚守安吉一方净土”目标，见势早、行动快，合力强、氛围浓，举措实、效果好，取得阶段性成果。当前，疫情防控出现许多积极变化，也到了最吃劲的关键阶段。要保持冷静、纵观全局，把上级要求把握得更加全面到位，把问题困难分析得更加精准到位，把积极因素研究得更加具体到位，贯彻落实好中央对各级地方党委政府提出的“既有责任担当之勇、又有科学防控之智，既有统筹兼顾之谋、又有组织实施之能，切实抓好工作落实，在大战中践行初心使命，在大考中交出合格答卷”的目标要求。会议强调，要把握形势变化、进一步调整对策、精准施策、统筹用策，切实把工作重心从全民抓防疫转向集中力量“两手抓”，突出精准管、科学畅、有序返、快复产、主动谋，坚持全力防控不放松、有序复工快准稳、统筹谋划走在前，确保实现“两手抓、两手硬、两战赢”目标。具体要做好：继续落实外围强管控，内部保畅通，做到“管好人流、畅通物流”，深化法治、智治、自治“三治融合”，推动管控防线从边界口、村（社）口，转向企业厂门、农户家门、出租房门，推动人流物流和商流更加通畅，持续加强戴口罩、勤洗手、不聚集等科学防疫措施，以群众自我防护能力提升推动整体防控水平提升；要坚持梯度推进、有序推进，通过数据共享、流程优化，推动企业加快复工复产，理顺政策要求，落实闭环流转，提升工作制度化、规范化水平，全力保障企业项目复工复产；要切实加强经济运行监测，强化政策研究分析，做好项目谋划储备，加强资源要素统筹调配，切实抓牢有利于发展的积极因素，精准研判年前既定目标任务，为经济发展争取更多主动权。会议强调，要进一步弘扬“工作紧起来、纪律严起来、作风实起来、标准高起来、节奏快起来”的严实作风，在落实上更加尽责担当、奋发作为。要全县“一盘棋”，始终坚持统一领导、统一指挥、统一行动，注重宣传群众、发动群众，确保疫情防控、企业复工复产有力有序有效推进。要深化“三服务”，靠前作战、强化担当，切实转作风、优服务、解难题，努力为开复工创造条件。要突出“拼比争”，坚决做到守土有责、守土担责、守土尽责，集中精力、心无旁骛把每一项工作、每一个环节抓细抓实抓到位，努力打出安吉的精气神，打出安吉的执行力，打出安吉的团队精神。就做好下一步工作，会议要求，要强严管，坚持外防输入、内防扩散，严格落实重点交通关口防控措施，强化隔离人员管控，坚决防止群众集聚，做好“三返”人员交接。要保畅通，尽心竭力防疫情、保运输、保畅通，确保防护物资、民生物资、复工复产物资顺利转运、配送。要返有序，在运力和人力等方面做好充分准备，做到先后有序、流程有序、运输有序，确保“三返”人员及时安全有序送达。要快复工，落实政策、突出重点、优化服务、把握原则，加快推进企业复工复产。要抓紧谋，转变思路、创新方式、凝聚合力，积极作为、主动作为，争取更多要素保障，确保在第一时间打出高质量发展的“组合拳”。县委书记沈铭权主持会议并讲话，县委副书记、代县长宋波作具体工作部署，陆为民、叶海珍、徐卫勇等县四套班子领导参加。

2月17日，中共安吉县委举行十四届县委第104次常委会会议。听取安吉县疫情防控和复工复产相关工作，推行“湖州健康码”及安吉县实行“湖州健康码”闭环管理运行机制等情况汇报。县委书记沈铭权主持并讲话。会议指出，在全县上下的共同努力下，安吉疫情防控成效初步显现。随着复工复产有序开展，返工人员不断增加，疫情防控也到了最吃劲的关键阶段。全县上下要进一步统一思想、强化认识，深刻把握形势变化，不断调整对策、精准施策、统筹用策,按照“一图一码一机制”要求,强化数字赋能,以“健康码”推行为着力点,加快推动封闭式管控向精密型智控转变,全面打赢疫情防控阻击战和发展总体战,确保实现“两手抓、两手硬、两战赢”。会议强调,要紧紧围绕既定目标,按照省市工作部署要求,全面落实好“健康码”的使用和管理。要认真学习研究上级政策,抓紧组织实施;多形式宣传“健康码”,及时发布申领、使用等信息,让广大群众快速了解和使用;要严格按照“事前告知、事中报到、事后监管”流程,落实分类监管举措,确保疫情管控更精准、更高效;要加强动态管控、过程监管、闭环管理,努力让“健康码”最大限度方便百姓生活、促进企业复工复产,相关部门要把“健康码”的推广使用与社会诚信体系建设挂钩,更有力地发挥“健康码”作用。会议强调,乡镇(街道)、行业主管部门、村社、企业和广大党员干部群众要把责任落到实处,守好责任田、干好分内事,比意识站位,比决心韧劲,比思路办法,比实绩实效,用精彩实绩完成战“疫”硬任务,讲好发展硬道理,高水平实现“两手抓、两手硬、两战赢”。抓好责任落实,具体要做好:压实村社和各网格责任,充分用好前期“三洗”成果,加强人员内部管理;压实企业监管和服务责任,继续深化“三服务”,切实发挥好复工导师专员作用,压实企业防控主体责任,点对点帮助企业解决实际问题;压实行业主管部门及协会责任,加大各行业领域管理力度;压实群众自身责任,进一步加大对社会公众的宣传引导力度,以群众自我防护能力提升推动整体防控水平提升。

2月21日,中共安吉县委举行十四届县委第105次常委会会议。传达学习习近平总书记在中央政治局常委会会议和中央深改委会议上的重要讲话精神,省市委常委扩大会议精神,以及省委常委、组织部部长黄建发到安吉调研指导讲话精神,部署推进全县疫情防控和复工复产“两手抓”工作,进一步统一思想、明确要求,以更强决心、更好状态、更大力度推动各项任务落地落实。会议指出,近段时间以来,各乡镇(街道)和部门坚决贯彻落实中央和省市县委决策部署,坚持一手抓疫情防控,一手抓复工复产,呈现出“两手抓、两手硬、两不误”的良好态势。当前,总体形势进入一个新阶段,安吉的底线是继续确保安全,重点是“两手硬”“两战赢”,关键是只争朝夕、集中精力、全力以赴加快推进经济社会发展。要紧盯全年各项目标任务,凝聚智慧和力量,下好“先手棋”、弹好“钢琴曲”,确保实现防控常态化精准化,发展加速度高质量。会议强调,形势不等人、时间不等人、工作不等人,要增强时不我待的紧迫感,拿出务实管用的新招实招,创造性地抓好落实、推进工作,加快把安吉县疫情低风险的优势转化为发展高质量的胜势;继续发扬防控期间不怕苦、不怕累的精神,积极投身“三服务”,集中精力打好恢复生产和加快发展攻坚战;抓紧梳理、强化落实,抓好县委全会提出的目标任务、试验区建设明确的重点任务等工作推进,抓紧谋划研究农业、休闲旅游等产业复工复产,以及白茶采摘季准备工作,确保各方面都有序动起来。会议强调,要增强快马加鞭的责任感,坚决扛起“两手抓”特别是加快推动经济社会发展之责,以最快速度、尽最大力量把前期落下的“课程”补回来、把疫情造成的“损失”夺回来。要重谋划,抓好疫情防控的同时,统筹谋划好全年经济指标落实、抓经济工作载体细化、新时代浙江(安吉)县域践行“两山”理念综合改革创新试验区建设推进、“两山”理念提出十五周年系列活动谋划等重点工作,统筹谋划好重点项目、重要事项,确保疫情一结束就能马上进入冲刺赶超的跑道。要抓推进,疫情防控工作要压实基层网格责任,切实看牢守好每座“小门”,严密推进“健康码”闭环管理,确保守牢疫情防控最后一道防线;复工复产工作要以“深化‘三服务’、助企开复工”为载体,各级各部门联动联推,充分发挥复工导师专员作用,着力解决好员工上岗、配套供给、物流运输、资金周转、防护保障等方面问题。要善统筹,统筹推进经济社会发展,统筹考虑和安排全国文明城市创建、环境治理和公共卫生、民生保障、基层治理等工作,全力推动发展与保护、经济与民生等加快步入正常轨道,确保经济社会发展各项目标任务有序落实。会议强调,要增强担当有为的使命感。安吉是“两山”理念诞生地,也是出标准、出规范、出制度的地方。这场大考之后,要深入分析研究本次疫情暴露出来的问题和不足,以更加担当有为的使命感统筹推进县域治理现代化各项工作，不断彰显“安吉之治”的力量。要强化组织领导力，进一步强化党建引领“两手抓”“两战赢”的制度机制，不断把党组织建设成为发动群众、组织群众、引领群众、凝聚群众的坚强堡垒，全面强化党组织领导下的基层治理体系。要强化工作执行力，充分发挥主观能动性，以更加精准的举措破解难题，不断推动重要政策落地、重大项目攻坚。要强化机制保障力，认真梳理疫情防控以来的各项制度机制，及时总结好做法和好经验，不断优化完善，使之上升为推动经济社会高质量发展的制度保障。县委书记沈铭权主持会议并讲话，县委副书记、代县长宋波作传达，陆为民、叶海珍、赵德清、徐卫勇等县四套班子有关领导参加。会上，县防控办、发改局、经信局、住建局、农业农村局、商务局、人社局分别汇报相关领域复工复产和下一步工作安排与建议；听取《关于加快企业复工复产促进经济平稳运行的若干意见的起草说明》汇报。

3 月 9 日，中共安吉县委举行十四届县委第 106 次常委会会议。传达学习习近平总书记在中央政治局常委会会议上的重要讲话精神，研究贯彻落实意见。会议指出，这次中央政治局常委会会议，习近平总书记根据当前疫情防控和经济社会发展最新形势，对进一步加强疫情防控、推动复工复产提出明确要求，为做好下一步工作提供重要指导和遵循。要深入学习领会会议精神，准确把握形势任务，切实增强责任感和紧迫感，持续统筹推进疫情防控和经济社会发展工作，确保实现“两手都要硬，两战都要赢”。会议强调，习近平总书记的重要讲话精神内涵十分丰富，提出一系列新要求。要主动谋划，精准施策，找准上级要求与安吉实际的结合点、承接点和突破点，及早考虑部署后疫情时代加快高质量赶超发展的实际举措，做好深层次、内涵式的政策预研储备。会议强调，当前安吉县疫情防控形势持续向好、生产生活秩序加快恢复，但也要清醒认识到疫情防控和经济社会发展形势的复杂性。要慎终如始，狠抓落实，按照“外防输入，内防集聚，防外输入”的要求，严格防控境外疫情输入，切实把各项防控措施抓紧抓实抓细，不获全胜决不收兵；要持续深化“三服务”，扎实开展“奋战一百天，冲刺半年红，打赢两场战”活动，加快推进五大攻坚行动，为“聚力会战三月份、全力夺取‘半年红’、奋力实现‘全年红’”打下坚实基础。会议传达学习 2020 年全省统战部长会议有关精神、市纪委全会精神，研究部署安吉县贯彻落实工作，听取关于安吉县 2020 年度“三大行动”、企业“集中服务日”实施意见和派驻招商引才干部激励办法（试行）等情况汇报。会议强调，全县上下要深入学习领会习近平总书记关于加强和改进统一战线工作的重要思想，不断深化对新时代统战工作规律的认识，推动全国和全省统战部长会议精神在安吉落地落实。要把牢关键重点，提升工作水平，对标要求，立足实际，更加广泛地凝聚思想共识，更加主动地服务民营经济，更加有效地促进社会和谐，更加积极地推动制度创新。要加强党的领导，强化队伍建设，继续巩固提升“不忘初心、牢记使命”主题教育成果，进一步抓好统战干部队伍建设，推动安吉县统一战线工作全面提升。会议强调，要坚持以习近平新时代中国特色社会主义思想为指导，始终把政治建设摆在首位，旗帜鲜明讲政治，不断增强“四个意识”，坚定“四个自信”，坚决做到“两个维护”。要更好地服务发展大局，紧紧围绕县委全会工作部署，聚焦新时代浙江（安吉）县域践行“两山”理念综合改革创新试验区建设等重点任务，盯紧问题短板，创新方法手段，认真开展执法执纪工作，切实履行好监督责任。要持续推进正风肃纪，严格执行中央八项规定及其实施细则精神，紧盯“四风”问题新动向，密切关注隐形变异问题，不断巩固反腐败斗争压倒性胜利。要深入推进“清廉安吉”建设，巩固警示教育成果，构建一体推进不敢腐不能腐不想腐体制机制。要切实加强自身建设，不断提高专业素养和依法履职能力，努力打造一支政治素质高、忠诚干净担当、专业化能力强、敢于善于斗争的纪检监察铁军。会议要求，全县上下要深入贯彻落实全市深化“三服务”、奋战“五个年”动员大会精神，以常态化、精准化、系统化“三服务”扎实开展“两山”转化提升年、重大项目攻坚年、开放合作突破年、基层治理深化年、全面小康决胜年活动。要树立一盘棋意识，统一思想，提高认识，统筹好“三大行动”与企业“集中服务日”开展，以及“三大行动”之间的实施；精准发力，狠抓落实、加快推进，为夺取“半年红”、实现“全年红”打下坚实基础；加强领导、强化督查，科学有序推进各项工作，强化宣传，营造氛围，弘扬主旋律，传播正能量，讲述安吉“三大行动”好故事。设立企业“集中服务日”是安吉县推进“三服务”常态化长效化制度化的重要举措，是进一步优化营商环境的创新之举。要坚持主动作为、精准服务，努力将其打造成安吉“三服务”的一张金名片；要把功夫花在平时、把工作做在前面，以实实在在解决多少问题来体现效果。要确保派驻招商引才干部激励办法(试行)规范、激励、有效，强化正向激励，让招商干部有保障、有动力、有寄托；强化有效落实，提升招商工作质效；各相关责任部门要各司其职、紧密配合，及时研究解决过程中出现的问题，县纪委监委要加强过程性监督。

3月23日，中共安吉县委举行十四届县委第107次常委会会议。听取县人大常委会、县政府、县政协、县法院、县检察院五个党组工作汇报，并讨论拟提交县两会审议的有关工作报告。会议对五个党组的工作表示充分肯定，原则同意各党组2020年工作思路。会议指出，2020年是决胜高水平全面建成小康社会和“十三五”规划收官之年，是“绿水青山就是金山银山”理念提出十五周年，也是新时代浙江(安吉)县域践行“两山”理念综合改革创新试验区建设的关键之年，做好2020年工作意义重大。面对当前疫情带来的冲击和挑战，五个党组更要充分发挥示范作用，不断彰显新作为、展现新气象，合力推动中国最美县域高质量发展取得新胜利。会议强调，五个党组要以更坚定的姿态加强党的领导，坚决把维护党中央权威和集中统一领导作为最高政治原则和根本政治规矩来执行，坚持用习近平新时代中国特色社会主义思想武装头脑、指导实践，不断强化“四个意识”，坚定“四个自信”，做到“两个维护”，旗帜鲜明、不折不扣地抓好中央和省市县委决策部署的贯彻落实。会议强调，五个党组要紧扣全县中心大局，发挥职能优势，广泛凝聚各方积极性和创造性，合力推动高质量赶超发展各项工作落实。县人大常委会党组要自觉用习近平总书记关于坚持和完善人民代表大会制度的重要思想指导工作，依法履行监督权、决定权、任免权，增强监督实效，更好地发挥人大代表作用，在服务地方经济社会发展中展现更大担当和作为；县政府党组要坚持新发展理念，坚持稳中求进，加快推进“三大行动”，打好“五大攻坚战”，全力做好“十三五”规划收官和“十四五”规划谋划，深入打造清廉政府，在推动高质量发展上更好地发挥作用；县政协党组要把握大团结大联合主题，在深化多党合作、密切联系群众、加强民主监督等方面下更大功夫，做到政治协商聚焦大事、参政议政关注实事、民主监督紧盯难事，推动政协工作迈上新台阶；县法院、县检察院党组要紧扣法治安吉、平安安吉建设，坚持公正司法，深化司法改革，进一步提高司法效能和公信力，为县域治理现代化提供强有力的司法保障。会议强调，五个党组要以更严格的要求狠抓自身建设，进一步提升履职水平，充分发挥在各自领域的领导作用，严格落实管党治党主体责任和“一岗双责”，加强机关和下属单位党组织建设，确保党建工作水平在全县走前列、当标杆；要加强党组班子自身建设，带头严守党章党规党纪，带头落实民主集中制，带头过好党内政治生活，不断增强班子凝聚力战斗力执行力。会议听取安吉县新冠肺炎疫情防控和企业复工复产工作情况及下一步工作安排汇报，传达学习全省制造业高质量发展大会，2020年全省组织部长会议暨干部监督工作会议、全省宣传思想工作会议以及中央和省委政法委工作会议等会议精神，研究部署安吉县贯彻落实工作。会议举行“党纪(党性)教育一刻钟”，传达学习省委常委会会议精神。会议要求，疫情防控和复工复产进入新阶段，要坚定信心、积极作为，巩固和拓展阶段性成果，统筹推进疫情防控和经济社会发展。要全面落实落细稳企业稳经济各项政策措施，积极研判国际疫情对安吉县经济运行、外贸出口造成的影响，做好应对预案，加强政策储备，与企业共克时艰。要把防控境外疫情输入作为当前重中之重的任务，进一步守牢防线、精密防控，守住入境大门、管住社区小门，确保形成闭环。要根据实际情况，及时调整防控政策和工作举措。会议对安吉县统筹推进疫情防控和经济社会发展取得的阶段性成效表示充分肯定，要求全县上下要坚定信心抓发展，以工作的主动争取发展的主动，为完成全年发展目标打下坚实基础。要慎终如始防疫情，加强精密管控，在切实防止疫情反弹的前提下全面恢复生产生活秩序。要精准有效优服务，围绕做好“六稳”，持续精准推进深化“三服务”活动，为企业解难帮困，加快推进项目“双进双产”。要协同作战强统筹，切实弹好钢琴，层层压实责任，确保各项重点工作取得实效。会议强调，要坚定信心强定力，坚定不移地把制造业摆到全县经济发展的重要战略位置，以制造业高质量发展引领县域经济高质量发展。要远近结合促发展，以实施“三大行动”为主抓手，继续推进制造业改造提升和转型升级，结合“十四五”规划编制，进一步优化完善县域产业空间布局、结构布局。要深化改革优环境，以深化“最多跑一次改革”为牵引，大力优化营商环境，为创业创新营造良好环境。要集中要素提能级，充分挖掘优势，扬长补短、精准发力，不断推进产业发展和产业层次提升，更好地发挥平台主力军作用。会议对全县组织系统、宣传系统、政法系统在经济社会发展中发挥的积极作用表示充分肯定。会议强调，组织工作要切实强化政治引领，认真抓好主责主业，进一步提升干部队伍建设，抓实基层党建工作，加大人才引育；更好地服务发展大局，服务保障各项中心工作；不断加强自身建设，锻造政治绝对可靠、能力绝对过硬的组工队伍，全力打造清廉组工、模范部门。宣传思想工作要牢牢把握思想引领主动权，坚决守好舆论阵地，努力营造清朗网络空间；唱响舆论宣传主旋律，讲好安吉践行“两山”理念的好故事，传播好声音，汇聚正能量；当好文明创建主力军，把创建工作与新时代文明实践中心建设等有机结合、有效衔接，最大限度提振全县广大党员干部群众精神，凝聚更多力量。政法工作要全力维护社会稳定和谐，创新发展“余村经验”，推动社会治安、安全生产等形势持续向好；大力促进社会公平正义，严格依法履行职权，不断提高执法司法公信力。要全力保障人民安居乐业，深入开展扫黑除恶专项斗争，着力解决人民群众反映的强烈问题，不断提升人民群众的获得感、幸福感和安全感。会议听取安吉县关于“绿水青山就是金山银山”理念提出十五周年系列活动工作方案起草情况的汇报，要求把握好节俭、务实、创新、赋能的基调，正确处理好日常工作与系列活动之间的关系，丰富方式载体，提升活动成效，结合这一时间节点，做好与“十四五”规划编制的结合，为后十五年发展做好谋划，夯实基础。会议书面审议《安吉县“聘任制硕博专员”招聘管理办法(试行)(审议稿)》。

3 月 30 日，中共安吉县委举行十四届县委第 108 次常委会会议。传达学习习近平总书记在浙江、安吉考察时的重要讲话精神。会议指出，习近平总书记视察安吉充分体现对安吉的亲切关怀和深深牵挂，更是为安吉发展定位引航，是安吉发展进程中具有历史性、标志性、里程碑意义的一件大事。要充分认识到总书记视察安吉的重大意义，切实扛起责任使命，紧紧抓牢发展机遇，将贯彻落实总书记对安吉重要指示精神的压力转化为安吉加快赶超的强大动力。会议强调，全县上下要深刻认识习近平总书记考察安吉重大而深远的里程碑意义，悉心感悟总书记的关心关怀，时刻铭记总书记的谆谆嘱托，切实把思想和行动统一到习近平总书记重要讲话精神上来，再接再厉，顺势而为，乘胜前进，坚定不移沿着总书记指引的方向奋勇前进，全面推进新时代浙江(安吉)县域践行“两山”理念综合改革创新试验区建设，奋力夺取中国最美县域高质量发展新胜利。全县上下要把学习好、贯彻好、落实好习近平总书记考察浙江和安吉的重要讲话精神作为当前和今后一个时期的首要政治任务，不忘初心、不辱使命，凝心聚力、接续奋斗，努力把安吉各项工作做得更好，向总书记、向党中央和省市委、向全县人民交上一份满意的答卷。要自觉践行“两个维护”，把习近平总书记的亲切关怀转化为树牢“四个意识”、坚定“四个自信”，做到“两个维护”的政治自觉，始终同以习近平同志为核心的党中央保持高度一致，始终向党的核心、人民领袖看齐。要牢牢保持战略定力，进一步坚定在新起点上推进各项事业发展的信心和决心，坚定不移按照总书记指引的方向奋力前行，全力建设中国最美县域。要坚决扛起使命担当，坚定清醒、拉高标杆、奋勇争先，抓重点、补短板、强弱项，以新时代新担当新作为，推动安吉各项事业发展取得新成绩、实现新突破，努力成为展示美丽中国的县域窗口。会议强调，学习贯彻落实习近平总书记重要讲话精神，要坚持以习近平新时代中国特色社会主义思想为统领，坚定不移贯彻新发展理念，坚定不移走绿色发展之路，坚持高质量发展，紧抓机遇积极培育新动能，全面提档发展加速。要坚定不移推进生态文明建设，深化环境治理，推动全域美丽提档升级；厚植生态文化，打造安吉最醒目“标签”；创新制度机制，推动习近平生态文明思想结出更多硕果。要坚定不移推进乡村全面振兴，深化美丽乡村建设，努力走前列、当示范；激发乡村经营活力，打造生态产业重要增长点；推动城乡共建共享，推动全域美丽既有面子又有里子。要坚定不移提升社会治理水平，突出创新治理，突出依法治理，突出智慧治理，发扬推广好“余村经验”，奋力争当推进县域治理现代化先行地、排头兵。要坚定不移全面加强党的建设，强化政治引领，强化为民宗旨，强化正风肃纪，脚踏实地为群众解难题、办实事，持续优化风清气正、绿水青山的政治生态。会议强调，全县上下要把学习贯彻习近平总书记重要讲话精神落实到具体工作中，扎扎实实抓好各项任务落实。要迅速掀起学习宣传贯彻热潮，把总书记对浙江、对安吉的关心关爱和殷切嘱托全面传达到广大党员干部群众当中，引导大家把学习贯彻习近平总书记重要讲话精神与学习贯彻习近平新时代中国特色社会主义思想相结合，与学习贯彻习近平总书记对浙江、对湖州、对安吉系列重要指示批示精神相结合，学深学透、融会贯通。要切实抓好贯彻落实的组织保障和任务落实，将总书记视察安吉的重要指示精神进行任务分解，逐条梳理，逐项研究，列出清单，整体推进，重点突破，确保各项任务落地见效，同时做好社会矛盾纠纷调处化解等经验提炼总结和推广。要继续做好统筹推进疫情防控和经济社会发展工作，慎终如始抓好疫情防控，抓紧抓实各项防控措施；深入推进“五大攻坚战”，持续精准深化“三服务”，全力冲刺二季度、夺取“半年红”；强化安全发展理念，守牢安全生产底线，防控各类社会风险，确保社会大局平安和谐稳定。县委书记沈铭权主持会议并讲话，宋波、徐卫勇、任烽、柏建华、潘鸣、项侃文、朱伟、高发义出席会议，陆为民、叶海珍、赵德清等县四套班子其他领导列席会议。

4月3日，中共安吉县委举行十四届县委第109次常委会会议。传达学习习近平总书记在浙江、安吉考察时的重要讲话精神，和省委常委会扩大会议、市委常委扩大会议精神。会议强调，全县上下要深刻认识习近平总书记考察安吉重大而深远的里程碑意义，悉心感悟总书记的关心关怀，时刻铭记总书记的谆谆嘱托，切实把思想和行动统一到习近平总书记重要讲话精神上来，再接再厉，顺势而为，乘胜前进，坚定不移沿着总书记指引的方向奋勇前进，全面推进新时代浙江（安吉）县域践行“两山”理念综合改革创新试验区建设，奋力夺取中国最美县域高质量发展新胜利。会议指出，全县上下要把学习好、贯彻好、落实好习近平总书记考察浙江和安吉的重要讲话精神作为当前和今后一个时期的首要政治任务，不忘初心、不辱使命，凝心聚力、接续奋斗，努力把安吉各项工作做得更好，向总书记、向党中央和省市委、向全县人民交上一份满意的答卷。要自觉践行“两个维护”，把总书记的亲切关怀转化为树牢“四个意识”、坚定“四个自信”，做到“两个维护”的政治自觉，始终同以习近平同志为核心的党中央保持高度一致，始终向党的核心、人民领袖看齐。要牢牢保持战略定力，进一步坚定在新起点上推进各项事业发展的信心和决心，坚定不移按照总书记指引的方向奋力前行，全力建设中国最美县域。要坚决扛起使命担当，坚定清醒、拉高标杆、奋勇争先，抓重点、补短板、强弱项，以新时代新担当新作为，推动安吉各项事业发展取得新成绩、实现新突破，努力成为展示美丽中国的县域窗口。会议强调，学习贯彻落实习近平总书记重要讲话精神，要坚持以习近平新时代中国特色社会主义思想为统领，坚定不移贯彻新发展理念，坚定不移走绿色发展之路，坚持高质量发展，紧抓机遇积极培育新动能，全面提档发展加速。要坚定不移推进生态文明建设，深化环境治理，推动全域美丽提档升级；厚植生态文化，打造安吉最醒目“标签”；创新制度机制，推动习近平生态文明思想结出更多硕果。要坚定不移推进乡村全面振兴，深化美丽乡村建设,努力走前列、当示范;激发乡村经营活力,打造生态产业重要增长点;推动城乡共建共享,推动全域美丽既有面子又有里子。要坚定不移提升社会治理水平,突出创新治理,突出依法治理,突出智慧治理,发扬推广好“余村经验”,奋力争当推进县域治理现代化先行地、排头兵。要坚定不移全面加强党的建设,强化政治引领,强化为民宗旨,强化正风肃纪,脚踏实地为群众解难题、办实事,持续优化风清气正、绿水青山的政治生态。会议强调,全县上下要把学习贯彻习近平总书记重要讲话精神落实到具体工作中,扎扎实实抓好各项任务落实。要迅速掀起学习宣传贯彻热潮,把总书记对浙江、对安吉的关心关爱和殷切嘱托全面传达到广大党员干部群众当中,引导大家把学习贯彻习近平总书记重要讲话精神与学习贯彻习近平新时代中国特色社会主义思想结合,与学习贯彻习近平总书记对浙江、对湖州、对安吉系列重要指示批示精神结合,学深学透、融会贯通。要切实抓好贯彻落实的组织保障和任务落实,将总书记视察安吉的重要指示精神进行任务分解,逐条梳理,逐项研究,列出清单,整体推进,重点突破,确保各项任务落地见效,同时做好社会矛盾纠纷调处化解等经验提炼总结和推广。要继续做好统筹推进疫情防控和经济社会发展工作,慎终如始抓好疫情防控,抓紧抓实各项防控措施;深入推进“五大攻坚战”,持续精准深化“三服务”,全力冲刺二季度、夺取“半年红”;强化安全发展理念,守牢安全生产底线,防控各类社会风险,确保社会大局平安和谐稳定。县委书记沈铭权主持会议并讲话,宋波、陆为民、叶海珍、赵德清、徐卫勇等县四套班子领导参加会议。

4月14日,中共安吉县委举行十四届县委第110次常委会会议。传达学习习近平总书记关于巡视巡察工作的重要论述和中央、省委有关巡视巡察工作精神,听取《关于学习贯彻习近平总书记视察安吉重要指示精神的工作方案》起草情况的汇报。会议强调,全县上下要切实提高站位、强化认识,牢固树立“四个意识”,坚决贯彻落实以习近平同志为核心的党中央关于巡视工作的决策部署,把贯彻落实总书记视察安吉重要指示精神与做好巡察工作有机结合,扎实推动全县巡察工作向纵深发展。要对标对表、深刻学习,牢牢把握政治巡视巡察定位,聚焦重点问题,认真对照检查,建立健全体制机制,充分发挥好巡察利剑作用。全县各级党组织要切实担负起主体责任,压实责任、抓好落实,全面提高发现问题能力,切实增强监督的权威性和震慑力。会议强调,总书记视察安吉是安吉发展进程中具有历史性、标志性、里程碑意义的一件大事。要充分认识到此次视察的重大意义,在思想上更加高度重视,切实担负起责任使命,紧紧抓牢发展机遇,将贯彻落实总书记视察安吉重要指示精神转化为加快赶超发展的强大动力。要更加深刻领会总书记对安吉重要指示的精神实质,增强“四个意识”、坚定“四个自信”、做到“两个维护”,始终坚定不移践行“两山”理念,坚持生态优先、绿色发展,积极推进基层治理体系和治理能力现代化。要在行动上更加迅速有力,紧密结合新时代浙江(安吉)县域践行“两山”理念综合改革创新试验区建设、全国文明城市创建、余村“两山”示范区建设、疫情防控和复工复产等工作,再谋划、再部署、再推进,奋力夺取“半年红”、实现“全年红”。要在学习贯彻上更加不折不扣,持续跟踪督导,及时反馈通报,把这项工作纳入全县综合考核体系中去,在学习贯彻一线考察识别和发现培养干部;同时做好学习贯彻过程中的经验总结和典型提炼,为全市全省乃至全国提供更为丰富的“安吉经验”和“安吉样本”。

4月23日,中共安吉县委举行十四届县委第111次常委会会议。听取全县一季度经济运行和下阶段工作安排建议、新冠肺炎疫情防控工作情况和下一步工作安排,以及《安吉县高质量推进乡村振兴确保高水平全面建成小康社会实施意见》起草情况的汇报。会议还研究其他事项。会议指出,全县上下要以习近平总书记在浙江、安吉考察时的重要讲话精神为指引,再接再厉、顺势而为、乘胜前进,努力化危为机,奋力实现“半年红”“全年红”。要坚定目标、增强信心,始终牢记总书记对安吉工作的重要指示和殷殷嘱托,全力打好经济发展主动战,切实巩固持续向好的局面,努力在常态化疫情防控中跑出高质量发展加速度。要稳中求进、持续发力,深刻认识当前抓好“六保”工作的极端重要性,强化底线思维,着力做好战疫情、抓指标、扩投资、稳外贸、促消费、重谋划、防风险等各方面工作。要研究政策、谋划项目,抓紧研究重大政策机遇,谋划启动实施一批重大项目,加快提升项目谋划生成水平,动态对接、全力争取,合力推进项目投资工作落实,促进经济高质量发展。要强化责任、狠抓落实,坚持领导带头、以上率下,调动各方力量、压实各方责任、形成工作合力,进一步提升能力、转变作风,加大基层减负力度,抓好企业有效复工、项目“双进双产”、指标分析研判、创新扩大内需等工作。会议强调,全县上下要始终绷紧思想认识,决不能有松松劲、歇歇脚的思想苗头,继续从严从紧,坚决守好一方净土。要继续抓好落实,进一步强化精密智控,切实抓好严防境外输入、复学复课疫情防控等各项工作,确保“规定动作”到位,“自选动作”精准。要继续跟紧督查检查,继续做好定期督查,及时发现和反馈疫情防控工作中不规范、不到位的问题,进一步压实行业主管部门责任,加大对各类公共场所和学校疫情防控的监督指导力度,切实守牢各类“小门”。会议指出,2020年的县两会是在统筹推进疫情防控和经济社会发展的特殊时期召开的重要会议,要一手抓防疫、一手抓会务,严格遵守中央和省市有关规定,落实好各项防疫工作要求,精心组织、合理安排、严肃会风会纪,确保会议衔接紧凑、有序高效、风清气正。会议强调,全县各级各部门要深刻学习领会习近平总书记对浙江、对湖州、对安吉的重要指示精神,进一步对标高质量、适应新变化、抓好硬任务,统筹推进疫情防控和经济社会发展,把农业基础打得更牢、“三农”领域短板补得更实,把新时代美丽乡村“金名片”擦得更亮,确保农村如期同步高水平全面建成小康社会。要突出重点、精准发力,及时有效应对疫情冲击,全力做好春耕生产、主要产品保供稳价、农业企业帮扶等工作;持续推进新时代美丽乡村建设,巩固美丽乡村和中国最美县域建设成果,进一步改善人居环境,着力打造新时代美丽乡村标准化示范实践基地;大力推动乡村产业振兴,进一步做优乡村经营,盘活各类资源要素;全力补齐发展短板,坚决完成低收入农户收入水平提高、基础设施提升、公共服务均衡等硬任务;继续推进农村改革创新,深化农村土地制度改革等工作;以乡村数字化变革为动力,加快数字乡村建设;切实加强农村基层治理,创新发展新时代乡村治理“余村经验”,不断加强基层组织建设,提升现代化治理水平,确保农村社会和谐稳定。要加强领导、强化保障,进一步加强党对“三农”工作的领导,强化责任落实、加大督查考核,切实把党管农业农村工作的要求不折不扣落到实处。

4月30日,中共安吉县委举行十四届县委第112次常委会会议。传达学习湖州市两会精神,研究部署安吉县贯彻落实工作。会议指出,市两会各项报告通篇贯穿习近平新时代中国特色社会主义思想,全面总结回顾过去一年全市经济社会发展取得的各项成绩,对2020年全市经济社会发展进行具体部署,主题鲜明、目标明确、举措务实,是全面推动新时代湖州加快高质量赶超发展的重要施工图。全县各级各部门要提高站位、深入学习、强化认识,把学习贯彻市两会精神,与学习贯彻习近平新时代中国特色社会主义思想,与学习贯彻习近平总书记在浙江考察时的重要讲话精神紧密结合,努力打造“重要窗口”的县域样本。会议强调,要精准对标市两会提出的各项目标任务,强化措施、狠抓落实。抓改革。全县上下要积极主动,加快续推和新增任务推进,切实发挥乡镇(街道)平台主体作用,进一步谋划和推进综合改革创新事项,全面加快新时代浙江(安吉)县域践行“两山”理念综合改革创新试验区建设,努力推动新时代“两山”试验区上升为国家级试点。攻项目。紧扣市两会目标要求,以开展“招大引强攻坚行动”为抓手,抢抓项目建设“黄金期”,进一步浓厚“大抓项目、抓大项目”的氛围,奋力在项目“双进双产、达产达效”上提速提质、持续发力,确保实现“半年红”“全年红”。促消费。瞄准释放内需潜力的关键环节,充分调动各类市场主体的积极性、主动性和创造性,加快消费复苏升级、潜力释放,积极探索“招商员+推销员”机制等新路子、新办法,大力培育新热点、新业态。优治理。坚持顶层设计和基层首创相结合,持续深化新时代乡村治理“余村经验”,推动《乡村治理工作规范》国家标准立项,加快全国乡村治理体系建设试点县建设，进一步完善各级矛调中心建设，推动矛盾纠纷调处化解“最多跑一地”走在全省全国前列，同时全力以赴抓重点、补短板、强弱项，确保以高分通过全国文明城市创建。防风险。继续绷紧思想上的弦，慎终如始做好疫情防控各项工作，统筹抓好安全生产、防汛、消防等工作，压实各方责任、落实有效举措，确保“两手硬、两战赢”。会议强调，面对总书记的深切关怀和殷切嘱托，面对各级各界对安吉的期望和要求，面对发展中的难题和问题，要进一步弘扬“工作紧起来、纪律严起来、作风实起来、标准高起来、节奏快起来”的严实作风，实干担当、奋勇争先，时刻保持“拼比争、看变化”的精气神，比亮点、增长点，比思路多、成果好，比个人能力、整体合力，全县上下“一盘棋”，各司其职、各尽其责，团结协作、相互支持，合力加快推动各项工作落实。县委书记沈铭权主持会议，并传达市委领导参加安吉代表团审议时的讲话精神。县委副书记、代县长宋波传达《湖州市政府工作报告》有关精神，县人大常委会主任陆为民传达市八届人大五次会议精神，县政协主席叶海珍传达市政协八届四次会议精神，赵德清、徐卫勇等县四套班子领导出席会议。

5月11日，中共安吉县委举行十四届县委第113次常委会会议。专题听取安吉县实施“争先创优”行动工作方案起草情况的汇报。会议还举行“党性党纪教育一刻钟”。会议强调，要提高站位、强化认识，深刻领会实施“争先创优”行动是贯彻落实省市委决策部署的政治任务，是安吉加快高质量发展的实际需要，也是一次转化前期积蓄动能极好的发展机遇，要以战时状态、战时作风、战时思维抓经济工作，全力以赴投入“争先创优”行动，切实将疫情防控“零病例”“零疑似”的优势转化为经济发展胜势，为打造“重要窗口”的县域样本，努力成为全面展示新时代美丽中国的县域窗口做出积极贡献。会议强调，要对标对表，突出重点，实现长短结合、远近结合、标本结合。各工作专班责任领导和部门要牢固树立“保二争一”的工作目标，立足实际，瞄准目标，强化向上对接，把握政策导向，谋划具体措施，抓紧制定完善工作体系、指标体系、政策体系和评价体系。要压实责任，严格督考。牵头领导和各单位“一把手”要切实将自己摆进去，履行好第一责任人责任，广泛凝聚合力推动工作，同时进一步严实工作作风，严明纪律规矩，着力强化严督实考，推动“争先创优”行动高效落实。要快马加鞭，争先创优。全县上下要拿出“拼比争”的精气神，把“争先创优”行动有机融入新时代浙江安吉（县域）践行“两山”理念综合改革创新试验区建设、县委“一〇三六”改革发展工作部署等各项工作中去，始终贯穿于县域经济发展全过程，坚定信心、保持定力，强化举措、合力攻坚，奋力夺取“半年红”“全年红”。

5月30日，中共安吉县委举行十四届县委第114次常委会会议。传达学习全国两会精神以及省市领导干部会议精神，部署安吉县学习贯彻工作。会议指出，2020年全国两会是在疫情防控向好态势进一步巩固的关键时期召开的一次重要会议，更是在全面建成小康社会和“十三五”规划收官之年召开的一次十分重要的大会，意义重大、影响深远。深入学习贯彻全国两会精神，是全县当前和今后一个时期的重要政治任务，各级各部门要立足实际，认真学习领会，坚决贯彻落实，迅速把思想和行动统一到全国两会精神上来，把智慧和力量凝聚到落实全国两会提出的各项任务上来，进一步提高站位、拉高标杆，把学习领会习近平总书记重要讲话精神和全国两会精神，与当前改革发展各项工作有机结合，更好地指导实践、推动发展，不断为高质量建成中国最美县域，奋力打造“重要窗口”的县域样本，努力成为全面展示新时代美丽中国的县域窗口注入更强劲动力。会议强调，全县各级党组织要坚持把学习宣传贯彻好全国两会精神作为当前一项重要政治任务，组织广大党员干部认真研读和学习，全面吃透上级最新要求，明确做好各项工作的思路目标、重点任务和具体措施，进一步提高工作的前瞻性、针对性和有效性。广大党员领导干部要身体力行、率先垂范，带头学习、带头解读、带头宣讲、带头贯彻，充分发挥好示范表率作用。会议强调，全县各战线各领域要紧扣全国两会新要求，紧密联系工作实际，细化发展目标、创新发展举措，使各战线各领域发展思路与全国两会目标任务相衔接、相一致，把全国两会精神落实到各项工作中。要慎终如始抓好疫情防控，进一步完善常态化防控机制，压实责任、精准发力，坚决守牢安吉一方净土；要争分夺秒抓好习近平总书记视察安吉重要指示精神的贯彻落实，坚持新发展理念，坚定不移加快绿色发展，全力做好各级矛调中心建设，乡村治理“余村经验”推广等各项工作；要全力以赴抓好争先创优行动，紧紧围绕MEI指数，紧盯目标任务，进一步加快项目“双进双产”，全力攻克外贸出口难题，推动消费市场复苏，持续深化“三服务”，奋力夺取经济高分报表；要集中精力办好重点要事，加快进度、周密安排，做好“两山”理念提出十五周年系列活动筹备，全力攻坚、不断创新、积极谋划，更好地推进新时代浙江(安吉)县域践行“两山”理念综合改革创新试验区建设，努力争取将其上升为国家试点；要统筹兼顾抓好面上工作，强化责任意识，合力推动各项重点难点问题整改到位，确保全国文明城市创建、乡村振兴战略实施、全域美丽建设等工作有序推进，全县社会平安稳定。会议强调，全县广大党员干部要以习近平总书记视察安吉为新的起点，克难攻坚、一抓到底，始终保持战斗激情，不断浓厚大比拼的工作氛围，加满油、拉满弓、使满力，集中精力干实事、心无旁骛抓落实，切实在全县上下形成实干担当、奋发有为的浓厚氛围，合力推动各项决策部署落到实处，努力创造更加辉煌的新业绩。县委书记沈铭权主持会议并讲话，县委副书记、县长宋波作会议精神传达，徐卫勇、沈霞俊、任烽、柏建华、潘鸣、朱伟、何承明、刘小翔、高发义出席会议，陆为民、赵德清列席会议。

6月1日，中共安吉县委举行十四届县委第115次常委会会议。学习全国巡视工作会议暨十九届中央第五轮巡视动员部署会精神，研究安吉县贯彻落实工作，听取“两山”理念提出十五周年系列活动工作推进、安吉县贯彻落实全省县级社会矛盾纠纷调处化解中心工作会议精神意见建议、新时代浙江(安吉)县域践行“两山”理念综合改革创新试验区申报国家级试点等情况汇报。会议还听取《2020年干部教育培训计划建议方案(审议稿)》起草情况的汇报。会议要求，要突出发展大局、干部实践能力提升、年轻干部培养等重点，科学安排、严格管理，全面提高全县干部理论水平、党性修养和能力素质，打造过硬干部队伍。会议还书面审议其他有关事项。会议首先举行“党性党纪教育一刻钟”，学习《中央办公厅印发〈关于加强新时代民营经济统战工作的意见〉的通知》精神。会议指出，全县各级各部门及非公经济人士要深入学习习近平总书记关于加强和改进新时代统一战线工作的重要思想，深刻领会《关于加强新时代民营经济统战工作的意见》精神，认真贯彻落实《意见》各项要求。要大力引导民营企业积极践行新发展理念，鼓励民营经济人士参与全县重大战略和经济社会发展重点项目，助推民企改革创新、转型升级和健康发展，努力为企业排忧解难。要进一步加强党对民营经济统战工作的领导，继续保障好企业家人身和财产权益，保障企业合法经营。会议指出，全国巡视工作会议暨十九届中央第五轮巡视动员部署会对安吉县做好今后一段时期的巡视巡察工作具有十分重要的意义。全县上下要切实提高政治站位，坚决贯彻落实以习近平同志为核心的党中央关于巡视工作的决策部署，不断把新时代巡视巡察工作引向深入，持续巩固维护好风清气正的良好政治生态。要牢牢把握“巡察本质上是政治监督”的要求，进一步严肃政治纪律和政治规矩，聚焦习近平总书记视察安吉重要讲话精神贯彻落实情况，着力推动中央和省市县委各项决策部署落实落地。要坚持把做好巡察工作摆在突出位置，协同联动、密切配合、形成合力，统筹抓好巡察工作开展与新时代“两山”试验区建设等中心工作的有机结合。会议强调，要进一步高度重视“两山”理念提出十五周年系列活动工作推进，坚持高质量、高标准，宣传好、展示好安吉坚定不移践行“两山”理念取得的各项成果。要把握好节俭、务实、创新、赋能的基调，狠抓落实、积极对接、全力争取，切实提升活动成效。要整体考虑、统筹安排，各司其职、紧密配合，合力推动活动取得良好成效。要充分做好这项工作与抢抓政策“窗口期”、“十四五”规划编制、新时代“两山”试验区建设等工作的有机结合，为下一个十五年发展做好谋划、夯实基础。会议强调，要坚决贯彻落实习近平总书记视察安吉重要讲话精神，按照省委提出“重要窗口”标志性工程的要求，发挥先行优势、拉高工作标杆、强化示范引领，努力把矛调中心打造成沟通联系群众的“主平台”、反映社情民意的“主渠道”、信访和矛盾化解的“终点站”，成为社会治理领域“最多跑一地”改革的标志性工程。要进一步扬优势、补短板、强弱项，理顺管理体制、规范运行机制，高标准建好各级矛调中心，强化实际效能，真正实现“小事不出村、大事不出镇、难事不出县、矛盾不上交”。要进一步落实工作职责，形成齐抓共管的强大合力，积极推动领导干部接访下访工作机制与矛调中心建设相结合。要强化党建引领，增强党员意识，强化责任担当，打造一支党性强、专业强、素质过硬的专业化调解队伍，为群众排忧解难，促进社会和谐。会议强调，2020 年 3 月 30 日，习近平总书记时隔十五年重访安吉，对安吉提出“再接再厉、顺势而为、乘胜前进”的重要指示；新时代“两山”试验区建设已经经历一年实践，并且得到各级各界的大力支持，要坚定信心、积极争取，全力以赴抓好申报国家级试点这项工作的谋划推进。要进一步明确时间表、任务书、路线图、责任人，统筹做好方案编制、向上对接等各项工作。要武装自己、抓好发展，全力以赴打好“两场战”，继续高标准推进各项重点任务和亮点工作，争取新时代“两山”试验区建设早出成果、早见成效。

6 月 4 日，中共安吉县委举行十四届县委第 116 次常委会会议。专题研究贯彻落实习近平总书记视察安吉重要指示精神工作推进情况。会议对前一阶段工作推进情况表示肯定。会议指出，全县党员干部贯彻落实习近平总书记重要指示精神在思想上形成共识，在行动上充满感情和干劲，不断加大工作力度，深入分析问题，推进过程总体顺利，成效不断向好。要坚持目标导向、问题导向、实干导向、效果导向，以“稳、准、快、好”为目标，紧紧围绕“谁来干、啥时干、怎么干、干成啥”四个问题来推动工作落实，以实际行动践行和诠释好“绿水青山就是金山银山”发展理念。会议指出，习近平总书记在疫情防控和复工复产的关键时期到安吉视察，提出“再接再厉、顺势而为、乘胜前进”的指示要求。安吉要充分认识到这份政治责任，坚决扛起使命担当，把贯彻落实好习近平总书记的殷殷嘱托和重要指示作为当前首要的政治任务，把落细落实习近平总书记重要指示精神作为今后一个时期纲领性的发展指南和持续激发干事创业干劲的力量源泉，时不我待、不折不扣地落实到当好践行“两山”理念样板地模范生标杆县、争当县域治理现代化先行地排头兵，奋力打造“重要窗口”的县域样本、努力成为全面展示新时代美丽中国的县域窗口的实际行动中。当前，要抓住新时代浙江（安吉）县域践行“两山”理念综合改革创新试验区建设这个载体，主动向上对接和争取，为今后一个时期的发展夯实基础、注入强劲动力，同时结合工作实际，不断充实内容，在习近平总书记的重要指示精神中汲取抓好工作、推动发展的力量。会议强调，要以更快的速度抓好工作落实，在实践中不断完善任务要求，明确时间表、任务书、路线图，进一步加快方案细化；对照争先创优行动等要求，抓紧“补课”、加压奋进，进一步加快工作推进；增强工作时效性，把牢重要时间节点，进一步加快成果展现。要以更大的力度做好新时代“两山”试验区建设、争先创优行动、“两山”理念提出十五周年系列活动等结合文章，统筹落实、整体推进，加快推进试验区上升为国家试点，在争先创优行动中全力以赴、争先进位，全力抓好系列活动的前期准备、过程展示和成果转化。要以更紧的步伐推进面上工作，稳疫情防控，结合精密智控常态化机制，落实好公共卫生防护；稳经济发展，以战时作风、战时状态、战时思维抓好经济发展，奋力夺取 MEI 指数高分；稳社会治理，带着感情、带着责任办好办实每一件信访件，把矛调中心经验总结好、推广好。会议强调，要紧而又紧，把各项工作做到实而再实。要进一步厘清工作职责，强化责任落实，完善工作机制，协调解决推进难题，强化督查跟踪，用好考核结果。要进一步强化协同配合，牢固树立“一盘棋”的大局意识，持续发扬统筹推进疫情防控和经济社会发展中的协同作战精神，通过相互补台实现好戏连台。要进一步抓好规范运行，树牢规矩意识，确保每个工程和项目都规范有序推进。要进一步推动常抓长效，在贯彻落实好习近平总书记重要指示精神、抓实 52 项责任清单的同时，立足长远，边推进边完善，形成一批常态推进、长效保障的机制，为推动安吉可持续发展奠定扎实基础。

6月19日，中共安吉县委举行十四届县委第117次常委会会议。认真学习传达省委十四届七次全体(扩大)会议精神、市委常委扩大会议精神以及市政府常务会议相关精神，研究部署安吉县贯彻落实工作。会议指出，这次省委全会是在习近平总书记到浙江视察之后，在统筹推进疫情防控和经济社会发展关键时期召开的一次十分重要的会议，对于推动全省上下深入学习贯彻习近平总书记重要讲话精神，全面打好“两场战”具有重大深远的意义。全县各级党委(党组)要把学习贯彻省委十四届七次全会精神作为当前一项重要政治任务，认真学习、深刻领会，把学习贯彻省委全会精神与学习贯彻习近平总书记在浙江、安吉考察时的重要讲话精神紧密结合，准确把握学习重点和关键，切实领会精髓、吃透精神、把握实质。会议强调，贯彻落实好省委全会精神，关键在于推动各项工作实实在在见成效。要全力贯彻落实习近平总书记视察安吉重要指示精神，在统筹抓好52项具体工作落实的同时，还要全力推进余村“两山”示范区建设，全力推进社会治理“最多跑一地”改革，全力办好“两山”理念提出15周年系列活动；要全力加快新时代浙江(安吉)县域践行“两山”理念综合改革创新试验区建设，努力争取上升为国家试点、加大项目谋划、推进重点改革，着力推动新时代“两山”试验区建设再上台阶；要全力稳固县域经济社会发展“基本盘”，打好赶超发展攻坚战、全面小康攻坚战以及平安稳定攻坚战，在疫情防控常态化形势下抓好经济社会发展各项工作；要全力推动提升党的建设质量，突出干部队伍建设、人才梯队建设、基层基础建设，以深化拓展“导师帮带制”为重要抓手，努力打造一支善思考、会落实、敢碰硬、能创新的“安吉铁军”。会议强调，要进一步弘扬“工作紧起来、纪律严起来、作风实起来、标准高起来、节奏快起来”的严实作风，实干担当、奋勇争先，既要敢于跳起来“摘桃子”，又能沉下心来“钉钉子”，不断提升自己、武装自己。同时坚持全县“一盘棋”，各司其职、各尽其责，团结协作、相互支持，合力推进各项工作落实，努力创造更加辉煌的新业绩。就继续深入推进全国文明城市创建工作，会议强调，要全力以赴补短板，坚持问题导向，紧盯薄弱环节，认真开展自查自纠；要对标对表抓提升，列出问题清单和责任清单，明确责任主体和整改时限，限时限刻办、高质高效办，迅速抓好整改落实；要广泛发动聚合力，牢固树立“一盘棋”意识，各司其职、各负其责，密切配合、通力协作，坚持创建为民、创建惠民、创建靠民，切实形成全城动员、全民动手、全员参与的生动局面。县委书记沈铭权主持会议并讲话，宋波、陆为民、赵德清等县四套班子领导，县法院院长、检察院检察长、政协秘书长等参加。

6月19日，中共安吉县委举行十四届县委第118次常委会会议。听取关于深入学习贯彻习近平总书记重要批示精神暨湖州市安吉县推行“导师帮带制”15周年工作研讨会相关情况及下一步工作打算、争先创优行动投资专班和出口专班工作、全省新时代文明实践中心暨农村文化礼堂建设工作推进会精神传达及安吉县贯彻落实情况、安吉县文学艺术界联合会第四次代表大会换届工作等情况汇报。会议首先举行“党性党纪教育一刻钟”，传达学习省委巡视通报和省、市有关政治监督文件主要精神。会议强调，全县各级党组织要站在讲政治、讲大局的高度，坚持举一反三、居安思危，以通报问题为镜鉴，坚决扛起管党治党的政治责任，切实把思想和行动统一到中央和省市县委的部署要求上来，牢牢把握正确方向。要进一步强化政治监督，全县各级纪检监察机关要不断提高政治站位、政治觉悟，严明政治纪律和政治规矩，加强对党员干部不担当、不作为等方面的政治监督，把政治监督贯穿各项工作全过程。要进一步压实“两个责任”，坚持县委常委会会议定期分析研究党建工作机制，着力构建党组织统一部署、主要负责人牵头抓总、班子成员分工负责的落实主体责任工作格局，盯紧乡镇(街道)、部门、单位党组织负责人这一“关键少数”，抓好压力传导，努力形成“上下齐心、左右协调、按级负责、权责分明”的体制机制。会议指出，在各相关部门协同配合下，安吉县举办深入学习贯彻习近平总书记重要批示精神暨湖州市安吉县推行“导师帮带制”15周年工作研讨会达到预期效果。接下来，要运用好此次研讨会成果，进一步提升安吉县"导师帮带制"品牌的知名度和影响力，更好展示安吉形象。要总结提升、丰富内涵，加大理论研究提炼力度，不断探索符合安吉县发展实际的"导师帮带制"新举措、新方式，持续擦亮安吉县"导师帮带制"的金名片。要深化实践、推动发展，聚焦县域发展，加快打造一支高素质、专业化的导师队伍和干部人才队伍，将"导师帮带制"运用到经济社会发展全方位、各领域。会议对前阶段全县争先创优行动开展情况给予肯定。会议强调，自争先创优专班成立以来，大家思想高度重视，行动迅速、举措有力，各项工作取得积极成效，接下来，各级各部门要围绕"保二争一创特色"目标，全力争先进位、全面争先创优。要聚焦问题强攻坚，坚持问题导向，进一步查找短板，补齐短板，分层分策，精准施策。要创新举措强谋划，立足当前、着眼长远，进一步做好新经济、新业态、新模式、新产业的谋划分析，积极探索跨境电商等贸易新模式，为长远发展打下坚实基础。要联动协同强落实，大力发扬疫情防控的作战精神，做到各部门无缝对接，确保各项工作落细落实。要务实担当强作为，坚持实事求是，确保上报数据的真实性和准确性。会议指出，安吉县是首批新时代文明实践中心全国50个试点县市之一，农村文化礼堂建设也一直走在全省全市前列，两项工作先发优势明显。要提高站位、走在前列，将两项工作作为打造"重要窗口"县域样本的基础工程来抓，使其成为丰富农村文化生活的平台，宣传教育的阵地，党员群众的精神家园。要加强领导、强化保障，压实乡镇(街道)责任，结合村级组织换届选举工作加大推进力度；同时相关部门要形成合力，加大支持力度，做好各项保障。会议强调，文联是党领导的文艺界人民团体。要把牢政治方向，坚持加强党对文艺工作的领导，持续深化群团改革。要坚持务实高效，努力营造风清气正的良好会风。要加强自身建设，努力让安吉文艺工作者青蓝相继、名家辈出；文联要始终坚持围绕中心、服务大局，弘扬时代主旋律，传播文艺正能量，推动全县文艺事业繁荣发展，为奋力夺取中国最美县域高质量发展新胜利贡献应有力量。

6月27日，中共安吉县委举行十四届县委第119次常委会会议。传达学习省委常委、组织部部长黄建发到安吉调研指导讲话精神，听取安吉县优秀共产党员推选表彰工作、民生改善工程PPP项目情况汇报。会议首先举行"党性党纪教育一刻钟"，听取十四届省委第七轮巡视相关问题通报。会议强调，全县各级党组织要始终坚持党管干部原则，举一反三、居安思危，坚决扛起主体责任，把好干部选拔任用各个关口，全力营造风清气正的选人用人环境。要进一步突出选贤任能，坚持"好干部"标准，把牢政治首关，注重实干实绩，严格选任程序，严格落实《党政领导干部选拔任用工作条例》。要充分发挥党组织在选人用人中的领导和把关作用，把党管干部和发扬民主充分结合，公道对待干部、公平评价干部、公正使用干部。会议指出，6月24日，省委常委、组织部部长黄建发到安吉调研，对安吉县贯彻落实省委十四届七次全会精神、村社组织换届筹备等工作进行指导，为全县下步工作增强信心、指明方向。要深入学习贯彻黄建发部长的调研指导讲话精神，担当实干、积极作为，心无旁骛抓落实，一心一意谋发展，切实完成好各项工作任务，在全省建设"重要窗口"中彰显安吉作为。会议指出，全县优秀共产党员推选表彰工作不仅是为了选树先进典型，更关键的是要激励广大干部群众，在全县上下形成争先创优、比学赶超的良好氛围。要深入挖掘表彰对象的先进事迹，加大宣传力度，做好表彰工作。各级各部门要以本次表彰工作为契机，用好榜样力量，树好学习标杆，提振精气神、凝聚正能量，积极营造良好的干事创业氛围。会议指出，推行政府与社会资本合作的PPP模式，是党中央、国务院力推的一项重大举措，是吸引社会资本进入基础设施及公共服务领域的新途径。要进一步高度重视，积极抢抓"窗口期"，用足政策改善民生，全力以赴把安吉县PPP项目推向前进。要进一步科学安排进度，倒排工期、挂图作战，确保各项工程保质保量完成，明确项目权证办理、征地拆迁等重点难点工作责任部门和办结时限，保障PPP项目正常推进。要进一步完善工作机制，打破思维定式、优化服务保障，推进PPP项目在安吉县更好地落地生根。要进一步规范管理，优化顶层设计、强化跟踪审核、做好过程管理，有效防控项目风险，推动安吉县PPP项目健康有序发展。

7月2日，中共安吉县委举行十四届县委第120次常委会会议。学习《中共浙江省委关于深入学习贯彻习近平总书记考察浙江重要讲话精神努力建设新时代全面展示中国特色社会主义制度优越性重要窗口的决议》。会议首先举行“党性党纪教育一刻钟”，学习《中共浙江省委关于深入学习贯彻习近平总书记考察浙江重要讲话精神努力建设新时代全面展示中国特色社会主义制度优越性重要窗口的决议》(以下简称《决议》)。会议要求，要准确把握《决议》的重点和关键，切实领会精髓、吃透精神、把握实质，努力以“窗口意识”走在前列，以“窗口担当”奋勇争先，在建设“重要窗口”中贡献安吉力量、彰显安吉担当。要紧密联系安吉实际，正确认识自身在全省建设好10个方面“重要窗口”、加快形成13项重大标志性成果中的职责任务，深入思考谋划、推动落实每项工作，特别是要全力抓好《贯彻落实习近平总书记视察安吉重要指示精神工作责任分解方案》中52项具体工作的推进落实，努力以无数个“小窗口”的出彩为全省的“大窗口”添彩。要自觉增强担当意识、责任意识、争先意识，明确目标、奋发有为、争先创优，切实体现安吉“重要窗口”县域样本的担当作为和工作水准。会议强调，要提高站位、深化认识，通过长三角产业合作区这个切入点，从更高层面、更高水平上全方位融入长三角一体化，更好更快地促进安吉县经济社会高质量赶超发展。要武装自己、精准发力，以合作区建设为具体抓手，进一步强化顶层设计、加快产业转型、提升平台能级、抓好交通等基础设施建设。要抢抓机遇、深化合作，加大融杭接沪力度，主动融入“一带一路”和长江经济带，特别是宁杭生态经济带建设，持续深化与沪苏皖等地的多方面协同合作，让安吉老百姓更好地享受到长三角一体化发展带来的实实在在的便利。会议强调，全县各级党组织要进一步提升政治站位，深入学习贯彻落实习近平总书记视察安吉重要指示精神，坚决贯彻落实中央和省市县委各项决策部署，始终把做到“两个维护”贯穿于建设“重要窗口”县域样本全过程，切实推动“两个维护”落细落实、落地见效。要坚持把讲政治作为第一要求，把服务中心大局作为第一要务，把制度建设作为第一保障，着力破难题、补短板、强弱项，不断提高机关党建质量，推动机关基层党组织全面进步、全面过硬。全县各级党委(党组)要切实加强对本单位党的建设的领导，把全面从严治党政治责任牢牢抓在手上、扛在肩上；各党委(党组)书记要认真履行第一责任人职责，研究落实机关党建责任清单和任务清单，班子成员要按照“一岗双责”抓好职责范围内党的建设工作，切实形成层层有责任、层层抓落实的工作格局。

7月22日，中共安吉县委举行十四届县委第121次常委会会议。听取“两山”理念提出十五周年系列活动推进及相关重要会议筹备情况汇报，听取县委十四届九次全体(扩大)会议安排、《全会报告》和《决定》起草等有关情况汇报，听取关于小微企业和个体工商户“两直”补助工作情况汇报。会议还研究其他事项。会议首先举行“党性党纪教育一刻钟”，传达学习习近平总书记在中央政治局第二十一次集体学习时的重要讲话精神。会议强调，各级各部门要提高站位，认真学习领会，切实增强政治担当、使命担当和责任担当，坚决把新时代党的组织路线贯彻落实到党的建设和组织工作各方面、全过程。要对标对表，狠抓贯彻落实，着力抓好党的科学理论武装以及党的组织体系建设、执政骨干队伍和人才建设、党的组织制度建设。全县各级党组织要坚决扛起全面从严治党主体责任，抓实抓细党建工作各项任务，不断提高新时代党建工作的质量和水平；广大党员干部要持之以恒提高政治素养、理论水平、专业能力、实践本领，严格按照制度履行职责、行使权力、开展工作，充分发挥先锋模范作用。会议强调，办好“两山”理念提出十五周年系列活动，要把握好节俭、务实、创新、赋能的总基调，进一步加大力度、加快进度，全力做好对接、协调、争取各项工作。要压实责任，形成合力，整体考虑、统筹安排，各司其职、紧密配合。要注重细节，以务实的工作作风、精益求精的工作态度做好各项工作，确保取得积极成效。要做好转化，持续深化成果运用，用好、放大系列活动和相关重要会议带来的积极成果，同时将系列活动推进与

“十四五”规划编制、新时代浙江(安吉)县域践行“两山”理念综合改革创新试验区建设等工作有机结合，积极抢抓政策“窗口期”，抓好下一个十五年发展的谋篇布局。会议决定，于7月29日召开县委十四届九次全体(扩大)会议，深入学习贯彻习近平总书记视察安吉重要指示精神，全面落实省市委相关会议精神，就奋力打造“重要窗口”的县域样本、努力成为全面展示新时代美丽中国的县域窗口进行研究部署。会议要求，这次县委全会，是对学习贯彻习近平总书记视察安吉重要指示精神的全面部署，意义重大。要高度重视、精心筹备，严肃会风会纪，营造良好氛围，确保工作部署好、任务落实好、会议效果好。会议要求，要统一思想，充分认识做好“两直”补助工作的重要意义，明确标准，抓紧实施，确保按时完成；要压实责任，做细做实各项工作，把好事办好、实事办实；要关注过程，规范操作、公平公正，让工作成果经得起检验。

7月24日，中共安吉县委举行十四届县委第122次常委会会议。专题学习传达省委第五巡视组巡视安吉县情况反馈意见，研究部署巡视整改工作。会议指出，抓好巡视整改，是旗帜鲜明讲政治、自觉践行“两个维护”的具体体现。要从政治高度认识和看待做好巡视整改工作的重要意义，切实提高政治站位，增强政治自觉，强化政治担当，把深入学习贯彻习近平总书记在浙江、安吉考察时重要讲话精神与抓好巡视整改工作有机结合，以更坚决的态度、更务实的作风、更有力的措施抓好整改落实，切实把巡视反馈问题改彻底、改到位，以整改实际成效推动全面从严治党向纵深发展、推动全县各项工作迈上新台阶。会议强调，要压实整改责任，按照“条条要整改、件件有着落、事事有回应”的要求，坚持“见人、见事、见纪律、见制度、见结果”，对巡视组反馈问题进行逐条逐项深入分析研究，逐个逐项制定整改方案，形成责任具体、环环相扣的“责任链”。要坚持真抓实改。牵头领导要主动认领任务，带头抓好自身整改，带头抓好分管领域整改，以上率下、示范带动各层各级抓好整改落实；要坚持精准发力、分类施策，细化方案、明确要求、规定时限，坚持标本兼治，注重建章立制，全面提升整改的系统性、针对性和实效性。会议强调，要严明整改纪律。对巡视反馈的问题，要实行项目化推进落实，全过程动态跟踪，全链条闭环管理，成立巡视反馈整改专项督查组，抓牢整改任务时限、进度、标准、要求等重要环节，对各单位部门逐条逐项实地督查整改进展情况。要强化责任追究和考核问责，严肃问责追究推诿扯皮、消极应付、走形式走过场、措施不力、效果不明显等情况，确保政治效果、法律效果、法纪效果、社会效果和综合效果。要坚持开门整改，按照巡视工作要求，及时公开整改情况，主动接受广大干部群众监督。

8月4日，中共安吉县委举行十四届县委第123次常委会会议。听取省委巡视整改有关工作情况汇报，传达学习全省新时代青年理论宣讲工作现场会议精神，听取进一步推动全县青年理论宣讲工作建议的汇报。会议强调，抓好省委巡视反馈意见整改落实，是全县当前和今后一个时期的重要政治任务。大家要坚决扛起政治责任，始终保持政治上的坚定和清醒，切实在思想上、政治上和行动上提高站位、高度重视，认真对照反馈意见各项要求，强调举一反三，不折不扣抓好整改落实，确保见人、见事、见纪律、见制度、见结果。县级领导要坚决带头抓好整改，坚决把自己摆进去，把工作摆进去，切实担负起分管领域整改工作的主体责任，从严从实带头抓好整改。要坚决压实整改责任，责任领导要立即组织各责任单位对照整改方案逐项列出问题清单，逐项细化整改措施，把整改任务落实到事、具体到人，责任单位要主动落实整改任务，层层压实整改责任，确保整改措施落地见效。要以巡视整改为契机，把巡视整改工作与贯彻落实习近平总书记在浙江、安吉考察重要讲话精神有机结合，与“一〇三六”改革发展工作部署、新时代浙江(安吉)县域践行“两山”理念综合改革创新试验区建设、谋划“十四五”规划以及夺取“两战赢”、决胜“全年红”等工作全面贯通，坚决做到“两手抓、两促进”，把整改成果转化为推动经济发展高质量和党的建设高质量的实际行动和成效。会议强调，要学深悟透习近平总书记关于青年思想政治工作的重要指示精神，深刻把握青年理论宣讲工作的重大意义，切实增强做好青年理论宣讲工作的思想自觉和行动自觉，把抓好宣讲工作与培养干部、推进中心工作相结合，不断推动安吉县青年理论宣讲工作迈上新台阶。要切实把牢宣讲方向，加快宣讲团队培育，不断拓展宣讲载体，全力打造具有安吉特色的青年理论宣讲品牌，进一步推动习近平新时代中国特色社会主义思想在青年人当中入脑入心、走深走实，更好地把中央和省市县委的声音、理念和精神传播开来。宣传部要切实发挥牵头抓总作用，机关工委、教育局以及工青妇等群团组织要发挥各自优势，更好地团结青年、动员青年，一起谋划、参与和推进青年理论宣讲工作，切实形成齐抓共管的强大合力。

8月17日，中共安吉县委举行十四届县委第124次常委会会议。贯彻落实“绿水青山就是金山银山”理念提出十五周年理论研讨会、全省高水平建设新时代美丽浙江推进大会会议精神，以及市委、市政府关于“深化‘三服务’、聚力‘破五未’”项目攻坚行动部署要求，听取安吉县“破五未”工作建议安排汇报。会议首先举行“党性党纪教育一刻钟”，传达学习《党委(党组)意识形态工作责任制实施办法》(以下简称《实施办法》)。会议强调，全县各级党组织要深刻认识做好意识形态工作的重要意义，把意识形态工作的领导权和主动权牢牢抓在手中。要以落实省委巡视组意识形态专项检查反馈意见的整改为契机，不折不扣抓好《实施办法》各项规定动作落实，自觉承担起举旗帜、聚民心、育新人、兴文化、展形象的使命任务，确保意识形态领域各项工作落到实处。各级党组织要切实负起政治责任和领导责任，党委(党组)书记要负起第一责任人责任，分管领导要负起直接责任人责任，其他成员要按照“一岗双责”要求，认真抓好分管部门和单位的意识形态工作，扎实推动各项要求落实到位，确保全县意识形态领域安全稳定。会议指出，8月15日两场重要会议在安吉召开，充分展示多年来安吉深入践行“绿水青山就是金山银山”理念的生动实践，充分展示安吉全域美丽的良好形象以及党员干部的良好精神风貌。全县上下要站在诞生地的政治高度，深刻领会会议精神，坚决扛起使命担当，做“绿水青山就是金山银山”理念的坚定践行者，在更高层面、更大格局、更广领域深度谋划推进“绿水青山就是金山银山”新实践，努力为新时代全省、全国践行这一理念，推动生态文明建设贡献更多县域实践样本。要把学习贯彻这两场重要会议精神与贯彻落实习近平总书记在浙江、安吉考察重要讲话精神有机结合，与“十三五”规划收官、“十四五”规划谋划，夺取“两战赢”、决胜“全年红”等各项工作全面贯通，持续护美绿水青山、做大金山银山、推动成果共享，努力以高质量的改革发展成果致敬十五周年。要突出中国最美县域建设、新时代浙江(安吉)县域践行“两山”理念综合改革创新试验区建设、“十四五”规划编制、余村“1+1+4”发展等重点，不断提升工作水平，持续创造优势，形成更多安吉特色和亮点。要用好会议成果，放大会议效应，努力争取更多资源和要素，力争在关键要素上有所突破。要继续改革探索，在打造生态产品价值转化平台等方面持续发力，更好地展现安吉践行“绿水青山就是金山银山”理念的成果。会议强调，全县上下要牢固树立“项目为王”理念，切实增强全局观，坚定发展观，树立正确政绩观，全力推动项目建设提速增效，不断巩固项目“双进双产”良好态势。要进一步明确时间表、任务书，全力加快项目攻坚进度，确保各项工作任务保质保量完成。要做好与“五未”土地处置，招大引强攻坚、亩均改革推进、营商环境优化“三个年”活动有机结合，强化“破五未”工作推进。要以更优服务更实举措更强保障，落实精准帮扶措施，着力打通“五未”项目的堵点难点，努力在优化服务中推动项目加快落地建设、早日投产达产。要科学谋划、强化落实，进一步加强源头把关，科学分析研判“五未”项目成因，严把准入关，全力招引“大好高”项目，为未来发展积蓄动能。听取县投资促进中心自县第十四次党代会以来的工作情况汇报后，会议指出，近年来，县投资促进中心围绕中心、服务大局，敢于担当、真抓实干，项目招引势头好、改革创新办法好、干部队伍状态好。会议强调，投资促进中心要积极抢抓有利契机和政策“窗口期”，精准用好“湖九条”等重磅政策，深入推进“招大引强攻坚”行动，进一步掀起项目招引新热潮。要突出重点、精准发力，围绕“1+2+3”产业体系，聚焦绿色家居、高端装备制造等主导产业，放眼战略性新兴产业、未来产业，紧盯重点区域、重点企业，大力招引引领性、标志性、带动性强的“大好高”项目。要持续深化“六个一”招商机制，打好招商“组合拳”，继续创新项目研判机制，牢牢把好项目入口关，努力招引更多高质量项目。要持续推进便民化、智能化、高效化服务，不断优化政策环境、法治环境、市场环境，进一步营造国际化、法治化、便利化的营商环境。要加快提升招商队伍的能力和素质，进一步加强内部监督管理和招商干部日常学习教育培训，在招商一线考察、识别和培养干部，全力做好服务保障，真正让招商干部静下心来抓招商。

8月31日，中共安吉县委举行十四届县委第125次常委会会议。传达贯彻全省农村饮用水达标提标行动决战决胜及清盘验收推进会精神，听取县发改局工作、全县城乡危旧房治理改造工作等情况汇报。会议首先举行“党性党纪教育一刻钟”，学习《关于贯彻落实习近平总书记重要批示精神 加强监督执纪坚决制止餐饮浪费行为的工作意见》（以下简称《工作意见》）。会议强调，全县上下要深入学习领会习近平总书记重要指示精神，认真贯彻落实《工作意见》，推动全社会深入推进制止餐饮浪费工作，确保党中央部署要求在安吉落地落实落细落到位。要综合施策，研究制定完善的规章制度，健全行业管理办法，坚持党政机关、企事业单位带头，细化落实机关、学校等食堂厉行节约措施，积极引导餐饮行业和企业开展“光盘行动”，加强对餐饮消费环节的监督检查。全县广大党员干部要带头坚持勤俭节约、制止铺张浪费，以尚俭戒奢的党风政风，推动形成良好的社风民风，进一步加大宣传力度，积极倡导合理健康的饮食文化，大力营造浪费可耻、节约为荣的社会氛围。会议强调，各乡镇（街道）和部门要进一步提高思想认识，增强责任感和使命感，切实把农村饮用水达标提标这项民生工程、民心工程抓实办好。要进一步加快工作推进，坚持城乡同质饮水目标不动摇，清单化、项目化抓好推进，加快补齐问题短板，高质量完成各项建设任务，全力冲刺整县清盘验收，全力保障低收入农户用水安全。要进一步完善运维管理，坚持建管并重，健全完善长效管理机制，全面强化县级统管，认真做好“十四五”期间的农村供水规划文章。要高度关注后续提升工作，继续加大推进力度，加快研究标准规范制定，努力形成更多安吉经验，提供更多安吉标准。要切实用好会议成果，放大会议效应，总结经验做法，强化沟通交流，积极谋划争取更多重大水利项目，进一步高水平推进西苕溪保护利用工作。会议指出，县十四次党代会以来，县发改局大局意识强、工作成效新、干部状态好，在当好参谋助手、全面深化改革、扩大有效投资等方面发挥重要职能作用，取得积极成效。下一步，要顺势而为抓谋划，不断加强规划顶层设计、大事要事谋划和宏观经济分析，系统谋划县域经济社会发展。要千方百计抓项目，主动做好项目前期，积极发挥在项目管理中的牵头、督查作用，会同各产业平台深度谋划平台建设与发展。要持之以恒抓改革，加快推进新时代浙江（安吉）县域践行“两山”理念综合改革创新试验区建设，确保各项任务落地落实，力争早日取得重大突破，加快推进“两山银行”、金融改革等工作，争取形成更多经验样板。要强化担当抓队伍，不断提高干部政策把握能力，落实好党风廉政建设主体责任，不断加强机关效能建设。会议要求，各乡镇（街道）和部门要切实提高站位、统一思想，按照“速度从快、范围从全、措施从实、整体从稳”原则，全面细致排查、认真迅速整改，确保彻底消除隐患，按时完成任务，将城乡危旧房屋治理改造工作这项好事办实、实事办好。要严格落实建设标准，有序安排工期、精心组织施工、强化安全管理，按照“三线三度三性”原则，以危旧房改造带动片区开发建设。乡镇（街道）要坚决扛起属地责任，相关部门要充分发挥指导、监管和服务职能作用，加快形成县乡联动、统筹推进的良好机制，加强动态管理，及时化解矛盾纠纷，把这项民心工程打造成为放心工程、满意工程、廉洁工程。

9月12日，中共安吉县委举行十四届县委第126次常委会会议。会议分为两个阶段召开，第一阶段进行县委理论学习中心组专题学习。会议专题学习习近平总书记在经济社会领域专家座谈会上的重要讲话精神、《中央巡视工作规划（2018—2022年）》。县委书记沈铭权主持并在讲话中指出,习近平总书记在经济社会领域专家座谈会上的重要讲话,作出“我国将进入新发展阶段”的重大判断,提出“新机遇新挑战、新发展格局、新发展动能、新发展活力、新优势、新局面”等一系列关键词,系统阐述关于“加快形成以国内大循环为主体、国内国际双循环相互促进的新发展格局”的重要性和主要举措,并将这一理论列入改革开放以来“不仅有力指导了我国经济发展实践,而且开拓了马克思主义政治经济学新境界”的系列理论成果,这将成为指导中国“十四五”规划和未来一段时期经济社会发展的核心指导思想和基本战略遵循。全县上下要认真学习领会,全面准确把握,抓好贯彻落实,确保安吉县“十四五”规划编制工作开好局、起好步。从宏观大势和安吉实际两方面分析“十四五”规划所具有的时代意义和特殊内涵后,沈铭权指出,研究编制“十四五”规划,历史节点特殊,使命任务重大,必须把握原则、突出重点,牢牢掌握工作主动权,做到高水平编制。他强调,要始终坚持以习近平新时代中国特色社会主义思想为指引,围绕深入贯彻落实习近平总书记视察安吉重要指示精神,科学编制“十四五”规划,把贯彻落实习近平总书记视察安吉重要指示精神在规划中浓墨重彩、通篇贯穿地体现,做好吃透上情与把握县情、传承延续与创新发展、目标导向与效果导向、创造优势与补齐短板、整体推进与重点突破的结合,突出生态优先,突出重大项目、重大改革、重大政策、重大平台,突出改革创新,突出开放融入,突出人民至上。沈铭权强调,要高效率编制“十四五”规划,坚持“全县一盘棋”,高度重视、各司其职、各尽其责,加强协调联动、主动向上对接,扎实做好本行业、本领域的编制工作,着力提升研究深度和编制质量;坚持“开门编规划”,把加强顶层设计和坚持问计于民相统一,建立健全社会公众参与机制,不断提高规划编制的透明度和社会参与度;坚持“一体化推进”,注重统筹、弹好钢琴,把做好“十四五”规划编制与落实“十三五”规划目标,夺取“两战赢”、实现“全年红”,以及实施国土空间规划等专项规划,谋划2035年远景目标等工作充分结合。沈铭权指出,要认真学习贯彻《中央巡视工作规划(2018—2022年)》的精神实质,进一步提高政治站位和政治觉悟,深刻把握巡视工作的政治定位和政治要求,加快推动安吉县巡察工作向纵深发展。要全面贯彻落实好中央和省市委关于巡视巡察工作的新精神、新要求,进一步修订完善县委巡察工作规划,着力推动县委巡察工作取得新成效,做好省委巡视集中整改工作,坚持“见人、见事、见纪律、见制度、见结果”。要坚持把巡视巡察工作作为管党治党的重要举措,更好发挥巡视巡察利剑作用,推动各级党组织落实落细全面从严治党政治责任,不断巩固和发展风清气正的良好政治生态。要突出围绕中心、服务大局,把巡视巡察工作同促进改革发展各项工作有机结合,为全县经济社会高质量发展提供坚强的纪律与作风保障。第二阶段听取关于贯彻落实习近平总书记视察安吉重要指示精神工作进展情况,并进行认真讨论研究,部署下一步工作。会上,部分与会县领导围绕做好贯彻落实习近平总书记视察安吉重要指示精神工作推进进行发言;县委组织部、县委宣传部、市生态环境局安吉分局、县农业农村局、县委政法委分别围绕“导师帮带”常态化推进机制,全国文明城市创建及全县倡导厉行节约、反对餐饮浪费,深化环境治理,深入实施乡村振兴战略,加快推进矛盾纠纷调处化解中心建设等主题进行汇报,分管县领导作补充发言。会议指出,半年时间以来,全县上下始终把贯彻落实习近平总书记视察安吉重要指示精神作为首要政治责任,思想上坚定坚决,行动上有力有效。全县上下要深刻学习践行,把习近平总书记多年来对安吉发展作出的一系列重要批示指示精神有机结合,持续武装头脑、锤炼思想、指导实践、推动工作。要深刻把握习近平总书记视察安吉重要指示的丰富内涵和实践要求,进一步提高政治站位,深刻领会精神,坚定坚决抓好贯彻落实;要深刻领会习近平总书记“再接再厉、顺势而为、乘胜前进”的殷殷嘱托,进一步拉高标杆、提高标准,深化改革,全方位答好新时代中国特色社会主义实践的“安吉卷”;要在展现新作为中勇当先锋,在实现新突破中做好表率,进一步提振奋斗激情,以经济社会发展全面过硬、全面出彩的实绩回应习近平总书记的亲切关怀。会议强调,要创造性地开展工作,努力在贯彻落实上见行动、见作为、见变化。要坚持“防疫情”和“促发展”两手抓，慎终如始、毫不放松地抓好常态化疫情防控，纵深推进新时代浙江（安吉）县域践行“两山”理念综合改革创新试验区建设。要坚持“扬优势”和“补短板”两手抓，持续发挥生态、改革、创新等方面优势，全面审视自身，全力补齐短板，不断赢得发展主动权。要坚持“抓当前”和“谋长远”两手抓，持续深入推进贯彻落实方案明确的52项具体工作，咬定全年各项目标任务，奋力夺取“两战赢”“全年红”“满堂红”，全面完成“十三五”规划圆满收官各项目标任务。同时把贯彻落实行动与国家2035年基本实现现代化总体部署，“绿水青山就是金山银山”理念提出30周年等有机融合，科学做好“十四五”规划编制工作，绘好发展蓝图。会议强调，要把习近平总书记视察安吉重要指示精神化作推动工作的强大动力，进一步激发全县广大党员干部的精气神，持续巩固“不忘初心、牢记使命”主题教育成果，全面深化拓展“导师帮带制”，强化“拼比争、看变化”实干导向，推动各级干部在改革发展一线打头阵、当示范、做表率。要牢固树立一切工作到支部的鲜明导向，持续深化“美丽党建”强基行动，持续提升基层党组织的引领力、凝聚力和战斗力。要以落实省委巡视整改工作为契机，持续深化“清廉安吉”建设，持之以恒落实中央八项规定精神，进一步浓厚全县上下心齐气顺劲足实干的发展氛围。会议要求，要不断深化贯彻落实举措，加强专题研究，与时俱进落实务实管用的贯彻举措，确保习近平总书记重要指示精神在安吉落得更细更实。要持续巩固贯彻落实成效，加强督查考核，扎实做好阶段性总结回顾、经验提炼和系统部署，把各方面工作谋深谋透谋实，确保将习近平总书记视察安吉重要指示精神贯穿于全县改革发展稳定各项工作，为未来发展赋能。要持续浓厚贯彻落实氛围，进一步加大学习宣传力度，全面展示各单位、各条线贯彻落实的新举措、新实践、新经验，把学习贯彻习近平总书记视察安吉重要指示精神不断引向深入。

9月12日，中共安吉县委举行十四届县委第127次常委会会议。传达学习省委书记袁家军在省委党校秋季学期开学典礼上的讲话精神，研究安吉县贯彻落实意见。会议指出，省委书记袁家军在省委党校秋季学期开学典礼上的讲话立意高远、思想深邃、系统全面，具有很强的引领性和指导性。要进一步加强学习，切实领会精神要义，并传达到广大党员干部当中。不断深化学习的过程中，要与学习贯彻落实习近平总书记视察安吉重要指示精神做好结合，与省市县委重要决策部署及重大工作安排，本单位重点工作项目、重点改革事项等做好结合，切实将省委书记袁家军讲话精神转化为工作实践和具体行动。会议强调，要强化研究谋划。各领域、各条线、各单位要对照讲话找到努力方向，深度谋划当前及今后一个时期的重点项目、重大改革、重要机制等工作，自觉主动拉高标杆，切实谋好一批关键事项，对标对表10大新课题和10张高分报表，充分结合“十四五”规划编制，高质量谋划一批事关安吉长远发展的重要事项。要苦练内功。善于运用“导师帮带制”等好传统、好作风、好机制，进一步加强干部队伍建设，着力推动党政机关实现职能优化、方式转变、作风提升，构建系统完备、科学规范、运行高效的工作机制，为全县高质量赶超发展保持“创造性张力”夯实主观能动性。要狠抓落实。对照既定目标要求，抓好落实、干出成效，在常态化疫情防控形势下奋力夺取“全年红”“满堂红”，确保完成全年各项目标任务，同时不折不扣推进新时代浙江（安吉）县域践行“两山”理念综合改革创新试验区建设，切实把改革之力转化为发展胜势。会议听取县人大常委会、县政府、县政协、县人民法院、县人民检察院五大党组关于落实全面从严治党主体责任情况的汇报。会议对五大党组2020年以来各项工作表示充分肯定、高度认可。会议指出，各党组要始终坚持党对一切工作的领导，强化政治建设、强化理论武装、强化贯彻落实，切实在思想上政治上行动上坚决同以习近平同志为核心的党中央保持高度一致，坚持用习近平新时代中国特色社会主义思想武装头脑、指导实践、推动工作，旗帜鲜明、坚决贯彻落实习近平总书记和党中央决策部署，确保中央和省市决策部署在安吉不折不扣执行到位，坚定坚决抓好习近平总书记视察安吉重要指示精神落地落实。会议强调，五大党组要充分发挥党组织把方向、管大局、促落实的作用,调动各方积极性,全力推动安吉经济社会高质量发展。县人大常委会党组要认真履行职权,提高履职能力,用好“决议、决定”权,充分发挥监督权,全力支持和保障人大代表依法履职,紧盯当前改革发展和广大群众普遍关切的热点难点问题,督促重大项目、民生实事加速推进;县政府党组要扎实做好“六稳”工作、落实“六保”任务,全面深化“三服务”,扎实开展“招大引强攻坚、亩均改革推进、营商环境优化”三大行动,统筹做好稳增长、促改革、调结构、惠民生、防风险工作,确保实现全年预期目标;县政协党组要把加强思想政治引领、广泛凝聚共识作为工作中心环节,充分发挥政协人才智力优势,认真履行政治协商、民主监督、参政议政职能,广泛凝聚各方智慧力量,为全县经济社会发展增活力、献良策、添动力;县人民法院、县人民检察院党组要找准服务大局和依法履职的结合点,全面落实司法体制综合配套改革举措,持续深化平安安吉、法治安吉建设,努力在增强司法公信力、推动基层治理现代化、优化营商环境、服务科技创新、加强知识产权保护等方面持续发力,更好地为全县经济社会高质量发展保驾护航。会议强调,五大党组要牢固树立抓好党建是最大政绩的理念,带头加强自身建设,形成以上率下、一级带一级的良好局面;要全面压实主体责任,把党建工作的每个环节抓具体、抓深入,推动党建责任压实压紧、落地落实;要严肃党内政治生活,发扬党内民主,完善决策运行机制,确保党组工作在制度化规范化轨道上运行;要持续加强作风建设,严格执行中央八项规定和各项纪律规定,着力加强机关党员干部管理,重抓班子建设,努力建设忠诚干净担当的干部队伍。县委将继续坚持好、完善好、落实好听取党组汇报制度,进一步加强和改进党的领导,全力支持各党组依法依章履行职责,进一步凝聚高质量赶超发展的强大合力。会议听取安吉县秋冬季疫情防控工作的情况汇报。会议强调,全县上下要充分认识做好秋冬季疫情防控的重要性和紧迫性,坚持“战疫情、促发展”双线作战不放松,坚守安吉一方净土,奋力交出“两手硬、两战赢”的高分答卷。要严格按照中央和省市委防控要求,继续抓紧抓实“外防输入、内防反弹”各项工作,紧盯重点环节,加强监测预警,守好入安“大门”和村社“小门”,聚焦重点场所,强化应急储备,以工作准备到位确保疫情防控万无一失。要严格落实常态化疫情防控要求,压实防控责任,坚持平战结合,完善应急预案,加强教育引导和知识普及,形成全民防控良好氛围,切实凝聚起做好疫情防控工作的强大合力。会议听取关于全县排查整顿农村发展党员违规违纪问题相关情况的汇报。会议强调,农村发展党员工作是党的基层组织的一项经常性工作,也是关系到党的战斗力和生命力、关系到党的事业成败的重要课题。开展排查整顿,对推动全面从严治党向基层延伸、从源头上保持党员队伍先进性纯洁性具有十分重要的意义。全县各级党组织要以此次发现的违规问题为镜鉴,严格党员标准、规范发展程序、提升发展质量,不断提升基层党组织的凝聚力、创造力、战斗力。会议书面审议《县领导“6+1”联系安排表(审议稿)》《安吉县委关于落实省委巡视意识形态工作责任制专项反馈意见的整改方案(审议稿)》《安吉县流域上下游乡镇(街道)生态补偿机制的实施意见(试行)(审议稿)》。会议书面通报《2020年半年度检察工作情况》。

9月28日,中共安吉县委举行十四届县委第128次常委会会议。传达学习习近平总书记对新时代民营经济统战工作的重要指示精神和全国民营经济统战工作会议精神,研究安吉县贯彻落实工作,听取全县村(社区)组织换届工作、经信局工作、2020新时代浙江(安吉)县域践行“两山”理念综合改革创新试验区·安吉县第十三届投资贸易人才洽谈会筹备工作等情况汇报。会议还研究其他事项。会议首先举行“党性党纪教育一刻钟”,学习《关于进一步解决干部工作突出问题持续匡正选人用人风气的通知》精神。会议要求,要始终坚持党委(党组)主体地位,不断强化对选人用人工作的领导把关作用,站在践行“两个维护”的政治高度,贯彻落实好新时代党的组织路线和干部工作各项方针政策。要进一步落实党要管党、全面从严治党特别是从严管理干部的各项要求,抓实抓细干部选、育、管、用、爱各个环节。要对照省委巡视反馈问题和整改要求，加快问题整改，完善制度建设，加大对下指导和监督力度，不断提升选人用人规范化制度化水平。会议要求，要切实把思想和行动统一到习近平总书记对新时代民营经济统战工作的重要指示精神和全国民营经济统战工作会议精神上来，进一步提高站位、深化认识，全面加强新时代民营经济统战工作。要对标对表、抓好落实，进一步强化政治引领，进一步优化营商环境，进一步强化队伍建设，帮助民营企业解难题、强信心。要加强领导、强化保障，持续提升做好民营经济统战工作的能力和水平，形成高效协同的民营经济统战工作格局和强大合力。会议强调，要严格把握村（社区）组织换届工作政策要求，严格履行换届程序，严细操作，确保该有的环节一个都不少、该走的步骤一个都不丢。要掌握实情，层层压实责任，扎实开展摸排工作，确保全面掌握各村（社区）换届选情。要落实责任，提高站位、强化担当，切实把村（社区）组织换届这项重大政治责任压紧压实、抓紧抓实。要统筹力量，上下联动、协同作战、强化配合，依法依规、精准做好各项换届工作。要浓厚氛围，把关注点、主旋律引导到谋发展、谋未来上来，确保中央和省市县委各项决策部署贯彻好、执行好、落实好。要严肃换届工作纪律，严格遵守“十严禁”“十不准”要求，以铁的纪律护航换届风气，以好风气选出好干部，确保越换越好、越换越强、平稳有序、风清气正。会议指出，县经信局自组建以来，不负众望，推动发展有成效、改革创新亮点多、干事创业作风好，为全县经济社会高质量赶超发展作出显著贡献。要加强运营谋划，特别是要结合“十四五”规划编制做好谋篇布局，为县委县政府出思路、作决策当好参谋助手，强化经济指标动态研判，落实推进举措。要推动产业转型升级，持续深化“亩均论英雄”改革、创新破难推进“五未”行动，推动优势资源向重点产业、重大项目聚集配置，努力从工业大县向工业强县迈进。要促进企业做大做强，加快培育形成结构完善、递补合理的企业发展梯队，积极引导企业技术改造，加大企业技改扶持，切实提升产品档次和高附加值产品比重，全力以赴支持和推动企业股改上市、做大做强。要着力提升服务质效，在服务工业企业、大力优化营商环境上出实招、干实事、求实效，结合“三服务”“企业服务日”等机制载体，进一步提升服务效能和质量，不断提振企业发展信心。要抓好干部队伍建设，强化政治纪律、政治规矩，加强学习，做到政治过硬、本领高强，不断提高经信干部队伍适应新形势新要求的能力水平。会议要求，要高度重视、认真筹备第十三届投资贸易人才洽谈会，确保会议有声有色、富有实效。要突出项目核心，注重项目质量效益，围绕签约率、落地率、建成率、竣工率、达成率等重点，把好招引关，确保签约一批好项目。要做细会务筹备，科学有效做好常态化疫情防控，坚持务实、高效、安全、节俭办会原则，凝聚合力、紧密配合，抓好各项重点工作落实。要拓展会议成效，全方位展示和宣传安吉，进一步深化对外交流与合作，发挥以商引商、以才引才作用，让更多企业和人才走进安吉、了解安吉、投资安吉、创业安吉。

10月21日，中共安吉县委举行十四届县委第129次常委会会议。听取《关于规范执行“三重一大”事项集体决策制度的实施办法》《安吉县制造业六大产业高质量发展实施方案——安吉县六大产业发展“六个一”行动方案》《安吉县推进县域社会治理现代化工作方案》以及2020绿色发展科技创新大会筹备、县交通局工作等情况汇报。会议首先举行“党性党纪教育一刻钟”，传达学习十九届中央第六轮巡视工作动员部署会议精神，听取安吉县贯彻落实意见汇报。会议强调，全县上下要切实提高政治站位，自觉把思想和行动统一到习近平总书记关于巡视工作的重要论述和党中央部署要求上来，不断把新时代巡视巡察工作引向深入。要坚持从讲政治的高度把握巡视巡察工作政治定位，聚焦贯彻落实习近平总书记视察安吉重要指示精神、决胜全面建成小康社会、统筹常态化疫情防控和经济社会发展、新时代浙江（安吉）县域践行“两山”理念综合改革创新试验区建设等重点工作开展精准监督，确保党的路线方针政策落到实处，当前要继续扎实做好省委巡视集中整改工作阶段性总结梳理，稳步推进县委第十轮巡察。要长期坚持“严”的主基调，加快清廉安吉建设，各级党组织要切实担负起主体责任，把政治建设摆在首位，持续巩固深化“不忘初心、牢记使命”主题教育成果,不断加强自身建设,严明纪律作风,严格监督管理,为推动巡视巡察工作高质量发展提供有力支撑。会议强调,要充分认识出台《关于规范执行“三重一大”事项集体决策制度的实施办法》的必要性。各级党组织要进一步深化认识、统一思想,严格执行“三重一大”事项决策程序,确保依法依规、科学规范。要认真对照要求,严格执行“三重一大”事项决策规则,将“规定动作”抓实抓细抓到位,确保各项工作在规范化制度化轨道上运行。全县各级党委(党组)主要负责同志要切实担负起“第一责任人”责任,将本单位执行“三重一大”制度作为深化全面从严治党的重要内容来抓落实;县纪委监委要以落实省委巡视整改为契机,进一步加大对“三重一大”事项决策、执行情况的检查监督力度,确保各项要求落到实处。会议指出,《安吉县制造业六大产业高质量发展实施方案——安吉县六大产业发展“六个一”行动方案》明确安吉未来产业发展方向和产业发展路径,下一步要围绕六大产业精准发力,坚持当前和长远相结合,做好“十四五”期间和2035年远景目标规划,不断推动国土空间布局和生产力布局有机融合。要坚持谋划与招引相结合,努力引进一批科技含量高、带动性强的“大好高”项目,以实打实的项目招引成果支撑六大产业发展。要坚持招引与落地相结合,带地图招商、带规划招商,持续优化服务,不断提高项目落地率、开工率、达产率。要坚持落地与壮大相结合,加快引进新项目,扎实做好本土企业培大育强,加快淘汰落后产能,不断提高产业发展质量和效益。要坚持组织与实施相结合,领导小组要切实发挥牵头领导、组织协调作用;各产业专班要组织各成员单位深入研究分析,抓紧制订详细的产业发展推进计划;乡镇(街道)和部门要齐心协力、全力配合,为六大产业发展提供有力保障。会议要求,要以《安吉县推进县域社会治理现代化工作方案》的制定出台为新起点,进一步拉高标杆、奋勇争先,按照县域样本和县域窗口的标准,高水平抓好县域社会治理现代化各项工作。要坚持统筹推进、精准发力,突出党建引领,强化改革创新、加强数字赋能,注重共治共享,充分彰显安吉的特色亮点。要坚持全县“一盘棋”,强化工作统筹、组织协调,全力参与配合,细化具体工作方案,压紧压实工作责任,加强督促指导,构建上下联动、齐抓共管的工作格局。会议要求,2020绿色发展科技创新大会以“数字经济赋能绿色发展”为主题,对推介安吉生态经济化和经济生态化经验模式,扩大对外开放合作,加快高质量绿色发展具有重要意义,要切实统一思想、高度重视,确保大会办出特色、办出质量,展现高水平。要坚持“务实、创新、安全、节俭”的办会原则,加强对接、紧密配合,做实做细筹备任务,提升服务质量,精准落实秋冬季疫情防控措施。要讲好安吉故事,充分展示安吉深入践行“绿水青山就是金山银山”理念、加快绿色高质量发展的经验成果,以及安吉优良的投资环境。同时要以此次会议为新起点,聚焦“数字经济赋能绿色发展”,进一步促进产学研融合,真正实现以会兴业。会议对县交通运输局工作表示充分肯定。会议指出,县十四次党代会以来,县交通局服务发展成效显著、改革创新亮点纷呈、为民服务积极有为,为全县经济社会高质量发展做出积极贡献。下一步,要坚持生态优先绿色发展理念,坚持高点定位,围绕持续完善公铁水空“四位一体”的立体化大交通格局和构建“3012交通时空圈”、县域“3060交通圈”目标,积极谋划储备一批重大项目,全力抢抓“十四五”规划编制契机,力争将更多项目纳入国家和省市交通规划。要集中精力加快项目推进,高标准抓好工程建设,确保早开工、快建设、出成效,实现县外交通强联通,全力提升通达度,县内交通保畅通,全力提升便捷度。要全力抓好交通强国(绿色交通发展)试点等改革试点落地落实,持续深化交通系统各领域改革创新,确保安吉经验持续引领全省全国。要聚焦行业治理体系和治理能力现代化,全面加强安全监管,抓好重点领域风险防控,加快智慧交通建设,大力发展绿色交通。要以交通体制改革为契机,进一步加强党的领导,不断深化全面从严治党,持续提升干部队伍的思想政治和专业素养,加强廉政风险防范,落实好交通工程建设领域反腐倡廉工作。要加强领导保障,各级各部门要高度重视交通事业发展,大力支持交通领导班子建设和人才队伍建设,做好交通发展要素保障，同心同德、群策群力，把事关安吉高质量发展的这项基础性先导性事业做好做实。

10月30日，中共安吉县委举行十四届县委第130次常委会会议。传达贯彻副省长彭佳学到安吉调研指导落实省委巡视整改工作指示精神，听取并分析全县三季度经济形势情况，部署下阶段工作；听取关于2020新时代“两山”试验区·安吉县第十三届投资贸易人才洽谈会有关成果及下阶段工作建议的汇报；听取县总工会、团县委、县妇联工作情况汇报。会议强调，副省长彭佳学到安吉县调研指导落实省委巡视整改工作，充分体现省委对安吉发展的高度重视，对安吉工作的高标准、严要求。要以高度的政治责任感和强烈的使命担当，高标准推进落实整改工作，持续深化“绿水青山就是金山银山”实践，不断开创生态文明建设新境界。要严格对照指示要求，继续稳步推进反馈问题的整改落实，确保保质保量完成，总结提炼好经验好做法，不断完善制度机制，巩固整改成效。要以更高层次、更大视野审视、谋划、创新“绿水青山就是金山银山”实践，有机结合学习贯彻党的十九届五中全会精神、新时代浙江（安吉）县域践行“两山”理念综合改革创新试验区建设、“十四五”规划编制等工作做好顶层设计，严格督查考核，保障各项工作有力推进。会议对2020年安洽会取得的成效表示肯定。会议要求，要全力抓好项目落地，进一步强化跟踪与对接，在项目前期推进上精准发力，全力提高开工率、竣工率、投产率、达产率，抓好签约未落地项目攻坚，明确时间表、路线图、责任人，狠抓责任落实，推动项目投产达产。要认真做好经验总结，加大对安吉县招商引资、营商环境优化等各项工作的宣传推介力度，进一步浓厚安洽会形成的良好招商引资氛围。在听取全县三季度经济形势情况分析及下阶段工作安排后，会议指出，2020年以来，全县上下认真贯彻落实习近平总书记视察安吉重要指示精神，全面落实中央和省市委决策部署，统筹推进疫情防控和经济社会发展，稳的目标基本实现，进的态势更加明显，新的招数务实精准，主要经济指标持续向好，经济社会发展呈现积极向上的良好态势。当前，经济结构性矛盾、企业转型升级步伐、风险挑战交织并存等问题仍然存在。要认清形势，坚定清醒，加强对宏观经济发展形势的研判和把握，咬定目标不放松，继续保持良好势头，以更加精准有力的举措，推动经济运行持续向好，决胜“全年红”“满堂红”，确保“十三五”圆满收官。就做好下一阶段工作，会议强调，要持续发力，奋力冲刺收官。要在指标冲刺上争先进位，紧盯“保三争二拼第一”目标，对照“十三五”收官目标要求，加力加压、抓好落实、全力完成；在项目攻坚上求突破，持续加大项目“双进双产”推进力度，精心谋前期，精细抓落实，精准破难题，不断增强经济发展后劲；在工业提升上稳成效，全力扩增量挖潜力，继续保持好的发展势头；在消费出口上谋良策，大力培育新兴产业，推动互联网与各类消费市场深度融合；在精准服务上出实招，深化“三服务”，打好政策“组合拳”，抓好惠企暖企政策落地，为企业解难题、增信心；在平安稳定上绷紧弦，继续抓好安全生产、民生保障、村社组织换届等工作，慎终如始落实好秋冬季疫情防控各项举措，确保社会大局平安和谐稳定。要加强研究，做好长远谋划，深入学习贯彻党的十九届五中全会精神，结合新时代浙江（安吉）县域践行“两山”理念综合改革创新试验区建设等工作，高质量抓好“十四五”规划编制，加快谋划和培育新经济、新产业、新业态、新模式，为安吉未来发展定好目标、绘好蓝图，同时抓好2021年“开门红”工作谋划，强化重大产业项目谋划储备，为“十四五”开好局、起好步，抓好重点平台提升，为实现“开门红”“开局好”打下坚实基础。在听取关于2020新时代“两山”试验区·安吉县第十三届投资贸易人才洽谈会有关成果及下阶段工作建议的汇报后，会议充分肯定2020年安洽会取得的成效。会议强调，要全力抓好本届安洽会签约项目落地，进一步强化跟踪与对接，在项目前期推进上精准发力，全力提高开工率、竣工率、投产率、达产率；要全面梳理往届签约未落地项目，明确时间表、路线图、责任人，狠抓责任落实，推动项目投产达产；要认真做好经验总结，加大对安吉县招商引资、营商环境优化等各项工作的宣传推介力度，进一步浓厚安洽会形成的良好招商引资氛围。在分别听取工作情况汇报后，会议对县总工会、团县委、县妇联工作表示充分肯定,认为全县工青妇组织服务大局有成效,改革创新有亮点,队伍建设有力量,为安吉经济社会发展和中国最美县域建设做出显著积极贡献。要继续发挥好工人阶级主力军、团员青年生力军和妇女"半边天"作用,不断探索做好新形势下工青妇工作的新思路、新方法、新途径,努力把群团组织建设得更加充满活力、更加坚强有力,在安吉高质量发展、中国最美县域建设进程中再建新功、再立新业。要深入学习贯彻习近平总书记关于群团改革工作的重要指示精神,增强"四个意识"、坚定"四个自信"、坚决做到"两个维护",把广大工人、青年和妇女紧紧团结凝聚在党的周围。要进一步提高大局意识,找准自身工作服务全县发展大局的切入点、结合点和着力点,努力创造更多更好的新业绩。其中,县总工会要组织动员广大职工积极投身经济建设主战场,努力解决职工最关心、最直接、最现实的利益问题,充分激发广大劳动者的积极性和创造力;团县委要更好地服务青年成长成才,引导广大青年在创新创业、基层治理、社会服务等方面发挥更大作用;县妇联要进一步关心妇女的生存与发展,积极向党委政府反映妇女群众意愿和要求,切实维护好广大妇女儿童的合法权益。要充分发挥好党和政府联系群众的桥梁纽带作用,不断提高服务群众的工作质量和水平,结合深化"三服务",深入基层一线,扎实办好留守儿童关爱等民生工程。要切实扛起全面从严治党主体责任,持续深化群团改革,加强基层组织建设,加强作风建设,去"机关化、行政化、贵族化、娱乐化",不断增强群团组织的凝聚力、战斗力和创造力,努力当好广大工人、青年和妇女群众的代言人和贴心人。

11月16日,中共安吉县委举行十四届县委第131次常委会会议。传达学习习近平总书记在浦东开发开放30周年庆祝大会上的重要讲话精神。会议指出,习近平总书记的重要讲话充分肯定浦东开发开放30年来取得的显著成就,深入分析当前中国发展面临的形势和任务,向世界郑重宣示以浦东为代表的中国进一步扩大改革开放的新举措,充分彰显中国将改革开放进行到底的坚定信心和决心。全县上下要深入学习领会习近平总书记重要讲话精神,不断续写好安吉"开拓创新、深化改革、扩大开放"的精彩篇章。会议强调,要对标先进,坚定改革开放,按照习近平总书记讲话中强调的"全力做强创新引擎""加强改革系统集成""深入推进高水平制度型开放""增强全球资源配置能力""提高城市治理现代化水平"五个方面要求,充分发挥自身优势,主动顺应新发展格局,以新时代浙江(安吉)县域践行"两山"理念综合改革创新试验区建设为重要战略支撑,找准突破口,抓牢结合点,全力融入"一带一路"、长江经济带、长三角一体化发展等国家战略,重点在产业承接、项目招引、人才培育、资金流通、技术合作等方面实现新的更大突破。会议强调,要进一步提振精气神,坚定清醒有作为,跳出安吉看安吉,置身全省全国全球看安吉,大力弘扬闯的精神、创的劲头、干的作风,努力在更大格局、更宽视野、更高定位中找准坐标、提升标杆、拓展内涵,让"创新、改革、开放"成为忠实践行"绿水青山就是金山银山"理念,打造重要窗口县域样本和新时代美丽中国县域窗口的醒目标志。会议传达学习中共中央政治局常委、中央纪委书记赵乐际在浙江和安吉考察的重要讲话精神,以及省市委常委会会议精神,研究部署安吉县贯彻落实意见。会议指出,全县各级党组织和广大党员干部要切实提高政治站位,扛起责任使命,深刻领会赵乐际在浙江和安吉考察的重要讲话精神,树牢"四个意识",坚定"四个自信",坚决做到"两个维护",以更加强烈的使命担当,坚定自觉地推动党中央各项决策部署在安吉落地生根、开花结果。会议强调,要认真对标对表,切实抓好贯彻落实工作。要继续保持战略定力,坚定不移践行"绿水青山就是金山银山"理念,努力创造更多理论素材、实践范例和发展实绩。要大力推进乡村全面振兴,加强乡村产业培育和发展,注重传统产业转型升级和新产业新业态新经济新模式引育,不断优化乡村经营布局,盘活各类资源要素,让乡村经营成为乡村生态产业发展的重要增长点。要加快推进基层治理现代化,坚持以乡村治理"余村经验"为引领,进一步加强和创新社会治理,不断健全完善治理体系、创新数字赋能智治、突出共商共治共享。要纵深推进全面从严治党,以永远在路上的执着把全面从严治党引向深入，持续巩固发展绿水青山的政治生态，不断强化作风建设，深化拓展清廉乡村建设。会议强调，全县上下要把赵乐际同志的关心关怀转化为实干担当、奋勇争先的不竭动力，始终以饱满的热情、昂扬的斗志、坚忍的毅力，拉高标杆、创新作为，认真贯彻落实好中央和省市委的各项决策部署，在践行“绿水青山就是金山银山”理念、加快推进中国最美县域建设，打造“重要窗口”县域样本和成为新时代美丽中国县域窗口中不断取得更大成效。会议听取四省六县扶贫茶苗管理现场推进会筹备情况汇报，审议通过《安吉县绿色产业基金方案》，听取2020绿色发展科技创新大会、县资源规划局工作等情况汇报。会议要求，要高度重视、高效推进，确保四省六县扶贫茶苗管理现场推进会办出成效、办出质量。要抓好会务筹备工作，进一步加强沟通对接，切实把各项筹备工作做实做细。要充分展示安吉形象，进一步提升安吉的知名度和美誉度。要持续深化合作，不断巩固扶贫成果，在更多领域分享经验做法，更好地实现互利共赢、协同发展。会议要求，要牢牢抓住国家绿色发展基金股份有限公司在上海揭牌运营的机遇，进一步提高认识、统一思想，加快谋划设立安吉县绿色产业基金，推动六大产业更好更快发展。要找准定位，用活基金，把集聚产业关联度高、科技含量高、绿色元素高、带动能力强的绿色项目作为主要投资方向，坚持以基金培育产业，努力争取更多政策资源。要严格管理，防范风险，进一步完善绿色产业基金内部管理制度，抓实抓紧基金审查，选优选好基金管理人。会议强调，要以2020绿色发展科技创新大会成功举办为契机，进一步坚定信心决心，坚持与时俱进、深化改革创新，全力拥抱数字经济，为推动高质量绿色发展厚植创新创造活力。要认真总结办会经验，进一步加大宣传力度，努力在全社会营造“数字赋能、创新驱动”浓厚氛围。要聚焦“数字经济赋能绿色发展”，围绕以大数据、人工智能、区块链等为核心的数字经济，进一步加强政产学研深度融合，在绿色生产、绿色消费、绿色政务等领域开展更多创新探索，继续加强与高端人才、项目对接，及时做好跟踪服务，努力实现会议活动成效最大化。会议指出，自县十四次党代会以来，县资源规划局紧紧围绕发展大局，统筹做好资源管护、保护修复、要素保障等各项工作，聚焦主业积极有为，保障发展成效显著，改革创新亮点纷呈，队伍建设有力有效。会议强调，县资源规划局要全面贯彻落实党的十九届五中全会精神，深刻理解新发展阶段、新发展理念、新发展格局，以更高站位和视野推进自然资源和规划工作。要切实增强全局观，坚定发展观，树立正确政绩观，科学有效推进国土空间规划编制，优化生态、生活、生产空间布局，扎实做好保护、发展、留白三篇文章。要聚焦重点领域，高效履行要素保障、资源配置责任，着力提高自然资源集约节约利用水平。要以新时代浙江（安吉）县域践行“两山”理念综合改革创新试验区为重要战略支撑，进一步深化自然资源重要领域和关键环节改革，加快形成一批可复制、可推广的好经验好做法。要深入推进全面从严治党，坚决把纪律和规矩挺在前面，注重干部学习能力培养，充分调动主动性、积极性和创造性，推动全县自然资源和规划事业更上一层楼。

12月1日，中共安吉县委举行十四届县委第132次常委会会议。传达学习习近平总书记在全面推动长江经济带发展座谈会、全国劳动模范和先进工作者表彰大会、中央军委军事训练会议上的重要讲话精神，传达学习全国精神文明建设表彰大会精神、全省深化“千万工程”建设新时代美丽乡村现场会精神，部署安吉县贯彻落实工作，听取兑现2019年度经济发展奖励资金方案、全县安全生产和应急管理工作等情况汇报。会议强调，习近平总书记在全面推动长江经济带发展座谈会上的重要讲话精神，充分体现进入新发展阶段推动长江经济带高质量发展的新要求。要认真学习领会，深入贯彻落实习近平生态文明思想，切实把加强生态环境系统保护修复摆在突出位置，坚持系统思维，坚持源头治理，持续加强“三线三度三性”立体管控，不断强化山水林田湖草等生态要素协同治理。要进一步明确主攻方向、细化工作举措，统筹推进服务构建新发展格局、提升对外开放水平、加快构建现代产业体系、保护传承弘扬特色文化等工作，主动融入长江经济带发展战略，努力在推动长江经济带高质量发展中做出更多安吉贡献。

会议强调，习近平总书记在全国劳动模范和先进工作者表彰大会上的重要讲话，具有很强的政治性、思想性、指导性和针对性，是激励广大劳动者为全面建设社会主义现代化国家而奋斗的动员令。全县各级各部门要大力弘扬劳模精神、劳动精神、工匠精神，形成爱岗敬业的职业风尚。要切实维护广大劳动者合法权益，不断提升工人阶级地位和劳动群众获得感、幸福感、安全感。全县各级工会组织要充分发挥桥梁纽带作用，进一步提高工作能力和水平，不断激发广大劳动者干事创业热情，为建设中国最美县域汇聚起磅礴力量。会议强调，习近平总书记在中央军委军事训练会议上的重要讲话精神是习近平强军思想的重要体现。要深入学习贯彻习近平新时代中国特色社会主义思想和习近平强军思想，把党管武装工作放在维护国家安全的大战略中来思考，切实做到职责履行到位、制度落实到位、工作推进到位。要持续深化双拥共建，严格落实军人安置、扶持创业等政策，不断巩固和发展军政军民团结，全力推动全县国防事业高质量发展。会议要求，要深刻学习领会党中央对新时代精神文明建设的新任务、新要求，把学懂弄通做实习近平新时代中国特色社会主义思想作为首要政治任务，切实推动精神文明建设取得新的更大成效。要以“再出发”的定力和决心，坚决扛起新的责任使命，切实把习近平总书记的关怀和厚爱转化为安吉县继续做好精神文明建设的政治动力、精神动力、工作动力，全面推动精神文明建设各项工作再提升、再深化。要持续巩固拓展全国文明城市创建成果，认真总结成功创建的宝贵经验和精神财富，把好经验、好做法、好作风充分运用到改革发展各项工作实践中。要大力选树安吉县在全国文明城市创建过程中表现突出的先进集体和个人，进一步激发广大党员干部“拼比争、看变化”的精气神。会议要求，要坚定信心决心、扛起责任使命，按照“‘重要窗口’鲜明标识、绿水青山就是金山银山实践重要战场、绿色发展火热沃土”的目标定位，拉高标杆、创新作为，加快建设新时代美丽乡村，更高水平推动乡村全面振兴，为全省争创社会主义现代化先行省多做安吉新贡献。要突出抓好人居环境提升、乡村经营示范、治理效能提升等重点，进一步提升美丽颜值，不断激发乡村经营活力，推动形成党建统领“四治融合”的城乡基层治理体系。要继续严格落实耕地保护制度，高质量完成“消薄”硬任务，尽最大力量做好“兜底”保障工作。要谋好农业农村工作领域具有牵一发动全身引领作用的改革创新举措，重点在农村闲置宅基地闲置住房“三权分置”改革等方面实现更大突破，进一步激发乡村振兴内生动力，努力创造更多可复制、可推广的安吉经验、安吉模式。要强化党建引领，充分发挥村社带头人、村班子和村社组织的作用，进一步畅通优秀人才返乡下乡渠道，充分发挥农民主体作用。会议要求，要坚持公平、公正、公开原则，抓紧奖励资金兑现落实，确保奖励精确惠及企业。要突出激励导向，切实激励先进生产力、激发经济发展正能量，在全社会营造“鼓励实干家、褒奖创新者”的浓厚氛围。要集中资源办大事，切实发挥财政性奖励资金的杠杆作用，不断提高经济发展奖励政策的社会效益和经济效益。听取县应急管理局工作情况汇报后，会议对全县安全生产和应急管理工作表示肯定。会议指出，自县十四次党代会特别是机构改革以来，县应急管理局主责主业抓得牢，服务大局意识强，改革创新亮点多，干事创业状态好。下一步，要树立系统观念，始终紧绷安全生产弦，为全县加快高质量赶超发展营造良好的安全环境。要切实抓好年底前安全防范等各项工作，始终抓牢应急预案编制，持续完善各项应急预案并加强应急演练，着力增强全民防灾减灾意识。要充分发挥安委会办公室作用，为县委、县政府做好安全发展当好助手和参谋。要构建统一领导、权责一致、权威高效的应急管理体系，推动形成统一指挥、专长兼备、反应灵敏、上下联动、平战结合的应急管理体制，严格落实属地管理责任和企业主体责任，织密扎牢安全生产防护网。要不断增强行业服务意识，始终紧绷廉政自律这根弦，不断加强专业应急救援队伍建设，努力打造一支思想过硬、作风过硬、技术过硬、特别能战的应急队伍。会议还专题研究部署安吉县冬春季新冠肺炎疫情防控工作。会议听取安吉冬春季疫情防控工作情况汇报。会议指出，今冬明春疫情防控形势依然严峻复杂，国内反弹、国外输入的风险丝毫不容忽视。要紧绷思想之弦，清醒认识当前疫情防控的严峻形势，以“两个维护”的政治自觉，以对人民群众高度负责的态度，慎终如始做好冬春季疫情防控各项工作，坚守湖州西南大门，坚守安吉一方净土。会议强调，要精准管控，用好“一图一码一指数”，建立健全“源头查控＋硬核隔离＋精密智控”机制，坚持“人”“物”同防，严格落实戴口罩、用健康码、保持社交距离等措施，加强境外和国内中高风险地区来安吉人员管控，落实好核酸检测、居家或集中医学观察等防控措施，强化特殊场所、农贸市场、商超等重点场所以及冷链环节常态化监测，切实筑牢“外防输入、内防反弹”的严密防线。要周密防备，坚持从最坏处着想、向最好处努力，全面落实应急准备，统筹抓好隔离场所安排、物资应急储备、应急队伍建设等工作，增强核酸采样检测、保障隔离、医疗救治能力，健全“属地处置、区域协作、高效联动”应急处置机制，广泛宣传普及疫情预防相关知识、防护措施及相关政策，提高群众自我防护意识和能力。要压实责任，按照“防控领导指挥体系不变、人员工作力量不变、联防联控机制不变”要求，进一步压紧压实防控责任，坚持守土有责、守土担责、守土尽责，织密守牢基层防线、全力加强联防联控，确保组织领导不削弱、防控措施不放松、工作力度不降低。

12月16日，中共安吉县委举行十四届县委第133次常委会会议。传达学习省委书记袁家军在省管领导干部学习贯彻党的十九届五中全会精神集中轮训班上的讲话精神；听取关于贯彻落实被征地农民参加基本养老保险政策有关情况和安吉县全国文明城市创建行政奖励集体和个人情况的汇报；传达学习全省传统制造业改造提升2.0版现场推进会精神，研究部署安吉县贯彻落实工作；听取广电台（新闻中心）工作情况汇报。会议首先举行“党性党纪教育一刻钟”，学习习近平总书记在中央政治局第二十五次集体学习时关于加强我国知识产权保护工作的重要讲话精神。会议强调，各级各部门要认真学习领会，充分认识知识产权保护工作的时代内涵和战略意义，并将其贯彻落实到“十四五”发展和科技创新工作的各方面。要立足安吉实际，加强全链条保护，加大监管力度，抓好长远谋划，不断提高安吉县知识产权保护工作能力水平，同时以全面加强知识产权保护为重要抓手，进一步优化安吉县营商环境。要进一步加强党对知识产权保护工作的领导，加快构建安吉县知识产权大保护工作格局，加强宣传教育，不断增强全社会尊重和保护知识产权的意识。会议强调，省委书记袁家军在省管领导干部学习贯彻党的十九届五中全会精神集中轮训班上的讲话，立意高远、视野宏大、内涵丰富，对系统观念和系统方法作了科学深入的阐述和解读。要站在践行“两个维护”的政治高度，准确把握和深刻理解系统观念和系统方法，并灵活运用到经济社会发展和党的建设各领域各方面各环节。要坚持以系统观念和系统方法谋划长远、推进工作、抓好当前，把系统观念和系统方法充分体现到谋划“十四五”和2021年工作中，对事关改革发展的重大改革和工作进行系统部署和整体推进，统筹抓好岁末年初各项工作。要牢固树立“没有走在前列也是一种风险”的忧患意识，融汇系统论的思想精髓，创新现代思维方式，拓展现代战略视野，提高现代科学素养，加快提升现代执行能力，增强现代斗争本领，努力打造一支唯实惟先、善作善成的党员干部队伍。会议要求，要切实把安吉县在全国文明城市创建过程中做出突出贡献的先进集体和个人选树起来，突出实干实绩，树立实干担当、奋勇争先的鲜明导向。要严明纪律规矩，严格按照规定开展评选。要强化氛围营造，进一步激发全县广大党员干部“拼比争、看变化”的精气神。会议要求，要深刻领会提高认识，深入贯彻习近平总书记关于推进制造业高质量发展的重要指示精神，贯彻新发展理念，更新传统思维，全力推动安吉县传统制造业数字化、集群化和服务化发展。要突出重点加快推进，坚持项目为王，突出企业主体，强化数字赋能，抓好精准培育，谋划长远发展。要优化服务强化保障，继续以打造营商环境全省最优县为目标，持续打好政策组合拳，强化要素保障，精准破解企业发展难题，努力为传统制造业改造提升营造良好环境。会议对广电台（新闻中心）工作表示充分肯定。会议指出，自县十四次党代会以来，广电台（新闻中心）主责主业成效明显、服务大局积极有为、改革创新亮点纷呈，队伍建设充满活力。下一步要提高站位，把牢政治方向，奏响主旋律，传播正能量，全面深入凝聚党心民心。要围绕中心，服务发展大局，为全县发展呐喊助威、凝心聚力的同时，主动参与经济发展工作，以新闻视角为党委政府工作做好谋划推动。要守正创新，推进融合发展，赋予媒体融合改革新内涵，注重短新实，积极探索全媒体中央厨房在各播出平台的二次、三次生产，以优质的传播内容吸引受众，以内容优势赢得发展优势。要固本强基、锻造过硬队伍，做好引进人才、培养人才、留住人才的有机结合，大力提升干部队伍能力水平，努力成为行家里手、复合型人才，充分展现新时代安吉新闻工作者风采，为助推安吉高质量赶超发展做出新的更大贡献。会议还研究其他事项。县委书记沈铭权主持并讲话，宋波、徐卫勇、沈霞俊、任烽、柏建华、项侃文、朱伟、何承明、刘小翔、高发义出席会议，陆为民、赵德清、管永丰、陈悦、沈鑫钰列席会议。

12 月 23 日，中共安吉县委举行十四届县委第 134 次常委会会议。听取县农业农村局工作、农村乱占耕地建房问题清查整治进展及下一步工作、国有企业深化改革方案等情况汇报。会议首先举行“党性党纪教育一刻钟”，学习习近平总书记在中央全面依法治国工作会议上的重要讲话精神。会议要求，要深刻领会、把握核心要义、明确工作要求，为奋力谱写安吉高质量赶超发展新篇章提供坚强法治保障。要深化法治建设，全面加强法治政府、法治社会建设，进一步深化司法改革，加强普法工作。要强化组织保障，进一步加强党对法治建设的领导，不断推进党的领导制度化、法治化。各级领导干部作为“关键少数”，要带头尊崇法治、敬畏法律，以实际行动带动全社会尊法学法守法用法。会议指出，县农业农村局自组建以来，紧紧围绕“两聚一美”发展大局，坚定不移践行“绿水青山就是金山银山”理念，全面落实乡村振兴战略要求，主责主业有担当，服务发展有力度，改革创新有特色，队伍建设有成效。下一步，要提高站位、拉高标杆，围绕“村强民富景美人和”目标，高标准推进美丽乡村精品示范村、善治示范村、经营示范村“三村联创”，推广运用乡村治理“余村经验”，加快数字乡村、未来乡村建设，全力打造全国乡村振兴先导区。要聚焦重点、持续发力，坚决保障粮食安全，高度关注农业产业化建设，持续做好村级集体经济“消薄”，加强农业平台建设，努力争创国家级农高区。要大胆探索、勇于创新，以新时代浙江(安吉)县域践行“两山”理念综合改革创新试验区建设为战略支撑，谋深谋实“三农”领域重大改革事项，加快推动农村建房、农田保护、农民权益分配等方面的改革政策落地落实。要加强学习、提升队伍，全面加强党风廉政建设，不断锤炼过硬干部队伍，着力打造一支懂经营、懂治理、懂技术的农业农村干部队伍。会议强调，要深刻领会习近平总书记重要指示批示精神，站在维护国家安全的高度充分认识保护耕地的极端重要性，以更加坚决的态度、更加有力的举措、更加务实的作风抓实抓好各项工作，确保整治成效。要抓好重点环节，坚持实事求是，坚持分类处置，强化督促指导，压紧压实责任，加大整改力度，及时研究解决突出问题，坚决遏制乱占耕地建房蔓延势头。要健全长效机制，结合“十四五”规划编制和全域美丽空间管控机制，统筹耕地保护和新时代美丽乡村建设，规范农村土地管理和开发利用秩序，牢牢守住耕地保护红线。会议强调，本次深化国企改革是深入贯彻党的十九届五中全会精神，推动国企规范管理，实现资源整合的需要。要提高站位，统一思想认识，扎实推进各项工作。要坚持系统观念，高效有序推进，聚焦“国资保值增值和国企做大做强”两大目标任务，吃透政策、规范操作，摸清底数、有序划转，聚焦主业、做大做强，完善制度、激发活力，防范风险、确保稳定。要强化组织领导，压紧压实责任，始终坚持党对国资国企改革工作的集中统一领导，进一步细化工作方案，明确责任分工，合力推动各项工作有效落实。

12 月 30 日，中共安吉县委举行十四届县委第 135 次常委会会议。学习贯彻中央和省委经济工作会议精神，听取关于 2021 年元旦、春节期间市场供应保障情况的汇报。会议指出，这次中央和省委经济工作会议充分肯定“十三五”时期和 2020 年取得的工作成绩，理性辩证地指出当前面临的复杂形势，充分体现中央和省委对经济工作的高度清醒和坚定信心。安吉正处于大有可为的战略机遇期。全县上下要把学习贯彻中央和省委经济工作会议精神作为当前一项重要政治任务，迅速组织学习传达，深刻领会精神要义，切实把思想和行动统一到中央和省委决策部署要求上来。要鼓足干劲，坚定赶超发展信心，切实武装自己，全力加快高质量赶超发展，确保“十四五”开好局、起好步。要进一步对标对表，切实把会议精神同安吉实际紧密结合，贯穿到思路谋划、工作落实当中，把握好稳中求进的工作总基调，更加注重经济政策的连续性、稳定性、可持续性，尽快拿出实施“三服务”2.0版的具体举措。要切实增强政治意识，不断提高政治判断力、政治领悟力和政治执行力。会议强调，要科学统筹，重点抓好岁末年初五个方面工作：一要抓收官，做好各项工作研判梳理、对标找差、盘点对账，为科学谋划2021年“开门红”和“十四五”开好局打下扎实基础；二要抓筹备，把县委全会和县两会各项筹备工作做得更细、更优、更扎实，确保会议顺利召开；三要冲首季，高度重视“开门红”，确保经济指标“能快则快、能好则好、能高则高”，牢牢把握全年经济工作主动权；四要惠民生，做好困难群众生活安排、走访慰问、市场供应保障等工作，积极应对寒潮天气；五要防风险，抓好节日期间党风廉政建设，加强冬季安全生产监管，做好冬春季疫情防控工作，坚决维护社会大局和谐稳定。会议强调，各级各部门要高度重视“两节”市场保供，带着感情、带着责任抓好各项工作落实。要加强产品供给，确保粮、油、肉、菜市场供应充足，严守保障供应底线；强化市场监测，密切关注重要商品和服务价格变化，合理引导市场预期，加强水、电、油、气、运价格监测，做好分析预警；加大困难救助力度，保障困难群众温暖过冬；严格安全监管，落实落细食品安全和疫情防控主体责任，加强宣传引导，切实保障群众餐桌安全；释放消费活力，积极培育各领域消费热点，持续拓展电商应用领域，充分挖掘节日经济消费潜力。要加强组织领导，统一调度、统一部署，做到部门间协调配合、统筹联动，落实各乡镇（街道）属地责任，确保物资供应稳定、市场环境有序，让全县人民度过欢乐、祥和的节日。

【县委议事协调机构会议】

县委全面深化改革委员会会议

4月1日下午，县委全面深化改革委员会举行第二次会议。县委书记、县委改革委主任沈铭权在会上强调，改革没有局外人、改革永远在路上、改革要当领跑者。全县上下要进一步保持定力、振奋精神，以更大力度、更强举措、更实作风，抓好改革任务落实，创出更多改革亮点，为安吉高质量发展注入强劲动力，推动新时代浙江（安吉）县域践行“两山”理念综合改革创新试验区建设取得更大成效。会议传达中央全面深化改革委员会第十二次会议和省委全面深化改革委员会第八次会议精神，审议《安吉县“两山银行”试点实施方案》，听取长江经济带战略环评“三线一单”编制工作、群众和企业全生命周期“一件事”改革推进、机关内部“最多跑一次”改革工作推进等情况汇报，听取安吉县2019年全面深化改革工作情况和2020年工作打算的汇报，书面审议相关改革制度。县领导宋波、陆为民、叶海珍、徐卫勇、任烽、柏建华、潘鸣、项侃文、朱伟、何承明、高发义、任贵明、杜尉栋、陈悦参加，副县长沈鑫钰列席会议。

6月22日，县委全面深化改革委员会举行第三次会议。县委书记、县委改革委主任沈铭权强调，乡镇部门“一把手”要切实扛起改革的重大政治责任，亲自抓谋划、抓部署、抓督察、抓落实，争当改革实干家，加快推动新时代浙江（安吉）县域践行“两山”理念综合改革创新试验区建设，为高质量建成中国最美县域、奋力打造“重要窗口”的县域样本、努力成为全面展示新时代美丽中国的县域窗口增添更多动能。会议传达学习中央和省委、市委改革委会议有关精神，听取新时代“两山”试验区建设重点工作推进情况汇报，审议《安吉县农村闲置农房（宅基地）流转意见（试行）》，听取深化“亩均论英雄”改革推进情况汇报；听取部分单位党委（党组）书记作改革工作述职，书面审议相关议题。县领导宋波、陆为民、赵德清、徐卫勇、沈霞俊、任烽、柏建华、潘鸣、项侃文、朱伟、高发义、杜尉栋、陈小龙、管永丰参加，副县长沈鑫钰列席会议。

9月25日，县委全面深化改

革委员会举行第四次会议。县委书记、县委改革委主任沈铭权强调,要深入学习贯彻习近平总书记在中央全面深化改革委员会第十五次会议上的重要讲话精神,进一步增强改革的自觉性和坚定性,继续用足用好改革这个关键一招,围绕新时代浙江(安吉)县域践行“两山”理念综合改革创新试验区建设这一重点,扎实推进“两山”银行、“亩均论英雄”、农村土地改革等重点改革事项,认真谋划“十四五”改革思路举措,紧紧依靠改革创新,扬优势、强弱项,为构建新发展格局提供强大动力。会议传达学习中央全面深化改革委员会第十五次会议精神、省委全面深化改革委员会第十次会议精神,听取部分单位党委(党组)书记改革工作述职,听取公共场所服务大提升、综合行政执法改革、高水平推进营商环境优化等工作情况汇报。县领导宋波、陆为民、徐卫勇、沈霞俊、任烽、项侃文、朱伟、高发义、王一明、管永丰、陈悦参加,副县长沈鑫钰列席会议。

12月21日,县委全面深化改革委员会举行第五次会议。县委书记、县委改革委主任沈铭权强调,要充分认识做好改革工作的重大意义,必须进一步凝聚思想共识,为打造“重要窗口”县域样本、努力成为新时代美丽中国县域窗口汇聚更多动能。会议传达学习中央全面深化改革委员会第十六次会议和省委全面深化改革委员会第十一次会议精神,听取民主法制领域和社会治理体制改革专项小组、生态文明体制改革专项小组2020年度工作、《安吉县农村集体经营性建设用地入市管理办法(试行)》起草、安吉县职工基本医疗保险纳入市级统筹改革等情况汇报,听取部分单位党委书记改革工作述职。县领导宋波、陆为民、赵德清、徐卫勇、沈霞俊、任烽、柏建华、项侃文、高发义、王一明、陈小龙、管永丰、张昕参加,副县长沈鑫钰列席会议。

县委审计委员会会议

3月31日,县委审计委员会召开第二次会议,深入学习贯彻习近平总书记对审计工作的重要指示精神,李克强总理在听取审计署工作汇报时的重要讲话精神,认真贯彻落实省委审计委员会第三次会议精神,研究部署安吉县审计工作。县委书记、县委审计委员会主任沈铭权主持会议并讲话。会议听取2019年全县审计工作情况和2020年审计工作安排,以及2020年审计项目计划安排情况的汇报。县领导宋波、柏建华、潘鸣、朱伟、梁蕴伟出席。

县委教育工作领导小组会议

11月6日上午,中共安吉县委教育工作领导小组第二次会议召开,县委教育工作领导小组组长、副组长,成员单位主要负责人参加会议,教育局班子成员、各乡镇(街道)分管教育领导列席本次会议。会议由副县长、教育工作领导小组副组长任贵明主持。会议学习传达了十九届五中全会精神和习近平总书记关于教育的重要论述,通报了县委教育工作领导小组第一次会议以来的相关工作,研究审议了《安吉县教育布点规划调整方案》《职教中心创建技师学院方案》等,并书面通报了《关于加强新时代中小学生思想政治理论课建设的若干意见》。县委副书记、县政法委书记、教育工作领导小组组长徐卫勇充分肯定了第一次会议以来县教育工作所取得的成绩,并就进一步抓好教育工作提出三点要求:一是牢牢把握教育工作的正确方向,坚持党对教育工作的领导,加强意识形态建设;二是全力推动安吉教育的优质发展,坚持问题导向、效果导向、群众满意导向,努力写好安吉教育的“奋进之笔”;三是切实扛起教育强县的使命担当,提高政治站位,加强学习调研,压实工作责任,为打造“重要窗口”县域样本、努力成为新时代美丽中国的县域窗口贡献教育力量。

县委网络安全和信息化委员会会议

8月4日,县委网络安全和信息化委员会召开第二次全体会议,深入学习贯彻习近平总书记关于网络强国的重要思想,认真落实省市委网信委第二次全体会议精神,总结2019年以来工作,部署下一阶段任务。县委书记、县委网络安全和信息化委员会主任沈铭权主持会议并讲话。会议听取安吉县网信工作以及有关文件起草情况汇报,审议通过县委网络安全和信息化委员会2020年工作要点。沈铭权对全县2019年以来网信工作取得的成绩表示充分肯定。县领导宋波、徐卫勇、潘鸣、何承明、刘小翔参加。

县委全面依法治县委员会会议

5月6日,县委全面依法治县委员会召开第二次会议,深入学习贯彻落实中央和省市委相关会议精神，研究部署下一步法治安吉建设主要任务。会上，县综合行政执法局、昌硕街道党政主要负责人进行述职述法。县领导宋波、陆为民、叶海珍、赵德清、徐卫勇、潘鸣、何承明、梁蕴伟、陈悦、杨绍军，县检察院检察长陈章等出席。

县委财经委员会会议

3月3日，县委财经委员会召开第五次会议。县委书记、县委财经委员会主任沈铭权强调，要坚决贯彻落实习近平总书记重要讲话精神和党中央各项决策部署，自觉扛起“两山”理念诞生地的使命担当，持续深化新时代浙江（安吉）县域践行“两山”理念综合改革创新试验区建设这一实践探索，积极回应全县老百姓热切期盼，坚定“两战”赢的信心和决心，进一步统一思想、提高站位、保持定力、全力冲刺，确保经济工作“半年红”“全年红”。会议听取县发改局关于新冠肺炎疫情对安吉县经济影响的汇报以及其他部门补充发言。县领导宋波、陆为民、叶海珍、赵德清、徐卫勇、潘鸣、项侃文、任贵明、杜尉栋、陈小龙、管永丰出席。

7月15日，县委财经委员会召开第六次会议，深入学习贯彻习近平总书记在浙江、安吉考察时的重要讲话精神，分析研究“半年红”目标任务完成情况和下一步工作安排。县委书记、县委财经委员会主任沈铭权主持并讲话。听取县发改局关于半年度经济社会发展情况汇报和其他单位补充汇报，以及县政府办关于全县秋季争收总体安排和下一步工作计划汇报。县领导宋波、赵德清、徐卫勇、沈霞俊、潘鸣、项侃文、王一明、管永丰参加。

组织工作

【概况】 2020年，安吉县组织系统坚持以习近平新时代中国特色社会主义思想为指导，深入贯彻新时代组织路线，紧紧围绕“两聚一美”发展大局，统筹推进各项工作。在抗击新冠肺炎疫情中，全县各级党组织和广大党员干部奋战在疫情防控及复工复产一线，为“两手都要硬、两战都要赢”提供坚强组织保证。围绕“两山”理念发表十五周年，举办深入学习贯彻习近平总书记重要批示精神暨湖州市安吉县推行“导师帮带制”15周年工作研讨会。习近平总书记对安吉“导师帮带制”工作给予批示。安吉“导师帮带制”15年薪火相传，不断创新方式方法，培养一批又一批优秀干部的相关做法被《浙江日报》整版刊发、《中国组织人事报》给予关注报道。全力完成省委专项巡视组驻点巡视工作，完成村（社区）组织换届，开展农村发展党员违规违纪问题排查整顿工作。1月16日，《浙江日报》聚焦安吉县，对杭垓镇12个村全面完成“消薄”进行整版报道，宣传安吉县有关做法。3月16日，《人民日报》社会版刊发文章《“茶叶采起来，日子富起来”》，报道安吉为贫困地区捐赠的1500万株茶苗陆续开采新闻。全职引进首位顶尖人才，省领军型创新团队实现零的突破，东方基因成为全市首家科创板上市企业，天草生物获省科技进步一等奖，惠嘉生物获评省农业领域重点研究院，艾明德生物年产值超10亿元，人才发展绩效和地方贡献呈现良好态势。7月10日，中共湖州市委常委、安吉县委书记沈铭权做客由浙江省委组织部、浙江电视台联合主办的《党建好声音·书记访谈录》栏目，畅谈“两山”之路越走越宽，在浙江电视台公共新闻频道首播。

【干部队伍建设】 坚持事业发展为上，统筹谋划干部队伍建设，科学调动干部资源，助力全县高质量发展。全面实施“深化‘三服务’、助企开复工”专项行动，抽调2700余名干部参与疫情防控，选派党建指导员、驻企服务员、金融专员，坚持“一企一策”协助解决开复工具体问题。针对涉及医用物资、重大经济民生类重点企业，组建8个专班560人重点开展服务。选派100余名领导干部、青年骨干赴外地招工，驻点指导企业做疫情防控、解决实际困难。认真做好省市防疫工作先进典型选树推荐工作，4人获全省防疫先进个人、2个集体获全省防疫先进集体，1人获省优秀共产党员称号。实施“服务创优先锋行动”，选派353名干部分赴招商引才、项目推进等一线驻点服务，抽调106名干部参加“争先创优”、县委巡察、人口普查、智慧管网建设等9个专班。全力开展东西部扶贫协作工作，分三批选派15名专业技术人才赴四川木里开展对口援助，组织开展党政干部、专业技术人才、创业致富带头人等培训52期，参训人员3600余人次。强化干部教育,举办主体班次11个,青干学堂17期,创新推出"照着这条路走下去""深化'导师帮带制'""'绿水青山就是金山银山'理念的安吉实践——习近平总书记三次安吉之行讲话精神解读"等3堂精品培训课程,打造师说馆、矛调中心、政务办等"导师帮带制"现场教学点。选派20名优秀干部赴中央、省、市部门锻炼学习。持续办好年轻干部能力提升班,选派57名学员赴一线历练,不断提升实战能力。落实干部考察"二八"原则,探索建立《县管领导干部平时考察了解办法》《安吉县机关事业单位一般工作人员平时考核实施办法(试行)》等制度,强化干部日常考察了解,增强考评精准度、针对性。着眼县乡换届准备,组织开展乡镇换届集中走访调研,全面掌握干部表现、班子运行等情况,完善优秀年轻干部日常发现、动态管理、持续培养机制,对青干学堂272名年轻干部开展逐一面谈,针对性做好跟踪培养,积蓄后备力量。坚持事业发展为上,更加科学谋划调动干部资源,年轻干部保持"两个20%"常态配备。贯彻落实"两个担当"良性互动机制,推动干部"能上能下"。最大限度发挥职级晋升"杠杆"作用,激励干部实干担当。大力选树先进典型,培育省级担当作为好干部1名、市级担当作为好干部3名。以省委巡视为契机,抓实问题整改,推动选人用人各项工作规范化制度化,牵头开展外县调入安吉县事业人员身份核查、领导干部学历审查等专项行动,完成整改落实。以系统思维推进制度规范建设,推动出台《县公职人员防范利益冲突"十不准"》《规范全县退职领导干部因私出国(境)管理》《规范领导干部辞职审批及辞职后从业行为管理》《关于进一步规范干部选派工作规定》等12项制度。落实中层干部选任"一周必检制",对43家单位开展任前职数预审、选任指导及任后检查工作,提升干部选任工作规范化水平。打造干部因私出国(境)管理闭环,出台在职干部、退职领导干部因私出国(境)管理等制度,牵头成立联合检查组每季度开展检查,联合编发通报,跟踪督促违规兼职问题整改。

11月20—21日,2020年安吉县年轻干部能力提升培训班座谈会在县委党校召开

【公务员管理】 完成安吉县2020年公务四级联考和面向全国"双一流"和省内12所重点建设高校择优选调应届毕业生的笔试、面试、体检、考察等工作,48名录用的公务员到岗上班,其中8名选调生根据省委组织部统一部署,全部安排到村任职。规范公务员调动、调任、选任等程序,严格执行《公务员调任规定》《安吉县机关事业单位工作人员调动管理办法(试行)》等规定,共办理公务员调动49人,报送市组办理调任15人,按照文件要求对外县调入19人联合主管单位进行实地考察,了解现实表现情况。有序开展安吉县县级机关单位公开选调优秀干部工作,为2家单位选3名干部,加强对试用期公务员的监督管理,打破试用期就是保险期的"潜规则",对天子湖1名无法胜任工作岗位的试用期干部予以取消录用。

2020年,县组织部注重平时考核与年终考核相结合,不断完善考核管理办法,制定下发《安吉县公务员平时考核实施办法》,并要求各主管部门根据单位实际情况制定相应的实施细则。依据县考核办对各单位考核等次评定结合公务员网络学堂、三年学法轮训测试结果等完成情况,对79家单位上报的考核结果进行审核,退回不符合规定8家,对年度考核被确定为优秀等次的396名公务员及时给予嘉奖，对连续三年被确定为优秀等次的40名公务员及时记三等功，对年度考核不称职或基本称职的13名公务员，不计算为晋升工资级别和档次的考核年限，通过对考核结果的运用，倒逼公务员增强干事创业能力，实现对公务员的有效管理。加强对选调生群体的管理，通过召开座谈会、建立导师帮带制度、开展谈心谈话等多种形式实时了解掌握选调生思想动态。联合县委党校组织为期12天的2020年新录用公务员初任培训及选调生脱岗培训。

强化党对公务员工作的集中领导，推进职业生涯全周期管理"一件事"改革工作，健全完善从录用到退出的"全链条"管理机制，全年"一件事"平台累计办结相关事项433起。充分发挥公务员信息管理系统的功能作用，根据全县公务员人事变动信息调整情况，每月督促人事干部及时更新，累计维护信息库信息800余人次，实现公务员"进、管、出"各个环节动态管理，更加准确全面地掌握公务员队伍的数量、分布、结构和变化情况，保证公务员日常管理的科学化、规范化，信息化。2020年，办理退休48人、提前退休6人、公务员登记76人。做好参公单位重新申报认定工作，根据市委组织部相关要求，共梳理需重新认定单位44家。

落实公务员职务与职级并行制度，畅通职级晋升通道，完善医疗、住房补贴等配套工资福利政策，对158名非县管干部符合晋升职级条件完成审核审批，及时落实工资待遇，并根据个人年度考核结果，第一时间完成公务员工资正常审批2500余人次。注重选树先进典型，年初挑选5家先进典型单位参与中组部调研交流座谈，深入挖掘各单位表现突出、做出重大贡献人员。

【机关党建】 2020年疫情期间，探索推进"街道党委—社区党组织—小区党支部—楼道党小组—网格党员"五级防控网格，组建28个临时党支部，全县1100个农村党小组、3万余名党员奋战在防疫一线，为坚决守牢安吉一片净土、确保"零疫情、零疑似"提供坚强组织保证。制定并落实《在疫情防控工作中激励党员干部担当作为十项举措》，转拨划拨200万元专项党费支持防疫，为1.2万名防疫人员提供60亿元专属保险。联合安吉农商银行制定《应对疫情金融支持企业共渡难关的八项举措》，持续升级"红色动力信用贷"，通过展期、无还本续贷、信贷重组、降低利率等方式向困难企业给予金融支持。

农村党建创优，推进"百千"专项行动，创成市县级基层党建整乡推进示范乡镇（街道）各1个、"双创双全"先锋示范村市级8个、县级11个。新打造七彩灵峰、苕溪富民、乡村振兴、"党建＋电商"4条党建示范带，涉及15个党建示范点。新提升昌硕故里、大竹海、黄浦江源、白茶飘香、红色风景线5条精品示范带，涉及党建示范点14个。城市党建创精，聚焦城市基层治理，在全市率先探索建成14个小区功能型小区党支部。深化党组织领导下的"六方会谈"机制，制定"四好两优两和谐"红色物业示范小区创建标准，完成22个"红色物业"示范小区和20个"红色驿站"建设。出台加强机关党建"20条"举措，制定深化"双建"工作实施意见，为推动安吉县机关党建走在前、作表率提供政策支撑。持续推进机关党组织"美丽核心"比拼，推动15个"美丽核心"机关党组织示范引领，并获评第九轮全省机关党建工作优秀创新成果奖。两新党建创强，开展"三整一全"建设，持续深化"双覆盖集中攻坚"行动，聚焦物业（业委会）、商贸楼宇、金融中心、园区等重点领域区域，新建两新党组织20个。抓好"红智引擎、四季争先"品牌建设，牵头举办"党建＋电商"1335工作现场推进会。加强新生代企业家培养，创新开办"'两山'青企学堂"，采取"每月一主题、一季一活动"形式，组织47名青年企业家开展培训活动。开展两新组织党务工作者专业能力认证，新增评定40个，其中中级7个；新晋升16人，其中高级2人。行业党建创特，聚力优势行业，扎实推进交通、市监、司法、民政等行业党建，承办全市市监系统党建工作推进会，并交流相关经验。深化党组织领导下中小学校校长负责制，完成教育系统"美丽党建"强基三年行动，培育党建示范学校9个，支部特色品牌15个，党建示范点52个。2020年，安吉县被列入省级党组织领导下的中小学校校长负责制工作试点县。加强卫健系统党建工作，开展"公立医院党建巩固提升年"活动，落实公立医院党委领导下的院长负责制，开展“对标六好、夯实基础”基层党支部规范化建设，打造疾控中心等6个党建示范点。推进国企党的建设，加快推进国有企业退休人员社会化管理工作，前期摸排应转组织关系的国企退休党员完成转接工作。持续抓强党组织书记、党务工作者、党员等三支队伍教育管理，连续三年举办国有企业“美丽党建、强根固魂”集中轮训班。

抓好村社组织换届部署推进，压紧压实县乡村三级换届工作责任，推动县级领导“一函一单一表”包乡走村任务落地，推进“1+3”换届督导组全程参与换届各个环节，开展“三色”选情动态分析，宣传“十严禁十不准”换届纪律，制作“向乡亲们报告”“开门一件事”专题节目，编发4期村社换届动漫微视频。208个村社完成党组织和村(居)民委员会换届选举工作，一次选举成功率100%、组织意图人选100%当选。

举办深入学习贯彻习近平总书记重要批示精神暨湖州市安吉县推行“导师帮带制”15周年工作研讨会，发布全国首个“导师帮带制”工作规范，结合换届工作，选树首批7名新任党组织书记、15名离任村主职干部担任“金牌导师”。深化“美丽党建”强基行动，紧扣“走看晒”主线，结合运用“互联网+”、大数据等新技术新媒体，以现场推进会、集中研讨会等，陆续组织开展“两山”最美项目、“两山”最美机制、“两山”最美平台等三期活动。举办庆祝建党99周年暨“红色传唱人”第二季展演，制作12期《两山红印》专题节目，以温情故事激励党员干部奋发有为。协助拍摄《建党百年》《省“治村十法”》《书记访谈录》《党建好声音》《战疫·榜样在身边》等作品，省委组织部录用“学榜样、践初心”微视频作品2部。持续开展“万名党员进党校”活动，举办全县机关、村社、两新各领域党组织书记培训班，开展全县新一届村(社区)主职“履职第一课”，选树省兴村治社名师1名、市“乡村振兴优秀带头人”2名，招聘优秀村社党组织书记进入乡镇(街道)事业编制3名。

10月10日，全县村(社区)组织换届工作会议召开

创新开展“美丽党建”“N+1”项目申报制度，推动46个党建项目落地。持续推进两新党建“1+2”项目任务领办制度，18个两新工委成员单位、15个乡镇(街道)共领办个性化项目任务110个。深化完善村社党组织书记季度工作视频交流制度，固定情况通报、回应问题、交流发言、书记点评四个环节，通过会议集中精力解决一个难点问题，推进一批重点项目，督促落实一项工作。

针对新一轮三年强村行动(全县50万元以下49个村，计划提升任务数15个)，压实49名县派“第一书记”责任，持续深化“飞地物业”、多村抱团联动等做法，积极推动建设美丽乡村向经营美丽乡村转变，村级集体经济收入显著提高，2020年村均年集体经济经营性收入203万元，全面消除年经营性收入30万元以下的欠发达村。实施“深化‘三服务’、助企开复工”专项行动，抽调干部2700余人次参与疫情防控，选派党建指导员、驻企服务员、金融专员，坚持“一企一策”协助解决开复工具体问题。下派96名驻企服务员驻点指导企业做疫情防控、解决实际困难。创新“党建+金融”方式，联合出台助企共渡难关八项举措，推出抗疫先锋贷、抗疫保障贷，累计为企业授信10亿元，发放贷款5.9亿元。

2020年，倒排23个村社活动场所改造提升，将此项工作纳入基层党建考核指标，保障基层基础工程推进。年内有14个按既定时间完成，尚有6个紧扣12

月节点正在加快建设。深化推进五星级党群服务中心建设，按市要求，验收评定第一批31个四星级党群服务中心（市五星级评比结果未出）。全面落实村社干部集中办公制度，创新开展村社党群服务中心“空间提质”行动，采取整乡推进方式，年底前率先完成孝源街道等5个乡镇（街道）62个村社提升工作。建成恒林等12个星级“红色车间”、纳美等5个星级“党员人才专家”工作室，新建、提升“红领学院”16家、培育“党员示范岗”115个。

承接农村、离退休等领域党员分类管理办法试点，做好党员政治生日、党员志愿服务试点工作，明确“八个一”推进举措，创新农村党员助力乡村振兴十条办法、离退休党员“六色”动态柔性管理等制度探索，确保试点质量。落实村社党组织书记县级党委备案管理制度，与县纪委监委联合下发《关于新形势下加强村（社区）党组织书记监督管理的实施意见》，结合村社干部个人重大事项报告、信息管理系统等，常态抓好书记队伍动态管理。

【人才工作】 2020年，全职引进首位顶尖人才，省领军型创新团队“零突破”，建成首家事业单位性质科研院所，东方基因成为全市首家科创板上市企业，天草生物获省科技进步一等奖，惠嘉生物获评省重点农业企业研究院，艾明德生物年产值超6亿元。全年召开县委常委会6次、县委人才工作领导小组会议2次、县委人才办主任办公会议11次，专题研究浙江大学生态文明研究院建设、上海交大生命健康联合研究中心开园、两山杯双创大赛组织等重点工作20余项。细化和明确县委人才工作领导小组成员单位的职责，创新推行实施高层次人才领衔项目折抵重大招商项目和乡镇（街道）跨区域合作引才两大机制，选派12名精干力量分别赴北京、上海、深圳等地专职招才，整合全县资源攻坚破难。强化对人才群体引领，疫情防控期间，发动人才专家通过技术研发、捐款捐物、献智献策等方式助力疫情防控，受到《组织人事报》《中国人才》等媒体广泛报道。

2020年，抓住引才“窗口期”“黄金期”，深化“三服务”走企访才活动，全面排摸县内重点科技型企业需求，高规格举办第五届“两山杯”创新创业大赛、首届中国·安吉青年博士论坛、中国农业大学专家服务暨项目“揭榜挂帅”等活动12场，累计引育顶尖及领军人才60名，入选省级引才计划4名、省“海外工程师”8名（全市第二）、“南太湖精英计划”26名、“美丽英才计划”8名。实施“百名硕博引才计划”，创新推出“聘任制硕博专员”做法，全年开展两轮招硕引博活动，共招引“百名硕博”人才39名、“聘任制硕博专员”9名。开展“万名大学生招引计划”，先后赴东北、河南、安徽等地开展校园直通招聘23场，招引大学生及各类人才28894名。精准把握本土资源情况、发展优势，进一步盘活用好本土人才。全年申报入选“南太湖特支计划”21名，培育企业经营管理人才4622人次，新鉴定高技能人才5387名，培训农村实用人才1775名。创新实施“两山”社会工作人才“百千万”计划，申报省“希望之光”项目，争取省财政补助资金40万元。

优化调整科创园孵化器项目准入和运营管理办法，对项目入驻、考核、清退等作出明确规定，清退发展停滞项目11个，腾空厂房12000余平方米，同步引进优质项目6个，园区运行绩效全面提升。推进示范区小微企业产业园二期工程、浙北生命健康产业园、安吉云数据中心产业

10月24日下午，首届中国·安吉绿色发展青年博士论坛在安吉举行

园建设,完成笔架山农业高新区现代农业公共服务中心验收,国家级竹产业园开园。深化与浙江大学合作,建成浙江生态文明研究院,共同探索"两山"转化新路径。启动安吉县智能家居工程师协同创新中心建设,同步推进浙江工业大学安吉绿色家居产业工业设计研究院建设,为主导产业转型升级赋能。注重企业创新载体建设,新建省级博士后工作站2家、市级院士专家工作站3家、省级重点企业研究院1家、省级企业研究院15家、省级企业技术中心2家、省级众创空间3家。加快"融杭接沪"步伐,联合上海交通大学共建浙江安吉生命健康联合研究中心,打造上海第二个"人才飞地",首批签约入驻优质项目4个;选址杭州城西科创大走廊,投资2000余万元,租赁产业化空间6100平方米,建设杭州"人才飞地"。

2020年,出台安吉人才新政4.0及其配套实施细则,全年兑现人才项目资助、人才住房补贴等各类人才专项资金5500万元。出台支持人才企业抗疫情稳经营十条举措,开通人才企业复工复产"绿色通道",协助东方基因核酸检测试剂盒获国家药监局审批。推行人才创业"拨+投+贷"机制,对接"两山"双创基金等投资机构实投人才创业项目5000万元,协调金融机构为人才企业融资2800余万元。实施"人才集中服务日"专项行动,组团走访调研全县上市企业、凤凰计划企业、科技型企业近200家,宣传人才政策3000人次,指导申报人才项目85个。深化县领导"六联"服务人才专家制度,选派35名"三大员"驻点服务34家人才企业,举办创业沙龙、资本相亲、上市引领等系列活动12期,研究破解人才产业化难题67个,全年人才创业项目年产值超20亿元,产业化绩效继续领跑全市。坚持以真情打动真心,增进人才的认同感、成就感、归属感。全年发放人才服务金卡40张,提供免费人才公寓100间,开展"科技工作者日""教师节""医师节"等人才慰问65人次,帮助人才解决子女入学难题58名,定期举办人才读书会、交友会、篮球赛等联谊活动11次。

【老干部工作】 2020年,累计接待省委老干部局副局长施建荣调研2次,市委组织部副部长、老干部局局长夏冰带队调研5次,市委老干部局副局长陈宜明调研9次,吴兴区委老干部局、南浔区委老干部局等兄弟单位到安吉调研3批次,舟山市委老干部局、宁波市委老干部局等外地单位到安吉调研10余批次,承办全省老干部"信仰对话"系列活动暨"银雁返乡"志愿服务项目启动仪式。

年内承担中组部"离退休党员管理"试点,制定《关于加强离退休干部党员管理的实施办法》,创新梅溪镇离退休党员"六色"动态柔性管理及税务局"一图、三线、五度、三性"管理。打造全县首个老干部工作综合体——梅溪镇苕溪银色港湾,推行志愿服务"银耀绿币银行"工作。完成离退休干部党员到村(社区)报到率77.1%,建立"银领驿支部"17个,"银归驻点"驿支部6个,打造"银领驿支部"典型5个、"银归驻点"典型2个。以打造的24个功能型老干部党组织为基础,延伸离退休干部党建触角,推动在昌硕街道璟和花园小区、富华小区等14个小区成立家园"银领型"党组织,建立小区银领服务站,构筑"老花镜巡察队"、矛

6月29日,续写"两山"理念新篇章·展现"重要窗口"新作为——浙江老干部"信仰对话"系列活动暨"银雁返乡"志愿服务项目启动仪式在湖州安吉举行

盾调解队、文体宣传队等志愿服务队伍，开展小区日常巡察、文明停车劝导、绿化保护等志愿服务活动，挑选有时间、有热情、有威望的老干部党员担任小区党组织书记和成员，小区党组织书记均由老干部党员担任，班子成员 60%以上是老同志，老干部党员引领小区在职党员共同参与学习、开展活动、发挥作用，形成一竿子到底式的融入城市基层党建新格局。以梅溪镇 800 平方米苕溪银色港湾为依托，构建 2 个镇机关建制型老干部党支部和 3 个城市社区、1 个农村老干部党支部组成的“2＋4”党建联盟，明确党建联盟负责人，落实联络联系、联席会议、集中活动、汇报交流、运作保障、坐班轮值 6 项工作机制，实现机关与城市社区、机关与农村、城市社区与农村老干部党支部之间三方融入，推动支部共建、活动共办、资源共用、服务共享。

探索“老干部工作部门＋社区＋社会组织＋社团＋家庭”的“众筹养老”模式，共同编织养老服务网。依托昌硕街道“5189000”、梅溪镇“5189090”服务热线，持续做优家政服务，通过老干部活动中心智能后台监控设备，及时了解离退休干部家政服务日期、时长、满意度等。博组客汇泉养老服务中心创新试行“浙里养·一床、一人、一码”，方便精准掌握入住人员基本信息，通过智慧化管理，离退休干部的服务更精准，服务半径进一步拓宽。开展爱心理发，每月一次，就近就便选点，对行动不便有特殊需求的离休干部上门理发；为 87 位离退休干部发放广电学习卡，开展每月 4 小时家政服务；开展四就近服务，安排昌硕街道 11 个城市社区“四就近”服务工作经费 62000 元；落实社区责任医生与离休干部签约以及工作人员与离休干部结对；每月 5 日、20 日固定两次看望了解生病住院离退休干部，不定期看望生病住院离退休干部，持续开展离退休干部“四季送”行动，2020 年开展离退休干部春节、夏季送清凉、重阳慰问及日常生病住院慰问 234 人次、102000 元；提供贴心服务，邀请公职律师义务为部分离退休干部提供法律援助，提供自费医疗费补助代办事宜；疫情防控期间，调配 1500 只口罩，上门为离休干部、县处级退休干部、老干部志愿者送去组织的温暖，并向在海南等外地暂时无法回安吉的离退休干部通过邮政特快专递寄去口罩 60 只。同步为离休干部开展配药上门服务，为老同志提供便利，解决后顾之忧。为 6 名抗战离休干部送去精心制作的纪念抗日战争胜利 75 周年水晶纪念盘，为 14 位参与抗美援朝战争和战后重建工作的离休干部送去“中国人民志愿军抗美援朝出国作战 70 周年”纪念章。组织老干部开展红歌传唱、红色宣讲、“颂歌献小康，建言现代化”等活动，永葆老干部党员初心本色，累计开展“颂歌献小康，建言现代化”系列活动 3 期，按上级要求报送“‘颂歌献小康，我看新成就’老同志感言”“老同志眼中的浙江‘两个高水平建设’十大新变化”和“我为‘两个高水平建设’献一计”等系列材料。征集全市离退休干部“展风采、颂小康”暨纪念抗日战争胜利 75 周年联展活动书画作品 21 幅，摄影作品 108 幅，并择优挑选书画、摄影作品各 10 幅参加展览。组织开展“绿水青山就是金山银山”理念提出 15 周年老少书画展，在吴昌硕纪念馆共计展出老干部及青少年书画、剪纸作品 226 幅。开展寻找“银尚达人”和“银尚之家”活动，选树“银尚达人”3 名，“银尚之家”3 个。打造“茶道礼仪”精品示范分校（教学点）和梅溪镇苕溪银色港

11 月 18 日，苕溪银色港湾启用仪式在梅溪镇市民中心举行

湾“满意家园”各1所。加大安吉老年大学信息化投入，推动智能化管理、网络教学。坚持离休干部例会学习制度，疫情防控期间，为离休干部寄去学习资料10期、累计93期，开展县处级老领导“走看促”活动3次；新增山川乡、报福镇、杭垓镇、梅溪镇四个老年大学教学点，实现乡镇(街道)家门口老年大学全覆盖。研究出台以“进行一次专题谈话”“举行一场荣退仪式”“发放一份荣退关怀包”“上好一堂身心健康课”“认领一个志愿服务岗”“五个一”为主要内容的干部荣誉退休制度，不断加大对离岗退休干部的关心关爱，激发老干部群体守初心再担当、退而不休的干事热情。

承担市委老干部局文化传承类最美老干部工作室标准制定，持续做优“一线矛盾化解、问题收集反馈”等平台，通过设立“365”式老干部工作室，落实定人、定时坐班轮值，让老干部作用发挥全时段、全天候。优选上报符合党建示范带建设点位要求的“正平工作室”、昌硕街道矛调中心“银雁工作室”2个五星级最美老干部工作室。2020年6月，在天荒坪镇余村成立由鲍新民等老干部组成的工作室，开展“绿水青山就是金山银山”理念宣讲、绿色产业指导、生态护美等志愿活动，承办全省老干部“信仰对话”系列活动暨“银雁返乡”志愿服务项目启动仪式。

【机构编制管理】 2020年，安吉县纳入改革口径的县属事业单位有182家，改革后事业单位存量153家，精简29家，比例达到15.9%，超额61.1%完成省市下达任务，改革力度较大，为以后机构调整争取11个机构限额。通过清理规范整合，重新核定事业单位编制配置和股级职数，精简收回事业编制53名，核减股级职数42名。研究事业编制挖潜、创新、服务高质量发展的方法路径，出台《安吉县实行事业编制信用社制度管理办法》，创新建立事业编制信用社，首批入库事业编制155名，为保障开发区、度假区以及残疾人服务、综合执法改革、生态文明建设等重点领域，安排使用信用社周转编制22名。该项工作被评为2020年度全县“微改革”优秀案例。开展机构改革回头看对35家党政部门以及群团机关进行全面盘点，优化部门内设机构设置，24家部门整合归并内设机构36个；按照机构性质优化编制资源配置，置换群团机关行政编制25名，调剂18名用于加强职责任务较重的部门，收回行政编制7名以备急需。根据全县事业单位清理规范整合工作的要求，完成264家事业单位的设立、变更、注销登记工作，全县所有事业单位配置“身份证”，为事业单位“一件事”改革夯实基础。推进事业单位法人规范化管理，提升公益属性，完成263家事业单位年度报告公示工作；组织开展事业单位“双随机、一公开”抽查，对安吉县昌硕高级中学等10家单位的公示信息(登记事项、年度报告)进行实地抽查；支持生态文明建设，登记设立浙江生态文明研究院；扶持民营企业发展，登记设立安吉蓝润天使外国语实验学校为民办事业单位。

推进“强县扩权”改革，经过各条线充分调研、三轮反复研究梳理、多次赴省市对接，分两批向省政府请求下放行政审批和管理事项，争取到下放事权118项。按照省政府对标“重要窗口”新目标新定位，对下放事项同步开展“最多跑一次”改革，87个委托下放事项中，21个事项通过云签章等方式实现“网上办”，

3月31日，安吉县正式印发首批事业单位机构编制规定，涵盖全县28个县级机关部门、57家事业单位

33个事项采用二号章、空白文书等承接方式，为群众办事提供便利。通过调查研究，加强与县级有关主管部门的沟通协调，较早出台市场监管、文化市场、交通运输、农业农村、生态环境五大领域综合行政执法改革实施方案，编制印发5家综合行政执法队机构编制规定，稳妥有序做好人员转隶各项工作。贯彻落实关于完善乡镇(街道)权责清单部署要求，根据有关法律法规、规章制度立改废释情况，参照全省《乡镇(街道)权力清单指导目录》，结合安吉县实际，梳理形成《安吉县乡镇(街道)权力清单》139条权力事项；组织县级主管部门和乡镇(街道)开展业务培训，完成省库下放107条政务服务事项和33条监管事项的认领工作，逐条做好实施公布。围绕补齐治理体系和治理能力短板，按照权责一致原则，参照《浙江省乡镇(街道)"属地管理"事项责任清单指导目录》，结合安吉县实际，梳理形成《安吉县乡镇(街道)"属地管理"事项责任清单》84项，出台《安吉县科学规范乡镇(街道)"属地管理"实施方案》，明确部门职责和乡镇(街道)职责，切实统筹县乡资源，厘清县乡界面，强化县乡协同。参与政务服务一体化改革提高行政审批和便民服务事项网上办、掌上办水平，打造无差别全科受理综合服务窗口，归集20家单位、432个事项，基本实现"减窗口、减人员、减材料、增实效"的改革目标。整合国土、规划、测绘、矿产资源、林业、湿地、野生动植物保护、森林病虫害防疫、林产品质量安全等领域行政执法职责，组建全省第一支县级自然资源行政执法队，承担全县自然资源和规划领域稽查办案工作，实行一支队伍管执法，锁定人员编制。按照综合设置基层审批服务机构、推进基层综合行政执法改革、推动资源服务管理下沉的要求，整合原乡镇国土资源所的职责、乡镇规划管理站的职责以及基层林业管理服务部分职责，组建安吉县自然资源所，强化基层自然资源所人员编制配备，下沉人员增加30%，实行"以乡设所"并纳入"基层治理四平台"管理。6月，自然资源行政执法队和15个乡镇(街道)自然资源所完成挂牌，进入实质性运行。

以"快、准、全、严、勤、合"6个字的要求，做细做实实名制工作，结合事业单位改革及时动态调整实名制数据库；做好实名制年报工作，通过实名制系统压力测试。开展机关事业单位工作人员职业生涯全周期管理"一件事"线上流转办结工作，加强与"一件事"系统的数据关联，推进实名制数据库做好改革平台的数据底库应用。牵头安监、人社等部门开展乡镇(街道)公共安全岗位工作人员在编在岗情况专项督查，督促乡镇(街道)做好定职定员定岗工作，敦促县级部门加强条线业务指导；开展机关事业单位"退休返聘"专项检查，妥善清退"退休返聘"人员71人；结合政府购买服务开展编外用工情况专项调查，发现问题形成调研报告，会同县财政局等部门提出系统性的处理意见，从源头上控制财政供养人员规模，提高财政资金使用绩效。对照省委选人用人专项检查中指出的机构编制问题，对标对表，指导全县37个部门积极稳妥平静安静完成职数倒挂消化工作，按照合规性要求调整合署机构部门领导职数，清理清退教育系统长期违规借用人员38人，完成整改任务。

【关心下一代】　2020年疫情期

9月17日，县委书记、县委编委主任沈铭权(右中)主持召开县委编委2020年第三次会议，审议机构编制管理相关议题

间,县关工委发挥“五老”优势,结合青少年实际,与全县人民一起守好净土。通过网络等现代化新媒体将权威媒体发布的防疫知识、疫情实时动态及时推送给广大五老和青少年,鼓励五老向亲朋好友、结对困境儿童、老年人宣传疫情防控政策和防护知识。关工委工作者主动参与社区宣传督导,走访企业助力推进“三服务”活动,与多部门联合开展心理帮扶等。动员千余名五老志愿者行动起来,做好自我防控,参与社区、村的消毒、执勤等后勤保障工作,动员五老志愿者为援鄂返浙来安休养的医疗队员创作赠送1044幅书画作品。

全年开展“红领巾相约中国梦,核心价值观见行动”“童心爱中华・童梦绘我心”“小百灵歌颂祖国”等主题活动200余场。将传统文化融入课堂教学,组建国学经典传承小分队、文化继承人小分队等队伍,开展“铸茶人品质 育雅致少年”“新生开笔礼・朱砂点智”等活动。“五老”宣讲员鲍新民宣讲余村发展故事,鄣吴镇关工委开设“红印课堂——红烛点亮童心”,上墅乡关工委创新家长社会主义核心价值观教育机制。

2020年,推进百千万“两山少年”先锋工程,授旗15支优秀“两山小团队”,选树61名“两山好少年”,表彰41名书画小能手,团县委牵头开办《两山好少年》栏目20期。以“绿水青山就是金山银山”理念为指引,构建“1+1+N”的青少年研学培育体系,打造“绿水青山就是金山银山”安吉青少年教育实践基地,列入省关工委青少年教育实践基地省级重点项目。天荒坪镇关工委特聘鲍新民为安吉县“调小青”帮带导师,昌硕街道关工委“枫叶红”牵手“青柠檬”完成社区环境卫生、文明劝导、巡河护河任务,孝丰镇关工委“孝虎娃”开展垃圾分类,章村镇关工委浦源“河小青”服务队利用生态日、世界水日等主题日开展巡河、植树护绿等活动。

奶奶关爱团成长伴我行结对孤儿行动连续7年持续推进,为章村镇章里村困境青少年发动捐资助学金5200元;蓝天温情护苗队履行合适成年人职责,参与县检察院涉案未成年人心理辅导20余起,帮助失足青少年重拾信心;联合县妇联美丽伊家婚姻家庭调解工作室的“美丽阿姐”挽救393对离异家庭;报福镇关工委家圆融冰工作室教育、帮助、转化涉毒青少年,帮助误入迷途的孩子完成“回家团圆”的梦想;安吉高级中学成立安心坊心理社,创新护航青少年心理健康载体。联合民政省福彩发行中心“福彩暖万家”困境少年儿童专项资助和2020年贫困大学新生助学36.3万元,受助青少年106人。开展“寄语小候鸟,关爱共成长”活动,为超亚、洁美等企业的230名“小候鸟”送图书;总工会联合乡镇关工委、企业关工委举办“假期快乐小候鸟班”13期,近2000名“小候鸟”受益;天子湖镇关工委结对镇困难、留守儿童22名,开展在线课业辅导232次;杭垓镇关工委开展“守护童年・牵手共成长”系列活动,寒暑假陪伴50余名留守儿童;民政局、妇联共建关爱儿童之家22个。安吉县关心下一代工作委员会与长龙山公司、安吉县慈善总会联合举办关爱青少年资助活动,来自安吉县14个乡镇(街道)的100名困难学生受到资助,每名学生资助2000元,共计发放助学金20万元。

建立乡镇、部门联络机制,定期召开季度工作例会,晒进

8月28日下午,“积极履行央企社会责任・助力青少年健康成长”——浙江长龙山抽水蓄能有限公司关爱青少年资助活动在长龙山抽水蓄能电站临时营地举行

度、亮实绩、比效果，以“五好关工委”建设为抓手，列入“中国美丽乡村”精品示范村创建、复评考核项目，从村级关工委抓起，全面推进乡镇（街道）、村（社区）、学校和企业关工委因地制宜，纵深发展，递铺街道长乐社区关工委注重服务意识，坚持以多种形式常态化开展青少年思想道德教育活动。动员新退休的年轻“五老”加入奶奶关爱团、“五老”讲师团、代理家长团、蓝天温情护苗队、关爱帮教队、“美丽阿姐”等关心下一代工作志愿者队伍，2020年报福镇家圆融冰工作室在退休教师庄月林牵头下，动员全镇56名“五老”志愿者组建“夕阳红”帮教团队。安吉县现有1271名五老在不同地区、不同岗位，从事关心下一代工作。关工委工作经费纳入全县经济社会发展的总盘子，纳入本级财政的预算项目，对乡镇、村（社）经费、物质保障有明确要求，确保关爱事业健康有序发展。

【2019年度全县党委（党组）书记抓基层党建和人才工作述职评议会召开】 1月20日下午，安吉县召开2019年度党委（党组）书记抓基层党建和人才工作述职评议会。县委书记沈铭权、市委组织部副部长臧雷鸣到会指导并讲话。县委副书记、代县长宋波，县委副书记、政法委书记、开发区党工委书记徐卫勇和其他县委常委出席。县委常委、组织部部长朱伟主持。会上，两区、各乡镇（街道）党委（党工委）书记，民政局、农业农村局、司法局、人力社保局、产投集团等党委书记口头述职。

【全县332个两新组织党组织完成集中换届选举工作】 4月初，安吉县启动两新组织党组织集中换届选举工作，围绕“班子健全化、建设标准化、作用实质化”总体目标，前期经过细致谋划、严把程序、分类指导，采取“公推直选”的方式，全县332个两新组织党组织完成集中换届选举工作。

【安吉县首个小区功能型党总支和团总支成立】 为进一步延伸离退休干部党建融入城市基层党建触角，精准破解现代小区治理难题，按照组织关系“一方隶属，多方管理”的理念，5月10日上午，安吉县首个小区功能型党总支和团总支在昌硕街道广场社区璟和花园小区成立。县委常委、组织部部长朱伟出席仪式，县委组织部、团县委、昌硕街道相关负责人及小区党员、团员青年代表等参加。通过建立璟和花园小区功能型党总支，打造城市小区“睦邻生活空间”“银领服务站”等家门口活动平台，为老干部提供个性化、多样化、一站式服务，让离退休干部党员深刻感受到“服务就在身边”。

【第一批安吉县援派木里干部人才队伍抵达四川省木里县】 5月23日时值小满，作为2020年度第一批安吉县援派木里干部人才队伍，郭苏、王业昆、王纪军、李鹏、王丹等5人踏月启程，抵达四川省木里县。他们将分别派驻到木里县文化广播电视和旅游局、中藏医院、县妇幼保健中心等单位，开展为期3～18个月的东西部扶贫协作工作。

【“导师帮带制”15周年工作研讨会在安吉举行】 6月10日，“深入学习贯彻习近平同志重要批示精神暨湖州市安吉县推行‘导师帮带制’15周年工作研讨会”在湖州市安吉县举行。新华社党组成员、副社长刘正荣，省党建研究会会长、省人大常委会原副主任王永昌讲话，市委常委、组织部部长

6月10日，深入学习贯彻习近平总书记重要批示精神暨湖州市安吉县推行“导师帮带制”15周年工作研讨会在安吉举行

徐仲仪致辞,市委常委、县委书记沈铭权,省委党校副校长、教授陈立旭作主旨演讲,县领导宋波、陆为民、赵德清、项侃文、朱伟、何承明、王一明参加。

【安吉县半年度招商引才项目集中签约仪式举行】 7月17日上午,2020安吉县半年度招商引才项目集中签约仪式举行。市委常委、县委书记沈铭权致欢迎词,县委副书记、县长宋波致答谢词,县领导赵德清、徐卫勇、潘鸣、朱伟、管永丰、陈卫卫参加。县委常委、常务副县长潘鸣作县情推介。

【安吉县第五届“两山杯”创新创业大赛决赛启动仪式举行】 9月11日,安吉县第五届“两山杯”创新创业大赛决赛启动仪式举行。市委组织部副部长臧雷鸣讲话,市人力社保局副局长郭连伟为有关单位授牌,县委常委、组织部部长、县委人才办主任朱伟致欢迎词,副县长沈鑫钰发布决赛规则。

【浙江生态文明研究院揭牌仪式在安吉举行】 9月13日上午,“绿水青山就是金山银山”理念与实践会议暨浙江生态文明研究院揭牌仪式在安吉举行。浙江大学校长、中国科学院院士吴朝晖,省生态环境厅党组副书记、副厅长虞选凌,市委副书记、政法委书记夏文星,市委常委、县委书记沈铭权,县委副书记、县长宋波等领导出席活动。浙江生态文明研究院的揭牌标志着安吉县事业单位性质科研院所实现“零突破”。

【中国·安吉绿色发展青年博士论坛举行】 为搭建才企合作、智企联姻平台,进一步增进博士人才对安吉的了解,持续唱响安吉引才品牌,10月24日下午,安吉县举行首届中国·安吉绿色发展青年博士论坛。市委常委、县委书记沈铭权致辞,县委副书记、县长宋波主持,县领导潘鸣、朱伟、杜尉栋、沈鑫钰参加。中国科学院院士、浙江大学航空航天学院教授朱位秋;中国工程院院士,浙江理工大学校长、党委副书记陈文兴;中国科学院院士、浙江大学材料科学与工程学院学术委员会主任叶志镇,中国社科院学部委员、中国考古学会理事长王巍等专家出席,并致辞或作主旨演讲。

【《机关党组织“美丽核心·季度比拼”工作机制》案例获第九轮全省机关党建工作优秀创新成果奖】 10月26—27日,全省“建设清廉机关、创建模范机关”工作推进会暨第九次县市区机关党建工作交流会在杭州召开,会议开展机关党建工作创新成果展示交流,会上安吉县选送的《机关党组织“美丽核心·季度比拼”工作机制》案例获第九轮全省机关党建工作优秀创新成果奖。

【上海交通大学·浙江安吉生命健康联合研究中心启动仪式在上海举行】 11月5日上午,上海交通大学·浙江安吉生命健康联合研究中心启动仪式在上海举行。上海交通大学党委常委、常务副校长,中国科学院院士丁奎岭出席;市委常委、县委书记沈铭权,上海交通大学科学技术发展研究院院长朱新远分别致辞;县委副书记、开发区党工委书记徐卫勇,县委常委、组织部部长,县委人才办主任朱伟参加。研究中心的成立进一步加快“融杭接沪”步伐,拓宽人才引进和项目孵化渠道,推动人才智力、科技成果在安吉转化。

【安吉县召开苕溪银色港湾启用仪式暨“银耀绿币银行”试点工作推进会】 11月18日上午,以“银领苕溪、港湾起航”为主题的安吉县苕溪银色港湾启用仪式暨“银耀绿币银行”试点工作推进会在梅溪镇市民中心举办,湖州市委组织部副部长、老干部局局长夏冰,安吉县委常委、组织部部长朱伟,安吉县委组织部副部长、老干部局局长石晨熹,安吉农商银行党委委员、行长陶成斌,梅溪镇党委副书记、镇长徐启龙,各乡镇(街道)、有关部门老干部工作分管领导,县农商银行和梅溪支行相关负责人,苕溪银发党建联盟老干部党员代表等出席启用仪式。

【全省村主职干部乡村振兴培训班在安吉县开班】 11月25日上午,全省村主职干部乡村振兴培训班在安吉县开班,开班仪式在年年有余研学中心举行。省农办主任,省农业农村厅党组书记、厅长王通林讲话。市委常委、县委书记沈铭权致辞,副市长夏坚定出席。开班仪式由省农业农村厅党组成员、副厅长唐冬寿主持。

12 月 1 日,全县新一届村(社区)主职"履职第一课"暨第三期村(社区)党组织书记工作交流视频会召开

【全县新一届村(社区)主职"履职第一课"暨第三期村(社区)党组织书记工作交流视频会召开】 12 月 1 日下午,全县新一届村(社区)主职"履职第一课"暨第三期村(社区)党组织书记工作交流视频会召开。县委书记沈铭权宣讲党的十九届五中全会精神,并作"履职第一课"培训开班动员讲话。会议由县委常委、县纪委书记、县监委主任柏建华主持,县领导项侃文、朱伟、高发义、徐勇、沈鑫钰参加。会上,新一届村社主职干部集体宣誓,县委常委、组织部部长朱伟领誓。

【新时代"两山"试验区建设专家服务暨"揭榜挂帅"项目交流对接活动举行】 12 月 6 日,新时代"两山"试验区建设专家服务暨"揭榜挂帅"项目交流对接活动举行,旨在推进安吉县与中国农业大学深度交流合作,共同探索绿水青山就是金山银山理念转化新路径,引导高校专家到基层服务。人社部留学人员和专家服务中心主任夏文峰,中国农业大学副校长杜太生,省人社厅党组成员、副厅长陈中,市委常委、县委书记沈铭权致辞。县委副书记、县长宋波陪同考察,县政协主席赵德清参加启动仪式并座谈,县领导项侃文、朱伟、沈鑫钰参加相关活动。

【全县年轻干部座谈会举行】 12 月 11 日上午,2020 年全县年轻干部座谈会举行。县委书记沈铭权寄语全县广大年轻干部,要时刻牢记习近平总书记对年轻干部的重要要求和殷切期望,聚焦提升"七种能力",加强思想淬炼、政治历练、实践锻炼、专业训练,努力使自己成为推动安吉高质量发展的栋梁之材,为安吉"十四五"发展、书写更加辉煌灿烂的明天贡献自己的力量。县委常委、组织部部长朱伟主持,县人大常委会副主任、县委办主任王一明出席。

【马澳龙获中华人民共和国第一届技能大赛"管道与制暖"赛项银牌】 12 月 14 日,安吉选手马澳龙获中华人民共和国第一届技能大赛"管道与制暖"赛项银牌,并被授予全国技术能手称号。成为继杨应政之后,安吉县又一位全国技术能手。

（洪　洋）

宣传工作

【概况】 2020 年,安吉宣传思想文化系统深入学习宣传贯彻习近平新时代中国特色社会主义思想,全面学习宣传贯彻党的十九大和十九届二中、三中、四中、五中全会精神,践行绿水青山就是金山银山理念,围绕奋力打造"重要窗口"县域样本和努力成为新时代展示美丽中国县域窗口这个总目标,强化思想阵地、舆论阵地和文化阵地建设,创新思想武装平台、文化发展思路、文明创建载体,宣传思想文化工作取得新成效、开创新局面。

【理论武装工作】 2020 年,县委宣传工作把学习贯彻习近平新时代中国特色社会主义思想作为首要政治任务,在学懂弄通做实上下功夫,展现宣传思想战线高举旗帜的使命担当。年内承办省委"绿水青山就是金山银山"理念提出十五周年理论研讨会。以中心组学习为龙头,明确学习专题,健全学习制度,创新学习形式,全年开展集中学习 16 次,交流研讨 6 次。充实教学力量,邀请浙江大学光华法学院教授陈信勇,浙江省记协副主席、浙江日报报业集团原副总编辑周咏南,中央党校马克思主义学院副教授、哲学博士李双套等专家学者做专题辅导报告。发挥县领导的示范表率作用,带头深入乡镇、村(社区)、学校、企业开展集中宣讲 74 场,完成蹲点调

4 月 22 日,《诗意栖居——在“浙”里看见美丽中国》新书首发暨赠书活动在安吉县天荒坪镇余村举行

研课题 25 项。全县各级党委(党组)开展专题学习 600 多场次,撰写调研报告、体会文章 800 余篇。开展习近平总书记在浙江、安吉考察时重要讲话精神的宣讲工作,重点指导余村组建“两山故事”宣讲团,打造精品宣讲课程。各乡镇开展宣讲 202 场次,受众 2 万余人次。疫情防控期间指导基层利用大鼓书、短视频、巡逻车等方式开展疫情防治和抗疫政策宣讲。举办“我最喜爱的习总书记的一句话”全县青年宣讲大赛。完成第六届“共扬安吉之美”宣讲决赛。完成 14 支特色宣讲团队、17 名基层宣讲名师、13 个特色文艺宣讲精品节目和 14 个基层宣讲示范点的培育。向省市选送《“三个地”上话学习》和《我最喜爱的习总书记的一句话》理论宣讲短视频 20 个,入选省平台 11 个。推进“学习强国”学习平台的推广运用,“学习强国”学习平台在职党员覆盖率达 100%,注册党员学习活跃度保持在 80%以上。推动“六个一批标志性社科成果”建设。围绕“两山”理念提出十五周年、“在湖州看见美丽中国”、全面建成小康社会、推进治理体系和治理能力现代化等重大主题在全县范围内征集优秀理论文章。完成 1 个省级社科联专项课题“‘两山’转化的安吉实践路径研究”、3 个市级课题,县级课题立项 43 项。开展 2020 年“社科理论下基层”和“社科普及周”活动。全县开展各类社科人文主题讲座、送教下乡、基层宣讲等活动共 70 余场次,受众 1.7 万余人。

【新闻舆论工作】 2020 年,县委宣传工作围绕“绿水青山就是金山银山”的理念提出十五周年主线,坚持守正创新,奏响宣传强音,围绕中心、服务大局,牢牢把握正确的政治方向和舆论导向,精心组织策划宣传报道,全力营造“再接再厉、顺势而为、乘胜前进”的宣传氛围。精心策划主题报道,县内媒体相继开设《庚子战“疫” 共护安且吉兮地——抗击疫情特别报道》《两“战”都要打赢 全年砥砺奋进》《奋战一百天 冲刺半年红 打赢两场战》《喜迎商合杭 拥抱长三角》《两山十五年 安吉的高光时刻》《全面小康・安吉榜样》等专题专栏,全媒体刊发报道 3.5 万余篇(条)。做大做强宣传报道,深挖安吉县生态文明建设、经济发展、社会治理、茶苗扶贫等题材的好故事;在“习总书记安吉行”反响报道、“打卡‘两山’路 浙江媒体湖州行”、“导师帮带制”15 周年、中宣部“走向我们的小康生活”主题采访活动中最大限度放大安吉元素,唱响安吉好声音;统筹做好复工专列欢迎仪式、全省援鄂返浙医护人员安吉休养、茶苗扶贫、习近平总书记安吉行、“绿水青山就是金山银山”理念提出十五周年、第十三届安治会等重大事件的宣传报道。全年在省级以上媒体刊发报道 2700 余篇(条),《人民日报》等主流媒体头版头条聚焦安吉。

【公民思想道德建设】 2020 年,坚持典型引领,获评湖州市道德模范 4 人(含 1 人提名奖),浙江好人 2 人。逆行武汉的“95 后”志愿者楼威辰被评为浙江省志愿服务先进典型“疫情防控最美志愿者”,21 人获评湖州市最美防疫志愿者;推荐的安吉两山公益服务中心戚月琴、楼威辰的事迹被编入报告文学《庚子战疫》。借助全国文明城市创建时间节点,一批安吉好人得到省、市全媒体专题报道。县文明办在文明出行全省巡回宣传月活动中获先进荣誉证书。开展全国、省级文明单位、文明村镇、文明校园创建和复评工作，上墅乡刘家塘村获全国文明乡，3家单位（安吉丰陵燃气有限公司、浙江洁美电子科技股份有限公司、湖州市住房公积金管理中心安吉县分中心）获评省级文明单位，天子湖镇获省级文明镇，育星培智学校获省级文明校园。开展文明家庭的创建工作，2个家庭获省级文明家庭；23个单位获评县级文明单位，2个县级文明村，3个县级文明校园。深化未成年人思想道德建设，开展入村定点的春泥计划活动，受益孩子10000余人。联合教育局、财政局对中央彩票基金支持的乡村学校少年宫进行检查，申报杭垓小学为新一轮中央彩票支持建设的乡村学校少年宫。深化"我的中国梦"主题教育实践活动，开展"向国旗敬礼""向烈士寄托哀思"网上签名寄语等活动。开展青少年心理健康护航工作，工作信息获市委副书记夏文星批示，并被评为先进集体。大力培育和践行社会主义核心价值观，推进精神文明建设。推进新时代文明实践中心建设，打造新时代文明实践示范带1条、示范站所37个，选树宣传一批示范基地，扩大文明实践的阵地辐射面和影响力；充分整合志愿服务资源，不断完善志愿服务机制，推进志愿服务专业化、常态化发展。通过举办安吉县首届新时代文明实践项目大赛，重点培育黄杜村、鲁家村、余村等20个创新性、专业性、可持续性强的志愿服务项目品牌。继续做好安吉县企业新时代文明实践点提质扩面工作。在完成104家企业新时代文明实践点建设的基础上，完成新建50家，提升30家。委托中国计量大学编制《企业新时代文明实践点建设规范》，打造企业新时代文明实践点建设标准体系。

【互联网工作】　2020年，紧扣中心工作，指导属地新媒体设置专栏30个，集纳重要稿件3300余条；举办网络安全知识进企业等活动4次，做好网络"三服务"，助力社会经济发展；开展"我最喜爱的习总书记的一句话"网文征集活动，收集作品88件；开展网络文化活动16次，话题阅读1.4亿余次，5万余网民参与；举办"绿水青山就是金山银山"网络正能量传播活动，邀请中央网信办及国内主流网络媒体及网络正能量骨干代表30余人参加，全网报道1700余条，微博讨论13.2万余条，阅读量破2亿人次。作品《春日凯哥》入选"五个一百"网络正能量作品。

【新闻出版管理】　开展春节出版物和网络文化市场专项整治、春秋两季开学校园周边出版物经营单位联合检查、宗教场所出版物整治等专项行动。全年出动检查人员343人次，检查各类场所278家次，收缴非法出版物643册，发现消防隐患18处，清理200余家违规网站，清理70余条涉黄、涉赌有害信息。办理新闻出版类行政案件9起，罚款22400元，没收非法物品310件，拘留2人。开展护苗2020行动"绿书签"进图书馆、进学校等"五进"活动，发放"绿书签"7.5万份，宣传海报1200余张；递铺街道雾山寺二级管理站获评省级"扫黄打非"进基层示范点。完成全县192家印刷经营单位、75家出版物经营单位年度核验和统计抽检。办理行政许可、备案审批230件，其中印刷211件，出版物17件，电影2件，将新闻出版行政许可业务并入办证中心综合服务窗口。

【文化艺术】　2020年，县文联团结带领七个协会，进一步壮大文艺工作者队伍，文艺工作的亲和力、凝聚力和向心力显著增强。4月下旬，七个文艺家协会完成换届，产生新一届文艺家协会领导班子。同时积极建设县文艺之家，加强文艺阵地建设，保障文艺家协会活动场所，为基层文艺工作者和文艺爱好者创作、交流、培训、展示和文艺活动搭建平台。举办习近平"绿水青山就是金山银山"理念提出十五周年系列书画活动，用书画作品讴歌坚持"绿水青山就是金山银山"理念带来的变化，为安吉创建全国文明城市和高质量建成中国最美县域增砖添瓦；"赵孟頫奖"第六届全湖书法篆刻作品展首次走出湖州市区，选择在安吉县举办，展现生态发展的新成果和对美好生活的向往；举行"文艺进万家，健康你我他"——县文联"艺路有你"系列微课堂专题讲座活动，对文艺工作者进行艺术创作指导和交流；邀请《散文选刊》（原创版）执行主编蒋建伟到安吉举行"铁肩担道义　妙手著文章"——"艺路有你"散文专题讲座暨现场点评，对县作家协会牵头组稿的 36 篇散文,现场进行改稿及点评,并录用近 10 篇稿件。

【文化产业发展】 2020 年,申报市级重点文化产业项目 17 个,总投资 28.66 亿元,完成年度投资 9.6 亿元,开工率实现 100%。出台《"两山"文化产业示范规划》。"'两山'文化发展示范区"被写入省委十四届七次全会决议。疫情影响下推动 74 家规上文化企业率先完成复工复产。全年三服务企业突破 100 家/次。举办首届关于文创产品的征集比赛,累计征集作品 500 余件,经历初赛、决赛,评选出入围作品 89 件,金奖 3 件,银奖 6 件,铜奖 15 件;与"两山小兄弟"等 3 个团队达成具体合作。举办颁奖仪式暨影视剧启动仪式,在安吉首次举办高定华服秀,100 余名艺人出席助力。年内争取市级成长型文化企业 2 家;在全市开展县级文创园区、街区认定工作,已认定县级文创园区 2 家,文创街区 2 家。兑现 2019 年度文化产业政策资金 584.3277 万元,补助项目 54 个,企业 43 家,其中特殊补助城市影院 29.8377 万元。安吉县文化产业发展中心年度营业额突破 5 亿元,利税突破 3500 万元,升规上企业 5 家,用一年时间完成平台搭建、企业孵化和税收任务。

【"打卡'两山'路——'浙江新媒体湖州行'采风活动"走进安吉】 6 月 9 日至 10 日,"打卡'两山'路——'浙江新媒体湖州行'采风活动"走进安吉,由浙江省记协副主席俞文明带队,来自各央媒驻浙机构、省市新媒体和商业媒体的 32 名记者到安吉采风。在天荒坪镇余村数字影院举行启动仪式,县委常委、宣传部部长何承明在仪式上致欢迎辞,仪式结束后记者们先后到余村、灵峰街道小瘾·半日村民宿村落、中源家居股份有限公司等地采风。

6 月 9—10 日,"打卡'两山'路——'浙江新媒体湖州行'采风活动"走进安吉

【《诗意栖居——在"浙"里看见美丽中国》新书首发暨赠书活动在安吉举行】 4 月 22 日,《诗意栖居——在"浙"里看见美丽中国》新书首发暨赠书活动在安吉县天荒坪镇余村举行。省委宣传部副部长李杲,浙江出版联合集团党委书记、董事长、总裁鲍洪俊,新华社浙江分社社长何玲玲,市委常委、宣传部部长范庆瑜,市委常委、县委书记沈铭权分别致辞,浙江出版联合集团副总裁吴雪勇,县委常委、宣传部部长何承明参加。《诗意栖居——在"浙"里看见美丽中国》以报告文学的方式展现"千村示范 万村整治"工程的浙江经验、浙江模式,并配以优美的图片艺术地解读。图书用生动而丰富的故事、直观而生动的图片、通俗而简明的语言,深刻记录和阐释该工程"久久为功"的故事。

【新华社副社长刘正荣带队到安吉调研】 6 月 10 日,新华社副社长刘正荣带队到安吉调研,在大年初一酒店出席"导师帮带制"集中研讨会,会议结束后参观考察余村并参加关于乡村发展、扶贫茶苗的座谈会,县委书记沈铭权,县委常委、宣传部部长何承明,县委常委、天荒坪镇书记高发义,余村党支部书记汪玉成,黄杜村党总支书记盛阿伟,浙茶集团总经理吴骁等参加座谈会。

【浙报集团县级融媒体中心共享联盟安吉工作站揭牌仪式在安吉新闻集团举行】 6 月 17 日,浙报集团县级融媒体中心共享联盟安吉工作站揭牌仪式在安吉新闻集团举行，县委常委、宣传部部长何承明出席仪式，浙报集团与浙报湖州分社共同为安吉工作站揭牌。安吉工作站由浙报集团湖州分社与安吉新闻集团共同运营。湖州分社将以浙报集团旗下媒体平台为枢纽，全面对接安吉新闻集团旗下各新媒体平台，实现新闻、策划、活动资源共享，同时借力浙报集团旗下各新媒体平台及集团掌握的分发资源平台，进一步对外唱响"安吉好声音"，为安吉高质量建设新时代"两山"试验区，高水平建成中国最美县域，打造"重要窗口"的县域样本鼓与呼。

【中宣部"走向我们的小康生活"主题采访活动走入安吉】 7月19日，中宣部"走向我们的小康生活"主题采访活动走入安吉，来自人民日报社、新华社、中央广播电视总台、求是杂志社、光明日报社、经济日报社、中国日报社等10多家中央、省级媒体的50余名记者，重走习近平总书记调研余村之路，聚焦安吉县乡村小康生活，对余村村原党支部书记，改革先锋、最美奋斗者获得者鲍新民，青创农场负责人边月明，荷花山漂流负责人胡加兴，春林山庄潘春林夫妇等采访对象开展全方位、多视角的集中采访。

7月19日，中宣部"走向我们的小康生活"主题采访活动走入安吉

【中央网信办网评局副局长尤雪云带队到安吉考察指导】 8月10—11日，由中央网信办网评局副局长尤雪云带队50余人，到安吉参加"绿水青山就是金山银山"网络传播宣传活动，考察余村和天荒坪抽水蓄能电站，县委常委、宣传部部长何承明和宣传部副部长、网信办主任张国锋陪同。

【"'绿水青山就是金山银山'理念提出十五周年"理论研讨会和"全省高水平建设新时代美丽浙江推进大会"举行】 8月15日，"'绿水青山就是金山银山'理念提出十五周年"理论研讨会和"全省高水平建设新时代美丽浙江推进大会"两场高规格会议在安吉举行。中央级、省市级媒体在头版头条等重要位置，全方位、多角度、立体化展示安吉践行"绿水青山就是金山银山"理念取得丰硕成果的目标。新华社通稿《生态文明之光照耀美丽中国——写在绿水青山就是金山银山理念提出十五周年之际》在《人民日报》《光明日报》《经济日报》《工人日报》《法治日报》《解放军报》等中央主流媒体全网刊发；《人民日报》头版《护美绿水青山 做大金山银山——写在"两山论"提出15周年》《浙江湖州坚持以绿水青山就是金山银山理念引领高质量发展 江南生态美 绿意最动人》《生态兴则文明兴——牢固树立绿水青山就是金山银山理念述评(一)》；《人民日报》海外版头版头条照片；新华社单条微视频《余村答卷》；《求是》杂志第16期《"路子选对了就要坚持走下去"》；央视《新闻联播》单条《绿水青山就是金山银山——浙江湖州"两山"理论的生动实践》；央广《全国新闻联播》《15年接力践行"绿水青山就是金山银山"发展理念 让绿色成为浙江发展最动人的色彩》；《光明日报》头版《浙江余村：青峦叠翠 竹海绵延》；《浙江日报》14、15日连续头版；浙江卫视《浙江新闻联播》头条等主流媒体的报道内容都聚焦在安吉县的绿色发展成果。

【"绿水青山就是金山银山"文创产品创新大赛暨影视剧《绡珠源安且吉兮》安吉启动仪式举行】 9月18—20日，安吉县成功举办首届"绿水青山就是金山银山"文创产品创新大赛，并于20日晚举办"绿水青山就是金山银山"文创产品创新大赛暨影视剧《绡珠源安且吉兮》安吉启动仪式。县委副书记、县长宋波参加并致辞，县委常委、宣传部部长何承明参加。此次比赛是安吉县首次向全社会征集“绿水青山就是金山银山”文化、安吉文化主题的文创产品，以赛事为抓手，深入挖掘“绿水青山就是金山银山”文化内涵，引到企业创新研发，促进“生态文化产品化”和“生态产品文化化”，提振疫情影响下的安吉文化产业发展的信心和氛围。

【中共安吉县互联网行业委员会揭牌仪式举行】 10月13日，中共安吉县互联网行业委员会揭牌仪式在行政中心第二会议室举行，县委常委、宣传部部长何承明、湖州市委网信办副主任曹佩忠和县委宣传部副部长、网信办主任张国锋参加。互联网行业委员会依托县委网信办设立，由县委宣传部、县委网信办领导管理，接受县委组织部(县委两新工委)指导。整合全县互联网企业、网络社会组织、网络知名人士等多方资源和力量，努力构建党委领导、政府管理、企业履职、社会监督、网民自律等多主体参与的网络综合治理体系。

【安吉县委宣传部组织赴深圳召开安吉粤港澳大湾区中国美丽乡村文化产业研讨暨招商推介会】 12月25—26日，安吉县委宣传部组织赴深圳召开安吉粤港澳大湾区中国美丽乡村文化产业研讨暨招商推介会。县委常委、宣传部部长何承明参加并致辞。此次文化产业的交流活动，进一步打响安吉县域品牌，安吉的绿水青山，茶山竹海，处处流淌着写不尽、画不完的美与诗，安吉的魅力在粤港澳大湾区形成新的影响力。

(徐胡萍)

统战工作

【概况】 2020年，县委统战部与县民族宗教事务局、县政府侨联办公室合署办公，对外保留县民族宗教事务局、县政府侨联办公室牌子，内设办公室、党派科、民宗科、侨务科四个科室，下属股级事业单位民族宗教事务管理所。是年，安吉县统一战线工作坚持以习近平新时代中国特色社会主义思想为指导，全面贯彻习近平总书记关于加强和改进统一战线的重要思想，围绕疫情防控和经济社会发展“双战双赢”、“两山”理念15周年、建设“重要窗口”等党委政府中心工作，团结带领全县统一战线凝心聚力、创新争优，全力打造“重要窗口”统战工作的安吉经验、安吉示范、安吉样板。

【服务中心工作】 2020年，出台统一战线十项举措助力“双战双赢”，组织捐赠医用物资90余万件，资金700多万元，一线志愿服务500余人。第一时间组织新联会成立“专项法律服务志愿团”，送法入企100多家，帮助解决问题200多个，涉及金额近1亿元。发起“海外暖心行动”，向境外侨胞提供口罩42000多只，手套4000多副，收到感谢信函、感谢电话500余件，县主要领导多次批示肯定，入选县“三服务”担当破难案例。开展“绿水青山就是金山银山”理念十五周年系列活动7个，参与近千人次，征集统一战线微故事50余篇，被中央和省委统战信息平台录用。组织各民主党派围绕“两山”试验区建言献策，汇编8期“直通车”，获县主要领导批示转办16次。争取省民宗委、省侨联、省工商联、省民革、省民进等单位发文支持安吉“两山”试验区建设，民进中央践行绿水青山就是金山银山理念实践基地、民进中

10月13日，中共安吉县互联网行业委员会揭牌仪式举行

11月5日下午，民进党践行"绿水青山就是金山银山"理念实践基地、民进开明画院写生创作基地在浙江安吉上墅私立高中挂牌成立

央开明画院写生创作基地在安吉挂牌。主动参与县矛调中心"新乡贤工作室"建设，完善"十项运行机制"，指导15个乡镇（街道）乡贤工作室入驻各乡镇矛调中心，建立矛盾调解乡贤数据库407人。全县新乡贤参与各级矛调工作千余人次，协助化解社会矛盾纠纷、有效处理关键小事600多起，获市委常委、统战部部长李上葵批示肯定，省级刊物《情系中华》也做了相关专题报道。

【推动多党合作】 以"261"双基工程、"双百"结对共建、城市社区民主党派政协委员工作室等为载体，进一步激发民主党派基层组织活力和凝聚力。组织安吉县14个村（社区）与民主党派基层组织进行结对，开展相关活动20余场次，助力岭西村消薄工作案例先后入选市、省"三服务"优秀案例。整合民主党派各界别优势资源，组建6个专项社会服务团，开展各类活动30场次，帮助基层解决问题56个。深化新的社会阶层人士统战工作，打造"新立方"工作品牌，成立众创空间新联会联盟，农商银行授信10亿元。组织新联会举办"致敬新时代最可爱的人"公益会演，中国工程院院士李兰娟莅临现场，中国统一战线网站报道。民建会员余磊先两次共捐赠62台茶叶加工机械到贵州沿河和湖南古丈，助力"白叶一号"中西部扶贫工作，被全国人大常委会副委员长、民建中央主席郝明金批示肯定。建立各民主党派梯队培养个性化方案，建立民主党派班子后备人才库，民盟、民进、农工党完成换届工作。创新举办为期5个月的党外干部能力提升培训班，开展系统培训锻炼，建言献策信息省级录用21篇、市级20篇，相关经验在全省民主党派工作研讨班上发言。

【民营经济发展】 联合工商联、人民银行开展"百地千名行长助企业复产复工"专项行动，为32家企业融资1.88亿元。借力上海安吉商会搭建专场展销交流平台，在上海召开2场推介活动，启动郑州安吉商会开设安吉椅业专门卖场事宜，达成产销合作新增30多家。搭建政企交流平台，举办2场"亲清直通车·政企恳谈会"，20多名企业家现场提出意见建议46个，答复率和满意度均达100%。承办"天下浙商家乡行"活动，50余名知名浙商在余村选址种下"天下浙商林"，举办投资环境推介会和人才推介会。实施安吉新生代企业家教育培养系统工程，开设"'两山'青企学堂"，以2年为一个周期对50多名新生代企业家进行专题培训。积极动员工商联、商会助力东西部扶贫协作、"万企帮万村"结对帮扶等行动，新增投资额1亿余元，带动脱贫126人。

【构建基层统战新格局】 开展基层统战规范化建设深化提升年活动，指导15个乡镇（街道）制定个性化《2020年基层统战工作项目化推进表》，每季度晾晒、纳入考核。加强基层统战工作的标准化、规范化、制度化和品牌化，成功创建市级示范点2家。创新开展统战实践创新基地星级创建工作，制定创建标准，建立星级评价和长效管理机制。创建五星级基地3个、四星级基地3个、三星级6个，不断推进基层统战规范化和一乡镇一品牌建设。推动县委县政府出台《安吉县关于进一步加强新时代乡贤在助推乡村振兴战略中积极作用的实施意见》,成立县级乡贤联谊总会和上海、广东异地乡贤分会,常态化开展“节日统战”60余次,参与乡贤500人次,收集各类建议160多条。安吉县“乡贤不闲”工作品牌进一步擦亮,入选新华社《政务智库报告》、省委统战部《浙江省新乡贤工作30例》。

【服务侨务工作】 2020年,致力于激发“党建+侨贤”活力,在天子湖、灵峰街道创新开展侨贤工作室,助力化解基层矛盾纠纷。在5个乡镇开展“侨胞之家”标准化创建,组织侨联干部参加志愿活动200余人次,涉侨家庭慰问70余户。完善顶尖、领军人才及项目跟踪落实机制,建立经常性信息互通互联机制,协助柔性引进国家级引才计划5人,积极做好省级引才计划现场服务答辩工作,安吉国千环境被列入“浙江省侨联侨界创新创业基地”,入选“双创智库”,全省仅3家。抓好“侨界暖巢工程”,为70岁以上独居、空巢侨界老人免费安装SOS救助系统,招募百名党员志愿者定期入户探访、排忧解难。提供涉侨审批事项线上办理,完成三侨生身份认定等事项“跑零次”,完成涉侨事项向乡镇(街道)延伸,实现就近办、县域通办。

【举办2020中国美丽乡村嘉年华】 1月11日,2020中国美丽乡村嘉年华暨第四届年味在安吉之“年味章村 情满畲乡”活动在浙江省安吉县章村镇郎村村拉开帷幕,湖州市委统战部一级调研员沈火江,湖州市文化广电旅游局党委委员、副局长孙军,安吉县委常委、人武部政委刘小翔,安吉县人大常委会副主任俞立安,安吉县委统战部副部长、县民宗局局长何伟锋,安吉县文体旅游局党委副书记、副局长罗福娣,章村镇党委书记唐春燕,章村镇党委副书记、镇长董建波等参加活动。活动以传统畲族过大年和畲族婚嫁文化为核心,打造一场全天候沉浸式的畲乡年味盛宴。数千名来自五湖四海的游客与当地村民欢聚在一起,唱山歌、跳畲舞、品畲菜、购年货,重温老底子年味。

【2020年全县统一战线中秋座谈会举行】 9月29日,举行“中秋话发展、共谋‘十四五’”2020年全县统一战线中秋座谈会。县委书记沈铭权讲话,县委常委、统战部部长任烽主持,县政府党组成员黄根凤出席。副县长沈鑫钰,县政协副主席梁霜、陈卫卫以民主党派人士身份参加。11位与会代表立足各自领域,围绕安吉经济社会发展及“十四五”规划编制展开座谈,提出意见建议。

【民进中央开明画院三届二次常务理事会议举行】 11月5日,民进中央开明画院三届二次常务理事会议在浙江省湖州市安吉县召开,民进中央副主席王刚出席会议并讲话。民进中央社会服务部部长、民进中央开明画院秘书长刘文胜主持会议。民进浙江省委会副主委、杭州市政协副主席谢双成,湖州市委常委、统战部部长李上葵,湖州市政协副主席、民进湖州市委会主委李红,安吉县委常委、统战部部长任烽等省市县领导参加会议。民进中央开明画院院长林阳作2020年民进中央开明画院工作报告,北京、河北、吉林、浙江、湖南、四川、云南7个民进省级组织开明画院负责人做大会交流发言。

(蔡雪斌)

11月5日,民进中央开明画院三届二次常务理事会议在安吉县召开

对台工作

【概况】 2020年，安吉县对台工作认真贯彻落实中央对台工作的决策部署和省、市对台工作会议精神，有序开展各项对台活动，努力为促进两岸和平统一和“加快赶超、实现两高”目标和全县“两聚一美”战略服务。

“三服务”工作。开展台企“三服务”工作，2020年先后走访全县21家正常生产经营或正在筹建的台企，对台企复工复产进行指导，同时了解台企当前面临的困难，协调解决台企问题6个，积极宣传疫情防控期间省市县出台的相关补助政策，了解惠台政策落实情况。上半年，省台办主任庄跃成、市台办主任徐新等领导也先后到安吉调研指导台企复工复产以及项目推进情况，在走访过程中积极为台资企业拓展内销市场出谋划策，把安吉毅薪五金工具有限公司的产品——多功能扳手推荐到浙台合作周上，提升企业产品知名度。9月29日，举办台企台商台干中秋联谊活动。台商台干参观考察安吉永艺股份有限公司、大竹园村、小瘾·半日村民宿群和蔓塘里夜景，直观了解安吉经济社会发展情况。召开座谈会，主要围绕惠台政策落实、减税降费、人才招引、环境保护等方面展开座谈，提出意见建议，县发改局、经信局、人力社保局、生态环境局、税务局等部门及时回应并给予政策指导。协调省、市台办组织2位台商到杭州参加政策培训，组织1位台商到台州考察。

开展两岸基层交流活动。2020年因疫情原因，两岸交流暂时中断，全年接待从台湾直达的考察团仅1批（中华两岸和平发展联合会创会主席、辜金良文化基金会董事长、台湾学者蓝博洲）。为保持与台湾的基层联系，县台办依托现代通信手段，每个结对村实现可与台湾地区乡村主动通过电话、微信等方式加强联络。9月12日，湖州台湾同乡会在台湾举办中秋联谊活动，安吉组织40余名乡亲参加。第三届海峡两岸美丽论坛于12月22—24日在北京联合大学，以“两岸美丽乡村研究揭牌暨第三届两岸美丽乡村论坛”的形式召开，国台办海研中心主要领导，联合大学主要领导、专家学者，湖州市台办全国台企联代表参加。安吉县委常委统战部部长任烽、台办主任王一明、相关结对村书记共10人参加，会上，任烽致欢迎词，山川大里应忠东作为安吉美丽乡村建设示范村代表做交流发言，活动被多家媒体报道，引起海峡两岸广泛关注。

2020年，接待其他县区的台青、台干考察团，两岸媒体考察团，台湾大陆籍配偶沈思愉回家省亲。安吉有在台湾读书的学生41名，因新冠疫情不能赴台读书，县台办及时成立学生联谊会，先后召开学生以及学生家长座谈会，宣读中央对台方针政策、安吉对台工作情况，教育学生加强安全防范，安抚家长情绪。

完善涉台基础工作。上半年，配合市台办完成市台属联谊会换届工作，安吉县13名台属代表参会，其中5名代表当选为理事，韦志龙当选副会长。9月4日，分别指导县台联会召开理事会议，总结回顾前阶段工作，对下一步如何更好地发挥台联会作用推进两岸交流合作等方面进行讨论交流，县台办传达学习近期上级有关对台工作精神。

【第三届浙台婚姻家庭文化之旅暨“我的外婆，我的家乡”征文颁奖活动在安吉举办】 11月6—8日，第三届浙台婚姻家庭文化

11月7日，第三届浙台婚姻家庭文化之旅暨“我的外婆，我的家乡”征文颁奖活动在安吉举行

之旅暨“我的外婆,我的家乡”征文颁奖活动在安吉银润锦江城堡酒店成功举办。海峡两岸婚姻家庭服务中心副主任杨文涛、省民政厅副厅长余强、省台办副主任章启忠等领导嘉宾参加。会议邀请24位台湾嘉宾40户台湾婚姻家庭与10户大陆家庭参加。本届活动以“走绿水青山,看诗画浙江”为主题,开展“我的外婆、我为家乡”征文颁奖仪式、两岸婚姻家庭故事分享主题沙龙、座谈交流等一系列活动,与会人员还考察安吉县婚姻家庭文化建设、美丽乡村建设等地,亲身感受在“绿水青山就是金山银山”的理念指引下安吉县经济社会发展的实践成果,对于促进两岸家庭美满和谐,深化两岸交往交流具有深远意义。

(周小强)

政策研究工作

【概况】 2020年,县委政研室深入贯彻落实习近平总书记视察安吉重要讲话精神和党的十九届四中、五中全会精神,紧紧围绕新时代“两山”试验区建设等中心工作,立足调查研究、建言资政、深化改革、生态文明等主要职责,主动进取、奋发有为,为奋力打造“重要窗口”县域样本和新时代美丽中国县域窗口作出贡献,年内被省委省政府评选为2019年度浙江省改革创新工作成绩突出集体,“最多跑一次”改革获省政府督查激励。

【全面深化改革工作】 谋深谋实,推动全面深化改革。坚持顶层设计和基层创新相结合,做好改革创新工作。紧盯重点改革,制定《2020年安吉县全面深化改革工作要点》,建立“重点改革项目、省级以上改革试点、微改革”三张清单,月督查季通报,动态跟踪进度,确保工作落地。积极对接、谋划争取新时代“两山”试验区上升为国家改革试点,获省长郑栅洁批示支持。加强经验推广,系统总结上报安吉改革的好经验好做法,美丽县域做法入选全省改革创新最佳实践特别贡献案例,全域旅游、“导师帮带制”等改革经验入选《领跑者》专刊,疫情防控、“微改革”等四个方面的改革工作经验成为《竞跑者》,“最多跑一地”改革经验入选省委改革办《改革专报》并上报中办。浓厚改革氛围,坚持开门搞改革,抓住关键少数,压实改革责任。出台《党委(党组)书记改革工作述职制度》《中共安吉县委全面深化改革委员会会议审议事项管理办法(试行)》《微改革观察员管理办法》《金点子征集制度》等一系列改革配套制度,提高改革工作制度化规范化科学化水平。进一步抓实微改革工作载体,印发微改革建议书25期,推动指尖物业、医保直播调查等一批微改革落地,组织评选2020年度改革创新(微改革)案例,形成从发现问题、提出建议、分析研判、任务指派、推进落实、总结推广的基层改革工作闭环体系,营造改革没有局外人的良好氛围。

【生态文明建设】 聚焦民生根本,加强生态环境保护,持续提升环境质量,推动生态文明建设持续走在前列。细化全县生态文明暨美丽安吉建设目标责任分解,梳理确定32个县级部门工作职责,制定《2020年安吉县生态文明建设工作实施方案》,明确重要工作及重点指标共20项,每月开展督察。牵头组织绿色生活创建工作。推动“全国率先开展‘两山银行’试点建设”等3项工作入选湖州市2020年度生态文明建设十大亮点工作。有力推进生态文明集中推进日活动,全年组织开展“集中推进日”活动12次,涉及治水治气、优雅竹城、文明城市,生态建设项目等多个领域,覆盖全县所有乡镇(街道),下发督查通报6次,推动解决难点痛点问题137个。筹办安吉县第17个生态文明日活动暨无废城市创建启动仪式。加强对重大活动、重要会议期间的路域环境综合整治工作,相继为“3·30”“8·15”、省绿道建设现场会等18场活动开展路域环境巡查58次,协调有关乡镇、部门整治环境问题107个,促进全县环境面貌提升改善。

【当好县委参谋助手】 坚持问题导向,紧盯关键节点,以唯实求真精神抓好调查研究和重要文稿起草,积极发挥好参谋助手作用。服务中心大局,围绕贯彻落实习近平总书记视察安吉重要讲话精神及“两山”理念提出十五周年主线,完成《贯彻落实习近平总书记视察安吉重要指示精神工作方案》《安吉县关于“绿水青山就是金山银山”理念提出十五周年系列活动工作方案》、县委十四届九次会议报告等重要文稿起草，并牵头做好“8·15”活动的筹备组织。应对疫情防控，主动承担防控办综合组任务，发布工作专报65期、疫情通报65期，组织报送省市疫情防控工作信息近百篇，其中，省用信息7篇(专报2篇)、市用信息7篇。加强调查研究，采取自身调研、联合调研等方式，对全县经济、政治、文化、社会、生态文明等重大问题进行调查研究，提出意见和建议。全年累计完成《关于新冠肺炎对2020年安吉白茶可能的影响与对策分析》《后疫情时代的经济政策导向与安吉的对策分析》《生态文明建设“安吉模式”的时代启示和中国特征》等13篇调研报告，其中3篇获县委县政府主要领导重要批示，3篇获评2020年度安吉县社科联论文重点课题、优秀课题。做好信息搜集，着眼于当好领导的参谋助手，围绕重点中心工作，多渠道搜集信息资料，严标准筛选信息价值，努力使信息能够“参”到点子上、“谋”到关键处。2020年，累计编辑《一周动态》96期，其中4期获县主要领导批示，为县领导掌握中央、省市重要工作部署、熟悉长三角周边县区动态、了解最新改革发展政策方向等提供平台，并通过这个平台为县委重大决策部署提供参考。

【“绿水青山就是金山银山”理念提出十五周年理论研讨会在安吉召开】　8月15日上午，省委、省政府在安吉举行理论研讨会。省委书记车俊在会上强调，要深入贯彻习近平生态文明思想和习近平总书记考察浙江重要讲话精神，以“三个地”和“重要窗口”的使命担当，坚定不移沿着绿水青山就是金山银山的路子走下去，真抓实干、久久为功，努力建设展示人与自然和谐共生、生态文明高度发达的重要窗口。

（韩甜亿）

信访工作

【概况】　2020年，安吉县四级走访总量378批787人次(其中意见建议和咨询类等168批406人次，占比44.4%和51.5%)，同比分别下降34%和52.2%，四级走访下降率大大高于全市平均水平，走访总量呈明显下降趋势。群众来信件303件次，同比下降5.6%；网上信访1913件，同比下降28.8%。全县“12345”热线累计接电147025件，同比上升9.83%。15秒接通率98.1%；咨询类占比81%，且当场答复率98.3%。热线平均办理时长2.54天，满意率99.91%(办理时长和满意率均高于全市平均水平，全市热线平均办理时长2.64天，满意率99.56%)。

8月，部署“绿水青山就是金山银山”理念提出十五周年理论研讨会保障工作

【疫情防控及复工复产】　科学统筹推进疫情防控和经济社会发展，确保两手硬两战赢。主渠道作用到位，确保群众不走访也能解决问题。及时应对国家、省暂停接访，进一步畅通“信、网、电”等形式，涉疫网、信一律24小时内办结；一律电话回访信访人(非匿名)。县阳光热线开辟“疫情”来电专项通道，对涉疫件做到“两个第一”，即第一时间研判，第一时间答复，其间共受理涉疫电话11799起，现场解答9515起，占比80.64%，2小时转办完成率99.5%，百姓满意率99.2%。措施落实到位，确保复工复产有序进行。扎实推进全省政法信访系统“八大专项行动”，更好地服务保障疫情防控和企业复工复产。积极当好企业复工复产“服务专员”，充分发挥12345热线、网上信访“客服”作用，做好抗击疫情阻击战的“总客服”，突出加强涉企事项跟踪督查督办，争当服务百姓生活的贴心人。

【信访工作创新】 2020年,安吉县信访系统围绕习近平总书记到安吉视察时重要指示精神,完善县领导接下访机制,将县领导坐班接访和固定下访结合起来,以县矛调中心为圆心,15个乡镇(街道)为网格,实施"中心接访、网格下访",确定每周一到周三和每月30日为县领导接待日和统一下访日,由当值县领导带领分管条线相关负责人到中心实体接访和联系乡镇坐班下访,全年县领导下访105人次,接待群众200多批次。

【建设安吉县社会矛盾调处化解中心】 2020年,安吉县矛调中心对软硬件持续提档升级:设置正科级事业单位,高配中心主任,由县委副书记兼政法委书记担任,配备5个编制,信访局整体入驻,保障矛调中心高效运行。整合县级综治中心、人民来访接待中心等8个平台成建制入驻,整合纪委监委、政法委、法院、检察院等18个重点部门进驻,吸收行业性专业调委会、法律咨询、心理服务等多种社会力量入驻。进一步调整规范硬件设施:对中心内各功能室设置再优化,增设民商事审判庭、检察调解、公安调解、妇联调解、综合调解等功能室,调整人力社保、纪检监察、信访等功能室配置,做到功能区块划分更加合理,实现"小空间、大作用"。制定安吉县矛调中心《工作手册》、全国首个《矛调中心建设、运行》县级标准,明确无差别综合受理窗口职能,对符合中心受理的矛盾准确区分事项类型,难易程度,分类导入办事程序,实时就地接待群众,调解各类矛盾纠纷;建立联席会议、县领导接访下访,矛盾纠纷排查见底、分级化解、调处协同联动、三调衔接、跟踪回访等八大机制,实现矛盾纠纷的收集、研判、归类、调处、司法确认、诉讼、回访监督的全链条闭环模式。真正把县级矛调中心打造成回应群众诉求的服务站、化解矛盾纠纷的终点站。

(余洪波)

党校教育

【概况】 2020年,中共安吉县委党校(安吉县行政学校、安吉县社会主义学校、"两山"讲习所、安吉中华文化学院)紧扣县委重大决策部署,主动服务大局,牵头举办各类培训班次16期,合计培训333天,参训学员2123人次。其中党校(行政学院)主体班14期,培训天数325天,参训学员1925人次,组织开展"安吉青干学堂"24期。全年共举办各类县外培训班150期,培训各级党政干部突破3万人次,累计培训约289天。招徕学员在安吉住宿共6500多间,培训收入突破1000余万元,涉及安徽、四川、云南、辽宁、贵州、江西、河南等十余省市三十余个地区,广泛传播了安吉经验、输出了安吉模式。

【提升教育培训实效】 2020年,党校(行政学校)针对84后副科级干部和85后中层正职,组织开展"安吉青干学堂"24期,牵头举办县内班次16期,其中主体班14期,培训天数325天,参训学员1925人次。4月、8月和12月,县委书记沈铭权分别为十四届县委第八轮巡察工作动员部署会暨业务培训会、年轻干部能力提升班、党校干部能力提升班和新履职村书记培训班学员作专题辅导报告。教学布局有"高度"。出台《中共安吉县委党校关于学习研究宣传习近平新时代中国特色社会主义思想的办法》《党校教学布局优化方案》,建立课程设置联审机制,突出党校办班主体地位,与组织部、办班合作单位联审主体班课程设置,落实党性教育课不少于总课时20%的刚性要求,确保习近平新时代中国特色社会主义思想课程在每个主体班全覆盖。课程建设有"厚度"。围绕"绿水青山就是金山银山"理念持续完善课程体系建设,组织开发《中国共产党与中国道路100年》《习近平法治思想解读》等16堂新专题课程。3月30日,习近平总书记第三次视察安吉,党校第一时间成立专题备课组,邀请县委宣传部、县司法局等部门领导指导,组织专题调研、研讨、试讲、磨课活动共8次,在全省范围内率先开发《"绿水青山就是金山银山"理念的安吉实践——习近平总书记三次安吉之行讲话精神解读》特色课程,该课程已在县内、县外等多个地方开讲,累计受众8000余人次。设立"周五教学日",常态化组织开展新专题备课试讲、评课磨课活动,组织开展新专题试讲活动9次,全校教师依次走上讲台,展示备课成果、听取专家意见、提升讲课效果。《坚定文化自信 为"重要窗口"县域样本建设赋能》等4堂优质新课已进入主体班课堂。

11 月 11 日，全国党校（行政学院）系统学习贯彻党的十九届五中全会精神推动生态文明学科发展研讨会现场会在安吉举行

同时，组织教师积极参加省市党校观摩、培训、赛课活动 5 次，引导教师在互学互鉴中不断提升教学能力。重点班次有“深度”。坚持学员发展导向，坚持“党性锻炼＋知识传授＋能力培养”三位一体，安排入学教育、集中学习、实践锻炼、课题调研、总结提升 5 个课程阶段，设置团队建设、政治理论、县域发展、综合素能等六大教学模块，全程贯穿党性教育和理论教育。培训期间，培训班学员积极助力全国文明城市创建、第十三届安治会筹备、村社组织换届等重点工作，在实践中接受锻炼、经受考验、增长才干。服务大局有“力度”。聚焦企业发展开展课题研究，年轻干部班、党外干部班学员围绕健全项目审批体系、营商环境法治化建设、县域金融政策等开展专项调研，积极为企业发展提供智力支持。发挥自身优势，服务部门党课需求，为生态环境局安吉分局、县农商行等单位联系上级党校优秀师资多名。选派县委党校优秀师资赴部门、乡镇、村（社区）、企业开展“送理论到基层”活动，已宣讲 43 余场，听课党员干部 9933 人次。

【扩大对外影响】 2020 年，吸引全国超 30 个地区，178 个培训班的 30000 余人次到安吉开展培训，由培训拉动的各类收入总计突破 1000 万元。在长班（宜宾班 11 天）、大班（浙能集团 1618 人次）上实现历史性突破。同时举办省委党校进修一班（厅级班）、金华市委党校中青班（处级班）和天津市委组织部村党组织书记千人培训班等层次高、跨度广的培训班次。还首次实现了与住房和城乡建设部开展合作共建，首次与阿里巴巴在干部培训专题培训、数智化探索、智慧校园建设等方面达成共识，成为继省委党校、杭州市委党校、红船干部学院后全省第四个、县级党校第一个与阿里巴巴合作的党校。

【发挥智库建设作用】 精品实训教材实现自主编写。2020 年安吉党校自主开发编写《美丽乡村实训教程》，校委班子带头认领编写任务、全体教师共 27 人参与编写任务，在大量走访调研基础上，先后邀请出版社 5 位专家指导，修改 4 稿，最终确定美丽篇章、美丽蓝图等 11 个章节，展现安吉 15 年的美丽蝶变，党校成立以常务副校长为组长的编委会，年内实训教程已完成所有章节的初稿并经过 3 次初步修改打磨。与新媒体实现创新融合。联合安吉新闻集团打造“我们走在大路上”融媒体栏目，党校教师以环境治理、乡村建设等领域为切入点，宏观解读安吉 15 年生态优先、绿色发展的正确路径，10 篇具有政治高度、党校特色的理论文章通过浙江新闻、安吉电视台、“安吉发布”、15 周年特刊等宣传推送。课题和理论文章均有亮点。组织申报省委党校课题 6 项，市委党校课题 8 项，申报市社科联课题 5 项，县社科联课题 10 项，课题申报数量近三年来最多，其中县社科联重点及优秀课题共 9 项，占比全县课题 33％；完成县“十四五”规划重大前期研究课题《安吉县十四五时期加快发展康养产业的思路研究》；完成《安吉县深入实施“导师帮带制”的实践与探索》，献礼安吉“导师帮带制”15 周年；围绕“绿水青山就是金山银山”理念提出十五周年理论征文活动向省委宣传部、县委宣传部分别提交《“三农”问题的演进逻辑和乡村振兴的维度把握》等3篇理论文章。在《安吉日报》开设理论专刊，刊登《长三角一体化背景下安吉乡村振兴的机遇和对策研究》等6篇理论文章。

【与省南湖监狱合作共建签约仪式举行】 积极贯彻落实县委、县政府《关于深化监地融合全面支持南湖监狱发展的实施方案》的精神要求，推进监地合作、深化监地融合发展，10月28日，县委党校与浙江省南湖监狱签订合作共建协议，就干部共训、师资共享、基地共建、课题共研达成合作共识。年内党校多次派优秀师资为南湖监狱干警授课，同时充分利用南湖监狱廉政教育资源，带领主体班次学员进行实地教育，加深双方的合作。

【办好余村“年年有余”综合体项目】 2020年，安吉党校增设内设科室“余村工作站”，与县文旅集团合作开展市场化运营。以习近平总书记三次考察安吉为重点，构建“三大核心＋N项子辅”的全科型课程体系、“多元化＋专业化＋本土化”的全能型师资体系及“标准化＋规范化＋特色化”全域型现场教学体系，党校充分发挥干部教育培训经验优势，制作宣传画册、理顺合作机制、带好培训班次，自8月正式运营以来，已承接会务、培训共151场次，来自全国各地的9293人走进研学中心聆听安吉故事。

【举办全国党校(行政学院)系统学习贯彻党的十九届五中全会精神推动生态文明学科发展研讨会现场会】 11月11日，中共安吉县委党校举办全国党校(行政学院)系统学习贯彻党的十九届五中全会精神推动生态文明学科发展研讨会现场会，邀请组织96名全国各省市级党校主要领导前往余村村和鲁家村开展现场教学活动，向全国党校宣传介绍安吉绿色发展模式和生态文明建设经验。中国社会科学院学部委员、研究员潘家华，中央党校社会和生态文明教研部主任龚维斌，浙江省委党校常务副校长陆发桃等多位领导参加，县委常委、组织部部长、党校校长朱伟，县委常委、天荒坪镇党委书记高发义等县领导陪同。

10月28日，安吉县委党校与浙江省南湖监狱合作共建签约仪式举行

【在全省县级党校范围内创新年轻干部培养模式和培训学制】 2020年，创新“党性锻炼＋知识传授＋能力培养”三位一体，安排入学教育、集中学习、实践锻炼、课题调研、总结提升5个阶段，通过双百分考核、安吉夜学等，实现培训内容和效果提升，年轻干部能力提升班学制5个月，在全省县级党校同类班次中学制最长，党外干部能力提升培训班为全省社校系统首次大跨度长时段培训。深化“导师帮带制”，为年轻干部班和党外年轻干部能力班学员配备“专业帮带＋理论指导＋基层实践”导师团，围绕县域经济社会发展，撰写调研报告、决策参考23篇，组织学员为全国文明城市创建、村社组织换届等全县重点工作提供力量，提升实践锻炼能力。

【实现全省第四个、县级党校第一个与阿里巴巴合作共建】 首次与知名企业阿里巴巴在干部培训专题培训、数智化探索、智慧校园建设等方面达成共识，在党校的前期对接沟通与全力推动下，12月28日，安吉县委组织部与阿里巴巴(中国)教育科技有限公司签订干部教育培训工作合作协议，协议明确由党校与

12 月 28 日，县委组织部与阿里巴巴合作签约仪式举行

阿里巴巴公司具体实施，双方从师资、教学点、大数据技术等各方面优势互补、合作共赢，创新探索大数据＋培训模式，教学数据库共享，线上线下培训同步提升，全力打造智慧、高端研学品牌。

【科研咨政获得重大突破】 与省委党校合作的《从浙江战疫看省域治理现代化》获时任省委书记车俊批示，并获全省中国特色社会主义理论中心决策咨询一等奖第一名；与湖州市委党校合作的《我省"重大水源地"行政村"返薄"隐忧值得重视》获分别获省委书记袁家军和副省长彭佳学重要批示。与县政研室合作出刊《调查与研究》，党校撰写的 4 篇咨政报告获县重要领导批示 6 人次。1 篇理论文章获全国首届"习近平生态文明思想研究优秀成果"评选三等奖（一等奖空缺）。中央党校《党校（行政学院）工作通讯》2020 年第 29 期全文刊登安吉党校工作信息，在全国党校系统推介安吉党校干部教育培训的工作经验，这是安吉党校历史首次也是 2020 年全国县级党校唯一一篇。

【开创开放办学新局面】 《牢记嘱托 砥砺奋进 高质量扛起"绿水青山就是金山银山"理念诞生地的使命担当》等 4 篇工作信息被中央党校、省委党校内刊录用。举办各类会务会展、对外培训 111 期，包括"百名校长看安吉"——全国党校（行政学院）系统学习贯彻党的十九届五中全会精神推动生态文明学科发展研讨会现场现场会、5 期浙江省委党校中青班、全省村主职干部乡村振兴培训班等高规格会议和班次，在做好防疫工作、确保安吉"双零"的前提下，仅用 6 个月带动安吉研学经济收入突破 1000 万元，余村、刘家塘、潴口溪、横溪坞、双一、赋石等 20 余名村书记走上讲台，实现"支书变讲师"的提升。

（胡小玄）

档案工作

【概况】 2020 年，安吉县档案馆共接待社会各界和群众查档 1726 人次，利用档案 195077 卷（件），复印 13731 页。贯彻落实 3 月 30 日习近平总书记考察安吉县矛调中心时讲话精神，6 月档案服务窗口全省首例入驻县级矛调中心，为矛调工作开展提供档案信息资源保障。2 月 16 日，起草并由县防控办印发《关于做好新型冠状病毒肺炎疫情防控档案工作的通知》，推动新冠肺炎疫情防控档案建档工作规范开展。征集到安吉"两山"实践相关的电子文件 61 件、数字版报纸 69 张、视频 37 段、书籍 18 册，并完成编印《安吉"两山"实践档案资料精选》，举办《安吉"两山"实践档案资料展》。3 月 31 日，联合县纪委印发《关于加强"三重一大"事项档案管理工作的通知》，提升全县"三重一大"事项档案管理的专业性和规范性。补充完善 197 个单位全宗卷，整理机构改革中 13 个撤销单位全宗卷，修复 20293 页珍贵民国档案。将数据存储量 17TB 的馆藏、室藏数字档案全部纳入长久保全系统，保障数字档案安全性。完成县委办等 86 家单位 764GB 文书档案、自然资源和规划局 4.25TB 业务档案的登记备份。按"最多跑一次"改革要求，开展电子档案移交归档工作，21554 件一窗平台电子数据在线归档至馆藏档案管理系统。指导县住建局创成省级示范数字档案室、发改局等 10 家单位创成市级规范化数字档案

10月24日,国家档案局局长陆国强(前排左二)到安吉调研档案工作

室。指导章村村等50个村(社区)创成村级数字档案室。指导天子湖热电厂、中源家具股份有限公司创成企业档案室。指导孝源等12个乡镇(街道)做好土地确权登记颁证档案、县退役军人局做好退役军人档案的规范整理,指导县人防办等13个机构改革中撤销单位做好文书档案的整理移交,移交进馆13166件、452卷。编辑并公开出版《〈人民日报〉看安吉(1946—2019)》和《安吉县档案馆指南》。征集到《胡宗南百龄诞辰纪念集》等书籍资料89册、一星“平安金鼎”等实物档案4件。加大档案外宣力度,5篇材料刊登至国家级报刊《中国档案报》。开放鉴定后将1986—1989年的4119卷108787件档案向社会开放。持续建好安吉特色的史料中心,积极挖掘、收集安吉和全国地方文史资料,已有各地县志、安吉家谱等2500余册。

【数字档案建设】 年内将17TB馆藏、室藏数字档案全部纳入长久保全系统,实现在线数据双套备份、数据库自动备份、安全实时监测和无损恢复,保障数字档案安全性。完成县委办等86家单位764GB文书档案、自然资源和规划局4.25TB业务档案的登记备份,帮助各单位长久保存电子档案数据。按“最多跑一次”改革要求,开展电子档案移交归档工作,打通馆室一体化系统与各部门一窗受理平台接口,完善馆藏档案管理系统接收功能,实现一窗平台电子数据在线移交归档至馆藏档案管理系统,全年已归档21554件。

【基层档案工作】 加强对乡镇街道、机关部门、企事业单位、村(社区)的档案工作指导,通过会议培训、现场指导等方式提升150余名基层档案员业务能力,促进档案工作规范化开展。指导县住建局创成省级示范数字档案室、发改局等10家单位创成市级规范化数字档案室。指导章村村等50个村(社区)创成村级数字档案室。指导天子湖热电厂、中源家具股份有限公司创成企业档案室。指导孝源等12个乡镇(街道)做好土地确权登记颁证档案、县退役军人局做好退役军人档案的规范整理,指导县人防办等13个机构改革中撤销单位做好文书档案的整理移交,共移交进馆13166件、452卷。印发《关于做好汛期档案安全工作的通知》,指导各单位做好汛期档案安全保管。

【档案文化资源建设】 编辑并公开出版《〈人民日报〉看安吉(1946—2019)》,全书共辑录自《人民日报》1946年创刊起至2019年期间报道安吉县的文章336篇、图片74张,涉及政治、军事、经济、科教文卫等多个领域。公开出版《安吉县档案馆指南》,参与市档案馆的《百年百事——湖州数第一》编纂工作,面向全县征集各个领域、条线获国省市县“第一”,共收集到87个,经市馆初步审核通过22个,并撰写3万余字的内容介绍。参与省档案馆的《我们的美好生活——档案寻找发展轨迹》展览建设,收集上报4份素材资料,其中鲁家村事迹入选该展。征集到《胡宗南百龄诞辰纪念集》等书籍资料89册、一星“平安金鼎”等实物档案4件。加大档案外宣力度,有5篇材料刊登至国家级报刊《中国档案报》。

【档案服务工作】 查档不出村工程持续推进,服务网络覆盖全县村(社区),对现有的馆室一体化和馆藏档案管理两套主要查档系统进行10余处功能完善，查档效率进一步提升。提供浙江档案服务网、浙里办App等多种网上查档渠道，提供跨县、跨市查档服务。全年共接待1726名群众查档，利用档案195077卷(件)，群众满意率99.9%。深化服务内容。开放鉴定后将1986—1989年的4119卷108787件档案向社会开放，通过文件、微信公众号等对外公布，扩大社会群众可查阅的档案范围。充分发挥县档案馆建设的"安吉县荣誉展""安吉履痕——安吉县历史文化展"两个展厅宣传教育作用，常态化对外开放参观，精选96件档案展示中华人民共和国成立以来安吉县获得的成绩荣誉，用348件资料图片展现自旧石器时代上马坎遗址以来，安吉县的历史文化变迁。持续建好安吉特色的史料中心，积极挖掘、收集安吉和全国地方文史资料，已有各地县志、安吉家谱等2500余册，在地域文化研究、弘扬地方优秀文化中发挥重要作用。

【馆藏实体档案管理工作】 2020年，安吉县档案馆补充完善197个单位全宗卷，整理机构改革中13个撤销单位全宗卷，便于更好地管理利用各单位档案。挑选专业公司完成20293页珍贵民国档案的修复，对900平方米的库房区域开展虫霉防治，保障档案安全长久保管。做好日常的档案巡查、管理、台账统计等工作。

【征集编研安吉"两山"实践相关档案资料】 在"两山"理念提出15周年之际，开展安吉县"两山"实践相关档案收集整理利用工作。全面征集上级部门支持安吉县"两山"试验区建设政策文件、各级媒体对安吉县的宣传报道、反映安吉县"两山"实践的书籍等相关档案，征集到电子文件61件、数字版报纸69张、视频37段、书籍18册，数据存储量约7GB。完成编印《安吉"两山"实践档案资料精选》，举办《安吉"两山"实践档案资料展》，先后在县生态广场、行政中心等地展出，吸引2000余名社会群众及机关部门干部观展，有力宣扬安吉县践行"两山"理念的历程和成果。征集到曹寿槐等知名艺术家以"绿水青山就是金山银山"为内容创作的书法作品11件。

【新冠肺炎疫情防控档案管理】 2月16日，起草并由县防控办印发《关于做好新型冠状病毒肺炎疫情防控档案工作的通知》，加强各单位做好档案管理工作责任意识，明确文件材料归档范围和保管期限，安排专人提供业务指导与移交进馆服务，推动新冠肺炎疫情防控档案建档工作规范开展。同时开展疫情防控档案征集工作，通过微信公众号、安吉新闻报纸等渠道发布征集公告，全面征集安吉人民特别是一线医务工作者在抗击疫情过程中的点滴真实记录。全年接收纸质文件796件，电子照片252张，电子版数据存储量0.59GB，有效丰富专题档案内容。

【全县乡镇部门的"三重一大"事项档案规范管理】 3月31日，联合县纪委印发《关于加强"三重一大"事项档案管理工作的通知》，强调"一会一档"按件整理和同一年度集中排列等工作要求，明确材料归档范围，细化收集、整理、保管等各环节标准，落实监督、指导、检查、考核等举措，提升全县"三重一大"事项档案管理的专业性和规范性。

【省档案局到安吉抽查档案馆业务建设和省补资金使用情况】

4月14日，省档案局档案监督管理处处长许春芝、副处长翁梅，湖州市档案馆副馆长胡川青、管理利用处处长邱红到安吉档案馆开展抽查，通过座谈、查阅台账等方式对安吉档案馆业务建设和省补资金使用情况进行检查。馆长任爱军、副馆长龚勇华、管理利用科科长方隽婷、办公室副主任施玮行参与接待。

【档案服务创新入驻县矛调中心】

6月，县档案馆深入研究部署，突破网络安全等难题，将服务网络延伸至矛调中心，成为全省首家进驻县级矛调中心的档案馆，同时建立矛调中心档案窗口与档案馆密切联动机制，实现全面的档案资源检索服务。为各职能部门提供35万卷(件)的档案资料支撑，保障各项工作更好地开展。

【省档案局到安吉调研矛调中心档案窗口建设】 7月15日，省档案局副局长张军、档案监督管理处处长许春芝等人到安吉县档案馆调研矛调中心档案窗口建设，调研组先在安吉档案馆会议室进行座谈，深入交流矛调中心档案工作开展方式，随后赴安吉县矛调中心现场察看档案服务情况。

7月15日,省档案局到安吉调研矛调中心档案窗口建设

馆长任爱军、副馆长龚勇华、办公室副主任施玮行参与接待。

【国家档案局局长陆国强到安吉调研档案工作】 10月24日,国家档案局局长陆国强到安吉调研档案工作,赴余村党群服务中心现场察看村档案室实体档案管理情况,观看“查档不出村”现场出证,对安吉县档案工作充分肯定。省委秘书长、省档案局局长刘芸,市委常委吴登芬,市档案局局长、档案馆馆长黄丹华,县政协主席赵德清,县档案局局长、档案馆馆长任爱军,档案馆副馆长龚勇华参与接待。

(施玮行)

史志工作

【概况】 4月20日,根据中共安吉县委机构编制委员会《关于印发〈中共安吉县委党史研究室、安吉县人民政府地方志编纂室主要职责、内设机构和人员编制规定〉的通知》的文件,安吉县史志编研室机构设置调整为中共安吉县委党史研究室、安吉县人民政府地方志编纂室,分别为县委、县政府直属公益一类事业单位,机构规格均为正科级,实行合署办公。设2个内设机构:综合科和编研科。核定事业编制4名。设主任1名,副主任1名,内设机构股级职数2名。所需经费由县财政全额补助。

【党史工作】 根据省、市关于编撰党史三卷本的部署要求,《〈中国共产党安吉历史(1978—2002)〉》(简称《安吉党史三卷》)根据计划推进编撰工作。上半年完成初稿,并进入修改和统稿阶段。并同步整理补充县委重要文件,编印《县委重要文献选编》,完成1978年到1994年度《县委重要文献选编》9套。

编纂完成《安吉践行“绿水青山就是金山银山”重要文献选编》,收集整理安吉县从绿色工程到生态立县,从美丽乡村到“两山”实践过程中的县委决策、执行过程中的重要文献,全面记录安吉县“两山”实践的发展历程。计划于2021年由人民日报出版社发行。

编撰“中共安吉县委2019年度执政纪实”系列丛书,完成《安吉县执政纪实2019》《安吉县级机关部门和乡镇(街道)工作纪事2019》《省级发上会议和活动中的资料材料汇编2019》《中共安吉县委理论学习中心组课题集2019》等书稿,12月完成印刷发行工作。

启动《中国共产党安吉百年大事记》编纂工作,梳理1921—2021年安吉党史大事记,采用编年体结合本末体方式编纂。编写组根据大事记纲目,完成初稿和第二轮审稿,计划2021年由中共党史出版社出版发行。

【地方志工作】 《安吉县志(1989~2012)》编纂工作在浙江人民出版社编辑的参与下已基本完成,处于三审三校阶段。根据高要求、高质量的编纂宗旨,为进一步提高志书质量,进一步修改、核准史实及审核等相关工作。完成《安吉年鉴2020》90余万字书稿的编纂工作,全面记录安吉县2019年在政治、经济、文化、社会、生态建议方面的发展和取得的成就。于12月由方志出版社出版发行。

【史料征编工作】 收集整理党和国家领导人在安吉的文字、图片、视频、口述史等系列资料;收集整理“白茶扶贫”重要文献资料。完成《〈浙江日报〉安吉史料2000—2007》收集整理工作,此为《〈浙江日报〉安吉史料》系列丛书的第5本,11月完成三审,12月完成印刷发行。启动《安吉历代文献汇编丛书》编纂工作,收集整理校注《吴均集》13万字,计划于2021年出版发行。

(李　凌)

中共安吉县纪律检查委员会
安吉县监察委员会

【概况】 2020年，安吉县各级纪检监察组织忠实履行党章和宪法赋予的职责，坚持稳中求进、坚定稳妥，充分发挥监督保障执行、促进完善发展作用，推进纪检监察工作高质量发展，为安吉高水平全面建成小康社会、奋力夺取中国最美县域发展新胜利提供坚强保障。2020年11月9日，中共中央政治局常委、中央纪律检查委员会书记赵乐际到安吉调研时，对安吉县党风廉政建设和反腐败工作给予充分肯定。

坚持把党中央重大决策部署和习近平总书记重要指示批示精神贯彻落实情况，作为政治监督的首要任务，重点围绕贯彻落实习近平总书记视察浙江、安吉重要指示精神、省委巡视整改、新时代“两山”试验区建设、全国文明城市创建、白茶苗扶贫、统计领域数字造假、餐饮浪费等工作开展专项监督，高质量答好政治监督必答题。聚焦统筹疫情防控和经济社会发展，围绕督促做好“六稳”工作、落实“六保”任务，开展跟进监督、精准监督、全程监督，严肃查处不担当不作为、失职失责等问题58起，处理102人。编制政治监督任务书，推行“四清单、两档案、两报告”制度，开展乡镇（街道）廉情指数评价工作，精准有效开展政治生态分析评估。严把党风廉政意见回复关，全年审核拟提拔干部107人次，评优评先3155人次，村级组织换届人选5965人次。

组织召开清廉安吉及清廉机关、清廉医院、清廉国企建设推进会，加强联合监督助推清廉站所建设，推动开展清廉学校建设“三个年”活动，打造“一路清风”清廉交通建设品牌，推动制定清廉工程招投标环节建设标准，一体纵深推进各领域清廉单元建设。巩固深化清廉乡村建设成果，累计创成清廉乡村示范村23个、达标村104个。制定《关于新形势下进一步加强村（社区）主职干部监督管理的实施意见》《关于禁止村干部承揽和插手本村工程项目建设的若干规定》，全面深化“村务清”平台，编发《清廉正村八项要求实务操作手册》，推动建立村级重大事项预审制度，开展“三资”智慧监管建设试点，助推基层治理水平不断提升。承办“新时代清廉乡村建设和乡村治理现代化研讨会”，《“清廉正村八条”为乡村治理立规矩》获全国十佳案例，进一步打响安吉县清廉乡村建设品牌。

制定出台2020年“清风行动”实施方案，深入整治贯彻党中央和省市县委决策部署只表态不落实、维护群众利益不担当不作为、敷衍塞责、弄虚作假、阳奉阴违等问题。全年查处形式主义、官僚主义问题50起，处理71人，党纪政务处分32人。从严整治享乐主义、奢靡之风，持续释放全面从严、一严到底的信号。围绕公款吃喝、违规发放津贴或福利、收受礼品礼金、公车私用等方面开展监督检查34次，下发正风肃纪交办单103份，查处享乐主义、奢靡之风问题25起，处理31人，党纪政务处分23人。坚持纠“四风”与树新风并举，全年开展“清风宣讲”30余场次，举办“妇廉家廉”家庭廉政课堂活动，营造风清气正的社会氛围。构建完善作风建设长效机制，印发《落实中央八项规定精神制度选编》，建立监督检查清单式管理机制，开展项目化、领办式监督，持续将正风肃纪引向深入。

坚决贯彻以人民为中心的发展思想，开展漠视和侵害群众利益问题集中整治“回头看”，着力解决群众反映强烈、损害群众利益的突出问题，全年查处群众身边的不正之风和腐败问题44起，处理69人，党纪政务处分32人。深入推进扫黑除恶专项斗争，深挖涉黑涉恶势力背后腐败问题及其“保护伞”“关系网”，全力巩固党在基层的执政基础。全面开展信访举报“三清三提升”行动，通过领导包案、约谈督办、挂牌销号等举措，对“三多"信访件开展专项攻坚,全年受理信访举报239件次,同比下降31.1%,其中重复信访、检举控告类分别同比下降78.9%、39.5%,基层政治生态明显向好。加强村级组织换届选风选纪督查,全年未收到涉及村级组织换届信访举报件,有力保障换届风清气正。

紧扣"两个维护"根本政治任务,坚持有形覆盖和有效覆盖相统一,综合运用常规巡察、专项巡察、交叉巡察、延伸巡察等方式,对13家单位和133个村(社区)开展巡察,实现村级组织换届前巡察全覆盖,共发现问题1742个,移交问题线索41条,党纪政务处分5人。坚持上下联动,认真贯彻落实省、市巡视巡察工作指导意见,积极配合省委第五巡视组对安吉县开展常规巡视,以省委巡视指导督导为重要契机,全程跟进学习,全面促进提升。坚持查纠并举,督促被巡察党组织建立整改清单、任务清单、责任清单,严格落实《关于开展巡察整改质效评估的实施办法》,完成22家单位党组织整改评估工作,持续推动巡察整改见底清零。坚持以巡促建,针对巡察发现的失地农民保险名额分配、村级"三资"监管、公务租车管理、村级账户开设等普遍性问题,指导督促职能部门建立完善相关制度,实现问题整改与健全制度、深化改革、完善治理体系有机结合。

坚持严的主基调不动摇,做到有案必查、有腐必惩,全年处置问题线索650件,立案185件,党纪政务处分179人,采取留置措施5人,移送司法机关7人,挽回直接经济损失530余万元。重点查办安吉县原文旅集团党委委员、副总经理丁某某、安吉经济开发区管委会原统计人员董某某、报福镇统里村原党总支书记戴某某等严重违纪违法案件,有效强化不敢腐的震慑。强化以案促改、以案促建,全年制发纪检监察建议书25份,督促发案单位查补管理监督的薄弱环节和制度漏洞,实现查处一案、警示一片、治理一域的综合效果。精准把握监督执纪"四种形态","严格落实"三个区分开来"要求,全年运用"四种形态"处理626人次,其中,运用第一至第四种形态分别处理442人次、118人次、28人次、38人次,分别占比70.6%,18.8%,4.5%,6.1%。开展警示教育,加大案件通报力度,拍摄专题警示教育片,全年开展党纪教育一刻钟1400余场次,受教育干部4.8万余人次,切实筑牢不想腐的思想自觉。坚持严管厚爱并重,对45名受处分党员干部进行回访教育,对9名干部失实检举控告进行澄清正名。

4月12日下午,县委第八轮巡察工作动员会暨巡察业务培训班开班式举行

健全完善"四责协同"机制,修订全面从严治党主体责任考核办法,完善"三重一大"集体决策制度,落实廉情双抄告制度,开展新任党委(党组)主要负责人廉政谈话13人次,构建形成知责明责、履责督责、考责问责的闭合链条。落实省市纪委关于推进乡镇(街道)纪检监察机构规范化建设工作要求,制定履职清单和专项考核办法,印发履职指导手册,提升工作质效,乡镇(街道)纪检监察机构全年上报问题线索147条,自办案件34件,同比上升61.9%。全覆盖设立村级监察工作联络站,在全市率先出台村级监察工作联络站履职办法,编印《村级监察工作联络站履职全程纪实手册》,打通监察监督"最后一公里"。促进党内监督与其他监督贯通协同,促进纪律、监察、派驻、巡察"四项监督"互联互通,释放系统集成、有机衔接的综合效应。

【出台《深化“六个统一”一体推进“四项监督”工作实施办法》】　2月11日，安吉县纪委监委印发《深化“六个统一”一体推进“四项监督”工作实施办法》。贯彻落实中央纪委国家监委、省纪委省监委有关部署要求，为深化纪律监督、监察监督、派驻监督、巡察监督统筹衔接，落实落细监督责任。

【县纪委十四届五次全会召开】　3月17日，县纪委十四届五次全会召开，传达学习十九届中央纪委四次全会、省纪委十四届五次全会、市纪委八届四次全会精神，回顾总结2019年安吉县纪检监察工作，研究部署2020年主要任务。县委书记沈铭权强调，要深入学习领会上级重要精神，切实把思想和行动统一到中央和省市委的决策部署上来，坚持把“严”的主基调长期坚持下去，把“进”的思路举措有力落实下去，全力推动清廉安吉建设迈向新境界。宋波、陆为民、叶海珍、赵德清、徐卫勇等县四套班子领导，县法院院长、检察院检察长、政协秘书长等参加会议。县委常委、县纪委书记、县监察委代主任柏建华代表县纪委常委会作工作报告。

【工会代表大会召开】　4月3日，县纪委县监委机关召开工会代表大会，选举产生县纪委县监委工会委员会、县纪委县监委工会经费审查委员会和女职工委员会。陈桂红、王舜源、方雷鸣、沈琴琴、汤阳5位同志组成安吉县纪委县监委工会委员会。陈桂红任主席。沈琴琴、季敏毅、许岚3位同志组成县纪委县监委工会经费审查委员会，沈琴琴任主任。王舜源、袁媛、彭逸艾3位同志组成县纪委县监委女职工委员会，王舜源任主任。

【出台《县纪委监委与县公安局协作相关办法(试行)》】　4月10日，安吉县监委印发《县纪委监委与县公安局协作相关办法(试行)》，进一步加强县纪委监委与县公安局对搜查、留置措施的使用、留置人员的监管和有关信息查询等方面的协作，建立畅通、高效、安全、规范的信息查询协作配合机制。

3月17日，中国共产党安吉县第十四届纪律检查委员会第五次全体会议召开

【出台《关于深化清廉乡村建设提升基层治理能力的实施意见》】　4月13日，安吉县纪委监委印发《关于深化清廉乡村建设提升基层治理能力的实施意见》，贯彻落实中央和省市县纪委全会精神，深化乡村治理“余村经验”，推动全面从严治党向基层延伸，推动清廉安吉建设在基层落地，进一步提升人民群众的获得感、幸福感、安全感。

【“村务清”信息平台建立】　5月，建立“村务清”信息平台，在所有村(社区)实现“三务”“码上”公开全覆盖，同时建立“民情分诊”机制，实行群众提问限时办理回复机制。截至2020年底，平台共办理回复民生小事3527件。

【出台《关于禁止村干部承揽或插手本村工程项目建设的若干规定》】　5月26日，安吉县纪委监委印发《关于禁止村干部承揽或插手本村工程项目建设的若干规定》，加强村级小微权力监管，规范村级工程项目建设管理，促进村干部改进作风、廉洁履职，营造风清气正的基层政治生态。

【街道纪检组织设置调整】　7月2日，根据县委《关于调整街道纪检组织设置的批复》文件精神，昌硕街道纪委调整为昌硕街道纪工委、递铺街道纪委调整为递铺街道纪工委、灵峰街道纪委调整为灵峰街道纪工委、孝源街道纪委调整为孝源街道纪工委,涉及的相关领导干部职务相应更名,不再另行任免。

【出台《关于探索建立廉情指数的实施意见》】 7月3日,安吉县纪委监委印发《关于探索建立廉情指数的实施意见》,围绕清廉乡镇建设目标,探索创新基层政治生态评价办法,构建可透视、可检查、可量化的基层政治生态评价体系,动态掌握各乡镇(街道)廉情状况和趋势,不断提升全面从严治党的科学化水平。

【承办新时代清廉乡村建设与乡村治理现代化研讨会】 9月19—20日,新时代清廉乡村建设与乡村治理现代化研讨会在安吉余村举行。本次研讨会由中国纪检监察杂志社、浙江日报报业集团、浙江省纪委省监委宣传部、湖州市纪委市监委主办,安吉县纪委县监委、反腐败导刊杂志社承办。本次研讨会面向全国征集"新时代清廉乡村建设与乡村治理现代化"典型经验做法和优秀理论成果100余篇,最终评选出十佳案例10个、优秀案例10个及提名奖案例30个,其中安吉县《"清廉正村八条"为乡村治理立规矩》案例获十佳案例奖。

9月19—20日,新时代清廉乡村建设与乡村治理现代化研讨会在余村举行

【出台《关于新形势下加强村(社区)主职干部监督管理的实施意见》】 11月,出台《关于新形势下加强村(社区)主职干部监督管理的实施意见》,进一步强化"一肩挑"后村社"一把手"监督。

(张　超)

安吉县人民代表大会

【安吉县第十六届人民代表大会第四次会议】 2020年5月8日至9日，安吉县第十六届人民代表大会第四次会议在递铺举行。本次会议应到代表230名，实到226名，列席56人。大会听取和审查县人民政府代县长宋波所作的县人民政府工作报告、县人大常委会主任陆为民所作的县人大常委会工作报告、县人民法院院长沈芳君所作的县人民法院工作报告、县人民检察院检察长陈章所作的县人民检察院工作报告，审查安吉县2019年国民经济和社会发展计划执行情况、2020年国民经济和社会发展计划（草案）的报告，审查安吉县2019年财政预算执行情况、2020年财政预算（草案）的报告，审查安吉县2019年度环境状况和环境保护目标完成情况的报告。大会通过上述7个报告的决议。大会审议通过《安吉县第十六届人民代表大会第四次会议关于调整环境综合治理“集中推进日”为生态文明建设“集中推进日”的决议》。

会议依法补选宋波同志为安吉县人民政府县长，柏建华同志为安吉县监察委员会主任，王捷、徐勇、王一明同志为安吉县第十六届人大常委会副主任，赵德民、熊国斌同志为安吉县第十六届人大常委会委员。

会议票决“公办中小学校‘空调进校园’工程”“完成困难残疾人生活补贴3000人，完成重度残疾人护理补贴5500人”“农村公路提质50公里，危桥改造5座”“农饮水达标提标工程，新增受益人口3万人”“完成15个乡镇（街道）未成年人保护基地建设”“建设35个规范化避灾安置场所”“城区餐厨垃圾收运体系完善建设工程”“新增7000家以上放心消费示范单位”“完成48个物联网安防小区建设”“免除1.8万重点人群家庭医生签约个人服务费工程”为2020年安吉县人民政府民生实事项目。

5月8—9日，安吉县第十六届人民代表大会第四次会议召开

本次大会，共收到代表议案58件，代表建议64件，全部议案转为建议办理。

【安吉县第十六届人大常委会第二十九次至第三十七次会议】 2020年1月18日，安吉县第十六届人民代表大会常务委员会第二十九次会议举行，县人大常委会主任陆为民，副主任孙松、黄先国、梁蕴伟及21名委员出席会议。县人民政府副县长何承明，县监察委员会副主任王昌慧，县人民法院院长沈芳君，县人民检察院检察长陈章，县人大机关党组成员、县人大常委会各委室副主任，县人大递铺街道工委主任熊国斌、灵峰街道工委主任应秋平、孝源街道工委主任王雪尧，县人大代表温兴元、马家斌列席会议。会议审议通过《关于召开县第十六届人民代表大会第四次会议的决定》。会议根据县人大常委会主任会议的提请，按照《中华人民共和国地方各级人民代表大会和地方各级人民政府组织法》和《安吉县人民代表大会常务委员会任免国家机关工作人员办法》的规定，以无记名投票表决的方式，决定接受俞立安辞去县第十六届人大常委会代表资格审查委员会主任委员职务的请求。会议根据县人大常委会主任会议的提请,按照《中华人民共和国地方各级人民代表大会和地方各级人民政府组织法》和《安吉县人民代表大会常务委员会任免国家机关工作人员办法》的规定,以无记名投票表决的方式,决定接受吴佩勋、王爱民、俞立安辞去县第十六届人大常委会副主任职务的请求,决定接受杨建新、王捷辞去县人民政府副县长职务的请求,并报县第十六届人民代表大会第四次会议备案。会议根据县人大常委会主任会议的提请,按照《中华人民共和国全国人民代表大会和地方各级人民代表大会选举法》《中华人民共和国全国人民代表大会和地方各级人民代表大会代表法》的规定,以无记名投票表决的方式,决定接受陈小龙辞去市第八届人民代表大会代表职务的请求,并报市人大常委会备案。会议根据县人大常委会主任会议的提请,按照《中华人民共和国地方各级人民代表大会和地方各级人民政府组织法》《中华人民共和国全国人民代表大会和地方各级人民代表大会选举法》的规定,以无记名投票表决的方式,决定补选吴佩勋、王一明为市第八届人民代表大会代表。会议根据县人大常委会主任会议的提请,按照《中华人民共和国全国人民代表大会和地方各级人民代表大会选举法》和《中华人民共和国全国人民代表大会和地方各级人民代表大会代表法》的规定,以无记名投票表决的方式,决定接受赵德清、吴佩勋、朱红星、黄承文、林月华辞去县第十六届人民代表大会代表职务的请求,并报县第十六届人民代表大会第四次会议备案。会议根据县人民政府的提请,按照《中华人民共和国地方各级人民代表大会和地方各级人民政府组织法》的规定,以无记名投票表决的方式,决定任命陈悦、沈鑫钰为县人民政府副县长,陈悦为县公安局局长;决定免去杨建新的县公安局局长职务。会议根据县人民法院的提请,按照《中华人民共和国地方各级人民代表大会和地方各级人民政府组织法》的规定,以无记名投票表决的方式,任命梁赟为县人民法院递铺人民法庭庭长,刘方为县人民法院灵峰人民法庭庭长,毛效龙为县人民法院天子湖人民法庭庭长,卢洁为县人民法院刑事审判庭庭长;免去梁赟的县人民法院天子湖人民法庭庭长职务,刘方的县人民法院刑事审判庭庭长职务,卢洁的县人民法院刑事审判庭副庭长职务,包静怡的县人民法院审判员职务。会议按照《浙江省组织实施宪法宣誓制度办法》的规定,举行新任命人员向宪法宣誓仪式。

3月24日,安吉县第十六届人民代表大会常务委员会第三十次会议举行,县人大常委会主任陆为民,副主任孙松、黄先国、梁蕴伟及23名委员出席会议。县人民政府副县长任贵明,县监察委员会副主任王昌慧,县人民法院院长沈芳君,县人民检察院检察长陈章,县人大常委会办公室副主任孟振华,县政府办主任郑继农,县财政局局长徐勇,县人大递铺街道工委主任熊国斌、灵峰街道工委主任应秋平、孝源街道工委主任王雪尧列席会议。会议听取和审议县政府关于2019年地方企业国有资产管理情况的专项报告。会议审议通过《关于县第十六届人民代表大会代表资格的审查报告》。会议审议通过《县人大常委会2020年工作要点》。会议听取和审议县政府《关于提请审议设立安吉县“企业集中服务日”的议案》。会议审议通过《安吉县人民代表大会常务委员会关于设立安吉县“企业集中服务日”的决议》。会议根据县人大常委会主任会议的提请,按照《中华人民共和国地方各级人民代表大会和地方各级人民政府组织法》的规定,以无记名投票表决的方式,任命王雪尧为县人大社会建设委员会委员,陈国庆为县人大常委会城乡建设与环境资源保护工作委员会委员,熊国斌、毛金标为县人大常委会代表与选举任免工作委员会委员;免去杨彩梅的县人大常委会城乡建设与环境资源保护工作委员会委员职务,黎逢林、黄承文的县人大常委会代表与选举任免工作委员会委员职务。会议根据县人民检察院的提请,按照《中华人民共和国地方各级人民代表大会和地方各级人民政府组织法》的规定,以无记名投票表决的方式,免去朱月刚的县人民检察院检察员职务。

4月21日,安吉县第十六届人民代表大会常务委员会第三十一次会议举行,县人大常委会主任陆为民,副主任孙松、黄先国、梁蕴伟及24名委员出席会议。县人民政府副县长杜尉栋,县监察委员会副主任王昌慧，县人民法院院长沈芳君，县人民检察院副检察长胡秀义，县人大常委会办公室副主任孟振华，县政府办副主任明瑞成，县人大递铺街道工委主任熊国斌、灵峰街道工委主任应秋平、孝源街道工委主任王雪尧列席会议。会议审议通过《关于召开县第十六届人民代表大会第四次会议的决定》。会议审议通过县十六届人大四次会议日程、议程安排和列席人员名单等大会事项。

5月26日，安吉县第十六届人民代表大会常务委员会第三十二次会议举行，县人大常委会主任陆为民，副主任孙松、黄先国、梁蕴伟、王捷、徐勇及26名委员出席会议。县人民政府副县长陈小龙，县监察委员会副主任王昌慧，县人民法院院长沈芳君，县人民检察院检察长陈章，县人大机关党组成员裴晓宏，县人大常委会各委室副主任王小平、任强松、卞敏峰、周长青、孟振华，县政府办副主任马超、县民政局副局长汪钟鸣、县财政局副局长吴蔚、县住建局局长李明、县农业农村局局长杨忠义、县卫健局局长顾建强、县市场监管局局长王有富、县医保局局长戴先才、县综合执法局局长章熙翔、昌硕街道办事处主任赵晓光，县人大灵峰街道工委主任应秋平、孝源街道工委主任王雪尧，县人大代表张康钱、娄云红列席会议。会议听取和审议县政府关于加快城乡生活垃圾精准分类工作推进情况的报告和县人大常委会调研组关于全县城乡生活垃圾精准分类工作的调研报告。会议听取和审议县政府关于全县居家养老服务医养结合试点小区建设情况的报告和县人大常委会调研组关于全县居家养老服务医养结合试点小区建设情况的调研报告。会议根据县人大常委会主任会议的提请，按照《中华人民共和国地方各级人民代表大会和地方各级人民政府组织法》的规定，以无线表决系统表决的方式，任命张宏兵为县人大常委会农业与农村工作委员会副主任。会议根据县监察委员会的提请，按照《中华人民共和国监察法》的规定，以无线表决系统表决的方式，任命傅强为县监察委员会委员，免去郭兆东的县监察委员会委员职务。会议按照《安吉县人民代表大会常务委员会任命或决定任命的国家工作人员宪法宣誓办法》的规定，举行新任命人员向宪法宣誓仪式。

7月23日，安吉县第十六届人民代表大会常务委员会第三十三次会议举行。县人大常委会主任陆为民，副主任孙松、黄先国、王捷、徐勇、王一明及25名委员出席会议。县委副书记、县人民政府县长宋波，县委常委、县人民政府常务副县长潘鸣，县监察委员会副主任王昌慧，县人民法院院长沈芳君，县人民检察院检察长陈章，县人大常委会各委室副主任王小平、张宏兵、任强松、周长青、孟振华，县政府办副主任傅海飞、县发改局局长童师祥、县财政局总会计师张勇、县审计局局长沈卫江，县人大孝源街道工委主任王雪尧，县人大代表夏建强、胡惠芳列席会议。会议听取和审议县政府关于2020年上半年政府工作情况的报告。会议听取和审议县政府关于2020年上半年安吉县国民经济和社会发展计划执行情况的报告。会议听取和审议县政府关于2020年上半年安吉县财政预算执行情况和2019年安吉县财政决算（草案）的报告、关于2019年度安吉县财政预算执行和其他财政收支的审计工作报告，书面审议县人大财政经济委员会关于2019年安吉县财政决算（草案）审查结果的报告。会议书面审议县政府关于2019年安吉县财政专项资金管理和使用情况的专项工作报告。会议审议通过《关于安吉县第十六届人民代表大会代表资格的审查报告》。会议根据县人大常委会主任会议的提请，按照《中华人民共和国地方各级人民代表大会和地方各级人民政府组织法》的规定，以无记名投票表决的方式，任命王一明为县第十六届人大常委会代表资格审查委员会主任委员。会议根据县人大常委会主任会议的提请，按照《中华人民共和国地方各级人民代表大会和地方各级人民政府组织法》的规定，以无记名投票表决的方式，任命陈国庆为县人大监察和司法（法制）委副主任委员，张超为县人大财经委副主任委员。会议根据县人民政府的提请，按照《中华人民共和国地方各级人民代表大会和地方各级人民政府组织法》的规定，以无记名投票表决的方式，决定任命陈志文为县财政局局长、吴国兴为县农业农村局局长、章毅为县自然资源和规划局局长；决定免去徐勇的县财政局局长职务、陈志文的县自然资源和规划局局长职务、杨忠义的县农业农村局局长职务。会议根据县监察委员会的提请，按照《中华人民共和国监察法》的规定，以无记名投票表决的方式，任命张永玲为县监察委员会副主任、金黎明为县监察委员会委员。会议按照《安吉县人民代表大会常务委员会任命或决定任命的国家工作人员宪法宣誓办法》的规定，举行新任命人员向宪法宣誓仪式。

9月30日，安吉县第十六届人民代表大会常务委员会第三十四次会议举行，县人大常委会主任陆为民，副主任孙松、黄先国、梁蕴伟、王捷、徐勇、王一明及21名委员出席会议。县人民政府副县长陈小龙，县监察委员会副主任王昌慧，县人民法院副院长孟黎明，县人民检察院常务副检察长胡秀义，县人大机关党组成员裴晓宏，县人大各专委会副主任委员陈国庆、张超，县人大常委会各委室副主任张宏兵、任强松、周长青、孟振华，县政府办主任郑继农、县财政局局长陈志文、县住建局局长李明、县卫健局副局长秦光明、县审计局局长沈卫江、县医保局局长戴先才，县人大灵峰街道工委主任应秋平、孝源街道工委主任王雪尧列席会议。会议听取和审议县人民政府关于“走通递铺港”工作情况的报告和县人大常委会调研组关于“走通递铺港”工作情况的调研报告。会议听取和审议县人民政府关于疾病预防与健康管理情况的报告和县人大常委会调研组关于疾病预防与健康管理工作的调研报告。会议听取和审议县人民政府关于2019年度安吉县财政预算执行和其他财政收支审计查明问题整改情况的报告。会议听取和审议县人民政府关于县十六届人大四次会议代表议案、建议办理情况的报告和县人大常委会代表与选任工委关于县十六届人大四次会议代表议案、建议督办情况的报告。会议听取和审议县人民政府《关于提请审查批准2020年财政预算调整方案(草案)的议案》《关于安吉县2020年财政支出预算调整方案(草案)议案的说明》，书面审议县人大财经委《关于安吉县2020年财政预算调整方案(草案)的审查结果报告》。会议决定批准安吉县2020年财政预算调整方案。会议根据县人民法院的提请，按照《中华人民共和国地方各级人民代表大会和地方各级人民政府组织法》的规定，以无记名投票表决的方式，任命王亚琪为安吉县人民法院副院长、审判委员会委员、审判员。会议根据县人大常委会主任会议的提请，按照《中华人民共和国地方各级人民代表大会和地方各级人民政府组织法》的规定，以无记名投票表决的方式，决定接受沈芳君辞去安吉县人民法院院长、审判委员会委员、审判员职务的请求，并报县十六届人民代表大会第五次会议备案。会议根据县人大常委会主任会议的提请，按照《中华人民共和国地方各级人民代表大会和地方各级人民政府组织法》的规定，以无记名投票表决的方式，决定王亚琪代理安吉县人民法院院长职务。会议按照《安吉县人民代表大会常务委员会任命或决定任命的国家工作人员宪法宣誓办法》的规定，举行新任命人员向宪法宣誓仪式。

11月19日，安吉县第十六届人民代表大会常务委员会第三十五次会议举行，县人大常委会主任陆为民，副主任孙松、黄先国、梁蕴伟、王捷、徐勇、王一明及21名委员出席会议。县委副书记、县长宋波，县委常委、县人民政府副县长项侃文，县监察委员会副主任王昌慧，县人民法院代院长王亚琪，县人民检察院检察长陈章，县人大机关党组成员裴晓宏，县人大各专委会副主任，县人大常委会各委室副主任，县政府办主任郑继农、副主任王芸，县农业农村局局长吴国兴，市人大代表翁建英、夏烈、胡立江、释慈满、曹勇、王结琴、俞仲虎、徐生富、程勇，县人大灵峰街道工委主任应秋平、孝源街道工委主任王雪尧，县人大代表李升阳、廖水琴列席会议。会议听取和审议县农业农村局接受人大评议自查工作报告和县人大常委会工作评议调研组关于对县农业农村局工作评议的调研报告。会议听取和审议市人大代表述职报告。会议还对市人大代表进行测评。会议根据县人大常委会主任会议的提请，按照《中华人民共和国地方各级人民代表大会和地方各级人民政府组织法》的规定，以无记名投票表决的方式，决定接受韩金苗辞去安吉县人大常委会委员、安吉县人大财政经济委员会副主任委员职务，并报县十六届人民代表大会第五次会议备案。会议根据县人大常委会主任会议的提请，按照《中华人民共和国地方各级人民代表大会和地方

11 月 19 日，安吉县第十六届人大常委会第三十五次会议召开

各级人民政府组织法》的规定，以无记名投票表决的方式，任命邱翰韡为安吉县人大常委会研究室副主任，免去吴欣的安吉县人大常委会研究室副主任职务。会议根据县人民政府的提请，按照《中华人民共和国地方各级人民代表大会和地方各级人民政府组织法》的规定，以无记名投票表决的方式，决定免去杜尉栋的安吉县人民政府副县长职务。会议根据县人民法院的提请，按照《中华人民共和国人民法院组织法》和《中华人民共和国法官法》的规定，以无记名投票表决的方式，任命蒋彬炜、俞芳芳、谢雯雯为安吉县人民法院审判员，免去杨卫星的安吉县人民法院审判员职务。会议根据县人民检察院的提请，按照《中华人民共和国检察院组织法》和《中华人民共和国检察官法》的规定，以无记名投票表决的方式，任命孙菁为安吉县人民检察院检察员。

12 月 15 日，安吉县第十六届人民代表大会常务委员会第三十六次会议举行，县人大常委会主任陆为民，副主任孙松、黄先国、梁蕴伟、王捷、徐勇、王一明及 25 名委员出席会议。县人民政府副县长任贵明，县监察委员会副主任王昌慧，县人民法院代院长王亚琪，县人民检察院检察长陈章，县人大机关党组成员裴晓宏，县人大各专委会副主任委员陈国庆、张超，县人大常委会各委室副主任王小平、张宏兵、任强松、周长青、孟振华，县政府办主任郑继农、县科技局局长沈强、县医保局局长戴先才，员额法官卞子彦、方雨亭、刘方，员额检察官马兰、王春梅，县人大灵峰街道工委主任应秋平、孝源街道工委主任王雪尧，县人大代俞亚琴、严轶列席会议。会议审议通过县人民政府关于提请审议西苕溪“绿水”经济带管控规则的议案。会议审议通过安吉县人民代表大会常务委员会工作报告。会议听取和审议县人大常委会任命的政府工作部门负责人述职报告。会议还对政府工作部门负责人进行述职测评。会议听取和审议员额法官、员额检察官述职报告。会议还对员额法官、员额检察官进行述职测评。会议根据县人大常委会主任会议的提请，按照《中华人民共和国全国人民代表大会和地方各级人民代表大会选举法》和《中华人民共和国全国人民代表大会和地方各级人民代表大会代表法》的规定，以无记名投票表决的方式，决定接受沈芳君辞去安吉县第十六届人民代表大会代表职务，并报县第十六届人民代表大会第五次会议备案。会议根据县人民政府的提请，按照《中华人民共和国地方各级人民代表大会和地方各级人民政府组织法》的规定，以无记名投票表决的方式，决定任命张昕为安吉县人民政府副县长。会议按照《安吉县人民代表大会常务委员会任命或决定任命的国家工作人员宪法宣誓办法》的规定，举行新任命人员向宪法宣誓仪式。

12 月 31 日，安吉县第十六届人民代表大会常务委员会第三十七次会议举行，县人大常委会主任陆为民，副主任孙松、黄先国、梁蕴伟、徐勇、王一明及 23 名委员出席会议。县人民政府副县长张昕，县监察委员会副主任王昌慧，县人民法院代院长王亚琪，县人民检察院副检察长蒋正平，县人大机关党组成员裴晓宏，县人大各专委会副主任委员陈国庆、张超，县人大常委会各委室副主任王小平、张宏兵、任强松、周长青、孟振华、邱翰韡，县政府办副主任马超，县人大灵峰街道工委主任应秋平、孝源街道工委主任王雪尧，县人大代表张利民、何明华列席会议。会议听取和审议县人民政府关于2020年政府民生实事项目完成情况的报告。会议还对2020年政府民生实事项目开展满意度测评。会议根据县人大常委会主任会议的提请,按照《中华人民共和国全国人民代表大会和地方各级人民代表大会选举法》和《中华人民共和国全国人民代表大会和地方各级人民代表大会代表法》的规定,以无记名投票表决的方式,决定接受陈章、韩金苗、孙传国、夏中金、万勇辞去安吉县第十六届人民代表大会代表职务,并报县第十六届人民代表大会第五次会议备案。会议根据县人大常委会主任会议的提请,按照《中华人民共和国地方各级人民代表大会和地方各级人民政府组织法》的规定,以无记名投票表决的方式,决定接受陈章辞去安吉县人民检察院检察长、检察委员会委员、检察员职务。会议根据县人民检察院的提请,按照《中华人民共和国地方各级人民代表大会和地方各级人民政府组织法》的规定,以无记名投票表决的方式,任命杨旭为安吉县人民检察院检察员、检察委员会委员、副检察长。会议根据县人大常委会主任会议的提请,按照《中华人民共和国地方各级人民代表大会和地方各级人民政府组织法》的规定,以无记名投票表决的方式,决定杨旭代理县人民检察院检察长职务,并报市人大常委会和市人民检察院备案。会议按照《安吉县人民代表大会常务委员会任命或决定任命的国家工作人员宪法宣誓办法》的规定,举行新任命人员向宪法宣誓仪式。

【安吉县第十六届人大常委会第四十六次至第六十次主任会议】

2020年1月18日,县人大常委会主任陆为民主持召开第四十六次主任会议,副主任孙松、黄先国、梁蕴伟出席会议。县人大机关党组成员,县人大各专委会主任委员、副主任委员,县人大常委会各委室主任、副主任列席会议。会议听取和讨论《关于召开县第十六届人民代表大会第四次会议的决定(草案)》。会议听取和讨论县人大常委会2020年工作要点(讨论稿)。会议听取和讨论人事任免事项。会议讨论决定县第十六届人大常委会第二十九次会议的有关事项。

2月26日,县人大常委会主任陆为民主持召开了第四十七次主任会议,副主任孙松、黄先国、梁蕴伟出席会议。县人大机关党组成员,县人大各专委会主任委员、副主任委员,县人大常委会各委室主任、副主任,县政府办副主任王芸、县发改局局长童师祥、县经信局局长高安兵列席会议。会议听取和讨论县发改局关于全县重点项目、服务业企业复工复产情况的汇报和县经信局关于全县工业企业复工复产情况的汇报。

3月19日,县人大常委会主任陆为民主持召开了第四十八次主任会议,副主任孙松、黄先国、梁蕴伟出席会议。县人大机关党组成员,县人大各专委会主任委员、副主任委员,县人大常委会各委室主任、副主任,县政府办副主任傅海飞列席会议。会议听取和讨论县政府办《关于提请审议设立安吉县企业集中服务日的议案》的说明。会议讨论通过《2020年度乡镇(街道)人大工作考核细则》。会议审议通过关于在全县各级人大代表中深入开展“比拼履职、争做表率”主题实践活动的通知。会议听取和讨论人事任免事项。会议讨论决定关于召开县第十六届人大常委会第三十次会议的有关事项。

4月21日,县人大常委会主任陆为民主持召开了第四十九次主任会议,副主任孙松、黄先国、梁蕴伟出席会议。县人大机关党组成员,县人大各专委会主任委员、副主任委员,县人大常委会各委室主任、副主任,县政府办副主任明瑞成、县卫健局局长顾建强、县交通运输局局长赵双勤列席会议。会议听取和讨论县防控办关于前阶段安吉县疫情防控工作的汇报。会议听取和讨论县交通运输局关于西南片区“511”行动计划实施情况的报告。会议讨论通过《县人大常委会关于对县综合行政执法局行政处罚案件办理情况开展评审的工作方案》。会议讨论通过《关于开展动物防疫、野生动物保护相关法律法规和决定贯彻实施情况检查的通知》。会议听取和讨论《关于召开县第十六届人民代表大会第四次会议的决定(草案)》。会议听取和讨论县十六届人大四次会议日程、议程安排和列席人员名单等大会事项。会议讨论决定县第十六届人大常委会第三十一次会议的有关事项。

5月18日,县人大常委会主

任陆为民主持召开了第五十次主任会议，副主任黄先国、梁蕴伟、王捷、徐勇、王一明出席会议。县人大机关党组成员，县人大各专委会主任委员、副主任委员，县人大常委会各委室主任、副主任列席会议。会议讨论通过《关于开展促进民营经济高质量发展各项政策措施落实情况专项检查的实施方案》。会议讨论通过《关于 2020 年重点建设(民生实事)项目进展情况视察、调研与评价的工作方案》。会议讨论确定《关于要求完善全县建筑垃圾处置体系的建议》《关于要求加强小微产业园政策扶持的建议》《关于进一步厘清昌硕、递铺、灵峰三个街道社会治理及管理边界的建议》《关于加大对重大水源地赋石水库"出红线、保水源"的政策扶持力度的议案》《关于优化我县物业管理思路的建议》《关于打造西苕溪"东方莱茵河"，做好"美水"文章的议案》6 件议案、建议为 2020 年重点代表议案、建议。会议听取和讨论人事任免事项。会议讨论决定县第十六届人大常委会第三十二次会议的有关事项。

5 月 26 日，县人大常委会主任陆为民主持召开了第五十一次主任会议，副主任孙松、黄先国、梁蕴伟、王捷、徐勇出席会议。县人大机关党组成员，县人大各专委会主任委员、副主任委员，县人大常委会各委室主任、副主任列席会议。会议听取和讨论关于代表补选的相关事项。

6 月 18 日，县人大常委会主任陆为民主持召开了第五十二次主任会议，副主任黄先国、王捷、徐勇、王一明出席会议。县人大机关党组成员，县人大各专委会主任委员、副主任委员，县人大常委会各委室主任、副主任，县政府办主任郑继农、县水利局局长乐叶都、县综合行政执法局局长章熙翔列席会议。会议听取和讨论县政府办关于县十六届人大常委会相关决议决定落实情况的报告。会议听取和讨论县水利局关于全县推进农村饮用水达标提标行动相关情况的报告。会议听取和讨论县综合行政执法局关于行政处罚案件办理情况的报告和县人大监察和司法(法制)委关于行政处罚案件办理情况的评审意见。会议讨论通过《安吉县人大常委会关于对县农业农村局开展工作评议的实施方案》。会议讨论通过《安吉县人大常委会全面加强街道人大工作和建设的年度工作方案》。会议讨论通过《安吉县人大常委会关于常委会领导及专工委联系街道人大工作的实施意见》。会议讨论通过《安吉县人大常委会街道工作委员会年度工作报告制度(试行)》。会议听取和讨论人事任免事项。会议讨论决定关于召开县第十六届人大常委会第三十三次会议的有关事项。会前开展"党性党纪教育一刻钟"学习。

7 月 23 日，县人大常委会主任陆为民主持召开第五十三次主任会议，副主任孙松、黄先国、王捷、徐勇出席会议。县人大机关党组成员，县人大各专委会主任委员、副主任委员，县人大常委会各委室主任、副主任列席会议。会议听取和讨论人事任免事项。会前开展"党性党纪教育一刻钟"学习，传达学习"全县加强党的政治建设暨党的建设工作推进会精神"。

8 月 25 日，县人大常委会主任陆为民主持召开了第五十四次主任会议，副主任孙松、梁蕴伟、王捷、徐勇、王一明出席会议。县人大机关党组成员，县人大各专委会主任委员、副主任委员，县人大常委会各委室主任、副主任，县政府办主任郑继农、县发改局金融业发展中心主任潘思思、县信访局局长沈高飞、县退役军人局局长张军列席会议。会议传达全市人大常委会主任学习会精神。会议听取和讨论县政府关于重点建设项目和民生实事项目进展情况的报告，以及县人大常委会各视察调研组关于重点建设项目和民生实事项目视察调研情况的汇报。会议听取和讨论县政府关于安吉县"矛调中心"规范化建设，推进矛盾纠纷化解"最多跑一地"工作情况的汇报。会议听取和讨论县政府关于退役军人事务局工作情况的报告。会议听取和讨论关于将《孝源街道人大工作委员会工作规范》《上墅乡人大监督工作规范》上升为县级工作规范的报告。会议讨论通过《安吉县人大代表向选民述职制度》。会议讨论决定关于召开县第十六届人大常委会第三十四次会议的有关事项。会前开展"党性党纪教育一刻钟"学习。

9 月 30 日，县人大常委会主任陆为民主持召开第五十五次主任会议，副主任孙松、黄先国、梁蕴伟、王捷、徐勇、王一明出席会议。县人大常委会办公室主任楼军、县人大常委会代表与选任工委主任谭丽丽列席会议。

会议听取和讨论人事任免事项。

9月30日，县人大常委会主任陆为民主持召开第五十六次主任会议，副主任孙松、黄先国、梁蕴伟、王捷、徐勇、王一明出席会议。县人大常委会办公室主任楼军、县人大常委会代表与选任工委主任谭丽丽列席会议。会议听取和讨论人事任免事项。

10月28日，县人大常委会主任陆为民主持召开了第五十七次主任会议，副主任孙松、黄先国、梁蕴伟出席会议。县人大机关党组成员，县人大各专委会主任委员、副主任委员，县人大常委会各委室主任、副主任，县政府办党组成员李笑、县科技局局长沈强列席会议。会议听取和讨论县科技局关于全县科技创新工作情况的报告。会议听取和讨论县人大办关于《安吉县人大志》编纂工作情况的汇报。会议讨论通过《安吉县人大常委会乡镇人大监督工作规范》和《安吉县人大常委会街道人大工作委员会工作规范》。会议听取和讨论人事任免事项。会议讨论决定关于召开县第十六届人大常委会第三十五次会议的有关事项。会前开展了"党性党纪教育一刻钟"学习。

11月6日，县人大常委会主任陆为民主持召开第五十八次主任会议，副主任孙松、黄先国、梁蕴伟、王一明出席会议。县人大机关党组成员，县人大各专委会主任委员、副主任委员，县人大常委会各委室主任、副主任列席会议。会议讨论通过《县人大常委会"五未"项目进展情况视察调研工作方案》。会议讨论通过《关于员额法官、员额检察官述职测评工作方案》。会议讨论通过《关于开展市人大代表述职测评的工作方案》。会议讨论通过《关于开展县人大常委会任命的政府工作部门负责人述职测评的工作方案》。会议听取和讨论人事任免事项。

11月19日，县人大常委会主任陆为民主持召开第五十九次主任会议，副主任孙松、黄先国、梁蕴伟、王捷、徐勇、王一明出席会议。县人大常委会办公室主任楼军、县人大常委会代表与选任工委主任谭丽丽列席会议。会议听取和讨论人事任免事项。

4月28日下午，市委副书记、代市长王纲来到安吉，与代表们一起审议政府工作报告

12月9日，县人大常委会主任陆为民主持召开第六十次主任会议，副主任孙松、黄先国、梁蕴伟、徐勇、王一明出席会议。县人大各专委会主任委员、副主任委员，县人大常委会各委室主任、副主任列席会议。会议听取和讨论县人大常委会工作报告(讨论稿)。会议听取关于"两官"述职测评对象基本情况的汇报。会议听取和讨论人事任免事项。会议讨论决定关于召开县第十六届人大常委会第三十六次会议的有关事项。

【县人大常委会主任陆为民到孝丰镇开展"三服务"活动】 1月8日，县人大常委会主任陆为民前往孝丰镇开展"三服务"活动。在国家安吉竹产业园区指挥部，详细听取园区政策处理、工程建设、招商引资等情况的汇报，并提出要按照"一年打基础、二年出形象、三年见成效、五年成示范"的目标，狠抓招商引资、加速项目落地、完善要素保障，促使项目早出形象等要求。在孝丰社区，详细了解社区一年来的重点工程项目开展情况与存在难题，并提出要深化主题教育，调动党员干部积极性，探索创新社区管理模式，提升百姓素养，改善社区环境等建议。在和也健康科技有限公司，详细了解新厂房投入使用情况，并就企业反映的有关宣传推广问题现场协调，要求有关单位加强重视、做好对接，进一步加大提炼总结、宣传推广力度，切实把企业反映的问题办好、办实，不断提升企业知名度。

【检查指导新冠肺炎疫情防控工作】 2月2日，县人大常委会主任陆为民带队前往孝丰镇传达省、市、县新型冠状病毒感染的肺炎疫情防控相关会议精神，并前往大河村、大竹村、潴口溪村实地检查指导防控工作，并在各村卡口慰问现场防控工作人员，仔细查看进出人员登记台账，并提出要提高站位，强化联防联控，加大排查力度，确保责任落实，深化宣传教育，防止负面炒作等要求。县检察院检察长陈章参加。

【调研检察工作】 3月19日，省人大常委会副主任赵光君带队来安吉，重点调研检察机关法律监督工作。他强调，要增强对检察机关法律监督工作的认识，强化法律监督工作制度建设，在覆盖全面的基础上突出重点，以点带面树立法律权威，维护社会公平正义。市县领导胡菁菁、沈铭权、喻运鑫、陆为民、孙松、陈章陪同。

【作出关于设立安吉县“企业集中服务日”的决议】 3月24日，县十六届人大常委会第三十次会议表决通过《关于设立安吉县“企业集中服务日”的决议》。这一决议明确“企业集中服务日”的时间，说明作出决议的目的，提出要周密制定活动实施方案，明确服务原则、服务内容、服务职责、服务方式方法等相关内容。

【视察农村公路改造提升工作】 3月25日，县人大常委会副主任孙松带队视察全县农村公路改造提升工作。视察组实地踏看天荒坪镇客运站迁建工程、刘彭线公路驿站新建工程、王孔线提升改造工程现场，详细了解各工程进展情况、存在问题和困难，座谈听取县交通运输局关于全县农村公路改造提升工作的整体情况汇报，并针对目前部分农村公路人行道缺失、五线线杆搬迁难度大、直达县城的公交班次少等问题，提出要查找短板，高起点抓好规划；梳理问题，高标准实施建设；优化配套，高水平抓好运管等建议。

3月11日，开展首个企业“集中服务日”活动

【调研教育系统疫情防控与开学准备工作】 3月31日，县人大常委会主任陆为民带队调研全县教育系统疫情防控与开学准备工作，县领导王捷参加。调研组先后前往上墅私立高中、天略外国语学校和第二小学，详细了解各校开学准备情况，座谈听取县教育局关于教育系统疫情防控与开学准备工作情况的汇报，并提出要提高思想认识、压实主体责任、细化工作环节等工作措施。

【专题视察全国文明城市创建工作】 4月10日，县人大常委会主任陆为民，副主任孙松、黄先国、梁蕴伟带队视察安吉县全国文明城市创建工作，县领导何承明、王捷参加。视察组一行先后前往国际假日酒店东侧、翠竹小区、幸福佳苑安置区，详细查看基础设施建设、小区环境卫生等情况，听取下一步整治工作安排，并提出要不断巩固全国文明城市两年来的创建成果，持续提升城市精细化管理水平，充分调动广大群众的积极性，探索志愿长效服务机制等建议。

【调研全县防汛抗旱准备工作】 4月15日，县人大常委会主任陆为民带队调研全县防汛抗旱准备工作。调研组先后前往递铺街道万亩村防汛仓库、浒溪流域综合治理工程巡检司段，详细了解防汛物资储备、水利工程项目推进情况，座谈听取县应急管理局、自然资源规划局、水利局以及气象局关于防汛抗旱准备工作情况汇报,并提出全面排查安全隐患、制定科学应急预案、备足防汛抗旱物资、做好天气预测预警工作等建议。

【全省首个综合性人大主题公园开园】 5月28日,安吉县人大主题公园举行开园仪式,标志着安吉建成全省首个综合性人大主题公园。公园位于递铺街道长乐社区,占地约200亩,有序植入人大元素,接通县人大线上监督系统,配置五星级代表联络站,成为人大宣传的阵地、群众监督的阵地、代表履职的舞台。

【调研居家养老服务医养结合试点工作】 5月18日,安吉县人大常委会专题调研全县居家养老服务医养结合试点小区建设和运营情况,调研组先后走访6个小区了解工作情况,并召开座谈会听取由县政府相关单位有关情况汇报,针对安吉县养老服务中心标准未定、设施落后等问题,提出要强化顶层设计,健全保障机制;加强统筹谋划,科学规划布局;加大财政投入,完善设施建设等建议。

5月28日,安吉县人大主题公园开园

【调研全县公共卫生服务体系建设】 5月,县人大常委会教科文卫工委组织部分乡镇(街道)人大代表专题调研传染病防治法律法规宣传贯彻情况和公共卫生服务开展情况,调研组先后走访县内11家医疗机构了解工作情况,并座谈听取县疾控中心有关情况汇报,针对安吉县卫生资源总量投入不足、服务内容存在薄弱环节等问题,提出要引导参与,扩大公共服务受众;科学配置,优化公共服务资源;统筹安排,加强公卫管理力量等建议。

【视察全县重大交通基础设施项目】 5月26日,县人大常委会副主任王捷带队视察全县重大交通基础设施项目。视察组实地踏看S304矮部里至南北庄段工程、梅溪紫梅大桥、商合杭高铁安吉县配套工程、申嘉湖高速孝源至唐舍段工程等现场建设情况,听取县交通运输局和项目施工方的相关情况介绍,并提出要全程监管,严把工程质量;强化统筹,抢抓工程进度;放眼全局,谋好交通规划等建议。

【专题调研西苕溪全域建设管理工作】 6月1日下午,县人大常委会主任陆为民、副主任黄先国、梁蕴伟、王捷、徐勇带队视察西苕溪全域建设管理工作,副县长陈悦参加。视察组一行实地查看西苕溪流域生态环境和荆湾段堤防建设工程,座谈听取县水利局、县公安局、梅溪镇关于西苕溪全域建设管理工作的汇报,并提出要紧盯源头治理,加强日常巡查,加固堤岸建设,强化多方联动,推进数字化管理,打造西苕溪"绿水经济带"等建议。

【"两法、两条例、两决定"执法检查】 6月2日,县人大常委会主任陆为民、副主任黄先国陪同市人大常委会党组副书记、副主任董立新一行开展动物防疫及野生动物保护相关法律法规和决定执法检查,县委常委、副县长项侃文参加。检查组先后前往中南百草原动物园、县公安局孝丰森林派出所、刘家塘国卿家禽养殖场,实地了解动物防疫、监管执法、产业转型等相关情况,座谈听取县政府关于贯彻落实"两法、两条例和两决定"工作情况汇报以及县人大常委会关于"两法、两条例和两决定"执法检查的报告,并提出要提高贯彻落实法律法规的自觉性,加强宣传教育,夯实基础工作,健全工作机制,凝聚合力,保障动物防疫和野生动物保护各项工作有序推进等建议。

【促进民营经济高质量发展各项政策举措落实情况专项检查汇报会】 6月23日下午，县人大常委会召开促进民营经济高质量发展各项政策举措落实情况专项检查汇报会。县人大常委会主任陆为民主持会议。会议审议县经信局、财政局、税务局等11个政府部门关于促进民营经济高质量发展各项政策举措落实情况的汇报，并进行点评。陆为民肯定2018年以来，政府相关部门的工作成效，并提出要提高站位、深化措施、巩固成效等建议。

【视察县域北部供水主管工程】 6月24日下午，县人大常委会副主任孙松带队视察县域北部供水主管工程。视察组现场察看县域北部供水主管工程一期三官村段、二期良朋村段、三期马村村段工程建设情况，听取项目情况，施工情况汇报，并提出提高施工标准、加强组织领导、强化管护意识、筑牢廉洁底线等建议。

【视察涉野生动物违法犯罪案件办理工作情况】 6月24日上午，县人大常委会副主任徐勇带队视察涉野生动物违法犯罪案件办理工作情况。视察组实地视察孝丰动物无害化处理收集点和孝丰森林派出所，听取县公安局（森林公安）关于涉野生动物违法犯罪案件办理工作情况的汇报，并提出要做好野生动物保护宣传工作，提高执法实效，强化联动配合，加强队伍建设等建议。

【开展第三期人大代表电视问政】 7月2日下午，第三期人大代表电视问政录制完成。县人大常委会主任陆为民，副主任黄先国、梁蕴伟、王捷、王一明，副县长杜尉栋参加，县监察委员会、人民法院、人民检察院有关负责人出席录制现场。本期电视问政邀请8名人大代表，围绕“农贸市场安全隐患”“大货车右行”“人行道板破损”等民生问题进行提问，直击群众反映强烈的痛点难点堵点问题。12位部门、街道主要负责人就有关问题进行答复并承诺，立行立改、履职尽责，用实际整改成效取信于民，不断增强百姓的获得感、幸福感和安全感。

【视察全县招商引资工作】 7月15日，县人大常委会副主任梁蕴伟带队视察全县招商引资工作。视察组先后前往热威、味斯美和金栖堂翠篁溪谷酒店等项目现场，听取县投资促进中心相关工作汇报，并提出要顺势而为、乘胜前进，谋篇布局、选商引资，强化职能、提升服务等建议。

【调研法治化营商环境工作】 7月17日，县人大常委会主任陆为民，副主任徐勇陪同市人大常委会副主任喻运鑫调研法治化营商环境工作。调研组充分肯定安吉县法治化营商环境等方面的经验、做法，并提出要增强服务理念、提升能力素质、量化标准规范、应用科技智慧等建议。

【妇女儿童权益保障法执法检查】 7月28日下午，县人大常委会副主任徐勇带队开展妇女儿童权益保障法执法检查。视察组实地查看县美丽伊家婚姻家庭工作室和灵峰街道家庭教育指导服务中心，听取县妇联关于妇女儿童权益保障法贯彻执行情况的汇报，并提出要完善维权网络，抓好前期出台文件的落实执行，加强各部门之间的联动配合，推进家庭教育工作等建议。

【调研县医保局工作】 7月28日上午，县人大常委会副主任王捷带队调研县医保局工作。调研组听取2020年上半年疫情防控期间政策资金落实、防护用品药品保障、信息化建设和“三服务”工作情况汇报，并提出要扛起“重要窗口”建设责任担当，强化参保扩面工作，提升服务水平，创新试点推进等建议。

【视察农合联建设工作】 7月30日，县人大常委会副主任黄先国率队视察县供销联社“三位一体”农合联建设工作。视察组先后走访再生资源回收中心、农合联现代农业服务中心等地，座谈听取县供销联社“三位一体”农合联建设工作的汇报，并提出要融入乡村振兴战略，加快供销社转型，不断整合资源，做强平台建设，充分发挥供销社组织和网络优势，为农民提供“金融活水”等建议。

【视察灵峰国家级旅游度假区建设情况】 8月6日上午，县人大常委会主任陆为民，副主任黄先国、王捷、徐勇带队视察灵峰国家级旅游度假区建设情况。视察组一行实地察看灵溪公园、小瘾半日村建设运营情况，听取灵峰街道关于国家级旅游度假区建设情况的汇报,并提出要坚持高起点规划引领,坚持高标准项目引培,坚持高品质全域建设,坚持高素质队伍建设等建议。

【全国首个街道人大工作规范、乡镇人大监督工作规范新闻发布会】 8月7日下午,县人大举行《孝源街道人大工作委员会工作规范》《上墅乡人大监督工作规范》新闻发布会,同时发布全国首个街道人大工作规范、乡人大监督工作规范。《孝源街道人大工作委员会工作规范》内容涵盖街道人大工作委员会工作的基本原则、一支队伍、三大监督、四项保障、六大履职等内容,使街道人大工作机制更加健全、职责更加明确、关系更加清晰。《上墅乡人大监督工作规范》内容涵盖乡人大监督原则、监督主体、监督形式、监督内容、监督保障、重点事项监督和监督评价等,为乡人大各类履职监督活动提供清晰明了的操作指引。

【县人大获"浙江人大工作与时俱进奖"】 8月11日,在"浙江人大工作与时俱进奖"评选活动中,县人大常委会申报的"开展三大水库污染源特定问题调查"获评优秀奖。"浙江人大工作与时俱进奖"评选由省人大常委会每两年举行一次,2020年是第二次,是浙江人大系统最高奖项。

【"土壤污染防治法"执法检查】 8月12日,县人大常委会副主任孙松带队开展"土壤污染防治法"执法检查。检查组实地检查孝丰镇原鸿泰化工地块、灵峰街道独松关路以北半岭路以西地块、递铺街道浒溪管理用房地块,详细了解建设用地安全利用,土壤污染风险管控和修复、土壤污染普查和监测等情况,听取相关部门工作汇报,并提出要提高思想认识,凝聚监管合力,加大防治力度,强化保障支撑等建议。

【视察粮食安全工作】 10月12日,县人大财经委、农工委联合视察全县粮食储备安全工作。视察组一行实地检查马家渡粮仓,详细听取县粮食收储公司的情况汇报,并提出要高度重视粮食生产,强化粮食安全宣传,扩仓容、增储量,加大政策扶持力度,做好粮食安全管理等建议。

8月7日,《安吉县人大常委会工作规范乡镇人大监督工作规范》《安吉县人大常委会工作规范街道人大工作规范》发布

【县人大常委会主任陆为民赴递铺街道人大代表中心联络站开展主题接待活动】 9月22日上午,县人大常委会主任陆为民赴递铺街道人大代表中心联络站开展主题接待活动。陆为民宣讲习近平新时代中国特色社会主义思想,征集"十四五"规划编制的意见建议及年度民生实事项目建议,并对街道人大工作提出要注重履职实效、勇于探索创新、切实发挥联络站作用、着力提高议案建议质量等建议。

【全国人大代表浙江中心组第四小组到安吉调研】 10月14日下午,全国人大代表浙江中心组第四小组围绕"以主力担当融入长三角一体化发展国家战略,打造长三角绿色发展引领区"主题,来安吉县开展专题调研。市人大常委会主任孙贤龙,市委常委、县委书记沈铭权,市人大常委会副主任张兰新,县人大常委会主任陆为民,县委常委、天荒坪镇党委书记高发义,县人大常委会副主任、县委办主任王一明陪同。调研组考察天荒坪镇余村村、递铺街道鲁家村、灵峰街道大竹园村,充分肯定安吉县践行"绿水青山就是金山银山"理念的成果,并建议安吉发挥比较优势,加快探索战略合作,深化对接、携手共进,以更加开放的姿态拥抱长三角,

10月14日，全国人大代表浙江中心组第四小组到安吉县开展专题调研

为打造长三角绿色发展引领区贡献更多智慧和力量。

【人大代表入驻县矛调中心】 10月14日上午，县人大常委会副主任王一明带队，在县矛调中心举行人大代表入驻县矛调中心活动。与会人员实地调研县社会矛盾纠纷调处化解中心，参观人大代表工作室，听取县信访局、司法局关于矛盾纠纷调处化解工作情况汇报。王一明要求人大代表在参与矛盾纠纷调处化解工作过程中，要提高收集社情民意的能力，要做好“老娘舅”和“监督员”，要用好人大代表矛调专家团平台。

【视察应急管理工作】 10月16日上午，县人大常委会主任陆为民，副主任孙松、黄先国、王捷带队视察应急管理局整体运转情况、安全生产情况。视察组实地察看安吉蓝天救援队队伍建设以及装备配备情况，座谈听取关于全县应急管理工作情况的汇报，并提出要深入贯彻落实习近平总书记关于应急管理工作的重要论述，进一步健全应急管理体制机制，加大重点领域整治，加强数字化平台建设，增强担当意识、责任意识、联动意识等建议。

【全国人大培训中心领导考察安吉】 10月22日上午，全国人大培训中心副主任张志强带队来安吉县考察，市县领导张兰新、陆为民、高发义、孙松陪同。考察组参观余村年年有余研学中心、“两山”公园、数字影院和文化礼堂，并且认为安吉始终坚持把绿色作为经济社会发展底色，不断强化美丽意识、规划美丽标准、创新美丽机制、拓展美丽内涵，走出一条生态美、产业兴、百姓富的可持续发展道路，为乡村振兴提供安吉样本，值得学习借鉴。

【安吉发布乡镇(街道)人大工作规范】 11月9日，县人大常委会在全国率先发布《安吉县街道人大工作规范》《安吉县乡镇人大监督工作规范》，对街道人大工作、乡镇人大监督工作进行全方位梳理总结。这两项规范是在《孝源街道人大工作委员会工作规范》《上墅乡人大监督工作规范》基础上，再次调研、提炼形成的，意味着，乡镇(街道)人大工作有“操作指南”。

【调研“五未”项目进展情况】 11月上旬，县人大常委会对“五未”项目进展情况开展视察调研，并提出要提高招商引资质量，加大服务企业力度，严格项目监管约束，强化典型经验宣传等建议。

【县委书记沈铭权专题调研县人大工作】 12月17日下午，县委书记沈铭权专题调研县人大工作。县人大常委会主任陆为民做工作汇报，县委常委、副县长项侃文陪同调研，县人大常委会副主任孙松、黄先国、梁蕴伟、王捷、徐勇、王一明参加座谈。汇报会上，陆为民主任汇报县人大常委会2020年特色亮点工作和2021年工作安排。沈铭权对县人大常委会工作表示充分肯定，并提出要保持奋发有为的精神状态，把党的领导落实到人大工作各个方面，创造性开展工作，始终坚持以人民为中心，加强人大干部队伍建设等要求。

【专题调研全县城乡生活垃圾精准分类工作】 12月，县人大常委会对全县城乡生活垃圾精准分类工作开展专题调研，并针对当前垃圾分类体系亟待完善、群众分类意识还比较淡薄等现状，提出要健全协同机制，抓实全程分类，完善长效管理，突出氛围营造等建议。

（盛少华）

安吉县人民政府

【县政府常务会议】 2020年召开19次县政府常务会议。

1月18日,举行第26次常务会议,会议集中学习浙江省两会精神。会议听取县委组织部副部长凌逸刚关于《安吉县“聘任制硕博专员”招聘管理办法(送审稿)》的汇报;听取财政局局长徐勇《关于规范招引企业财政奖励审批程序的实施方案(送审稿)》的汇报;听取审计局局长沈卫江关于《安吉县政府投资项目审计监督实施办法(送审稿)》的汇报;听取经信局局长高安兵关于《安吉县工业经济政策(2020年修订)(送审稿)》的汇报;听取大数据局局长唐宝城关于《安吉县打造绿色智慧城市助推新时代“两山”试验区建设实施方案(送审稿)》的汇报;听取发改局局长童师祥关于《2020年政府投资项目计划(送审稿)》的汇报。会议书面通报《安吉县关于上报市级防汛防台救灾突出贡献集体和个人评选表扬的方案(送审稿)》、《安吉县鼠疫控制应急预案(修订)(送审稿)》、《关于安吉县霍乱防治应急预案(送审稿)》、《关于安吉县突发公共卫生事件应急预案(送审稿)》、《安吉县突发事件医疗卫生救援应急预案(送审稿)》、《安吉县安全生产领域失信行为联合惩戒和黑名单管理实施细则(送审稿)》、《关于对2019年度安吉县明星企业拟定对象的通报(送审稿)》和县政府第25次常务会议落实情况。

2月5日,举行第27次常务会议,会议听取县政府办副主任傅海飞关于《应对新型冠状病毒感染的肺炎疫情支持企业健康发展的政策意见(送审稿)》的汇报;书面通报县政府第26次常务会议落实情况。

2月9日,举行第28次常务会议,会议听取县政府办副主任傅海飞关于《安吉县人民政府关于应对疫情支持服务业企业健康发展的政策意见(送审稿)》的汇报。

2月18日,举行第29次常务会议,会议听取县政府办副主任傅海飞《关于加快企业复工复产促进经济平稳运行的若干意见(送审稿)》的汇报;发改局局长童师祥《关于加强疫情期间财政金融支持稳经济稳发展的实施细则(送审稿)》的汇报;人力社保局局长王红缨《关于企业复工复产补助奖励的意见(送审稿)》的汇报。

3月6日,举行第30次常务会议,会议听取县政府办副主任傅海飞关于《安吉县2020年度经济发展“三大行动”实施方案(送审稿)》、《安吉县企业“集中服务日”实施方案(送审稿)》的汇报;听取投资促进中心副主任陈波关于《2020年度安吉县两区、乡镇(街道)、国有集团招商引资工作考核办法(送审稿)》、《2020年度安吉县县级机关部门招商引资服务工作考核办法(送审稿)》、《关于建立派驻招商引才干部激励机制的实施意见(送审稿)》的汇报;听取县政府办主任郑继农关于《政府工作报告(送审稿)》的汇报;听取生态环境局局长马洪亮关于《安吉县畜禽养殖禁养区划分调整方案(送审稿)》的汇报。会议书面通报《安吉县2019年国民经济和社会发展计划执行情况及2020年国民经济和社会发展计划草案的报告(送审稿)》、《安吉县2019年财政预算执行情况和2020年财政预算草案的报告(送审稿)》、《安吉县2019年度法治政府建设情况的报告(送审稿)》、《安吉县2019年度环境状况和环境保护目标完成情况的报告(送审稿)》、《关于例行坚持过紧日子的通知(送审稿)》、《安吉县人民政府关于禁止猎捕陆生野生动物的通告(送审稿)》、《“奋战一百天,冲刺半年红,打赢两场战”活动方案(送审稿)》和县政府第29次常务会议议题落实情况。

4月2日,举行第31次常务会议,会议听取大数据局局长唐宝城关于《2020年安吉县加快政府数字化转型打造绿色智慧城市工作要点(送审稿)》的汇报、《安吉县政务节点云平台管理办法(试行)(送审稿)》的汇报;听取文体旅游局局长彭忠心《关于加快全域旅游发展开展五百行动计划的实施意见(送审稿)》的汇报;听取卫健局局长顾建强关于《安吉县加快推进3岁以下婴幼儿照护服务发展实施方案(送审稿)》的汇报;听取统计局局长杨鹤云《关于安吉县第七次全国人口普查工作的情况汇报》;听取市场监管局局长王有富关于《安吉县政府质量奖评审管理办法(2020年修订)(送审稿)》的汇报;听取生态环境分局副局长曹杰《关于长江经济带战略环评“三线一单”编制工作的情况汇报(送审稿)》;会议书面通报《安吉县经济合同清理工作方案(送审稿)》、《关于清理规范政府购买服务工作方案(送审稿)》、《关于财政决算审计有关问题的整改报告(送审稿)》、《关于调整2020年社会保险基金收支预算安排情况的说明》和县政府第30次常务会议议题落实情况。

4月16日,举行第32次常务会议,会议听取县安委办主任樊锡宏关于传达落实中央和省安全生产电视电话会议精神及安吉县贯彻落实的情况汇报;听取发改局局长童师祥关于《安吉县政府投资项目全过程管理实施细则(送审稿)》的汇报;听取农业农村局局长杨忠义关于《安吉县高质量推进乡村振兴确保高水平全面建成小康社会的意见(送审稿)》、《安吉县加快农业高质量发展若干意见(2020年修订)(送审稿)》和《安吉县农村闲置农房(宅基地)流转的实施意见(送审稿)》的汇报;听取县政府办副主任傅海飞《关于应对新冠肺炎疫情支持外贸企业健康发展意见建议(送审稿)》的汇报;听取县政府办主任郑继农关于《安吉县政府各项制度及政务流程汇编(送审稿)》和《关于2020年安吉县人民政府重大改革和重大事项形成情况及评价办法的情况汇报(送审稿)》。会议书面通报《2020年安吉县推进长三角区域一体化发展工作要点(送审稿)》、《安吉县乡村治理体系建设试点的实施方案(送审稿)》、《关于调整〈进一步深入推进小区物业管理工作的实施意见〉部分内容的通知(送审稿)》和县政府第31次常务会议议题落实情况。

4月16日,安吉县政府第32次常务会议召开

5月22日,举行第33次常务会议,会议听取县“三服务”专班办公室主任石晨熹关于疫情防控期间惠企政策兑现落实情况的汇报(送审稿);听取县政府办主任郑继农关于《2020年县政府工作目标任务分解(送审稿)》和《2020年县政府办理议案建议和提案工作方案(送审稿)》的汇报;听取消防大队大队长厉海荣《关于做好全县消防救援队伍职业保障和优待工作的通知(送审稿)》的汇报;听取财政局副局长童升明《关于设立浙江两山乡村振兴绿色发展投资基金的方案(送审稿)》的汇报;听取政务办常务副主任朱车生关于执行《湖州市房屋建筑和市政基础设施工程施工招标投标评标办法》的情况汇报(送审稿);听取了教育局局长施明清《关于学前教育深化改革规范发展的实施意见(送审稿)》的汇报;听取住建局局长李明《关于开展安吉县既有住宅加装电梯工作的实施意见(送审稿)》和《安吉县新时代美丽城镇建设实施方案(送审稿)》的汇报;听取市生态环境局安吉分局局长马洪亮《关于划定安吉县县区禁止使用高排放非道路移动机械区域方案(送审稿)》的汇报;听取民政局局长姜平关于部分行政村优化调整和城市社区优化设置的情况汇报(送审稿)。会议书面通报《关于高水平打造人才生态最优县高质量助推新时代“两山”试验区建设的实施意见(送审稿)》、《2019年度安吉县行政复议、行政诉讼工作情况汇报(送审稿)》、《安吉县行政规范性文件管理办法(送审稿)》、《关于安吉县申报“千年古县”相

关工作的情况汇报(送审稿)》和县政府第32次常务会议议题落实情况。

6月16日,举行第34次常务会议,会议听取政法委常务副书记王国明关于全县专职网格员队伍保障的情况汇报(送审稿);听取发改局局长童师祥关于与浙江大学共建浙江生态文明研究院相关事宜(送审稿)、《安吉县金融支持地方经济发展考核办法(送审稿)》和《安吉县重大项目专项贷款和财政专项贴息资金实施办法(送审稿)》的汇报;听取经信局局长高安兵关于《安吉县重大项目落地达产奖励实施办法(送审稿)》的汇报;听取投资促进中心主任曹宏华关于《安吉县引进总部经济创新载体奖励实施意见(送审稿)》和《安吉县社会化招商引才奖励实施办法(送审稿)》的汇报;听取农业农村局局长杨忠义关于《安吉县关于开展农村人居环境"百日提升行动"的实施方案(送审稿)》和《安吉县农村闲置农房(宅基地)流转意见(试行)(送审稿)》的汇报;听取交投集团董事长屠继忠关于推进安吉数字物流港项目建设的情况汇报(送审稿);听取市场监管局局长王有富关于《安吉县加快推进放心消费建设工作实施方案(送审稿)》的汇报;听取综合执法局局长章熙翔关于《2020年城镇生活垃圾分类补助暂行办法(送审稿)》的汇报;听取人力社保局局长王红缨关于《安吉县大学生创新创业专项资金实施办法(送审稿)》的汇报。会议书面通报《安吉县绿色家居产业拓市增效行动计划(送审稿)》、《安吉县创建省级渔业健康养殖示范县(送审稿)》、《关于表扬2019年度打造乡村振兴先导区突出贡献集体和个人的通报(送审稿)》、《关于赋石饮用水水源一级保护区实行封闭式管理的实施方案(送审稿)》和县政府第33次常务会议议题落实情况。

7月8日,举行第35次常务会议,会议听取发改局局长童师祥关于半年度经济社会发展情况的汇报;听取县安委办主任樊锡宏关于半年度安全生产工作及下一步工作建议的情况汇报;分别听取经信局局长高安兵、发改局局长童师祥、科技局局长沈强、商务局局长孙莉关于考核落后指标的情况汇报;分别听取投资促进中心主任曹宏华、政务办常务副主任朱车生、农业农村局局长杨忠义、资源规划局局长陈志文、天子湖镇镇长朱红星关于2020年度县政府重大改革重大事项推进的情况汇报;听取财政局副局长尚亿勇关于《安吉县国有企业深化改革方案(送审稿)》、《安吉县国有企业退休人员社会化管理实施方案(送审稿)》的汇报;听取发改局局长童师祥关于与吴江区共建E产业合作园相关事宜的情况汇报、《安吉县人民政府关于进一步促进服务业高质量发展的若干意见(送审稿)》的汇报;听取大数据局局长唐宝城关于安吉县人民政府与阿里巴巴(中国)软件有限公司合作的情况汇报;听取文体旅游局局长彭忠心关于《安吉县加快全域旅游产业发展若干政策(2020修订)(送审稿)》、《安吉县文化旅游体育事业发展专项资金管理办法(送审稿)》的汇报;听取科技局局长沈强《关于加快科技创新十条政策(送审稿)》的汇报;听取资源规划局局长陈志文《关于调整全县征地补偿安置政策的通知(送审稿)》的汇报;听取《安吉县人民政府关于赋石、凤凰饮用水水源一级保护区实行封闭式管理的通告》的汇报。会议书面通报《安吉县创建绿色金融改革创新示范县2020年推进计划》《关于2019年度"亩均论英雄"改革推进暨工业企业分类综合评价结果的通报》和县政府第34次常务会议议题落实情况。

7月31日,举行第36次常务会议,会议分别听取经信局局长高安兵、医保局局长戴先才、资源规划局副局长冯瑜、人力社保局局长王红缨、市场监管局局长王有富关于2020年度县政府重大改革重大事项推进的情况汇报;听取县国资清查及规范管理领导小组李敏芳关于安吉县县级办公用房清查工作的情况汇报;听取文旅集团董事长钱良宏关于请求明确"年年有余"旅游综合体运营主体的情况汇报;听取农业农村局党委委员陈婷关于全国扩大农业农村有效投资电视电话会议精神及安吉县贯彻落实建议的情况汇报;听取宣传部副部长麻爱军关于安吉县2020年加强未成年人思想道德建设工作实施方案的情况汇报。会议书面通报《安吉县尘肺病防治攻坚行动实施方案》和县政府第35次常务会议议题落实情况。

8月21日,举行第37次常务会议,会议听取发改局局长童师祥、大数据局局长唐宝城、水利局局长乐叶都、住建局局长李明、民政局局长姜平关于县政府2020年度重大改革重大事项推进的情况汇报；听取应急管理局局长樊锡宏关于传达学习全国安全生产电视电话会议精神及安吉县下一步贯彻落实建议的情况汇报；听取公安局常务副局长丰贤忠关于《安吉县见义勇为人员奖励和保障实施办法（试行）（送审稿）》的情况汇报；听取政务办常务副主任朱车生关于《推进民生事项"就近可办、县域通办"工作实施方案（送审稿）》、《安吉县政务服务管理办公室工作人员管理绩效考核办法（送审稿）》的情况汇报；听取商务局局长孙莉关于《安吉县开展数字生活新服务行动的实施方案（送审稿）》的情况汇报；听取水利局局长乐叶都关于《安吉县农村供水工程县级统管方案（送审稿）》的情况汇报；听取农业农村局局长吴国兴关于传达学习全国全面建成小康社会补短板暨农村人居环境整治工作推进会、全省低收入农户高水平全面小康攻坚推进会暨扶贫结对帮扶团组长会议精神及安吉县下一步贯彻落实建议的情况汇报；听取生态环境分局局长马洪亮关于《安吉县全域"无废城市"建设实施方案（送审稿）》、《安吉县流域上下游乡镇（街道）生态补偿机制的实施意见（试行）（送审稿）》的情况汇报；听取综合执法局局长章熙翔关于传达学习全市生活垃圾分类处置工作现场推进会会议精神及安吉县下一步贯彻落实建议的情况汇报；听取司法局局长王晶关于《安吉县乡镇（街道）合法性审查工作实施办法（送审稿）》的情况汇报。会议书面通报《关于加快推进"两山银行"建设运行的实施意见（送审稿）》、《安吉县人民政府关于划定公布实行城市化管理区域的通告（送审稿）》、《安吉县人民政府关于划定并公布实行对现有架空管线实施管理的重要街道和重要区块的范围的通告（送审稿）》和县政府第36次常务会议落实情况的通报。

9月26日，举行第38次常务会议，会议听取财政局局长陈志文、综合执法局局长章熙翔、卫健局局长顾建强、市场监管局局长王有富、文旅集团董事长钱良宏关于县政府2020年度重大改革重大事项推进的情况汇报；听取县委组织部常务副部长徐伟关于理顺安吉国家农业高新技术产业示范区（创建）和国家安吉竹产业示范园区、笔架山农业高新技术产业园区管理体制的情况汇报；听取发改局局长童师祥关于安吉县"十四五"基本思路的情况汇报；听取财政局局长陈志文关于《2020年财政预算调整方案（草案）议案（送审稿）》的情况汇报；听取投资促进中心主任曹宏华关于《2020新时代"两山"试验区·安吉县第十三届投资贸易人才洽谈会筹备工作（送审稿）》的情况汇报；听取县公管办常务副主任朱车生关于《安吉县国有（集体）投资工程建设项目直接发包（邀请招标）审批管理办法（送审稿）》的情况汇报；听取农业农村局副局长韩树根关于《安吉白茶安全生产整治三年行动计划（送审稿）》的情况汇报；听取安吉县民生改善工程项目推进工作组常务副组长施明清关于安吉民生改善PPP项目推进情况汇报；听取综合执法局局长章熙翔关于《安吉县管道燃气"村村通"试点工作实施方案（送审稿）》、《关于划转部分行政处罚权及相关职权的通告（送审稿）》的情况汇报；听取民政局局长姜平关于传达学习全市民政工作会议精神及安吉县贯彻落实建议的情况汇报。会议书面通报《安吉县规划编制管理办法（试行）（送审稿）》、《安吉

9月26日，安吉县政府第38次常务会议召开

县“十四五”专项规划编制目录(初稿)(送审稿)》、《安吉县财政专户资金存放管理实施办法(送审稿)》、《安吉县人民防空工程管理办法(送审稿)》、关于传达学习全省进一步深化“证照分离”改革全覆盖试点工作动员部署会会议精神及安吉县推进“证照分离”工作的情况汇报和县政府第37次常务会议落实情况的通报。

10月14日,举行第39次常务会议,会议听取市生态环境分局局长马洪亮、发改局副书记杨奎强、教育局局长施明清、水利局局长乐叶都、资源规划局局长章毅关于县政府2020年度重大改革重大事项推进的情况汇报;听取文体旅游局局长彭忠心、住建局局长李明、交通局局长赵双勤、科技局局长沈强、商务局局长孙莉关于落后指标的情况汇报;听取安委办主任樊锡宏关于三季度全县安全生产情况及下步工作安排的情况汇报;听取县政府办主任郑继农关于《推进法治政府、高效政府、阳光政府、廉洁政府建设的三年行动方案(送审稿)》的情况汇报;听取发改局副书记杨奎强关于杭州“飞地”选址方案的情况汇报;听取了财政局副局长张勇关于《2021年财政预算编制改革方案(送审稿)》的情况汇报;听取交投集团董事长屠继忠关于与中石化分公司合作运营公司并实施战略合作的情况汇报;听取产投集团董事长蔡刚清关于《安吉县绿色产业基金方案(送审稿)》的情况汇报;听取财政局副书记华新平关于安吉县中央财政支持农民合作社创新试点工作后续方案的情况汇报;听取水利局局长乐叶都关于安吉县赋石水库清淤扩容工程概算超投资计划的情况汇报;听取文体旅游局局长彭忠心关于《推动民宿产业高质量健康发展的实施意见(送审稿)》的情况汇报;听取资源规划局局长章毅关于《安吉县农村乱占耕地建房问题专项整治行动方案(送审稿)》、《西苕溪“绿水”经济带管控规则(送审稿)》的情况汇报;听取公安局政委董秀华关于《安吉县森林公安机关管理体制调整工作实施方案(送审稿)》的情况汇报。会议书面通报关于省政府审计报告反映问题整改工作电视电话会议精神的情况汇报、关于传达学习省市法治政府建设电视电话会议精神和安吉县下一步贯彻落实建议的情况汇报、《安吉县国有投资项目审核管理办法及操作规程(送审稿)》、《安吉县国有企业重大事项监督管理暂行办法(送审稿)》和第38次常务会议落实情况。

10月21日,举行第40次常务会议,会议听取发改局局长童师祥关于《安吉县六大产业高质量发展实施方案——安吉县产业发展“六个一”行动方案(送审稿)》的情况汇报。会议书面通报《安吉县“三位一体”农合联改革示范县创建方案(送审稿)》、关于招引华体马拉松运动公园项目的情况汇报和第39次常务会议落实情况。

11月24日,举行第41次常务会议,会议听取民政局局长姜平、公安局副局长张志龙、农业农村局副局长马道青、政务办常务副主任朱车生、住建局局长李明关于县政府2020年度重大改革重大事项推进的情况汇报;听取经信局副局长朱卫贤关于传达学习全省传统制造业改造提升2.0版现场推进会会议精神的情况汇报;听取县政府办副主任傅海飞关于兑现2019年度经济发展奖励资金方案的情况汇报;听取资源规划局局长章毅关于《安吉县农村集体经营性建设用地入市管理办法(试行)(送审稿)》的情况汇报;听取农业农村局副局长马道青关于《安吉县农业绿色发展先行先试支撑体系建设方案(送审稿)》的情况汇报;听取大数据局局长唐宝城关于《安吉县人民政府与华为技术有限公司“数字安吉”战略合作协议(送审稿)》、《关于县域智治中心建设的方案(送审稿)》的情况汇报。会议通报《三季度全县经济形势分析》《安吉县梅溪镇小城市培育试点镇三年(2020—2022年)行动计划(送审稿)》。会议书面通报《关于深化亩均论英雄改革推进企业分类综合评价工作的实施意见(2020年修订)(送审稿)》、关于调整《关于推进安吉县绿色金融产业集聚区建设的实施意见文件》部分内容的情况汇报、《关于切实加强政府购买服务管理的通知(送审稿)》、《安吉县全民所有自然资源资产有偿使用制度改革实施方案(试行)(送审稿)》、《2020年安吉县法治政府建设工作要点(送审稿)》、《安吉县人民政府法律顾问工作规则(送审稿)》、《安吉县节水行动方案(送审稿)》和第40次常务会议落实情况。

12月16日,举行第42次常务会议,会议听取人力社保局局长王红缨关于贯彻落实被征地农民参加基本养老保险政策的情况汇报；听取财政局局长陈志文关于被征地农民参加基本养老保险资金测算和筹资建议有关情况的汇报；听取资源规划局局长章毅关于安吉县农村乱占耕地建房问题清查整治进展情况及下一步工作计划的情况汇报；听取发改局局长童师祥关于传达学习全省能源“双控”和“减煤”有关精神及安吉县贯彻落实建议的情况汇报。会议书面通报第41次常务会议落实情况。

12月17日，举行第43次常务会议，会议听取水利局局长乐叶都、发改局局长童师祥、经信局局长高安兵、市场监管局副书记叶燕、商务局局长孙莉关于县政府2020年度重大改革重大事项推进的情况汇报；听取发改局局长童师祥、科技局副局长金水华、住建局局长李明关于落后指标的情况汇报；听取财政局局长(国资办主任)陈志文关于《安吉县29家县级机关部门下属国有企业分类处置方案(送审稿)》的情况汇报；听取医保局局长戴先才关于安吉县职工基本医疗保险纳入市级统筹改革的情况汇报；听取资源规划局局长章毅关于《安吉县工程建设项目产出矿产品处置办法(试行)(送审稿)》的情况汇报；听取住建局局长李明关于《安吉县农村房屋安全隐患排查整治专项行动工作方案(送审稿)》的情况汇报。会议书面通报《安吉县旅游突发公共事件应急预案(送审稿)》、《安吉县人民政府办公室关于聘请黄立科等担任政府法律顾问的通知(送审稿)》、关于传达学习近期全国安全生产会议精神及安吉县下步贯彻落实建议的情况汇报、关于传达学习全省乡村产业高质量发展推进会精神及安吉县贯彻落实建议的情况汇报、关于传达学习全市“清廉交通”建设工作推进会会议精神及安吉县下步贯彻落实建议的情况汇报、关于传达学习全省疫情防控冷链食品物防工作电视电话会议精神及安吉县下步贯彻落实建议的情况汇报、关于传达学习全省乡村全域土地综合整治与生态修复现场会会议精神及安吉县下步贯彻落实建议的情况汇报。

12月22日，举行第44次常务会议，会议听取财政局局长(国资办主任)陈志文关于《安吉县国有企业深化改革方案(送审稿)》的情况汇报。会议书面通报关于安吉县创建全国文明城市行政奖励集体和个人有关情况的汇报。

【安吉县竹文化系统入选第五批中国重要农业文化遗产】 1月19日，第五批中国重要农业文化遗产名单公布，安吉县竹文化系统入选(全省仅四个)，全市唯一。近年来，安吉县积极发掘具有安吉特色的传统育竹方法，推广封山育林保护竹资源。并在传承保护传统竹笋食品、竹木工艺的基础上，大力拓展竹纤维制品、竹质化学加工材料、竹木加工机械等新兴竹产品利用。同时，通过建成竹子博物馆、竹叶龙博物馆等各类竹文化展示场馆和承办中国第一届竹文化节等方式，加大竹木民俗文化和竹景观等第三产业的输出，不断提升竹文化遗产保护传承力度。

【安吉县古城遗址考古发掘项目获批国家级重点考古项目】 2月19日，安吉古城遗址考古发掘项目获国家文物局正式批复，被列为国家级重点考古项目。安吉古城遗址考古工作始于2001年，其地表尚能清晰辨认城址、城墙、护城河等遗迹。县文物部门积极争取国家及省局支持，设立“安吉古城遗址考古工

古城考古遗址公园

作站”，先后探明古城遗址及周边6平方公里范围内的遗存情况。根据调查及试掘结果，可确认古城遗址是一座早期越国城址，距今2000多年，对于研究探索越国的历史、政治、军事和疆域等方面都具有十分重要的价值与意义。据此，初步证明安吉是越国早期都城和秦汉鄣郡郡治所在地。该遗址先后两次被国务院公布为全国重点文物保护单位，2016年升级为国家“十三五”重要大遗址名录。

【安吉县实现国家级工业化产业示范基地零突破】 3月6日，第九批国家新型工业化产业示范基地名单公布，安吉家具及竹木制品产业基地入选，实现国家级工业化产业示范基地零的突破。安吉家具及竹木制品产业涵盖家具制造业、木材加工和木、竹、藤、棕、草制品业等100多个产业门类。安吉县以五年内打造绿色家居产业“千亿产值、百亿利税”为总目标，持续打好传统产业转型升级组合拳，不断加快产业智能化改造、品质化提升和政策保障供给，全面推进传统产业向智能化、绿色化、品质化转型发展，助推传统产业提档升级。2019年度，安吉的规上绿色家居企业实现总产值301亿元，占全县规模工业总产值48.5%；绿色家居企业实现自营出口216亿元，同比增加4%。

【安吉宇翔职业技术学院被纳入全国普通高校序列】 3月20日，教育部办公厅公布实施专科教育高等学校备案名单，浙江宇翔职业技术学院榜上有名，标志着该院去筹成功、正式纳入全国普通高校序列。浙江宇翔职业技术学院为非营利性全日制民办高等职业学校，由安吉宇翔教育发展有限公司举办。学院总占地700余亩，其中已经建成一期工程占地400亩，建筑面积约16万平方米，主要包括教学楼、综合实验楼、行政楼、宿舍楼、餐厅等，校内外实训基地20余个，现有学生3000余名，已设立艺术设计系、人文旅游系、商务贸易系、商务英语系、财经管理系、工程管理系、思政部和体育教研部8个系部，已开设会计、国际贸易、物流管理、旅游管理、视觉传播设计与制作、电子商务、商务英语、工业机器人技术等十余个专业。正在筹建的二期工程占地300亩，全部建成后可容纳全日制在校生12000余人。

7月9日，浙江宇翔职业技术学院正式建校揭牌仪式暨党委成立大会举行

【全国首家环境治理司法协同中心成立】 3月31日，安吉县成立全国首家环境治理司法协同中心。该协同中心由南太湖法院携手县公检法司、生态环境、资源规划、农业农村等7家单位联合设立，通过制定《湖州市环境治理(安吉)司法协同中心工作规则》和《环境资源保护司法协同机制实施意见》等规章制度、建立协作工作机制、下沉审判力量等方式，在资源信息共享、一体化平台共建、矛盾纠纷共调、专家资源共用、协作机制共谋、生态环境共护、单位人员共训等8个方面的协作进行探索，进一步理顺集中管辖模式下区域间的联动协作机制，强化区域间的良性互动，更好形成保护生态环境的合力。

【安吉县被列为国家级林草生物灾害监测预报试点】 4月2日，国家林草局公布2020年度林草生物灾害监测预报技术试验试点项目名单，安吉成功列为试点子项中的“松褐天牛精细化监测预报技术试验试点”，全市唯一(全省仅五个)。该试点的开展，旨在通过搭建“产学研管用”深度融合的林草生物灾害监测预报技术产品研发平台、公共验证和中试平台、技术转移和推广应用服务平台，在有效破解当前基层监测预报“最后一公里”问题的同时，进一步强化行业自律、规范技术推广应用行为。安吉县已完成《松褐天牛精细化监测预报技术试验试点方案》的编制和智能诱捕器等仪器的安装测试工作。

【安吉县入选全国第四批新型城镇化标准化试点】 4月3日，全国家标准化管理委员会公布全国第四批新型城镇化标准化试点名单，安吉县申报的“浙江省湖州市安吉县新型城镇化标准化试点”项目入选，全省仅有两个(另一个为丽水遂昌县项目)。该试点项目计划执行时间为3年(2020—2022年)，旨在通过构建标准体系、制定标准规范及强化标准实施与监督等方式，充分发挥标准化在小城镇协调发展中的引领、保障作用，并不断总结经验，形成可推广的发展模式，促使新型城镇化规范、有序开展。近年来，安吉县围绕美丽乡村建设领域制定40余项各级标准规范，并由此启动向美丽县域规划建设发展、公共服务提供等城镇建设管理领域的标准化探索；与此同时，先后获评全国首个美丽乡村标准化试点县、农综改领域首批美丽乡村标准化试点县、浙江省首届标准创新贡献奖等荣誉称号，在标准化试点示范、标准体系建设、标准研制、实施宣贯等工作上积累一定经验，为入选此次试点奠定坚实基础。

【安吉县跻身2019年全国县域网络零售前100强】 4月30日，农业农村部信息中心联合中国国际电子商务中心研究院发布《全国县域数字农业农村电子商务发展报告》，安吉县以全国第52名的成绩跻身2019年县域网络零售前100强。近年来，安吉县加强平台体系建设，共建设电商园区及乡镇(街道)电商孵化中心18个，提前实现乡镇(街道)全覆盖。2019年度，累计实现网络零售145.4亿元，同比增长22.2%。

【“安吉白茶”区域公用品牌价值连续十一年入选全国十强】 4月15日，2020中国茶叶区域公用品牌价值评估结果公布，安吉白茶以品牌价值41.64亿元位列全国第六，连续十一年入选全国十强，并获“最具品牌带动力”荣誉。安吉县制定并发布《地理标志产品安吉白茶》国家标准、《安吉白茶自动化加工成套设备》省级团体标准、《安吉白茶绿色原料生产操作规程》县级地方标准。同时，对安吉白茶协会成员单位进行统一编码，实现原产地品牌的统一包装、统一标准和统一管理。截至2020年4月，已建成国家级标准化示范园1个，省级标准园6个，标准化生产技术推广率97%以上。

【安吉县参与起草的《竹席》国家标准正式发布】 4月28日，由浙江省林产品质量检测站负责牵头，安吉县竹产业协会、安吉县林业技术推广中心以及县内安吉航进竹木工艺有限公司等6家凉席重点企业共同负责起草的《竹席》国家标准(GB/T 38780—2020)，经国家市场监督管理总局(国家标准化管理委员会)批准发布，并于2020年11月1日起正式实施。该标准适用于以竹丝、竹篾、竹块为主要构成单元制成的床用竹席、坐垫用竹席、枕用竹席、地毯用竹席，并规定竹席的分类、技术要求、检验方法、检验规则、标志、包装、运输和贮存八个方面内容。此次《竹席》国家标准的起草与制定，立足竹席行业、以行业实际需求为导向，对进一步提升和规范国内竹席产品质量和市场秩序、统一产品的质量检验依据、保护消费者的权益等具有积极有效的作用。

【安吉县连续两年位列“两山”发展百强县第一位】 5月15日，百强县(不含区)的排名结果，安吉县再次入选，并连续两年位列排名第一位。据悉，县域“两山”发展指数包含生态环境、特色经济、民生发展和保障体系四个方面，该指数以节约自然资源、合理空间格局、优化的生产和生活方式为原则，以环境质量底线、生态环境红线、资源利用上线作为基本指标要素，既包含县域经济发展成果，又融合县域生态的保护效应，重点突出“两山”转化水平。近年来，安吉县以创建新时代“两山”试验区为契机，依托良好的生态环境优势，通过设立“生态文明日”、环境综合治理“集中推进日”等方式，常态化、制度化推进环境治理，并以“安吉白茶”“安吉竹笋”两张农业“金名片”为重点产业，以全域旅游为特色产业，加快一、二、三产融合发展。同时,坚持和完善统筹城乡民生保障制度,健全基本公共服务制度体系,不断提升民生保障水平。2019 年度,安吉县三次产业比达 5.9∶45.1∶49.0。

【安吉县成立全国首个省域安心游"零零联盟"】 5 月 18 日,安吉县联合淳安、遂昌等全省 11 个截至目前仍保持新冠肺炎疫情"零确诊"的县(区、市),与携程为代表的在线旅游平台达成战略合作,正式成立全国首个安心游"零零联盟"。安吉县联合全省其余 11 个"零病例""零新增"的县(区、市),整合全域营销宣传资源,实现产品一体化,营销一体化,政策一体化,打造生态康养产品,开拓长三角、京津冀、粤港澳等更远市场,为全国消费者打造一片放心、安心、舒心的文旅消费市场。

【中国稳外贸与区域经济协调性高质量发展大会在安吉举行】 5 月 28 日,中国稳外贸与区域经济协调性高质量发展大会在安吉县举行。省商务厅一级巡视员徐高春,市委常委、县委书记沈铭权分别致辞,市县领导施根宝、宋波、徐卫勇、沈霞俊、潘鸣、王一明、管永丰等参加会议。中国复关及入世谈判首席谈判代表、原国家外经贸部副部长、中国匠心企业家峰会组委会总顾问龙永图,华立集团董事局主席、中国匠心企业家峰会组委会理事长汪力成,浙江百合花集团股份有限公司董事长、中国匠心企业家峰会组委会副理事长陈立荣特邀参加。

5 月 28 日,中国稳外贸与区域经济协调性高质量发展大会在安吉举行

【安吉县农业绿色发展经验入选全国农业绿色发展十大典型案例】 6 月 5 日,《2019 年中国农业绿色发展报告》公布全国农业绿色发展十大典型案例,安吉县以"坚持'两山'理念,推动农业绿色高质量发展"为案例入选(全市唯一)。安吉县坚持把农业绿色发展作为推动乡村振兴、践行"两山"理念的重要抓手,有力推动农业农村高质量发展。截至 2019 年底,安吉县化肥、农药用量均实现连续 3 年负增长,秸秆综合利用率 96.3%。

【安吉县挂牌出让全国首块农业"标准地"】 6 月 8 日,鲁家村村股份经济合作社正式委托挂牌出让 1.04 亩集体经营性建设用地使用权,出让起始价 33.6105 万元,期限 38 年,成为全国首块挂牌出让的农业"标准地"。农业"标准地"是指以农业特色优势产业为基础的休闲农业、农业科技服务、农产品营销服务等一、二、三产融合发展项目建设用地。首次挂牌出让农业"标准地"意义深远,对乡村振兴工作具有积极带动作用。农业"标准地"以村集体为出让主体,政府相关部门则作为鉴证方,改变以往常规的征收集体土地的形式,将为农业、农旅项目释放更多发展活力,从而促进产业融合、产村融合,实现乡村产业兴旺。

【安吉白茶入选全国首批中欧地理标志协定保护名录】 7 月 20 日,欧盟理事会授权签署中欧地理标志协定,安吉白茶列入首批茶叶地理标志保护产品清单。安吉白茶是名副其实的"富民茶叶",从 20 世纪 90 年代单株母树发展到 17 万亩规模茶园,产量、产值分别达 1830 吨、26.92 亿元。截至 2020 年底,安吉白茶以 41.64 亿元的品牌价值连续十一年跻身全国茶叶类区域公用品牌十强。

【安吉首条高铁"商合杭高铁"开通运营】 6 月 28 日,商丘至合肥至杭州高铁合肥至湖州段(以下简称商合杭高铁合湖段)正式开通运营,这是浙江安吉首通高铁。它北起河南商丘,向南经安徽阜阳、合肥、芜湖、宣城,浙江安吉后,在湖州站与南京至杭州高铁接轨,通达杭州。至此,商合杭高铁实现全线贯通,河南、安徽、浙江三省实现高铁"无缝对接"。

【安吉县成为全国乡村建设评价试点】 7月27日,住房和城乡建设部办公厅公布全国乡村建设评价试点名单,安吉县成功入选,全省唯一(全国共15个县)。该试点围绕"缩小城乡差距、补短板提质量"的目标,聚焦与人民生产生活最为密切的建设内容和人民群众关心的实际问题,从发展水平、服务体系、居住舒适、生态安全、县城建设5个方面对乡村建设进行评价分析,并借助社会满意度调查,找出当前乡村建设发展中存在的突出问题和短板,有针对性地提出解决方案,为乡村建设抓重点、补短板、强弱项提供决策参考,促进整洁、舒适、安全、美丽的农村人居环境建设,推动乡村建设高质量发展,逐步实现县镇村公共服务均等化,不断缩小城乡差距。

【安吉县位列2020年全国县域旅游综合实力百强县首位】 8月11日,全国县域旅游研究课题组、北京华夏佰强旅游咨询中心联合发布第二届全国县域旅游研究成果《全国县域旅游研究报告2020》暨"2020年全国县域旅游综合实力百强县"榜单,安吉县位列2020全国县域旅游综合实力百强县首位。本次榜单研究对象为大陆地区1881个县(含县级市、自治县、旗、自治旗、特区、林区),从县域旅游经济发展水平、政府推动作用、旅游产业综合带动功能、旅游开发与环境保护、旅游设施与服务功能、旅游质量监督与市场监管6个方面35个指标构建指标体系,得分前100位的为2020年全国县域旅游综合实力百强县。安吉县依托丰富的山、水、林、田等生态旅游资源,以全国全域旅游示范区创建为契机,不断提升旅游品质。截至2020年底,接待游客2105万人次,旅游总收入305亿元。

【安吉县发布全国首个《乡村绿色治理指南》地方标准规范】 8月14日,全国首个《乡村绿色治理指南》地方标准规范在安吉县余村村发布。该标准规范提出乡村绿色治理的治理主体、治理内容、治理路径、治理保障等方面要求,首次将污染预防和绿色理念融入乡村生产、生活、生态建设全过程,融入乡村经济、社会和文化活动各方面,强调村民生态环境意识和行动能力的提升,把握乡村自治、共治、法治、德治、智治间的关系。该规范的制定实施,不仅可加强乡村治理和深入推进新时代美丽乡村建设,将现有的乡村治理和美丽乡村建设的经验、成果进行标准转化,将污染预防和绿色理念贯穿乡村治理始终,实现乡村有效治理;还将对乡村环境污染的预防和控制、村民的生态环境意识和行动能力提升起到积极促进作用,为推进"绿水青山就是金山银山"转化、实现乡村生态振兴提供坚实的体系保障,对全省乃至全国其他地区产生积极的示范效应。

【安吉经济开发区入选国家第五批增量配电业务改革试点】 8月21日,国家发展改革委、国家能源局联合公布第五批增量配

8月14日,全国首个《乡村绿色治理指南》地方标准规范在安吉县余村村发布

电业务改革试点名单,安吉经济开发区入选,全市唯一(全省仅三个)。增量配电业务改革是国家推出的电力体制改革重要举措,通过在配电领域引入竞争、鼓励和引导社会资本投资增量配电业务的方式,为试点区域企业提供优质、低价的电力服务,为地区经济发展提供强有力的供电支持。安吉县此次试点区域主要覆盖云数据中心产业园,区域面积约十平方公里。

【第三届中国医疗器械创新创业大赛在安吉县举行】 9月4日至5日,第三届中国医疗器械创新创业大赛体外诊断(IVD)产品类复赛暨中国·安吉体外诊断(IVD)产品类创新大赛(决赛于6日举行)、人体精密测量专场赛暨中国·安吉人体精密测量创新大赛在安吉举行。中国科学院院士金力,国家医疗器械产业技术创新战略联盟理事长姜峰出席相关赛事,市委常委、县委书记沈铭权,县委副书记、县长宋波分别出席并致辞,县委副书记、开发区党工委书记徐卫勇作安吉县大健康产业园推介。安吉县将以本次大赛举办为契机,全面落实"六个一"机制,努力把生物健康产业打造成为践行"绿水青山就是金山银山"理念的重要产业、高质量赶超发展的标志性产业。

【2020新时代两山试验区·安吉县第十三届投资贸易人才洽谈会开幕】 10月22—24日,2020新时代"两山"试验区安吉县第十三届投资贸易人才洽谈会举行。市县领导杨六顺、沈铭权、项乐民、宋波、陆为民、徐卫勇以及县四套班子有关领导,县法院代院长、县检察院检察长、县政协秘书长参加有关活动。本届"安洽会"共签约项目50个,总投资338亿元。工业项目签约是本届"安洽会"签约重点,共签约项目16个,总投资203.46亿元。

10月24日,2020新时代两山试验区·安吉县第十三届投资贸易人才洽谈会举行

【2020年世界地板业工商峰会在安吉县召开】 10月31日,2020年世界地板业工商峰会在安吉县召开。中国林业产业联合会副会长兼秘书长、中国林产工业协会执行会长王满参加,省林业局一级巡视员吴鸿,县委副书记、县长宋波致辞。安吉县已形成以转椅、竹木制品为代表的绿色家居主导产业,培育出永艺、恒林、天振、永裕等为代表的转椅、地板行业的龙头企业,为安吉经济社会发展提供强有力支撑。2019年,全县绿色家居产业总产值592亿元。

【安吉高位创成、首创收成全国文明城市】 11月10日,中央文明办权威发布第六届全国文明城市入选城市名单,安吉县首创首成,三年综合排名全国第16名,全省第6名,更在首次参评的城市中排名全省第2。安吉县于2017年底启动全国文明城市创建,本届创建周期从最初250个提名城市,到两轮省测后剩下166个城市,再到2020年仅79个城市创成,淘汰率68.4%。三年来,安吉县一路"闯关",城市颜值实现蝶变,城市气质不断提升,城市治理不断创新,老百姓的幸福感、获得感显著增强,创建全国文明城市已融入市民日常生活、创建成果惠及城市发展方方面面。

【安吉县入选国家级林地保护利用规划编制工作试点】 11月10日,国家林业和草原局公布新一轮全国林地保护利用规划编制工作试点单位名单,安吉县成功入选(全省唯一)。林地保护利用规划十年编制一次，旨在通过优化林地保护等级、严格落实林地分级管理、精准实施生态林地用途管制，实现林地结构逐步优化、林地保有量适度增加、林地利用可持续。近年来，安吉县不断加强林地资源科学保护管理，实施生态林地用途管制，在夯实林地资源管理基础的同时，确保了资源监测、规划等工作有效开展。

【安吉县“安吉竹笋”“安吉竹林鸡”成为国家农产品地理标志农产品】 12月25日，2020年全国农产品地理标志登记专家评审结果公布，继“安吉白茶”之后，安吉县“安吉竹笋”“安吉竹林鸡”2个产品通过评审。安吉县以安吉冬笋为主，春笋、鞭笋以及笋干等初加工笋制品为辅，持续推进“安吉竹笋”品牌建设力度，“安吉竹林鸡”一直以来也得到消费者的宠爱。截至2019年底，安吉县涉及笋竹培育的专业合作社等90多家，家庭林场30多家，笋竹产业从业人数达5万余人，农村养鸡专业户、养鸡专业合作社得到蓬勃发展，商品鸡产量也大幅提升。

（冀华振）

外事工作

【概况】 2020年，安吉外事工作注重实效，在统筹推进疫情防控和服务经济社会发展大局中，加强对外交流合作，完成各项工作任务，积极助力中国最美县域建设。加强党对外事工作的集中统一领导，6月20日，召开县委外事工作委员会年度会议，传达学习省市委外事工作委员会会议精神及下一步安吉县贯彻建议，回顾总结2019年全县外事工作开展情况，谋划2020年工作重点。坚持把“党管外事”原则贯穿于外事工作全过程、全方面，围绕党和国家对外工作大局，在县委的领导下，进一步统筹资源，系统谋划，精准发力，使安吉县外事工作始终沿着正确方向前进。

【助力企业复工复产】 2020年疫情防控期间，走访调研外资外贸企业，详细了解企业复工复产过程中急需入境人员情况，并进行汇总梳理。用好疫情防控期间外国人来华“快捷通道”政策，为从事重要商务、物流、生产和技术服务等领域的必要、紧缺人员，以及重要产业链和高新科技项目复工复产人员来华提供签证协助和入境便利，重点保障前期摸排确定的急需入境返岗重点企业相关外国人，确保应返尽返、尽快投入工作，促进安吉县经济社会全面恢复发展。如洁美科技和祖名食品在年前向国外购买多套机器设备，急需年后进行安装。受疫情影响，设备安装技术人员入境存在困难，县外事办通过多方协调，最终使安装技术人员通过“快捷通道”分批入境，保障企业开展正常生产。截至2020年底，通过“快捷通道”办理邀请函50人次，已入境25人次。同时县外事办对通过“快捷通道”办理入境人员进行实时跟踪，动态管理。

【涉外管理】 新冠肺炎疫情发生后，外事工作把疫情防控作为当前最重要的工作抓细抓实，严格落实防控责任，迅速进入“战时”状态，科学、规范、有序组织开展疫情防控工作。摸清底数做好外籍人员服务。在疫情防控初期，县外办主动与县公安局出入境管理处联动，全面排查，摸清底数。同时加强与县内各卡点对接，做好对新入境安吉县的每一个外籍人士提供“一对一”服务，做到外籍人员到达卡点后“三个第一”：第一时间获悉消息，第一时间参与派人参与，第一时间落实防控要求，在做好疫情防控的前提下，有效服务好外籍人士。强化宣传浓厚氛围。在安吉发布上发表《致在安吉外籍人士的公开信》中、英文版，提供24小时咨询服务，请在安外籍人士积极配合安吉县疫情防控措施要求。同时，将相关信息告知企业，尤其是有外籍员工或者拟入境外籍商务人员的企业，做到熟悉政策，方便有序安全安排好行程。建立机制防范境外疫情输入。随着国外疫情的迅速发展，认真贯彻落实中央关于“外防输入，内防反弹”的部署要求，强化责任担当，全面投入防控工作。严格落实涉外防控闭环管理，实行24小时轮班机制，在入境、转运、隔离环节密切配合。通过排查，掌握所有境外通过上海浦东机场、虹桥机场、杭州萧山机场、杭州火车站、湖州火车站来安人员信息，实行点对点接送，确保境外来安人员在进入浙江省后实现闭环管理。做好新冠疫情常态化精密智控工作，健全入境来安人员“提前知、提前控、全程知、全程控”管控机制，精准防控。配合公安做好打击治理跨境赌博、电信网络新型违法犯罪活动，牵头成立外事工作组并制定外事工作组实施方案，落实对接相关工作，妥善处理涉外案件。

【对外交流】 2020年，在市外事办的指导下，做好与驻外领馆沟通对接，展示安吉县经济社会发展各方面成果。5月，丹麦王国驻上海总领事馆总领事林朗到安吉县实地考察天荒坪镇余村村，并于9月组织全领馆人员到安吉县进行团建活动。积极参加国际活动，全面展示安吉县美丽乡村建设和生态环境整治。由中国人民对外友好协会同意大利"一带一路"研究院及意大利在线媒体"发现好地方"共同举办"我们的未来，我们的根"讲述城市故事征文比赛，县外事办组织推荐《春林山庄的故事》和《一片叶子富了一方百姓》两篇文章参赛。《春林山庄的故事》被作为优秀文章在"发现好地方"官网和Facebook、Instagram等社交媒体刊登。热情接待来访外宾并积极参与县内重要涉外活动，向外宾全方位多角度展示安吉县经济社会的快速发展，深厚文化底蕴与丰富的城市内涵。与商务、文旅、农业农村局及各乡镇加强协调配合，积极参与安洽会、大师故里·安吉第4届亲子文旅节、国际竹藤组织访问团，做好外事服务配合工作。借助国外媒体宣传安吉，做好境外记者采访接待工作，全面宣传和推介安吉，扩大安吉县对外影响，增进与世界人民的相互了解和友谊。法国电视一台和二台分别于2020年1月和11月到安吉县进行竹产业系列专题拍摄。通过外媒让更多的外国人了解安吉竹文化、竹产业，以及风土人情、社会经济，展现真实、立体、全面的安吉。

【2020大师故里·第四届中国亲子文旅节在安吉县鄣吴镇启幕】 9月26日，2020大师故里·第四届中国亲子文旅节在安吉县鄣吴镇启幕。鄣吴已连续四年举办亲子旅游节，凭借其"行走的课堂在古鄣"的亲子研学线路，吸引大批游客前来。2020年第四届中国亲子文旅节持续2天，整项活动分为"大师故里·第四届中国亲子文旅节启幕仪式""研学之路""鄣吴扇博会""金秋夜鄣吴"四个版块。

（钱周瑜）

9月26日，"大师故里·第四届中国亲子文旅节"开幕式在鄣吴镇昌硕广场举行

大数据发展管理

【概况】 2020年12月县大数据局内设机构由4个调整为3个，其中将内设机构数据资源科的职责划入发展规划科，发展规划科挂数据资源科牌子，不再单独设置数据资源科。其他2个内设机构设置保持不变。2020年，县大数据工作紧紧围绕省委、省政府关于政府数字化改革"四横四纵"架构体系，结合安吉县绿色智慧城市建设实际要求开展各项工作。主要职责为负责统筹全县公共数据资源，打破信息孤岛，促进数据整合开放共享，推进绿色智慧城市建设和政府数字化转型。2020年3月，安吉县委县政府又成立由县委、县政府主要领导任组长的加快数字安吉建设打造绿色智慧城市领导小组，领导小组办公室设在县大数据局，统筹推进全县绿色智慧城市建设。建立健全部门间、跨层级联动推进机制，形成资源共享、协同推进的工作格局。2020年，县大数据局编制发布《安吉县电子政务云平台管理办法》《安吉县打造绿色智慧城市助推新时代"两山"试验区建设实施方案》等文件，进一步明确安吉县政府数字化转型打造绿色智慧城市总体规划和设计、建

设原则、工作目标、主要任务以及保障措施。

【“互联网＋政务服务”】 整合政务服务App。2020年，排查各部门自建政务类App，完成5个部门政务类应用整合（涉及人社、税务、教育等部门）。加大高频应用推进力度，在“浙里办”上线5个应用（安吉健康证、安吉县图书馆、健康安吉、安吉企残通、5189000）；2个应用（安吉应用汇、三务公开）处于上线审核阶段；5个应用（数智残联、虎哥、智慧养犬、微改革、安民养）处于开发实施阶段。推进政务服务2.0。围绕政务服务2.0体系建设，落实事项认领和事项库维护工作，已改造上线运行1410项政务服务事项。贯彻政务服务窗口人员管理体制改革要求，牵头实现4个部门6个业务系统与一窗受理平台对接，与一体化政务服务“好差评”系统打通，实现政务服务全闭环管理。做好“浙里办”自运营平台。积极和省局相关领导、处室对接要求建设自运营平台。在省局下发自运营平台权限账号后，第一时间完成对自运营平台常用功能拓展测试，开展本地特色应用相关素材收集、整理，合理规划自运营平台功能、风格。

【“互联网＋协同办公”】 推动浙政钉2.0迁移。加大浙政钉2.0推广工作，截至2020年底，共注册激活工作人员9105人，激活率100%。完成4个浙政钉应用的迁移，迁移率100%，上架“浙政钉”小应用2个。推动机关内部“最多跑一次”改革。牵头36个部门做好办事事项的动态调整、指南规范、网办上线。截至年底，全县内跑系统共上线35个部门323个部门间办事事项，非涉密事项覆盖率100%，上线事项100%实现网办，内跑办件量达1971件。完成“公务员职业生涯全周期管理一件事”“事业单位工作人员职业生涯全周期管理一件事”等重大改革在内跑系统的落地网办。推动协同办公平台应用。推动OA办公系统扩面，截至年底，系统共注册单位133家，内部流转使用单位67家，掌上OA日均访问量达570余次，开展OA办公系统培训7场。开发内部会务系统，实现会议议题材料上传、会议纪要管理、材料查阅和手写签批等功能，推动无纸化办公。

【“互联网＋监管”】 紧盯考核指标。根据年度目标，积极推进各项指标完成。2020年，全县共认领互联网＋监管事项962项，认领率达92.15%；监管事项覆盖率达85.69%（全市排名首位），完成事项编制876项，编制率达100%（全市排名首位）。积极申报案例。在各部门中积极推广“互联网＋监管”应用，通过梳理争取，安吉县“电子健康证项目”和“生态保护红线监测预警与智能监管系统”入选省“互联网＋监管”地方优秀案例。加大培训力度。牵头组织召开全县“省办案系统”业务培训会，让各部门熟练掌握系统使用方法，解决各部门在系统使用中遇到的困难问题。

【项目建设管理】 统筹信息化项目建设。2020年，审核在建信息化项目200个，涉及金额3.9亿元，审后金额约3.6亿元，核减金额1300万元，完成信息化项目验收71个，为全县各部门的信息化项目建设使用保驾护航。助力“两手硬、两战赢”。建设口罩预购系统，运行期间全县共有36万余人次申购口罩240万只。建设白茶交易平台，确保安吉白茶在招工、采摘、交易等环节安全可靠。推广“健康码”应用以及开发“健康码查询系统”，全县“健康码”申领率及亮码率均全市领先，“健康码”应用入选省典型应用案例。开发企业员工信息管理系统，为300余家企业复工复产提够智能管理支持；建设政企通安吉平台，上线本地惠企政策，开通线上兑付功能。申报多业务协同。按照整体智治、唯实惟先的要求，经过梳理、对比和筛选，向省政府申报11个多业务协同项目，其中安吉县乡村振兴数字化平台（鲁家数字乡村运营平台试点）成功入选省观星台优秀应用。

【申报绿色智慧城市建设专项债】 根据绿色智慧城市建设三年发展计划和2020年项目情况，联合交通局、文体旅游局、农业农村局、卫健局等部门，在财政局指导下，将城市大脑、智慧交通、智慧旅游、智慧农业、智慧医疗5个投入较大的智慧项目打包成绿色智慧城市建设二期项目申请地方专项债，总申报资金4.5亿元，2020年下发7500万元，为全市唯一智慧建设类入围项目。年内已完成项目初步设计，建设部分全部审核招标完成,进入建设阶段。新增政务云平台 RDS 数据库服务器 20 台,总存储量达 70TB,RDS 使用率从 93%下降到 40%,保障了容量安全,ECS 服务器扩容项目也已经招标完成,进入实施。根据国家最新信息系统安全等级三级保护需求,完成云平台安全防护工程项目建设,着力保障防攻击安全。推动政务信息系统迁云工程,全年有 96 个业务系统完成部署和迁移工作,基本实现应迁尽迁。依托视联网,建设公共安全视频图像共享平台项目,增强全县视频资源共建共享能力。打造安吉"两山"数据超市,持续推动公数据归集。2020 年新增归集各部门数据 10 亿条,为各应用场景开发县级数据接口 170 余个,数据交换量达 500 万条/日。推动公共数据开放,2020 年新增开放数据集 63 个,数据开放容量超过 300 项;大数据局选送的"基于大数据 AI 画像提升金融匹配服务平台"项目获省数据开放大赛优胜奖。参与大数据标准体系建设,参与制定生态环保大数据标准体系和《政府数据供应链白皮书 2.0》。推广村社通应用,2020 年全县共开通村社通管理用户 317 个,累计摸排村(社区)总人数 47 万人、总房屋数 14 万户。

【举办首届中国·安吉"两山"数字论坛】 7 月 10—11 日,中国·安吉"两山"数字论坛在安吉县举行,共同探讨数字赋能路径,加快推动安吉政府数字化转型和融媒体发展。开幕式上,市委常委、县委书记沈铭权、省广播电视局副局长张广洲分别致辞,县委副书记、县长宋波主持,省大数据发展管理局副局长陈瑜,县委常委、县政府党组成员沈霞俊做主题发言,省农信联社副主任吴斌、县领导何承明、梁蕴伟、伍水荣出席。会上,发布了安吉县 DCMM 国家标准测评以及安吉参与生态环境大数据国标制定相关情况,举行政银数字合作省级试点——"社区金融云"安吉指尖物业项目、安吉县人民政府与阿里巴巴(中国)软件有限公司合作签约仪式。蚂蚁金服集团副总裁陈龙、阿里巴巴集团副总裁李少华、数字浙江技术运营有限公司总经理王巍、中山大学传播与设计学院院长张志安、杭州数梦工场科技有限公司 CEO 盛侃惇受邀参加,部分在主论坛上作主题演讲。

(施和平)

11 月 18 日,安吉县委常委沈霞俊(右一)代表安吉县政府在上海领取全球智慧城市中国赛区治理与服务大奖

政务服务管理

【概况】 安吉县政务服务管理办公室(简称县政务办)是县政府派出机构,正科级,挂安吉县最多跑一次改革办公室(简称县跑改办)牌子。安吉县公共资源交易中心为下属事业单位。2020 年,县政务工作坚持实干为先、改革为上、勇争一流,做到政务服务和疫情防控"两手抓同推进",有效提升政务服务能力效力,争取省政府跑改工作督查激励 2019 年先进县;11 月 17 日,赛迪顾问发布营商环境百强县(2020),安吉县再次入选,位列第 60 位,较 2019 年度提升 4 位。全域旅游、导师帮带制、两山银行等经验在《领跑者》刊登,微改革、矛调中心、开学复工、疫情阻击战等经验在《竞跑者》刊登;省标协确定安吉县为全省失业一件事、殡葬一件事团体标准第一起草人;广泛推行工程项目以电子保函替代投标保证金;全类别、全流程电子化公共资源交易系统运行。2020 年,政务服务累计办件量 130.34 万件,其中网上办、掌上办、自助办件量 114.48 万件,占比 87.8%;窗口办件量

15.86万件，占比12.2%。全县公共资源交易项目887个，其中工程项目687个(限额以上97个、限额以下590个)，交易金额21.27亿元，节资9.77亿元；土地交易项目153个，交易金额50.30亿元，增值7.69亿元；产权交易项目14个，交易金额1.68亿元，增值0.52亿元；政府采购项目33批次，交易金额1.03亿元，节资0.07亿元。

【"最多跑一次"改革】 2020年，县政务办不断推进政务事项网办、掌办、就近办、一证办、县域通办等，跑零次、即办率分别达99.89%和97.59%。增强自助机服务功能，增加"就近办"板块，引导群众自助办理，可办事项256项。推出无感智办事项60项、智能秒办事项153项。按市级要求同步调整证明材料和取消方式。督促证明取消落实，严防"证明"反弹。推动"无证明"向金融领域延伸，梳理银行、保险、证券等证明材料42项，取消40项，除负面清单外100%取消。推进38个省定"一件事"落地，创新提出老旧柴油车淘汰"一件事"。梳理机关内部"一件事"41项，公务员和事业人员职业生涯全周期管理"一件事"运行。梳理8大板块之外的事项，整合设立社会事务综合板块，落实系统对接、窗口设置、业务培训，实现20个部门438个事项"无差别全科受理"。争取11名综窗人员编制，实行社会事务综合窗口人员由政务办统一管理。出台《安吉县政务服务大厅工作人员管理绩效考核(试行)办法》，细化窗口岗位，明确人员待遇。持续落实窗口标准化管理，打造服务群众有温度、窗口工作有关爱的良好氛围。以公共场所服务便利化、智慧化、人性化、特色化、规范化为目标，制定《安吉县公共场所服务大提升行动方案》，推进9类51个公共场所服务大提升，如城东客运站改造建设、龙山体育中心智慧化建设、捷诚机动车检测站"检测一件事"、医院智能停车收费、公厕改造提升等。持续推进事项动态调整、办事指南规范、网办配置等，加快自建系统与协同平台对接。截至2020年底，梳理40个部门375个事项(涉密49项)，100%实现"最多跑一次"、100%上线协同平台(除涉密事项)、100%网上办理，全年累计办件68585件(其中协同平台6082件)。印发《安吉县2020年机关内部"最多跑一次"改革效能指数评价办法》，发布效能指数3期。印发《安吉县推进民生事项"就近可办、县域通办"工作实施方案》，建立工作专班，推进事项真正向乡镇(街道)延伸，共下放民生事项342项，占民生事项比例78.8%，其中287项实现县域通办。加强政银合作，人员参保、待遇资格认定等84个事项，做到乡镇(街道)全覆盖。全面开展政务服务2.0改革，完成1381个事项上线发布，审批对接率82.98%，线上运行率78.12%，自11月系统上线以来，累计收件13361件，收件率86.07%。制定《标准化现场管理规范》《政务服务礼仪规范》《标准化现场管理检查规范》，建立咨询导服"四步曲"、窗口服务"五步曲"等标准体系，开展现场管理标准化培训13期，建立日督查、周汇总、月通报机制，开展"8小时无死角"督查提醒，发送提醒短信4023条，通报26人次。疫情发生后，充分应用各类有效载体扩大宣传，及时指导群众网办、掌办、预约办。开设"吉会办"微课堂，将高频事项、民生事项制成网办掌办操作视频，让企业和群众一目了然，全年发布"吉会办"微课堂62期。

6月11日，全县深化"最多跑一次"推进"放管服"改革工作会议召开

【公共资源交易与管理】 2020年,县政务办建成网上不见面开标系统,投标人、招标人及代理机构只需登录该系统,即可进行投标文件在线解密、投标人在线质疑、招标人在线回复等操作。全年为企业减少投标成本约1.2亿元。推进工程项目保证金制度改革,推出电子保函替代投标保证金,选择3家保险、担保机构入驻电子保函平台,全年开具电子保函3690单,释放投标保证金4.4亿元。推进政府采购全流程电子化,完成固化采购公告和电子招标文件模板制作、辅助评标系统开发。共实施全程电子化采购项目9个,覆盖公开招标、竞争性磋商、单一来源采购三大常用采购方式。精心建设政采云安吉精品馆,新增入驻供应商24家、入驻商品29类(总计供应商84家、商品101类),为县内企业拓宽销售渠道。进一步完善交易规则,实现采购价格20万元至200万元区间产品的馆内竞价功能,有效提升采购效率。平台累计完成销售987批次,销售金额4700余万元。全年累计使用开标室851个次、评标室983个次,上传省平台信息16355条。推进全类别、全流程电子交易系统建设,实现房建、市政、园林绿化、交通、水利、设计、监理所有类别工程项目全流程电子交易,最大限度杜绝人为因素干扰,提升监管电子化、智能化水平。建设运用电子辅助评标系统,获取围串标案件线索6条。实行投标企业信用查询机制,2020年查询企业信用情况3712次,取消投标资格34家次。开展招投标领域违法行为专项治理和围串标行为专项整治“百日攻坚”行动。强化部门联动,发挥公安驻公管办联络室作用,加大各类违法违规行为查处力度。全年查处围串标案件1起,不良行为公示1起,对10名评标专家做限制评标资格处罚,对3家代理机构做考核扣分处理。会同住建、交通、水利等行业主管部门开展重点工程项目标后履约联合检查,检查重点项目42个,发现问题57个并督促限时整改。制定实施《安吉县小额工程建设项目标后履约检查工作实施细则》,推动标后履约检查向小额工程项目延伸。

【营商环境优化】 2020年,县政务办抽调人员成立营商办,统筹推进全县营商环境优化工作,制定《安吉县2020年度营商环境优化行动方案》,明确相关单位工作任务,督促各单位优化营商环境指标。牵头做好省、市组织的营商环境指标评价,在11月的全市营商环境评价督查工作中,取得总分全市第一的好成绩。在县政府门户网站增设“投资安吉”专栏,做好投资环境、政策环境、服务环境等方面信息公开,使企业或个人一网“尽”知。牵头梳理提炼营商环境优化亮点工作,申报全国营商环境百强县并成功入选,位列榜单第60位,较2019年度提升4位。认真落实《湖州市网上中介超市交易管理办法》《湖州市网上中介超市交易规则(试行)》,组织全县政府部门开展网上中介超市业务培训,所有政府性项目均通过网上中介超市选择中介机构。全年共核定入库中介622家,发布公告697个。

【安吉县“最多跑一次”改革获省政府督查激励】 5月26日,省政府办公厅印发《关于对2019年落实有关重大政策措施真抓实干成效明显地方予以督查激励表扬的通报》,安吉县被确定为推进“最多跑一次”改革成效突出的县。

【民生事项“就近可办、县域通办”】 9月4日,安吉县人民政府办公室印发《安吉县推进民生

9月10日,全县营商环境优化暨民生事项“就近办”工作会议召开

事项“就近可办、县域通办”工作实施方案》，建立工作专班，推进事项真正向乡镇（街道）延伸，全年共下放民生事项342项，占民生事项比例78.8%，其中287项实现县域通办。

【安吉县首个“网上不见面”开标项目完成】　10月21日，安吉县省级高新技术产业园区配套设施项目之兴竹路（北庄路至合川路）新建工程作为安吉县首个“网上不见面”开标项目顺利完成。招标人及代理机构只需登录该系统，即可进行投标文件在线解密、投标人在线质疑、招标人在线回复等操作。

【安吉县实施工程项目投标保证金制度改革】　9月，安吉县实施工程项目保证金制度改革，推出电子保函替代投标保证金，选择3家保险、担保机构入驻电子保函平台，全年开具电子保函3690单，释放投标保证金4.4亿元。

（尉　青）

应急管理

【概况】　2020年，应急管理坚定以构建“大应急、大安全、大减灾”体系和坚决遏制较大以上安全生产事故为总目标，以“两山”综合改革试验区建设为有利契机，不断健全完善基层安全生产责任制，深化以“洗楼”行动为载体的重点领域安全隐患专项整治，推进第二轮安全生产综合治理三年行动，夯实应急管理工作基础，构建适应新形势下的应急能力体系，不断提升防灾减灾救灾水平，守牢安全底线。12月，在全国文明城市创建工作中县应急管理局获县委县政府颁发的集体突出贡献嘉奖，2人记个人三等功，4人记个人嘉奖。

【安全生产工作】　2020年1月至12月，安吉县发生各类安全事故（不包括火灾事故）23起，死亡16人，分别同比下降37.84%和33.33%。其中，工矿商贸领域事故5起，死亡5人，事故起数和亡人数同比均下降16.67%；道路交通领域事故18起，死亡11人，事故起数同比下降41.94%，死亡人数同比下降38.89%；水上交通领域无事故。全县未发生较大和人员伤亡的自然灾害事件。

2020年，安吉县扎实推进综合治理三年行动和矛盾纠纷、安全隐患“两个排查见底”专项行动，突出交通运输、建设施工、危化（燃气安全）、旅游、特种设备、专业市场、农业生产等重点行业领域，实施“洗楼式”排查，整治各类隐患6.6万余处，关闭取缔114家，责令停产整顿72家。印发《安吉县安全生产重大事故隐患挂牌督办暂行办法》，全面规范重大事故隐患挂牌、治理、销号等各项程序，实施30日整改闭环管理，累计出动人员340余人次，组织实施“安全管家”上门跟踪指导11轮次，排查检查各类生产经营单位1200余家次，挂牌督办并完成治理8个重点行业领域市县级重大事故隐患110处。

12月，在全国文明城市创建工作中县应急管理局获县委、县政府颁发的突出贡献嘉奖

【自然灾害应急处置工作】　2020年，不断优化修订总体预案，督促、指导各有关部门完成16个专项预案的修编，在上墅乡举办防汛抗洪应急演练，在杭长高速服务区开展危化品道路运输应急演练，组织开展全县大面积停电事件联合应急演练，涉及6个场景等系列应急救援演练。其中杭长高速服务区开展危化品道路运输应急演练，获市领导杨六顺、项乐民批示肯定；健全物资联动共享机制，先后与县人武部建立军地抢险救灾协调联动机制，与县人防建立物资装备共

享机制。开展全县应急物资排摸,建立物资共享共管机制和管理办法,投入350余万元补充采购各类装备物资;县级应急指挥中心建设建成投用。应急指挥调度功能、自然灾害平台相继上线,森防、危化、地质灾害等各类专项功能也将逐步开发上线;各类应急力量不断壮大,组建首届应急管理专家库,在2个乡镇新建立消防综合应急救援队,完善森林防火、危化领域、地质灾害等专业救援队伍。

【减灾救灾】 多措并举做好防汛防台工作。落实"六个一"工作要求,进一步夯实乡镇"八个一"与村(社区)"七个有"建设,细化防汛网格,明确危险区域、转移对象、转移责任人、转移路线、避灾安置点等,实现村级防汛预案的"图表化",各类防汛物资储备充分到位;实现卫星电话、应急发电机等重要应急物资对多灾易灾乡镇和重点村全覆盖。落实防汛抢险队伍246支4319人(专业队1支35人),专家队7支26人。推广应用自然灾害人员转移精准管控基础信息排查及"浙江安全码",率先完成3852人危险区域转移人员基础信息排查录入和"浙江安全码"的赋码工作任务。开展自然灾害综合风险普查省级试点工作,完成全县18个部门和15个乡镇开展清查工作,数据录入自然灾害风险普查平台系统。积极向上对接,入选浙江省灾害综合风险普查试点县、省级地震灾害风险普查工作试点(全市唯一)。大力推进避灾场所规范化建设,提前超额完成56家规范化避灾安置场所创建(省市下达任务数为35家)。全县225个避灾安置场所全面实现全景地图上线高德地图。

【森林防火】 2020年,继续推进安吉县森林防灭火机构改革,原安吉县人民政府森林消防指挥部及其办公室正式改名为安吉县森林防灭火指挥部及其办公室,人员相应调整,公安局、自然资源和规划局、应急管理局职责进一步明确。2020年,全县共发生森林火情29起,与2019年相比减少17.1%,累计过火面积约3.3公顷,大部分为人为违规野外用火引起,均未成灾,无人员伤亡,涉林景区及重点林区在建工程未发生森林火灾。

7月,安吉应急志愿者参与防汛抗台救援工作

森林防火安全意识提升。县森防指办公室坚持把宣传教育作为森林防灭火的第一道防线,开展面向群众、面向基层、面向实战的森林防灭火宣传教育活动,加强对森林防灭火法律法规、安全避险知识的普及教育。2020年,开展进农村、进社区、进学校、进家庭等宣传教育活动24000多次,发放宣传单3万余份、推送微信短信400余条,积极构建全民关心、广泛参与的森林防灭火工作格局,营造"森林防火,人人有责"的浓厚氛围,提升全民森林防火安全意识。

部署开展森林防火专项行动。结合安吉县实际,在重点节日和高火险天气提早部署,做到思想早动员、形势早分析、工作早安排,全面做好重点时段森林防灭火工作。开展6次野外火源专项治理行动,累计派出督察、检查组311组次,1402人次,发现当场整改隐患76处;出动执法人员1134人次,查处、制止野外违法违规用火158起,行政处罚11人,罚款5100元;各乡镇派出驻点、包保干部及上岗专兼职生态护林员共计1157人。

提高森林火灾扑救能力。2020年,县森林防灭火指挥部整合安吉县森林防灭火直属队与丰城救援队部分队员,组成安吉县森林防灭火综合应急救援队,并落实营房、购置装备,进一步充实森林防灭火力量。对全县23支森林防灭火队伍开展队伍常态化培训和演练，并邀请军事教官进行体能训练，为每支队伍及时补足配齐森林防灭火器械，加强人身安全保障，提升扑火效率和水平。根市森防指办公室文件要求，将森林防灭火队员人身意外保险的购买标准提高到每人每年不低于100万元，加强人性化保障。深化服务，提升企业自身防火水平。县森防指办公室与县重点林区在建项目及涉林景区紧密对接，开展“三服务”活动，指导云上草原景区、长龙山电站等重点单位进行森林防灭火宣传，协助购买森林防灭火装备，帮助部分涉林景区成立一批以安保人员为主体的内部森林防灭火队伍。

【专项行动】 危化行业重点治理行动：2020年，对全县242家涉及危险化学品（运输）企业全面开展风险研判和隐患治理，制定风险防范措施和整改方案；联合交通、商务、综合执法及各乡镇（街道），实施“综合查一次”联动检查，形成齐抓共管工作格局；培训危化企业从业人员和危险品驾押从业人员3000余人次。针对非法违法“小化工”的特征和危害，查清、建立清单台账、分类处置，对非法违法行为实施“零容忍”，确保专项整治取得实效。全年开展各类检查380余次，出动执法人员1900余人次，实现装卸企业和运输车辆监督全覆盖，发现问题2300余个，处罚企业14家。“三场所专项治理行动”：5月初，召开会议部署全县高温熔融金属作业安全生产专项整治工作，邀请专家全面排查指导。7月起开展高温熔融金属作业企业专项执法行动，共检查企业15家次，排查隐患36处，已完成整改32处，责令停产整顿1家，其中3家重点企业全部完成安全生产现状评价。先后开展有限空间安全风险管控为重点的大检查大整治、第二轮有限空间作业专项整治工作。9月上旬，组织各乡镇（街道）完成一次企业有限空间作业安全专项培训，中下旬组成3个督查小组开展专项督查检查，现场走访15个乡镇（街道），重点抽查检查涉有限空间企业、场所36家，发现安全隐患问题53处，当场整改31处，责令限期整改22处，立案处罚8家。严格督促企业加快落实排查整治工作，特别是加盖污水池实行“上锁”管理，完成“双人双锁”改造，严格管控措施，严防同类事故。老旧工业园专项整治行动：全面部署，积极联动，持续推进存在消防设施缺乏、安全条件基础差、安全责任不落实、安全管理混乱等现象企业整治和清退工作，完成41家擅自占用南湖监狱土地的“散乱污”企业和违法经营个体户的整治和清退，助力监地融合发展。截至2020年底，5家危化品生产企业搬迁入园地块已确认，企业布局图基本完成，省级承接产业转移示范区安吉分区党工委会议通过该5家企业进入园区，并签订入园意向协议。防灾减灾基础提升行动：县减灾办研究制定安吉县城乡社区综合防灾减灾工作计划，不断完善行业灾前预防治理和基层巡查管控机制，确保创建成效不打折。2020年，县溪龙乡后河村、上墅乡刘家塘村成功入选“浙江省综合减灾示范社区”。上墅乡刘家塘村和昌硕街道玉磬社区被认定为2020年湖州市防震减灾科普教育基地。全面排查全县各类自然灾害风险隐患，做到底数清、情况明、动态实。全年完成3852人危险区域转移人员基础信息排查录入，“浙江安全码”赋码工作完成率100%，全县225个避灾安置场所全景地图上线高德地图全覆

“低散乱污”企业整治清退

盖，并提前超额完成56家规范化避灾安置场所创建。

【安吉县推出全省首个茶叶生产企业安全生产责任保险产品】 针对因疫情影响导致的茶叶采摘、交易、生产存在的招工难、安全生产风险高等问题，3月，应急管理局创新推出全省首个茶叶加工企业(含茶场)安全生产责任保险产品。“安全生产＋疫情防控”同保障。该保险产品与茶叶生产高峰期紧密契合，保险期为2个月，茶企按从业人数投保，最低25元/人起。采用“安全生产责任主险＋疫情管控附加险”模式，主险保障作业安全，从业人员人身伤亡保额10万元/人、医疗费用保额2万元/人。附加险保障疫情意外，因工作感染传染病死亡每人保额10万元，因隔离而造成误工，最长保障20天，150元/天。“容缺受理＋上门服务”同跟进。采取容缺受理的方式，针对企业实际困难，可采取线上联系、事后盖章等方式快速投保。并可由保险工作人员上门服务，配合茶企准备相关材料，实现投保服务“零跑次”。同时，简化工作流程，对以企业为单位进行投保的情形，实施所有员工整体一次性投保。“线上发布＋田间走访”同宣传。通过浙江新闻客户端、安吉新闻、安吉发布等官方渠道，对该保险进行多角度宣传报道，扩大知晓面。并与“三服务”活动相结合，在服务专员田间走访的同时，宣传保险产品，帮助联系投保。

【浙江省应急管理厅调研“两山”试验区建设工作】 6月2日上午，浙江省应急管理厅党委委员、副厅长李会光一行到县应急管理局调研“两山”试验区建设工作开展情况，湖州市应急管理局党委书记、局长朱建祥，县委常委、常务副县长潘鸣，安吉县应急管理局党委书记、局长樊锡宏及相关领导班子成员参加。座谈会上，安吉县应急管理局党委书记、局长樊锡宏汇报“两山”试验区建设推进情况及应急管理工作情况。省应急管理厅机关党委专职副书记毛松明、政策法规处处长陶澄滨分别就相关业务工作提出意见建议。湖州市应急管理局党委书记、局长朱建祥就应急救援体系建设、物资储备中心建设和基层应急体系建设等方面提出意见和建议。浙江省应急管理厅党委委员、副厅长李会光充分肯定安吉县应急管理工作，并强调省厅将在应急救援体系建设、应急救援队伍建设、应急安全互动体验馆建设、政策试点先行先试、建立战略合作机制、自然灾害风险调查和重点隐患排查工程省级试点等方面给予工作支持。

6月2日，浙江省应急管理厅党委委员、副厅长李会光一行到安吉县应急管理局调研“两山”试验区建设工作开展情况

【开展“浙江安全码”应用和自然灾害人员转移责任人和人员转移模拟演练】 为确保台风来临时，各乡镇(街道)工作人员熟练掌握人员转移工作方法和“浙江安全码”用码流程。8月14日，安吉县开展“浙江安全码”应用和自然灾害人员转移责任人和人员转移模拟演练。演练内容主要包括：县防指启动防台风Ⅳ级应急响应时，各乡镇(街道)的各级网格责任人进岗到位，转移责任人在手机上签到履职，确保100%；同时乡镇(街道)管理员打开“浙江省自然灾害风险防控和应急救援平台”；报灾信息员打开“浙江省减灾救灾信息系统”，启用演练村的避灾场所；当县防指将防台风Ⅳ级应急响应提升为Ⅲ级应急响应时，各乡镇(街道)确定转移人员名单，在“浙江省自然灾害风险防控和应急救援平台”中圈点已录入平台的转移人员上报(正式响应时转移人员名单乡镇按县防指通知

进行确认，确定转移人员，再进行圈点上报）；待县防指发出人员转移指令后，乡镇（街道）立刻进行人员转移，按培训的视频要求进行操作，转移责任人要时刻关注自己所负责的转移人员是否到位，确保100%。此次演练通过视频连线模拟操作有效提升台风洪涝灾害科学化、智能化、精准化防控水平，正确使用“安全码”，通过红绿颜色转变，体现应急转移需要和转移落实情况。

【申嘉湖（西延）高速公路危化品泄漏应急演练举行】 9月16日，由安吉县人民政府、湖州市交通投资集团有限公司主办，浙江杭长高速公路有限公司承办的申嘉湖高速公路西延段危化品泄漏应急演练在安吉开展。本次演练模拟S12申嘉湖高速公路西延段安吉方向溪龙服务区内，一辆危化品槽罐车因突发情况采取紧急制动，后方货车闪避不及而与之发生追尾碰撞，导致罐体阀门受损，罐内甲醛泄漏，货车司机受伤被困。事故发生后，杭长高速公路公司及时报警和初期处置；高速主管部门组织应急力量赶赴现场救援；安吉县启动《安吉县处置重大道路交通事故应急预案》二级应急响应，应急、生态环境、卫健等相关部门紧急赶往现场，成立临时指挥部，制定现场处置方案，组建安全警戒组、抢险救援组、医疗救护组、环境监测组、清障施救组、维稳保障组及网络舆情组7个应急救援小组。各队伍协同作战，经过紧急疏散、施救、破拆救援，以及稀释、堵漏、泄漏危险化学品输送转运、现场洗消等一系列处置，成功处置险情。此次演练全面检验各部门、相关单位应对高速公路危险化学品事故指挥协调、应急处置的实际情况，锻炼消防综合救援队、企业救援力量协作配合的能力，提升县政府部门和高速公路管理单位应急联动和处置能力，为快速高效处置类似突发事件提供保障。

【安吉县开展首次大面积停电综合应急演练】 9月30日，安吉县开展首次大面积停电综合应急演练。演练模拟受突发短时大风、强降雨等极端强对流天气袭击，辖内电网受损严重，达到Ⅲ级大面积停电事件标准，根据大面积停电应急预案，安吉县立即启动应急响应，分别开展电网抢修、医院、景点、水务、监狱、网络舆情6个场景的应急救援演练。经过预警行动，启动响应，开展电力设备维修，医院、水厂、监狱等单位应急处置，景点游客疏散、救援等综合响应，成功处置各处险情，全县电网主干网恢复正常。本次演练涉及20余家单位、9支救援队伍、6处重要场景、40余台次装备。通过模拟情景、远程指挥、现场实施等方式，探索多预案、多类型、多种专业救援力量合成的实战方案，检验各类应急预案的针对性、实效性和可操作性，提高各相关单位和部门的协同配合、政企联动的应急救援能力。演练结束后，电力系统专家组对演练进行评估，县委副书记、县长宋波就本次联合演练做总结讲话。县委常委、副县长项侃文及安委会成员单位、乡镇（街道）等主要负责人参加观摩。

【县应急管理局召开应急指挥系统大数据中心项目初次验收会议】 10月10日，应急指挥系统大数据中心项目初次验收会议在县应急管理局召开。局相关负责人，系统开发公司、监理单位技术人员参会。会上，开发公司就应急指挥系统大数据中心各模块相关功能进行介绍和系统演示，监理单位报告监理工作情况。经过多方对系统的质询、答疑和讨论，与会人员共同对应急指挥系统提出建设性意见。系统各项功能指标符合初步验收通过条件，同意通过验收。

【避灾安置场所规范化建设提前超额完成年度任务】 避灾安置场所是集减灾、避灾、救灾物资储存等功能于一体，用于庇护受灾群众，保障其基本生活的建设项目，在转移安置受灾群众、减少灾害损失等方面发挥着极其重要的作用，对提升基层防灾减灾救灾能力意义重大。2020年，安吉县避灾安置场所规范化建设被列为十项民生实事项目之一，根据省市工作要求及下达给安吉县的完成35家目标任务，县应急管理局全力推进该项目落实，通过县、乡镇（街道）、村（社区）的共同努力，实际完成56家，提前超额完成省市下达建设目标和县人代会提出的为民办实事任务。安吉县避灾安置场所规范化建设严格按照《浙江省应急管理厅关于加快推进避灾场所规范化建设的通知》（浙应急减灾〔2020〕35号）文件的要求，通过召开会议、学习文件、座谈讨论、一对一上门指导等措施，实行“四统一”（即统一标准、统一物资采购、统一标识标牌制度、统一物资管理),不折不扣按要求加快避灾安置场所规范化建设,努力办好民生实事。

(张　婷)

消防救援

【概况】 2020年,安吉消防救援围绕稳定与发展"两篇文章",聚焦社会影响力、群众满意度和指战员获得感"三大提升",全力抓班子、带队伍,强主业、夯基础,完成各项工作任务,实现"四大突破"。打赢能力实现突破。完成习近平、赵乐际等中央领导来安吉视察的消防安全保卫任务。在全省火焰蓝岗位练兵比武中取得较好成绩,在全市多种形式消防队伍比武中,乡镇政府专职队成绩在类别中排名第一。队站建设实现突破。2020年重点推进的5个消防站点进展顺利,灵峰站投入执勤,天荒坪站、杭垓站已基本建成,孝源站已开工建设,天子湖站拆迁改造工程在着手施工前的准备。大队两次向县委县政府专题汇报大队本部改造提升事项,得到县领导的高度重视。装备建设实现突破。38米多节臂高喷车到队执勤,该车与2公里远程供水车已成为辖区扑救大跨度大空间火灾的利器,在实践中得到检验,大队有车辆22辆。订购山岳救援越野车、重型水罐车以及水域救援、个人防护等一批实战急需的装备。担当作为实现突破。为安吉县全国文明城市首创首成贡献了消防力量。在全县每季度组织并在"一把手"例会上发布的营商环境满意度测评中,大队均位居同类别第一名。

2020年,安吉县消防救援队伍共接警997起(其中火灾51起,抢险救援261起,社会救助208起,未成灾火警476起,公差勤务1起),出动车辆1463辆,消防人员9903人,抢救被困人员125人,疏散被困人员1人,抢救财产价值1922.7万元。同比2019年,接警起数同比下降12.31%,出动车辆下降3.17%,出动人数下降1.82%,抢险被困人数同比下降27.75%,抢救财产价值上升595.37%。火灾起数同比下降26.09%,直接财产损失下降44.44%。2020年,消防救援站重点突出攻坚救人、排险救生、紧急避险、安全防护、自救互救等科目训练,每周开展单兵、班组、队战合成操法训练;每月开展集中综合性演练不少于1次;开展实地、实兵、实装拉动演练63次,夜间演练11次,参加事故应急联合演练2次;开展疫情处置演练5次。全面提升辖区整体控火灭火能力。辖区240家重点单位预案修订率100%,有效提升指战员初战控火能力;依托天荒坪路消防救援站现有装备,抽调精兵强将组建山岳救援队采购专业队救援装备合计1000余件的水域救援大队,为"精准救援、快速施救"打牢基础,以全员岗位大练兵活动为载体,强化基础体能和技能训练,与安吉民间救援力量开展联勤联训。同时加强与县公安局、县卫健局、交通局等部门单位建立战勤联动机制,加强灭火救援装备物资的联勤联动。

2020年,防火领域上县消防救援大队充分运用政府挂牌督办机制,全年提请政府挂牌整治重大火灾隐患单位4家。形成监督执法震慑,全年大队共检查单位1069家次,整改火灾隐患1073处,下发处罚决定书48份,责令三停21家、临时查封5处,拘留3人。深化社会化消防宣传,举行119启动仪式,完成消防宣传教育馆和村社区宣传点建设,消防站开放和"七进"形成

11月7日,安吉县灵峰消防救援站挂牌仪式举行,副县长潘鸣、市消防支队政委王雄雄出席

常态模式。安吉县有两个火灾防控重点：一个是竹木家具及配套产业发达，相关企业有1200余家，受生产工艺影响，火灾风险高；另一个是居住出租房屋量大，全县出租房有4972户，难以有效监管。对此，在安全生产专项整治三年行动和消防安全三年“翻身仗”统一部署下，县消防救援大队提请县政府出台消防安全责任制实施办法，逐级签订消防安全目标责任书，充分发挥消安委平台作用，抽调3名政府事业编制入驻大队办公，实行实体化运转，定期组织开展部门联合检查，发现问题，及时分解责任整改，2020年下发函告书16份、督办单6份。提请县政府抽调百人在家具企业集中区域开展百日攻坚行动，拆除占用防火间距、消防车道的违章建筑7.3万平方米，停产整顿30家，并形成常态监管机制，2020年家具厂房火灾同比2019年下降50%。结合平安志愿者、家园卫士等基层网格力量，建设村义务消防队33支、社区“微型”站40个，实现城区和重点乡镇队伍全覆盖。坚持“防为主、防为上”，在居住出租房屋中推广安装智能预警系统1941套，在企业推广运行智慧用电系统2318套，并设置智能充电点142个，有效防范火灾事故发生，同比2019年，火灾数下降34.8%、财产损失数下降41.9%，无人员伤亡。

【“5·7”马吉村马吉木材厂火灾】　5月7日20时，安吉消防救援大队指挥中心接到报警，安吉县天荒坪镇马吉村马吉竹木炭化制品厂着火。接警后，迅速调集天荒坪路消防站5车25名消防员，孝丰专职队1辆消防车7名消防员，梅溪专职队1车消防车7名消防员前往扑救，起火建筑为单层砖木结构厂房，燃烧物质是竹制品等，建筑总面积约3800平方米，过火面积2800平方米，未造成人员伤亡。

【“5·29”高速服务区危化品车泄漏】　5月29日20时09分，安吉消防救援大队指挥中心接到报警，安吉县杭长高速安吉服务区往杭州方向装有二甲基甲酰胺的槽罐车泄露，安吉大队立即调派天子湖专职队1车7人，天荒坪路消防站2车14名消防员前往处置，大队值班领导随警出动，同时启动危化品事故应急预案。20时40分，天子湖专职队到场，现场为危化品运输车装有28吨二甲基甲酰胺，底盘下法兰口和阀门小量泄露，无人员被困，22时许调派车辆倒罐，2时30分现场倒灌处置完毕。

【“7·11”孝丰合顺海绵制品有限公司火灾】　7月11日1时47分，安吉消防救援大队指挥中心接到报警，安吉县孝丰镇竹产业园区合顺海绵制品有限公司厂房着火，调派孝丰专职队2车14名消防员，天荒坪路消防站6车24名消防员，天子湖专职队2车14名消防员，梅溪专职队1车7人前往增援。起火建筑总共两层，主要用于生产存放海绵及生产装置，建筑总面积约14000平方米，过火面积约7000平方米，未造成人员伤亡。

【“8·1”安盛医用辅料公司火灾】　8月1日13时43分，安吉消防救援大队指挥中心接到报警，安吉县递铺街道塘铺工业区浦汇路1号安吉安盛医用辅料公司厂房着火，调派天荒坪路消防站5车26名消防员，孝丰专职队1车7名消防员，天子湖专职队1车7名消防员，梅溪专职队1车7名消防员至现场救援。起火建筑总共两层，主要用于生产存放医疗纱布、机器及其原料、成品，建筑总

8月1日，安盛医用辅料公司火灾救援现场

面积约6000平方米，过火面积约3000平方米，未造成人员伤亡。

【"9·26"晓云村235国道往安吉方向两车相撞危化品泄漏】 9月26日21时13分，安吉消防救援大队指挥中心接到报警，安吉县天子湖镇晓云村235国道往安吉方向两车相撞，一危化品槽罐车泄露，立即调派天子湖专职队2车14名消防员，天荒坪路消防站3车16名消防员，大队值班领导随警出动，后续支队全勤指挥部出动，安吉县启动应急预案，公安、交通、应急、环保等部门到场处置。第一出动力量天子湖专职队于21时32分到达现场，到场后现场侦查发现是一辆货车追尾装载乙酸甲酯槽罐车，罐中内有乙酸甲酯液体30吨，槽罐车有2处泄漏点，一是卸料口阀门法兰处破损泄露，二是车辆传输管道破损。21时35分，天荒坪路消防站到场后，立即组织攻坚组，携带有毒气体探测仪、可燃气体探测仪，抵近侦察。确定泄露部位，划分安全区域。公安交警部门到场后，人员协助交警部门对双向车道进行封道。指挥部成立后，组织攻坚组队员穿戴重型防化服，铺设水幕水带对槽罐车周边进行稀释。22时34分，支队全勤指挥部到场指挥消防救援队伍实施救援工作，22时52分，战保增援车辆到达现场，配合开展相关工作。24时许，应急局调派的槽罐车到达现场，后续开展倒罐工作，现场救援车辆持续开展气体检测和空气稀释冷却工作。至次日凌晨4时倒灌完成，共倒罐28.5吨危险品。

【"11·6"报福镇澎湖村竹丝厂房火灾】 11月6日17时23分，安吉消防救援大队指挥中心接到报警称，位于安吉县报福镇澎湖村竹丝厂房着火。调派天荒坪路站3车16人，孝丰专职队2车14人赶赴现场扑救，梅溪专职队1车7人，天子湖1车7人前往增援。起火建筑为钢棚结构单层厂房，燃烧物质为竹丝粉尘等，建筑总面积约为5000平方米，过火面积约300平方米，未造成人员伤亡。

（宋　吉）

机关事务管理

【概况】 2020年，县机关事务管理中心坚决打赢疫情防控阻击战，聚力创成全国文明城市，夺得"生活垃圾分类"市突出贡献集体，第一、第三季度优胜单位，创建全国文明城市集体嘉奖，二季度流动红旗和三季度优胜单位，营商环境监测二季度优胜单位和"最多跑一次"满意度二季度优胜单位等多项集体荣誉，完成3月30日习近平、11月9日赵乐际视察相关工作保障任务，有效实现机关事务管理事业高质量全面发展。

【疫情防控保障】 县机管中心坚决贯彻县委、县政府和疫情防控工作领导小组一系列决策部署，自觉夯实行政中心疫情防控主体责任，第一时间成立疫情防控专班，从严从快科学部署，保卫"中枢"安全。实行"亮码测温"登记进出"两道岗"机制，累计测温6万余人次；多方筹措累计落实口罩3万余只，各类消毒液1000多斤，储备食堂餐具、消毒用品、防护用品5万余件；半年累计保障盒饭套餐2.5万人次，从源头上确保餐饮安全。

【文明创建首创首成】 县机管中心坚持全面动员、全员参与，坚决守好"责任田"，累计安排劝导、清理等工作小组近500批次，发现并处理问题1000余件。"清零行动"专项攻坚60余起，清理清除各类线网、张贴、堆放800余点位。其中，责任路段富华小区北巷被作为首批创城工作示范点全县观摩学习。

【聚焦"三服务"】 深化"三服务"作为助力县域发展的重要载体，充分发挥部门职能优势，拓宽服务路径，以高质量服务拓宽助企、助农、扶贫新渠道。累计为14家企业解决废料处理难、员工子女入学问题、建筑垃圾临时堆放点等困难462个。帮扶受疫情影响较大的农家乐、蔬菜合作社、结对村销售积压农副产品等48万元。主动对接杭州天顺生态农业开发有限公司，成功开辟惠及安吉县对口4省80县农产品的帮扶助销扶贫馆，完成消费扶贫60余万元。

【日常工作保障】 办公用房规范管理。2020年2月组建专班以来，克服疫情影响周期困难，加班加点，全面摸清底数，框定办公用房范围，有序推进办公用房腾退整合，建立办公用房图形化管理系统。清查县级单位111家，总建筑面积465044.7平方米。调整安置办公用房11302.1平方米，腾退、移交办公用房

18720.3 平方米。制定《安吉县机关单位办公用房管理实施办法》，下发《安吉县党政机关办公用房管理实施细则》，用时半年完成湖州市为时两年的任务，为安吉县摸清和盘活国资打下基础。

垃圾分类指导督查。积极发挥牵头党政机关落实任务，全面纵深开展垃圾分类督导工作。制定垃圾分类月度晾晒考核细则，对 70 余家党政机关垃圾分类工作实行每月“红黑榜”晾晒比拼机制，营造全县机关事业单位比拼赶超的浓厚氛围。创新行政中心垃圾分类定点定人定时制度，打通行政机关垃圾分类回收渠道，高效保障垃圾分类回收“最后一公里”。结合主题活动，累计发放操作手册 2000 余份，更新完善各类标识 1000 余处，发放定制垃圾袋 30 余万个。

公共机构节能降耗工作。督促指导孝丰镇、市监局等 4 家单位开展远程节能培训并通过考核，指导灵峰街道、退役军人事务局等 5 家单位通过县第五批公共机构节水型示范单位验收，指导县政务办创成省级节约型公共机构示范单位。2020 年综合能耗月均标准煤同比下降 2.84%，用水总量同比下降 3.50%。

8 月 18 日，“厉行节约 反对浪费”——安吉县机关食堂“光盘行动 机关示范”倡议活动举行

【“光盘行动 机关示范”活动开展】 8 月 18 日，联合综合执法局、文明中心（创建办）、城镇分类办开展“厉行节约 反对浪费”——安吉县机关食堂“光盘行动 机关示范”倡议活动。率先垂范，带动各级党政机关食堂走在杜绝餐饮浪费的前列。全年陆续投放各类宣传标识 8000 余份，举办宣传活动 30 余场，参与“光盘有礼”人数达 1.2 万人次，机关食堂每天减少菜品量近 50 千克、节约购菜成本 1200 元左右、厨余垃圾减少近 200 千克。

【机关后勤服务】 机关内部“最多跑一次”改革。着眼数字集成，运用“互联网+政务服务”模式推进数据共享，实现网络化、移动化、协同化办公的转变，并开辟容缺受理等方式优化办事流程、精简办事材料，缩减办事时间、调整审批权限，实现机关内部上线事项 100%网办申请全面实现网上办理“跑零次”。2020 年，机关内部网办申请办理事项 12683 件，其中 98%事项实现“当日办”。后勤机关服务保障。会务中心全年完成 3900 余场会议接待，服务保障 10 万人次；文印中心精细改革，完成 120 万业务接待量；公务用车服务中心保障出行近 1.4 万车次，服务 3 万余人次，安全行驶 150 多万公里；基建设备科完成 780 余次维修任务，全面清洗、净化大楼空调末端、出风系统；机关食堂优化菜品，承办团拜会、安治会等重要接待宴；大院绿化全面提升，形成立体花园景观；机关便民超市焕然一新，提升了干部职工的幸福感、获得感。

【吉林省精准扶贫产品推介会举办】 9 月 28—30 日，为更好帮助对接贫困地区实现脱贫，方便广大干部中秋国庆期间走亲访友，机管中心在机关食堂入口处举办“吉林省精准扶贫产品推介会”活动，涵盖吉林省八个县区 100 多个产品，为吉林省特色农产品搭台带货。

（黄久鼎）

城投集团

【概况】 2020 年，县城投集团带领干部员工，锚定全年目标任务，落实深化改革举措，大力实施“人才兴企、品牌优企、经营强企”战略，持续调整优化产业结构布局，加快企业转型升级和高质量发展。面对疫情,坚持“目标不调、任务不减、标准不降”,一手抓防控,一手抓发展,积极助推“两山”试验区和“中国最美县域”建设。4 月 13 日,由城投集团下属安吉县城市建设发展有限公司负责建设的石佛路(递铺北路至石佛桥)新建工程获“2019 年度湖州市飞英杯市政工程质量奖”。7 月 30 日,在安吉县综合行政执法局主办的 2020 年“安康杯”知识竞赛决赛中,城投集团下属国源水务代表队荣获总成绩的第一名。9 月 27 日,城投集团下属安吉国源水务集团有限公司获湖州市践行“绿水青山就是金山银山”理念 15 周年先进集体。10 月 21 日,国源水务副总经理徐何杰带队汤铭、韩道荣、李明军、樊文杰、曹荣法五人参加由省总工会主办的 2020 年浙江省管工(给排水)职业技能竞赛。获团队三等奖。排水公司副经理唐寅担任本次比赛的裁判。12 月 21 日,安吉城投集团下属国源水务技术创新工作室获评 2020 年度安吉县优秀劳模(工匠)创新工作室。安吉城投集团下属资管集团获评县五星级“先进职工之家”。12 月 29 日,安吉城投集团下属安吉经典资产管理集团成功获评“五星级新时代文明实践点”。12 月 31 日,安吉城投集团下属安吉经典资产管理集团有限公司佳诚物业管理部获评 2020 年度安吉县“青年文明号”荣誉称号。

【城市建设】 2020 年,县城投集团启动工程 11 项,完工 13 项,工程投入 5 亿元。完成浒溪东岸、石马港两侧景观整治提升工程,基本实现走通递铺港,完成吉庆路、递铺北路等道路综合改造和排渠建设,城东地标建筑凤凰中心广场、民生项目灵芝路幼儿园建设完工,城市设施功能更加齐全。编制完成城投集团施工管理技术规程和指导手册,落实扬尘治理分级管控机制,建设标准进一步提高。聚焦化解民生难题。落实上级政策,减免商户租金 690 万元,完成县城 23 个小区及公共区域共计 154 个点位的两轮电瓶车智能充电桩安装。与昌硕街道成立联合征迁工作专班,大力实施征迁扫尾工作,投入资金 5.9 亿元,完成征地 578 亩、政策处理 2668 亩、腾空 16 户,实现城投征迁区块内集体土地政策处理全部清零,有力保障重点项目顺利推进,有效解决被征迁群众合理诉求。落实分房 177 户,满足拆迁户安置需求。化解历史矛盾 9 件,完成 2019 年征地 6%货币兑现。

改造后的递铺港景观

【水务民生】 全年实现供水 3868 万吨,同比增长 9.8%。老石坎水厂一期通水运行,赋石水厂扩建工程完成前期,全县日供水能力提升至 32 万吨。北部片区供水主管埋设超过 70%。实施 14 个农村饮用水提标改造项目,铺设管网 200 余公里,完成 433 管网改扩工程。接收运维农村饮用水 81 个水站及配套设施,形成全县供水一盘棋。全年实现污水处理 3208 万吨,同比增长 16.4%。城北三期投入运行,完成县城污水厂连通管网建设,启动天子湖污水厂三期扩建工程并完成 45%工程量。对城区污水厂、城北三期进行准四类水排放提标改造。建成日处理量 290 吨的污泥干化项目并启动调试,环境综合治理能力不断提升。与天子湖示范区签订首个运维合同,标志着国源水务在供水统一运维的基础上又全面进入排水管网县域一体化管理。为贯彻落实省委政府《关于坚决打赢新冠肺炎疫情防控阻击战,全力稳企业经济稳发展的若干意见》要求,切实帮助和支持企业渡过难关，2020年全年对企业到户水价下调10%。

【产业经营】 大力开展房产、贸易等经营业务，凤凰中心广场累计销售1.9亿元，基本实现清盘。孝丰南门商业广场项目实现二期开盘，累计销售2.4亿元，去化率70%。新开发兰园、福元里两个项目，为房产业务持续创收打下良好基础。全年实现贸易销售近3亿元，提前2个月达成全年目标任务。完成商砼项目选址，并启动生态资源循环利用基地（静脉产业园）基础配套建设。“两山银行”初具规模。率先在全省开展“两山银行”改革试点，并建成浙江省首个“两山银行”示范基地，成立县级“两山银行”及7个试点乡镇“两山银行”，完成第二批6个试点乡镇“两山银行”报批。搭建县乡两级运营机制，完成对13个乡镇（街道）的两轮重点生态资源数据收集，梳理出重点资源项目88个，项目总面积约14万亩。建成花木市场二期并开放运营，维持1958商圈良好运营，实现租金收取1913万元，收取及时率90%以上。完成党校资产划转以及创客小镇二期、朗里花园4套排屋不动产办证工作。盘活禹山坞车库等闲置资产648万元，全面接手智慧停车收费业务，实现加油站营收6744万元。

【治理体系改革】 规范企业内部管控，不断加强治理能力。组织架构优化。实施总部部室职能优化调整，使总部统筹管理与子集团业务开展之间的职能分工、工作责任更加明确。水务集团实行机构精简和扁平化管理改革，推动内部管理更加高效精细。整合贸易业务，统筹性得到进一步增强。完善内部管理。对集团制度体系进行全面梳理，补充完善20余项工作制度。对30项制度的执行规范性开展检查，持续推动检查整改一体化工作机制的落实。深化复审机制，累计开展财务审计7项，工程项目结算审计239个。更新经营模式。探索房产业务人员薪酬体制改革。结合DMA分区计量管理和夜间静压查漏，产销差（不含赋石）降至26.9%。实行安装、排水运维班组及抄表服务劳务社会化外包，推动运维管理规范化、服务专业化。加强人才引育。通过实施“人才兴企”战略，推进人才引育“4+1”工程，全年累计招录人员68人，其中“雏鹰计划”5人，“两高”人才1人，与新增业务相匹配的人才队伍得到有效补充，集团中高级职称和专业技术人才数量稳步上升，人才结构得到进一步优化，年轻后备干部的培养力度不断加大，人才梯队建设有了初步成效。

花木市场二期建成

【国源水务获“世行项目先进单位”】 1月7日，城投集团副总经理张军、城投集团国源水务常务副总经理钱炯与县财政局、发改局参加世行项目2019年度工作总结会，会上城投集团国源水务常务副总经理钱炯对2019年度世行项目完成情况进行汇报，城投集团下属安吉国源水务集团有限公司获“世行项目先进单位”。

【启动兰园房产项目开发】 2月11日，城投集团下属安吉经典置业有限公司成功竞得灵峰北路东侧、灵芝路北侧地块，启动兰园房产项目开发。

【北部供水项目启动】 1月10日，由城投集团负责实施的北部供水项目正式启动，该项目以赋石水厂至康山大道的DN1200管为起点，涉及递铺街道、梅溪镇、天子湖镇三个乡镇街道、15个村,项目总计管网长度约35.2公里,新建两座提升泵站。届时,安吉县北部区域的群众都将稳稳地喝上优质水。

【非公开城投公司债券发行】 3月19日,成功发行非公开公司债7.5亿元,票面利率低至5.6%,同比一、二期利率下降120BP,创2017年以来湖州地区AA主体票面利率最低。

【老石坎水厂建设完成】 4月30日,由城投集团国源水务负责建设的老石坎水厂完成建设,供水能力5万吨/日,有效缓解安吉县高峰时期的供水压力,至此安吉县供水能力达到33万吨/天。

【城区污水管网建设工程、县城污水处理二厂(一期、二期)3.8万吨清洁排放提升改造项目获中央水环境综合治理专项补助资金】 5月9日,由城投集团国源水务负责实施的县城区污水管网建设工程、县城污水处理二厂(一期、二期)3.8万吨清洁排放提升改造项目获得中央水环境综合治理专项补助资金1462万元。

【"五未土地"处置工作全县名列前茅】 6月21日,城投集团消化批而未供土地486.753亩,排名全县第三,其中2019年批准地块面积已消化99.2%;供而未用地块已全部消化,"五未土地"处置工作全县名列前茅。

【县城污水处理二厂三期正式竣工】 6月23日,由城投集团国源水务负责建设的县城污水处理二厂三期正式竣工,污水处理能力6万吨/天。

【浙江省首个"两山银行"示范基地在安吉成立】 6月28日,浙江省首个"两山银行"示范基地在安吉正式成立,省发改委一级巡视员徐幸及市委常委、县委书记沈铭权亲自揭牌,该基地由城投集团具体负责建设,位于安吉县迎宾大道618号,面积450平方米,包括智慧展示、资源交易、资源收储、综合服务等四大功能中心,成为安吉县大力推进"两山银行项目"的大本营、主阵地。

6月28日,浙江"两山银行"示范基地在安吉成立

【二轮电瓶车充电桩项目推进完成】 6月,由城投集团负责实施的二轮电瓶车充电桩项目,完成县城区31个小区86个点位,20个公共区域36个点位的智能充电设备安装,共计投入充电设备759台,充电端口1430个,配套安装车棚44套,全市率先实现二轮电动一键扫码充电。

【国源水务14个农饮水改造提升项目完工】 6月,由城投集团国源水务负责实施的14个农饮水改造提升项目正式完工,14个项目均位于偏远山区及高位片区,为农饮水改造提升项目中施工难度最大的工程,管网总长达200公里。

【递铺港及天目南路(望山路—绕城南线段)启动建设】 7月1日,安吉县递铺港及天目南路(望山路—绕城南线段)启动建设,由城投集团具体负责实施。

【国源水务下属排水公司与天子湖示范区签订首个运维合同】 7月8日,城投集团国源水务下属排水公司与天子湖示范区签订首个运维合同,标志着国源水务在供水统一运维的基础上又全面进入排水管网县域一体化管理。

【递铺北路(石佛路至古鄣路段)改造提升工程启动】 7月22

日，县城递铺北路（石佛路至古鄣路段）改造提升工程启动，由城投集团具体负责实施。

【两山公司与上墅乡完成“两山银行”项目签约】 8月3日，城投下属两山公司与上墅乡完成“两山银行”项目签约，标志着安吉县首家乡镇“两山银行”——上墅乡“两山银行”正式成立。县乡两级运营联动机制正式落地。

【“经典1958”商业街取得《城镇污水排入排水管网许可证》】 9月17日，城投集团自营项目“经典1958”商业街成功取得《城镇污水排入排水管网许可证》，成为全县首个“污水零直排”商圈。

【报福镇“两山银行”揭牌成立】 9月19日，集团董事长周斌、党委副书记朱浚氲实地赴报福镇，与报福镇党委书记贺苗、党委副书记郑云武完成“两山银行”项目相关合作协议签订，报福镇“两山银行”揭牌成立。

【章村镇“两山银行”揭牌成立】 10月16日，集团董事长周斌、党委副书记朱浚氲实地赴章村镇，与章村镇党委书记唐春燕、常务副镇长周峰完成“两山银行”项目相关合作协议签订，章村镇“两山银行”揭牌成立。

【捷泰、城管、佳诚三方完成安吉县城区智慧停车管理系统建设及公共停车泊位特许经营权交易项目交接协议的签订】 12月14日，捷泰、城管、佳诚三方完成安吉县城区智慧停车管理系统建设及公共停车泊位特许经营权交易项目交接协议的签订。这也标志着城投集团正式“接棒”县城区公共停车收费业务。

【城市展厅完工并对外开放】 12月30日，城市展厅正式完工并对外开放。该展厅为全县首个多功能城市展厅，包含档案保管、办公、项目销售展示、城市书房四大功能。总建筑面积2800平方米，总投资约1600余万元。

（沈　丹）

安吉县产业投资发展集团有限公司

【概况】 2020年，安吉县产业投资发展集团有限公司（简称产投集团）致力于实现“国企保值增值和做大做强”任务目标，全年实现营业收入1.44亿元，利润总额1208.64万元，总资产12.88亿元，12月与县国投公司、文旅集团实现合并重组。本年度，产投集团获评安吉县创建全国文明城市突出贡献奖，并计个人三等功一人、个人行政嘉奖二人。5月，产投集团与旗下子公司安吉县国风产业基金管理有限公司共同加入浙江省金控企业联合会，成为该协会会员单位。7月，安吉雷博人力资源服务有限公司获国家人力资源和社会保障部评审的全国人力资源诚信服务示范机构称号（全市唯一）。旗下子公司安吉国浩外贸服务有限公司分别于5月获评浙江省商务厅颁发的浙江省防疫和医疗物资进口突出贡献企业奖、7月获评省级示范企业称号（全市3家，全县唯一）、11月获评2020—2021年度浙江外贸出口重点联系企业称号。11月，安吉“两山”创客小镇飞地——上海“两山”双创园荣获由浙江省数字经济发展领导小组办公室评审的浙江省第一批数字经济“飞地”示范基地称号（全市3家，全县唯一）。

9月18日，湖州市政府与浙江金控“上门送‘1+3’服务”活动签约仪式举行。浙江金控党委书记、董事长章启诚（正中）为6家新加入浙江省金控企业联合会的成员单位授牌

【构建基金板块及投资业务开展】 2020年,产投集团在建基金有两支,一支是与银杏谷投资共同发起的省县合作创新引领基金,规模为2亿元,相关资料已送县政府审议并上报省科厅。另一支是与安吉县开发区和示范区协同设立的绿色产业(招商)基金,12月《安吉县绿色产业基金方案》正式公布实施,标志着全县首个绿色产业基金正式发布。该基金设母基金、子基金二级架构,总规模预计达40亿元,聚焦绿色家居、生命健康、高端装备制造、电子信息、新材料和通用航空等产业,旨在推动安吉县产业转型升级。全年共设立6个子基金,规模为6.8亿元。截至2020年12月底,两山投资完成投资项目立项工作5个,完成项目尽调工作4个,通过投决会投资决策项目数4个,投资金额1600万元,产业基金累计投资额达1.84亿元。

【类金融服务协同开展】 截至2020年12月,产投集团初步聚集产业基金、股权投资、融资租赁、融资担保、外贸综服、企业孵化等平台和资源,各部门相互联动,有效配置资源,建立交叉型、立体型服务网络,为域内外企业发展持续提供闭环型优质服务。其中,两山融资租赁公司与股份制商业银行等金融机构合作,通过将原有“证租通”业务产品进一步优化升级,衍生出“回报类证租通”“混合型证租通”及“双证通”等新+业务模式。截至12月,累计撬动资金8.66亿元,投放项目数11笔;国信担保在保余额66800万元,在保客户700户。国合财富大力推动金融产品结构优化,帮扶乡镇、企业销售金融产品,全年销售总额4.12亿元,其中挂牌类债券转让1.4亿元,包括杭垓0.9亿元,梅溪0.5亿元,私募投资基金0.6亿元,启动CRM线上管理系统,对现有存量客户管理数字化管理,存量客户1897位,产品线8支。国浩贸服与中信保“承保跨境电商+海外仓”浙江省唯一试点企业,全年投保400多笔,金额1854万美元,惠及30多家本地小微企业。这一创新试点协助安吉县商务局获评全省“争先创优”最佳案例,朱从玖副省长做出了(安吉县“四个+”工作实、成效好)的批示。

【各项配套服务同步跟进】 2020年,“两山”创客小镇在孵企业62家,人才项目19个,总产值达5亿元,已建上海飞地约2500平方米双创园区一处,招引项目15个,其中重点人才项目约60%,拟建杭州飞地1处;同时与示范区、启迪之星在小微园区建立加速器,总面积1.5万平方米,已入驻项目3个,拟投项目4个。全年小镇招引项目20家,其中南太湖及美丽英才计划项目5家,共引进发明专利22项,授予发明专利18项,实用新型52项,园区企业浙江两山照明科技有限公司等3家企业获2020年度省级科技型中小企业称号,并与6个招商分局建立联合招商机制,年内又与3家高校签订项目引进合作协议。全年净增劳务派遣、外包人数429人;派遣员工2261人,完成全年任务的123%;培训人数20845人次;开展各类专场、主题、高层次招才引智活动60场。2月,产投集团下属子公司安吉雷博人力资源服务有限公司的“线上招聘助力企业复工复产”新闻报道在中央电视台13频道播出,在疫情防控新常态下,开创招工引才新模式。截至2020年12月,完成注册新入驻企业415户,注销36户、累计服务企业800余家,利税2.66亿元。年内修整完善第一国际城地面停车场,产投集团投入350万元,按“打造中心商圈新地标”的标准进行提升改造。8月1日,第一国际城停车场正式开始收费,开始建立长效管理机制。

【国信担保公司惠企助农降保费】 1月3日,产投集团下属子公司安吉县国信融资担保有限公司对全县担保客户正式发布《2020年降低担保费率通知》,即从2020年1月1日起,将进一步降低小微企业和“三农”的融资成本。对于生产型企业,担保费率由现行的每年1.5%下降至1.0%;对于“三农”客户,担保费率由现行的每年1.5%下降至0.5%,且不对担保客户收取保证金。自2020年11月1日起,安吉县中央财政支持农民合作社试点工作的农林贷系列特色金融产品的融资担保业务正式由县产投集团下属国信融资担保有限公司进行承接,此项业务共涉及签约客户数538户、担保合同金额4.85亿元。截至年底,工作人员前赴报福、杭垓、天荒坪、溪龙、皈山等地,完成签约客户数210户,担保合同金额1.8亿元。2020年,国信担保创评 A-信用等级，突出国企担当，大力推行减费让利、惠农纾困的政策，大幅下降担保费用，全年减免费用 249.9 万元，同期相比，增加客户数量 534 户。

【工信部一行赴创客小镇调研】　5 月 8 日上午，工信部驻浙江复工复产联络组工信部军民结合推进司处长、二级巡视员曾开祥，工信部办公厅处长李家禄、工信部中小企业局处长李启迪、工信部节能司处长郭庭政、中国信通院所长魏凯、省经信厅政法处四级调研员单超等一行人赴创客小镇考察调研小微园区复工复产情况，县经信局工作人员陪同参加。2020 年，为帮助园区企业在疫情防控期间克服复工难、资金缺、上下游企业材料供给不及时等困难，创客小镇成立专门工作小组，先后三次深入企业调研，汇集整理竹境、金环宝、灵猫有数、安融科技公司等企业在疫情防控期间的问题，了解企业需求，对接县各部门机构减税免息政策，在原先就减免招引企业全部租金的基础上，又免除中介服务机构租金 11 万元，并形成专题汇报材料，落实暖企惠企政策。6 月，实现企业复工率 100%，人员到岗率达 95%，全年接待 30 余批次，500 多人次考察。

【产投集团团委成立】　5 月 15 日上午，共青团安吉县产业投资发展集团有限公司委员会第一次代表大会在两山创客小镇路演厅举行。团县委副书记管田甜，集团党委书记、董事长蔡刚清，党委副书记叶宏亮，党委委员、纪委书记朱林，以及集团、入驻小镇园区企业的青年代表共计 62 人参加本次大会，会议审议通过大会议程和大会主席团名单、审议通过选举办法，监票人、计票人名单以及委员候选人名单，选举产生产投集团团委第一届委员会委员，及团委书记雷聪、副书记张弈伦。

（沈　啸）

5 月 8 日上午，工信部驻浙江复工复产联络组工信部军民结合推进司处长、二级巡视员曾开祥一行人在创客小镇考察调研

安吉县文化旅游投资发展集团有限公司

【概况】　2020 年，受疫情影响，文旅行业首当其冲，损失严重，与众多旅游企业一样，集团各项旅游板块均受挫严重。据不完全统计，截至 12 月中旬集团实现营业收入 5029 万元，已恢复市场的 70%以上，同时，获国家级荣誉 4 个、省级荣誉 7 个、市级荣誉 2 个、县级荣誉 1 个。竹博园景区荣获“全国敬老文明号”；全国自然教育学校（基地）；森林体验和森林养生国家重点建设基地；余村获“中国美丽休闲乡村”。省级荣誉 6 个：竹博园景区获浙江省第三批青年诚信行动战略合作伙伴、竹博园景区、余村景区获援鄂白衣战士休养指定景区；余村景区获“浙江省国际人文交流基地”、余村景区获“首批浙江省职工疗休养基地”、余村景区获长三角红色旅游示范基地。市级荣誉 2 个：竹博园景区获湖州市十佳会员单位、竹博园景区获湖州市信用促进会会员单位；县级荣誉 1 项，集团获全国文明城市创建工作先进集体。

【项目建设】　先后完成余村示范区绿道二期建设及沿线景观提升、矿坑花园改造、电商平台、青少年营地等工程，由集团投资 2.5 亿元的“年年有余”研学中心项目于 7 月投入运营。余村—竹博园 AAAAA 级旅游景区创建工作在省文旅厅组织的景观质量资源评估中名列前茅，相关工作继续推进，竹博园水影秀项目进入扫尾阶段，水影秀湖面和看台工程基本完成，熊猫咖啡馆国庆期间对外营业。继续推动龙王山区块大景区开发，根据龙王山调整后的生态红线部署和建设用地布局，重新对凤凰山区块、双举塘区块正在进行空间布置，并完成设计方案。积极对接落实国开行贷款资金14200万元，保证“两山”振兴项目的资金需求。

【复工复产】 面对疫情的冲击，集团主动出击、迎合市场，联合县文体旅游局先后策划“全国医护人员安吉游大型公益行动”“零零联盟”“县长请你来”等一系列营销推广活动。在竹博园景区举行中国工程院院士李兰娟在内的476名医护人员到安吉休养欢迎仪式，并赠送“游小安”全域卡及熊猫玩偶。制定多条不同类型旅游产品，推出五大系列10条“两山康养”疗休养线路、6条“吾心安处是吉乡、四季游安吉”线路。邀请央视科技频道“味道安吉”栏目组安吉取景拍摄，植入文旅集团下属子公司的美食美景，围绕重点市场拓展，积极参与安徽、上海等地旅游推广工作，在南京、杭州等6个高铁站投放宣传广告，不断增加集团业态曝光率。

3月22日，文旅集团开展致敬浙江省第二批援鄂医疗队畅游卡捐赠活动

【业务拓展】 联合举办“绿水青山就是金山银山”文创大赛，参赛作品500余件，共产生金奖3名、银奖6名、铜奖9名，并与获奖作者积极推进作品落地转化，加速安吉文创产业发展。完成“吉兮礼”“且兮礼”等旅游商品商标的注册，及“安吉礼”礼袋、礼盒的制作与市场化销售。通过余村电商平台展销，利用网络直播等方式拓展安吉旅游商品多元化销售，加快文创产品与电商平台相融合，增加新经济渠道。联合举办第三届安吉县旅游商品博览会，邀请10个地市组建旅游商品联盟，共享产业资源。围绕政府专项债规范实施，通过公开招投标启动智慧旅游一期建设，为下步集团整合营销全县文旅资源奠定基础。完成会展经济和研学旅游市场调研，设立专业培训研学部门，开设特色课程，深挖“研学与会展经济”市场潜力，下半年以来，“年年有余”研学中心先后承接会议及培训218场次，76班次，总接待人数12452人次，其中包括8月15日全省高水平建设新时代美丽浙江推进大会、9月20日全省新时代清廉乡村建设与乡村治理现代化研讨会等高级别会议，余村景区接待党政考察团3000批次，其中省部级以上领导50余批次。

【集团联合文体旅游局、灵峰街道共同承办第四届“年味在安吉”活动】 1月4日，集团联合文体旅游局、灵峰街道共同承办第四届“年味在安吉”活动，该活动以安吉年俗风情为载体，联动所有景区、民宿、旅游商品、非遗传承人等，推出“百家年夜饭、百种好年货、百条好线路”，积极推广安吉冬季旅游产品，拉动安吉冬季旅游市场消费升级。

【浙江省援鄂第二批返浙医疗队在集团下属景区开展主题党日活动】 3月22日，浙江省援鄂第二批返浙医疗队凯旋，医疗队的210名医务人员乘坐大巴到安吉，进行为期14天的集中休养。4月1日，医疗队到余村“两山”景区和竹博园景区开展主题党日活动，集团党委书记、董事长钱良宏带队热情迎接，并赠送集团推出的“游小安”畅游卡，凭此卡可享受集团旗下景区门票免费或酒店、餐饮优惠。

【央视《寻味》栏目走进安吉】 4月2日，央视《寻味》栏目走进安吉进行为期一周的拍摄，主要围绕安吉县独特的人文、自然景观以及美食特产拍摄旅游专题片。

5 月 18 日，浙江安心游“零零联盟”成立启动仪式在竹博园举行

【浙江安心游“零零联盟”成立暨万人自驾游浙江携程复兴 V 计划启动仪式】　5 月 18 日，为提振旅游市场及消费者信心，树立并推广诗画浙江“安心游”品牌形象，浙江安心游“零零联盟”成立暨万人自驾游浙江携程复兴 V 计划启动仪式在竹博园景区正式举行。

【“两山”示范区建设完成】　8 月，余村“两山”示范区建设完成，“年年有余”综合体完成建设并投入运营，完成人行游步道建设、院士林景观改造提升，电商平台有序施工，旅游商品品牌化建设成效初显，5G 物联网＋余村溪泉鱼等业态布局逐步进行。

【“美丽党建”强基行动现场推进会举行】　9 月 10 日，县举行“美丽党建”强基行动现场推进会，县委常委、纪委书记柏建华带队到安吉“两山”旅游党群服务集散中心调研基层党建工作，集团董事长钱良宏等陪同。安吉“两山”旅游党群服务集散中心及“红色风景线”作为文旅集团的党建工作亮点在活动中得到充分展示。

【全国文明城市创建冲刺大会】　9 月 16 日，集团召开 2020 年度全国文明城市创建冲刺大会。集团总经理郑立主持会议，会议由集团全体班子成员、总部全体员工、子公司班子成员、子公司全国文明城市创建联络员等 60 余人参加会议。党委副书记张丽琴就全国文明城市创建迎检相关工作作细致部署，并对创建期间的相关注意事项作详细说明。集团党委书记、董事长钱良宏作重要讲话，并对迎检工作提出相关要求。

【浙江省职工疗休养基地授牌仪式在余村召开】　11 月 5 日，余村“两山”景区浙江省职工疗休养基地授牌仪式在年年有余研学中心举行。省总工会副主席张兆都为余村“两山”景区授牌，集团党委书记、董事长钱良宏接牌。此次授牌标志着余村“两山”景区疗休养服务进入实质性阶段，将深耕“绿水青山就是金山银山”文化内涵，着力发展红色旅游、生态旅游和研学培训产业，让广大职工了解“余村故事”、参与“余村研学”、体验“余村生活”。

【“安吉国企大讲堂”开讲】　11 月 22 日，由县城投集团、交投集团、产投集团、文旅集团联合举办“安吉国企大讲堂”培训班，由上海大学经济学院教授，博士生导师，经济学博士张恒龙就“疫情对宏观经济的冲击与中国经济的新方位”和“执行力与高效能习惯”两个课题进行讲解，进一步拓宽干部视野，提升县属各国有企业集团各级管理人员管理素质，打造学习型国企，适应疫情后新形势下国有企业管理者能力的提升。

（梅　倩）

安吉县交通投资发展集团有限公司

【概况】　2020 年，安吉县交通投资发展集团有限公司（简称交投集团）以“提升服务、改善民生、盘活资产、加快发展”为出发点和落脚点，坚持民生与效益相结合，坚决履行国企担当，做好疫情防控，助力复工复产，狠抓项目建设、资产管理，落实资金保障，推进民生服务，助推文明城市创建，推进强党建、稳主业、惠民生、防风险等各项工作，保持稳健快速发展态势。牢固树立“项目为王”理念，公益项目、经营项目齐抓共进,主动担当、坚决完成县委、县政府交办的任务,加大经营类项目投资建设,形成两者一体化战略新模式,全年涉及公益项目包括:南北庄互通、余村大道、2020年西南片区农村公路提升工程等在内11个项目,共计投资8.4亿元;经营性项目投资强度在高速、物流、产业、运输四大类上有了质的提升,全年完成投资4亿元,申嘉湖高速孝源至唐舍岭段主线全线贯通,数字物流港专班推进取得突破,列入《抢抓窗口期争取国家支持重大项目清单》及新时代"两山"试验区重点工作,纳入县"十四五"重大建设项目并启动建设。竞拍取得的四座加油站中三座站完成验收并投入运营。客运中心智慧调度指挥室也正式启用。2020年,畅游公司被浙江省能源业联合会授予"2019年度电动汽车示范充电站";客运中心被省反恐办授予首批省级反恐怖防范"行业标杆单位";工程公司被湖州市交通局授予"2020年度湖州市公路水运工程'平安工地'市级示范施工合同段"。畅游公司被县委、县政府授予2020年度新时代"两山"试验区生态建设先进集体;畅游公司被县妇联授予2018—2019年度安吉县"巾帼文明岗"。

积极争取政府支持,做大集团资产总量,有效扩大经营板块。按要求做好前期4家政府企业划转工作,对接另外5家部门企业划转,同时完成食品、国通、保安公司股权划入并正常运行。做好资产变更处置,完成除高速公路、工程公司外其他公司股权、法人及注册资金变更;完成集团内除银行抵押外所有房屋产权证变更。通过制度制定做好集团及下属公司固定资产盘点整合,确保资产"一产一档",保证国有资产不流失。

【民生实事】 打赢疫情阻击战,严控交通枢纽,严防死守。组建志愿队伍支援乡镇街道,累计服务人数逾5000人次,服务时长超1500小时。探索抗疫特色做法,组建绿芽爱心车队。聚力复工复产,制定"一企一策"方案,为52家企业落实专用包车144辆,接返复工人员35570名。集团本部在抗击新冠肺炎疫情中被县政府授予集体三等功,公交公司被授予集体嘉奖,1人获个人三等功,2人获个人嘉奖。统筹抢抓工程进度,针对疫情导致的延期,倒排工期针对性解决制约关键环节,提高管理效能、进度和质量。推进城乡公交配送体系,开通首条客货一体班线(天荒坪—大溪),打通服务百姓快递配送"最后一公里"。其他民生项目相继落地:高铁站公交线路及充电桩正式启用;章村、报福、城西站等9座新能源充电场站启动建设;城东站启用上下客点,自开通运营至今,累计发送班车1746趟,发送旅客人数3115人。定制客运班线有序推进,取得较好反响。不断加快惠民服务推进,在原有优惠政策基础上,推出公交"学生卡",为学生提供优惠便捷乘车服务。2020年春运期间,与团县委联合主办"青春志愿行,温暖回家路"春运志愿服务活动;国庆期间,携手联生医院开展"关爱群众,健康同行"红色先锋义诊活动;充分利用5·26爱路日组织广大青年开展清扫街道、文明劝导、政策宣讲等活动。交投集团团委荣获县级党团知识竞赛"一等奖";设计院公司被团县委授予2020年安吉县"青年文明号";工程公司被团县委授予2020年安吉县"青年安全生产示范岗"。

7月16日,安吉县首座综合供能服务站揭牌营运

【安吉县首座综合供能服务站揭牌营运】 7月16日上午，位于安吉县梅灵路综合供能服务站开始揭牌营运，这是安吉县首座综合供能服务站。10月28日，与浙能合作的三座供能服务站全部投入使用，分别位于梅灵路、康山大道、上墅罗村，可提供加油服务，且兼具小汽车充电、自动洗车、商品零售等功能。该站的建成加快补齐安吉县能源基础设施短板，便利群众生产生活。

【开通首条客货公交一体化服务专线】 8月15日，开通首条客货公交一体化服务专线。该线路为“天荒坪—大溪客货一体班车”，公交车上均设有邮政客货一体物流柜，负责将快递由天荒坪镇转运至大溪村，有效打通服务百姓和快递配送“最后一公里”，推进安吉县城乡公交配送体系建设。

【客货一体化班线上线运营】 12月22日，安吉县又一条客货一体化班线上线运营。山川至九亩公交客货一体化班线开通仪式在山川乡快递集散中心举行，县政府党组成员黄根凤出席开通仪式并讲话。山川乡、县交通运输局、县邮管局、公交公司、邮政公司等相关领导参加开通仪式。

【启用城东站杭州客运班线上下客点】 长运公司依托城东公交站，利用公交站内现有场地、站房等资源，以简易、实用的原则进行加班加点改造，于10月1日启用城东站杭州客运班线上下客点。城东站内设施设备按照二级汽车站标准设置售票咨询服务台、自助售票取票机、“五位一体”(人、证、票、码、温)智能化管理方式进行站点管理。既通过刷二代身份证、人脸识别进行对比，售票系统和健康码连接，实现健康码自动比对，核验电子屏上“人证票码”全部核验通过，通道闸门自动放行。

（陈 燕）

10月1日，城东站杭州客运班线配客点启用

安吉县属国有企业联合监事会

【概况】 2020年，县联合监事会领导班子以十九大精神为指导，认真学习贯彻十九届五中全会精神以及省、市、县委各级会议精神，围绕县委、县政府新的发展理念，同心同德，立足本职，共克时艰，按照年初工作计划，突出重点，发挥优势，完成各项目标任务。为服务全县高质量发展，加快打造“重要窗口”县域样本和新时代美丽中国县域窗口贡献绵薄之力。

2020年，因体制机制关系，监事会有5名干部职工。在年初疫情防控期间，派出2名同志配合社区对无物业小区设卡、对重点人群进行长达两周的24小时值守，派出分管领导赴帮扶结对村进行抗疫指导；在文明城市创建的关键时刻，派出多人次上街进行文明劝导活动；在县委巡查组巡查集团、国资领导小组考核集团期间，也都给予积极配合，年内主动清退违规发放的电话费等津补贴。

年内参加各集团的理论中心组和党纪教育一刻钟学习。由于工作的特殊性，监事会班子成员列席四大国企集团的党委会，多次参加对党性锤炼、警示教育的学习。在党风廉政建设方面保持警钟长鸣，在增强“四个意识”，坚定“四个自信”，坚持“两个维护”等方面不断提升理论修养。主动开展学习。通过领导干部网络学习、学习强国等平台，让理论学习成为工作和生活的常态，始终绷紧作风这根

安吉县属国有企业联合监事会

弦,为建设一支强有力的班子队伍不断提供原动力。

【履行监事职责】 监事会代表出资人(县财政)对国有资产的保值增值状况进行监督,以财务监督为核心,对企业的财务活动及企业董事会、经理层的经营管理行为进行监督,确保国有资产及其权益不受侵犯,具有权威性、专职性、独立性。为切实履行好监事职责,监事会克服人手少、业务量大的困难,积极开动脑筋,制定详细工作方案,从事前、事中、事后三个阶段进行监督,充分履行监事职能,为安吉县的国有企业健康发展起到保驾护航作用。实行联系人制度,广泛开展事前监督。2020 年,通过参加各集团党政联席会议、总经理办公会、董事会等一百余次会议形式,全程参与集团的经营决策过程,适时提出合理化建议,履行监事会事前监督职能。深入调查研究,重点进行事中监督。在工作过程中,监事会注重调查研究,深入集团下属子公司了解具体情况,从中发现问题。努力练好内功,强化进行事后监督。上半年,县联合监事会克服新冠疫情带来的各种困难,借助第三方专业机构的力量,以财务监督检查为核心,全面验证各集团上一年度企业会计报告的真实性与凭证处理的合规性,检查企业经营效益、利润分配,资产运营、保值增值等情况,并以此出具年度检查报告,充分发挥事后监督功能,为县国资领导小组办公室对企业考核提供有效依据,为企业进一步完善、规范财务制度,生产经营提质增效提出努力方向。下半年,县联合监事会按计划对四大集团 2020 年上半年的财务经营状况进行检查,并向县有关领导和部门出具半年度的监事报告。

(谢宋鑫)

政协安吉县委员会

【县政协九届四次会议】 2020年5月7—9日，中国人民政治协商会议第九届安吉县委员会第四次会议在县城召开。本次大会应到委员219人，实到219人；应到列席人员38人，实到34人，请假4人。县委、县人大、县政府领导、县法院院长、县检察院检察长等到会祝贺。会议通过政协安吉县第九届委员会第四次会议议程；审议通过叶海珍主席代表政协第九届安吉县委员会常务委员会所作的工作报告和伍水荣副主席代表政协第九届安吉县委员会常务委员会所做的提案工作情况报告，选举赵德清为政协第九届安吉县委员会主席。与会人员列席县十六届人大四次会议第一次和第三次大会，听取政府工作报告及其他有关报告。13名委员分别围绕新时代“两山”试验区建设、公共卫生管理体系、工业固废治理、志愿服务体系建设等主题做大会发言。会议对县政协提案委员会等8个在政协工作中成绩突出的集体、许万富等10名在政协工作中成绩突出的个人、朱敏等20名优秀委员、胡可易等10名优秀信息员、《关于降低安吉县城区公共停车泊位收费标准的建议（21号）》等10件优秀提案进行通报。闭幕会上县委书记沈铭权作重要讲话。

5月7—9日，中国人民政治协商会议第九届安吉县委员会第四次会议在安吉县城召开

【县政协第九届常委会第十六次至第二十一次会议】 2020年1月8日，召开政协安吉县第九届委员会常务委员会第十六次会议。会议听取县政府关于县政协九届三次会议重点提案办理情况的通报，审议县政协九届四次会议有关事宜（大会工作报告、大会相关材料、大会相关通报决定）及有关人事事项。

5月7日，召开政协第九届安吉县委员会常务委员会第十七次会议。会议审议政协第九届安吉县委员会第四次会议大会选举办法（草案）；协商政协第九届安吉县委员会主席候选人名单（草案）；协商总监票人建议名单，布置推荐监票人。

5月8日，召开政协第九届安吉县委员会常务委员会第十八次会议。会议听取各讨论组关于政府、政协等相关工作报告及选举办法、县政协第九届委员会主席候选人名单、总监票人、监票人、会议决议等讨论推荐情况的汇报；审议通过政协第九届安吉县委员会第四次会议大会选举办法（草案）、政协第九届安吉县委员会第四次会议总监票人、监票人名单（草案）、政协第九届安吉县委员会主席候选人名单（草案）、关于政协第九届安吉县委员会第四次会议提案初审情况的报告（草案）、政协第九届安吉县委员会第四次会议决议（草案）及有关人事请辞事项。

6月29日，召开政协第九届安吉县委员会常务委员会第十九次会议。会议听取全县重点项目建设情况的通报、各组重点建设项目视察情况的汇报；审议“安吉民宿（农家乐）规范提升的思考与建议”课题调研报告、《政协委员履职管理暂行规定（修订稿）》《安吉县政协委员任期履职情况综合评价办法（修订稿）》及有关人事事项。

10月28日，召开政协第九届安吉县委员会常务委员会第二十次会议。全体参会人员现场视察县农高区相关项目;会议听取县农高区工作推进情况的通报;开展提案办理民主评议;审议《关于安吉“无废县”建设的对策建议》;书面通报《安吉县政协专委会功能型党组织工作规则(试行)》。

11月27日,召开政协第九届安吉县委员会常务委员会第二十一次会议,会议审议通过有关人事事项。

【课题调研】 2020年上半年,县政协围绕“民宿(农家乐)规范提升”主题,成立课题组,通过实地考察、部门研讨、分析研判,总结分析安吉民宿(农家乐)发展之“形”与“势”,提出规范提升之“策”,形成调研报告《安吉民宿(农家乐)规范提升的思考与建议》,提出12条意见建议,被县政府相关部门吸收采纳。下半年,县政协围绕打造“无废县”开展重点课题调研,形成调研报告《建设“无废县” 打造新范例 为新时代美丽中国县域窗口增色添彩》,分析社会公众的创建共识尚需增强、资源转化能力还显不足、部分领域的问题短板仍然突出等问题短板,提出明确一个目标、突出两个重点、紧盯三个环节、做好四篇文章的意见建议,被相关部门吸收采纳。

【协商议政】 用好“请你来协商”平台,提高协商参与度、精准度和贡献度。充分发挥“2+6+X”协商体系中的“6”类常态协商作用,聚焦“献计‘十四五’奋进新征程”“深化全国文明城市创建 推进县域治理现代化建设”主题,开展县委书记、县长与政协委员两个“面对面”活动,为编制“十四五”规划和文明城市创建建言献策。聚焦在常态化疫情防控中跑出高质量绿色发展加速度,开展民宿规范提升、打造“无废县”重点课题调研,为县委县政府提供决策咨询;选择物流业规范提升、学校公共卫生治理体系建设主题,开展双月对口协商,协商成果得到县主要领导批示肯定。打造“安吉之治·我来协同”平台,提高履职辨识度、显示度和美誉度。因应社会治理大势,在全国率先出台《关于参与社会矛盾纠纷调处化解助推县域治理现代化的实施意见》,系统构建“安吉之治·我来协同”平台体系。坚持“不建机构建机制”,聚焦乡镇、村(社区)、学校、医院、企业等基层治理重点领域,组织广大政协委员、各民主党派、各参加单位整体联动,分类分级设立县矛调中心委员工作室、女委员工作室、民主党派委员工作室等微平台27个,运用调研协商、提交提案、反映社情民意以及参与下访问访、听证评议、跟踪问效等履职途径,推动履职向基层拓展,着力破解政协工作“基层没脚、基础不牢”问题,成效初显。先后在全国政协“十四五”社会治理规划编制视频座谈会和全国地方政协社法委工作座谈会上,作安吉政协助推基层治理工作经验交流。依托“跨界”“跨区域”平台,扩大履职工作面、覆盖面和影响面。坚持“议而有效、事有推进”,运用“跨界”思维,适度打破界别界限,深化界别议事厅、“桥梁”工作室等“X”平台建设。创建“两山”委员会客厅,汇聚“两山”转化合力。围绕“创赢发展·争先创优”主题,开展委员企业“圆桌会议”,形成的成果得到县委县政府主要领导批示。全面走访各民主党派,倾听党派声音,凝聚党派合力。积极助力长三角产业合作区建设,举办苏浙皖6县(市)政协主席第一次联席会议,签署共建跨区域协商平台协议,探索共谋一体化发展、共商一体化治理的“非常6+1”跨省域协商平台。

【服务大局】 全员倾力“两手硬、两战赢”。面对突如其来的新冠肺炎疫情,政协系统闻令而动、听令而行,与党政同心战疫、共克时艰,全力投身疫情防控阻击战,守护“一方净土”。班子成员赴联系乡镇、企业、项目等防控一线,督促指导包括近70家政协委员企业在内的150家企业落实疫情防控和开复工要求,协调解决一批人员防护、物流畅通、物资准备等问题。政协委员和机关干部积极参与卡点、小区、楼道志愿服务,捐款捐物350多万元、口罩20多万只。聚力“六稳”“六保”任务,收集反映涉及疫情防控的社情民意信息,其中推进企业有序开复工、疫后休闲旅游产业恢复性发展等建议获市县领导批示,助力抗疫与发展取得“双胜利”。全力参与“全国文明城市创建”。连续三年聚焦“全国文明城市创建”主题,以专题协商、双月对口协商、提案办理协商、专项民主监督等形式,开展协商、监督活动11场次,提出建议96条,经办理落实,有效推动垃圾分类、停车管理、背街小巷整治、无障碍设施建设等创城工作开展。县政协领导带队深入乡镇(街道)、村(社区)和创建点,进行督查指导;政协机关对领办责任小区和路段,定人定岗开展精细化常态化服务；政协委员主动参与，助力所在单位、社区创城工作。政协机关、多名政协委员获创城工作嘉奖、记功。全心投入“三服务”活动。按照县委县政府部署，动员政协系统热情关注和积极参与新时代“两山”试验区建设。围绕项目“双进”、园区平台建设等主题，开展政协常委会专题视察。开展“企业集中服务日”、生态文明“集中推进日”“五未”项目推进活动，联系指导村(社区)组织开展换届工作。调研乡镇、村(社区)、企业、项目，推动解决一批企业、项目反映强烈的停车难、用地难、运营难等问题。以“六个一”为活动载体，主动融入“争先创优”行动，为党政分忧，助力打好“十三五”收官战。

【民主监督】　2020年，县政协围绕“社会组织培育与管理”“文化礼堂作用发挥”等主题向4个党政部门委派民主监督小组，向县委、县政府及有关部门提交民主监督建议书4篇。同时针对2019年协商成果的落实情况开展“带头督、回头看”，进一步健全履职链条。

【提案工作】　县政协九届四次会议以来，政协委员和参加单位、专委会、界别组共提出提案114件，经审查立案96件，其中集体提案22件，联名提案11件。提案分别送交47家单位办理，全部按时办复。从提案者反馈意见来看，满意率达98%。许多可操作性的建议得到落实，有力促进安吉县经济发展、民生改善与社会和谐。用好提案工作信息化平台，实现提案提交、审查、交办、回复和评价全流程信息化管理。

【社情民意】　2020年，县政协高度重视社情民意信息工作，通过在全县政协系统内开展“信息清零”行动，不定期召开信息员队伍工作会议，有力调动各专委会、全体政协委员、特邀信息员、民主党派成员撰写社情民意信息的积极性，充分发挥省政协信息直报点作用。全年报送复工复产、就业就学、医疗卫生、社会保障等方面社情民意信息302篇，其中被全国政协和省市政协录用67篇，获批示15次，《关于市县政协工作制度化建设的建议》被评为全国政协2018－2019年度三十条优秀信息之一，在全省政协信息直报点年度考核中名列第一。安吉县政协获市政协2020年度反映社情民意信息工作成绩突出单位一等奖；委员汤学慧被评为市政协2020年度优秀委员；郭声被评为市政协2020年度反映社情民意信息成绩突出个人；县政协委员张力撰写的信息《关于落实央行规定堵住“代扣黑洞”的建议》和县政协特邀信息员张伟撰写的信息《人民陪审员庭审案件中存在“陪而不审、审而不议、合而不议”现象亟须引起重视》被评为市政协2020年优秀社情民意信息。

【惠民服务】　开展委员“六下乡”服务活动，为企业员工“送清凉”、为一线建设者“送安全”、为留守儿童“送温暖”、为新居民子女“送心愿”，受到群众欢迎和好评。举办“政在直播·携手同行”委员直播带货活动，助推疫情防控期间产品销售和旅游消费。围绕小区管理、居家养老、潮汐车位、浒溪改造、文化礼堂建设等民生事项提交提案，推动民生实事解决。疫情防控期间，创新“政协＋互联网”工作方法，围绕白茶安全采摘、外贸企业脱困等主题，开展多场网络在线协商。全年对各类“请你来协商”活动实现融媒体直播全覆盖，增强界别群众的代入感，扩大政协履职的开放度。视频连线省政协民生论坛，就乡村振兴人才体制机制问题提出建议，省政协主席葛慧君现场点评。

【文史宣传】　启动《安吉政协志》及《一根竹子的神韵》《一片叶子的传奇》《一把椅子的魅力》《一方全域大景区的风采》“四个一”丛书编撰工作。同省政协联谊报社联合出品全省首个委员履职微电影《妈妈的手机》，在新年元旦全网推出，观看人数超200万，引起新华社、《浙江日报》等媒体广泛关注。受邀在省委党校省组中青班、团省委组织的地市级以上团干部培训班上授课，讲好安吉践行“两山”理念、推行导师帮带制等故事。《人民日报》《人民政协报》《联谊报》和新华网、“同心苑”公众号等省级以上媒体全年报道安吉县政协特色工作73篇，其中2篇登上《人民政协报》头版，荣获2020年度全省政协宣传先进单位。

【安吉县“女委员”工作总室挂牌启用】　9月15日上午，安吉县“女委员”工作总室挂牌启用，县政协主席赵德清、副主席杨绍军、秘书长杨慧伟参加启用仪式。赵德清强调，“女委员”工作总室开辟女性参与县域治理的新渠道、拓展女政协委员履职尽责的新内容、丰富妇联组织联系服务妇女的新载体,要坚持高点站位,深刻认识妇联组织、女政协委员参与县域社会治理的重要意义;要坚持管用有效,做好骨干领衔、平台推动、组织保障,切实发挥妇联组织、女政协委员参与县域社会治理的积极作用;要坚持改革创新,突出工作整合、突出手段创新、突出品牌塑造,不断提升妇联组织、女政协委员参与县域社会治理的品牌影响。启用仪式前,与会人员还实地参观"委员伊家"工作站、县"女委员"工作总室,并举行"女委员"工作室(站、点)代表授牌仪式。

【县政协主席(扩大)读书会召开】 9月29—30日,县政协主席(扩大)读书会召开。县委副书记、县长宋波应邀作全县2020年以来经济社会发展情况和下一步重点工作安排通报。县政协主席赵德清主持,副主席侯献荣、梁霜、伍水荣、杨绍军、陈卫卫,秘书长杨慧伟等参加。会上县政协班子成员围绕会议主题作交流发言,部分民主党派、专委会、界别组代表做交流发言。

【县政协民主党派委员工作室成立】 11月11日上午,县政协民主党派委员工作室成立。县政协主席赵德清出席成立仪式并讲话,县委常委、统战部部长、县政协党组副书记任烽,县政协副主席侯献荣参加。成立民主党派委员工作室,是县政协推进政协工作向基层延伸,助力县域治理现代化的又一重要举措。成立仪式上,县政协分别为6个民主党派社区工作站授牌,民革安吉支部、玉磬社区代表作表态发言。

【苏浙皖六县(市)政协跨区域协商第一次主席联席会议在安吉县召开】 11月11—12日,苏浙皖六县(市)政协跨区域协商第一次主席联席会议在安吉县召开。县政协主席赵德清致辞并作主旨发言,副主席侯献荣、梁霜、伍水荣、杨绍军、陈卫卫,秘书长杨慧伟参加。六县(市)分别为江苏省宜兴市、溧阳市,浙江省长兴县、安吉县,安徽省广德市、郎溪县。会上,中科院南京地理与湖泊研究所长三角一体化发展研究中心副主任、副研究员孙伟作"长三角一体化与产业合作区建设"报告;"六县(市)政协跨区域协商机制共建协议"正式签约;六县(市)政协主席、上海市白茅岭农场有限公司相关负责人作交流发言;联席会议轮值地完成交接。与会人员考察安吉"两山银行"、东方基因股份有限公司、安吉县政协委员履职平台、永艺股份公司等地。

(余　越)

11月11—12日,苏浙皖六县(市)政协跨区域协商第一次主席联席会议在安吉召开

民 主 党 派

【概况】 2020年，安吉县有6个民主党派建有基层委员会或支部，党派成员共267名。分别是民革安吉支部，主委胡可易，党员32名；民盟安吉支部，主委梁霜，盟员23名；民建安吉支部，主委王晶，会员29名；民进安吉基层委，主委陈卫卫，会员70名；农工党安吉基层委，主委潘黎明，党员62名；九三学社安吉基层委，主委王捷，社员51名。

全县各民主党派成员担任市人大代表10名，县人大代表7名，省政协委员1名，市政协委员5名，县政协委员56名，年内民盟安吉支部委员会、民进安吉基层委员会、农工党安吉基层委员会完成换届工作。

【民革安吉支部】 2020年，民革安吉支部坚持学习常态化长效化，努力在学深悟透上下功夫，在转化落实上见成效。将服务改革发展作为重要政治任务，主动站位一线，突出实干履职，切实发挥民主党派作用，助推全县改革发展大局。疫情防控期间，第一时间响应市委会和县慈善总会号召，全体党员为抗击新冠疫情捐款5600元。各党员根据自身的职责，坚守岗位职责，加入基层防控一线，摸排湖北返乡人员，进行疫情防控宣传。开展专题调研，利用各种平台建言献策，支部提交的《关于探索形成提振竹产业发展“安吉方案”的建议》被列为大会书面发言。参加市委会组织的重点三农课题调研座谈会和市政协重点提案《湖州市制造业高质量赶超发展》专题座谈会，思考提出对策建议。上报的《关于探索我县人力三轮车退出市场运营的建议》被县政协社情民意专报采用，获县委书记沈铭权批示，批转县委常委、宣传部部长何承明做专题调研。12篇社情民意信息被民革省市委会录用。推动社会服务品牌化、常态化，将公益服务落到实处。沿袭传统，在重阳节，联合民革湖州医卫支部在梅溪镇上舍村连续第七年开展“博爱·牵手”结对活动，为上舍村78位80岁以上老人送上慰问品，并进行体检、健康咨询等医疗服务。民革安吉支部被民革浙江省委会评为2019年度民革全省祖统工作先进集体。

【民盟安吉支部】 2020年，民盟安吉支部始终坚持中国共产党的领导，加强政治建设，注重提高政治站位和政治把握能力，学习贯彻习近平新时代中国特色社会主义思想。围绕发展大局和中心工作，积极参政议政。有市县人大代表、政协委员8名，在市县两级两会上共提交议案、提案5件，撰写社情民意26篇，其中：全国政协录用2篇，民盟中央录用1篇，省委会、市政协录用16篇。根据民盟市委会和统战部对组织发展“好中选优”的相关要求，完善新盟员发展操作规程，积极稳妥做好组织发展工作，安吉支部2020年发展新盟员3名，另有4名入盟积极分子列入考察对象；在民盟市委会领导以及县委统战部指导下，9月安吉支部换届工作完成，为下阶段民盟安吉支部工作提供有力保障；三季度安吉支部4位盟员参加县委党外干部培训班。民盟安吉支部与岭西村开展两次“双百结对，同心共治”活动，双方就发展共商、改革共促、组织共建等方面进行探讨和商议，通过同心共建，推动支部与乡村基层治理的融合，提升共建时效。

【民建安吉支部】 2020年，民建安吉支部围绕发展中心和大局，按照市委会和县委统战部统一部署开展各项工作。积极参加各项培训学习和调研活动，同时结合支部“月半沙龙”，先后深入学习总书记在浙江调研讲话精神、企业家座谈会精神、十九届五中全会精神和《关于加强新时代民营经济统战工作的意见》等。年内有1名会员被推荐参加全省民主党派中青班，1名会员参与全省民建青年企业家培训，5名会员参加全县党外干部能力提升班，新发展会员5名。政协大会上3名会员做大会交流发言，《关于实施月光经济点亮行动的建议》被确定为1号重点提案。《运用固废法修订契机，

2月6日，民建安吉支部主委王晶带领陈全胜、叶春伟、余磊等会员，代表市委会和安吉支部为安吉高速卡口、新闻一线记者以及联系街道和村一线的干部群众送去温暖

强化生产流通环节责任的建议》《新冠疫情防控期间消毒剂使用存潜在危害，建议制定安全使用手册落实指导责任》《切实提升水体富营养化现象防治水平，推进长江流域水生态健康》等17篇信息被全国政协、民建中央和省市县各级录用和批示。支部会员通过多种渠道爱心捐款810900元，捐物300余万元。组建“营商环境助企惠民服务团”，入企开展法治体检，真正把“三服务”落到实处。重点打造“月半沙龙”，坚持每月必开，每开必谈、每谈必有主题。会员余磊被授予浙江省东西部扶贫协作爱心奉献奖。支部被评为浙江省先进基层组织。

【民进安吉基层委】 2020年，民进安吉基层委强化思想政治建设，注重提高政治站位和政治把握能力，以建设学习型组织为目标，加强学习，坚定信念，注重学习形式多样性和学习载体丰富性。省市县两会期间，基层委提交“关于建立国家生态技术研究中心的建议”等集体提案2篇、人大代表建议案4篇、政协委员提案5篇。陈卫卫主委撰写的两篇社情民意分别被省政协和市政协录用，会员撰写的6篇社情民意分别被全国政协、民进中央、市政协和民进省委会录用。坚持社会服务的有为有位，充分发挥民进教育、医卫、文化界别优势，积极拓展社会服务新形式，汤有祥会员向湖州民进开明公益慈善基金捐赠10万元爱心款，组织开展“爱满民进·情暖心之梦”新春送温暖活动。疫情防控期间，积极调配防疫物资、捐款捐物、投身志愿服务。基层委多措并举，加强基层组织制度建设，选举产生新一届的领导班子成员，职数由原来的8名增加到9名，基层委组织整体实力增强。基层委严格按照“三张清单”要求，坚持“以德为先，德才兼备”的发展原则，把社会形象好、群众公认度高、参政议政能力强的优秀人才优先吸纳到民进组织中。2020年共发展6名新会员，为安吉基层委补充新鲜血液，注入新的力量。

【农工党安吉基层委】 2020年，农工党安吉基层委坚持把学习教育贯穿于党组织建设，牢牢把握政治学习的核心，推动“八八战略”再深化，“两山”理念再出发，以实际行动取得更加丰硕的实践成果。围绕乡村振兴、美丽乡村建设、全民健康等事关国计民生的实际工作，深入调查研究，全年撰写提案议案、意见建议、金点子、社情民意等20余篇，多篇被市委农工党录用。在抗击新冠疫情斗争中，积极参与防控一线工作，共计36人次，捐款捐物十多万元，党员马年斌、万科、潘汉章、钱新家被市委会评为“抗疫先进个人”。其中马年斌在武汉疫情最严重的时刻毅然递交请愿书，主动要求支援武汉抗疫，成为县人民医院预备援鄂第一梯队，在疫情缓解后，又积极受邀送急救及疫情相关防护知识进基层，助力安吉企业复工复产。年内引进3位高素质代表人士，夯实人才储备，为党派工作开展增添新活力，打下坚实的基础，全年农工党安吉基层委党员62名。落实县统战部工作要求，按得分高低排出15位入党积极分子，上报备案。本届党员中担任市人大代表1人，市政协委员1人，县人大代表1人，县政协委员11人。基层委注重年轻干部培养，推荐何志勇、胡亮、潘汉章、董佳妮四名骨干党员参加2020年全县党外年轻干部能力提升培训班，在县民主党派中名列前茅。

【九三学社安吉基层委】 2020年，九三学社安吉支部继承和发扬九三学社“爱国、民主、科学”的光荣传统，围绕县委县政府中心工作，切实履行参政党职能，全面提升“五种能力”，在组织建设、参政议政、宣传教育、社会服务、社务活动等各项工作中发挥积极作用。换届选举产生新一轮班子成员，多次召开专题学习会议，及时传达省市委会议、县委统战相关会议精神，提升社员的思想和能力建设。开展调查研究，全年提交社情民意43篇，宣传报道34篇。全体社员积极发挥专长，立足基层，奉献社会，服务大众，开展各项丰富多彩的社会公益服务活动。疫情发生后，基层委马上号召大家奉献爱心，社员们积极响应，踊跃捐款，共计捐款10000元。积极走访企业，了解企业复工复产情况，帮助企业破解难题，针对企业提出的口罩以及废物材料处理等问题，现场及时予以了协调解决。与梅溪镇委员会开展结对活动，签订“九三学社安吉县基层委员会‘专家顾问团’与中共梅溪镇委员会结对共建协议书”。

（蔡雪斌）

1月，由九三学社安吉县基层委员会组建的“乡村振兴服务团”到天子湖镇里沟村，开展“送春联、送医疗、送全家福”活动

人 民 团 体

安吉县总工会

【概况】 2020年,安吉县总工会聚焦助力企业复工复产、参与基层社会治理、推进产业工人队伍建设改革等重点,履职尽责、争先创优,为建设"重要窗口"县域样板贡献工会力量。县总工会获国家级奖项有2个:2019年度全国工会市、县级财务工作先进单位和选送"安吉'两山'工匠系列微课"荣获2020年度全国网络正能量微课一等奖。并制定全国首个《企业新时代文明实践点建设规范》,在中源家居公司建立全市首家企业矛调中心,全年工作被市级以上媒体报道38余次。

【疫情防控与复工复产】 2020年,积极协助企业建立健全疫情防控工作体系,帮助和督促复工复产企业制定防控工作预案,建立全环节、全流程疫情防控台账。广泛开展"送温暖、在一线"关爱活动,筹集发放慰问金、口罩、消毒液、生活必需品等物资总计价值40.55万元,其中援鄂医务人员慰问金2.4万元。劳模企业浙江恒林椅业股份有限公司援建武汉雷神山、火神山物资120万元。年内常态化开展"三服务""当一周工人"等活动,主动深入企业一线倾听需求,了解企业发展现状,帮助解决生产物资保供、子女就学、物流运输、招工用工等实际问题36个。开设招工直播平台,通过"工会搭台,企业参与,职工主播"的"云喊话"形式,线上线下联动,援企稳岗复产。会同人力社保部门创新推出企业线上招聘系统,700余家企业参与,助力企业招用工数5.8万人。着力为企业减轻负担,全年为企业减免工会经费2924.75万元,超额完成预定目标任务,同时减免各类房租17万元。编写《疫情防控期间企业复工复产法律问题解答》,充分发挥工会法律服务志愿者队伍作用。建立乡镇工会营销团,解决蔬菜花卉等农副产品滞销的问题。与本市周边兄弟县区及本省宁波、温州、金华等地开展疗休养合作,累计引进疗休养14317人次。拓展职工疗休养、美丽乡村生态游活动,推出"不负春光、工会有约"精品路线9条。余村"两山"景区、鄣吴风情小镇、江南天池获浙江省首批职工疗休养基地。

【劳模管理】 启动县级劳模和第三届"两山"工匠评选活动,开展"赞美劳动、颂扬劳模"系列活动,并通过《工会之窗》《劳动者》栏目等媒体平台广泛宣传劳模工匠先进事迹,全年获评湖州工匠9名。"安吉'两山'工匠系列微课"获2020年度全国网络正能量微课一等奖。以"发扬'劳模·工匠'精神 '彰显防疫'工会力量"为主题,开展第十三届职工文化艺术周活动,征集书画、摄影等作品625件。关心关爱重点领域人群,慰问各级劳模73名,送去慰问金22.29万余元。将劳模纳入免费养老服务补贴对象,享受免费的居家养老服

10月16日,安吉县劳动模范暨第三届"两山"工匠评选动员部署会召开

务；“五一”劳动节期间，为全县460余名各级劳模制作《劳模待遇证》，各级劳模凭证可享受“五一”期间的景点免费和终身公交乘坐免费服务；组织120余名劳模参加免费体检。

【产业工人队伍建设改革】 以工会“15830”工作体系为载体，全面推动产业工人队伍建设改革。成立产改协调小组，落实相关责任。召开产业工人队伍建设改革部署会和座谈会，培育产业工人队伍改革省试点企业1家、市试点企业2家，县试点企业15家。2020年8月4日，安吉县新时代产业工人队伍建设改革现场推进会召开。各乡镇（街道）总工会主席，省、市、县18家产业工人改革试点企业工会主席等40多人参加会议。继续开展企业新时代文明实践点（站）建设工作，新建50家，提升30家，制定全国首个《企业新时代文明实践点建设规范》，全力打通宣传、教育、关心、服务职工群众的“最后一公里”。落实“两山”红色工匠培育计划，培养又红又专的工匠36名。深化农民工“求学圆梦行动”和“学历与能力提升行动”，普惠员工183名，补助资金13.51万元，全市率先超额完成任务。持续深化劳动技能提升行动。开展重点项目建设立功竞赛活动，围绕全县重点项目建设，以“五比五赛”“四比三有”等内容，助力项目攻坚。承办全省职工茶文化技艺展示暨茶艺师技能大赛、全市职工维修电工技能大赛。举办筑路工机械操作、“中国百笋宴·安吉好味道”烹饪等各种技能大赛70余场（次），参赛职工近万人。持续深化职工创新创业工作，全年创建优秀创新工作室30家，培育优秀职工创客17名，优秀项目创新成果22项，创建创新创业基地6家。推动职工“五小”劳动竞赛、技能比武、技能培训、技术攻关、合理化建议等活动制度化、常态化，全年完成50个“五小”项目。推行劳模工匠“师带徒”、技术骨干“一带一”等多种帮带模式，逐步形成“一年跟着干、两年能单干、三年成骨干”的人才梯度培养模式，全年完成师带徒175对。

【工会活动】 开展“劳动光荣、创造伟大——助力两战赢、夺取双胜利”全市职工文体“双百引领”活动，完成湖州市“双百引领”职工文艺巡演启动仪式暨送文艺进国家安吉竹产业示范园区活动。开展“深化‘三服务’百名工会干部进千企系列——送文体培训进企业活动”，包括国画、书法、声乐、舞蹈、摄影、乒乓球6个项目，激发企业职工的兴趣爱好，提升职工群体的文体素养。以“两山”理念发表15周年为新起点，围绕“两山”转化主题，开展“百名工会干部进千企”暨“服务垃圾分类 共建生态安吉”垃圾分类宣传活动，推进安吉县生态文明建设和全国文明城市创建。常态化开展各类志愿服务，全县工会系统已形成142支3979人的志愿者服务队伍。

【职工维权】 着力优化劳动关系预警机制。主动融入基层社会治理体系建设，在中源家居公司建立全市首家企业矛调中心，实现企业职工矛盾纠纷调处“跑零次”，补充和完善安吉县基层矛盾纠纷调处化解机制。探索实施“三色预警、三方联动、三级调解”劳动争议调处一体化模式，落实劳动关系预警调处“路线图”，每季度召开职情信息分析例会，推进重点乡镇预警调处“一镇一品”建设。完善预警信息员、法律监督员、平安网格员、兼职调解员、安全监督员队伍，不断提升排查、预警、响应、调处等流程的规范化水平。2020年，全县各级工会参与协调劳动争议337件，涉及企业307家、职工

9月21日，湖州市总工会“双百引领”职工文艺巡演启动仪式暨送文艺进国家安吉竹产业示范园区活动举行

618人，涉及金额484.022万余元。浙江杭长高速公路有限公司等10家单位获市级劳动关系和谐企业。维护职工合法权益。继续推进区域性、行业性“安康杯”竞赛活动，组织发动560家企业6万名职工参加，全面提高职工的安全意识。广泛开展“大安全 微力量”等职工群众性隐患排查活动，依法参与安全生产监督检查、事故调查、职业病危害事故调查处理，跟踪推动安全隐患的整改落实。持续开展工资集体协商“要约行动”，完成单签企业507家，区域性(行业性)协议165份，实现建会企业工资集体协商工作全面覆盖。通过对杭垓镇电商行业工资集体协商试点，探索新业态新领域工资集体协商办法。

【职工服务】 强化对工会系统网、微信公众号等意识形态阵地的正确引导和有效管理，积极主动发声，发布政务微博、微信年信息600余条。宣传习近平总书记在安吉历次重要讲话和对安吉重要批示指示精神，结合党的十九届四中全会、中国工会十七大精神，推动思想政治工作进企业、进车间、进班组，形成爱岗敬业、争创一流的浓厚氛围。组织工会大讲堂20场。推动职工实事工程，坚持以职工需求为导向，以“四季歌”为载体，开展“送温暖、送清凉、金秋助学、阳光就业、青年联谊、女职工关爱”等传统帮扶品牌项目。开展“就业在安吉 平安返乡行”定制包车返乡及公益书刊专场赠阅活动，举办青年联谊活动14场、关爱“小候鸟”暖心活动13期，建立“工人驿站”2家，创建妈咪暖心小屋12家，建立清凉驿站170个。落实困难职工解困脱困责任制，建立健全梯度帮扶、精准帮扶等长效机制，完成建档困难职工解困脱困任务。完善职工医疗互助与医保同网运行系统，第六期职工医疗互助参加人数57718人。

【帮扶消薄】 2020年，县总工会成立帮扶小组，定期进行走访调研、做好结对帮扶。提出“发展绿色农产品，以产销一体模式壮大村集体经济”的思路，壮大集体经济，全年协助该村实现经营性收入24万元(该村2019年村集体经济仅22万元)，争取上级补助资金11万元。

【青年联谊活动】 2020年，安吉县开展青年联谊活动13场，参加人员500余人。其中包括2场“浙工缘”品牌的单身青年联谊活动，均已成功申请省级“浙工缘”下基层活动补助。并首次成立由优秀工会工作者、劳模、工匠及热心公益事业的职工代表组成的湖州市工会红娘志愿服务队安吉分队，旨在为青年职工提供更细致的咨询、沟通、协调等服务。进一步地拓宽安吉县单身青年的交友渠道，有效地改善青年职工“婚恋难”问题。体现工会对青年职工的人文关怀，为稳定安吉青年人才队伍做出应有贡献。

【筑路机械操作技能比武】 6月2日，筑路机械操作技能比武大赛在公路应急抢险中心举行。各位参赛选手都以纯熟精湛的技艺、扎实深厚的功底展示着独门绝活。面对高难度的比赛项目，选手们敢于挑战自我、奋勇争先、精益求精，诠释着交通精神。

【“进车间、悟初心、筑堡垒”活动】 为更好推动县委“争先创优”行动，持续深化“三服务”工作，县总工会组织全体干部下车间，走近职工、“走进”职工，按照企业工人的标准要求，从事一周时间生产劳动。在劳动过程中磨炼意志、锤炼品格，在劳动过程

6月2日，2020年安吉县筑路机械操作技能比武大赛在公路应急抢险中心举行

中增进工人感情、培育职工情怀，努力把劳动生产过程中的实践锻炼、角色转换和体验感悟转化为工会党员干部用心联系职工、真情服务职工的情感认同、内生动力和政治责任。6月3日，“娘家人”分三批前往企业，走进车间向一线工人师傅学习劳动技能，体会“工会初心”；走近职工面对面沟通交流，共同学习“习近平总书记考察安吉时的重要讲话精神”、两会精神以及“习近平总书记给郑州圆方集团职工回信精神”等。

【安吉—鄞州两地工会签订职工疗休养合作协议】 6月4日，鄞州区总工会副主席范海峰、胡美星等一行到安吉县开展两地工会职工疗休养合作交流活动。正式签署安吉—鄞州两地工会疗休养战略合作协议书，立足长远，就双方疗休养线路互推、客源互送、宣传推广、工作交流等方面加强协作。

【深化“三服务”助力全国文明城市创建】 为深化“三服务”，推进安吉县生态文明建设和全国文明城市创建，6月18日上午，县总工会联合县创建办、县垃圾分类办、昌硕街道、天使小镇联合工会举办深化“三服务”助力全国文明城市创建“百名工会干部进千企”系列活动启动仪式暨垃圾分类宣教活动。安吉县各级工会干部、企业职工代表共计100余人参加活动。

【湖州市职工维修电工技能大赛在安吉举行】 7月15日，2020年湖州市职工维修电工技能大赛在县职教中心举行，本次活动由中共湖州市委人才办、湖州市总工会、湖州市人力社保局主办，中共安吉县委人才办、安吉县总工会、安吉县人力社保局承办。市总工会党组成员、副主席杨少章，县政协副主席、县总工会主席侯献荣，县委组织部副部长、县人社局党委书记、局长王红缨，县总工会党组书记、常务副主席戎露波，各主办、承办单位领导，三县三区分管部室长，参赛选手，裁判人员，职工代表等100余人参加启动仪式。

【浙江省职工茶文化技艺展示暨茶艺师技能大赛在安吉举行】 为深入弘扬劳模精神和工匠精神，营造劳动光荣的社会风尚和精益求精的敬业精神，引导全省茶艺从业人员不断提高技能水平，促进茶文化艺术的研究和发展，9月27—29日，2020年浙江省职工茶文化技艺展示暨茶艺师技能大赛在安吉举行。来自全省各地市的32名茶艺师同台竞技，将本地的茶艺技能展示得淋漓尽致。

【安吉县劳动模范暨第三届“两山”工匠评选】 为进一步大力弘扬劳模精神、工匠精神、劳动精神，10月16日下午在县行政中心第三会议室召开2018—2020年安吉县劳动模范暨第三届“两山”工匠评选动员部署会。县总工会党组书记、常务副主席戎露波、县人力资源和社会保障局党委书记、局长王红缨分别对两项工作进行部署，会议由县政府办公室副主任马超主持并讲话。示范区、开发区、乡镇（街道）分管领导、业务负责人，产业系统、县直属工会分管领导及业务负责人参加会议。

【安吉余村“两山”景区浙江省职工疗休养基地授牌仪式举行】 11月5日上午，安吉余村“两山”景区浙江省职工疗休养基地授牌仪式在安吉余村“年年有余”综合体一楼多功能厅举行，省总工会党组成员、副主席张兆都、市总工会党组副书记、经审会主任劳敏敏、省总工会保障部部长詹利军等领导出席仪式。仪式由县政协副主席、总工会主席侯献荣主持。

9月27—29日，2020年浙江省职工茶文化技艺展示暨茶艺师技能大赛在安吉举行

12 月 3 日，全国首个《企业新时代文明实践点建设规范》在安吉发布

【全国首个《企业新时代文明实践点建设规范》在安吉发布】 12 月 3 日，全国首个《企业新时代文明实践点建设规范》在安吉发布。经过一年多的努力，安吉县企业新时代文明实践点建设工作不断取得突破。县总工会在充分吸纳各企业的建设经验后，与县文明办和县两新工委共同制定全国首个《企业新时代文明实践点建设规范》。该规范于 2020 年初就已形成，在系统内进行发布。此次正式对外发布，为全国新时代文明实践建设提供安吉经验，推动新时代文明实践建设更进一步。

(沈　超)

中国共产主义青年团安吉县委员会

【概况】 2020 年，团县委把深入学习习近平新时代中国特色社会主义思想作为首要政治任务，认真贯彻落实习近平总书记在浙江、安吉考察时的重要讲话精神。开展“青春心向党 · 建功新时代”“从小学先锋 长大做先锋”等主题教育实践活动 300 余场次。评选“最美战‘疫’志愿者”“新时代好少年”等 30 余人，进一步强化模范带头作用。

成功争取共青团基层组织改革省级专项试点、《浙江省中长期青年发展规划(2017—2025 年)》实施省级试点培育单位，争取《团省委关于支持新时代浙江(安吉)县域践行“两山”理念综合改革创新试验区工作的意见》。承接团中央“青年大学习”第七期拍摄任务，承办中国农村青年致富带头人协会第二期高级研讨班安吉行活动，承办浙江共青团学习贯彻习近平总书记考察浙江重要讲话精神专题研讨班(第一期)、“汇聚青春力量 护美生态家园”研讨活动暨“美丽浙江 · 青春‘三’小时”三年行动计划发布会、“中国茅台 · 国之栋梁”希望工程圆梦行动浙江省助学金发放仪式、浙江省青春助力乡村振兴带头人青牛奖“活力青春助小康”公益直播湖州安吉站等多场省级以上活动。

推荐指导“一片白叶总关情”获全市首个中国青年志愿服务项目大赛金奖；新增“全国青年安全生产示范岗”1 个、“全国五四红旗团支部”1 个、“全国青年岗位能手”2 名，“全国优秀少先队员”“全国优秀少先队辅导员”荣誉实现新突破；推送安吉青年参与省青工创新创效大赛斩获“两银两优”；安吉辅导员代表湖州参加第十六届浙江省少先队争章技能展示活动获“一金一银”；3 省“优秀少先队员”、2 省“优秀少先队集体”、4 省“优秀少先队辅导员”等荣誉创全市最多、历年最好成绩；校外辅导员执教课题《童心战役静待花开》获首届浙江省“红领巾学院”思政微队课大赛二等奖；安吉县校外总辅导员代表浙江省参加第五届长三角地区校外教育教师教育教学基本功展示活动并荣获一等奖；市少先队研究课题一等奖 3 个(全市最多)，创安吉历年参评最高。

助力复工复产、助力乡村振兴、助力基层治理等相关工作被央视新闻、人民日报、浙江日报等多家重点媒体宣传报道 131 次，多篇少先队员抗“疫”作品在国家、省级媒体刊登，队员朗诵作品通过湖北之声“声援武汉”，抗疫助农、志愿服务等工作获市、县领导批示 5 次，各项工作取得佳绩。

【承办“花 YOUNG 青春”湖州市农村电商集市暨安吉县首届农村电商文化节活动】 1 月 2 日，联合共青团湖州市委和湖州市

1月2日，“花YOUNG青春”湖州市农村电商集市暨安吉县首届农村电商文化节活动举行

农业农村局共同举办“花YOUNG青春”湖州市农村电商集市暨安吉县首届农村电商文化节，全市近30家电商青年参加活动。县委副书记、政法委书记赵德清等领导出席活动。

【“团银合作助力疫情防控和复工复产”专项行动开展】 2月23日至3月3日，团县委联合安吉农商银行开展“团银合作助力疫情防控和复工复产”专项行动，累计走访创业青年45户，提供信贷帮扶3500万元。

【安吉县青年联合会第二届委员会第一次全体会议召开】 4月28日，安吉县青年联合会第二届委员会第一次全体会议召开。中共安吉县委常委、组织部部长朱伟，共青团湖州市委副书记汤佩佩，共青团安吉县委书记许进京，共青团安吉县委副书记管田甜、刘建超、汤永磊，县青年企业家协会、新生代企业家联谊会会长汪华银及县青联二届委员会全体委员共200余人参加会议。

【“‘两山’绿色小天使”品牌发布会开展】 6月1日，联合县委政研室(生态文明办)、县教育局、县少工委开展“‘两山’绿色小天使”品牌发布会，安吉县人民政府副县长沈鑫钰出席活动并致辞。该品牌旨在通过引导一个孩子，带动一个家庭，影响整个社会，努力营造全社会保护生态环境、守护绿水青山的良好氛围。

【承办浙江共青团学习贯彻习近平总书记考察浙江重要讲话精神专题研讨班(第一期)】 为深入学习贯彻习近平总书记考察浙江重要讲话精神，7月7—9日，团省委在安吉举办浙江共青团学习贯彻习近平总书记考察浙江重要讲话精神专题研讨班。团省委班子成员，各团市委主要负责人，团省委机关各部室和直属单位主要负责人，省直机关团工委、驻沪团工委、省属企业团工委主要负责人等40余人共同参加。

【第八次全国少代会队员代表戴琪颖参加全国八少欢送仪式】 7月21日下午，安吉县少工委在天荒坪小学举行简短的欢送仪式，为第八次全国少代会队员代表戴琪颖赴杭参会送行。天荒坪镇党委副书记许进京，团县委副书记、县少工委主任管田甜，县教育局党委委员、少工委主任万宝林，团县委副书记汤永磊参加欢送仪式。

【“青春扶贫手牵手 情系援建心连心”帮扶挂牌督战村活动展开】 为深入贯彻习近平总书记在决战决胜脱贫攻坚座谈会上的重要讲话和在考察浙江、安吉时的重要指示精神，全面助力帮扶挂牌督战村工作，8月19日，安吉团县委联合县妇联、县邮管局针对四川省凉山州布拖县俄里坪乡果木村、海特苦村126户贫困家庭，开展“青春扶贫手牵手 情系援建心连心”帮扶挂牌督战村活动。

【承办浙江省“汇聚青春力量 护美生态家园”研讨活动暨“美丽浙江·青春‘三’小时”三年行动计划发布会】 8月21日，由共青团浙江省委、阿里巴巴公益基金会主办，共青团湖州市委、共青团安吉县委承办的浙江省“汇聚青春力量 护美生态家园”绿色研讨活动暨“美丽浙江·青春‘三’小时”三年行动计划发布会在安吉举行，团省委党组成员、组织部部长盛乐，阿里巴巴公益基金会副秘书长郑玥，阿里巴巴集团社会公益部公众参与项目总监宋阳，安吉县副县长沈鑫钰出席活动。各团市委分管副书记、部门负责人,团安吉县委、安吉青年代表和各级媒体代表参加会议。

【"青春聚力扶贫 你我携手前行"活动开展】 为不忘扶贫初心,深入开展对口与合作交流,安吉团县委联合县邮管局于9月2日上午开展"青春聚力扶贫 你我携手前行"活动。上午10:00,一辆装载着四季服装44大箱共1500余件爱心服装的快递车从安吉县行政中心北门驶出。此次活动得到浙江轩日科技股份有限公司、杭州曦曦文化创意有限公司和安吉雅谷茶叶有限公司三家企业的大力支持,同时安吉韵达速递有限公司也参与进来,予以免费寄递。

【承办2020"中国茅台·国之栋梁"希望工程圆梦行动浙江省助学金发放仪式】 9月4日,由中国贵州茅台酒厂(集团)有限责任公司、共青团浙江省委、浙江省青少年发展基金会主办的2020"中国茅台·国之栋梁"希望工程圆梦行动浙江省助学金发放仪式在安吉县举行。共青团浙江省委副书记周苏红、浙江省青少年发展基金会理事周朝博、贵州茅台酒销售有限公司浙江省区总经理李波、贵州茅台浙江经销商联谊会会长董克俊、共青团湖州市委书记沈春晓、安吉县人民政府副县长沈鑫钰等参加仪式。

【承办中国农村青年致富带头人协会第二期高级研讨班安吉行活动】 9月25日,中国农村青年致富带头人协会第二期高级研讨班暨"我的青春 我的丰收节"活动与会人员到安吉县考察。共青团中央书记处书记、中国农村青年致富带头人协会会长关志洁带队,市委常委、县委书记沈铭权,县委常委、组织部部长朱伟,县委常委、天荒坪镇党委书记高发义陪同。

【"茗溪杯"安吉县第二届"创青春"创客大赛总决赛暨颁奖典礼举行】 10月28日下午,由县委组织部(人才办)、团县委、县人力社保局、县总工会、梅溪镇人民政府联合主办,县妇联、县科技局、县农业农村局、县商务局、安吉新闻集团、县产投集团、安吉农商银行协办的"茗溪杯"安吉县第二届"创青春"创客大赛总决赛暨颁奖典礼举行。县政协副主席、示范区安吉分区管委会主任陈卫卫参加。大赛自6月启动,通过线上筛选、线下复赛最终选出9个项目队伍晋级总决赛。总决赛上邀请浙江省中小企业经济发展促进会副主任沈立波、杭州纳视文化创意有限公司CEO张锴、诺库信息总经理李姣、漫金资本合伙人朱子慧作为评委参与评审工作。现场的9支队伍在经过激烈的团队陈述和导师答辩两个环节后,产生3名优胜奖、3名铜奖、2名银奖、1名金奖,获奖项目不仅能获得一定数额的现金奖励,安吉农商银行也为本次"创青春"大赛落地项目方提供总额1000万元的预授信支持。

【"不忘初心跟党走 爱心扶贫青春行"活动举行】 11月7日,共青团安吉县委联合县民政局、县少工委举行"不忘初心跟党走 爱心扶贫青春行"活动,为对口支援地区四川省木里县及布拖县的贫困学生和村民送去关爱与温暖。发动全县少先队员捐赠冬衣1000余件,杭摩新材料集团股份有限公司和县志愿者协会捐赠三件套180套,冬被252床,所有物资均由德邦快递给予免费寄递。此外,安吉团县委还向县慈善总会争取对口帮扶专项资金10万元,定向用于援建木里县贫困学校。

9月4日,2020"中国茅台·国之栋梁"希望工程圆梦行动浙江省助学金发放仪式在安吉举行

11 月 7 日，共青团安吉县委联合县民政局、县少工委等单位举行“不忘初心跟党走 爱心扶贫青春行”活动

【安吉县村(社区)团组织换届选举试点大会举行】 12 月 13 日上午，安吉县村(社区)团组织换届选举试点大会在孝源街道皈山场村举行。来自皈山场村的 35 名团员青年参加会议。团县委书记管田甜，孝源街道党工委副书记干雪峰，团县委副书记董肖，皈山场村党总支部书记、村委主任徐正军出席会议。全县各乡镇(街道)团委书记及村(社区)团支部书记代表列席观摩。

(李　青)

安吉县妇女联合会

【概况】 2020 年，省妇联常委(扩大)会议暨巾帼助力新时代美丽乡村建设工作现场会在安吉召开，与会人员重走了习近平总书记 2020 年考察安吉时的线路。全国妇联党组书记、副主席、书记处第一书记黄晓薇首次到安吉余村调研妇联工作，对基层妇联改革以及家庭参与基层社会治理工作给予充分肯定。安吉县家庭教育指导中心被全国妇联办公厅、教育部办公厅命名为“全国家庭教育创新实践基地”，相关实践案例选送至全国妇联参与家庭教育创新实践案例评选。乡村美丽庭院国标创建工作完成国家立项指标公示。成功争取到省妇联“两山”政策支持文件，全力助推新时代“两山”试验区建设。县妇联获市践行“绿水青山就是金山银山”理念 15 周年先进集体、获市践行“绿水青山就是金山银山”理念 15 周年先进个人 2 名。县政协主席赵德清在全国地方政协社会和法治委员会工作座谈会上作“全国首创，女委员微平台新举措”交流发言，在党政主要领导中宣传推广妇联工作；县妇联分别在省妇干校台州市兼挂职妇联主席、四新领域妇联组织负责人培训班和惠州市基层妇联领头雁培训班，2 次作《以美丽经济促进家庭发展的实践与思考》发言与交流。接待上级调研、培训班、世界各地考察团近 19 批次。全省率先实现乡镇(街道)未成年人救助保护站全覆盖，获副市长夏坚定批示；护航青少年心理健康工作获副书记夏文星批示。《中国妇女报》《人民日报》等多家主流媒体对安吉县妇女工作进行宣传报道。

【疫情防控】 2020 年，县妇联围绕省市县“两手硬、两战赢”的决策部署，展现抗疫巾帼担当。参与联防联控。全县三级妇联组织积极参与所在乡镇(街道)疫情排摸、宣传、隔离、后勤保障等“洗楼”行动，5600 余人次开展入户走访 5.2 万余次，协助解决问题 1400 余个。各级巾帼文明岗主动请战，加入各交通卡口、小区入口、公园广场等风险排查点，坚守防疫第一线。各类女性社会组织自发组织志愿者参与防疫管控卡口执勤，捐款、捐物累计达 100 余万元。服务广大家庭。面向前线家庭，发动“中小学教师”巾帼志愿者为医护人员子女送上一对一线上教学；为 12 户武汉逆行者家庭推出“礼遇卡”并配送“暖心蔬果包”。面向特殊家庭，成立“不见面”临时妇女微家，为隔离人员提供心理辅导、儿童性教育等云上服务；为留守儿童、独居老人等特殊家庭送去生活必备物资。面向大众家庭，原创 15 期“宅在家”系列教学短篇，推出“疫期陪伴，每日一说”专栏 10 期，受众近万人次。助力复工复产。成立“1+N”服务专员队伍，驻点助力 17 家联系企业防疫物资采购、复工审批、防疫指导等工作。为女企协成员单位送上空气清洁器、饭盒等防疫物资，提供健身气功免费培训近20场。帮助初创女性线下解决滞销花卉、农产品近4000斤,线上助力直播带货,服务企业23家。"妇联喊您来采茶"MV专场招募活动,解决女性闲散劳动力600余名。

【女性创业创新】 2020年,县妇联围绕党政中心定好位、瞄准靶,为高质量赶超发展增色添彩。服务女性创业。"美丽风尚贷""美丽智慧网"累计为87名女企业家提供专项授信金4.5亿元,完成实际信贷4.24亿元。"巾帼创业创新贷款"累计为7800名创业女性发放16.1亿元。县女企协为9名初创女性发放创业扶持资金45万元。积极对接金融机构,为民宿联盟、社会组织综合妇联成员单位争取贷款利率下浮基点50个。完成女企协换届,成立苏州相城区安吉商会女性联盟,并签订友好合作协议。聚焦女性提素。面向企业女职工、三八红旗手、军嫂代表等不同群体,全年开展各类针对性培训42期。举办育婴师创业就业精品班,成功实现培训上岗一体化,直接上岗学员占比70%以上,工资收入翻番。参与文明城市创建,倡导并带头制止"舌尖上的浪费","你不够我买单""光盘奖励抽奖箱"、家庭用餐"N－1行动"等妙招齐现。组织全县妇联干部省妇干校能力提升培训班。助力乡村振兴。成立全县巾帼民宿联盟,覆盖全县76家民宿。打造巾帼云创客基地2家。巾帼直播带货马不停蹄,全年累计组织直播20余期,服务企业32家,交易金额突破1000万元。首次联合县财政局出台女性创业典型认定补助文件。结合端午、重阳节庆,联合女性社会组织开展各类活动,为假日经济增添活力。建成全市首个家政行业妇联,首个影院妇联。创新成立首个镇级妇联15分钟"五环"服务圈。全面完成市妇联下达的组织建设任务。统筹推进女性进村"两委"、村社妇联换届等工作。村一肩挑共计164人,其中女性10人,社区一肩挑共计40人,其中女性12人;女性进村委会占比46.8%,进居委会占比53.5%;女性进村党组织占比23.5%,进社区党组织占比47.6%;村社妇联主席进"两委"实现100%。新建美好生活实践基地10个,儿童之家20个,亲子家庭教育实践基地5个,村级家庭教育指导站20个。串点成线已有的省妇干校现场教学示范点、巾帼众创空间、女大学生创业实践基地、新时代巾帼文明实践点等阵地,建立各类特色妇女微家110个,完成"党建＋美丽庭院示范带＋微家"示范带1条,以线带面,全县4带15环的微家阵地展示圈初步形成。用导师帮带制统领队伍建设。村社妇联,以老带新,通过离任村妇联主席"离任不离心"退职活动,以"一带一""一带多"等帮带方式,确保新上任村社妇联主席人人有导师;女企协,以强带弱,通过讲座、沙龙等形式手把手教、面对面谈,传承创业经验;"四新"妇联探索执委联村"帮带共同体"机制;输送结合、上下联动,"美丽阿姐"志愿调解队伍进一步优化。以"妈妈的味道"燃亮夜市经济。发动多个移动式摊位巾帼业主为成员的夜经济妇女微家,推出4期"妈妈的味道"夜集市,撬动了以女性为主,涵盖来料加工、非遗文化、文创手作、家居用品等100余种商品的夜市经济,一大批巾帼美食能手不断涌现。数个"两山女儿"美好生活实践基地成为夜市经济的主战场。

10月20日,苏州市相城区安吉商会女性联盟成立仪式举行

【美丽家庭创建】 2020年,县妇联发挥妇联优势,推动家庭建设创新发展。家庭教育体系化。

县乡村三级家教组织全覆盖，三级专兼职“安老师”(500余名)完成组建，三类课程全面运转，今年累计服务家长达30万人次。《安吉县“城乡一体化”家庭教育指导服务体系建设》作为全国妇联家庭家教家风工作创新案例予以申报。以“六个一体化”统领安吉家庭教育指导服务体系建设。《安吉城乡一体化家庭教育指导服务体系的实践与研究》课题成功立项为国家课题。开设“解忧杂货铺”，设立“家庭成长周四加油站”公益创投项目，累计开展活动90余次，答疑230余件，覆盖家庭1088户，带动家长持续学习。全省率先与省家庭教育指导中心签约合作，启动第二期“安老师家庭教育指导师种子”培训，一年时间系统培训30名家庭教育种子，逐步开发安吉特色家庭教育导师培训体系。全市率先实现县家庭教育指导中心实质化挂牌。成功争取编办批复安吉县妇儿中心加挂安吉县家庭教育指导中心牌子。做深家庭教育文章护航青少年心理健康工作获市领导肯定。家庭创建促家风。新培育全国五好家庭1户、浙江省年度最美家庭2户、省级季度最美家庭4户、省级绿色家庭2户。获2020年浙江抗疫“最美家庭”1户。获2020年浙江抗疫“最美家庭”1户。家庭建设工作月期间开展“好家庭好家教好家风宣讲员”公益行、征文比赛、演讲比赛等系列主题活动。深入推行“好家庭信用贷”，今年新增好家庭贷款2300万元，115户家庭受益；累计发放贷款2900万元，受益家庭140户。家庭关爱有温度。组织“爱的小屋 润心行动”，通过家庭长期结对形式，引导困境家庭儿童养成良好的生活习惯，树立阳光心态。结合寒暑假，组织“竹乡蓝天下”“把爱带回家”“牵手共成长”等活动，关注新居民家庭、留守儿童等重点家庭儿童健康成长。以美丽庭院国标创建融入文明城市创建工作。新打造美丽庭院升级版示范带3条，覆盖行政村6个、涉及家庭509户，投入资金55万元。全县已累计创建美丽家庭10.1万户、美丽庭院3.8万个，精品观光带4条，美丽家庭示范村落100个，财政投入累计665万元。“垃圾分类女当家”深入人心。2020年，国标创建立项公示已结束，进入部委会成员单位审核阶段。

【妇女维权】 2020年，县妇联高度重视维权工作，切实维护妇女儿童的合法权益。组织全面见底排摸。县乡村三级妇联总动员，对本辖区内的妇女儿童情况深入见底摸排。充分利用家庭建设综合平台，对涉及家暴、性侵、黄赌毒等重点家庭建档，实行“五色图”“分类谱”管理；规范统一建立全县《执委工作日志》《网格员家事巡诊记录》两本档案，做到建档信息清晰规范明了。深化一组联动机制。与县检察院、法院等部门连续出台“一站式”办案、侵害未成年人合法权益强制报告、密切接触未成年人行业从业人员入职查询、保护妇女儿童权益工作合作机制4个文件，从制度上全方位保障。强化系列宣传教育。制定安吉县妇联网络舆情预案，对性侵未成年人、家庭暴力等重点问题及时关注并发声。开展“律姐微课堂”“民法典进家庭”法律法规宣传活动，各类宣传活动共计23场。开设年轻夫妻“幸福婚姻课堂”3场。护航青少年心理健康，开设“生命安全教育进课堂”31场，组织“性教育成长营”3期。完善服务网络。构建“1＋15＋

9月18日，全国妇联党组书记、副主席、书记处第一书记黄晓薇到安吉余村就基层妇联改革以及家庭参与基层社会治理工作开展调研

N”“美丽阿姐”三级维权服务网络，即“1”个县矛调中心婚姻家庭工作室、“15”个乡镇(街道)婚姻家庭工作站、“N”个特色维权点，全县建立2770个网格。今年调解离婚案件1238对，劝返393对，劝返率31.74%。全国首创“女委员工作室”，全县70余名女性政协委员成为“美丽阿姐”维权队伍新力量，其工作开展纳入政协委员年度考核体系。拓展维权领域。以新居民为重点拓展维权工作领域，建骨干队伍、抓项目运行、建治理制度，通过“树立新居民好爸好妈”“打造新居民美丽庭院”“调解新居民矛盾纠纷”等载体搭建新居民自治平台。建立未成年人救助保护站。全省率先实现乡镇(街道)未成年人救助保护站全覆盖，获市领导肯定。联动县民政局，开展项目建设现场指导19次，督察16次；县镇村三级联动机制基本建成，今年共受理求助服务13件，走访救助183人次；探索建立未成年心理健康档案，实行个案跟踪管理，共制定未成年人庇护、行为矫正等个性化救助方案6项。制定家暴跟踪回访制度。联合县公安、法院制定《安吉县家庭暴力跟踪回访制度》，实行“三色”分类跟踪管理，有效避免家暴情况复发，累计跟踪回访家庭35户。

【组织建设】 2020年，县妇联大力加强组织建设，扎实凝聚妇女力量。深化思想引领。牢牢把握意识形态工作主动权，把学深悟透习近平总书记重要指示批示精神作为首要政治责任，深化“百千万巾帼大宣讲”活动，充分发挥“两山女儿”“红船女儿”等各类宣讲团作用，上下联动，线上线下结合，走进基层300余场；持续分层分级开展“三建三联”能力提升培训，开展培训30余次，培训妇联主席、执委1000余人次。夯实基层基础。围绕“越换越好、越换越强，平稳有序、风清气正”目标，完成208个村社妇联组织换届工作，实现村社妇联主席100%进“两委”。建强“四新”妇联组织，建成全市首个家政行业妇联，成立女性社会组织、竹产业、影业等“四新”领域妇联10家；成立镇级15分钟“五环”妇联服务圈，覆盖全镇21个村社区、31家企业、36个站所、5个社会组织。“四新”领域妇联组织建设新局面。加强队伍建设。完善执委管理机制，通过“四必访”，三级妇联执委累计走访家庭11.2万余户，排摸问题206个，完结问题203个，满意率100%。以季度“最满意的三件事”“庭院夜话”议事会等微机制，助力“五个一”举措落地见效。优化服务水平。以“三服务”内容为主题，开设公益创投项目4个，以“小资金”撬动“大服务”，覆盖企业139家，村社32个，人数达14600余人。以“小”见“大”强服务。在妇联界别议事厅开展委员与群众面对面活动2场，下基层活动4场、主题学习5场、民主交流2场，上报社情民意、舆情等信息6条，收集妇情民意，为更多的女性“喊话”。

【安吉县家庭教育指导中心荣获“全国家庭教育创新实践基地”】 5月8日，浙江省湖州市安吉县家庭教育指导中心荣获“全国家庭教育创新实践基地”(妇厅字〔2020〕35号《全国妇联办公厅教育部办公厅关于命名“全国家庭教育创新实践基地”的通知》)。安吉县妇联联合县教育局、团县委于2016年11月成立“县家庭教育指导中心”，积极贯彻习近平总书记“三个注重”讲话精神，进一步落实各级“家庭教育指导‘十三五’规划”相关要求，创新性开展各项工作，已形成“全县一盘棋，区域化推动家庭教育指导工作”的工作特色，初步构建起“家校社合育”的家庭教育指导立体机制。

【举办育婴师创业就业精品班】 7月8日，安吉县妇联联合民政局举办2020年育婴师创业就业精品班，为有一定育儿经验的姐妹们带来更具适用性、实操性、专业性的系统培训课程。安吉县妇联从2014年举办育婴师培训至今培育了412位学员，270位学员拿到高级育婴师的证书，成功实现培训上岗一体化，直接上岗学员占比70%以上，工资收入翻番。

【浙江省妇联常委(扩大)会议暨巾帼助力新时代美丽乡村建设工作现场会在安吉召开】 7月15—16日，浙江省妇联常委(扩大)会议暨巾帼助力新时代美丽乡村建设工作现场会在安吉召开。省妇联党组书记、主席王文娟作重要讲话，湖州市委副书记、政法委书记夏文星致辞，省妇联党组副书记、副主席林丹军主持会议。会议期间，与会人员重走了习近平总书记今年考察

7月15—16日，省妇联常委（扩大）会议暨巾帼助力新时代美丽乡村建设工作现场会在安吉召开

安吉时的线路，参观了余村、大竹园村的美丽庭院建设、乡旅梦工厂项目以及蔓塘里美丽经济综合特色示范带，感受“妈妈的味道”这一美丽品牌在乡村振兴中的生机活力，真切体悟了在习近平总书记“两山”理论的指引下美丽乡村建设带来的巨大发展和变化。

【安吉建立“1＋15＋N”政协女委员三级服务工作室（站、点）】 为充分发挥女性政协委员独特优势，搭建女委员助力社会矛盾纠纷调处化解的平台，提升女委员在社会治理中的参与度、精准度、贡献度，9月14日，安吉县妇联联合县政协社会和法制科下发《关于全县女政协委员参与矛盾纠纷调处化解助推县域治理现代化的实施方案》，建立女政协委员助力矛盾纠纷调处化解工作机制，搭建“安吉之治，我来协同”的工作平台，并明确目标任务，分层分级构筑“1＋15＋N”女委员三级服务网，助力矛盾调处，助推县域治理，以女委员履职“半边天”，撑起安吉治理“一片天”。9月15日，安吉县“女委员”总工作室正式挂牌启用，并开展现场观摩学习，开启治理新篇章。三级服务网以妇联界别议事厅为主阵地，设立全县女委员工作总室，不定期开展交流探讨，分析矛盾案例，掌握调解技能，促进委员帮带。在各级妇联婚姻调解中心设立“委员伊家”工作站，邀请女委员柔性入住，参与婚姻调解、家事和解等活动。推动在村（社区）、企业、学校、医院、女性社会组织、机关部门设立女委员工作点，通过心理疏导、政策宣讲、法律咨询等形式引领女委员参与社会治理。

【全国妇联党组书记黄晓薇一行到安吉余村调研妇联工作】 9月17—18日，全国妇联党组书记、副主席、书记处第一书记黄晓薇到安吉余村就基层妇联改革以及家庭参与基层社会治理工作开展调研。黄晓薇主席先后考察余村便民服务中心（妇联窗口）、镇村执委家庭（最美家庭）、鲍新民工作室（“爱馨阿姐”妇女儿童维权点），并仔细询问机制运行和工作开展情况，对余村以“五色”家庭分类管理法参与基层社会治理的做法予以肯定。

【举办2020“一碗长寿面·重阳不重样”庆重阳暨美好生活实践基地授牌仪式】 10月24日，安吉县妇联、邮储银行安吉县支行、安吉县文化和广电旅游体育局主办，安吉女性社会组织综合妇联、绿城安吉桃花源承办的2020“一碗长寿面·重阳不重样”庆重阳暨美好生活实践基地授牌仪式在绿城桃花源举行，共同为百名老人打造一个温情的专属节日活动。获人民网、新华网、中国妇女报、浙江新闻、钱江晚报等陆续报道。

【建立未成年人救助保护站】 截至11月16日，通过县妇联、县民政局的联动发力，全县15个乡镇（街道）均已建设完成未成年人救助保护站，实现救助设施应建尽建，救助对象应救尽救，救助方法应专尽专，全省率先实现乡镇（街道）全覆盖，获市领导肯定。

（方　玲）

安吉县工商业联合会（总商会）

【概况】 2020年，安吉县工商联

会员企业3090家,异地商会10家,行业商会3个,友好工商联3个。年内获浙江省“五优”县级工商联、全国和全省民营企业调查点工作先进单位、“天下浙商湖州行”活动突出贡献集体等荣誉。

2020年,县工商联开展“新时代工商联的新样子”大讨论活动,让企业家“站前台”。通过“让企业家学、请企业家讲”的方式,邀请4名企业家进行“我心目中的工商联”微视频访谈,安排6名企业家上台宣讲,结合自身创业发展经历谈学习体会、聊未来发展,参与学习聆听200多人次。以党建促清廉。开展“清廉民企”建设,选取党建好、发展好的5家企业(安吉丰陵燃气有限公司、浙江永裕家居股份有限公司、大康控股集团有限公司、洁美电子科技公司、中源家居股份有限公司)创建清廉民企先行示范基地。指导郑州安吉商会成立党支部,为3家异地安吉商会党支部协调解决组织关系挂靠问题,党组织覆盖面逐步扩大。全年组织开展各级各类培训、讲座11场次,参加企业负责人及高管600多人次。联合县委组织部开设“‘两山’青企学堂”,已开课2场次,不断探索完善新生代企业家教育培训的系统化工程,助力青蓝接力、继创开来。

【疫情防控及复工复产】 2020年初面对突如其来的新冠疫情,县工商联迅速行动,积极部署,调动全县工商联系统起身抗疫。机关全员自正月初一起无假无休、到岗到位,支援社区、卡点和企业等一线疫情防控工作,排摸在外安商情况及动态,做好慰问和引导。第一时间发出《倡议书》和《动员令》,县内外安商积极响应,发挥资源渠道和“朋友圈”优势,倾力支援武汉及安吉县疫情防控。据不完全统计,县内外商协会捐资捐物超550万元,广大民营企业家和工商界人士的捐赠更是不胜枚举。齐心协力打响经济社会发展总体战。开展“同心抗疫情·联企复生产”专项行动,专班专员“一对一”助企帮扶,线上线下“点对点”政策宣传,编印“相关法律法规及政策165问”专刊,8名服务专员驻厂无缝对接企业大小问题,推动惠企政策落地落实。联合县人民银行开展“百地千名行长助企业复产复工”专项行动,为32家企业融资1.88亿元。为4家直接参与防疫的企业申报央行专项贷款,天子湖热电获低利率专项贷2000万元。对2020年度会费实行免缴,为91名执委减免会费共44万元。

【脱贫攻坚工作】 全年各商协会和民营企业多渠道助力东西部扶贫协作、“万企帮万村”结对帮扶等行动。2020年,新增投资额1亿余元,带动脱贫126人,带动就业120余人;组织15家民营企业与青海省乌兰县15个村结对帮扶,落实15万元帮扶资金;发动2家商会、2家企业结对四川省大凉州布拖县“挂牌督战村”,落实26万元帮扶资金。

【服务能力提升】 畅通诉求表达渠道。全年开展15个主题线上调研,参与企业300家次,向全联和省联发出安民企呼声。建立“三服务”闭环工作机制,举办2场“亲清直通车·政企恳谈会”,20多名企业家现场提出问题46个,均分类交办、分流答复、跟踪问效,该项工作获县长批示肯定。通过常态化走访调研,全年收到企业反映问题80多个,全部实现现场答复或交办落实。畅通建言献策渠道。组建安吉民营企业家创新智库,首批智库成员20位,分批参加4次县委书记、县长座谈会,为安吉县“十四五”规划、绿色家居产业发展等重大决策部署献计策。完成工商联领衔课题调研3个,工商联及界别提案7个,荣获政协工作成绩突出集体。畅通交流合作渠道。主动牵线各商协会与县内涉企部门合作,积极打造服务全县民营经济发展“共同体”。高水平承办“天下浙商家乡行”活动,50多名知名浙商走进余村种下“天下浙商林”。借力上海安吉商会搭建专场展销交流平台;促成上海浦东1000万元宣传资源免费使用;牵线县内30多家家居企业与郑州安吉商会达成产销合作;通过昆明安吉商会帮助县内多家企业拓展省外政府采购业务。以异地安吉商会为平台,召开推介会5场,收到招商引资线索38条,促成项目签约3个。

【安吉县工商联召开商会2019年度会议】 1月7日,安吉县工商联(总商会)八届四次执委会议召开,县委常委、统战部部长任烽,县人大副主任梁蕴伟,县政协副主席、工商联主席梁霜出席会议，“建国70周年·安吉民营企业家典型”获奖企业家，乡镇（街道）、两区商会分管领导、会长及秘书长参加。会上县人大副主任梁蕴伟宣读“致敬建国70周年·安吉民营企业家典型”表彰文件，并为“致敬建国70周年·安吉民营企业家典型”获奖者颁奖；县工商联党组书记李建人作工作报告；企业家代表交流发言县委常委、统战部部长任烽作重要讲话。

【安吉县工商联召开2019年度商（协）会会议】 1月21日，安吉县工商联2019年度商（协）会会议在美林酒店召开。县政协副主席、工商联主席梁霜；县委统战部副部长、县工商联党组书记李建人；县工商联党组副书记、副主席黄宣华；县工商联副主席鲁婷君；各异地商会、席业商会、房地产协会、新生代企业家联谊会代表参加会议。县政协副主席、工商联主席梁霜新春致辞，会上开展了2019年商（协）会工作先进单位颁奖仪式。商会作交流发言，县工商联党组书记、常务副主席李建人谈商会建设与发展。

【安吉县工商联举办首场“亲清直通车·政企恳谈会”】 5月21日下午，安吉县工商联举办首场“亲清直通车·政企恳谈会”。县委常委、县政府党组成员沈霞俊，县委常委、统战部部长任烽，县委常委、常务副县长潘鸣，县人大常委会党组成员、副主任梁蕴伟，县政协副主席、工商联主席梁霜出席会议。相关部门主要负责人及县工商联副会长方庆华、副主席崔世豪等10多位民营企业家代表参加。企业家围绕惠企助企政策落实情况、疫情防控期间企业现状、十四五规划建议、融资问题、人才引育问题等各抒己见。县发改局、经信局、财政局、人力社保局和市场监管局等部门对应企业提出问题现场解答。县委常委、常务副县长潘鸣就每一位企业家提出的每一个问题，一一给予回应，并进行现场交办。

5月21日，安吉县2020年度第一次“亲清直通车·政企恳谈会”召开

【安吉县工商联牵头举办第二届“竹乡情·爱心园”活动】 6月1日上午，由嘉兴安吉商会发起，安吉县工商联牵头的第二届“竹乡情·爱心园”活动在县育星培智学校举办。县工商联副主席鲁婷君，嘉兴安吉商会常务副会长丁安平、黄先卫，嘉兴安吉商会秘书长汪文明，心之梦儿童康复中心执行园长吴月，育星培智学校校长戴海香等人参加本次活动。嘉兴安吉商会向每位困难家庭捐赠慰问金。

【东方基因代表浙江民营企业在全国工商联支持民营企业绿色发展座谈会上发言】 6月4日，全国工商联、生态环境部在京联合召开支持服务民营企业绿色发展座谈会，浙江东方基因生物制品股份有限公司作为浙江省唯一一家民营企业代表发言。安吉县工商联以及和田家具、欧义竹木、良朋文体和精通科技应邀参加浙江分会场会议。

【安吉县工商联赴乌兰县开展“万企帮万村”行动】 7月14—17日，县委统战部副部长、县工商联党组书记刘斌率县工商联、县发改局分管领导以及企业代表11人赴乌兰县开展“万企帮万村”专项帮扶考察。向乌兰县捐赠帮扶资金15万元，牵线安吉县上墅乡刘家塘村与都兰河村签署结对帮扶框架协议。

【安吉县章村镇商会成立】 9月19日，安吉县章村镇商会的成立大会在章村镇金石广场顺利召开。县工商联副主席鲁婷君、章村镇人民政府人大主席程晖，章村镇人民政府党委委员周兴伦以及组成安吉县章村镇商会的50家会员单位参加会议。

【安吉县工商联开展天下浙商桑梓行“2020·天下浙商林”活动】 10月15日，“天下浙商林”系列活动在安吉县余村举行。省委统战部副部长、省工商联党组书记陈浩，市委常委、统战部部长李上葵，市委常委、县委书记沈铭权，县委副书记徐卫勇，县委常委、统战部部长任烽，县政协副主席、工商联主席梁霜出席。陈浩和长三角浙商联盟理事长、上海浙江商会会长王均金一同为“天下浙商林”揭幕。来自长三角浙商联盟和省外浙江商会的50余名知名浙商参加。以植树添绿为平台集聚浙商智慧、汇聚浙商力量，努力让绿水青山的颜值更高、金山银山的成色更足，不断开创双赢、共赢、多赢的生动局面。

10月15日，“天下浙商林”植树活动举行

【县工商联与县人民检察院联合举办“服务‘六稳’‘六保’护航民企发展”坚持开放日活动】 10月26日上午，县工商联与县人民检察院联合开展“服务‘六稳’‘六保’护航民企发展”检察开放日活动。县人大代表、政协委员等部分民营企业家及律师代表13人参加活动。县政协副主席、工商联主席梁霜出席活动并讲话。现场检察官选取企业在财务、安全生产及日常经营中的刑事犯罪典型案例进行讲解，将案例背后反映的事实认定、法律适用、政策把握进行充分展示，警示企业在生产经营中可能面临的法律风险。

（张志远）

法　　治

政法委及综治

【概况】 2020年，县委政法委聚焦新时代“两山”试验区建设，立足本职、围绕中心、争先创优，成功实现平安安吉“十五连冠”目标，捧回全省首批“一星平安金鼎”，完成全国“两会”“两山”十五周年纪念大会、长三角主要领导人座谈会、党的十九届五中全会等重大维稳安保任务，全省率先实现县乡村三级矛调中心建设全覆盖，全市率先打造“掌上矛调”App，全力推广“余村经验”，有效夯实基层治理根基，为“重要窗口”县域样本建设创造出更加安全稳定的社会环境、更加公平正义的法治环境和更加优质高效的服务环境。

【护航发展】 2020年，在打造“重要窗口”县域样本中，始终抓牢护航发展这一主线，展现出政法工作服务发展的特有“温度”。面对突如其来的新冠肺炎疫情，县委政法委时刻“把人民群众的生命健康放在第一位”，在全市率先启动卡点查控，通过严守“六道防线”累计检查登记15.16万人；组织发动平安家园卫队、全科网格员、综治干部10万余人次，检查车（船）6.76万辆（艘），劝返9108人次，排查商铺、出租房等重点场所4500余家。2名网格员被评为省级优秀网格员，18名网格员被评为市优秀网格员。疫情防控期间2万余条信息数据，通过“一中心四平台”比较分析，并第一时间流转县防控办，为全县疫情防控工作提供精准数据支撑。聚焦秋冬季疫情防控再发力，抓牢紧密智控，在高铁站、客运中心全面实行“亮码”机制，常态化监管疫情动态。

【复工复产】 牵头政法各部门先后2次出台保障企业复工复产和优化营商环境举措13项、疫情防控“21条”司法保障举措和助力企业“18条”司法保障意见，做好助企制度保障。班子成员＋中层干部组成7个服务专班，累计走访企业500余家次，宣讲助企政策，收集企业问题，发放《疫情防控法律宣传手册》《企业复工复产法律服务手册》5000册。2020年，收集并解决企业问题360余个，为500余家企业进行免费法治体检。加强公检法三方联动、落实宽严相济刑事政策，查破涉经济类案件26起，挽回经济损失超过5000余万元。

【隐患排查】 在县域社会治理现代化建设中，始终把目光投向基层一线，坚持问题导向、精细化治理。三次牵头部署开展安全隐患

4月14日上午，全省建设平安浙江工作会议在杭州举行。安吉县获全省首批一星“平安金鼎”。县委书记沈铭权在省主会场参加会议，并代表安吉县接受省委、省政府颁发的“平安金鼎”

和矛盾纠纷“排查见底”集中攻坚行动,抽调19名精干力量组成5个督导组开展明察暗访,累计下发督查通报34期、督查交办单67份,督促两区、15个乡镇(街道)、25个重点部门深入10大重点行业领域,检查各类场所4.7万家,排查发现问题隐患5.2万处,整改率98.9%,2020年省平安暗访扣分同比下降25.4%。

【基层治理】 深化诉源治理,群众解纷“最多跑一地”。指导乡镇建设派出法庭入驻对接,设立“阿武工作室”,引导案件诉前分流。建立“村巷法官”机制。诉前化解5起金融纠纷,标的总计800余万元。加强基层数字治理,推进“智慧法院、警务、信访”等智慧平台建设,融合提升“一中心四平台一网格”,新增基层治理App账号4000余个、专职网格员100余名,实现网格巡查走访覆盖率100%。

【环境净化】 开展扫黑除恶“十大行动”和“百日攻坚”行动。针对塘浦治安乱象开展专项整治,清查治安乱点48处、场所202家、人员920余人,有效净化区域环境。针对招投标、建设工程、金融等重点行业开展专项整治,进一步优化行业发展环境。

【品牌树立】 抓牢习近平总书记时隔十五年再访安吉和县域治理现代化建立的契机,全力打造社会治理工作品牌。树立“余村经验”全国典范。成立“余村经验”研究促进会,创办《“余村经验”研究与实践专刊》(季刊),联合复旦大学举办首届“余村经验”研讨会,开展“八个村”专题调研,“余村经验”品牌的影响力和知名度明显提高。在15个乡镇街道探索打造“余村经验”示范点。全市率先推出“余村经验”(掌上矛调)App,实现187个行政村应用全覆盖,安装率和使用率分别达到100%和60%,有效推动“余村经验”在安吉县落地实践。

5月6日上午,全县建设平安安吉暨扫黑除恶专项斗争领导小组(扩大)会议召开

【首届“余村经验”研讨会召开】 8月6日上午,首届“余村经验”研讨会在安吉县召开。县政协主席、安吉“余村经验”研究促进会会长赵德清出席研讨会。本次研讨会由安吉余村经验研究促进会、复旦大学中国乡村发展研究中心、复旦大学社会发展与公共政策学院和安吉县法学会共同主办。此次研讨会的主要目的在于领会“余村经验”基本价值前提下,根据自身实际做好创造性探索;在“两山”理念和“余村经验”二者融合发展中实现互促共进,从而使“余村经验”在更高层面、更大范围得到推广,成为全国乡村善治经验。

【全省率先推出“掌上矛调”App】 2020年,安吉县探索打通部门壁垒,全面推广“掌上矛调”App平台使用,以“一个系统共用、一套数据共享、一个平台共管”的治理模式,切实解决县级部门对“基层治理App”平台“不想用、不会用、不激活、难整合”的难题。依托“掌上矛调”App创新实施“1+3+N”四调联动机制,制定联动规划,细化联动流程,明确职责任务,建立科学高效的运行机制。全年实现187个行政村应用全覆盖,安装使用率60%,有效推动数字赋能乡村治理。

【“三领三网”打造乡村微治理】 推动上墅乡深化“1236”赶超发展路径体系,坚持党建统领,编织治理网,坚持“红立方”党组织领导核心作用,全乡划分为7个一级网格、93个二级网格和

427个三级网格确保网格划分全覆盖、无死角、无重叠。坚持多方协领，编织平安网，构建民情民意表达诉求网络，构建矛盾纠纷排查调处网络，构建治安防范网络。坚持自治认领，编织消防网。打造便民格子铺，架起志愿者队伍连村桥，架起治理明白人平安桥。以“三领三网”打造上墅乡社会治理新模式。

（洪迎婷）

公　安

【概况】 2020年，县公安工作守护“绿水青山就是金山银山”理念诞生地的崇高使命，疫情防控有作为，护航发展有担当，服务民生有实招，队伍建设有亮点，为安吉县奋力打造“重要窗口”县域样本，努力成为新时代美丽中国县域窗口创造安全稳定的社会治安环境。截至2020年12月20日，全县共接报刑事治安警情4601起、黄赌警情792起、侵财警情2920起，分别同比下降33.80%、37.93%、44.56%；接报交通事故警情46347起，上升1.15%。全局共打处各类违法犯罪嫌疑人3821人（其中采取刑事强制措施1243人，行政处罚2578人），同比下降21.3%，其中移送起诉1099人，同比下降19.3%。交通死亡事故68起69人，同比上年72起72人，下降6%。全县未发生影响重大的交通、消防事故，政治、治安事件和网络舆情事件，社会形势平稳可控。

【社会治安】 2020年，安吉县有效警情数、刑事立案数、道路交通事故全口径亡人数同比分别下降7.6%、25.7%、8%。面对疫情防控，在全市率先启动卡点查控，快速落实“源头查控＋硬核隔离＋精密智控”机制，严守“六道防线”、严把“六道关口”，累计检查登记40.82万人。创新实施防外输入“三个三”举措，第一时间启动高铁站防疫卡点，率先建立省级警务协作共同体，实行闭环管理，确保疫情“零发生”。全年完成57次警卫安保活动，全国两会、中共十九届五中全会等重要节点实现“零失控”。推进“稳防疫、助复工、强基础”专项行动、“灭蝗”行动，有效化解涉疫风险。开展“减量控大”交通百日整治，及时刹住交通亡人事故高发势头。针对“疫后综合症”，铺开为期半年的城西北区块社会秩序专项整治，抽调警力专班入驻、专项治理，区块内社会风气明显好转，有效警情以及刑事、治安案件受立案分别同比下降17.7%、51.4%、18.1%。

【服务“两山”建设】 建立“绿水青山守护”工作机制，并写入《安吉县推进县域社会治理现代化工作方案（2020—2022年）》。推动县委成立生态安全委员会，完成森林公安改革，全省率先成立环侦大队，并成立全市首支旅游警察中队，完成公安生态文明治理执法体系建设。冒黑烟车整治、涉环违法犯罪打击等工作绩效保持前列，“9·25”渣土非法倾倒案等案件的侦办得到市领导夏文星、朱留沙、张宏亮等批示肯定8次。出台保障企业复工复产、优化营商13条举措，解决企业物流运输等各类难题383个，确保382家企业（项目）顺利复工。查处涉企经济案件21起，破获全市首起骗取出口退税案件和首起地下钱庄案件，查扣、冻罚涉案财物1.2亿元。深化“最多跑一次”改革，全市首建“无人车管所”、首创6项户籍业务“全县通办”，景区“无感亮码”“潮汐车位”等创新举措更惠民生、得民心。全警上阵、全力以

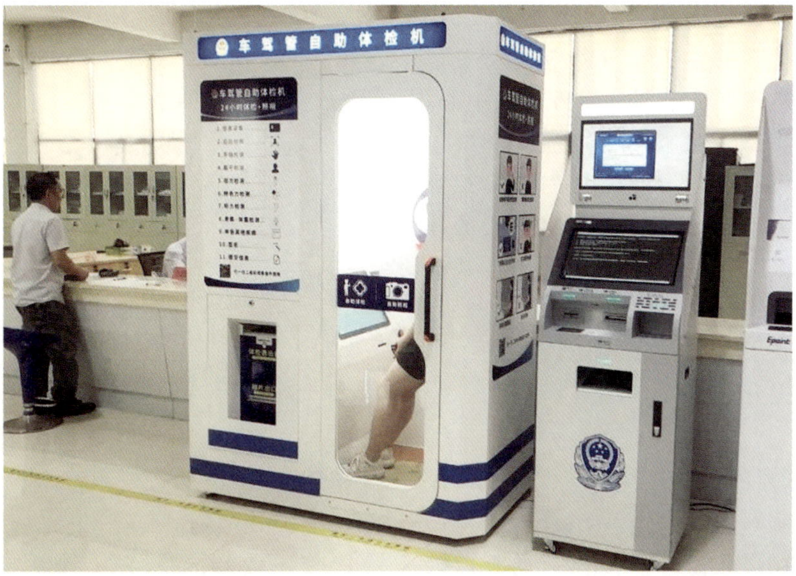

8月，安吉县公安局打造的全市首个“无人交管所”，在天子湖镇建设完成并正式投入使用

赴，完成文明创城“国测”冲刺任务。完成“村社换届”选举维稳安保工作。服务保障长龙山抽水蓄能电站、申嘉湖高速孝源至唐舍段等一批重点项目高效推进，持续护航“两山”转化，全年多次被县委县政府授予服务发展季度先进、改革先锋、奋战标兵等称号。

【基层治理】 锚定“扫黑除恶”目标，深挖战果，抓获十类涉恶人员239人，破案109起，摧毁恶势力犯罪团伙1个，涉黑恶线索全部清零。持续推进立体化社会治安防控体系升级版建设，建成“智安小区”“智安单位”92家。保持对黄赌违法犯罪零容忍，黄赌警情同比下降38.1%。创新推出“防骗码”程序，完成26.7万人绿码申领，县内电信网络诈骗发案降幅高于省市平均水平。融合建成“平安融冰”“平安水源”等特色卫队11支，常态化开展巡逻、排查、融冰等工作，基础防范水平进一步提升，累计新登记流动人口42.6万人，排化不安定因素442起。公安信访室全员全要素融入矛调中心，“双非”警情精准分流，窗口矛盾纠纷化解率94.9%。天荒坪警务中心、山川乡警务室、灵峰派出所综合指挥室等一批基础设施建成，成立高铁站派出所，基层预测预警预防能力进一步提升。

【完成浙江省援鄂首批返浙医疗队到安保卫任务】 3月10日，安吉县公安局完成浙江省援鄂首批返浙医疗队到安保卫任务。浙江省援鄂首批返浙医疗队凯旋，当晚7点20分左右，医疗队的151名医护人员乘坐大巴到安吉，进行为期14天的集中休养。欢迎仪式在凯承温德姆酒店举行，市委副书记、代市长王纲，市委常委、县委书记沈铭权，县委副书记、代县长宋波，副县长任贵明等候迎接。为确保此次任务秩序安全有序，副县长、公安局局长陈悦到现场指导工作开展，有关单位密切配合，完成保卫任务。

【完成县两会安全保卫工作】 5月6—9日，安吉县公安局完成县“两会”安全保卫工作。安吉县第十六届人民代表大会第四次会议暨政协第九届安吉县委员会第四次会议在县行政中心隆重召开。为确保“两会”安全有序举行，全县公安机关坚持“防为主、防为上”工作理念，精心组织，统一部署，完成县“两会”安全保卫工作，为“两会”创造良好的社会治安环境。

【市县两级公安机关破获湖州市首起特大骗取出口退税、非法经营地下钱庄案】 5月22日，市县两级公安机关成功破获湖州市首起特大骗取出口退税、非法经营地下钱庄案。湖州市委常委、公安局局长、专案总指挥夏文星坐镇安吉指挥部，宣布“4·15专案”集中收网，执行指挥陈悦现场进行指挥调度。专案组摧毁犯罪团伙5个，抓获犯罪嫌疑人20名。集中收网前，市委常委、安吉县委书记沈铭权亲临专案指挥部，提出具体要求，并慰问专案组成员。专案侦办过程中，湖州市公安局党委委员、副局长徐伟明，安吉县副县长、公安局局长陈悦多次听取专案侦办情况汇报，全面指挥抓捕行动。

【2020年长三角区域警务一体化领导小组到安吉考察】 6月12日，2020年长三角区域警务一体化领导小组到安吉县考察。

6月12日，2020年长三角区域警务一体化领导小组到安吉县考察

浙江、上海、江苏、安徽公安厅（局）主要领导及代表团百余人实地参观天荒坪镇余村、天荒坪派出所余村警务站，观看有关纪录片，深入了解余村多年来践行“绿水青山就是金山银山”理念、推动绿色发展发生的巨大变化，听取安吉县公安局在“守青山、护绿水”、护航经济发展、维护社会稳定有关工作介绍。

【召开“两库引水”爆破项目服务与安全生产管理工作会议】 7月27日，安吉县公安局召开“两库引水”爆破项目服务与安全生产管理工作会议。会议介绍“两库引水”爆破作业方案、征求各施工单位需要公安机关协助解决的问题与困难，治安大队还进行爆破作业项目服务与安全生产管理业务培训。安吉县公安局党委委员、副局长张志龙及孝丰派出所、孝源派出所、天子湖派出所、递铺派出所、梅溪派出所、报福派出所分管所领导，安吉“两库引水”指挥部、湖州水务公司、爆破公司、爆破监理公司、危险品运输公司、工程建筑施工公司负责人参加会议。

【完成“8·15”系列会议安保任务】 8月15日，安吉县公安局完成“8·15”系列会议安保任务。“绿水青山就是金山银山”理念提出十五周年理论研讨会、全省深入实践“绿水青山就是金山银山”理念高水平建设美丽浙江推进大会在安吉县天荒坪镇召开。全县公安机关完成“8·15”系列活动安保警卫任务。

【全县无户口人员落户疑难问题会商会召开】 9月3日，安吉县公安局召开全县无户口人员落户疑难问题会商会。会上，行政服务大队通报户口整顿工作中的问题，各所就户口整顿中排查的无户口人员疑难问题开展会商。安吉县公安局党委委员、副局长周勇及行政服务大队、各派出所分管户口整顿工作负责人参加会议。

【县公安局与安吉“荣耀天空之城”景区签订惠警协议】 9月8日，安吉县公安局与安吉“荣耀天空之城”景区签订惠警协议。协议对全市公安民警（凭身份证、人民警察证）、全县公安机关辅警（凭身份证、工作证、单位证明）免收景区门票。安吉县公安局党委委员、副政委、政治处主任潘建军与“荣耀天空之城”景区负责人许斌代表警企双方签约。天子湖派出所、政治处相关负责人参加仪式。

【“护卫平安”暨“亮剑1号”集中统一行动启动仪式举行】 9月29日，安吉县公安局在九州昌硕广场举行“护卫平安”暨“亮剑1号”集中统一行动启动仪式。县委副书记、政法委书记徐卫勇宣布行动开始。副县长、公安局局长陈悦作动员部署。安吉县公安局党委副书记、常务副局长丰贤忠主持仪式。派出所方阵、交警方阵、平安志愿者方阵代表表态发言。县委政法委常务副书记王国明、昌硕街道党委书记王兵，安吉县公安局领导董秀华、张志龙、何敏捷、李军，派出所、交警、机关、巡特警、平安志愿者代表组成方阵参加仪式。

【全市公安机关“坚持政治建警全面从严治警”教育整顿政治轮训在安吉开班】 10月13日，全市公安机关“坚持政治建警全面从严治警”教育整顿政治轮训在安吉开班。部分湖州市公安局党委班子成员、区安吉县公安局党委班子成员、湖州市公安局机关中层正职和全市公安机关省级教官参加。

9月29日，“护卫平安”暨“亮剑1号”集中统一行动启动仪式举行

【交警大队与浙江浙大中控信息技术有限公司举行战略合作签约仪式】 10月23日,安吉县公安局交警大队与浙江浙大中控信息技术有限公司举行战略合作签约仪式。安吉县副县长、公安局局长陈悦出席仪式并对交警大队工作提出"要有创新思维、要着眼防范、要常态运用科技"三点要求。交警大队长周智国、浙大中控信息有限公司高级副总裁徐震辉代表双方签署协议。湖州市公安局交警支队副支队长罗翔,安吉县公安局党委委员、副局长李军,交警大队相关负责人及浙大中控信息技术有限公司员工代表参加仪式。

【全市校园反恐怖防范标准化建设暨"四联三防"建设现场会在安吉召开】 11月3日,全市校园反恐怖防范标准化建设暨"四联三防"建设现场会在安吉县召开。全市校园反恐怖防范标准化建设暨"四联三防"建设现场会在县第三小学召开。全体与会人员实地观摩县第三小学校门硬隔离防冲撞、人车分离系统、网格化管理、应急联动机制建设、反恐宣传等建设情况。第三小学介绍校园"四联三防"建设经验。会上还对反恐怖防范示范单位进行授牌。湖州市公安局党委委员、副局长、市反恐办常务副主任梅旗华,湖州市教育局副局长肖家青,安吉县公安局党委副书记、常务副局长丰贤忠及市反恐支队(反恐办)、市教育局、各区县公安局、各区县教育局有关负责人,全市中小学、幼儿园代表参加。

【全省公安机关优秀年轻干部培训班到安吉公安局考察调研】 11月11日,全省公安机关优秀年轻干部培训班到安吉县公安局考察调研。培训班学员实地参观凤凰山派出所、天荒坪派出所余村警务站、安吉县公安局执法办案中心。安吉县公安局局领导胡承东及有关单位负责人陪同。

【打击整治跨境赌博统一行动启动仪式举行】 11月15日,安吉县公安局举行打击整治跨境赌博统一行动启动仪式。副县长、公安局局长陈悦出席仪式并宣布行动开始,安吉县公安局党委委员、常务副局长丰贤忠主持仪式,党委委员、副局长何敏捷部署统一行动方案。安吉县公安局局领导张志龙、周勇及刑侦大队、巡特警大队、出入境管理大队、相关派出所组成方阵参加。

【全县电动自行车、货车专项整治工作会议召开】 11月17日,安吉县召开电动自行车、货车专项整治工作会议。副县长、公安局局长陈悦出席会议并围绕"齐心协力、下好宣传'一盘棋',协同配合、打好整治'组合拳',各司其职、管好自家'三分地'"三方面对遏制道路交通事故多发态势提出要求。会议由县府办副主任李笑主持。安吉县公安局党委委员、副局长李军通报全县道路交通亡人事故相关情况。会上还观看全县道路交通亡人事故警示教育片。各乡镇(街道)、各部门有关负责人参加会议。

【全县公安机关"坚持政治建警全面从严治警"教育整顿政治轮训开班】 11月18日,全县公安机关"坚持政治建警全面从严治警"教育整顿政治轮训开班。轮训分11月18日至20日,11月23日至25日两期进行,首期开班仪式由局党委委员、副政委、政治处主任潘建军主持,轮训内容含理论学习、党课、队列训练等。安吉县公安局第一期参训中层正职参加。

【参加全市公安机关首次"互看互评互学"活动】 11月18日至19日,安吉县公安局参加全市公安机关首次"互看互评互学"活动。安吉县公安局"浒溪河道警长驿站"和"防骗码"分别作为观摩项目和展示项目参加评比。湖州市公安局党委班子成员、副督察长,各区县公安局局长、政委,湖州市公安局机关各部门主要负责人参加。

【交警大队组织开展"全国交通安全日"活动】 12月2日,交警大队组织开展"全国交通安全日"活动。为全面提升广大群众交通安全意识,大力倡导安全文明出行理念,交警大队围绕第九个全国交通安全日"知危险会避险 安全文明出行"主题,组织开展交警走进直播间、文明劝导、交通安全进学校、进企业、进社区等形式多样,内容丰富的宣传活动。

【"4·15"专案新闻发布会召开】 12月8日,安吉县公安局召开"4·15"专案新闻发布会。安吉县公安局党委委员、副局长李军出席发布会并讲话，经侦大队、网安大队介绍“4·15”专案具体侦办情况。《法制日报》、《浙江日报》、人民法治网、交通之声、《都市快报》、《平安时报》、《湖州日报》、《湖州晚报》、湖州电视台、《湖州广播电视报》、湖州发布、安吉新闻等中央、省、市级各级媒体，湖州市公安局经侦支队、安吉县公安局警公办相关负责人参加。

【2020年浙江部分重点地市食药环知调研座谈会在安吉召开】 12月8日，2020年浙江部分重点地市食药环知调研座谈会在安吉县召开。浙江省公安厅食药环知侦查总队（森林警察总队）总队长王晖主持会议并讲话，湖州市公安局党委副书记、常务副局长李泽福出席会议，安吉县公安局党委委员、副局长何敏捷致辞。浙江省公安厅食药环知侦查总队、各重点地市负责人参会。

【国家禁毒办一行到安吉考察】

12月19日，国家禁毒办常务副主任、公安部禁毒局局长梁云一行到安吉县考察。考察组实地查看浒溪生态警务室、天荒坪派出所余村警务站、余村村。浙江省公安厅党委委员、副厅长刘静，湖州市公安局党委副书记、常务副局长李泽福，县领导沈铭权、高发义、陈悦，安吉县公安局局领导张志龙、何敏捷及有关部门负责人陪同。

【公安机关检察官办公室揭牌仪式举行】 12月23日，安吉县公安局举行公安机关检察官办公室揭牌仪式。安吉县公安局党委副书记、政委董秀华，县检察院党组成员、副检察长陈昌松共同为检察官办公室揭牌。法制大队、检察院相关负责人参加。

【全市公安机关侦查打击工作座谈会在安吉召开】 12月25日，全市公安机关侦查打击工作座谈会在安吉县召开。湖州市副市长、公安局局长张宏亮出席会议并作强调。安吉县副县长、公安局局长陈悦及湖州市公安局刑侦支队、经侦支队、禁毒支队、刑科所主要负责人，各区安吉县公安局分管侦查打击业务局领导、有关派出所负责人参加。

【OKR撰写专班专题研讨会召开】 12月28日，安吉县公安局召开OKR（目标与关键成果法）撰写专班专题研讨会。会议深入学习湖州公安OKR领导层共识会精神，邀请浙江数聚信息有限公司进行数据运用解说，并就如何运用信息化手段推进安吉公安OKR落地进行专题交流研讨。局领导潘建军及安吉县公安局OKR撰写专班成员参加。

（夏珠连）

检　察

【概况】 2020年，安吉县人民检察院有内设机构8个（6个业务部门、2个综合部门）、派驻基层检察室2个、下辖事业单位检察事务管理中心。现有中央政法专项编制57人，工勤编4人，事业编4人。其中员额检察官24人，检察官助理16人，书记员1人，司法行政人员9人，司法警察7人。另有司法雇员和编外工作人员32人。2020年，县人民检察院被市委政法委授予“全市政法系统人民满意政法单位”荣誉称号。

2020年，办结审查逮捕案件208件310人，办结审查起诉案件859件1214人。起诉抢劫等严重暴力犯罪14件17人，聚众

3月19日，省人大常委会副主任赵光君带队到安吉县调研检察机关法律监督工作

斗殴等妨害社会管理秩序犯罪187件321人，诈骗等多发性侵财犯罪254件338人，生产销售有毒有害食品、伪劣产品犯罪16件32人，破坏环境资源犯罪18件36人。稳妥办理一批涉众型、新类型疑难复杂案件，办结涉被告人或被害人10人以上案件16件187人，涉案金额超百万元案件29件62人。办理非法贩卖"奥亭"止咳水案，以贩卖毒品罪批捕7人，起诉18人，案件入选"全省检察机关践行'枫桥经验'优秀案例"。联合县公安局、县邮政局开展防范和打击寄递毒品专项行动，合力构建寄递贩毒防控体系。纵深推进反腐败工作，起诉职务犯罪案件5件5人。

【扫黑除恶专项斗争】 坚持"稳、准、狠"不动摇，高标准推进"六清"行动和"十大专项行动"，推动扫黑除恶专项斗争取得全面胜利。2020年，起诉涉黑恶罪名案件57件136人。坚持深挖彻查、"伞网清除"，办结南浔沈某某等16人黑社会性质组织案，团伙成员分别被判处17年至1年5个月不等刑罚。针对办案中发现的招投标行业乱象，向南浔3家责任单位发出检察建议，推动开展专项整治。办理汪某等15人涉恶犯罪集团案，针对中心城区治安管理问题，向相关部门发出检察建议，促进社会治理水平进一步提升。深入开展"回头看"专项行动，聚焦薄弱环节，抓好问题整改，推动扫黑除恶专项斗争长效常治。

【疫情防控】 坚决贯彻落实中央和省、市、县委及上级院关于新冠疫情防控工作部署要求，切实发挥检察职能，有力服务"两手硬、两战赢"。坚持高站位压实责任，全院动员、全面部署，确保办案工作安全有序，并组织党员干警参与基层联防联控600余人次。认真落实全国人大关于禁止交易、食用野生动物的决定，开展野生动物保护领域公益诉讼检察工作，办理吴某某非法猎捕野生动物案，获评"全市'三服务'典型案例"，并入选省检察院《案例指导》，获《人民网》等多家媒体关注报道。开启"云端"办案模式，通过远程视频方式，开展权利义务告知、司法救助等工作，推行律师网上"跨省阅卷"做法，获"学习强国"平台转发。监督配合县看守所做好疫情防控工作，确保监区零感染。

【"四大检察"工作合力】 刑事检察见成效。坚守客观公正立场，严格审查事实、证据、程序和法律适用，对证据不足或不认为是犯罪的，依法不捕61人。联合县公安局出台加强刑事侦查法律监督工作实施办法，提升监督质效，共监督公安机关立案15人，追捕、追诉14人，监督撤案14人，纠正侦查活动违法9件，抗诉获法院改判1件。坚决维护刑事执行公正，共纠正执行活动违法7件，清理"判实未执"罪犯6人，办理减刑、监外执行案件8件，监督收监4件，办理罪犯再犯罪案件9件。推进司法工作人员相关职务犯罪侦查工作，依法查办全县首例司法工作人员徇私枉法案。民事检察得到提升。依靠智慧检务大数据，坚持实体监督和程序监督并重，办理生效裁判监督案件31件，审判程序违法监督案件5件，办结执行监督案件4件，发出检察建议获回复率100%。通过公开听证等方式，提高民事诉讼办案质量，提升司法公信力，全年开展民事诉讼监督公开听证2件、执行监督互联网咨询1件。与县公安局联合制定加强民事诉讼监督协作机制的意见，持续加大对虚假诉讼打击力度，对方某某、郑某某等人涉嫌"套路贷"诈骗线索移送公安机关立案。行政检察有进展。推进行政检察工作，开展行政非诉执行专项监督，强化府院检联动，促成行政争议实质性化解合力，全年化解行政争议案件26件，最大限度实现案结事了政和。依托县矛调中心，与县司法局等部门一揽子化解陈某某等9人涉及房屋征收补偿等纠纷案件19件，获评"2020年度行政检察精品案例"等三项省级荣誉，办案经验被省检察院在全省检察机关推广。助力法治政府建设，发出行政检察建议27件，促进行政机关依法、全面履行职责。公益诉讼检察取得突破。分别与县监察委、县委政法委等部门建立协作配合机制，促进公益诉讼工作提质增效。坚持民生导向，聚焦生态环境资源保护、食品药品安全、公民个人信息保护等领域，开展诉前磋商5件，发出诉前检察建议55份，提起民事公益诉讼2件。开展守护"美丽河湖"专项行动，办理破坏水域生态环境案，被最高人民检察院评为"检察机关服务保障长江经济带发展典型案例"，获中央电视台、《检察日报》等媒体专题报道。

安吉“检察蓝”守护绿水青山公益诉讼检察基地获评全省首批创新实践基地，并作为“湖州元素”录入最高检《服务保障长江经济带发展检察白皮书》。针对限高杆阻碍通行、文物古迹遭受损毁等问题分别开展专项检察监督，堵塞监管漏洞。安吉县人民检察院公益诉讼及生态检察工作获最高人民检察院常务副检察长童建明、最高人民检察院政治部主任潘毅琴和省人大常委会副主任赵光君等领导充分肯定。

【基层社会治理】　优化法治营商环境。坚持惩治与保护并重，坚决严惩侵犯企业合法权益犯罪，树牢涉企案件“可捕可不捕的不捕、可诉可不诉的不诉”理念，推进民营企业平等保护常态化，妥善办理涉民营企业案件26件39人，对符合不起诉条件的10名企业人员依法作出不起诉决定。制定疫情防控期间服务民营企业专门措施，从建立涉企案件公检法联动机制等七个方面，助力涉案企业渡过难关。综合考虑案件事实和社会危险性等因素，依法对企业高管张某作出不起诉决定，其所在公司主动回馈社会，向县红十字会捐款7万元用于疫情防控。办理李某某等人诈骗案，为被害景区挽回经济损失153万元，并对景区票务漏洞和导游管理等问题，及时提出整改意见，并向执法部门发出检察建议，把企业的揪心事办成护企暖心事。深化检察环节诉源治理。将12309检察服务中心职能与县矛调中心深度融合，积极参与纠纷化解，经验做法获《检察日报》专题报道。通过院领导接访等方式办结信访案件4件，其中化解持续17年的陈某某信访积案，获评“2020年度全省控告申诉检察精品案例”。坚持“带案下访”，深入基层一线化解章某某敲诈勒索等案件中的矛盾纠纷，工作做法被《湖州日报》头版报道。坚持宽严相济刑事司法政策，对轻微刑事犯罪，不捕不诉327人。深化刑事诉讼制度改革，对1177人适用认罪认罚从宽制度，最大限度减少社会对立面。加大对因案致贫困难群体帮扶力度，办理司法救助案件30件，发放救助金21.3万元。情系特殊群体，省、市、县三级检察机关对退役军人徐某某展开联动司法救助，传递司法温度。强化未成年人司法保护。依法严厉打击侵害未成年人犯罪，共批捕9人，起诉19人。从严办理教师许某某强奸案，通过自行补充侦查，获取关键被害人证词，有力指控犯罪，最终许某某被判处无期徒刑。结合未成年人心理生理特点，打造未成年人“安心”工作区，与县公安局等部门联合出台侵害未成年人刑事案件“一站式”办案、综合救助工作细则。与县教育局、县卫健局等部门联合建立侵害未成年人合法权益强制报告、密切接触未成年人行业从业人员入职审查等机制，筑牢未成年人保护屏障。联合“蓝天温情护苗队”“微善公益”等社会力量，利用远程视频等方式，对附条件不起诉未成年对象开展“云帮教”。与市未成年人心理健康护航行动深度融合，设立法治宣传“云课堂”，制作的《毒品离你有多远》微课在省未成年人保护法治微课比赛中获二等奖。《法治日报》对安吉县人民检察院未成年人司法保护工作作专题报道，未成年人检察工作相关论文入选“2020年浙江省未成年人司法研究成果”。

【“一站式”办案工作室成立】　6月24日，为加强对未成年人的双向保护，避免未成年被害人因重

6月24日，安吉县未成年被害人“一站式”办案工作室成立

复询问受到“二次伤害”,实现对未成年人的全面、综合司法保护,特设立安吉县“一站式”办案工作室。工作室设有多功能工作室、协作办案室、询/讯问室、人身检查室四大功能区,集“权利告知、询问取证、心理疏导、检查治疗、综合性救助”等功能于一体,能一次性开展询问讯问、人身检查、未成年人权益保护、心理抚慰等工作,为未成年人提供心理关爱和隐私保护等“一站式”服务。

【生态环境检察教育基地成立】 7月,为发挥生态检察辐射带动作用,探索生态环境保护和检察监督的有效融合,全面提升司法供给质效,特设立生态环境检察教育基地。基地运用大量图片和视频介绍,以可视化、案例化的传播方式,讲好公益诉讼检察故事。基地分为序厅和主厅两个部分,序厅对基地主旨和场馆概况进行简单介绍,并以视频展播形式介绍安吉生态和湖州检察机关的作为;主厅分为“生态绿”“中国红”“回忆灰”“检察蓝”“湖州美”五个篇章,分别介绍安吉优越的自然条件、各级党委政府的部署支持、安吉发展的今昔对比、检察机关的充分作为和“美丽湖州”愿景的实现,向参观者完整介绍了湖州检察机关始终将检察职能融入社会发展大局、服务中心工作的基本情况。

(徐 晋)

法 院

【概况】 2020年,县人民法院工作践行“八八战略”、奋力打造“重要窗口”县域样本主题主线,坚持司法为民、公正司法,忠实履行宪法法律赋予的职责,各项工作取得新进展。全年参与诉前矛盾纠纷调解5434件,有效化解2542件,化解率46.78%。新收各类案件12865件,结案13011件(含旧存案件1639件),同比分别下降2.81%、2.63%,结案标的额26.72亿元,院庭长办理案件7425件,占总结案数的57.07%,一线法官人均结案数273.92件。2020年,安吉法院获“全国法院先进集体(行政庭)”“全省法院诉源治理成绩突出集体”“生态文明治理先进集体”等荣誉。

依法惩治刑事犯罪。2020年,新收刑事案件653件,审结654件(含旧存59件),判处罪犯912人。严惩影响群众安全感犯罪,审结故意伤害、抢劫、强奸等暴力犯罪案件31件39人。坚决遏制电信网络诈骗犯罪高发态势,审结电信网络诈骗、妨碍信用卡管理等犯罪案件19件75人。保护群众个人隐私及信息安全,审结侵犯公民个人信息犯罪案件8件29人。协同团县委、滴水公益签订《关于建立安吉青少年事务社工参与涉未成年案件社会支持体系的合作协议》,联合县检察院、公安局、卫健局等部门出台《侵害未成年人刑事案件“一站式”办案、综合救助工作细则》,织密“事前预防、事中维权、事后关护”的未成年人权益保护网。落实宽严相济刑事政策,适用认罪认罚从宽程序审结案件550件828人。

妥善审理民商纠纷。2020年,新收民商事案件6896件,审结6952件(含旧存918件),标的额22.13亿元。依法维护交易秩序与安全,审结买卖、租赁、借贷等案件2321件。维护家庭关系和谐稳定,审结婚姻、继承、赡养等家事案件425件。维护房地产市场秩序,促进人居品质提升,审结涉房屋买卖、建设工程

12月1日,全国人大代表、全国政协委员到安吉视察一站式多元解纷和诉讼服务体系建设工作

等案件629件。依法保障金融债权,审结金融借款合同、信用卡纠纷等案件466件。维护劳资双方权益,畅通劳动者维权绿色通道,审结追索劳动报酬、劳务合同等案件273件。持续开展打击虚假诉讼专项行动,有效甄别虚假诉讼案件20件21人,移送公安机关18件,3人被追究刑事责任。

实质化解行政争议。2020年,新收行政诉讼案件169件,审结147件(含旧存1件),行政机关败诉率2.80%,同比下降近37个百分点。继续巩固全国首个"行政争议调解中心"运行实效,中心受理行政争议107件,实质化解66件,相关经验在最高法院第三巡回法庭行政审判座谈会上交流。深化司法与行政良性互动,向社会发布行政审判白皮书,与县政府、检察院联合召开府院检联席会议。推动行政首长"出庭"又"出声",行政机关负责人出庭应诉率100%,切实维护公民、法人和其他组织的合法权益。健全府院常态化沟通协调机制,为行政机关依法行政提供法律指导,针对办案过程中发现的行政执法、社会管理、环境治理等问题,及时提出"加强中小学生学籍管理""定期检查企业污水处理设施"等司法建议16条,反馈率100%。

【护航经济发展】 牢固树立全县防疫工作"一盘棋"思想,全院干警投身村社防疫一线,守护"安吉一方净土"。为统筹推进疫情防控和经济社会发展提供司法保障,及时出台疫情防控21条、助企复工复产18条。对安吉某医疗器械公司暂缓执行强制措施,帮助企业恢复生产,在防疫"关键期"生产防护服、防护面罩23万余件,该案例入选"浙江法院服务保障疫情防控十大典型案例"。依法严惩妨碍疫情防控犯罪案件,审结假卖口罩诈骗案3件3人,以诈骗罪判处3名被告人相应刑罚。推动"云庭审""云办案"等信息化手段,通过网络立案(含跨域立案)6129件、开庭36次、调解4188件、保全查控273件,实现"审判执行不停摆,公平正义不止步"。

【优化法治化营商环境】 聚焦"六稳六保"、供给侧结构性改革,把服务优化营商环境融入执法办案全过程,让"法治保障强起来""营商环境暖起来"。推动"专员+专班"驻企服务常态化运行,累计走访企业300余次,协助解决问题79项。依托"杭州知识产权法庭(安吉)巡回审判庭""湖州中院知识产权巡回审判点",加大知识产权司法保护力度,协助诉前化解"安吉某购物中心侵害作品信息网络传播权纠纷案""4家KTV著作权侵权纠纷案"等案件。服务新时代"两山"试验区建设暨监地融合发展,协同属地合力攻坚涉南湖监狱系列执行案件,成功腾退厂房40幢,交付土地970余亩。健全完善破产审判工作机制,办理破产案件28件,办结50%,盘活企业存量资产9986.50万元,释放土地109.86亩、厂房4.6万平方米。服务保障重大项目"双进双产",协调外地法院顺利解封位于昌硕街道余墩区块某房产,破除投资近16亿元项目落地"掣肘"。

【参与基层社会治理】 推进"一站式"多元解纷,将诉讼服务中心成建制入驻县矛调中心,经中心速裁快审案件3114件。探索诉前鉴定机制,办理诉前委托鉴定114件,促进纠纷繁简分流。规范涉法涉诉信访案件办理,常态化开展院庭长接访,收到群众来信、来访350余件次,化解信访问题220余件。推动审判力量下沉,增设灵峰人民法庭、杭垓人民法庭,有序推进审判业务实质化运行。设立"白茶小镇"巡回法庭,推动涉茶纠纷源头预防、就地化解。配合开展资格联审工作,协助核查村(社区)候选人、党员发展对象、评先评优人选等信用情况4000余条。

【科技赋能】 推进互联网、大数据、人工智能等现代科技与法院工作深度融合,让智慧法院建设成果更多惠及人民群众。推进在线矛盾纠纷多元化解平台(ODR)运用,在线调解3686件,占全县平台总量54.99%。在诉讼服务中心设立24小时自助诉讼服务站,为群众提供全天候、一站式诉讼服务。开通"12368"智能服务专线,接听群众来电1805次,服务效率较传统人工方式大幅跃升。在全市率先开通不动产网络查询专线,实现对被执行人不动产查控的"一窗受理、一键完成",线上查控422次,协助外地法院查控99次,有效提高不动产处置效率。着力推进全流程、全要素的无纸化办案模式，涵盖自助立案、移动阅卷、电子送达、智能庭审等功能，让当事人充分享受信息技术带来的便利。推进电子卷宗随案同步生成及深度应用工作，随案扫描率100%。推动审委会数字化升级，提高工作效率，降低议事成本。全院无纸化送达率、一键转档率、上诉案件在线移送率等指标均达100%。

【接受外部监督】 接受人大、政协监督。高度重视县人大常委会对法官履职评议工作，39名员额法官接受履职评议。及时办理、答复政协委员提案1件。坚持把“请进来”与“走出去”相结合，走访和邀请代表委员旁听庭审、见证执行、座谈交流、视察法院130余人次。10余名全国人大代表、政协委员到安吉视察法院工作，并给予高度评价。接受检察机关监督。支持配合检察机关法律监督工作，办理检察建议9件，对检察机关提出的31件涉“套路贷”民间借贷案件，予以再审改判。落实检察长列席审委会制度，邀请检察长列席审委会5次。坚决纠正确有错误案件，对检察机关抗诉案件依法改判1件，共同维护法律权威。接受社会各界监督。加大司法公开力度，上网公布裁判文书7685份，庭审直播3028次，220.32万人次在线观看。完善人民陪审机制，陪审员参审案件911件，陪审率98.85%。探索建立法官与律师互评机制，深化法律职业共同体建设。用足用好“两微一端”、抖音等平台载体，加快推进新媒体矩阵建设。

【最高人民法院第三巡回法庭第七次行政审判工作座谈会在安吉召开】 1月15日，最高人民法院第三巡回法庭第七次行政审判工作座谈会在安吉召开。最高人民法院党组成员、副院长、第三巡回法庭分党组书记、庭长高憬宏出席会议并讲话。最高人民法院行政庭庭长黄永维，第三巡回法庭分党组副书记、副庭长李成玉，副庭长刘雅玲等出席会议，湖州市委常委、安吉县委书记沈铭权，浙江高院副院长朱新力在座谈会上致辞。会议由最高人民法院第三巡回法庭分党组副书记、副庭长李成玉主持。江苏、上海、浙江、福建、江西五省(市)高院行政审判工作分管领导或行政庭负责人，湖州中院党组书记、院长李章军，党组副书记、副院长吴云，党组成员、审委会专职委员周文霞，安吉法院党组书记、院长沈芳君等参加会议。致力实现人与人的和谐，通过加强“一府两院”联动，合力预防和化解行政争议，推动平安安吉、法治安吉建设步伐不断加快，打造法治环境的“绿水青山”。

1月15日，最高人民法院第三巡回法庭第七次行政审判工作座谈会在安吉召开

【安吉法院行政审判庭被授予“全国法院先进集体”称号】 3月，最高人民法院下发《关于表彰全国法院先进集体和先进个人的决定》，安吉法院行政审判庭被授予“全国法院先进集体”称号。

【安吉法院白茶小镇巡回法庭在溪龙乡揭牌成立】 3月23日，安吉法院白茶小镇巡回法庭在溪龙乡揭牌成立。县委副书记、政法委书记、开发区党工委书记徐卫勇和安吉法院党组书记、院长沈芳君共同为白茶小镇巡回法庭揭牌，溪龙乡党委书记夏靓，安吉法院党组成员、副院长沈伟分别致辞，湖州中院民一庭庭长程烨，溪龙乡乡长孙传国，溪龙乡党委、政府相关领导以及

3 月 23 日，安吉县人民法院白茶小镇巡回法庭在溪龙乡揭牌成立

安吉法院领导和梅溪法庭全体干警参加揭牌仪式。党组成员、副院长孟黎明主持揭牌仪式。

【安吉法院多部门共同启动安吉县青少年心理健康“青”护航三大打“虎”行动】 12 月 18 日，安吉法院与县文明办、团县委、县教育局、县司法局、上墅乡、两家公益组织共同启动安吉县青少年心理健康“青”护航三大打“虎”行动，并协助、指导上墅小学暨“两山”红领巾学院法学分院建立长效性“模拟法庭”运作机制。通过常态化开展模拟法庭活动，对庭审进行专业指导与点评，为学生提供实战体验法庭庭审的平台，打造校园“依法自治”模式，形成“法治”内核的校园文化，更好护航青少年健康成长。

【全国人大代表、全国政协委员到安吉视察一站式多元解纷和诉讼服务体系建设工作】 12 月 1 日至 2 日，来自全国各地的 10 名全国人大代表、全国政协委员到安吉视察一站式多元解纷和诉讼服务体系建设工作，最高法院立案庭副庭长刘雪梅，最高法院办公厅副巡视员、联络办主任张天若，省高院党组成员、副院长何鑑伟，湖州中院党组书记、院长李章军，党组成员、副院长王怡，安吉县委副书记、政法委书记徐卫勇，安吉县人大常委会党组成员、副主任徐勇，安吉法院党组书记、代院长王亚琪等陪同。

【安吉法院公开宣判省扫黑办挂牌督办的沈某某、郑某某等 16 人涉黑案件】 12 月 4 日，安吉法院公开宣判省扫黑办挂牌督办的沈某某、郑某某等 16 人涉黑案件。以组织、领导黑社会性质组织罪、强迫交易罪、敲诈勒索罪、寻衅滋事罪、串通投标罪、赌博罪、诈骗罪、破坏生产经营罪、污染环境罪、强奸罪判处被告人沈某某有期徒刑十七年，剥夺政治权利两年，并处没收个人全部财产，罚金人民币十八万元。以犯组织、领导黑社会性质组织罪、强迫交易罪、寻衅滋事罪、聚众斗殴罪、敲诈勒索罪、串通投标罪、赌博罪判处被告人郑某某有期徒刑十六年，剥夺政治权利两年，并处没收个人全部财产，罚金人民币十六万元。判处被告人黄某、李某某等其他 14 名被告人有期徒刑六年至一年四个月不等，罚金人民币七万二千元到一万五千元。

（刘婧玙）

司法行政

【概况】 2020 年，安吉县司法工作围绕打造“重要窗口”的县域样本目标，坚持问题导向，勇于改革创新，积极探索实践，实现以法治安吉为统领的各项法治工作推进，为新时代“两山”试验区建设提供坚实的法治保障。2020 年，县司法局办理各类法律援助案件 1313 件；共受理调解纠纷总数 3935 起，调解成功 3923 件，调解成功率 99.7%；县行政复议局新收行政复议申请 61 件，调解撤回 18 件，调撤率 29.51%，行政诉讼案件结案 128 件，败诉率 7.8%。安吉县司法局被评为全国公共法律服务先进集体；以人民调解为核心的矛盾纠纷化解工作被司法部简报刊登，得到市长王纲的批示肯定；央视社会与法频道《一帮到底》栏目采访报道梅溪司法所；人民调解员王正平工作事迹被央视国际频道《这里是中国》栏目采访报道；加强法治三服务保障企业复产复工被《法治浙江》简报刊登，得到市委常委、县委书记沈铭权批示；行政执法监督工作得到副市长朱留沙批示肯定。

【服务中心工作】 营造法治化营商环境。组织开展“法雨春风”法律服务月和法治保障县域经济高质量发展专项行动，下发《安吉县司法局关于发挥法治保障作用支持和帮助企业应对疫情健康发展的八条措施》，牵头全县法律服务专班，依法办理涉及疫情防控的应急管理措施、政策文件、重大执法决定、重大行政协议等法律事务，审查各类决策文件12件。组建安吉县新冠肺炎疫情防控公益法律服务团，主动联系企业600余家，通过网络法律服务平台接受咨询800余人次，为500余家企业进行免费法治体检，出具书面法治体检报告370份，帮助58家外贸企业申请办理不可抗力证明，避免直接经济损失2000余万元。加大涉企疫情防控政策和企业复产复工政策宣传，编制下发《疫情防控法律宣传手册》《企业复工复产法律服务手册》5000册，集中举办《浙江省民营企业发展促进条例》专项宣传、复工复产政策解读等讲座12场，参加企业200余家。开展涉企矛盾纠纷专项排查，化解涉企矛盾纠纷481件。浙江浦源律师事务所服务企业案例《律师发函协助企业平稳解决合同纠纷》被司法部录用，为全省唯一被录用指导案例。推进“两山”试验区建设。推进“强县扩权”改革，对接争取首批省市118项事权下放。助力监地融合发展，争取到省监狱管理局下发政策文件支持“两山”试验区建设，在监地土地置换、社会治理、党建共融和刑罚执行一体化方面发挥积极作用，《携手南湖监狱创新开展多样化合作，打造监地融合发展全国典范》获评全市三服务担当破难典型案例。参与综合行政执法体制改革，为全县综合行政执法队伍改革工作、全县综合行政执法事项划转做好坚实法治保障。开展“司法行政＋综合行政执法”共建共融试点。立足化解城市管理中的矛盾纠纷，助力文明城市创建和法治政府建设，推进司法行政系统和综合行政执法系统的全面融合共建，优化律师驻队模式，实现律师驻队14个执法所全覆盖，为执法队员解决疑难法律问题250余个，随队执法30余次，针对被处罚对象未履行处罚决定的情形，驻队律师发送催告函60余份。成立安吉县“综合行政执法＋人民调解”联合调解委员会，设立联合调解室，联合调解纠纷71起。开展文明城市创建、校园安全、民法典等方面的联合普法9次，借助“青育课堂”“模拟法庭”“法律沙龙”等载体，开展执法人员集中培训4次。推进“综合查一次全面铺开”，15个乡镇(街道)累计发起“综合查一次”任务45个，抽取检查对象186个，发现问题76处，整改75处。该项工作被《浙江日报》宣传报道。

11月21日，安吉县法治政府建设推进会暨府院检联席会议召开

【法治安吉建设】 依法治县机制不断完善。健全依法治县委员会日常运行机制，建立重大事项报告请示制度和法治联络员机制，召开依法治县委员会第二次全体会议。强化法治安吉统筹力度，深化对部门和乡镇法治工作落实情况的监督，将法治工作纳入年度效能机关考核，制定下发《2020年度法治工作考核细则》，将法治建设工作情况纳入县委巡察范围，对鄣吴镇法治工作进行巡查。吸纳社会力量参与法治建设，面向社会招聘10名法治监督员从严执法、公正

司法、全面守法等多方面加强对法治安吉建设重点工作的社会监督。推进全县乡镇(街道)合法性审查全覆盖,出台《安吉县乡镇(街道)合法性审查工作实施办法(试行)》,深化基层法治建设。依法行政能力全面增强。牵头制定《安吉县法治政府建设三年行动计划(2021－2023年)》,修订《安吉县人民政府法律顾问工作规则》,完成新一届县政府法律顾问团选聘工作。推进县政府重大行政决策目录化管理,起草《安吉县行政规范性文件管理办法》,对200余件政府文件、行政协议、重大决策等进行合法性审查,出具书面合法性审查意见书59份,向市政府、县人大常委会备案行政规范性文件20份。对253件现行有效的县政府文件进行全面清理,废止8件,修改1件。大力培育法治政府建设典型,《乡村治理"余村经验"实践中的法治乡村建设》《律师驻队服务城市管理执法模式》获评市级最佳实践项目。争取作为2020年度全省行政执法监督规范化建设重点地区,深化行政执法监督与公益诉讼协作机制,联合县检察院出台《关于加强行政公益诉讼工作协作配合的意见》,实现信息互通,加强行政执法监督效力。"七五"普法圆满收官。召开"七五"普法总结验收动员会,对全县各普法成员单位和乡镇(街道)普法工作进行验收,完成湖州市对安吉县的考核。推进"谁执法谁普法"普法责任制落实。深化"宪法十进"活动,提升安吉县宪法主题公园,该公园占地200亩,以"法润两山"为主题,结合人大、国防等区域的法治元素,挖掘安吉历史名人和法治碑文。结合宪法宣誓制度的落实,乡镇的宪法主题公园建设全面跟进。开展民法典宣传,先后组织法治进乡村、社区、学校等普法活动40余场。创新开设"法润两山"普法大讲堂,通过专家授课、专题沙龙、法治论坛等形式,运用新媒体进行直播或录播,扩大社会覆盖面。发挥安吉普法微信公众号、平安安吉说法节目、行者杂志等为主的融媒体普法阵地,推送各类普法信息、案例600余条。做强矛调中心。贯彻落实习近平总书记安吉考察时的讲话精神,充分发挥人民调解在矛盾纠纷化解中的核心作用,抽调精干力量,参加矛调中心工作专班,完善人民调解、行政调解和司法调解三大调解之间的互相融合、衔接工作机制,在县矛调中心组建一个9名专职调解员的专业调解团队,为中心真正实现信访纠纷调解、诉前案件调解以及乡镇(街道)提交的重大疑难纠纷调解等"一站式"化解,夯实调解力量。优化人民调解机制。不断完善以层级调解为基础,人民调解、行政调解、司法调解协同发力的矛盾纠纷化解机制。截至2020年底,全县各级人民调解组织化解纠纷3828件,成功3820件,成功率99.79%。创新深化"访调援诉四合一"机制,建立三调衔接机制,引入司法调解力量,实现信访、调解、援助及诉讼之间无缝衔接,矛盾纠纷化解链条更加完善与坚固,真正实现矛盾纠纷调解优先、诉讼断后的"闭环式链条"。全年通过该机制化解矛盾纠纷685件,其中通过法庭速裁解决5件。升级三调联动巡诊制度,以各法庭所在乡镇(街道)为基础,重新划分成5个片区,每季度组织由法庭庭长、政府法律事务专家、律师和部门专家组成专家团队,会同片区内司法所,对片区内镇村矛调中心遇到的疑难纠纷分析研判,提出调解指导意见,并形成"巡诊"会议纪要,印发全县

7月7—8日,安吉县"法润两山"普法大讲堂启动仪式暨《中华人民共和国民法典》解析专题讲座举行

调解组织参考借鉴。人民调解机制做法被《法治日报》刊登。强化行政争议化解。开展行政复议质量提升年活动，将行政复议窗口式入驻县矛盾纠纷调处化解中心，规范行政复议案件办理机制和流程，启动行政复议数字化建设。截至2020年底，共受理行政复议案件53件，审结41件，其中经调解撤回17件、维持14件、驳回4件、纠错6件，综合纠错率56.1%。推进行政争议"一站式"化解机制建设，开展行政争议化解集中攻坚行动，将高风险败诉案件分批次进行集中攻坚化解，实现清单式化解、销号制落实，推动行政争议的"案结事了"。全年市县两级管辖法院审结安吉县一审行政诉讼案件112件，其中撤诉或调解结案72件，败诉10件，行政诉讼败诉率8.92%。《行政争议实质化解的"安吉样板"》被评选为全省县乡法治政府建设"最佳实践"项目。

【品牌创新】 巩固法治乡村建设品牌。围绕法治乡村建设和全国乡村治理体系建设试点要求，结合安吉美丽乡村工作实际，制定依法治村工作实施方案。开展民主法治村(社区)建设三年行动，以创建为抓手，规范村级民主法治建设，实地摸排走访省级创建村24个、国家级创建村8个，指导各创建村提升法治文化阵地，加强基层民主法治建设，全年新创成省级民主法治村15个。大力推广"余村经验"，培育乡村治理典型，提炼总结乡村治理的特色经验，打造"一村一品"。年内法治乡村建设经验在全省法治乡村知行讲堂建设现场会上交流发言。培育法律援助品牌。开展习近平视察安吉县法律援助中心15周年系列宣传活动，围绕"8·15"法援主题举办法援开放日、广场夜市宣传活动。举办"法律援助大讲堂"和"深入学习宣传贯彻习近平法治思想，完善以人民为中心的法律援助制度建设研讨会"。开展公共法律服务站点规范化提升和公共法律服务业务大练兵大比武，优化首问制、首办制、限时办结、经济困难承诺制等服务机制，创新"三个一"司法鉴定品牌，加大便民服务力度，打造人民满意公共法律服务。推进全省政法一体化法援协同办案试点，刑事法律帮助全面铺开，健全法院、检察院、看守所三家法律援助工作站设置，落实值班律师制度。打响监地融合品牌。在全市率先设立安吉县社区矫正管理局，组织开展《社区矫正法》宣传培训，做好新法实施的工作衔接。推进"智慧矫正"，深化"绿色矫正"品牌建设。与省南湖监狱持续开展刑罚执行一体化建设合作共建，2020年，共开展假释调查评估5起，刑满释放人员安置帮教3人；开启线上"云模式"，利用远程视频开展4场次"送法进监"法律咨询活动；开展远程视频会见9场次。11月23—25日，第二届长三角社区矫正工作创新发展论坛在安吉举行，安吉作为县区代表在会上交流发言。

【安吉县公共法律服务中心获全国先进集体】 1月16日，全国公共法律服务工作先进集体名单公布，安吉县公共法律服务中心入选。县公共法律服务中心按照"3+X"模式，设立法律援助、法律咨询、人民调解、公证、司法鉴定、行政复议6大窗口，使群众"只进一扇门，办成公共法律服务所有事"。在法律援助方面，推出"双选制""首办责任制""经济困难承诺制"等制度，助推"减证便民"服务改革。在人民调解方面，建立"三级坐堂""三调联动巡诊""访调援三合一"等机制，形成联动合力聚焦纠纷化解。在法律服务方面，组建律师志愿服务队结对乡镇工会，为规上企业开展法律体检、法治讲座、现场法律咨询等服务。近3年来，全县累计办理法律援助案件4700余件，受援人数5000余人次。累计调解矛盾纠纷上万件，成功率99.25%，涉及金额1.12亿元。

【安吉县司法局"行政争议实质化解的'安吉样板'"获评全省县乡法治政府建设"最佳实践"项目】 7月21日，省政府办公厅通报全省40个县乡法治政府建设"最佳实践"项目，安吉县司法局"行政争议实质化解的'安吉样板'"成功入选。近年来，县司法局不断强化法治政府建设，实现行政诉讼案件量、行政诉讼败诉率双下降，行政争议化解量、行政争议案件办理质量双提升。强化制度保障，出台《进一步加强行政复议(应诉)工作的实施意见》《安吉县行政应诉工作规则》等文件，明确行政机关应诉工作职责，推动"一把手"出庭应诉工作。在全省率先打造实体调解平台，深化诉源治理，实行检察官参与行政争议调解模式，构建人民调解、司法调解、行政调解“三方联动”调解模式，共同促进行政争议实质性化解，将行政争议化解在初始、化解在萌芽状态。截至2020年底，办结行政案件320件，成功调撤132件，调解成功率41.3%。

【安吉县2020年行政执法工作第三方综合评价居全市第一】 12月21日，市建设法治政府(依法行政)工作领导小组办公室公布2020年行政执法工作第三方综合评价结果，安吉县以89.58分的综合评分位列全市区县首位。安吉县全面推进政务公开，依托政府网站及时、准确、全面公开规范性文件征求意见稿、行政执法统计年报、法治政府建设情况年报等信息，对年度重大行政决策事项，在广泛征求公众意见的基础上，组织法律顾问或公职律师提出法律意见。并建立决策机关跟踪重大行政决策执行情况和实施效果制度，确保决策能够实现预期目的或根据客观情况的变化及时予以调整。2020年，公开各类执法信息1.21万条，实施重大行政决策5项，累计收集各方面意见建议23条。

【县司法局获评全省行政复议规范化建设工作成绩突出集体】 12月30日，全省行政复议规范化建设工作成绩突出集体名单公布，安吉县司法局入选。县司法局在提高办案质量的同时，加强行政复议的内部纠错、内部监督功能，印发《安吉县行政复议案件审理工作规程》，对行政复议案件的受理、审理、调解、听证、决定等全流程予以规范，2020年度，组织案件审查49件，成功纠错6件，借助“一团一委”模式解决重大疑难问题8个，深化府院检联动，出台《关于推进行政争议实质性化解实施办法》，邀请检察机关参与此项工作，建立行政复议与检察(监察)协作机制，形成行政争议预防化解的强大合力。2020年，安吉县行政复议案件调撤率48.98%。

【全省公共法律服务体系建设成绩突出集体】 12月31日，省司法厅发布《浙江省司法厅关于表扬全省公共法律服务体系建设成绩突出集体和个人的通报》，安吉县法律援助中心获评全省公共法律服务体系建设成绩突出集体。安吉县法律援助中心充分运用“互联网+”，健全线上法律服务平台，实现“12348”咨询热线与“12345”阳光热线并轨，每天安排专业律师值守，申请人通过浙江政务服务网、“浙江法律援助”微信号或“浙里办”App便可申请法律援助事项，实现县、乡、村三级公共法律服务站点全覆盖，建设“智慧智能法援”，全县已有8个乡镇(街道)配备“公共法律服务一体机”，推广“安吉普法”公众号、“安吉微司法”小程序，推行预约上门、便民联系卡等便民服务，百姓足不出户即可实现法援“掌上办”、家中办，在家门口就能实现享受高效便捷优质的法律服务。

(卜颖波)

军　事

【概况】 2020年,安吉县人民武装工作坚持维护核心政治领航、聚焦打赢练兵居中、紧盯主业夯实基础、党建引领创新发展、围绕中心服务大局,各项工作平稳起步、重大任务圆满完成、基础建设持续推进。年内县保交护路民兵分队在全省组织的第三届民兵岗位练兵比武中取得战备钢桥架设专业全省第一的好成绩;县人武部被省军区表彰为“全面建设先进人武部”;党管武装工作在全市6个区县考核中夺得第一名。

【国防教育】 巩固深化“八一”光荣榜、军人荣誉墙、军属大走访等大国防教育特色做法,拓展学校有课堂、村(社区)有礼堂等多维宣教阵地,投入200余万元建成县级国防教育主题公园。常态开展国防教育宣传周(日)活动,以“传承红色基因,担当强军重任”为主题,分层开展宣教活动,以“赞颂辉煌成就、军民同心筑梦”为主题,组织讲师团成员赴县委党校、乡镇街道和中小学校开展国防教育,促进国防教育普及深入。坚持利用革命烈士纪念馆和浙北第一党支部组织爱国主义教育,山川戎创国防教育基地入选省级国防教育基地。

【国防动员】 积极适应改革重塑要求,围绕贯彻“军地一体、平战结合”的原则,抓好《国防动员和后备力量建设“十三五”规划》贯彻落实。及时调整充实县国动委领导小组和“八办”机构,落实成员单位任务,规范工作运行机制,调查摸清动员潜力。推进人防设施建设,战场交通环境不断优化,科技信息建设稳步向前,全县国防动员准备质量逐年提升。按照“整体布局、分类推进、精准抓建”的思路,建立军地联合抓基层武装工作协调机制,实施军地联建、联帮、联考,形成军地齐抓共管合力,对表《基层武装部“评星挂牌”考评实施办法》,区分类型细化具体指标,实现基层武装部建设换挡升级。

【兵员征集】 坚持把兵员征集作为政治任务紧抓不放,注重领导干部站一线、职能部门强统筹、干部骨干严把关,扎实做好思想发动、体格检查、走访调研、集中定兵、役前训练、廉洁把控等各环节重点工作,以提高兵员质量为核心,以“五率”量化考评为抓手,围绕“三个确保、两个杜绝”目标,精准实行过程管控,确保征兵工作保质保量完成,实现连续41年无责任退兵、连续2年无退兵,征兵“五率”排名靠前,完成2020年新兵的征集任务。

【践行“两山”理念　护美绿水青山】 紧紧围绕县委县政府打造“中国最美县域”的战略目标,组织民兵带头举生态旗、打生态牌、走生态路,带头走出既护住绿水青山又实现富民强县的科学发展之路。坚持把民兵“两山”实践纳入党管武装工作考评范围、基层武装部“评星挂牌”活动内容、全县“十佳基干民兵”评比条件,将民兵生态参建成果与专武干部管理使用挂钩,并协调县考核办把民兵参加“美丽乡村”建设列入县“美丽乡村”建设目标管理,提升各级参建共建的工作热情。定期组织制作民兵生态参建活动展板,全面展示参建工作成果,努力营造参建工作单位创优、人人争先的浓厚氛围。

【营区规范化建设】 认真贯彻正规化建设制度,进行办公大楼顶平顶改坡屋顶、营院围墙维修整治、营院水泥隔离段维护及征兵体检站墙面整修;协调交投集团出资新建室外停车棚、塑胶跑道;筹划推进营区物业社会化保障,进一步理顺营院管理秩序,提升营院建设质量;根据武器装备培训会部署要求,细致开展装备实力统计工作,并强化武器装备管理,对兵器室用电线路、硬件设施进行改造升级;对照人武部建设规范,新建理发室、食堂就餐环境;对营区避雷设施进行全面检测,排除安全隐患。

【疫情防控】 牢牢把握“疫情就是命令,防控就是责任”的政治要求,保持清醒、行动迅速,组织县民兵应急连、乡镇（街道）应急排配合党委政府做好卡点值勤、人员排查等疫情防控工作，为“坚守湖州西北大门，坚守安吉一方净土”作出贡献，疫情防控事迹在《国防时报》、《省军区要讯》、政工网、《钱塘兵事》、安吉发布等各大媒体广泛报道。

【备战打仗能力提升】　紧贴国动事业新形势新任务，树牢战斗力这个根本的唯一的标准，全面统筹应急应战、民兵训练、兵员征集和民兵参建等工作，确保重点工作和基础工作“两手抓”“两促进”。采取充实调整、联合演练、定期协商等方式，注重发挥国动委成员单位职能作用，精准摸排、科学分析、综合衡量，掌握辖区国防动员潜力数据。采取“民间＋专业”“模块＋分散”模式，完成队伍、基干民兵组织整顿工作，提升编兵实效、优化队伍结构。坚持以基层“评星挂牌”活动为抓手，采取点位检查、会议通报、通知整改等形式，督导各级持续加强基层武装部“三室一库”和民兵连“一部一室”建设，夯实基层武装工作建设基础。

【服务社会作用发挥】　坚持把民兵组织作为推进经济社会建设的重要力量，围绕县委县政府提出的“创建全国文明城市、打造中国美丽县域”的目标，实现练兵用兵强兵的有机结合。组织民兵听令开展“环境大整治、卫生大清扫”活动，参与文明劝导、礼让出行等活动，为创建全国文明城市出一份力；组织黄杜村基干民兵、退役军人党员参与捐赠茶苗，为助力扶贫工作发挥积极作用；继续发挥好民兵营连长“河长制”作用，探索建立常态义务宣传、集中整治等参与绿色生态建设机制，努力争当践行“两山”重要思想的模范生，打造好“安吉民兵”品牌。4月，组织民兵投身疫情防控工作的做法在省军区要讯作了刊发；8月，组织民兵践行“两山”理念的做法在《解放军报》刊登。

【思想政治建设】　认真贯彻“抓军队建设首先从政治上看”的要求，坚持以学习领会习近平主席考察安吉重要讲话精神为动力，及时传达学习习近平主席重要讲话，学习领会两会精神、十九届五中全会以及赵乐际考察安吉的重要讲话精神，把主席和各级领导的关心关怀转化为实干担当、奋勇争先的不竭动力，在人武部内形成奋发向上，积极进取的良好风气，自觉推动党中央各项决策部署在人武部及后备力量队伍中落地生根、开花结果。严格落实每月2天的党委中心组学习，坚持重大时政理论集体学、重要文件书记带头学、重要书籍督导学等，加强理论学习、提升政治素养，确保单位建设正确方向。

【全县党管武装工作暨国防动员委员会全体会议召开】　1月6日，安吉县举行党管武装工作暨国防动员委员会全体会议。会议认真贯彻落实全省国防动员工作、市委议军会等会议精神，总结成绩、分析形势，研究部署当前和今后一个时期安吉县党管武装、国防动员各项任务。县委书记、县人武部党委第一书记沈铭权讲话，县委副书记、政法委书记赵德清主持，县委常委、常务副县长潘鸣，县委常委、县人武部政委刘小翔、各乡镇街道书记及各成员单位领导参加。会上，递铺街道、孝源街道、溪龙乡、上墅乡四个乡镇（街道）党委负责人进行党管武装工作述职，其他11个乡镇（街道）作书面述职。

4月16日，“深入学习贯彻习主席重要讲话精神，积极投身‘两山’实践、促进基层治理”部署会举行

【全县武装工作暨国动(教)委全体会议召开】 5月19日，安吉县举行武装工作暨国动(教)委全体会议。会议深入贯彻落实习近平新时代中国特色社会主义思想和习近平强军思想，第一时间贯彻落实全市武装工作暨国动(教)委全体会议精神，研究部署县武装工作、国防动员等各项任务。县委书记、县人武部党委第一书记沈铭权讲话，县委常委、县人武部政委刘小翔，县人武部部长赵德民参加。

【举办深化国防后备力量投入“两山”实践、推进基层治理动员部署会】 4月16日，湖州军分区围绕深入学习贯彻习近平主席考察浙江、湖州时的重要讲话精神，充分发挥国防后备力量在“两山”实践和市域治理现代化中的重要作用，组织全市各区县人武部主官和部分基层武装部部长、民兵连长，赴安吉县社会矛盾纠纷调处化解中心和余村参观学习，召开投身“两山”实践、促进基层治理动员部署会，总结交流经验，部署开展后备力量助力政策宣传、平安创建、基层治理、生态守护等7个专项行动，为加快新时代高质量赶超发展作出更大贡献。

【全县新质力量基干民兵点验大会召开】 6月2日，安吉县2020年度民兵整组点验大会在天子湖机场等地同时召开，县应急连、应急任务分队、专业分队的1000多名基干民兵在各个点验场，以统一着装、精良的装备、昂扬的斗志、饱满的精神、实战的姿态接受了点验。

6月2日，2020年度安吉县基干民兵新质力量分队暨天子湖片区基干民兵集合点验大会召开

【省军区政委修长智带机关工作组到安吉检查调研】 7月17日，省军区政委修长智带机关工作组到安吉考察民兵预备役参与“两山”实践、基层矛盾纠纷调解、安吉县人武部建设情况。在天荒坪余村，修长智一行在文化礼堂、“两山”绿道等处，看民兵预备役参与“两山”实践，听美丽乡村发展建设介绍。在县矛调中心，修长智详细了解中心功能设置、内部流程、工作运行等情况，观看习近平主席3月访问安吉的影像资料，对基层社会问题矛盾纠纷化解“最多跑一次”的做法表示充分肯定。

【安吉县党政军领导干部集中过“军事日”活动】 7月25日，安吉县“四套班子”和各局办、乡镇负责人等领导干部赴山川戎创国防教育基地开展“军事日”活动。在装备实操演练场，县领导们严格按照军事纪律要求，全副武装，头戴丛林迷彩帽，身着迷彩服，脚穿迷彩鞋，认真听取武器介绍，集体观摩教官团队进行装备实操演练。

（刘　超）

水　　利

【概况】　2020年，县水利工作按照“两手硬、两战赢”要求，统一思想、迎难而上、担当有为、奋力拼搏，各项工作任务顺利推进。全年完成水利投资5.2亿元，投资完成率104%，连续2年获评中央财政水利发展资金绩效评价优秀，水利管理业投资同比增幅达201.5%，连续6个月涨幅全市同行业第一，获评全省农业水价综合改革示范县、全省首批深化小型水库管理体制改革样板县、全省农村饮用水达标提标行动成绩突出县，积极谋划并成功争取到“两山”示范区幸福河湖余村试点、赋石灌区节水改造与配套工程等一批重大项目，为安吉打造“重要窗口”县域样本、高位创成全国文明城市提供强有力的水利支撑。

【疫情防控】　2020年，水利系统积极响应上级号召，动员全体干部职工迅速参与防疫志愿工作。疫情防控期间，共安排防疫志愿者15批次、3869人次，县防疫办、县委组织部通报表扬县水利局在防疫工作中的突出表现。年内以“深化‘三服务’、助企开复工”专项行动为抓手，全力解决项目开复工难题，指导水利开复工项目53个。在第一季度末，西苕溪滨水生态廊道、浒溪流域综合治理工程等19个水利项目开复工率83%；河道水毁修复等34个小型水利工程开复工率87%，水利系统开复工情况走在全县前列。

【防汛减灾】　为做好2020年水旱灾害防御准备工作，组织开展汛前水旱灾害防御大检查，组建由班子成员带队的6个检查组，分批赴各乡镇(街道)、水管单位对防汛装备、工程安全度汛、监测预警、水毁工程修复、薄弱环节隐患等方面进行重点督查，全年开展汛前检查935人次，检查各类水利工程907处，及时发现并整改各类隐患22处。完成安吉县山洪灾害防御能力提升项目，全面查清山洪灾害区域分布及防治重要村落名录，分析确定重要村落预警指标，划定山洪灾害风险区，建立山洪灾害防御对象清单，形成山洪灾害防御“一张图”，全面有效提升山洪灾害防御能力。积极开展水文基础设施建设，完成国家基本站19处、各类专用测站81处的维护

水文监测

保养校测工作。完成建设各类监测预警站点113处、河道视频监控设施492处、水毁修复项目21个。

2020年汛期安吉县平均降水1276.2毫米,比多年平均值(1148.3毫米)偏多11.1%,但降水主要集中在梅雨季,梅雨期持续时间长,5月29日入梅,7月18日出梅,比常年偏多28天;降水过程多,共有7轮明显降雨;短历时雨量集中,多暴雨过程。据县水文遥测统计,安吉县2020年梅雨量为714毫米,是多年平均梅雨量(284毫米)的2.51倍。其中6月、7月两月降水量达822.5毫米,是常年同期降雨量(411.4毫米)的两倍,降水量在空间分布上相对较平均,但降雨强度较大,产生山洪暴雨预警90条次,较2019年(34条)偏多164.7%。

为做好汛期防汛减灾工作,严格执行24小时值班和领导带班制度,密切关注水雨情,及时发布预警信息,提升应急响应效率。切实落实水库"三个责任人"和"三个重点环节",加强水库关键部位、在建涉水工程、重点堤段和薄弱环节的巡查防守,全年派出水利技术专家120余人次,工程检查巡查2000余人次,确保险情及时发现有效处置。同时,加强与气象部门会商,根据降雨预报,对可能受影响的大中型水库进行提前预泄,腾出库容,病险水库及时降低水库水位甚至空库运行。2020年汛期安吉县共发出水库运行调度单33份,大中型水库累计拦蓄洪水20311万方,削峰率最高达99%,大大减轻西苕溪下游防洪压力,为流域防洪作出重要贡献。

【项目规划建设】 完成《西苕溪"绿水"经济带概念规划设计》编制,规划部分内容已融入《国土空间利用规划》《"十四五"规划》,为安吉县纵深推进试验区建设提供切实可行的规划蓝图;完成《安吉县水安全保障"十四五"规划》编制;完成《安吉县水利补短板实施方案》编制并取得县政府批复;完成《安吉县水利风景区集群建设总体规划》编制;完成苕溪后续项目(晓墅港安吉段)、水库集群、流域综合治理等重大水利工程的国土空间规划衔接;完成水利专项债项目(西苕溪主要支流流域综合治理一期工程)立项,项目包括"两山"示范区幸福河湖余村试点治理工程、西苕溪流域综合治理工程(西溪)、南溪流域综合治理工程、赋石水库清淤扩容工程,共计治理河长约270公里,治理流域面积约899.9平方公里,总投资估算12亿元,其中政府专项债资金6亿元。启动西南片区水库集群规划建设调研工作;启动余村"两山"示范区幸福河试点项目以及西溪、南溪流域综合治理项目可研工作;西苕溪河道整治后续项目安吉段(晓墅港)前期工作取得实质性进展,项目可研取得省发改报批并启动项目初设。

全力推进县域小流域水土流失综合治理,溪龙乡陈家墩等4条小流域、梅溪镇里江等5条小流域和递铺街道里溪小流域水土流失综合治理工程全部完工。完成8.5公里浒溪流域综合治理,长坑坞、油车、红庙、施家庄4座小型水库除险加固,北坞、凉亭、大洼、花包坞、小呼坞、牛头山6座山塘综合整治,凤凰水库大坝碳化补强主体工程。持续推进河湖库塘清淤轮疏工作,完成老石坎水库清淤103万吨,赋石水库清淤扩容工程基本完成前期工作。同时,严格水利工程质量监督管理,落实监督责任,2020年新增受理监督项目27项,开展质量监督检查118次,印发监督检查意见37份,督促落实问题整改222条。

【美丽河湖创建】 开展水环境治理提升工程,完成5个乐水小镇、

南溪

25个水美乡村创建并通过验收；水环境优美村创建完美收官，孝丰镇赋石村、杭垓镇松坑村、报福镇上张村等8个行政村完成最后一批水环境优美村创建并通过验收，全县共计创建水环境优美村48个，累计投入资金1.8亿元；递铺港、浒溪、鄣吴溪、南溪4条河道完成省级美丽河湖创建并通过省市验收，年度创建数量全市居首。完成第二轮水域调查，全面查清摸准全县水域基础信息和空间数据，厘清水域保护和岸线管控具体范围，划定水域“三线”空间；完成水域保护规划修编，进一步规范岸线、水域资源开发利用。在美丽河湖建设的基础上，突出“和谐宜居、兴业富民”，从生态优先、人水和谐、开放共享、积极发展、乡村振兴五个方面，积极探索建设幸福河，完成全县河湖现状调查，制订幸福河建设计划。

【农饮水达标提标行动】 近年来，安吉县深入践行“绿水青山就是金山银山”理念，全力推进农饮水达标提标行动，总投入资金8.56亿元，实施水源工程、水厂建设、管网延伸、水站改造等项目106个，受益人口36.09万人，全县农村饮用水达标人口覆盖率99%，供水保证率95%，水质达标率96%，形成“集聚区规模供水为主，偏远村水站供水为辅”的城乡一体化供水模式。同时，依托资源优势，紧密结合乡村振兴战略，在全省率先打造一批小而美、精而全、智能化的新时代“美丽水站”，其中，梅溪镇石坞岭水站成为全省唯一一座入选水利部规范化水厂的农村水站，安吉县农村饮用水项目入选国家重点研发计划“绿色宜居村镇技术创新”示范项目。

山川乡高坞里供水站

【水政水资源管理】 落实最严格水资源管理制度，全面争创国家级节水型社会，成功获评全省第二批节水型社会建设达标县，2019年度最严格水资源管理制度考核等级优秀，获2020年中央财政最严格水资源管理制度考核激励资金266万元。积极推进节水型社会建设，采取“全面发动、示范引领”的方式开展节水型载体建设，累计建成2个节水型灌区、30家节水型企业、68家节水型机关（单位）、14个节水型居民小区、1个节水教育基地；赋石水库灌区入选省水利厅中型灌区续建配套与节水改造项目；提前完成农业水价综合改革市级验收，农田灌溉水有效利用系数提升至0.628。以开展河道“清四乱”专项行动为载体，加大水政执法巡查力度，共整治“四乱”问题115处，整治面积达23500平方米，查处水事违法案件39件，创建“无违建河道”103公里。加快小水电清理整改任务，累计完成86座小水电清理整改，包括整改类77座、退出类9座，同时，建成安吉县小水电生态流量监管平台，共计开设生态流量泄放口68处，安装实时生态流量计10处，视频监测设备68套，有效保障生态流量实时足量下泄。

【全省农村饮用水达标提标行动决战决胜及清盘验收推进会在安吉召开】 8月27日，全省农村饮用水达标提标行动决战决胜及清盘验收推进会在安吉召开。副省长彭佳学出席会议并讲话，省政府副秘书长蒋珍贵主持，省水利厅厅长马林云作工作部署，市县领导夏坚定、宋波、项侃文、陈小龙参加。会议的举办，向全省充分展示安吉县在农饮水达标提标行动中的先进做法，受到省、市、县各级领导的一致高度评价。会上，彭佳学副省长用了大篇幅的语句表扬点赞安吉，相关工作专报获彭省长批示肯定，并被省政府办公厅作为政务交流信息在全省推广。

（黄　佳）

交　通

【概况】 2020年,安吉县交通投资计划完成投资34亿元,实施项目25个。其中,新建项目8个,续建项目10个、前期项目7个。西南片区农村公路提升行动(511)、农村公路改造提升工程、农村公路大中修工程、农村公路危桥改造工程、农村联网公路工程、农村公路安全生命防护工程、交通公共服务提升工程、公路路域环境提升工程8个新建项目全部按照计划节点按时开工。笔架山农业高新技术产业园区中环道路(垅坝至马村段)建设工程、县道西北线(鄣吴至北林场段)改造提升工程、县道港山线之港山大桥、商合杭高铁安吉站配套工程建成通车;申嘉湖高速公路安吉孝源至唐舍段工程、杭长高速增设南北庄互通工程、安吉高铁大道(商合杭高铁安吉站至申嘉湖高速孝源互通)工程、镇海至安吉公路安吉矮部里至南北庄段工程、长湖申线航道西延工程、县道霞大线(山川至大里段)公路改建工程10个续建项目加速推进。前期项目7个:基本完成合温高速安吉段线位规划论证;G235安吉段改建工程工可审查请示送至省厅;S306梅溪至马家渡段改建工程一期取得工可批复;完成304省道灵峰至章村段、218省道上堡至孝丰段、218省道上墅至天荒坪段;302省道梅溪至天子湖段线位论证。

【农村公路】 农村公路逐步实现均等化发展。累计实施农村公路改造提升57.5公里,农村公路大中修101公里,危桥改造4座,建设公路服务驿站4个,创建"四好农村路"示范乡镇2个(天荒坪镇、鄣吴镇),提前并超额完成年度目标任务。持续推进西南片区农村公路改造提升"511"计划,加快推进11个农村公路项目建设,累计完成投资1.15亿元。

9月,申嘉湖高速公路孝源至唐舍段工程路面施工启动

【公共交通】 不断提升客运、公交便民、惠民服务措施。改造提升城东公交站,增设长途班线城东上下客点,10月1日城东上下客点启用后所有安吉至杭州东站、安吉至杭州北站、安吉至萧山机场往返快客总计46个班次、20辆车均行至城东站上下客。在实现公交"三个全覆盖"后,不断改善群众出行便捷度,2020年新增公交线路20条,优化完善9条,其中增开至各主要乡镇夜间公交7条。全年公路客运量745万人,同比增长41.31%,公路客运周转量21984万人公里,同比下降45.99%。

【货物运输】 全年完成公路货运量和周转量分别为2311万吨和13亿吨公里,同比增长14.3%和8.14%。全县公路年货运量0.88万吨/辆,同比下降3%。全市率先提前完成老旧营运货车淘汰工作,运输工具逐步向集约化、标准化、专业化转型。全年累计完成水路货运量1397.8万吨、货物周转量26.6亿吨公里。引导安吉港融入长三角内河集装箱联动发展,全年完成集

2020 年，安吉上港全年完成集装箱吞吐量 32 万标箱，位列全省第一

装箱吞吐量 32 万标箱，同比增长 7%，内河集装箱吞吐量位列全省第一。

【运力结构】 2020 年，安吉县共有普通货运车辆 2637 辆，同比减少 18.1%；核载吨位数 3.6 万吨，同比增加 20%；平均核载吨位数 13.7 吨，单位运力综合提升 1.6%。拥有运输船舶 603 艘，同比减少 2%，38.4 万载重吨，平均吨位数 635.48 吨，同比增长 3.7%。单位运输能力持续提升，总体运力结构调整成效显著。

【行政审批】 深化"最多跑一次"改革，提升交通政务服务水平。实现网上申请全覆盖，群众办事跑零次；结合"浙里办"App 掌上办理，网上审批应用率提高。累计取消优化各类证明 20 项，取消道路运输证遗失媒介刊登声明。针对异地营运船舶年检难问题，港航开展"送检上门"服务。网约车新政落地，实行巡游出租车、网约出租车驾驶员从业资格证"两证合一"，实现网约车合法化经营，并实现"一窗通报""一件事"联办。工程建设事项全部纳入网上办理流程，进一步提高项目审批的规范化。

【城市治堵】 科学治理城市拥堵。积极协调各成员单位职能，合力科学治理城市拥堵。完善交通路网，新改建城市道路 5 公里，新增城市道路 10 公里，新增绿道 10 公里，利用大数据科学治理拥堵点一处、新增公共停车位 1022 个，创新试点"潮汐车位"。

【文明城市创建】 全局上下凝心聚力、真抓实干，构建"7＋2＋1"责任体系和"6＋N"工作制度，推行"清、拆、改、建、补"五治并举，坚持问题导向，对照 8 类测评项目、67 个测评标准、209 项测评内容，把控负面清单，补短板、强弱项，逐项检点、逐个销号，做到上级交办问题限时整改，自查问题即查即改。创新践行"爱路日＋创城"融合发展理念，将"5·26 爱路日"交通文化品牌建设纳入全县文明城市创建体系中，连续三年举办以文明创城为主要内容的"爱路日"活动，累计发动全县 3 万人次参与爱路护路行动。探索建立"路长制＋创城"模式，依托全县五级路长制，建立路段责任管理机制，对县属主干道路进行责任片区划分，由一名路长具体负责片区路域环境，实现网格无盲区、保洁全天候、服务全时段常态化运行机制。做深做实"路小青＋创城"，深化"路小青"服务内涵，在县城责任路口文明交通出行劝导、无物业小区秩序维护、背街小巷规范经营、客运中心幸福志愿站乘运服务等方面累计投入志愿者 1000 余人次，发放文明宣传资料 6000 余份，整治点位 150 多处，服务游客 2 万多名。大力实施"点位长负责制"，围绕领办的 8 类实地考察点位，设置 15 名以党员干部为主体的点位长，缩短决策链，简化处理环节，加快问题解决，累计整改问题 130 多处，交办单 20 张，提升工作效率 50%以上。

【安吉县出租车运价市场化改革（省级试点）】 自 1 月 2 日起，安吉县出租车行业按照新运价规则运行。引入社会资本将全部出租车的车载 GPS 监控设备进行更新，以高科技提升出租车监管手段，以此提升行业服务质量。在全市率先开展巡游出租车运价改革，从"管价格"转变为"管行为"，规范经营者的价格行为,加大巡游出租车运价改革中的监管力度。

【安吉上港国际港务有限公司被列入浙江省物流创新发展试点名单】 7月20日,省发展改革委印发《关于公布2020年浙江省物流创新发展试点名单的通知》,安吉上港国际港务有限公司为全县唯一企业入选,被列入2020年浙江省物流新业态新模式发展试点名单。安吉上港在绿色运输、公水联运、水水转运等诸多领域进行有益的探索和开拓,也助推湖州内河水运转型发展示范区建设。2020年,安吉县集装箱吞吐量突破32万标箱,占全省内河吞吐量的三分之一,持续9年全省领跑。

【创新"公交带货"模式】 8月18日,安吉县创新"公交带货"新模式,解决快递物流配送"最后一公里"。安吉首条客货一体公交班车——天荒坪至大溪客货一体公交班车在天荒坪镇交通运输服务站正式开通,这也是湖州市开通的首条客货一体公交班车。在此基础上,加强公交企业与邮政、快递企业深度合作,发展县、乡、村三级物流快件运输业务。通过改造既有县、乡、村客货运站场,拓展邮件快件中转分拨、运输配送等服务功能,实现站场、线路、运力等资源共建共享。

【安吉县成为全省首批35个"无挂靠车辆县"之一】 9月11日,浙江省政府召开全省危险化学品运输安全"铁拳整治"专项行动推进会,通报全省首批35个危化品运输"无挂靠车辆"县市区名单。"6·13"爆炸事件以来,安吉交通运输局积极开展危险化学品运输安全整治专项行动,严格对照道路危险货物运输领域"雷霆整治"专项行动十大工作举措要求,对全县9家道路危险货物运输企业进行全方位安全生产大检查,全面排查企业、车辆、从业人员。通过联网联控平台的实时监测情况,利用GPS轨迹数据与公安监控数据对接,实现数据共享、网上执法,全面查处违法违规行为。

8月18日,安吉县创新"公交带货"新模式,解决快递物流配送"最后一公里"

【安吉县被列为绿色交通发展试点单位】 9月,交通运输部印发《关于浙江省开展构筑现代综合立体交通网络等交通强国建设试点工作的意见》,明确将安吉县列为绿色交通发展试点单位,成为全市唯一的入选单位。本次试点周期5年,旨在通过大力推进车辆装备清洁能源利用、全面推进船舶与港口污染防治、推动综合功能服务站建设等方式,通过1至2年时间,实现新增和更新城市公交车、出租车清洁能源车比例达80%以上,内河锚泊区100%具备岸电能力,营运船舶垃圾污水基本实现应收尽收;通过3至5年时间,实现码头岸电常态化使用,内河全面落实船舶污染物电子单证流转和"排放、监管、处理"智能化管控。

【安吉县被列入全国深化农村公路体制改革试点县】 10月,交通运输部将安吉县列入全国深化农村公路体制改革试点县,下发《关于组织开展深化农村公路管理养护体制改革试点的通知》,县级试点单位浙江省仅4家,全市唯一。安吉县交通运输局根据试点要求,在农村公路管理养护体制机制完善、配套资金落实、长效机制保持等方面入手,进一步拉高工作标杆,紧密契合生态文明、农业产业、乡村旅游等发展需求,推进农村公路工作,将"四好农村路"工作引向深入。

(杨　晨)

邮政　通信

邮政管理

【概况】 2020年是高水平全面建成与小康社会相适应的现代邮政业和“十三五”规划的收官之年，也是“两山”理念发表15周年。2020年，安吉县邮政行业实现持续健康快速发展，保持总体平稳、稳中有进的良好态势。2020年1—12月，安吉县快递累计业务量完成4323.2万件，同比增长23.5%。全年累计业务收入56417.3万元，同比增长20.1%，业务量和业务收入均位居三县（安吉县、德清县、长兴县）首位，全市第二。

【行业发展】 强化政策引领，破解制约行业发展质效的焦距点。推动行业转型升级，协调快递集聚中心建设纳入安吉县数字物流港项目，解决行业发展“用地难”瓶颈；全市率先争取将“支持快递业发展”纳入《安吉县人民政府关于进一步促进服务业高质量发展的若干意见》（安政发〔2020〕17号）其中，解决行业发展“支持难”问题；助推县府办出台《关于推进安吉县“快递进村”工作的实施意见》，落实乡镇（街道）属地责任，推进安吉县“快递进村”工作。应急预防并重，抢占打赢疫情防控硬仗的制高点。按照“应急与预防并重，常态与非常态相结合”原则，从人员排摸、内部防控、解难帮困三方面牢牢堵截疫情通过寄递渠道传播。下发《安吉邮政管理局关于做好疫情防控期间有关工作的通知》，在落实各项防疫管控措施的同时，运用“1335工作法”（即成立1个领导小组、搭建3个互助平台、建立3支服务队伍、落实5项便利举措），狠抓疫情防控期间各项复工复产工作。推进“两进一出”，找准提升末端配送效力的切入点。探索推进天荒坪“交邮合作”、山川乡“交快合作”、章村镇“快快合作”等“快递进村”模式的试点工作，实现“工业品下乡，农产品进城”；引导快递企业发挥技术优势，为本地制造业量身制定“快递进厂”服务，《椅业行业快递与企业融合供应链解决方案》倍受省局关注。

【行业安全】 2020年，县邮管局联合县检察院、县公安局、县市场监督管理局、县交通运输局等部门出台《关于进一步加强防范和打击物流寄递毒品犯罪活动的意见》形成一体化管控模式，共同配合查处涉毒案件2起，有效制止三氯化钛溶液（易腐易燃有毒）的快件发生泄漏1起，查处假烟近千条；联合公安局开展寄递业“护航复工复产安全生产攻坚行动”暨高质量推进安全隐患“洗楼式”排查见底行动，截至2020年底，通过视频巡查快递网点550余家次，发现并消除隐患70余处，整改快递网点40家次，实地检查快递网点200余家次；联合县消防大队、公安局承办全市邮政快递业安全应急演练，提升行业应急处置能力。年内以推动企业安全生产主体责任落实为抓手，继续推进“八有”建设（有机构、有制度、有人员、有经

7月3日，“清除事故隐患、筑牢安全防线”湖州市邮政快递业安全应急演练在安吉举行

费、有培训、有行动、有检查、有效果)和"五个一"活动(一个安全机构、一支安全队伍、一套标准制度、一本安全台账、一次应急演练),建立健全企业自我约束、持续改进的内生机制,促使安全生产红线意识和责任意识在企业内部落地生根。开展行业个性化体检,并对查处的问题进行闭环整改,全年无重大安全事件发生。坚持按照"全覆盖、零容忍、严执法、重实效"的工作思路,开展督查检查,对发现存在无证经营、不严格执行三项制度、不规范销售邮票等问题的企业和网点,一律严查严处。2020年,安吉县执法检查400余家次,1000余人次,约谈企业负责人15人次,整改问题隐患网点157个,依法立案查处6家,罚款18.6万元,实现对邮政公司行政处罚、反恐案件处理零的突破。

【疫情防控】 2020年,县邮管局坚决统筹疫情防控和经济社会发展。防疫期间,联合快递协会建立疫情防控募捐群,发挥各企业和管局干部职工共同抗击疫情的大爱精神,为安吉县逆行医护工作者募集善款7.5万元,用于购买防疫物资,此举得到安吉县人民医院致信感谢;中通快递公司自发为在安吉疗休养的援鄂医护人员免费寄递行李11批次,累计5000千克;邮政公司工作人员马亮、李伟旗"逆向而行"将安吉县恒林家居有限公司捐赠给火神山、雷神山医院的防疫物资及时运往武汉。邮政公司彰显"守初心、担使命"的担当,为防疫物资开通绿色通道,累计寄递1.7万件,达2.6万千克。

【服务民生】 以解决难题为突破口,稳步推进"三服务"工作。开展"深化三服务 助企开复工"专项行动,与中新活性白土有限公司等7家企业组建助企服务专员队伍,助推企业在防疫安全的前提下复工复产,实现经济平稳健康运行;白茶旺季期间,通过设立20个临时收寄点、申请快递临时占道操作场地、申办临时通行证等有效措施,解决企业"寄递难""场地小""进城难"等问题,使白茶寄递平稳高效运行,寄递量达27万件,累计2550吨;牵头县府办组织卫健局、综合执法局、交通、住建等部门召开快递业务旺季服务保障协调会,专题研究全县邮政快递业2020年业务旺季形势及服务保障举措,确保全县行业平稳运行与寄递渠道安全畅通。以完善基础设施为重点,优先保障用邮需求。加强村邮站管理,会同县农办、县发改委、县财政局对全县178个村邮站的运行情况进行抽样考核,对检查中发现的问题进行通报,实现闭环整改;稳步推进"警医邮"邮政代办点布局,全县开展"网上办理+网下寄递"警医邮业务的网点已达9家,推动"税邮""政邮"合作,提升服务水平;保障无人机邮路顺利运行,截至2020年底,4条线路的无人机邮路覆盖3个乡镇、7个行政村,已完成邮件派送飞行2200架次,运输邮件总量3450千克,无人机累积飞行总公里数超过16800公里,位居全国物流无人机前列。以"两山"理论发源地为优势,持续推进绿色邮政。固化2019年文明城市创建成果,持续推进全国文明城市创建,全行业2个集体,8个个人获县里表彰,为安吉县获评全国文明城市添砖加瓦。紧抓外观、文明行车,开展快递三轮车"回头看"整治,进一步规范快递三轮车通行管理,改善城市末端配送车辆交通秩序。联合县委宣传部举办"绿水青山就是金山银山"大型集邮文化展,让市民领略浓厚的"两山"文化情趣,感受独特的"两山"艺术魅力。在局机关内部、邮政快递业开展垃圾分类工作,发放宣传资料1000余份,组织培训3次,设置大、小分类垃圾桶80组,实现企业、网点全覆盖,截至年底基本实现垃圾精准投放。

【安吉邮政管理局联合快递协会暖心捐助县红十字会】 2月25日,安吉邮政管理局联合快递行业协会向县内各快递企业发出"勠力同心、共克时艰"抗疫情献爱心捐款倡议,用实际行动支援抗击新冠肺炎防疫工作。此次捐款活动得到局机关全体干部职工、快递协会会员和各企业员工的积极响应,共收到捐款76724.42元,其中采购生活物资22694.9元,现已通过邮政绿色通道寄往武汉,其余54029.52元善款捐赠给安吉县红十字会定向用于赴鄂医护人员一线防控工作。

【安吉邮政管理局联合多部门开展捐赠海外乡亲防疫物资活动】 3月23日,安吉邮政管理局联合统战部、工商联、卫健局开展捐赠海外乡亲防疫物资活动。经协调,这批物资由安吉邮政分公司寄递。国内疫情由于果断、及时的防控处置已慢慢趋于稳定，但全球很多国家由于对疫情的防控认识不够，措施不到位，并错过了最佳防控窗口期，这一系列的失误导致海外的防疫物资越来越紧张。据了解，安吉县有近千人在国外求学和工作。为表示家乡人民对在外求学和工作人员的慰问，县统战部、卫健局和工商联等部门筹集一批防疫物资，安吉局联合邮政公司负责这次的寄递工作。在启动仪式中，安吉县委副书记、代县长宋波亲自将装有防疫物资的包裹递到快递员手中。此次筹集的防疫物资包括口罩、一次性手套等急需品，单个包裹重量约达一千克。寄递捐赠给海外同胞的防疫物资体现寄递企业在疫情面前的责任担当，安吉局和邮政公司支持同胞们共同抗击疫情，以实际行动为全球防疫做出应有贡献。

【安吉邮政管理局联合县公安局开展全县邮政快递业禁毒培训】为进一步提高寄递行业打击毒品的业务水平，全面推进禁毒工作的扎实开展，5 月 13 日，安吉局联合公安局开展全县邮政快递业禁毒培训。培训会上，民警生动形象地给参会人员讲解禁毒防毒相关知识、相关法律法规、禁毒专干职责任务等方面知识，有效帮助参会人员对禁毒业务知识的理解和掌握。全县 12 家寄递企业负责人均参加会议。此次召开全县邮政快递业禁毒培训，提高了思想认识，增强做好寄递业禁毒工作的信心和决心；提升学习意识，加强寄递业自身做好禁毒工作的能力；加大宣传力度，扩大社会影响，提高群众识毒、拒毒、防毒能力，齐心协力打好禁毒攻坚战。

【第一班大溪客货一体班车开通】 安吉县邮管局为深入推进快递业“两进一出”工程，找准提升末端配送效力的切入点。探索推进天荒坪“交邮合作”、山川乡“交快合作”、章村镇“快快合作”等“快递进村”模式的试点工作，实现“工业品下乡，农产品进城”。8 月 18 日，经过安吉局与安吉县公路与运输管理中心对接合作，第一班大溪客货一体班车开通。天荒坪镇大溪村由于地处偏僻、成本偏高等原因，没有设立寄递网点。在安吉邮政管理局、安吉县道路运输与管理中心的长期对接下，安吉县邮政分公司和安吉公交公司相互合作、明确分工，通过对乡村公交车和站点的整合，采用“客货一体班线”物流配送方式，开通“天荒坪—大溪”委办汽车试点线路，试点成熟后，在有条件的乡镇、行政村推广。“天荒坪—大溪客货一体班车”开通后，邮政快递包裹到大溪村由原来的每星期两次变为通过乡村班车每天最少送达一次，降低企业成本，方便当地的群众。不仅使“交快合作”步入新阶段，更推动“快递进村”进一步深化。

8 月 18 日，“天荒坪—大溪客货一体班车”开通仪式举行

【安吉邮政管理局牵头县政府多部门召开“双 11”专题协调会】10 月 27 日，邮管局牵头县政府，组织公安、交通、综合执法、卫健等部门针对“双 11”寄递高峰召开专题协调会，全力应对疫情防控下的第一个“双 11”。2020 年的“双 11”(11 月 1—16 日)，持续时间之久是前所未有。随着拼多多、直播、预售等新销售模式的加入，业务量剧增，同时正值疫情防控期，安吉县面临保障行业高峰寄递和疫情防控双重压力。会议要求各部门进一步统筹协调，以实现“两不”(全网不瘫痪、重要节点不爆仓)、“三保”(保畅通、保安全、保平稳)为目标，坚持防控与生产并重，坚持服务与安全并重，坚持发展与环保并重，全力保障旺季平稳运行，打造质量“双 11”、安全“双 11”和绿

色“双11”。会后,邮管局将制定工作方案,成立领导小组,对旺季服务保障工作进行动员部署,形成政府、协会、企业三维互动的工作局面,同时加强疫情防控,做好应急处置,确保寄递渠道安全、畅通。

【安吉邮政管理局牵头县政府召开“快递进村”工作动员部署会】 11月20日,邮管局牵头县政府召开全县“快递进村”工作动员部署会,各乡镇部门25家成员单位分管领导参加会议。会议解读《安吉县人民政府办公室关于推进安吉县“快递进村”工作的实施意见》,指明安吉县“快递进村”下一步的工作要求和工作内容。会议强调,要高度重视“快递进村”工作,切实提高对进村工作重要性、艰巨性的认识。“快递进村”是一项综合性系统性工程,各部门、各乡镇(街道)要明确责任,制定具体推进计划,根据前期调研情况,要下沉一线,摸清实情,统筹推进。通过邮快合作、快快合作等多种形式引领发挥企业主体责任,统筹推进“快递进村”。

【浙江省快递业关心关爱快递小哥座谈会在安吉邮政管理局举行】 为落实习近平总书记关心关爱“快递小哥”重要指示精神,12月24日,浙江省快递业关心关爱快递小哥座谈会在安吉邮政管理局举行,探索推动关心关爱快递小哥工作。会上,安吉县各快递企业代表相继交流发言,提出行业内恶意投诉、三轮车停靠难、招工难等问题。浙江省局政策法规处处长金晓列认真听取快递企业经营中遇到的痛点、难点问题,表示争取多方支持、创新工作方式、拓展活动内容,真正把关怀关爱传递到基层网点每一名快递员。同时,对“快递小哥”平日里的辛勤劳动和在疫情防控期间的重要贡献表示肯定和赞扬。会后,达成三点共识:助推地方政府在住房医疗、人才引进、职称晋升等方面为快递员提供一定保障;切入快递员生活,联系相关部门,开展心理辅导、矛盾化解和快递员子女关爱等工作;扩大宣传面,抓住快递小哥典型事例,广泛宣传正能量,倡导全社会更加关注和关爱快递员的工作、生活。

(韩　英)

中国邮政集团有限公司浙江省安吉县分公司

【概况】 中国邮政集团有限公司浙江省安吉县分公司是以邮政通信服务业为主的国有企业。2020年,安吉县邮政分公司有从业人员345人,其中在岗职工175人。邮政支局所17个,其中自办邮政所15个,代办邮政所2个。集邮品销售点1个,村邮站180个。通信生产运输汽车37辆、电动三轮车40辆、电动自行车8辆;无人机3架。邮政信报箱群85处计22800个格口数、信筒信箱23个。投递段道(路线)79条,其中城市投递段道33条、农村投递路线46条;投递段道总长度(单程)5530公里,其中城市投递段道总长度(单程)1910公里,农村投递路线单程总长度3620公里,无人机邮路4条,行政村全覆盖。直接投递邮政妥投点1.26万个。城区每日平均投递不少于1次,农村每周投递6次。是年,安吉县邮政分公司获“2019年度全县邮政业安全管理责任制考核优胜单位”荣誉称号。

【寄递业务】 经过对邮路、投递段道及人员的整合,增加报刊专投,相关指标明显提高,客户综合满意度87分,11183及时揽收率91.6%,11183电子渠道揽收成功率89.7%,全年来未发生安全质量事故。强化基础管理工作,随着进口邮件量的增大,投递员的增加,加上受处理场地限制。加大对基础工作检查力度,每日对生产场地、邮件交接、投递时限和投递质量等进行检查,发现问题及时整改。公司在资金紧张的情况下,在邮件进口处理场地安装快速扫描设备二套,提高管理效果,生产现场得到明显改善。业务量、投递频次的增加,原有车辆已不能满足生产需求,制定投递车辆“私车公助”实施办法,员工按照实施办法自购车辆3台,缓解企业货币资金紧张,有效解决投递车辆不足。巩固提升进出口邮件时限,集团公司为打造行业“国家队”,对服务质量提出更高要求,通过晨会、微信等各种形式宣贯加考核制度的落实,逐步扭转投递人员与内部处理人员对邮件时限要求的重视,出口时限率基本达到考核要求。

【文传业务】 做好政务客户日常维护,结合时政要点,发挥邮政政务类图书主渠道地位。《习近平谈治国理政》第三卷,征订

5164 册，完成率 123%。选好项目，有效尝试，抓好集传业务的转型发展。为推动业务规模，对集团公司推出的旅游项目，进行仔细分析和探讨，优选甘肃境内合作单位，确定以境内成熟的摄影采风团为切入点开展旅游项目推进，争取到盛世西行旅行社以省级资源供应商进驻中邮智融平台，这是自集团公司推进智融平台以来，安吉分公司首次自己引进资源商开展的旅游项目。结合安吉一些重大活动开发邮资封片业务，成功开发商合杭高铁安吉站开通邮资纪念封、交通宣传邮资纪念封、学校邮资明信片、安吉县中医院成立三十周年院庆纪念册等。

【疫情防控】 1 月 29 日，安吉上市公司恒林家居启动紧急驰援武汉行动，将捐赠武汉火神山和雷神山医院所需办公家具，要求在 1 月 30 日上午发车。县邮政分公司接到恒林家居的请求后，县邮管局、县邮政分公司和县红十字会立即与企业对接，并第一时间向市邮政公司汇报。市邮政公司根据集团公司和省公司有关要求，决定对寄往疫区的物资开通绿色通道，并及时安排人员和派出专车，对该批援助物资进行发运。1 月 30 日上午 10 点，担负着运输重任的邮车准时到达恒林公司，县邮政分公司党员志愿者仅仅一个小时就完成搬运装车装货，一辆装满办公家具的爱心邮车开出，于当日夜里 22：50 到达武汉邮区中心局，并第一时间与火神山医院联系，顺利抵达火神山医院应急物资仓库。

2 月 20 日中午 12：30，一辆载有 200 台和森活三代空气净化器、500 副护目镜等价值近百万元抗疫物资的爱心援助邮车，从浙江省湖州市安吉县和也大健康产业园火速向湖北武汉进发。这一批物资将通过邮政防疫物资绿色通道快速通行到达武汉，并通过武汉市武昌区卫健委分拨给当地医院，用于抗击新型冠状病毒肺炎疫情。县邮政分公司总经理带领多名邮政志愿者到和也公司协助装车收寄。

1 月 30 日，县邮政分公司党员志愿者将恒林公司捐赠武汉火神山和雷神山医院所需办公家具搬运装车

面对新冠肺炎疫情，全县上下万众一心高筑防线，快递公司对于快递包裹，进行严格的消毒处理，杜绝病毒传播。春节期间，县邮政分公司有 7 辆快递运输车辆取得通行证，每天进出安吉，到杭州、湖州等地运载快递包裹，所有进出安吉车辆都需经过消毒处理。除了快递车辆、包裹消毒外，投递员每天进行体温测量；在处理和投递包裹时，全程佩戴口罩、手套，注意包裹的清洁，尤其要避免人员呼吸道分泌物污染快递包裹表面。大力推广定点投递、预约投递，同时发挥智能快递柜的作用，避免“面对面”派送。

【助力企业复工复产】 安吉县自 2 月 17 日开展有序复产复工以来，部分电商企业已经迅速复工，快递量陡增。2 月 18 日，华味亨食品公司当日寄件量从日均 3000 余件增至 1 万余件，揽收告急。助力当地企业复产复工是作为国企的一项重要政治任务，在县邮政分公司党委的号召之下，开展专业联动，迅速组织 10 余名党员到一线，帮助企业解决实际困难，进行现场揽收。为确保当日揽收当日寄出，党员任劳任怨，连续工作 5 个小时，连水都顾不上喝一口。用餐时间，考虑到往返浪费装运时间，以方便面充饥。疫情无情人有情，互帮互助显温暖。疫情防控期间，防疫形势严峻，各地都实行最严管制，安吉道云家禽养殖场因道路管控受到外销和运输困境，销售渠道中断，自产鸡蛋库存积压严重。县邮政分公司积极对接上级部门和农户，通过线上企业员工、社区团购、合作单位内购等方式，进行推广销售。仅一周时间销售鸡蛋110盒，220多千克，仔鸡35只。同时又获知，安吉伟誉公司复工，食堂运营，无法获取食材的消息。就帮助两家企业取得联系，并承担起食堂食材配送的工作。为了更快的速度送到老百姓手和企业中，县邮政分公司工作人员到家禽殖场进行分装、销售和运输等帮扶工作，在特殊时期开通绿色运输服务专用车，将鸡蛋和仔鸡送到社区和合作单位，缓解安吉道云家禽养殖场滞销困境，解决企业食堂复工的问题。

【《中国邮政快递报》记者采访安吉县邮政分公司无人机邮路】 1月16日，《中国邮政快递报》记者对县邮政分公司无人机邮路进行采访。工作人员向该报记者介绍无人机邮路的开发初衷，实际应用情况等，并赶赴杭垓邮政支局实地体验无人机邮路。无人机邮路的开发，方便了村民也节约企业的时间和人力成本，是一项利民工程。

【《商合杭高铁安吉站首乘日》纪念封发行】 据悉，商合杭高铁是中国“八纵八横”高铁网京港(台)通道和京沪通道的重要组成部分。该高铁自商丘站起，经过亳州、阜阳、淮南、合肥、巢湖、芜湖、宣城、安吉、湖州，终至杭州东站，全线长795公里，被誉为“华东第二通道”。2020年6月28日，为庆祝商合杭高铁安吉站开通，中国邮政集团有限公司浙江省安吉县分公司发行《商合杭高铁安吉站首乘日》纪念封一套一枚。商合杭高铁安吉站的通车，意味着安吉正式迈入高铁时代，以更高质量、更快速度融入长三角一体发展。

6月28日，《商合杭高铁安吉站首乘日》纪念封发行

【全市邮政快递业安全应急演练开展】 7月3日，在安吉县邮政分公司内举办“消除事故隐患，筑牢安全防线”全市邮政快递业安全应急演练。本次演练模拟了在安吉县邮政分公司分拨场地进行快件分拨操作时发现疑似毒品、疑似化学品泄漏、邮政办公大楼起火逃生演练的应急场景。演练现场设救援组、安全保卫组、后勤保障组、医疗救护组、事故调查组进行应急处置。通过险情发现险情速报、启动预案、人员疏散、企业自救等措施，多部门联动、迅速响应、严格操作，达到了预期效果。提升员工对突发安全事故及救援应急的处置能力，加强员工的安全防范意识，同时也为员工安全生产和应急事故处理打下良好基础。

【“绿水青山就是金山银山”大型集邮文化展在安吉县生态博物馆举行】 为进一步学习贯彻习近平总书记视察安吉讲话精神，坚定不移走绿色发展之路，把“绿水青山就是金山银山”理念融入“五位一体”建设的各个方面，8月5日上午，安吉县在生态博物馆举行“绿水青山就是金山银山”大型集邮文化展活动。此次活动由中共安吉县委宣传部主办，安吉邮政管理局、安吉县邮政分公司协

8月5日，安吉县在生态博物馆举行“绿水青山就是金山银山”大型集邮文化展活动

办。安吉县各级机关部门、乡镇(街道)、快递企业分别派代表出席开幕仪式。市邮政分公司副总经理、市邮政管理局副局长到会致辞，县委常委、宣传部部长何承明宣布活动开幕。展后，领导和嘉宾进行《“绿水青山就是金山银山”理念提出15周年》邮资纪念封现场书写寄递活动。邮展共展出邮集作品16部60框。单元有《绿水青山就是金山银山》《党呀！母亲——献给伟大的中国共产党》《伟大的七十年》等，翔实反映“绿水青山就是金山银山”文化、中华人民共和国成立70年成就、党建抗击疫情、美丽乡村建设、绿色环保理念等内容。

【安吉县农村智慧物流客货一体化启动仪式举行】 8月18日上午9时，安吉县农村智慧物流客货一体化启动仪式在天荒坪镇横路村交通运输服务站举行。为完善农村物流节点网络，降低物流配送成本，提高物流配送效率。利用交通便利原则，安吉县开通天荒坪至大溪客货一体化班线的新型城乡配送体系，进一步提升交通运输服务站电商物流功能，培育一条“定点、定线、定时”的精品农村物流服务点，实现农村物流服务点对全县行政村的全覆盖，打通最后一公里。解决农村地区包裹投寄、商品进出难的问题，从而优化提升农村物流服务水平。

(周 燕)

中国电信股份有限公司安吉分公司

【概况】 截至2020年底，县电信公司服务安吉县5.3万户固定电话用户、10.01万户移动用户、9.23万户宽带用户，光纤用户0.7万户，宽带数字电视(ITV)用户6万户(县域内第二大数字电视平台提供商)。项目投资总额8500万元，全年完成投资8100万元，主营业务收入1.4亿元，完成率100.37%，同比增长5.55%。

【移动网络与光网建设】 2020年累计新增安装开通LTE站点12处，截至12月底，共有L网站点641处，C网站点444处。5G网络共计安装开通66处，室分站点1处(自有室外5G站点70处，室分2处)，联通有5G室外站点45处，室分7处。总计5G室外站点115处，室分9处。主杆光缆建设：完成51个新建小区FTTH(光纤入户)建设，7个小区光分扩容和1个小区FTTB(光纤到楼道)改FTTH，新增光分节点32个。截至12月底，共完成57个基站的光缆接入，新增光缆54.177皮长公里，折合1393.384芯公里。完成晓墅机房至大村机房24芯主干扩容、孝源机房至递铺机房72芯主干扩容、塘浦机房至东滨机房新扩容24芯主干、孝丰机房至东山机房72芯等10余条主干光缆的扩容建设。

【打造云网融合】 2020年，推进云改战略和数字化转型，进一步提升“云为核心、网为基础、网随云动、云网一体”的硬实力，推动和加速全社会信息化、网络化、数字化和智能化的进程。加快新一代千兆光网建设。安吉县光纤接入端口达18.8万个，已实现全县光网全覆盖率100%。进一步加快10G PON(光纤接入能力)光网升级改造，加厚城区覆盖，加大农村延伸，满足广大用户对千兆光网的需求。推进云基础设施建设。在中国电信云网融合整体规划指引下，坚持打造云网一体化基础设施，提升产业数字化升级的DICT(综合信息化)能力。县内建设标准化云机房,配合湖州市“三地两中心”云计算布置;发挥云网融合、安全可信、专享定制三大独特优势,持续推动企业业务上云、设备上云、数据上云及核心系统应用上云,助力企业上云超600家。2020年9月,安吉电信与县委宣传部、安吉县委网信部共同打造“安吉县智慧城市5G+智云护航体验中心”。

【助推政府数字化转型】 聚焦“整体智治”,全力支撑以“最多跑一次”改革牵引的政府治理现代化,助力政府提升基于数字化的智慧化治理能力。助力“最多跑一次”改革。整合升级“12345”平台,方便老百姓“一号接入,最多拨一次”;以“中国蓝电信电视”为载体,打造家庭电视智能终端办事服务平台,助推“最多跑一次”改革再深化。助力基层治理。承建开发平安建设信息系统、人民调解系统、政法舆情导控平台、基层治理、“数字乡村”平台等建设与应用。完成平安通、警务通、流管通等信息采集终端超2000部。完成雪亮工程、天翼看家监控点超2000个。助力应急通信保障。与县应急管理局合作成立安吉县应急通信保障基地,建设应急管理局县级可视化调度平台,91个避灾点监控,60部卫星电话。助推农业农村信息化。加快美丽乡村建设,打造全国信息化示范村精品村,实现部分乡、镇、村全面数字化治理。2020年与政府共同推进上墅刘家塘村“山水刘家塘”综合治理平台、天荒坪五鹤村“安吉掌上生活”App试点项目,梅溪镇长林垓等60余个村的“雪亮村居”平安乡村建设等,通过数字化手段为安吉人民打造数字化美丽乡村,推进党建、政务、法务、村务等各类建设,以及解决村中老人居家安全、健康安全和出行安全这“三个安全”的问题。该项目已有受众百姓3000余户。

(郭 慧)

中国移动通信集团浙江有限公司安吉分公司

【概况】 2020年,中国移动安吉分公司隶属中国移动通信集团浙江有限公司,下设综合部、市场部、网络部、政企客户部和递铺、昌硕、灵峰、孝丰、梅溪、高禹、天荒坪7个分局。设人民路、递铺、孝丰、报福、杭垓、晓墅、溪龙、高禹、良朋、天荒坪10家营业厅;在安城灵芝路、浦源大道、塘浦永福路等5家加盟厅,有云翔,蓝天、金闪等渠道网点128家。2020年,移动安吉分公司运营收入突破5亿元,服务6153家集团客户。2020年,中国移动安吉分公司持续深入学习贯彻落实中共十九大和十九届二中、三中、四中、五中全会精神,按照县委“一〇三六”改革发展工作部署和集团公司创世界一流“力量大厦”发展战略部署,扎实推进公司“八大工程”计划,加快赶超发展,践行社会责任,服务地方经济发展,实现常态化疫情防控与改革发展党建“两手硬、两战赢”。是年,中国移动安吉分公司获安吉县三八红旗集体,《低压电网传输共享实践案例》获中国移动浙江公司班组建设“牵手行动”最具分享价值案例。安吉分公司党支部获集团先进基层党组织、省级先进基层党组织、2019年度省公司级“六好”党支部、2019年度明星县(市、城区)分公司、湖州市国资国企系统第二批标准化“示范”党支部。

【网络建设】 快速开展5G网络建设,复工后高效推进5G二期规模建设,开通5G基站344个,形成安吉主城区连续覆盖,各乡镇党政军机关重点保障,打造安吉范围内第一条5G连续覆盖的

5月14日,安吉县人民政府与中国移动湖州分公司举行5G战略合作签约仪式

交通干线(商合杭高铁),5G平均下载速率870Mbps(兆比特每秒)、峰值达1.6Gbps(千兆比特每秒)。不断优化4G网络,升级开通农村FDD(频分双工)基站108个,实现行政村覆盖率100%;开展提升语音通话质量、降低网络负荷等4G专项优化工作,新建基站10个,扩容基站65个。积极开展弱覆盖整治工作,新建铁合项目小站154个,有效提升弱覆盖投诉解决率。大力提升光纤宽带品质,全年新增驻地网建设整体投资750万元,新建覆盖驻地网5.2万户,初步具备1000 Mbps(兆比特每秒)基础服务能力。全面深化5G战略合作,围绕"网络融入、应用融入、生态融入"推进5G融入百业行动计划,与5家政府机关单位完成战略签约。5G赋能企业创新,开展安吉本地金象金牛、行业冠军、重点骨干企业5G+智慧工厂方案宣讲和技术对接,累计完成方案递交23家。加快多场景5G项目落地,累积签约农业、教育、政务等领域5G项目5个,落地笔架山智慧农业、机管局5G移动办公、智慧城管等5G创新型项目应用。

【"万物智联强县"建设】 2020年,中国移动安吉分公司协助有关部门积极开展智能充电桩、智慧停车、智慧公交等物联网应用建设,提升城市管理信息化水平,助力智慧城市建设。疫情防控期间推出5G远程医疗、5G云办公、神灯大数据疫扫、5G热成像人体测温、5G数字课堂等多项应用,助力全县疫情防控和复工复学,服务超过40万人次。持续推进"企业上云",提供云上办公、云上生产、云上营销等解决方案,服务企业超600家。

【优化信息惠民服务】 2020年,中国移动安吉分公司进一步落实夯实基础服务管理,完善优势服务传播管理,继续开展服务能力的互联网化转型。启动优势服务传播管理,根据市公司统一部署,统一公司服务形象,以"全心全意,为您服务"为统一的服务口号,扩大在广告宣传、服务用语等市场场景的应用;宣传优势服务举措,制定便捷服务、品质宽带、提速降费等多项服务举措,线上线下多渠道启动服务宣传;线下提升四大触点服务能力,营业厅触点,强化考核导向,不断提升一线人员为客户解决问题的能力和服务能力。结合"最多跑一次"工作,为用户提供最便捷的服务,将营业厅打造成为公司优质服务的示范窗口。加宽装维触点,聚焦客户痛点,开展主动服务,提供个性化的产品,将装维队伍培养成高素质的服务专家、营销专家。客户经理触点,加强集团内三类人物的关怀力度,加大客情预警维系力度,落实政企低满意度客户的修复维系工作。社会渠道触点,继续严控业务服务规范性,杜绝各类侵害客户利益的行为。线上提升手机营业厅服务能力,将部分短信提醒服务能力搬迁至手机营业,实现提醒服务的互联网化;加强个人三高客户群体(即高星级、高积分、高流量客户)和家宽用户的互联网服务能力宣传和推荐,引导客户使用手机营业厅。

(何　燕)

中国联合网络通信有限公司安吉县分公司

【概况】 2020年,中国联合网络通信有限公司安吉县分公司(以下简称"安吉联通")下设综合支撑中心、政企客户营销中心、教育行业中心以及本级、孝丰、天子湖、梅溪4个综合网格;设有昌硕街道迎宾大道、人民路2个自有营业厅。疫情防控期间,安吉联通积极对接、主动服务学校,根据学校开学后带来的人流量大、流动性高、进校时间短等疫情防控工作难题,承接整体教育系统体温筛查方案,并根据学校不同情况个性化制定"一校一案",为疫情防控做出积极贡献。是年,安吉联通以高质量党建为引领,坚持新发展理念,坚持深化混合所有制改革,围绕"提价值、谋发展、重基础、有激情",加快产品、渠道、创新三个转型,推进体制机制变革及互联网化运营,收入利润实现较快增长,客户感知和服务水平持续提升,推进安吉联通高质量发展再上新台阶。

【党建与中心工作融合】 提高政治站位,增强"四个意识",坚定"四个自信",坚决做到"两个维护",坚守"六大纪律",始终把学习贯彻落实习近平新时代中国特色社会主义思想,十九大和十九届二中、三中、四中、五中全会精神,习近平总书记指示批示及系列重要讲话精神当作首要政治任务,通过党支部集中学习研讨、主题党日、学习强国及组织党员自学、现场教育等多种形式,强化理论武装,并在全面数字化运营转型实践中,深化对理论知识的认识和运用,助推企业加快高质量发展。安吉党支部“两山先锋、联通头雁”支部品牌再出发,夯实基层党组织建设;“工程”强统筹,落实职工队伍建设 20 条要求,党工团深度协同,凝心聚力,弘扬奋斗者文化。抓党风廉政,净化生态环境。围绕“清廉浙江,联通先行”的总目标,以五好班子、清廉浙江建设为前提,坚持全面从严治党,切实将党风廉政建设主体责任扛在肩上、抓在手中,不断加强纪律建设,坚持不懈正风肃纪。以基层微腐败整治活动为抓手,以基层微腐败负面清单,结合工作实际,深刻剖析自己并细致地查找个人在学习上、工作上、管理上等方面存在的问题,有计划积极予以对照自查,并纳入分公司各条在线业务发展全过程中,对于出现苗头的问题及时纠正,杜绝基层单元存在此类问题,管控常态化整治。针对关键岗位和重要环节,尤其是实名制、营业退费、渠道管理的风险隐患,建立健全工作流程、职责权限、管理使用等规范制度,监督检查常态管理机制,确保业务流程规范,杜绝发生违法违纪问题。

【5G 引领】 强化 5G 品牌传播,抓住 5G 爆发年、冬奥和亚运的热点,利用 5G 创新应用和共建共享优势,开展“体验式+传播式”宣传,实现 5G 用户转化和发展新提升。践行线上线下一体化运营为方向,做大线上引流转化,强化线下赋能,实现营销效能及发展质量双提升。深化场景营销精细化运营,提升产品业务触达能力;优化渠道结构,提高渠道效能,提升自有人员营销能力。持续做好存量用户精细化运营,改善存量经营工作的有效性及用户信息的安全性,全年存量经营有效性有了大幅改善。

坚持匠心服务,全面提升网络竞争力。推动共建共享,提前完成 5G 建设任务,实现县城区、重点乡镇连续覆盖及市域口碑场景重点覆盖;4G 共享电信小区,完善口碑场景区域覆盖,开展“匠心网络、贴心服务”专项活动,提高手机网络、光纤宽带质量及服务支撑水平,改善用户体验,实现网络质量和客户感知双提升。

【创新发展】 积极参与安吉县智慧城市建设,通过对接承接安吉县智慧教育、旅游智慧大数据两个领域的 3 年建设执行方案的制定。聚焦公安行业项目,安防小区建设项目、雪亮建设项目,助力地方“平安安吉”建设。完成本地智慧工地平台的搭建,打造特色的智慧工地扬尘实名制考勤项目,助力智慧城市建设,提供信息化建设规划方案;助力企业信息化发展,打造标杆引领,完成永艺跨境电路业务的开通交付,为县域境外业务的拓展建立样板企业。

【数字化转型】 面向公众业务,落实“一客一策”,构筑全触点全用户精准营销能力;面向政企行业,推进客户级营销、分析、预警、评价的大数据赋能,落实政企业务全在线;面向客户服务,加快智慧客服集约化建设,实现客户口碑(NPS)、自助服务占比和服务成本指标“两升一降”;面向企业治理,构建数字化评价体系,实现全方位企业经营管理过程监控和成果展示;面向信息安全运营,提升诈骗骚扰防范、系统漏洞检测、网络病毒查杀等系统能力,确保骚扰电话举报和涉案数量明显改善,为全面数字化转型保驾护航。

【划小网格改革】 划小改革工作从改革初期阶段逐步过渡至改革发展期,根据划小改革“再认识、在定位、再出发”的指导要求,2020 年 11 月,安吉联通率先全市开展划小网格再出发改革工作,原本级综合网格裂变为本级公众网格、本级商企网格、本级营业网格。划小网格采用承包的方式,激发员工承包热情,经过公开选聘,择优上岗。公司率先开展机构精简,将原来综合支撑中心和公众营销支撑中心合并,便于上任后的经理集中精力搞发展。推行自管理、自运营、自激励的“三自管理”管理模式,为划小单元营造良好的奋斗者文化氛围,从根本上激发划小单元的积极性、创造性、能动性,最终实现员工与企业双赢,提升管理效果。

【领办无物业小区文明创建工作】 2020 年,安吉联通深化凤凰二区领办无物业小区的文明创建工作,全员出动,组织员工进驻小区,针对无物业小区居民环境意识差,小区内乱种植、乱晾晒、乱摆放现象普遍的情况进行集中整治，长效清理绿地内的杂草和墙体小广告、卫生死角垃圾等，上门对居民进行文明创建宣传，劝阻居民不要乱堆放，共同打造和维护小区整洁优美的环境，整治收效明显。党员带头发挥优良传统作风，发扬不怕脏、不怕累、攻坚克难、乐于奉献的精神，此次出动人员1500余次，清除卫生死角百余处，清除小广告1000余处，清理生活垃圾80余车，共投入资金20.8万元。是年，公司在全国文明城市创建工作中表现突出，被县政府授予集体嘉奖，被无物业小区凤凰社区授予“齐心共创文明城 倾心为民办实事”锦旗，个人三等功1名，个人嘉奖2名。

12月，安吉联通公司被无物业小区凤凰社区授予“齐心共创文明城　倾心为民办实事”锦旗

【突破全市首条跨境地电话】 2020年3月，签约永艺家具安吉总部与越南三园区的专线电路，双方协议覆盖永艺家具安吉总部连接越南分公司的视频系统，SAP（上层访问下层所提供服务的点）、OA（办公自动化）等应用系统及实时信息传输，实现永艺家具的自主服务及信息的快速响应，进一步加快县内企业开辟跨境商业新蓝海，助力企业数字化转型与全球化发展，给各方带来无限可能。

【全市第一个高校考场项目签约完成】 2020年12月，在标准化考场建设项目的基础上，延伸拓展浙江宇翔外国语专修学院国家教育考试综合管理平台建设与服务，完成全市第一个高校（浙江宇翔外国语专修学校）考场项目签约，成为全省联通首个大学考场建设案例。

（王　慰）

电　力

供　电

【概况】 2020年,安吉县全社会用电量达38.58亿千瓦时,连续6个月增幅全市第一,同比增长7.58%,其中工业用电24.37亿千瓦时,同比增长8.05%。全口径最高负荷82.14万千瓦,增长19.96%,农网供电可靠率99.9778%,农网综合电压合格率99.986%。连续17年安全生产无事故,累计安全日达6211天。

【电网建设】 2020年,电网建设累计投入2.79亿元。率先完成主网项目复工复产审批,如期投运长龙山电站500千伏配套送出工程,完成110千伏剑竹变新建、110千伏云鸿变扩建工程,110千伏高禹输变电工程开工建设。投产10千伏及以下线路320公里,新增配电台区164个,改造配变容量6.56万千伏安,安吉全县供电可靠率99.9778%。成立全市首个电力行政执法办公室,维护供用电秩序。全面开展安吉乡村配电网网格化规划,累计实现安吉187个行政村网格化规划全覆盖,落实12个特色小镇"一镇一规划",提升乡村配电网的供电可靠性。推进能源跨区域互联互通,联合安徽、浙江相邻6区县,完成长三角一体化跨区互联互通协同发展规划,布局跨区域联络电力线路,在全省率先实现与周边所有县域的能源互联互通全覆盖。

【安全运维】 2020年完成"国家领导人考察安吉、'两山'理念提出十五周年理论研讨会"等重大事项保电任务6次,完成春茶保电、中高考等重要保电任务68次。科学系统制定保电方案,高标准、高质量完成保电工作,实现"四个零"的目标。发挥电力铁军精神,高水平推动"线杆融景、变台为景",推进"五线整治"、架空线入地等工作,开展"三查三防"、防人身触电安全隐患排查等专项行动,排查并整改问题462项。推进安全管控中心建设,实现作业现场安全监督全覆盖。在全市率先成立电力行政执法办公室,联动处置12起外破事件,外破下降55.7%。加强应急能力建设,发布电网运行风险预警单11张,建设中国最美县域,完成安吉县大面积停电事件联合应急演练。率先试点两个镇级街道全域取消计划停电,全年共计实施带电作业971次,减少企业停电损失9532.5万元。

【供电服务】 年内打造新时代乡村电气化安吉样板,成果入选农业农村部简报并在中国电机工程学会、国网公司会议上做经验介绍。发布全国首个乡村电气化专项履责报告,建成全国首个"绿色能源数据中心"。发挥电力大数据作用,提供"企业复工电力指数"、EPI指数、"转供电费码"等产品,为政府"夜光行动"、复工复产、中小微企业纾困等提供有力支撑,准确监控全县电排灌站、电气化改造大棚、水产养殖实时用能状态,推动相关农户年增收1500万元,共建智慧乡村。大力实施安吉茶业、竹业、椅业三大典型产业电能替代和节能改造,电能替代电量6100万千瓦时。推出乡村垃圾处理设施用电"一站式"服务,实现高速公路服务区充电网络、内河港口岸电全覆盖,推广电动汽车1800多辆,促成安吉全域公交全电化,共建低碳美丽乡村。推行"阳光办电",完成低压非居用电报装接入5131户,为小微企业减少办电成本约450万元。严格落实疫情防控期间电价优惠等政策,全年为安吉县用户减费1.7亿元。深入践行"最多跑一次"改革,实行电力业务一窗通办、"刷脸"办电、零证办理,线上办电率98%以上。

【时任国家电网总经理、党组副书记辛保安到安吉调研指导新时代乡村电气化工作】 8月12日,时任国家电网总经理、党组副书记辛保安到安吉调研指导新时代乡村电气化工作,对高质量服务绿色发展工作给予充分肯定。安吉公司完成全国新时代乡村电气化试点建设,获省公司对标"领先单位"和"进步单位"

8月12日，时任国家电网总经理、党组副书记辛保安（左三）到安吉调研指导新时代乡村电气化工作

称号，市公司年度绩效第一名，安吉供电工作多次受到县委、县政府主要领导批示点赞，并先后荣获安吉县优化营商环境“先进集体”、安吉县企业服务流动红旗等称号。

（胡　杰）

天荒坪蓄能电站

【概况】 2020年，天荒坪公司以习近平新时代中国特色社会主义思想为指导，坚决落实国网新源公司党委的决策部署，坚持战略引领，统筹做好疫情防控，切实强化本质安全，大力实施科技创新，持续提升管理成效，克服疫情带来的不利影响，完成2020年生产经营目标，实现“十三五”顺利收官。全年完成发电量25.44亿千瓦时，抽水电量31.66亿千瓦时，综合效率79.21%。2020年，实现营业总收入21.43亿元，利润总额6.50亿元，其中净利润4.87亿元，净资产收益率28.93%，职工劳动生产率633.16万元/人·年，经营效益再创历史新高。机组发电启动成功率100%、抽水启动成功率99.94%、等效可用系数92.02%。截至2020年底，抽发电量累计突破1000亿千瓦时，累计缴税突破50亿元，各项经营指标位居行业前列。是年，天荒坪公司第二次通过全国文明单位复评，继续揽获全国“安康杯”竞赛优胜单位、优胜班组、先进个人3个奖项，荣获国网新源公司先进集体，危伟获“第20届全国青年岗位能手”。天荒坪公司获浙江省青创赛银奖2项、优秀奖1项，国家电网公司职工技术创新三等奖1项，国网新源公司专利奖一等奖1项、三等奖1项、科技进步奖三等奖2项。

2020年，天荒坪公司完成2台机组B修、4台机组C修、6台机组D修，稳妥实施磁极专项检查、5405/5406线保护改造和水位测量系统改造等项目。完成迎峰度夏、抗击寒潮及第三届“进博会”和节假日的保电等任务。年内天荒坪公司选派33名运维及管理人员承接长龙山电站运维工作，取得500千伏系统倒送电一次成功的优异成绩。

【天荒坪电站率先复工复产】 2020年疫情防控期间，天荒坪公司第一时间部署疫情防控措施，持续做好常态化疫情防控相关工作，确保电站生产现场全体职工和所有协作单位工作人员“双零”。4月1日，历时24天，天荒坪公司5号机组C级检修工作完美收官，正式交付调度。5号机组C级检修是疫情发生以来电站复工复产首战并告捷。天荒坪公司认真贯彻落实地方党委和政府的决策部署，一边抓疫情防控一边抓复工复产。公司将施工单位人员数量削减三分之一，组织开展“全方位、地毯式”排查，实行生活区、厂区封闭管控，严格执行消毒测温措施，最大限度阻断疫情传播渠道。天荒坪公司在国网新源系统内率先全面复工复产。

【浙江省政协副主席郑继伟到电站调研】 5月12日，浙江省政协副主席郑继伟一行赴天荒坪电站调研。郑继伟一行参观电站上水库、中控室及地下厂房，现场察看电站生产运行等情况，听取有关天荒坪公司疫情防控、生产经营、企业文化及社会履责等情况的汇报。郑继伟对天荒坪电站生态环境建设，践行“两山”理念，为电网稳定、复工复产及地方经济发展作出的贡献表示充分肯定。

【危伟获第20届“全国青年岗位能手”称号】 7月6日,共青团中央、人力资源和社会保障部颁发《关于命名表彰第20届全国青年岗位能手的决定》,天荒坪公司危伟获第20届“全国青年岗位能手”。危伟曾获中央企业技术能手、国家电网公司技术能手、浙江省青年岗位技术能手、国网新源公司杰出青年岗位技术能手和安全生产先进个人,2016年代表国网新源公司参加国家电网公司水电生产人员技能竞赛,获水电厂继电保护组团体第一、个人第一名。

【长龙山电站500千伏系统倒送电一次性成功】 12月19日,天荒坪公司负责的长龙山电站500千伏系统倒送电一次性成功,长龙山电站自此正式接入华东电网主网架。

(李长健)

浙江长龙山抽水蓄能有限公司

【概况】 浙江长龙山抽水蓄能有限公司(以下简称长龙山公司)成立于2015年,是三峡集团开发建设长龙山抽水蓄能电站(以下简称长龙山电站)的实施主体,履行业主权利和责任。为积极推动企地共建,充分发挥企业和政府的积极性,促进市场化改革,优化建设体制,长龙山公司于2017年3月融入安吉县国有资本投资运营有限公司15%的股份,中国三峡建设管理有限公司占股85%。

工程从20世纪末开始,启动天荒坪第二抽水蓄能电站(2013年更名为长龙山抽水蓄能电站)的前期勘测工作,并力推项目的规划选点工作。2004年1月,项目选点规划报告获批;2月,项目预可行性研究报告通过审查;2004年4月27日,时任浙江省委书记的习近平对中共湖州市委、市政府《关于恳请省委、省政府对天荒坪抽水蓄能第二电站前期工作加大支持力度的请示》作出要求积极推动项目上马的批示。2006年1月,浙江省政府与三峡集团公司签署战略合作协议,同意并支持三峡集团作为投资主体开发浙江省内的抽水蓄能电站。6月,三峡集团、华东院和安吉县政府三方签署《天荒坪第二抽水蓄能电站工程规划、预可研及可研勘察设计合同关系转换协议书》,三峡集团作为项目业主,正式启动原天二电站(后更名为长龙山电站)的开发;2014年11月28日,浙江省发改委同意开展前期工作;2015年10月29日,项目获浙江省发改委核准,11月27日,长龙山电站正式开工。经过5年多的建设,长龙山电站工程总进度已完成80%,工程质量、安全、进度目标总体可控受控。2020年是长龙山电站工程建设的高峰年,“蓄水、尾水充排水、倒送电”目标攻坚年。长龙山公司凝聚参建各方,真抓实干,克服疫情和超长梅雨季节给工程带来的不利影响,全力抓复工复产及组织工程建设、相关验收与电力生产准备工作,工程总体进展有序,较好完成年度建设任务,全年实现“上下库蓄水、尾水充排水、系统倒送电”等多个重要建设节点目标,实现疫情防控、质量、安全、环水保“四零”管理目标,2020年1—12月,实际完成投资预算17.20亿元,占年度投资预算的103.26%,超额完成年度投资计划。

【疫情防控】 2020年春节期间,长龙山电站主标段652人坚守岗位计划连续施工,新冠疫情暴发,长龙山公司积极响应属地党委、政府要求,停工隔离。由于600多人分布在不同的居住点,而且湖北籍员工较多,疫情管控和员工生活受到严重影响。公司充分运用信息化手段,分级网格化管理对分散各处员工的健康、生活、出行等信息实行严密管控,开展企地联防联控,确保疫情防控信息传递畅通、及时、准确,年度共完成长龙山工区5400余人的疫情防控工作,疫情防控各项工作总体受控,实现零疫情目标,为保障工程建设有序推进打下坚实的基础。

【复工复产】 2月12日上午,长龙山电站项目600多名建设者们投入复工复产,成为湖州市首个有序复工复产省重点项目。按照地方政府“坚持突出重点项目、成熟项目、示范项目为引领原则,对省级以上重点建设项目、重大产业项目,优先支持先行开工复工”相关要求,为确保复工顺利进行,长龙山公司扎实做好前期准备工作,成立长龙山工程新冠肺炎防疫应急工作组,制定复工和疫情防控方案,积极购置口罩、体温计、消毒液、药品、废弃口罩回收箱等疫情防控物资,对项目部和工地等区域进行全方位消毒,对进场的施工人员进行疫情防控安全培训，2月12日实现复工复产，4月中旬实现全面复工复产，同时公司积极协调各方力量，增加资源投入，加强项目管理、创新工艺、工程方法提高施工效率追赶工期，保证项目有序快速推进，为工程建设攻坚决胜打下良好基础。2月20日，浙江省委常委、组织部部长黄建发一行到长龙山电站就有序复工复产开展情况进行现场调研。黄建发一行到复工不久的下水库大坝施工现场、地下厂房安装间等关键施工作业部位，详细询问疫情防控、工程复工复产情况，以及当前面临的困难和需要地方政府协调解决的问题，看望慰问奋战在一线的工程建设者，向长龙山电站赠送5000个一次性医用外科口罩和一批消毒液等物资，以解电站工程复工所需的后勤保障之急。湖州市委副书记、代市长王纲，市委常委、组织部部长徐仲仪，市委常委、安吉县委书记沈铭权随同调研。

【决战上下库蓄水节点】 2020年，长龙山经历了超长梅雨季节，创历史新高，根据安吉气象局信息，2020年安吉梅汛期天气全县面雨量720.4毫米，是常年梅雨量(274.2毫米)的2.63倍，位居历史第二(仅次于1999年的775.8毫米)。降雨天气不仅严重制约露天作业，对雨季施工措施提出新的要求，还影响生产砂的脱水时间，给本就高峰叠加混凝土供不应求带来更大挑战。长龙山建设者们直面困难，稳步推进工程建设，认真梳理蓄水任务清单，编排任务计划，挂牌督战，现场办公，提高工作效率。上水库主副坝于5月底填筑至主碾高程976.70米，一、二期面板分别于8月底、11月15日浇筑完成；上水库于9月底开始试验性充水。下水库于3月18日全线填筑至主碾高程245.5米，7月20日面板浇筑完成，8月底具备下闸蓄水条件，于9月11日下闸启动试验性蓄水。

【顺利实现尾水系统充排水】 长龙山电站属于超高水头大型抽水蓄能电站，水道系统的充水和排水是电站运行管理不可或缺的一项操作。在工期紧、任务重的情况下，通过定期梳理尾水充排水尾工、调整施工顺序、增加资源推进施工进度，2020年11月28日，长龙山1#、2#尾水事故闸门下闸充水，充排水试验有序推进，对水道系统初期充、排水试验对水道系统安全运行进行第一次检验，土建、机电、观测等专业及相关单位积极有序协调配合，通过试验检查工程质量，查找水道系统存在的问题，采取处理措施，及时消除隐患，为电站安全运行提供有力保障。

【1#引水系统压力钢管安装全线贯通】 12月3日，长龙山电站1#引水系统压力钢管安装全线贯通，标志着电站建设取得又一阶段性胜利。长龙山电站1#引水系统压力钢管段主要由引水中平洞下半段、下斜井、下平洞、岔管及支管组成。其中引水下斜井长达415米，倾角58度，居国内在建抽水蓄能电站单级长斜井前列；压力钢管安装管节最大质量达28吨，在抽水蓄能电站建设中的难度前所未有；引水钢岔管的HD值达4800米。历时466天安全顺利完成1#引水系统压力钢管的制造安装任务。

【倒送电一次成功】 12月20日，长龙山电站500千伏开关站设备及配套设备全部首次带电工程倒送电一次成功。标志着长龙山抽蓄电站正式进入机组整套安装调试阶段，同时向机组投产并网发电迈出坚实的步伐。

12月3日，长龙山抽水蓄能电站1#引水系统压力钢管安装全线贯通

此次倒送电是通过500千伏妙西变电站,向长龙山抽蓄电站进行送电,是抽水蓄能电站机组整组调试的第一步,对后期电网安全稳定具有重要意义。为顺利实现倒送电目标,长龙山公司成立500千伏受电指挥部,做好进度安排,组织设计、监理以及相关责任单位共同制定倒送电目标清单,根据专业、工点、工序层层压实责任,定目标,定期限,定责任人。同时坚持以施工现场为"第一办公室",制定白夜班值班制度,每天巡视倒送电相关项目进度,发现滞后及时采取措施纠偏;充分利用每日工点会,联合监理快速响应施工单位诉求,迅速解决需要协调的问题,保证各专业施工有序进行。从开关站设备开始安装到系统联调完成,再到顺利完成倒送电,仅用106天,这是抽水蓄能电站建设中罕有的成绩。

【创新工艺、工程方法克服长斜井难题】 面对疫情和超长梅雨季节等不利因素影响,长龙山项目深入贯彻习近平总书记对集团公司8次重要讲话指示批示精神,特别是关于乌东德水电站首批机组投产发电重要指示批示精神,主动作为创新工艺、工程方法,重点围绕施工关键技术,助力推进一批重点科研项目实施,重点打造上下水库、进出水口、厂房土建与机电安装、长斜井混凝土及钢管安装等样板工程,突破多项技术难题,施工效率大幅提高。长龙山电站引水系统由引水上平洞、上斜井、中平洞、下斜井、下平洞、岔管及支管组成。其中斜井长达415—435米,倾角58度,1#引水上斜井总长435米,是国内抽水蓄能电站最长的斜井,超长斜井定向孔施工、导孔反拉成导井、人工扩挖、长斜井混凝土衬砌、灌浆等工序国内均未有过的先例,施工难度也相对较大。2020年,长龙山公司创新400米长斜井施工工艺,在下斜井钢管安装回填施工中,长龙山公司将安装浇筑单循环创新调整为60米/10节,创造单循环60米/22天的行业之最,不仅大大提高效率,而且实现1#引水压力钢管安装焊接一次合格率99.98%的优异成绩,为国内超长斜井施工积累宝贵经验。同时在科研方面,2020年针对电站高水头、高转速特点开展的"长龙山电站高水头高转速大容量抽蓄电站水力过渡过程研究""厂房结构振动控制专题研究取得阶段成果",通过研究附加质量法快速检测在长龙山抽水蓄能电站大坝填筑质量检测的应用,形成研究成果报告,完成附加质量法快速检测三峡集团企标编制申报。

【长龙山公司获"湖州市关心下一代工作先进集体"荣誉】 长龙山公司贯彻国家精准扶贫方略,努力践行三峡集团"五个一"的水电开发理念,在建好美丽长龙山工程的同时,积极在地方履行企业社会责任。2020年共捐赠资金60万元,公司团总支联合安吉县团委、安吉县志愿者协会等单位持续开展"责任三峡·点亮微心愿"活动,共向安吉县100余名困难学生送去心愿物品,展现三峡集团主动担当、积极履责的良好企业形象,弘扬社会正能量,产生良好的示范效应,得到地方各级党委政府和社会各界的广泛认可,促进企地融合发展。2020年12月17日,在"纪念湖州市关工委成立30周年暨全市关心下一代工作表彰大会"上,长龙山公司被湖州市委、市政府授予"湖州市关心下一代工作先进集体"。

(崔徐波)

12月17日,在"纪念湖州市关工委成立30周年暨全市关心下一代工作表彰大会"上,长龙山公司被湖州市委、市政府授予"湖州市关心下一代工作先进集体"

住建　人防

住　　建

【概况】 2020年4月，根据党中央、省委、市委和县委关于深化事业单位改革有关精神，县住建局下属事业单位安吉县住房和城乡建设发展中心、安吉县房地产管理服务中心整合组建安吉县房地产管理服务中心，安吉县建设工程质量监督站更名为安吉县建设工程质量安全管理服务中心，安吉县房屋征收补偿管理中心为公益一类事业单位，安吉县人防工程与信息保障管理所更名为安吉县人防（民防）指挥信息保障中心。

【疫情防控及复工复产】 疫情防控期间成立“防疫专班”，组建红色党员特勤队，提供志愿服务38400小时。联合属地开展“洗楼”行动，累计摸排居民2.68万户，涉及人口7.05万人，累计排查建筑工地241个，劝返重点疫区人员61人。出台“1335”工作法，采取“专班＋专员”模式，搭建共享平台，推出惠企举措，落实“五减”专项行动，全市率先出台《关于有效应对疫情促进房地产平稳健康发展的6条指导意见》（安住建〔2020〕10号），全年减征城市基础设施配套费4100万元。全市率先实现房产企业复工率、人员到位率双100%。荣获湖州市在疫情防控和复工复产一线表现突出的先进集体。

【全国文明城市创建】 年内完成县域重点区域“四无”环境整治、工地围挡专项整治和小区长效管理工作。累计派出人员2.7万人次，清理小区内乱堆放2.5万余处、“牛皮癣”3万余处、整治各类不文明行为8000余起、解决小区沉疴顽疾5000余处，确保建筑工地、物业小区、责任路段、领办点位高分通过验收。获县级文明城市创建集体三等功。

【优雅竹城建设】 2020年，优雅竹城建设计划项目65个，计划投资约15.1亿元，已开工58个项目，完工42个，完成投资约15.16亿元，完成总投资的100.4%，完成年度投资目标。完成“两山”绿道一期建设，全程15公里。完成东方景苑、东庄弄小区、富华小区、宁馨花园及东方兰苑5个老旧小区改造工作，小区环境得到有效改善。完成翠竹路等道路综合改造。完成开发区地下综合管廊（清源路至丰食溪路至广茗路）等市政设施建设。

【城镇建设】 组建美丽城镇专班，完成县域方案，指导创建乡镇完成方案编制，县域方案获全省美丽城镇优秀县域方案，天荒坪镇、孝丰镇两镇方案获全省美丽城镇优秀乡镇行动方案。完成创建工作，天荒坪镇获美丽城镇建设省级样板镇，鄣吴镇获美丽城镇建设达标镇。

【乡村建设】 2020年，完成梅溪镇三山、天子湖镇高庄、孝丰镇溪南3个村的美丽宜居示范村建设，新丰村、朗村村、桐杭村3

浒溪夜景

高家堂村

个村通过省级美丽宜居示范村验收。争取到递铺街道古城村、上墅乡田垓村、杭垓镇松杭村、灵峰街道碧门村 4 个村入选 2021 年度省级美丽宜居示范村创建名单。完成古城村、郎村村省级传统村落保护与发展规划初稿。编制完成鄣吴村省级村庄设计与农房设计落地试点规划方案,并成功争取上堡村入选 2021 年度浙江省村庄设计与农房设计落地试点。

【建筑业管理】 2020 年,累计完成建筑业产值 69.6 亿元,同比增长 8.53%,累计入库税收 6.85 亿元,同比增长 8%。全年新开工项目数 213 个,建筑面积 504.59 万平方米,其中工业项目 304.14 万平方米,居住项目 161.2 万平方米,其他项目 39.25 万平方米。全县在建项目 365 个,总建筑面积 1089.5 万平方米,在建起重机械使用 517 台。积极推广装配式建筑,新开工装配式建筑 156.1 万立方米,超额完成市定任务。完成民用建筑节能审查 75 个 204 万方。开展优质工程奖评选工作,创建市"飞英杯"7 个,市标化工地 10 个。建立健全建设领域农民工工资专户和农民工实名制管理,落实《关于加快建筑业提升发展的实施意见》,实行"分档奖励"机制,累计为建筑业企业发放奖补资金 897 万元,申报建筑工程资质 AAA 级 2 家、AA 级 1 家、A 级 3 家;市政工程资质 AAA 级 1 家、AA 级 3 家、A 级 7 家。牵头组织县发改委、财政局、水利局、交通局等 10 个单位部门召开工程建设领域保证金改革及施工过程结算宣贯会,出台《安吉县农民工工资保证金缴存补充办法》等实施办法,有效减轻企业负担。积极开展"五色工地"建设,以党建引领,加强工地智慧化建设,推动安吉县 87 个在建建筑工地安装管理人员及建筑工人人脸识别考勤系统。

【房地产行业】 2020 年,累计预销售(网签)面积 139.36 万平方米,同比增长 11.19%,销售 15162 套,同比增长 12.21%,其中外地人购房 44.68 万平方米,占比 32.06%,同比下降 5.4%,销售 5099 套,同比下降 1.51%。全年累计销售金额 173.44 亿元,同比增长 16.36%,完成房地产投资额入库 70.99 亿元,实现入库税收 19.09 亿元,同比增长 21.04%。制定"标准房"交付标准,提高交付质量,通过"阳光售房"公开透明房产信息,采取"成本核算+区域平衡"的方式,严控房价过快上涨。妥善处理好奥园朗境、碧桂园书香名苑等信访投诉。

【物业管理】 制定出台全省首个物业地方标准规范——《物业管理和服务评价规范》(DB 330523/T43-2020),规范物业企业行为。制定出台《安吉县小区长效管理实施方案》,开展五大提升行动。制定出台《安吉县物业企业曝光制度管理办法》《安吉县物业小区第三方测评工作结果运用的管理办法》和《关于安吉县物业企业属地社区联合测评打分管理办法》等文件,建立健全物业行业的第三方测评体系,对全县物业小区实行"一周一检查、一月一汇总、一季一通报"的长效管理检查打分通报机制。联合组织部开展新一轮业委会换届工作,开展全县基层社区的专题换届培训。成立安吉县物业协会,颁布物业行业自律管理规范,成功创建市优小区 4 个,争取"红色物业"试点小区 20 个,全县物业小区物业费综合缴纳率 80%以上、满意度评价较满意率75%以上。配合分类办开展撤桶并点和定时定点工作，指导物业企业合理选址，设备维护，在54个省级高标准小区和市级标杆小区率先开展“定时定点”投放清运工作，做好22个物业小区省级高标准垃圾分类小区的创建工作。

【住房保障工作】 年内首次为环卫工人、公交司机等公共服务群体提供保障性住房，整合社保、公安等部门的户籍、房产、车辆等信息，落实“公租房申请”一件事，实现住房保障网上办、掌上办，全年累计保障中低收入家庭340户，全年累计发放补贴363户，其中公租房351户，经济适用房12户，发放金额257.8万元，其中公租房补贴148.6万元，经济适用房109.2万元。完成宁馨花园、东方兰苑等16个“污水零直排”居民小区创建任务。累计完成农村困难群众危房改造任务共计122户，其中D级危房30户、C级危房92户，争取省补资金120余万元，完成130户直管公房的解危腾空，城镇D级危旧房解危任务全面完成。

【行政审批优化】 开展创建“无证明县”工作，经部门自查，专家代表会审，对梳理出的38个证明事项进行分类处理(直接取消或依法取消22个、信息共享8个、其他材料替代1个、集中代办7个)。落实“最多跑一次”改革领导坐班制和政务服务电话回访制度，实行分管领导每周一次，主要领导每季度一次坐班窗口体验“跑一次”实施情况，同时对每月办结事项进行电话回访抽查。整合承租、租赁补贴两项资格确认事项为“公租房申请”一件事，联合社保、公安、车管等多个部门进行房产、户籍、车辆等信息进行核实，统一申请表单，明确办事指南，打通“一窗受理”云平台。

【“争先创优”行动】 2020年，自“争先创优”行动开展以来，县住建局加大工作力度，创新工作方法，奋力夺取高分报表。1—4月，在全省建筑业和房地产专班考核中，MEI指数(经济运行月度评价指数)排名全省第三、全市第一；1—5月，全省排名第七、全市第二。

【安吉县获评美丽城镇建设优秀县】 1月12日，浙江省美丽城镇办会同相关省级部门，对全省报送的11个设区市和86个县(市、区)开展美丽城镇建设年度考核工作，并公布2020年度新时代美丽城镇建设优秀县(区)名单，安吉县成功入选。

【安吉县入选全国乡村建设评价试点】 7月13日，住房和城乡建设部发文，公布入选全国乡村建设评价试点名单，安吉县成功入选，全省唯一。该试点旨在通过建设评价，找出当前乡村发展中存在的问题和短板，为政府决策提供参考。

【全省绿道网建设工作现场会在安吉召开】 11月11—12日，全省绿道网建设工作现场会在安吉县召开，11个省级部门、11个设区市建设部门、94个县区建设部门等共计190人参加会议。县长宋波在会上代表安吉县作经验交流，全面展示安吉绿道建设理念和经验做法，打响安吉绿道名牌。

【省博物院(安吉馆)项目获“鲁班奖”】 11月30日，中国建筑业协会公示《2020—2021年度第一批中国建设工程鲁班奖(国家

安吉生态县城

优质工程)入选名单》,浙江省自然博物院(安吉馆)成功入选,成为安吉县第一个获得全国建筑行业工程质量最高荣誉奖的建设项目。

人民防空

【概况】 2020年,县人防工作完成《安吉县人民防空工程管理办法》《安吉县人民防空工程建设使用与产权登记实施细则》两个文件的起草、论证工作,并报县政府常务会议通过。全面落实人防系统腐败问题专项治理整改工作。针对巡察组反馈的问题,倒查制度缺陷,加强制度建设,对整改工作中已经建立的各项制度,坚决抓好落实,确保真正发挥作用,对不科学不健全的制度,进一步规范完善。强化人防工程执法检查,重点检查安全生产责任制落实情况、人防设施设备运行和维护管理工作台账以及人防工程隐患排查整治情况,联合综合执法局开展"全县防空地下室平时使用和维护管理大检查"对物业和建设单位进行维护管理培训。3月10日,省人民防空办公室发文公布2019年度全省人民防空工作先进单位名单,安吉县人民防空办公室成功入选,连续6年获省级先进。

【指挥通信】 年内,组织"5·12""9·18"警报试鸣,并利用国家突发事件预警信息发布平台发放警报信号。完成"5·12"全省指挥通信演练;人民防空专业队整组名单并上报;人防警报设施建设、使用、管理检查评估。

9月18日,县人防办组织民众开展疏散演习

【宣传教育】 3月1日,开展国际民防日宣传活动。在抗疫期间,为社区防疫人员提供帐篷及抗疫物资。4月4日,鸣放防空警报,表达全国各族人民对抗击新冠肺炎疫情斗争牺牲烈士和逝世同胞的深切哀悼。"5·12"期间,围绕"提升基层应急能力,筑牢防灾减灾救灾的人民防线"这一主题,开展形式多样的宣传活动。"六一"儿童节期间,开展人防宣传进小学及赠书活动。在9月的"国防教育日"期间开展国防系列宣传活动。在10月25日至30日开展"人民防空70周年"专题宣传活动。在"9·18"当日以指挥部名义开展昌硕街道新街桥社区人员紧急掩蔽演习。完成人防宣传进学校、进党校、进社区等年度工作要求,持续抓好学校人防教育,继续落实党校人防教育工作,向企业、机关、社区送人防知识,按要求参加中小学生人防师资培训和人防宣传骨干培训。截至2020年底,向省市人防办累计报送信息报道22篇,其中浙江省人防办网站录用2篇,湖州市人防办网站录用22篇。

【安吉县浪漫山川国际营地入选省国防教育基地】 4月2日,省政府办公厅公布省国防教育基地名单,安吉县浪漫山川国际营地成功入选,成为除孝丰烈士陵园外全县第二个省国防教育基地。

(江习之)

安吉县浪漫山川国际营地入选省国防教育基地

住房公积金管理

【概况】 2020年，湖州市住房公积金管理中心安吉县分中心着重抓好“服务”和“稳控”两条主线，发挥住房公积金在“重要窗口”县域样本建设的重要作用，持续推动全县公积金事业高质量赶超发展。年内《全市率先实现公积金组合贷款“一证通办”》《公积金贷款累计发放额度突破一百亿》，获市委常委、常务副市长杨六顺批示肯定；《公积金支持全县住房消费“超百亿”》获市委常委、县委书记沈铭权批示肯定；《优化贷款全流程，跑出安吉新速度》获市中心沈小龙主任批示肯定并推广；2020年，湖州市住房公积金管理中心安吉县分中心获湖州市住房公积金目标责任制考核第一名、创建全国文明城市工作集体三等功、2020年湖州市垃圾分类标杆机关、2020年度安吉县三八红旗手集体、新时代文明实践“筑巢计划”安居志愿服务项目获市县银奖、县级改革与创新二季度、四季度先进单位、县政务服务大厅公积金窗口一至四季度“美丽窗口”等荣誉。

【住房公积金归集和提取】 2020年，归集公积金128005.19万元，归集额同比增加31210.67万元，同比增幅32.24%；当年提取公积金77441.08万元，提取额同比增加15205.88万元，同比增幅24.43%；年末公积金余额295908.60万元，同比增加50229.67万元，同比增幅20.45%。

【住房贷款发放、回收及风险防范】 2020年，向2076户职工家庭发放住房贷款80582.50万元，当年贷款发放额同比增加38431万元，同比增幅91.17%。贷款回收38624.58万元，同比增加9457.21万元，同比增幅32.42%。年末贷款余额287040.36万元，同比增加20307.64万元，同比增幅7.61%。年末存贷比例97%，下降11.57个百分点。截至2020年12月底，分中心已连续21年、累计连续252个月月末贷款本息及时收回，贷款始终无逾期。分中心的资产优良率已连续多年保持100%。累计提取的风险准备金已达22032.39万元。

【住房公积金缴存比例调整和年度验审】 2020年，住房公积金缴存额度调整为：缴存比例：行政机关、事业单位住房公积金缴存比例仍按单位和个人各12%标准执行；企业和其他组织的住房公积金缴存比例可根据单位实际情况，仍按单位和个人各5%～12%范围内标准执行。缴存基数：职工缴存工资基数按2019年度职工个人工资总额的月平均数确定（工资口径按国家统计局规定列入工资总额统计的项目计算）。继续实行“控高保低”政策，调整后2020年缴存基数不得超过27390元，不低于4482元（上年度月平均工资为7469元×60%＝4482元），对调整确有困难的单位，最低不得低于当地最低工资标准。住房公积金补贴缴存工资基数上限按不超过上一年度全市职工月平均工资标准执行。

当年应参加调整单位2989家，职工人数71865人；实际调整单位2875家，职工人数69833人。年度调整完成率：单位96.19%，职工人数97.17%。经过调整后的月缴存额为10037.91万元，比调整前的8739.28万元增加1298.63万元，增长率14.86%。

【住房公积金制度建立及年度扩面情况】 2020年，市政府下达安吉县扩面任务新增14700人，实际完成24108人，完成率164%；净增任务5310人，实际完成7456人，完成率140.41%。截至2020年底，安吉县有正常缴存单位3460家，年末实际缴存住房公积金人数74796人。截至2020年底，已累计上缴廉租住房建设资金6126.31万元。

【住房公积金贷款贴息工作】 自2007年以来，每年均开展低收入住房公积金贷款家庭贴息工作，截至2020年底，已累计为434户公积金贷款家庭贴息93.75万元。2020年向符合贴息条件的17户贷款家庭发放贴息金额4.87万元。

【疫情防控】 根据市中心政策意见，结合安吉实际，2月初，在县级机关中率先出台支持服务企业和缴存职工的有力措施，推出降低缴存比例、困难企业阶段缓缴等10项惠企惠民举措。截至12月底，已为138家企业2.3万名职工降低缴存比例，为38家企业672名职工缓缴公积金，减轻企业负担5170万元。同时积极践行“三服务”活动，对全县186家企业进行走访排摸，动态

2月28日，安吉公积金管理中心党员支持疫情防控工作捐款活动举行

掌握企业情况，落细落实帮扶举措。

【“最多跑一次”工作】 2020年，分中心紧紧围绕“服务是魂，业务为本”的初心使命，充分发扬“店小二”精神，在跑改工作中一直抢在前、走在先。2020年以来，全市率先实现抵押“跑零次”，全市率先落实退休提取“一件事”，全市率先打通组合贷款“一证通办”，全市率先实现提取业务“刷脸办”，全省率先实现公积金贷款“结清一件事”。第二季度、第四季度两次被评为改革先锋，荣获“最多跑一次”第二季度、第三季度优胜单位。同时分中心攻坚克难，不断优化业务流程，实现服务升级。开创“驻点式”服务，“等待进门”向“主动上门”升级。针对预合作楼盘、新合作楼盘，派员上门驻点指导。推行“点单式”服务，“现场排号”向“线上挂号”升级。深度研发微信公众号“点单”服务模块，开通开户缴存、贷款约办等线上挂号功能。拓展“移动式”服务，“场所办理”向“随处可办”升级。探索掌上归集业务办理模块，拓展线上归集业务申报。提升“网点办”服务，“集中办理”向“就近办理”升级。加强对乡镇、银行网点日常管理，并多举措推动业务向延伸网点倾斜。

【安吉县实现抵押“跑零次”】 2020年初，结合外地先进经验，主动对接不动产登记中心，提出在安吉推行“云抵押”建议。3月底，打破分中心和县资源规划局壁垒，完成不动产登记系统数据对接，研发安吉不动产登记云平台。在借款人申请公积金贷款时，分中心工作人员按照不动产登记要求收取抵押相关材料后，将材料制作成电子文件，借助云平台推送至不动产中心审核，成功将“人工办”升级为“数据办”，办理时限从原来的5个工作日缩减为1个工作日。同时，以推广“云抵押”为契机，优化贷款流程，倒逼银行提速，压缩办事时间，从4—5月份办理时间与第一季度实际对比，分中心贷款(含组合贷款)办理时间基本控制在16个工作日左右，同比提速30%。

【安吉县上线公积金退休提取“一件事”服务】 5月，分中心联合多部门在全市率先上线公积金退休提取“一件事”服务，实现退休公积金提取“零跑零办”。通过跨部门联办工作机制实现公积金业务与人社相关业务的“一事联办”，人社部门在办理群众退休业务时，同步选择办理住房公积金账户封存和退休提取业务，直接将退休人员相关信息直接推送至公积金平台，分中心工作人员通过电话完成信息核对，于次月将账户内的公积金划转至退休人员名下银行账户，全程无需退休人员前往公积金窗口或进行手机办理，有效提升办事体验。

【打通组合贷款“一证通办”】 由于银行系统与政府部门无法实现信息共享，导致组合贷款办理时仍需提供多样材料，流程烦琐，一直是公积金办事的最大“痛点”。6月底，在市中心和市工行的大力支持下，分中心联合县工商银行主动对接、先行先试，打破信息壁垒，实现客户户籍、不动产、房产交易等信息跨部门跨行业互认共享，客户由原先需要跑房产公司、工作单位、银行、不动产等多个部门缩减为只需跑1个部门；申请材料由原先的户口本、结婚证、购房合同等十余项资料缩减为仅需一张身份证。同时推行“一窗受理、一次办结”的受理审批模式，客户办理贷款的平均时间由原先2个小时缩减至40分钟。

【安吉县实现公积金贷款“结清一件事”】 针对以往公积金中心与资源规划部门间的系统无法直联网办、信息无法共享及在公积金中心办理完贷款结清后仍需携带身份证、他项权证、贷款结清证明等多项资料前往不动产中心办理抵押注销事项的情况。8月，分中心联合资源规划部门开设线上抵押注销功能，打通部门间数据联通路径，实现贷款还清即可办理抵押注销。贷款职工在分中心结清贷款后，通过线上抵押注销通道向不动产中心发送结清证明、注销申请、他项权证等资料，直接为客户办理抵押注销事项，确保客户无须重复排队等候、无须重复提交资料、无须重复申请办理，将办理时间从原先的1个小时缩短为1刻钟，提速75%，实现“跑一次、等一次、快办理”。

（彭纪伟）

城 市 管 理

【概况】 2020年,安吉县综合行政执法局(城市管理局)有执法所(中队)15个和1个治安机动大队、内设科室10个,管理单位2个(安吉县城市公共资源管理服务中心、安吉县公用事业管理服务中心)。安吉县公用事业管理服务中心设5个内设机构:综合科、市政公用科、环境卫生科、城市照明科、园林绿化科。2020年,全局在册干部职工775人,其中在编人员197人,编外人员578人。全系统有党支部18个,党员438名。安吉县综合行政执法局(城市管理局)除负责综合行政执法和城市管理主责外,还承担道路改造、管网改造、公园广场改造提升等一批民生项目,牵头或配合推进“三改一拆”“四边三化”、烟花爆竹“双禁”、新时代“两山”试验区建设、全国文明城市创建、“三服务”等一批重点、中心工作。2020年,县综合行政执法局(城市管理局)全局上下认真学习贯彻习近平总书记视察浙江、安吉重要讲话精神,在全县城管人努力奋斗下,“一〇三六”改革发展部署有力落实,“二三四五”工作体系全面推进,安吉县综合行政执法与城市管理工作实现新跨越、迈上新台阶。

2020年,安吉县综合行政执法局(城市管理局)被住建部评为全国“强基础、转作风、树形象”专项行动表现突出单位;被省城市管理建设协会、市委组织部、市建设局分别评为疫情防控先进集体;被市委、市政府评为全市垃圾分类突出贡献集体和犬类管理突出贡献集体;被市综合执法局评为最美综合行政执法团队、综合执法系统优秀单位、城市精细化管理先进集体、文明规范公正队所建设先进集体、数字赋能先进集体;局本级和昌硕所、递铺所被县委、县政府评为全县争当践行“两山”理念样板地、模范生先进集体;因在创建全国文明城市中贡献突出,安吉县综合行政执法局(城市管理局)被县委、县政府授予集体三等功,局属6家单位获创建嘉奖;局本级和梅溪所、天子湖所获县政府抗击新冠肺炎疫情嘉奖;局照明科和广源公司被省市政行业协会评为全省城市照明行业先进单位;治安大队和环卫所被市委、市政府评为全市践行“两山”理念15周年先进集体;天子湖所、杭垓所被团市委评为市级青年文明号;县综合行政执法局(城市管理局)和梅溪所还代表湖州市参与全省综合执法年度考核,各项成绩优秀,市综合执法局获评全省综合执法工作优秀单位、全省第三;县综合行政执法局(城市管理局)被县政府评为2018—2020年度全县模范集体;获安全生产工作优秀单位等县级层面荣誉。程双双,陈继华获全省志愿服务先进个人、胡雪婷获全市践行“两山”理念15周年先进个人,姚佩获平安湖州守护者,胡兰芝、王

9月11日,县综合执法局再次出动雾炮车、洒水车、扫地车等15辆机械化设备,通过多机种保洁模式,建立起“冲、洒、扫、洗、吸”多功能除尘联合作业流程,提升道路整体洁净水平

耀文、朱伟峰获全市执法办案能手，李明月、阚华丽获全市城市精细化管理先进个人，陈继华、金耀晖、张玉新、应向阳、王双喜、黄勇获县创建全国文明城市三等功，盛欢、潘晓锋获县抗击新冠肺炎疫情三等功。

【疫情防控】 2020年，在切实做好系统内部防疫的同时，重点做好防疫宣传、废弃口罩与生活垃圾收运处置、活禽交易管控、公园广场防范聚集、城市运行保障、卡口支援等工作。作为省级巾帼文明岗的昌硕所女子分队19名女队员毅然签下"请战书"；环卫所运输科的党员主动请缨负责废弃口罩专线收运，动人事迹在全县庆祝建党99周年专题展演中获"红色传唱人"宣讲；局班子成员和20余名干部进驻企业共抗疫情，10家规上企业和6家规下企业顺利复产，龙威家具、上港国际等企业实现逆势增长。1月22日上午，县综合执法局召开新型冠状病毒感染的肺炎疫情防控工作布置会议。局党委书记、局长章熙翔传达安吉县新型冠状病毒感染的肺炎疫情防控工作会议精神，要求局各单位一定要提高认识，对当前防控工作面临的形势做好准确估计和充分准备，严防严控疫情的扩散和蔓延。

【全国文明城市创建】 丰虹路综合改造、橡胶坝改造、公园改造提升、节点绿化改造、景观亮化改造、河道护栏加装、公共自行车五期、餐厨垃圾收运体系、智慧城管三期9个项目全部如期完工，各水务燃气行业项目有序推进，省级燃气"村村通"试点落地。2020年，清运处置生活垃圾19.57万吨，修剪行道树3.8万余株、草坪470余万平方米，维修路灯6500余盏、景观灯2000余盏。安吉县递铺港获评省级美丽河湖，天使小镇砚溪湖、安吉天使小镇获评省级园林式居住区，石马港公园获评省级优质综合公园，绕城南线获评省级绿化美化示范路，迎宾大道获评省级街容示范街，城区绿化养护项目获湖州市园林优秀管理奖。建成城市综合管理服务平台，智慧城管功能进一步拓展，采集并处理事部件7万余件，接听热线2万多个。初步建成智慧排水一期平台，组建智慧排水指挥部并高效运转。智慧园林系统和智慧犬管系统入选全省数字化转型典型应用场景，智慧园林系统在全省城市园林绿化管理培训班上做经验介绍。开展"九乱"整治和"洗街"清零行动，累计整治乱占道、乱停车、乱扔烟蒂等问题2万余处。推进"美丽城镇"长效管理，整改问题8000余处，建成3个市级"美丽城镇"长效管理示范镇。开展"美丽小区"最佳实践活动，培育20个市级示范"美丽小区"。全省首创文明商户联合会，在凤凰路和胜利路率先试点，沿街商户参与市容管理的积极性日益高涨。全面打响"萤火虫""啄木鸟""蓝蜻蜓""五老""虎娃"五大志愿品牌，建成具有城管特色的新时代文明实践站。

【综合行政执法改革】 职权划转，9月底县综合行政执法局(城市管理局)行使的行政处罚权增加129项、增至300项，进一步与相关部门理清职责边界，办理新增领域案件20余起。机制创新，全省首创的"司法行政＋综合执法"共建共融得到全面深化，全省首批试点的"律师参与综合执法"工作成效显著，"律师驻队"模式获评全市县乡最佳实践典型。创新"综合执法＋人民调解"机制，联合化解矛盾纠纷120余件。在全市率先成立电力行政执法办公室。联合执法，牵头开展"综合查一次"联合执法检查，围绕城市管理、市场监管、生态环境、应急管理、资源规划、城乡建设6个方面开展跨领域联合执法，联合南浔、德清等地综合执法部门开展跨区域联合执法，累计开展"综合查一次"联合执法检查160余次，降低检查频次60%以上，多头执法、重复检查现象大幅减少，营商环境进一步优化。

【打造执法标杆】 2020年，一般程序行政处罚案件共立案2647件、裁决2702件、结案2798件，全年办理简易程序行政处罚案件12.3万件。全面落实行政执法"三项制度"，进一步规范执法程序，充分发挥"三级法制员"作用，全年一般程序行政处罚案件优良率高达99%，实现行政复议"零纠错"、行政诉讼"零败诉"。建立"轻微违法、首错不罚"机制，工作经验获中央人民广播电台报道。实行"社会服务折抵罚款"和"集赞免罚"，"空中喊话"的柔性执法短视频播放量超130万次，累计柔性处理违法行为3600余起，阻碍执法现象同比减少40%，执法环境得到优化。

【专项整治】 2020年，联合公安、交通、生态环境等部门设立24小时检查点，查处建筑垃圾领域案件200余起，其中跨区域案件52起，查扣工程车102辆次，移交公安采取刑事强制措施29人。建成全省首个文明养犬警示教育基地，上线智慧犬管平台，构建"公安＋城管"联合整治机制，开展模拟应急演练8次，办理"不文明养犬"案件900余起，收容犬只8400余只。对工程车辆加强GPS动态监管，通过GPS后台通报违规问题5000余次，查处工程运输违法案件7300余起。平稳拆除46个高炮广告、34个大型广告，县域违规大型户外广告实现清零。投入80余万元，整治空调外机1600余台。开展多次整治行动，力度大，效果好，特别是在一系列重大会议活动期间重点线路整治保障到位，展示安吉的良好形象和城管优良作风。

【打造垃圾分类样板】 全力助推新时代"两山"试验区建设，四项重点任务完成。在"两山"理念引领下，垃圾分类工作全面推进、成效初显，安吉县获评2020年度全省生活垃圾分类工作良好县。在前端，推行"定时定点""撤桶并点"，新增省级示范片区1个、省级示范小区15个、市级标杆小区73个，累计为居民充值生态金1171万元，小区易腐垃圾收集占比提高30%。在中端，实施列为县十大民生实事之一的餐厨垃圾收运体系建设工程，与800余家餐饮单位签订收运协议，城区餐饮单位基本实现收运全覆盖。在末端，加快建设省级资源循环利用示范基地，虎哥生活垃圾分拣中心、焚烧发电厂、餐厨垃圾处置中心规范运转。全市率先完成填埋场标准化封场和生态修复，并入选全省垃圾分类成果展示片。深入学习贯彻习近平总书记对制止餐饮浪费的重要指示精神，"光盘行动、机关示范""绿色消费行动"等活动开展，城区餐厨垃圾量减少35%。推动各行业减少一次性用品，全县减少使用一次性塑料袋10万个、一次性纸杯80万个、"六小件"206万套。发布全国首个垃圾分类示范学校建设地方标准规范，参与《城镇生活垃圾处理技术规范》和《城镇生活垃圾分类工作指南》两个省标制定。联合新闻集团制作的《垃圾分类四兄弟》获全省广播电视节目一等奖。举办"分"勇当先城市社区垃圾分类挑战赛，"绿色课堂""分类云课堂"走进校园和家庭，工作亮点获《人民日报》、中央电视台、《浙江日报》、浙江卫视等媒体纷纷报道。

9月3日，县犬管办联合公安、综合执法、"萤火虫"城管义工等多方力量在中心城区开展文明养犬联合整治行动，深化文明养犬流动检查点进小区行动

【"三服务"活动】 2020年，派专员到联系的16家企业驻企服务，累计走访企业、商户3000余家，村、社区实现走访服务全覆盖。为兰田村、六庄村、磻溪村等地投入113.7万元援建照明设施336套，解决了这些地区缺亮的民生痛点问题。推出政务服务2.0事项49项、自助可办事项28项，64项审批实现100%网上办、掌上办，全年办理行政审批1600余件，局办事窗口获评全县年度"美丽窗口"。实施"三服务"十大项目，十项任务全面完成。多措并举缓解停车难问题，新增1000个公共停车位，创新施划128个"潮汐车位"，进一步缓解停车难题；推出排水证包办服务，办证平均时间压缩50%，实现一次不跑就拿证；组建百人燃气"体检员"队伍，为1500余家用气企业送去"上门体

7月30日，递铺路潮汐车位试点，以缓解小区夜间停车难的问题

检”服务；抓好水气费下调惠企政策落实，为企业节省水费850余万元、燃气费2850余万元。昌硕所为新开餐饮店提供一站式服务，大大提高开店效率；递铺所帮快递企业找到临时分拣场地；灵峰所帮助17家凉席厂找到废竹丝回收渠道；孝丰所推出“云管家”线上服务；梅溪所和天子湖所帮农户回收处置秸秆50余车；天荒坪所服务长龙山电站重大项目，帮助解决卫生设施问题；溪龙所在白茶季主动上门办理临时构筑物许可证；报福所帮助建材企业引进淤泥设备，为企业节省百万资金；上墅所帮助企业解决空间不足难题，获媒体广泛关注。全年累计化解实际问题1100余件，10篇信息获“湖州365”公众号刊发，3项经验入选全县担当破难典型案例，1人获评全市服务标杆，2人获评全县服务标杆。

【县综合执法局做好废弃口罩收运处置工作】 1月30日上午，县委常委、县政府党组成员、宣传部部长何承明赴社区、物业小区、高速卡点、集中观察点检查废弃口罩集中收运处置、小区人员登记查控、防疫告知宣传、道路卡点防控等工作，强调针对当前疫情要严防严控，不可存在侥幸心理，要求相关设施设备要做好消毒，工作人员要做好自身防护。综合执法局与住建局、机管中心、昌硕街道等单位联动，迅速布置落实相关工作，全面启动废弃口罩的定点投放、定时收集、定车运输、定人管理工作。

【安吉县发布全国首个垃圾分类示范学校建设地方标准规范】 3月14日，安吉县发布全国首个垃圾分类示范学校建设地方标准规范——《垃圾分类示范学校建设规范》（DB 330523/T34—2020）。该规范由安吉县综合行政执法局（城市管理局）联合浙江省标准化研究院、安吉县中国美丽乡村标准研究中心、安吉县教育局共同起草，安吉县城镇生活垃圾分类办归口，安吉县市场监管局发布。该规范围绕垃圾分类示范学校的基本要求、宣传培训与教学实践、分类实施、绿色节约及考核评价等方面制定详细标准。针对学校垃圾分类工作谁来管、怎么管、管什么、如何评价等问题给出清晰的答案。

【县综合行政执法领域“综合查一次”工作启动】 5月27日上午，安吉县综合行政执法领域“综合查一次”动员大会暨启动仪式在县行政中心举行，副县长陈小龙，县综合执法局主要领导及分管领导，县政府办、组织部、公安局、司法局、资源规划局、住建局、应急管理局、市场监管局、市生态环境局安吉分局等单位分管领导及各乡镇（街道）分管领导，各综合执法所所长参加会议。陈小龙副县长指出，在重点监管领域推行“综合查一次”，既是安吉县聚焦法治政府建设的重要抓手，也是优化执法方式的一项便民服务举措。全县上下要看清大局，高度重视，团结协作，凝聚合力。就做好“综合查一次”工作陈小龙副县长强调了三点：要深刻认识“综合查一次”工作的重要意义；要大力推进“综合查一次”工作落地落实；要确保“综合查一次”工作取得实效。

【县综合执法局召开全国文明城市创建推进会议】 6月11日上午，县综合执法局召开创建全国文明城市推进会议。局党委委员、副局长黄强，局办公室、组织人事科、综合督查科、市容管理科、数字城管、治安机动大队、执法指导科、各执法所、管理类单位、广源公司主要负责人参加。

执法指导科汇报前阶段创建工作开展情况并就督查结果进行通报，提出下步工作计划，各与会单位就存在困难和下一步打算作汇报交流。副局长黄强肯定前阶段整治成效，并提出五点要求：创建意识要加强，氛围再浓厚；行动力度再加大，标准再提升；督查再跟进，责任再压实；方案再优化，机制再完善；标准再学习，问题再梳理，确保所有问题就是发现及时解决。

【省建设厅法规处党支部与县综合执法局机关党总支部开展结对共建活动】 6月29日下午，省建设厅法规处党支部与县综合执法局机关党总支部开展结对共建签约活动。省建设厅党组成员、副厅长姚昭晖，省建设厅法规处党支部副书记、副处长郑赫，省建设厅二级主任科员蒋忠克，省建设厅三级主任科员金立昊，县综合执法局(城管局)党委书记、局长章熙翔，局班子成员和相关责任科室负责人参加活动。省建设厅党组成员、副厅长姚昭晖表示，希望双方以此为契机，加强学习，提高站位；奋力作为，展示担当；互帮互助，共同发展。

【县综合执法局召开全国文明城市创建静态问题清零专题会议】 8月23日上午，县综合执法局召开全国文明城市创建静态问题清零专题会议。局党委书记、局长章熙翔，相关分管局领导，各责任科室主要负责人参加会议，同时还邀请县创建办相关负责人及部分施工养护单位负责人参加会议。会议第一阶段，章熙翔局长带班，分别对天荒坪路、胜利路、丰虹路、浦源大道等点位进行现场踏看。会议第二阶段，各责任科室汇报创建工作静态问题清零情况、存在问题及下步工作计划，县创建办负责人对县综合执法局创建工作进行点评，各分管局领导分别就下阶段重点任务进行布置。章熙翔局长对下步创建工作提出要求：要对静态问题抓紧清零；要明确创建标准，做到精准、精细；要加强动态问题巡查；要加强指导督导，做到定时定责定人；要坚决杜绝推诿扯皮。

6月29日，浙江省建设厅法规处党支部与安吉县综合行政执法局机关党总支部开展结对共建签约活动

【全县综合行政执法(城市管理)系统创建全国文明城市推进大会召开】 8月31日下午，全县综合行政执法(城市管理)系统创建全国文明城市推进大会召开。县创建办主任沈一平受邀出席会议并讲话，局党委副书记、副局长胡志中主持会议。局班子成员，局中层干部，各单位协管副中队长级及以上人员，环卫物业公司、停车收费公司、虎哥公司、市政施工单位、园林绿化重点标段负责人，丰陵燃气、管道燃气、水务公司主要负责人，“星级文明商户”自治委员会和城管义工组织代表等参加会议。县综合执法局党委书记、局长章熙翔强调，全县城管系统广大干部职工要切实提高政治站位，切实扛起责任担当，奋力夺取全国文明城市这张“金名片”，努力交出全国文明城市创建“高分答卷”，为打造“重要窗口”县域样本，努力成为新时代美丽中国县域窗口贡献更多城管智慧和城管力量。县创建办主任沈一平强调，全县城管系统广大干部职工要进一步扛起责任、补齐短板、攻坚克难。聚焦全覆盖、高标准，切实做好主城区精细化管理，全面完善市政公共设施，优化市容环境秩序。聚焦全天候、严要求，切实做好街面动态管理，大力整治垃圾分类、文明养犬、占道经营等街面动态问题。聚焦全员化、强配合，切实打好

8月31日下午，全县综合行政执法（城市管理）系统创建全国文明城市推进大会召开

文明创建硬仗，加强与街道、社区和其他单位的配合，凝聚众志成城、协同作战的合力。

【住建部法规司一级巡视员刘昕带队调研行政复议有关工作】 10月30日上午，住建部法规司一级巡视员刘昕、住建部法规司处长陈明一行3人到安吉县综合执法局调研行政复议有关工作。省建设厅法规处副处长郑赫、市综合执法局法制处副主任姚斌、市建设局法规处工作人员谢丁臣、县司法局党委书记王峰、县综合执法局党委书记、局长章熙翔、县住建局党委委员及县综合执法局相关工作人员参与此次调研活动。住建部法规司一级巡视员刘昕指出，浙江是行政复议体制改革先行先试试点地区，大家就运行该改革试点工作一年多来的体会各抒己见，气氛热烈，体会颇多。接下去，部法规司也将对与会同志的意见、建议进行梳理总结，进一步做好行政复议体制改革工作。

【县综合行政执法局（城市管理局）召开重点项目推进会】 12月4日上午，县综合行政执法局（城市管理局）召开重点项目推进会。局党委副书记、副局长张惠红，副局长王雅、局党委委员李斌以及办公室、市容管理科（行政审批科）、数字城管服务中心、治安机动大队、昌硕执法所、递铺环卫所、市政科、园林绿化科、城市照明科、公共资源中心、广源公司等主要负责人参加。张惠红副书记一行实地踏看百汇绿岛公园广场改造项目和公共自行车项目、丰虹路道路有机更新项目。张惠红副书记强调，各单位要高度重视，紧密配合，精准、精细、保质、保量抓项目推进，形成强大合力。在正常推进项目上要再抓实；在困难项目上再协调；在谋划明年项目上再调优。

【省综合指导办赴安吉开展2020年度综合执法考评工作】 12月25日，浙江省综合执法考评组对湖州市2020年度综合执法工作情况开展考评，安吉县综合执法局作为湖州市县区局代表参加考评。考评组由省综合执法办徐耀雪处长带队，衢州市综合执法局人员组成。湖州市综合执法局副局长李忠奎，安吉县综合执法局局长章熙翔、副局长吴宏亮、公用事业管理服务中心主任吴珠明、局相关科室负责人陪同考核。徐耀雪处长一行首先到梅溪执法所，对该所的政治思想建设、基层组织建设、执法制度落实等多方面情况进行全面、深入的检查。同时，考评组现场调取考评年度内办结的行政处罚案件进行阅卷考评。

（王雅君）

环 境 保 护

【概况】 2020年,根据生态环境部门机构改革相关工作要求,湖州市生态环境局安吉分局于8月份完成内部内设机关科室机构设置和职责配置,并结合五大领域机构改革要求,完成综合行政执法队和监测站调整。现有科室7个,分别为办公室(挂政策法规科)、组织宣教科、综合规划科、自然生态保护科、水生态环境科、大气环境科、环境影响评价与排放管理科。综合行政执法队下设开发区、示范区、孝源、灵峰、梅溪、孝丰、天荒坪7个中队。2020年,市生态环境局安吉分局认真学习领会党的十九大会议精神,始终牢记3月份习近平总书记在浙江安吉考察时的期望和嘱托,始终秉承"绿水青山就是金山银山"的发展思路,持续深化蓝天、碧水、净土、清废四大行动攻坚,高标准迎接中央第二轮生态环境保护督察,加强生态环境修复治理和保护,推动经济社会高质量发展,生态环境工作取得明显成效。安吉县被省委、省政府评为2019年度"五水共治"优秀县并授予"大禹鼎",获评浙江省第一批20家大花园示范县创建唯一优秀县,获评2019年度全省跨行政区域河流交接断面水质考核优秀县。市生态环境局安吉分局被市委、市政府授予践行"绿水青山就是金山银山"理念15周年先进集体,成功举办承办全国生态文明现场推进会、"6·5"世界环境日活动、浙江省全国低碳日活动、"8·15"全省高水平建设新时代美丽浙江推进大会、安吉第17个生态文明日活动、2020绿色发展科技创新大会等。

8月15日,在全省高水平建设美丽浙江推进大会上,安吉县第三次获评浙江省2019年度"五水共治"优秀县并授予"大禹鼎"

【生态环境质量状况】 2020年,安吉县空气优良天数346天,有效天数366天,空气优良率94.5%,列全市第一,其中PM_{10}年均值43微克/立方米,较2019年同期下降17.3%;$PM_{2.5}$年均值28微克/立方米,较2019年同期下降15.2%;二氧化硫年均值5微克/立方米,较2019年同期下降16.7%;一氧化碳第95百分位数1.2毫克/立方米,较2019年同期上升9.1%;臭氧第90百分位数为130微克/立方米,较2019年同期下降22.2%;二氧化氮年均值23微克/立方米,较2019年同期下降14.8%;空气六因子均符合国家《环境空气质量标准》(GB 3095－2012)二级标准。

【"两山"示范建设】 全面推进省级山水林田湖草修复试点项目建设,成功争取省河流水生态质量评估试点,结合省水生态环境示范试点县建设,启动三年创建任务,投入1200余万元基本完成西苕溪全流域河湖生态修复与综合整治工程,流域水质改善明显。探索第三方托管服务模式,"环保管家"入驻开发区、示范区开展环境治理和服务。探索实践县内流域上下游乡镇(街道)生态补偿机制,累计拨付补偿资金2.8亿元。

【污染防治攻坚收官】 决战决胜污染防治攻坚"十三五"收官

战，着力加快补齐环境质量短板。精准治气，打赢蓝天保卫战。创新方式方法，攻克治气瓶颈，全市率先开展 $PM_{2.5}$、O_3 源解析、柴油车 OBD 安装，提前超额完成水性漆源头替代、低氮锅炉改造任务。建成启动汽修行业集中共享喷涂中心和活性炭集中脱附处置中心、开展非道路移动机械发牌、启动黑烟遥感监测、严控道路工地扬尘，力促县域“双控双减”。全域治水，打赢碧水攻坚战。制定《安吉县2020年全域高标准治水行动方案》，启动“十二大专项行动”推进全域高标准治水。在全省率先成立“五个一”智慧排水管网建设指挥部，开展全县管网升级改造，全面推进“污水零直排”创建，推进5个乡镇(街道)全域建设和4个乡镇(街道)省级示范建设。集中攻坚，打胜净土防御战。以创建省级无废城市试点为中心，持续推进净土清废，展开鄣吴、孝丰、报福无废乡村建设。组织实施造纸、印染、化工等16个行业开展用地土壤详查，建成嘉鸿、美欣达“两中心一体化”项目，临港热电顺利投运，完成30家危废超期储存清零，危险废物处置率由2018年的96.4%提高至98.8%，完成全县88家小微企业清运危险废物共1100余吨。落实中央资金2500万元完成鸿泰化工污染地块治理修复。

【环境保护机制革新】 全省率先探索发布《安吉县上下游乡镇(街道)生态补偿机制的实施意见》，通过“以奖代补”的方式鼓励和倒逼乡镇(街道)开展控源截污、排污口整治、清淤疏浚、生态修复等项目，落实水污染防治的各项工作职责，在全省范围内首创县内流域上下游乡镇(街道)横向生态补偿机制。2020年，累计拨付生态示范项目补偿资金1.6亿元、集中式饮用水源地生态补偿资金1.2亿元。推行替代修复模式兑现生态损害赔偿，改变以往“损害—罚款”的固有模式，增加“修复”环节，进一步提高企业的违法成本、降低违法行为发生概率，同时提升生态修复能力，2020年完成2个生态项目替代修复，累计兑现赔偿资金38.4万元。建成“生态保护红线监测预警与智能监管系统”，实行“五个一”模式开展生态环境保护监管，即“一体化”监测网络、“一中心”监管平台、“一张图”自动预警、“一平台”区块审核、“一站式”巡查支撑，实现跨2个乡镇194.46平方公里区域的有效监管。全年收到预警5100余次，劝阻游客进入二级保护区水域周边200余人次，抓取过往车辆数据29000余条，及时发现阻截大型工程车辆进入保护区域50余次，实现了对红线区域情况的全面监管。9月，该系统运用成功入选省“互联网+监管”地方优秀案例。加快环境审批制度改革，深化生态环境领域“强县扩权”，坚持以“最多跑一次”改革为引领，以更快更好方便企业办事为导向，持续提速审批办理时效，切实提升环评服务效能。审批时效以总时长33.5日的成绩连续三季度排名全市第一。推进环境信访调解升级。入驻安吉社会矛盾纠纷调处化解中心并设立环境信访工作专班，采取“线上和线下”形式接办投诉，年内接受环境方面投诉咨询110余人次。搭建“多线化解”桥梁，探索“服务型”调解工作，全年处理各类信访投诉804件，处理率、按时办结率均为100%。

【依法开展执法监管】 高标准迎接中央生态环境保护督察。成立“1+7”的迎检组织领导机构，制定出台《安吉县配合中央

安吉县生态保护红线监测监管预警平台

生态环境保护督察协调保障工作方案》，精细指导推进全县中央督察迎检工作，督察期间累计上报排查问题1501件，自查发现1013件、电话投诉322件、信访件130件、报复式举报6件、同行竞争1件、其他29件。9月，中央生态环境保护第三督察组进驻开展督察，安吉县收到信访件36件(其中重点件2件)共35个环境问题，第一时间领办督办、调查整改，截至12月底24件已完成整改，剩余12件已制定方案于2021年整改到位。依法依规开展各类专项执法行动。高强度开展环境违法案件打击力度，加大对“散乱污”企业重点区域、重点行业的监管力度，确保环境监管不留盲区。全年共做出行政处罚决定137件，处行政罚款人民币967.6429万元。开展“洗楼式”排查见底行动，排查企业6439家次，排查环境隐患358处，依法立案查处各类环境违法案件60件，做出行政处罚决定54个，行政处罚款304.1129万元。创新服务监管方式，提高企业管理水平。以指导企业落实环保主体责任为目标，完成300余家企业落实环保主体责任制度上墙工作，降低企业违法风险。创新“环境违法行为告诫书”以告诫形式合理调控执法力度，在有效落实监管的同时，服务企业提高管理水平。

【智慧排水管网建设】 2020年，在全力推进“十二大专项行动”开展高标准治水工作过程中，全省首创建立智慧排水管网建设指挥部。以推进“以人为核心的新型城镇化建设”为目标定位，以破解专业技术力量不足、智慧化程度不高、运维资金保障不够、管理体制不清等问题为首要任务，以“优雅竹城”五年行动为载体抓手，设立一条边管理、一个口子统筹资金、一套标准建设、一个例会审核、一张网智管的“五个一”统筹治水模式，计划3年时间完成全域排水管网建设并融入智慧化运维。截至12月底，制定建设方案并将相关内容纳入《安吉县域给排水专项规划(2014—2030)》。

【水生态修复示范试点】 2020年4月，浙江省生态环境厅下发《浙江省生态环境厅办公室关于印发水生态环境示范试点县(市、区)名单的通知》，安吉县被列为水生态修复示范试点县，全省共13个。2020年，全面启动西苕溪全流域河湖生态修复与综合整治工程，邀请浙江大学水环境研究院对西苕溪流域展开水质检测及调研分析，围绕源头污染源核算、过程阻控、末端强化的系统治理路径，从农村生活污水、水产养殖废水、种植业面源污染以及地表水体综合治理4个方面展开西苕溪主要断面水质改善工程。2020年，连续两次争取到中央专项资金6890万元，主要用于水生态修复治理(一是安吉县金山污水厂尾水人工湿地工程、杭垓镇饮用水水源地二级保护区环境综合整治2个项目共获中央补助资金2300万元；二是安吉县梅溪镇污水管网改造工程项目和安吉县土壤污染防治2个项目共获中央专项补助资金4590万元)。

【率先发布“三线一单”】 9月份，在市级“三线一单”生态环境分区管控方案发布后，率先发布《安吉县“三线一单”生态环境分区管控方案》，此次调整，较环境功能区划准入要求更明确，数据管理更智能，监管思路更创新，发展空间更广阔。其中，允许工业项目准入的产业集聚重点管控单元较环境功能区划增加21.74平方公里，增幅达43.2%，并为各乡镇预留644.05平方公

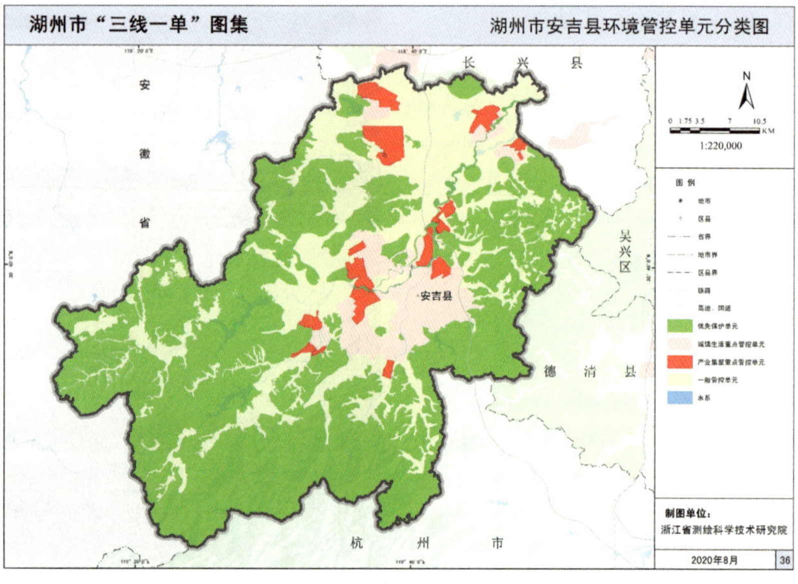

安吉县“三线一单”环境功能区划图

里规划发展空间，最大限度为安吉经济高质量发展提供空间保障。

【率先发布全国首个《乡村绿色治理指南》】 8月14日，全国首个《乡村绿色治理指南》地方标准规范在天荒坪镇余村村正式发布。该标准规范提出乡村绿色治理的治理主体、治理内容、治理路径、治理保障等方面要求，首次将污染预防和绿色理念融入乡村生产、生活、生态建设全过程，融入乡村经济、社会和文化活动各方面，强调村民生态环境意识和行动能力的提升，把握乡村自治、共治、法治、德治、智治间的关系。该规范的制定，旨在加强乡村治理和深入推进新时代美丽乡村建设，将现有的乡村治理和美丽乡村建设的经验、成果进行标准转化，将污染预防和绿色理念贯穿乡村治理始终，实现乡村有效治理。该规范的有效实施，对乡村环境污染的预防和控制，村民的生态环境意识和行动能力提升起到积极作用，为推进“绿水青山就是金山银山”转化，实现乡村生态振兴提供坚实的体系保障，对全省以及全国其他地区也能够产生积极的示范效应。

【安吉县举行第17个生态日暨“无废城市”创建启动仪式】 8月13日上午，安吉县举行第十七个生态文明日暨安吉县“无废城市”创建启动仪式，这是将“3·25”生态日调整为“8·15”生态文明日之后的首次生态文明日活动，标志着安吉县“无废城市”创建全面启动。2—8月，由省环科院(省“无废城市”实施方案编制单位)负责，就“无废城市”实施方案、创建目标、创建内容以及安吉县现实基础、“无废村庄”标准体系建设等展开研究和编制，8月编制完成《安吉县全域“无废城市”建设实施方案》，利用2年时间区分5个阶段，开展源头减量、贮存规范、收集转运、资源利用、处置能力、高压严管、信息监管、治理行业、制度创新、齐抓共管10项任务。全力打造“一个中心两大园区三无共进”的安吉县全域“无废城市”建设体系，涉及8镇3乡4街道，39个社区居民委员会和169个村民委员会。到2021年底完成全域“无废城市”建设并通过省级评估，基本实现产废无增长、资源无浪费、设施无缺口、监管无盲区、保障无缺位、固废无倾倒、废水无直排、废气无臭味。全面助力打造“重要窗口”的县域样本，推动安吉经济社会高质量赶超发展，实现全国绿色发展标杆、城乡融合样板、美丽宜居大花园典范目标。截至12月底，建成2家示范企业分类标准场所、3个乡镇(街道)临时中转场所和130家工业固废企业标准分类中心，景溪、景坞、横溪坞三村先行创建无废乡村并通过验收。

（王 淋）

8月14日，安吉县《乡村绿色治理指南》地方标准规范新闻发布会召开

经 济 管 理

发展改革

【概况】 2020年,全县经济虽受疫情影响,但呈现逆势上扬的良好态势,全年地区生产总值487.06亿元,同比增长4.3%,增速全市第一,固定资产投资全年增长6.9%。全县新增社会融资规模335.36亿元,创历史新高,金融业增加值40.89亿元,同比增长13%,对GDP贡献22.5%。是年,县发改局举办省级新时代"两山"试验区推进大会3次,主动谋划争取到首个长三角县域层面会议在安吉举办。6月28日,商合杭高铁安吉站顺利开通运营,结束安吉"手无寸铁"的铁路空白历史。安吉县白茶扶贫、"两山银行"、绿色普惠金融等工作分别获时任浙江省常务副省长冯飞、副省长陈奕君、副省长朱从玖的批示肯定。同时,安吉县在全省首批大花园典型建设单位中获评唯一优秀县(区),在省服务业发展综合评价Ⅲ类地区实现三连冠。荣获2020年度湖州市服务业融合发展先进单位,在一类部门效能考核中荣获一等奖。

【抗疫复工】 疫情发生后,迅速进行研判,及时出台稳企业稳经济稳发展的金融支持政策,全市首创推出"抗疫专项贷",以信用方式投放13.89亿元,为506家企业节约利息支出4565.72万元。及时助力服务业企业复工复产,发放各类补贴、奖励合计4791.36万元。打赢重点项目推进攻坚战,指导高铁及长龙山电站各参建单位重点做好防疫物资储备、员工隔离、员工健康监测和重点场所消毒等工作,为高铁及电站的顺利复工打好坚实基础,助推长龙山电站成为全市首个复工复产的省重点项目。

【新时代"两山"试验区建设】 全力推进新时代"两山"试验区建设,创新年度滚动推进机制,排出2020年度109项具体工作任务,在县级109项重点任务和第一批10项重大事项之外,以乡镇平台为主体排出第二批60项重点亮点清单,排定"时间表、任务书、责任人、路线图"明确试验区建设年度推进计划。2020年1月17日、6月28日、12月31日,省发改委三次组织召开试验区建设省级推进会,协调解决具体问题。试验区争创国家试点工作加速推进,按照"4644"总体思路编制国家试点实施方案,多次与省发改委赴京开展汇报衔接,全力争创国家试点。

【经济发展"参谋手"】 谋划提出"奋战一百天、冲刺半年红、打赢两场战"系列活动,围绕全省争先创优活动,快速组建专班明确方案,排定MEI指数相关目标建议,为县委县政府做好月度、季度经济形势分析和研判,为全县经济稳健运行提供坚实信心。投资、政策专班,连续两个月度排名全省前列。全县经济全面实现"二季红、半年正、三季进",经济"V"型回升势头进一步巩固,总体呈现"持续恢复、稳中向好"的良好态势。每月牵头召开经济预警例会,牵头开展全县产业"六个一"行动谋划研究,编制完成《安吉县制造业六大产业高质量发展实施方案》。同时,牵头开展开发区(园区)整合提升工作，完成《湖州市开发区（园区）整合提升总体方案》（安吉部分）。1—12月，安吉县地区生产总值达487.06亿元，同比增长4.3%，增速全市第一。推进实施制造业六大产业发展“六个一”行动，全力推进省级服务业强县建设，省级服务业发展综合评价连续三年获Ⅲ类地区第一。“十四五”规划编制有序推动，开展基本思路前期研究和编制工作，形成基本思路和纲要。

【改革创新】　进一步探索生态产品价值实现机制，“两山银行”品牌逐步打响。3月24日，省发展改革委印发《浙江省大花园建设行动计划2020年工作要点》，明确提出将在大花园核心区、大花园示范县开展“两山银行”试点，安吉县作为2019年度全省唯一一个大花园典型建设优秀单位，成功列入试点。4月27日，安吉县印发《安吉县“两山银行”试点实施方案》，率先选取上墅、天荒坪、孝丰、报福、章村、杭垓、梅溪7个乡镇开展试点。5月14日，央视新闻频道《朝闻天下》专题报道安吉“两山银行”试点做法。6月29日，承办全省“两山银行”试点推进会并举行“两山银行”示范基地揭牌仪式，安吉县“两山银行”案例获评全省大花园示范县建设优秀典型案。完成大花园省级年度评估，并以97分的高分获评为2019年全省第一批大花园示范县建设单位唯一优秀县，成为该项目唯一连续两年获省政府督查激励的区县。绿色金融改革深入推进，创新推动建行省分行、中行省分行推动5家银行与县政府签订战略合作协议，新增信贷支持高达480亿元。持续深化“标准地”改革扩面，累计成交工业“标准地”62宗1660.31亩，宗数占比100%、面积占比100%。同时积极探索“标准地”扩面，在省级以下平台，成交工业“标准地”2宗37.11亩，宗数占比100%、面积占比100%。全面推广“标准地”数字地图招商新模式，“标准地”招拍挂前通过数字地图向全社会公开。

安吉两山银行

【绿色金融改革】　2020年，紧抓湖州国家绿色金融改革创新试验区机遇，积极探索绿色金融支持绿色发展“安吉实践”。继安吉县被确定为绿色金融改革创新试点示范县后，成功推动农行安吉支行率先实现扩权升格，信贷审批权限等同湖州分行。新增中行安吉昌硕绿色支行，成为中行系统全省首家绿色支行，年内全县已有绿色专营支行8家，占全市50%。推动建行浙江省分行、中行浙江省分行与县政府分别签约150亿元、100亿元的新增信贷支持战略合作协议。已有5家银行机构与县政府签约，新增信贷支持高达480亿元。截至2020年12月末，全县各项存贷款余额1737.45亿元，同比增速20.64%，居全市首位。

【项目攻坚】　严格进行项目管理，出台《安吉县政府投资项目全过程管理实施细则》，构建以“单子＋方子”的项目落地推进机制，建立重大项目问题清单、责任清单、落实清单，高效率推动项目落地建设和竣工投产。2020年，全县亿元以上项目累计开工入库106个，竣工60个。聚焦“2＋6”、省市县长工程、新基建项目等重大项目清单，帮助洁美、中力机械、格力精密仪器等13个项目申报浙江省第二批重大产业实施类项目。做好市服务业“大好高”项目摸排申报工作，成功认定6个项目。争取到安吉余村未来社区项目入选全省第二批未来社区试点创建项目名单，并成为全省首个且唯一一个乡村版未来社区项目。持续优化项目代办服务，制定《安吉县一般企业投资项目审批“最多80”天改革工作实施方案》,依托“互联网+政务服务”,推行工程建设项目审批“四统一”(统一审批流程、统一信息数据平台、统一审批管理体系、统一监管方式)。截至2020年底,纳入省“最多80天”监测项目53个,实现率100%;分阶段来看,纳入省开工前审批“最多50天”监测项目70个,纳入省竣工验收审批“最多30天”监测项目103个,实现率均为100%。

【开放合作】 6月28日,商合杭高铁开通,结束安吉“手无寸铁”的历史空白。奋力突破重大交通项目前期,争取到宁杭高铁二通道成功列入国家发改委加快推动长三角区域城际和市域(郊)铁路近三年建设项目,安吉融杭接沪力度进一步加大。主动谋划争取首个长三角县域层面会议在安吉举办,大力推进长三角产业合作区建设。加强区域合作,与吴江签订共建E产业合作园。加强地校合作,与浙江大学正式签订合作协议共建浙江生态文明研究院。上海浦东自贸壹号上海交大安吉生命健康研究中心正式揭牌。上海G60科创大走廊“飞地”完成选址,已开展装修设计、运营商遴选等工作,杭州城西科创大走廊“飞地”完成签约。白茶扶贫入选国务院扶贫先进典型案例,累计向三省五县捐赠茶苗2210万株,总种植面积6217亩,受益建档立卡户2064户6661人。11月30日,国扶办召开四省六县茶苗援建视频会,高度肯定安吉县茶苗援建工作。

【金融赋能】 深入实施融资畅通工程,金融要素保障力度空前。1—12月,安吉县金融业增加值40.89亿元,同比增长13%。存贷款保持高速增长态势,截至2020年12月末,全县各项存贷款余额1737.45亿元,同比增速20.64%,居全市首位。其中存款余额809.3亿元,较年初新增130.9亿元,同比增速19.3%;贷款余额928.17万元,较年初新增166.4亿元,同比增速21.84%。余额贷存比114.69%,全市最高。推动东方生物成为全市首家科创板上市企业,募集资金6.375亿元。2020年,安吉县完成上市企业1家,上市申报材料1家;新增成长板挂牌企业22家、股改企业36家、直接融资163亿元;绿融通项目成功录入21家。

【新时代“两山”试验区推进大会在杭州举行】 1月17日下午,新时代浙江(安吉)县域践行“两山”理念综合改革创新试验区建设推进座谈会在杭州举行。会议由省发改委组织召开,省发改委副主任徐幸主持。会上,市委常委、县委书记沈铭权介绍新时代“两山”试验区建设情况及下一步工作思路。县委常委、副县长项侃文,副县长杜尉栋参加。

【县发改局创新推出“抗疫专项贷”】 2月21日,针对企业复工复产面临的债务偿还、资金周转和扩大融资等迫切问题,出台《安吉县加强疫情期间财政金融支持稳企业稳经济稳发展的实施细则》,创新推出“抗议专项贷”为企业发展注入金融活水,以信用方式投放13.89亿元,为全县506家企业节约利息支出4565.72万元。

【举办第一季度重点项目集中开竣工活动】 2月27日,安吉县2020年第一季度重点项目集中开竣工活动暨中源家居未来工厂产业园项目开工仪式举行。市

1月17日下午,新时代浙江(安吉)县域践行“两山”理念综合改革创新试验区建设推进座谈会在杭州举行

2月27日，安吉县2020年一季度重点项目集中开竣工活动暨中源家居未来工厂产业园项目开工仪式举行

领导宣布项目集中开工。市委常委、县委书记沈铭权致辞，市县领导项乐民、宋波、陆为民、叶海珍、赵德清、徐卫勇在开发区主会场参加，潘鸣、管永丰、陈卫卫在示范区分会场参加。本次集中开竣工活动共有62个项目，总投资248.8亿元。其中，开工项目49个，总投资225.3亿元，其中开发区21个项目总投资67.4亿元，示范区14个项目总投资43亿元。竣工项目13个，总投资23.5亿元，其中开发区4个项目总投资6亿元，示范区5个项目总投资8.1亿元。项目类型涵盖装备制造、绿色家居、文化旅游、基础设施、城乡融合等多个领域。

【商合杭高铁安吉站开通运营】 6月28日，商合杭高铁安吉站开通仪式举行，湖州市人大常委会主任孙贤龙宣布开通。市委常委、县委书记沈铭权，中国铁路上海局集团有限公司工会主席、副总经理何元庆，京福铁路客专安徽有限责任公司副总经理唐强分别致辞。县人大常委会主任陆为民、县政协主席赵德清等县四套班子领导，县法院院长、检察院检察长、人武部部长、政协秘书长参加，县委副书记徐卫勇主持。

【全省“两山银行”试点推进会在安吉召开】 6月29日，全省“两山银行”试点推进会在安吉县召开。会议贯彻落实习近平总书记在浙江考察时的重要讲话精神和省委十四届七次全会精神，交流总结各地“两山银行”试点工作经验做法，研究部署下一步工作任务。省发改委一级巡视员徐幸主持并讲话，市委常委、县委书记沈铭权致辞，县政协主席赵德清参加，副县长杜尉栋作安吉“两山银行”试点情况介绍。

【2020年度长三角县域绿色发展峰会在安吉召开】 7月17日，2020年度长三角县域绿色发展峰会在安吉召开。长三办和上海市、江苏省、浙江省、安徽省发展改革委，无锡市、常州市、宣城市发改委和湖州市发改委、区合办，“一岭六县”（上海市白茅岭农场，安吉县、长兴县、宜兴市、溧阳市、广德市、郎溪县）主要领导、分管领导及发改委（局）参加会议。中国绿色制造联盟、中科院南京地理所、浙江清华长三角研究院专家到会指导，湖州市政协主席杨建新、国务院发展研究中心一级巡视员刘培林讲话。会议成立长三角产业合作区绿色制造联盟并发布安吉共识，签约校地合作、区域合作、产业和机制合作四大类10个项目（其中安吉5个），达成高质量建设长三角产业合作区等系列共识，并明确下一步健全组织体系、落实合作协议、加快规划编制、创新合作机制、推进先行先试等工作。

【第十三届安洽会重点项目集中开竣工活动举行】 10月22日上午，安吉县举行第十三届安洽会重点项目集中开竣工活动暨中力机械产业园项目开工仪式。总投资213.7亿元49个项目集中开竣工。湖州市人民政府副市长项乐民，中共安吉县委书记沈铭权，中共湖州市委秘书长钱仲良，中共安吉县委副书记、县长宋波，安吉县人大常委会主任陆为民，中共安吉县委副书记、政法委书记、开发区党工委书记徐卫勇，安吉县人民政府副县长杜尉栋，安吉县人民政府副县长管永丰等出席活动。

【安吉县在国家级“白叶一号”茶苗管理电视电话会上交流发言】 11月30日，国务院扶贫办召

11月30日,安吉县在国家级"白叶一号"茶苗管理电视电话会上交流发言

开"白叶一号"茶苗管理电视电话会。国务院扶贫办党组成员、副主任欧青平讲话,开发指导司司长左常升主持,副司长吴华参加。会议以视频形式召开,主会场设在国务院扶贫办,各省设分会场。市委常委、县委书记沈铭权在浙江分会场围绕安吉先富帮后富工作推进情况作交流发言,湖南省湘西州委常委、古丈县委书记杨彦芳;四川省青川县县长刘自强;贵州省沿河县委书记任廷浬,普安县县长龙强,雷山县县长袁刚在各分会场分别围绕"白叶一号"项目推进情况作交流发言,并对安吉的帮扶指导表示感谢。浙江省对口办、浙茶集团,以及湖南、四川、贵州三省扶贫办(局)作交流发言。县委常委、统战部部长任烽及县发改局、农业农村局及溪龙乡负责人参加,黄杜村党总支书记盛阿伟作即席发言。

【安吉县在杭州举办新时代"两山"试验区推进大会】 12月31日,新时代浙江(安吉)县域践行"两山"理念综合改革创新试验区建设工作推进会在杭州举行。省发展改革委一级巡视员徐幸讲话,县委副书记、县长宋波作建设情况汇报,县政协主席赵德清、副县长张昕参加。

(夏　雷)

统计工作

【概况】 2020年,安吉县统计工作充分发挥统计工作作为县域经济发展"晴雨表"、党委政府科学决策"指南针"、检验各项工作成效"度量衡"的作用,准确把握统计工作新定位、新要求,高标准优化顶层设计、高质量组建专业队伍、高要求履行工作职责,一手抓数据质量管控、一手抓业务服务创新,助推县域经济高质量发展。

【统计基层基础规范化建设】 建立健全工作机制。年初以县两办名义下发《关于印发〈进一步加强乡镇(街道)统计队伍建设的实施意见〉的通知》文件,在组织领导、人才选配、工作制度、教育培训、考核管理等方面强化制度管控。在该文件框架下制定《安吉县深化统计基础规范化建设三年行动计划(2020—2022年)》。明确通过深化乡镇(街道)和诚信示范企业两大领域规范化建设、健全统计基础规范化建设评价体系、构建守信激励和失信惩戒机制、加强统计法治教育和统计诚信文化建设四个方面着手。强化工作组织领导。2020年初,统计工作被纳入县委县政府的中心工作统筹谋划。县委书记沈铭权多次对统计工作作出重要批示。县长宋波组织召开高规格全县统计工作半年度会议,深入分析当前全县统计工作的突出问题,研究部署全年统计工作任务。县两办发文,明确各乡镇(街道)、部门主要负责人为第一责任人,对本辖区、本部门的统计数据质量和统计改革发展工作负总责,加大对统计工作的统筹协调力度,逐级压实工作责任。完善督查考核机制。细化落实县乡两级统计人员审核查询责任分工,建立完善统计数据质量管控机制,有效遏制放任自流、统计造假行为的发生。并通过完善统计数据质量核查机制、制定防惩统计造假责任清单、加大统计核查和检查力度、建立统计造假责任追究机制等方式,构建落实防惩统计造假工作体系。同时,以县两办名义发文,要求各乡镇(街道)加强统计人员力量配备、完善村企统计人员培训、规范统计基层

7月7日，2020年全县半年度统计工作会议召开

基础规范化建设、抓实统计数据质量。

【防范和惩治统计造假工作】在贯彻落实国家及省市统计系统强化防范和惩治统计造假工作上唯实惟先，强化源头数据质量管控。在管控范围上全面铺开。分两轮制定防范和惩治统计造假整改实施方案。第一轮方案对759家规模以上企业开展税务数据比对，对投资项目分乡镇评估数据质量；第二轮方案对1126家企业数据质量全面自查自纠。两轮方案实现全县“一套表”企业比对自查全覆盖。在管控力度上加力加码。制定开发区、示范区统计工作巡查方案，联合县纪委对5000万以上重点工业投资项目进行核查，并抽取30家企业开展“双随机”检查，坚决把防范和惩治统计造假弄虚作假落实到日常统计工作中。在防控载体上优化。把统计法列入公务员更新知识培训内容及纳入县委党校领导干部教育培训必修课。以统计学堂为载体，开课覆盖面延伸到乡镇及重点企业，不断提升专业人员统计法制素养。全年开展统计法制培训逾20次，实现全县938家“一套表”企业法制培训全覆盖，培训人员近万人次。

【统计监测预警服务】抓实抓细经济运行监测预警体系，逐步完善对全县上千家“一套表”企业的全程动态审核预警工作。以工业“50强”日监测、投资项目入库预申报制度等为抓手，实时跟踪、提前研判经济运行走势。全年指导160个投资项目入库，亿元以上项目84个，同比增长37.7%；与企业建立长期动态服务联系，狠抓开工、入库全流程对接加速工程建设推进，成功化解全县34个“五未”项目。

【聚焦绿色高质量发展创新统计分析能力】建立高质量发展评价体系。探索研究一套体现工业经济绿色高质量发展的科学指标体系，运用于安吉县“8+X”项目评审工作，全面衡量企业运行的科学性、健康性、合理性。创新开展GDP月度累计增速试算分析工作。以预测预警提高数据的匹配度、指标的前瞻性、结构的科学性，切实推进安吉县GDP统一核算工作，创优统计服务要素。开展绿色高质量统计分析。聚焦高质量发展、绿色发展、全面建成小康社会等专题监测分析，形成高价值的调研分析材料。全年撰写统计分析材料超60篇，提出对策建议近百条，获县领导批示25次。同时，创新做好“绿水青山就是金山银山”理念诞生十五周年统计数据解读成果展示材料和条例统计分析。

【第七次全国人口普查工作】2020年，组建安吉县第七次人口普查领导小组，明确成员单位工作职责。选聘“两员”，安吉县共选聘普查指导员、普查员2134人。全面推进人口普查。完成县级综合试点，按照普查小区全覆盖要求，绘制2081个普查小区图。加强“两员”培训辅导，轮训“两员”2134余名，下发《常见业务问题解答》《问题解答汇总》等资料，为普查员完成普查工作奠定业务理论基础。精心做好数据采集，全县2134名“两员”全力以赴，做到区不漏房、房不漏户、户不漏人、人不漏项，做到指标精准填写。做好普查宣传，为人口普查工作营造良好氛围。全程监督数据质量。制定调研督导制度，每天通报全县短表进度，针对调研发现的问题

7月25日,县人口普查办组织开展综合试点入户登记实操演练

要求及时整改完善机制。加强部门行政资料数据比对,着重对户籍人口、出生人口,死亡人口按普查区比对。建立“两员”监督制度,开展短表登记回访,严格检查普查员电话普查、办公室“坐登”等失职行为,提高数据质量。

(沈照青)

【国家统计局安吉调查队】 2020年,国家统计局安吉调查队围绕全省调查工作会议工作部署,坚持“一手抓疫情防控、一手抓统计调查”,以数据质量为中心,查不足、谋发展,重基础、优服务,进一步纵深推进全面从严治党、从严治队、从严治数,各项工作取得积极成效。2020年,安吉城乡居民人均可支配收入48590元,比2019年增长6.1%,其中城镇常住居民人均可支配收入59518元,增长4.5%。农村常住居民人均可支配收入35699元,增长6.6%,城乡收入比缩小至1.67∶1。2020年,全体居民人均消费支出30937元,增长2.0%,城镇居民人均消费支出37526元,增长1.3%,农村居民人均消费支出23163元,增长1.0%。

【业务水平提升】 “分层培训”夯实基础质量。按照2020年工作计划,抓好全队干部职工及辅调员的职业道德教育、统计法律法规教育和统计业务规范教育,根据培训对象和工作要求,灵活运用会议培训、实地培训、分片区培训、知识测试等方式,每季度召开季度例会,总结上一季度工作,分享好的经验做法,互相学习,面对面业务交流。住户收支调查以样本轮换为契机,下村指导,面对面培训,新一轮记账户电子记账开通率超过80%。CPI调查紧跟上级要求持续推进基期轮换,按时做好权数计算及数据评估工作。2020年,开展各类业务及辅调员培训29次,累计558人次参加。“督导审核”提升数据质量。通过上报提醒、查询核实、调研走访等方式,常态化监测数据质量,确保各项调查工作开展。在平时工作中尤其是疫情防控期间,利用微信、QQ、电话等网络平台发送慰问信、数据采集要点等信息,逐点逐户做好沟通交流,确保业务指导不脱节。全队通过入户、入企、下田头,及时跟踪调查进度、实时答疑解惑,把工作落细落实,各专业全年累计走访、陪访410余次。CPI、粮食监测、住户调查、劳动力调查等每月除对上报数据逐一审核外,还对上报数据按照一定的比例进行抽查,全年累计审核数据45800余次。2020年共撰写统计信息、分析和调查报告等165篇,总队采用114篇。其中,政务信息62篇,调查信息33篇,纪检党建45篇,个人观点及分析调研22篇。“安吉调查”微信公众号推送92篇,原创49篇,总队采用1篇。围绕县委县政府中心工作、经济社会发展、疫情防控等热点问题,结合总队信息要点组织开展调研,形成《安吉调查资料》16期及时报送县两办,其中《新冠肺炎疫情背景下安吉企业复工复产情况调研》等7篇次调查资料获主要领导批示。完成《从2020年一季度看余村居民收入特点》《政策性因素对农民收入影响初探》两篇调研专报。通过申报、立项,成立课题小组,完成总队独立课题1个,队内课题2个。参与总队专题调研9次,独立开展调研1项。深化导师帮带制,队领导班子通过“传”知识、“帮”工作、“带”头干,积极鼓励支持全队干

12 月 25 日，县纪检组长程炬和工作人员一起深入市场采价

部为调查事业发展出点子、谋思路，为青年干部职工提供成长平台，《关于如何做好安吉住户调查的几点思考》《浅谈基层角度下如何提升专项调查工作》等 5 篇心得体会被总队录用。

【依法治统】　抓调查人员，依法治统能力得到提升。根据年度法治工作要点、保密工作要点，认真贯彻落实领导班子和统计调查人员学法制度，通过中心组（扩大）学习会等形式学习《意见》《办法》《规定》和《公职人员政务处分法》等 6 次，保密工作及信息化网络安全专题培训各 2 次，覆盖全队干部职工，压实全队防范和惩治统计造假弄虚作假及保密工作责任。在此基础上，利用业务培训会、年报会等方式，向乡镇街道统计人员、各专业辅助调查员、样本单位统计人员认真宣传依法统计、依法治统，不断提升基层统计人员的法治意识和依法调查能力。抓社会公众，依法调查共识进一步形成。国家统计局安吉调查队制作统计法治宣传材料，印制法治宣传折页和制作法治宣传纪念品 1500 份，在统计普法宣传月深入各调查样本村（社区）开展宣传发放，参加县宪法日活动，上广场发放等，宣传调查对象的权利义务等累计超 300 人次。2020 年，在“安吉调查”微信公众号上开设统计法制专栏，开展“防控疫情 法治同行”专项法治宣传。抓执法检查，保障统计调查数据质量。2020 年按照双随机相关要求，抽取 6 家单位开展执法检查工作，包括 2 家采购经理企业、2 家工价企业和 2 家畜禽调查样本，并对检查中发现存在未按制度规定建立统计台账等统计违法行为的 2 家企业进行当场警告的立案处理。抓制度规范，开展调查项目审批。2020 年，审批开展安吉县余村农村居民收支情况等调查 3 项，全流程严格按照审批程序报批备案，调查中认真按照审批方案开展。

（任乐晴）

市场监督管理

【概况】　2020 年，安吉县市场监督管理工作紧密结合市场监管领域新形势新任务新要求，对标“重要窗口”建设，全力推进市场监管工作再上新台阶。年内获“省局综合绩效考评优秀单位”“浙江省食品安全工作成绩突出集体”“浙江省市场监管重大案件查处集体三等功”“安吉县创建全国文明城市集体三等功”和“安吉县抗击新冠肺炎疫情集体三等功”等荣誉。

【抗疫工作】　对农贸市场、超市等生活物资以及药店的防疫物资开展巡查监管，严防哄抬物价等情况发生，立案查处各类物资案件 12 起，其中移送公安 1 起；开展打击野生动物违规交易，检查农（集）贸市场、餐馆饭店等单位 3000 余家，张贴公告 5000 余份；督促市场举办方严格落实主体责任，签订临时特别公约 1480 份，疫情防控期间按临时特别公约处罚 65 人次，罚款 11800 元，停业整顿 2 户；全面落实餐饮店“无堂食，仅外卖”要求，查封 14 家违反“禁堂食”规定的餐饮单位，发放《致全县餐饮服务单位的一封信》《餐饮服务单位及就餐人员告知书》1 万余份，约谈美团、饿了么等县内代理商加强外卖环节监管；按照“红事停办、白事简办”的要求，全市率先叫停农村家宴，劝导餐饮服务单位取消 2 桌以上宴席 628 场 4689 桌；

保防疫物资生产，加快国内产品注册证的审批进度，全程参与产品注册核查，7家企业取得10张防疫用医疗器械注册证，内容涵盖防护服、体外诊断试剂、口罩等多种防疫物资，其中助力东方基因取得新型冠状病毒2019－nCoV核酸检测试剂盒(荧光PCR法)、新型冠状病毒(2019－nCoV)IgM/IgG抗体检测试剂盒(胶体金法)，成为全市唯一、全省唯一获得“双证”的企业；制作防疫期间复工复产企业保障供餐安全指南，与企业签订《安吉县疫情防控期间复工复产企业食品安全责任承诺书》，遴选22家大中型餐饮单位为首批临时团餐配送单位，每日可提供团体供餐6500份。重点梳理安吉县与疫情防控用品相关的药械生产企业等首批复产企业，并第一时间落实特种设备检验保障工作，疫情防控期间共对484家特种设备使用单位累计减免设备检验费用275978元。实行电梯按需维保或无纸化维保，累计682台电梯按要求提交材料实施按需维保，206台电梯实施无纸化维保；围绕“人物同防”以及进口冷链食品“全受控、无遗漏”闭环管理等决策部署，县市场监管局与县物防专班各部门紧密协作，落实全力确保物防形势总体可控。利用“浙冷链”系统，强化进口冷链食品报备、入仓、首站、生产经营、消费环节全过程管理，累计赋码13511件，累计入库58694件，全市率先出台《进口冷链食品生产经营操作指南》，建成进口冷链食品公共监管仓1个，总存储容量可达100吨，联合公安、交通、市场监管等部门在306省道浙皖交界处设立检查站，开展冷链食品物防相关培训5场，签订承诺书、责任状500余份，发放经营告知书、操作指南1100余份，冷库备案122家，查获无“三证一码”进口冷链食品2.18吨，立案查处26起；针对与疫情相关的工单，安排专人督促，实现所有投诉举报即时处理，且均在规定24小时内回复。疫情相关投诉举报的内容主要包括反映口罩价格上涨、口罩质量存在问题、餐饮堂食、酒店退订、农副产品价格五大方面。

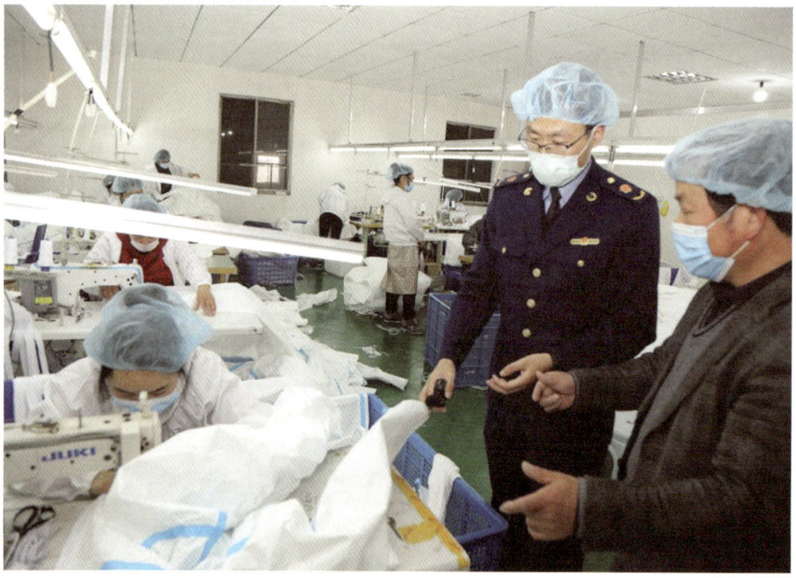
3月5日，县市场监管局深入企业对防疫物资生产进行监督指导

【价格检查与监管】 加大对猪肉、粮油、蛋菜等重点民生商品价格监管力度，严厉查处哄抬价格、价格串通等违法行为，配合有关部门做好保供稳价工作。实施重点民生商品价格监测，及时掌握民生商品价格变动趋势；不间断开展对民生商品经营商家巡查力度，逐户落实边检查、边告诫、边引导价格承诺，同时针对菜篮子商品价格波动情况，组织开展安吉县菜篮子商品价格检查，检查农贸市场26家次，超市5家次，促进全县民生商品供应足、价格稳、民情平。加强元旦、春节、五一、中秋、国庆等节假日、重大活动期间、灾害性天气时段的价格市场监管，结合全国文明城市创建工作，向经营者宣传价格法律法规，引导加强价格自律，诚信守法经营。通过网站、微信公众平台等方式，向各经营者及相关单位发放提醒告诫书，并突出明确对旅游市场、客运市场、房地产市场等重点行业的细化要求，督促认真开展自查自纠，规范价格行为。充分结合节前各类安全检查，深入商场超市、农贸市场、主要商业街区等场所，强化对月饼及粮、油、肉、蛋等生活必需品的价格检查。重点检查价格公示、明码标价等情况，对存在的价签标注不规范等问题给予及时指出并督促整改到位，累计检查商家1.07万余家。重点突出对旅游市场的监督检查，关注节假日期间景区收费是否未明码标价，是否存在价外加价、重复收费等，

并对景区附近的餐饮、住宿店、停车场、娱乐设施等是否存在未明码标价、价格欺诈等价格违法行为进行抽查检查。截至2020年底，累计出动执法人员100余人次，旅游景区50余家次，发现并督促整改相关问题13起。

【服务企业】　围绕绿色发展、“亩均论英雄”等质量效益导向，立足椅业特色产业，开展传统产业质量提升行动，2020年安吉椅业产业实现逆势增长，实现总产值248.2亿元，增加值55.3亿元。紧密结合长三角一体化发展，推动“安吉产品”向“安吉品牌”转变，9个绿色产品认证、15个“浙江制造”认证、6张“浙江制造”国际互认证书、1件驰名商标以及全省首批“品字标浙江农产”企业，全省首家通过中国绿色产品认证和浙江制造认证一体化审核企业等。围绕国家新型城镇化标准化试点，与省标院开展战略合作，推动标准在各领域发挥重要作用。全年新增发布国家标准23个，创历史新高。发布“浙江制造”标准6个，竹产业企业参与发布国际标准实现“清零”，参与起草发布国际标准3项。主导制定的《美丽乡村建设指南》获评国家标准创新贡献奖，实现浙江省在农村公共服务领域国家标准创新贡献奖“零”的突破；谋划并获批全市首个国家知识产权快速维权中心，“绿色家居产业专利导航项目”列入省专利导航拟立项项目。2020年，累计助力企业完成PCT国际专利申请36件，申请量较2019年增长1.4倍，推进知识产权金融服务，企业争取专利权质押融资登记额6.4亿元，质押融资金额2.6亿元，均居全市前列。全年安吉县生物健康产业实现爆发式增长，全县药械化企业产值突破40亿元。瞄准县内生物诊断试剂、中药饮片等特色产业集群，招引全县首个固投亿元“大好高”人才项目洛兮医疗科技落户。着力服务能力提升，县质量技术监督检测中心进行实验室资质的认定扩项评审并通过75个新增项目参数，为安吉县家具、竹制品企业开展绿色产品认证提供技术支撑，被中国家具协会授予“中国家具行业团体标准化工作先进集体”荣誉称号，成立全省首个专业化的竹制产品检验中心。县食品药品检验检测中心通过食品、保健食品和化妆品在内三个项目共119个参数新项目现场考核，拓展检验检测范围，为日常监管提供科学依据，也为全县百姓食品安全提供强有力的技术支撑。

6月28日，安吉县开展全面推进小微企业和个体工商户纾困工作

【审批登记】　2020年，安吉县新登记各类市场主体14923户，同比增长25.14%，其中：内资企业3962户，同比增长34.40%；外资企业29户，同比增长52.63%；个体工商户10916户，同比增长22.23%；农民专业合作社16户，同比增长－38.46%。截至2020年12月底，全县实有各类市场主体87847户（含分支机构），同比增长20.49%，其中：内资企业19251户，同比增长25.93%；外资企业312户，同比增长10.25%；个体工商户67950户，同比增长19.16%；农民专业合作社334户，同比增加5.03%。按照“程序最简、审批最快、时间最短、服务最优”的标准，推进审批登记改革。全面推行企业新开办首套公章政府买单，安吉县内新开办的企业均可享受免费刻制首套公章的服务；搭建“审批＋N”流动服务站，针对美丽乡村示范点、园区等证照登记需求密集区块提供上门审批服务，通过“审批＋内部科室联动”“审批＋外部单位联动”，打包审批内容，确保一人对接，一个标准，一次办结；开展简易

注销登记改革试点，将简易注销的公告时间由45天压缩至20天；实施特种设备使用登记档案标准化管理。

【安全监管】 在食品药品安全方面，调整设立县食品药品安全委员会，先后召开县政府食品药品安全年度工作会议、县食药安委全体会议。围绕深化省食品安全县和农产品质量安全放心县创建，开展食品安全综合整治，不断强化食品安全保障，广泛开展食品安全宣传教育，全县未发生Ⅳ级以上重大食品安全事故。昌硕街道在湖州市率先制定出台乡镇级《党政领导干部食品安全责任制清单》，全市率先推行进口冷链食品经营公示制、实名购买制、报送备案制，开展食品安全事故应急演练；完成市场监管环节食品安全抽检分离改革；实现乡镇(街道)食安办三星级建设全覆盖，其中灵峰街道食安办通过省级四星级考评；食品安全举报奖兑现创历史新高；对医用口罩的质量体系运行开展跟踪检查，责令2家企业停产整顿，处理质量问题口罩50万只，发现规范性问题近200处，要求各企业严格整改，保障出口类医疗器械质量安全；对涉药单位抽取150批次药品进行监督抽样，涵盖中药饮片、化学药和中成药等各种类型；对38家零售药店进行GSP项目检查，排查企业质量管理隐患，评价辖区药品质量；疫情防控期间还对全县193家零售药店开展巡查，确保药械市场产品质量稳定，发挥基层"哨点"作用，在全县零售药店内开展感冒、退热药销售登记，登记上报购买信息60000余条；与公安、检察加强移送程序、移送标准、证据转换、信息共享等方面合作，联动执法查办一批有影响力的"假减肥药""无纺布不合格"涉罪移送案件。

在特种设备安全方面，开展"洗楼"式安全隐患排查见底工作、涉危险化学品特种设备安全整治、客运索道及大型游乐设施安全隐患排查、特种设备集中执法月、快开门式压力容器安全整治、实施特种设备三年行动计划等一系列专项行动；全国首创安全隐患红黄牌预警模式，严格落实《安吉县特种设备安全隐患红黄牌警示管理办法(试行)》，全年累计处置超期未检隐患79起，检验抄告36条，发布检验到期预警1881条，率先在全市实现"超期未检"等隐患稳定清零；创设特种设备"第三方安全监察"制度；组织开展hello kitty乐园、云上草原高山旅游度假区应急救援演练，提高企业应对突发事故的能力；开展"电梯小课堂"在各小区宣传电梯安全知识。全方位开展特种设备安全培训工作，全年开展特种设备作业人员培训班20余次，培训特种设备作业人员1248人，培训特种设备使用单位负责人近300人次。

【执法亮剑】 聚焦防疫物资、房地产、预付式消费、安吉白茶、中老年人保健品等地方党委政府关心，群众反映强烈的问题，全年共查处各类案件1095件，罚没款共计825余万元，其中万元以上案件156件，10万以上案件11件，100万以上案件1件，市局督办案件5件，涉罪移送2件，公安机关追究刑事责任10人。立案查处各类防疫物资案件12起，其中移送公安1起。同时结合复工复产专项行动走访20多家防疫物资、医疗器械生产企业，指导企业规范生产，现场办结各类企业问题8件，为企业挽回各类损失60余万元；会同住建、规划、城管等部门组成联合核查小组，依照监管职能重点对各楼盘项目地及售楼处发布的

8月21日，"食品案件快速办理平台"全市现场推进会在安吉召开

房地产宣传广告、价格公示等行为进行前置审查，核查各类楼盘28家，提出整改措施150余条次，出动执法人员50人次，提升安吉县房地产销售行业的规范行为，房地产销售投诉率较以往下降近90%；针对不少预付式消费合同在疫情防控期间无法实现，由此引发的预付式消费纠纷明显增多的情况，对县域范围内的足浴店、美容美发店、健身房等重点经营单位开展预付式消费专项整治，出动执法人员212人次，检查经营户300余家，联合商务部门发放责令改正通知书25份；开展"亮剑2020"食品安全综合执法行动，对县内各类保健品销售点的经营行为开展专项执法检查，出动执法人员近100人次，监督检查食品、保健食品等市场主体68家次。制作现场笔录8份，立案查处相关案件4起；在安吉白茶新茶上市期间，县市场监管局联合安吉白茶协会开展"安吉白茶"商标专项维权行动，严厉打击外地茶叶冒充安吉白茶、擅自将"安吉白茶"商标作为商品名称和商品装潢使用等违法行为。出动执法人员50余人次，执法车30辆次，检查竹叶城及白茶城茶叶经营户200余家，检查白茶包装印刷企业6家；制定《安吉县市场监督管理局酒类专项执法检查实施方案》，对辖区内烟酒行、商场、小超市等存在酒类销售的经营场所进行检查。共计检查经营户29家，立案10起，查获生产、销售假冒牛栏山白酒大案，此案件也被湖州市局列为督办案件，犯罪嫌疑人蒙祥考等8人因涉嫌生产、销售假冒注册商标的商品罪均已被移送公安机关刑拘，其他违法人员也均立案查处。

【消费维权】 2020年，县市场监管局投诉举报受理中心共计接收各类投诉举报7351件(含咨询)，同比上升约61%。其中，投诉4163件，同比上升55%，占比56.6%；举报2617件，同比上升64.1%，占比35.6%；市场监管部门为消费者挽回经济损失183万元，罚没金额52万元。全年回复咨询571件，同比上升100%。其中2—3月间重点处理涉疫情投诉举报咨询，总量近400件，2月涉疫投诉举报量最大总计233件。持续深化"放心消费在安吉"行动，试点推进全域放心消费，以"浪漫山川 无忧消费"为主题，在山川乡开展全域放心消费试点，对辖区内所有经营户按行业分类创建，建设"放心消费"智慧服务平台；持续提振消费信心，推动永艺股份有限公司加入长三角异地异店退换货活动，组织37家企业参加"2020年浙江特色产品伴手礼"测评活动，其中3家企业产品获评湖州市特色产品伴手礼金奖，宋茗白茶获评首届浙江特色伴手礼。以梅溪镇为试点，推进消费维权领域"最多跑一地"，按照"全科门诊"目标要求，统筹推动成员单位平台入驻城镇社会综合治理中心，建立诉调对接平台，为群众提供全覆盖、全领域、全过程的优质维权服务。紧紧围绕"满意消费长三角"主线，持续深化"放心消费在安吉"行动，开展放心消费示范单位培育，全力推动县内消费环境安全度、经营者诚信度、消费者满意度稳步提升。2020年，安吉县创建放心消费单位7248家，创建总量居全市第一。

【申报第四批国家新型城镇化标准化试点项目】 4月3日，根据《国家标准化管理委员会关于下达农业农村及新型城镇化领域标准化试点示范项目的通知》，"浙江省湖州市安吉县新型城镇化标准化试点项目"成为全省两个试点项目之一，并围绕最美县域建设及新型城镇化标准化试点项目工作，发布《居民绿色生活指南》(DB330523/T39—2020)、《社会矛盾纠纷调处化解中心建设、运行和管理规范》(DB330523/T41—2020)等县级标准规范，以标准化助推"绿水青山就是金山银山"新境界的开辟。

【全市率先实现健康证办理实现"最多跑一次"】 4月，县市场监管局牵头建设并推行"健康证管理系统"，实现健康证与食品安全管理员证申领过程中市场监管环节"零跑次"，全程"最多跑一次"。全年有29295余人通过该程序申报体检，20360余人获得"电子健康证"，该项工作获评全省"互联网＋监管"地方优秀案例。

【放心消费示范街区启动仪式暨湖州市特色产品伴手礼安吉专场活动举行】 6月7日上午，安吉县消保委、县市场监管局主办的恒隆府放心消费示范街区启动仪式暨湖州市特色产品伴手礼安吉专场活动在恒隆府商业街举行。活动为恒隆府放心消费示范街区揭牌，商家代表宣读诚信经营倡议，商户共同签名

6月7日，恒隆府放心消费示范街区启动仪式暨湖州市特色产品伴手礼安吉专场活动举行

"公筷公勺"承诺签名墙。活动上，32家企业推出的安吉特色产品伴手礼集体"亮相"，进行宣传展示。

【长三角绿色产品认证暨2020年"世界认可日"主题活动在安吉召开】 6月8日，以"共推绿色认证，共享绿色发展"为主题的长三角绿色产品认证研讨暨2020年"世界认可日"活动在安吉余村召开。活动现场总结了浙江绿色产品认证工作情况，发布《沪苏浙皖共同推进长三角绿色产品认证余村倡议》，开展长三角一体化推进绿色产品认证研讨，签署共建安吉县绿色认证先行区合作协议，上线政采云平台湖州绿色产品馆，并对绿色产品认证企业开展"云"对接服务，安吉作为全省首个浙江绿色认证联盟中心被现场授牌。

【全市率先完成"两直"纾困补助工作】 2020年，推动小微企业纾困工作，安吉县共补助对象24342户，补助资金4601.1万元，其中个体工商户19572户，补助金额1957.2万元，小微企业4770户，补助金额2643.9万元，占2019年底市场主体的33.3%，全县三分之一的市场主体得到补助。同时在7月底前完成中央资金直补工作，8月5日前完成县级配套资金补助工作，兑付率和兑付成功率均实现100%。得到省、市、县政府领导的批示肯定。

【全省首创食品案件快速办理平台】 探索利用信息化手段构建"互联网＋"掌上执法平台，开展食品领域快速便捷办案模式——"食品案件快速办理平台"安吉试点工作，对于事实清楚、证据确凿、情节简单、后果轻微的食品生产经营的违法行为，利用信息化手段开展网络执法和掌上执法，落实"互联网＋"智能执法要求，实现一部移动终端，一款App，一小时结案，一秒缴款开票，同步案件录入，系统自动公示。截至2020年底，已累计办理食品案件746件，罚没款116550元，案件数量较2019年同期增长1450%。在8月21日召开的湖州市"食品案件快速办理平台"现场推进会上，安吉县局作试点经验介绍。县委书记沈铭权、湖州市市场监管局局长许宏、省市场监管局副局长王状武先后对"安吉全省首创食品案件快速办理平台"做出批示。

【全国首创特种设备安全隐患红黄牌警示管理办法】 实施红黄牌管理，全力防控事故风险，率先在全市实现"超期未检"等隐患稳定清零。在9月11日召开的全市特种设备年度重点工作推进会议上，安吉县市场监督管理局作经验交流。

【《美丽乡村建设指南》(GB/T 32000—2015)国家标准获中国标准创新贡献奖】 10月14日，国家市场监督管理总局、国家标准化管理委员会联合发文公布2020年中国标准创新贡献奖获奖名单，由浙江省安吉县人民政府作为第一起草单位主导制定的《美丽乡村建设指南》(GB/T 32000—2015)国家标准在众多高精尖技术标准和国际标准中脱颖而出，获评项目奖三等奖，是全部获奖项目中唯一一个农村公共服务领域国家标准，实现浙江在农村公共服务领域国家标准创新贡献奖零的突破。

【全市首个医药创新和审评柔性服务站、全市首个药品监督管理所同日建成】 8月19日上午，

8月19日，浙江省药品监督管理局安吉县医药创新和审评柔性服务站授牌仪式举行

浙江省药品监督管理局安吉县医药创新和审评柔性服务站在安吉县市场监督管理局挂牌成立，该站是全市首个医药创新和审评柔性服务站，着力在政策宣传、帮扶指导、绿色通道、审核把关上下功夫，打通服务延伸的“最后一公里”。同日，安吉县市场监督管理局药品监督管理所揭牌成立，浙江医药高等专科学校与安吉县市场监督管理局签订深化战略合作协议。

【打造“党旗引领，市监护航”“小个专”党建品牌】 2020年，安吉县先后建成晓墅农贸市场、孝丰分局、电商联盟党群服务中心等特色党建示范点3个。9月15日，3个党建示范点在全市市场监督管理系统党的建设暨加强“小个专”党建工作现场推进会上被列入实地考察点，并作交流发言。全省系统党建交流会上安吉县局作为湖州市唯一发言的单位，介绍党建和人事工作成效。在全省小微企业、个体工商户和专业市场党建工作会议上做交流发言。

【浙江省竹制产品质量检验中心成立】 12月28日，根据省市场监督管理局印发的《浙江省市场监督管理局关于批准成立浙江省竹制产品质量检验中心的通知》（浙市监科〔2020〕20号）文件，省竹制产品质量检验中心正式落户安吉。该中心为安吉县竹制品企业从产品设计标准培训、原材料检验到出厂检验提供检测认证等一条龙服务，检测能力基本满足国内竹制产品的检测需求，成为全县竹产业发展的重要科技平台和技术支撑，有力推动全县竹制品企业技术革新，提升竹产业标准话语权和知名度。

【市场主体住所申报承诺制实行】 根据《湖州市市场主体住所（经营场所）登记申报承诺制实施办法（试行）》，安吉县商事登记自2020年12月1日起全面实施住所（经营场所）登记申报承诺制，申请者自查符合相关规定且申报的住所（经营场所）不属于《湖州市市场主体住所（经营场所）登记申报承诺制负面清单》范围的，只需提交《湖州市市场主体住所（经营场所）信息申报承诺书》即可完成住所申报，市场主体登记更加便捷高效。

（张　青）

人力资源和社会保障

【概况】 2020年，县人力社保局坚持以“复工复产、风险防控、民生保障、促进发展”为工作目标，敢闯敢为、尽心尽力，有效展现人社新作为，为高质量建设新时代浙江（安吉）县域践行“绿水青山就是金山银山”理念综合改革创新试验区和中国最美县域贡献重要力量，先后获得湖州市在疫情防控和复工复产一线表现突出的基层党组织、全市社会事业发展工作先进集体、浙江省退役军人工作模范单位、创建全国法治政府建设示范市突出贡献集体、全省无欠薪县创建先进单位等荣誉称号。

【助力复工复产】 2020年，县人力社保局提出“人力资源供需清单、返岗员工困难清单、安吉县‘招工引才’的政策清单”三张清单，通过数据分析比对国家扶贫攻坚区域、县劳动力输入重点区域和疫情风险较低区域，连夜动员部门领导、公安同志、人社干部和人力资源机构的人员，全市率先外派10个小分队赴云贵皖三省十地现场帮助安吉务工人

2月26日,凯里—安吉返岗员工高铁专列顺利启程

员返程,同步也现场招录新人补齐企业缺工需求,通过推出定制“复工高铁专列”和“就业直通车”等服务,短短20余天接回3.2万人,其中新招员工8600人,发放复工复产企业补助2500万元,硬核破解企业用工缺口难题,相关做法被新华网等媒体宣传报道,获省人社厅、市政府、县委县政府多位领导批示肯定。通过实施社会保险费减免、社会保险费缓缴、稳岗返还社会保险费等十余项政策,为企减负超13亿元,有效减轻企业受疫情及贸易摩擦影响,特别是创新实现失业保险稳岗返还“云办理”和“加速度”快审机制,共为全县5555家企业发放6030.54万元,覆盖企业家数达2018年的12倍,覆盖面为历年最高,相关做法入选省发改委6月份最佳实践案例。全市率先上线共享用工调剂平台,促进人力资源在县内有效合理流动,累计流动员工4000余人,在全省稳就业会议上做交流发言。

【聚焦智力支撑】 2020年,县人力社保局指导安吉2个项目入选省级海外引才项目(创历史新高),1个项目入选省万青年拔尖创业项目(全市唯一,全县零突破);1人入选南太湖特支计划高技能领军人才;新建省级博士后工作站2家,入站博士后11人,引育南太湖精英计划创业项目14个。深化“招才+育才”联动机制,创新举办“招才引智”空中交流会和青年博士论坛,对接人社部和省专家中心举办新时代“两山”试验区建设专家服务暨“揭榜挂帅”项目交流对接活动,聘请10位专家为安吉“金牌导师”,推进安吉县与中国农业大学深度交流合作。会同县委组织部举办“两山杯”创业创新大赛,进一步提升安吉在全省乃至全国的知名度和影响力的同时增强活动引才育才实效,选拔8个技术含量高、产业化前景好的项目入选美丽英才计划。会同组织部出台人才新政4.0版及实施细则,补贴力度再次提高,覆盖范围更加广泛,配套出台创业创新高层次人才服务金卡等文件,提供更加优质、更加贴心、更加精准的人才服务,实施大学生四季招引活动,引进人才资源总量30834人,其中大学生25825人。构建人社牵头、部门实施、乡镇落实、企业主导、学校参与的“一盘棋”技能提升联动机制,明确实施细则、培训补贴目录、培训机构目录等“1+N”政策体系,创新线上培训、顶岗实习、以工代训、社会化办班、自主评价、新型学徒等举措,开展技能培训3.5万人,发放补贴2800万元。“金蓝领”职业技能提升行动成效明显,安吉高级技工学校入选国家级高技能人才培训基地项目和浙江省职业训练院试点单位(均为全市唯一),高级技工学校升格为安吉技师学院初步通过专家评审。指导县内选手马澳龙摘得首届全国职业技能大赛银牌,推荐杨应政获评全国青年岗位能手称号、周永宁、戴家平获评“浙江省技术能手”称号。开展“两山”工匠评选活动,营造“劳动光荣、技能宝贵”的社会风尚,评选20名“两山”工匠奖、10名“两山”工匠提名奖。

【助力稳岗扶贫】 深度分析安吉县企业在疫情蔓延影响下生产经营及就业情况并组建用工保障专班,实施稳就业风险防控专项行动,创新实施“抖音招聘+夜场招聘”就业招聘组合模式,实现“线上+线下”联合发力,助力企业稳岗就业,累计举办招聘活动126场,为企业提供招用工4万人次。突出重点群体就业帮扶，重点做好失业人员保生活、再就业工作，主动为失业人员送政策、送岗位、送服务，实现就业困难人员在“家门口”就业，城镇新增就业2.9万人，城镇登记失业率控制在1.47%以内，公益性岗位在岗283人，失业人员再就业5567人，就业困难人员再就业891人，已建成省级高质量村(社区)4个、市级高质量村(社区)25个。赴4省开展扶贫劳务协作活动23场，吸纳中西部22个省份贫困人口来安吉就业6304人(比2019年增加1975人)，吸纳对口帮扶四省贫困人口来安吉就业3361人(比2019年增加1325人)，为东西部地区建档立卡贫困人员提供各项补贴305.4万元，累计建立劳务合作基地18个、国家级扶贫基地1家、市级扶贫基地10家，相关工作在人力资源和社会保障部微信公众号报道宣传。全省率先搭建首个“培训＋就业”异地定向劳务输送平台，与内蒙古科尔沁区共建劳务合作技能人才培训基地，为安吉县企业定向输送“即招即用”紧缺技能人才。

8月19—20日，第四届“中国创翼”创业创新大赛浙江省决赛在安吉举行

【创业创新】　大力宣传支持大学生创业的新政、融资和各类减税降费政策，全市率先实施“直播＋电商”培训模式开展创业培训班，营造全员创业创新氛围，全年新增大学生创业主体1419家，发放创业担保贷款541人次18163万元，其中发放大学生贷款201人次7097万元。创新实施“直播＋电商”培训模式，依托热门直播带货平台开展现场教学，新建和改建3个直播基地，新增直播间30余间。全年开展创业培训57期1377人次、“才聚两山·创享未来”创业论坛2期140余人。争取2020年全省人社会系统乡村振兴合作创业带头人培训班在安吉开班，安吉县“1＋3＋N”合作创业带头人培训发展经验被省人社厅列为典型示范向全省做经验交流和推广。指导雷博人力资源服务公司入选全国人力资源诚信服务示范机构，指导报福镇景溪村青年农业创业园入选市级创业园。

【社保服务】　巩固和扩大全民参保计划成果，做好社保扶贫工作，保证贫困人员应保尽保、应享尽享，实现本县法定户籍人员基本养老保险参保率98.92%。工伤保险覆盖面进一步扩大，探索新业态从业人员(快递员、外卖员)的职业伤害保障，已为113名快递员办理单险种工伤保险参保手续。推出“共享员工”参加单工伤保险的政策，解决劳动力短缺企业对借入的“共享员工”在工作期间的安全保障诉求。设立“厉师傅工作室”，组建导师团队，实行全员轮岗，借助“2群＋1号”咨询服务平台，实现“线上＋线下”全流程的咨询引导服务，厉师傅获“导师帮带”金牌导师称号。加快推进“互联网＋”政府服务改革，通过“系统改造、技术升级、流程优化、数据共享”，打造“不出门”的人社服务，实现55项人社业务云办理全覆盖，创新“健康码”年审方式，极大提高群众办事的便捷性。建立临退休人员数据管理机制，探索实现养老待遇“无感”智办，已为2343名群众办理“无申请”领取待遇，待遇金额398.31万元。以“短、平、快”自动办理模式实现技能提升补贴“一件事”办理“跑零次”，效率较以往提高300%，惠及全县技能人才17万人。全市率先建成65个覆盖全部乡镇(街道)的“微缩版"社保服务大厅,配备65个社保专员,下延55个人社事项,构建15分钟社保经办服务圈,推动社保服务减窗增效,中心大厅流量下降70%,网点月均办理量4000余笔,群众满意率99.5%。

【人事改革】 继续保持"阳光考录"品牌,分类实施事业单位公开招聘,完成2020年全县事业单位招考,共有2793名考生通过资格初审并缴费,设置94个笔试试场,53人进入体检环节,最终为50人办理录用手续;指导退役军人事务管理局做好16名退役士兵笔试、档案审核加分、择岗、安置工作;指导卫健局全年新增医护人员53人,指导教育局招聘教师136名;积极指导农业、文化、教育、卫健四个系统38人的定向培养工作,进一步加强基层人员队伍建设。大力推进事业单位工作人员职业生涯全周期管理"一件事"改革,实现业务办理"一张表单申请、一个平台联办、一次不跑办成",所有涉及公务员、事业人员"一件事"相关事项已全部通过线上全时段办理,全年提交业务量2212条,完成归档2107条。聚焦产业发展需求,通过企业创新型人才职评绿色通道、部分工程类职称面评结合、家居行业企业自主评价等载体,形成新型人才评价机制,突破人才晋升瓶颈,为企业创新注入活力。新增高级专业技术人才数32人,通过绿色通道、家居行业自主评价、高层次人才直接认定等方式推荐企业人才申报487人(其中正高1人、副高82人);推行所有普高中高级职称自主评聘,新增紫梅小学试行中级职称自主评聘,职称评审全流程实现网上操作;开展企业高技能人才直接认定工作,先后分四个批次直接确认2520人具有高级工(三级)国家职业资格。

【劳动关系】 疫情防控期间建立风险防控专班,根据用人单位生产类型不同,有侧重地强化沟通走访,建立双向联系机制,降低企业复工复产及经营困难企业的劳动用工风险,确保劳动关系总体和谐稳定。入选省人社厅建立人社诉求一窗式即接即办机制试点,完善根治欠薪联动机制,深化"无欠薪"县创建成果,健全'一窗受理、分类流转、多元参与、协同处置'的闭环机制,实现人社领域群众纠纷化解"最多跑一地""最多跑一次"。通过"专项检查、日常巡查、专班走访"等形式,主动监察企业1600余家,涉及劳动者5.6万人,为126名劳动者追回工资83.7万元,有效维护受疫情影响下的劳动关系保持稳定,承办全省劳动条线联合培训和技能比武活动。以全省首批"标准仲裁院"为抓手,进一步探索"互联网+仲裁"工作,实现网络争议调处庭审、劳动争议调处实时指挥系统全覆盖,促进劳动纠纷多元化解机制在基层发挥更大效果,仲裁结案率100%,调解成功率97.7%,承办"长三角共同体"首届仲裁员现场教学活动。

【安吉县率先定制的复工专列"凯里—湖州"高铁专线】 2月26日晚,安吉在全市率先定制的复工专列"凯里—湖州"高铁专线,满载1019名在安务工人员抵达湖州高铁站,县委副书记、代县长宋波等多位县领导前去接站。30余辆大客车接回人员至安吉旅游集散中心,再由乡镇街道工作人员包车送回所在企业或居住地,全程一路护送。相关工作被新华网和《中国劳动保障报》《浙江日报》等多个主流媒体报道。

【第四届"中国创翼"创业创新大赛浙江省决赛在安吉举行】 8月19—20日,第四届"中国创

11月11日,长三角根治欠薪与精密智治实践创新研讨会在安吉召开

翼”创业创新大赛浙江省决赛在安吉举行，省、市、县有关部门领导，参赛选手，评审专家，青年创业者代表，新闻媒体记者等200余人参加。大赛分创新项目组、创业项目组和创业扶贫专项赛三个组分别依次进行，安吉县4个项目分获2个一等奖、1个二等奖、1个优胜奖，综合成绩实现历史突破，名列全省第一。

【全省劳动关系工作联合培训和练兵比武在安吉举行】 11月9—13日，全省劳动关系工作联合培训和练兵比武在安吉举行，人社部劳动保障监察局局长李新旺、调解仲裁司副司长王振麒等多位领导现场观摩练兵活动。此次联合练兵分设监察比武和仲裁比武，全省11个市分别组织代表队参加比武。

【新时代浙江(安吉)“两山”试验区建设专家服务暨“揭榜挂帅”项目交流对接活动在安吉举行】 12月6—7日，新时代浙江(安吉)“两山”试验区建设专家服务暨“揭榜挂帅”项目交流对接活动在安吉举行，聘请10位专家为安吉“金牌导师”，签订《导师帮带协议书》，在接下来的3年内，通过导师帮带和合作，推进安吉县与中国农业大学深度交流合作，推动政、产、学、研、用深度融合。

12月6—7日，新时代浙江(安吉)“两山”试验区建设专家服务暨“揭榜挂帅”项目交流对接活动在安吉举行

【安吉高级技工学校学生马澳龙代表浙江省参加“管道与制暖”项目并获银牌】 12月10—13日，中华人民共和国第一届职业技能大赛暨第46届世界技能大赛国家选拔赛在广东广州举行，安吉高级技工学校(县职教中心)学生马澳龙代表浙江省参加“管道与制暖”项目并获银牌，为安吉县技能人才继续进军世界技能大赛唱响进行曲。

(徐真慧)

自然资源与规划

【概况】 2020年，面对突如其来的疫情和百年一遇的梅汛情等多重压力，安吉县自然资源系统认真贯彻习近平总书记考察浙江、安吉重要讲话精神，始终以“两山”理念样板地模范生的标准和要求，全力做好国土空间规划编制、新时代“两山”试验区建设、资源要素保障、国土绿化美化、林业产业融合、文明城市创建等重点工作，交出年度工作高分报表，为“十三五”自然资源工作画上圆满的句号。1月19日，农业农村部公布第五批中国重要农业文化遗产名单通知，安吉县竹文化系统成功入选。10月9日，安吉县自然资源和规划局牵头编制的《安吉专篇——最美县域建设评估》被自然资源部国土空间规划局予以选出并刊载。

推进“两山”试验区建设，2020年争取到2个支持意见，3个重点项目，2个国家级试点，10个省级试点，累计争取资金约2.44亿元。参与“全国文明城市”创建。统筹开展文明劝导、领办小区等创城志愿服务活动，累计组织志愿活动200余次，出动志愿者5000余人次，主题为“天使之翼”的活动，被腾讯等多家网络媒体在头条刊登。深化“三服务”系列活动，制定出台《安吉县自然资源和规划局深化“三服务”暨构建领导联乡助企服务制度实施方案》，全年累计走访企业327家，行政村(社区)等基层单位289家，解决问题913个，办结率100%。强化民生福祉。逐步完善地质灾害预警、森林防火、森林病虫害防治和野生动物保护管理等工作体系，加快推进生态地质调查试点工作，全力保障人民群众生命财产安全。推进自然资源领域扫黑除恶专项斗争，抓好信访维稳，全年办结群众来电来信来访539件。严格管控预征土地行为，全面调整征地补偿安置相关政策，审核通过符合核拨被征地农民参保指标面积117.89公顷，核拨被征地农民参保指标842人。

【2020高分报表成绩】 2020年，县资源规划局多项工作纳入政府重大决策部署。《安吉县农村集体经营性建设用地入市管理办法(试行)》《安吉县全民所有自然资源资产有偿使用制度改革实施方案》《安吉县预征土地专项整治工作方案》《安吉县工业园区风貌提升行动实施方案》《安吉县自然资源统一确权登记总体工作方案》《安吉县“批而未供、供而未用”土地处置工作方案》等政策相继出台。先进经验在全省全国得以推广。承办全省第十七届林业科技周大会和“绿水青山就是金山银山”理念提出15周年工作交流会；先后在全省国土空间规划工作电视电话会议、南京大都市近郊区乡村空间治理改革创新论坛、全省林业疫情防控和全年工作落实视频会议、全省竹产业高质量发展大会、全省自然资源执法体制机制和系统队伍建设推进视频会议、全省设施农业用地大会、全省林业产业发展大会、全省不动产登记创新试点集中调研会议上做交流发言和典型案例发言。争取含金量高的试点。年内争取安吉县深入践行“两山”理念推进自然资源综合改革试点，成为自然资源部唯一授予试点的县级单位；争取新一轮林地保护利用规划编制、林草生物灾害监测预报技术试验等国家级试点，争取自然资源专业行政执法改革、不动产生产周期“一码管地”等省级试点。特色工作吸引各级媒体广泛关注。立足省市县中心工作，提炼总结具有安吉特色的先进经验做法，全年播出央视新闻及专题片4条，被《人民日报》刊登3篇，《农民日报》《中国日报》各1篇，《中国自然资源报》9篇，《中国绿色时报》3篇，《浙江日报》18篇，“浙江卫新”新闻及专题片17条。

【创新改革】 创新体制机制。深化全民所有自然资源资产清查(森林资源)试点建设，逐步建立以生态系统服务价值交换为核心的自然资源有偿使用制度；探索开展生态产品价值实现体系、自然资源资产核算体系等研究，建立健全森林资源生态产品价值核算体系、应用体系和制度体系。创新方法路径。深化农村土地和集体产权制度改革，稳步推进农村集体经营性建设用地入市。2020年6月，挂牌出让全国首宗集体经营性建设用地(安吉盈元家庭农场以33.6万元的价格成功摘牌)，11月制定下发《安吉县农村集体经营性建设用地入市管理办法(试行)》。创新实践载体。以“智慧规划、智能审批、动态监管、精准治理”为目标，围绕“山水林田湖草”生命共同体，在统一数据标准的基础上，通过建“一个库”、绘“一张图”、开发“三个”特色应用场景，搭建涵盖国土空间规划、用途管制、开发利用、审批管理、确权登记等自然资源数字化管理平台，推进自然资源全流程管理数字化、信息化、智能化，实现政府内部跨部门、跨层级、跨领域业务协同，探索形成自然资源治理现代化“安吉实践”。

【用地指标】 2020年，县自然规划局争取到额度指标3371.8亩，年度新增建设用地指标4086.53亩，耕地占补平衡指标495亩，林地指标2160亩，保障落位规划空间2506.5亩；累计供应各类土地8398.3亩，出让金额63.1527亿元；累计完成消化批而未供2585亩，处置供而未用3763亩，完成

3月5日，全县土地整治工作例会召开

城镇低效用地再开发740亩，完成盘活存量2162亩。

【产业发展】 2020年，建成林下经济示范点3个，完成林下经济建设1388.6亩。争取安吉县列入浙江省森林休闲养生城市，“浙江安吉森林休闲养生城市建设”项目列入2020年度省现代林业经济示范类项目，并获省财政补助资金1000万元，完成天荒坪镇港口村竹笋初级加工链式发展试点。组织县内竹企参加多项涉林展会，企业意向订单取得突破。特别是义乌森博会获省市县领导的肯定，并将安吉县展馆永久性设置在义乌国际小商品城。

【生态修复】 自2018年以来，安吉县申报全域土地综合整治和生态修复项目8个，已完成项目2个，完成2020年市级任务，共完成建议用地复垦4162亩，比2019年增长307%，完成量近五年来最多。完成珍贵彩色森林建设2.1万亩、茶园生态景观化改造1.4万亩、森林抚育1.1万亩、新增森林4348亩、新植珍贵树种58.2万株、赠苗造林7.6万株，落地上图率100%。

【资源管护】 年内完成自然资源专业行政执法改革试点，开展季度卫片、农村乱占耕地建房、例行督察以及野生动物保护等专项清查整治工作，同时全省首创矿产资源外运“五联单”管理制度，全年累计完成250余项涉矿工程项目的矿产资源出让，代征收资源税4364.7万元，征收出让金2.18亿元。

【规划编制】 2020年，县资源规划局牵头组织召开安吉县城乡规划委员会例会5次，累计审议40个项目；成果纳入全省首批国土空间规划先行单位，国土空间规划编制在三调阶段性成果及基数转换的基础上已完成初步成果；开展竹产业调研，做好林业统计分析，理清全县林业“十四五”发展规划目标思路，完成初稿。

【全国首个集体经营性农业“标准地”出让】 6月8日，全国首个集体经营性农业“标准地”在安吉县成功出让。这块“标准地”是安吉县递铺街道鲁家村村股份经济合作社出让的农业“标准地”，共计693平方米，约1.04亩的土地将用于休闲农业、研学培训、茶文化传播等旅游和其他商业服务，三产融合带动农业发展，农民增收。

【央视展示安吉楚墓竹席】 2020年5月，中央电视台科教频道《探索·发现》栏目展现了安吉考古队从“安吉五福楚墓”出土的两千多年前的竹席。出土的楚墓竹席编织花纹多样，纹饰清晰，品质不输现代，现存放于安吉县博物馆。现今，全国竹凉席产品90%以上来自县内，安吉被誉为“中国竹凉席之都”。近年，安吉竹凉席的制作从中青、刮青凉席，转变为碳化镜面凉席，生长了4年的毛竹经过剖片、分片、拉丝、抛光、平压等70余道工序制成0.22至0.80毫米的竹丝，用此制作的凉席抗虫、抗变形能力得到提升，表面更加平整熨帖，进一步满足了用户空调环境下的需求。

【停止办理木材运输证】 6月30日，根据《中华人民共和国森林法》已由中华人民共和国第十三届全国人民代表大会常务委员会第十五次会议于2019年12月28日修订通过，自2020年7月1日起施行。新修订森林法取消木材运输许可审批、出口限制出口珍贵树木或者其制品、衍生物审批。根据《国家林业和草原局关于贯彻实施新修订森林法的通知》（林办发〔2020〕19号）要求，从2020年7月1日起停止受理木材运输许可申请，停止办理木材运输证。

【安吉县自然资源行政执法队和乡镇（街道）自然资源所挂牌成立】 7月27日，安吉县在全省率先挂牌成立安吉县自然资源行政执法队和乡镇（街道）自然资源所。湖州市自然资源和规划局党委副书记、副局长黄文鑫，安吉县副县长陈小龙，县委组织部副部长、县委编办副主任诸自力，县政府办副主任陈易新以及县资源规划局全体班子成员等参加活动。该支队伍的设立，聚焦过去存在的问题，按照整合职责组建队伍、统筹配置执法力量、推进执法重心下移、厘清执法职责边界，构建契合安吉实际、权责统一、协调高效的自然资源行政执法体制机制，解决安吉县自然资源行政执法领域存在的多头执法、执法力量分散等问题，加强基层自然资源管理标准化建设。

【全省自然资源系统“两山”理念提出15周年工作交流会在安吉召开】 8月4日，全省自然资源系统“两山”理念提出15周年工

8月4日，浙江省自然资源厅"两山"理念提出15周年工作交流会在安吉召开

作交流会在安吉召开，省自然资源厅党组书记、局长黄志平，党组成员、副厅长盛乐山，安吉县副县长陈小龙、厅机关各处室相关负责人和全省、市、县(区)局相关负责人等参加会议。在会上安吉县资源规划局党委书记、局长章毅作题为《践行"两山"理念 促进"两山"转化 全力打造县域国土空间治理现代化安吉样板》交流发言。

【小鳞胸鹪鹛首次在安吉龙王山发现】 9月15日，安吉县鸟类分布发现新纪录——小鳞胸鹪鹛，首次在龙王山拍摄到。小鳞胸鹪鹛主要分布在亚洲，偏好茂密潮湿的常绿阔叶林，从中国延伸到中南半岛，在苏门答腊岛、爪哇岛等也有分布。小鳞胸鹪鹛不仅歌声嘹亮，还是捉虫能手，喜欢吃蜘蛛、蜗牛、小型昆虫等。

【集体经营性农业"标准地"在央视《新闻联播》亮相】 11月28日，安吉县集体经营性农业"标准地"挂牌出让的鲁家村案例亮相央视《新闻联播》，这是全国首宗集体经营性农业"标准地"挂牌出让，进一步激活农村集体土地增值效益，助推乡村振兴发展。

【全省第十七届林业科技周活动在安吉举行】 12月1日，由浙江省林业局、中国林科院联合主办的浙江省第十七届林业科技周在安吉启动。浙江省政协副主席周国辉出席启动仪式并宣布开幕，中国林科院副院长黄坚、浙江省林业局党组书记、局长胡侠分别在启动仪式上讲话，安吉县委副书记、县长宋波在启动仪式上致辞。国家林业和草原局科技司、直属单位，浙江农林大学、省林业局处室、直属单位领导和专家、各市县林业主管部门、科技兴林奖获奖代表以及安吉县副县长陈小龙、县资源规划局党委书记、局长章毅等安吉县代表共计200余人参加启动仪式。启动仪式由浙江省林业局副局长诸葛承志主持。启动仪式上，还举行了浙江省第二十届林业"科技兴林奖"颁奖仪式并为9个林业和草原国家创新联盟授牌。

【安吉县获自然资源部批示的首个县级综合改革试点】 12月29日，荣获自然资源部批复浙江省安吉县深化践行"两山"理念推进自然资源综合改革试点(自然资函〔2020〕1048号)。该试点是自然资源部成立以来全国首个县域综合改革试点，该试点的顺利推进有助于为生态文明建设提供更多的实践经验，力争把安吉打造成为全国"两山"理论发展的标杆和生态文明建设的示范区。

(唐　姬)

审　　计

【概况】 2020年3月2日，安吉县审计局完成事业单位改革各项任务，整合安吉县国家项目审计服务中心、安吉县电子数据审计中心两家事业单位的全部职责；同时整合人员编制和实有人员，组建安吉县审计综合服务中心。6月19日，根据《关于设立安吉县国有投资项目审核中心的通知》(安编〔2020〕28号)文件要求，县审计局下属事业单位安吉县审计综合服务中心事业编制数由14名调整为11名，按照人随事走的原则，将从事工程项目价款结算审核工作的3名事业人员划转至财政局下属事业单位安吉县国有投资项目审核中心。2020年，完成审计项目24个，查出主要问题金额3.52亿元；审计促进整改收回资金638万元；促进建立和完善规章制度26项；移送问题线索11条，相关部门对7人给予处理；录用信息59篇，其中《人民日报》、新华网等国家级媒体录用4篇，审计署录用3篇，省厅市局录用46篇。

【发挥县委审计办职能开展的审计工作】　对照省厅关于委员会办公室办文的相关要求，出台《县委审计委员会规范性文件要求及相关工作流程》，配套制定日常工作中经常会使用到的13项规范性文件及3张工作流程图，做到格式清楚、流程明确，扎实做好基础工作。为更好地贯彻落实县委审计委员会工作要求，推动批示事项及审计建议整改落到实处，制定《关于加强审计事项领导批示件办理工作的通知》，明确办件范围、相关责任及办理渠道等内容，提高批示件办理效率，提升审计质效。2020年，审计办通过请示件、审计专报等形式，口头或书面汇报工作55次，获委员会主任、副主任批示81次，多次获主要领导肯定。

2020年，先后开展三个专项审计调查，完成书记县长交办的各项命题。在“安吉县疫情防控惠企暖企政策落实情况专项审计调查”中，为县委县政府全面理清关于省五减及其他降本减负、金融信贷支持政策落实情况及财政资金奖励补助、税费缓缴情况，并督促加快惠企暖企财政资金的兑现进度，加强对抗疫专项贷及稳外贸专项贷的监管力度。在“安吉县经济合同履约情况专项审计调查”中，梳理全县4478份经济合同，出具征求意见稿，发现涉及国有资产出租出借出售、招商引资等5大类20方面问题，提出审计建议11条，向县纪委（监委）移送审计线索2条，相关单位给予开除党籍1人、诫勉谈话1人、批评教育1人、谈话提醒1人。在“安吉县民生改善工程PPP项目专项审计调查”中，对8个项目进行全面清查，针对每个项目指出存在的问题并提出个性化意见建议，县政府通过建立领导小组、完善工作制度、成立工作专班的方式抓好问题整改，推动PPP项目的规范管理。

【推动最美县域建设开展的审计工作】　围绕关系社会发展、民生事业的重点领域、重点工作以及重要政策，以推动最美县域建设为目标，完成5个审计项目。在安吉县应对新冠肺炎疫情防控资金和捐赠款物专项审计中，督促财政部门根据审计意见及时发放财政补助款70.69万元；在全省科技创新重大政策落实情况专项审计调查中，督促被审计单位在审计阶段即兑付到位2018年知识产权项目补助资金566.88万元，涉及176家企业及个人；在乡村振兴相关政策和资金专项审计中，推动县水利局于9月底前全面完成安吉县农村集中供水定价；在“‘两直’资金专题审计”中，督促财政部门对3个不符合抗疫特别国债支出范围的项目予以调换。

8月31日，安吉县开展PPP项目专项清查及审计整改工作会议

【财政审计】　持续加大对财政支出总量和结构、重点支出和预算绩效管理情况审计力度，加快建立现代财政制度。针对部分预算单位、预算项目执行率低等问题，促使县财政局制定《关于下达〈2020年度安吉县预算绩效管理工作考核内容及计分办法〉的通知》，并建立预算执行通报机制，加强预算执行管理。同时，运用大数据审计方式，通过数据集中分析、疑点分散核查、统筹全局力量的方式，对安吉县所有一级预算单位的财政资金使用进行全面核查，基本实现“全覆盖”。根据审计意见，县财政局对195家预算单位“老账户”中的1.8亿元闲置存款进行全面清理，盘活资金6000余万元。

【政府投资审计】　贯彻落实审计署投资转型精神，完成遗留政府投资项目价款结算审计项目

10个，涉及金额1.4亿元，减少财政拨款0.16亿元。开展政府投资项目建设单位自行委托价款结算审计情况专项审计调查，对全县15个乡镇、街道开展的440个价款结算审计项目进行核查，涉及造价约8.97亿元；抽查并完成复审的项目41个，二次复审增减总误差金额582.49万元。宏观掌握全县政府投资项目价款结算项目质量，更好地履行投资审计监督职能。对全县14个乡镇、街道开展小城镇环境综合整治建设项目专项审计调查，涉及概算投资约26.18亿元，在工程建设管理不规范，资金保障等方面发现问题，提出相关审计建议，为美丽城镇建设提供参考，切实提高投资管理绩效。

【经济责任审计】 2020年，对8家单位13名领导干部实施经济责任审计，审计共查出涉及违规发放补贴、招投标管理不规范等问题30个，提出审计建议12条。结合工作实际，对县经济责任审计工作联席会议成员单位及有关人员进行调整，制定《安吉县经济责任审计工作联席会议议事规则》，进一步明确纪委成员单位的工作职责和要求，并加大协作力度，形成监督合力。全年在经济责任审计中，共向相关主管部门移送审计问题线索3条；与县委巡察同步开展审计项目2个，回复问题征询函5份，积极提供相关单位以往的审计情况。会同组织部出台《安吉县经济责任审计成果运用会商研判实施办法》，充分发挥审计监督在干部监督中的作用。持续常态化开展自然资源资产离任(任中)审计，完成山川乡领导干部自然资源资产离任审计，利用地理信息处理系统、借助市测绘院专业力量，有效提高取证效率和质量。绿色审计经验不断充实丰富，是年，县审计局徐烑两次受邀在审计署举办的培训班上进行授课。

【审计整改】 针对县审计局在审计中发现的关于国有资产、个人往来款方面存在的面上共性问题，分别撰写审计专报上报，得到书记县长的高度重视，并批示要求开展全面清查工作。其中，针对国有资产清查，县政府专门成立领导小组，由县长任组长，抽调21人专门人员集中办公，历时半年完成清查，全面摸清国有资产底数，收回租金480万元，推动县政府出台《安吉县国有企业资产出租管理暂行办法》等制度，形成长效规范管理。针对往来款清理，在纪检、财政等部门的协调配合下，先后通过专题会议研究、制定清理方案、明确清理要求等举措，共完成清理31家单位531笔，涉及金额6634.02万元，清理完成率97.4%。

8月，专题召开审计整改工作部署会议，发放整改督办单8份，抓实抓牢审计整改工作。同时，牵头建立审计整改动态报告、跟踪督查、公开通报机制，将审计发现问题整改落实情况纳入县政府督查事项，通过每月动态上报整改进度，每季度督查整改落实情况，每半年度通报整改完成情况，构建事前预防提醒、事中跟踪预警、事后警示告诫的闭环整改体系。2020年，审计发现问题的整改率94.4%。是年，对科技局未及时执行新政策仍支付专利代理机构补助117.95万元事项实施容错免责。牵头制定《安吉县审计整改责任追究实施细则》，同时更加注重审计项目成果的二次开发。

【组建青年审计干部成立“阳光审计队”】 7月28日，组建青年审计干部成立“阳光审计队”参加全县的“不忘初心、牢记使命”2020年安吉县党团知识竞赛，以笔试第三的好成绩进入决赛，最终拿下三等奖。

【焦作市和湖州市内审经验交流会在安吉举行】 8月30日，焦作市和湖州市内审经验交流会在安吉举行。湖州市内部审计指导监督处处长仇捷、焦作市内审协会会长孙响林、安吉县审计局副局长梅敖铭等出席会议，100多位内审人员参加交流学习。通过此次交流活动，两市内审人员业务技能、内审工作质量得到提升，有助于促进内部审计监督作用更好发挥。

【承办全省2020年度新任市县审计局领导培训班】 9月21—25日，承办全省2020年度新任市县审计局领导培训班，培训班开设在中汇大酒店。省审计厅厅长毛子荣到安吉授课，局长沈卫江全程陪同。围绕践行“绿水青山就是金山银山”理念，争当“重要窗口”维护者、展示者、建设者，培训班安排专家讲课、现场见习，组织开展交流研讨。安吉县审计局以《勇担新使命　彰显新作为　以绿色审计扛起建设“重要窗口”县域样板的审计责任》为题进行交流汇报。

(徐　瑶)

农 业 经 济

综　述

【概况】　2020年,安吉县农业农村局凝心聚力,迎难而上,大力实施乡村振兴战略,坚决打好农村人居环境“百日提升”行动和消薄攻坚两场硬仗,推动实现产业兴、农村美、农民富。截至年底,全县农业总产值42.9571亿元,增长1.95%,农业增加值28.57亿元,增长1.5%,农村常住居民人均可支配收入35699元,增长6.6%。成功入选全国农业绿色发展先行先试支撑体系建设试点县首批支持县;荣获“全国绿色食品原料标准化生产基地”称号;安吉竹文化系统入选第五批中国重要农业文化遗产。全国首宗挂牌出让的集体经营性建设地农业“标准地”成功落地安吉盈元家庭农场。全国乡村治理体系建设试点县、省级数字乡村试点示范县等重点试点示范建设有序推进。9月14日,在中德欧领导人视频峰会召开之际,安吉白茶更是入选中欧双方正式签署《中华人民共和国政府与欧洲联盟地理标志保护与合作协定》。

【主宗农产品】　2020年,安吉县粮食播种面积达20.98万亩,粮食总产量8.15万吨,油料播种面积2.66万亩,产量0.39万吨,同比增长0.8%;蔬菜播种面积11.96万亩,同比增长9.03%,产量18.14万吨,同比增长24.92%;果园面积1.59万亩,同比增长2.71%,产量1.42万吨,同比增长3.15%;渔业生产产量达2.02万吨,增幅4.16%;产值5.52亿元,增幅9.10%;生猪存栏5.52万头、湖羊存栏2.1万头、家禽出栏230万羽,分别比2019年增长89.04%、27.27%、13.40%。

【安吉白茶】　2020年疫情防控期间,开展安吉白茶生产销售攻坚战专项行动,制定安吉白茶开采人员管控流程和措施。成立10支采茶工招引服务专班,赴外省劳务输出大县对接外地采茶工26.7万人,全力保障安吉白茶产业健康有序生产。向茶叶生产主体发放口罩15万只,开展茶叶企业疫情指导、生产技术指导220余次。2020年,安吉白茶全县17万亩规模茶园总产量1950吨,较2019年增产120吨,总产值27.59亿元,产值较2019年提升2.5%。以“安吉白茶飘香四十年”为主题,探索2020年安吉白茶博览会云端举办模式,通过回顾安吉白茶四十年发展历程,表彰2019年度最佳、优秀、金牌经销商,发布2020安吉白茶开采时间。探索抖音、淘宝直播等新媒体销售方式,推动安吉白茶生产主体产能扩张、营销拓展,直播期间观看人数达60.8万以上、点赞数118.5万以上,博览会期间总销售额近700万元。通过网红直播和品牌安吉白茶的结合,进一步提升安吉白茶品牌影响力,推动安吉白茶产业持续健康发展。2020年安吉白茶品牌价值达41.64亿元(列第6位),比2019年度增加0.72亿元,安吉白茶区域公用品牌价值连续十一年入选全国十强,根据品牌强度数据,安吉白茶评为“最具品牌带动力”,成为浙江省上榜次数最多、持续时间最长的茶叶品牌。同时开展安吉白茶保护,完成安吉白茶祖周边环境保

9月14日,商务部部长钟山与德国驻华大使葛策(右)、欧盟驻华大使郁白(中)正式签署《中欧地理标志协定》,安吉白茶入选

护及基础设施建设，开展安吉白茶茶园证数字化工程、金溯卡改造升级、安吉白茶品牌全案策划和形象识别系统建设、安吉白茶地理指纹表征与识别技术开发。

【休闲农业】 2020年，县农业农村局成功推荐余村村入选2020年中国美丽休闲乡村，全市唯一；安吉蔓塘里大地之光入选浙江省美丽乡村夜经济精品线。大力发展休闲农业和乡村旅游，安吉县休闲农业游客增长10%，营业收入增长14%。组织开展大地创意彩绘活动，营造绚丽多彩的田园景观，重点打造粮食生产功能区等彩色水稻种植景观。安吉福寿农业开发有限公司的“竹海福寿”牌安吉竹林鸡、安吉国卿家禽养殖场“茶卿”牌竹林鸡被评为2020浙江农业博览会百个名优畅销农产品。

农业项目与园区建设

【平台建设】 笔架山农高区申报国家专项债项目5.132亿元(其中专项债3.8亿元)，全面启动现代农业公共服务中心装修工程、里溪流域生态修复及核心区景观改造提升工程、青创园改造提升工程。扎实推进省级乡村振兴项目，完成投资1亿元，农业数字化绿色发展服务中心板块中智慧农业大脑已完成方案修订。持续加大招商引资力度，成功签约15个项目，合同投资总额达11亿元。

【重点项目推进】 2020年，县农业农村局重点围绕特色产业基础和优势资源，以笔架山省级现代农业园区、溪龙安吉白茶、灵峰果蔬、孝丰竹产业特色农业强镇等产业集聚区为主阵地，瞄准重点产业“建链”，围绕缺失环节“补链”，立足高质量发展“强链”，加快推进优质的种养资源与精深加工、休闲观光等二、三产业融合发展，引入和培育农(林)业龙头企业等产业链的核心组织，探索重点农业项目“双进双产”项目推进机制，其中新认定市级农业“大好高”项目4个。新引进开工项目40个，在库市级农业农村重点项目41个(其中4个被认定为“大好高”项目)，已完成投资4.48亿元。成功推荐浙江耕盛堂生态农业有限公司、浙江峰晖竹木制品有限公司认定省级骨干农业龙头企业。

【生态循环农业】 2020年，安吉县建成省级农业绿色发展先行县，完成秸秆全量化利用试点县建设，入选浙江省第一批渔业健康养殖示范县。持续推进“肥药两制”改革，完成省级农资店建设10家，全县测土配方施肥覆盖率和农作物秸秆综合利用率分别达96%和96.8%。累计推广商品有机肥8.5万亩，实施7个化肥定额制示范方建设等化肥减量工作，实现单位耕地面积农药(折纯)使用量14千克/公顷。规范耕地质量监测与评价，完成土壤环境质量类别划分，加强23个省级点农用地土壤污染防治监测工作，完成耕地安全利用率达92%以上的目标。安吉农业绿色发展经验入选《中国农业绿色发展报告2019》十大典型案例。

农业三大安全

【农业产业安全】 开展安全生产大排查，建立主体清单和风险隐患清单，按照种植业与农机化、养殖业、生态、产业4大领域、12个风险项，排摸风险点47

9月18日，安吉县秸秆综合利用协会成立大会暨第一次秸秆协会代表大会召开

个。设立5个专班，联合各相关科室深入排查农机使用、茶叶生产、农资经营、用气用电等安全隐患，2020年共排查农业生产主体、渔业船舶、农机维修点等884家次，排查并整改隐患28个。同时严厉打击农产品质量安全领域的违法违规行为，坚决守住农产品质量安全底线，切实保障人民群众“舌尖上的安全”。全年出动执法人员305人次，检查各类主体172家，监督抽样农业投入品55件，农产品120批次，查处各类农业违法案件30起，其中移交公安1起，做到农业违法行为查处率100%，涉刑案件移交率100%。

【粮食安全】　2020年，安吉县入选全国粮食安全宣传教育基地，完成3个粮食产加销储一体化项目示范建设（安吉升阳粮油机械化专业合作社、安吉县裕农粮油合作社、安吉民天粮食合作社）；完成0.70万亩粮食生产功能区改造，开展部级粮食绿色高产高效示范创建，推进水稻绿色高产高效千亩示范片、旱粮绿色高产高效百亩示范片建设，实现粮食播种面积20.98万亩，全年粮食总产量8.15万吨。积极应对新冠肺炎疫情，全年组织落实农作物救灾粮食种子11.4万千克，农药5吨，化肥1350吨。同时应对超长汛期与高温天气加强救灾技术指导，调运储备救灾种子，及时进行补播补种。2020年稻飞虱、稻纵卷叶螟大发生，县农业农村局共发布《病虫情报》16期，病虫害预测预警准确率100%。开展10次全县病虫草害的防控现场会议，防控布置及时到位，全县水稻没有出现大面积倒伏等减产或绝收现象。完成农作物病虫害专业化统防统治面积18万亩；完成农作物病虫害绿色防控2.4万亩；应用农作物绿色防控技术20.5万亩；完成全县农药减量6吨；建立农作物绿色防控示范区7个，其中省级示范区5个。

【农产品质量安全】　以打造高质量、高水平的放心安全农业为目标，持续推进农业标准化、绿色化生产，强化责任落实，完善监管体系，加强风险管控，全县农产品质量安全水平稳中向好。创建全国绿色食品原料（安吉白茶）标准化生产基地，并入选全国首个农产品质量安全全程控制体系（GAP HACCP GMP）示范县。安吉县农业农村局荣获“全国农产品质量安全与优质化业务技术优秀工作机构”称号。2020年共开展农产品质量安全定性检测11663批次、定量检测1019批次，覆盖全县所有主导产品。同时示范性企业、合作社、家庭农场全部开展追溯体系，推行“一证一码”（合格证＋追溯码）模式，覆盖率95%以上。全县482家纳入省农业生产主体信用评价平台，倒逼生产主体不断完善企业信息，提高信用评分等级。

农业产业化

【农业数字化建设】　2020年，持续推进省级数字乡村试点县建设，安吉县农业农村数字化管理平台一期已完成县级验收（项目建设内容包括大美安吉、农业产业、美丽乡村、物联监管、市场监测、物联网平台、项目管理、电子档案、智慧应用、应急指挥、智慧农机等功能模块）。完成升级数字农业工厂试点建设，宋茗白茶、正新牧业2家试点投入运行。安吉白茶产业数字化绿色

11月28日，2020全国县域数字农业农村发展交流活动在重庆举行。安吉再次获评“全国县域数字农业农村发展先进县”，实现二连冠

发展示范建设项目成功通过省级中期评估。完成安吉白茶茶园数字化测绘、白茶形象识别系统建设,地理信息识别技术项目进入实验分析阶段,安吉白茶原产地保护能力进一步提升。完成数字乡村行动及种养基地数字化改造20个,全县农业"机器换人"及主要产业生产综合机械化率90%。

【农村人才培育】 2020年,克服新冠疫情影响,持续推进农业科技推广、农业技术培训、科技成果奖励、农民教育培训、两进两回行动等重点工作,全力推进科技进乡村,人才进农村。建成省级高品质绿色科技示范基地8个,培育湖州市首席专家2名、乡村振兴领军人才4名、农民专家19名,培育"新农人"101名、乡村创客58名、科技特派员15名,为推动乡村振兴注入新的活力和动力。同时大力培育高素质农民,引导农民创业的积极性、主动性、创造性,全年完成高素质农民培训391名,实用人才培训1956名,普及性培训7200人。

【农业产业品牌建设】 2020年,县农业农村局聚焦"1+1+N"品牌发展战略,以打造安吉白茶、安吉冬笋、安吉竹林鸡、安吉高山果蔬、天赋渔鲜5个品牌为重点,显著提升农业品牌影响力和知名度。安吉白茶入选2019年浙江农业品牌百强榜推介名单,浙江安吉宋茗白茶有限公司、浙江耕盛堂生态农业有限公司入选新江农业品牌百强榜(企业品牌);组织100余家企业参加2020年上海国际茶产业博览会、2020年浙江出口农产品网上交易会、浙江湖州长三角乡村产业招商大会、2020浙江农业博览会、第十八届中国国际农产品交易会等活动,广泛宣传推介"1+1+N"农产品品牌。出台《安吉白茶绿色原料生产操作规程》,实现安吉白茶的生产标准从无公害到绿色标准的升级,新增绿色食品企业35家,提升安吉白茶绿色食品发展水平。安吉竹林鸡、安吉竹笋通过国家地理标志农产品登记认证。

【举办安吉县首届名特优新农产品新春大联展活动】 1月12日,安吉县首届名特优新农产品新春大联展活动开幕,本次展示展销规模约1800平方米,共设132个展位。以"希望的田野"为主题。由农高区和各乡镇(街道)组织信誉良好的农业龙头企业、农民专业合作社和家庭农场参加,集中展示展销各类绿色、优质的名特优新农产品、加工产品、特色产品、品牌产品以及各农家特色小吃。

【全国首宗集体经营性建设用地(农业"标准地")在安吉出让】 6月8日,递铺街道鲁家村股份经济合作社正式委托挂牌出让的全国首宗集体经营性建设用地(农业"标准地")以33.6万元的价格正式被安吉盈元家庭农场摘得。该建设用地共计693平方米,出让年限38年。

(李静雯)

乡村振兴

【概况】 2020年,安吉县深入贯彻党的十九届系列会议和习近平总书记视察浙江、安吉重要指示精神,以部省共建乡村振兴示范县、全国农业绿色发展先行先试支撑体系建设试点县、全国乡村治理体系建设试点为载体,结合新时代浙江(安吉)县域践行"两山"理念综合改革创新试验区建设,全面推进农业供给侧结构性改革,有效扩大农民增收渠道,持续提升乡村建设、管理、经营水平,积极构筑治理有效、乡风文明、保障有力的新格局,乡

6月8日,安吉县首宗集体农业"标准地"出让签约仪式举行

11月25日上午，全省村主职干部乡村振兴培训班开班仪式在安吉县举行

村振兴工作取得明显成效。全年消除村级集体经济年经营性收入50万元以下的村42个，农村人均可支配收入35699元，增长6.6%，城乡居民收入比低于1.67∶1。

【乡村产业】 稳产保供基础进一步夯实。建设高标准农田1.5万亩，提标改造粮食生产功能区0.702万亩，完成38万亩永久基本农田保护任务，粮食播种面积21.61万亩、粮食总产量0.919亿公斤，建成年出栏万头以上规模猪场和美丽牧场各1个，生猪存栏量达5.52万头，家禽出栏230万羽，创建省级以上水产健康养殖场5家，增殖放流鱼苗1353万尾。农业现代化水平得到提升。新引进投资额在1000万元以上的乡村产业项目52个，农业"机器换人"及主要产业生产综合机械化率90.06%，推广农业新品种和开展农业核心关键技术攻关项目5个，推广水稻新品种面积2万亩，安吉竹林鸡和安吉竹笋通过国家地理标志农产品登记认证。开展省级数字乡村试点县建设，实施20家种养基地数字化改造，建设省级特色农产品优势区和农业产业化联合体各1个。乡村产业发展态势不断向好。建成市级农村电商示范村8个，农产品网络零售额19.4亿元，新建AAA级景区村庄12个、A级景区村庄77个，景区村庄实现全覆盖，创建景区镇4个。全年休闲农业与乡村旅游接待游客1120万人次，直接营业收入22.1亿元。完成15个农村农贸市场冷链体系建设。产业发展要素进一步激活。开展三位一体农合联改革示范县建设，建成现代农业综合服务中心2家、村级综合服务社50家、有服务平台的产业农合联1家。培育农创客58名，创建省级青创农场2家，市、县分别派出科技特派员9名，开展农村实用人才培训1956人次、高素质农民培训371人次，抓实推进农业产业融合项目建设"标准地"改革，出让全国首宗农业"标准地"，并成功发放首笔融资授信。

【乡村环境】 2020年，启动2个"两山"样板村建设，建设新时代美丽乡村60个、新时代美丽乡镇2个、美丽乡村风景线2条，3个省级美丽宜居示范村通过省级验收，2个乡镇通过美丽城镇省级验收，其中天荒坪获省级样板城镇，鄣吴镇获基本达标城镇，创建市级美丽庭院2个。年内安吉县入选全国首个农产品质量安全全程控制体系（GAP HACCP GMP）示范县、全国首批农业绿色发展支撑体系建设试点县，推动县域内17万余亩安吉白茶园全部认定为全国绿色食品原料（安吉白茶）标准化生产基地。"肥药两制"改革扎实推进，新建省级农资店9家，新建氮磷生态拦截沟渠2条，测土配方施肥覆盖率94%，推广有机肥施用量2.7万吨，农作物秸秆综合利用率97.13%。全年新造林面积4348亩，创建一村万树示范村15个，建设美丽河湖1条，开展中小流域治理8.5公里，建设乡村全域土地综合整治与生态修复项目2个，开展污水处理设施标准化运维57个，实施污水处理设施建设改造项目50个，创建市级农村生活垃圾分类处理标杆村70个。

【民生改善】 公共服务更加健全。居家养老服务中心覆盖面100%，改造星级"残疾人之家"5家，农村义务教育标准化学校达标率、农村等级幼儿园占比均达100%，村级卫生室规范化率60%，每万户籍人口注册全科医生3.81名，乡村星级文明规范农贸市场覆盖率95%，行政村快递服务覆盖率90.6%，开展小康体育村提升工程24个，农村生活垃圾分类处理行政村实现全覆盖。基础设施更加完善。农村饮用水达标提标人口覆盖率99%，城乡规模化供水工程覆盖人口比例85%以上，新建和改造提升农村公路135公里，新建农村港湾式停靠站20个、建设村级农村物流服务点20个，建设气象防灾减灾标准化村36个，农村卫生户厕普及率、农村规范化卫生公厕覆盖率均100%。全面小康成色更足。成功对抗疫情影响，农村居民人均可支配收入增长率预计可达7.2%，城乡居民收入比预计1.69∶1。城乡居民基本养老保险待遇水平增长35元/人·月，基本医疗保险户籍人口参保率及缴费率99.81%，农村家庭最低生活保障标准提高到10476元/年，低收入农户人均可支配收入增长10%以上。

12月末，在高庄村开展美丽乡村经营示范村验收

【治理和改革】 推进全国乡村治理体系建设试点示范创建，创建全国乡村治理示范村2个，申报省级善治示范村34个，建设乡村治理数字化村级平台5个，新建农村文化礼堂20家，县级及以上文明村镇占比81.3%，建设乡村组织振兴示范带4条，扎实推进“百县争创、千乡晋位、万村过硬”工程创建，全科网格建设达标率100%，省级民主法治村占比29.3%。全年新建农村文化礼堂20家，县级及以上文明村镇占比81.3%，建设乡村组织振兴示范带4条，扎实推进“百县争创、千乡晋位、万村过硬”工程创建，全科网格建设达标率100%。创新实施“无废乡镇”“无废村庄”等无废细胞创建工程，成功争取省级山水林田湖草生态保护修复试点，获评美丽浙江建设先进县、全省大花园示范县创建单位唯一优秀县。美丽乡村、美丽县域做法分别入选全国十大改革案例、全省改革创新最佳实践特别贡献案例。成功创建全国农业绿色发展先行先试支撑体系建设试点县、全国首批全域旅游示范区，国家城乡融合发展试验区、国家新型城镇化标准化试点县等55项中央及省级改革创新试点在安吉落地实施。

【“两进两回”行动】 出台《关于实施“两进两回”的行动意见》(安乡振〔2020〕1号)。全力推进科技进乡村行动，累计创建“星创天地”21个，孵化农村创业典型项目32个，建成高品质绿色科技示范基地8个，培育“首席专家”2名。积极落实资金进乡村工作，支持乡村振兴财政资金投入7.72亿元，安排乡村振兴专项资金3.49亿元，累计引导工商资本下乡资金40亿元。实施青年回农村行动，创建共青团助力乡村振兴重点村4个、青年助力生态环保标杆村6个，培育“新农人”101人、农村青年电商520人、乡村创客58名。实施乡贤回农村行动，搭建“政企大讲堂”“乡贤工作室”等工作载体，制定《安吉县乡贤参事会工作规范(试行)》，推进乡贤参事会规范化、实体化、品牌化运行，共建立村级乡贤参事会201个，县级和乡镇(街道)新乡贤统战组织实现全覆盖。评选“美丽乡贤”，做到“乡贤不闲”。

【多村抱团】 有效发挥乡镇(街道)的统筹指导作用，强化区域集群化发展，全年共开展抱团发展物业类项目6个、产业类项目2个，天子湖镇、孝丰镇、鄣吴镇、上墅乡、杭垓镇等乡镇多村抱团发展公司均实现营收和效益增长。如:天子湖镇二十村联合组建的天衡事业投资有限公司先后启动实施山水受荣乡村文旅等项目,全年利润分红1000万元,村均集体经济经营性收入增加50万元。

【"三村示范"】 完善"三村示范"创建体系,出台《安吉县深化"千村示范、万村整治"工程高水平建设新时代美丽乡村"三村示范"工作实施方案》(安新农〔2020〕3号),召开全县新时代美丽乡村"三村示范"现场推进会、经营示范村例会,组织多部门联合开展中期验收、年底考核验收,扎实推进"三村示范"创建工作。全年新增县级新时代美丽乡村精品示范村7个、经营示范村10个、治理示范村5个。

【发展壮大村级集体经济】 以"人、财、地"为保障帮扶各村,引导各村探索盘活利用、减债降本路径。通过党建引领、财政帮扶、金融支持、税费返还、强弱结对、"飞地抱团"等多元方式,支持村级闲置、低效资产资源盘活利用,多渠道促进村级集体经济增收。2020年,安吉县村均村级集体经济收入583.5万元,同比增长30.52%,村均经营性收入203.8万元,同比增长16.75%,消除经营性收入50万元以下的村42个。

(王　桔)

工业　贸易

工业和信息化

【概况】 2020年,安吉县经济和信息化工作按照县委县政府“两手硬、两战赢”的总体部署,主动作为、创新破难、实干担当,全力落实“六稳六保”举措,实现了安吉工业经济赶超发展的目标和工业经济绿色化高质量发展的目标。是年,安吉县首次跻身全省工业大县,首次揽获国家新型工业化示范基地、国家绿色工业园区两块国家级金字工业招牌,努力实现经济工作赶超上台阶,高质量发展当示范,开创工业经济高质量发展新格局。2020年,安吉县实现工业增加值196.56亿元,增长5.9%,其中规模以上工业增加值183.39亿元,增长8.4%。规模以上工业销售产值706.72亿元,增长15.4%,工业产品产销率97.06%。规模以上工业企业完成出口交货值288.63亿元,增长22.3%;出口交货值占销售产值的比重为40.8%,比2019年同期上升2.3个百分点。新产品产值335.29亿元,增长42.4%;新产品产值率46.0%。

全年规模以上工业实现营业收入733.61亿元,比2019年增长18.6%;利税97.60亿元,其中利润71.18亿元,分别增长33.7%、49.0%。16个工业行业营业收入超10亿元或利税超亿元,共实现营业收入682.03亿

2020年规模以上工业增加值

表6

指标名称	绝对数(亿元)	占规上工业增加值比重(%)
工业增加值总计	183.39	100
在总计中:轻工业	106.43	58.03
重工业	76.95	41.96
在总计中:		
#绿色家居	75.59	41.22
#特色椅业	61.58	33.58
绿色竹业	10.66	5.81
生态家纺	3.35	1.83
健康休闲	34.94	19.05
#绿色食品	5.33	2.91
健康医药	27.80	15.16
装备制造	25.65	13.99
#高端装备	11.41	6.22
信息经济	9.23	5.03

9月,工信部公示第五批绿色制造示范名单,安吉经济开发区入选国家级绿色工业园区

元、利税总额92.14亿元，分别占全部规模以上工业的92.97%和94.41%。利税超亿元的行业中，家具制造业29.50亿元，下降0.1%；医药制造业22.34亿元，增长778.4%；电力、热力生产和供应业9.78亿元，增长32.3%；通用设备制造业4.85亿元，增长44.6%；计算机、通信和其他电子设备制造业4.79亿元，增长149.2%。全县营业收入超10亿元企业有12家，5亿－10亿元企业有12家。

全年高新技术产业营业收入增长25.5%，利税和利润分别增长49.3%和70.9%。战略新兴产业营业收入、利税和利润分别增长35.4%、147.5%和194.2%。装备制造业实现营业收入138.94亿元，比2019年增长27.4%；实现利税15.28亿元，增长46.0%。

【工业有效投入】 全年实施工业项目236个，累计完成投资65.24亿元，增幅23%。其中1亿元以上项目155个，5亿元以上项目18个。浙江洁美电子科技股份有限公司"年产36000吨光学级BOPET(聚酯薄膜)、年产6000吨CPP(流延聚丙烯薄膜)保护膜生产线项目"、浙江久立电气材料有限公司"年产18万吨电磁线用铜杆及1万吨特种铜杆产品生产线项目"等76个亿元以上项目开工入库；福斯特(安吉)新材料有限公司"2万吨/年碱溶性树脂项目"、浙江安升吉达精密科技有限公司"年产2500万支高品质气弹簧生产线项目"等39个1亿元以上工业项目竣工投产。永艺家具股份有限公司"年产1800万套智能家具及配件生产线项目"、浙江久立电气材料有限公司"年产18万吨电磁线用铜杆及1万吨特种铜杆产品生产线项目"等9个项目列入2020年浙江省"四个百项"重点技术改造示范项目计划。浙江泽川家具制造有限公司"中源家居未来工厂产业园项目"、浙江博泰家具股份有限公司"年产180万件坐具生产基地项目"等32个项目列入湖州市工业"大好高"项目。

【企业技术创新】 2020年，浙江丰虹新材料股份有限公司获制造业单项冠军示范企业，实现安吉县国家级制造业单项冠军零的突破。全县新增杭摩新材料集团股份有限公司、浙江天草生物科技股份有限公司2家省级企业技术中心，新增浙江冠林机械有限公司、浙江三阳包装产业股份有限公司、浙江荣正管业有限公司、安吉德卡办公系统有限公司、安吉藤仓橡胶有限公司5家市级企业技术中心。截至2020年底，全县累计有市级以上企业技术中心67家，其中省级企业技术中心14家，市级企业技术中心53家。

全年规上企业新产品产值335.29亿元，同比增长42.4%，新产品产值率46.05%，较2019年提高8.29个百分点。全年列入省级工业新产品计划126个，完成新产品鉴定验收80个。浙江洁美电子科技股份有限公司、浙江博泰家具有限公司、浙江精通科技股份有限公司的3项产品列入2020年浙江省重点技术创新项目；恒林家居股份有限公司、英特换热设备(浙江)有限公司和浙江冠林机械有限公司的3项产品列入2020年浙江省重点高新技术产品开发项目计划；浙江舒友仪器设备有限公司的用于健康医疗的智能手术吸烟刀系统列入2020年度浙江省装备制造业重点领域首台(套)产品；浙江护童人体工学科技股份有限公司被认定为2020年度省级智能工厂；浙江丰虹新材料股份有限公司、浙江中力机械有限公司获浙江制造精品；安吉国千环境科技有限公司的贾宝泉、浙江鑫盛永磁科技有限公司的唐国才等9人认定为南太湖精英创新长短期领军人才，制扇大师张北兴获"南太湖本土高层次人才特殊支持计划"传统工艺领军人才。

【企业培育】 2020年，安吉县实现规模以上工业总产值728.1亿元，同比增长14.5%；实现规模以上工业增加值183.39亿元，同比增长8.4%，比2019年增长1.1个百分点。其中高新技术产业、战略性新兴产业、装备制造业增加值分别为117.60亿元、49.81亿元、29.64亿元，同比分别增长12.9%、17.2%、13.4%，全年继续保持较快增长。

2020年，培育新增"小升规"企业65家，规模以上企业总量超500家。2月5日，浙江东方基因生物制品股份有限公司在上交所科创板上市，成为全市首家科创板上市企业。浙江东方基因生物制品股份有限公司获得市2020年度"金象"企业称号，浙江天振科技股份有限公司获得市2020年度"金牛"企业称号。浙江东方基因生物制品股份有限公司、浙江天振科技股份有限公司、永艺家具股份有限公司、浙江恒林家居股份有限公司4家企业获得市纳税大户称号。杭摩新材料集团股份有限公司、浙江纳美新材料股份有限公司被列为省级隐形冠军企业,浙江东方基因生物制品有限公司、浙江护童人体工学科技股份有限公司被列为省级隐形冠军培育企业;浙江纳美新材料股份有限公司、浙江申吉钛业股份有限公司、浙江圣氏生物科技有限公司被列为市级隐形冠军。安吉长虹制链有限公司和浙江纳美新材料股份有限公司入选工信部第二批专精特新"小巨人",累计数3家全市第一。12月21日,浙江丰虹新材料股份有限公司被认定为全国制造业单项冠军企业,实现安吉县零的突破。截至2020年底,已获评市级隐形冠军13家,省级隐形冠军5家,国家级"专精特新小巨人"企业3家。

【数字经济】 2020年,实现规上数字经济核心产业营业收入59.3亿元,其中制造业55.7亿元,服务业3.6亿元,整体增速26.1%;实施数字经济核心产业重点项目13项。持续推进数字经济基础设施建设。安吉县累计新(改)建通信铁塔5G基站479个,完成计划建设的100.42%,累计投入3300万元,完成计划投资100.76%。覆盖全县主城区、主要乡镇和重点区域。持续推进企业上云,全年新增企业上云1103家,三年累计完成上云企业3676家,浙江护童人体工学科技股份有限公司、和也健康科技有限公司入选浙江省第四批上云标杆企业名单。持续推进云计算及大数据产业建设。为鼓励云计算和大数据建设,积极鼓励行业工业互联网平台和经济社会与民生领域云计算及大数据应用项目与平台建设,其中椅业云平台获行业工业互联网云平台奖励、21家规上接入该平台的企业各获15万元奖励、佐力"智慧煎药云"平台等5个云和大数据平台,获民生领域云计算及大数据应用项目奖励,推动云计算及大数据产业发展。持续推进工业互联网和两化融合项目建设。和也健康科技有限公司获工信部两化融合贯标;佐力"智慧煎药生产线及服务平台解决方案"入选国家复工复产工业互联网平台解决方案;永艺家具股份有限公司入选浙江省2020年度省级工业互联网平台创建名单。中源家居股份有限公司未来工厂产业园项目一期、永艺家具股份有限公司基于工业互联网平台的坐具制造业务流程优化项目、浙江鑫盛永磁科技有限公司年产2500吨稀土钕铁硼永磁材料生产线项目、浙江久立电气材料有限公司年产18万吨电磁线用铜杆及1万吨特种铜杆产品生产线项目入选2021年度省生产制造方式转型示范项目名单;浙江安吉护童家具有限公司、浙江百之家家具有限公司获2020年度湖州市两化融合示范企业名单;浙江华丰纸业科技有限公司智能工厂数字化运营系统、浙江百之佳家具有限公司百之佳金蝶云(V7.2)信息化系统建设、浙江永裕竹业股份有限公司工业信息数字化集成项目列入两化融合重点项目培育计划。浙江洁美电子科技股份有限公司入选2020年浙江省电子信息50家成长性特色企业名单。

浙江丰虹新材料有限公司(第五批国家制造业单项冠军)

根据2020年发布的2019年浙江省区域两化融合发展水平评估报告,安吉县两化融合发展水平总指数75.25,首次迈入全省第一梯队,实现2017年(总指数62.84,第三梯队)、2018年(总指数70.40,第二梯队)三年三大跨越。

【绿色制造】 2020年,不断强化绿色发展理念,推进工业能效提升,深入实施绿色制造工程,工业绿色发展水平显著提升。星级工厂创建有序推进。全年完成创建三星级绿色工厂189家,四星级绿色工厂29家。已累计完成星级绿色工厂覆盖任务462家,覆盖率100%。国家级绿色项目获得突破。浙江博泰家具股份有限公司创建五星级(国家级)绿色工厂,全年安吉县累计创建国家级绿色工厂共4家(大康、永艺、中源、博泰);浙江安吉经济开发区创建国家级绿色园区,实现安吉县国家级"绿色园区"零的突破。永艺家具股份有限公司入选第二批工业产品绿色设计示范企业名单,实现安吉县工业产品绿色设计示范企业"零"的突破。工业节能工作推进稳中有进。完成安吉南方水泥有限公司、浙江新祥铝业股份有限公司等10家企业的绿色重点制造项目。完成浙江强盛家具有限公司、安吉龙威家具有限公司等20家企业的清洁生产验收工作。南方水泥、华丰纸业、杭摩新材料、华逸化纤等10家高能耗企业列入工信部2020年度节能诊断计划,已全部完成节能诊断工作密切配合水利部门,创建省市级节水型企业8家。淘汰落后产能及"低散乱"企业整治稳步推进。下发《关于下达2020年淘汰落后产能计划的通知》,全年完成淘汰落后产能20家,腾出用能空间1.2万吨标煤。全年累计改造提升亩均D类低效企业803家,整治提升"低散乱"企业(作坊)243家,盘活(提升)土地3931.95亩。

9月,浙江博泰家具股份有限公司上榜国家级绿色工厂

【竹产业】 2020年,安吉竹产业规上企业30家,实现规上总产值39.4亿元,同比增加6.22%;规上主营业务收入39.7亿元,同比增加10.45%;增加值10.5亿元,同比增加1.29%;自营出口29.4亿元,同比增加4.2%,从业人员近5万人,竹产业企业总数达1000余家。6月湖交会,10余家竹制品企业踊跃报名,效果反映良好。9月初,浙江永裕家居股份有限公司、浙江霖园外材料科技有限公司、安吉艺科装饰材料科技有限公司等7家竹制品相关企业顶住疫情压力,坚持海外市场的拓展步伐,参加上海国际地面材料及铺装技术展览会。为提高竹产业知名度,扩展竹产品市场销路。10月中旬,积极组织永裕、佶竹等10家企业参加上海竹制品博览会。通过大型展会扩展销售渠道,寻找新的合作商和出口国,提高企业生产销售能力,有助于外界对安吉竹产业的了解,促进安吉竹产业的发展,扩大安吉竹产业的知名度和美誉度。12月,完成"中国竹地板之都"产业集群称号复审、评相关工作。

【椅业】 截至2020年底,安吉县椅业规上企业223家,完成工业总产值280.0亿元,同比增长14.7%,占全县规上工业总产值38.5%;实现销售收入279.77亿元,同比增长17.6%;自营出口226.2亿元,同比增长18.9%;利税28.3亿元,同比增长1.6%。全县家具企业累计出口226.2亿元,同比增长18.9%,占全县出口总额66.9%;全县共有家具类出口实绩企业615家。自营出口额同比增长20%以上的规上企业61家,其中恒林股份2020年自营出口额26.4亿元,同比增长28.3%。

传统产业改造提升。2020年3月,家具及竹木制品·浙江安吉产业基地入选国家第九批新型工业化产业示范基地名单,成为全国首个绿色家居产业国家新型工业化示范基地,该产业涵盖家具制造业、木材加工和木、竹、藤、棕、草制品业等100多个产业门类。11月,安吉县家具及竹木制品行业在全省传统制造业改造提升综合评估中,在全省三批次48个分行业省级试点地区中位列全省第一名。

创新能力增强。2020年,安吉县有国家级工业设计中心1家、省级企业工业设计中心9家、市级企业工业设计中心11家。是年,浙江博泰家具股份有限公司、安吉县盛信办公家具有限公司、安吉富和家具有限公司、嘉瑞福(浙江)家具有限公司4家企业的省级企业研究院获企业创新研发先进单位。椅业产品设计风格、外观造型不断创新,技术成本投入不断加大,产品由原来单一的转椅生产向椅业系列化方向发展,现已形成办公椅、沙发、功能椅、休闲椅、餐椅、系统家具和各类配件七大系列数千个品种。11月,启动第四届"安吉椅业杯"中国座椅设计大奖赛。椅业企业研发总投入以每年30%的速度递增,椅业新产品设计创新能力显著提升。2020年,大康控股集团有限公司获国家级知识产权示范企业,中源家居股份有限公司、安吉县盛信办公家具有限公司获国家级知识产权优势企业,永艺家具股份有限公司获中国专利优秀奖,大康控股集团有限公司的IT办公椅(双背)专利和永艺的椅座(自适应功能)专利获2019年浙江省专利优秀奖。永艺家具股份有限公司研发生产的"马司特"办公椅荣获日本发明专利,座椅(自适应功能)专利获第二十一届中国外观设计优秀奖。恒林家居股份有限公司海外家居品牌"NOUHAUS"获德国红点奖,体感电竞椅获2020第五届中国设计智造大赛概念组佳作奖。"永艺"商标被国家知识产权局认定为中国驰名商标,并予以扩大保护。浙江乾门科技股份有限公司获省级商标品牌示范企业。

智能化水平提升。2020年,全县椅业现有省级企业技术中心7家,市级企业技术中心24家。全年安吉县已建设智能仓储的椅业企业3家,恒林家居股份有限公司、浙江护童人体工学科技股份有限公司、中源家居股份有限公司3家企业的智能仓储空间达47万立方米。永艺家具股份有限公司"年产1800万套智能家具及配件生产线项目"和浙江安吉护童家具有限公司"年产20万套绿色智能家居生产线项目"入选2020年浙江省"四个百项"重点技术改造示范项目计划。浙江安吉护童家具有限公司的绿色健康桌椅智能工厂获2020年浙江省智能工厂称号。

安吉椅业在做大做强的同时,积极承担社会责任、回馈社会。2020年1月,恒林家居股份有限公司捐赠1100把办公椅,200把午休椅,40套沙发定向捐赠给火神山、雷神山医院。2月,永艺家具股份有限公司通过安吉县慈善总会向武汉人民捐款捐赠109.28万元。

【浙江东方基因生物制品股份有限公司在上交所科创板上市】 2月5日,东方基因在上海交易所科创板上市(证券简称:东方生物,证券代码:688298),迈出东方基因走向资本市场的第一步,是湖州市第一个率先上市的科创板企业。公司2020年度经营业绩逆势、爆发式增长,实现销售收入32.65亿元,归母净利润16.77亿元。2020年全球疫情肆虐,东方基因应急开发出新冠抗体/抗原/核酸检测试剂,是全球第一家全面布局三种新冠检测试剂的医疗器械生产企业。东方基因自主研发、生产的新冠试剂在2020年度驰援近70个国家和地区,为中国企业出海支持全球抗击疫情贡献自己的一份力量。

【浙江丰虹新材料股份有限公司被认定为全国制造业单项冠军企业】 2020年浙江丰虹新材料股份有限公司获制造业单项冠军示范企业(产品),实现县内零的突破,其中冠军产品膨润土系列化工产品2019年营业收入高达15905万元。单项冠军示范企业培育意义重大,带动全县工业经济增长的主力军;创新发展的典范;安吉县先进制造业集群的主要力量;践行产业争先的中流砥柱。

【第二届安吉"两山杯"国际竹产品创意设计大奖赛举行】 11月,在安吉新闻集团梅地亚演播厅举办第二届安吉"两山杯"国际竹产品创意设计大奖赛,该届赛事在全球疫情、大量高校学生未返校的特殊背景下,征集来自意大利、日本、波兰、中国的各大高校与机构共3600余件作品,最终选出20件作品获得奖项。大赛促进安吉竹制产品具有更

11 月 7 日,2020 第二届安吉"两山杯"国际竹产品创意设计大奖赛在安吉新闻集团梅地亚演播厅举行

强市场竞争力和更高附加值,提升安吉企业创新及设计成果产业转化能力。

【工业机器人购置专项补助资金拨付工作】 12 月 10 日,根据《安吉县人民政府办公室关于印发"夜光会战"和"机器换人"两大专项行动实施方案的通知》文件精神,经企业申报、资料审核、现场查看、资金公示等程序,工业机器人购置专项补助资金分配方案已确定,并按程序将相关资金共计 1064 万元拨付到位。

【"夜光会战"专项行动奖补拨付工作】 12 月 10 日,根据《安吉县人民政府办公室关于印发"夜光会战"和"机器换人"两大专项行动实施方案的通知》中《"夜光会战"专项行动实施方案》和《安吉县人民政府办公室关于"夜光会战"专项行动政策兑现的补充通知》等相关规定,对符合要求的企业,给予相应的电费补助和员工加班补助。经县经信局、国网安吉供电公司和县财政局核算,并经安吉县人民政府网站公示,确定对 227 家企业补助电费 1795.98 万元,198 家企业补助员工加班费 2245.92 万元,合计补助企业 227 家共计 4041.90 万元。

(蒋云飞)

商　务

【概况】 2020 年,县商务系统众志成城、攻坚克难,抓外贸企业复工复产,抓民生物资保供稳价,抓防疫物资储备供给,抓"六保"促"六稳",实现疫情防控和经济社会发展双战双赢。全年先后获评省产业集群跨境电商发展试点示范类第一档(全市唯一),获专项激励资金 500 万元;获 2017—2019 年度浙江省粮食收购工作成绩突出单位表彰;安吉县创建全国文明城市突出贡献集体嘉奖;协助安吉县获"全国粮食安全宣传教育基地"授牌;入选省级供应链创新与应用试点城市,数字生活新服务样板县创建县(区);做好"四个+"推动跨境电商逆势增长,专报获副省长朱从玖批示肯定;递铺街道等 6 个乡镇入选"省级电商镇",统里村等 35 个村入选"省级电商专业村",碧门村等 7 个村入选"省级电商示范村",镇、村电商规模总量居全市第一。在省争先创优行动中,县出口专班获评三季度"最佳实践"案例,得到市、县级领导批示肯定。

对外贸易方面,1—12 月,安吉县完成自营出口总额 338.4 亿元(居全市第一),同比增长 26.2%。完成进口 8.8 亿元,同比增长 34.9%;完成进出口总额 347.1 亿元(居全市第一),同比增长 26.4%。消费市场方面,1—12 月,全县实现社会消费品零售总额 206.1 亿元,同比下降 3.4%(全市排名第四)。实现批发业销售额 55 亿元,同比增长 31.5%(全市排名第三);零售业销售额 35.8 亿元,同比下降 5.4%(全市排名第四)。电子商务方面,1—12 月,实现网络零售额 145.1 亿元(全市排名第二),同比增长 25.8%(全市排名第三)。1—12 月,跨境电商交易额实现 56 亿元(居全市第一),同比增长 80.3%;新增跨境电商企业数和网店数 60 家,新增跨境电商自主品牌数量 24 个,新增海外商标注册数 24 个。利用外资方面,1—12 月,累计完成合同外资 5.8 亿美元(全市排名第四),同比增长 3.6%,完成市目标任务的 117.0%;完成实到外资 1.7 亿美元(全市排名第三),

同比增长 38.9%，完成市目标任务的 66.4%。对外投资方面，1—12 月，境外中方投资额 1.2 亿美元(全市排名第一)，完成市年度目标任务的 216%。服务贸易方面，1—12 月，服务贸易进出口额 26.1 亿元(全市排名第一)，同比增长 17.3%(全市排名第一)；服务外包离岸执行额 15.6 亿元(全市排名第一)，同比增长 215.8%(全市排名第一)。

【外贸出口】 全力稳住外贸基本盘，推动出口反弹回升。全面推进复工复产，及时出台精准支持的稳外贸政策组合拳，助企纾困。以省“争先创优”行动为抓手，推动主要出口指标企稳回升，获评第三季度争先创优“最佳实践”案例。依托“订单+清单”系统推出“订单贷”“稳外贸专项贷”，累计为全县 340 家入库外贸企业争取新增贷款 18.2 亿元；并发挥该系统应急响应机制，联合办结问题诉求 43 个，完成率 100%；服务五色清单企业业家 547 家次，完成率 100%。大力发展新业态新增长点。制定出台《安吉县跨境电商产业集群激励资金使用方案和细则》，探索构建“产业集群+跨境电商”新模式，创新开展全省首个“贸赢贷”及“承保跨境电商+海外仓”试点，帮助中小微企业获得资金融通，降低资金风险。把防疫物资出口作为新的增长点，帮助浙江东方基因生物制品有限公司、浙江省安吉鑫沣医疗进出口有限公司申报防疫物资出口“白名单”，协调浙江艾明德生物科技有限公司、安吉恒丰卫生材料有限公司解决生产线问题。1—12 月，安吉县防疫物资出口 33.2 亿元，同比增长 424.5%。数字赋能开拓市场。发挥数字经济优势、新业态优势和商协会资源，每月举办出口网上交易会安吉绿色家居专场，围绕重点国家、重点产业组织开展配对洽谈。全年举办网上交易会 8 场，动员 300 余家企业参展。

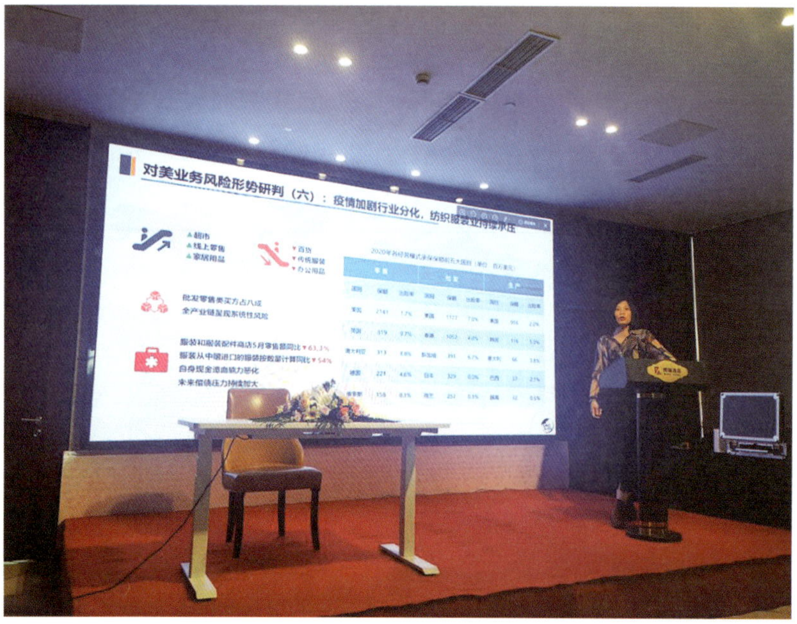

10 月 20 日，外贸形势分析会暨跨境电商对接会在安吉召开

【商贸流通】 聚焦数字化转型升级，推动消费复苏回暖。大力发展直播电商，打造 4 大直播电商基地，15 个电商公共直播间开展直播带货活动。全年举办县长直播带货、“湖交会”安吉分会、浙造好物·安心吉购等大型直播带货活动 6 场，各乡镇举办“一镇(乡)一品”直播活动 10 余场。鼓励安吉县浙江芳羽茶业有限公司、浙江安吉宋茗白茶有限公司、安吉极白白茶有限公司等龙头白茶电商企业，永艺家具股份有限公司、恒林家居股份有限公司、浙江博泰家具有限公司等龙头家具制造企业，积极布局直播电商业务。累计直接拉动全县特色产品线上销售超亿元。持续深耕国内市场。实施绿色家居产业拓市增效行动，深度对接京东、拼多多等国内主流电商平台，开展“产业带复工大联播”“新华信用+厂直优品”等活动。引导安吉县 17 家绿色家居企业入驻政府采购云平台，完成销售额约 500 万元。突出优质项目引育。按照《安吉县电子商务进农村综合示范工作实施方案》，全力推进 11 个项目建设。以考核引导两区、各乡镇(街道)、四大国有集团加大电商项目、楼宇经济招引力度，1—12 月，全县共招引总投资或注册资本千万元以上市外电商项目数 64 个。1—12 月累计新增楼宇 15 幢，比上年同期增长 187.5%；累计新增企业 1100 多家，累计千万税收楼宇 14 幢，其中亿元税收楼宇 3 幢。

【电子商务】 以“国家电子商务进农村综合示范县”建设为契

机，编制《安吉县电子商务产业发展三年行动计划(2020—2022)》，规划安吉县电商产业发展路径，通过完善农产品溯源、上行、供应链、仓储物流、配套服务等体系建设，瞄准乡村振兴新战场，提升农村地区商务发展层级，探索商、农、旅、文等跨界融合新业态，助力国内电商高质量发展。抢抓湖州跨境电商综试区获批机遇，以绿色家居产业集群跨境电商发展试点为抓手，从强化跨境电商发展要素支持出发，通过政策引导，明确对外贸新增跨境、海外仓搭建、跨境项目招引等跨境电商发展重要环节给予支持，鼓励企业实现贸易方式转型。主动对接国浩外综服平台，开设全省首个"贸赢贷"及"承保跨境电商＋海外仓"试点，帮助安吉诗意家具股份有限公司等32家中小微外贸企业保障金额1719万美元。联动亚马逊、eBay、Shopee等知名跨境平台，共享各地跨境电商资源。已举办培训会、招商会20余场次，举办"2020年安吉县跨境电商资源对接会""亚马逊企业购蒲公英计划系列深入安吉产业带活动"等8场高端资源对接会。创新开设线上视频企业培训。联合县跨境贸易协会、雨果网举办"后疫情时代，外贸企业如何自救"安吉专场线上直播会。深入解读各类扶持政策，邀请行业专家、企业代表剖析如何转型跨境电商，助力企业实现可持续发展。本次直播吸引观看人数超过2000人。

【供应机制】　重视民生福祉，夯实安全生产根基。疫情防控期间，建立16家粮食应急供应网点、9家超市以及3个重要农贸市场的监测样本，落实安吉县的130吨冻猪肉储备，确定两家储备冻猪肉供应网点，保障全县粮油价格和数量平稳，猪肉供给充足。累计为全县争取到口罩473万只、各类消毒用品11余吨、额温枪2647只，有序调拨用于复工复学。制定《安吉县一次性民用口罩投放规则》，开通网络平台实行口罩线上预购、线下领取，保障口罩市场有序供应。确保疫情防控期间散装水泥、预拌混凝土、预拌砂浆等物资供应。筑牢粮食安全基础，完成2019年"五优联动"并着手开展2020年试点工作；开展"湖州好大米"宣传工作，及时消除市民对粮食紧缺恐慌心理。认真落实新形势下国家粮食安全战略，协助安吉乡土农业发展有限公司入选第二批"全国粮食安全宣传教育基地"。强化安全生产监管，召开2020年度安全生产(消防安全)工作会议，部署本年度安全生产工作。开展"洗楼式"排查，护航复工复产，开展"回头看""危化品"等专项检查行动，全年累计出动检查1044多人次，检查企业495家，整改隐患188处。加大对9个水泥二次包装点位的巡查力度，做好第二轮中央生态环境保护督察迎检工作，确保无新增无反弹现象；举办5场专用车辆驾驶员和安全生产线上培训，累计受训956人次。

7月30日，"数字赋能 全力椅赴"安吉县跨境电商资源对接会和全县跨境电商龙头企业座谈会在县行政中心召开

【营商环境】　优化营商环境，提升商务服务水平。助力企业复工复产。疫情防控期间累计协助企业出具不可抗力证明68份，并实行送件上门服务，占全市办件总量67%，涉及合同金额约1.02亿元。走访排摸浙江骏昇光电科技有限公司、浙江敏泰科技有限公司等外资企业复工复产中存在的困难，为浙江信正精密科技有限公司、浙江昊国家具有限公司、美意(浙江)空调设备有限公司等10多家外资企业解决口罩近万只，有效帮助浙江

9月9日,商务部亚洲司副司长杨伟群(左二)率调研组到安吉县调研马来西亚经贸合作情况

安吉乐翻天旅游发展有限公司解决高管子女入学申请问题。精简手续优化窗口服务。落实《外商投资信息报告办法》,通过部门间共享方式采集数据,进一步优化服务。做好"最多跑一次"工作,配合推进"一窗受理"改革事项,完成27项办事事项办理、要点流程梳理;全年配合其他部门综合窗口受理材料392件。建设对外开放新高地。浙江澳门(安吉)经贸合作区加快推进,浙江省商务厅和湖州市政府联合向澳门特区政府发起合作建议,共同探索有利于实现双方共赢的合作模式。开展浙江澳门(安吉)经贸合作区高质量发展规划的编制,前瞻性谋划好浙澳合作蓝图。

【外贸出口"连续十二年"领跑全市】 2020年1—12月,全县完成进出口总额347.1亿元(居全市第一),同比增长26.4%。其中完成自营出口总额338.4亿元(居全市第一),占全市份额的33.0%,占全省份额的13.4‰,自营出口总额实现十二连冠。

【县出口专班获评第三季度省"争先创优"行动最佳实践案例】

通过深入挖掘外贸发展潜能,发展外贸新业态、构建服务平台、畅通融资渠道、培育新增长点,推动全县外贸稳中向好。县出口专班获评第三季度省"争先创优"行动最佳实践案例(安吉县"四新"举措稳住外贸基本盘),为安吉县争得财政资金900万元、用地指标90亩和能耗指标4.15万吨标煤的奖励。

【跨境电商逆势增长】 2020年,安吉县获评省产业集群跨境电商发展试点示范类第一档,全市唯一一个,获专项激励资金500万元。以绿色家居产业入选全省首批25个产业集群跨境电商发展试点以来(B类),3年间提档升级为示范类第一档。2020年1—12月,全县跨境电商零售出口额约56.0亿元(居全市第一),同比增长80.3%;新增跨境电商企业数和网店数60家,新增跨境电商自主品牌数量24个,新增海外商标注册数24个。

【创新推出全省首个"贸赢贷"及"承保跨境电商+海外仓"试点】

3月,推出全省首个"贸赢贷"及"承保跨境电商+海外仓"试点,该试点是针对开展跨境电商业务的中小出口企业面临的高融资成本和海外仓风险而推出的有益尝试,由安吉国浩外贸服务有限公司与境内中小企业和境外指定海外仓公司双向合作,缓解企业资金压力和融资困难,有效降低企业资金风险。截至2020年底,帮助安吉诗意家具股份有限公司等32家中小微外贸企业保障金额1719万美元。

【组织协办"中国(安吉)稳外贸与区域经济协调性高质量发展大会"】 5月29日,组织协办"中国(安吉)稳外贸与区域经济协调性高质量发展大会"。浙江省商务厅一级巡视员徐高春、安吉县委书记沈铭权出席并致辞,中国入世的首席谈判代表,原外经贸部部长、中国匠心企业家峰会组委会顾问龙永图等特邀出席,安吉县县长宋波主持。中源家居股份有限公司董事长曹勇在会上代表安吉龙头企业发言。本次大会是继2019年全省稳外贸现场会后在安吉召开的又一次高规格稳外贸工作会议,大会的召开,为安吉搭建了一座友谊、合作之桥,欢迎企业家来安投资、创业，共享发展机遇，共创美好未来。

【安吉县启动首届“出口家具(欧美及一带一路)线上洽谈会”】 6月29日，安吉县启动首届“出口家具(欧美及一带一路)线上洽谈会”，县商务局联合省国贸展览，通过线下提前配对供需信息、线上精准对接洽谈的方式，大力促进双方贸易互动。40余家浙江安吉家具家居外贸企业，与来自欧美及“一带一路”等20多个国家的40家国外专业采购商，在线上开展一对一视频洽谈。截至2020年底，安吉县共举办网上交易会8场，动员300余家企业参展。

【2020年安吉县跨境电商资源对接会和全县跨境电商龙头企业座谈会举行】 8月3日，在安吉县人民政府举办2020年安吉县跨境电商资源对接会和全县跨境电商龙头企业座谈会。大会以“数字赋能、全力‘椅’赴”为主题，安吉县跨境电商企业、外贸企业、金融机构以及亚马逊、eBay、Wayfair等知名跨境电商第三方平台负责人超过150人参会，在全县掀起跨境电商热潮。

【电商产业集群发展】 9月，阿里巴巴集团阿里研究院公布2020年淘宝村、淘宝镇名单，安吉县有6个淘宝镇、28个淘宝村入选，其中淘宝村数量占全市总数的47.5%，居全市首位。经省商务厅认定，递铺街道等6个乡镇入选“省级电商镇”，统里村等35个村入选“省级电商专业村”，碧门村等7个村入选“省级电商示范村”，镇、村电商规模总量居全市第一，进一步提升了电子商务产业集聚水平。

【安吉县乡土农业发展有限公司获评“全国粮食安全宣传教育基地”】 县商务(粮食与物资储备)局协助指导安吉乡土农业发展有限公司申报第二批“全国粮食安全宣传教育基地”，年内获批为全省新增的两处之一，全市唯一。10月16日，县长宋波代表安吉县接受授牌。

10月16日，安吉乡土农业发展有限公司获“全国粮食安全宣传教育基地”称号

【安吉县入选省级供应链创新与应用试点】 12月28日，安吉县入选省级供应链创新与应用试点(全省7个试点之一)，该试点旨在与国家级试点形成梯度培育机制，创新一批特色的供应链发展技术和模式等，实现产业降本增效、供需匹配和绿色发展，推动经济高质量发展。

【安吉县商圈入选省级智慧商圈培育点】 12月31日，安吉县商圈入选省级智慧商圈培育点(全省8个之一，全市唯一)。该试点旨在通过商圈范围内人、货、场设施智慧化改造，为居民、游客、消费者和商家提供更加安全、便捷、舒畅、诚信的人居环境、消费环境和营商环境。

(王立巧)

安吉县投资促进中心

【概况】 2020年，县投资促进中心围绕“两手硬、两战赢”目标，以招大引强攻坚行动为统领，创新实施全县招商引资“六个一”机制改革，主动破解疫情招商困境，初步形成大统筹招商格局，实现全县项目招引新突破。全年安吉县新引进项目143个，完成全年目标任务的143%，同比增长70.2%，计划总投资616亿元，计划固定投资554亿元。其中工业项目123个，同比增长152%。5亿元以上大项目签约37个(投资100亿元以上项目1个，50亿—100亿元项目2个，

10亿—50亿元以上项目11个,5亿—10亿元项目23个),完成全年目标任务的185%。完成市认定大好高项目45个,其中工业32个,分别同比增长9.8%、10.34%。完成合同外资5.8亿美元,完成实到外资1.7亿美元。2020年,县投资促进中心获全市招商引资突出贡献集体、安吉县改革与创新先进集体1次、安吉县文明城市创建优胜单位2次、安吉县城镇生活垃圾分类优胜单位3次、安吉县创建全国文明城市工作行政集体奖励等荣誉。9月出炉的“2020中国综合投资热力百佳县市”榜单,安吉县荣登榜单前十佳,位列第四。11月17日,赛迪营商环境百强县(2020)研究成果在北京发布,全国营商环境百强县名单揭晓,安吉县荣获营商环境百强县第60名。12月1日,中国社会科学院财经战略研究院发布《中国县域经济发展报告(2020)》暨全国百强县(区)报告,公布2020年全国“百强县”名单。《报告》显示,安吉位列“全国县域经济综合竞争力百强”第51位,“全国县域投资潜力百强”第19位。12月4日上午,在中国企业家博鳌论坛中国数字营销峰会分论坛上,沈霞俊常委代表安吉县就数字经济下的城市品牌打造以及营销进行交流发言,并荣获年度城市IP优秀案例。

【招商引资】 2020年,从全县部门抽调一批优秀干部,与两区招商干部组合整编,形成一支百人招商队伍,以强培训、严管理、重实绩的要求,分别派驻六大片区驻点招商,每月进行比拼晾晒。六大分局招商成效进一步突显,其中苏南和浙江分局在项目招引上持续发力;北京分局强化与中国医疗器械协会等三大协会的有效对接,为生命健康产业招引打开局面;上海、深圳和川渝分局在项目招引上也实现零的突破,并有重庆小康、无限极等多个优质项目正在密集洽谈。注重全体系的招商平台搭建,深化与新华网、谷川联行等原有平台的合作,参加“中国企业家博鳌论坛”“5·10中国品牌日”“中国国际广告节”等大型活动13场。同时拓展新华社瞭望智库、中国美国商会、中国广告协会、德勤会计师事务所等新的平台20余家,获取优质项目线索500余条。围绕六大主导产业精准发力,编制全县招商引资资源图、人脉图和产业图。严把项目准入关口,运用“汇招商”App,创新建立项目线索首报信息库,实行“三表一通报”工作机制,不断优化“8+X”评价体系,实现全县招商项目“漏斗式”管理、“标准化”研判。2020年,安吉县共评估项目702个,其中评估结果B1级以上项目489个。累计召开“8+X”评审会议11次,评审项目219个,其中“打掉”项目51个。

创新开发“汇招商App”统筹招商团队,实现项目招引新突破。为加强对全县百名驻外招商干部的科学管理,引入“互联网+招商”模式,利用大数据、智能化管理理念和技术对驻外招商队伍管理进行改革,创新推行“汇招商”App,对驻外分局100名招商干部进行全流程、全留痕管理,精准追踪洽谈和精准项目服务,激发招商干部的工作动力,实现全县招商项目信息的动态管理和整体统筹,形成全县招商员“一盘棋”招商的浓厚氛围。该系统不仅统一管理全县招商工作,而且能精准、实时管理分散在全国的招商团队,科学解决招引信息不共享、招商资源分配不均的难题。截至12月底,全县驻外招商干部累计走访企业4364家,人均走访数同比增长117%;获取有效线索1051条,

7月17日,2020安吉县半年度招商引才项目集中签约仪式举行

同比增长218%;全县累计引进推动"绿水青山就是金山银山"转化的项目143个。

【营商环境】 深化《县域营商环境评价准则》,助推安吉投资潜力指标提升。县投资促进中心依据2019年安吉县发布的全国首个《县域营商环境评价标准》,持续深化全国首个县域营商环境评价体系的品牌效应,通过优化企业监测点、畅通投资环境评价渠道、完善测评制度、强化评价结果运用等工作,倒逼全县营商环境优化,提升部门服务效能。优化环境监测,形成可推广的示范样板。对已挂牌的203家投资环境监测点进行定期回访,帮助解决和协调解决永艺公司无纺布缺口问题,东方基因工人因疫情未能及时返工造成的外包装盒短缺问题、城峰竹制品公司碳化废水处理等56个问题,解决率100%;协调招商引资企业高管子女就学申请39人。常态化开展投资环境监测工作,截至2020年12月底,开展4次测评,平均每次参与测评企业达120家,形成《安吉县投资环境评估调研报告》在全县"一把手"综合例会上发布,起到良好的以评促改的作用。

【举办"屏对屏"线上项目签约仪式】 2月15日,安吉县投资促进中心组织举办"屏对屏"线上项目签约仪式,当天签约项目27个,总投资57.64亿元,其中总投资5亿元以上项目3个。产业类别涵盖绿色家居、装备制造、健康食药、新材料等领域,其中有18个项目是装备制造及智能设备、健康食药等安吉县重点招引的产业项目。签约高层次人才5名,其中顶尖人才1名、领军人才3名,教授级项目1个。

【首次制定"六个一"招商机制】 3月16日,起草《安吉县2020年度招大引强攻坚行动方案》(安委办发〔2020〕7号)并提交中共安吉县委办公室发文,首次制定"六个一"招商机制,进一步优化完善项目招引工作,强化重点产业领域谋划,加大优质项目引进力度,加快推进重点项目落地实施。所谓"六个一"即加强资源统筹,"一张单"利用。平台统建,"一张网"布局。队伍统管,"一支军"组建。评审统抓,"一盘棋"研判。项目统推,"一条龙"管理。考核统领,"一把尺"衡量。

【在北京举行首场网络招商引才推介活动】 4月23日下午,安吉县投资促进中心在北京举行首场网络招商引才推介活动,通过视频连线的方式,围绕安吉县的产业优势、营商环境等内容,向生物医药产业链头部和高成长企业推介安吉、开展招商。县委常委、常务副县长潘鸣参加活动并发表讲话:生物医药健康产业是安吉县当前发展的重点产业之一,2019年相关产业企业实现营业收入78.2亿元,而安吉作为"绿水青山就是金山银山"理念的诞生地,是生物医药健康产业发展的沃土。更可观的是像东方基因、佐力百草等优质医药健康产业在安吉县茁壮成长,这也说明投资安吉能够收获回报。

【举办安吉县2020半年度招商引才项目集中签约活动】 7月17日上午,2020安吉县半年度招商引才项目集中签约仪式举行。市委常委、县委书记沈铭权致欢迎词,县委副书记、县长宋波致答谢词,县委常委、常务副县长潘鸣作县情推介。县领导赵德清、徐卫勇、朱伟、管永丰、陈卫卫参加。安吉县2020半年度招商引才项目集中签约活动,总投资超百亿元。活动中共签约28个项目,总投资159.56亿元,固定资产投资141.18亿元。其中二产项目22个,总投资98.25亿元,固定资产投资87.18亿元。高层次人才项目6个,外资项目3个,合同外资1.3亿美元。项目涵盖智能制造、电子信息、健康医药、绿色家居、休闲旅游、科技人才等多个领域。

【第三届中国医疗器械创新创业大赛在安吉举行】 9月4—6日,第三届中国医疗器械创新创业大赛体外诊断(IVD)产品类复赛决赛暨中国·安吉体外诊断(IVD)产品类创新大赛、人体精密测量专场赛暨中国·安吉人体精密测量创新大赛在安吉举行。中国科学院院士、复旦大学常务副校长、复旦大学上海医学院院长、上海国际人类表型组研究院院长金力,国家医疗器械产业技术创新战略联盟理事长、中国医疗器械行业协会常务副会长姜峰出席相关赛事,市委常委、县委书记沈铭权,县委副书记、县长宋波分别出席并致辞,县委副书记、开发区党工委书记徐卫勇作安吉县大健康产业园推介。体外诊断(IVD)产品类复赛决赛暨中国·安吉体外诊断(IVD)产品类创新大赛于4日起举行。人体精密测量专场赛暨中国·安吉人体精密测量创新大赛于5日起举行。中国医疗器械创新创业大赛是由科技部社会发展科技司及中国生物技术发展中心指导,医疗器械产业技术创新战略联盟承办的全国性医疗器械产业创新创业大赛,已举办两届。本届大赛分为体外诊断(IVD)产品、光机电产品等六个类别,为推动人体精密测量领域前沿技术突破及颠覆性创新技术培育,促进人体精密测量新技术、新方法、新设备、新仪器尽早进入应用,还特别增设人体精密测量等专项赛。

【举办2020新时代“两山”试验区·安吉县第十三届投资贸易人才洽谈会】 10月22—24日,2020新时代“两山”试验区·安吉县第十三届投资贸易人才洽谈会的主题是“改革创新,绿色发展”,突出招大引强攻坚、亩均改革推进和营商环境优化,推动招商大突破,推进项目大攻坚,打造经济高质量发展新引擎,以优质项目、人才的引进推动新时代“两山”试验区建设。本届“安洽会”有5个主活动,分别是开幕式暨项目集中签约和重点产业招商启动仪式、新时代美丽中国县域窗口—绿色发展主旨演讲、“深化三服务、聚力破五未”项目集中开竣工、第七届国际无人飞行器创新大奖赛暨2020年安吉航空嘉年华、上海交通大学—浙江安吉生命健康联合研究中心揭牌开园仪式。安吉县第十三届投资贸易人才洽谈会开幕式上共签约50个项目,总投资338亿元。工业项目签约一如既往是本届安洽会的签约重点,共签约项目16个,总投资203.46亿元。项目涵盖生命健康、智能制造、绿色家居、数字经济、高端休闲等多领域,其中投资百亿元以上项目1个,为总投资102亿元的浙北生命健康产业项目;总投50亿—100亿元项目1个,为总投资50.8亿元的58浙北数字经济港项目;总投资10亿—50亿元项目5个,分别为总投12.6亿元的智能手术机器人生产项目、总投12亿元的亚太总部35亿元产能汽车制动系统生产项目、总投10.8亿元的益生菌系类(保健食品和功能性食品)及OTC维生素系类项目、总投10.8亿元的莱赛尔长丝项目、总投10.2亿元的生物创新芯片慢性病检测项目。

【第十三届安洽会重点项目集中开竣工活动暨中力机械产业园项目开工仪式举行】 10月22日,安吉县举行第十三届安洽会重点项目集中开竣工活动暨中力机械产业园项目开工仪式。本届安洽会集中开竣工活动共有49个重点项目,总投资213.7亿元。其中开工项目26个,投资164.4亿元,竣工项目23个,投资49.3亿元。项目涵盖智能制造、信息服务、绿色家居、现代服务业等多个领域。

【2020无人机产业技术合作论坛暨安吉通航产业发展研讨会在安吉举行】 10月22日,2020无人机产业技术合作论坛暨安吉通航产业发展研讨会在安吉举行。此次论坛共邀请100余位嘉宾参会。论坛中,2名无人机应用领域的专家围绕“创新发展、合作共赢”这一主题进行演讲。7位无人飞行器企业代表相继发言。针对无人机行业的发展趋势和未来无人机新技术展开座谈。本次论坛赢得学界、企业界高度评价。其间,还穿插了通航产业领域项目签约仪式。

【第七届国际无人飞行器创新大奖赛暨2020年安吉航空嘉年华活动开幕式举行】 10月23日,第七届国际无人飞行器创新大

10月23日,第七届国际无人飞行器创新大奖赛暨2020年安吉航空嘉年华活动开幕式举行

奖赛暨2020年安吉航空嘉年华活动开幕式举行。中国航空学会副理事长李春宏，市人大常委会主任孙贤龙，市委常委、县委书记沈铭权致辞，县领导陆为民、徐卫勇、沈霞俊、潘鸣、王一明、管永丰、陈卫卫出席，仪式由县委常委、常务副县长潘鸣主持。

【2020新时代“两山”试验区安吉县第十三届投资贸易人才洽谈会开幕式举行】 10月24日，2020新时代“两山”试验区安吉县第十三届投资贸易人才洽谈会开幕式举行。市委常委、常务副市长杨六顺致辞并宣布开幕，市委常委、县委书记沈铭权致辞；县长宋波主持活动并进行安吉六大产业发布；原外交部副部长何亚非，可口可乐大中华区副总裁张建弢，中国美国商会总裁毕艾伦，中国政策科学研究会经济政策委员会副主任徐洪才等人做以“新时代美丽中国县域窗口——绿色发展”为主题的主旨演讲。招商局资本管理有限责任公司首席运营官、总经理，中国农垦产业发展基金董事长郭健；省财政厅党组成员，省金融控股有限公司党委书记、董事长章启诚等应邀出席。开幕式上，《安吉县制造业六大产业高质量发展实施方案》发布，首位推出生命健康产业。安吉未来产业格局定位清晰，将形成“1+5”的产业格局，1即绿色家居，5即生命健康、高端装备、电子信息、新材料、通用航空。

（徐杨炀）

烟草专营

【概况】 2020年，安吉县烟草专卖局（分公司）坚持以习近平新时代中国特色社会主义思想为指引，认真贯彻落实安吉县委县政府以及省、市局（公司）党组的决策部署，全力以赴战疫情，千方百计促发展，在收官“十三五”、谋划“十四五”中冲锋冲刺、争先领先，各项工作取得明显成效。2020年，安吉县烟草专卖局（分公司）实现卷烟毛利3.5亿元，同比增长4.5%。全年卷烟销量与2019年基本持平。

【专卖管理】 2020年，安吉县烟草专卖局（分公司）全面落地专卖管理模式，云上监管打出新成效。紧盯涉烟违法行为最新趋势，深度聚焦打假打私、物流寄递、市场监管、政务服务等重要节点，整合全局资源，推进迭代升级，助力专卖监管实现多项突破。打假打私成果创历史新高，县局专卖科充分发挥数据监管优势，进一步加强多部门、多警种的协作，整合专卖执法资源，实现监管成果最大化，全年破获国标网络犯罪案件2起，各类指标增幅位居全市系统第一。2020年，查获各类涉烟违法案件350起，同比增长约56.95%；查获案值数约497.42万元，同比增长114.69%；查获各类卷烟条数约2.35万条，同比增长100.92%；5万元以上真烟案件共18起，被依法采取强制措施人数11人，为进一步维护消费者合法权益、净化卷烟市场提供坚实保障。“政务服务”2.0有效落地。加快完成政务服务2.0测试工作，实现服务提升再加速，基本实现“让数据多跑路、让群众少跑腿”；落实许可证审批“三个办法”，开展异常状态零售许可证全面排查治理，零售许可资源配置持续优化。加大执法监督力度，强化法律风险防控，营造良好的法治环境。

【经济运行】 2020年，安吉县烟草专卖局（分公司）全面落地营销模式，平台生态释放新效应。坚持以“十六字”方针为指引，精

3月，安吉县烟草专卖局组织开展中秋、国庆“两节”期间真烟监管专项检查行动

准施策，均衡销售，经济运行交出满意“答卷”。主要经济指标持续向好。2020年，卷烟销量与2019年基本持平；实现销售额12.1亿元，同比增长3.6%；实现毛利3.5亿元，同比增长4.5%。客户信心明显增强，主销品规价格坚挺，零售户盈利度约为13.63%，同比增长1.67%；年末零售库存369.76箱，社会零售可销天数为8天，市场状态展现较优水平。终端建设稳步推进，以“互联网＋”为主抓手“一钉四香”芬芳四溢，其中共建成合作终端45户，占比1.3%；现代终端829户，占比23.2%；双屏机共安装570户，其所占比例数高于全市系统平均水平，并在此基础上推进全商品扫码。品牌培育成绩亮眼。重点品牌累计销售2.224万箱，同比增长1.82%，市场份额占比达95.7%。定制品牌“小云端”销售34.16箱，销量占比在全市系统领先。品牌培育的稳步推进为“十四五”卷烟结构的优化提升打下扎实根基。

【内部管理】 2020年，安吉县烟草专卖局(分公司)全面落地综合管理模式，转型发展增添新动能。着力强化分层分类对标工作。针对分层分类对标的不足，立足管理弱项、技术短板和绩效差距，持续开展短板改进专项提升活动，强化服务指导和过程管控，确保改进实效。强化岗位对标结果运用，把量化差距、激发活力、凝聚合力作为基本原则，把加强基层、夯实基础作为基本落脚点，持续优化岗位考评、兑现方式。加强安全管理工作。通过大楼维修、配电房搬迁、领导带班开展安全风险点排查，网络信息安全培训以及消防安全教育等各项具体举措，不断增强全员安全意识，巩固安全生产标准化建设。夯实依法治企基础。紧紧围绕“法治安烟”建设，以采取普法宣传教育、专卖执法监督、合同制度审核、法律风险防控等具体举措，助推企业稳健、高效发展。做好全国文明城市创建工作。安吉烟草干部员工积极响应创城号召，主动领题、勇于破题，参与当地无物业小区管理和背街小巷治理工作。设计的一款“高颜值、低成本、易安装”的油污采集器，有效解决油污乱排的问题，先进做法得到安吉县创建办的高度肯定，也被“安吉发布”等新闻媒体宣传、报道。与此同时，在文明城市创建中先进人物竞相涌现，其中一人荣获安吉县志愿服务三等功、二人被表扬嘉奖。

(王　剑)

11月3日，安吉县烟草专卖局组织开展专卖队伍封闭式集训

供　销

【概况】 2020年，安吉县供销工作以深化供销系统“三位一体”综合改革为总目标，全面落实全国供销总社第七次代表大会及习近平总书记关于供销社工作重要讲话精神，推进体制创新，强化为农服务，壮大社有经济，加强组织建设，完成县委、县政府及省市供销社交办的各项任务。2020年，全系统实现销售总额10.29亿元，同比增长2.77%；实现利润2795万元；上缴国家税费1875万元。县供销联社连续四年获评“全国百强社”。

【疫情防控工作】 落实执勤排查任务。根据县委、县政府执勤工作部署，抽调人员成立2个疫情防控备勤小组，协助递铺街道、昌硕街道等开展防控宣传、卡点执勤、辖区洗楼等工作，累计出勤200余人次。保障春耕备耕正常开展。发挥农资流通主渠道优势，春节前储备各类化肥3000吨、农药200吨、农膜20吨、种子10吨。利用微信平台、通话、视频等远程交流方式为农户提供技术咨询，累计提供线上咨询 300 余人次、解决问题 200 余个。确保日用产品量足价稳。下属企业联盛商贸公司 8 家门店，全力做好日用品稳价保供工作，重点加强对消毒物质、肉禽蔬菜等生活必需品的监控保障，严禁恶意囤积、临时涨价，累计销售额达 3000 万余元。制定专项政策渡难关。积极对接农业农村局、农商银行、两山农林联合社等单位，联合制定《应对疫情金融支持农业产业平稳健康发展的“123”专项扶持政策》，针对全县农业产业经营主体提供免手续费用、优审批流程、减办理成本等便捷的贷款融资服务，发放涉农信用贷款 1.87 亿元，减免贷款利息 460 余万元。深化服务助复工。深入贯彻落实“深化‘三服务’，助企开复工”活动精神，及时召开专题会议，成立 6 个专职工作小组，走访 16 家联系企业，会同企业负责人认真梳理疫情防控、用工、融资等方面存在的困难，共解决各类问题 18 个；响应县委、县政府要求，减免租户 2 个月租金，共计 37.16 万元（社有企业免收 10.5 万元；嘉鸿公司场地免收 26.66 万元），支持企业抗击疫情稳发展。12 月 31 日，安吉县农业生产资料有限公司被浙江省农业生产资料流通协会评为“浙江省农资流通行业抗疫保供先进单位”奖，并在浙江省农业生产资料流通协会第七届会员代表大会上当选为副会长单位。

【“三位一体”农合联改革工作】

深化产业农合联建设。组建安吉县粮油产业农合联，第一批吸收种粮大户、农民专业合作社等成员 58 家。完善农合联平台建设。县农合联现代农业服务中心、梅溪镇农合联现代服务中心建成并投入使用，中心内设有新型庄稼医院、土壤修护医院、农资配送站、金融服务窗口，为专业合作社、农业专业户、农资零售网点提供农技指导、技术培训、测土配方、农资配送、信用担保等综合性服务。构建县—乡—村三级新型庄稼医院平台。已建县级总院 1 家、乡镇庄稼医院 2 家、白茶专科医院 1 家、村级庄稼医院服务点 3 个，县级监管平台 1 个。根据全国总社提出的基层建设年要求，组建余村供销社、鲁家供销社，围绕农副产品购销、休闲民宿、健康养老等业务，打造为农服务的前沿阵地。搭建网上供销平台。与本地优质网络运营公司合作搭建“网上供销（安吉）”平台，为农合联会员特别是中小生产规模农户鲜活农产品就近销售提供平台，组织开展产销对接会 4 场次，平台活跃用户 8 万多，日交易 1000 余单。发挥农合联服务职能。指导茶农开展安吉白茶夏季茶园养护，针对 2020 年白茶病虫害的主要特点，研制出绿色用药配方，施治茶园 8600 亩，经分时段跟踪观察，小绿叶蝉等高发病虫害防治效果良好；实施白茶园土壤生态修护工程，完成测土 22000 亩、修护 9000 亩；充分利用“空档期”为茶农“充电”培训，在县农合联现代农业服务中心举办茶农流动夜校，邀请茶叶专家开展茶园修剪、病虫害防治、土壤修护等培训讲座，组织培训 6 场，培训茶农 300 余人次。联合县农业农村局、溪龙乡人民政府共同主办第二届安吉白茶炒制大赛，受到广大茶企、茶农的高度关注和广泛参与，共有 30 余名选手参加，贵州省雷山县受捐群众也应邀到场观摩学习。推进“山海协作”，与遂昌县供销

7 月 17 日，安吉县粮油产业农合联成立大会暨第一次会员大会召开

社等单位合作,组织举办2020“山海消费协作”大联展暨首届安吉双十一购物节。开展一般工业固废资源化利用工作,深化“企业分类—基地再造—社会资源化利用”新模式,继续开展“企业工业固废分类中心”建设,新增签约服务企业305家。开展农药包装物回收处置工作,已完成2020年度包装物的回收处置,回收率达97%以上、处置率达100%。

【社有经济发展】 完善社有企业经营管理机制。按照政事分开、社企分开的原则,理顺供销社与社有企业关系。调整投资入股企业委派人员,根据管理需要,对原委派的人员进行部分调整,进一步理顺管理机制,加强对县社、鸿裕公司投资入股企业的监督管理。健全鸿裕资产经营管理公司运行机制,董事长与总经理不再由县社主要领导1人兼任,由班子成员兼任总经理;董事会由3人增加到6人,由县社班子成员兼任,重大事项决策时县社班子成员和董事会成员一致,无须重复组织,提高决策效率;监事加入财务人员。同时对公司内部管理机构设置、职责及人员编制进行明确,设置业务发展部、综合管理部,部门经理已通过公开竞聘方式确定,部门人员也全部确定到位。修订《鸿裕公司章程》,制定相关管理制度,理顺供销联社与鸿裕公司关系,不断健全政企分工协作的有效运行机制。强化社有资产监管。全面清查社有资产。成立领导小组,建立工作专班,对系统内集体资产、资源开展全面清查。截至2020年底,清查出资产资源43处,其中房产31处,共计16911.31平方米;土地10处,共计20222.75平方米;林权1处,计4000平方米;其他资产1处;对外投资24笔,其中股票证券2笔,计15.25万股,企业投资22笔,金额5602.5万元;债权3笔,共计501.88万元。开发社有资产管理系统。开发《鸿裕资产综合管理系统》软件,实现社有集体资产常态化、动态化、即时化管理。设置管理自动提醒功能,对待办事项、信息变更做到提醒警示作用;按职责分设账号管理权限,严防个人拍板导致资产失管失控问题;对资产的基本情况进行全面登记,并做好实物照片、地图定位等台账的录入,做到账证相符、账账相符、账实相符。完善社有资产管理机制。根据全国总社、省、市供销联社相关文件,修订《社有资产监督管理暂行办法》,对社有资产界定、管理体制、绩效考核等作出明确规定;理顺管理体制,明确县供销联社为资产所有权代表和管理者,实行权利、义务和责任相统一,管资产和管人、管事相结合的资产管理体制。年内43处资产、2笔债权均确定了管理人员,向22家投资企业选派投资人代表。实施基层供销社“二次改革”。针对部分基层供销社主营业务萎缩、人员老化等情况,在前期摸排的基础上,根据各基层社实际情况和自然人股东意见,2020年计划对杭垓供销社有限公司、昌硕故里供销社有限公司实施自然人股东撤资退股为主要内容的“二次改革”,已完成杭垓和昌硕供销社资产评估;同时,改革天荒坪供销社管理模式,作为县社全资企业,从2020年起调整为县社直接管理。

【第二届安吉白茶炒制大赛在黄杜村举行】 4月14日,由县供销联社联合县农业农村局、溪龙乡人民政府共同主办的第二届安吉白茶炒制大赛——“白茶飘香四十年”在黄杜村举行。本次炒制大赛共有30余名选手参加比拼,贵州省雷山县受捐群众也应邀到场观摩学习。

【安吉县农合联打通良朋西瓜线上销售渠道】 6月1日,安吉县农合联、安吉县良朋西瓜产业农合联联合“游世界本地圈”平台,举行了以“良朋西瓜”为主题的主播带货直播活动。直播期间观众累计人数达9580人,销售西瓜7500余千克,销售额近5万元。

【安吉县农合联组织企业参加首届“湖交会”】 6月16—21日,由湖州市人民政府主办的首届湖州商品交易会在德清国际展览中心举行。展会期间,安吉县农合联(供销社)组织全县13家涉农企业、专业合作社参展,在现场设立展位9个,参展品类涉及安吉白茶、笋制品、干坚果、铁皮石斛等本地特色农副产品。活动期间,累计销售金额180余万元。

【安吉县粮油产业农合联成立大会暨第一次会员大会召开】 7月17日,安吉县粮油产业农合联成立大会暨第一次会员大会召开。湖州市农合联执委会、市供销联社副主任陆齐良，县农合联执委会、县供销联社主任章安民，县农业农村局党委委员、总农艺师吴旭东，天子湖镇党委委员刘列飞、县供销联社党委委员周克圣，递铺街道、梅溪镇、溪龙乡、县农商银行、县农资公司相关负责人及 49 名会员参加会议。县供销联社党委委员、副主任叶茂荣主持会议。全体会员投票选举产生第一届理事会、监事会成员，程华东等 9 人当选为安吉县粮油产业农合联第一届理事会理事；戴长义等 3 人当选为安吉县粮油产业农合联第一届监事会监事。

【安吉县供销社召开第七次代表大会】 11 月 12 日，安吉县供销合作社联合社第七次代表大会隆重召开。湖州市供销社党委委员、理事会副主任冯海英，县委常委、副县长项侃文出席会议并作讲话。县纪委监委派驻第六纪检监察组副组长李成锋，县委组织部部务会议成员郭兴华到会指导。大会代表 37 人参加会议。全体代表投票选举产生理事会、监事会成员，章安民等 7 名代表为理事会理事，杨志梅等 5 名代表为监事会监事。分别召开理事会、监事会第一次会议，选举章安民为理事会主任，周敏林、叶茂荣为理事会副主任；杨志梅为监事会主任，明道兴为监事会副主任。

【组织举办 2020“山海消费协作”大联展暨首届安吉“双十一”农产品电商购物节】 11 月 13 日，2020“山海消费协作”大联展暨首届安吉“双十一”农产品电商购物节由安吉县供销联社、安吉县发展和改革局、安吉县商务局、遂昌县供销联社、安吉新闻集团联合主办举行，主题为遂昌、湖州（安吉）两地优质特色农产品及食品展销，并由安吉县供销社与遂昌县供销社现场签订“山海消费协作”战略合作协议。

【安吉县社在全省监事会主任培训会上作交流发言】 11 月 19—20 日，浙江省供销社在杭州举办全省供销社监事会主任培训会，安吉县供销社作为全市代表参加，县社监事会主任杨志梅作交流发言。

【安吉农资公司获“全国百佳农资服务商”称号】 11 月 30 日，安吉县农业生产资料有限公司在 2020 年度中国农资经销商年会上获“2020 年度农资行业最佳渠道品牌”奖，在“‘红四方杯’2019—2020 全国百佳农资服务商颁奖典礼”上获“2019—2020 全国百佳农资服务商”奖。

【安吉县良朋供销社主任邱迎锋列席参加中华全国供销合作社第七次代表大会】 9 月 24—25 日，中华全国供销合作社第七次代表大会在北京人民大会堂隆重举行。浙江省 27 名代表参加此次大会，其中湖州市仅 2 名代表参加，安吉县良朋供销社主任邱迎锋出席此次会议。

（廖义韬）

9 月 24 日，安吉县良朋供销社主任邱迎锋列席参加中华全国供销合作社第七次代表大会

财税·金融

财　　政

【概况】 2020年,安吉县实现地区生产总值487.06亿元,按可比价格计算,同比增长4.3%。其中第一产业实现增加值28.04亿元,同比增长1.2%,第二产业实现增加值216.35亿元,同比增长2.1%,第三产业实现增加值242.67亿元,同比增长5.5%。产业结构继续优化,三次产业结构比是5.8∶44.4∶49.8,按户籍人口算,人均生产总值102920元,城乡居民人均可支配收入分别达到59518元和35699元。全年完成财政总收入100.1亿元,增长11.1%,其中一般公共预算收入59.76亿元,增长11.6%。一般公共预算支出86.22亿元,下降1.5%。全年财政收支平衡,财政运行情况良好。

【组织财政收入】 2020年,安吉县财政局加强与税务部门协作,及时掌握税收动态,对重点行业、重大项目和重点税种进行分析和预测,抓好非税收入收缴,确保非税收入依法征收、及时足额入库。2020年,安吉县完成财政总收入100.1亿元,一般公共预算收入59.76亿元,占GDP的12.27%,占财政总收入的59.7%,其中税收收入53.60亿元,占一般公共预算收入的89.7%。全县非税收入完成6.16亿元,同比下降0.3%。

【服务经济发展】 做好疫情防控工作。开通资金绿色拨付通道,对疫情防控相关资金采取特事特办原则,调整2020年财政支出结构,筹措安排疫情防控资金5000万元,保障防控经费支出,优先落实各级复工复产政策,抓好“两直”资金执行管理,争取两直资金4.3亿元,制定特别国债和特殊转移支付资金使用方案,指导督促加快资金执行管理,做好小微企业和个体工商户纾困补助工作,核定补助对象24355户,补助资金4417.5万元,落实房租减免事项。享受租金减免政策的中小微企业(个体工商户)共518户,共计减免租金1873万元,房租减免政策执行率100%。兑付各项防疫及复工复产资金115752万元。加大服务企业力度。加快资金兑现速度,2020年兑现涉企财政奖励资金7.28亿元;积极向上争取专项债,申报2020年第4批地方政府专项债券项目9个,涉及项目总投资44.9亿元,申请债券资金33.6亿元,年内下达专项债券资金4亿元,取防疫特别国债项目1个,下达资金2.4亿元;设立政府产业基金,截至2020年12月,基金出资共设立6个子基金,设立规模为16.5亿元;直投0.4亿元,总规模为16.9亿元。10月,浙江两山乡村振兴绿色发展投资基金于安治会成功发布启动,该基金是全省首个省级乡村振兴类非定向子基金,规模10亿－15亿元。以该基金为落脚点,结合县域内六大高质量产业领域,积极探索

2020年安吉县财政总收入突破100亿元

与省转型升级产业基金、浙江金联产业投资基金、七大主题基金等多支省级、国家级基金合作的新方向，为基金招引大项目、好项目，以更好满足乡村振兴多样化需求。

【保障民生事业】　2020年，保障民生的各项支出71.02亿元，占财政一般预算总支出的82.3%，确保财政支出增量的2/3以上用于民生。大力促进教育公平均衡发展，推进学校扩容工程，安排教育支出14.44亿元；持续支持医疗卫生体制改革，全面深化医共体改革试点工作，安排卫生健康支出3.18亿元；不断加大乡村振兴、农村人居环境改善、垃圾分类等重点领域的支持，安排城乡社区及农林水支出7.38亿元；2020年"三农"总投入39.61亿元，与2019年同期比增长5.18%；有序安排政府投资项目，2020年政府性投资新建项目共安排47个，年度财政预算安排2.6亿元，加上以前年度续建的93个项目，年度财政预算安排7.6亿元；推动PPP项目实施，截至年底，安吉县入库项目已达8个，涉及项目总投资超过121亿元。

【财政领域改革】　完善预算定额标准，项目资金实行零基预算，原有固化基数基本实现推倒重来，非刚性、非重点项目资金压减幅度达到15%，全年累计压减支出4.4亿元。积极盘活存量资金，开展老账户清理工作，2020年共盘活1.5亿元。加快推进财政专户资金竞争性存放工作。经县政府同意出台《安吉县财政专户资金存放管理实施办法》，至2020年底全县财政专户资金竞争性存放16亿元，占财政专户资金总额的43%，做到了应竞尽竞。根据全面实施预算绩效管理三年行动计划，2020年出台预算绩效管理工作规程、事前绩效评估管理办法等文件，稳步推进全面落实预算绩效管理措施落地。完成2020年部门整体绩效目标申报工作，首次组织5个部门项目绩效预期上人代会重点审查，将"花钱必问效、无效必问责"绩效理念厚植于日常履职过程中去，更好地发挥财政资金效益。加快国企改革步伐。县属国企两山国控集团同时获得中诚信和新世纪两家2A+主体评级认定，并成为省市国资运营联盟首批成员单位；启动第二轮县属国企的深化改革工作，划清集团跑道，10家全民所有制企业改制、县属国企3家混改任务全部完成，牵头实施国企退休人员社会化管理工作，进一步规范国有资产监督管理。

【严控财政风险】　严控地方债务风险。安吉县政府债务率从2016年起呈逐年下降趋势，并自2017年起一直保持在95%以下债务率风险绿色安全区。2020年度隐性债务化解已如期按隐性债务年限情况完成，年度化债率达108%。优化债务结构。利用当前金融降息窗口期，大力支持鼓励平台通过合规的市场化方式，将存量高息债务置换为成本低、期限长的金融产品，调整存量债务结构，缓释未来年度偿债压力。加强乡镇财政资金监管。2020年对15个乡镇的2019年资金监管及"一事一议"财政奖补项目情况进行了检查；2020年6—12月，根据省财政厅要求对15个乡镇(含基层单位)2017年以来的财政资金管理情况开展专项检查，对省财政厅重点检查中发现的问题基本整改到位。

【基层财政工作】　做好农村综合改革试点工作。农综改项目涉及全县188个行政村，上级资金1.96亿元。积极争取集成示范项

4月21日，2020年全县财政(国资)工作会议暨全面从严治党工作会议召开

目、“一事一议”助推美丽乡村试点项目，年内“一事一议”助推美丽乡村试点项目省厅已立项，争取上级资金2000万元。推进乡镇公共服务平台+“一卡通”工作。针对财政惠农补贴和民生补助资金均由财政逐级拨付至个人，给属地乡镇(街道)带来管理负担和廉政风险等问题，着力打通服务机制，利用信息平台、大数据等优势，以“一卡通”的形式，推动建立“高效、快捷、便民”的新型乡镇公共服务模式。安吉县2020年通过平台发放的项目有70项，远远高于全省平均水平，做到应纳尽纳，一人多卡现象为零。

【机构改革】 2020年，原安吉县财政项目预算审核中心更名为安吉县国有投资项目审核中心，安吉县财政国库集中支付中心更名为安吉县财政国库支付中心，安吉县财政涉农服务中心、安吉县道路交通社会救助基金管理中心整合组建为安吉县财政综合服务中心。

【成立全省首个省级乡村振兴类非定向子基金】 10月24日，安吉县人民政府与招商资本旗下中国农垦发展基金、省属国有企业浙江金控投资管理有限公司签署战略合作协议，共同成立全省首个省级乡村振兴类非定向子基金——“安吉两山乡村振兴股权投资基金”。该基金目标规模为10亿—15亿元，由县属国企安吉国投公司、省属国企浙江金控分别出资4.5亿元和4.4亿元，撬动社会资本(宜信母基金)出资1亿元，吸引普通合伙人(招垦资本)跟投1000万元；并积极协调国家绿色发展基金返投基金5亿元。同时采用市场化管理机制，聘请具有管理国家级基金经验的央企招垦资本作为基金管理人，提升资金专业化管理水平。以该基金为落脚点，结合县域内六大高质量产业领域，积极探索与多支省级、国家级基金合作的新方向，为基金招引大项目、好项目，以更好满足乡村振兴多样化需求，助推“绿水青山”转化为“金山银山”。

【获2020年省级绿色转化财政专项激励资金1亿元】 12月，浙江省财政厅公布2020年度绿色转化财政专项激励资金分配情况，安吉县获专项资金奖励1亿元，是全市唯一获此奖励的区县。省级绿色转化财政专项激励资金拨付周期为2020—2022年，安吉县在三年的周期内每年均可获得奖励资金1亿元。该项资金旨在通过引导各地系统分析本地区践行“绿水青山就是金山银山”理念的现实基础、有利条件和存在短板，编制《绿色转化财政专项激励政策实施方案》，明确在环境保护、绿色产业、平台建设、体制机制改革等方面开展项目建设，力争打造一批各具特色的生态保护与绿色发展互利共赢的绿色转化浙江样板。

(姚嘉怡)

·安吉县国有资本投资运营有限公司·

【概况】 2020年，安吉县国有资本投资运营有限公司(以下简称国投公司)作为县级国有企业的出资人和管理的主平台，根据县财政局的授权，行使部分出资人

10月24日，浙江两山乡村振兴绿色发展投资基金启动

权利，履行地方国资委职责，在授权范围内开展国资监管工作，继续发挥县国有土地收储和经营、产权经营、资本运作、融资投资等主要职责，促进国有资本合理流动和优化配置，做好国有资产保值增值。经过一年的科学合理运营，国投公司资产规模不断壮大，资产结构不断优化，资产流通变现能力不断增强，整体竞争力稳步提升。全年主营业务收入主要来源于土地整理及设施建设、旅游业务、金融服务以及其他业务。2020 年，国投公司本级总资产 153 亿元，总负债 76 亿元，所有者权益 77 亿元，资产负债率 49.67%，全年营业收入 0.5 亿元。

【产业布局调整】 2020 年，国投公司根据国资科统一规划，完成安吉国建房屋拆迁有限公司管理权的整体移交(天荒坪政府)；根据安政办简复〔2019〕第 245 号文件、《关于浙江安吉两山国有控股集团有限公司设立、变更及股权划拨的通知》、《关于明确安吉国宏建设有限公司股权划转基准日的通知》等要求，将安吉国瑞建设有限公司持有的安吉国宏建设有限公司 100%股权无偿划拨给安吉县财政局，同时国宏建设正式更名为浙江安吉两山国有控股集团有限公司，注册资本增加到 10 亿元，并吸收城投、交投、国投三大集团 100%股权；根据《关于划转安吉县国有资本投资运营有限公司股权的通知》文件要求，将安吉县国有资本投资运营有限公司 10%的股权无偿划转至浙江省财务开发有限责任公司；根据《安吉县财政局关于同意安吉国正机动车检测有限公司吸收合并安吉城北机动车检测有限公司的批复》文件要求，完成国正公司对城北公司的吸收合并以及城北公司的注销。

【国有资产管理和营运】 2020 年，国投公司着重强化资产利用，积极开发资产潜质。为推进国开行项目，置换置产 4 宗。完成营盘山南地块、北地块挂牌，南地块溢价 41.5%，北地块溢价 14.1%，成交总额 8.676 亿元。有效开发闲置资产，通过招租、公开挂牌招租、续约等方式累计取得租赁收入近 2000 万元。疫情防控期间，根据省、市、县中小微企业租金减免政策，减免 29 家承租户租金共计 88.57 余万元。着力维护资产安全完整，保障资产有效运营。加强对资产侵占的处置，借力或者借势处置资产，保障资产安全完整。振州工业园清理由各个部门介入，借助法院执行，强势腾退历史侵占。通过土地收储，资产收购，资产重组等多样化方式储备资产。根据县国资清查专班的工作要求完成国投公司及其子公司的资产清查，国资专班清理清查约 13 亿元(账面价值)将划转至国投公司。商会大厦等资产相应摘牌或者办证至公司名下。国瑞公司土地通过重组至紫梅下属公司，解决县政府关于办理权证的问题，同时完成紫梅公司的双覆盖。启动天子湖安置区划转。寻求资源整合，最小化投入，最大化产出。山地环艺、孝丰天目山厂区块做地出地，争取快速高效地将土地政策处理好。启动玫瑰园后侧齐云路东侧地块前期政策处理。营盘山区块内配套设施的政策处理接近尾声。学习工程流程，打造工程管理团队。营盘山公园 EPC 项目顺利推进；应急局综合改造项目交付；国正重型柴油车检测车间项目实施。

2 月 19—20 日，开展国投公司及下属子公司共计 29 家承租户 3 个月的房租减免工作

【AA级融资平台发挥作用】 发挥AA级融资平台作用,承担县财政部分资金保障任务,支持城乡建设。国投公司不断拓宽融资渠道,获取资金最大化,积极争取国开行支持,支付鄣吴项目资金7545万元,支付山川项目资金10714万元,完成文旅安吉年年有余项目放款1.42亿元,安吉县乡村振兴建设项目截至2020年底发放贷款13.93亿元。向商业银行融资及拓展其他融资业务。以国投公司为主体,启动安吉国资一润和130集合资金信托计划,融资5亿元;启动安吉国投公司2020年15亿元非公开定向债务融资工具(简称"PPN");落实浙商银行安吉支行承销及投资国投公司3亿元债权融资计划产品放款回款工作;与光大银行对接流贷2亿元;与杭州银行湖州分行对接取得2亿元授信额度。以安吉县乡村振兴田园综合体鲁家等6村联创提升改造项目向农业银行贷款8.5亿元。以数字公司为主体,与民生银行对接流贷0.3亿元。以两山振兴公司为主体,与华夏银行安吉支行对接取得1.5亿元授信额度。将委托民生村镇银行通过国金证券资管计划购买的安吉县国有资本投资运营有限公司2019年非公开发行公司债券(简称:19安国投)2亿元转让给浙商证券资管和东海证券资管并完成清算销户工作。应政府协调,公司承接全县各乡镇及平台大部分融资担保。截至12月底,国投公司及子公司对外担保余额244.55亿元,比2018年底减少12.23亿元。对外担保余额占2020年第三季度末净资产的比重为177.29%,比2018年度下降31.32%。推进县AA+国企平台创评和县国企改革及国投公司重组工作。根据AA+创评工作方案和会议精神,积极对接评级公司、券商、会计师事务所,于8月底取得上海新世纪资信评估投资服务有限公司和中诚信国际信用评级有限责任公司AA+主体信用评级报告。根据全县国企改革方案,配合苏亚会计师事务所,出具国投公司重组后的2019年度及2020年半年度模拟审计报告;对接中诚信国际信用评级有限责任公司和中证鹏远资信评估股份有限公司,于12月中旬取得两家公司对重组后的国投公司的AA信用评级专项报告。

【市场化运作】 下属子公司国正公司做好新常态下的车辆检测工作,保持汽车检测不出"险"。截至12月底,检测大型汽车2200辆,小型汽车21442辆,摩托车上线检测986辆,摩托车下乡检测2056辆,检测收入总计620.24万元,实现利润145万元,利润率23.38%,检测业务量同比上涨2.69%。12月30日,湖州市车管所所长卢友鸿带领市环保局、市质监局以及县车管所、县质监局、县环保局一行组成的联合检查组至国正公司检查车辆检测"一件事"改革工作完成情况。检查组实地查看待检区、交车区、检测区、休息区、提车区等功能区域改造完成情况,抽查部分报告单及体系文件相关资料,对国正公司的改革工作给予充分肯定。数字公司做大数字资产助推政府数字化转型打造绿色智慧城市。截至12月底,完成普通项目84个,涉及合同金额4482.88余万元,收到款项2206.17余万元,支出款项2336.71余万元。在建专项债项目10个,涉及合同金额10569.78万元,收到款项5481.645万元,支出款项4979.8万元。商管公司专职受托管理规范国有资产租赁业务,盘活存量资产确保国有资产保值增值。经营元年受托管理15处经营性资产,年经营性租金收入331万元。根据县国有资产规范管理的要求和公司市场化发展需求,完成10家行政机关单位办公用房租赁合同签订及租金收取工作,累计租金收入1456万元。

【国投公司首个自主建设项目交付】 1月20日,经过五个月的努力,国投公司首个自主建设项目——原矿产大楼及国土信息中心外立面改造工程顺利交付。此举有效改善了天目路的街容街貌,为美丽安吉增添了一道亮丽的风景线。国投公司以"做实流程,做实监督,做一流工程"为目标,加强业务学习,遵守工程流程,打造工程团队,在实践中学习提高工程项目建设管理水平。以国土信息楼外立面改造为起点,规范实施工程建设。

【"两山转化"数字研究院召开第一届第一次理事会会议】 4月17日,安吉"两山转化"数字研究院召开第一届第一次理事会会议,数字公司作为开办单位参加会议。副总张艺奇任理事会副理事长并发表讲话,他表示数字公司将以"两山转化"数字研究院始终聚焦“两山”转化过程中相关的数字化命题，提供专业的顶层设计、平台建设、数据运营、人才赋能及其他服务，并且整合优秀企业和社会组织资源，孵化创新产业形态的成立使命作为奋斗目标，助力安吉数字化转型、绿色智慧城市建设以及“两山”理念综合改革创新试验区建设。

【营盘山南北地块挂牌出让总额8.676亿元】 5月22日，安吉县递铺街道2018－110地块在浙江省土地使用权网上交易系统以3.57亿元进行起卖，经过32轮的出价，最终以5.05亿元（溢价率41.46%）成交，楼面价达6014元/平方米，创安吉县宅地新高。2018－110地块位于乐安路以南、齐云路以西，总用地面积80352平方米，其中净用地面积69981平方米，规划用途为住宅用地，绿化代征10371平方米。6月22日，安吉县递铺街道2018－111地块以3.178亿元进行起卖，经过14轮的出价，最终以3.626亿元（溢价率14.1%）成交，楼面价达5156.57元/平方米。2018－111地块位于铜山桥东侧、铜山港北侧、齐云路西侧，总用地面积60428平方米，其中净用地面积58599平方米，绿化代征1829平方米，规划用途为住宅用地。两个地块均由杭州毓环实业有限公司（大家房产）竞得，形成联动效应。此次地块的成功出让，是国投公司参与打造优雅竹城和建设美丽县城的重要一环，也是盘活国有资产的有力抓手。国投公司也将坚持生态优先的原则，做好地块内营盘山公园的开发工作，推动项目提档升级。

【振州工业园历史侵占清退工作得以解决】 为加强国有资产管理，按照县委、县政府的统一部署，国投公司于6月12日成立“振州工业园依法管理工作指挥部”，并抽调20人下设工作组，采取“5＋2，白＋黑”轮值工作制进入园区现场办公。工作组多措并举、积极攻坚、破解困境，历经半个多月的艰辛努力，侵占户腾退已见成效，依法管理工作取得突破性进展，15户完全搬离，侵占厂房由公司收回管理。最终于12月1日与最后3户达成庭外调解，振州工业园历史侵占清退工作得以圆满解决，切实维护了国有资产的权益。

【数字公司参加中国·安吉“两山”数字论坛】 7月10日，中国·安吉“两山”数字论坛在安吉举行，数字公司作为两山转化数字研究院理事会成员参加本次论坛，与参会人员共同探讨数字赋能的路径，加快推动安吉政府数字化转型和融媒体发展。数字公司将一如既往贯彻落实习近平总书记重要讲话精神，抢抓大数据发展新机遇，通过数字赋能手段高水平推动“两山”转化。

【国投公司成为浙江金控湖州地区金联“新会员”】 9月18日，国投公司董事长王文胜带队赴湖州参加浙江金控湖州地区金联成员单位“新会员”授牌仪式。浙江金控党委书记、董事长章启诚新在会上予以授牌，此举标志着国投公司正式加入“浙江金控企业联合会”大家庭，接下来将以资本、数据、服务为纽带，在产业基金等金融业务板块加强与浙江金控集团及成员单位的深度交流与合作，实现互惠互利、共赢发展，更好地服务于安吉的乡村振兴。

（陈　宇）

税　务

【概况】 2020年，安吉县税务局共组织各类税费收入126.72亿元，同比增长0.70%。其中税收收入95.89亿元，同比增长10.80%；社会保险基金27.95亿元，同比下降23.03%，其他非税收入

7月10日，中国·安吉“两山”数字论坛在安吉举行，数字公司作为“两山”转化数字研究院理事会成员参加本次论坛

2.88亿元,同比下降3.49%。2020年,全县财政总收入100.1亿元。安吉县税务局共组织财政收入96.1亿元,同比增长11.63%,占全县财政总收入的96%,为全县财政收入首次突破百亿大关做出重要贡献,荣获2020年度全县财政税收工作特别贡献奖。县税务局在2020年全市税务系统组织绩效考评工作中获优秀等次。全年共获评各类集体荣誉17项次、个人荣誉36人次,其中,1名税务干部获全国无偿献血奉献奖金奖;4个派出机构全部同年获评2018—2020年度县级文明单位,实现全县税务系统文明单位全覆盖。"银领税月"离退休老干部管理工作入选市委组织部试点。1名税务干部受县委组织部选派赴四川省凉山州木里县参加援助扶贫工作。

【聚焦"四力"抗疫情促发展】 面对突如其来的新型冠状病毒感染肺炎疫情,县税务局高效落实国家税务总局"优惠政策落实要给力、'非接触式'办税要添力、数据服务大局要加力、疫情防控工作要尽力"的"四力"工作要求,制定实施《应对新冠肺炎疫情支持企业共克时艰税费政策与服务32条举措》,运用"大数据+网格化"方式,一体推进减税降费与降本减负、"五减"工作,全年累计办理各类税费优惠减免35.74亿元(含社保费减免)。大力推广网上办、掌上办、自助办等"非接触式"办税缴费服务模式,综合网上办税率达96.42%,累计完成网申发票邮寄8365户次111.18万份。全面推行预约办、容缺办等便民办税方式。为社保费优惠政策落地开辟税务、人社、医保、财政四部门联审极速通道。依托征纳沟通平台开展"非接触式"线上税企沟通、政策推送和业务培训工作。依托税收大数据平台"商品供货商查询"功能,成功匹配全县28户重点企业帮助解决湖北企业销售困难及采购困难。围绕助推复工复产等加强经济税收联动分析,《基于增值税发票数据分析全县复工复产销售情况》等3篇专报获县委县政府主要领导肯定性批示,有效发挥数据服务大局作用。严格落实内防内控要求,慎终如始做好重点场所、重点环节、重点人员的防控工作。派出服务企业复工复产专员23名,参加疫情防控志愿服务862人次。1人入选全省税务系统疫情防控先进典型。发起"爱心驰援、共抗疫情"专项募捐行动,共计4.6万元。

11月26日,县税务局推广"非接触式"办税缴费模式

【服务"两山"试验区建设】 争取到省税务局发文支持安吉建设践行"绿水青山就是金山银山"理念综合改革创新试验区相关政策4类16条。县税务局获评全县2020年度新时代"两山"试验区建设经济发展先进集体。对股改、"双金双高"、招商引资、生产型出口等企业及旅游、建筑、房地产等行业开展税源专项培育。参加"8+X"项目评审,为地方招良商、引优资建言献策。推动"亩均论英雄"改革深化,获评第二季度亩均改革流动红旗。开展"引进来""走出去"企业税收服务管理专项行动。深化"三服务",持续开展"万名党员进万企"专项活动,累计服务企业14375户次。参加全国文明城市创建,完成凤凰山公园、祥溪东路背街小巷和天水小区三个包干区的集中整治。强化部门协同,落实税收共治。主动对接大数据局,加强与市场监管、海关、商务、生态环境、资源规划等部门间数据共享和业务协同,建立健全数据常态化协作交换机制。依托公安、银行、教育、民政、社保等建立个税改革信息共享传

递机制。社会化代征点税收社会共治平台全县上线。落实县局涉税数据共享交换试行管理办法，扎口对外提供数据32批25000余户次。支持县"两直"补助落实，提供数据1.3万余条。

【税收营商环境持续优化】 学习贯彻《优化营商环境条例》，深化落实税务系统"放管服"改革，全面推进"最多跑一次"改革，新办企业涉税事项办理"一网通办""零上门"。开展不动产登记"一件事"改革，落实网办2813件次。推出代办批扣模式破解城乡居民"两费"参保征缴难题，落实养老保险入库3394万元，完成全县24万名城乡居民的医疗保险征缴工作，征缴率100%。推广电子税务局财务报表数据一键转换软件（慧算筹），提升纳税人办税时效。实行全程线上退税，将审核办理退税时间由疫情前的5个工作日提速到3个工作日，并自9月起推行"天天退"，全年累计办理出口退税6077户次，退税额25.71亿元，同比增长5.37%。持续深化"银税互动"，疫情防控期间主动牵线为授信企业办理线上贷款，全年累计为145户次纳税人发放贷款1.13亿元。

【税费征管】 始终坚持依法治税，充分发挥全面依法行政领导小组作用，认真实施行政执法公示、执法全过程记录、重大执法决定法制审核"三项制度"。网格化构建全面覆盖、全链防控、全员有责的内控机制。对机构改革后的权责清单进行规范梳理并公布。在全国税务系统先行先试涉税矛盾纠纷调处化解"最多跑一地"，该工作得到省税务局书记龙岳辉肯定性批示，并获2020年度全省税务系统自主创新优秀项目一等奖。全面推广增值税电子发票，全年共开具增值税电子普票92万份，占普票开票总数的91.84%；落实一户式管理机制，增值税电子专票试点扩围成功落地。完成首次个人所得税年度汇算，覆盖全县66517人。全省涉电类非税收入明细申报管理试点工作获市税务局主要领导肯定性批示。水土保持补偿费等四项非税收入划转工作平稳推进并完成首笔征收工作。做好企业所得税汇算清缴及后续管理工作。完成城乡居民"两费"参保征缴，实施残保金按年征收。持续推进农产品进项核定扣除和车购税网上申报办理，加强消费税、房产税、土地增值税、环保税和资源税等各税种管理。开展重点税源综合性风险管理、一般税源专项性风险管理。以"千户集团"为重点着力深化大企业风险管理。落实增值税申报比对制度，提高增值税发票风险快速反应应对质效。全年完成风险应对任务950户，准期完成率100%，补缴入库税款、滞纳金4731.13万元。完成发票协查任务113件。打好扫黑除恶专项斗争收官战。为提升"走出去"企业跨境税收风险防控能力推出跨境税收风险清单。

11月28日，2020年安吉县税务系统纳税服务"岗位大练兵业务大比武"竞赛活动举行

【首次实施综合所得个人所得税年度汇算】 3月1日至6月30日，2019年度综合所得个人所得税汇算清缴工作结束，有力促进了消费增长和调节收入分配。2020年是中国历史上首次实施个人所得税年度汇算，全县实际申报66517人。

【全县税务工作会议、县税务局"不忘初心、牢记使命"主题教育总结会议召开】 3月17日，全县税务工作会议和县税务局"不忘初心、牢记使命"主题教育总结会议召开。会上传达县委书记沈铭权、县长宋波、常务副县长潘鸣等县委县政府领导有关

3 月 17 日,全县税务工作会议和县税务局“不忘初心、牢记使命”主题教育总结会议召开

批示精神。时任县税务局党委书记、局长何文刚作题为《忠诚履职勇担当 砥砺奋进拓新程 高质量推进新时代安吉税收现代化建设走在前列》主题报告,并对县税务局“不忘初心、牢记使命”主题教育进行总结。

【全县税收社会共治平台全面上线】 9 月 15 日,全县税收社会共治平台全面上线,13 个乡镇(街道)社会化代征点实现实名采集、实名开票、全平台联网信息查询互通,提高数据质量,降低代征风险。

【增值税电子专用发票试点扩围工作推行】 自 2020 年 12 月 21 日起,全市增值税电子专票试点扩围工作正式启动。县税务局严格落实一户式管理机制,积极推动全县试点扩围工作。12 月 23 日,开发区税务所辖区新办企业开出全市首张增值税电子专用发票,标志着全市增值税电子专票试点扩围工作落地。

【全省涉电类非税收入明细申报管理工作试点工作完成】 7 月,县税务局与县供电公司高效协作,进行税电基础信息比对清分,匹配电量 99%,完成全省涉电类非税收入明细申报管理试点工作,有效提升可再生能源发展基金征管质效,推动以费咨政。8 月,在总结先行试点经验的基础上,该工作在全省范围内全面实施。

(张 娜)

银 行

·湖州银保监分局安吉监管组·

【概况】 2020 年,安吉监管组聚焦监管主业,明确“法人机构监管、市场秩序维护、消费者权益保护和服务地方经济绿色发展”四个履职重点,加强现场调查和监管走访工作。截至 2020 年底,安吉县银行业金融机构 20 家,比年初增加 3 家,营业网点 109 家,新增 6 家,各项存款余额 788.55 亿元,比年初增加 128.53 亿元,增幅 19.47%,各项贷款余额 928.16 亿元,比年初增加 166.26 亿元,增幅 21.82%;保险业金融机构 37 家,营业网点 44 家,均比年初增加 1 家,其中:财产险公司 14 家,人身险公司 15 家(比年初增加 1 家),保险中介代理 8 家,累计实现保费收入 21.42 亿元,同比增长 3.75%,其中:财产险业务实现保费收入 7.09 亿元,人身险业务实现保费收入 14.33 亿元。

【风险防控】 巩固信用风险防控成效。跟踪监测 3000 万元以上大额贷款风险变动,自 3 月起持续跟进某大户历史遗留问题,指导确定处置方案,8 月完成风险分类调整。多举措提升全县银行不良贷款处置效率。截至 12 月末,处置不良贷款 40261 万元,全县不良贷款率 0.36%,不良贷款处置额高于不良贷款新发生额。指导安吉农商行明确“市内标杆、省内标杆”分步走发展规划。加大高质量监管走访力度,基本实现主要乡镇银行分支机构走访全覆盖;改进农商行监事会、审计部履职方式,提升联合督导走访频率,推进飞行检查、合规测试和政策宣讲。截至 2020 年末,核心监管指标保持在全市同类前列,引导其在撤并金融市场部(内设机构),降低资金业务风险偏好,保本理财、自营及委外专户投资资产及集合资产到期全部清零;指导确定“数字+绿色”双轮驱动战略,创新研发“监管指标预警系统”,完成 78 张报表、40 个指标开发,报表自动取数。加快推进村镇银行优转进度。协调交通银行浙江省分行出台化解安吉交银村镇银行经营风险的专项行动方案。年内推动该行中层和客户经理轮岗44人，新招聘42人，实现高管和员工团队换血，一批未按要求轮岗、违规业务操作等重大监管风险点得到清除；多渠道加快处置不良包袱，不良贷款余额大幅下降35.96%，不良贷款率降至3%以内；强定位，加大调整资产负债结构力度，流动性比例已连续30个月保持在30%以上；农户和小微企业贷款占比提升至93.59%，单一客户贷款集中度降至8.68%，盈利状况5年来首次出现实质性好转。

【绿色金融改革】　绿色普惠金融成效明显。截至2020年末，安吉县绿色信贷余额317.08亿元，其中安吉农商行人总行口径绿色信贷比年初增幅103.38%；创新设立全国首个“农房绿色建筑贷”；配合推进重大绿色项目贷款差别化贴息机制，每年绿色贴息贷款不少于60亿元。深化“保险＋生态”融合发展改革创新试点工作。实现环境污染责任险覆盖面100%，生猪政策性保险承保率100%；稳妥推进绿色小额贷款保证保险试点，持续推进毛竹价格指数保险试点扩面，实现连续3年增长，承包面积从5万亩增至12万亩。

【银保组织管理体系优化】　推进银行机构提升服务能级。2020年，农业银行、工商银行、建设银行、中国银行4家大型银行以及安吉农商行、杭州联合银行等地方法人银行相继获得上级发文支持，农行安吉支行信贷审批权限扩大到1.5亿元，获省行“一个基地三个中心”授牌，完成系统内扩权升格。优化金融消费者权益保护体系建设，全省率先入驻矛盾调解中心，并获全市推广。加强与信访部门协同，在湖州银保监分局、市银行保险协会大力支持下，组建“1＋11”专兼职的人民调解员队伍，开展“定日＋定岗”入驻矛调中心办公，新设29家“百姓益家”。截至2020年末，受理银行类纠纷4起，保险类纠纷10起，全部调解成功，有效回应并解决一批基层群众疑难诉求。浙江银保监局副局长叶慧霖专程现场调研指导。

7月3日，安吉县银保纠纷第三方调解工作培训会召开

【同业交流互通】　加强行业自律。2020年，寿险业自律协调小组签订寿险业自律公约，2年实现财、寿险自律工作常态化推进。开展违规市场准入整治和行政许可属地管理。配合湖州银保监分局完成杭州大蜂保险销售有限公司等2家公司违规处罚取证。持续推动合规建设“八个一”落地，其中2家法人合规测试成绩全市排名明显提升。3月26日，有关政策落地情况的工作简报获省银保监局局长包祖明肯定批示。持续跟进天安财险公司接托管工作，实现接管期间人员队伍基本稳定，业务实现正常增长。发挥前哨作用，及时报告辖内银行保突发风险事件。

【服务实体质效提升】　深化金融三服务。持续推进“百行进万企”，推动银行业尤其是法人机构用好用实省金融服务综合平台。全县普惠型小微企业贷款同比增速高于各项贷款平均增速5.55个百分点，2家法人机构完成“两增两控”目标。推进抗疫金融服务。联合金融办推进抗疫专项贷款、稳外贸专项贷、出口信用保险保费补助等抗疫专项政策，MEI（经济运行月度评价指数）减免利息考核完成率244.37%，三县（安吉县、德清县、长兴县）第一，2家法人普惠小微贷款延期还款率，位居全市

3月26日,安吉县银行业首笔不动产抵押线上登记签约仪式暨操作培训会议举行

法人机构前列。针对性提升个体工商户等特殊群体疫情金融服务,县长宋波和局长周林海均作出肯定批示。加快优化金融产品服务。推动人保财险推出“采茶工新冠病毒政府救助保险”,中国人寿捐赠“防疫专属保险”和低收入群体补充医疗保障。加大“双保”应急融资推进力度,召开专题会议、按周统计推动,进行约谈劝服,第四季度“双保”应急融资贷款增长至6969万元。推广应用不动产登记电子证明,3月26日起全市县区率先推出“不见面”抵押登记,全年企业“不见面”抵押办结情况三县第一。

(孙永安)

·中国人民银行安吉县支行·

【概况】 2020年,中国人民银行安吉县支行深入学习习近平新时代中国特色社会主义思想,认真贯彻总书记在浙江、安吉考察时的重要讲话精神,牢牢遵循党中央和上级行决策部署,以加强党的建设为统领,以“两战赢、试验区、稳外贸、优服务、防风险”五大行动为抓手,以双基建设和清廉央行建设为依托,统筹做好疫情防控和经济社会发展工作,大力提升基层央行治理效能,各项工作稳中有进。2020年,安吉县各项贷款余额928.2亿元,较年初新增166.4亿元,增量为2019年的1.3倍,民营经济、普惠小微企业贷款分别比年初新增77.9亿元、52.6亿元。聚焦“六稳六保”,精准滴灌普惠小微等实体领域,全县累计运用各类再贷款资金发放贷款28.6亿元,直接为企业节约资金成本约5300万元,推动金融机构贷款利率显著下调,全年让利超5.5亿元。加快试验区重点改革意见落地,县内6家银行与安吉县政府签订试验区战略合作协议,推动安吉农商行全国首创“农房绿色建筑贷”,安吉建行发行全省县级平台首单PPN。联合县商务局印发《关于金融精准服务安吉外贸企业的实施意见》,并签订“订单+清单”系统合作备忘录,在外贸金融服务领域加大合作力度,累计为349家入库企业发放贷款19.47亿元,其中“稳外贸专项贷”5.54亿元,惠及企业147家。以“零容忍”态度严打地下钱庄,立案查处公安移交的涉嫌私自买卖外汇案件6起,已罚款金额1347.5万元。

【全力支持稳企业保就业】 有效发挥金融政策托举作用。先后出台关于全力做好疫情防控金融服务工作的通知、关于加强小微企业金融支持的意见,从增量、提速、降费等维度,统筹推进疫情防控和经济发展工作,同时配套执行相应考核评价办法、季度通报政策落实情况,形成“实施意见+季度通报+考核评价”的工作闭环。用好用足再贷款支持工具。安吉县各银行机构累计运用各类再贷款资金发放贷款28.54亿元,其中疫情防控优惠专项再贷款3.8亿元,5000亿元再贷款再贴现专用额度10.17亿元,1万亿元支农支小额度10.57亿元,一般支农支小再贷款4亿元,投放实体的各类贷款加权平均利率仅3.69%。推动两项创新货币政策工具直达实体,截至年底,辖内2家法人机构为1026户小微企业实施延期还本付息13.85亿元;为1260户普惠小微企业发放信用贷款9.56亿元。强化小微金融服务考核评估。梳理并向社会公示普惠小微企业金融服务“三张清单”,将小微企业授信审批权限、首贷户等内容赋

6 月 29 日，中国人民银行安吉县支行深入企业走访调研

予考核权重纳入金融支持试验区建设评估方案。指导银行以首贷户为重点，开展“百地千名行长助企业复工复产”专项行动，拓展普惠小微企业首贷户 614 户，金额 7.5 亿元，普惠小微企业信用贷款较年初新增 29.05 亿元，贷款余额占比提升 4 个百分点。全年小微企业平均贷款利率 5.06%，较年初下降 89 个基点。

【加快试验区重点改革意见落地】 定方案重评估，用好“指挥棒”。找准绿色金融改革创新与践行“绿水青山就是金山银山”理念结合点，贯彻落实好省人行与省深改办联合出台的关于金融支持安吉试验区建设文件精神，指导辖内 17 家银行完成试验区金融服务方案，推动金融支持试验区建设意见落实落地。联合县委改革办、金融办制订出台金融支持试验区建设评估方案，以“定期考核＋监测台账”综合衡量金融机构支持试验区建设的进度和质量，强化在试点载体、重点项目、规划布局等方面的工作联动。扩权限建机制，增强原动力。指导工行、农行、建行、农商行等 6 家银行与安吉县政府签订试验区战略合作协议，畅通政银合作渠道。7 家银行已将小微企业抵（质）押授信 1000 万元（含）以下审批权限下放至县支行，5 家银行对试验区分支机构在现有授权的基础上进一步下调普惠型小微企业贷款利率授权，有效满足试验区企业资金需求。截至 12 月末，全县绿色信贷余额 317.08 亿元，同比增长 32.7%，绿色信贷占比在全市保持领先。施新招出新品，加装“新引擎”。累计建成 8 家绿色专营机构，先后推出 25 款绿色金融产品，发放贷款 46.82 亿元，产品体系已覆盖公司业务门类并逐步拓展至个人金融领域，其中“农房绿色建筑贷”为全国首创。绿色债券融资工具实现零的突破，安吉建行作为主承销商为安吉县交通投资发行集团发行第一期绿色债务工具 1 亿元，成为全省县级平台首单 PPN，为安吉县平台打通银行间市场融资渠道提供经验和案例。

【“订单＋清单”精准帮扶外贸企业发展】 签署合作备忘录，强化信息互通共享。联合县商务局印发《关于金融精准服务安吉外贸企业的实施意见》，细化货币政策工具定向支持、开发特色金融产品等 8 条具体措施，同时，签订“订单＋清单”系统合作备忘录，在信息共享、定期会商、精准帮扶、辅导培训、评估反馈五方面建立约定，强化信息互通共享，实现企业订单、企业清单、融资清单“三单数据”闭环。2020 年，安吉县订单填报份额位居湖州市第一位，率先实现全县外贸实绩企业全上线、涉美企业全覆盖。创新金融产品，拓宽入库企业增信渠道。按季向县内银行公布五色清单，督促银行积极创新以出口订单和商票为基础的贸易融资业务，鼓励其向“重点支持类”企业投放“稳外贸专项贷”等低利率信贷产品，“一企一策”量身定制金融服务。全年安吉县银行机构累计为 349 家入库企业发放贷款 19.47 亿元，其中“稳外贸专项贷”5.54 亿元，惠及企业 147 家。优化营商环境，推动便利化政策落地。继续落实“最多跑一次”改革，实现外汇行政审批事项网上办理，截至 12 月末，网上办理行政审批 486 笔，99%以上申请在受理当天办结。有效传导外汇便利化政策红利，新增跨国公司跨境资金集中运营试点 1 家，重点解决 2 家公司上市融资信息公开事宜，

3月20日,县人行与商务局“订单+清单”系统合作备忘录签约仪式举行

为企业上市铺平道路,增强县域外贸增长内生动力。截至12月末,安吉县货物出口总额49.32亿美元,同比增长26.64%,出口规模位列全市第一。

【增强普惠金融“便利度”】 开辟国库退库、拨款绿色通道。本着“特事特办、急事急办”原则,确保个人所得税年度汇算退税、“两直”资金兑付政策精准落地,持续提升疫情防控期间国库服务水平,累计办理完成个税退税业务31861笔,金额1949.19万元;“两直”资金兑付16529笔,金额44337.28万元,资金兑付率100%。加快移动支付受理环境建设。召开移动支付便民工程建设推进会,结合湖州“云闪付”文旅消费营销和“一元购”活动,做好云闪付App宣传推广,新增“云闪付”App用户超8.2万户。督促农商行完成公交车二维码改造,实现城区城乡公交移动支付功能全覆盖,创新“两山绿币”体系,通过垃圾分类、低碳出行、绿色支付等实践绿色信息共享。深化农村信用体系建设。创新开展“绿色信用村”建设,深化农村信用体系建设成果,全年累计创建完成县级信用村(社区)26个,县级信用乡(镇、街道)4个,为省级“信用县”创建打下坚实基础。对安吉农商行、杭州联合银行征信业务进行核查,强化征信查询和数据质量管理,增设2个个人信用报告代理查询网点,完成二代征信系统上线,以“征信服务小微与民营企业,信用惠民与诚信文化建设”为主题,线上线下多渠道开展征信宣传活动。2020年,个人征信查询49527笔,企业征信查询2148笔。打造绿色现金服务“安吉特色”。加强农村现金服务点建设,将现金管理融入安吉绿色金融改革创新示范县建设,突出绿色导向,做优农村地区现金服务点品牌。联合县公安局、财政局共同印发《安吉县假币违法犯罪举报奖励办法》,严厉打击假币违法犯罪活动。有序推进金融消费权益保护工作,打造线上、线下一体化特色宣传模式,稳妥处理消费者投诉,抓好非法金融广告整治,维护金融市场良好秩序,累计发现疑似违法违规金融线索40余条。

【构建平安金融“防护网”】 持续关注法人金融机构流动性风险,将再贷款专用额度投放情况、信贷平稳投放等情况纳入MPA体系,指导法人金融机构做好季度预评估,保证MPA资本充足率。依托资产质量真实性核查、央行评级及存款保险检查,摸清风险底数,做到风险早提示、早纠正。强化金融市场监管。构建电信网络新型违法犯罪、跨境赌博联防联惩机制,扎实推进涉案企业银行账户倒查和存量企业银行账户风险排查工作,坚持“源头治理”和“依法严惩”双管齐下,共排查单位和个人银行账户306万户,采取控制措施796户;倒查涉案银行账户52户,涉及辖内银行机构10家,问责银行网点1个,问责人员1名,向公安移交可疑线索14条,11名涉案人员被抓获。强化反洗钱监管,完善公检法的反洗钱联合监管机制、情报会商制度,建成3家银行网点禁毒教育示范站,审查并向公安部门移送可疑交易线索2条。严厉打击外汇违法违规行为。与公安、税务、海关三方通力协作,启动联合办案机制,开展案情会商和调查取证,理清犯罪嫌疑人部分账户资金流向,全过程参与“4·15”地下钱庄案件侦破。截至

2020年底,已立案查处公安移交的涉嫌私自买卖外汇案件6起,罚款金额1347.5万元。

【举办“订单+清单”系统合作备忘录现场签约仪式】 3月20日,县人行与县商务局“订单+清单”系统合作备忘录现场签约仪式在安吉农商行21楼会议室举行,双方在信息共享、定期会商、精准帮扶、辅导培训、评估反馈五方面建立约定,在外贸金融服务领域加大合作力度。辖内17家银行参加会议,市人行副行长杨曦一行到会指导。

(潘　飞)

·中国农业发展银行安吉县支行·

2020年,中国农业发展银行安吉县支行坚持以习近平新时代中国特色社会主义思想为指导,全面贯彻党的十九大和十九届四中、五中全会精神,以党的建设为统领,坚持稳中求进工作总基调,主力聚焦服务乡村振兴战略,立足“三农”、深耕“三农”,围绕“强党建、谋发展、控风险、提质效”各项工作,真抓实干,尽职履职,全行各项业务稳步推进。贷款业务情况。1—12月,农发行安吉县支行累计发放贷款13.17亿元,截至12月末,全行贷款余额49.32亿元,比年初增加6.23亿元,增长14.45%。截至12月末,各项存款余额11.06亿元,比年初增加0.92亿元,增长9.07%。不良贷款继续保持零余额。财务经营情况。截至12月末,农发行安吉县支行实现账面利润7431万元,同比增加499万元,增幅7.2%。

2020年,中国农业发展银行安吉县支行坚守本业,全力保障地方粮食安全。认真贯彻执行国家粮油收储政策,及时足额保障地方储备轮换、地方储备粮增储和最低价收购。1—12月累计发放贷款5854.6万元,累计收回贷款5970.51万元,支持轮换地方储备原粮10724吨,支持轮换地方储备成品米700吨,支持轮换地方储备油175吨,支持省级委托收购小麦2000吨。加大服务生猪、普惠小微企业力度,2020年完成1家小微企业续贷工作,续贷金额300万元;新增小微企业客户1家,投放资金580万元;完成1家生猪养殖客户评级授信工作,授信金额2000万元。紧抓重点项目推进,全力服务国家战略。2020年累计评估长江大保护类项目3个,申报金额18.9亿元(其中改善人居类项目2个,申报金额14.2亿元,林业项目1个,金额4.7亿元),获批该类项目3个,审批金额18.9亿元,累放12.5亿元;储备项目4个,预计贷款金额25亿元。加强对接,积极推进绿色金融发展。2020年新增绿色金融贷款10.84亿元,年底绿色金融贷款余额19.16亿元。

12月14日,中国农业发展银行安吉县支行进行党支部委员会换届选举

全面落实银保监会的各项监管要求,不断巩固治乱象成果,以监管检查自查、飞行检查、2020年信息审计、2020年综合检查等工作为基础,推进全面风险管理,完善安全防线,提高风险防范能力和经营管理水平,对内外部检查做到有组织、有安排、有实施、有记录,并及时做好问题情况反馈和台账登记工作;同时加强员工培训教育,认真做好内部控制评价、反洗钱交易、案件防控、员工异常行为等工作。

(俞珊珊)

·中国工商银行股份有限公司安吉支行·

2020年,中国工商银行股份有限公司安吉支行共有在职员工98人,位于安吉县递铺镇玉华路23号。下设三个内设部门,分别是综合管理部、公司业务部、个人金融业务部;下辖五个网点,分别是营业部、孝丰支行、递铺支行、城中支行、昌硕支行;设有自助银行21个,是四大国有银行设点最多的银行,遍布递铺镇、晓墅镇、孝丰镇、天子湖镇、塘浦工业园、阳光工业园、范潭工业园。是年,工行安吉支行获“省级文明单位”“湖州市劳动关系和谐企业(‘双爱’活动示范企业)”“湖州市治安安全单位”“安吉县消费者信得过单位”“安吉县财贸工会先进单位”等荣誉称号,下辖支行营业部被总行和省行评选为优质服务“五星级”网点,且是安吉县唯一一家创成中国银行业协会“中国四星级银行网点”的银行。

存款发展再创新高。截至2020年末,各项存款时点余额91.5亿元,余额赶超农行四行占比31.55%,排名第二,与第一名的建行缩距近9.6亿元;较年初新增19.9亿元,存款增量实现四行占比第一,增幅27.68%,分行排名第一。其中,储存款余额40.57亿元,四行占比第一,较2019年新增3.84亿元,四行占比第二;对公存款50.93亿元,较2019年新增16.04亿元,四行占比第一。时点存款余额较2017年末增加40.31亿元,增幅78.33%。经营效益持续快速增长。截至2020年末,实现中间业务收入1.0186亿元,增幅27.7%,增幅分行排名第四;实现拨备前利润2.83亿元,增幅27.56%,增幅分行排名第三;实现净利润1.2239亿元,增幅63.98%,增幅分行排名第一。信贷增量创历年新高。截至2020年末,各项贷款余额89.88亿元,较年初新增28.46亿元,增幅46.33%,分行排名第一。其中个人贷款增量14.06亿元,四行占比第一,分行排名第二;公司贷款增量14.39亿元,四行占比第二,分行排名第二。较2017年末增加52.98亿元,增幅143.57%。资产质量持续优化。截至2020年末,全行不良贷款余额(含卡)834万元,不良率0.09%,较年初下降0.3个百分点;劣变率0.1%。经营绩效考核持续进位。2020年,工行安吉支行取得县域支行全省排名第二和分行经营绩效考评第一的高质量发展新局面。

对公存款。补充对公营销人员数量,完善对公业务尤其是机构业务、招商引资、项目贷款的客户经理队伍,加大考核力度,打造一支有纪律、有冲劲、执行力强的战斗队伍。扭转大客户来源匮乏的局面,始终关注安吉县政府招商引资信息。对格力智能制造安吉产业园、敏实集团安吉总部、洁美电子信息产业园、长龙山抽水蓄能电站、绿色建材产业园、养生堂智能产业基地等项目,落实支行行长、分管行长和三级经理的跟踪责任,做好项目各环节的营销。以挂牌营销方式推进重点工作,落实支行行长、分管行长、三级经理的直接营销责任,持续加大财政、社保、国土、水利系统及乡镇平台等重点攻关。关注安吉财政新一年度存款招投标信息动态,加强招投标“条件”的营销。拓展退役军人事务局、医疗保障局、应急管理局等新设构,谋求全面合作,开拓机构存款增量。

公司贷款。在责任体制上,落实支行行长的主体责任和分管行长、部门总经理的营销责任。完善项目贷款营销队伍,落实专人负责,专职项目贷款客户经理,转型中后台人员一人作为专职项目贷款客户经理、协助

6月,县公积金管理分中心联合工商银行安吉支行先行先试,打破信息壁垒,全市率先实现公积金组合贷款“一证通办”,市民凭借一张身份证即可办理组合贷款业务

原项目贷款负责人一起集中支行资源对该项业务进行突破。通过工行安吉支行自贸区分行较低成本的跨境人民币资金对客户进行营销和信贷需求激发，成功投放恒林、永艺、洁美、永裕、博泰等多家企业跨境人民币融资。

内控管理和风险控制措施。支行围绕案防工作的组织和案防工作的落实开展工作。支行成立案件防范工作领导小组，突出案防专职领导制、网格化管理、内控案防述职、案防分析会等案防工作机制的落实；年初与分管副职、各部门（网点）负责人签订《案件防范工作责任书》《党风廉政责任书》，层层压实案防责任，强化各层级履职。建立并实施支行管理人员季度内控案防履职报告制度，督促案防主体责任落实。工行安吉支行以2020年内控合规“制度治理年”主题活动、以“熟知红线、不踩红线”为主题的反洗钱合规大讨论活动等主题活动开展工作，并落到实处。组织全行员工要按季度参加“湖州大银家”微信平台上的银行从业人员合规知识测试，全行员工参与率96%、成绩优良率100%，并通过网络平台、员工岗位行为管理平台学习相关监管红线、行内规章制度及岗位合规要点，强化对监管红线和行内规章制度的日常培训。2020年8月，以“坚守红线、扎实做好反洗钱工作”为课题，为全行中层干部、客户经理讲授反洗钱合规专题课；支行在积极总结、提炼先进人物的合规经验基础上向分行推荐合规标兵——李健，并通过H5等宣传形式，发挥合规榜样的示范作用，深化主题活动，强化制度执行。安吉支行建立一个贯穿管理层次、业务条线、员工岗位的立体式廉政案防工作的二级网格化管理体系，明确二级网格化成员的廉政案防工作流程和工作职责。聘请网格化管理协管员、信息员，并及时上报信息报告。按季度组织全员“案件线索处置流程”演练和问卷活动。抓牢风险防控，提升资产质量。实施不良贷款限额管控，提高新增不良贷款管理要求；加强信用风险监测工作，持续关注重点行业的风险状况和客户的实际经营状况，防止同业风险传导，提高风险的“事前防范”和“事中控制”能力；强化贷后管理，做实资产分类；持续强化清收力度，突出重点，攻克难点，通过各种手段提高清收处置力度，提高不良贷款清收率。截至2020年末，全行不良贷款余额（含卡）834万元，不良率0.09%，较年初下降0.3个百分点；劣变率0.1%，资产质量实现双降，资产质量各项管控目标均达到市分行目标要求。

（贺　坤）

·中国农业银行股份有限公司安吉县支行·

【概况】　2020年，中国农业银行安吉县支行以成为绿色发展的标杆行和高质量发展的样本行为目标，开阔思路服务地方经济，破解难题赢得快速发展，努力将中国农业银行安吉县支行打造成上级行“重要窗口”建设下的“示范窗口”，实现同业地位、质量效益、社会形象的全面提升，在支持实体经济发展、服务重大民生工程和普惠“三农”等方面作出积极探索，取得一定成效。2020年，中国农业银行安吉县支行本外币存款余额81.63亿元，比年初新增12.71亿元。核心存款日均余额79亿元，比年初增加13.99亿元。各项贷款余额172.75亿元，比年初新增32亿元，总量、增量四行第一。不良贷款余额2309万元，

12月23日，安吉县召开创建全国文明城市总结表彰暨推进大会，中国农业银行股份有限公司安吉县支行获集体嘉奖一次

不良贷款率0.13%,较上年下降0.01个百分点。2020年12月23日,安吉县召开创建全国文明城市总结表彰暨推进大会,中国农业银行安吉县支行获集体嘉奖一次;该行员工纪文君和吴艳琛荣获个人嘉奖。

【"两山"试验区建设】 截至2020年12月底,中国农业银行安吉县支行各项贷款余额172.75亿元,比年初增加32亿元,总量、增量均居四行第一,在金融支持安吉县"两山"理念综合改革创新试验区建设上遥遥领先同业,成为安吉县经济与社会发展的重要金融推动力量。金融支持美丽城镇建设。在天荒坪、溪龙、天子湖、报福等乡镇投放美丽城镇建设贷款5.3亿元,其中对"两山示范"—安吉余村乡村振兴一体化建设项目投放贷款4亿元,为打造美丽城镇建设的安吉样板提供金融支撑。金融支持乡村旅游和全域旅游建设。对安吉灵峰旅游度假区剑山等三村重点乡村旅游景区建设项目授信10亿元,已用信8.4亿元;对安吉田园嘉乐比景区项目授信1.4亿元,已用信1亿元;对浙江云上草原旅游发展有限公司云上草原高山度假区项目授信5000万元,已用信4700万元,后续拟新增授信8亿元,助力安吉创建全国全域旅游示范县。金融支持民生保障和基础设施建设工程。对安吉思源供水有限公司安吉城乡供水一体化管网建设项目二期授信10亿元,已用信5.2亿元;对浙江吉宁高速公路有限公司申嘉湖高速公路安吉孝源至唐舍段工程建设项目授信10亿元,已用信2.5亿元;对长龙山抽水蓄能电站项目新增用信2亿元。金融支持招商引资企业和项目。2020年,中国农业银行安吉县支行已落地招商引资项目7个,授信金额3.5亿元,已发放贷款1.8亿元,涉及机械设备制造、食品制造、家具制造、综合医院经营和产业园建设等多领域。

【坚持绿色和普惠金融发展】 做大绿色贷款规模,争当绿色金融模范行。中国农业银行安吉县支行绿色贷款余额53.4亿元,新增21.6亿元,绿色贷款总量列四行第一。推广"绿贷通"等平台,助力实体经济发展。充分发挥"绿色项目提速贷""亩均贡献提效贷""绿色工厂提升贷"等"绿企贷"系列拳头产品的利率低、准入宽、额度高等优势,助力实体工业类项目或企业。新增客户36户,授信6.1亿元,用信3.8亿元。大力推进抵押e贷等普惠小微贷款营销。截至2020年12月底,普惠小微贷款余额3.1亿元,较年初增加1.04亿元,完成率115%。

【加强支持外向型企业生产经营】 2020年,中国农业银行安吉县支行借助人民币汇率和外币利率下行契机,加大外币贸易融资投放力度,不仅及时支持出口企业后疫情防控期间的扩大再生产,更为企业实现汇差和利差的双收益。利用境外分行和自贸区低成本人民币融资渠道,为出口企业贸易融资降低财务成本。截至2020年末,中国农业银行安吉县支行共引入境外低成本资金近2亿元,为企业降低财务成本近90万元。

【加大服务乡村振兴战略】 深入贯彻落实国家乡村振兴战略,加大对家庭农场、专业大户、农民合作社等经济主体信贷投放力度。2020年,累计发放惠农贷款4.2亿元,惠及农户3433户。针对一批具有致富示范带头作用的专业大户、家庭农场主等准入乡村振兴带头人贷款,累计授信近4000万元,已用信1915万元。加大对村集体的流动资金贷款支持。对天荒坪镇余村、溪龙乡溪龙村、溪龙乡黄杜村各授信1000万元,各发放流动资金贷款950万元。构建"智慧场景+"服务新模式。完成余村乡宿联盟信用卡商圈建设并成功上线系统内首台刷脸支付设备;打造田园鲁家、长乐人大广场主题公园等智慧景区,并上线智慧停车系统。

【发放全国农行首笔乡村旅游重点村项目贷款4亿元】 2020年4月,安吉农行为安吉余村成功发放的全国系统首笔乡村旅游重点村项目贷款4亿元。2019年7月文化和旅游部、中国农业银行联合印发《关于金融支持全国乡村旅游重点村建设的通知》,农行1000亿元支持全国乡村旅游重点村建设。随即农总行迅速出台相关管理办法。安吉农行获悉余村在全国乡村旅游重点村首批名单中后,立即同余村进行相关对接,制定最优方案。4亿元贷款将用于余村——竹博园AAAAA级景区创建、余村农产品区域公用品牌打造和余村数字乡村治理等项目。

6月22日，天荒坪镇“两山共建合作馆”暨“余村味道特色街”开馆（街）仪式在余村党建广场隆重举行

【“两山共建合作馆”开业】 6月22日，由中国农业银行安吉县支行和天荒坪镇余村村联合打造的“两山共建合作馆”开业。据悉，该馆由余村村提供建设场地，农行安吉县支行投入100余万元，聘请专业设计团队进行精心布置，主要用于展示新疆、西藏、四川等对口支援地区的特色农产品，该行与余村村委班子共同奔赴凉山州木里、昭觉等地，通过和当地政府对接，与当地农业投资公司合作，建立起展销合作模式，通过卖“文化”带头卖产品，同时充分利用农行互联网科技平台优势，通过线上销售渠道，让山区产品远销全国地区。

（黄厉猛）

·中国建设银行股份有限公司安吉支行·

【概况】 2020年，中国建设银行股份有限公司安吉支行（以下简称：安吉支行），全行上下凝心聚力、攻坚克难，以党建为引领、以转型为主线、以创新为驱动、以合规为底线，践行核心理念，围绕绿色发展的主基调，支持实体经济发展，扎实推进三大战略，融合乡村振兴，各项工作有序推进，整体业务发展良好。存款业务：截至2020年末，一般性存款（小口径）时点余额93.46亿元，四行占比32.95%，比年初新增10.95亿元，新增四行占比21.78%。其中对公存款余额62.14亿元，四行占比36.20%，比年初新增8.14亿元，新增四行占比21.18%；个人存款余额31.32亿元，四行占比27.97%，比年初新增2.81亿元，新增四行占比23.72%。上述6项数据中，一般性存款余额、对公存款余额2项在当地四行列第一位。日均余额85.77亿元，四行占比34.05%，新增5.26亿元，新增四行占比14.80%，日均余额列当地四行第一。其中对公日均余额57.49亿元，四行占比38.44%，新增3.49亿元，新增四行占比12.91%，日均余额列当地四行第一；个人日均余额28.28亿元，四行占比27.64%，新增1.77亿元，新增四行占比20.84%，日均余额及新增均列当地四行第三。贷款业务：截至2020年末，各项贷款余额108.57亿元，当地四行占比26.70%，比年初新增15.97亿元，当地四行占比18.65%。其中对公贷款余额44.11亿元，比年初新增4.84亿元；个人贷款余额64.46亿元，比年初新增11.12亿元。资产质量：截至2020年12月末，不良贷款余额1735万元，比年初上升287万元，不良率0.16%、比年初上升0.01%，不良率为全市分行综合性支行最低。中间业务：截至2020年12月末，实现中间业务净收入5340万元，其中对公中间业务净收入3254万元，个人中间业务净收入2086万元。国际业务：全年完成国际结算量12.71亿美元，系统占比44.23%，位列第一；跨境人民币结算量10.98亿元人民币，系统占比34.23%，位列第二。经营效益：全年实现主营业务收入38820万元、净利润25446万元，较去年同期分别增加1693万元、3226万元。贷款收益率5.05%，比上年同期下降0.06个百分点，存款付息率0.93%，比上年同期下降0.1个百分点，存贷利差4.12%，比上年同期提升0.05个百分点。

【战略性业务落地发展】 住房租赁方面：持续推广住房租赁平

台的应用,加强与政府相关部门对接,在在线支付上取得进展。2020年新增在线支付笔数21笔,在线支付金额27.5万元。普惠金融方面:截至2020年末,支行普惠金融贷款余额11.99亿元,较年初新增3.31亿元。其中,公司普惠金融户数466户,比年初新增119户,余额5.34亿元,比年初新增2.11亿元;个人普惠金融贷款余额6.65亿元,比年初新增1.20亿元,完成全年计划的138%。金融科技方面:推进智慧政务、党群服务平台、公益教育平台、善行宗教平台、安心养老平台及龙商通商户平台等的应用。2020年新增签约机构类党群综合服务平台2家(安吉县委办公室、安吉县文化和广电旅游体育局)和企业类党群综合服务平台155家;新增4家宗教场所的上线运营,完成包括安吉县灵峰寺、安吉基督教堂等安吉县内所有42家宗教场所的平台上线运营。“裕农通”业务:“裕农通”普惠金融服务点乡村覆盖率100%,活跃率100%,双十服务点27个,“双五十”服务点7个,双百服务点9个,累计发卡3454张,存款时点余额4455万元,比年初新增2914万元。

【服务安吉外向型企业发展】 家具(椅业)行业作为安吉县经济的主要支柱产业,安吉支行对该行业有广泛的信贷支持,对已上市的县内3家家具企业的授信达5.853亿元(永艺家具股份有限公司授信额度、恒林家居股份有限公司授信额度、中源家居股份有限公司授信额度),比2019年增加额度0.5亿元。同时为恒林家居股份有限公司办理安吉支行首笔金额1亿元、期限3年的中长期流贷业务。针对安吉外向型企业,利用建行产品的多样性,通过大力推进各类创新型衍生国际业务产品,帮助企业降低财务成本、提高存款收益、锁定汇率风险,实现银企双赢。如办理远期结汇产品签约192笔,总计11395万美元;单卖期权产品签约139笔,总计金额8700万美元;期权组合产品共签约406笔,总计11308万美元;汇利盈1号产品签约134笔,总计28753万美元;汇利盈2号产品签约93笔,总计10873万美元。

【绿色金融发展】 截至2020年12月末,安吉支行在绿色金融领域累计授信金额41.4亿元,实际投放19.69亿元,全年累计投放3.1亿元。将金融资源和服务向清洁能源、环境整治、绿色交通、节能减排、绿色支付等重点领域倾斜。有力支持装机规模国内前三的长龙山抽水蓄能电站、“中国小莱茵河”长湖申航道西延工程、“生态互补样板”安吉草荡水库42兆瓦渔光互补光伏发电工程、“五水共治典范”安吉梅溪河道综合整治工程、“绿色环保建筑”中国物流安吉现代物流园、“两山示范”安吉余村乡村振兴城乡一体化建设项目等绿色经济项目。

【支持民生住房领域】 近年来,有一大批房地产开发商进入安吉,尤其是一批全国“百强”房企的房产开发项目进入安吉市场,安吉支行利用自身的住房金融业务优势,通过标准化、流程化的集约经营模式,积极服务开发商和购房客户。2020年,累计发放个人住房贷款18.9亿元,笔(户)数3300余户,新增合作楼盘11家,现有合作楼盘44家。

【信贷风险管控】 进一步完善授信风险控制机制。建立信贷业务联动管理模式,在客户准入时落实贷前会商制度,贷后管理做实对企业的实地回访,及时发现潜在风险,强化信贷风险的全程、精细管理,提高信贷风险的防范能力、预警能力、纠偏能力和化解能力,使风险关口有效前移,提早化解风险。着力化解存量风险。对现有存量授信客户的风险特征、变化状况、押品情况进行及时分析,逐一制订方案举措,逐个化解,全年盘活上迁关注类贷款金额3690万元,确保支行资产质量的全面提升。建立健全不良贷款工作机制。安吉支行在不良贷款的管理中,及时防范和化解法律风险,维护本行的合法权益。以催收已核销不良贷款、专项回收快贷信用卡不良为切入点,加强与法院、律师及公证处、破产管理人等部门的联系,加快不良催收的进展速度。

【内控合规管理】 有序推进内控合规管理,持续增强全行员工合规意识。加强合规宣导,组织学习监管政策;全行建立学习记录、开展合规教育;狠抓问题整改,督促全行各部门网点进行梳理,查漏补缺,各种检查、排查、审计发现的问题落实整改到位;建立员工行为网格化管理,网格建设完成，落实异常行为排查和疑点核实情况。

【网点检查指导】　柜面管理团队各履其职、各负其责，加强管理、监督、检查与辅导，指导柜面人员按照规章制度和操作流程办理业务，组织员工学习业务知识，通过每月的营运主管例会交流情况。通过开展柜面非现场检查和专项整治检查，进一步规范柜面操作，减少屡查屡犯问题的发生。按照“服务质量提升年”的工作要求，网点服务围绕“美环境、抓服务、提质量、促转型”和“服务质量效率双提升”开展工作。

【建行浙江省分行与安吉县人民政府新时代“两山”试验区战略合作协议签约仪式在安吉举行】　积极响应安吉成为践行“两山”理念综合改革创新试验区，认真讨论响应方案向上级行汇报，争取上级行对安吉支行在内部政策上的支持与倾斜，浙江省分行于6月22日下发《关于大力支持湖州安吉支行参与综合改革创新试验区建设的批复》，从提高安吉支行金融服务层面、对安吉实行全面差别化的信贷政策、支持安吉支行建立产品创新试验区、强化安吉金融服务网络建设、全面服务安吉电子商务建设、拓宽安吉支行融资渠道、持续强化省建行同余村党建共建7大方面共15项举措给予安吉支行政策倾斜。7月7日，建行浙江省分行与安吉县人民政府新时代“两山”试验区战略合作协议签约仪式在安吉隆重举行。

（顾迪明）

7月7日，建行浙江省分行与安吉县人民政府新时代“两山”试验区战略合作协议签约仪式举行

·中国银行股份有限公司安吉县支行·

【概况】　中国银行股份有限公司安吉县支行成立于1992年，共设立两个营业网点，包括支行营业部、昌硕绿色支行。2020年，银行在职编制职工共43人（含行长1人，副行长2人）。2020年，中行安吉县支行认真贯彻总行以习近平新时代中国特色社会主义思想为指导，坚持执行“科技引领、创新驱动、转型求实、变革图强”的工作方针和“担当、诚信、专业、创新、稳健、绩效”的新时代全球一流银行价值观，加快转变发展方式，加快破解深层次矛盾，求真务实，扎实工作，推进各项业务稳健发展。

【夯实基础工作】　2020年，中行安吉县支行把存款工作作为首要任务，作为全行业务发展的基础。抓好个金存款“开门红”工作。早规划，早行动，抢先抓早。首季是组织存款的黄金季节，支行各级条线认真分析当地市场形势，促使全行上下提高认识，树立信心。动员全行利用有利时机，实行金融服务走出去，坚持不断通过上门拜访、外拓、组织尊享活动等形式，来宣传中行产品，不断增加客户对中行的黏性及信任度。支行公司条线抓住业务先发优势，积极进行跟踪营销，对开发区、示范区、城投等政府平台持续开展营销，叙作并投放天子湖实业25000万元工业园区有机更新贷款，实现近年来政府平台类贷款的突破；中行通过上门拜访客户、组织客户参加各类尊享会、上门外拓来聚财、上门激活工资卡等方式，通过大额存单、结构性理财、乐享天天系列、各类财私理财负债产品累计争揽行外资金近1.5亿元，全年全量金融资产年日均新增1.09亿元，稳居全辖前列。白茶溯源卡项目期间，在已有过万张发卡的基础上，通过与农业局协商，在原有干茶市场的业务基础上，通过白茶企业向上游订单农户、下游经销商批量开户并

12月,中行湖州分行与永艺股份战略合作签约仪式举行

办理结算业务。截至2020年末,通过“白茶金溯卡系统”累计交易3995笔,交易金额1.02亿元。1—12月末,中行安吉支行实现营业收入8949.03万元,其中净利息收入7444.54万元,非利息收入1504.49万元,拨备前利润7517.53万元,净利润4161.11万元。2020年本外币日均存款175462.36万元,较年初新增33225.13万元;本外币日均贷款291249.43万元,较年初新增70835.27万元。

【绿色金融服务】 探索“两山理念”,实现绿色金融发展。2020年围绕习近平总书记“两山”理念,结合绿色金融改革要求,在市分行绿色金融业务中心的指导下,积极探索绿色金融业务发展。支行积极营销公司优质项目,调整授信行业结构、客户结构,获批银润蓝城天使学校,港中旅和乐小镇二期、云上草原二期、威立雅华菲、丽孚科技等多个项目合计近90000万元总量。截至2020年末,安吉支行绿色贷款余额9.28亿元,绿色贷款增幅12.62%,占全部贷款比例约26.20%;普惠贷款余额2.7亿元,普惠贷款增幅70.69%。

【支持实体经济】 2020年,中国银行浙江省分行在广泛征求民营企业意见建议后制定《支持民营企业发展行动计划20条》,涵盖优化授信政策、提高服务质效、加强资源配置、拓宽融资渠道、降低融资费用、完善服务模式、创新产品服务7个方面内容,直指民营企业在发展过程中遇到的痛点和难点问题。中行安吉县支行认真贯彻上级行以及金融监管部门的工作要求,牢牢把握金融服务实体经济的根本宗旨,充分发挥综合化经营、全球化经营、外汇外贸专业、普惠金融创新、风险防控等金融服务“五大特色”。主要从以下三个方面提升金融服务质效。强化授信政策支撑,有效引导资源配置。通过“合理调整抵质押率,扩大可接受抵质押物范围”“对于优质民营企业,开通项目审批‘绿色通道’,确保审批时效”,“建立民营企业白名单,加大对重点企业的信贷投放”等授信政策,加大信贷支持力度。同时配置专项信贷规模,精准向中小企业、绿色企业、带贫龙头企业、县域涉农领域倾斜,通过资源配置有效引导业务发展。加强产品创新,降低企业融资成本。加大市场分析,深入企业调研,结合企业需求推出创新产品和窗口期产品,通过海外联行融资、供应链融资、在线融资等产品,拓宽企业融资渠道,降低融资成本;立足“两增两控”要求,单列普惠金融考核指标和贷款利率,全力破解中小企业“融资难”“融资贵”问题发挥国际化特色优势,深化金融一体化服务。作为拥有全球最多分支机构的中资银行,中行进一步发挥全球网络和渠道优势,致力于为企业提供跨国现金管理、外汇政策咨询、海外投资收购、境外发债、海外融资等综合跨境金融服务助力安吉企业融入全球价值链、产业链、资金链搭建平台。

(张建凤)

·中国邮政储蓄银行股份有限公司安吉县支行·

【概况】 2020年,中国邮政储蓄银行股份有限公司安吉县支行始终坚守服务实体经济的初心和使命,落实“融资畅通”工程,加大民营企业和小微企业金融服务、优化“三农”金融产品供给、大力发展绿色金融、提升服务实体经济质效,提高对“两山”实验区的金融服务投入力度,支持安吉县经济发展,履行国有大行责任担当。截至2020年末，邮储银行安吉县支行个人储蓄时点余额93687万元，比2019年末净增8917万元；信贷零售结余6914笔，结余24.25亿元，全年净增1.18亿元；小企业全年各类贷款余额3.47亿元。截至2020年12月末，全辖各贷种逾期金额464万元，比年初减少238.28万元，逾期率0.17%，较年初下降0.1个百分点。不良贷款金额673.16万元，较年初增加52.92万元，不良贷款率0.24%，与年初持平。邮储银行安吉县支行不良率低于当地银行业不良率平均水平约0.2个百分点，资产质量较好。

【疫情防控】　面对突如其来的新冠肺炎疫情，邮储银行安吉县支行及时开辟绿色通道，做好金融服务保障工作，对于抗“疫”客户，按照特事特办、急事急办的原则，对于抗“疫”类企业，适时推出“邮助贷”业务，积极让利客户，加大优惠利率政策支持力度，响应浙江省银行业协会的《减息助企·共克时艰——致全省银行业金融机构的倡议书》倡议，协助企业渡过难关，支持企业复工复产，免收2020年1月21日至2月20日期间定价超过4.15%部分的贷款利息，切实降低企业的资金成本，缓解客户的流程资金困难问题。

【服务实体经济】　2020年，邮储银行安吉县支行加强与政府、企业合作，切实履行社会责任，为当地经济发展提供金融支持。践行社会责任，助力下岗工人再就业。与就业局合作，由就业局向邮储银行安吉县支行推荐的再就业客户，向下岗再就业人群提供专项贷款。秉持“植根城乡，服务大众”的经营方针，充分发挥遍布城乡的网络优势，不断推进服务模式创新，实现企业与再就业人员的互赢发展。全年完成放款88笔，金额2321万元。做实青创融资平台，助力青年创业。着眼青年创业需求，在银监办、团县委、人力社保局的指导和支持下，自2014年起，邮储银行安吉县支行连续第八年在5月28日举办“5·28”青年创业贷款现场对接咨询会，2020年活动当天洽谈受理意向贷款281笔，共计金额15032万元，并实现50%以上的放款量。坚持“支农支小”，助力乡村振兴建设。通过前期与国土部门、当地乡镇的对接，推出“美丽乡村农房建设小额贷款”并在政府部门的支持下，形成较好的“银政”合作模式，全年发放该种贷款75笔，共计金额2172万，意向客户40余户，金额约800万元。在支持小微企业信贷方面，储蓄银行安吉县支行积极搭建银企服务平台，开展普惠金融企业大走访活动，深入了解企业融资难融资贵的问题，根据走访调研，创新担保方式，及时制定普惠金融贷款利率、5年期无还本续贷等具体举措，让利企业，切实帮助企业解决融资难融资贵的问题。

【加大贷款授信额度支持】　小企业授信额度最高3000万元，快捷贷额度调整至1000万元，传统房地产抵押贷款最高额度3000万元，可叠加信用贷款额度，抵押率最高可到100%。对暂时受疫情或外贸摩擦影响的企业，不进行简单的压贷、抽贷、断贷，通过贷款展期、无还本续贷等方式帮扶企业渡过难关。

【加大优惠利率政策支持】　对企业客户贷款利率与其他客户实行差别化对待，总体利率水平低于2019年同期水平，最低可执行浙江省行权限内最低的利率水平，即与同期的LPR－20个BP利率持平。同时主动为符合条件的企业提供无还本续贷服务，力争为企业降低融资成本100个BP。规上企业国际信用证项下的融资业务和托收项下的信保融资成本低至3.5%。

【推广符合企业特色的金融产品】　根据邮储银行安吉县支行产品，结合企业特点，大力推广“邮助贷”“税贷通”“科技贷”“抗疫贷”“小微易贷”等信用贷款产品，降低其融资门槛，提高其融资便利性，全年投放信用贷款5291万元。

【绿色金融发展】　继续深化绿色信贷服务，创新绿色产品与服务。推广美丽乡村建设贷款、家庭农场小额贷、科技贷、绿色农业企业贷款、绿色项目贷款等绿色贷款品种。制定实施精准服务安吉外贸企业方案，帮扶受贸易摩擦影响的外贸企业。全力支持国家重点工程长龙山项目建设，为其提供融资服务。位于安吉天荒坪长龙山抽水蓄能电站的开发项目，是发展绿色能源、保护绿水青山的一项重大举措。积极响应支持重大民生基础设施建设的号召，主动对接项目业主中国三峡集团，多次参加项目银团对接会，并通过行外银团嵌套行内银团的模式量身为浙江长龙山抽水蓄能电站项目设计融资方案，最终获得总行批复人民币 10 亿元授信金额用于支持该项目建设，已累计发放贷款 65880 万元。

【安吉县邮政分公司与邮储银行安吉县支行党建活动中心揭牌仪式举行】 6 月 23 日上午，安吉县邮政分公司与邮储银行安吉县支行邮银党建活动中心揭牌仪式在天荒坪举行。市邮政公司党委书记、总经理李红卫，邮储银行湖州市分行党委书记、行长周卫星，邮银双方党委领导班子其他成员，市邮政公司党的工作部门负责人，市寄递事业部党总支成员，邮储银行湖州市分行党建工作部负责人，邮政安吉县分公司领导班子成员，党委办公室主任，邮储银行安吉县支行领导班子，综合管理部负责人，邮储银行湖州市分行各党支部书记等出席仪式。

（陈　思）

6 月 23 日，安吉县邮政分公司与邮储银行安吉县支行邮银党建活动中心揭牌仪式在天荒坪举行

·湖州银行股份有限公司安吉支行·

【概况】 2020 年，湖州银行安吉支行坚持稳中求进谋发展，进中求变促转型，不断深化“三服务”和“走企、助企、帮企”等活动，实现“速度、质量、效益”全面赶超发展。截至 2020 年末，湖州银行安吉支行各项存款余额 283132 万元，比年初增加 46863 万元，其中储蓄存款 93376 万元，比年初新增 36659 万元；日均存款 282171 万元，比年初增长 59378 万元，其中储蓄日均 67827 万元，比上年增加 16338 万元，存款结构逐步优化。各项贷款余额 317072 万元，较年初增加 63771 万元，其中公司类贷款余额 250731 万元，较年初增加 62675 万元，个人各项贷款余额 64852 万元，比年初增加 373 万元，对公业务再创新高，存贷总资产规模整体突破 60 亿元。五级不良贷款余额 798.55 万元，比年初增加 253.72 万元，五级不良率 0.25%，比年初上升 0.09 个百分点，潜在风险贷款余额 902.25 万元，比年初减少 149.14 万元，资产质量稳中求进，不断加大客户准入管理和不良资产处置力度。2020 年末，支行实现营业净收入 13573 万元，实现账面净利润 11630 万元。湖州银行安吉支行先后获得安吉县 2020 年度金融支持“两山”试验区评价优秀行及安吉县人民银行 2020 年度综合评价 A 类行。

【扶持小微企业】 2020 年末，安吉支行普惠型小微企业贷款余额 133005 万元，较年初新增 29045.15 元，增幅 27.94%，占全部贷款比为 42%，较上年增加 1%，通过“绿贷通”平台受理授信成功企业 69 户，授信额 50015 万元。为解决中小企业贷款周转难问题，安吉支行持续推广湖州银行特色小微企业无还本续贷产品“更新贷”业务，2020 年1—12 月，累计发放 5.5 亿万元，惠及企业 104 户，帮助企业累计节约转贷成本近 300 万元。自 2015 年该项业务开办以来，累计节约企业转贷成本 2000 余万元。

【绿色金融战略】 2020 年，湖州银行安吉支行继续坚持绿色金融发展导向及战略规划，精心打造“一平台”，即以递铺绿色支行（2020 年 11 月 30 日更名）为平台支点，深化建设“一品牌”，即继续提升“红竹绿金，美丽湖行”党建品牌建设，结合当地特色产业，探索绿色支行发展新模式，截至2020年末，安吉支行央标绿色贷款余额109424.91万元，比年初增加8624.91万元，地方标绿色贷款余额181536.83万元，比年初增加55308.9万元。

【助力普惠金融】　推行“科技＋金融”模式。安吉支行在总行的支持下，定制“线上（科技）＋平台（风控）＋秒贷”服务模式，紧盯“订单”，做到授信在前，客户自助提用。截至2020年底，核定额度纳入本行客户库的客户38户，金额14480万元，另有49户意向企业正在对接中，预计业务量将超30000万元，大大提高企业融资效率减轻企业融资成本，有效解决安吉中小外贸企业普遍反映的融资过程手续复杂、担保要求高、融资成本贵、融资方式单一等问题。助推村级经济消薄。2020年初，安吉行积极对接梅溪镇政府，参与该镇的乡村消薄建设，全年逐步完成对该镇辖内的18个薄弱村的授信，整个消薄项目投放5400万元。网点布局下沉。2020年1月20日，梅溪小微企业专营支行正式开业，梅溪地区网点数增至2个；3月20日，孝丰小微企业专营支行开业；随着12月23日递铺雾山小微专营支行的开业，支行网点数达到6个（含一社区支行）。在网点布局下沉的基础上，各网点通过辖区位置的不同特点，用脚步丈量距离，用汗水浇灌业绩，深入各个住宅小区、社区、行政村，采用各种活动、走访、讲座等方式，推广优质金融服务，支持助力普惠金融。

【强化风险管理】　2020年，湖州银行安吉支行严格贯彻执行“严内控、重合规、促发展”工作要求，继续强化信贷基础管理工作，不断提高支行风险防控能力。落实合规责任管理主体，成立相关领导小组，明确分工，落实内部控制分管责任。强化信贷业务合规化管理，对原有制度进行梳理后予以优化巩固，制订年度学习计划，每月开展信贷业务及合规学习培训一次，要求全体员工每月参加“湖州大银家”线上合规测试，全年累计参加测试人数543人次，根据每月上报的合规测试成绩来看，员工合规测试成绩普遍能达到70分以上。

【首推绿色理财】　7月6日，安吉支行推出绿色金融理财产品，该金融理财产品主要特性为推动安吉县实施垃圾分类活动，是一款垃圾分类专项理财产品，发行的主要对象为定向发行给参与垃圾分类活动中的标杆小区、企业、村、家庭，共发行金额1050万元，该款金融理财产品的发行被作为绿色金融创新案例被市金融办录用并在安吉县人民政府政务平台推送。

【“两保＋两单”业务模式获安吉“金点子”】　在“订单＋清单”业务的基础上，湖州银行安吉支行继续推出“两保＋两单”业务模式。该模式主要是通过与第三方外综服平台、政策性担保公司合作，各抒己见，在贸易背景真实的前提下，打破传统的信贷思维，注重企业的第一还款来源，向出口型小微企业提供以供应链金融服务为主的纯信用融资服务，解决出口型小微企业融资难、担保难等痛点问题。7月中旬业务开展以来，安吉支行已累计发放17笔，金额1487万元，并荣获安吉县2020年首期三服务“金点子”称号。

【“订单＋清单”试点工作】　根据浙江省外贸“订单＋清单”监

7月，湖州银行安吉支行获安吉县2020年首期三服务“金点子”称号

测预警管理系统建设实施情况，在浙江省商务厅的组织下，进出口银行、中信保等机构的大力支持下，湖州银行作为“订单+清单”系统专项业务的具体落地行，顺应外贸数字化转型发展开发特色线上产品“订单贷”，并在安吉县试点运行。2020年2月中下旬的20天内，共计投放“订单+清单”专项贷款2亿元、惠及外贸企业40户，贷款年利率均低于市场平均值，有效解决外贸企业融资难融资贵问题。该服务模式获《浙江卫视》《湖州日报》等新闻媒体的报道并作为案例在全市金融系统中进行推广。

（黄星宇）

·杭州联合银行安吉绿色支行·

【概况】 2020年是杭州联合银行安吉绿色支行“十三五”收官之年，是大零售转型、数字化转型的关键之年。近两年，贷款业务保持30%—40%的增长率，稳固了支行在同业市场竞争中的领先地位。在综合评价上获得A等行，在绿色银行评级中获得B等级，还获得银行机构先进集体称号和文明规范服务“最美窗口”，支行行长陈国强获安吉县创建全国文明城市工作先进个人称号。存款增长保持稳定。截至2020年12月底，支行各项存款余额15.21亿元，比年初新增4.51亿元，增幅42.15%，其中储蓄存款3.37亿元，比年初新增0.80亿元，对公存款11.84亿元，比年初新增3.71亿元。贷款增长态势良好。截至2020年12月底，各项贷款42.89亿元，比年初增长11.09亿元，其中绿色贷款175657万元，占总贷款余额比例40.94%，比年初增长14539万元。资产质量保持平稳。截至2020年12月底，支行不良贷款余额0.0696亿元，不良率0.16%，比年初下降0.05个百分点，继续保持优良资产质量。

3月5日，2019年度安吉经济发展风云榜颁奖盛典在安吉县生态广场隆重举行。杭州联合银行安吉绿色支行被中共安吉县委、安吉县人民政府授予“2019年度银行机构先进集体”称号

【助企复工】 在疫情防控期间，支行担当作为、抢占先机，为加快企业复工复产、产能释放提供金融保障。前期居家办公阶段进行电话排摸所有客户受疫情影响情况，后续班子带队进行针对性走访，及时利用“抗疫专项贷”“稳外贸专项贷”“支小复工贷”等专项信贷产品精准施策，给予困难、需要帮扶的企业资金支持；其中，为109户企业发放“抗疫专项贷”，共计2.873亿元；对安吉县辖区内9户名单内企业发放央行再贷款，金额1.26亿元，成功发放县首笔央行专项再贷款1500万元，有力支持了外贸企业平稳健康发展。2月26日下午，安吉县委书记沈铭权等一行领导莅临杭州联合银行安吉绿色支行，调研金融服务支持企业复工复产工作，副县长杜尉栋、副县长陈小龙、县发改局副局长韩凌云陪同调研。杭州联合银行行长郑建强介绍了总行概况以及经营情况，分享2020年出台的10项优惠政策以及疫情防控期间安吉绿色支行在央行再贷款和抗疫专项贷两方面所取得的突出成绩。

【增量扩面工作】 2020年，本着立足县域，服务辖内个人和中小企业的原则，支行上下勠力同心，深耕本土市场，营销、运营多条线合作联动，积极做好营销下沉工作，按照总行网格化营销要求，将客户经理划片包干，落实责任区域，客户群拓展成效显著。公司业务部加大对公企业新客户走访，通过后续跟踪、信贷方案制定，截至2020年12月底，支行当年新增企业客户101

户，融资对接成功率 38%，授信总金额 58760 万元；不仅及时利用抗疫专项产品助力企业复工复产，还灵活运用“稳外贸专项贷”和外贸企业“订单＋清单”等，大力推动小微业务发展。截至 12 月底，小微企业贷款总额 29.20 亿元，较年初上升 6.43 亿元，通过金融综合平台成功对接 63 户，贷款累计 2.30 亿元，“绿贷通”平台对接共 28 户，累计 3.40 亿元；全年零售业务部密切关注房贷市场动态，得益于年初“扩大内需”政策，在经济下行压力下支行紧抓按揭贷款市场，深入挖掘期房和二手房客户，截至 12 月底，住房按揭共 901 户，按揭余额 6.84 亿元，比年初新增 483 户，4.03 亿元，为个贷增长筑牢基石。作为异地支行，杭州联合银行安吉绿色支行主要以扩大基础客户群和经营性贷款客户的现金流为主要存款来源。结合总行 2020 年初“走千访万”劳动竞赛活动精神以及“一行一策”工作目标，支行及时召开班子会议及营销工作例会，对 2020 年工作进行部署。支行以全员营销的模式，将指标进行量化分解，并制定业务劳动竞赛方案，每月对完成情况进行统计、通报，形成良好的营销竞赛氛围。存款业务取得突破，增幅超 45%。一方面，公司业务部“保存量促新增”双管齐下，加强政府平台类企业和公司类客户走访，吸收储量资金和保证金存款，同时认真推进存款招投标工作，2020 年共招得存款 3.7 亿元；另一方面，零售业务部各个小组积极开展小小银行家、联合邻里等活动，以点扩面，在拓展客户的同时进行信用卡、理财、存款产品、三绑定等综合营销，增强客户黏合度，截至 12 月末，日均储蓄存款增量 6800 万元，新增有效信用卡 260 张，理财日均新增 4832.30 万元，三绑定用户新增 1618 户。支行严格落实各项金融支持和惠企政策，重点做好首贷户扩面增量工作，排查无授信企业名单，提升小微首贷客户覆盖面力争为更多普惠型小微企业提供足额、便捷、优惠的信用资金支持；深耕供应链金融，强化全产业链服务能力。围绕核心企业拓展上下游应用场景，持续优化供应链服务能力，力争实现更多业务落地。

【风险管控】 支行高度重视疫情对风险的影响，加强实地走访，全面了解企业经营状况，深入分析发展前景，精准分类施策。对基本面良好，但受疫情影响暂时困难的企业，不盲目抽贷断贷，通过无还本续贷、增加授信等帮助企业化解危机。同时注重资产质量，支行将贷款排查贯穿业务始终，与客户经理、同业、法院等加强沟通，在贷前贷中抵御风险、防患未然，通过贷后检查摸清风险底数，用清收、核销、诉讼等处置手段，共清收化解不良贷款 991.59 万元，目前不良率 0.16%。以“内控与合规”深化年为抓手，提升风险防控能力，支行对各类授用信业务进行“信用风险”“操作风险”排查，强化员工内部管理工作，对排查过程中发现的问题，及时采取化解与防范处置措施；同时强化员工“三尽职”执行力，严格落实贷款“三查”制度，坚持依法合规经营，重点对贷款主体准入、用途合规、面签落实、资金去向、流程规范方面进行重点落实，严防各类操作风险。结合总行开展的案件警示教育，支行每季度开展合规知识测试，经常开展营销条线内部培训，通过常态化的合规意识、风险防范意识的培养，找准业务操作合规与发展的平衡点，提高全员合规能力和意识，使合规文化更加深入人心。

【杭州联合银行安吉绿色支行荣膺“2019 年度银行机构先进集体”称号】 3 月 5 日上午，2019 年度安吉经济发展风云榜颁奖盛典在安吉县生态广场隆重举行。大会对 2019 年度全县经济风云榜企业进行颁奖，并对 2020 年度全县经济发展攻坚活动进行动员。杭州联合银行安吉绿色支行作为受邀单位，由行长陈国强为代表，参加此次颁奖典礼。支行在县域十余家被考评银行机构中脱颖而出，被中共安吉县委、安吉县人民政府授予“2019 年度银行机构先进集体”称号，这也是安吉绿色支行连续三年获得此荣誉称号。活动现场，杭州联合银行安吉绿色支行向安吉县北天目生态旅游发展有限公司授信“抗疫专项贷款”500 万元，为企业发展注入金融活水。

【灵峰街道党建共建】 9 月 11 日，杭州联合银行安吉绿色支行与灵峰街道工作委员会签订党建共建协议，双方成立共建工作联系小组，以“党建＋辖区（企业）”为红色引擎，形成“共建、互助、帮扶、共赢”的党建工作新格局。支行将发挥金融工作优势，与灵峰街道一同扎实推进金融服务,主推辖区企业融资便利化。支行将安排一名联络员联系灵峰街道工作委员会互助工作,开展园区金融知识宣传、金融产品推广等工作,为灵峰街道增强园区整体金融支持力度出谋划策。

【杭州联合银行杯创想童年乐高大赛】 9月12日,杭州联合银行安吉绿色支行联合创想童年安吉中心举办了一场属于孩子们的盛大乐高派对。乐高大赛为孩子们搭建展现自我的平台,而小小银行家产品则为孩子们送去成长好伙伴。支行业务团队向小朋友们传授货币知识,知道金钱来之不易,从而去了解理财的意义,而信任小象能陪伴小朋友在成长中提高综合财商能力。好习惯,成就大未来。业务团队的热情解说引起在场家长和路人的极大兴趣。在支行业务和运营团队的通力合作下,现场共有50余个小朋友带走可爱的信任小象,并办理"小小银行家卡",意向办理亲子签约共7户。

(许亦贝)

·浙江安吉农村商业银行股份有限公司·

【概况】 2020年,安吉农商银行坚持党建引领、主动应对疫情、深化"两大"转型,推进绿色普惠金融,各项业务稳健发展,在助力"六稳六保"、支持乡村振兴、服务实体经济、履行社会责任等方面作出积极贡献。存贷业务稳步增长。截至2020年末,各项存款余额307.10亿元,比年初增加44.62亿元,增幅17.00%。各项贷款余额231.63亿元,比年初增加36.08亿元,增幅18.45%。资产质量持续向好。信贷质量反映更加真实,资产质量持续向好。截至2020年末,五级不良贷款余额2.0518亿元,比年初上升2444.71万元;不良率0.89%,比年初下降0.04个百分点。资本充足率12.84%,核心资本充足率10.47%,拨备覆盖率603.94%,拨贷比5.35%,具备良好的抵御风险能力。经营效益保持稳定。截至2020年末,各项总收入17.16亿元,同比增加1.24亿元,增幅7.8%;各项总支出12.97亿元,同比增加1.06亿元,增幅8.86%;累计实现利润总额4.19亿元,同比增加0.19亿元,增幅4.64%;成本收入比35.47%,同比降低0.39个百分点。

9月12日,杭州联合银行安吉绿色支行联合创想童年安吉中心举办乐高大赛

【服务乡村振兴】 2020年,安吉农商银行深入实施乡村振兴"一三五五"金融服务工程,投放乡村振兴专项资金1亿元,发放消薄贷9551万元,助力安吉县全面完成消薄目标。抓好"三年行动计划"落地,认真制订方案,完善工作机制,将工作落实情况列入常态化督查;优化总部架构,建设"普惠金融部"大业务前台,增加一线营销经费。启动"诚信彩虹"信用工程4.0,深化"丰收彩虹贷"提质升级,授信测算融入个人绿色信用分评测指标,授信对象放宽至65周岁,授信额度放大至家庭综合用信100万元,利率采用分档阶梯式利率,并对30万元以下纳入"浙里贷"白名单,助力提升数字贷款占比。

【主动应对疫情】 2020年,安吉农商银行第一时间作出"同芯同行 共抗疫情"十项承诺,推出"抗疫助企(农)贷""抗疫先锋贷"等特色产品,累计投放23亿元抗疫系列贷款,用足用好人行再贷款、延期还本付息等政策工具,发放央行疫情防控专项再贷款8500万元,支农支小再贷款8.15亿元,普惠小微企业信

1月30日，安吉农商银行向县红十字会捐赠50万元专项资金用于疫情防控工作

用贷款5.2亿元，办理贷款展期1.4亿元。通过省金融综合服务平台、绿贷通平台和“快人一码”宅金融服务平台累计帮助近2000家企业实现融资超16亿元，全年向小微企业让利超9300万元。

【推进数字化转型】 创新搭建数据决策分析平台，为支行精准营销提供强大的数据支撑。配套上线数字银行App、浙里贷小程序、普惠通浙里贷模块，加强后台数据与前台移动端的联动，推动全流程线上化，提升用户体验。依托省联社CRM系统建立网格3614个。推广智慧医疗项目，已在5家公立医院和16家乡镇卫生院实现挂号、缴费、预约取号、医保签约和诊间结算等功能的自助化和移动化。推广智慧交通项目，对350多辆公交车、3800个地面公共泊车位进行智慧化改造，布放180台丰收智能付对接地面智能收费系统实现无现金支付。参与省联社微课堂课程开发，安吉农商银行有三门微课先后入选浙江农信大讲堂数字化转型微课堂；三个数字化转型方面的案例先后入选省联社数字化转型推进培训典型案例，在全省范围内进行汇报交流。

【推动绿色普惠融合发展】 2020年是“绿水青山就是金山银山”理念提出15周年，安吉农商银行围绕“绿色普惠标杆银行”的建设方向，遵循“绿色为引、普惠为基、互动融合”的业务发展逻辑，进一步完善绿色普惠金融“三四五”工程建设体系，首推“两山绿币体系”“绿色文明体系”和“绿色信用体系标准”，创新绿色信用贷、绿色建筑贷等16款产品，发放绿色信贷80.2亿元，并成功争取省联社发文支持新时代“两山”试验区建设。

【加强风险防控】 2020年，安吉农商银行充分利用客户风险识别预警、贷后辅助管理系统、风控宝等风控系统，通过“监测＋应用”，提升风险管理的前瞻性和精细化水平。开展不良资产“清收风暴”专项行动，筹建不良清收专项小组，全年累计处置化解不良贷款24108.31万元，其中通过现金清收5916.97万元，另收回已核销资产3188.15万元左右。抓好员工行为管理。贯彻落实“合规建设八个一”活动，按季度常态化开展“正风肃纪 弘扬正能量”专项工作，加强合规、审计、人事、监察、业务、风险等条线联动，强化检查监督和问责，通报批评1人，诫勉谈话3人，警告5人，记过3人，开除1人，党内诫勉谈话1人。经济处罚35.6万元，责任赔款28.7万元。

【发放全国首张“绿色存单”】 1月，安吉农商银行开出了全国首张绿色存单。绿色存单是安吉农商银行在负债端创新的绿色普惠金融新业务，吸收的绿色存款将专项用于投向绿色信贷，使绿色资金循环、支持县域绿色发展。同时，绿色存款产生的效益将回馈居民开展绿色生活的行为，用于奖励老百姓开展垃圾分类、低碳出行、绿色支付等积累“绿币”兑换的礼品中。此次首推绿色存单——“绿色童年”产品主要面向青少年朋友，办理业务的小朋友在“绿色心愿树”上留下“绿色微心愿”，记录绿色成长足迹，从小培养孩子绿色发展的意识，普及绿色理念，鼓励小朋友用行动赚取‘绿币’，兑换礼品，丰富绿色童年生活。

【成立安吉县首家乡镇“两山绿币银行”】 1月，安吉农商银行

1月14日，报福镇新时代"两山"试验区"三生融合"共同体建设暨首家乡镇"两山绿币银行"揭牌仪式举行

成立全县首家乡镇"两山绿币银行"，给报福镇符合绿色生活行为的居民发放绿币，助力新时代浙江(安吉)县域践行"两山"理念综合改革创新试验区建设。"两山绿币银行"并非真正的银行，而是安吉农商银行利用"绿币"这一虚拟货币，将绿色生活与绿色金融连接起来。居民通过参与垃圾分类、共享单车出行、公交车出行、徒步出行、参与慈善公益事业、参与新时代文明实践志愿服务等，获得相应数额的绿币。绿币可用于个人在银行的信用增信、享受金融服务优惠、实物兑换和场景消费。

【启动"绿色信用村(社区)"创建】 1月，安吉农商银行联合报福镇成立全县首家乡镇"两山绿币银行"，并发布"绿色信用村(社区)"创建试点方案，以绿色金融助力两山转化，深度融合农村信用环境与人居环境绿色协同发展。"绿色信用村(社区)"是在安吉农商银行"诚信彩虹"信用工程建设的基础上推出的，采用先试点再推广的创建思路，力争通过3年的时间形成独具"两山"特色的农村信用体系，着力提升县域高质量绿色发展。此前，安吉农商银行已将"信用村"建设指标纳入全县"美丽乡村"建设指标体系内，实现全县村(社区)建设的全覆盖。"绿色信用村"创建标准分为"资信信用"和"绿色信用"两个部分。其中"资信信用"项下设资信状况、资信等级、村级班子、村级财务状况、协作关系、规划措施6项指标；"绿色信用"项下包括垃圾分类、无废乡村、绿色经营、绿色转型、绿色生活、绿色旅游6项指标。对于创建成功的行政村(社区)，安吉农商银行将授予"绿色信用村(社区)"荣誉称号，并给予金融扶持优惠：村级组织贷款给予LPR定价(贷款市场报价利率)的基础上下调40个基点的优惠，全体村民"丰收彩虹贷"贷款利率在LPR定价的基础上下调40个基点的优惠。

【全市首发抗疫专项同业存单】 为抗击新冠肺炎疫情，支持疫情防控相关企业的金融需求，安吉农商银行迅速响应央行疫情防控政策及工作要求，于2月25日在银行间市场成功发行疫情防控专项同业存单。本期同业存单发行面值1亿元，期限一年，发行利率2.8%，较同类型同业存单低20个BP(基点)，是湖州市发行的首单抗疫专项同业存单。募集资金专款专用，定向用于支持疫情防控有关企业的贷款投放等资金需求，主要为医疗器械生产、生活物资供应相关的民营企业提供融资保障，有效降低企业融资成本，全力保障疫情防控重点保障企业开展生产经营、扩大生产能力，助力打赢疫情防控阻击战。专项存单的发行，打通资金供求之间的通道，实现市场化资金的高效筹集，为疫情防控的实体经济资金需求提供支持，有效发挥对疫情防控工作和实体经济的支持作用。

【全国首创"农房绿色建筑贷"】 5月，安吉农商银行发放首笔50万元10年期的"农房绿色建筑贷"，是全国首创产品。"农村住房绿色建筑贷款"是安吉农商银行面向县域内符合"农村绿色建筑"标准的农户发放，主要用于农村自建房新建或改建。根据住建部《绿色建筑评价标准》定义，绿色建筑是指在全寿命期内，节约资源、保护环境、减少污染，为人民提供健康、适用、高效的使用空间，最大限度地实现人与自然和谐共生的高质量建筑。为了更好地让国家指导政策落地，安吉农商银行充分调研，以国标为蓝本，制定包括建筑物场地选择、周边布局环境影响、绿色建材采用等17个维度指标的农村住房绿色建筑认定标准，将县内符合贷款条件的绿色农房建筑划分为一、二、三星级，充分发挥绿色导向，对不同星级的绿色农房建筑给予不同档次的利率下调优惠，最高可在利率定价测算的基础上下调40个基点。该项贷款可采用信用、保证、抵押、质押等一种或多种组合的方式进行申请，贷款最长期限不超过10年。

【发放全国首笔农业"标准地"融资贷款】 12月，安吉盈元家庭农场获得由安吉农商银行发放的16万元贷款，标志着全国首笔政银合作的农业"标准地"融资贷款正式发放成功。自实施农业"标准地"改革以来，安吉农商银行立足自身职能优势，创新金融服务产品，为实施该项改革提供强有力的金融保障。创新贷款形式。安吉农商银行组织业务团队实地调研，研究项目最优贷款形式；咨询农业、土地管理领域的专家学者及专业法律顾问，破解涉农企业抵押物不足、融资难等问题。最终在市、县两级农业农村局的指导支持下，创新推出农业"标准地"抵押贷款。明确支持对象。该项贷款明确规定支持对象为农业"标准地"的受让方，为经认定的县级以上的示范性农民专业合作社、家庭农场、重点农业龙头企业或农业"大好高"项目业主，资金用于发展农业特色优势产业为基础的休闲农业、农业科技服务、农产品营销服务等一、二、三产融合发展项目。保障授信足额。县农业农村局和安吉农商银行签订合作协议，为安吉县全体农业"标准地"项目投资主体整体授信，承诺信贷资金优先支持"标准地"项目投资主体并提供绿色通道。本次授信共计5亿元，实现农业"标准地"改革的最后环节顺利打通。

（易雪莲）

12月，全国首批农业"标准地"融资贷款发放仪式举行

·浙江安吉交银村镇银行股份有限公司·

【概况】 安吉交银村镇银行是由交通银行发起并控股，联合安吉县16家企业法人共同出资组建而成的新型农村金融机构，成立于2010年4月。2020年，安吉交银村镇银行下设综合管理部、预财营运部、风险合规部、授信管理部、业务管理部、业务发展部6个部门，营业部、梅溪、孝丰、天荒坪、天子湖5家经营单位，共有员工104人。安吉交银村镇银行紧紧围绕"对内强素质，对外树形象"理念，按照"守底线、调结构、抓两头、强合规控风险、提高队伍素质"工作思路，全力打造"经营、内控、风险"三大机制，大力推进"支农支小"业务，保持各项业务稳健发展。截至2020年12月末，各项存款余额10.98亿元，各项贷款余额10.32亿元。

【业务拓展】 2020年，安吉交银村镇银行仍以"耕耘竹乡"精品工程为抓手，配合出台实施农户信息采集、整村预授信、集中办贷、业务联络人制度、金融便民服务点运营机制、党建结对村、客户经理"驻村蹲点"等一系列举措，践行"三年发展规划"，有针对性地谋划布局"乡村业务路线图"；创新推出农村业务宣讲会和预授信模式。针对不同客户人群精心准备，精准营销，以点带面，收集客户信息，事后由专管客户经理主动上门持续跟踪服务，对有信贷需求的客户提前做好预授信工作，最终实现全面掌握和了解辖内客户信息，提升客户黏合度。截至12月末，开展农村宣讲70多场，预授信

7月8日,安吉交银村镇银行天荒坪支行开展绿色信贷行之走进天荒坪农家乐活动

398户,金额10503万元,实际提用183户,比年初增加80户,授信金额3964.33万元,比年初增加1653.85万元。

【疫情防控】 安吉交银村镇银行高度重视疫情防控工作,认真动员,积极部署相关工作,充分发挥当地小法人机构的社会责任,坚决打赢疫情防控阻击战。开辟绿色通道,向安吉县1家防疫物资企业投放500万元流动资金贷款。强化信贷扶持力度,对33户设置宽限期,对2户进行展期操作,为存量贷款减息户数5户,减息总金额2.98万元。同时加大减费让利,降低企业融资成本,累计给企业减费让利118.2万元。疫情防控期间,创新金融产品,推出总规模3000万元的"抗疫专项贷",专项支持受疫情影响较大的小微企业,同时给多家企业采用利率优惠政策,总计发放2500万元。

(马菲菲)

保　　险

·中国人民财产保险股份有限公司安吉支公司·

【概况】 2020年,中国人民财产保险股份有限公司安吉支公司(以下简称"人保财险安吉支公司")以"做有温度的人民保险"为目标,围绕高质量发展转型,深化模式变革和技术变革,推动人保财险安吉支公司高质量发展转型。强化社会责任担当,履行大型国有企业的责任感和使命感,落实政府和上级单位的各项部署要求,充分发挥保险保障作用。2020年,人保财险安吉支公司保费收入34299.24万元,市场份额48.58%。全年支付各类赔款25673.78万元,缴纳各项税款1133万元,代扣代缴车船税1847万元。

【助力企业复工复产】 2020年,人保财险安吉支公司主动响应社会防疫需求,通过优化常规保险方案、定制专属保险产品、增加法定传染病保障、提供线上化服务等一系列举措,对接各政府各职能部门,帮助中小企业提升疫情风险防御能力,特殊时期为助力社会疫情防控、企业复工复产、增强民众信心提供风险保障。针对疫情,人保财险安吉支公司考虑企业实际需求,开发复工复产企业疫情防控综合保险、小微企业(茶叶加工)安全生产责任保险、采茶工新冠病毒政府救助保险等部分行业、企业专属产品,在下调保费、减轻企业资金负担的同时,组织专业团队对复工复产企业的防疫工作和安全管理提供技术支持,深化隐患排查,免费为企业提供防疫知识和安全生产知识在线培训服务,化解复工复产环节风险。推进线上化,科技赋能,在疫情防控期间简化客户的投保手续,充分发挥线上服务优势,支持、引导企业线上投保;理赔中心全天候设置在线理赔专岗值班,通过视频查勘、微信理赔、电话全流程指引、远程定损等方式,为客户提供优质的线上理赔服务。开辟绿色理赔通道,缩短理赔周期,极速赔付率88%。

【警保合作】 2020年,人保财险安吉支公司持续加强与公安交警部门协作配合,借助全国范围内开展的"一盔一带"交通安全宣传活动,开展送交通安全宣传进村、进企业、进社区、进校园,免费提供"共享头盔"服务,辅助交警部门在主城区街道和乡镇内开展电动车安全整治活动。为落实好公安交管部门关于深化"警保联动"的相关工作要求,补齐农村道路交通安全的短板,将道路交通事故预防关口前移。2020年，完成全县22个交通安全劝导站的劝导工作，形成警保合作农村道路交通事故预防社会协同共治、多方共赢的良好局面。与县公安交警部门共同开展交通劝导、安全宣传、隐患排查、快处快赔等工作，降低农村交通事故的发生。

【环境污染责任险工作】　作为全县环境污染责任险首席承保人，人保财险安吉支公司始终以“创新风险管理、服务企业发展”为指导，主动做好牵头协调、沟通联络、人员培训、现场指导等工作，及时了解和化解各类环境污染风险，把各项工作做细做实，为企业提供质量过硬的服务，把安吉环境污染责任险工作打造成环境污染防治工作中有影响、有深度、有分量的一张“名片”。2020年，人保财险安吉支公司为全县39家企业提供环境污染风险保障5130万元，专家现场查勘200余次，为所有承保企业出具评估报告，帮助企业排查环境风险隐患，避免各类环境污染事故的发生，自2017年开展环污险工作以来，实现所承保企业环境连续三年“零污染”。

【协助企业安全生产管理】　2020年，人保财险安吉支公司持续做好安责险跟进服务，形成完善风控机制，推动共保体致力维护企业安全生产，协助企业树牢安全发展理念，配合相关部门安全生产监管，为企业提供一次全方位的隐患排查和风险辨识，并由专家给出整改建议，协助企业强化风险控制水平，并将风险点录入人保信息平台，形成企业风险一张图，组织安全生产培训，提高企业的抗风险能力，减少企业的风险隐患。在安全生产领域大力推行安全生产责任保险工作，借助保险公司这支社会力量参与安全监督，对于强化事前风险防范，促使企业进一步落实安全生产主体责任，加大安全生产投入，加强安全生产管理工作，及时消除事故隐患，预防和减少各类生产安全事故的发生，减少企业因发生事故带来的经济损失，减轻政府的社会保障负担。2020年累计为54家高危企业提供6.69亿元的风险保障，提供服务180次，覆盖率100%；为297家一般工贸企业提供风险保障46.29亿元，全年服务次数337次。

（董俊汝）

7月7日，人保财险安吉支公司联合第三方机构为安全责任险客户进行现场堵漏演示培训

·中国人寿保险股份有限公司安吉县支公司·

【概况】　2020年，中国人寿保险股份有限公司安吉县支公司（以下简称“人寿安吉县支公司”）以党建为统领、以高质量发展为根本要求开展各项工作，实现人寿安吉县支公司的平稳发展。疫情防控期间，人寿安吉县支公司极配合抗击疫情，全力提升金融服务保障，捐赠疫情专项保险保障60亿元；在创先争优活动中，人寿安吉县支公司完成县委县政府MEI指数中保费收入的考核指标，助力地方经济发展，积极响应社会号召，助力民生事业、履行社会责任。

2020年疫情防控期间，人寿安吉县支公司严格落实上级公司和县委县政府疫情防控各项要求，做好自身安全。春节长假之后，实行线上线下上班制度。统筹安排好各网点营业，会同政府相关部门做好相关服务工作。疫情防控期间做到：运营不中断。春节假期及复工前安排网点轮流营业值守；理赔不中断。开辟保险服务绿色通道，做好理赔踏勘；保障不中断。在中共安吉县委组织部、县卫健局的组织下，为全县上万名奋战在一线的疫情防护政府工作人员及教师送上“防疫专属保险保障”。

保险具有融资、合理配置社会资源、增加消费等作用，一直以来对经济社会的发展和稳定做出重要贡献。中国人寿安吉县支公司作为县域内寿险行业的“老大哥”,始终牢记自身的使命担当,做大做强公司业务,助力地方经济发展。保费收入及市场份额占有率稳居前三。截至2020年12月底,人寿安吉县支公司全年总保费收入5.08亿元,相较于2019年同期的4.34亿元,增幅16.80%,市场份额35.85%;提供就业机会,助力解决地方就业问题。截至2020年12月末,人寿安吉县支公司营销员人数达956人;大力支持地方经济,增加地方税收。人寿安吉县支公司个税所缴金额连年增长,截至2020年12月底,个人所得税实缴金额422.82万元,相较于2019年的325.76万元,增幅24.58%。

发展绿色保险,作为浙江省政府两个试点县之一,人寿安吉县支公司积极发挥保险作用,以县政府《实施意见》为主要工作目标,提升安吉县居民的整体保障水平,惠之于民、服务于民。安吉县老年人意外伤害保险绿色保障项目为安吉县老年人提供强有力的绿色保障。2020年,实收保费253.78万元,赔款268.79万元,赔付率105.91%;安吉县计生系列保险绿色保障项目为失独家庭等特殊家庭提供绿色保险保障。2014—2020年,县卫健局为全县失独家庭等特殊家庭提供重大疾病及意外或疾病住院津贴保险。2018—2020年,累计保费19.7万余元,赔付金额37.83万余元,赔付率超192.03%,受益人数136余人;安吉县残疾人人身保险及大病再保险绿色服务为县域内残疾人提供绿色保险保障。从2014年开始,人寿安吉县支公司与县残联合作,为安吉县1.1万残疾人提供疾病身故、意外身故、意外伤残、意外医疗、意外住院津贴等残疾人人身保险及残疾人大病再保险绿色保险服务。2020年,实收保费39.36万元,赔款金额74.05万元,赔付率188.15%;低收入健康补充保险解决全县低收入农户因病致贫、因病返贫等问题。该扶贫保险具有四个特点:无须保障成本;保障范围广;受偿门槛低;覆盖率高。截至2020年12月末,安吉县有低收入农户7385户,合计保费110.8万元,覆盖率100%。

组织参与社会公益事业,履行社会责任。深化生育关怀行动,切实为计生困难家庭排忧解难。2020年1月,人寿安吉县支公司联合安吉县计生协、长乐社区居委会开展新年晚会暨“圆梦微心愿活动”,在新年为贫困儿童送上温暖。完善多层次医疗保障体系,满足老百姓多元保障需求,筑牢全面医疗保障网底。2020年,安吉县参保人数合计49.80万人,较年初增约2.15万人,全县发生的大病保险累计补偿24107人。

【中国人寿安吉县支公司向一线志愿者捐赠保险】 2020年疫情防控期间,中国人寿安吉县支公司积极响应湖州银保监分局安吉监管组的号召,发挥央企的社会责任,第一时间启动应对新型冠状病毒肺炎疫情应急服务预案,又为全县上万名奋战在一线的疫情防护政府工作人员送上“防疫专属保险保障”。本次捐赠的“防疫专属保险保障”主要面向经安吉县组织部报备的所有参与此次疫情防治工作的机关、乡镇(街道)、村(社区)工作人员及志愿者共计12000人,在防疫期间可以免费获得两项专项保险保障,累计风险保额60亿元。公司积极做好保险服务工作,及时对接政府部门,第一时间提供简捷、品质、温暖的保险服务,同时,公司线上理赔7×24小时随时待命,其他客户可以通过95519客户服务专线、寿险App、微信等平台快捷完成新型冠状病毒肺炎的理赔申请。

(陈　琳)

2月5日,安吉县“防疫专属保险”捐赠仪式举行。中国人寿安吉县支公司捐赠“防疫专属保险”总保额60亿元

教　　育

【综述】 2020年，安吉县有各级各类学校91所，其中高中10所、初中18所、小学27所、幼儿园29所、区域性中心成校5所、广播电视大学1所、特殊教育学校1所；在职教职工6467人，全日制在校学生79282人。安吉县教育工作紧紧围绕“四大目标”，以师德师风加强年、教育质量提升年和教育服务优化年“三个年”活动为载体，疫情防控、教育发展两手抓。2020年，安吉县被推荐为全国首批学前教育普及普惠县；成功创建省语言文字规范化县。安吉县教育局连续3年被市教育局推荐为省教育工作业绩考核优秀单位；实现全国文明城市创建教育零扣分，得到县委集体表彰；连续3年获评全省教育宣传先进集体。疫情防控工作被授予“在全县抗击新冠肺炎疫情中作出突出贡献”嘉奖。全省新增117所“安吉游戏”实践园。教育部—联合国儿基会牵头实施“安吉游戏”推广，全国31个省(市、区)设立61个实验区177个实验园。“安吉游戏”入选2020年度全国基础教育优秀工作案例。世界经济论坛2020年发布的16个未来教育(教育4.0)模式，“安吉游戏”排在首位。在广州“读懂中国”国际会议上交流发言，“安吉游戏”作为中国本土的教育文化，已经迈出国门、走向世界。义务段教育质量检测，小学25项指标中23项超过省市平均、初中有18项超过省市平均。小学全面推行“绿色评价”和“分项等级评价”，得到省教研室好评。普高一段上线实现“七连增”，达536人。职成教在全国首届技能大赛中获得好成绩，马澳龙获银牌。2020年，安吉县教育局全面开展县管校聘，所有公办学校全覆盖。调整教师引进政策，实现新教师招聘师范生和男性岗位比率双增长，切实优化教师结构。优化名师名校长系列培养政策，首次评选3名“名班主任”，新增正高级教师2名(章洁、叶军)，第二初中季冰获省优质课一等奖，第四小学涂卫国、教科研中心袁和林获省春蚕奖。完善校长职级制，81名校长分获

12月，县教育局在全国文明城市创建工作中作出突出贡献，中共安吉县委、安吉县人民政府给予嘉奖

初级、中级、高级三级职级。选派2名干部(张达、林浩)赴教育部挂职锻炼。年内书记领导下的校长负责制列为省级试点。邀请学区校长、督学办主任参加局班子会。对12所学校开展学校政治巡察,提出整改建议57条。围绕师生期盼、社会关切,实施教育微改革49项,成效明显;如报福中学、章村中学,本届初三期末质量较小升初分别进步6个名次、4个名次。全年积极争取省教育厅出台进一步支持安吉县加快建设县域"两山"理论综合改革创新试验的二次政策。成为全省首批"人工智能教育试验区",互联网+义务教育结对18对,占比60%。争取浙江科技学院与安吉二期深度合作。职教中心、艺术高中分别列入新一轮中职高水平学校、高水平专业建设名单,职教中心新增5所高职院校"3+2"合作办学,艺术高中与中国美院、浙江音乐学院启动合作。组建第二小学教育集团,获得家长社会好评。完成69家基层党组织集中换届。深入实施党建创新、创优、创强"三创"工程,向未建立独立党组织的学校下派党建指导员,实现党组织建设全覆盖。实施学区基层党建工作指导站制度,加强基层党组织工作。召开全县中小学校党建工作现场推进会,新增10个党建品牌,报福小学党建入选全省党建精品案例。处理信访件826件次,开展正风肃纪检查25次,检查单位65所,发出通报3次,第一种形态处理个人26件次、集体2件次,党纪政纪处理8人次。2020年,教育预算12.72亿元,比2019年增加10.1%。第二小学城北校区、香缇溪岸小区配套幼儿园投入使用。"校园清凉工程"全面完成,实现所有公办中小学普通教室空调全覆盖。实现中小学心理健康标准化辅导站全覆盖。惠及28所学校的教育PPP项目有序推进,完成项目公司组建,新一小项目建设已经启动。进行师德大整治、大排查、大评议,制订《教师师德师风负面清单》,编印8期教师版《清廉教育读本》,落实"德在纪前、纪在法前"。连续6年开展"寻找最美教师"活动。开展清廉学校建设,5所学校获评"湖州市清廉学校建设示范校"。组建89支志愿者队伍,助力全国文明城市创建。2020年1月,全员发动,开展"精准'三服务'助推开门红"集中走访企业511家。春节前走访慰问非安吉籍单身教师35人,鼓励留安过年。

12月,安吉县教育局在"幸福在'浙'里"浙江省中小学生美术作品(数字绘画)大赛中荣获组织奖

·学前教育·

2020年,安吉县有幼儿园29所,公办幼儿园25所,民办幼儿园4所,公办幼儿园比例达86%,在园幼儿人数15141人,92.5%的幼儿享受到了低价优质的学前教育,省等级幼儿园达100%,省一、二级幼儿园覆盖率86.2%。全县幼儿园教职工1848人,其中专任教师1070人,持证上岗率100%。

2020年,完成三官中心幼儿园、凤凰山中心幼儿园省一级评估工作,孝丰中心幼儿园富城分园等32所分园、教学点成功创建省三级幼儿园,以创建促办园水平的再提升;加大中心幼儿园建设力度,全面提升农村幼儿园办园条件。截至年底,递铺街道中心幼儿园、灵芝幼儿园、翡翠湾幼儿园、朗境幼儿园、玖溪幼儿园新建工程竣工。加大对村幼儿教学点的建设力度,在科学规划布局的基础上,县财政每年安排150万元专项经费,乡镇(街道)按不低于1∶1的比例配套,对美丽乡村幼儿园建设实施奖励,充分调动村级组织举办幼儿园的积极性。全年县内 14 个教学点成功通过首批美丽乡村幼儿园的验收。截至 2020 年 9 月，已有 18 所小区配套幼儿园顺利移交并装修开园。

通过完善安吉游戏课程体系，确立安吉游戏课程理念。以“爱、冒险、投入、喜悦、反思”五个关键词为准则，实现师幼共同成长。在安吉游戏课程理念统领下，各幼儿园对课程理念、课程目标、课程内容、课程实施、课程评价、课程管理与保障等基本要素进行合理的规划和梳理，构建和完善安吉游戏课程模式。提升安吉游戏课程实施质量，把教师对儿童发展的能动性作为推进课程领导力的关键进行研训。培养班级老师在安吉游戏课程背景下对一日生活中该做什么和怎么做的决策力，提升教师组织实施适合幼儿园背景、家长背景、孩子背景、班级环境背景的班本课程的能力，使教师成为班级课程的主动建设者，以班本课程推进园本课程的建设。推进安吉游戏教育生态优化。创新家园社区互信共育机制，引导组织家长参与幼儿园课程建设，丰富幼儿园课程内容。让家长、社区公民成为幼儿园课程改革的同盟军。创新安吉游戏课程背景下的幼小衔接举措，主动与小学沟通，建立互通式教研和课程改革机制，实现真正意义上的幼小课程衔接，探索切实有效的幼小衔接途径和方法，为中国幼小衔接改革贡献安吉方案。2020 年 12 月，组织全县骨干教师进行“渗透游戏精神的一日活动”研讨活动，进一步推进安吉游戏课程改革。截至 2020 年底，又新增“安吉游戏”61 个国家级试验区和 177 个实验园。

据不完全统计，安吉县接待全国各地（包括港澳台地区）来安吉学习考察“安吉游戏”幼儿教育的政府领导和幼教界专家学者、一线教师和园长 2 万余人次。在国际方面，围绕安吉游戏“标准化、品牌化、产业化”的工作目标，2019 年首届“安吉·真游戏国际研讨会”在安吉召开。其间，发起“世界真游戏联盟”，组建“安吉游戏”模式研究国际专家团队。年内来自匈牙利、美国、英国等 13 家教育机构开始实践安吉游戏课程。美国第九区开始将安吉游戏课程带入开端计划项目（开端计划是美国联邦政府迄今为止规模最大的早期儿童发展项目）。全年“安吉游戏”的国际合作专家和机构（精选）已达 40 个。2020 年 12 月 7 日至 9 日，安吉游戏全国推广计划启动会在安吉召开，全国 31 个省份的幼教干部参加。同时，安吉幼教多人多次受邀赴多个国家介绍“安吉游戏”，多次参加世界学前教育会议并发言。

·基础教育·

【概况】 2020 年，安吉县有小学 27 所，学生数 32909 人；初中 18 所（4 所民办学校），学生数 13941 人；特殊学校 1 所，学生数 101 人。

【学校德育工作】 继续深化德育课程建设，在全市率先推出“两山思政课”专题，每周一节定期推送优秀思政课例和先进德育文化案例。第二小学“行走山岳”课程推送省作为优秀德育案例评比。丰富德育系列活动，创建安吉县语言文字规范化县。全力投入全国文明城市创建活动，开展“美丽校园”“文明校园”活动和创建，培养学生综合素养。安吉县全国文明城市创建首创首成，教育系统、学校迎检考核零失分，4 所学校创建湖州市绿色学校；法制、禁毒教育全面开展，参与率位居全市前列，安吉高级中学学生在全省宪法知识竞赛中获一等奖；天荒坪小学戴琪颖作为正式代表参加第

11 月，共青团安吉县委、安吉县教育局、安吉县少工委等部门联合安吉县实验小学开展首届“护眼节”启动仪式

八次全国少代会;组织开展安吉县班主任综合能力大赛和融合教育启动工作,在2020年班主任能力大赛中获4个市一等奖,2个省二等奖。实现全县中小学心理健康标准化辅导站100%全覆盖;开通教育局心理健康热线,全面完成中小学近8万名师生的心理危机筛查,推进珍爱生命教育、抗挫折教育和青春健康教育;实验初中承办湖州市青少年心理健康护航行动启动仪式安吉分会场工作,得到县领导的充分肯定;全面监测学生近视率,开展用眼卫生,近视预防教育,切实控制或降低近视率,高标准接受2020年"健康安吉"创建考核。

【教师队伍建设】 营造重视班主任工作氛围,积极鼓励学校开展"班主任节",提高班主任自身认同感,提高班主任工作价值感;建设"专家型班主任和经验型班主任"队伍,成立40个班主任工作室和3个少先队名师工作室,通过共同体建设,引导名班主任开展经验总结,引领青年班主任成长;通过班主任综合能力赛等形式,培养一批专家型班主任;发挥名师在德育队伍建设中的引领辐射作用,实现安吉县德育工作优质资源共享;组织开展"打造属于我的1号教室"建班方略比赛。

【心理健康教育】 2020年,完成对110人的C证培训与面试,完成900人的C证续期培训。面向全县中小学心理健康骨干开展为期4天的危机干预培训。截至年底,安吉县教师持C证数3200人;做好常规心理健康工作,如新学期全员心理普查、心理高危学生筛查。全县心理辅导站正常运行。加强促进教师成长,做好常规心理教研工作,在帮助教师提升业务的基础上更好地服务学生,推进珍爱生命教育、抗挫折教育和青春健康教育,加强对单亲家庭、困难家庭、残障家庭、流动家庭、农村留守儿童等特殊群体的心理健康教育,促进学生身心和谐发展。全年教师在省级比赛获奖2项,市级各项比赛获一等奖6项,二等奖12项,同时开展县级教研活动14次,健康促进校比例超过50%。

【做好科研服务】 2020年,安吉县共申报县级规划课题136项,个人课题291项。重点关注、帮扶学校高端省市课题的申报、结题相关事宜,对部分有价值、有特色的课题采用管家式全程跟进的方式提供全方位的科研服务,保障安吉县重点科研项目在省市科研评比中的竞争力。全年省教科课题立项3项,省教研课题立项2项。市教科立项31项,市教研课题立项13项,省教科课题获奖1项,省教研课题获奖1项。市教科课题获奖27项,市教研课题获奖10项,省市教研课题均达到或超过湖州市平均水平。安吉县第二小学、安吉县紫梅小学被评为2020年度湖州市教科研先进集体,4位老师被评为湖州市教科研先进个人。

【家校联动机制】 依托家庭教育指导中心,办好各类家长学校,组织开展"家长进校园""家长体验日""家长学分制"等活动,强化对家庭教育的指导。开展家访活动,学校家访率不低于80%,通过家访了解具体情况,密切家校关系,防止学生因贫、因厌学等情况产生辍学,落实立德树人,加强学校教育。落实《关于做好义务教育阶段农村留守儿童教育关爱工作的通知》,做好新居民子女关心关爱教育,逐步推行积分入学办法。

【少先队工作】 利用开学第一课以及暑期等时间节点,开展

7月22日,安吉县少工委在天荒坪小学举行简短的欢送仪式,为第八次全国少代会队员代表戴琪颖赴杭参会送行

“重走两山路”安吉红领巾寻访爱国主义教育基地以及安吉少先队干部新居民公益夏令营等活动，借力安吉争创全国文明城市之机，开展“小小志愿者”等“六小”活动；配合团县委召开安吉县第五次少代会、成立上墅小学“红领巾法学院”，开展更多对少先队有吸引力的活动，同时做好省少工委名师作家进校园及“亲青帮”青少年权益维护推广等工作，重视并发挥少先队工作在立德树人中的独特作用、贡献度和价值创造；调动各类资源支持和帮助少先队组织开展课外、校外、户外教育，同时要求红领巾E站在“青少年综合服务平台”入驻率达100%，新成立少先队改革示范点校外活动阵地5个，青少年观护基地4个，社区少先队阵地6个；第四小学徐永富同学作为全国少先队优秀集体代表参加国庆70周年观礼。

【教育教学管理】 改革深化质量有提升。依托教科研中心、督学办、学区等部门构建校级、区级、县级教学常规管理新机制，落实学校教师学年教学常规考核结果等级的运用，以促进学校不断提升教学常规精细化管理水平。依托教科研中心加强专题研究的业务指导，开展各项专题研究成果的考核评比、课堂晒课展示交流活动，促进学校不断提升课程改革和课堂教学水平。2020年，开展“互联网＋义务教育”结对帮扶工作，共结对18对，新增学校19所，结对学校总数占全县义务段学校58.7%，进一步提高城乡优质教育同步发展。以发展学生学科关键能力为导向稳步推进“学科分项等级”“绿色评价”教学质量评价改革。积极开展课堂教学研究，2020年首届全国统编小学语文教科书优质课评比获奖1节，省优质课一等奖3节，省级微课程2项，浙江省“精品教学空间”1项。2020年安吉县中考质量显著提升，居湖州市三县中游，浙江省中小学第一轮教育质量监测，小学（2018—2020年）教育质量25项指数中23项指数质量均超省市平均水平，初中（2019—2021年）教育质量25项指数中18项指数质量均超省市平均水平。

【体育、艺术与科技实践教育】 活动丰富且成效显著。成功开展足球、篮球、排球、乒乓球、五子棋、田径运动会、定向运动会等各项县级赛事，举办中小学艺术节。晓墅小学校园足球获湖州市第一名，梅溪中学、安吉高级中学进军省青少年校园足球锦标赛；第四小学、第二初中攀岩社团在国家级竞赛中屡次摘金夺银，并积极备战浙江省第二届中小学跳绳锦标赛；2020年实验小学晋升为全国青少年校园足球特色学校，山川小学被评为全国冰雪项目特色学校；报福中学校园剧获省中小学艺术节一等奖并参加现场会演。举办安吉县第二十届中小学科技节，三模比赛和全国第七届航模锦标赛同场进行，“垃圾分类”STEAM现场挑战赛在第七小学举办，师生科技作品水平显著提升，部分作品送省市参赛；劳动综合活动全面开展，湖州市劳动教育现场会在溪龙小学召开；加强中小学研学活动课程研究，湖州市中小学研学启动仪式在安吉县举行。

【学校卫生保障】 开展心理健康、青春期、禁毒防毒、预防近视等多种健康教育，使儿童青少年掌握常见病防治和卫生保健知识，增强学生自我保健意识，养

10月23—25日，安吉县第52届中小学田径运动会在第二初级中学举行。来自全县46支代表队共499名运动员参赛

成科学、文明、健康的生活方式和行为习惯,在各校设立禁毒教育宣传角,聘请专业人员来校讲解毒品危害,组织全县教师参加禁毒教育培训。定期开展心理健康教育,开通县心理健康护航热线2路,湖州市"爱爱我要帮帮我"心理热线宣传,知晓率100%,提高学生素质,促进学生身心健康。集中开展心理健康教师资格培训,浓厚师资氛围。教育局投入20万元,为4个学区购置验光仪,对每所学校进行普测与抽测,以考核的形式有效控制各校的近视率。

【减轻学生课业负担】 改进学校和学生评价体系。根据教育部颁布的《中小学教育质量综合评价框架》《中国学生发展核心素养》和省教育厅颁布的《浙江省中小学教育质量综合评价指标》,修订义务段学校学年发展性评价办法,将学生发展指标(品德行为、学业水平、学习力、运动健康等10项指标)纳入评价标准;实施《安吉县教育局深化义务教育课程改革考核奖励办法》,2020年投入600万元奖励,鼓励学校深化课程改革。根据《浙江省初中阶段学生综合素质评价实施指导意见》制定《安吉县义务教育阶段学生综合素质评价实施方案》,将初中、小学学生的综合素质评价纳入规范范围。鼓励学校改革创新,实施符合学校实际情况的学生发展性评价办法,全县中小学都规范实施学生发展性评价。推进义务段学校"微改革"工程。全县义务段学校以"学生饮食健康、住校生管理、家校共育、作业改革、全科阅读、大课间活动、学生综合实践"等为"微改革"实践项目,9月下旬开展以学区为单位的实施方案展示交流活动,并按月统计学校"微改革"实践的宣传报道。项目化深化义务教育课程改革。在2015年12月成立的课程改革九项专题研究的基础上整合成7项专题研究(包括德育课程、课堂改革、全科阅读、作业改革、综合实践、幼小衔接、评价改革),依托教科研中心加强专题研究的业务指导,开展各项专题研究成果的考核评比、展示交流活动。开展区域"互联网+义务教育"城乡学校结对帮扶工作,组建27所结对帮扶学校。推进区域学生学习力发展工程。依托"搭建区域义务段学生学习力培育平台的实践与研究"课题研究和学校学习力发展指标的考核,构建区域发展学生学习动力、毅力、能力的机制,加强学校落实学生发展性评价机制的考核,激发学生的学习动力;加强学校落实学生学习指导课程开发的考核,关注学生学习品质(学习方法和学习习惯)的培养,发展学生学习毅力;推进"学为中心"理念下的"生本课堂"教学改革,采取点面结合的方式("点"——组建区域课改联盟学校,"面"——全县各校以试点班级为单位开展实践研究)不断推进课堂教学从"知识立意"向"能力立意"转型,发展学生的学习能力。推进小学段教学质量评价改革。以学生发展核心素养为目标,以发展学生学科关键能力为导向稳步推进小学教学质量评价改革:2020年秋,全县小学推进"学科分项等级评价改革";推进全县小学4－6年级以学科关键能力为重点的考试改革;深化全县小学1－3年级以学生能力发展为本的绿色评价改革。出台加强学生管理的若干举措。严格控制学生在校学习时间,有条件的学校尝试弹性上学时间,到校时间可适当延迟,保证学生充足的睡眠时间、充裕的早餐时间、从容的上学时间,促进学生身心健康;加强学生在校管理,各校根据家长所需实行晚托政策。控制学生作业负担,小学一、二年级不得留书面家庭作业,其他年级学生平均水平书面家庭作业量每天控制在半个小时以内,初中学生平均水平书面家庭作业量每天控制在1个小时以内,学校须按年级做好各学科作业的平衡工作。县教育局贯彻落实省教育厅重要文件精神,加强学校规范办学和课程建设的管理和指导,满足学生选课需求。每月定期和不定期开展对学校管理等工作的集中督查调研,重点是工作落实是否到位,是否存在问题,并有效及时反馈,加强整改。

·职业教育和成人教育·

2020年,安吉县有中职学校4所,其中公办学校2所、民办学校2所,在校学生7348人,专任教师535人。是年,安吉县职业教育和成人教育深入贯彻全国、省职业教育工作会议和全县教育发展大会精神,全面落实县委、县政府提出的"职成教育,国内知名"的目标,以《安吉县"职成教育,国内知名"三年行动计划(2018—2020学年)》

为抓手，积极实施乡村振兴行动，实施国内品牌战略，为建设中国最美县域提供高质量技能人才。

浙江省人民政府奖励世界技能大赛取得优异成绩单位和个人，安吉职教中心（安吉高级技工学校）、杨应政、叶锏分别记二等功1次。4名学生代表浙江省参加全国大赛，职教中心学生马澳龙参加首届全国职业技能大赛获得银奖，被授予“全国技术能手”称号，并入选第46届世界技能大赛国家集训队；职教中心叶锦涛同学荣获省中职院校技能大赛“焊接技术”项目一等奖（第一名）。2020年，高职考安吉职教中心本科上线43人，名列全市各校第一，全县上线48人，位列全市第二。建立有效激励机制，教师参加技能竞赛取得优异成绩。2名教师被授予“浙江省技术能手”称号；4人获省中等职业学校教师信息化教学设计和说课大赛二等奖，1人获省三等奖。职教中心老师杨应政被共青团中央、人力资源和社会保障部评为第20届“全国青年岗位能手”。

全力争创国家和省级项目。1人获“全国百姓学习之星”。3所成校获国家级“乡村振兴大课堂”共建共享实验基地。成功创建7个省级项目：包括省政府2020年民生工程2个，省老年大学1所（递铺区域中心老年大学）、省老年学堂1个（天子湖中心成校老年学堂）；省职业教育质量提升工程项目3个，省级优秀毕业生典型2人、省级成教品牌1个（孝丰成校）；省级产教融合型企业2个，浙江美意空调有限公司、湖州锅炉伟业有限公司。职教中心被教育部认定为全国第三批国防教育特色学校。在省教育厅公布的2019年省职业教育发展考核中，安吉县获二等奖，这是安吉县在2011—2019年九年中第八次获奖。

实施东西部教育扶贫政策，2020年继续招收四川木里学生10人到职教中心学习。开展与高校合作，安吉职教中心与浙江科技学院继续开展中本一体化3+4合作、中高职一体3+2合作。新增合作高职院校5所，安吉艺术高中与中国美术学院开展深度合作上挂1人，开展各类活动6次。

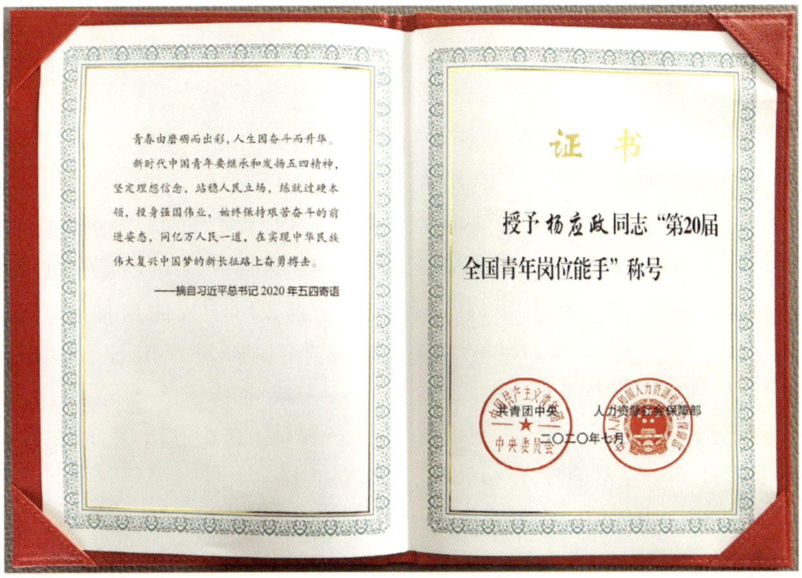

7月，职教中心老师杨应政被共青团中央、人力资源和社会保障部评为第20届“全国青年岗位能手”

·队伍建设·

2020年，实施机关党建创优、学校党建创强、职成党建创新的“三创工程”，开展2650名党员“党性体检、民主评议”活动，组建70余支党员志愿者队伍；召开党建推进现场会，建设命名25个美丽党建示范点；2名党员教师取得中小学正高级教师职称，建成42个名师名校长工作室，带动全县教师比学赶超。在选人用人上重点聚焦政治强、业务精、纪律严、作风正、有担当、能作为的干部，在选拔过程中既充分听取基层干部教师意见，又注重民主评议、同时也充分听取监审科及分管党风廉政领导的意见，做到用必查、查必严、程序合规、提拔公开。全年提拔校级领导22人（其中正职10人，副职12人）。

2020年，安吉县47所公办高中和义务段学校全面实施教师县管校聘管理改革工作，3581名教师参与竞聘上岗，161人实现跨校竞聘上岗，4人组织调剂上岗，解聘15人。校长职级制实施对象，总人数81人。新教师招聘报名人数再创历史新高，达1757人，比2019年增加259人。新录用教师136人（普高9人、职业高中6人、初中小学98人、幼儿园23人）。

2020年，尹碧锃获省春蚕奖、

8 月 26 日,安吉县教育系统 2020 年暑期师德教育周启幕

袁和林、涂卫国获省春蚕奖,王文静获省"三育人先进个人",第二小学获"省三育人先进集体",胡萍、朱求胜入选市南太湖本土高层次人才特殊支持计划教育领军人才,涂卫国、胡滨入选市南太湖本土高层次人才特殊支持计划后备培养人才,李金林获市第五届我最喜爱的老师称号,黄秋华、钱群获市第五届我最喜爱的老师提名奖。8 月,开展"名教师名校长系列"评选活动,评选出县级名师(名班主任)35 人、名校长 7 人、学区级学科带头人 100 人、优秀校长 34 人、优秀中层干部 47 人,校级优秀班主任 149 人、优秀教师 150 人。35 位县级名师(含 4 名特级教师)和 7 位县级名校长工作室共结对 252 人,累计开展活动 280 余次。

· 教育保障 ·

2020 年,政府投资类教育项目共计 21 个。其中教育局及下属单位负责实施的项目共计 11 个,其中新建项目有 5 个,分别是学校维修改造、第九小学食堂改扩建、柳岸晓风小区配套幼儿园装修、书香名苑幼儿园装修、翡翠湾幼儿园装修工程;续建项目有 2 个,分别是县民生改善工程、香缇溪岸小区配套幼儿园装修工程;前期类项目有 4 个,分别是禹山坞安置区配套幼儿园装修、玖溪幼儿园装修、灵芝幼儿园装修工程、实验初中食堂扩建工程。属地政府及平台公司负责实施的项目共计 10 个,其中新建项目有 2 个,分别是第四初中房建工程、天荒坪幼儿园新教学楼装修工程;续建项目有 7 个,分别是城北小学新建工程、递铺街道中心幼儿园新建工程、紫梅小学应急改扩建工程、高禹小学教学楼改造工程、灵峰小学扩建工程、灵峰中心幼儿园工程、灵芝路幼儿园工程。前期类项目有 1 个,为塘浦中心幼儿园房建工程。其中县民生实事项目 1 个,为学校维修改造工程子项目"空调进校园"工程。市民生实事项目 2 个,分别是香缇溪岸小区配套幼儿园装修工程、晓墅幼儿园钱坑桥分园建设项目。全年有 3 个教育项目按时建成并投入使用,分别是城北小学新建工程、高禹小学教学楼改造工程、香缇溪岸小区配套幼儿园装修工程,其中代表性项目县民生改善工程完成社会资本方招标及项目公司组建,进入具体子项目工程施工阶段。

2020 年,建设完成 12 所初中(实验初中、第二初中、南北庄中学、安城中学、梅溪中学、孝丰中学、报福中学、章村中学、杭垓中学、天荒坪中学、良朋中学、高禹中学)共 18 套中考听力机房;完成 4 所小学(第四小学、第七小学、第八小学、皈山小学)学生云机房建设;完成 585 台高中段教师笔记本电脑的装备;采购 2 个网站平台(安吉教育网、综合信息平台)网络安全二级等级保护测评技术服务及中心机房维保服务。

完成 13 所"互联网+义务教育"结对学校互动课堂项目(南北庄中学、报福中学、皈山中学、天荒坪中学、山川小学、昌硕小学、溪龙小学、第八小学、第十小学、安城中学、安城小学、上墅小学、港口小学);完成第五小学精品录播教室,同时完成全县所有精品录播教室互动课堂的改造;完成 3 所学校的广播系统改造(杭垓小学、下汤分校、赤坞分校),完成全县 438 台电脑,170 套多媒体(其中 112 套为改造)装备。

省之江汇平台全面升级 2.0 后,开展教师特色空间、学校空间建设、互联网+义务教育等活动的技术培训工作;通过电子白

6月1日下午,由县委政研室(生态文明办)、共青团安吉县委、安吉县教育局、安吉县少工委共同打造的"'两山'绿色小天使"品牌发布会在安吉天略外国语学校举行。县委生态文明办专职副主任李震伟为"'两山'绿色小天使"代表授旗并颁发徽章

板、网络同步课堂等培训活动,不断推进智慧课堂建设及教育新模式的探索;争取到浙江省首批"人工智能教育实验区"试点,开展人工智能培训、比赛活动,有力提升了教师的信息技术素养,从而推进了智慧校园建设。

2020年,完成10个功能室建设:STEAM教室3个、音乐教室2个、美术教室1个、科学教室3个、智慧图书馆1个;强化实验室管理,完成本学年的学校实验室废物的现场监管和收运处置工作;开展新技术、新装备、新应用研究,推进教育技术应用与创新,完成2020年"基于技术的教与学方式变革"九项案例征集活动、组织开展初中科学教师实验技能比赛(1人获省一等奖)、组织推荐实验教学说课比赛(小学科学作品获省一等奖);推荐教师阅读教学实验相关杂志并推荐论文发表;继续加强书香校园工程建设工作,完成省补和县补书香校园图书的征订、继续做好图书管理系统的网络上的学习与交流、做好图书流通的监管以提升配备图书的使用率、配合省教育技术中心做好书香校园工程建设绩效评价工作。

・民办教育・

协助县人民政府制订《安吉县人民政府关于促进民办教育发展的实施意见》(安政发〔2019〕16号)促进安吉县民办教育健康发展。继续实行公用经费补助政策,制订《安吉县民办教育发展专项奖励办法》,按计划完成2020年民办学校各类补助及奖励工作。加强对民办学校的考核,将民办学校的日常监管和考核工作纳入责任区随机督导工作中,由责任督学对民办学校的教育教学工作进行随机督导,民办教育管理科不定期进行检查,确保民办学校办学质量。加强民办学校年检工作,将民办学校日常监督和管理纳入责任区随机督导工作中;结合"双随机"工作,利用随机抽查系统,定期和不定期进行随机检查,并将检查结果纳入年检结果;加强与县市场监管局、公安局、综合执法局等联系,充分发挥安吉县民办中小学生学科类培训机构管理领导小组的职能,建立长效机制,加强对民办中小学生学科类培训机构的监督和管理。联合市场监管、公安、消防、民政等部门开展中小学生学科类培训机构专项整治行动;建立学科类培训机构分级管理制度,根据日常监管情况,对相关机构进行等级评定,并向社会公布评定结果。截至2020年12月,全县共有民办中小学生学科类培训机构84家。

・教育改革・

【办学改革】 2020年,组建第二小学教育集团,第一次正式以新校区的名义招生,网络报名爆满,得到社会、家长的高度认可。艺术高中与中国美院深度合作,职教中心与浙江经贸职业学院等7所高校"3+2"办学(2020年新增5所),实现多赢。

【管理改革】 邀请学区校长、督学办主任参加局班子会。疫情防控期间,创新开展"专员+专班 助力开复学"专项行动,创新开设"两山"思政课,截至2020年12月共推出34期。

【人事改革】 全面推行"县管校聘"管理改革,所有公办中、小学做到全覆盖。调整教师引进政策，实现新教师招聘师范生和男性岗位比率双增长，切实优化教师结构。优化名师名校长系列培养政策，将名班主任纳入名师评选范围。完善校长职级制，对81名中小学校长(书记)进行职级评定，并享受相应待遇。

·平安建设·

【概况】 2020年，县教育局坚持“以人为本、生命至上、安全第一、和谐稳定”的平安工作理念，以创建平安校园为抓手，开展全县教育系统安全生产工作。全面更新提升校园技防建设水平，强化校园人防力量。规范校车和食堂管理，取得明显成效，县教育局荣获2020年度安吉县平安考核一等奖。

【平安校园建设】 2020年，系统上下强化安全发展理念，弘扬“生命至上、安全第一”的思想，深入贯彻落实中央、国务院及省市县关于安全生产工作的决策部署，着眼坚决遏制较大以上事故，推动学校依法履行安全生产主体责任，完善校园安全风险防控和隐患排查治理“双重预防”机制，局行政班子每月听取校园安全生产汇报，每季度召开校园安全形势分析会议，并建立重大安全事项会商机制和校园安全网格化风险管控工作机制，全面排查、识别、评估校园安全风险，落实风险管控责任；依据《安吉县教育局安全工作“党政同责、一岗双责”实施办法》，分层签订安全责任状，层层压实安全责任；制订完善相关校园安全管理制度，全面提升学校安全风险管控水平。年内全系统组织开展主题宣传教育活动和校园安全管理员、校园食品安全管理员、校园消防安全管理员等专题培训活动。

【开展各项专项行动】 组织开展“大手拉小手，防溺不松手”百日教育活动。季节性高温天气时段是学生溺水易发、高发期，县教育局及时印发《关于开展“防溺水百日安全宣传教育活动”的通知》，各校均组织开展党员志愿者防溺宣教活动，按“规定动作一个不少、自选动作丰富多样有成效”要求，继续加大“大手拉小手、防溺不松手”专题教育活动力度，强化隐患排查、联防联控，坚决遏制学生溺水事件的发生，各校确保广大师生暑期安全。全面落实校园安全综合治理。借力司调中心和矛调中心力量，健全完善矛盾纠纷多元调处化解机制，高效处置校园矛盾纠纷；实施“厨房革命”“食安校园”行动，确保“舌尖上的安全”。组织开展校园安全隐患“洗楼式”排查见底行动，“洗楼式”排查行动覆盖率达100%，检查发现并整改一般性安全隐患近200处，重大安全隐患4个，印发整改通知书74份，制作并张贴“洗楼”安全责任牌80个，进一步明确各级责任；推进行业乱象整治工作，本年度县教育局以“师德师风建设、大宗物品采购、义务段学校招生、校园安防建设”4个领域为重点，先后研究印发《安吉县教育局关于印发“师德师风加强年、教育质量提升年、教育服务优化年”活动方案的通知》《安吉县教育局关于印发教育系统采购管理暂行办法的通知》《关于印发2020年安吉县义务教育阶段学校招生入学工作实施办法的通知》和《安吉县公安局、教育局关于加快推动全县中小学幼儿园安全防范建设三年行动计划的通知》四个专题文件并强化组织落实；优化校园周边治安环境，根据浙江省公安厅和浙江省教育厅转发公

5月28日，安吉县教育局第二季度校园安全工作例会在第五小学报告厅召开

安部、教育部关于印发《加快推动全国中小学幼儿园安全防范建设三年行动规划》的通知(浙公通字〔2020〕3号)精神,启动智慧校园安保技防系统一体化升级改造建设工程,以进一步推进安吉县校园智慧安防系统建设,积极推动新技术、新手段在校园安防建设领域的深度应用。年内各村校区、幼儿园教学点积极争取属地政府支持,使视频监控、一键报警装置、防冲撞设施等安装到位,加强常态化"护学岗"建设,依托警校、家校联防机制,组织发动老师、家长和志愿者等群防群治力量,开展校园周边巡查守护工作;推进基层治理数字化建设,本年度完成阳光厨房建设任务率达110%,初步建成校园智慧安防系统。

【校园安全重点工作】 新冠疫情防控工作。县教育局严格落实县疫情防控领导小组指令,全天候投入工作。第一时间明确任务,制定《安吉县教育系统新型冠状病毒感染的肺炎应急处置预案》,建立蓝、黄、橙、红四色预警响应机制;第一时间启动各类人员信息全面工作,并每日定时更新,确保掌握翔实的第一手资料,做到人员动向时间清晰、同伴清晰、轨迹清晰。与此同时,全面开展防疫宣教,通过微信、公众号等新媒体推送新型冠状肺炎疫情防控知识,第一时间传递到全体师生、家长,引导教育师生家长正确认识、理性对待、合理防范。疫情进入相对平稳期后,县教育局继续做好常态化疫情防控工作,坚持六大硬核措施不放松,即:封闭管理关好门,大门防输入、小门防交叉(健康码、测体温);严格按流程校内应急处置(血清双检);尽量减少校内聚集活动(错时错峰、班级固化);齐抓共管形合力(家校联动)。精准制控管好人,即按网格化、清单化要求继续做好重点区域人员排摸掌控工作。全程助力开复学工作。为积极做好各学段开复学工作,3月10日邀请县疾控中心专家以视频直播形式,为全县分管校长和保健教师开展开复学疫情防控安全教育第一课,强化学校防疫知识培训工作,做足防疫功夫。并据此组织相关人员根据疫情防控要求,认真研究制订"两案九制"及校园一日管理流程图,督促学校完善疫情及传染病防控制度,按流程反复开展师生进校门、食堂就餐、寝室就寝等情景式实战演练活动。与此同时,在前期完成全县八万多名师生健康码申领统计的基础上,自复学以来每天做好师生健康码校对管理工作,及时督促学校发现和阻止非绿码人员进入校园。联合县公安局完成安吉县中小学及中心幼儿园技防系统升级改造,新增人脸抓拍系统100余套,全面更新校园防客系统,实现与公安情治中心的数据联网。

【安全宣传教育】 2020年,先后组织开展"5·12防震减灾日、安全生产月、防溺水专题宣传、119消防宣传月、122交通安全宣传日"等安全主题活动,提高广大师生的校园安全责任意识、实操技能与保障水平。开展防网络诈骗宣传、"平安三率"宣传及"群众安全感网络测评"工作,为平安县建设贡献教育力量。

·信访工作·

2020年,县教育局受理各类信访共计826件次,总量比2019年增加50.5%。其中,浙江省统一咨询投诉举报平台办理766件,占总量的92.7%,教育信箱29件,各级来信19件,来电来访12件。此外,还有大量的电话咨询反映等。以上所有信访件均按要求认真办理、耐心答复,未出现办理差错或引发不稳定情况。

11月6日,中共安吉县委教育工作领导小组第二次会议召开

高度重视民生问题，从谋划发展大事、落实当前急事、解决关键小事上，做好民生稳定工作。学年初，局领导和学校分层次签订责任书，进一步明确“一岗双责”。成立信访工作领导小组，明确局长为第一责任人，分管领导负直接责任，职能科室直接抓，学校、单位各负其责、密切协作的管理格局。实行每周领导接待日工作制度，方便群众来访，及时疏导和化解各类矛盾。教育局成立来访接待大厅，设立信访接待室、信访举报电话、信访举报箱和电子邮箱。2020 年，教育局领导接待群众来访 65 人次，到信访局驻点接访 4 人次；参与县领导接访 3 人次；参与阳光热线直播接听 12 次。

坚持依法按政策解决群众合理诉求，做到“件件有着落、事事有回音”。对上级部门转来的信访件，办理流程按照“信访室接单、分管业务领导批阅交办、科室承办、材料报送信访室存档备查”的程序办理，如果信访内容涉及多个科室业务，则由信访室报请分管信访工作的领导批阅交办，明确牵头科室和配合科室。对学校等基层单位或个人的信访件及时与当事人进行核查，最后提出处理意见，对重要问题派专人到问题发生地详细了解情况，力求客观公正、化解到位。

·教育工会·

【概况】 截至 2020 年底，安吉县教育工会下辖有 4 个学区工会工作委员会和 1 个高中直属单位工会工作委员会，69 个基层工会。会员 5355 人，其中：女会员 3629 人，占会员总数的 67.76%。民办学校工会 7 个。现有县级“先进职工之家”53 个，“合格职工之家”5 个；县级“妈咪暖心小屋”54 个。新成立安吉县灵峰幼儿园工会和高禹幼儿园工会。艺术高中等 24 家工会按时换届。

2020 年，教育工会继续落实省、市、县的扶贫要求，教育工会积极动员、鼓励工会会员购买扶贫地区的农副产品。教育工会联系扶贫产品推广销售商家，定制产品套餐供基层工会会员选择，为打赢脱贫攻坚战，做出微薄贡献。教育工会积极响应政府防疫号召，鼓励外省级教师留安过年，开展组织一次谈心谈话、开展一次上门慰问、拨打一个亲情电话、开放一系列学校活动室、举办一次留安过年最美瞬间摄影比赛的“五个一”活动，让留安教师在美丽的第二故乡开心过大年。2020 年，共有 5134 位教职工参加教育系统教职工医疗互助会和县总工会的医疗互助；教职工体检标准提高到每人 1700 元，实际享受到的体检男子超过 2000 元，女子超过 2200 元；2020 年，由于疫情影响，教职工暑期疗休养采用集体组织与自由行相结合的方式进行，疗休养经费参照公务员标准，同步调整到每人每年 3000 元，对 2018 年、2019 年未享受到疗休养政策福利的教师，按照县、市要求进行全面落实。

开展教职工文体活动。举办安吉县教职工气排球比赛，组队参加湖州市高素质人才羽毛球比赛，安吉县高素质人才篮球比赛等体育活动；县教工运动总队活动正常有序。气排球队、乒乓球队、羽毛球队每周开展训练活动。羽毛球参加安吉羽协组织的业余俱乐部比赛，取得团体第三名的好成绩。开展小学、高中教师解题能力大赛、教师经典诵读、班主任德育导师综合能力大赛、初中科学教师 STEM 课程能力大赛、交互式电子白板应用技能大赛、信息技术应用技能比赛。

弘扬劳模工匠精神，积极做好劳动模范和模范集体的选树和推荐，职教中心叶锏老师被评

9 月 7 日，安吉县高级中学“农商银行杯”2020 年优秀师生表彰暨第三届“我最喜爱的老师”颁奖典礼隆重举行

为县级劳模，第二小学被评为县级模范集体，职教中心杨应政、技工学校戴家平被评为“两山”工匠。开展“三育人”先进集体和先进人选树活动，第二小学被授予省级“三育人”先进集体，昌硕高级中学王文静被授予省级“三育人”先进个人，高禹中学、孝丰高级中学、孝丰幼儿园、育星培智学校被评为市级“三育人”先进集体，第八小学陈月芬，实验幼儿园蔡衣霏、溪龙小学郑乾秀、孝丰中学朱红被评为市级“三育人”先进个人，职教中心等10所学校、高级中学包微微等10人分别被评为县级“三育人”先进集体和先进个人。

【“安吉游戏”入选为世界经济论坛4.0模式】 1月14日，世界经济论坛（World Economic Forum）发布的报告《未来学校：为第四次工业革命定义新教育模式》探讨了改变现有教育模式的可能路径，提出教育4.0框架。“安吉游戏”教育模式入选其中占据首位。“安吉游戏”自2002年起，发源于安吉县。它作为一种幼儿园课程，致力于让儿童在自发自主的游戏中获得学习。它的核心理念是任何环境都可以成为学习环境。幼儿园里，孩子们每天至少有90分钟在户外使用梯子、滚筒、木箱等材料进行游戏。这种模式成功的关键在于，它创造性地使用了低至无成本的生活物品，从而确保低收入家庭社区或幼儿园也能获得游戏道具。

【副县长任贵明在国际会议上做“让游戏点亮快乐童年”交流发言】 11月20日，2020年“读懂中国”国际会议在广州开幕。11月21日下午，副县长任贵明在“疫情下生命与健康教育创新实践”平行研讨会上作“让游戏点亮快乐童年”的交流发言。“安吉游戏”是安吉幼教人遵照党和国家关于新时期人才培养目标和幼儿园教育目标任务，扎根“绿水青山就是金山银山”理念诞生地——浙江省安吉县，经过20年的探索实践，形成的一套以“幼儿自主游戏”为核心的幼教体系。2019年8月，教育部部长陈宝生向全国人大常委会汇报《国务院关于学前教育改革发展的报告》中指出：“安吉游戏”的实践探索得到国际学前教育界高度肯定，成为中国学前教育一张亮丽的国际“名片”。

【安吉县通过浙江省区域推进语言文字规范化县评估验收】 11月25—26日，以浙江省语言文字工作者协会副秘书长王强、浙江省普通话测试员黄乐为观察员，以湖州市语委副主任、湖州市教育局副局长朱建伟带队的评估组专家，对安吉县区域性推进语言文字规范化县工作进行评估验收。通过查阅台账、实地评估对安吉县推进语言文字规范化工作做了全面检验，并对全县的工作成果给予高度赞扬。特别是安吉地名文化、乡村文化礼堂、学校语言文字推广等工作表示充分肯定。安吉县高水平、高标准通过县域推进语言文字规范化县评估验收。

【“安吉游戏”全国推广计划启动会在安吉召开】 12月7—9日，“安吉游戏”全国推广计划启动会在安吉召开，教育部基础教育司一级巡视员姜瑾及学前教育处领导，联合国儿童基金会教育处处长Sanau及相关人员，浙江省教育厅党委委员、副厅长陈锋及基础教育处领导，湖州市教育局局长金淦英，安吉县副县长任贵明等领导出席会议。全国各地31个省的幼教代表参加会议。Sanau、陈锋、任贵民分别在会上致辞。会议通过

11月25—26日，安吉县创建省区域推进语言文字规范化县评估验收会议举行

全国推广工作部署、专家介绍、实地观摩、座谈交流等形式深入全面地开展“安吉游戏”的推广工作。

【安吉职教中心学生在中华人民共和国第一届职业技能大赛中获银奖】 12月10—13日，中华人民共和国第一届职业技能大赛在广州举行。安吉职教中心(安吉高级技工学校)学生马澳龙代表浙江省参加“管道与制暖”项目获银牌，并被授予“全国技术能手”称号。成为继杨应政之后，安吉县第二位全国技术能手。

【安吉县成为浙江省首批人工智能教育实验区】 2020(杭州)国际数字教育大会于12月11日谢幕。会上，安吉县成为浙江省首批命名的8个人工智能教育实验区之一，安吉县教育局作为实验区代表在大会上交流发言。近年来，安吉县扎实推进教育信息化工作，取得显著成效。自2003年创建教育强县以来，县教育局全力推进信息技术和教育教学融合创新，先后被评为全国教育装备强县、省教育技术装备规范管理示范县、省“之江汇”空间建设先进集体、“之江汇”新型空间建设应用试点单位等。以打造义务段“三大节”(科技节、体育节、艺术节)为抓手，促进人工智能教育的发展。由县信息技术教研员牵头，建立以信息学骨干教师组成的人工智能研究团队，通过骨干引领，逐步推动教学与课程落地。与县教研室协作，初步制订三年推进计划。加强学科融合，完善教材开发。根据省中小学信息技术教材新修订内容，设定信息技术课程教学目标和教学方向新要求，为人工智能教育和大数据内容的添加提供更好的结合点。

(杨庆权)

科 学 技 术

科技工作

【概况】 2020年,安吉县共认定省级科技型中小企业144家,国家科技型中小企业入库54家,新增国家高新技术企业51家。全县高新技术产业增加值同比增长11.9%,占全规上企业58.6%,增幅全市第一。入围省级高企研发中心15家、省级企业研究院15家、省级农业重点企业研究院1家。省级引才计划外专项目入选2人、省领军型创新创业团队入选1个、省级"海外工程师"入选8人、南太湖精英计划创新团队入选2个、国推入围答辩3人。1月10日,浙江惠嘉生物科技股份有限公司参与项目"猪健康养殖的饲用抗生素替代关键技术及应用"荣获国家科学技术进步奖二等奖。12月2日,安吉县入选"2020中国城市创新百佳示范县市"榜单,位列第15位。

【创新主体发展壮大】 强化科技梯队培育。构建科技型企业"微成长、小升高、高壮大"的梯度培育机制,设置科技型中小企业、高新技术企业、省级高企研发中心等培育库,关注培育企业技术需求及发展瓶颈等难题,坚持"一企一策"精准指导培育,通过强化企业政策宣讲、融资对接、技术引进等方式,助推创新主体成长壮大。2020年,新增省级科技型中小企业144家,提前6个月完成市定年度考核目标任务;新认定高新技术企业51家,创历史新高。强化重点人才引育。根据人才工作分工,精准分析产业发展导向、企业发展需求、人才优势特点,以高级引才突破为重点,突出"企业早对接、材料早准备、专家早把脉"工作原则,全力推进引才育才工作。2020年,省级引才计划外专项目入选2人(2019年为"零",市排名并列第四);省领军型创新创业团队入选1个,实现该项目"零"的突破(市排名并列第二);省级"海外工程师"入选8人(市排名并列第二);南太湖精英计划创新团队入选2个(市排名并列第一),提前半年完成任务;国推入围答辩3人。强化政产学研合作。围绕安吉县产业发展困境和难题,定期、持续为企业和科研院所推荐优质的科技成果和技术需求,并提供科技中介、科技金融等一站式集成服务与保障。2020年7月,举办安吉县第一届技术成果拍卖会,11项技术成果以总价1230万元在安吉企业落地开花。10月,举办第五届中国创新挑战赛(浙江)暨2020年浙江省技术需求"张榜招贤"大赛节能环保行业现场赛,3项优秀解决方案提出者与技术难题出题企业达成合作意向,合同总金额达500余万元。

【平台创新与管理】 提速高能级创新平台创建。针对安吉县平台能级低问题,以笔架山国家农业科技园、孝丰国家竹产业园建设为抓手,以农高区规划编制为重点,全力加快国家级农高区创建步伐,在8月30日已经完成规划专家论证。同时,以招引与建设作为省级高新区工作着力点,瞄准绿色高端装备制造业、生物健康和电子信息产业发展中的重点,实现一批关键和核心技术突破,加快绿色制造省级高新区创建。提标科技双创平台管理。针对园区科创项目少、项目清退难、孵化绩效低问题,修订完善《入园管理办法》《项目准入办法》,对入驻、考核、清退等做了明确规定。2020年,已累计清退绩效不明显项目11个,同时引进科聪、由美、华叉、天盾等6个优质项目,并在10月中旬举行科创项目集中入孵仪式。鼓励工商资本建设孵化器,县文化产业发展中心成为安吉县首家省级专业型科技孵化器;杭电安吉智能制造技术研究院众创空间通过省级众创空间备案。提效新型研发机构建设。针对公共研发机构服务半径小、服务深度弱等问题,创新设立例会制度,加强对杭电、启迪、椅艺综合体等已有新型研发机构的提效工作外,按照"不选贵的只选对的"原则,围绕竹产业,对接省林科院设立安吉竹产业研究院,共建竹产业创新服务综合体,推进竹产业二次发展;围绕白茶产业，对接安徽农大和中茶院设立安吉白茶产业研究中心，推进白茶的生物学研究和资源综合利用；围绕椅业产业，对接浙工大设立安吉椅业工业设计研究院，推进椅业产业核心竞争力提升；围绕生物健康产业，配合开发区对接上海交大共建生命健康联合研究中心，加快新兴产业发展；围绕笔架山农业科技园，对接省农科院共享省农科院青创园资源，面向全省的招商引才。

【科技项目建设】 开展省、市、县级科技项目排摸申报，2020年继续开展县级乡村振兴科技好项目和科技特派员专项的申报立项，立项36项；申报市级项目45项，立项29项；推荐申报省级重点研发项目4项。东方基因生物制品股份有限公司的新冠试剂盒成功申报省重大攻关专项，取得全省第二、全市第一新冠病毒核酸检测试剂盒的医疗器械注册证，并获得美国FDA紧急使用授权；天草生物获省科技进步一等奖，纳美新材料、捷达科技获省科技进步三等奖。浙江捷达科技有限公司等7家企业成功入围2021年度省重点研发计划竞争性项目，同比增长250%，入围数量位居全市第一，预计总共为入围企业争取到2000万元省级专项资金支持，单个项目争取额度为150万元至500万元。

【创新环境得到保障】 强化政策引导。制定《安吉县关于加快科技创新十条政策》，高效落实创新券、研发费用加计扣除等优惠政策，线上运用政务媒体进行政策解读，并建立钉钉群、微信群对企业进行实时答疑。线下组织开展专项培训，并对重点企业进行实地走访，零距离业务指导。强化统一管理。创新推进安吉县技术创新服务中心改革，完善“1＋1＋N”(1个技术创新服务中心＋1个网上科技大市场＋N个高校技术转移中心)的管理体系，建立“三大库”(“难题库”“成果库”“专家库”)并通过安吉科技大市场网站对外发布，探索专家和企业网上技术对接新模式。全年引入各类创新平台和机构31家，发布成果信息954条、需求信息88条、专家信息213条，合同38条。强化科技服务。将“三服务”活动和科技创新加速行动相结合，通过发放科技政策汇编、开展政策宣讲等方式，详细为企业解读省、市、县科技政策，帮助企业协调解决创新链协同、产业链配套等困难和问题。2020年，累计走访企业500余家，现场解决问题80件，本部门研究解决5件，满意率均为100%。

【东方基因科创板上市】 2月5日，浙江东方基因生物制品股份有限公司获证监会同意科创板IPO注册，成为全市首家科创板民营企业。公开发行股票数量3000万股，占发行后公司总股本的25%，计划用于年产2.4亿人份快速诊断产品POCT项目、技术研发中心建设、营销网络与信息化管理平台建设以及补充流动资金，募集资金总金额5.62亿元，比原计划上报创业板增加1亿元。

【安吉县新冠检测产品获美国FDA紧急使用授权】 5月30日，浙江东方基因生物制品股份有限公司全资子公司——美国衡健生物科技有限公司研发的新型冠状病毒IgG/IgM抗体检测试纸，成功获得美国食品药品监督管理局(简称“FDA”，该机构为国际最具权威的食品与药品管理监控机构)签发的紧急使用授权(简称“EUA”)，成为全省首个、全国第四个获得FDA紧急使用授权证的新型冠状病毒检测产品。据悉，该产品具有操作简便、检测迅速、灵敏度高等优点，无须借助仪器，只需取受检人员的5微升血清/血浆或10微升全血即可检测，监测结果最快仅需2分钟，准确率超97%。此次获得FDA紧急使用授权，不仅有助于该企业进一步拓宽全球市场，还有助于提升安吉县科技创新品牌效应。

【全国“百城百园”行动视频研讨会交流发言】 6月24日，科技部组织召开“百城百园”行动视频研讨会，汇报交流行动总体进展并部署下一步工作。全国“百城百园”部分城市及园区代表参会，科技部成果与区域司副司长黄圣彪主持会议。安吉县科技局党组书记、局长沈强在科技部举行的全国“百城百园”行动视频研讨会上作交流发言。通过座谈会交流，充分学习相关城市、园区实施“百城百园”行动先进经验，下一步加快推广一批先进技术成果落地应用，完善区域技术转移服务体系，提升区域科技创新能力。

【浙江省科技进步奖】 7月13日，安吉县浙江天草生物科技股份有限公司与浙江大学、中国计量大学等合作的“植物源生物活性物质高效提取物分离技术装备及产业化”荣获浙江省科技进步奖一等奖，浙江纳美新材料股份有限公司与江南大学合作的“水基UV光固化喷墨打印墨水用纳米级颜料色浆”、浙江捷达科技有限公司与浙江工业大学合作的“四氢呋喃－3－甲胺制备关键技术及其产业化”两个项目获浙江省科技进步奖三等奖。

【举办安吉县第一届技术成果拍卖会】 7月20日，在科技创业园举行2020浙江科技成果拍卖会安吉专场活动，通过对企业需求的调研和对长三角地区科研院所科研成果的摸排，邀请符合条件的企业和科研院所参加此次拍卖会，涉及智能装备制造、农林生产技术、大数据平台等领域，最终11项科研成果拍出1230万元。

【安吉竹产业创新服务综合体入选2020年省级产业创新服务综合体创建名单】 10月20日，安吉竹产业创新服务综合体成功入选2020年省级产业创新服务综合体创建名单，这是安吉县继椅艺创新服务综合体之后的第二家省级服务综合体。安吉绿色竹产业创新服务综合体围绕竹产业转型升级需求，总体形成“1＋2＋5”产业创新服务体系，即建设一个竹产业创新中心；推进竹产业智能制造和检验检测两大服务基地；建设创新创业孵化、品牌建设、人才交流服务、科技金融服务和公共配套服务五大平台。

【第五届中国创新挑战赛(浙江)首场节能环保行业现场赛在安吉开赛】 10月26日，第五届中国创新挑战赛(浙江)首场节能环保行业现场赛在安吉开赛。3项优秀解决方案提出者与技术难题出题企业达成合作意向，合同总金额达500余万元。

7月20日，在科技创业园举行2020浙江科技成果拍卖会安吉专场活动

【安吉县7家企业入围2021年度省重点研发计划竞争性项目】 **11月23日**，省科技厅公布2021年度省重点研发计划竞争性项目名单，安吉县的浙江捷达科技有限公司、安费诺飞凤(安吉)通信部品有限公司、浙江申吉钛业股份有限公司、浙江信竹生物科技有限公司、浙江东方基因生物制品股份有限公司、浙江冠林机械有限公司、浙江杭摩合成材料股份有限公司7家企业成功入围，同比增长250％，入围数量位居全市第一，累计争取省级专项资金2000万元。

【安吉县专业型孵化器“零”突破】 11月25日，安吉县文化发展产业园成功获批省级专业型科技企业孵化器，实现安吉县专业型孵化器“零”的突破。

【安吉县人民政府与安徽农业大学共建安吉白茶研究中心签约仪式举行】 12月23日，安吉县人民政府与安徽农业大学共建安吉白茶研究中心签约仪式举行。中共安徽省委委员，安徽省政协常委、安徽农业大学茶树生物学与资源利用国家重点实验室主任宛晓春，县委副书记、县长宋波，县委常委、组织部部长朱伟见证签约。安徽农业大学党委常委、副校长操海群，副县长张昕签署合作协议。根据协议，合作将着重依托安徽农业大学科研资源优势和安吉白茶产业优势，坚持“真诚互信、合作共赢”原则，共建安吉白茶研究中心，深度开展产学研合作，提升安吉白茶全产业链创新创业能力。研究中心围绕产业发展需

12月23日，安徽农业大学与安吉县人民政府合作共建安吉白茶研究中心签约仪式举行

求，重点提供产业规划、健康功能及质量安全、技术研发及成果运用、人才引育及培训、品牌培育及建设以及项目申报5个大方向的技术合作。协议签订后，安徽农业大学派出一支专业的专家团队常驻安吉，除了给全县白茶产业发展提供“智囊”服务外，还要深入茶企、茶农，对接技术需求，解决发展“痛点”。

（江　磊）

科协工作

【概况】 2020年，新增安吉长虹制链有限公司、浙江纳美材料科技有限公司、浙江艾明德生物科技有限公司3家市级院士工作站设，超额完成任务。其中，院士专家工作站建站单位浙江天草生物科技股份有限公司荣获省科学技术进步奖一等奖。浙江纳美材料科技有限公司、浙江捷达科技有限公司2家公司与高校合作项目获省科学技术进步三等奖。牵线陈旭院士与余村“两山”示范区就地质科普、村庄经营等方向签订正式发展指导协议，率先跨出院士高端智力助力乡村振兴的全国第一步，相关做法获副市长夏坚定批示。聚力搭建“科创中国”科技资本融通创新平台，成功争取“科创中国”中国环境科学学会安吉服务站落地，同时对接中国环境科学学会副秘书长彭宾及中科院院士朱永官在安吉国千环境科技有限公司设立全国首个县级“山水林田湖协同治理创新基地”。争取到中国科协牵头主办的“2020绿色发展科技创新大会”在安吉举办，邀请院士、国内外百余名顶尖专家为安吉的数字经济赋能绿色发展。

【基层服务工作】 围绕科技、发展、生态三大主题，突出基层“三长”元素，全年吸纳涵盖科技、文化、教育、卫生、农业等专业领域1500余名科技志愿者来共同推动科普知识到机关、下社区、进校园、入企业，举办“5·30”科技志愿者活动，全年开展各类科普活动50余场。“安吉科协凝聚科技志愿力量助力乡村振兴的做法”获省科协党组书记、副主席郑金平批示。疫情防控期间锁定市民关切引发的热点热搜，借力融媒体平台迅速发声，在“爱安吉”App创新推出“科学战疫”应急科普专题41期(安吉发布同步推送)，在安吉新闻网推出“科普＋”15期，以科学知识和科学精神帮助市民扫除盲点、走出误区、克服恐惧，点击量超10万＋。开设争先创优之科普云课堂、科普图书云分享等线上活动，让市民足不出户就能畅游科普知识海洋，活动开设以来点击量过万。打造全市首部垃圾精准分类科普动漫宣传片，以科学易懂、广接地气的动漫故事情节引导市民学习和真正知晓垃圾如何精准分类，并落实到日常生活，该做法被“学习强国”报道。全年开展“金桥助飞”“益民计划”“余村”红色研学等科普项目11批，完成线上、线下科普培训50余期，确定8个县科普项目，新增市级科普教育基地3个。组织百名党员农技专家深入乡村田间、农普基地，开展“三服务·百名红专家一对一”点单式现场技术指导。成功攻克互联网5G智能养殖溪泉鱼、晴王有机专用肥研发、养殖场尾水治理难等难题，织就一道绿水青山下的志愿服务红色风景线，且党员“三长”服务模式相关做法获省科协副主席王忠民批示。绘制安吉“1＋15＋N”县域科普基地一张图，组建全省首支“春雨润苗”中小学科普特派员红色支队，开展中小学生“走进科学”实践活动，举办县第二十届青少年科技节中小学生航模锦标赛。为全县5.5万名中小学生送去“零距离”的科技、科普体验，向山区小学持续提供特色科普品牌活动“套餐式”服务，促进全域青少年科技教育共同提高。

【创新服务发展】 发酵以赖建红为首的资深专家带动协会青年农技人员案例，形成“1＋N＋X”的技术推广模式，并借助科研院所力量，从种植经营转到品牌建设，推动茶企探索安吉白茶产品深加工，本土茶园生物资源的再利用即“白叶一号”红茶、老白茶等深加工制作，推动疫情影响下茶产业的多元化升级发展，有效促进安吉白茶一、二、三产“四季”融合发展。推荐安吉白茶协会参选全国创新争先奖(湖州市唯一)。帮助贫困地区群众脱贫，赠送“白叶一号”扶贫茶苗的基础上，邀请受捐三省五县的农技干部、种植大户近百人分3批来安吉农函大培训，从茶叶种植、管理、加工、市场销售、乡村振兴等7大方面进行理论到实践现场点对点教学。同时成立技术科普指导组，赴捐赠地开展茶苗种植前的土地翻耕、土壤优化、茶园规划等技术指导，指导翻耕土地6000余亩。白茶学会将帮扶举措从茶苗捐赠到茶产业帮扶，变“输血”为“造血”。搭建“专业合作社＋龙头企业＋贫困户”生产经营模式，推广“企业＋订单”产销模式，动员企业科技馆——元丰机械有限公司向茶苗捐赠地赠送33台制茶机械，解决加工机械。系统构建从茶苗种植到茶叶生产加工、品牌培育、市场销售的完整产业链，支持受捐地培育本土茶叶品牌。

【高端智力引进】 紧扣县委、县政府中心工作，梳理疫情防控背景下的“三服务”“三张清单”，成立绿色服务专班，吸纳高端智力入驻“两山”科技智库，开展“院士＋专家＋高端人才进企攻关行动”，有效搭起政企沟通“三驾马车”。全年开展对接院士37人次，开展各类高端智力破难活动22次，破解企业高端技术难题6项。如协助安吉长虹制链有限公司攻克链条表面涂覆纳米材料研究难题，实现一期销售额破6000万元。指导浙江洁美电子科技有限公司在PET膜原料甄选技术难题。新增安吉长虹制链有限公司、浙江纳美材料科技有限公司、浙江艾明德生物科技有限公司3家科技型企业市级院士工作站建设，超额完成任务。以助企纾困为要，年初主动关心企业开复工情况，得知浙江东方基因生物制品股份有限公司针对新冠肺炎研制病毒核酸、病毒抗体两类产品无法最终检测攻关，及时运用“线上联系＋线下走访”联动方式，带着企业负责人迅速对接李兰娟院士、杭州医学院吕建新教授，在专业科研团队带领下攻克难关，研发出新冠病毒快速检测试剂(2019－nCoV)，用于家庭自测、企业复工、学生返校，最快2分钟完成检测，促进疫情控制和企业发展。对接中科院信息技术科学部院士薛永祺与安吉众峰商务综合管理有限公司签订顾问协议，为企业提供技术指导和咨询服务。先后承办省科协“双创”报告团巡讲活动和中国科协“科创中国”项目的“磁科技与生命健康服务团”产学研深度融合创新论坛，促使科技型企业健康成长。聚力搭建“科创中国”科技资本融通创新平台，成功争取“科创中国”中国环境科学学会安吉服务站落地，并对接中国科学院院士朱永官到安吉就环境科学等领域开展深入研讨，探索形成“山水林田湖系统治理”新模式，为安吉国千环境科技有限公司等科技型企业发展注入强心针，安吉探索绿

11月6日，中国科学院院士朱永官为国千环境公司山水林田湖协同治理创新基地揭牌

色发展科技创新相关做法、成效获副省长高兴夫批示。

【数字经济赋能绿色发展 2020 绿色发展科技创新大会在浙江安吉举办】 11月5—7日,由中国科学技术协会牵头,生态环境部、住房和城乡建设部共同主办的2020绿色发展科技创新大会在浙江省安吉县举行。大会利用现代技术及传播手段,采用“线上、线下”相结合的方式组织召开,并通过央视网、Facebook及YouTube等海外社交媒体平台面向全球中英双语同步直播,直播当天点击量超1400万。大会积极推介安吉当地生态经济化和经济生态化成功模式,展示2020年中国科协着力打造的“科创中国”品牌活动,促进科技与经济深度融合。整个会议围绕“数字经济赋能绿色发展”主题,搭建学术交流和技术转移平台,百余位院士、顶尖专家、企业家及联合国可持续发展解决方案网络(SDSN)、联合国气候技术中心与网络(CTCN)、国际数据委员会(CODATA)、国际科学理事会“城市健康与福祉”国际办公室等国际组织负责人,共同就环境科学与数字技术、城市智能与可持续发展、智慧环保与美丽中国建设等议题开展研讨,向全球分享展示数字经济引领绿色发展的创新路径,充分激发数字经济促进绿色发展的强劲动力,朱永官院士、联合国秘书长高级顾问杰弗里·萨克斯、湖州市委常委、安吉县委书记沈铭权等分别作绿色发展主旨报告。其中全球绿色城市对话环节,四川省遂宁市、山西省长治市、浙江省安吉县的嘉宾共同聚焦科技发展,与来自英国、韩国、爱尔兰、意大利等国家的专家、学者通过视频连线实时参与对话讨论,带来绿色城市规划发展的国际视角与专业启发。

【“两山科技志愿服务项目”入选2020年浙江省基层科普创新试点名单】 7月23日,2020年省级基层科普创新试点项目名单公布,安吉县“两山科技志愿服务项目”成功入选,全市唯一(全省共8个)。据悉,本次试点将重点围绕“科技志愿服务、科技助力乡村振兴、科教融合、科普特色小镇建设”等方面进行探索实践,通过试点探索、经验总结、全面推广等方式,全方位展示、推广全省科普工作经验,助力提升全省公民素质提升,力争形成惠普创新、全面动员、全民参与的社会化大科普格局。2020年以来,安吉县以建设全国首批科技志愿服务试点县为契机,紧扣科技、发展、生态三大主题,充分发挥联动优势、资源优势、人才优势,吸纳涵盖科技、文化、教育、卫生、农业等专业领域1050余名志愿者,打造全省首支“两山”科技志愿服务队伍,通过开展志愿服务实现科普资源下沉、人才下沉、服务下沉。

【全国首个院士与余村“两山”示范区建设长期合作关系签约】 6月5日,安吉科协扮好科技“红娘”,引导院士资源从高端智造企业向美丽乡村延伸,以丰富乡村经营业态,增添发展后劲。聘请中国科学院院士陈旭智囊团为安吉余村“两山”示范区发展顾问,签订正式发展协议,就村庄经营、地质科普等方向进行“把脉问诊”。率先成为全国首例院士与村一级达成美丽乡村建设发展长期合作关系的案例。合作协议签订后,陈旭院士组织浙北地质矿产研究院专家在余村矿山遗址考察,发现寒武纪时期“海绵骨针化石”,为余村打造地质公园,迈出关键性的第一步。

(张　鹏)

6月5日,天荒坪镇余村村聘请中国科学院院士陈旭为余村发展顾问,这是全国首例院士与村一级达成美丽乡村建设发展长期合作关系的案例

文化·新闻

文　化

·文化工作·

【概况】 根据《安吉县深化文化市场综合行政执法改革实施方案》和《安吉县事业单位清理规范整合工作方案》精神，经县委编委2020年第一次会议审议，整合安吉县龙山体育中心、安吉县少年儿童业余体育学校两家事业单位的全部职责，同时整合人员编制和实有人员，组建安吉县体育中心，挂安吉县少年儿童业余体育学校牌子。安吉县体育中心（挂安吉县少年儿童业余体育学校牌子）为县文体旅游局下属公益一类事业单位，机构规格为正股级；核定事业编制数25名，编外用工计划控制数19名，设主任1名、副主任4名；经费形式财政全额补助。机构编制规定有关具体文件另行制定。整合安吉县文化市场行政执法大队（挂安吉县文物监察队牌子）、安吉县旅游质量监督管理所（挂安吉县旅游综合执法大队牌子）两家事业单位的行政处罚职责以及与之相关的行政检查、行政强制职责，增加体育领域行政执法职责，组建安吉县文化市场综合行政执法队。安吉县文化市场综合行政执法队机构编制规定有关具体文件另行制定。撤销安吉县文化市场行政执法大队、安吉县旅游质量监督管理所两家事业单位建制，并及时完成有关人员转隶工作。截至2020年末，县文体旅游局共有人员129人（其中公务员20人、参公人员17人、老人老办法1人、机关工勤2人、事业89人。具有高级职称11人、中级职称32人、初级职称35人、管理九级7人、事业工勤1人、未定级3人）。2020年，安吉县实现游客接待量2104.7万人次，旅游总收入305.04亿元，旅游业增加值51.63亿元（占GDP比重10.66%），分别恢复到2019年同期84%、95.7%、100%。疫情后安吉再次成为中国旅游百强县综合实力榜单第一名。

【特色亮点工作】 新冠肺炎疫情期间，县文体旅游局抓好疫情防控的同时充分释放暖企政策效应，全力推动文旅企业复工复产，“两手硬、两战赢”取得显著成效。疫情防控：强化精密智控，在全市率先形成行业联防联控体系，率先落实旅客入店疾控防疫五步操作法等“五个率先”紧急措施，启动“一图一码一指数”精密智控网。重点企业带头歇业，参与“公筷行动”，增添文明新风尚，旅游协会各分会捐款捐物58.1万元。抽调86名党员参与全县防疫防控工作，制定内部防控制度规范7项，累计出动巡查人员1887人次，及时处理投诉266起。一线助企服务，全力推动开工复工，高效实施“三服务”，健全完善“专员+专班”服务机制。策划热点修复，推动旅游产业复苏，以勇于担当的精神，在全国率先推出“2020全国医护战士安吉游大型公益行动”，并获省委领导批示表扬。设立1000万元市场恢复营销推广专项资金，并联合携程集团快速发放旅游消费券。协调设立10亿元旅游企业信用“战疫贷”。

要素争取：争取浙江省交通与旅游融合发展综合改革试点单位、浙江省文化和旅游消费试点城市等4项省级试点，入选首批“浙江省文旅产业融合改革试验区”培育名单，获评全国体彩工作表现突出县区。田园嘉乐比景区、浙江自然博物馆（安吉馆）创建国家AAAA级旅游景区。报福镇获评第四批省级旅游风情小镇，鲁家、横山坞两村获评全国乡村旅游重点村，安吉县博物馆获评国家二级博物馆。山河村成功创建省级文化示范村，赋石村被评为省级艺术创作采风基地。承办“浙里相约”2020全民健身节暨长三角体育社团高峰论坛等系列活动。

文化出彩：策划组织国际文化交流考察团安吉文化之旅，邀请法国、克罗地亚驻华大使等重量级外交官和叶大鹰、程昕东等艺术家（知名人士）访问考察安吉，并向安吉图书馆捐赠价值1500万元作品。举办国家文旅部文化和旅游公共服务机构功能融合现场教学活动。省委深改委《领跑者》重磅介绍全域旅游工作经验(全省唯一),获省委书记、常委副省长、常委宣传部部长等省领导批示肯定。八亩墩龙山大墓考古发掘入围“全国十大考古新发现”初选项目,古城考古遗址公园建设运营模式获国家文旅部《文化月刊》专文推荐,建设者代表获中国遗址公园建设十大杰出人物。

竞技争先:承办全国户外多项赛、浙江省青少年排球、浙江省青少年羽毛球锦标赛等省市高水平体育赛事活动。组队参加全国青少年攀岩锦标赛、全国青少年五子棋锦标赛等国家、省市级赛事23项。象棋、五子棋等体育社团组织活动丰富,健康发展。创新实施乡村体育节多村联办模式,有效提升全民健身群众参与度。输送运动员殷昕怡在Team China陆上赛艇“百日创纪录赛”中勇夺第一并创造该项目同年龄组全国纪录,成为全市首位皮划赛艇1分钟赛全国纪录创造者。

【文旅项目建设】 2020年,县文体旅游局重点扶持乡村振兴类、乡村度假类和旅游综合体类项目,推进新时代“两山”试验区建设,优化旅游休闲项目评估体系,全链条抓好项目预评估、考核督查以及招商引资工作。坚持牵头抓总、科学预审、合理布局总要求,全年牵头会审评估新旅游项目24个(否决2个),直接参与一批重点项目招商洽谈工作。灵峰街道试点探索旅游“标准地”,成功出让全国首块旅游“标准地”,总面积8.96亩,成交价格1051万元。年初争取承办浙江省重大文旅项目集中开工主会场活动。全县产业类文旅体育项目达73个(全市第一),其中10亿元以上11个,协议总投资482.8亿元,完成54个在建项目实际投资27亿元。灵峰运动旅游综合体、红石崖景区项目等重大项目签约落地。英迪格度假村、中国白茶小镇等项目实现开工建设。荣耀天空之城、年年有余研学中心、树屋酒店等项目相继竣工投运。中国白茶小镇、云上草原二期、中南百草原二期、古城国家考古遗址公园在建重大文旅项目加速推进。聚焦旅游服务便利化、旅游管理精细化、旅游营销科技化目标,成立智慧旅游建设工作专班,定期召开工作推进例会。编制完成智慧旅游三年初设方案,梳理完成一期项目建设清单。启动“一中心三平台”项目,实施“安吉县文旅项目数字地图”系统,并受市县主要领导批示表扬。全县A级景区和酒店100%纳入“诗画浙江”数据采集平台。比选全域旅游信息化运营方案,打造县域文体旅优质资源库,提高资源要素配置效率。

9月26日,第四届中国亲子文旅节在鄣吴镇举行

【事业产业发展】 防疫期间,安吉县公共文化场馆积极整合各类文化资源,努力为广大市民配送丰富的线上文化精品资源,足不出户享受公共文化服务“宅急送”,受到国家文旅部表扬。县图书馆携手省漫画家协会开展抗疫主题漫画展、携手多位知名连环画画家打造主题连环画创作公益行推广等活动;县博物馆推出抗疫主题书画作品展、馆藏专题展、开辟线上人文历史“微讲堂”,并向社会征集抗疫见证物;吴昌硕纪念馆推出“云游”展厅、“云赏”精品、抗疫主题网络书画展等;县文化馆推出400门免费文化慕课以及抗疫主题视觉艺术作品展等。以县文化馆为首的全县文艺工作者积极创作一批积极向上、鼓舞人心、正面引导的文艺作品。通过互联网不接触沟通创作歌曲、舞蹈、绘画、朗诵、摄影、非遗等多种形

式艺术作品300余件，如音乐作品《守护》《兰花吟》《希望》《此刻逆行有你我》《问》等，舞蹈作品《武汉，加油》，非遗大鼓书《励志歌》，朗诵作品《为了谁》《口罩下的面容》《踏莎行·送汪罗出征》以及疫情防控系列漫画作品等一批文艺精品，激励全县人民群众坚决打赢疫情防控阻击战。

运动员殷昕怡在Team China陆上赛艇“百日创纪录赛”中，以331米成绩勇夺第一并创造陆上赛艇女子公开级19—29岁年龄组1分钟赛的全国纪录，成为全市首位皮划赛艇1分钟赛的全国纪录创造者。体育中心(少体校)运动员徐嘉壕在浙江省青少年场地自行车冠军赛、锦标赛中获得原地1000米计时赛项目冠军。武术队参加在浙江桐乡举办的2020年浙江省青少年武术套路锦标赛中，获3金1银3铜的好成绩。游泳队参加在湖州举办的ZSSL浙江省第六届中小学生游泳联赛中，获12金12银6铜的好成绩。田径队参加在宁波象山举办的浙江省青少年儿童田径冠军赛中，获4金3银5铜的佳绩。并从浙江省乙级队晋级甲级队。

推进“文化基因解码工程”工作，助推实现“文化兴县”，推进文旅融合“三级联创”，加快空间全域化布局。引导民宿集群建设、抱团经营，打造有影响力的民宿集中展示区块。县政府出台关于民宿(农家乐)产业高质量发展意见，推进一批农家乐集聚区改造提升试点，全县民宿统一品牌初步打响。围绕乡村振兴战略不断推进景区村庄创建，全县AAA景区村庄达39个，在全市率先实现县域A级景区村庄全覆盖。

【公共服务供给】 探索公共文体服务“智慧+”建设，改进公共场馆智能服务系统。基础设施持续改善。探索公共文体服务“互联网+”建设，改进公共场馆智能服务系统。完成县图书馆等馆所智慧化建设工程。启动博物馆安防系统改造工程，新文化馆项目稳步推进。启动龙山体育中心大提升大服务改造工程，全县公共体育场地设施100%纳入“浙里办”全民健身地图。营盘山体育公园建成使用。“美丽乡村文化集群”建设持续推进，构建中心城市4家图文博纪场馆+14个乡镇(街道)综合文化中心+142家文化礼堂+12家城市书房+7个乡镇图书分馆的基本公共文化网络设施。全县新建成旅游公共服务基础设施69项，完成59家旅游厕所建设及百度地图标注。54个省市级群众体育场地、设施建设项目验收投运，全县人均体育面积达3.48平方米，位列全省前茅。惠民活动全民共享。开发线上文化精品资源，图书馆、博物馆等一批下属馆所创新开展云阅读、云展览等线上云服务，累计实现点击量100万+。组织开展各类文艺演出264场，争取文艺精品进乡村、进校园340场。县图书馆接待到馆读者和图书借还流通量均达60万余人次；全县首家智能化图书分馆余村书房建成开放。组织开展“美丽文化”惠民公益培训、体育公益大培训，线上、线下受益人群超3万人次，培养体育社会指导员450人。文艺创作精品迭出，《守护》等多首抗疫歌曲进入“学习强国”平台，《竹凤凰》参加2020文明出行全省巡回宣传月大型公益活动并受到中央文明办函电表扬。夯实文物保护基础工作。组织编制安吉永安寺塔(灵芝塔)、安城城墙、安吉古城遗址3处国保单位的项目计划书。大力支持示范区平台建设，协调配合省考古所全面启动赛孚永磁同步机电、三有机械、金棕榈机电和污水处理厂、中力机械、孝丰国家竹产业园区6个项目考古工作，总用地面积500多亩。联合水利局共同推进西苕溪“清水入湖”提升工程，指导安城城墙、安吉永安寺塔环境整治项目，编制技术方案。加大博物馆、纪念馆、野外文物的安全检查，充分利用业余文保员、平安工程等人防、技防资源，联合公安成功抓获2个盗墓团伙共计8人，收缴金簪、陶瓷器等20多件，案件还在进一步审理中。联合乡镇(街道)村(社区)开展文物建筑“洗楼式”安全隐患大排查，排查安全隐患2处，督促责任单位完成整改。非遗传承全面融合。开展非遗进景区、进民宿活动，借助第四届“年味在安吉”活动、2020浙江安心游“零零联盟”活动，开展安吉白茶手工炒制技艺、竹编、竹刻等技艺类非遗项目及吴均汤包、孝子糕、管城糕点等美食非遗项目展示展卖。通过高端民宿内开设非遗小课堂打造体验式非遗文旅项目。组织国遗安吉白茶制作技艺的非遗旅游商品《安吉瑞良白茶》参加2020中国特色旅游商品大赛，荣膺银奖(全市唯一)。推荐的鄣吴竹扇《玉竹乌木》入围薪传奖传统工艺大展(全市唯一)。央视《消费主张》栏目播出安吉夜市,集中展示吴均汤包、安吉竹编等安吉非遗项目。央视纪录片《传承》栏目拍摄溪龙立体竹编传承人祝和春的从艺一生。

【对外交流拓展】 2020年,逐步形成政府宣传品牌形象、企业输出产品线路、部门配合行业宣传的市场营销格局,利用媒体造势、业内推荐、户外宣传同步、政企分工配合,推动安吉文旅业有序健康发展。持续推广拓展客源市场。以长三角为核心,辐射周边市场,持之以恒开展推广安吉“中国亲子旅游第一县、国际乡村生活示范地”目的地品牌形象宣传。每年带领全县重点乡镇、旅游企业奔赴长三角各重点城市,开展近20场推广活动。抢抓商合杭高铁全线贯通和长三角一体化建设发展战略机遇,深耕苏、沪、杭、皖,全力推进河南、北京、山东、江西等中远程市场,逐步改善安吉旅游“短途游、假日游”以及周末价格偏高的市场短板。节庆活动提升县域品牌。持续放大安吉各类节庆活动影响,每年举办“中国亲子旅游节”“中国·安吉玩水节”“年味在安吉”等重大文旅节庆活动,点亮县域文旅品牌。整合乡镇企业活动资源,每年开展“中国美丽乡村嘉年华”系列活动30余场,其中,乡镇企业组织的“江南天池滑雪节”“孝文化节”“尚书文化节”“慢生活主题文化节”“吴昌硕文化节”“知青文化节”等活动坚持多年,也逐步形成地方文化特色和旅游品牌。新媒体新手段全网营销。针对线下旅游停滞现象,利用融媒体做好营销,打响疫后旅游推介第一炮。邀请分管县长以及文体旅游局、文旅集团、灵峰街道等部门负责人,代表政府部门、行业主管、旅游企业和国家级旅游度假区共同出镜,为全县旅游资源宣传吆喝、录制“县长请你来安吉”邀请视频,“县长请你来安吉”话题连续3次登上热搜。与以携程为代表的在线旅游平台达成战略合作,同步开展万人自驾游浙江携程复兴V计划。整合11个县区优质旅游资源,推出携程“浙江安心游零零联盟线上专区”平台(PC及App双端同步),上线安心游系列新产品、服务标准与独家优惠活动。配合“春天,我和湖州有个约会”活动,在携程网上派发总价值307万的旅游消费券。游客领券后,可在实际消费时进行抵扣。疫情防控期间,开展线上直播、抖音大赛等活动近30场,线上销售1.5亿元。

11月19日,“乘着高铁游安吉”2020浙江·安吉文化旅游推介会在郑州成功举办

【规范文旅市场】 为加快融入长三角一体化发展战略,推动安吉县首批国家级全域旅游示范区高质量发展,牵头开展实施安吉县发展全域旅游“五百行动”。成立以县委县政府主要领导为组长,分管县领导为副组长,各涉旅部门为成员的安吉县发展全域旅游“五百行动”计划工作领导小组,下设办公室,建立全域旅游“五百行动”计划建设工作督查推进机制。为进一步拉高标杆、聚焦重点、压实责任,分年度并下达2020年度85项任务清单,成员单位每月向领导小组办公室报送任务清单落实和进展情况,形成齐抓共管、跨界融合、合力兴旅的新局面。按照上级旅游部门要求,严格按照时间节点,保质保量完成行业内各项旅游统计数据催报审核工作。根据各项中心工作要求,继续做好倡导全县旅游饭店取消“六小件”,限制使用一次性塑料用品工作。按照“一步倡导,分批实施”的原则,继续扩大范围,提高标准。年内全县各类酒店、民宿

已经全部落实“取消六小件”制度。全县酒店全面推行分餐制，倡导绿色消费，反对铺张浪费，提倡文明就餐、全面实行公筷公勺。严格落实垃圾分类及文明创建工作要求。狠抓各项工作落地见效，保障品质服务优质提升。加强对非假日旅游招徕系统申报企业的审核、监管工作。配合统计办对全县乡镇住宿餐饮入库企业进行摸底，走访了解经营状况，解决企业经营实际问题，确保完成服务业考核相关指标。根据政府数字化转型服务有关要求，完成“最多跑一次”办事事项颗粒度细化工作，实现政务事项要素统一，优化完善事项办事指南，维护部门事项 202 项，其中行政许可 83 项，其他权力事项 45 项，行政确认 5 项，行政奖励 1 项，行政给付 1 项，审核转报 25 项，公共服务 42 项，最大限度压减申请材料，缩短办理时限，推进审批服务便民化，方便基层群众和企业办事。推行“综合窗口”，实现其他事务“一窗通办”，归集常办事项参考办事事项审查要点，开展全科受理业务交叉培训，推进“综合窗口受理”改革工作。疫情防控期间，窗口开启“网上办、不见面、非接触”政务服务新模式，鼓励广大企业和群众通过网上办、掌上办等途径申报办理业务，并开通电话咨询以及全时段预约服务，为市民提供优质便捷的服务，做到标准不降、效率不减。推行“微”服务，开通行政审批微信服务群，随时随地提供在线咨询服务。全力助推“互联网＋监管”平台，致力于将大数据分析应用于对市场的日常监管工作中来，减少监管盲区，提升工作效能。全年通过“互联网＋监管”平台，认领监管事项 188 项，认领率及标准化率均 100%，事项覆盖率 73.40%。开展文化旅游及体育市场双随机抽查 12 次，跨部门联合抽查 2 次，共抽查主体 63 家次。将企业信用等级运用于分级分类监管，结合检查内容、行业风险和经营者素质进行定性定量分析，预测文明经营能力和守法经营能力。以“界定距离、突出重点”为原则，建立多元化等级评定机制，对登记在册的文化、旅游及体育类经营单位实施分级管理，将传统“等距离”监管转化为“差别化”监管。落实分类追踪监管，每年开展等级评定工作，同时强化对末尾等级场所的检查监督。

【第四届“年味在安吉”活动在灵峰街道大竹园村启动】 1月4—5日，第四届“年味在安吉”活动在灵峰街道大竹园村正式启动，湖州市、安吉县、各乡镇(街道)各级领导，长三角品质旅行社主要代表，酒店、景区代表，游客代表以及各界媒体等近千人参加此次盛会。本次活动由安吉县人民政府主办，安吉县文化和广电旅游体育局、安吉县灵峰街道和安吉县文旅集团承办。现场还举行“安吉十大特色年味乡村”颁奖仪式、安吉冬季旅游产品发布。

【第三届“七彩灵峰”杯“两山”徒步大会在灵峰国家级旅游度假区鸣枪开赛】 1月5日，第三届“七彩灵峰”杯“两山”徒步大会在灵峰国家级旅游度假区鸣枪开赛，浙江省体育总会、湖州市体育局、安吉县文体旅游局等各级领导嘉宾，以及来自全国的广大健身爱好者共同参加此次大会。本次大会由浙江省体育总会指导，浙江省登山协会、浙江省休闲养生协会、安吉县文化和广电旅游体育局、安吉县灵峰街道度假区管理委员会共同主办。

【第六届全国大众冰雪季 2020 世界雪日暨国际儿童滑雪节在云上草原开幕】 1月19日，第六届全国大众冰雪季 2020 世界雪日暨国际儿童滑雪节在云上草原开幕。安吉县教育局副局长万宝林，安吉文化和广电旅游体育局副局长周忠林，安吉县山川乡人民政府人大主席朱毅，安吉县山川乡人民政府党委委员吴晓明，山川乡小学校长程礼出席开幕式。安吉是“两山”理论的发源地，在践行“绿水青山就是金山银山”的发展道路上笃行致远。习近平总书记“冰天雪地也是金山银山”的重要论断，为加强生态文明建设与发展绿色经济指明方向。近年来，安吉县各高海拔地区充分发挥冰雪资源优势，化冰雪资源为冰雪文化、冰雪经济，让“冷资源”热起来。云上草原作为本地休闲旅游产业的排头兵，为安吉的冬季旅游点燃了一把火，是安吉实现冰雪产业弯道追赶的重要标杆。

【浙江“零零联盟”成立暨万人自驾游浙江携程复兴 V 计划启动仪式在安吉竹博园举行】 5月18日，浙江“零零联盟”成立暨万人自驾游浙江携程复兴 V 计划启动仪式在安吉竹博园正式举行。湖州市人民政府、副市长闵云、安吉县人民政府、县长宋波、携程集团高级副总裁李小平出席会议。为逐步恢复市场,打响浙江各地政府全力以赴、来之不易的零病例金字招牌,安吉县建议开展省内旅游互相推广开始,树立诗画浙江“安心游”品牌形象。同时,从零病例县区联手,发起和建立全国首个“零零联盟”,旨在推广各地抗疫成功经验,展示优质旅游资源,鼓舞市场及消费者信心,让“安心游”地区不仅成为抗疫工作的领先者,也成为浙江文旅市场复苏的排头兵。

【五峰山首届全民徒步节活动举行】 6月7日,由安吉县文体旅游局和新闻集团联合主办的“美好浙江 健康生活”五峰山首届全民徒步节活动在五峰山举行,安吉县文化和广电旅游体育局党委书记、局长彭忠心出席并授牌。五峰山首届全民徒步节得到安吉县文化和广电旅游体育局、安吉新闻集团、孝丰镇人民政府的大力支持,五峰山运动村经官方授牌正式成为安吉县徒步基地和“两山”好少年训练营,仪式上五峰山运动村更是与阿里体育达成战略合作关系,这意味着“互联网+体育”的新模式将进一步升级五峰山的体育文化产业。

【商合杭高铁安吉站开通仪式暨安徽专列游首发式举行】 6月28日,商合杭高铁安吉站开通仪式暨安徽专列游首发式(合肥南站)举办,安吉县人民政府副县长任贵明,合肥市文化和旅游局对外交流与合作处处长杨圣兵,安吉县文旅集团董事长钱良宏,安吉县文体旅游局党委书记、局长彭忠心,安徽省中青旅总经理王利,上海城铁广告传媒董事长敖卫国,江南天池总经理钱永财共同为商合杭高铁安吉站开通首发剪彩。

【诗画浙江 百县千碗——“中国百笋宴·安吉好味道”烹饪大赛在天荒坪镇大年初一度假酒店举行】 6月21日,诗画浙江 百县千碗——“中国百笋宴·安吉好味道”烹饪大赛在天荒坪镇大年初一度假酒店举行。本次活动由安吉县文化和广电旅游体育局,安吉县市场监督管理局,安吉县人力资源和社会保障局,安吉县总工会主办;安吉县旅游协会,安吉县旅游协会烹饪分会,安吉县旅游协会饭店分会承办。安吉县人民政府副县长任贵明致辞,县委常委、天荒坪党委书记高发义宣布比赛开始。安吉县文体旅游局党委书记、局长彭忠心,安吉县总工会党组书记、常务副主席戎露波,安吉县人力资源和社会保障局局长王红缨,安吉县市场监督管理局综合执法队队长周俊,湖州市旅游协会会长崔世豪等领导出席,湖州市旅游协会和三县两区旅游协会领导参加此次活动。

【第三十届浙江省市级公共图书馆馆长联席会议在安吉银润锦江城堡酒店召开】 6月29日,安吉县图书馆承办的第三十届浙江省市级公共图书馆馆长联席会议在安吉银润锦江城堡酒店顺利召开,浙江省文化和旅游厅领导,浙江图书馆领导,全省各地市级公共图书馆馆长参加会议。

【“建设银行”杯绿水青山·运动浙江浙江省首届公开水域游泳系列赛在禹山坞水库举行】 8月2日,“建设银行”杯绿水青山·运动浙江浙江省首届公开水域游泳系列赛在禹山坞水库举行,有来自全省31个俱乐部的850名运动员参赛。浙江省体育局副局长张亚东、湖州市体育局局长宋捷、安吉县人大副主

6月22日,“中国百笋宴·安吉好味道”烹饪大赛在大年初一度假酒店举办

任王捷、文体旅游局副书记、副局长周忠林等领导出席开幕式。比赛设畅游团体赛和个人赛。安吉的美丽山水和运动员奋力拼搏的精神相得益彰，在运动中体现快乐，在快乐中享受生活。

【长三角产业合作区（一岭六县）文旅联合行动暨“绿水青山生态游”文旅产品采购大会在安吉启动】 8月7—8日，由浙江省文化和旅游厅、湖州市人民政府、清华长三角研究院指导，湖州市文化广电旅游局、安吉县人民政府、携程集团联合“一岭六县”文旅部门共推举办的长三角产业合作区（一岭六县）文旅联合行动暨“生态旅游”文旅产品采购大会在“绿水青山就是金山银山”理念诞生地安吉召开。来自浙江省文化和旅游厅、湖州市政府、浙江省旅游协会的相关领导，安吉县、长兴县，宜兴市、溧阳市，广德市、郎溪县等政府分管领导，文旅局局长和相关处（科）室负责人，上海白茅岭农场负责人，各地旅游协会负责人以及长三角主流媒体齐聚美丽的天使小镇，共商“长三角之心”旅游发展前景。本次会议为期两天，包括长三角产业合作区（一岭六县）文旅局局长联席会议、2020年长三角产业合作区（一岭六县）文旅联合行动暨“生态旅游”湖州文旅产品采购大会、局长论坛、旅游企业采购活动、安吉夜间文旅经济考察等，深入贯彻落实长三角地区主要领导人会议精神，充分借力长三角一体化的资源优势，以长三角产业合作区（一岭六县）为纽带，切实推动长三角地区的文化交流与旅游合作向更高水平、更深层次、更宽领域发展。

【“浙里相约”2020大众健身节暨长三角体育社团高峰论坛在安吉举办】 11月27—29日，“浙里相约”2020大众健身节暨长三角体育社团高峰论坛在安吉举办。为积极响应长三角一体化国家战略和“体育强国建设纲要”的要求，贯彻落实“浙江省全民健身实施计划”，让经常参加体育锻炼成为一种生活方式。本次主办单位为浙江省、上海市、江苏省和安徽省体育总会。健身节形式多元，项目多样。结合安吉优美的生态环境，通过全民健身论坛和活动，全方位体验“绿水青山就是金山银山”的发展理念。相关体育社团根据实际情况有效组织培训、赛事活动，激发人民群众参与体育锻炼、体育消费、体育交流的能动性。

（韩　悦）

·文联工作·

【概况】 2020年，县文联团结带领七个协会、充分利用和发挥团体会员的组织网络、文艺资源和人才优势，努力夯实工作基础，壮大文艺工作队伍，文艺工作的亲和力和凝聚力切实增强，进一步增强了文联的向心力。4月下旬，七个文艺家协会完成换届，产生新一届文艺家协会领导班子。换届后，各协会间讲大局、讲团结、比奉献、比业绩，发挥所长、服务基层，切实将文艺软实力转化为现实生产力。按照省委宣传部和省文联联合下文《关于加强全省基层文联组织建设的意见》（浙文联〔2019〕37号）的文件精神，县文联深化改革实施方案，经县委常委会审议通过正式出台。7月18日，县文联第四次代表大会胜利召开。出台《安吉县文学艺术工作考核办法》，从内部管理、对上配合、成果绩效、服务基层等方面，对7个协会工作进行考核。

【协会交流创作平台搭建】 积极争取党委政府的重视，建设县文艺之家，加强文艺阵地建设，

7月18日，安吉县文学艺术界联合会第四次代表大会召开

保障文艺家协会活动场所，为基层文艺工作者和文艺爱好者创作、交流、培训、展示和文艺活动搭建平台，使其成为联络感情、沟通信息、艺术交流、创作培训、展示成果的重要阵地。原《竹乡文学》共有四版，改版后的《竹乡文艺》共设八版，初定每月一期，每期印二万份。内容以围绕县委、县政府中心工作为大局，在县委宣传部(文联)的指导下，改版后的《竹乡文艺》，将更加体现新闻性、服务性、丰富性和综合性，发挥党对文艺工作的主导引领作用，营造良好的文学艺术舆论氛围和展示平台，2020 年已出 4 期。健全完善优秀文艺作品创作管理机制，加大优秀文艺作品的扶持奖励力度，出台《安吉县文艺振兴奖励扶持办法(试行)》。

【服务中心工作】 2020 年疫情防控期间，安吉文艺工作者积极行动起来，以文抗“疫”。县书协、美协响应市文联号召，组织艺术家创作专题作品，赠予驰援一线的医务工作者。县书协举行“众志成城，抗击疫情”会员向灾区、向奋战于“疫情”一线的英雄们捐款活动。七个文艺家协会在抗疫期间，在做好本职工作之余，积极创作文艺作品，以公众号的形式发布抗疫文艺作品专题，有多幅作品被省、市级录用刊发。8 月 7 日晚上，县文联文艺成果展走进上墅乡百福院文创产业园，协办完成上墅乡第九届慢生活主题文化节暨首届百福夜“吉”市开市活动，用文化艺术展示交流的方式，用文化灯火亮乡村，助推安吉夜集市。用书法作品来讴歌“绿水青山就是金山银山”，“赵孟頫奖”第六届全湖书法篆刻作品展，首次走出湖州市区，选择在安吉县举办，展现生态发展的新成果和对美好生活的向往，集中展示全市书法艺术。县美协举办清风习来“艺”路奔跑——纪念“绿水青山就是金山银山”理念提出十五周年安吉县美术作品展，这次的美术作品展，是贯彻落实习近平总书记重要讲话精神，传递“绿水青山就是金山银山”的理念，用美术作品讲好安吉故事，以推动安吉县美术创作队伍建设，培养优秀美术创作人才，为安吉县创建文明城市和高质量建成新时代美丽中国县域窗口增砖添瓦。10 月 12 日，由省委宣传部指导，省新四军历史研究会，省文学艺术界联合会，安吉县委、县政府共同主办的“在浙里看见美丽中国”——习近平“绿水青山就是金山银山”理念提出十五周年书画展在安吉举办。前期，省新四军历史研究会书画院一行 20 多人来安吉深入生活，用 4 天时间进行了采风创作活动。

【文艺队伍建设】 按照德艺双馨的标准，造就一支有信仰、有情怀、有担当、有作为的文艺人才队伍。在协会换届后，进行“重走两山路、唱响主旋律”主题实践活动，举行协会文艺工作第一季专题培训，七个协会的文艺工作者，重走“两山”路，激发创作热情。5 月，与市级各文艺家协会进行的换届后的第一次联动。2020 年，举行“文艺进万家，健康你我他”——县文联“艺路有你”系列微课堂专题讲座的首场活动，对文艺工作者进行艺术创作指导和交流；邀请《散文选刊》(原创版)执行主编蒋建伟来安吉举行“铁肩担道义 妙手著文章”——“艺路有你”散文专题讲座暨现场点评，对县作家协会牵头组稿的 36 篇散文，现场进行改稿及点评，并录用近 10 篇稿件。全年“艺路有你”系列微课堂已进行 10 余场专题讲座。

(丁　盛)

安吉县文联 2020 年度文学艺术创作成果统计表

表 7

序号	作　者	作品类别或名称	赛　事　名　称	主办单位	获奖等级
1	汪　群	散文《泥巴墙的影子》	2020 年 9 月第十届中国作家新创作论坛	中国大众文学学会旅游委员会、中国文联神州杂志社、文旅部中华英才杂志社、作家报社联合主办	特等奖
2	严明卯	组诗《武汉挺住！中国加油！》	“希望，在重启中点亮”全国抗疫诗歌征文	《中国文艺家》·武汉市文化传媒产业协会	二等奖

续表 7

序号	作　者	作品类别或名称	赛　事　名　称	主办单位	获奖等级
3	严明卯	《一根草》(外二首)	2020金秋泰山采风笔会暨第十届中国作家新创作论坛	中国大众文学学会旅游委员会、中国文联神州杂志社、文旅部中华英才杂志社、作家报社联合主办	一等奖
4	李　丰	散文《清风拂过淡竹林》	2020金秋泰山采风笔会暨第十届中国作家新创作论坛	中国大众文学学会旅游委员会、中国文联神州杂志社、文旅部中华英才杂志社、作家报社联合主办	一等奖
5	陈炳心	诗词《美丽乡村》	2020金秋泰山采风笔会暨第十届中国作家新创作论坛	中国大众文学学会旅游委员会、中国文联神州杂志社、文旅部中华英才杂志社、作家报社联合主办	二等奖
6	朱　敏	散文集《大美安吉》	2020年度湖州市文联重点扶持入选项目	中国书籍出版社	重点扶持入选项目
7	汪　群	散文集《又见紫云英》		团结出版社	出版
8	冯　峻	长篇小说《阶梯》		四川民族出版社	出版
9	郑　勇	《图海乡愁:记南宋藏书大家、目录学家陈振孙》(合著)		中国文史出版社	出版
10	郑　勇	《安吉古代乡贤选编》		团结出版社	出版
11	李志斌	短篇小说《最后一个战友》	全国青年作家文学大赛	中国青年作家网	一等奖
12	汪　群	散文《"桥机"姑娘》 散文《复工的日子》	《人民日报》	主管:中共中央委员会; 主办:人民日报社	发表
13	曹寿槐	诗稿	《云鸿吟稿》	中国诗词楹联出版社	出版
14	李　军	书法	"2019'中国书法·年展'全国楷书作品展"	中国书法家协会	入展
15	李　军	书法	2020"书圣故里·中国临沂"中国书法临书大会	中国书法家协会	入展
16	李　军	书法	中国书法家协会书法培训中心2019年教学成果展	中国书法家协会	入展
17	李　军	书法	浙江书法篆刻征评系列大展(公职)	浙江省书法家协会	入展
18	方建胜	书法	浙江省群星行草书法大展	浙江省文化和旅游厅	金奖
19	祝　嘉	书法	浙江书法篆刻征评系列大展(基层)	浙江省书法家协会	入展
20	祝　嘉	书法	浙江省群星行草书法大展	浙江省文化和旅游厅	金奖
21	程卫忠	书法	浙江书法篆刻征评系列大展(公职)	浙江省书法家协会	入展
22	程卫忠	书法	浙江省群星行草书法大展	浙江省文化和旅游厅	入展

续表7

序号	作　者	作品类别或名称	赛　事　名　称	主办单位	获奖等级
23	程卫忠	书法	浙江书法篆刻征评系列大展(基层)	浙江省书法家协会	入展
24	程卫忠	书法	长三角视觉艺术青年艺术家作品展	沪、苏、浙、皖书法家协会	入展
25	丁　盛	书法	浙江书法篆刻征评系列大展(基层)	浙江省书法家协会	入展
26	董智慧	书法	浙江书法篆刻征评系列大展(农民)	浙江省书法家协会	入展
27	朱　强	书法	浙江书法篆刻征评系列大展(农民)	浙江省书法家协会	入展
28	陈思聪	书法	浙江书法篆刻征评系列大展(农民)	浙江省书法家协会	入展
29	章凯军	篆刻	浙江书法篆刻征评系列大展(农民)	浙江省书法家协会	入展
30	张立文	篆刻	浙江书法篆刻征评系列大展(农民)	浙江省书法家协会	入展
31	刘楚平	书法	浙江书法篆刻征评系列大展(公职)	浙江省书法家协会	入展
32	孙传江	书法	浙江书法篆刻征评系列大展(公职)	浙江省书法家协会	入展
33	蒋和武	中国画《风递幽香》	第三届“邮驿路 运河情”全国美术作品展获奖	中国美术家协会举办	优秀奖
34	何寿明	中国画《荷香致远》	第九届浙江省花鸟画展	浙江省美术家协会,花鸟画家协会	入展
35	吴宏华	中国画《岁寒三友》	第九届浙江省花鸟画展	浙江省美术家协会,花鸟画家协会	入展
36	汪志华	油画《水乡》	“大成之境——浙江省油画作品展”入展	浙江省美术家协会,油画家协会	入展
37	周　捷	中国画《宜居家园》	浙江省美术家协会“乡村振兴·和美奉化”美术作品展	浙江省美术家协会	入展
38	胡建华	《缶庐遗风——鄣吴书画家作品集》		西泠印社	出版
39	操声国	《陈介祺鉴藏考释二百镜斋古镜拓本》		上海美术出版社	出版
40	桂国华	《玩具王国Ⅱ》	2020首届长三角青年艺术家艺术展	华东师范大学美术学院	入展
41	秦旰丰	摄影《竹乡人家》	庆祝中华人民共和国成立70周年摄影展	中国摄影家协会	入展

续表 7

序号	作　者	作品类别或名称	赛　事　名　称	主办单位	获奖等级
42	秦盰丰	摄影《远方》	浙江省第十八届摄影艺术展（艺术类）	浙江省文学艺术界联合会	入展
43	秦盰丰	摄影《安吉美丽乡村的探索》	浙江省第十八届摄影艺术展（记录文献类）	浙江省文学艺术界联合会	入展
44	秦盰丰	摄影《安吉美丽乡村的探索》	浙江省群众摄影精品展	浙江省文化和旅游厅	入展
45	秦盰丰	摄影《生态安吉·魅力竹乡》	诗画浙江全省风景摄影大展	浙江省文学艺术界联合会	入展
46	赵　岚	摄影《工业 2.0》	浙江省第十八届摄影艺术展	省文学艺术界联合会	入展
47	曹　震	摄影《茶市》	绿水青山就是金山银山——探索与实践大型图片展	浙江省委宣传部	入展
48	沈志华	摄影《镜花水月》	浙江省第十八届摄影艺术展（艺术类）	浙江省文学艺术界联合会	入展
49	沈志华	摄影《大检修》	浙江省第十八届摄影艺术展（记录文献类）	浙江省文学艺术界联合会	入展
50	沈志华	摄影《江南天池》	2020 年“在湖州看见美丽中国”全省摄影展	浙江省摄影家协会	入展
51	唐锡成	摄影《陪伴》	浙江省第十八届摄影艺术展（记录文献类）	浙江省文学艺术界联合会	入展
52	周红庆	摄影《戏水南溪》	人生只合“驻”湖州全国摄影大展	人民摄影报社	铜奖
53	周红庆	摄影《夜幕下的安吉上港码头》	2020 年“在湖州看见美丽中国”全省摄影展	浙江省摄影家协会	二等奖
54	冯亚婷	摄影《诗画西村里》	第二届乡村里的中国·安徽宁国港口镇全国摄影大展	中国摄影杂志社	入展
55	冯亚婷	摄影《藏野驴》	第四届天鹅之城——中国三门峡自然生态国际摄影大展	中国摄影家协会	入展
56	王旭雄	摄影《冬日龙王山》	走两山路，赏森林风景　“甑山映像”杯全省主题摄影大赛	浙江省摄影家协会	入展
57	王旭雄	摄影《俯观太平湖》	安徽省第三届自然资源全省摄影大赛	安徽省摄影家协会	三等奖
58	胡　南	摄影《紧急转移》	“人间有善才温暖”纪实摄影大赛	浙江省新闻工作者协会	铜奖
59	何永春	摄影《两山理论发源地》	走两山路，赏森林风景　“甑山映像”杯全省主题摄影大赛	浙江省摄影家协会	铜质收藏奖
60	何永春	摄影《秋韵》	人生只合“驻”湖州全国摄影大展	人民摄影报社	优秀奖
61	张义水	歌曲《浮生六记》	荣获 2020 首届长三角原创流行歌曲大赛	浙江省文化和旅游厅	最佳风采奖

续表 7

序号	作　者	作品类别或名称	赛　事　名　称	主办单位	获奖等级
62	朱丽娜	歌曲《美丽之光》	参加浙江省第十九届音乐新作演唱(演奏)大赛“重要窗口”专场	浙江省文化和旅游厅	获入围奖
63	施一南	论文《上舍“化龙灯”舞出幸福生活》	《华枝春满——浙江农村文化礼堂品牌案例选编》	中国美术学院出版社	发表
64	孙　莎 刘光明	戏曲《闺蜜》	2020 年浙江省中小学生艺术节戏曲专场	浙江省教育厅	获一等奖
65	何瑞霞 康　勇	戏曲《为你骄傲》	2020 年浙江省中小学生艺术节戏曲专场	浙江省教育厅	获二等奖

注:1. 各协会统计省级及以上获奖、入展作品。(在省委、省人民政府、省委宣传部、省文联、省文旅厅、省级协会以上主办的专业性比赛)
2. 只统计正规出版社出版的书籍(不包括杂志)

新　闻

【概况】 2020 年,安吉广播电视工作紧紧围绕“两聚一美”工作大局,全面推进新时代“两山”理念综合改革创新试验区建设,以“新闻+政务服务商务”的发展定位,秉承“融合、创新、跨越、共生”发展理念,发挥县级融媒体中心典型示范作用,为中国最美县域建设作出新的更大贡献,在安吉成为新时代美丽中国县域窗口进程中发挥更大作为。在上下半年部门提升效能考核中均获优胜单位,媒体智慧化融合获全国广播电视媒体融合典型案例,首次实现电视、广播外宣考核双特等奖,连续 13 年对农考核双优秀,连续 2 年全省政府新闻奖十个一等奖,连续 3 年实现央视新闻联播头条单条,中宣部县级融媒体中心建设专项考核全国第二名。《浙江安吉基于融媒体优势的数字乡村建设》项目获 2020 年中国网络理政十大创新案例,《打造县域数字化媒体综合服务平台》项目获国家广播电视总局智慧广电生态建设类先进案例等。广电台广播、电视、报纸、微信、App 等平台有效黏合用户超过 165 万。2020 年实现经营收入 2.9 亿元,保持年增速 10%以上。

【新闻宣传】 2020 年,安吉广播电视台围绕贯彻落实总书记在安吉考察精神、争先创优、三服务、全国文明城市创建等重点工作,推出各类主题报道近百个超过 4700 篇,策划更深,契合度更高,政治性更强,代入感更强。各平台纷纷推出《习习春风里》《向人民报告》《追梦路上》等主题报道。围绕疫情防护和复工复产,县广播电视台先后推出《庚子战“疫”共护安且吉兮地》《众志成城·控疫情》等特别报道,制作 66 部抗疫短片,全省第一个开通应急广播、全省第一个响应“浙江之声”开通的直播节目《爱在春天,守望通行》,爱安吉 App 连续 35 天推出 24 小时不间断图文直播。外宣取得重大突破,电视上送央视 80 余条(部),《新闻联播》13 条,其中头条 4 条、单条 2 条;广播上送“中国之声”71 条、其中头条 8 条,此

疫情防控期间,摄制纪录片《出征》

外,上送浙江卫视、浙江之声超千条。实现连续3年《新闻联播》头条单条,连续2年获浙江省新闻奖一等奖,连续13年广播电视获省对农节目考核“双优”(广播在省对农宣传考核中再次成为全省县级台第一),首次实现电视、广播外宣考核双特等奖。2020年视频生产量同比2019年增长15%,推出各类宣传片68部。其中宣传片《朋友,一封安吉的来信》在新华社、人民视频、学习强国等多个新媒体平台刊播。12件新闻作品获省级政府奖和新闻奖(其中一等奖4件),29件新闻作品获市级政府奖项,广播电视双双获全省广播电视对农考核优秀奖,8件作品在中视协、中广联等组织的全国性节目推优活动获奖,并获评全国媒体融合先导单位20强。依托爱安吉App为重点的新媒体平台,围绕新闻推送、活动直播、短视频制作,突出报道的主题性、系统性。安吉发布、最安吉全年总阅读量超过1300万,10万以上阅读量的推文有12条;完成新媒体直播100场,每场点击量都在10万以上,首次实现在活动直播中增加航拍直播技术,多次与央视新闻、央视财经、东方卫视、蓝莓号等中央和省级媒体合作连线直播。抢抓直播风口热潮,借助自主研发的运营平台“游视界”,开展农产国潮直播助农计划,开辟以本地特色农副产品为主、县域中大型商超为单位的线上推介专场,为文岱覆盆子、汤口红笋、良朋西瓜、三官杨梅、天赋鱼鲜、崔氏冬笋等20多个乡镇农产品商户进行直播50余场,观看总人数超280万人次,实现销售额240万元。同时创新“直播+扶贫”模式,联合全国50个市县在游视界开展直播平台运营,精选藜麦、枸杞、牛羊肉等特色产品,直播超300场。高质量推出Vlog系列,在“千里传情　一叶扶贫　为了这一刻”、县两会、“遇见安吉”等新闻行动。

【产业发展】 疫情防控期间,县广电台自主研发全国首个“口罩预购系统”,相继研发“安吉县企业员工信息管理系统”“健康码查询平台”“安吉白茶生产交易管理平台”、游视界本地圈小程序(含果蔬预约平台)等防疫系统程序。在智慧乡村智慧城市建设当中,发挥主力军作用,完成余村、鲁家、横山坞、横溪坞、黄杜5个村的数字乡村建设及五鹤村4个平台升级建设项目。加快推进智慧化项目建设,完成安吉县两山银行、安吉县应急管理平台项目建设,加快推进及优化全域智慧旅游、数字灵峰、灵峰智慧社区+旅游等项目。自1月26日开始,覆盖全县187个行政村以及街道的1530个应急广播全部启动,每天7点到20点,以每半个小时一次的频率向广大群众宣传疫情防控知识,提高群众的防控意识。

文创产业坚持“创意策划先行”,在大型活动以及培训上更有活力和能力,参与市场竞争的能力更加突出。2020年,县广电台承办省市级活动明显增加,《共产党员杂志》力邀梅地亚团队作为执行团队;在活动创意上,举办“两山”小记者选拔赛,完成“网红打卡 浪漫直播”山川直播、上墅夜市、昌硕夜市等商业活动。培训活动走向全国,举办省学会《突发公共事件全媒体策划与报道培训》《2020年度全省广电系统专业技术人员业务培训》等多场培训。繁荣夜间经济、文化,推出昌硕街道、上墅、鄣吴、天荒坪等数场夜市活动,推出摊位500余个,吸引市

3月21—23日,中国国际广播电视信息网络展览会(CCBN2019)在北京中国国际展览中心举行。安吉新闻集团作为唯一县级台受邀参加,向全国展示县级融媒体中心建设的安吉方案

民超30万人次，销售额400余万元，引导夜市经济规范有序发展。

网络公司2020年度全年营收1.45亿元，创历史新高，巩固了在全国有线网络行业领先地位。在日常管理中，采用“精准营销+服务”的工作方式，实行月度排行榜、季度抢盘等考核方式，不断深入百姓的衣食住行中，提高大众市场业务管理的水平。完成“雪亮工程”项目，公安监控上线率始终保持湖州地区领先方阵地位，完成退役军人管理事务局智能化和昌硕街道社会矛盾调解中心及万兆视频监控数据网项目建设，以1200万元中标物联网三期项目。

融媒体系统在山西、广东等省5个县进行模式输出，完成“山西芮城融媒体平台”项目建设。“两山银行式管家”“数字乡村一张图”等也引起业内高度关注，并向吴兴、织里、舟山、山西大同、贵州贵阳等地进行模式输出。游视界本地圈启动果蔬预约配送，在敦煌、义乌等均上线交易；游视界本地圈直播体系为正定、芮城、乌兰等20多家市县媒体完成107场直播活动，并和辉县融媒体中心联合建设“中国市县媒体长城写作联盟(河南)直播梦工厂”。为切实减小企业因受疫情影响下的存库上涨、供应受阻等困境，利用集团旗下“安吉购”椅业分销平台，向全县椅业企业提供免费入驻开店服务，上架近百家县域转椅企业的外贸尾单库存共计8165款产品，有效拓宽企业供应链。同时，通过提升让利返点、降低物流费用、拍摄制作形象片等方式，对河南民权县、睢县、宁陵县等分销地区实施扶贫行动。全年帮扶河南、山西、湖北、黑龙江等部分贫困地区500多家分销商开展帮扶服务。

【安吉台获省级对农节目服务工程建设考核“十三连优”】 9月28日，在2020年度浙江省广播电视对农节目服务工程建设考核中，安吉台广播、电视考核结果均为优秀，成为全省唯一一家连续十三年广播电视获“双优”的播出机构。

【研发上线口罩预约系统】 疫情防控期间，依托本土新媒体平台“爱安吉”App及“安吉发布”微信公众号，于2月4日自主研发上线口罩预购系统，通过“线上预约+线下领取”方式，有312130人次通过该通道成功预购口罩1896595个，有效缓解疫情防控期间县内“一罩难求”现状。

【研发上线“安吉县企业员工信息管理系统”】 为服务企业开复工，于2月9日研发上线“安吉县企业员工信息管理系统”，通过员工自主填报、企业把关审核、后台数据运行方式，集成企业员工基础信息统计、健康指数分析、活动轨迹梳理等功能，合理调度卫健、交通等资源，助力企业做好返岗员工的健康监测。

【上线果蔬预约配送系统】 抢抓电商发展机遇，整合相关部门资源，在“安吉发布”、最安吉、健康安吉等多个平台上线果蔬预约配送系统。满足群众“线上、线下”的购销需求，构建“从田间地头到自家门口”的农产品销售模式，仅疫情防控期间在安吉各服务场所休市的情况下，为当地农户敲定20多万份订单，基本解决农户销售难和群众购买难的状况。

【研发健康码查询平台】 2月19日，研发上线健康码查询平台，实现根据个人身份证号码快

4月10日，省委宣传部副部长赵磊(右二)到安吉新闻集团调研融媒体建设工作

速查询及批量查询个人湖州健康码状态、红码黄码原因、码申请发放时间、更新时间等信息。

【研发白茶管理平台】 疫情防控期间，助力春茶生产，3月12日研发上线集线上交易信息发布，采茶工、客商健康登记管理和为安吉白茶精准营销提供数据支撑的安吉白茶生产交易管理平台，在安吉白茶开采、交易过程中发挥积极作用。

【“新媒介＋新闻”推介乡村】 利用媒体阵地优势，有效借助Vlog、短视频等多种新兴视频社交媒介，多渠道探索最美县域推介新模式。2020年5月，连续推出“遇见安吉”Vlog、“青年主播邀您游乡村”等系列，通过第一人称视角，设定特色主题形式，挖掘各村特色内涵，在安吉发布微信微博、最安吉抖音、学习强国、央视新闻＋App、人民日报海外网、浙江卫视新闻等平台播出，掀起安吉美丽乡村打卡热，助力文旅产业提振发力，各平台总观看量突破2000万人次。

【承办中国·安吉“两山”数字论坛】 7月9—11日，在安吉大年初一承办以政府数字化转型与融媒体发展为主题的中国·安吉“两山”数字论坛，邀请国内数字经济领域专家学者齐聚安吉，市委常委、县委书记沈铭权致辞，县委副书记、县长宋波主持，论坛发布多项安吉数字合作成果，通过抢抓大数据发展和数字赋能新机遇，高水平推动“两山”转化，共谋县域经济社会发展的具体路径，打造县域数字化治理的创新实践样板。

7月9—11日，安吉新闻集团承办以政府数字化转型与融媒体发展为主题的中国·安吉“两山”数字论坛

【“数字乡村”项目入选2020年中国网络理政十大创新案例】 12月29日，研发的“基于融媒体优势的数字乡村建设”入选2020年中国网络理政十大创新案例，该项目同时入选浙江省“观星台”优秀应用，为安吉首个。该项目整合全县网络资源，打造乡村治理数字化智慧平台，做到信息共享，平台共用，年内已建成余村、横山坞村、黄杜村等7个“数字乡村”。

【“打造县域数字化媒体综合服务平台”获评智慧广电示范案例】 11月6日，“打造县域数字化媒体综合服务平台”案例在由国家广播电视总局举办的智慧广电示范案例评选中获先进案例，为全国唯一获奖的县级台。

（王　莹）

卫　　生

卫生健康

【概况】 2020年,安吉县卫生健康工作坚持一手抓疫情防控、一手抓改革发展,综合医改不断深入,"最多跑一次"改革持续推进,高质量推进健康安吉建设,全县卫生健康事业稳步发展,连续2年获全省公立医院综合评价优秀县,获评健康浙江考核优秀县(全市第1、全省第26),医共体建设获省政府大督查激励。截至2020年12月,安吉县共有医疗卫生机构206家,公立单位149家,县级医院5家、县级卫生机构2家、乡镇(街道)卫生院16家和社区卫生服务站125家、120急救分中心1家;民营医疗机构57家。以县人民医院、中医院、三院作为牵头单位分别与安吉第二医院、16家乡镇(街道)卫生院组成三个县域医共体。卫生技术人员3642人,其中执业医师1247人、执业助理医师316人、注册护士1611人;每万人拥有医院(卫生院)床位数50张;每万人拥有卫生技术人员77.49人,其中医生33.25人。副高级以上人才440人,其中正高134人;硕士以上73人,其中博士2人。2020年,安吉县孕产妇死亡率、婴儿死亡率、5岁以下儿童死亡率分别为0、0.6‰、1.21‰,医疗单位门急诊量达532.2995万人次,医疗业务收入14.97亿元,较2019年增长13.93%。

【新冠肺炎疫情防控工作】 2020年,牵头起草新冠肺炎疫情防控政策文件115个、疫情防控通告22个,坚持每日疫情通报12个月。带领全系统3000余名医务人员"白衣执甲",派出3批12名医务人员完成援鄂任务,6人支援上海空港、新疆吐鲁番、河北邢台等地。快速建设PCR(核酸检测)实验室,6家医疗卫生机构具备核酸检测能力,单日最大检测量达3.24万人次。确定定点医院、后备医院和筹建方舱医院各1家,组建培训核酸检测、流调消杀、医疗救治等应急队伍1381人,加强核酸检测比武、应急演练、医疗救治演练等;9月,浙江省公共卫生应急联合演练暨秋冬季新冠疫情防控综合演练在安吉县举行。完善县级医院发热门诊建设,新购置专用CT 3台,临时改造完成发热门诊5家,增设乡镇(街道)卫生院发热诊室4家。组织开展新冠疫苗紧急接种,截至2020年12月,累计接种1.34万人次。积极争取国家专项债、特别国债和中央预算资金,抢抓谋划9亿多元的传染病医院新建暨县级医院发热门诊改造、疾控中心迁建、村(社区)卫生服务站改造提升暨智慧健康驿站项目等一批重大补短板项目。为守牢安吉县"零确诊""零疑似"的一方净土作出应有贡献。

【综合医改工作】 着力推进"三医联动""六医统筹"改革集成试点,全面执行国家和省市药物集采,探索安吉县内医用耗材集中采购工作,产生差价空间5600余万元。深化公立医院改革,推进现代医院管理制度建设试点,实现浙江省公立医院综合改革

2月9日,"众志成城 共抗疫情"安吉县援鄂医疗队出征仪式举行

优秀（连续两年进入全省前十名）。深入推进医共体建设，出台绩效考核、薪酬管理等制度，在第二医共体深化“公＋民”多元化合作试点，一批县乡融合惠民项目提质扩面，医保基金支出较2019年同期降低5000余万元，改革集成效应进一步凸显。着力提升中医药服务能力，打造省级“基层常见病多发病中医药适宜技术推广基地”，以第二医共体为试点推进中医智能医共体建设。

【“双下沉、两提升”】 2020年，安吉县政府深化与浙大一院、省中医院合作办医内涵，支持县妇保院与省妇保、省儿保开展协作办医，全年共下沉专家6079人次，开展新技术、新项目45项；开展三类以上手术8467台次，同比增长3.36%。加强科研项目立项和重点学科建设，新申请省级科技计划项目5项，市级科研立项数38项，新建、在建市级及以上重点学科8个，学科发展不断加快。全年公立医院医疗门急诊和住院均次克服疫情影响，均控制在5%以内（4.39%、2.61%），医疗服务收入占比首次超过33%（33.51%），资产负债率28.62%。

【医政管理】 完善质控考核细则，落实每季度督查通报制度医疗机构全覆盖。开展医疗机构新冠肺炎疫情防控督查15轮，共督查医疗机构387家次。强力推进“优质服务基层行”活动，报福镇中心卫生院通过推荐标准单位省级复核，获国家通报奖励，4家单位通过市级基本标准单位复核。开展优质护理服务病房数51个（按病区算），比例达100%；开展处方点评数199975份；自体输血率12.91%。着力提升中医药服务能力，以第二医共体为试点推进中医智能医共体建设，打造省级“基层常见病多发病中医药适宜技术推广基地”，湖州市率先成立县（区）中药、中医护理、病历、非药物质控中心。

6月22日，2020年安吉县清廉医院建设推进会召开

【数字化改革助力“最多跑一次”】 全面落实省定5大项15子项改革任务，5家县级医院均建成互联网医院，16家卫生院均可提供互联网诊疗服务。“两卡融合”加快推进，在湖州市率先完成“健康医保卡”7.5万张任务量。智慧医院稳步推进，县级医院门诊、住院智慧结算率分别达72.5%、59.6%（省考核要求为70%、50%），5家县级医院已建成ETC智慧停车、智慧食堂系统。打造健康教育云平台，以数字点播的形式传递健康知识，已实现医共体全覆盖。

【基层公共卫生服务与卫生监督】 组建全专融合型家庭医生团队，签约21.8万人，签约率46.35%；重点人群签约12.1万人，覆盖率90.8%。高质量推进民生实事项目，完成6万名老年人流感疫苗免费接种；开展高危人群大肠癌筛查3.13万人，阳性率20.52%，发现结直肠癌23人、癌前病变172人、其他良性病变674人；开展“两癌”免费筛查项目，新筛查2.7万人次，排名湖州市第一；完成1.84万重点人群家庭医生签约免除服务费。建立居民健康重点指标通报制度，对6类疾病发病情况通报至属地乡镇（街道），形成齐抓共防的治理格局。全年共组织无偿献血5043人次，自愿无偿献血率100%，献血量1499500毫升。着力提升监督执法能力，2020年办结案件411件，同比增长102%；罚没103万元，同比增长55%，获评浙江省执法效能考核A等。

【妇幼及老年健康工作】 湖州

市率先制定《加快推进3岁以下婴幼儿照护服务发展实施方案》,建立"1+4+N"的县—乡—村三级指导体系,新建托育机构6家、托位380个,争取奖补资金283万元。积极推进计生协会转型,成功承接中计协"向日葵计划"项目、"暖心家园"示范点,为唯一应邀参加国家家庭健康主题活动的县级代表。县妇幼保健院成功争取全省妇幼保健机构能力建设项目,创成第三批省儿童早期发展示范基地。持续开展医养结合工作,培育基层医疗单位医养结合能力提升试点项目市、县级试点各3家,建成居家养老服务医养结合试点小区2家,探索建立智慧健康养老驿站,县中医康复护理院入选全国首批老龄健康医养结合远程协同服务试点机构。

【基础设施建设】 加快推进县级医院、乡镇(街道)卫生院标准化建设进程。天子湖卫生院、孝源卫生院、梅溪中心卫生院完成主体结构结顶,并进入二次装修,天荒坪卫生院竣工验收并投入使用,县民生改善工程卫生类项目县妇保医院(中医院)改迁建、杭垓镇卫生院、章村镇卫生院、昌硕街道卫生院、梅溪镇卫生院临港分院按年度推进计划完成图纸深化,同步进行各项前期报批报建手续。申报安吉县定点传染病医院新建工程及县公立医院发热门诊改造项目获批。

【爱国卫生运动】 2020年,开展"国"字号创建,报福镇等7个乡镇获评国家卫生乡镇称号,溪龙乡通过复评。深入开展爱国卫生运动,全县参加爱国卫生运动2万余人次,开展城乡环境卫生集中整治活动282次,整治村(社区)、市场238个。丰富健康细胞工程建设,创建健康促进学校21家、健康家庭225户、健康村(社区)21个,健康企业10家。

【党风廉政建设】 制定下发《2020年安吉县卫生健康系统党风廉政建设和反腐败工作要点》《2020年党风廉政建设和反腐败工作责任书》,层级签订责任书50份。完成县级医院领导班子换届工作,全面落实党委领导下的院长负责制,完善各项议事制度的规范化建设,制定下发《安吉县县级医院"三重一大"议事规则》,组织召开"三重一大"议事决策现场观摩会,规范议事程序,梳理系统廉政风险点2条。开展"作风再转变、服务新改善、形象大提升"主题活动,实施每月热线办理、投诉信访通报制度和医德医风违章管理办法,违章扣分26人次50分。持续创建"无红包"医院,共退回红包60人次5.93万元。积极落实省委巡视意见整改,协同第五纪检组开展"微巡查",完成5家单位35个巡察问题整改。合理运用监督执纪"四种形态",运用"第一种形态"处理8人、"第二种形态"处理3人。

【安吉县为海外安吉籍侨胞输送首批防疫物资】 3月,针对广大侨胞反映国外防疫物资购买极其困难的问题,安吉县迅速筹集疫情防控物资无偿赠送给海外安吉籍侨胞,依托"统战同心云"开发物资申领App,留在国外居家防疫的安吉籍人员通过App扫码申领,详细填写国外收件地址、联系电话,并提供个人证件号码、国内联系人联系方式等信息以便核实,物资通过国际EMS快递包裹运输,确保物资"点对点"投递。2020年,安吉县开通首次物资申领,共有400余名海外安吉籍人士提交申请,首批400份物资(每份100个医用外科口罩和10副医用手套)运出安吉县寄往31个海外国家地区,缓解安吉籍侨胞防疫物资短缺问题。

4月2日,安吉县接待援鄂返浙医疗队队员到安吉进行集中休养

【安吉县公立医院改革再获全省优秀】 6月，省卫生健康委、省财政厅联合公布2019年度全省公立医院综合改革评价结果，安吉县位列第九名，连续2年进入全省前十，获评全省优秀。全省率先探索医共体按辖区人口医保总额包干支付方式改革，将医保结余及运行情况作为医共体绩效考核核心指标，医保结余情况与院长年薪、任免以及单位职工收入等直接挂钩，通过医保数据智慧共享平台即时监管就医诊疗全过程，2019年安吉县首次实现医保基金结余280.6万元；抢抓省医保局医耗集中采购试点机遇，加快开展全县公立医疗机构医疗耗材集中采购工作，前期完成对骨科、血透、手术等两批7类30个品种的耗材采购工作，国产品牌平均降幅23.74%、进口平均降幅13.14%，着力破解医用耗材价格虚高难题；推进医共体间、非医共体间转诊治疗，梳理基层首诊疾病目录75种、县内不轻易外转疾病目录122种，整理包括民营医院在内的县内医疗机构优势学科、成熟医疗技术参考目录35项，统一县乡207种慢病药品使用目录，进一步规范临床医生的诊疗行为和转诊条件。2019年，安吉县公立医院医疗总费用增长6.06%，门急诊均次费用上升1.3%、出院均次费用下降0.95%，医疗服务收入占比上升2.31%，各项公立医院考核指标趋于理想。

【安吉县成为全省加强“两慢病”全周期健康管理推行分级诊疗改革县】 7月，浙江省卫生健康委员会、省财政厅、省医疗保障局联合印发《关于加强高血压糖尿病全周期健康管理推进分级诊疗改革的通知》，明确提出2020年在22个县(市、区)先行推进改革，安吉县成为其中之一。据悉，该项改革旨以高血压、糖尿病(简称“两慢病”)等慢性病全周期健康管理为突破口，依托县域医共体和城市医联体，综合推进医保支付和基层补偿机制改革等配套措施，建立起医防融合、连续服务和分级诊疗协同机制，引导“两慢病”患者到基层就诊和管理。

【安吉县7个乡镇获评国家卫生乡镇称号】 8月，全国爱国卫生运动委员会公布2017—2019周期国家卫生乡镇命名名单和2019年重新确认国家卫生乡镇名单，安吉县溪龙乡、上墅乡、鄣吴镇、天子湖镇、杭垓镇、章村镇、报福镇7个乡镇首次获评此称号，全市有24个。近年来，安吉县以健康安吉建设为主线，持续巩固国家卫生县城创建成果，指导乡镇积极申报创建国家卫生乡镇。自2016年，安吉县结合小城镇环境综合整治行动，县爱卫办充分发挥牵头作用，鼓励并指导各乡镇开展卫生创建，在内涵提升、创建申报等环节予以支持，纳入乡镇卫生健康工作考核范畴，按时完成创建任务，积极开展省级、国家卫生乡镇创建，截至2020年底，共创建省级卫生乡镇11个，国家卫生乡镇8个；强化病媒生物防控，全县11个乡镇均完成病媒生物防制市场化招标并开展专业消杀工作，乡镇覆盖率100%。强化健康教育，组建健康教育讲师团开展巡回讲座，全县各乡镇实现健康教育社区覆盖率100%，累计创建健康家庭1000户、健康村(社区)77个、村级健康步道77条、健康主题公园7个。建立县乡村“三级”食品安全组织网络，对食品生产经营单位组织地毯式监督执法检查，覆盖率100%；以美丽乡村建设和“千万工程”建设为抓手，全省率先开展农村生活垃圾分类工作，农村垃圾分类和垃圾不落地成为全省标杆。深化厕所革命，加大对全县农村卫生户厕改造技术指导，全县农村无害化卫生厕所覆盖率99.8%，全县卫生厕所实现100%全覆盖，农村户厕卫生面貌显著改善。

【安吉县举行庆祝第三个医师节暨“最美医务工作者”“最美健康守门人”颁奖典礼】 8月18日晚上，安吉县举行第三个医师节暨“最美医务工作者”“最美健康守门人”颁奖典礼。县委书记沈铭权致辞，县人大常委会主任陆为民，县政协主席赵德清，县委常委、宣传部部长何承明，副县长任贵明参加，并为获得荣誉的个人和团队颁奖。沈铭权代表县委、县人大常委会、县政府、县政协，向辛勤工作的广大医师致以节日问候，向获得荣誉的优秀医务工作者表示热烈祝贺，向长期以来关心支持安吉卫生健康事业发展的社会各界表示衷心感谢。安吉援鄂医疗队获“最美医务工作者”特别奖，王刚、徐海兰、曹乙等11人获“最美医务工作者”称号，侯琛琛、高力生、陈慧勇等10人获“最美健康守门人”称号。

8 月 20 日，安吉县招引高层次医疗人才新闻发布会召开

【安吉县招引高层次医疗人才新闻发布会召开】 8 月 20 日，安吉县召开招引高层次医疗人才新闻发布会。中国工程院院士、著名肝胆胰外科专家郑树森，县委副书记、县长宋波，县领导朱伟、任贵明参加。郑树森在致辞中表示，安吉是“绿水青山就是金山银山”理念诞生地，面对突如其来的新冠肺炎疫情，安吉科学开展疫情防控工作，实现“零确诊、零疑似”，同时接待 1000 余名浙江援鄂医疗团队队员集中休养，充分印证安吉的优美环境以及人文情怀。发布会上，省中医院介绍支持安吉学科建设与人才培养的举措；安吉县发布高层次医疗人才需求，介绍特价人才房引进高层次人才政策；县卫健局与知猫(上海)人力资源有限公司签订招才引智合作协议。发布会还举行安吉县医疗卫生专家苑开园揭幕仪式。

【安吉县中医康复护理院入选全国首批老龄健康医养结合远程协同服务试点机构】 8 月，国家卫生健康委印发《关于确定首批老龄健康医养结合远程协同服务试点机构的通知》，公布全国首批老龄健康医养结合远程协同服务试点机构名单，安吉中医康复护理院入选，为全市唯一，全省仅 7 家。据了解，全国老龄健康医养结合远程协同服务试点工作旨在培育集远程医疗、慢病管理、复诊送药、照护指导、人员培训、科普讲座等服务为一体的医养结合机构。安吉中医康复护理院建于 2016 年，现设医养融合床位 90 张，分为自理区、介护区、医疗区、临终关怀区，依据老年人健康状况变化实行无缝式动态转区，建立入托人员从生活照料、专业护理、医疗康复、病重急救的全方面保障体系。

(严晓培)

医疗保障

【概况】 2020 年，安吉县医疗保障工作以贯彻落实习近平总书记在浙江、安吉视察时的重要讲话和指示精神及国家、省、市医疗保障工作会议精神和省、市、县委部署要求，坚持以人民为中心的发展理念，强化担当作为、奋力争先创优，争当县域医保治理现代化排头兵，全力推进安吉县医疗保障事业高质量发展。年内县医保局积极开展医保支付方式改革、医保领域精准扶弱、长三角医保一体化建设、“药价保”联动改革、建立健全基金监管体系建设等多项工作，2020 年度全县基本医疗保险参保率 99.81%，城乡居民基本医疗保险和职工基本医疗保险费用支出增速分别为 −3.45% 和 −6.91%，统筹基金支出增幅大幅回落，全县职工医保统筹基金当年度基金结余 0.47 亿元，全县城乡居民医保统筹基金当年度基金赤字 0.05 亿元，二项基金累计结余 0.42 亿元；全县开展医疗救助 120748 人次，救助金额 2288.24 万元，建档立卡困难人员参保率和医疗救助落实率均达 100%，职工医保和城乡居保困难群众的医疗总费用补偿率分别达 87.9% 和 82.1%。是年，县医保工作获省市医保局和县委县政府主要领导批示肯定 8 次、市县政府分管领导批示肯定 2 次，市八届人大代表安吉代表团专门视察县医保工作；获 2019 年度县级机关部门争创“效能机关”考核一等奖、2019 年度争当践行“两山”理念样板地、模范生先进集体、2020 年度湖州市社会事业发展工作先进集体、全国文明城市创建工作集体嘉奖等荣誉。

【疫情防控工作】 面对疫情防控严峻形势，医保系统上下始终牢记初心使命，主动担当、履职尽责，奋力做好疫情防控工作。按照国家和省、市医保局总体部署落实政策资金保障，对参保人员发生符合规定的医疗费用实施兜底保障，第一时间拨付医保基金和医疗救助经费共计 1000 万元。对县内所有“两定”单位开展督导检查，密切监测防控药品销售情况。切实减轻企业医保缴费负担，对符合条件的企业实施缓缴和阶段性减征医保费用共计 8232 万元。优化经办服务，积极引导群众通过“网办”“掌办”办理医保业务，推出“预约办”“代理办”“电话办”等服务新模式，进一步方便群众。此外，全系统干部职工积极参与交通卡口、社区驻点一线等地协助开展防控执勤，累计出动 300 余人次。

【“三服务”工作】 贯彻落实省、市医保局关于惠企政策的相关文件要求，围绕“政策兑现、惠及、知晓”三个工作目标开展工作，组建医保系统驻企服务专员队伍对 16 家结对企业开展常态化服务活动，将惠企政策梳理、对接、宣传、释疑、落实、督查、统计等工作做到“一条龙”全流程服务，以最快的行动保障政策有效落实。自活动以来，全系统开展下企实地走访及线上联系服务 500 余次，帮助解决复工复产、医保政策落实等实际问题 80 余个。加大全民参保宣传力度，实施精准参保扩面举措，采取数据动态监控、月度通报、年度考核等方式对各乡镇（街道）参保扩面工作实行常态化管理，确保本县户籍基本医疗保险参保率达 99.6%以上。截至 12 月底，本县户籍人口医保参保率达 99.81%，超过年度目标任务 0.21 个百分点，居全市第一。

【医疗救助】 全面落实“两不愁、三保障”工作要求，按照“保基本、托底线、救急难、可持续”的扶贫原则，破解困难群体医疗救助程序烦、报销慢等难题，安吉县通过完善安吉民生数据（精准扶弱）平台建设，做到精准识别动态监测；全省率先建立医保领域精准救助联席制度，出台规范贫困人员医疗服务行为，建立大病保险实际赔付对象和大额救助对象满意度回访随访等制度机制，切实保障实现困难群体医疗参保“零脱保”、缴费补助“零遗漏”、待遇享受“零缝隙”、医保报销“零跑腿”，实现参保缴费有资助、待遇支付有倾斜、基本保障有边界、管理服务更高效、就医结算更便捷。2020 年度，安吉县开展医疗救助 120748 人次，救助金额 2288.24 万元，建档立卡困难人员参保率和医疗救助落实率均达 100%，职工医保和城乡居保困难群众的医疗总费用补偿率分别达 87.9%和 82.1%。全面落实统一大病保险政策和对建档立卡贫困人员的倾斜政策，确保大病保险补偿率达 65%以上。在全省医保扶贫专项督导中，安吉县经验做法得到省局肯定并在全省推广，且获副市长闵云批示。

【长三角医保一体化建设】 在持续做好和上海、江苏跨省异地门诊就医直接结算的基础上，推进与安徽省异地门诊就医直接刷卡结算，进一步扩大跨省异地就医联网覆盖面。截至 2020 年底，县域内 28 家医疗机构与上海 709 家、江苏 3809 家、安徽 1110 家医疗机构开通异地门诊就医直接联网结算业务。2020 年 6 月，长三角地区医保一体化工作座谈会在湖州召开，会议签署《长三角产业合作区医疗保障协同发展框架协议》和《长三角

7 月 17 日，省医保局扶贫小组来安吉调研督导医保扶贫和医疗救助工作

地区跨省基本医疗保险关系转移接续业务联办合作协议》,并将安吉县作为“一岭六县”省际毗邻区交流合作区域之一,推动安吉县医疗保障公共资源同城化、信息化、一体化进程。此外,2020年上半年,县医保局全面推进生育待遇县内直接刷卡结算、特殊病种省内门诊直接刷卡结算和全县所有定点医药机构(医院、药店)市内同城互认直接刷卡结算等一系列惠民举措,增强县域群众就医购药的获得感和便利度。

【医保支付方式改革】 2020年,县医保局实施门诊按人头总额包干、住院按病组点数法付费的多元复合支付方式改革。做深做细安吉县门诊按人头付费试点工作,进一步优化按人头包干付费支付方式,制定出台《安吉县基本医疗保险门诊按参保人头包干付费管理办法(试行)》和《2020年县域医共体门诊按人头包干付费标准》,明确县域门诊按人头付费的支付范围、付费标准、结算办法等相关事项。积极探索实施住院按病组点数法付费的支付方式改革,强化合力、统筹推进,2020年9月起正式实施住院按病组点数法结算。医保支付方式多元化有效引导医疗机构合理治疗,确保医保基金可持续稳健运行。2020年1—12月,城乡居民基本医疗保险和职工基本医疗保险费用支出增速分别为−3.45%和−6.91%,统筹基金支出增幅大幅回落。

【“药价保”联动改革】 规范医保药品支付交易行为,监督县内公立医疗机构通过“浙江省药械采购平台”采购药品和医用耗材,达到省考核比例,鼓励民营医疗构和定点零售药店自愿进入省药械招采平台采购。按要求完成国家、省、市集中带量采购药品、医用耗材中选产品采购季度约定量及年度约定总量,前两批国家集中采购药品在安吉县公立医院的执行率均超过年签约用量,全年节约国家集采药品资金6300余万元,极大减轻参保群众的药费负担。2020年12月1日起,县域公立医疗机构执行省级集采的冠脉介入球囊和骨科髋关节两类医用耗材带量采购中选结果,按本次意向采购量计算,全县医疗机构在此类相关高值耗材采购使用上预计能节约资金1200余万元。配合市局完成医疗服务价格调整工作,下调和上调项目分别为1152项和132项,理顺医疗服务比价关系,医院收支结构得到优化。

【医保基金监管】 围绕打造医保基金监管样板的目标要求,完善医保基金监管体系,积极探索安吉县医保信用体系、行业自律、智能监管、数据防控等机制体制建设。常态化日常监督检查和重点领域专项督查相结合,始终保持打击欺诈骗保高压态势。2020年,检查“两定”医药机构322家次,查处违规58家,暂停服务协议4家,责令整改54家,查处参保人员4人,追回及自查自纠退还医保基金392.3万元。创新监管方式,开展互联网+监督检查,现场检查掌上执法覆盖率100%,联合多部门开展“双随机、一公开”专项检查,检查单位27家次,发现问题并督促整改25家次。开展“打击欺诈骗保维护基金安全集中宣传月”活动,充分发挥新媒体平台作用,开展线上承诺接力、有奖竞猜、非遗传承人大鼓书传唱《争当医保守门人》微视频展播、典型案例通报等形式多样的舆论宣传。常态化开展医保反欺诈主题宣传进农村、社区、进企业、进医疗机构、进定点药店等“五进”活动,举办各类分散宣讲

11月17日,安吉县医保基金社会监督员聘任暨第一次工作会议召开

50余场，张贴海报1000余份，悬挂横幅200余条，发放宣传手册18000余册。不断完善基金监管机制，加快推进严密有力的医保基金监管体系建设。成立安吉县医保反欺诈中心，全市率先成立县级医保行业协会，建立全市首个医保争议问题专家评审机制（该项机制获宋波县长批示肯定），开展政保合作，聘任18位社会监督员，形成基金监管的立体格局和打击欺诈骗保社会合力。创建医保基金运行内控体系建设市级试点，编制《医保中心内控监管评价体系建设性文件》通过ISO9001质量体系审核认证，完成全县150个经办点位医保经办业务网上监控全覆盖，实现医保基金内控线上线下监管一体化。建立健全基金运行风险评估和预警管理机制，规范财务人员行为和基金运行程序，切实做到分段把关、分人负责、相互制衡，开展基金精算工作，为医保基金运行分析提供精准支撑。通过系统治理，全县医保基金管控成效明显，2020年全县医保基金（职工＋城乡）支出8.17亿元，与2019年同比减少6.91%，增幅下降16.87个百分点，节约基金支出6070.82万元，基金支付能力保持稳定。

【医保经办标准化建设】 按照深化“最多跑一次”改革和打造全生命周期医保服务“最便捷地市”要求，落实省政府政务服务2.0建设任务，全力推进县域医疗保障服务标准化、规范化建设。安吉县率先接入全市统一参保征缴系统，实现市县医保信息系统集中统一。优化“网上办”“掌上办”事项流程，梳理、上线自助终端服务事项；实现全县定点医药机构同城互认，市内就医买药100%直接刷卡结算；完成县域内所有公立医疗机构和定点零售药店的医保电子凭证接口改造工作并全面铺开运用，全面推广参保人员激活并使用医保电子凭证，实现无实卡直接就医购药查询医保费用，不断提升用户体验感。推进医保经办服务下沉，将全市统一的20项医保服务事项下延至乡镇（街道），其中13项高频事项延伸至村（社区）。围绕“更便捷”，推进取消代配证制实行代配药承诺备案制、取消特殊病种集中年审实行“大数据”比对年审、开通特殊病种全省范围内门诊刷卡结算业务、零星报销智能扫描审核下延至村、设立连锁药店零星发票报销受理点、意外伤害“直播”调查等多项医保民生“微改革”举措。县《改革动态》（第16期）专门刊发医保专版报道相关工作举措，获县委常委沈霞俊批示肯定。

【开展“政、村、企、院”四方合作】 突出党建引领，结对共建，持续推进结对帮扶杭垓镇吴村村的村企共建中草药种植基地项目实施，进一步发展壮大村集体经济。2020年，医保局党员干部下村走访调研、参与项目实施6次，5月县医保局全体党员干部赴吴村村协助采收首批种植的20亩元胡，此次村企共建项目助力村集体增收10余万元。吴村村生产的元胡有效含量超过国家药典规定的2.5倍，亩产达600千克，由佐力药业有限公司负责统一收购。持续深化院企合作对接工作，为本地药企与医疗机构“牵线搭桥”，解决本地医药机构因为疫情导致的外销运输成本高、订单量减少等问题，2020年以来，佐力百草中药饮片业务逆势增长50%，中成药及中药配方颗粒业务在本地市场实现“零”的突破。

【安吉县实现生育费用报销“跑零次”】 6月12日，全县首笔生育待遇费用在县人民医院直接

5月11日，县医保局党员干部赴吴村村采收元胡

刷卡结算成功，标志着安吉县在全市率先实现生育费用报销“跑零次”。县医保局联合卫健等部门搭建生育报销即时刷卡结算平台，实现参保人的医疗费用、生产方式、胎儿数及生育参保等信息实时共享。通过平台获取医院端生育刷卡结算人员信息，将报销费用直接汇入符合条件的参保人员社保卡账号内，实现生育报销“跑零次”。将原来办理业务时需提交的身份证、出生证明等5份材料缩减至“零材料”，并将办理时间由原来的2小时压缩至现在的10分钟左右，提升业务便捷度，避免参保人因超时提交材料无法办理而造成的损失。截至2020年底，该项业务在县内5家县级医疗机构实现全覆盖。

【医保领域精准救助联席制度建立】 为高效解决医疗救助工作中存在的数据不够精准、更新不及时等问题，2020年5月28日在全市率先建立医保领域精准救助联席制度。该制度对医疗救助工作中的人员认定、系统维护、数据更新等具体时间和部门责任进行明确规定，进一步落实精准救助职责，实现参保缴费有资助、待遇支付有倾斜、基本保障有边界、管理服务更高效、就医结算更便捷。同时，充分发挥各部门自身优势，加强制度、政策衔接，形成全县医疗救助工作合力，确保困难群众医保待遇应保尽保、应享尽享。根据联席制度要求，对精准扶弱工作实施常态化监管，定期开展业务工作对接会，并请纪委部门参会、监督，保障建档立卡符合条件的困难群众医疗保险参保率和医疗救助政策得到落实。同时，充分发挥基本保险、大病保险、医疗救助等各项制度作用，最大限度减少因病致贫、因病返贫现象。2020年，安吉县困难群众的参保率和待遇享受率全年均保持100%。

【特殊病种省内异地就医直接刷卡结算全覆盖】 聚焦特殊病患者治疗难度大、治疗费用高以及治疗时间长且垫付资金压力大、报销材料多等问题，为保障全县所有特殊病患者均能享受到特殊病省内异地直接刷卡带来的便利，将恶性肿瘤、尿毒症透析、重症精神类病等特殊病种纳入直接结算范围。2020年，12大类特殊病种全部实现省内异地就医刷卡结算。借助浙里办App开通网上登记备案渠道，实现患者备案“掌上办”。同时，加强大数据分析和应用，通过信息化手段核实参保人员特殊病种待遇享受资格，全面取消线下特殊病种集中年审工作。在“最多跑一次”改革的基础上，通过系统改造实现省内特殊病种异地刷卡联网结算，在解决先垫付后报销等问题的同时，实现特殊病种省内异地结算“跑零次”，为参保人员提供更加方便、快捷、精准的结算服务。

【医疗保障行业协会成立】 7月30日下午，安吉县医保局召开安吉县医疗保障协会成立大会，标志着全市首个医疗保障行业协会在安吉成立。该协会由医疗机构、医保医师和零售药店组成，根据业务需求实行分别管理。在日常基金监管中充分发挥行业协会的桥梁纽带作用，组织开展行业自查自纠和教育培训活动，利用行业组织自我服务、自我管理、自我监督职能，督促引导医药机构、医保医师当好医保基金的“守门人”。协会成员机构涵盖全县201家定点医药机构，协会成员代表共计105人。

【赴安徽省宁国市对接长三角一体化项目】 在安吉已经与沪、苏两地实现异地门诊就医双向互联互通的基础上，安吉县进一

7月30日，安吉县医疗保障协会成立

步深入推进长三角医保一体化建设工作，致力于与安徽地区实现异地门诊就医互联互通，为两地群众带来更便捷的就医新模式。广德市、宁国市与安吉县作为省际毗邻区交流合作区域，群众来往交流密切。县医保局先后赴两地医保局开展探讨交流，深化医保领域项目合作，加快推进医保联网互联互通，宁国和广德在8月底率先与安吉县实现异地门诊就医互联互通。截至2020年底，安徽地区已经有1110家医疗机构纳入跨省联网结算。

【医保审计分析争议问题专家评审机制建立】 为破解医疗机构因对医保政策不理解、不熟悉所导致的收费、报销不规范致使基金流失的问题，安吉县医保局于2020年9月7日建立全市首个医保审计分析争议问题专家评审机制，邀请专家对医保审计方面存在争议的问题进行集中评审，建立健全医保基金监管体系。2020年，县医保局通过第三方监管机构的大数据分析，对医疗机构的医保服务行为进行全口径分析，全面筛查疑点信息，筛查出疑似违规医疗数据20余万条，其中医疗机构认可违规并退款120余万元，存在争议的医疗行为15种，涉及金额100余万元。为充分保障医疗机构的申诉抗辩权利，在县纪委监委派驻第三纪检组的指导下，邀请上级医保监管部门医保协会、医保中心及卫健局组成专家团队，对存有争议的问题进行集中评审。对判定违规的医疗行为，督促相关医疗机构在限定日期内退还医保基金。截至2020年底，对15个存在争议的问题开展评审，判定违规行为5起。已退还违规医保基金350余万元。

【医疗保障反欺诈中心成立】 为进一步履行医保监管职能，管好老百姓的“救命钱”，强化医保基金监管职责，安吉县于2020年10月9日全省率先成立医疗保障反欺诈中心。主要承担日常医保基金监督检查、参保人员外伤稽核调查、投诉举报案件的核查处理、稽核内审等方面职能，全面统筹欺诈骗保领域工作，推动机构职能优化协同高效运作。县医保局以此为载体，开展医保基金运行内控体系建设试点工作，加强经办机构内控制度建设，规范基金会计制度和财务制度，坚决堵塞风险漏洞。同时，坚持“源头控、过程管、末端防”的方式不断推进基金监管方式创新、医保支付方式改革、标准化平台建设等，构建全流程、全领域基金监管体系，全面提升医保治理效能。

【贫困人员医疗诊治行为规范出台】 针对过度医疗增加患者就医负担引起的因病致贫、因病返贫等问题，2020年8月5日，县医保局出台全市首个贫困人员医疗诊治行为规范，通过明确医疗机构接诊和转诊标准，全面落实基层医疗机构首诊、逐级转诊和双向转诊制度，构建“基层首诊、双向转诊、急慢分治、上下联动”合理规范的分级诊疗服务模式，有效控制分级诊疗费用。严格执行住院管理、基层医疗机构75种首诊疾病种类目录和县级医疗机构诊治122种不轻易外转疾病种类目录规定，引导贫困患者科学有序就医。严格规范医药机构用药、检查规范制度，在县域内全面实施公示制度、告知制度和检查结果互认机制，严格控制医疗费用支出，落实重点监控药品耗材管理制度。严禁医疗机构针对科室和医护人员设定创收指标，明确规定产生的不合规医疗费用全部由医疗机构自行承担。同时，对控制费用不严格的医疗机构，在医保基金支付、总额控制、医院等级评审、医师考核、医师执业资格证书吊销等方面予以从严管理，倒逼医疗机构规范自身行为，确保高质量完成医保领域脱贫攻坚任务。

【组织民营医院跟进药品集采试点】 在公立医疗机构全面实施国家首批药品集中带量采购政策的背景下，带量采购药品在公立医院的零售价比民营医院和药店平均低70%，导致民营医疗机构和零售药店的药价毫无竞争优势。基于此，县医保局指导县域两家民营医疗机构全省率先跟进国家组织的药品集中采购和使用试点。协助民营医疗机构与中选药品生产、配送企业协商谈判并达成合作共识，通过具有法律效力的协议文书明确医疗机构、药企以及配送企业各自职责，以保障药品质量和供应需求，以此降低药品价格，让老百姓在民营医院也能使用到质优价廉的药品，推动安吉县民营医疗机构健康发展。截至2020年底，两家民营医疗机构采购和使用国家组织集采药品后共计减轻患者药品费用负担1658.3万元。

（赵　璐）

社会生活

民　政　工　作

【概况】　2020年3月2日，根据《安吉县事业单位清理规范整合工作方案》，整合安吉县救助管理站(挂安吉县流浪未成年人救助保护中心牌子)、安吉县社会福利保障中心、安吉县社会福利院(安吉县养老指导服务中心与安吉县社会福利院合署办公；挂安吉县光荣院、安吉县儿童福利指导中心牌子)三家事业单位的全部职责；同时整合人员编制和实有人员，组建安吉县社会福利与救助中心，保留安吉县流浪未成年人救助保护中心、安吉县儿童福利指导中心牌子。安吉县社会福利与救助中心(挂安吉县流浪未成年人救助保护中心、安吉县儿童福利指导中心牌子)为县民政局下属公益一类事业单位，机构规格为正股级；核定事业编制13名，编外用工计划控制数2名，设主任1名、副主任2名；经费形式财政全额补助。4月28日，县委机构编制委员会办公室核准《安吉县民政执法大队机构编制规定》《安吉县水库移民管理服务中心机构编制规定》《安吉县社会福利与救助中心机构编制规定》《安吉县婚姻登记处机构编制规定》《安吉县殡仪馆机构编制规定》。2020年，安吉县民政局荣获2019年度省民政厅评估先进县(市、区)民政局、2019年度市级平安建设模范单位。

9月30日，全县民政工作暨民族团结进步工作会议召开

【最低生活保障】　截至2020年12月底，安吉县共有低保3804户5836人(其中城镇346户491人，农村3458户5345人，新增低保595户1040人，取消低保984户1583人)，全年共发放各类低保资金等5806.9万元，其中低保金4601.9万元、特困供养资金513.5万元，物价补贴691.5万元。

【社会救助】　根据《浙江省经济状况核对办法》和疫情防控有关规定，在疫情防控期间，实现县、镇、村三级社会救助业务办理互联网办公，简化救助程序，开通临时救助绿色通道，基层村(社区)全面开展电话探访，全年临时救助320户606人，发放金额261.5万元；落实基层党员、干部与困难群众“一对一结对探访帮扶”制度，个性化帮助困难群众解决实际困难；为全县200

余户低保家庭中的独居老人及分散特困人员家中安装“远程陪护”系统，保障困难群众基本生活安全，避免意外事故发生；建立多维度精准识贫机制，通过搭建信息推送平台、畅通部门数据交换、广泛发动社会力量与数据信息智能研判，实现社会救助精准、及时、到位。2020年，主动发现低保对象169户288人，低保、低边渐退期60户，低收入家庭重残、重病单列107人，全面提升困难群众获得感、幸福感。全年共向生活无着落的流浪乞讨人员及一些因临时困难前来求助的人员提供救助266人次，其中男性153人次，女性113人次，未成年1人次，患精神病的169人次，接领及专人护送返乡15人次。开展“冬季送温暖、夏季送清凉”活动，联合公安、综合行政执法，开展街面日常巡查，定期巡查重点区域，为街头流浪乞讨人员和困难群众提供必要的救助服务。

【养老服务工作】 省民生实事项目困难老年人家庭适老化改造，全市率先完成改造任务100户。引进养老服务企业和社会组织参与安吉县的照料中心和养老服务中心的社会化运行，提高照料中心社会化运行率100%。开展“浙里养·一床一码一人”协同应用试点，建设养老服务数据交换系统、养老机构服务应用、养老服务管理应用、养老机构地图查询模块等功能。实现新增养老机构3家床位326张，完成孝丰、递铺、天子湖敬老院的改建工作。在县社会福利中心和昌硕街道示范型居家养老服务中心建立安吉县的养老护理人员及家庭照护者培训基地，开展养老护理员培训11期，558人参加，培训考试合格507人，开展家庭照护者培训18期1046人。联合县红十字会开展养老机构急救能力培训5期100人。参加市民政局组织的各类养老服务人才培训，全市养老护理员大赛获团体第二名。养老机构继续开展“厨房革命”，20家养老机构食堂实现安全远程监管。引导专业安全服务机构1家，与20家养老机构签订安全服务协议，每月开展安全检查，出具消防检测报告。安吉县16个老年优待证办证窗口实现全省通办，同时由民政工作人员办证后送证上门，实现老年优待证办理“一次都不跑”，全年共办理新版老年证6000余张（其中全省通办32张）。为每位安吉户籍60周岁以上老年人购买意外伤害险。

【社会福利与慈善工作】 及时调整安吉县孤儿和困境儿童基本生活费，从2020年6月1日起，机构养育孤儿基本生活费标准从每人每月1974元调整为2160元，社会散居孤儿基本生活费标准从每人每月1587元调整为1728元；事实无人抚养儿童（一类）、低保户和低保边缘家庭中的自身困境儿童（二类）基本生活费参照社会散居孤儿基本生活标准采取补差发放，低保和低保边缘家庭中的非自身困境儿童（四类）基本生活费按照最低生活保障救助标准补差发放，其他家庭中的自身困境儿童（三类）基本生活费按每人每月691元发放。到2020年12月31日，全县机构孤儿2人，散居孤儿13人，一类52人、二类28人、三类207人，四类低保低边儿童525人，全年发放困境儿童福利金571.64万元。全省率先完成15个乡镇（街道）未成年人救助保护站和23个示范型“儿童之家”建设，进一步完善县、乡镇、村（社区）三级未成年人救助保护工作机制。安吉县未成年人救助保护中心采取购买社会组织服务的方式承接困境儿童评估体系建立、评估档案建立、未成年人救助保护热线平台服务、个案服务等相关工作。全年受理求助服务13件，制定受侵害未成年人庇护、未成年人行为矫正、智力缺陷儿童专业教育、服刑人员子女亲情维系等6项个性化救助方案。做好新型冠状病毒防疫防控期间困境儿童、留守儿童疫情防控工作，全年无因疫情原因导致监护缺失困境儿童和留守儿童。进一步加强收养登记管理工作，完善收养程序，全年共完成31户收养家庭能力评估，办理收养手续31件。新冠肺炎疫情发生以来，按照中央的指示精神和省市县关于疫情防控的工作部署，安吉县民政局积极指导县慈善总会和红十字会积极开展疫情防控期间捐赠工作，引导企业支援武汉，累计全县共接收捐赠款物1556.85万元。牵头全县慈善工作，实现2020年“慈善一日捐”募捐总量创历史新高，县慈善总会共收到全县捐赠善款5405802.88元，其中个人捐赠1685802.88元，单位捐赠（冠名、定向）3720000元，并首次采用网络支付的方式方便市民进行捐赠工作。助力东西部扶贫协作,全年落实社会帮扶资金1500余万元;引导社会组织结对帮扶木里县李子坪乡3个村,助力挂牌督战村攻坚行动。新增2家慈善组织,到2020年12月底全县登记在册慈善组织共6家。挖掘品牌慈善项目,以“美丽慈善”品牌项目建设推动安吉县域慈善事业发展,通过线上网络投票和线下评审评选出5个最具影响力的慈善项目和5个最具创新性的慈善项目,全面展示宣传安吉县公益慈善服务成果,用慈善力量推动中国最美县域精神文明建设。

【基层自治和社会工作】 2020年,实施村级规模调整和城市社区优化设置工作,撤并递铺街道原三官村和蚕桑场村,组建新的三官村;撤分昌硕街道广场社区、灵峰社区两个原规模较大的城市社区,新组建5个城市社区,分别命名广场社区、三里亭社区、清滨社区、凤亭社区、箭东社区,在昌硕街道新开发区块增加成立2个城市社区,命名太和社区、绣岭社区;新成立灵峰街道灵溪社区和孝源街道安孝社区。2020年,全县新建幸福邻里中心8家,乡镇(街道)级社区工作站5家,实施村(社区)便民服务大厅的提升改造20家。推进“三务”公开精细化管理,提升“三务”公开手机端App(爱安吉)的运行模式,并在“浙政钉”同步上线。开展“无证明村(社区)”建设工作从行政审批领域向公共服务领域延伸。实施村级组织换届,全面推行村级党组织书记和主任“一肩挑”工作。专业社工人才队伍不断壮大,新增持证社工836人,其中初级711人,中级125人,共计1499人;新增南太湖社会工作领军人才17名,共计48人。

【社会组织】 党建引领社会组织健康发展,出台安吉县社会组织综合党委实体化运行实施意见,承接全省社会组织党建工作会议。社会组织积极参与一线防疫工作,发动捐款捐物400余万元,发动志愿者10000余人,解决求助热线270多个,在复工复产中也积极行动起来,每家社会组织平均服务时长2000多小时。助力创城,2059家社会组织凝练总结出属于自己的品牌名称——“ANGO·苕溪安鸽”,有效发动10000余名志愿者,助力安吉县创建全国文明城市。2020年度资助公益性项目37个,开展活动521场,发动志愿者2000人次,累计服务居民群众逾13万人次。公益大篷车之蒲公英项目共发动15家社会组织,服务覆盖安吉县15个乡镇街道,40个村社区,开展活动160场,发动学生300人次,服务居民20000余人次。2020年度三社创新发展学院再度开班,与华中师范大学建立校地合作,共开展大小培训60余场,督导100余次,内容涵盖幸福邻里中心建设、专业社工服务、党员骨干双培育、公益创投项目实施、三社人才培养等等。起草发布湖州市首个社会组织信息公开管理规范。等级评估9家社会组织,评估5A级1个,4A级3个,3A级5家,完成362家社会组织年检工作。2020年,1家社会组织被评为省级品牌社会组织,2家社会组织被评为湖州市品牌社会组织,3个项目被评为湖州市品牌公益服务项目,3名社会组织负责人被评为湖州市社会组织领军人物。

【社会事务】 深化拓展“逝者身后一件事”多部门联办试点工作,同时在办丧时全面做好移风易俗文明治丧宣传引导,做到文明治丧与基层治理有机结合,全年用“钉钉”报丧3196例。推进节地生态殡葬法,整治坟墓整治1100穴,重点推进树葬、骨灰堂

9月8日,全省社会组织党的建设工作培训班开班式在安吉召开

等节地生态葬建设和布点，批准4个乡镇6个村骨灰堂建设。全县已完成骨灰堂建设20座，3座在建设中。2020年，火化遗体3224具，服务灵堂361场，3100户享受殡葬惠民政策，涉及减免费用395万元。继续举办安吉县2020“竹之韵”公益生态竹林葬，为13位逝者举行“竹林葬”。在清明节实行新冠疫情防控工作，巩固殡葬服务机构“无烟祭祀”成果，全县清明期间通过网上预约祭扫53000余人次，网上祭祀350人次，代客祭扫15起。8月，发布《安吉绿色节地生态葬建设与管理规范》。10月，浙江省殡葬工作会议在安吉县召开。2020年，安吉县移民直补资金发放20771人，发放资金1259.69万元。稳步推进移民专项资金项目审批备案和建设工作，确定正式移民项目81个，移民资金4548.78万元，涉及重点移民村、库区村48个、一般移民村33个、抱团项目5个（涉及欠发达村18个）。以每季度为一个周期对全县2020年度移民后期扶持政策实施情况监测评估。省、市两级移民机构审计安吉县2019年移民项目10个。完成首批2个不规范地名整治工作，过程平稳有序，未出现负面舆情。开展千年古县申报工作，目前已完成实地调研评估。完成德安线联合检查工作，共检查界线1条，界桩4个，全年界线平稳，边界地区社会和谐稳定。完善地名地址库建设，优化地名服务工作。加强婚姻登记规范化建设，达到国家AAAA级婚姻登记机关标准。8月举办“七夕集体颁证典礼”，9月举办“迎国庆树新风暨浙江省婚俗改革启动仪式（湖州地区）”活动，11月承办“第三届浙台婚姻家庭文化之旅暨‘我的外婆、我的家乡’征文颁奖活动”。被确定为浙江省婚俗改革试点县，倡导文明婚俗，促进社会稳定。经财政部批准，民政局从2020年9月30日暂停“中福在线”视频彩票销售。2020年销售“中福在线”视频彩票535.6万元，筹集县本级福彩公益金58.9万元。开展以“福彩暖万家”为主题的系列公益活动4次，资助困境儿童80人，贫困低保大学新生26人、困难一线环卫工人56人、空巢、孤寡、低保老人101人，累计资助263人，发放资助金67.7万元。

【召开安吉县“三社”助力全国文明城市创建推进会暨“苕溪安鸽”品牌发布会】 为了凝聚全县社会组织力量，以品牌引领社会组织参与基层治理，打造共建共治共享新格局。6月19日上午，由安吉县民政局、安吉县创建办主办，安吉县社会组织服务中心承办的安吉县“三社”助力全国文明城市创建推进会暨“苕溪安鸽”品牌发布会在鼎尚驿四楼宴会厅盛大举行。省民政厅社会组织管理局副局长张真，市民政局副局长耿斌，市民政局社会组织管理局局长俞祖明，安吉县人民政府副县长沈鑫钰，安吉县民政局局长姜平，安吉县民政局副书记副局长汪钟鸣，安吉县创建办主任沈一平，三社创新发展学院学员代表、社会组织代表、村（社区）代表、社工代表共同参加。副县长沈鑫钰致辞，发布“苕溪安鸽”的中英文解读和Logo含义，启动“苕溪安鸽”品牌。省市县领导为“党员志愿服务队”“基层治理服务队”“社会关爱服务队”“文明劝导服务队”“文明传播服务队”五支队伍授旗，五位队长宣读社会组织助力文明城市创建口号。

【举办“牵手幸福 为爱加油”七夕集体颁证暨“幸福婚姻第一课”活动】 8月25日，县民政局、县妇联联合举办的“牵手幸福 为爱加油”七夕集体颁证暨“幸福婚姻第一课”活动在县民政局婚姻登记处举行。副县长沈鑫钰，县民政局党委书记、局长姜平，县妇联党组书记、主席朱海燕，县民政局党委委员、副局长童辉，县妇联党组成员、副主席徐笛共同参加颁证仪式。县妇联党组成员、副主席徐笛宣读《文明婚俗倡议书》；新人们手持誓言卡，集体宣读结婚誓言，在浪漫的结婚祝福乐曲声中，许下了相爱一生的承诺；副县长沈鑫钰，县民政局党委书记、局长姜平，县妇联党组书记、主席朱海燕向9对新人颁发结婚证书和纪念品，并与新人们合影留念；颁证仪式结束后，浙江省婚姻家庭咨询师协会理事文旭平老师为大家作“婚姻第一课”婚前辅导专题讲座。

【召开全省社会组织党的建设工作培训】 9月7日下午，全省社会组织党的建设工作培训在“两山”理论的发祥地——安吉余村的年年有余研学中心举行，为期三天。省民政厅副厅长江宇，民政厅社会组织管理局副局长张真，湖州市民政局副局长耿斌，安吉县人民政府副县长沈鑫钰，安吉县民政局党委书记、局长姜平等参加开班仪式。此次培训班邀请浙江工业大学之江学院教授朱敏忠、安吉县委党校副校长楼成为学员们授课,安排安吉县社会组织党群服务中心、非公企业先进党组织——大康控股集团、“两山”理念诞生地——余村进行现场教学。

【举行“迎国庆、树新风”集体颁证暨浙江省婚俗改革启动仪式】 9月28日上午,由浙江省民政厅主办,湖州市民政局、安吉县人民政府承办的“迎国庆、树新风”集体颁证暨浙江省婚俗改革启动仪式(湖州地区)在安吉县举行。湖州市民政局副局长董平,安吉县人民政府副县长沈鑫钰,县婚俗改革工作领导小组成员单位,县民政局党委书记、局长姜平,副局长童辉及局中层干部,各乡镇(街道)分管领导共同参加。安吉县副县长沈鑫钰致辞,县民政局党委书记、局长姜平致证婚词,8对新人集体宣誓。市县领导给新人颁发结婚证书,新人代表进行表态发言,集体签署婚俗新办简办承诺书。正式启动浙江省婚俗改革(湖州地区)。

【举行全县民政工作暨民族团结进步工作会议】 9月30日下午,全县民政工作暨民族团结进步工作会议举行。县委书记沈铭权强调,要努力在保障民生、服务群众上有更大作为,在促进和谐、服务发展上有更大成效,奋力推动新时代安吉民政和民族工作走在前列,为奋力打造“重要窗口”县域样本,努力成为新时代全面展示美丽中国县域窗口作出新的更大贡献。县委副书记、县长宋波主持,县领导任烽、高发义、王捷、沈鑫钰、杨绍军参加。会议通报了先进集体和个人名单。会上,县民政局、昌硕街道、安吉两山公益社会服务中心,孝源街道、梅园学校、报福镇中张村作交流发言。

【召开浙江省殡葬工作现场培训会】 为认真贯彻习近平总书记对民政工作的重要指示精神,落实省委、省政府决策部署和全省民政会议重要部署,回顾总结近年来全省殡葬改革的有关情况,交流经验和做法,部署今后一个阶段全省殡葬工作。10月15—16日,浙江省殡葬工作现场培训会在安吉召开。省民政厅副厅长余强、省民政厅社会事务处处长丁小策,湖州市民政局局长朱荣章,安吉县人民政府副县长沈鑫钰,各设区市民政局分管领导、社会事务处(殡葬管理处)处长,各县(市、区)民政局分管领导,省殡葬协会领导参加此次会议。10月15日下午,与会代表先后参观长兴、安吉殡葬设施点。10月16日上午,全体人员在安吉参加全省殡葬工作现场培训会。副县长沈鑫钰致辞,各区代表作经验交流发言,民政厅社会事务处部署下阶段工作,浙江省民政厅党组成员、副厅长余强讲话。

9月28日,“迎国庆、树新风”集体颁证暨浙江省婚俗改革启动仪式(湖州地区)在安吉举行

【举办第三届浙台婚姻家庭文化之旅暨“我的外婆,我的家乡”征文颁奖活动】 11月6—8日,由浙江省婚姻家庭协会主办、安吉县婚姻家庭协会承办的第三届浙台婚姻家庭文化之旅暨“我的外婆,我的家乡”征文颁奖活动在安吉举行。海峡两岸婚姻家庭服务中心副主任、海峡两岸婚姻家庭协会副秘书长杨文涛,浙江省民政厅副厅长余强,浙江省台办副主任章启忠,浙江省台联专职副会长陶骏,浙江省社会组织总会会长梁星心,湖州市民政局局长朱荣章,安吉县人民政府副县长沈鑫钰出席开幕仪式。活动以“走绿水青山,看诗画浙江”为主题,开展“我的外婆,我

的家乡”征文颁奖、主题沙龙、实地考察等一系列活动，邀请浙台两地的两岸婚姻当事人及安吉县最美家庭代表等150多人参加，共叙两岸同胞手足亲情、畅谈幸福家庭故事、共同见证浙江改革发展成果、共同领略祖国大陆美好河山，对于加强新时期两岸婚姻家庭文化交流、推进和谐幸福婚姻家庭建设、促进两地民众心灵契合具有特殊、积极而深远的意义。

【召开安吉县“三社”创新治理汇报会暨第九届社工论坛】 12月4日上午，安吉县2020年“三社”创新治理汇报会暨第九届社工论坛在开元大酒店举行，湖州市民政局副局长耿斌，安吉县人民政府副县长沈鑫钰，安吉县民政局党委书记、局长姜平，安吉县民政局党委副书记、副局长汪钟鸣，乡镇（街道）民政分管领导、助理员、社区工作联络员及民政协理员，城市社区的专职工作人员，各社工机构负责人，幸福邻里中心运作工作人员，全县通过社会工作者职业水平考试并取得证书人员共同参加。通过这次汇报会，展现了安吉县“三社”工作的风采，希望带动更多的社会工作者、更多的居民参与到社区治理中，真正实现“共建共治共享”的社会治理格局。本次论坛之前共收到90余篇案例或好故事，经过前期评审梳理，推选出十名选手代表参加社工案例分享，最终决出一等奖2名、二等奖3名、三等奖5名。获评安吉县品牌社会组织6家，品牌公益项目6个。

【举办第六届“竹之韵”公益生态葬安放仪式】 12月18日，由安吉县民政局主办、安吉龙山源承办的第六届“竹之韵”公益生态葬安放仪式在安吉龙山源生态竹林内温暖举行。各地的生态竹林葬践行者家属受邀而来，共同响应“生态安葬·无烟祭扫”的倡议。本届生态竹林葬仪式，以“绿色节地、公益惠民、音乐送别”为特色，分为集体追思、敬献鲜花、生命安放三个环节。在清风幽竹间，亲人们默哀寄思、献上鲜花、虔诚祈愿，整场仪式庄严肃穆又温馨动人。

【举行首届干部荣誉退休仪式】 12月24日，县民政局举行干部荣誉退休仪式，欢送2020年退休的一批老同志，仪式由党委副书记、副局长汪钟鸣主持，局领导班子成员、相关科室人员参加。会上，与会领导为退休干部佩戴“光荣退休”绶带并颁发纪念牌。退休干部分别发表退休感言，深情回顾30多年的奋斗历程，表达对民政事业的热爱和不舍，并表示退休后将继续发挥余热，为推进安吉县民政事业高质量发展做出积极贡献。

（赵　芬）

12月24日，民政局举行首届干部荣誉退休仪式

退役军人事务

【概况】 2020年,安吉县退役军人事务工作落实习近平总书记关于退役军人的一系列重要指示批示精神,准确把握新时期退役军人事务工作的定位和方向,以"思想政治加强年、服务保障提质年、基层基础提升年""三个年"为工作主线,以"保稳定、强基础、办实事、优服务、暖人心"为主要任务,抓重破难、真抓实干,高标准、高起点推进全县退役军人工作高质量赶超发展。2020年,安吉县入选全省全生命周期试点单位;获省厅新时代浙江(安吉)县域综合改革试验区建设专项支持文件;安吉县退役军人服务中心、天荒坪镇退役军人服务站、天荒坪镇五鹤村退役军人服务站首创首成,被命名为浙江省首批"新时代枫桥式退役军人服务中心(站)";县退役军人服务中心、天荒坪镇退役军人服务站、天子湖镇退役军人服务站等6家单位创建"示范型退役军人服务中心(站)";在全省双拥工作总结大会上,安吉的两件征文作品分别获全国双拥办二等奖、三等奖,县人力社保局获"浙江省退役军人工作模范单位"荣誉称号;安吉县退役军人局等2家单位和6名个人获评湖州市委市政府颁发的爱国拥军模范单位和个人;全县2020年度平安创建一等奖;在全县创建全国文明城市创建工作中2人荣获个人三等功、2人获个人嘉奖。

【思想政治建设】 突出党建作为新时代"枫桥经验"政治灵魂的引领作用,强化党建在"新时代枫桥式退役军人服务站"建设过程中的作用,以基层党建过硬带动全面建设过硬。在硬件环境打造上,设立荣誉展、功勋展、风采展等,展示优秀退役军人、优秀党员退役军人事迹。在党员管理教育上,发挥孝丰烈士陵园、浙北第一支部(老石坎党史学堂)、余村"两山"会址公园等红色教育基地作用,不断深化"不忘初心、牢记使命"主题教育;全县各服务站组织开展不同形式的重温"入党誓词""入伍誓言"等"忆初心"活动150余批次;通过"崇军讲堂""八一礼堂"等阵地,常态化组织党员退役军人开展党规党纪学习、理论知识学习、先进模范学习等。在城区建造"双拥"文化主题公园,山川乡完成沈子球故居修复工程,杭垓镇建造星火广场纪念革命烈士吴山喜,孝丰革命烈士陵园(新四军天目山反顽战役纪念馆)扩建工程全面启动,通过红色基地的打造、历史故事的挖掘,弘扬英烈精神,传承红色基因。通过"线上云祭扫+线下代祭扫"的方式做好清明祭英烈活动,营造缅怀英烈、弘扬英烈精神的浓厚氛围,全县6万余人次参与网络祭扫。八一、春节两节期间,召开退役军人专题座谈会20余次,申报"走进新时代退役军人——不忘兵之初模范'兵支书'微视频大赛"2人次,发动社会各界开展双拥慰问系列活动,不断浓厚拥军崇军的社会氛围。坚持接待退役军人"一张笑脸、一声请坐、一杯热茶、一份倾听""四个一",退役返乡必访、立功受奖必访、英模典型必访、重要节日必访、遇到困难必访、重大变故必访的"六必访"和"召开退役返乡欢迎会和新兵服役欢送会"的"两会制度",全力做好退役军人思想政治工作。2020年,在安吉县创建全国文明城市工作中,县退役军人自发参与"创城"集中志愿服务等活动;疫情发生后,全县退役军人始终奋斗在抗疫一线,开展卡口执勤、人员排查、信息登记、体检检测、入户宣传等任务,全县退役军人共排查登记12万人次,车辆1.2万辆。其中昌硕街道组建由退役老兵组成的志愿服务队,24小时支援全县无物业小区疫情防控工作。

【担当作为保平安】 2020年4月,县退役军人服务中心进驻安吉县社会矛盾纠纷调处化解中心(简称矛调中心),将退役军人工作力量融入县域社会矛盾纠纷化解统一平台。实行"三时+三岗"入驻模式。实行全时值岗,安排退役军人服务中心干部每周定时到岗驻守,现场办公。制定形成《安吉县退役军人事务局进驻县社会矛盾纠纷调处化解中心暂行规定》。实行平时约岗。若退役军人需要退役军人局处理的事项，可通过退役军人服务中心热线电话、县乡矛调中心窗口等提出诉求，也可预约县退役军人服务中心工作人员到岗时间，实现退役军人“最多跑一地”。实行即时到岗，如发生涉及退役军人重大事项，或县矛调中心要求退役军人局参与处理的事项，立即派员到岗，参与处理相关工作。实行“一窗口受理＋全链条解决”模式。通过退役军人服务窗口受理全县退役军人、军人军属和其他优抚对象反映的矛盾纠纷、提出的建议意见或投诉请求等，依托县矛调中心“一站式受理、一揽子调处、全链条解决”的工作机制，实行系统化的联动协调推进。打通部门壁垒，搭建矛盾纠纷调解平台、联动机制。实行“县中心终结＋乡村分级处理”的三级联动模式。深刻把握“一扇门进出，事情全办清”，将县乡村三级“枫桥式退役军人服务体系”建设融入全县三级矛调中心建设工作格局，通过县乡村分级处理，下沉矛盾纠纷调处力量，提升基层矛盾纠纷预判研判、调解化解能力。确保矛盾早发现，努力把矛盾化解在基层，把问题解决在萌芽状态。

【苦练内功强基础】 加强基础建设，深化服务体系，完善优抚机制。基础建设按期推进。完成退役军人事务局（服务中心）大楼改造，打造退役军人之家，提升接待工作环境。投入 80 万元提升孝丰革命烈士陵园基础设施建设。启动新四军天目山反顽战役纪念馆扩建工程，已争取到上级资金 1759 万元；完成项目可研报告编制、项目选址审批等审批流程，布展大纲编制，并通过专家论证，项目已获退役军人事务部审批同意。积极向上争取省级试点项目“退役军人全生命周期服务管理”，投入资金开发“一中心三平台”（数据共享交换中心，办事平台、服务平台、县退役军人工作管理平台）。服务体系建设成效显著。举全县之力推进“新时代枫桥式退役军人服务中心（站）”创建工作；结合安吉工作实际，按照把“新时代枫桥式退役军人服务中心（站）”建设成为“县域重要展示窗口”这一目标，高位推进、创新推进、全域推进，通过点上栽盆景、面上育“枫”景，点面结合、齐头并进，全县 15 个乡镇（街道）和 209 个村（社区）创建全覆盖，总投入 700 余万元（县退役军人服务中心 200 余万元），场所面积约 13000 平方米（县退役军人服务中心约 1500 平方米）。优抚机制不断完善。年内不断规范全县各项优待抚恤工作制度，先后出台《安吉县现役军人立功受奖奖励办法》《关于规范部分优抚对象临时救助工作的通知》等文件，另外以会议纪要形式固定相关政策 2 件，不断改善日常工作缺少依据的现状，做到政策执行有章可循，有据可查。

【严格执行上级政策】 坚持务实高效的工作作风，增强服务意识，提升服务能力。严格按照中央、省市县委的各项文件精神、政策要求发放农村籍退役士兵生活补助费、定期抚恤金及生活补助费、重点优抚对象困难群众价格补贴、自主就业退役士兵一次性经济补助金。在全市率先开展残疾军人原始档案核查工作。联合县检察院建立司法救助与英烈保护工作新机制，加强对退役军人、军人军属、优抚对象的司法救助，对天荒坪退役老兵开展司法救助，送上司法救助金，并帮助其落实低保补贴和临

5 月 19 日，安吉县推进新时代“枫桥式”退役军人服务站创建工作会议召开

时性困难救助;为农村籍义务兵父母和享受定期抚恤的烈属提供免费体检活动;组织重点优抚对象赴嘉兴荣军医院开展短期疗养活动;在天荒坪镇试点"健康上门服务",每一名重点优抚对象签约一名镇卫生院医生,签约费用由政府全额保障;对困难退役军人进行临时救助。坚持"线上+线下"保障退役军人就业创业,全面启动全国退役军人就业创业信息系统,线下组织退役军人专场招聘会两场。组织开展"你中意的培训项目"问卷调查,根据需求设置培训项目,实现由原先的"我定项目你培训"向"你选项目我提供"的精准培训服务模式转变。2020年,组织退役军人参加适应性职业技能培训;完成退役军人就业帮扶;完成退役士兵社保接续工作;疫情防控期间,班子成员带队走访退役军人创办的企业,为企业抗击疫情、复工复产提供支持和保障。

【改革创新工作】 不断梳理各项工作,理顺工作流程,寻找创新突破点。深化"最多跑一次"改革。做好22项国家级及39项省级优抚事项颗粒化、零跑次、掌上办、网上办等工作;符合政府安排工作条件的退役士兵选岗工作实现"最多跑一次",选岗现场邀请公证处、人力社保局、安置接收单位、安置对象等同时到场,一个小时内完成所有程序,实现阳光安置,简化办事流程;继续推行军人退役"一件事"服务,全省率先试用省厅"军人退役一件事服务管理信息系统"办理退役士兵报到手续。加强信息化技术运用。联合县人武部、县档案馆等,对全县1952—2020年的退役军人档案开展电子化工作。促进线上线下融合。全面推进退役军人全生命周期综合信息系统试点工作,围绕军人入伍、服役、退役、就业、优待等全周期,结合运用现代数字应用技术打造线上平台;创新推出年度农村籍退役士兵认定工作"一表通办"服务,申请对象填写一张申请表,由乡镇(街道)退役军人服务站统一线下代办,提前半年完成认定审核工作;疫情防控期间,通过"线上云祭扫+线下代祭扫"的方式开展清明祭英烈活动。

【拥军优属工作】 落实双拥政策,探索优化双拥服务内容,营造全县拥军优属的良好氛围。发放2019年度义务兵家属优待金;发放大学生士兵、艰苦边远地区服役士兵一次性入伍奖励;发放驻安部队、安吉籍现役军人奖励金;做好入伍新兵及驻训部队慰问工作,全年开展驻训、拉练部队慰问6次,为入伍新兵提供入伍慰问品。延伸双拥触角,提升服务温度。联合县内相关单位开展关爱功臣、关爱困难优抚对象、关爱军嫂的"三关爱行动",组织开展军嫂见面分享会、慰问功臣和困难优抚对象等活动;八一期间慰问驻训部队、困难优抚对象、困难现役军人家属等,送去各类慰问金;开展书画进军营、民法典进军营等活动;完成安吉县拥军优属协会换届,协会有会员单位23家,缴纳2020年度会费29万元。浓厚双拥氛围,唱响双拥赞歌。中国人民解放军建军93周年期间,组织开展送上一条祝福短信、组织一次"三送"进军营活动等"十个一"系列活动;组织开展"军歌嘹亮·唱响'两山' 安吉县庆祝'八一'合唱大赛";开展"最美退役军人"等"最美"系列选树活动;举办安吉县庆祝八一建军节汇报演出暨"最美"选树

7月31日,"军歌嘹亮·唱响'两山'"安吉县庆祝"八一"建军节军歌大赛汇报演出暨"最美"选树颁奖晚会举行

颁奖晚会；组建安吉县退役老兵星火志愿服务总队，并在乡镇（街道）成立志愿服务中队，凝聚退役军人力量助力安吉发展建设。

【组织开展全县清明祭英烈活动】 3月26日，安吉县退役军人事务局联合中共安吉县委宣传部、共青团安吉县委员会等，组织开展"致敬·2020清明祭英烈"网上祭扫活动。开展清明集中"代祭扫"活动，安吉县退役军人事务局志愿者代表烈士家属及社会各界在孝丰革命烈士陵园开展集中代祭扫活动，向烈士墓敬献鲜花，并对所有烈士纪念设施进行擦拭清理。

【全县新时代"枫桥式"退役军人服务站创建工作会议召开】 5月19日，安吉县召开推进新时代"枫桥式"退役军人服务站创建工作会议。会议深入贯彻落实习近平总书记关于退役军人工作的系列重要论述，传达全省"新时代枫桥式退役军人服务站"建设推进会会议精神。安吉县副县长沈鑫钰，乡镇（街道）、相关部门分管领导及工作人员参加会议。会议由县政府办副主任马超主持。

【举办全县八一晚会】 7月31日，由中共安吉县委、安吉县人民政府主办，县委宣传部、县人武部、县退役军人事务局、县文体旅游局、昌硕街道承办的安吉县庆祝八一建军节汇报演出暨"最美"选树颁奖晚会在安吉县龙山体育中心举行。

【全县"最美退役军人""优秀抗疫老兵""最美现役军人"选树活动举行】 7月14—31日，安吉县委宣传部、县人民武装部、县退役军人事务局联合开展2020年"最美退役军人""最美驻安军人""优秀抗疫老兵"选树活动。通过宣传发动、推荐上报、初评遴选、网上投票、部门联审、终评审定等环节，马荣等10名退役军人获评2020年安吉县"最美退役军人"、张大志等10名驻安军人获评2020年安吉县"最美驻安军人"、王振兴等10名退役军人获评2020年安吉县"优秀抗疫老兵"。

【安吉县退役老兵星火志愿服务总队成立仪式举行】 9月21日，安吉县退役军人决战决胜全国文明城市创建誓师大会暨"安吉县退役老兵星火志愿服务总队"成立仪式举行。安吉县副县长沈鑫钰；县委宣传部副部长、文明办主任麻爱军；县退役军人事务局党组书记、局长张军；安吉县滴水公益服务中心主任郑亮；安吉县拥军优属协会会长潘国平；各乡镇（街道）退役军人工作分管领导及志愿者代表；退役军人事务局全体干部职工；滴水公益义工代表及县拥军优属协会代表参加活动。活动由退役军人局党组成员、副局长马荣勇主持。

【开展"9·30"公祭烈士日活动】 9月30日，烈士纪念日公祭仪式在孝丰革命烈士陵园举行。沈铭权、宋波、陆为民、赵德清、徐卫勇等县四套班子领导，县检察院检察长、政协秘书长等，与各界代表一起参加公祭仪式。公祭仪式由县委副书记、县长宋波主持。县级机关各部门、各乡镇（街道）主要负责人；驻安部队、县人武部代表，各乡镇（街道）人武部部长；法院干警、检察院干警、公安民警代表；烈属、老战士、退役军人、学生以及群众

9月21日，安吉县退役军人决战决胜全国文明城市创建暨安吉县退役老兵星火志愿服务总队成立仪式举行

代表参加公祭仪式。

【2020年度退役士兵返乡欢迎仪式暨专场招聘会召开】 10月18日,安吉县召开2020年度退役士兵返乡欢迎仪式暨专场招聘会,乡镇(街道)退役军人分管领导、专武干部、2020年度退役士兵、县退役军人局、县人力资源和社会保障局相关人员到场参与。

【2020年符合政府安排工作条件退役士兵安置选岗仪式举行】 11月6日,安吉县举行2020年符合政府安排工作条件退役士兵安置选岗仪式。县退役军人局、县纪委监委、县人力社保局、县财政局、县公证处、安置接收单位相关人员,以及2020年安吉县符合政府安排工作条件的退役士兵参加选岗仪式。县退役军人事务局党组副书记、副局长黄强主持会议。

(邵　怡)

残疾人事业

【概况】 2020年，安吉县有各类持证残疾人12246人。其中，视力残疾1267人，占10.3%；听力残疾1628人，占13.3%；言语残疾199人，占1.6%；肢体残疾5153人，占42.18%；智力残疾1388人，占11.3%；精神残疾1702人，占13.9%；多重残疾909人，占7.4%。2020年，安吉县残疾人联合会统筹抓好疫情防控和各项业务工作，荣获2020年度区县残联重点工作考核优秀单位和年度工作创新奖，被湖州市委、市政府评为2020年度预算绩效管理突出贡献集体。成功争取浙江省残疾人联合会出台《关于支持新时代浙江（安吉）县域践行“两山”理念综合改革创新试验区工作的意见》，争取安吉县列入省级无障碍建设示范点建设、全省残疾儿童定点康复机构综合责任保险试点和全省辅助性就业产品区域配送基地建设试点工作。

【民生工作】 新冠肺炎疫情防控期间，县残联坚持“越是非常时期越要服务好残疾人”的工作理念，畅通救助、服务通道，开展“两问两送”活动，积极协调医院延长精神处方药物日供给量，减少300余名精神残疾病人或监护人外出就诊次数；为138名有需求瘫痪在床的残疾人配送尿不湿等急需用品；通过微信、QQ等多种方式积极开展线上儿童康复教学活动，推出每月6次预约评残、上门办证举措，完成预约办证482人，上门办证30人。开展困难残疾人“四访四助、两查两核”专项行动，解决残疾人大学生就业8人，危房改造8户。持续做好社会救助工作，为355人提供低收入重度残疾人救助金339.6万元。继续落实好残疾人意外伤害保险、大病医疗保险和社会基本养老保险补贴，12000余名持证残疾人受惠。全面实施残疾人服务机构综合保险补贴制度，为20家“残疾人之家”购买机构综合保险，在“心之梦”儿童康复中心开展省级残疾儿童定点康复机构综合责任保险试点。为450名符合条件的听力、视力残疾人发放信息补贴，满足残疾人多元化的保障需求。省、市、县政府民生实事高效推进，提前完成浙江省政府民生实事困难残疾人家庭无障碍改造69户、“残疾人之家”星级改造提升5家；完成湖州市政府民生实事残疾儿童康复训练86人，残疾儿童助学197人；精准实施安吉县政府民生实事“两项补贴”政策，累计完成困难残疾人生活补贴3567人、重度残疾人护理补贴6120人。

5月14日，残疾人辅助性就业产品调配中心成立

【就业创业】 加大残疾人创业就业扶持力度，全县残疾人新增就业创业194人，全年发放就业创业贷款贴息34.6万元。深化残疾人电商创业就业中心建设，完成残疾人电商创业就业中心搬迁改造，全年完成残疾人电商培训157人，实现残疾人电商新就业38人。安吉支持重度残疾人电商就业被省残联评价为“安吉模式”。2020年5月17日，创办了湖州市首家残疾人辅助性就业产品调配中心，为全县18家

“残疾人之家”链接配送了135批次辅助性就业产品，覆盖近400名残疾人，帮助335户家庭劳动力从陪护事务中解脱出来。央视《新闻联播》《朝闻天下》对安吉发挥好“残疾人之家”功能，帮助残疾人就业脱贫做法进行报道点赞。支持创办全市首家智障青年融合超市，为20余名智障学生提供实训，3名毕业生顺利在企就职。

【康复服务】 全力推广“互联网+”残疾人辅具适配评估系统服务工作，针对残疾人个性化需求量身订制辅助器具，完成563名残疾人辅助器具精准适配。广泛开展辅具共享，新增辅具共享站点10个，总数达32个，提供基本辅具160余件，服务150余人次。全面落实残疾儿童康复服务和助行、助听、助明等项目政策。为86名残疾儿童提供康复训练，完成助听、助明、助行72例。

【文体服务】 开展特殊艺术进农村文化礼堂巡演20场，受益残疾人3000人次。开展文化助残“五个一”工程，农村重度残疾人直接受益500余人次。在15个乡镇(街道)开展残疾人趣味运动会，在209个村(社区)开展残疾人文体活动418场。完成残疾人文体活动示范站5家，实现乡镇(村)残疾人文体活动示范站全覆盖。残疾人康复体育“三进”家庭服务300户。全县残疾人文体活动参与率巩固在75%以上。

【无障碍建设】 新创鲁家村省级无障碍社区。开展鄣吴镇无障碍小镇建设提升工程，并通过全国无障碍环境镇验收。应邀参加第十五届中国信息无障碍论坛暨全国无障碍环境建设成果应用推广活动，中国残联将“安吉鄣吴镇无障碍小镇建设成果”作为“全国无障碍环境建设成果展示应用推广”示范案例。同时，在全国发布首个乡镇(街道)无障碍环境建设地方标准规范。选送的《安吉县鄣吴镇无障碍小镇建设》获“全省残联系统担当作为优秀案例”。

9月9日，全国无障碍环境创建示范镇验收座谈会召开

【开展第三十次全国助残日活动】 5月17日，围绕“助残脱贫，决胜小康”全国助残日活动主题，首次采用云直播形式将“梦想+”融合超市开业、残疾人辅助器具精准适配和发放活动、浙北残疾人辅助性就业产品调配中心成立仪式及全县首个“助残梦工厂”挂牌仪式等活动进行现场直播，并邀请专家直播间现场连线点评，当天观看直播人数达20.1万人次，创直播节目新高。

【召开2020年县政府残工委全体会议暨县残联第七届主席团第四次会议】 6月30日上午，2020年县政府残工委全体会议暨县残联第七届主席团第四次会议在县行政中心第三会议室召开。会议回顾总结了2019年全县残疾人工作，部署2020年工作任务。安吉县人民政府副县长沈鑫钰出席会议并讲话。安吉县残联党组书记、理事长凌海明作工作报告。安吉县政府办党组成员、副主任马超主持会议。县政府残工委委员，县残联第七届主席团委员，县残联全体机关干部，各乡镇(街道)分管领导、残联理事长、协管员等参加会议。会议增补沈鑫钰同志为安吉县残联第七届主席团委员、主席；增补马超、华新平同志为安吉县残联第七届主席团委员、副主席；增补韩雪峰同志为安吉县残联第七届主席团委员。

(相晶晶)

红 十 字 会

【概况】 2020年，安吉县红十字会提前4个月超额完成公众应急救护普及培训任务，全年开展公众应急救护知识普及培训180场次，受训11150人次；联合教育局完成在校学生线上急救普及教育3万余人，提前4个月完成健康安吉考核指标；开展救护员培训25期，考核合格取得救护员证书1000余人，超额完成上级考核任务。受疫情影响，全年开展大型广场（文化下乡）宣传2场次，受益500余人次，发放红十字急救宣传资料600余份。提前2个月超额完成2020年度新增造血干细胞捐献入库任务。新增造血干细胞捐献入库53例，完成造血干细胞捐献初筛通知12例、再动员通知6例、高分辨配型1例、捐后体检1例；新增器官（组织、遗体）捐献备案登记435（累计1017例），新增角膜捐献4例（累计20例），器官捐献6例（累计10例）；遗体捐献累计11例。2020年，县红十字会获全市社会事业发展工作先进；安吉县人民医院获省红十字会突出贡献基层组织；“爱心相伴‘救在身边’——安吉县红十字会应急救护培训志愿服务项目”获安吉县首届新时代文明实践志愿服务项目大赛银奖。

8月21日，安吉县红十字会获得“振兴阿祥杯”2020年湖州市红十字应急救护培训师教学技能大赛团体一等奖

打赢疫情防控战。2020年，县红十字会上下发扬连续作战精神，建立24小时捐赠通道，克服专职工作人员少、捐赠款物繁多、接受管理情况复杂等困难，精准施策、科学调配、公开透明。2020年，县红十字会共收到捐赠款物532笔，累计金额1050.69万元，其中捐款680.92万元，物资折合价值369.77万元。累计支出款物1040.3万元，其中资金支出670.53万元，发放物资369.77万元。督导乡镇（街道）红十字会、安吉县红十字民安救援队及时参与疫情防控工作。县红十字民安救援队根据县各高速路口管控需要，赴安吉北（天子湖）高速入口，24小时轮班把守，检查入城车辆，为司乘人员体温测量，并做好信息记录，同时协助各小区开展“洗楼”工作，为安吉市民筑起抗疫防线。制定印发《安吉县红十字会关于进一步做好社会捐赠款物接受使用管理的通知》，按照专项审计工作标准和要求，重点规范捐赠款物接收、分配、使用等情况，做到手续完备、专人负责、账目清楚。定期对接受和使用的捐赠款物情况进行公示，主动接受社会监督，确保捐赠工作实时、透明、高效。

推进“强基工程”。根据《浙江省红十字会办公室关于进一步推进红十字博爱家园建设的指导意见》《湖州市红十字会关于印发"红十字强基工程"实施方案的通知》要求,建成孝丰镇北街社区、灵峰街道大竹园村红十字博爱家园,建立红十字博爱互助金2.9万元;建立昌硕社区、鲁家村、上墅村、下汤村等33家村级红十字会,遍布15个乡镇(街道),红十字基层组织建设进一步加强。根据《浙江省红十字会关于开展成人会员队伍整建工作的通知》要求,广泛发展吸收新会员,不断壮大成人会员和志愿者队伍。规范会员、志愿者入会管理手续。2020年共登记造册2950名成人会员,1076名红十字志愿者。督导安吉绿郡安城实业发展有限公司加紧完成"生命礼赞"场所,场所预计年内竣工并投入使用;与递铺成校签订合作协议,共同建设"生命教育体验馆";依托安吉龙山公园,建成红十字会主题公园宣传阵地,借以弘扬传播红十字精神与知识。

【安吉县红十字会第六次会员代表大会召开】 2020年,在全县上下大力开展深入贯彻落实党的十九届五中全会精神之际,安吉县红十字会于12月25日召开第六次会员代表大会。会议分四项议程进行:听取县红十字会第五届理事会工作报告;听取县红十字会2015—2019年度捐赠款接受和使用情况的报告;审议《安吉县红十字会第六次会员代表大会理事、监事选举办法(草案)》。选举县红十字会第六届理事会理事和第一届监事会监事。

(詹　姣)

12月25日,安吉县红十字会第六次会员代表大会召开

慈 善 总 会

【概况】 2020年，安吉县慈善总会积极开展慈善宣传、资金募集、扶贫救助等工作，打好疫情防控战，决胜收官脱贫攻坚战。全年完成募集总收入2635.97万元(含物质价值718.78万元)；完成救助总支出2782.64万元，主要用于疫情防控491.04万元，支持社会公益事业497.42万元，支持教育事业341.66万元。

【疫情防控】 疫情防控期间，县慈善总会向全县发出“众志成城、共克时艰——抗击新冠疫情募捐活动倡议书”，开展慈善募捐、物质对接、信息统计、新闻宣传等工作，投身抗疫大战。2020年，总会共接收抗疫专项捐款406.17万元，接收物质价值718.78万元。所有的善款物资及时用于疫情防控工作，其中援助武汉、杭州等慈善机构217.09万元，本县疫情防控支出273.95万元。开展“暖心行动”和“我飞拥军”慈善项目，为受新冠疫情影响的困难群众、退役军人发放生活补贴12万元。安吉县“微善公益抗疫先锋”入选百个“战疫典型”优秀案例，8名慈善工作者入选千名“战疫群英”优秀个人。

【开展慈善宣传】 继续学习宣传和贯彻落实《慈善法》。审议通过《安吉县慈善总会捐赠物质接收管理使用办法》，供全县慈善系统贯彻执行。在延续开展农村电影映前短片宣传等基础上，开通“安吉慈善”微信公众号，印制慈善宣传册，多媒体结合及时推送有关慈善信息，吸引更多社会慈善力量。为捐赠企业及爱心人士发放荣誉证书，表彰荣誉，树立样本标杆。联合县慈善人才培训基地开展安吉县优秀慈善项目评选活动，共评出10个优秀慈善项目。年内组织本县书画艺术家参加省慈善联合总会组织开展的“爱党 爱民 向上向善——庆祝中国共产党成立100周年书法美术主题创作及优秀作品展”活动，报送书画作品18幅。

9月10日，安吉县“美丽慈善”品牌项目评审会举行

【慈善募捐】 2020年，县慈善总会募集善款2635.97万元(含物质价值718.78万元)，其中捐赠100万元以上的单位有4个。企业定向冠名、乡镇及村级慈善基金捐赠收入897.89万元。开展2020年度“慈善一日捐”系列活动，共募集资金540.04万元(其中个人捐赠168.04万元，单位捐赠372万元)，捐赠总数创历年新高。创新捐赠模式，开通“安吉慈善”微信公众号线上捐款通道。首次采用网络捐赠方式开展网络众筹，7日内为一章村镇患病特困户筹集资金3万余元，提前超额完成筹款目标。

【慈善救助】 2020年，县慈善总会采取定期救助和紧急救助相结合的方式，不断扩大救助范围。持续开展对困难家庭子女助学帮扶结对，帮扶困难学生418人次，帮扶资金202.56万元。开展困难群众的专项救助活动，集中救助139人，救助资金27.8万元，临时紧急救助21人，救助资金7.3万元。爱心助残，资助残疾人之家、残疾人学校等资助资金83.37万元。关爱困难独居老人，实施“暖巢行动”、重阳节助老等活动，助老资金82.46万元。开展东西部扶贫工作，县总会拨付扶贫配套资金119.5万元。

9月27日，长龙山公司资助西鹤村“两山”农业服务队活动仪式举行

【支持社会公益事业】 2020年，县慈善总会支持教育事业341.66万元。联合县仁安慈善基金会共同发起“关爱女性健康，助力健康安吉建设”慈善公益两癌免费筛查项目，全年完成8个乡镇共计172人的免费检查工作。联合县老年电视大学、安吉眼病专科医院等单位，开展第六轮“为困难老人送光明”行动，经过前期准备、宣传发动、报名筛查、术前检查、专家手术等工作，87位农村困难老年白内障患者经由省人民医院眼科专家免费手术得以重见光明。联合三峡长龙山公司实施帮扶困难青少年、资助西鹤村“两山”农业服务队、横路村林道硬化3个项目，补助资金60万元。

（吴光平）

民族　宗教

民　　族

2020年，安吉民族工作以“建设成新时代‘两山’试验区样板民族村”为目标，致力于将安吉民族村建设成为全省展示少数民族幸福生活的重要窗口。坚持“畲族风情＋特色农业＋乡村旅游”发展思路，助力郎村村入选全省首批“农文旅”融合开发培育民族村名单。围绕民族村乡村振兴目标，做好民族村三服务工作。落实少数民族发展专项资金并推进补助项目实施，完成中张村农村饮用水工程二期、郎村村健身体育广场工程、畲族特色文化活动等项目7个。指导中张村办好第六届畲族风情文化旅游节，做深资产盘活文章，推动郎村村安置点场平项目资产出售，为村集体增收200万余元，常态化举办畲族风情文化活动2场。组织开展少数民族儿童六一活动、新居民端午包粽子等系列活动，协助梅园学校做好疫情防控期间学生返校工作，召开部分少数民族员工返安复工座谈会。做好少数民族集聚地区人员底数排摸，探索以少数民族户籍所在省份为划分单位，组建联谊小组。以建设重要窗口为契机，指导乡镇（街道）建好属地矛调中心，及时掌握涉及外来少数民族人员信息，调解矛盾纠纷，提升服务少数民族的水平。召开全县民族团结进步大会，对全县民族团结进步的10个先进集体和12名先进工作者进行评优表扬。县委统战部被评为全省民族团结进步先进集体。

宗　　教

2020年，安吉县宗教事务管理工作围绕贯彻落实法律法规和各级宗教工作会议精神，扎实做好各项工作。以生态寺院建设为目标，做好灵峰寺和隆庆禅院示范点培育指导，开展全县14个佛道教场所的《生态寺院建设修建性详规》编制工作。召开全国生态寺院建设现场会，发布长三角地区生态寺院建设宣言及《生态寺院建设与管理规范》省级标准，引导宗教界积极参与公益慈善建设，全年共捐赠49.6万元。促进宗教团体自身建设，落实宗教团体建设经费30万元，指导佛教协会每季度举行1次法治培训班。加强日常走访联系，进一步摸清宗教界年轻教职人员底数，举办全县宗教界代表人士培训班，组织宗教团体赴江苏省开展爱国主义教育，积极选派优秀教职人员赴省市参加培训30余人次。申报孝丰教堂为省级平安宗教场所，完成“六建一创”场所2个，对7个宗教场所开展财务审计。全面实施宗教场所网格化管理，每月按时完成“浙江掌上宗教”App巡查任务。加强宗教领域“四治”工作，公安等部门信息互通，做好对宗教领域存在突出问题如非法宗教活动等治理，不断提升宗教工作法治化水平。围绕宗教领域疫情防控工作，专题召开宗教领域疫情防控工作会议2次，成立疫情防控工作领导小组，以部领导带队，分5个检查小组到各乡镇（街道）检查30余人次，签订承诺书119份，确保全县宗教（民间信仰）场所及时落实“双暂停”管控工作要求。

（蔡雪斌）

党政社团组织机构及其领导名录

(2020.1—2020.12)

中共安吉县第十四届委员会

书　　记:沈铭权
副 书 记:宋　波
　　赵德清(2020.1免)
　　徐卫勇(2020.1任)
常　　委:沈霞俊(女,2020.4任)
　　任　烽
　　柏建华
　　潘　鸣
　　项侃文(挂职)
　　朱　伟
　　何承明
　　刘小翔
　　高发义

安吉县委工作部门及直属单位

安吉县委办公室(县台办、保密办、机要局、档案局)

主　　任:王一明
副 主 任:盛　强(兼)
　　沈高飞(兼)
　　唐银荣(兼)
　　任爱军(兼)
　　杨　盛
　　鲍　敏(女)
　　金黎明(2020.7免)
　　高　峰
　　张　强(2020.10任)
　　王　凯(2020.10免)
机要局、保密局局长:王一明
县台办主任:王一明
县台办副主任:张　强(2020.10免)
　　李铁红(2020.10任)
县档案局局长:任爱军(兼)
办公会议成员:陈　皓
　　李铁红(2020.10免)
　　陈蔚鹏

安吉县委组织部(公务员局、老干部局、党工委、编委办、县委两新工委)

部　　长:朱　伟
常务副部长、县委编办主任、县公务员局局长:
　　徐　伟
副部长、县委老干部局局长:石晨熹
副部长、县委人才办常务副主任:
　　凌逸刚(2020.7免)
副部长、两新工委书记:董　良
县委直属机关工委书记:朱　伟
副部长、县委编办副主任:诸自力
副　部　长:郑时骏(2020.7任)
　　王红缨(女,兼)
部务会议成员、县委两新工委专职副书记:
　　郑时骏(2020.7免)
县委两新工委副书记:张　超(兼,2020.4免)

李建人(兼,2020.4 免)
刘　斌(兼,2020.4 任)
汪钟鸣(兼)
县委两新工委委员:张永玲(女)
王伟静(女)
朱卫贤
顾学中
余张良
朱家胜
徐　艳(女,2020.4 免)
翁　婧(女,2020.4 任)
华新平
陶　玲(女)
邓锦森
罗福娣(女)
秦光明
部务会议成员、县关工委专职副主任,县委老干部局副局长(兼):牟娇珺(女)
部务会议成员、县委直属机关工委专职副书记:
马　赟
部务会议成员,县委直属机关工委委员、纪检监察工委书记:赵　晖(女)
县委直属机关党工委委员:杨　盛
王伟静(女)
王　芸(女)
姚　铖
李　强
沈安东(2020.10 任)
部务会议成员、县委人才办专职副主任:
吴　凯(2020.10 免)
陆文龙(2020.10 任)
部务会议成员、县人才发展指导中心主任:
陆文龙(2020.10 免)
部务会议成员:郭兴华
余海兵
县委编办室务会议成员:陈月伟
副科级组织员:余海兵
王　云
蒋　健
徐　云(女)

安吉县委宣传部

部　　长:何承明
常务副部长、县政府新闻办主任、县新闻出版局局长:
金枫涛(2020.7 免)
凌逸刚(2020.7 任)
县文联主席、副部长(兼):易国兵
县文联专职副主席:丁　盛(2020.7 任)
县社科联主席、副部长(兼):王伟静(女)
副部长、县文明办主任:麻爱军
副部长、县网信办主任:张国锋(2020.4 任)
副　部　长:陆健斌(2020.4 任)
部务会议成员、县精神文明建设指导中心主任:
沈一平
部务会议成员、县互联网舆情中心主任:
胡天园(2020.7 任)
部务会议成员:雷金虎(2020.7 任)
张　超(2020.7 任)

安吉县委统一战线工作部(民宗局、侨办)

部　　长:任　烽
常务副部长、县侨办主任:王卓良
副部长、民宗局局长:何伟锋
县侨联主席、副部长(兼):王　欢
副　部　长:程能杰
刘　斌(兼,2020.4 任)
张　强(兼,2020.10 免)
李铁红(兼,2020.10 任)
部务会议成员、县侨联副主席:施润涛
部务会议成员:潘玲红(女,2020.7 任)
姜星星(2020.10 任)

安吉县委政法委员会

书　　记:赵德清(2020.1 免)
徐卫勇(2020.1 任)
副　书　记:潘　鸣(兼)
杨建新(兼,2020.1 免)
陈　悦(兼,2020.1 任)
赵德忠(兼,2020.10 免)
常务副书记:王国明
副　书　记:沈德芳
喻　南
孙水明
委务会议成员:樊星亮(2020.4 免)
钱　群(2020.4 免)
沈高飞(2020.7 任)
方照平(2020.12 任)

政治处主任:李彩华(女)
县法学会会长:赵德忠(2020.10 免)
徐卫勇(2020.10 任)
县法学会常务副会长:王国明(2020.10 任)
县法学会专职副会长:方照平(2020.10 任)
县社会矛盾纠纷调处化解中心主任:
徐卫勇(2020.7 任)
县社会矛盾纠纷调处化解中心第一副主任:
王国明(2020.7 任)
县社会矛盾纠纷调处化解中心常务副主任:
沈高飞(2020.7 任)

安吉县委政研室(两山办、改革办、生态文明办)

主　　任:盛　强
副 主 任:黄　刚
何海军(2020.10 免)
陈　皓
梅宏业(2020.10 任)
室务会议成员:傅驿盛
董昉杰(2020.10 任)
陈　姗(女,2020.10 任)

安吉县委党史研究室(县政府地方志编纂室)

主　　任:唐银荣
副 主 任:江　燕(女)

安吉县委县政府信访局

局　　长:沈高飞
副 局 长:王忠明
杨兵斌
郭月红(女)
局务会议成员:余洪波
陈海强(2020.7 任)

安吉县委党校(行政学校)

党校校长:朱　伟
行政学校校长:潘　鸣
常务副校长:陈文渊
副 校 长:王秀华
楼　成
王　甲(2020.7 免)
王健锋(2020.7 任)
郭兴华(2020.4 任)
校务会议成员:董水祥(2020.4 免)
陈　纲
方勤江(2020.10 任)
陈美红(女,2020.10 任)

安吉县档案馆

党组书记、馆长:任爱军
党组成员、副馆长:张柏林
龚勇华
党 组 成 员:张宏民

安吉县第十六届
人民代表大会常务委员会

主　　任:陆为民
副 主 任:吴佩勋(2020.1 免)
王爱民(女,2020.1 免)
孙　松
黄先国
俞立安(2020.1 免)
梁蕴伟
王　捷(女,2020.5 任)
徐　勇(2020.5 任)
王一明(2020.5 任)
常委会委员:叶　安　杨彩梅(女)
肖秋萍(女)　吴智敏(女)
冷明珠(女)　张加勇
陆卫东　林立辉
施　霞(女)　莫　骄
夏　旦　顾小宝
徐存林　梅明星
盛文明　章军平
韩金苗　程益欢
楼　军　鲍亚红
鲍高峰　谭丽丽(女)
黎逢林　徐　伟
陈秀宽　吴有才
赵德民(2020.5 任)
熊国斌(2020.5 任)
安吉县人大常委会党组书记:陆为民
安吉县人大常委会党组副书记:
吴佩勋(2020.1 免)
安吉县人大常委会党组成员:
孙　松　黄先国
俞立安(2020.1 免)
梁蕴伟

徐　勇(2020.4 任)
王一明(2020.4 任)
楼　军

安吉县人民代表大会各专门委员会

监察和司法(法制)委员会
主 任 委 员:鲍亚红
副主任委员:叶　安
陈国庆(2020.7 任)
财政经济委员会
主 任 委 员:徐存林
副主任委员:韩金苗(2020.10 免)
莫　骄
张　超(2020.4 任)
社会建设委员会
主 任 委 员:吴有才
副主任委员:林立辉
顾小宝

安吉县人民代表大会常务委员会各工作机构

办公室(研究室)
机关党组书记、办公室(研究室)主任:楼　军
办公室副主任:周长青
孟振华
研究室副主任:吴　欣(2020.10 免)
邱翰韡(2020.10 任)
教育科技文化卫生工作委员会
主　　任:施　霞(女)
副 主 任:王小平
农业与农村工作委员会
主　　任:盛文明
副 主 任:张宏兵(2020.4 任)
城乡建设与环境资源保护工作委员会
主　　任:黎逢林
副 主 任:任强松
代表与选举任免工作委员会
主　　任:谭丽丽
副 主 任:卞敏峰

安吉县人民政府

县　　长:宋　波(2020.5 任)
代 县 长:宋　波(2020.5 免)
副 县 长:潘　鸣
任贵明
杨建新(2020.1 免)
王　捷(女,2020.1 免)
项侃文(挂职)
杜尉栋(挂职,2020.11 免)
陈小龙
管永丰
陈　悦(2020.1 任)
沈鑫钰(女,2020.1 任)
张　昕(挂职,2020.12 任)
县政府党组书记:宋　波
县政府党组副书记:潘　鸣
县政府党组成员:沈霞俊(女,2020.5 任)
项侃文　　任贵明
何承明(2020.4 免)
杨建新(2020.1 免)
杜尉栋(2020.12 免)
陈小龙　　管永丰
张　昕(2020.12 任)
黄根凤(女)　　郑继农

安吉县人民政府工作部门及直属单位

安吉县人民政府办公室(外事办)
党组书记、主任:郑继农
党组成员、副主任:明瑞成(2020.7 免)
马　超(2020.4 任)
王　芸(女)
曹　颖
傅海飞
陈易新
陈　鑫(2020.4 免)
党 组 成 员:江道海
盛　彬(2020.4 任)
李　笑(女,2020.7 任)

安吉县发改局

党组书记、局长：童师祥
党组副书记：杨奎强
党组成员、副局长：陈昌明
韩凌云(女)
吴锋雷(2020.7免)
许晓亮(2020.7任)
周建忠
党组成员、总工程师：于淑芳(女)
市政府驻上海联络处安吉工作部主任：杨奎强
副　主　任：余明华
县金融业发展中心主任：潘思思(女)

安吉县经信局

党委书记、局长：高安兵
党委副书记、副局长：朱卫贤
党委委员、县竹产业发展中心主任，县经信局副局长(兼)：邬如锦(2020.10免)
党委委员、总工程师：郑　晔(女)
党委委员、副局长：潘永林(2020.10任)
李　丰
副　局　长：唐　斌
县竹产业发展中心主任：陈　洁(女，2020.10任)
党 委 委 员：王伟明(2020.7免)
朱国强
项国林(2020.7任)
中小企业局局长：高安兵
副局长：朱卫贤

安吉县商务局

党委书记、局长(粮食和物资储备局局长)，县投资促进局局长：孙　莉(女)
党委副书记、贸促会会长、副局长(兼)：
陈世斌(2020.10免)
党委副书记、副局长：程　晖(2020.7免)
党委委员、贸促会专职副会长：
邬如锦(2020.10任)
党委委员、副局长，县粮食和物资储备局副局长：
顾学中
党委委员、副局长：徐　杰(2020.7任)
郑　浩
党委委员、总经济师：吴　叶(女)
党 委 委 员：胡志强(2020.4任)

安吉县教育局

党委书记、局长：施明清
党委副书记、副局长：余张良
副　局　长：周巨满(2020.7免)
党委委员、副局长：左　巍(2020.7任)
陈　琦
党 委 委 员：姚锦友
高慧芬(女)
万宝林
笪猛鹏

安吉县科学技术局

党组书记、局长：沈　强
党组副书记、副局长：朱家胜
党组成员、副局长：朱清清(女)
副　局　长：金水华
党 组 成 员：王　康
吴秋红(女)
董　军(2020.4任)

安吉县公安局

党委书记、局长、督察长：杨建新(2020.1免)
陈　悦(2020.1任)
党委副书记、政委：董秀华
党委副书记、常务副局长：丰贤忠
党委委员、副局长：张志龙
党委委员、副局长、禁毒办主任(兼)：何敏捷
党委委员、副局长：周　勇
姚云峰
党委委员、副政委、政治处主任：潘建军
党委委员、副局长：李　军
看守所所长(副科级)：陈红卫(2020.4免)
森林公安局局长，林业局副局长(兼)，公安局党委委员(兼)：胡承东
森林公安局教导员：梅月明
交警大队大队长：周智国
交警大队教导员：章　莉(女)

安吉县民政局

党组书记、局长：姜　平
党组副书记、副局长：汪钟鸣
党委委员、副局长：王家斌
李震伟(2020.7免)
童　辉(女，2020.7任)
党 委 委 员：陈孝泉
陈庆胜
朱海兵

安吉县司法局

党 委 书 记:王　峰
局　　　长:王　晶(女)
党委委员、副局长:吴毅能
　　　　　　　　郑永华
党委委员、政治处主任:徐　艳(女,2020.4免)
　　　　　　　　　　翁　婧(女,2020.4任)
党 委 委 员:阮红权
　　　　　　郑　婧(女)

安吉县财政局

党委书记、局长:徐　勇(2020.7免)
　　　　　　　陈志文(2020.7任)
党委副书记、副局长:华新平
党委委员、副局长:尚亿勇
　　　　　　　　童升明
　　　　　　　　吴　蔚(女,2020.7免)
　　　　　　　　刘　清(2020.7任)
党委委员、总会计师:张　勇

安吉县国家税务局

党委书记、局长:何文刚(2020.4免)
　　　　　　　张　杰(2020.4任)
党委副书记、副局长:陈显永
党委委员、副局长:朱小双
　　　　　　　　李　明
　　　　　　　　李　军
　　　　　　　　阎远胜
总 经 济 师:杨　斌
党委委员、纪检组组长:姚小红(女)

安吉县人力资源和社会保障局

党委书记、局长:王红缨(女)
党委副书记、副局长:陶　玲(女)
党委委员、副局长:董秀忠
　　　　　　　　张敏飞
党 委 委 员:刘远成(2020.10任)
　　　　　　郭田田(女)
　　　　　　周建伟(2020.4任)
公共就业和人才服务中心主任:夏　南
社会保险事业服务中心主任:刘远成

安吉县自然资源和规划局(林业局)

党委书记、局长:陈志文(2020.7免)
　　　　　　　章　毅(2020.7任)
党委委员、副局长:王伟星
　　　　　　　　杨中军
　　　　　　　　徐基财
　　　　　　　　王卫民
　　　　　　　　许军法
　　　　　　　　冯　瑜(女)
党委委员、总规划师:王铖军
总 工 程 师:胡可易
县国土资源监察大队大队长:张　镔(2020.7免)
县自然资源总督察:章　毅(2020.10任)
县自然资源专职副总督察:张　镔(2020.10任)
县不动产登记中心主任:陈歆敏(女)
党 委 委 员:张宏亮(2020.4免)
　　　　　　李国庆(2020.10免)
　　　　　　李　纲

安吉县住建局

党委书记、局长,人防办主任:李　明
党委副书记、副局长:邓锦森
党委委员、副局长:张　勇
党委委员、人防办副主任:梅本炜(2020.10免)
党委委员、总工程师:刘　宁(2020.4免)
　　　　　　　　　张　华(2020.4任)
党 委 委 员:曾君兵
　　　　　　杨来宏(2020.4任)

安吉县交通运输局

党委书记、局长:赵双勤
党委委员、副局长:金荣根
　　　　　　　　蒋江宏
　　　　　　　　杨爱禾
党委委员、总工程师:秦连群
党 委 委 员:杨正勇
　　　　　　王　斌(2020.10任)
县交通运输综合行政执法队队长:
　　　　　　潘立文(2020.4任)
县公路和运输管理中心主任:杨爱禾(2020.7任)
县港航管理中心主任:胡庆忠(2020.7任)

安吉县水利局

党委书记、局长:乐叶都
党委副书记、副局长:蒋晓燕(女)
党委委员、副局长:张宏兵(2020.4免)
　　　　　　　　马炳华
　　　　　　　　张清卫(2020.7任)
党委委员、总工程师:戴泽胜(2020.4免)

徐　侃(2020.4 任)
党委委员(保留副科长级):熊晓毅(2020.7 任)
党 委 委 员:康敏良
马超群(2020.10 任)
县赋石水库管理所所长:程　平
党支部书记:陈水龙(2020.4 免)
县赋石渠道管理所所长:王　炜(2020.4 免)
孙　宙(2020.4 任)
党支部书记:孙　宙(2020.4 免)
县老石坎水库管理所所长:马超群(2020.10 免)
党支部书记:熊晓毅(2020.7 免)

安吉县农业农村局

党委书记、局长:杨忠义(2020.7 免)
吴国兴(2020.7 任)
党委副书记、副局长:崔列军
党委委员、副局长:韩树根
陈林泉
马道青
党委委员、总农艺师:吴旭东
副　局　长:陈志良(2020.10 任)
党委委员,县畜牧兽医局局长:
陈　铖(女,2020.4 免)
党委委员、县农业综合行政执法队队长:
陈　铖(女,2020.4 任)
党委委员、副局长:陈　婷(女,2020.10 任)

安吉县文化和广电旅游体育局

党委书记、局长:彭忠心
党委副书记、副局长:罗福娣(女)
党委委员、副局长:王正南
周忠林(2020.10 免)
何倩君
何海军(2020.10 任)
党委委员、总规划师:侯文亮
县文化市场综合行政执法队队长:
胡　杰(2020.4 任)
党 委 委 员:王家荣
项志周(2020.7 免)
彭卫红(女)

安吉县卫生健康局

党委书记、局长:顾建强
党委副书记、副局长:秦光明
党委委员(保留副科长级):诸晓旭
党委委员、副局长:吕佳生
李贵洪
党委委员、计生协会专职副会长:张明娣(女)
党委委员、副局长:谢彦峰(2020.10 任)
党 委 委 员:鄂荣梅(女,2020.4 免)
王　伟(2020.4 任)

安吉县退役军人事务局

党组书记、局长:张　军
党组副书记、副局长:黄　强(2020.10 任)
党组成员、副局长:牟定帮(2020.4 免)
黄　菽(2020.10 免)
马荣勇(2020.4 任)
党 组 成 员:张应杰
厉有来
陈卫利(女)

安吉县审计局

党组书记、局长:沈卫江
党组副书记、总审计师:李孝良
党组成员、副局长:束国顺
张瀚尹(女)
梅敖铭
党 组 成 员:徐　娍

湖州市生态环境局安吉分局

党组书记、局长:马洪亮
党组副书记、副局长:盛勇华(2020.4 任)
党组成员、总工程师:曹　杰(2020.4 免)
党组成员、副局长:曹　杰(2020.4 任)
王灵君
刘　剑(2020.4 任)
党组成员、环境监察大队大队长(副科级):
刘　剑(2020.4 免)
县生态环境保护综合行政执法队队长:
张　兵(2020.4 任)
党 组 成 员:汪　波(2020.7 免)
钟永梅(女,2020.4 任)
郑海军(2020.7 任)

安吉县统计局

党 组 书 记:傅爱国
局　　　长:杨鹤云
党组成员、副局长:黄丽芬(女,2020.4 免)
吴　蔚(女,2020.7 任)
党组成员、总统计师:沈　坚

党 组 成 员:谢占敖
周旭红(女)
陈世宏(2020.10 免)

国家统计局安吉调查队

党组书记、队长:徐礼彬
党组成员、副队长:唐志平
党组成员、纪检组组长:程　炬

安吉县应急管理局

党委书记、局长:樊锡宏
党委委员、副局长:李震伟(2020.7 任)
周　治
张云峰
副　局　长:潘黎明
党委委员、副局长:徐　杰
党委委员、总工程师:郭海锋
党 委 委 员:范水宝
王　忠

安吉县医疗保障局

党组书记、局长:戴先才
党组副书记、副局长:俞秋华(女)
党组成员、副局长:朱　晖
党 组 成 员:鲁婷君(女,2020.10 任)
沈美佳(女)

安吉县大数据发展管理局

党组书记、局长:唐宝城(2020.12 免)
党组副书记、副局长:施月素(女)
党组成员、副局长:王　炜
党组成员、总工程师:张建勇

安吉县综合行政执法局(县城市管理局)

党委书记、局长(大队长):章熙翔
党委副书记、副局长(副大队长):
胡志中(2020.10 免)
党委副书记、副局长:张惠红(女,2020.10 任)
党委委员、副局长:王　雅(女)
党委委员、副局长(副大队长):
黄　强(2020.10 免)
吴宏亮
党委委员、副局长:黄　萩(2020.10 任)
总 工 程 师:刘　宁(2020.4 任)
县公用事业管理服务中心主任:
吴珠明(2020.10 任)
党 委 委 员:李　斌
余春龙

安吉县市场监督管理局

党委书记、局长:王有富
知识产权局局长:王有富
党委副书记、副局长:张　超(2020.4 免)
叶　燕(女,2020.4 任)
副局长,知识产权局副局长:胡景琦
党委委员、副局长:谢康卫(2020.4 免)
周春雨
张友林(2020.4 任)
周汪明
党委委员、总工程师:白福川
稽查大队大队长:周　俊(2020.4 免)
县市场监管综合行政执法队队长:
周　俊(2020.4 任)
县知识产权服务中心主任:
黄　洁(女,2020.10 任)
党 委 委 员:张继华

安吉县机关事务管理中心

党组书记、主任:李敏芳(女)
党组副书记、副主任:陈　刚
党组成员、副主任:马新苗
梅利庆(2020.4 免)
鄂荣梅(女,2020.4 任)
党 组 成 员:章旭军
冯　轩(2020.7 任)

安吉县政务服务管理办公室

党委书记、主任:潘　鸣(兼)
党委副书记、常务副主任(正科长级):朱车生
党委委员、副主任:王旦晖
章小龙
毛　军
党 委 委 员:喻　鸿(女)
廖　明

安吉县投资促进中心

党组书记、主任:曹宏华
党组副书记、副主任:陈　波
党组成员、副主任:杨志梅(女,2020.4 免)
马荣勇(2020.4 免)
吴胜国(2020.12 免)
陈欢明(2020.12 任)
章　磊(2020.4 任)
党 组 成 员:张　敏(女)

姜海峰
任元锋(2020.4任)

安吉县供销社联合社

党委书记、主任:章安民
党委副书记、副主任:周敏林
党委委员、副主任:叶茂荣
党委委员、监事会主任:杨志梅(女,2020.4任)
党委委员:徐　侃(2020.4免)
郭　峰(2020.4免)
周克圣(2020.4任)
明道兴

安吉县广播电视台(新闻宣传中心)

党委书记、台长:宋焕新(2020.10免)
党委书记、台长、总编辑:祝　青(2020.10任)
党委委员、纪委书记:王　特
党委委员、副台长:马贻松
施亚军
祁乐乐
陆健斌(2020.4免)
孙朝阳
总工程师:张　炳
副台长:章李梅(女,2020.4任)
党委委员:张安东
陈　亮

安吉两山国控集团公司

党委书记、董事长:周　斌(2020.12任)
党委副书记、总裁、副董事长:邹　进(2020.12任)
党委副书记、监事长:叶宏亮(2020.12任)
党委委员、纪委书记:朱　林(2020.12任)
党委委员、副总经理:郭　亮(2020.12任)
方　俊(2020.12任)

安吉县城投集团公司

党委书记、董事长:周　斌(2020.12免)
陈　卫(2020.12任)
党委副书记、总裁、副董事长:何敏杰
党委副书记:朱浚氲(2020.12免)
党委委员、纪委书记:姚法根
党委委员、总工程师:施振鸿
党委委员、副总经理:方　亮
王　烝
卓可耕
张　军

监事长:潘毓红(女,2020.12任)

安吉县文旅集团公司

党委书记、董事长:钱良宏(2020.12免)
党委副书记、总经理,副董事长:
郑　立(2020.12免)
党委副书记:张丽琴(女,2020.12免)
党委委员、纪委书记:胡晓旻(2020.12免)
党委委员、副总经理:
叶勤民(2020.12免)
丁剑斌(2020.7免)
康海滨(2020.12免)
项志周(2020.7任,2020.12免)

安吉县交投集团公司

党委书记、董事长:屠继忠
党委副书记、总经理,副董事长:
陈　卫(2020.12免)
朱浚氲(2020.12任)
党委副书记:胡惠芬(女)
党委委员、纪委书记:徐新良
副总经理:程益欢
党委委员、副总经理:刘远庆
张　超
监事长:郑　立(2020.12任)

安吉县产投集团公司

党委书记、董事长:蔡刚清
党委副书记、总经理,副董事长:
邹　进(2020.12免)
马　权(2020.12任)
党委副书记:叶宏亮(2020.12免)
张丽琴(女,2020.12任)
党委委员、纪委书记:
马　权(2020.4免)
朱　林(2020.4任,2020.12免)
胡晓旻(2020.12任)
党委委员、副总经理:
方　俊(2020.12免)
马　权(2020.4任,2020.12免)
叶勤民(2020.12任)
康海滨(2020.12任)
项志周(2020.12任)
监事长:楼高峰(2020.12任)

安吉县县属国有企业联合监事会

主　　　席：楼高峰（2020.12免）

副　主　席：郭　亮（2020.12免）

潘毓红（女，2020.12免）

湖州市住房公积金管理中心安吉县分中心

分党组书记、主任：王永洪

分党组成员、副主任：王永平

陈明欢（2020.12免）

吴胜国（2020.12任）

分党组成员：金志成

安吉县气象局

党组书记、局长：叶戴麟

党组成员、副局长：江　杰

李　义

安吉县烟草专卖局（分公司）

党组书记、局长（经理）：杨惠明（2020.5免）

何伟青（2020.5任）

党组成员、纪检组长，副局长：郭　震（2020.5免）

金　平（2020.5任）

党组成员、副经理：吴洪南

安吉县供电公司

党委书记、执行董事：石　勇

党委副书记、总经理：陈伟宏（2020.3免）

金建峰（2020.3任）

党委副书记、纪委书记、工会主席：

陆震定（2020.3免）

王玉铭（2020.3任）

党委委员、副总经理：王玉铭（2020.3免）

高久国

朱司丞

安吉邮政管理局

党组书记、局长：戴　军

党组副书记、副局长：郑在文

党组成员、副局长：吴高平

安吉县邮政公司

党委书记、总经理：徐文军

党委委员、副总经理、纪委书记：许秋红（女）

党委委员、副总经理：王海涛

副 总 经 理：王　祁（2020.10免）

中国电信安吉分公司

党委书记、总经理：沈文强（2020.1免）

王理平（2020.1任）

党委委员、纪委书记、副总经理：

胡迎峰（2020.7免）

朱从武

党委委员、团委书记、副总经理：

居里娜（女，2020.7任）

总经理助理：周　捷（2020.7任）

中国人民银行安吉县支行（国家外汇管理局安吉县支局）

党组书记、行长（局长）：黄金胜

党组成员、副行长：顾世伟（2020.12免）

石荣海

张芳丽（女，2020.3任）

党组成员、副行长、纪检组长：卢学铭（2020.12任）

湖州银保监分局安吉监管组

组　　　长：徐华君

中国农业发展银行安吉县支行

党支部书记、行长：万　雄

副　行　长：祁　洁

汪跃武

中国工商银行股份有限公司安吉支行

党总支书记、行长：郑月镁

副　行　长：楼　军

冯　锋

行 长 助 理：唐　燕

中国农业银行股份有限公司安吉县支行

党委书记、行长：汤晓莺

党委副书记、副行长：应云萍（2020.3任）

党委委员、副行长：施玲玲（2020.5任）

党委委员、副行长：陈小峰

党委委员、纪委书记：王　鸿

党委委员、副行长：夏伟杰（2020.6任）

中国建设银行股份有限公司安吉支行

党委书记、行长：杨　杰（2020.6免）

党委委员、副行长：楼世杰（2020.7主持工作）

党委委员、副行长：徐永芳（女）

朱红兵

梅　哲（女，2020.7任）

副　行　长：王宇超（2020.4离任）

中国银行股份有限公司安吉县支行

党总支书记、行长：吴　穹

党总支委员、副行长：江朝兵

闵宏伟

中国邮政储蓄银行股份有限公司安吉县支行
党支部书记、副行长(主持工作):蒋瑞云
纪检委员、副行长:张　立
中信银行股份有限公司湖州安吉支行
党支部书记、行长:韦三红
副　行　长:袁德华
　　　　　杨　禧
湖州银行股份有限公司安吉支行
党支部书记、行长:高洪峰
副　行　长:缪　听(2020.8任)
　　　　　张　明(2020.10任)
行长助理:祁　阳
杭州联合农村商业银行股份有限公司安吉绿色支行
党支部书记、行长:陈国强
组织委员、宣传委员、副行长:雷　鸣
纪检委员、副行长:马伟军(2020.7任)
浙江安吉农村商业银行股份有限公司
党委书记、董事长:马莲贵
党委委员、行长:罗明亮(2020.8免)
　　　　　　陶成斌(2020.8任)
党委委员、监事长:周成平
党委委员、副行长:戴益众
　　　　　　宋伟锋
　　　　　　刘　裙(2020.8任)
浙江安吉交银村镇银行股份有限公司
党委书记、行长:沈　强(2020.9任)
党委委员、副行长:施传雄
　　　　　　石海飞
行长助理:朱　昊

政协安吉县第九届委员会常务委员会

主　　席:叶海珍(女,2020.5免)
　　　　赵德清(2020.5任)
副　主　席:侯献荣
　　　　梁　霜(女)
　　　　伍水荣
　　　　杨绍军
　　　　陈卫卫
秘　书　长:杨慧伟(女)
常务委员:于淑芳(女)　王　晶(女)
王旦晖　王培舜
马莲贵　李　超
李建人　杨鹤云
宋焕新　张　力
张咏梅(女)　陈永兴
邵云东　施明清
周昌平　赵　磊
顾岳炎　钱雅琴(女)
郭云潮　曹建民
盛勇成　章义龙
梁峰晖　屠继忠
释慈满　潘莉莉(女)
朱昌发　凌海明
安吉县政协党组书记:叶海珍(女,2020.1免)
　　　　　　　　赵德清(2020.1任)
安吉县政协党组成员:侯献荣
　　　　　　　　伍水荣
　　　　　　　　杨绍军
　　　　　　　　杨慧伟(女)

政协安吉县第九届委员会办公室及各专门委员会

办公室
主　　任:吴榨胜
副　主　任:黄　成
　　　　乔　梁
提案委员会
主　　任:潘海丽(女)
副　主　任:郑　勇
经济委员会
主　　任:楼　军
副　主　任:王健锋(2020.7免)
　　　　蒋　斌(2020.7任,2020.10免)
　　　　夏芳琴(女,2020.10任)
农业农村和人口资源环境委员会
主　　任:曹旭东
副　主　任:邹　云(2020.4免)
　　　　梅利庆(2020.4任)
文化文史和学习委员会
主　　任:邵　喆(女)
副　主　任:梅宏业(2020.10免)

叶爱阳(2020.10任)

教育科技卫生体育委员会

主　　任:王军民

副 主 任:方文明(2020.4免)

黄丽芬(女,2020.4任)

社会法制委员会

主　　任:许　虹

副 主 任:窦　丰(2020.10免)

李静波(2020.10任)

民族宗教和港澳台侨委员会

主　　任:李晓敏(2020.10免)

陈世斌(2020.10任)

副 主 任:秦连荣(女)

委员工作委员会

主　　任:李晓敏(2020.10任)

副 主 任:黄承文

中共安吉县纪律检查委员会

书　　记:柏建华

常务副书记:王昌慧

副 书 记:余再鸣(援派新疆)

张永玲(女,2020.6任)

常　　委:金黎明(2020.7任)

王孝国(宁夏挂职,2020.7正科长级)

郭兆东(2020.4免)

邢立东

周创华(2020.4任)

宋　丽(女,2020.10任)

案件审理室主任:黄薇娜(女)

案件监督管理室主任:卢柏鑫(2020.7免)

朱亚尔(女,2020.7任)

党风政风监督室主任:周创华(2020.4免)

顾　鑫(2020.7任)

第一纪检监察室主任:金旭岭

第二纪检监察室主任:蔡文江(2020.4任)

第三纪检监察室主任:傅　强(2020.4免)

王应楠(2020.10任)

第四纪检监察室主任:王　凯

办公室主任:徐　韬

信访室主任:高智恺(2020.10免)

邹林烽(2020.10任)

干部室主任:宋　丽(女,2020.10免)

王丽萍(女,2020.10任)

宣教室主任:周　颖(女,2020.10免)

赵　丹(2020.10任)

安吉县委巡察办

巡察办主任:张永玲(女,2020.7免)

金黎明(2020.7任)

巡察办副主任:李　斌

第一巡察组组长:楼钱荣(2020.4免)

李雪峰(2020.4任)

第一巡察组副组长:谢文荣

第二巡察组组长:付继军

第二巡察组副组长:施永清

第三巡察组组长:俞兆松

第三巡察组副组长:陈美红(女)

安吉县纪委派驻纪检监察组

第一纪检监察组组长:陈　东

副 组 长:王　伟

方照平(2020.10免)

周　颖(女,2020.10任)

第二纪检监察组组长:魏建刚

副 组 长:周志良(2020.7任)

段正海

孙　平(2020.7免)

第三纪检监察组组长:赵　晖(女)

副 组 长:夏芳琴(女,2020.10免)

范　斌(2020.10任)

董家明

第四纪检监察组组长:刘利民

副 组 长:朱亚尔(女,2020.7免)

方　伟(女,2020.7任)

戚寒斌

第五纪检监察组组长:李雪峰(2020.4免)

郭兆东(2020.4任)

副 组 长:吴柏顺(2020.4免)

詹国方(2020.4任)

陈　兵

第六纪检监察组组长:彭明晗

副 组 长:黄友花(女,2020.10免)

李成锋

第七纪检监察组组长:汪治国

副 组 长:詹国方(2020.4免)

童　辉(女,2020.7免)
金　莹(女,2020.7任)
驻公安局纪检监察组组长:程晓波
副　组　长:马碧云(女)
驻法院纪检监察组组长:陈柏良
副　组　长:韦文生
驻检察院纪检监察组组长:陈琳玉(女)
副　组　长:胡　亮
县委正科级纪检监察员:吴柏顺(2020.4免)
县委副科级纪检监察员:徐国华
江　莉(女)
吴华军
张美星(女)
李亚明
谢咏菊(女)
宣　晶(女)
陈　颖(女)
王舜源(女)
彭逸艾(女)
潘新兰(女)
李　群(女)
周　易(女)

安吉县监察委员会

主　　　任:柏建华(2020.5任)
代　主　任:柏建华(2020.5免)
副　主　任:王昌慧
余再鸣(援派新疆)
张永玲(女,2020.6任)
委　　　员:金黎明(2020.7任)
郭兆东(2020.4免)
邢立东
刘伟栋
傅　强(2020.4任)

安吉县人民法院

党组书记、院长:沈芳君(女,2020.9免)
党组书记、代院长:王亚琪(女,2020.9任)
党组成员、副院长:张汉文
孟黎明
孙红波
沈　伟(挂职)
党组成员、政治部主任:郭豪杰
审判委员会专职委员:来燮元
汤珊珊(女)
递铺法庭庭长:梁　赟(女)
梅溪法庭庭长:肖建平
天子湖法庭庭长:毛效龙
灵峰法庭庭长:刘　方
执行局局长(副科级):陈　浩(2020.10免)
党 组 成 员:何勇强

安吉县人民检察院

党组书记、检察长:陈　章(2020.12免)
党组书记、代检察长:杨　旭(2020.12任)
党组副书记、副检察长:胡秀义
党组成员、副检察长:蒋正平
陈昌松
党组成员、政治部主任:李静波
检委会专职委员:叶　昕(女)
宋丽燕(女)
开发区检察室主任(副科级):
王春梅(女,2020.10免)
天子湖检察室主任(副科级):
李国芳(女,2020.10免)
党 组 成 员:王玮玉(女)

群　众　团　体

安吉县总工会
主　　　席:侯献荣
党组书记、常务副主席:戎露波
党组成员、副主席:阎德顺
程　琦(女)
贾燕华(女,挂职,2020.4任)
党组成员、经审会主任:程　剡(女)
党 组 成 员:曹永远
陈　胜(2020.4任)
孔　虹(2020.7任)

共青团安吉县委员会
书　　　记:许进京(2020.7免)
管田甜(女,2020.10任)
副　书　记:刘建超(2020.10免)

董　肖(2020.10 任)
汤永磊(挂职)

安吉县妇女联合会

党组书记、主席:朱海燕(女)
党组副书记、副主席:张惠红(女,2020.10 免)
陈　瑜(女,2020.10 任)
党组成员、副主席:徐　笛(女)
副　主　席:马双双(女,挂职,2020.4 任)
党　组　成　员:胡莉娟(女)
黄　洁(女,2020.10 免)

安吉县科学技术协会

党组书记、主席:朱昌发
党组副书记、副主席:梅爱华(女,2020.7 任)
党组成员、副主席:王欣欣
蒋　斌(2020.7 免)
党　组　成　员:徐剑锋
陈　新(女,2020.4 任)

安吉县残联执行理事会

党组书记、理事长:凌海明
党组副书记、副理事长:徐康东
党组成员、副理事长:叶明珠(女)
党　组　成　员:韩雪峰
李　萍(女)

安吉县工商业联合会

主　　　席:梁　霜(女)
党组书记、常务副主席:李建人(2020.4 免)
刘　斌(2020.4 任)
党组副书记、副主席:黄宣华
党组成员、副主席:鲁婷君(女,2020.10 免)
周忠林(2020.10 任)
党　组　成　员:王伟明(2020.7 任)
叶　烨(女)
姜根喜

安吉县红十字会

会　　　长:任贵明(兼)
党组书记、常务副会长:赵德忠(2020.10 任)
党组书记、专职副会长:谭益强(2020.10 免)
党组副书记、专职副会长:谭益强(2020.10 任)
副　会　长:王　芸(女,兼,2020.10 免)
李贵洪(兼,2020.10 任)
江道海(兼,2020.10 任)
蒋小杰(兼,2020.10 任)
党　组　成　员:张　静
谢彦峰(2020.10 免)
李贵洪(兼)
王　芸(女,兼,2020.12 免)

安吉县慈善总会

会　　　长:王　捷
常务副会长:姜　平
专职副会长:闻明龙

安吉县文学艺术界联合会

主　　　席:易国兵

安吉县社科联

主　　　席:王伟静(女)

乡镇(街道)
党委、人大、政府、纪委

开发区

党工委书记:徐卫勇
党工委副书记:吴国兴(兼,2020.7 免)
柳初晓(女,兼,2020.7 任)
胡可立(兼)
陈　晖
许　杰
程卫军
党工委委员:金　山(兼)
明瑞成(兼,2020.7 任)
徐敏捷
管委会主任:陈　晖
管委会副主任:许　杰
徐敏捷
章　红(女)
张　力
张　华(2020.4 免)
蒋林斌
杨俊伟
徐　斌
胡承钰(2020.4 任)
陈　洁(女,挂职,2020.10 免)
汤　潮(挂职,2020.10 任)
县委副科级组织员:李　健

递铺街道

党工委书记:吴国兴(2020.7 免)
柳初晓(女,2020.7 任)
党工委副书记:明瑞成(2020.7 任)

周方平
人大工委主任：熊国斌
办事处主任：柳初晓（女，2020.7免）
明瑞成（2020.7任）
党工委委员、纪委书记、监察办公室主任：
潘丽敏（女）
党工委委员、办事处副主任：王光伟
党工委委员：祝接兵（人武部长）
干雪峰（女，2020.4免）
沈　旭（派出所所长）
梅志丹
夏筱丹（女，2020.10任）
人大工委副主任：王宏之
麻江云
办事处副主任：朱　江
刘向葵
汤　军
阮　悦（女，挂职，2020.4任）
县委副科级组织员：杨绍兴
邢　峰

孝源街道

党工委书记：胡可立
党工委副书记：金　山
叶　燕（女，2020.4免）
干雪峰（女，2020.4任）
人大工委主任：王雪尧
办事处主任：金　山
党工委委员、纪委书记、监察办公室主任：
张清卫（2020.7免）
卢柏鑫（2020.7任）
党工委委员、办事处副主任：周立智
党工委委员：汪　欣（人武部长）
祝水宏（派出所所长，2020.10免）
刘明晖
黄一丹（女）
赵　纲（派出所所长，2020.10任）
人大工委副主任：吴月成
李锡良
办事处副主任：许晓亮（2020.7免）
陈飞飞
郑　虎（2020.7任）

示范区安吉分区

党工委书记：管永丰
党工委副书记：符海滨（兼）
尹碧锃（兼）
章　毅（2020.7免）
刘海中
管委会主任：陈卫卫
常务副主任：章　毅（2020.7免）
党工委委员：徐启龙（兼）
朱红星（兼）
党工委委员、管委会副主任：李国锋（2020.7任）
姚　斌
楼建国（2020.7任）
管委会副主任：阎莘颖（女）
江五一
方　颖
许　君
董　肖（挂职，2020.10免）
县委副科级组织员：陈　峰（2020.4免）

梅溪镇

党委书记：符海滨
党委副书记：徐启龙
余　卫
周明辉
人大主席：章军平
镇　长：徐启龙
党委委员、纪委书记、监察办公室主任：
范　斌（2020.10免）
高智恺（2020.10任）
党委委员、副镇长：朱越峰
党委委员：叶贤林（人武部长）
汤常欢（女）
徐　艳（女，2020.4任）
周　军（2020.4免）
韩诗富
唐　超（派出所所长）
人大副主席：李一鸣
李有成
副镇长：李国锋（2020.7免）
阎　彬
邱亦宸
汪　波（2020.7任）
县委副科级组织员：周克圣（2020.4免）
黄德志（2020.10免）
郭　伟

天子湖镇
党 委 书 记:尹碧锃
党委副书记:朱红星
　　　　　金　鸣
人 大 主 席:施明军
镇　　　长:朱红星
党委委员、纪委书记、监察办公室主任:来　青
党委委员、副镇长:吴　斌(2020.4 免)
　　　　　　　　江维平(2020.4 任)
党 委 委 员:冷云峰(人武部长)
　　　　　葛鹏炎(派出所所长)
　　　　　刘列飞
　　　　　刘美玉(女)
　　　　　陈　健(女)
人大副主席:李更正
　　　　　吴清泉
副　镇　长:张　振
　　　　　陈志良(2020.10 免)
　　　　　张　毅
　　　　　黄德志(2020.10 任)
县委副科级组织员:朱俊玮

溪龙乡
党 委 书 记:夏　靓(女)
党委副书记:孙传国(2020.7 免)
　　　　　邵炜钦(2020.7 任)
　　　　　陈　瑜(女,2020.10 免)
　　　　　吴　欣(2020.10 任)
人 大 主 席:黄定瑞
乡　　　长:孙传国(2020.7 免)
　　　　　邵炜钦(2020.7 任)
党委委员、纪委书记、监察办公室主任:刘忠元
党委委员、副乡长:姚尚平
党 委 委 员:龚文金
　　　　　张　贤(人武部长)
　　　　　肖建峰
副　乡　长:张友林(2020.4 免)
　　　　　王　炜(2020.4 任)
　　　　　陶　冶
县委副科级组织员:周秀梅(女)

鄣吴镇
党 委 书 记:吴丹妮(女,2020.7 免)
　　　　　金枫涛(2020.7 任)
副　书　记:刘欣欣
　　　　　舒丽强
人 大 主 席:戴泽万
镇　　　长:刘欣欣
党委委员、纪委书记、监察办公室主任:罗　飞
党委委员、副镇长:范一华
党 委 委 员:沈　巍
　　　　　周道全(派出所所长,2020.10 任)
　　　　　泉　鑫(人武部长)
　　　　　卢　祎(派出所所长,2020.7 免)
　　　　　王　凯(2020.4 任)
人大副主席:戚继成
副　镇　长:潘莉莉(女)
　　　　　吴胜枫
　　　　　陈　韬

杭垓镇
党 委 书 记:王长林(2020.7 免)
　　　　　孙传国(2020.7 任)
副　书　记:徐　平
　　　　　陆　恒(2020.12 任,保留正科长级)
人 大 主 席:徐　渊
镇　　　长:徐　平
党委委员、纪委书记、监察办公室主任:
　　　　　方　伟(女,2020.7 免)
　　　　　林　颖(女,2020.7 任)
党委委员、副镇长:胡立武
党 委 委 员:沈学斌
　　　　　陈纯国
　　　　　施艳云(人武部长)
　　　　　杜　烨(派出所所长)
　　　　　朱于佳(女,2020.7 任)
人大副主席:梅明星
　　　　　张　行
副　镇　长:竺　亮
　　　　　葛　迪
　　　　　胡迎春
县委副科级组织员:胡成功
　　　　　　　　朱栋胜

孝丰镇
党 委 书 记:翟金坚(2020.7 免)
　　　　　潘明亮(2020.10 任)
党委副书记:王　凯(2020.10 任)
　　　　　姚池泉
　　　　　周济时

人 大 主 席:陈秀宽
镇　　　长:潘明亮(2020.10 免)
　　　　　王　凯(2020.10 任)
党委委员、纪委书记、监察办公室主任:邵云峰
党委委员、副镇长:雷文华(女)
党 委 委 员:祝水宏(派出所所长,2020.10 任)
　　　　　董春亮(人武部长)
　　　　　金　莹(女,2020.7 免)
　　　　　周道全(派出所所长,2020.10 免)
　　　　　沈　阳
　　　　　沈伟飞
　　　　　邵金英(女,2020.7 任)
人大副主席:龚晓云(女,2020.10 免)
　　　　　何向华
　　　　　陈世宏(2020.10 任)
副 镇 长:韩　辉(2020.4 免)
　　　　　方　杰
　　　　　程杰杰
　　　　　陈　峰(2020.4 任)
县委副科级组织员:俞军政
　　　　　　　　叶苏苏
　　　　　　　　王德清

报福镇

党 委 书 记:贺　苗(女)
党委副书记:徐　聪
　　　　　郑云武
人 大 主 席:戴开林
镇　　　长:徐　聪
党委委员、纪委书记、监察办公室主任:欧冬生
党委委员、副镇长:江维平(2020.4 免)
　　　　　　　　丁　兵(2020.4 任)
党 委 委 员:王　勇(派出所所长)
　　　　　赵志行(女)
　　　　　丁　兵(人武部长,2020.4 免)
　　　　　韩　辉(人武部长,2020.4 任)
　　　　　李群刚
人大副主席:张世根
副 镇 长:石　轲
　　　　　张卫成
　　　　　谢静川(女)

章村镇

党 委 书 记:唐春燕(女)
党委副书记:董建波
　　　　　邵炜钦(2020.7 免)
　　　　　梅本炜(2020.10 任)
人 大 主 席:陈国庆(2020.7 免)
　　　　　程　晖(2020.7 任)
镇　　　长:董建波
党委委员、纪委书记、监察办公室主任:伍高君
党委委员、副镇长:周　峰
党 委 委 员:查道胜
　　　　　卢培炎(人武部长)
　　　　　周兴伦
　　　　　周城枫(派出所所长)
人大副主席:吴　军(2020.10 任)
副 镇 长:周志良(2020.7 免)
　　　　　周群毅
　　　　　沈一文
　　　　　刘建超(2020.10 任)
县委副科级组织员:施　展

天荒坪镇

党 委 书 记:高发义
党委副书记:夏中金(2020.4 免)
　　　　　张天滨
　　　　　许进京(2020.7 任,保留正科长级)
人 大 主 席:盛琦丽(女)
镇　　　长:夏中金(2020.4 免)
　　　　　张天滨(2020.4 任)
党委委员、纪委书记、监察办公室主任:陈润锋
党委委员、副镇长:王凌霄(2020.4 任)
党 委 委 员:阮小明
　　　　　张　伟(人武部长)
　　　　　汪玉成
　　　　　周　军(2020.4 任)
　　　　　金　鑫
　　　　　林欢欢(派出所所长)
　　　　　徐昊昱(挂职,2020.10 免)
人大副主席:杜又喜
副 镇 长:任　仁
　　　　　吴海燕(女)
　　　　　冷冰峰
县委副科级组织员:郎国良
　　　　　　　　俞　丹(女)

上墅乡

党 委 书 记:刘　斌(2020.4 免)
　　　　　夏中金(2020.4 任)

党委副书记：康锡刚
吴云浩（2020.4免）
陈　鑫（2020.4任，2020.12免）
人大主席：肖建忠
乡　　长：康锡刚
党委委员、纪委书记、监察办公室主任：陈学兴
党委委员、副乡长：鲍　鲲
党委委员：孟江雯（女）
谢传斌（人武部长）
朱青莲（女）
副 乡 长：石定一
卢　丰

山川乡

党委书记：邱竞明（2020.12免）
华建伟（2020.12任）
副 书 记：王孟天（2020.12任）
施旭锋
人大主席：朱　毅
乡　　长：华建伟（2020.12免）
王孟天（2020.12任）
正科长级干部：叶　飞（宁夏挂职）
党委委员、纪委书记、监察办公室主任：张圣安
党委委员、副乡长：应建坤
党委委员：马　超（2020.4免）
袁克桂（人武部长）
吴晓明
郭　峰（2020.4任）
副 乡 长：邹　鹏
黄　珺（女）
山川旅游度假区管委会主任：
华建伟（兼，2020.12免）
王孟天（兼，2020.12任）
管委会副主任：诸海波（2020.4任）
总 工 程 师：司冬歌（女，2020.4任）
县委副科级组织员：张翠云（女）

昌硕街道

党工委书记：王　兵
党工委副书记：赵晓光
梅爱华（女，2020.7免）
张彩林（2020.7任）
人大工委主任：夏　旦
办事处主任：赵晓光
党工委委员、纪委书记、监察办公室主任：
张彩林（2020.7免）
孙　平（2020.7任）
党工委委员、办事处副主任：左　巍（2020.7免）
吴　凯（2020.10任）
党工委委员：潘永林（人武部长，2020.10免）
翁　婧（女，2020.4免）
朱　峥（昌硕派出所所长）
祝　冬
章旭辉（凤凰山派出所所长）
方文明（2020.4任）
周　刚（人武部长，2020.10任）
范晨恩（女，挂职，2020.4任）
人大工委副主任：郁　斌
办事处副主任：郭俊杰
郑　龙
胡　亮
县委正科级组织员：杨卫德（2020.10免）
县委副科级组织员：周　刚（2020.10免）
李雪春

灵峰旅游度假区、灵峰街道

灵峰旅游度假区党工委书记：项侃文
党工委副书记：马洪滨
潘安国
管委会主任：潘安国
党工委委员、管委会副主任：陆　勇
管委会副主任：任元心
总 工 程 师：楼　杰
灵峰街道党工委书记：马洪滨
党工委副书记：潘安国
沈红林
人大工委主任：应秋平
办事处主任：潘安国
党工委委员、纪委书记、监察办公室主任：
周静红（女）
党工委委员、办事处副主任：喻锦程（2020.4任）
党工委委员：程　飞（人武部长）
曹叶平（派出所所长）
金则英（女）
沈晓波
夏筱丹（女，挂职，2020.10免）
人大工委副主任：王德才
办事处副主任：江　平
龚家宏
县委副科级组织员：朱晶晶（女）

安吉经济开发区

【概况】 2020年，全年完成财政收入48亿元，同比增长20%；全年实现规上工业总产值451.48亿元、规上工业增加值115.64亿元、规上营业收入450.95亿元、规上利税69.45亿元，同比分别增长20.6%、9.6%、25%和39.6%。1月10日，浙江省商务厅关于公布浙江省美丽园区示范和试点名单的通知中，安吉经济开发区入选。9月12日，工业和信息化部11日公布第五批绿色制造名单，其中安吉经济开发区上榜国家级绿色园区。

全年新增签约项目60个，其中5亿—10亿元项目11个，10亿—50亿元项目5个，50亿—100亿元项目1个，100亿元以上项目1个，完成合同外资2.6亿美元，实到外资8309万美元。成功引进总投资5亿元的上海宝准储能设备生产项目，实现沪资高端制造项目的重大突破。全年完成亿元以上开工项目43个、竣工项目25个，完成固定资产投资22亿元。安费诺项目在全市第一季度互看互学互比活动中名列第一。完成开发区中部片区规划和城市研究设计，成功争取浙北生命健康产业园规划落地，启动电子信息园、北山工业园规划编制。精准落实土地供应，完成农转报批项目38个861亩，完成供地项目51个1330亩。稳步推进国控公司资产整合和股权调整，培育成为全县首家AA+授信评级发债主体，融资成本降低220个BP。积极应对和防范疫情，科学引导企业复工复产，主动化解企业发展风险，制定园区《企业疫情联防处置方案》，探索建立“联企复工导师”制度，走访排查企业1300余家，外派4名招工专员，为企业解决用工需求1.53万人。大力实施股改上市、改新盘活、院(校)企合作、渠道创新四大行动，出台《开发区工业用地管理实施意见》，加快椅艺综合体、艾玛小微园等服务平台的搭建，加大观念更新、人才引育、科技赋能，开设企业家大讲堂3期，股改上市专项培训2次，与上海交通大学联合建立生命健康联合研究中心。全年完成8家企业股改(其中博泰家具完成主板报会)，新增48家跨境电商店铺，引进顶尖人才4名、领军型人才10名，完成低效出清企业350家。聚焦生命健康产业和电子信息产业，依托东方生物、洁美电子等上市企业的龙头效应，完

5月28日，上海宝准储能设备项目签约仪式举行

善产业链条，打造产业集群。生命健康产业已引进洛兮医疗、朗开医疗、民生健康等一批企业，东方基因和浙江省股权交易公司合作投资100亿元建立浙北生命健康产业园，与复星集团的合作有进展，双河区块的大健康城的规划也初步定稿，生命健康产业的培育初显成效。2020年8月，开发区入选国家第五批增量配电改革试点，开发区与国网、华润成立合作公司，为远洋、国动项目的推进扫清障碍，也为大数据产业的兴起打下基础。制定开发区城市规划建成区外集体房屋征收补偿办法，统筹推进开发区城改清零工作，完成余墩美波登区块历史遗留拆迁难题，鞍山大数据产业园一期、浦源大道拓宽、英特教育、纳美科技等多个地块完成拆迁，并成功拔除佳奇地块、南北庄高速出口地块10余年的钉子户。配合完成第二轮中央生态环境督查，开展散乱污企业整治28家，全覆盖实施企业安全隐患排查见底近2000家，整改完成率100%。落实第三方环保管家，开展绿世界、天振等重点涉气企业治理提升。全年推进基础建设项目160个，完工105个，总投入资金8.5亿元。完成浦源大道、古鄣路、永福路等重大城市框架道路改造工程。统筹推进园区公共服务设施配套，完成文体中心、城北小学建设，稳步推进递铺街道中心幼儿园，启动第四初中、塘浦幼儿园、椅业孵化园标准厂房等项目的前期设计。提升园区景观形象，重塑园区入口形象，完成园区导视系统设计，启动50余个园区景观提升项目的设计和建设。落实中央环保督察项目整改，完成县政府2020年生态环境重点任务清单四个100%。入围工信部“绿色园区”榜单，规上企业绿色工厂覆盖率100%，国家级绿色工厂4家、市四星级绿色工厂20家、三星级139家。

【第一季度重点项目集中开竣工】 2月27日上午，安吉县2020年第一季度重点项目集中开竣工活动在中源家居未来工厂产业园项目现场举行，开发区21个开工项目总投资67.37亿元，5个竣工项目总投资8.06亿元。市委常委、县委书记沈铭权、副市长项乐民参加。

【首轮上海“招商引才”推介会】 4月25日，围绕习近平总书记在安吉考察时的重要讲话精神，深入践行“绿色发展”理念，按照全省打造“重要窗口”和全市项目攻坚“招商引才”工作，开发区组团赴上海召开“招商引才”推介会，上海深兰科技、上海宝腾生物医药科技、上海迦瑞生物医药等50余家企业嘉宾参加。县委副书记、政法委书记，开发区党工委书记徐卫勇致辞，推介安吉营商环境。

【知味观安吉食品工厂开工】 6月16日上午，总投资5亿元的知味观安吉食品工厂项目在开发区健康产业园开工。杭州市商旅集团党委书记、董事长赵敏宣布项目开工。安吉县委副书记、政法委书记、开发区党工委书记徐卫勇致辞。杭州市商旅集团党委委员、副总经理沈再名，开发区党工委副书记、管委会主任陈晖参加。知味观安吉食品工厂项目总投资5亿元，将分两期实施建设，预计各类产品年产量将达到3.5万吨，年总产值可达10亿元，年税收可达1亿元。

【浙江安吉国控建设发展集团有限公司主体评级提升至AA+】 7月7日，国内权威信用评级机构——中证鹏元资信评估股份有限公司公布浙江安吉国控建设发展集团有限公司主体信用评级报告，将浙江安吉国控建设发展集团有限公司的主体长期信用等级提升至AA+，评级展望为稳定，这是安吉县国有企业首次获得AA+主体信用评级，实现了在国内资本市场的重大突破。

【首期“企业家大讲堂”】 8月2日上午，安吉经济开发区“打赢两场战，决胜全年红”发展攻坚大会暨“企业家大讲堂”举行。开发区、递铺街道、孝源街道全体班子成员，开发区机关干部，相关职能站所负责人，重点企业和在建项目业主代表400余人参加会议。县委副书记、开发区党工委书记徐卫勇参加并讲话。首期“大讲堂”邀请浙江省工业和信息化研究院院长兰建平作题为《上半年全省经济形势分析与安吉高质量发展思考》专题讲座。企业家大讲堂为企业家搭建学习和交流新平台，帮助企业家及时掌握国内外经济形势和产业发展方向，更新知识储备，提升经营能力，激发干事热情，

8月2日，第一期企业家大讲堂召开

为开发区经济高质量发展注入强劲动能。

【浦源大道(梅灵路—康山大道)道路综合提升改造基本完工】 8月26日，浦源大道(梅灵路—灵峰北路)道路综合提升改造工程西标段——梅灵路至康山大道段基本完工，意味着浦源大道道路综合改造提升工程完成一半，递孝"主动脉"迎来升级。浦源大道(梅灵路—灵峰北路)道路综合提升改造工程以康山大道为界，分东、西两个标段。其中，梅灵路至康山大道段总投资6500万元(不含绿化)，全长4.143公里，改造后将由双向四车道改为双向六车道；东标段西起康山大道，东至灵峰北路(县城立交桥处)，全长4公里，由双向四车道改为双向十车道，12月浦源大道(康山大道—灵峰北路)道路综合改造提升工程、古鄣路(天荒坪北路—绕城北线)道路综合改造工程主体结构全部完工，两条城市"动脉"均达到通行条件。

【入选国家第五批增量配电业务改革试点】 8月，国家发展改革委、国家能源局联合公布第五批增量配电业务改革试点名单，安吉经济开发区成功入选，全市唯一(全省仅三个)。据悉，增量配电业务改革是国家推出的电力体制改革重要举措，通过在配电领域引入竞争、鼓励和引导社会资本投资增量配电业务的方式，为试点区域企业提供优质、低价的电力服务，为地区经济发展提供强有力的供电支持。安吉县此次试点区域主要覆盖云数据中心产业园，区域面积约10平方公里。试点后，预计电价较目前市场价下降0.3元/度，可大幅降低数据中心企业运营成本，有助于吸引更多企业入驻。

【上榜省"链长制"试点示范单位】 10月15日，经开发区申报、专家评审、省商务厅复核，现拟认定杭州经济技术开发区等27家开发区为浙江省开发区产业链"链长制"试点示范单位、38家开发区为浙江省开发区产业链"链长制"试点单位，其中安吉开发区绿色家居为试点示范单位。

【第十三届安洽会重点项目集中开竣工活动暨中力机械产业园项目开工仪式】 10月22日上午，26个项目集中开工，市委常委、县委书记沈铭权致辞，县委副书记、县长宋波主持，县委副书记、开发区党工委书记徐卫勇参加。1—9月，开发区工业项目签约62个、开工27个，竣工16个，同比分别增长181%、50%和36%，有力地保障了开发区高质量发展。本次开工项目11个，计划总投资140亿元，计划固定投资131.2亿元，竣工项目11个。举行本次集中开竣工活动，是要以更大决心、更大力度、更实举措推动项目加快建设、顺利投产，为全县经济社会发展注入更加强劲的动力。

【浙北生命健康产业园签约】 10月24日上午，2020新时代"两山"试验区·安吉县第十三届投资贸易人才洽谈会开幕。浙北生命健康产业园，项目总投资102亿元，固定资产投资100亿元，主要生产快速诊断POCT、基因检测、二三类医疗器械、高值医用耗材等上下游产业为核心的产品。项目达产后预计年产值30亿元以上，亩均税收30万元以上。

【上海交通大学·浙江安吉生命健康联合研究中心启动】 11月5日上午，上海交通大学·浙江安吉生命健康联合研究中心启动仪式在上海举行。上海交通大学党委常委、常务副校长，中国科学院院士丁奎岭出席；市委常委、县委书记沈铭权，上海交通大学科学技术发展研究院院长朱新远分别致辞；县委副书记、开发区党工委书记徐卫勇，县委常委、组织部部长，县委人才办主任朱伟参加。该活动是2020年第十三届安吉投资贸易人才洽谈会系列活动之一，启动仪式上还举行首批项目签约、引才工作站授牌等活动。上海交通大学·浙江安吉生命健康联合研究中心的启用，将打造一条“学校研发—园区孵化—地方产业化”的全链条科技成果转化路径，实现人才、技术、资本、产业和政策的有机结合，为上海交大及上海市优秀科技成果落地转化、深化运用提供平台。

【开发区椅艺孵化园和递铺街道绿色家居小微企业园动工】 12月18日，椅艺孵化园标准厂房建设工程已完成图纸设计、供地，项目一期于本月动工，绿色家居小微企业园建设方案基本完成，项目总规划面积超500亩，分三期进行，建成后小微企业园将成为全县整体规模最大、产业链最全的绿色家居配套链集聚区；项目达成后，年产值将达到35亿元以上、税收3亿元以上。

（丁乐章）

示范区安吉分区

【概况】 2020年，示范区安吉分区围绕“12345”工作目标，以“双进双产攻坚年”“亩均效益提升年”和“基础设施建设年”为载体，聚焦大项目招引、新动能培育，突出抓好产业升级、空间拓展、产城融合、机制保障等工作，经济建设取得显著成效。全年完成财政总收入8.5亿元，同比增长20.31%；实现规模以上工业总产值160.77亿元，同比增长4.80%；规模以上工业增加值35.25亿元，同比增长6.50%；工业性投入20.88亿元，同比增长20.29%。

按照示范区重点产业导向，完善“定点、定人、定向”招商工作机制，坚持瞄准“高精尖专特新”领域，锁定杭州、上海、苏南三大重点区域加大项目靶向招引力度。累计新引进亿元以上项目60个，实现半年度提前完成全年目标任务。其中10亿元以上项目4个，5亿元以上项目8个，“大好高”工业项目11个，优质外资项目2个。合同外资13042万美元、实到外资1248万美元。“飞地”合作模式取得突破，成功与吴江区签订共建E产业合作园协议，与上海临港集团签订战略合作协议。持续推进“双周双进”机制，创新“全员联企”制，以“复合式”工作法，确保项目无缝链接、快速推进。实现亿元以上项目开工31个，竣工15个，“五未”项目出清29个，全面完成目标任务。久立、杭真、吉美等项目均实现当年签约、当年开工、当年见效；鸿泉电子、福斯特新材在全市第二次“互看互学互比”活动中综合评分分别位列全市第一和第三。大力实施亩均税收“两年倍增”计划，全年出清低效企业40家、盘活闲置厂房9家，累计出清盘活用地合计1068亩。

积极引导重点企业与科研院所、高等学校开展产学研合作项目15个，进一步加快企业转型和提升企业核心竞争力。全年新增国家高新技术企业15

11月5日，上海交通大学·浙江安吉生命健康联合研究中心启动仪式举行

家、省级研发中心3家、省级研究院4家、省级重点农业研发机构1个,科创平台2家。大力实施高端智力集聚工程,成功申报“南太湖精英计划”各类项目6个,海外工程师2家,两山杯创业项目3个。深入开展重点企业培大育强三年行动,推动企业做大做强做优。全年新增产值超5亿元企业2家(绿金、祖名),10亿元企业1家(杭摩);县“百强”工业企业累计达30家。细化推进“凤凰行动”计划,净增增规上企业20家,规上企业总数累计126家。疫情防控期间企业复工复产实现“零”跑腿,MEI指数名列全县前茅;联动部门,一对一指导服务杭摩科技、惠嘉生物等企业上市工作;以“最多跑一次”改革为引领,收集企业各类问题568件,协调解决542件,解决率95%以上,满意率100%。

围绕“万亩工业大平台”定位,统筹推进南区、北区、高铁站区块征迁工作,全年累计完成征地1000亩。基本完成与南湖监狱土地置换工作,实现北区即期可开发利用土地4200亩,近期可开发利用土地1900亩。完成南区、临港区块道路建设11条,完成道路提升并改建4条,科创、共创、天衡、丰树、网驿等“五园”众创平台正在加速推进,污水处理厂三期、110千伏变电站启动实施,舜地酒店开始装修,北区“三纵三横”路网框架完成建设,560亩土地场平完成,全区累计完成1060亩土地场平。创新出台美丽园区县域标准,协同两镇圆满完成文明城市创建任务。大力推进高铁新城建设,消防站已完成前期准备,中心卫生院快速推进,高铁实现通车,中心幼儿园投入使用,荣耀天空之城旅游项目启动运营。加快实施梅溪镇小城市培育试点工作,旅游码头开工建设,职工公寓综合体快速推进,紫梅大桥建成通车。

【召开产业招商座谈会】 1月15日,示范区召开产业招商座谈会,县政协副主席、管委会主任陈卫卫主持,党工委副书记、管委会常务副主任章毅介绍示范区2019年经济发展状况,企业家座谈相互交流,副县长、党工委书记管永丰作重要讲话。此次产业招商座谈会,拓展了招商引资的方式方法,推动全区工业经济高质量、加速度、均衡性发展。

【第一季度62个重点项目开工】 2月27日,全县举行2020年第一季度重点项目集中开竣工活动暨大宇智能科技项目开工活动。全县共62个项目参加此次开竣工活动,其中开工项目49个,竣工项目13个。示范区开竣工项目共计19个,总投资51.1亿元,其中14个开工项目,总投资达43亿元,竣工项目5个,总投资8.1亿元。

【总投资12.05亿元示范区重大项目开工】 4月20日,浙江久立电气材料有限公司年产18万吨电磁线用铜杆及1万吨特种铜杆产品生产线项目开工仪式举行,该项目总投资12.05亿元,项目建成后预计年销售收入达70亿元以上,税收达5000万元以上,实现从原料铜到铜线杆大吨位、连续化和规模化生产的重大突破。生产线达到国内领先水平,具有智能、高效、节能、环保等特点。

【浙锚科技项目签约落户示范区】 4月26日,浙锚科技股份有限公司(安吉)项目正式签约,该项目总投资10.6亿元,建设主要产品为智能预应力体系产品及解决方案,项目达产后预计年销售11亿元,税收6000万元以上。项目选址为示范区临港地块梅林大道南侧,净用地共计150亩。

【新增公交路线】 6月1日,新增天子湖到县城三个固定班次,天子湖(212路)增开07：00、末班17：20北林场站至城中站,06：40城中站至北林场站共3个固定班次。新增城乡夜间公交路线,天子湖(208路)增开18：00、18：30天子湖(北林场)至城中站、20：30、21：00城中站至天子湖(北林场)共四班夜间公交。

【安吉网驿智能制造产业园正式签约入驻】 6月30日,安吉网驿智能制造产业园开工仪式暨入园企业签约仪式顺利举行,该项目由浙江网驿产业园运营管理集团投资、安吉网驿产业园管理有限公司开发建设。项目占地面积约100亩,规划总建筑面积约10万平方米,总投资4亿元,园区定位装备制造、节能环保、电子信息、精密机械、医疗器械、新材料等成长型、科技型、高新技术企业,集生产、中试、研发、

6月30日，安吉网驿智能制造产业园开工仪式暨入园企业签约仪式举行

总部功能、生活配套于一体，打造高标准定制开发的企业园。

【十大项目集中签约】 7月17日，2020安吉县半年度招商引才项目集中签约仪式举行。示范区共签约了10个项目，分别是片式电子元器件纸质载带生产项目，总投资11亿元；浙锚智能预应力体系项目，总投资10.6亿元；杭真智能真空系统项目，总投资5.5亿元；超级钢新型缆索生产线项目，总投资3.1亿元；航空航天板材项目，总投资2.8亿元；天然苹果酸、酒石酸项目，总投资2.5亿元；汽车零部件项目，总投资2.1亿元；自动离合器助力系统及医疗器械项目，总投资1.5亿元；水溶剂型及粉末工业涂装材料复配封装项目，总投资3750万美金；动物专用抗菌药的智能绿色高通量产业化开发项目，总投资1.2亿元。

【示范区4个项目入选2020年第一批“南太湖精英计划”】 8月26日，湖州市2020年第一批“南太湖精英计划”领军型创新创业团队和院士工作站入选名单公示，示范区的黄杜斌团队、陈枫团队获得领军型创业团队，杭摩新材料集团有限公司袁新华团队获得领军型创新团队，安吉长虹制链有限公司的奥坚科·弗拉基米尔团队获得院士专家工作站。

【沪苏地区招商推介会】 8月28日，示范区举办沪苏地区招商引才推介会。副县长、示范区党工委书记管永丰致辞，县政协副主席、管委会主任陈卫卫主持活动。本次活动为推动长三角一体化发展，进一步加强交流合作，实现两地资源共享，产业互促和优势互补，为示范区经济高质量发展聚势赋能。

【启迪之星(安吉加速器)暨湖州霍里思特智能科技有限公司正式开业】 9月4日，启迪之星(安吉)加速器启动暨湖州霍里思特智能科技有限公司开业仪式在示范区安吉小微企业产业园举行。市委常委、安吉县委书记沈铭权致辞，副县长、示范区党工委书记管永丰致辞，县政协副主席、管委会主任陈卫卫主持活动。

【开展洛阳理工学院、洛阳师范学院人才专场招聘会】 10月14—16日，示范区联合县人力社保局，组织园区13家企业赴洛阳理工学院、洛阳师范学院举行示范区专场大学生招聘会。示范区招聘小组通过介绍安吉县县情、经济和社会发展状况、招引政策宣传，初步达成招聘意向200余人。

【第十三届安洽会共签约六大项目】 10月25日，以“改革创新，绿色发展”为主题的2020年新时代两山试验区安吉县第十三届投资贸易人才洽谈会开幕式在县行政中心召开。示范区具体签约了年初2万吨莱赛尔长丝项目，总投资10.8亿元；年产300万支重型汽车连杆、30万套飞轮壳项目，总投资5.5亿元；年产10万台智能净化设备项目，总投资5.2亿元；年产1万台立体智能车库和12万台电梯核心部件生产项目，总投资5.5亿元；年产10万吨改性工程塑料项目，总投资5.4亿元；年产100吨航空用碳纤维复合材料项目，总投资1亿美元。

【长虹制链入选国家专精特新“小巨人”】 11月13日，工信部公布第二批专精特新“小巨人”公示名单，示范区的安吉长虹制链有限公司被认定为国家级“小巨人”企业。

【惠嘉生物被列入浙江省2021年度省级重点农业企业研究院创建名单】 11月19日,浙江省科学技术厅公布了2021年度省级重点农业企业研究院拟创建名单,示范区的浙江惠嘉生物科技有限公司被列入创建名单中(全市唯一)。

【示范区被认定为浙江省化工园区(集聚区)合格园区】 12月23日,由浙江省经信厅、生态环境厅、应急管理厅联合发文公示了《浙江省化工园区(集聚区)评价认定结果》,示范区被认定为浙江省化工园区(集聚区)合格园区。

(潘汉章)

递铺街道

【概况】 递铺街道东临德清,西连孝丰,南接余杭、临安,北靠溪龙、天子湖,区域面积237平方公里,辖32个村(社区),其中3个城市社区(浦源、阳光、桃城)。街道户籍人口7.7万人,登记在册流动人口8.9万人。2019年8月,开发区对“一区两街道”体制进行了进一步优化,征地拆迁职能划归递铺街道,相应工作人员一并划转,不再肩负经济发展职能。2020年递铺街道围绕县委县政府“两聚一美”的奋斗目标,始终对标“重要窗口”的使命担当,立足统筹社会治理,服务开发区做大做强主平台的主要职责,制定了以“一带四园”为总体框架,打造全域美丽新递铺,聚力实施“美丽宜居、强村富民、基层治理、惠民便民、助推赶超”五大工程。

2020年,递铺街道完成兰田、老庄、南北庄以及赤芝4个村的农村饮用水项目、9个安置区“四美”创建项目。完成赵家上、荷花塘、银湾村10个小区污水零直排建设。在全县率先试点实施农村安置小区封闭式管理,首批双河一区、康山泰山斗一区和二区改造建设基本完成。实现省级卫生村全覆盖,银湾、荷花塘两村卫生服务站投入使用,南北庄、康山两村卫生服务站完成基建,递铺卫生院扩建和南北庄分院迁建2个项目完成立项与方案设计。完成城北小学建设,以及南北庄中心幼儿园、安城中心幼儿园等四所学校的修扩建工程,启动第四初中、塘浦幼儿园的前期设计。依托小网微格创新模式筑牢防违控违体系,以文明城市创建为契机,全年拆违19.5万平方米、“三改”21平方米;完成“四边三化”四无环境综合整治点位157处;常态化推进河道物业保洁,整治河道倾倒大体量垃圾点位24处,清理垃圾950余吨,完成污水整治点位143处,农村污水管网维修1670米,运维抢修点位486处。全年发现并劝阻露天焚烧行为201起,处罚97起。联合县治气办、自然资源、综合执法等部门对鞍马线扬尘进行专项治理;投入350万元,强化重要路段日常洒水降尘保障。集中开展建筑工地、水泥沙石堆放点的扬尘整治以及黄土裸露覆盖治理行动17次,发现并整改点位126处。$PM_{2.5}$浓度控制在32微克/立方米,较2019年同期下降21.8%,空气质量优良率93.4%。

美丽乡村提质扩面工作基本完成,“田园鲁家”综合体项目完成三年建设及财政部绩效评价,鲁家获评全国乡村旅游重点村;鹤鹿溪高分通过省级历史文化保护利用重点村验收考核;古城入选2021年度省级美丽宜居示范村创建及传统村落风貌保护提升名单。省自然博物院安吉馆创成国家AAAA级旅游景区,主馆建设工程项目入选第一批中国建设工程鲁班奖名单;宋茗茶博园、古城国家考古遗址公园通过国家AAA级旅游景区验收。实现省A级景区村庄全覆盖,三官创成

递铺街道智能化文体中心

省AAA级景区村庄，双河、横塘、老庄、安城、康山五村创成省AA级景区村庄。全年29个村（社区）集体经营性总收入突破5700万元，增幅达15%，完成3个年经营性收入50万元以下的村消薄。递铺街道获评浙江省农业“机器换人”示范乡镇，骆茗茶叶发展有限公司创成湖州市“机器换人”示范点。完成“小马奔奔”“欣农中草药”“骆茗茶厂”三个省级财政专项资金项目的建设；完成安吉鲁家颐久中药材精品园、安吉古城茗航标准茶园2个省级财政储备项目立项。里溪流域综合治理项目、浒溪流域综合治理工程（巡检司段）完工验收。

全年化解信访积案11起，调处各类矛盾纠纷215件，调解成功率98.6%。指导中源家居党支部牵头成立全市首家企业矛盾调解中心。优化小网微格管理布局，充实网格队伍，通过信息化平台指挥调度，全年上报信息59948条，排查各类隐患72209个。采取“大数据＋网格化”管理模式，开展“洗楼”“洗厂”“洗村”行动，累计排查户籍和暂住人口13.9万人，各村（社区）落实专人值班登记，引导8.85万名外地员工有序返岗。创新使用出租房“双色”管理法，变卡口静态管理为出租房动态巡查管理，共张贴红色封条8000余张，登记出租户绿色卡片信息1.6万余张。完成30家大型服务业企业与专业市场审批、1600余家单位“企业码”申领、7442家企业主体核查工作，对其中5589名县外返回递铺的重点人员实施分级管控。全面推广应用“健康码”，发放通行证49880张。组织街道干部、村社干部、辖区党员3896人，志愿者近2000人，参与防控工作，累计设置卡点154个，叫停聚餐239场，劝退游客3.9万人次，劝返重点疫区来安人员2487人。递铺街道党工委获浙江省抗击新冠肺炎疫情先进集体称号。完成第二轮安全生产（消防安全）百日攻坚行动，共检查企业4646家次，整改隐患14174处，拆除阻碍消防车道的违建19107平方米，安全事故较上年下降16%，死亡人数下降37.5%。全年征（借、租）地6200余亩，拆迁470余户，苗木处置2600余户，保障鞍山大数据产业园、浦源大道拓宽、英特教育等78个重点项目顺利推进。全年土地复垦1028亩，土地开发82亩，旱改水60亩。创新探索农业“标准地”模式，全年摘牌交易6宗，新申报5宗，其中盈元农场摘得全国首块农业“标准地”。全年服务业新上限企业数量居全县乡镇（街道）首位，新增首期固定资产3000万以上项目4个，其中安吉濮式骨伤医院申报市级服务业“大好高”项目。

全年发放各类救助补助资金887万元，残疾人补贴346万元，困难残疾人和重度残疾人补贴覆盖率达到100%。推进农村房屋安全隐患排查2万余户，完成36户低保低边户危房治理。鲁家村创成省级“无障碍社区”。鲁家村入选浙江省“金牛奖”创新创业实践教育基地。递铺街道智能化文体中心投入使用，举办递铺街道第二届“三国梅语”文化节、第三届农民丰收节、第十一届乡村体育节、第三届门球联赛。开展“文明城市创建”“庆祝新中国成立71周年”“选好村班子奋斗十四五”“垃圾分类”等文化下乡主题演出36场。

【鲁家村入选第二批全国粮食安全宣传教育基地】 9月27日，第二批全国粮食安全宣传教育基地名单公布，鲁家村成功入选。鲁家村坚持以农为本，综合利用1400亩农田，以“世界粮食安全、国家粮食安全、家庭粮食安全、个人营养安全”为内容，开展金秋稻香、田园梦归、丰收节等系列活动，展示农耕文化，强化粮食安全意识。积极申报农业水利项目，兴修灌溉沟渠21公里，山塘水库5座，保障农业生产旱涝保收。建设鲁家国家级青少年研学营地，制定青少年粮食安全教育课程，强化青少年粮食安全意识。搭建粮食宣教室、宣传栏等安全教育平台，先后承接50余家大中小学实地开展粮食安全体验和“爱粮节粮”教育。

【3个村获浙江省首批“示范慈善工作站”称号】 10月24日，浙江省慈善联合总会组织开展的省首批省级慈善乡镇（街道）、慈善村（社区）名单公布，递铺街道鹤鹿溪村、六庄村和康山村入选首批“示范慈善工作站”称号。截至目前，递铺街道29个行政村慈善工作站实现全覆盖，共募集善款1627万元，其中鹤鹿溪村、六庄村和康山村累积募集慈善资金均在200万元以上。今年以来，鹤鹿溪、康山和六庄村共慈善助学23人、扶困32人，为八十周岁以上老人送温暖46人，支出善款31万余元，开展专项募集活动2次，帮扶困难2户贫困家庭实现生产自救。

【宋茗茶博园入选全国绿色食品(白茶)一、二、三产业融合发展园】 深入推进宋茗白茶数字化绿色发展创建项目，坚持集茶叶种植、加工、销售、研发、衍生品开发和茶文化旅游于一体发展，结合三化作为绿色发展的主要抓手，深入发掘安吉白茶的文化底蕴，成功入选中国绿色食品发展中心公布的2019年度全国绿色食品(有机农业)一、二、三产融合发展园区。

【"组账村管"数据化管理】 递铺街道试行"组账村管"数据化管理，通过覆盖一套系统，管理一支队伍，信息一键公开为抓手，将对村小组财务的事后监督变为事前监管，推进辖区591个村民小组集体"三资"管理规范化、制度化、民主化。以通用代账软件为基础，开发出适合村民小组"三资"管理使用的"账无忧"财务软件，抽调4名联组会计分片区负责"组账村管"申报工作，细研"组账村管"数据化操作流程，组织软件公司业务人员对33名村级财务人员进行软件系统操作培训，构建"4+33"的村民小组"三资"管理队伍体系。坚持一组一账，"三资"收支明细以电子版的方式储存于系统数据库，街道村级财务人员动态了解各村民小组的"三资"变化，接受实时监督，村务公开更透明。

【文体中心投入使用】 11月6日，递铺街道文体中心正式开始试运行，该文体中心位于递铺街道城北区块，雾山寺路与龙墩路交叉口，由体育场馆和文化场馆两部分组成，总建筑面积约3500平方米，是"气膜馆+集装箱"装配式建筑，其中气膜结构建筑面积2300平方米，集装箱结构建筑面积1200平方米，属群众性的文体公共设施。工程于2018年6月开工，2020年8月交付。

8月26日，递铺街道"组账村管"电算化培训会召开

【全县首个《农业"标准地"项目申报指南》】 递铺街道研究出台《递铺街道农业"标准地"项目申报指南》，明确申报主体必须是县级以上示范性农业合作社、家庭农场、重点农业龙头企业或农业"大好高"项目主体，投资和产值均在50万元以上，同时要求必须专地专用，符合乡村规划布局，严禁私自转卖、转租。制定项目申报的4大流程、7类申报材料、3项注意事项，将申报指南制作成"4+7+3"的宣传手册，在办事窗口和递铺微信发布中广而告之。进一步规范农业"标准地"的项目申报程序，确保项目的真实性、合规性，充分发挥农业"标准地"在推动乡村振兴领域中的加速器作用。截至目前，经市农业农村局、自然资源规划局审核批准农业"标准地"6宗，共计29.2亩，街道受理项目申报8个，审核通过3个，成功挂牌出让1宗。

(朱成伟)

2020年递铺街道村(社区)基本情况表

表8

村(社区)名称	村民小组(个)	农户数量(户)	人口数量(人)	劳动力数量(个)	土地面积(亩)	农村经济总收入(万元)	村级经济总收入(万元)	村级固定资产(万元)	书记	主任
鲁家村	16	610	2312	1400	1433	1325.36	572.18	930.89	朱仁斌	裘丽琴
南北庄村	24	963	3262	1810	2052	849.66	69.96	29.26	胡建国	胡建国

续表 8

村(社区)名称	村民小组(个)	农户数量(户)	人口数量(人)	劳动力数量(个)	土地面积(亩)	农村经济总收入(万元)	村级经济总收入(万元)	村级固定资产(万元)	书记	主任
义士塔村	7	220	796	430	456	432.29	65.63	323.02	吕吉娣	吕吉娣
赤芝村	25	1085	3588	2186	1256	363.55	43.3	258.6	王乐华	王乐华
吉庆桥村	13	498	1522	899	713	361.07	81.5	1720.11	朱惠荣	朱惠荣
雾山寺村	8	470	1759	995	0	977.38	406.6	1640.58	高国强	高国强
荷花塘村	18	650	2581	1535	70	307.23	99.51	727.7	崔百顺	崔百顺
银湾村	10	425	1583	721	1324	1112.71	350.59	1442.5	卜建平	卜建平
赵家上村	10	571	2148	1400	480	575.06	188.05	1980.05	潘存义	潘存义
三官村	26	1049	3727	1964	2671	997.18	283.49	1991.2	徐彩琴	徐彩琴
老庄村	23	561	2056	1320	1496	1063.14	48.9	495.14	李建林	李建林
青龙村	9	298	1021	680	1652	517.32	42.33	272.47	徐俊君	徐俊君
东山垓村	13	310	1152	762	1589	460.23	94.88	316.3	王林顺	王林顺
双河村	30	1513	4892	2350	4381	1011.49	452.25	509.48	江　斌	江　斌
康山村	18	849	2713	1765	216	499.43	320.65	1935.5	陈　磊	陈　磊
六庄村	11	468	1570	900	1286	543.49	74.23	128.7	吴　凌	吴　凌
鹤鹿溪村	25	932	3108	1950	4085	2626.1	111.49	2185.3	李升阳	李升阳
安城村	58	1518	5271	3553	4061	580.31	206.55	2284.03	吴国仁	吴国仁
横塘村	24	801	2754	1700	4115	1305.66	128.18	1110.21	杨　华	杨　华
垅坝村	40	952	3352	2200	4767	600.7	86.86	712.4	夏美丽	夏美丽
兰田村	19	670	2440	1252	4515	603.3	53.17	305.76	谢传洋	谢传洋
古城村	33	930	3380	1648	4232	1926.62	365.1	2925.79	张康钱	张康钱
鞍山村	23	526	1927	1151	1476	333.41	132.95	371.32	雷金荣	雷金荣
马家村	19	850	3060	1900	1411	343.05	66.65	248.35	田忠根	田忠根
万亩村	28	1435	4188	2687	1311	1007.36	547.6	876.48	林长顺	林长顺
长乐社区	23	786	2795	1620	70	1368.6	639.11	2904.03	温兴元	温兴元
塘浦社区	12	478	1429	1070	737	308.47	241.78	1937.7	娄云红	娄云红
东浜社区	17	695	2001	1068	467	267.91	76.55	1366	徐宇平	徐宇平
净土社区	9	593	1907	1218	657	488.44	374.3	2125.9	傅世泽	傅世泽
合　计	591	21706	74294	44134	52979	23156.52	6224.34	34054.77	—	—

灵峰旅游度假区(街道)

【概况】 灵峰街道行政区域面积84平方公里(度假区核心区域47.2平方公里),下辖9个村(社区),农户数5409户,户籍人口17915人。2020年6月,撤分原浒溪社区,成立两个新的城市社区,分别命名为灵溪社区、浒溪社区。2020年,灵峰街道以"'两山'试验 灵峰示范"的担当,深入开展"三服务",全面落实"四个年"行动,较好完成了全年各项目标任务,确保了"两手硬、两战赢"。荣获省委、省政府"2018—2019年度平安浙江建设先进集体"、浙江省生活垃圾分类工作领导小组办公室"2019年度浙江省生活垃圾分类示范片区"等荣誉。

召开疫情防控布置会,启动响应措施,第一时间构建疫情防控责任体系,1100余名党员干部、平安家园卫队队员、志愿者等参与防疫一线,全方位筑牢了"六道防线"。实施起底摸排、远端劝阻、设卡通行等举措,严格落实"亮码+测温+戴口罩"及"健康码"机制,实现外来人员"防控"全覆盖。累计开展不留死角"三洗"行动1200余家次,累计排查户籍人口和暂住人口3.3万人,排查境外人员(留学生)100余人,累计隔离1635人次。荣立抗疫集体三等功。

深入开展"三服务",落实"134+X"助企机制,一对一指导帮助企业复工复产。抓实消费复苏、纾困帮扶等专班举措,开展疗休养营销,引进以东航为代表的县外疗休养团队100余批次,有效推动旅游消费复工复产。派驻联企服务专员60余人,联系服务企业、项目188家,解决难题12个。累计接回返乡农民工1220余人,为企业争取补贴300余万元、"抗疫贷"3000万元,帮助1700余家小微企业、个体工商户纾困解难。

实现财政收入5.795亿元,同比增长64%。实到外资2000万美元,完成服务业重点项目投资3.79亿元。完成规上服务业营收20.41亿元,同比增长317%。全年共接待游客201.73万人次,旅游总收入21.08亿元。"双进双产"成效明显。全年新增在谈项目15个,完成签约项目5个,总投资额约150亿元。开工项目4个,各类竣工项目10个,完成市大好高项目和优质外资项目各1个。东方世贸彩虹城、树兰(安吉)门诊部建成运营,港中旅项目入选省"坡地村镇"建设典型案例。完成"智慧绿谷"产业园、夜经济等10余项规划编制。争取上级农转用地指标746亩,实现供地450亩。处置批而未供土地393亩、供而未用土地519亩,"五未"土地处置全县领先。全年申报"南太湖精英计划"2人。美丽英才5家,引进顶尖人才1人、领军人才2人、大学生及各类人才769人。

新建绿道3.4公里。"两山"绿道成为全省现场会考察点;新增公共自行车点位8个、自行车150辆;新增非机动车位10000余个。新增公共游憩地1处,展示馆1个,美术馆1个,百姓健身房1个,共享书屋3个。新增旅游厕所5个,户外休息椅800余个。乡村经营的业态更多元。"1+2+N"乡村振兴示范带建设成效初显,创成省级电商众创空间1个,市级艺术众创空间1个,技能大师工作室1个。乡旅梦工厂共享客厅对外运营,小瘾半日村民宿入驻达23家,蔓漫美术馆首落大地之光。剑山创成AAA级景区村庄,碧门、霞泉创成AA景区村庄,田园嘉乐比创成国家AAAA级旅游景区。完成港中旅和乐小镇文旅

3月31日,浙江省第五批返浙医疗队到安吉休整欢迎仪式举行

空间建设和大竹园村文旅融合生态圈建设。乡旅度假品牌更凸显。获评浙江省AAAA级景区镇。横山坞入选第二批全国乡村旅游重点村名录，大竹园创成文旅融合示范培育村，灵峰创成省级农家乐集聚村，大地之光入选省美丽乡村夜经济精品线。圆满完成以院士李兰娟为首的抗疫成员疗养接待工作。全年承办“零零联盟浙江安心游”“第四届安吉玩水节”等活动10余场。浙江日报长三角论坛专版报道灵峰全域旅游，“春日凯歌”系列摄影作品获评全国第五届“五个一百”网络正能量精品，乡村旅游度假品牌更加响亮。

统筹推进垃圾分类“撤桶并点”、文明养犬、秸秆禁烧、扬尘治理、农村环境百日攻坚、“四无四乱”整治等工作，全年拆违3.04万平方米，拆后利用率100%，$PM_{2.5}$年均浓度稳定在27微克/立方米以内，空气优良率达95.6%以上。投入1亿余元的14项基础设施项目全面完成，省级污水零直排示范区创建排名全县第一，浒溪创成省级“最美河湖”，入选省级生活垃圾分类高标准示范小区2个，获评省生活垃圾分类示范片区。完成第二轮中央环保督察迎检工作，出色完成全国文明城市创建任务，荣立创建集体三等功。圆满完成中央领导人视察接待环境保障工作。成功创建四星级新时代文明实践点2家、五星级1家，七彩先锋志愿服务品牌深入人心，全年开展活动200余次，参与人数6000余人次。“道德易站”有效扩面，“最美乡贤”“最美灵峰人”等事例不断涌现，“文明靓丽”逐渐成为灵峰人的共同价值追求。

全年发放困难群众救助资金73万元，基本医疗、养老参保率99%以上。碧门村获评省高质量就业示范村，大竹园村入选第一批国家级向日葵亲子小屋。工青妇、人民武装、退役军人、卫健、妇女儿童、关心下一代、红十字、慈善、残疾人等事业提质发展。公共服务有效拓宽。灵溪社区组建运行，浒溪社区幸福邻里中心建成运营，村(社)居家养老照料中心实现社会化运行全覆盖。灵峰小学扩建工程完成竣工验收，中心幼儿园工程顺利结顶。承办全国文化和旅游公共服务机构功能融合试点现场会等文体活动10余场，被评为全市社会事业发展工作先进集体。卫健等工作取得新进展，承办全市计生基层组织建设现场会。圆满完成第七次全国人口普查阶段性工作。平安建设稳步推进。完成两级矛调中心建设，横山坞社会治理综合服务站成为全市现场会考察点。全年共化解各类矛盾纠纷290起，成功率达98.3%。成功化解5起历史积案，顺利完成各类重大维稳安保任务20余次。顺利完成“七五”普法，完成3轮安全生产“洗楼式”排查见底行动，灵峰消防救援站正式启用，7个村级微型消防站建成使用，全年无重特大安全生产事故发生。

实现两大公司实体化运作并创成AA平台一家。开展“三资”清查，修订“三资”管理办法7个。完善《编外工作人员“十条底线”管理办法》等制度。深化导师帮带制，结对机关、村社等干部17对。每季度开展“奋战先锋”“四为好干部”“流动红旗”等评选，干事创业氛围进一步浓厚，街道连续三个季度获B类乡镇考核优胜单位。

持续加强法治政府建设，实现所有重大合同事项合法性审查，实现村(社区)法律顾问全覆盖。主动接受人大监督，拓展与人大代表、议政员沟通渠道，办理人大代表建议10件，议政员建议27件，回复率、办结率、满意率均为100%。深化权力阳光运行，公共资源交易电子化实现全覆盖。

【第四届“年味在安吉”活动开幕】 1月4日，来自省外和海外的朋友齐聚在灵峰街道大竹园村，共同唱响了安吉年味的欢歌。活动内容有：看表演、逛集市、存年货、看非遗、吃村宴。灵峰街道党委书记马洪滨致欢迎词，县文化和广电旅游体育局党委书记、局长彭忠心致辞，活动现场对“安吉十大年味特色村”进行了授牌，还有“安吉年味”百家年夜饭、百条好线路拍卖。“年味在安吉”长三角年俗旅游推广联盟代表宣读联盟宣言。县政府党组成员、副县长任贵明宣布活动正式开幕。

【“七彩灵峰”杯“两山”徒步大赛】 1月5日，来自全国35家户外俱乐部，2000余名户外运动爱好者参加了徒步大赛。开幕式在浒溪公园举行，浙江省体育总会秘书长王苗永、浙江省登山协会副会长朱小杰、浙江省休闲养生协会会长徐德坤、浙江省登山协会秘书长许宁、湖州市体育局副局长姚明星、安吉县人民政府副县长项侃文参加开幕式。会上,副县长项侃文致欢迎辞,省市嘉宾致辞并进行最美绿道授牌,会场进行了健身项目表演与展示。徒步大赛闭幕式在中南百草原举行。

【人大代表考察社情民意、乡贤双月协商启动暨金文济像揭幕仪式】 4月29日,人大代表考察社情民意、乡贤双月协商启动暨金文济像揭幕仪式在灵峰街道大竹园村举行。县人大常委会副主任孙松、部分县人大代表、街道班子成员、中层干部、各村两委主职、政协委员、村统战联络员、乡贤参事会成员、学生代表等100余人参加。仪式由度假区(街道)主任潘安国主持,街道党工委书记马洪滨作重要讲话,大竹园村腰鼓队参加表演,表彰了2019年度美丽乡贤。县人大、街道领导及金家人为金文济像揭幕,乡贤参观考察了田园嘉乐比项目、县矛盾调解中心。

【浙江"零零联盟"成立暨万人自驾游浙江携程复兴V计划启动仪式】 5月18日,浙江"零零联盟"成立暨万人自驾游浙江携程复兴V计划启动仪式在灵峰国家级旅游度假区竹博园正式举行。该活动由安吉发起,浙江省11个0病例县区(杭州市淳安县、丽水市龙泉市、丽水市遂昌县、丽水市云和县、衢州市开化县、衢州市龙游县、金华市武义县、金华市磐安县、舟山市岱山县、舟山市嵊泗县)共同联手打造的全国首个安心游"零零联盟",旨在为游客提供"高品质、高性价比、高保障"旅游产品和服务。副市长闵云、县长宋波、携程集团高级副总裁李小平参加并致辞。安心游传播官进行授牌仪式。携程集团分别与县文体旅游局、灵峰国家级旅游度假区、县文旅集团,签署战略合作协议。

【村级红十字会成立暨村红十字会员小组第一次大会召开】 8月25日,灵峰街道大竹园村红十字会成立暨大竹园村红十字会员小组第一次大会召开。同时,"博爱家园"创建工作也正式启动。会议由大竹园村总支书记褚飞明主持。县红十字会会长潭益强宣读《关于同意成立大竹园村红十字会员小组的批复》。灵峰街道党工委副书记沈红林对大竹园村红十字会提出要求和祝福。会议选举确认,由大竹园村褚飞明、俞亚琴、潘丽萍、沈银芳、郭宋赟、沈卫莉、汤振华七位同志担任大竹园村红十字会员小组第一届理事会理事,首届村红十字会员四十七名。会议通过《安吉县灵峰街道大竹园村红十字爱心互助金管理办法》,并组织动员红十字会员及村民们自愿捐款,募集一万余元资金,用于助学、助困、助残和助老等人道救助工作。

1月20日,灵峰街道"最美灵峰人"颁奖典礼举行

【横山坞村入选第二批全国乡村旅游重点村名单】 8月26日,横山坞村入选第二批全国乡村旅游重点村名单(文旅资源发〔2020〕56号)。灵峰街道横山坞村坚持走乡村振兴之路,按照"乡村旅游地,文美横山坞"的发展定位,提质生态环境、优化村庄格局、夯实基础设施、创美小区庭院、做强文旅产业,先后荣获"全国创先争优基层党组织""中国十佳小康村""国家级美丽宜居示范村""中国美丽休闲乡村""国家3A级景区村庄"等多项荣誉。2020年,村集体经济总收入1037万元,村级固定资产达到7159万元。

【第三届全民运动会】 9月29

日，运动会在县第三小学举办，本届运动会共有13支代表队参加，设有拔河、50米接力赛、乒乓球、羽毛球、飞镖、桌上冰壶、穿衣接力、毛毛虫竞赛、呼啦圈传递、跳短绳、跳长绳、拔河等比赛项目。开幕式由街道党工委副书记沈红林主持，街道办事处主任潘安国致开幕词，县文体旅游局党委委员、副局长周忠林致辞，运动员代表、裁判员代表宣誓。街道党工委书记马洪滨宣布开幕。

【浙江山水灵峰集团田园嘉乐比酒店项目开工】 12月7日上午，浙江山水灵峰集团田园嘉乐比酒店项目开工奠基仪式在田园嘉乐比举行。该仪式由灵峰街道办事处主办。办事处主任潘安国主持。项目投资方浙江仁信实业有限公司董事长致辞并介绍项目。街道党工委书记马洪滨代表街道党工委讲话。县委常委项侃文代表县委县政府讲话并宣布项目正式动工。该项目坐落于浙江山水灵峰集团·田园嘉乐比乐园内，也是继农业园、主题乐园开发运营后的第三个项目，共分三期开发，总投资预计8亿元人民币，总客房达600个以上。

12月7日，浙江山水灵峰集团田园嘉乐比酒店项目开工奠基仪式举行

【树兰(安吉)综合门诊部开业】 12月29日，树兰(安吉)综合门诊部开业庆典仪式在树兰(安吉)医院南大门门诊区举行。县委常委、副县长项侃文，县人大常委会副主任王捷，县政协副主席梁霜，中国工程院院士、树兰医疗总院长郑树森，浙江省人民政府参事、树兰(杭州)医院院长叶再元，树兰医疗集团总裁、树兰(安吉)医院院长郑杰参加。县发改局、财政局、资源规划局、住建局、卫健局、医保局等部门领导，灵峰度假区(街道)全体班子，树兰医院职工，参加义诊活动的群众代表参加庆典。活动由卫健局党委副书记、副局长秦光明主持，树兰医疗集团总裁、树兰(安吉)医院院长郑杰致欢迎词，灵峰街道党工委书记马洪滨致辞，县委常委、副县长项侃文、中国工程院院士、树兰医疗总院长郑树森分别发表讲话。

(沈　丽)

2020年灵峰街道村(社区)基本情况表

表9

村(社区)名称	村民小组(个)	农户数量(户)	人口数量(人)	劳动力数量(个)	土地面积(亩)	村级经济总收入(万元)	村级固定资产(万元)	书记	主任
灵峰村	22	1209	4039	2618	16071	1821	11063	俞伟国	俞伟国
横山坞村	11	458	1667	1169	8704	1037	7159	蔡明福	蔡明福
剑山村	14	503	1748	1169	7243	872	2182	丁其军	丁其军
大竹园村	16	564	2098	1295	11895	791	2374	褚飞明	褚飞明
碧门村	16	495	1779	1120	15106	782	1594	张　奇	张　奇

续表 9

村(社区)名称	村民小组(个)	农户数量(户)	人口数量(人)	劳动力数量(个)	土地面积(亩)	村级经济总收入(万元)	村级固定资产(万元)	书记	主任
霞泉村	17	540	1776	1129	14380	1100	2960	庞森茂	庞森茂
城南社区	21	1120	3608	2179	21010	1352	1889	郑永军	郑永军
浒溪社区	—	241	638	—	—	—	—	管飞飞	管飞飞
灵溪社区	—	279	562	—	—	—	—	陈红月	—
合计	117	5409	17915	10679	94409	7755	29221	—	—

昌硕街道

【概况】 昌硕街道位于安吉县城中心区域,区域总面积102平方公里,下辖村、社区30个,其中16个城市社区(天目、昌硕、凤亭、新街桥、玉磬、桃园、云鸿、三里亭、灵芝、铜山桥、清滨、箭东、广场、太和、绣岭),10个农村社区(上郎、芝里、第二、余墩、递铺、穆王城、山头、范潭、三友、朗里),4个行政村(双一、高坞岭、双溪口、石鹰)。辖区常住人口超15万,其中户籍人口8.6万,外来人口6.4万。2020年,完成财政收入8.3亿元,总量位居全县第三,同比增长18.4%;限上服务业完成营业收入57亿元;农村人均可支配收入突破4万元大关,同比增长10%。汇泉康养中心当年开工并竣工,引入罗氏制药、荷兰博组客等高端资源,同时成功入选全省首批康养联合体试点单位。新六合盛商贸综合体项目投资5亿元,浙北购物商圈入围全省智慧商圈培育名单。西施泉高端休闲酒店项目施工进展取得重大突破。新增2幢千万级楼宇,新增2家省级领跑者企业,新创3个省级购物示范基地,新增1家市级众创空间、1个市级星创天地项目、2个乡村振兴科技支撑项目、2家股改挂牌企业。现代服务业创新中心成功引入14家企业(包括协会),完成首批17家低效企业出清任务,服务业“三扫三转”行动摸排“小升规”企业33家,工作经验获省消费专班点赞,获县长宋波批示肯定。完成4个村消薄任务,实现村级集体总收入1.64亿元,同比增长80.4%,经营性收入达到8467.74万元,同比增长37.2%。为4500余家小微企业和个体工商户开展纾困帮扶工作,安装“浙里办企业码”约5000个,累计减免税费2.6亿元,兑现补贴600余万元。与浙北商圈、游世界合作开展直播带货打造“线上+线下”消费体系,成功举办“小城大爱 昌硕之夏”安吉夜市活动,累计拉动消费约5000万元。

全国文明城市创建首创首成,街道9个集体和个人(包括本级和下属)获三等功,38个下属集体和个人获嘉奖奖励。完成美波登和云鸿西路等区块拆迁签约26户,征地2000亩。固化“周三环境整治集中行动日”等机制,深入实施文明创建“剿顽攻坚”行动120余次,背街小巷“老大难”问题逐步破解。东方兰苑等6个老旧小区改造项目有效落地,特色街南弄等5条背街小巷整改全面完成,4个农村饮用水达标提升工程高标完成。拆违控违不断加压,共计拆违2.7万平方米,完成率104%。高效完成第二轮中央环保督察整改事项5件,完成率100%。常态化开展道路湿式保洁,空气优良率达到94.5%。“污水零直排区”创建有序推进,完成“六小行业”整改600余家,完成沿河排水口整治50余个,交界断面水质持续保持在Ⅱ类水以上。加快推进城乡垃圾分类全覆盖,分批开展垃圾分类培训30余场次,居民知晓率、参与率不断提升。全面完成村庄规划编制,积极开展“五未”土地处置专项行动。一批旅游公共服务配套设施投入使用。街道综合矛调中心完成建设,处理各类矛盾纠纷2700余件次,化解信访积案12

12月3日，昌硕街道专职网格员点验大会召开

起，实现国家信访局零登记。网格员队伍建设提档升级，辖区网格增加至98个，建成网格中队5支，实行半军事化管理。组建业委会、楼管会等自治组织71个，小区组织覆盖率提升至83.1%。深入开展“两个排查见底”行动，排摸经营单位和出租房7756户，完成隐患整治6572项。成功创建省三星级食安办。建成运行范潭园区安全风险管控体系首批试点。完成凤凰山等专业市场消防专项整治预期目标。完成三个村的乡村治理示范村创建申报及验收工作。完成9座山塘防汛标志和标牌规范化设置。劳动人事调解受理投诉225起，调解成功率90%以上，自调案件线上运行率达100%，完成仲裁案件10件，劳动保障书面审查485家。

高标准落实重点人员、重点行业和重点场所“三重”防控要求，严格落实测温、亮码、戴口罩“三必须”治控手段，不辱使命确保“零病例”，“洗楼”式排查超10万人次，排查重点、境外返安吉人员超万人，分类隔离管控1352人，街道本级获“市抗击新冠肺炎疫情先进集体”和“市先进基层党组织”荣誉称号，街道下属13个集体及个人获三等功，36个集体和个人获嘉奖表彰。6件民生实事顺利推进。完成86743户、190797人的入户普查和数据比对。城乡居民基本医保参保率超过99.6%，街道配套补助资金600余万元。启动昌硕卫生院建设，新建城市书房1个，建成桃园社区儿童之家，提升2个社区居家养老照料中心。启动街道、社区、家庭“健康安吉”建设“三级联创”，组织开展爱国卫生专项行动。完成第十一届邻里节等大型文体活动36次。新增各类社会救助对象100户，发放救助补贴15.03万元。为各类高龄、特困老人发放补贴约105万元，为1000余名60岁以上老人提供免费流感疫苗接种。实施社会救助补充保险制度，发放救助资金23万余元。受理生态葬法申报157例，发放奖励经费12.56万元。引进大学生就业3665人，为企业492个见习实习岗位争取补贴195.18万元，为1499家企业申请享受稳岗补贴。完成国家级残疾预防试点街道验收，打造“同行”残疾人志愿服务品牌。投入教育经费320万元，第三小学成功申报市级青春健康教育基地。

实现“村务清”全覆盖，全面完成城市社区财务专项巡查，推动清廉正村八项要求落地落实。启动“综合查一次”改革，创新推行法制每日二级督察制度，获副市长、公安局局长张宏亮批示肯定，并在全市执法会议上做经验交流发言。

【昌硕街道疫情防控】 1月21日，新型冠状病毒肺炎疫情防控工作启动，昌硕街道组建防控大军，滚动摸排11万人次，精准管控1400余人，动员社会各界捐款物资达200万元，有效守牢一方疫情净土。在疫情防控中，街道被授予湖州市先进基层党组织称号，集体记三等功2个，集体嘉奖3个，个人记三等功11人，个人嘉奖33人。

【昌硕街道文明创建】 自创建工作启动以来，昌硕街道以“一盘棋、一张网、一把尺”的工作基调，结合“四个一”工作靶向，科学建立组织领导和责任分工体系，联动全县73个机关部门，最大程度发挥辖区内2766名党员干部、5000余名志愿者和15万广大群众力量，对257个小区、57条背街小巷、18个市场商区，开展常态化集中整治1740余

4月29日，昌硕社区“昌硕早七点”志愿服务活动举行

次，翠柳苑等80余处顽疾点位成功剿灭，为全力夺取全国文明城市贡献昌硕力量。在创建中，昌硕街道记集体三等功，集体嘉奖6个，个人记三等功8人，个人嘉奖32人。

【安吉“大健康、新康养”研讨沙龙暨汇泉国际康养中心竣工仪式】 10月24日，安吉“大健康、新康养”研讨沙龙暨汇泉国际康养中心竣工仪式成功举办。安吉县副县长任贵明，县发改局、县卫健局、民政局、医保局、昌硕街道及下辖社区的领导，以及来自汇泉健康集团总部、瑞士罗氏制药、荷兰博组客、日本仙手复健等国内外知名的医康养药代表性企业。

（戴 昊）

2020年昌硕街道村(社区)基本情况表

表10

村(社区)名称	村民小组(个)	农户数量(户)	人口数量(人)	劳动力数量(个)	土地面积(亩)	农村经济总收入(万元)	农民人均收入(元)	村级经济总收入(万元)	村级固定资产(万元)	书记	主任
递二社区	12	635	1869	1084	0	15117	40926	751	2270	冯安冬	—
递铺社区	20	1263	3411	2210	0	37029	40918	178	1238	夏建强	—
范潭社区	10	383	1183	698	0	24935	41090	1536	3259	徐永强	—
山头社区	7	398	1398	769	54	17242	41066	6562	5986	王恭平	—
上郎社区	6	262	649	372	0	16861	41664	63	4	周建伟	—
余墩社区	11	555	1926	1104	516	30590	40301	446	500	胡益法	—
芝里社区	5	436	1233	726	0	26057	39335	109	153	郭梦骅	—
穆王城社区	6	352	1153	676	0	38632	40408	720	8966	潘一丁	—
双一村	9	805	2648	1562	177	33537	40483	1170	2982	朱学星	—
双溪口村	10	450	1815	1098	0	33185	39361	300	1057	丁自云	—
三友社区	26	1580	5079	2946	720	47812	39703	2021	877	张乐平	—
朗里社区	13	613	1997	1139	300	20972	40731	2229	1166	李允河	—
高坞岭村	11	530	1889	1120	380	10595	37353	156	688	梅 军	—
石鹰村	9	471	1673	970	268	12117	37627	187	123	钟正星	—
合 计	155	8733	27923	16474	2415	364681	40002	16428	29269	—	—

孝源街道

【概况】 孝源街道位于安吉中西部，东接天子湖镇，南接孝丰镇，西临安徽省，距县城15公里，12省道穿境而过。“七三一水两分田”，交通便利，环境优美。下辖5个行政村、38个村民小组、104个自然村，总人口10087人，约50平方公里。

2020年，孝源街道配合开发区实现规模工业总产值23.11亿元；规模工业利税2.04亿元；规模工业销售收入24.00亿元，同比增长11.63%；规模工业增加值5.90亿元，同比增长5.36%。

征迁集中攻坚服务保障重大项目快速推进，累计完成各类项目征(借)地610余亩，政策处理260户，一批事关孝源未来发展的重大项目难中快进。申嘉湖高速再西延项目无障碍推进施工。两库引水项目全县率先动工建设。椅业标准厂房项目全面动工，天振地板、纳美二期等一批项目提前完成征迁清表。街道基础配套不断完善，街道卫生院基本完工，康泽路、景政街等一批市政道路有力推进，北山安置区项目44户安置房50%即将结顶，洛四房安置地已完成基础建设。积极开展全域山水资源梳理，成立街道两山银行，完成郭孝山地块、抱竹山庄、美墅里等14处可供招商地块资源的规划；稳步跟进与华茗园等一批重点文旅产业项目的有效招引。与企业同频共振，高层次人才不断集聚，纳美新材公司入选国家专精特新“小巨人”企业，引进1名海外院士专家并成功创建市级院士专家工作站。名江南家居引进1名湖州市海外工程师。新时代“两山”试验区建设扎实推进，“云裳茶乡·文旅融合”、国家级林下经济示范基地等顺利完成。“云裳茶乡”文创特色小镇项目完成申报国家级文旅公共机构融合试点，整体运维已启动。完成极白公司市农业大好高项目和市级农业精品园建设。郎氏茶场荣获省级示范性家庭农场，香叶茶场荣获市级示范性家庭农场并创成省级科技示范基地。成功创建浙江省3A景区城镇，2020年全市仅2家、全县唯一。全力三服务企业，新培育限上住餐业企业上规入库1家，规上盈利性服务业上规2家，规上非营利性服务业上规1家。

落实“外防输入、内防扩散”防控策略，坚持快决策、硬措施、严管控，有效整合街、村、组三级党员干部队伍和社会多方资源，上下联动迅速响应、齐抓共管整体推进，实现防控“零疑似、零病例”。创新建立《孝源街道疫情防控家庭台账》，准确实时监测隔离人员健康状况，该做法被央视报道。孝源街道获全县抗击新冠疫情肺炎集体三等功。深入开展疫情防控集中洗楼式排查见底行动，突出企业、出租房等重点排查，按照“复核行动轨迹、发放入孝须知、常态巡查监管”三步流程，累计排查户籍人口10662人，暂住人口14260人，累计申领健康码9495人。累计完成申嘉湖高速(孝源)口车辆移交83辆和195名外部返安人员的处置分类。成立服务专班，派出服企专员驻企驻点，按照“复工方案及疫情防控应急预案制定到位、复工物资准备到位、复工保障措施到位、复工后各项监管全面到位”的要求，服务企业复工复产与疫情防控同步推进，累计办理职工临时通行证3000余张，服务企业全覆盖，解决问题100%，实现“两手硬、两战赢”。

全民参与助推文明创建，通过专项督查、条线领办开展专项整治、设立村级文明创建流动红旗等载体激发创建热情、落实创建责任。长效管理维护创建成果，常态化开展志愿服务和文明劝导，常态化落实日常督查及反馈机制。累计出《督查通报》54期，施划车位200余个，整改问题2000余处，发动志愿者8000余人次，发放各类宣传资料10000余份。孝源街道和孝源村获县委县政府全国文明城市创建集体嘉奖。街道完成全省首个古树专人定株保护方案实施，得到省市县高度评价并积极推广。三资管理获省级“三资”智慧监管新模式试点，有效提高组级财务运行管理水平。完成皈山溪生态景观河道建设工程、尚书干农村饮用水达标提标工程、黄冲山塘除险加固工程，启动南溪、西溪治理工程前期工作。5个村的村集体经营性收入稳中有进，增收渠道不断拓展。观音桥村获评浙江省级民主法治村、市级垃圾分类先进集体、市级高质量就业社区村，完成利农毛竹股份制合作社1049亩笋用林建设。洛四房村获评省级文明村、第三批省级引领型农村社区、湖州市乡村治理示范村。尚书干村成功申报“浙江省林业产业类重大重点建设——安吉县森林休闲养生城市建设”项目，创成湖州市乡村经营典型村，本草园获评2020年度市级3A级生态休闲农场。皈山场村创成浙江省善治示范村、省级气象防灾减灾标准化村、市级中心村体育休闲公园、安吉县疫情防控先进集体嘉奖、县级平安村。孝源村创成县级2A景区村庄，获安吉县疫情防控先进集体三等功。全力做好中央环保督察期间的环境隐患自查并整改到位，确保零投诉、零问题。全年累计拆违2万平方米，“三改”5.51万平方米。全力做好涉气企业督查、防尘网铺设、运输车“三化”和建筑工地管理、“四无”环境整治、扬尘监管和处理秸秆焚烧整治等工作，辖区空气优良率为94%。定期组织鱼苗放养、巡河、河道保洁、治水宣传等活动，有效提高“五水共治”满意度和知晓率。

以“打防并举、标本兼治、重在治本”为方针，基本实现辖区政治稳定、社会安定、人民群众安居乐业。全年调处化解矛盾纠纷171起。2020年6月建成并运营全县乡镇(街道)首个矛调中心，累计接待省内外考察团62批次，省委常委、组织部部长黄建发等一批省市县领导先后视察中心工作并给予高度肯定。开展扫黑除恶专项斗争，辖区刑事、治安案件下降44%、62%。雪亮工程提升扩面，投入160万元完成对5个村800户的视频监控安装补助。平安宣传效果明显，“平安三率”位于全县前列。安全生产管理机制不断健全，积极开展“洗楼式”隐患排查治理行动，建立1892个隐患整改清单档案，完成5家重大事故隐患单位挂牌督办及整改。被征地农民参加基本养老保险工作稳步推进。完成城乡居民医疗保险征收工作，参保率在99.6%以上。完成孝源街道地名规范化工作，完成首批全国示范性退役军人服务站创建，有序发放各类优抚金、补助、慰问等资金，有序做好低保、残疾人的结对帮扶等工作。新成立安孝社区。筹备启动孝源小学、幼儿园的异地新建。落实省委巡察、县委巡察回头看整改及省财政厅专项监督整改。落实“五力”提升四季竞赛、“五联”等工作制度，形成全网式下沉服务体系，打造高效干事创业团队。依法行政全面推进，自觉接受街道人大工委的监督，办理回复人大建议意见63件。主动公开政府信息86件。常态化开展清廉机关建设，制定完善并落实工作制度。

【“五力提升”启动仪式】 4月26日，召开孝源街道“五力提升”四季竞赛暨全国文明城市创建推进会，黄一丹主持，全体班子成员，街道机关干部，村两委干部，基层站所负责人，家园卫队队长参会。

【“五力争一流 冲刺全年红”工作会议】 7月18日上午，街道办事处金山主任带全体机关中层干部前往湖州妙西镇考察参观，下午召开孝源街道“五力争一流 冲刺全年红”暨创先争优半年度工作会议，干雪峰主持，全体班子成员，街道机关干部，村两委干部，基层站所负责人参会。

【“鼠你有福，喜迎新春”送春联活动】 1月16日，孝源街道在洛四房村文化广场举办“鼠你有福，喜迎新春”送春联活动。县书法家协会书法爱好者和小朋友代表为洛四房村村民送上了免费手写春联。活动现场，书法家们挥毫泼墨，为村民送上手写春联，拿到了春联的村民们，一

1月16日，孝源街道在洛四房村文化广场举办“鼠你有福 喜迎新春”送春联活动

个个脸上洋溢着喜悦的笑容。当天的剪纸活动，也吸引了众多村民前来体验，并把精致的剪纸作品带回家。

【第二届民族团结"火把节"暨县总工会"送文化进企业"文艺晚会活动】 8月14日，孝源街道举办"民族团结一家亲 乡旅新城展新篇"第二届民族团结"火把节"暨县总工会"送文化进企业"文艺晚会活动。孝源街道管辖企业有外来职工9000余人，其中来自云贵川地区少数民族职工1000余人，彝族是其中的主要派族。一般农历6月24日是彝族、白族、纳西族等民族的古老传统节日，被称为"东方的狂欢节"，这天他们会举办各种类型的欢庆活动，具有深厚的文化底蕴。孝源街道尊重民族职工兄弟姐妹的传统习俗，自2019年开始举办民族团结火把节，让各族兄弟姐妹在火把节当天组织节日狂欢，展示企业职工新形象，相互学习观摩各族文化。

12月4日"国家宪法日"当天，孝源街道举行宪法广场揭幕仪式。宪法广场位于孝源街道"全国民主法治村"——洛四房村，该广场占地约10800平方米，以宪法墙、宪法知识园、图文宣传栏、警示标语牌为载体，将宪法精神、思想引领、普法教育、文化熏陶等内容融入其中，生动直观地展现中国宪法发展脉络、公民权利与义务、宪法宣誓词、国家法制宣传日等知识，通过环境艺术和雕塑艺术的手段融入于广场的景观之内。建成后的宪法广场将集普法、教育、休闲、健身功能于一体，在方便市民休闲娱乐的同时，引导市民学习《宪法》法律知识，耳濡目染、潜移默化地接受宪法法律教育；同时街道办事处也将定期组织新上任的机关干部进行宪法宣誓，教导机关干部树立忠于宪法的自觉性，激发机关干部的责任感和使命感。

（张青雯）

2020年孝源街道各村基本情况表

表11

村(社区)名称	村民小组(个)	农户数量(户)	人口数量(人)	劳动力数量(个)	土地面积(亩)	农村经济总收入(万元)	农民人均收入(元)	村级经济总收入(万元)	村级固定资产(万元)	书记	主任
孝源村	5	875	3380	1460	26685	228	42597	644	2512	马家斌	马家斌
皈山场村	15	897	3150	2099	24787	113	41840	541	402	徐正军	徐正军
洛四房村	7	425	1349	854	8205	254	41164	840	389	丁尚元	丁尚元
观音桥村	8	415	1357	798	14918	180	41168	1167	231	何　强	何　强
尚书干村	3	312	1043	784	9520	318	40946	585	1114	李锡良	周伟文
合　计	38	2924	10279	5995	84115	1093	—	3777	4648	—	—

梅　溪　镇

【概况】 梅溪镇东接长兴县和吴兴区；北连长兴县；西邻本县天子湖镇；南接德清县和本县递铺街道、溪龙乡。镇域面积192平方公里，下辖22个行政村，1个农村社区，3个城市社区，总人口6.7万人。2020年，梅溪镇全年完成财政收入5.5亿元，同比增长19%；城乡居民人均可支配收入同比增长9.2%和9%。污水零直排区创建获省考核优秀，荣获全市"村(社区)组织换届工作突出贡献集体"与创建全国文明城市工作、抗击新冠肺炎疫情两项县级集体嘉奖，取得安吉县2020年度平安创建一等奖。十项为民实事全面完成。

做好疫情防控工作，起底摸排、远端劝阻、设卡通行。累计取消酒席249户，劝返重点疫区来梅560余人，设置卡口124个，排查各类人员2.54万人次。开展"洗楼""洗厂""洗村"行动，做好131名境外人员宣传引导和有情服务,确保所有境外返安人员100%省外隔离。落实"一企一专员"指导防控,135家小微企业顺利复工,做好6万余名白茶采摘工疫情防范,白茶采摘有序复产。为29家企业申请9986万元"抗疫贷",完成企业码申领1100余家,帮助小微企业、个体工商户纾困3000余家,发放纾困资金600余万元。

全年新增在谈项目8个,签约亿元项目3个,市定"大好高"项目1个。消化批而未供土地321亩,供而未用土地523亩,新开工神游坞酒店、文体中心等亿元项目2个,竣工二院医养综合体一期、市政污水管网改造等亿元项目2个,柏翠·姚良度假酒店开张营业,尚生阁精品民宿加快推进。完成小微产业园区、美丽园区规划编制,建成纬五路、君业路及梅溪大桥,园区配套综合体完成80%。组建专班攻坚兴山等区块,全年累计拆除300余户,征地600余亩,青苗政策处理2000余亩。苏铃精工等4个项目开工,福斯特等4个项目竣工。"清水入湖"、长湖申航道西延、长龙山二期、"两库"引水、北部供水等项目顺利推进。完成低效企业改造提升29家,出清土地200亩。整治散乱污企业11家。新增限上服务业企业1家、资本市场股改1家、挂牌1家。争先创优季季夺得流动红旗,季季争得优胜单位,A类乡镇排名第一。

全县率先成立"苕溪银行",收储建设用地46亩、山林500亩,流转土地3390亩,种植中草药试验田600亩。完成河滨路亮化,旅游码头竣工验收,公用码头交工验收,美丽航道建设全速推进。两个季度荣获全县试验区建设优胜单位。全市率先启用社医"全域通办",人社、医保类下延民生事项100%"一窗通办"。取消各类不必要证明42项,"无证明镇"基本建成。引育领军人才3名、教授级人才4个、"美丽英才计划"人才1名,入选"南太湖精英计划"项目2个,招引大学生及各类人才587人,成功培育国家高新技术企业4家、省重大专项1家、省高企研发中心1家,入选市级农业星创天地备案1家、乡村振兴科技好项目1家,惠嘉生物被评为省农业研发机构和省创新团队。

启动小城市培育三年建设计划,美丽城镇建设专项方案获市级优秀,建成梅青路、乐业路、恒源路、墅兴路,完成华兴路、晓墅老街改造,市民中心建成使用、镇中心卫生院顺利结顶。金溪花园小区成功创建省级高标准分类小区,荣获全国文明城市创建县级嘉奖。完成稻渔综合种养推广面积1000亩,创成省级稻渔综合种养示范基地1个。建成粮食烘干中心1个、秸秆收储中心2个,完成粮食播种3.35万亩、总产量1.46万吨。18个村共同入股光伏消薄项目,建成光伏电站2.4万平方并网发电。完成垦造耕地467亩、旱改水265亩、农整复垦406亩。高质量打造"数字红庙"精品示范、长林垓经营示范、荆湾治理示范等美丽乡村"三村示范",建好马村蚕桑、隐将庙会、三山甜柿等独具特色的"一村一品",23个村增收任务全部完成。污水零直排区创建获省考核优秀。荆湾国控断面水质保持在Ⅱ类水以上。完成6件第二轮中央环保督察件整改销号。全镇空气质量优良率达94%,$PM_{2.5}$浓度27毫克/立方米,两项指标排名全市前列。拔除毁林开垦种植茶苗483亩。完成石坞岭水库除险加固、昆铜片区河道水毁修复、禹步桥堰坝改造等重点水利工程建设。建成7个农村饮用水达标提标项目,涉及6个村惠及1800余户,石坞岭水站获评全国农村供水规范化水厂,梅溪镇获得全市农村饮用水达标提标突出贡献集体荣誉。深化"百日提升"行动,10个村社连续10次考核评价为"好"。

新增就业岗位500多个,帮助困难家庭成员就业80余人。建成铜山片区联建公墓(一期)。梅溪中学安高上线56人,创历史新高。完成钱坑桥幼儿园建设。搬迁淹没区农户26户,小木桥区块多年水患困扰得到彻底解决。开展危旧房整治,腾空35户城镇危旧房。完成月亮山52套公租房分配,改善低收入家庭住房条件。全年化解欠薪案件100余件。打造5189090"梅小二"便民服务体系,建设泗洲山幸福邻里中心,实现日照中心全覆盖全运行。高标准建成2个村文化礼堂,荣获省级文化礼堂示范乡镇。梅溪人武部被省军区评为"基层建设标兵单位",梅溪退役军人服务站被评为首批全国"示范型退役军人服务中心(站)",完成征兵25名,占全县征兵任务五分之一。民族宗教、侨联工作持续加强,妇女儿童、关心下一代、红十字、慈善、残疾人等事业提质发展。"扫黑除恶"专项斗争纵深推进,社会风气持续好转。全县率先完成乡镇矛调中心建设，圆满完成习近平总书记考察安吉、全国两会等安保重任，化解部、省、市积案6起，阳光热线办理“三率”列A类乡镇第一。深入推进矛盾纠纷和安全隐患“两个排查见底”行动，压紧压实安全生产责任，镇域“平安指数”持续提升。全面落实国务院廉政会议要求，严格执行中央八项规定精神，做好县委巡察、审计反馈意见整改。主动接受人大依法监督、政协民主监督，高质量办理人大代表议案建议26件，办结率、满意率均为100%。依法推进政府信息公开。清查各类资产300多处，清理各类历史往来金额100余万，进一步规范资产、资金管理。全面深化“三服务”工作，“12345”政府阳光热线满意率99.8%。支持民主党派、工商联、工青妇、科协及残联等人民团体开展工作。

【“志愿星期三”活动助力全国文明城市创建】 4月29日，梅溪镇首个“志愿星期三”活动启动，近200名“红马甲”“橙马甲”“蓝制服”分布在各街巷、小区、农贸市场、交通路口开展志愿服务活动。为推进文明创建氛围再浓厚、标准再拉高，梅溪镇建立文明创建“志愿星期三”常态活动机制，在日常文明宣传劝导的基础上，把每个周三设为集中志愿服务日。并在此基础上，推出书记、镇长“巡街”、人大代表“一周一督查，一月一座谈”等活动，全力提升文明城市创建层次。

【石坞岭供水站被评为全国首批农村供水规范化水厂】 8月13日，水利部公布2020年度农村供水规范化水厂名单，梅溪镇石坞岭供水站成功入选，为全省唯一入选的农村水站。近年来，该镇以农饮水达标提标工程建设为依托，通过加大农村水站数字化硬件投入，配备自动投加药、水质在线监测系统，建成全天候自动监测信息化管理平台，建成一批“小而美、精而全、智能化”的庭院式美丽水站，解决干溪桥村、长林垓村2个村1169户4011人的饮水安全问题；同时改善三山村、管城村等6个村的主管网设施，间接受益2454户8856人。

【首届三山甜柿节开幕】 9月19日，“六古三山·万‘柿’大吉”梅溪镇首届三山甜柿节开幕。2017年以来，在县自然资源和规划局的指导下，三山村将甜柿作为村庄休闲旅游发展的招牌，发动群众种植甜柿100余亩。今年进行第一次正式采摘，年产量即达1万多斤，助力该村村集体收入突破百万元。同时，三山村结合自身生态优势，将太秋甜柿作为村庄休闲旅游发展的招牌，积极推进文旅融合、农旅融合，与栖舒山谷（安吉）露营管理有限公司共同打造房车露营基地，带动旅游和经济全面发展。

【“梅小二”便民服务热线开通】 10月10日，梅溪镇“梅小二”便民服务热线开通。“梅小二”便民服务热线是梅溪镇人民政府无偿为群众、企业提供全方位服务的信息服务平台。以服务热线“5189090”为载体，依托加盟企业与加盟一技之长人员，构建起一个覆盖梅溪和晓墅两集镇及周边村社的信息服务平台，免费为群众与商家架起一座服务沟通的桥梁。热线还受理群众生产生活中发生的生活、咨询、事务三大类问题，涵盖以安心维修、放心工程、暖心家政、知心特色为内容的“四心”服务、业务信息咨询、群众投诉及意见的转办等。为确保“梅小二”便民服务热线运行有序，梅溪镇招募了66家签约加盟商，采用“群众求助 平台受理 加盟商上门服

10月10日，梅溪镇“梅小二”便民服务热线开通

务”的形式，建立准入、考核、奖励、惩罚机制和“梅小二”加盟商公约，以快速便捷的方式为群众解答生活类、咨询类、事务类等问题，实现群众不出家门就可获取优质服务。

【获评浙江省农村文化礼堂建设示范乡镇】 10月10日，浙江省农村文化礼堂建设示范乡镇名单公布，梅溪镇成功入选，全县唯一。按照“一村一品、一村一韵、一村一景”的定位，梅溪镇结合省级小城市培育和美丽乡村精品村建设，启动文化礼堂建设三年行动计划，截至目前，该镇辖区内的22个行政村文化礼堂全部完成建设。同时，积极探索“文化礼堂＋文化＋旅游”发展之路，深挖人文内涵、历史底蕴、村规族训等特色文化，结合国遗化龙灯、省遗竹叶龙等非遗文化，将文化礼堂、美丽乡村串点成线，形成“特色礼堂、衍生项目、休闲旅游”三位一体开发机制。截至目前，全镇共打造4条精品观光带，每年接待游客10万余人次，带动村级和村民创收达7000余万元。

【全市首创社医“全域通办”服务】 11月30日，梅溪镇结合群众办理人社、医保业务依存度高的实际情况，全市首个在社银窗口增设医保业务，实现人社、医保类下延民生事项100％“一窗通办”。通过升级“社银合作”平台，以社银窗口为前台承接业务，在镇便民服务中心设专人专岗，作为审核承办后台，经过内部业务流转，实现社银窗口的医保业务办理功能，让群众办理社、医保从2个以上工作日缩短至1小时以内，全镇7个社银窗口已全部实现“社医通办”，21项业务实现联动办理。

【安吉县茗溪银色港湾启用仪式】 11月18日，以“银领茗溪、港湾起航”为主题的安吉县茗溪银色港湾启用仪式暨“银耀绿币银行”试点工作推进会在梅溪镇市民中心举办，湖州市委组织部副部长、老干部局局长夏冰，安吉县委常委、组织部部长朱伟等参加。今年以来，在县委老干部局的精心指导下，梅溪镇创新党建融合模式，深化余热发挥体系，组建“茗溪银发党建联盟”，打造全县首个老干部工作综合体——茗溪银色港湾，全市率先推行“银耀绿币银行”志愿服务机制，被中组部列为全国离退休干部党员管理试点单位，实现老有所为、老有所乐、老有所依，“银耀茗溪”老干部服务品牌全面打响。

（傅承春）

11月18日，“茗溪银色港湾”启动仪式举行

2020年梅溪镇村(社区)基本情况表

表12

村(社区)名称	村民小组(个)	农户数量(户)	人口数量(人)	劳动力数量(个)	土地面积(亩)	农村经济总收入(万元)	农民人均收入(元)	村级经济总收入(万元)	村级固定资产(万元)	书记	主任
马村村	22	1170	4234	1830	21750	573	33054	51.05	808.99	李志能	李志能
红庙村	33	930	3471	2280	15045	325.89	34836	100.08	618.27	沈永甜	沈永甜

续表 12

村(社区)名称	村民小组(个)	农户数量(户)	人口数量(人)	劳动力数量(个)	土地面积(亩)	农村经济总收入(万元)	农民人均收入(元)	村级经济总收入(万元)	村级固定资产(万元)	书记	主任
甲子村	17	607	2077	1246	10500	188.75	33984	71.38	681.63	杨中超	杨中超
梅溪村	41	1264	4250	2830	12075	207.86	40125	102.11	7136.15	王胜美	王胜美
章湾村	11	325	1226	680	6000	111.56	36118	50.26	446.22	魏　斌	魏　斌
荆湾村	19	680	2896	1758	7170	472	39104	79.97	606.85	张利民	张利民
小溪口村	21	1300	4764	3120	11520	271.94	30747	68.2	987.12	俞　敏	俞　敏
板桥村	37	1510	5230	3130	21300	409.72	29735	50.46	931.08	刘州勇	刘州勇
华光村	19	656	2285	1462	6480	226.73	34880	53.42	161.71	黄兆龙	黄兆龙
石龙村	27	794	2897	1830	22020	354.92	37434	100.66	4045.88	徐焕雄	徐焕雄
龙口村	31	899	3276	2050	12120	564.42	32408	50.77	1556.16	何明华	何明华
独山头村	9	510	1830	1215	15600	584.81	36149	262.02	3007.32	梁　鑫	梁　鑫
干溪桥村	7	193	686	360	7350	237.28	35301	45.78	356.24	尚意华	尚意华
长林垓村	26	978	3269	2045	25650	546.35	36253	286.72	863.05	谢传超	谢传超
上舍村	14	399	1283	810	6900	201.99	47619	50.75	1692.58	朱任重	朱任重
三山村	9	219	748	473	489	629.69	47845	288.01	1440.69	徐　胜	徐　胜
管城村	6	162	525	219	335	197.52	48237	50.96	775.82	徐　勇	徐　勇
路西村	12	506	1822	1120	750	223.39	33239	53.3	770.84	宫国亮	宫国亮
钱坑桥村	9	536	1910	1235	1140	320.19	32204	63.63	654.26	肖月华	肖月华
梓坊村	11	396	1316	1019	899	244.33	32187	30.66	1005.34	钱茂森	钱茂森
铜山村	26	725	2467	1790	1472	702.93	33156	50.52	1499.56	汪庆意	汪庆意
武康桥村	26	1076	3750	2550	2446	357.78	32700	72.66	643.14	徐国平	徐国平
晓墅社区	14	665	1929	1348	6129	380.88	32809	276.97	109.1	陈双龙	陈双龙
紫梅社区	11	1955	675	750	1008	—	—	—	—	白欣欣	白欣欣
龙翔社区	15	2598	1270	2250	1392	—	—	—	—	沈　琪	沈　琪
白云社区	18	3058	1330	2190	1358	—	—	—	—	周利平	周利平
合　计	491	24111	61416	41590	218898	8333.93	830124	2310.34	30798	—	—

天子湖镇

【概况】 天子湖镇，因天子湖而名(辖区现有安吉县第四大水库—天子岗水库，水库容量1861万立方米)，由原高禹、良朋两镇合并而成。镇域面积201平方公里，辖20个行政村和3个居民区，常住人口5.7万人，省属南湖监狱坐落其间。天子湖镇以省际边界的独特区位、工业重镇的历史地位和县域副中心的目标定位，是“省际承接产业转移示范区”的核心区。天子湖镇区位优势明显,位于安吉县北部,东连梅溪镇,南接递铺街道,西邻安徽省广德市,北壤长兴县,是浙皖两省三县汇合点。地处杭州都市经济圈与皖江产业示范带的交汇处,长三角经济圈的中心腹地,距杭州68公里、南京150公里、上海200公里,是浙北产业发展的桥头堡和要素流动的蓄水池。铁路、公路、水运一体的综合交通运输格局不断完善,杭商高铁、杭长高速、235国道穿境而过,04省道、11省道、12省道纵横交错,商合杭高铁安吉站、杭长高速、天子湖互通等交通节点均位于天子湖镇,梅湖线依境而过,依托临港码头、安吉港可直达上海、宁波等重要港口。全国首个A1类通用机场——天子湖机场正式运营。“公铁水空”的立体式交通网络,以及“两省三县”的门户型节点,进一步彰显了天子湖独特的区位优势。

2020年,镇域财政收入6.22亿元,同比增长20%,农民人均收入同比增长12%,县定各项经济指标全面完成,取得“半年正”“全年红”。狠抓项目双进双产,天子湖商业广场、乌泥坑牛蛟坞农旅项目、罗氏沼虾种质库项目、安吉高老庄猪文化产业园项目、荣耀天空之城等5大项目集中签约,总投资额突破10亿元。新增在谈项目6个,签约项目2个,安吉高老庄猪文化产业园二期成功认定为市级大好高项目。天子湖镇统筹疫情防控和经济社会发展,圆满完成了镇二届七次、八次人代会提出的各项目标任务,交出“两手硬、两战赢”的优异答卷。落实“外防输入、内防扩散”防控措施,设立志愿服务卡点65个,划分323个微网格,累计叫停酒席400余桌,成功劝返中高风险地区返回人员89人,办理通行证6700余张。开展“洗楼”“洗厂”“洗村”行动,累计排查户籍和暂住人口6万余人。执行“集中硬隔离、居家硬管控”举措,居家观察1985人,集中观察111人。常态化落实防控举措35条,坚守住了安吉“北大门”一方净土。千方百计助力复工复产,安排企业联络专员132名,投入稳岗助企补助130余万元,协助组织6000余名务工人员有序返岗。

监地融合第一阶段圆满收官,成功创建国家级卫生镇,省级文明镇。完成土地置换2500余亩,收回侵占土地7142亩,整治违章建筑149处,整治“散乱污”企业39家,实现示范区北园区6000余亩土地连片成型。高铁新城雏形初显,完成基础设施项目投资3.2亿元,东阳路、天长大道、高天路、吟诗路等7条道路竣工通车,全镇首个房地产项目完成供地253亩。新增绿化美化3500余平方,治理交通安全隐患点13个,新增智能化安防点位300余个,有效保障高铁场站开通运营。空间拓展强势推进,南园区征迁遗留难点清零,完成高铁场站周边、南湖监狱置换区块、全域整治等重点区块拆迁463户、征地1100余亩,再次刷新“天子湖速度”。编制评审城镇区块控规调整等规划方案60余项。全域整治安置区及天和安置区完成投资5100余万元。

农业强镇建设稳步推进,成功申报市级农业龙头企业2家,市级以上农业重点项目5个,注册农业商标30个,创成绿色食品6家,建成省、市级示范性家庭农场、合作社14家,争取涉农资金3000多万元,新增高标准农田7800亩。华腾牧业新建万头猪场项目完成总工程量50%,完成投资6000余万元。安心牧业、吉成牧业完成扩建,全镇生猪存栏量达2.25万头,年出栏量4.5万头。红庙水库除险加固工程主体完工,完成山塘综合整治3座。膨润土产业加速转型升级,初加工园区建成运行,精加工园区启动建设,6家企业签约入驻,总投资2.55亿元,成功供地100亩。低效企业出清29家,出清面积130余亩。土地整治全面完成,复垦验收771亩,争取上级资金1.6亿元。消化批而未供土地790.4亩。全镇首个城市商业综合体项目——天子湖商业广场项目完成摘地,成功供地52亩。全县首个村企合作乡村振兴项目——山水受荣·荣耀天空之城建成运营,3个月游客突破7万人次,单日最高接待量4400余人,镇域景区实现零的突破。

以天衡公司为主平台,持续发展壮大实业、物业、旅游、农业、服务五大板块,全年经营性收益达到1200万元。天衡联创小微园主体完工,完成投资8000余万元。天衡职工公寓完成选址规划。衡通物业管理服务有限公司正式成立,大物业管理框架不断完善。村均经营性总收入突破140万元,同比增长11%。新时代美丽乡村“三村示范”加速推进,里沟村、高庄村、高禹村美丽乡村精品示范村、经营示范村、治理示范村创建以优异成绩通过考核验收。高禹村、高庄村、良朋村获评省级引领型农村社区。长隆村、五福村入选省级善治示范村。新增省A级以上景区村庄13个，实现全覆盖。

“三四五”工作联动推进，累计开展拆违集中行动21次，拆除违建13万平方米。深入开展“四无”环境整治，累计排查整改问题2257处，新增绿化面积34万平方米，清理白色垃圾2400余吨，整治乱堆乱放点位1497个。完成小北湖环境综合整治。完成水体现状调查，累计排查小微水体195处，排水口241个，按照“红、黄、绿”三色，评定“水体健康码”，编制完成全镇治水作战图，完成排水口整改53个，黑臭水体整治43处。完成和苑、佳湖苑、丰和苑三个小区污水零直排改造，提升管网1.6公里。西亩山水林田湖草项目启动建设。“智慧城管”考核全县第一，完成督办案件4300余条，按期办结率99%以上。$PM_{2.5}$年均值保持在30微克以下，较去年下降16个百分点，空气优良率88.3%。开展“三小车”集中整治25次，立案查处三小车辆300余辆。召开文明创建专题研究会16次，常态化开展环境综合整治、“九乱”整治、星级文明商户评比等行动，刊发创建问题督办单33期，整改创建静态、动态类问题4735个，荣获季度优胜单位2次。

全面提升治理能力和治理水平，调动各方力量参与公共管理。成立企业劳动争议调解委员会6家，规上企业劳动争议调解委员会实现全覆盖，成功调解劳动纠纷189起，标的金额498万元，调解成功率100%，获评全省劳动人事争议案件处理成绩突出派出庭。设立“钱伯伯工作室”、涉路工作室等调解品牌，排查化解矛盾纠纷223起，调处率、成功率均为100%。高品质完成镇村两级“1+20”矛调中心升级改造，进一步健全镇、村、网格“三级民调网络”，处理县级以上来访、信访事项63起，阳光热线化解镇本级来访1303起，调处成功率98%以上。“四平台+综治指挥中心+全科网格”构架体系持续完善，安吉基层治理App办结事件3万余件，办结率100%。3人以上出租房安装智慧消防及“智能预警”系统267套，安装率100%。深入开展安全生产集中攻坚20天、有限空间整治、安全生产大检查等专项行动，出动检查人员1200余人次，整改隐患3000余条。

民生福祉持续改善。高禹中心幼儿园投入使用，高禹小学改建新楼正式启用，天禹托育服务中心完成建设，良朋中心幼儿园获评省一级幼儿园，高禹中学普高正取生录取率达到40.5%。中心卫生院主体完工，完成长隆、里沟卫生服务站搬迁，新增省级卫生村8个，实现全覆盖。出台《天子湖镇健康事业发展奖励补助办法》，发放奖励补助106万元。全镇户籍人口18周岁以上养老保险参保率达到99.02%，医疗保险全民参保率达99.59%。社会福利院二期即将交付，床位增至100张。提升农村联网公路20公里。迁迢饮用水提升工程完成建设，新增供水人口1600余人。创成市级殡葬服务示范点2个，完成张芝公墓提升改造，新增墓穴1700余穴。发放残疾人护理、退伍军人慰问、最低生活保障等补助金额约1000万元。圆满完成第十次全国人口普查。超额完成全年征兵任务。荣获首批全国示范型退役军人服务站。新增就业创业1200余人。全年引进领军和省千人才6名，引进大学生和其他人才440人，新鉴定高技能人才216人，发放各类人才补助160余万元。

坚持依法行政，高质量办理人大代表议案、建议14件，办结率、满意率均为100%。推广“村务清”平台、设立村级工程小微连线栏目，累计发布工程信息210条。全力推动“三服务”活动，累计解决企业难题180个，群众困难275个，落实率98.8%，入选市、县级担当破难案例各1个。深化最多“跑一次”改革，落实“最多跑一地”改革。认真履行党风廉政建设责任，深化廉政风险防控，整改审计问题16个，成功创建清廉乡村5个，营造了风清气正的良好氛围。

【召开“深化三服务 奋战四个年 决胜全年红”推进大会暨全镇经济社会发展大会】 3月20日下午，天子湖镇召开“深化三服务 奋战四个年 决胜全年红”推进大会暨全镇经济社会发展大会。大会对2019年天子湖镇经济社会发展过程中实绩突出的一批企业、集体和个人进行表彰，并布置了2020年经济社会发展重

3 月 20 日,天子湖镇“深化三服务 奋战四个年 决胜全年红”推进大会暨全镇经济社会发展大会召开

点工作,强调对安全生产、平安建设、征地拆迁、环境整治、项目推进等五项工作抓住薄弱环节、强化有效措施攻坚破难。会上,镇党委书记尹碧锃为 2020 年重点工作突击队授旗;为冲刺第一季度、决胜全年红,确保圆满完成年度各项既定的目标任务。

【首届“富民春美桃”水果采摘节】 6 月 13 日,由天子湖镇人民政府主办,县文化和广电旅游体育局、县农业农村局指导,富民生态农业、天子湖镇高庄村、天子湖镇新时代文明实践所承办的“富民春美桃”水果采摘节启动仪式在高庄村举办,采摘节活动受到了县内外游客的一致好评,并通过直播等形式帮助果农销售。天子湖镇农林果木资源丰富,是发展乡村旅游与特色农业的天然土壤,天子湖镇以此为契机,充分利用本地天然旅游资源,充分挖掘本地乡土文化,全面开启乡村旅游发展的新业态。

【优秀退职村干部荣退仪式和新一届村“两委”干部“履职第一课”】 12 月 12 日上午,天子湖镇举行优秀退职村干部荣退仪式和新一届村“两委”干部“履职第一课”活动。活动分为两个阶段举行,第一阶段表彰天子湖的优秀荣退村干部,初心如磐,使命在肩,用真情和真心坚守担当、无私奉献,不仅体现了天子湖人识大体、顾大局、守纪律的担当,更彰显了敢打硬仗的作风和精神,激励后人不断进步。第二阶段全体村“两委”干部进行履新就职宣誓,五位村干部围绕“如何争当一名新时代的优秀村干部”进行交流发言,镇党委书记尹碧锃为新一届村“两委”干部主讲“履职第一课”,县纪委常委周创华对全体村“两委”干部、村监会成员,做基层党风廉政及清廉乡村建设专题培训,县委直属机关工委委员、县委组织部组织科科长李强进行争当新时代乡村振兴好干部专题培训;县农业农村局农村改革和指导科副科长夏朝晖为村“两委”干部上了一堂《村集体“三资”规范管理》专题课;县新农村示范区建设领导小组办公室、安吉美丽乡村建设权威专家李健、为全体村干部宣讲。通过专题培训,让所有村“两委”干部进一步厘清了工作思路、明确了肩上职责、激发了干事热情,推动新班子实现新作为、新气象。

(胡　星)

12 月 12 日,天子湖镇新一届村“两委”干部合影

2020 年天子湖镇各村基本情况表

表 13

村(社区)名称	村民小组(个)	农户数量(户)	人口数量(人)	劳动力数量(个)	土地面积(亩)	村级经济总收入(万元)	村级固定资产(万元)	书记	主任
高禹村	47	1518	5888	3700	23700	1243.59	4632	柯红标	柯红标
高庄村	29	918	3238	1528	18900	865.07	1908	谢连贵	谢连贵
张芝村	17	537	2003	1042	18750	380.87	719	程超军	程超军
吴址村	40	1130	4030	2850	19800	5773	1014	黎　江	黎　江
良朋村	29	1228	4348	2085	16200	630.76	1607	张光胜	张光胜
南店村	16	480	1740	1100	7200	428.6	1561	刘世传	刘世传
里沟村	14	732	2236	1387	9870	357.18	606	张斗志	张斗志
长隆村	11	540	1785	1255	7440	330.59	525	黄胜祥	黄胜祥
五福村	10	327	1020	673	3675	320	1076	陈良田	陈良田
西亩村	28	952	3274	1943	24900	257.7	85	董家方	董家方
南北湖村	20	612	2281	1368	10200	181.94	703	李福琴	李福琴
受荣村	17	398	1408	786	10268	174.31	174	李孝松	李孝松
古苑村	15	460	1776	1000	15450	143.69	542	吴安意	吴安意
吟诗村	22	703	2389	1518	16170	409.27	525	叶贤锋	叶贤锋
晓云村	16	759	2568	1300	7038	173.8	1145	程华东	程华东
余石村	20	643	2317	1545	19350	233.05	694	刘太喜	刘太喜
迂迢村	23	452	1675	930	11700	54	93	孙实践	孙实践
乌泥坑村	11	343	1040	680	11400	255.73	136	马传军	马雪佳
良村村	16	480	1740	1100	29925	313	151	刘世传	刘世传
溪港村	13	614	1923	1465	12900	160.45	273	李新武	李新武
合　计	400	13826	48679	29255	294836	12686.6	18169	—	—

溪　龙　乡

【概况】 溪龙乡是安吉县东北部一个玲珑秀美的特色乡，是一个半山区半平原的乡镇，乡域面积 32.25 平方公里，常住人口 9073 人。建乡于 1950 年，取溪水曲折、蜿似游龙之意得名。辖 5 个行政村，分别为溪龙、黄杜、徐村湾、后河和新丰。溪龙是中国美丽乡村精品村全覆盖乡、全国环境优美乡、全国“一村一品”示范乡镇、国家级标准化农业示范区、国家级卫生乡镇、省级农业主导产业示范区、省级生态循环农业示范区、省级生态示范乡镇、省级文明乡、省级卫生乡、省级非物质文化遗产主题（实验）小镇、省森林城镇、省级机器换人示范乡镇等。2018 年入选全国农业产业示范强镇建设名单，并获中国茶文化研究员办法“中国茶文化之乡”称号，有中国白茶第一乡美誉。

2020 年，溪龙乡全年实现财政收入 1.27 亿元，完成年度任务数 104%，同比增长 16.5%；实现规上工业总产值 12.96 亿元；工业性固定资产投资 8188 万元，完成全年目标任务 102%；外贸出口额 2.3 亿元，同比增长 69.6%，完成合同外资 2600 万美元;规下样本企业主营收入增幅17.3%;农民人均收入4.25万元,同比增长12%。成功创建国家级卫生城镇和省级森林城镇。实现总部经济税收3344万元,完成任务数115%。新增在谈项目16个,签约项目4个;成功招引3家企业入驻绿色家具小微园。华菲等3家企业顺利投产,优拓家具实现当年签约、当年投产、当年上规,锦坤家居和艾特制造完成投产上规;天鹰五金完成竣工验收。“两馆一厅”项目成功申报市级“服务业大好高”;溪龙仙子、雅思、超级工场等3个项目获评市级“农业大好高”。成功承办省文化和旅游重大建设项目集中开工仪式。扎实推进“亩均论英雄”改革,出清低效企业4家,其中15亩以上2家,综合完成率100%。提前完成2家“五未”企业上规、达产销号。新增启德、万昌、新祥3家省级企业研究院,亚麻、鼎诚2家高新企业。注重引才育才工作,全年引进领军人才2人,教授级人才1人,大学生招引420人;完成南太湖精英计划申报1人,美丽英才计划申报4人。

实施白茶小镇项目推进百日攻坚清零行动。推动小镇总规完成报批;在建小镇客厅项目完成基础和地下室浇筑,“两馆”项目启动基础开挖;大自然学校一期、商业街地块完成供地;大自然学校二期、康复医院、体验中心、米其林餐厅及超级工场等90.2亩新增地块完成农转报批。全面完成白茶飘香精品观光带一期、徐村湾岔口至洪家坞连接线、石家村路西市政工程等一批基础设施建设。依托“数字城管”大力开展不文明行为整治,处理各类案件196起,拆除乱搭水池31处,清理乱堆杂物1800余处。开展环境卫生百日提升行动,完成“四无”环境整治点位507处,拆除违章建筑46宗,1.35万平方米。推动智能化垃圾分类“提质扩面”,实现乡域全覆盖。全年发出创城督查通报34期,督办单158份,整治各类问题2200余个。获得第二季度县文明城市创建流动红旗。全力做好中央环保第二轮督察反馈,实现督察期间零信访。加强乡垃圾中转站建设提升,新增八吨其他垃圾压缩设备2台,易腐垃圾处理设备1台。集镇500吨污水处理终端完成建设并投入使用,8处排水口完成整治,乡域断面水质稳定保持在Ⅱ类以上。$PM_{2.5}$平均浓度大幅下降至29微克/立方米,空气优良率达到92.6%,同比提高14.2%。常态化打击毁林种茶,拔除违法种茶120亩,完成春季绿化5万株。

完成章家坞农饮水提升工程、石家村路西区块综合改造一期工程、黄杜至路西道路改造等项目建设;承办市第二届全民健身节、县第十一届乡村体育节。后河村成功创建省级全民健身中心。完成乡矛调中心建设,整合多方资源,最大限度为群众办事提供便捷;深化“扫黑除恶行动”“四个平台改革”“雪亮工程”和“家园卫队”建设;完成新丰、黄杜、溪龙三个村县级避灾安置点创建和溪龙乡县级避灾中心创建,后河村完成创建省级避灾点。

全面落实学习习近平总书记重要指示精神,持之以恒做好白茶苗捐赠各项技术指导工作。通过与各受捐地的共同努力,“白叶一号”初步达产,覆盖受益贫困人口2064户6661人。黄杜村荣获省东西部扶贫协作“组织工作奖”;“一片白叶总关情”志愿服务项目先后获得国家级、省级青年志愿服务项目金奖。圆满完成村级组织换届,各村组织意图人选均一次性高票当选,其中“一肩挑”人选村委会主任平均得票率96.1%。高度关注意识形态工作,持续丰富“红壤绿

7月1日,乡、村两级导师帮带结对仪式举行

叶”品牌党建内涵，不断巩固拓展主题教育成果。创新探索农村党员分类量化积分管理，把好党员出入关口，全年新发展党员9名，党内除名1人。深化“两新”党建强基行动，提升万昌家具党建阵地。专班化推进防疫、征地拆迁等重点工作，积极探索实行“例会＋晾晒”等工作机制，持续展现溪龙铁军敢于攻克险滩良好面貌。传承“导师帮带”好传统好经验，乡、村两级导师帮带结对25人，有效推动青年干部成长。坚持“四责协同”机制，进一步规范完善党委班子会议事、决策机制，抓好廉政风险点排查、正风肃纪等工作。制定出台2020年党风廉政建设工作方案，每季度对标对表抓落实。乡党委纪委及时对2019年县委巡察反馈问题进行分类处置，完成整改。一年来，全乡立案审查3件，第一种形态处理31人。

【“安吉白茶”区域公用品牌价值连续十一年入选全国十强】 4月15日，由浙江大学CARD中国农业品牌研究中心、中茶所《中国茶叶》杂志、浙江大学茶叶研究所、浙江永续农业品牌研究院联合开展的“2020中国茶叶区域公用品牌价值评估”课题结果公布，安吉白茶品牌价值为41.64亿元(2019年为40.92亿元)，在97个有效评估的茶叶区域公用品牌价值排行榜中位居第六并入选为“最具品牌带动力”的三大品牌之一，成为连续十一年跻身品牌价值十强的茶叶区域公用品牌，也是湖州市唯一入围品牌价值十强的茶叶区域公用品牌。

【浙江省2020年文化和旅游重大项目集中开工仪式】 3月10日，全省文化和旅游重大建设项目集中开工仪式举行，主会场设在安吉县白茶小镇项目现场。省委常委、宣传部部长朱国贤宣布全省文旅重大项目开工，副省长成岳冲出席，省文化和旅游厅党组书记、厅长褚子育介绍全省文旅项目投资建设情况，市委常委、宣传部部长范庆瑜汇报全市文旅项目投资建设情况，市委常委、县委书记沈铭权代表安吉团队作表态发言，县领导宋波、赵德清、何承明、任贵明参加。

3月10日，浙江省2020年文化和旅游重大项目集中开工(主会场)暨安吉白茶小镇开工奠基仪式举行

【作风建设大会暨新时代“两山”特色转化重点任务发布会】 3月21日，溪龙乡召开作风建设大会暨新时代“两山”特色转化重点任务发布会。县委常委、县纪委书记、县监委代主任柏建华，团县委书记许进京，中国农业银行安吉县支行副行长陈小锋，溪龙乡全体领导班子、机关干部，村两委班子成员，站所负责人，企业家代表、茶产业商会代表、医护人员代表、教师代表、工人代表等参加会议。

【安吉县义务段学校劳动实践教育现场会】 5月28日，安吉县义务段学校劳动实践教育现场会暨教学管理干部能力提升培训会议在溪龙小学召开。安吉县教育局党委委员万宝林，教育局基教科副科长邱海荣，县教科研中心综合实践、劳技教研员，各学校副校长及教务主任共90余人参加会议。

【助企助农“三服务”公益集市暨网络直播带货节】 8月12日，由中共溪龙乡委员会、溪龙乡人民政府主办，中国安吉白茶小镇企业家联谊会、中国安吉白茶小镇茶产业商会承办的溪龙乡2020年助企助农“三服务”公益集市暨网络直播带货节开幕。安吉县政协副主席梁霜，溪龙乡党委副书记、乡长邵炜钦，乡人大主席黄定瑞，乡村两级干部、企业家代表、茶企代表、站所及金融机构等部门的志愿者代表们参加活动。

【安吉县"美丽阿姐"入驻矛调中心暨溪龙乡家庭"平安体检"行动启动仪式举行】 9月8日,由安吉县妇联、中共溪龙乡委员会、溪龙乡人民政府主办,溪龙乡社会治理办、溪龙乡妇联、溪龙警务室承办的安吉县"美丽阿姐"入驻矛调中心暨溪龙乡家庭"平安体检"行动启动仪式在溪龙举行。

【召开庆祝建党99周年全乡党员大会】 7月1日上午,溪龙乡党委召开"担当有为 争先创优"庆祝建党99周年全乡党员大会。乡党委副书记陈瑜主持。县纪委常委、党风政风监督室主任周创华,乡班子成员、全体机关干部、村两委班子参加会议。

【中国·安吉白茶小镇项目建设推进大会】 8月10日,中国·安吉白茶小镇项目建设推进大会在溪龙乡召开。县政协党组书记、主席赵德清,县委常委、县纪委书记、县监委主任柏建华,县人大常委会党组成员、副主任黄先国,发改局、资源规划局、住建局、农业农村局、文体旅游局、供电等部门负责人,溪龙乡全体机关干部、茶乡郇美公司全体工作人员以及各行政村负责人参加会议。

(孙先华)

2020年溪龙乡各村基本情况表

表14

村(社区)名称	村民小组(个)	农户数量(户)	人口数量(人)	劳动力数量(个)	土地面积(亩)	农村经济总收入(万元)	农民人均收入(元)	村级经济总收入(万元)	村级固定资产(万元)	书记	主任
溪龙村	21	884	2825	1760	13185	44800	40359	275	3390	贾根林	贾根林
黄杜村	9	420	1546	960	15762	35800	56465	211	3085	盛阿伟	盛阿伟
后河村	13	345	1236	800	3354	11400	38661	307	3165	余 凯	余 凯
新丰村	9	370	1356	870	3628	15500	40181	391	3286	李正山	李正山
徐村湾村	23	640	2123	1530	12456	28000	38891	248	2079	杜传义	杜传义
合 计	75	2659	9086	5920	48385	135500	—	1432	15005	—	—

鄣吴镇

【概况】 鄣吴镇地处安吉县西北部,距离县城30公里,西北与安徽广德交界,是浙皖边贸重镇。镇域总面积49.5平方公里,总人口1.15万人。2020年实现财政收入3793.5万元,完成年度任务108.7%;完成自营出口5152万元,规上服务业营收同比增幅29.7%;全年旅游总人次达29万人,一、二季度先后摘得改革创新和服务业增效流动红旗,连续四个季度获评B类乡镇季度优胜单位,荣膺全国无障碍环境达标镇、省级美丽城镇建设达标单位、省森林康养小镇。

成立领导小组和指挥部,组建疫情防控工作专班,落实镇、村防控主体责任,建立起每日会商研判等机制。聚焦疫情防控重点任务、重点人员和重点场所,制定"一日清单",逐项细化分解,责任落实到人,任务落实到点。制定"三大流程图",快速落实"源头查控+硬核隔离+精密智控"机制,守好每处"中小门",构建起信息通畅、反应灵敏、处置有效的常态化防控模式。先后组织动员镇、村干部、党员、家园卫队等580余人参与疫情防控宣传、巡逻、卡点执勤,持续开展"洗楼洗村洗厂洗车"工作,累计排摸重点疫区返安人员1200余人,全方位织密织细镇村防控体系。深入开展惠企暖企专项活动,落实"保姆式"服务,全力服务制扇企业等复工复产、达产增效,先后帮助企业解决问题36个,确保全镇重点项目和制扇企业及时有序开工。

直面疫情挑战,科学精准施策,抽调精干力量专职招大引强,主要领导每月带队外出招商，专职干部全程驻点招商，全年新增在谈项目11个、签约3个，分别完成全年任务的110%和100%。组建六大工作专班，全过程保障和服务项目落地。“安吉游戏”项目一期市政工程和内部装修正在实施，二期工程土建已完成；“右转一岭上漫村”项目前期征迁正在快速推进，安置地基础设施启动建设；吴昌硕艺术小镇已完成初步规划设计；谦和园项目基本结顶；璞峰酒店项目基本完成盘活。现代特色农业发展取得突破，鄣吴石斑鱼水产精品园落地投产；玉华樱桃采摘园产销喜人；上吴中草药基地完成扩建提升；景坞果缘农场绿色先行区初步建成。加快扇产业向高端转型，推进制扇产业规范化提升，扇艺小微园项目完成招商和征地等前期，正在加快方案设计。深化“康养＋”发展模式，加快打造“半日闲郚”康养品牌，探索森林康养产业基地、重点康养项目和康养民宿集群发展，入选浙江省职工疗休养基地。

坚持将全域美丽作为特色发展的大优势，推动环境品质不断提升，转化通道持续拓宽。加快补齐内外交通短板，西北线延伸段建成通车；龙上线改造（一期）全面完工，二期项目启动建设，获评全市第三批“四好农村路”示范乡镇；加快推进全域土地整治和生态修复工程，完成建设用地复垦项目3个，复垦面积153.1亩。持续推进无障碍设施改造提升，获评全国无障碍环境达标镇、省第二批无障碍社区。聚焦创建全国文明城市，高品质推进美丽城镇建设，完成凤林新村安置区市政工程建设，小区环境得到极大提升；完成双狮台门楼遗址恢复及衣冠冢周边环境提升工程；月亮塘区块改造提升项目正在加快推进。开展“美丽细胞”创建，新增“三四五美”美丽庭院63户，口袋公园2处；开展第二轮人居环境“百日攻坚”行动，推进“三四五”联动，治违拆违万余平方米，拆后利用率100%，鄣吴溪先后获评省、市级美丽河湖，山屿海入选全省首批森林康养基地。聚焦打造文旅融合小镇，深挖人文底蕴内涵，持续做强特色，获评省4A级景区镇，实现全镇域2A级景区村庄全覆盖。出版《缶庐遗风——昌硕故里书画篆刻作品集》，全面呈现鄣吴厚重的文化传承。持续浓厚特色文化氛围，高质量举办玉华樱桃采摘节、鄣吴溪漂流节、中国亲子文旅节、长三角知青文化节、重阳千人古鄣宴等特色节庆活动，知名度和影响力显著增强。

聚焦乡村经营短板，探索以“入股联营”激发内生动力，“飞地抱团”拓展营销收效，全力运营好六村联营鱼池公司，走出切合自身实际的乡村振兴新路子。先期入股的鄣吴溪漂流项目已建成运营并实现分红，接待游客超万人；跨乡镇“飞地强村”项目已获营收分红，累计实现分红和省补资金超200万元。抢抓长三角一体化发展新机遇，加快推进浙皖毗邻区域乡镇合作，与东亭乡签订两地协作共建合作协议，在产业发展、环境保护、社会治理等十大领域开展合作，常态化推进生态环境协同保护治理、治安联防实现平安共建，打造省际毗邻区域乡镇“一体化”发展新模式，获副市长施根宝批示肯定。统筹推进“三位一体”无废模式，创新12345垃圾分类工作法，制定《无废乡村创建标准》，垃圾分类入户率和总积分位居全县第一，景坞村获评县级“无废村庄”。分层推进限塑试点，累计减少塑料袋2万只，塑料制品使用率下降28%，“以袋换袋”做法被央视媒体宣传报道。高标准完成省级污水零直排区创建，获评省级五水共治优秀乡镇。

龙上线改造提升、农村饮用水达标提标工程、镇域便民公交提升项目、鄣吴溪流域综合治理工程、镇区景观风貌改造提升工程等五大工程项目均已全面完工。全面加强文教卫事业发展，年度投入达800万元，获评国家卫生乡镇。持续加大对困难群众帮扶，投入约20万元完成8户困难群众危旧房改造，发放困难群众救助40余万元。完成地灾点治理2处，加快推进景坞里庚地灾点治理，完成26根抗滑桩安装。全面完成第七次全国人口普查。深入开展大调研大走访活动，走企访户800余家，化解问题160余件，走访千人占比率全县第一。扎实推进征兵、退役军人、统战、团委、妇联、工会、计生、科技、档案、老龄等各项工作取得新成效。实现安全生产事故零增长。完成“1＋6＋N”镇村两级矛调中心建设，成立全县首个“村民议事会”，乡村治理“三治融合”更加深入，平安家园卫队、全科网格员和党员骨干等作用得到有效发挥，全年平安指数考核连续保持全县前列。

坚持把从严从实、实干担当作为自觉追求，全面转变政府工作作风。自觉接受镇人大依法监督和社会舆论监督，认真办理人大代表议案，县代表提交2件、镇代表提交15件议案和建议均办理完成。严格执行政府集中采购和工程招投标制度，加大村级“三资”管理和“小微”权力监管，规范财务审批程序，预防和惩治手段不断完善，风清气正的良好生态持续巩固。严守中央八项规定和省市县各项规定，扎实推进省委巡视和县委巡察整改，瞄准症结所在，细化整改措施，构建预防机制。会议文件进一步精简，“三公”经费持续下降，落实“光盘行动”等“八个一”文明有礼行为。推进“清廉乡村”建设，圆满完成2轮村级巡察。以“最多跑一次”改革为引领，打通服务惠民“最后一公里”，人民群众和市场主体的满意度大幅提升；深化政务公开，大力推进重大事项、重点领域信息公开，累计公开信息35件，确保行政权力公开透明运行。

【“诗画玉华——樱你而甜”2020年鄣吴镇玉华樱桃采摘节】 4月25日，鄣吴镇举办“诗画玉华——樱你而甜”2020年鄣吴镇玉华樱桃采摘节。中共安吉县委常委、副县长项侃文致辞，鄣吴镇党委书记吴丹妮致欢迎辞，县农业农村局局长杨忠义县文体旅游局副局长王正南鄣吴镇党委副书记、镇长刘欣欣玉华村党支部书记邱兴平一同上台为“安吉玉峰旅游文化发展有限公司”成立揭牌。

【县委第三巡察组巡察鄣吴镇党委及所辖6个村党组织工作】 7月2日，召开县委第三巡察组巡察鄣吴镇党委及所辖6个村党组织工作动员会。会上，县委第三巡察组组长俞兆松就即将开展的巡察工作做了动员讲话，玉华村、景坞村党组织负责人依次做了表态发言，县委巡察办副主任李斌就做好巡察工作提出要求，鄣吴镇党委副书记、镇长刘欣欣主持会议并作表态讲话。按照县委巡察整改工作安排，10月17日上午，鄣吴镇召开落实巡察反馈意见整改工作专题民主生活会，聚焦县委第三巡察组反馈问题逐条说明整改落实情况，举一反三深刻查摆自身存在问题，为促进巡察反馈问题全面整改、彻底整改、高质量整改奠定基础。县委组织部部务会议成员、县人才发展指导中心主任陆文龙，县纪委、监委信访室主任韩弢以及鄣吴镇全体班子领导参加会议。

【鄣吴溪漂流开漂仪式】 7月17日，鄣吴溪漂流开漂仪式正式举行。县人大常委会副主任梁蕴伟，县文体旅游局党委书记、局长彭忠心，县委宣传部副部长、文明办主任麻爱军，县自然资源和规划局党委委员、副局长王伟星以及鄣吴镇全体镇村干部等200余人参加活动。鄣吴镇党委书记金枫涛向参加仪式的领导嘉宾致欢迎辞；县文体旅游局党委书记、局长彭忠心和宣传部副部长麻爱军为漂流公司揭牌；县人大常委会副主任梁蕴伟宣布鄣吴溪漂流正式开漂。

【夏季送清凉活动】 8月5日下午，鄣吴镇开展“夏季送清凉”活动，为一线工作者送上“清凉包”和夏日慰问。1号队伍由镇党委书记金枫涛带队，分别为集镇环卫工人、垃圾中转站的环卫工人及安吉游戏项目施工人员送去夏日清凉。2号队伍由镇长刘欣欣带队，为仓实上居施工人员、蛟坞水库管护人员及大河口站的农饮水工人送去夏日问候。

【鄣吴—东亭签订跨区域合作协议】 为扎实推进长三角一体化高质量发展，构建毗邻乡镇协作联动创新试点，9月8日下午，鄣吴—东亭跨区域合作协议正式签

9月8日，鄣吴—东亭跨区域合作协议签订

订。双方围绕党的建设、资源开发、文旅发展、生态保护、教育养生、信访维稳等方面达成框架协议,进一步推进跨省深度融合和联动发展,实现两地共建共享共赢。安吉县副县长任贵明、广德市副市长江晓华,鄣吴镇、东亭乡党政领导班子,安吉县文旅局、广德市文旅局负责人,以及毗邻村书记,幼儿教育、康体养生、竹扇制作等企业家代表出席仪式。

(胡国骏)

2020 年鄣吴镇各村基本情况表

表 15

村(社区)名称	村民小组(个)	农户数量(户)	人口数量(人)	劳动力数量(个)	土地面积(亩)	农民人均收入(元)	村级经济总收入(万元)	村级固定资产(万元)	书记	主任
鄣吴村	39	1054	3608	2526	3005	44550.2	696.6	9000	顾先方	顾先方
玉华村	3	168	624	436	420	45077.8	348.6	1450	邱兴平	邱兴平
景坞村	24	771	2878	1660	1000	42468.3	357.6	1872	徐建国	徐建国
民乐村	7	244	810	567	9255	35633.9	208.4	172	王陈祥	王陈祥
上吴村	20	680	2502	982	1240	33287.6	259.6	315	朱有云	朱有云
上堡村	10	252	845	591	568	34969.4	213.9	183	徐成贵	徐成贵
合计	103	3169	11267	6762	15488	—	2084.7	12992	—	—

杭垓镇

【概况】 杭垓镇位于安吉县西部,东邻孝丰镇,南接报福镇、章村镇,西北与安徽省的广德、宁国交界,全镇辖区面积 267 平方公里,辖 18 个行政村,340 个村民组,总人口 3.4 万余人,总户数 10418 户。境内多山,属天目山北麓,处老石坎水库、赋石水库上游,是西溪发源地,素有“八山一水一分田”之称。境内林业资源、矿产资源丰富,林业用地面积 35.29 万亩,生态公益林面积 15.29 万亩,森林覆盖率 86.22%,生态环境良好。

2020 年实现财政收入 7487 万元,完成目标任务的 120%。荣获国家卫生镇、省级森林康养小镇、全国文明城市创建突出贡献等荣誉。完成规上工业总产值 1.86 亿元,规下样本企业营收增幅 19.3%,零售业营收增幅 36%。深化“亩均论英雄”改革,完成低效企业出清 33 家,超额完成年度目标。完成股改 2 家,浙江省股权交易中心成长版挂牌 1 家。公积金扩面完成年度任务 104.29%。外贸出口趋势稳定,完成外贸“三转”5000 万元,自营出口 1.85 亿元,同比增长 40%;新增出口实绩主体 5 家。全年完成在谈项目 10 个,新签约项目 1 个,实到外资 1224 万美元。全力破解“五未”项目难题,欣远技改项目已完成宿舍楼结顶。完成大乐之野二期主体建设;完成“飞地抱团”电商物流园项目竣工验收,并正式运营;悠然九溪茶园、名仕田园民宿等项目有序推进。以高质量开展“三服务”为抓手,全年召开各类企业座谈会 9 场,“两山”试验区建设研讨会 12 场,最大限度撬动改革杠杆。多形式拓展线上平台渠道,持续为全镇竹木产业、农产品销售注能;同步壮大农产品品牌;不断激活电商潜能,全年电商销售额突破 4 亿元大关,并荣获 2020 年度中国淘宝镇、浙江省电商镇等荣誉称号。

第一时间贯彻落实县委县政府重大公共突发卫生Ⅰ级响应,迅速成立杭垓镇防控新冠疫情领导小组,有效落实防控“五个一”机制,累计排查外地返乡人员 1400 余人,发放提供口罩 4.3 万余个,酒精及消毒液 2.1 吨,配备各卡点额温枪 320 余把;全面开展“洗村”“洗楼”“洗厂”行动,累计排查户籍和暂住人口 3 万余人。在唐舍、桐坑、岭西、杭河、文岱、高村、七管、大坑、缫舍等省际交界区域打造多村联防队伍,开展防控卡点全天候值守,全面守好省际边界安全线。构建“1+18+N”防控体系,统筹全镇人力、物力实施联控联防,劝返外来人员2100余人,实现“零输入”“零病例”,牢牢守住安吉的“西大门”。开展“深化‘三服务’,助企开复工”专项行动,派驻企业专员服务145家企业开复工,组织外地员工有序返岗,解决各类问题500余件。积极开展纾困工作,共计补助小微企业和个体工商户800余家,补助金额超百万元。实施“外贸内销抱团作战”,成功举办首届中国竹木园艺之乡电商节,有效拉动电商销售5000余万元。

落实基层党组织书记党建主体责任制,强化基层党组织的核心作用。健全完善“不忘初心、牢记使命”主题教育长效机制,结合“三会一课”、支部主题党日、“万名党员进党校”大轮训等载体,发挥“智慧党建云视频”学习系统作用,推动党员干部思想政治素养进一步升华。全面优化红色阵地布局,完成西南片区首个市级五星级党群服务中心(松坑村党群服务中心)创建,18个村级党群服务中心全部落实村干部集中办公制度,基层堡垒向心力进一步增强。有序落实村两委换届工作,全镇99位新选任村干部顺利上岗,平均年龄43岁,大专及以上学历40人,实现了“选优配强”的换届目标。严把党员发展关,高质量抓好党员发展工作,2020年共发展党员11名,平均年龄36岁,为基层党组织及时输入新鲜血液。干部队伍建设全面加强。在疫情防控期间,镇村223名干部日夜驻守卡点、1400余名基层党员志愿参与蹲点、3000余名普通群众自发捐资捐物,干群协力守住了一方净土;在复工复产期间,党员干部深入开展“三服务”,实现了经济数据逆势飘红;在创城攻坚时刻,党员干部工作创城两不误,得到上级肯定。传承“导师帮带”的好传统好经验,老干部冲在一线、干在前线,树立了好榜样;年轻干部学在一线、干在火线,学到了真本领,干部队伍战斗力极大增强。坚持“严管厚爱”理念,贯彻落实干部关怀和谈心制度,借助“西溪论坛”载体,开展书记干部面对面交流座谈4期,了解干部思想动态,帮助解决实际困难,干部队伍凝聚力全面提高。牢固树立作风建设永远在路上的思想,全面落实党风廉政建设主体责任和监督责任。坚持“一把手”负总责,领导班子成员“一岗双责”工作机制,严格执行“三重一大”“末位表态”、个人重大事项报告等制度;抓好廉政风险点排查、正风肃纪检查、“党纪教育一刻钟”“讲政治、讲规矩、守纪律”“讲奉献、敢担当、干实事”专项督查等工作。

交通基础设施全面推进,“申嘉湖”高速孝源至唐舍段主线全面贯通,“511”交通工程持续加快,完成九七线一期项目建设;完成九七线二期、磻佛线、双岭线、松坑至小岭脚等28.3公里县乡道政策处理,各项目均已进场施工。完成新上塘大竹竿至新桥、吴村村阴山坞至文官坞、姚村黄泥墩至万石坞道路改造提升,完成危桥改造3座。投资4800余万元完成16个村农饮水达标提标工程。高村红峰水库、尚梅牛头坞等三座水库除险加固工程快速推进。3689亩高标准农田完成主体工程建设,投资800万元,完成集镇至松坑10千伏供电线路改造。完成国土空间规划一村一梳理、美丽城镇建设行动方案和杭垓镇城镇发展研究三大规划编制,以新上塘村为试点,出台村级农房建设专项方案。加快推进杭河、桐坑易灾地区安置区、缫舍“出红线、保水源”安置区,新上塘、桐杭、尚梅高速公路安置区块建设。全国文明城市创建展现杭垓力量,全年开展各类文明志愿活动5000余人次,完成点位提升70余处,清理乱投放100余吨,新增公益类广告200余处,集镇面貌焕然一新,全年共获得三季优胜单位、获评县级集体嘉奖单位。美丽城镇长效管理获得县主要领导批示肯定。全面聚焦村级经济壮大,抓住镇“两山”银行成立契机,积极推进磻溪“美丽乡村体验馆”项目;提前完成大坑农业园区一期项目内部基础建设以及七管星火广场一期项目建设;岭西“安吉竹林鸡”荣获国家级农产品地理标志证书。完成桐杭、松坑美丽乡村精品示范村复评,积极推进和村精品示范村、唐舍经营示范村创建。景区村庄申报实现全覆盖。通过内部挖潜、多渠道盘活各类资源,新建村级综合楼5栋,文化礼堂4座;“飞地抱团”项目租赁权成功拍卖;全面完成粮食和生猪保供任务;提前实现村级集体经营性收入50万元以上全覆盖。

积极做好第二轮中央环保督察整改工作,高质量完成省级“污水零直排区”创建工作。分别投资500万元完成主河道水毁修复工程和集镇范围内雨污管网提升改造工程，新建、修复雨污管网4700米；完成污水厂提升改造任务，大幅提升集镇污水处理能力。完成毗邻水库片区周边沿线硬隔离工程，新建隔离网8公里。编制排水口整治方案，强化企业危废管控，建成小微企业危废收贮运营仓库。年度环保投诉办结率和满意度均保持100%。深入推进“河长制”“林长制”“路长制”，完成辖区河道岸线巡查全覆盖，完成问题点位整改50余处，完成水土流失治理面积12平方公里。建立水源卫队，进一步提升水库周边常态化管理。垃圾分类成为新时尚，新建省级垃圾分类资源化站点8个，垃圾不落地和信息化创建基本实现全覆盖。美丽乡村环境卫生长效管理取得新突破，全“好”的村达到11个，好评率达到90%以上。推进“四无”环境整治，排查整治问题794个，排查企业374家，整治隐患114处。坚决打好污染防治攻坚战，$PM_{2.5}$年均浓度保持在26微克/立方米，空气质量优良率达95.4%，位居全市乡镇前列。缫舍、和村、新上塘3处交界断面水质监测各项指标均位于全县前列。持续推进“三改一拆”，全年完成“三改”面积11.6万平方米，拆除面积3万余平方米；完成抚育造林5000亩，新建林道5公里，开展库区板栗林专项保护1万余亩，争取生态公益林保护专项资金1000余万元，成功获评“省级森林康养小镇”荣誉称号。

完成市级“社会组织服务中心”示范点建设，首创“政府+基金会+社会组织”精准助贫模式，吸纳爱心乡贤50余人、筹集资金500余万元，定向开展“帮、扶、助”工作，全年实施公益慈善项目2个，受助家庭20余户。新建市级统战示范基地1个。创就业服务质效提升，全年引进各类人才601人，新增创业担保贷款1131万。教育事业不断创优，中考“重点线”上线率完成指标的246%。高标准打造幸福邻里中心综合体，完成市级“儿童之家”、国家级“向日葵亲子小屋”项目建设；完成镇卫生院、中小学迁新改建招投标工作；完成农村电影院新建1家。圆满完成新兵征集任务，14名优秀青年光荣入伍。退役军人服务工作持续深化，全年慰问救助困难退役军人112人。聚焦困难救助，帮扶低保家庭297户427人、持证残疾人1006人；养老、医疗保险参保率分别达99.3%、99.6%；农房保险参保率达100%。深化“无欠薪”行动，全年调处劳动纠纷116起。实施计生关爱，完成奖特扶新增241人，慰问特殊家庭38户60人。优化养老服务管理，落实特困老人集中供养19人，户院挂钩9人；完成困难群众危房改造19户。完成村级居家养老服务照料中心社会化运行全覆盖。创新“一体四化”生态节葬杭垓模式，完成整改提升101处。立足杭垓实际，创新“平安边界365”体系工作机制，搭建省际毗邻乡镇沟通平台，有效保障地区平安稳定发展。高质量完成镇级矛调中心建设；严格履行安全生产、消防安全监管职责，完成地质灾害点整治6处，督办整治1119件安全隐患，治理成果入登全县《余村经验》期刊。完成村级避灾安置点建设6个。持续推进“七五”普法工作，和村村获评“省级”民主法治村。高质量完成第七次全国人口普查工作；依托“智慧城管”“最多访一次”等现代化智能数控平台，全年调解纠纷487起，办结县转办信访件16起，整治“三小车”181辆，实现“平安杭垓”十五连冠。

【首届农村电商文化节火爆开市】 1月2日，“花YOUNG青春”湖州市农村电商集市暨安吉

1月2日，首届农村电商文化节开市

县首届农村电商文化节在杭垓镇松坑村村委会广场隆重开幕。来自全市的电商从业者、农村创业青年代表,抚松县(安吉对口结对县)农副产品企业代表,杭垓镇竹木农副产品企业代表在此云集。

【杭垓镇与安徽省毗邻乡镇共谋发展】 1月8日,安徽省宁国市中溪镇、浙江省安吉县杭垓镇两镇党政领导在宁国市中溪镇召开座谈交流会,共商合作共赢大计,共谋繁荣发展良方。

【杭垓镇"联企专员"全力保障企业复工复产安全有序】 2月14日,为推动企业平稳复工复产,杭垓镇实施"包干到企",规上企业由1名领导+2名机关干部进行服务指导,其他企业由1名领导+1名机关干部联系,持续开展企业帮扶,深化三服务活动,全力保障企业复产复工安全有序。

【全县首个小额工程交易在杭垓顺利开标】 3月4日,今年全县首个小额工程交易在杭垓顺利开标。疫情发生以来,安吉县公共资源交易中心杭垓镇分中心根据项目重要性及工期紧迫性制定工作方案,一手抓疫情防控,一手抓复工复产,多措并举保障疫情防控期间公共资源交易有序开展。

【深化"三服务",狠抓"一中心八样板"】 3月19日上午,"奋战一百天 冲刺半年红 打赢两场战"2020年杭垓镇深化"三服务"狠抓"一中心八样板"建设推进大会召开。镇领导班子,全体机关干部,村主职干部,县派第一书记,基层站所负责人,重点企业代表,志愿者代表参加。

【民盟安吉支部与杭垓镇岭西村正式达成结对共建】 4月22日上午,民盟安吉支委赴杭垓镇岭西村考察调研,开展结对帮扶活动。县委统战部部务会议成员、侨联副主席施润涛、民盟安吉支部主委任建灵参加结对活动,镇党委副书记陆恒等陪同。

【开展"千名党员进党校"大轮训活动】 4月26日,为深入学习贯彻习近平总书记在浙江、安吉考察时重要讲话精神,进一步巩固深化"不忘初心、牢记使命"主题教育成果,杭垓镇党委开展"千名党员进党校"大轮训活动,由镇机关、老干部、各村、两新、站所等党组织组成的1400余名党员共听党课、忆党史、感党恩,谋发展。

【首届中国竹木园艺之乡电商文化节暨"稳外贸、促内销"大会】 4月29日,首届中国竹木园艺之乡电商文化节暨"稳外贸、促内销"大会,镇党委书记王长林致欢迎词,县商务局党委书记、局长孙莉致贺词,杭垓镇电商联盟会代表、杭垓镇电商协会会长王永杰讲话,安吉县松森木竹工艺有限公司总经理俞世民讲话。

【举办庆祝建党99周年主题活动】 6月30日,杭垓镇庆祝建党99周年活动圆满落幕,活动在主会场和分会场同步上线,全镇1400余名党员通过智慧党建云视频共同庆祝党的99周年华诞。

【吴山喜铜像揭幕】 7月1日,杭垓镇选树正能量典型人物活动暨吴山喜铜像揭幕仪式在七管村星火广场举行。县人大常委会副主任梁蕴伟,县退役军人事务管理局局长张军,县委组织

红军吴山喜铜像

部部务成员、县委两新工委副书记郑时骏，镇党委书记王长林，镇党委副书记、镇长徐平，镇人大主席徐渊，镇党委副书记陆恒，其他班子成员，以及部分机关党员干部，2019 年新发展党员，退役军人及民兵代表，七管村两委、党小组长等参加揭幕仪式。

【“人才夜市”招聘会】 7 月 14 日晚，杭垓镇首场“人才夜市”招聘会在镇政府门口举办，现场人头攒动、热闹非凡，杭垓镇借力“夜市”东风，搭建“稳就业、保民生、促发展”的招聘平台，为各类求职者和企业单位提供多样化的供需服务，促进群众择业和就业。

【“同心童行·筑梦成长”杭垓镇儿童公益夏令营开班】 8 月 3 日上午，“同心童行·筑梦成长”杭垓镇暑期关爱孤困儿童公益夏令营，正式启动。杭垓镇党委书记孙传国、人大主席徐渊、副科级组织员胡成功、安吉县杭垓镇公益基金会理事长陈勇进、理事雷炳政出席活动。

【第七次全国人口普查动员培训会】 8 月 11 日，杭垓镇召开第七次全国人口普查动员暨业务培训会，专题部署、加快推进全镇第七次全国人口普查工作。县统计局党组书记傅爱国、县统计局党组成员（县第七次全国人口普查领导小组办公室主任）沈坚、县第七次全国人口普查领导小组办公室副主任江慧娟、杭垓镇第七次全国人口普查领导小组全体成员、各行政村人口普查领导小组组长及相关人员参加会议。

【“2020·杭垓人大会”顺利举办】 10 月 1 日上午，“同梦 同心 同行，凝聚杭垓力量，共建静心小镇——2020·杭垓人大会”顺利举办，来自天南地北的乡贤们相聚一堂，共叙故土情谊，共同见证家乡的蜕变，共商未来发展大计。

【第七届乡村运动会暨“健步安吉”梅海高山越野赛活动开赛】 10 月 14 日上午，杭垓第七届乡村运动会暨“健步安吉”梅海高山越野赛活动，在杭垓镇梅海公园盛大开赛。镇党委书记孙传国宣布本次活动启动，县文化和广电旅游体育局副局长周忠林致辞。

【村党组织老书记荣退仪式暨新任党组织书记集体谈话】 10 月 27 日，杭垓镇召开村党组织老书记荣退仪式暨新任村党组织书记集体谈话，杭垓镇部分班子成员、7 位荣退党组织书记及各村下派第一书记、书记共计 54 人参加活动。

【杭垓镇“西山银行”正式成立】 10 月 29 日，杭垓镇“两山银行”签约揭牌仪式举行。县两山公司、杭垓镇等相关负责人参加。活动现场，城投集团党委书记、董事长周斌与杭垓镇党委书记孙传国共同为“安吉县杭垓两山生态资源资产经营有限公司”揭牌。

【新任村干部“西溪讲堂”开班仪式】 12 月 11 日，杭垓镇举行新任村干部“西溪讲堂”开班仪式。全体镇班子成员、中层干部、新任村干部、第一书记、荣退老村主任参加仪式。县“两山”宣讲团成员谭诗颖和杨震分别以《幸福是靠奋斗出来的》和《白衣为甲，守护希望》为题进行宣讲；县委党校老师章滨进行专题授课。

（沈　旭）

10 月 29 日，杭垓镇“两山银行”正式成立

2020年杭垓镇各村基本情况表

表16

村(社区)名称	村民小组(个)	农户数量(户)	人口数量(人)	劳动力数量(个)	土地面积(亩)	农村经济总收入(万元)	农民人均收入(元)	村级经济总收入(万元)	村级固定资产(万元)	书记	主任
杭垓村	19	876	3010	1685	16561.95	114526	38317	244.29	1273.15	王永平	—
松坑村	17	515	1763	906	21916.35	21956	39182	1415.83	1483.68	程传法	—
桐杭村	19	655	2104	951	22511.85	16052	38719	1490.22	1571	单明星	—
唐舍村	19	463	1580	836	16951.05	11082	42553	493.67	4224.1	梅明星	周世强
尚梅村	31	778	2387	1072	27239.85	17962	33842	475.72	1173.22	姚培根	—
新上塘村	30	789	2648	2060	25937.7	46064	34637	393.89	957.82	雷炳政	—
缫舍村	23	810	2670	1971	28074.75	10343	39593	792.43	861.59	周先忠	—
和村村	27	846	2912	1578	29462.4	9974	31166	848.48	2223.12	李再清	—
七管村	12	355	1262	908	23268.45	3872	30932	324.29	891.07	胡来春	—
大坑村	11	433	1423	871	20240.55	4523	30433	360.39	961.05	杨希洲	—
磻溪村	27	819	2543	1338	36073.65	40345	38658	596.31	1394.13	罗晓松	—
文岱村	10	280	919	472	11913.9	10556	32342	241.19	39.79	陈　刚	—
桐坑村	19	574	1830	330	13679.25	13580	30942	670.42	729.1	胡爱武	—
杭河村	13	331	1040	618	14790.15	8645	30256	411.36	984.5	孙贵明	—
岭西村	9	251	817	529	7862.55	9052	35260	270.53	618.68	马明雁	—
高村村	17	533	1766	709	29580.45	16020	37343	403.72	1519.36	严牛牛	胡友春
姚村村	18	588	1779	921	30098.55	14958	36721	574.29	1174.46	邵　刚	—
吴村村	19	521	1637	750	18755.7	13458	37211	387.73	1192.26	陈有宽	—
合　计	340	10418	34090	18505	394919.1	382968	35861	10394.86	23272.08	—	—

孝丰镇

【概况】 孝丰镇位于安吉县西南部，是安吉西南部的经济、文化和贸易中心，行政区域面积191.4平方公里。2020年孝丰镇全年实现财政收入3.79亿元，增长14%；实现规上工业总产值31.49亿元，规上服务业总产值2.53亿元；城乡居民人均可支配收入分别增长8.4%、9.2%；经营性收入超50万元以上的村实现全覆盖，8个村突破100万元。连续四个季度获评全县加快发展考核优胜单位，荣获招商引资、项目推进、亩均改革等6面流动红旗。创新实施“112233”防控办法。实行“1名班子领导+2名镇干部”一线驻点，帮助企业解决困难问题418件。落实并出台了一系列纾困惠企政策，发放纾困资金461万元，争取抗疫贷6000余万元，加速推动企业复工复产、复商复市。

全年新签永裕未来智造综合体、千年舟竹材装饰集成等亿元以上项目5个，总投资21.7亿元，新增在谈项目19个，完成合同外资2500万美元，实到外资1335万美元。康润制剂、坤鸿新材料等5个项目开工建设，晟安海绵等3个项目竣工投产，实现工业性投入2.4亿元。梦山水等3个休闲项目完成固定资产投入1.13亿元，五峰山运动休闲康体中心建成运营。全年新增5亿元以上企业1家，亿元以上企业3家，小升规5家，2家企业IPO进程加快。大力支持企业研发投入，新认定国家级高新技术企业1家，和也科技通过中国绿色产品认证，立丰新材料等13家企业通过省级科技型中小企业认定，安吉(孝丰)绿色竹产业创新服务综合体入选省级创建名单。全职引进教授级人才1名，申报南太湖精英计划5个，入选"美丽英才计划"1个。国家安吉竹产业示范园区开园开工，实施园区标识节点、横溪坞改河等基础设施建设项目10个，累计投资9000余万元，成功争取园区专项债2.8亿元。园区入选中国(上海)国际竹博会、义乌国际森林产品博览会重点推介名单，知名度和影响力逐步扩大。着力完善老园区基础设施，修缮污水管网500米，完成企业污水零直排建设27家。积极推进技改提升、依法转让、破产重整，出清低效企业85家。

完成南门老街省级历史文化村落建设，修缮古建筑44栋8800平方米。投资1亿元的新农贸市场主体竣工。新建云鸿塔路和灵龙南路污水管网500米，新增绿化6300平方米，新设机动车位、非机动车位3500个，施划主要道路地面标识线3.9万米，安装护栏3100米。新建城市书房、城市健身房各1座。完成农村联网公路建设改造5公里。申嘉湖高速公路西延二期项目主线贯通。强化沿线道路景观提升、沿街立面特色改造，清理"赤膊墙"、蓝钢棚7000余平方米、乱堆放3000余处、垃圾960吨。全县率先推进城镇住宅小区生活垃圾定时定点分类投放，完成试点2个。探索常态化、长效化管理机制，建成全省首个城区"5分钟处置圈"指挥平台，建立"丰城骑行队"，实现对市容环境问题的"一屏监控、一键处置"。发放"文明服务令"1535张，查处违停"三小车"1.5万辆次，城镇环境秩序更加规范。美丽城镇建设样板创建行动方案获评省级优秀。深化"街巷长制"，对主城区19条主要街道开展常态化巡查。建立"五老""乡贤""赤子心"等志愿者队伍，全年开展志愿服务5800余人次。深入实施"孝爱丰城百千万工程"，百名机关党员联系千名村社区志愿者结对万户家庭，加大文明宣传，营造全民共建的良好氛围，助力全县全国文明城市首创即成，荣获全国文明城市创建集体嘉奖。

修缮后的南门老街

溪南村以一等奖第一名的成绩通过美丽乡村精品示范村创评，孝丰镇获美丽乡村精品示范村创建三连冠。潴口溪村成功创建乡村经营示范村，代表安吉县参加全市区县互看互学互比活动，取得优异成绩。横溪坞村成功创建乡村治理示范村。赋石村获评省级美丽乡村特色精品村。创新乡村片区化组团发展模式，"五谷丰登·花园驿站"项目加快推进，获省级一事一议项目资金2200余万元。孝子宴、龙舟赛等乡村旅游品牌持续打响，新增省级AAA级景区村庄2个，文旅融合示范村1个。"两山银行"储备项目8个。全域农整垦造耕地138亩、复垦250亩，全镇全域土地综合整治获批国家试点。累计拆除存量违建6.8万平方米。完成商贸集中区和3个居住小区"污水零直排"创建。整治山塘水库3座、河道3.5公里，河道断面水质保持在Ⅱ类以上，南溪孝丰段被评为省级"美丽河道"。强化大气污染防治,$PM_{2.5}$年均浓度降至30微克/立方米,空气优良率达96%。

全面完成8件民生实事。连续十年举办孝文化风情节,发布“孝爱、守信、丰裕、奋进”的新时代孝丰精神,凝聚发展正能量。着力改善孝丰中学、孝丰小学基础设施,完成富城幼儿园改造,创建美丽乡村幼儿园1个,全县率先建成“向日葵”亲子小屋、“爱心超市”,探索解决“托育难”问题。扎实推进国家卫生镇创建,完成省市评估。高质量完成第七次全国人口普查。城东社区获评全国综合减灾示范社区。完成镇社会福利中心改造,居家养老服务照料中心社会化运行实现全覆盖。承办全市首场就业困难人员专场招聘暨公益性岗位精准对接洽谈会,全年举办线上、线下专场招聘会17场,解决就业1800余人。农村生活垃圾智能化收集实现全覆盖,农饮水达标提标工程全面完成,新增受益群众1.25万人。关心关爱困难群众,“一对一”帮扶低收入农户450户,下发帮扶资金900余万元。完成老丝厂宿舍、三建公司D级危房整治92户、农村困难户危旧房16户。

积极推广“矛盾不出村”经验,镇矛盾纠纷调解中心建成运行,矛盾纠纷调解成功率99.6%。扫黑除恶专项斗争纵深推进,社会治安持续向好,全年接报警同比下降16.5%,孝丰派出所荣获全市2020年度十佳基层执法示范所称号。安全隐患排查见底行动强势推进,处置隐患6100余个,大安全体系进一步健全,安全生产形势整体平稳有序。坚持依法行政,主动接受人大法律监督,自觉接受群众和舆论监督,认真办理代表建议16件,解决落实率持续提高。全年政府系统文件减少15%,公开政务信息470余条,公共权力运行更加阳光透明。注重发挥政府法律顾问作用,实施合法性审查200余件。积极开展“三服务”,解决问题318个。认真履行全面从严治党“一岗双责”,严格执行中央八项规定精神,坚决抓好省委巡视、县委巡察整改落实。加强村级小微权力运行管理,规范小额资产和公共资源交易。高质量完成21个村(社区)换届选举。

统计、档案、科协、慈善、工青妇、红十字、民族宗教、国防动员、关心下一代等工作取得新成绩。

【2020年孝丰镇经济发展·人才科技百日攻坚大会】 3月15日,“奋战每一天 奋进我争先”暨2020年孝丰镇经济发展·人才科技百日攻坚大会在孝丰镇人民政府广场召开。孝丰镇领导班子全体成员,浙江省林业科学研究院博士宋绪忠,杭州聚锐科技公司副总周震环,有关金融机构负责人,孝丰镇规模以上企业、服务业和重点在建工程项目负责人,受表彰对象代表,镇全体中层干部、村(社区)两委主职干部、第一书记参加,镇党委副书记、镇长潘明亮主持。

【接待210名浙江第一批援助武汉医疗队员集中修养】 3月22日,210名浙江第一批援助武汉医疗队员在孝丰进行为期14天的集中休养,湖州市副市长闵云,县委副书记、代县长宋波,副县长任贵明等候迎接。

【“沿着两山路,奋干在实处”主题活动暨新时代孝丰精神发布会】 4月26日,孝丰镇召开“沿着两山路,奋干在实处”主题活动暨新时代孝丰精神发布会。会议采取网络视频直播的形式,主会场和分会场同步进行,千名党员共参会议。在主会场参加会议的有县委组织部副部长、县委编办副主任诸自力,县委宣传部副部长、县文明办主任麻爱军,孝丰镇党委书记翟金坚,党委副书记、镇长潘明亮及部分镇班子领导,孝丰镇21个村(社区)党组织书记以及表彰对象代表。

【省“两山银行”现场会举行】 6月28日,省“两山银行”现场会在孝丰镇潴口溪举行。副县长沈鑫钰,镇党委副书记、镇长潘明亮参加。

【联合多部门开展“文明就餐新风尚”专项行动】 孝丰镇综合执法办、妇联、综合执法所、市场监管所联合开展“文明就餐新风尚”专项行动。前期由综合执法所向城区各大餐饮商户发放倡议书,倡议“厉行节约,反对浪费”新风尚。随后各部门联动对餐饮店就餐人员进行文明劝导,对严重浪费人员开具“文明服务令”,责令打包菜品,并要求餐饮浪费者着垃圾分类马甲开展文明用餐监督30分钟,对拒不执行者,将在城市中央大屏幕进行视频曝光。对厉行节约的“光盘行动”践行者发放“光盘币”,下次消费抵扣现金，收到了良好的社会效应。

【国家安吉竹产业示范园区开园、项目开工仪式】 7月30日，国家安吉竹产业示范园区开园、项目开工仪式隆重举行，县政协主席赵德清、人大社会建设委员会主任委员吴有才、项目方代表、镇全体班子成员、中层以上干部、各村（社区）主职干部、各站所负责人、部分党员及村民代表参加。镇党委副书记、镇长潘明亮主持。

【安吉县孝丰两山生态资源资产经营有限公司签约揭牌仪式】 9月11日，安吉县孝丰两山生态资源资产经营有限公司签约揭牌仪式在孝丰两山银行举行。城投集团党委书记、董事长周斌，孝丰镇主要领导、镇长潘明亮等相关负责人参加。

【全省殡葬工作现场培训会】 10月15日，全省殡葬工作现场培训会到竹根前村、新村村参观生态墓地，骨灰堂。省民政厅副厅长余强、省民政厅社会事务处处长丁小策，湖州市民政局局长朱荣章，副县长沈鑫钰，各设区市民政局分管领导、社会事务处（殡葬管理处）处长，各县（市、区）民政局分管领导，省殡葬协会领导参加本次会议。

10月15日，全省殡葬工作现场培训会到竹根前村、新村村参观生态墓地

【第十届孝文化风情节】 10月25日，第十届孝文化风情节在孝丰镇开幕。安吉县委常委、常务副县长潘鸣，县检察院检察长陈章，孝丰镇主要领导、镇长潘明亮，县级有关部门领导及孝丰镇全体班子参加。来自孝丰镇的百岁老人们与安吉县76对金婚夫妇欢聚一堂，共同庆祝重阳佳节。孝文化风情节系列活动之“十里渔村”金秋欢乐游暨2020中国·长三角“千年舟”杯第二届安吉天赋龙舟邀请赛在赋石村举行。县检察院检察长陈章和千年舟集团党委书记毕海明共同为龙舟赛鸣锣开赛。

【2020全国睡莲产业论坛】 10月27日，2020全国睡莲产业论坛在孝丰镇溪南村召开，省科协党组成员、副主席王忠民等市县领导参加会议，孝丰镇党委书记潘明亮主持会议。

（吴璐璐）

2020年孝丰镇村（社区）基本情况表

表17

村（社区）名称	村民小组（个）	农户数量（户）	人口数量（人）	劳动力数量（个）	土地面积（亩）	农村经济总收入（万元）	农民人均收入（元）	村级经济总收入（万元）	村级固定资产（万元）	书记	主任
夏阳村	9	452	1492	158	18431	164	25890	43.8	1253	鲍鑫	鲍鑫
赋石村	14	658	2258	1490	19950	9806	43427	404	9445.85	张闻泽	张闻泽

续表 17

村(社区)名称	村民小组(个)	农户数量(户)	人口数量(人)	劳动力数量(个)	土地面积(亩)	农村经济总收入(万元)	农民人均收入(元)	村级经济总收入(万元)	村级固定资产(万元)	书记	主任
赤坞村	18	826	2760	2100	1489	8832	32000	145.45	1004.89	林 立	林 立
竹根前村	15	710	2320	1650	10552	9321	33668	50	2035	王金平	王金平
新村村	12	477	1388	823	1150	4864	28725	124.1	701	陈是良	陈是良
白杨村	13	485	1886	1230	820	5780	32580	51.2	850	夏橡栋	夏橡栋
潴口溪村	14	600	2020	1200	1561	20026	42029	214	1367.3	叶国平	叶国平
横溪坞村	8	325	1096	661	710	24544	48750	266	1925	裘松伟	裘松伟
狮古桥	19	638	1985	1220	1050	35560	34257	30	340	陈 芳	陈 芳
孝丰社区	16	1033	3290	2156	12750	105927	46000	866.90	18950.36	李 翔	李 翔
城北社区	29	1270	4307	2462	19950	120	41061	90	2097.27	钱雪峰	钱雪峰
城 东	12	577	2058	1452	6900	171021	45382	583.59	2077.66	金五一	金五一
大竹村	10	338	1208	1001	12181	4450	38000	150	2200	金 烨	金 烨
大河村	11	421	1492	1014	13.8	13435	35800	252.37	690.4	刘旭国	刘旭国
老石坎村	17	620	2088	1450	2554.74	5302.65	36570	155.28	889.38	吴宏强	吴宏强
下 汤	20	755	2420	1340	3351	37044.8	41268.7	165	1965.37	赵森华	赵森华
横柏村	15	423	1357	801	1774	5110	37658	116	1543	朱党福	朱党福
溪 南	18	557	1782	1290	3255	110.15	41285	347.12	1531.51	陈培青	陈培青
北 街	16	661	1332	803	—	—	—	—	—	高 胜	高 胜
南台社区	26	1208	3020	1007	—	—	—	—	—	沈 利	沈 利
三眼井	21	1828	3562	1068	—	—	—	—	—	欧爱红	欧爱红
合 计	333	14862	45121	26376	118442.5	461417.6	684350.7	4054.81	50866.99	—	—

报 福 镇

【概况】 报福镇位于安吉县西南部，天目山北麓，东邻上墅乡，南接杭州市临安区，西与章村镇交界，北界孝丰镇、杭垓镇。地势南高北低，最高处位于桐坑岗，海拔1506.9米；最低处位于彭湖村，海拔100米，植被覆盖率达90%以上，森林覆盖率86%。全镇总面积177.96平方公里，常住人口19094人。

2020年，报福镇立足全县“两聚一美”发展大局，坚持“生态立镇、产业强镇、文明新镇、长寿名镇”总体思路，对标高质量发展的根本要求，深入实施“134100”工程。全年完成财政收入5473万元，同比增长28.3%，实现规模工业增加值4820万元、同比增长8.2%，限上服务业营业收入2.6亿元。项目双进提速增效。坚持招商引资“一号工程”，抢抓新时代“两山”试验区建设契机，围绕“全域旅游”靶向招商，完成签约项目3个，新增在谈项目14个，成功引荐总投资超10亿元的央企中节能项目落至开发区，总投资6亿元的智永筛网落至示范区。各项目服务管家按照“以日保周、以周保月、以月保季、以季保年”要求，全力推进项目建设。竹海悠居、金福景苑、集镇商业街等项目基本完工。大场坪项目二期完成主体建设，三期通过规划方案会审。青山廊项目一期市政工程、二期主体框架基本完成，整体形象初步显现。金乐酒店基本完成主体工程和市政配套设施建设。大石浪项目完成景区基础设施提升和索道安装调试。悠然谷项目完成主体建筑，进入装修阶段。漫拓项目完成政策处理，准备招拍挂。红石崖项目启动前期勘测测绘工作。

疫情防控抓严抓实。按照“外防输入、内防扩散”总体要求，构建镇、村直至个人的六级网格联防联控体系，全镇党员干部群众2万余人次自发参与到疫情防控中，开展“洗村、洗楼、洗厂”行动，常态化抓好信息登记、测温亮码等工作，完成1.5万人次排查，成功劝返游客、重点疫区及境外人员2000余名，爱心捐赠防护服300套，2名报福籍医护人员驰援武汉，谱写了一曲疫情防控的英勇赞歌。及时开展“深化三服务、助企开复工”专项行动，第一时间成立企业服务专班7个，派驻服务专员30余名，指导复工复产企业40余家，在全县率先实现企业100%复工复产。严格落实好应对疫情减税减费减息减租措施，累计退还租金10万元，发放纾困补助80万元。

全域旅游亮点纷呈。成功创建省级旅游风情小镇，成为湖州市全年唯一创成单位。完成深溪、石岭2个AAA级景区村庄创建，洪家、报福、彭湖3个AA级景区村庄建设，实现全镇AA级景区村庄全覆盖。持续推进旅游基础设施完善提升，完成集镇游客中心、上张村游客中心、中张村慢行绿道、报福村公共游憩地建设。完成县级民宿、农家乐试点村建设，出台《报福镇旅游民宿（农家乐）服务管理规范》，“读一间”民宿获评湖州市“十大创意设计美宿”。创新开设“宿”说报福、寻味报福、匠心报福等线上专栏，推出报福镇疗休养集合版套餐。成功举办“三月三”“玩水节”“开竹节”“冬季过大年”等各类主题活动，累计接待外来游客120万余人次。第三届“开竹节”成功举办，让报福镇夜游经济再次受到县内外广泛关注。

生态治理持续优化。完善考核激励制度，修订《生态文明建设考核奖补办法》《生态文明建设行动方案》，针对重点领域、重点行业，常态实行“每周一督查、每月一例会、每季一评比”。全年共开展督查38次，发现整改各类问题331处。“三四五”联动成效显著，拆除存量违法建筑5.11万平方米。大气污染防治工作持续领先，空气优良率达97.3%，$PM_{2.5}$平均浓度指数21，均居全市第一。严格落实河长制工作，境内4条河道水质断面均保持Ⅱ类以上。新时代“两山”试验区试点工作成效突出，在全县率先完成“无废乡镇”实施方案评审，完成秸秆全量化利用中心改扩建，实现污水处理厂提档升级。成立全县首家乡镇“两山绿币银行”，编制、发布《报福镇绿色生活指南》，景溪村试点开展全县首个“绿色信用村”建设，建立健全垃圾分类网格化管理和“红黑榜”晾晒机制，全镇垃圾分类积分突破1100万分，兑换物品金额超11万元。

镇村风貌持续改善。提升精细化管理水平，常态化开展文明创建，全年开展“文明日巡”200余次，发动干部群众8000人次，清理集镇“牛皮癣”247处，规范“三小车”停放1000余辆。完善“智慧城管”平台，加强巡查力量，树立执法权威，形成严抓严管长效态势，全年办理各类案件50起。长效管理持续领跑全县，10村好评率达97%，位居全县第一。全面升级集镇公共设施，新增停车位68个、小型公园1个，完成石岭、大场坪安置小区以及物业二期、三期基础设施建设。成功承办全县“5·26爱路日”主题活动，实施村内道路“一路一党员”联路管理模式，实现精准化管养。全力推进农村公路安全生命防护工程，改造提升乡道1条，修缮危桥1座，完成全镇16座桥梁安全检测。

乡村振兴更具品质。统里村、上张村通过美丽乡村精品示范村复评工作。报福村、景溪村分别通过美丽乡村经营示范村创建、复评。上张村、彭湖村获评省级高标准农村生活垃圾分类示范村。报福村、上张村获评省级小康体育提升村。景溪村获评省级休闲乡村、省级“森林氧吧”称号。上张村、汤口村高效完成“一村万树示范村”建设。村级集体经济造血功能进一步增强，夜游经济持续升温，景溪村成功举办第三届乡村啤酒音乐节。上张村利用闲置土地，扩种金丝皇菊40亩。汤口村积极探索红笋异地深加工模式，实现红笋“身价”翻三番。积极推行智慧“三资”试点工作，出台村级项目管理办法,全面规范村级劳务用工管理。

社会保障坚实有力。全面推进民政事业高质量发展试点乡镇建设,深化“逝者身后一件事”管理,积极推进生态节地葬、文明祭祀,完成彭湖村、汤口村骨灰堂建设,中张村生态公墓建设加速推进。完成省级为民办实事适老化改造事项。持续推进低保扩面和精准核查工作,动态更新扶贫系统累计214户,完成60岁以上老人家庭医生全覆盖。高效完成低收入农户再排摸工作,建立“一对一”帮扶机制,完成低收入农户健康补充保险投保。总投资2500万元,涉及9个村的农饮水提升改造工程全部完工,新建、改造水站10座,铺设镇级自来水管网2公里。洪家地质灾害安置区、大场坪安置区地下管网建设全面完成,道路等基础设施建设完成80%。张坞溪小流域治理项目完工并验收。罗家费水库除险加固工程有序推进。启动深王公路建设,总投资7000万元,为全镇近年来最大的交通项目。加大农业生产扶持力度,累计发放地力保护、农机具购置等各类补贴57.5万元。加大农产品质量安全监管力度,累计抽检送检各类果蔬630批次,抽检通过率达100%。

圆满完成全国两会安保维稳工作,持续打响“扫黑除恶”专项斗争攻坚战,坚决打击各类违法犯罪行为,共搜集涉黑涉恶线索17条,有效线索9条。充分发挥专职网格员、平安家园卫队、红马甲巡逻队、“五福”调解队群防群治力量,平安巡防328次,走访重点人员1624人次、重点场所1873处,发现隐患720个,整改率达100%。完成镇级矛盾纠纷调处化解中心建设,全年排查矛盾纠纷58起,有效化解矛盾55起,化解率达94.8%。持续加强宗教场所和邪教人员管理力度。家园融冰工作室工作被省、市、县禁毒部门高度肯定,荣获湖州市青少年毒品预防教育优秀项目一等奖、湖州市精神文明实践志愿服务项目大赛铜牌,实现吸毒人员和复吸人员零新增。

全力以赴为安吉全国文明城市创建首创首成贡献报福力量,一、三、四季度3次获评创建工作优胜单位,荣获创建全国文明城市集体嘉奖。高标准通过省级文明镇复评,景溪村创成省级文明村。持续开展新时代文明实践活动,增设社会主义核心价值观等公益广告12处,累计开展文明实践志愿活动近20次,发放《报福镇文明手册》1000余册。创新推出“九点钟行动”助教志愿服务活动,活动成效被浙江新闻频道等媒体相继报道。自主创作抗疫题材歌曲《逆行之光》,引导广大群众正确防范疫情。落实好“学习强国”每日通报制,学习覆盖率达100%。

【第三届开竹节】 9月30日至10月7日,第三届开竹文化公共文化旅游节在报福镇景溪村举行。以竹为媒,继续打造“开竹”公共文化旅游品牌,巩固报福镇夜间旅游项目,创新推出“竹双创”展,同时报福镇文旅知识产权形象“福宝”正式亮相。为期8天的活动吸引了数万名游客来到报福。开竹节活动成功推动夜经济发展、文旅产业的融合、竹产业的发展,取得了较好的效果,有效地拉动了消费。

【全域土地综合整治扎实推进】 2020年,报福镇签约拆除厂房22户,完成拆除面积5.4万平方米,复垦土地面积103亩。高效率启动国土空间规划编制工作,按照一村一梳理,初步完成前期调查。深化“亩均论英雄”改

9月30日至10月7日,第三届开竹文化公共文化旅游节在报福镇景溪村举行

革，全年出清低效企业17家，面积达59.03亩，完成年度任务数的113%。深入开展"散乱污"企业整治，完成4家整治任务。高效开展"五未用地"处置工作，消化批而未供8.35亩，完成供而未用58.17亩。高质量完成国有资产清查工作。林业经济发展取得新成效，完成珍贵彩色森林种植1013亩，杨桐套种500亩，高效林种植500亩。

（陈雅萍）

2020年报福镇各村基本情况表

表18

村名	特称	村民小组数（个）	户数（户）	总人口（人）	劳动力（个）	面积（平方公里）	村级集体经济总收入（万元）（含上级补助）	人均收入（元）	书记	主任
汤口村	生态汤口	10	305	1057	580	4.5	247	36855	陈纪军	陈纪军
上张村	古朴上张	11	482	1696	980	10.8	438	36094	王炳法	王炳法
中张村	民俗中张	20	575	1835	1108	28.84	729	39000	程　驰	程　驰
洪家村	田园洪家	13	547	1894	1120	11.8	670.5	35223	季高明	季高明
深溪村	美景深溪	15	462	1462	980	36.4	255.654	39845	童云飞	童云飞
景溪村	十里景溪	11	388	1245	710	2.78	835.0228	41000	黄大伟	黄大伟
石岭村	石岭人家	10	269	884	510	35	263.35	42000	谢五一	谢五一
报福村	休闲报福	31	865	2650	1920	10.44	441	37140	高彬波	高彬波
彭湖村	竹木彭湖	26	714	2288	1421	13.6	483.2	35315	高前进	高前进
统里村	山水统里	41	790	2763	1860	23.8	1101.59	38000	陈　超	陈　超
合计		188	5397	17774	11189	177.96	5464.3168	—	—	—

章村镇

【概况】　章村镇位于天目山北麓，安吉西南面，地处浙皖二省三县交界处，分别与浙江省杭州市临安区、安徽省宁国市、杭垓镇和报福镇相邻。距离县城约45公里，区域面积89.16平方公里，总人口1.58万人（其中畲族540人），辖8个行政村。境内山清水秀，环境宜人，年平均气温15℃，降水量1100—1900毫米，空气质量1级，地表水质1级。1999年经上海地理学会专家组考证为黄浦江源头，上海市老市长汪道涵亲书"黄浦江之源"，穿镇而过的南溪为上海的母亲河，由此被誉为"黄浦江源第一镇"。镇内坐落有浙北第一高峰——海拔1587.4米的龙王山，森林资源丰富，森林面积11.26万亩，森林覆盖率85.2%，植被覆盖率93.2%，获2017年"中国森林养生基地"称号。

2020年，章村镇实现财政收入2592万元，完成年度目标任务116%，同期增长22%。完成工业固投2700万元、服务业固投1200万元。低效企业出清14家、33.8亩，完成年度目标任务107.7%。完成新增在谈项目10个、签约项目1个。蔻新酒店完成主体结构建设。完成文旅IP形象设计，成功举办"畲村过大年""环浙·登顶11峰"等特色活动。完成浙江省休闲乡村年度创建目标，实现省A级景区村庄全覆盖，新增AA级景区村庄2个、省级"银宿"1家、规模以上民宿5家，牛牯坳全市唯一入选2020年省中医药文化养生旅游示范基地，郎村村全市唯一入选省首批"农文旅"融合开发培育民族村名单。成立"康旅章村"农业发展有限公司，注册"章村500"地域品牌商标，统筹发展果蔬种植、中草药种植、畜禽水产养殖三大产业，探索“公司+合作社+农场+农户”模式，推动农业经济发展。全镇已建成现代农业园区3个、中草药种植基地5个，种植面积4000亩，成功开设第一家“章村500”加盟店。高度重视森林抚育，长潭村成功创建省“一村万树”示范村。一直以来，章村镇紧盯交通基础设施建设，全力争取水杭线方案调整，提升改造高山、茅山等2条农村公路，新增茅山、章里等7个港湾式停靠站。卫生院迁建项目已完成PPP项目招投标。“四位一体”综合文化楼改造、安置区绿化节点建设、建筑垃圾填埋场提升等工程全面完成。深入实施土地综合整治，第五、第六批149亩农整通过县级验收，全年累计腾出土地14000平方米。茅山区块“散乱污”企业整治全面完成。打好治气治霾治水组合拳，巩固省级“污水零直排区”创建成果，严厉打击非法捕鱼、毁林开垦、秸秆焚烧等违法行为，落实源头保护、全民共管、河长例会等长效管理机制，年度$PM_{2.5}$、空气优良率两项指标居全市前列，长潭村荣获“安吉龙王山森林氧吧”称号，河垓村等5个村成功创建“水美乡村”。镇农业农村办荣获市级践行“绿水青山就是金山银山”理念15周年先进集体称号。

深入实施“绿色无废”改革，编制“4+N”绿色无废创建细则，科学制定8类“无废细胞”139条标准，通过责任包干、积分激励等方式高质量培育“无废细胞”，打造“无废乡镇”样板。累计建成无废民宿2家、无废学校2家、无废景区1家、无废家庭10户。全力开展全国文明城市创建及人居环境“百日提升”行动，绿化彩化150亩，整治乱堆乱放700余处。章村村成功创建省级生活垃圾分类标杆村。

全年投入3474万元完成8个村农村饮用水达标提标工程；投入120余万元完成“利奇马”台风水毁修复工程；投入3270万元完成王孔线5.2公里道路提升改造，河石线4.5公里道路改造进场施工；完成旅游标识导视系统（一期工程）建设；新增停车位、晾晒区设置等完成预期目标；推行居家服务“1+7”模式；弱势群体关心关爱工作有序推进。高度重视教育工作，投入110万元完成智慧校园、校舍维修、教学奖补等25个项目，建成全县首个省级“儿童之家”。加大兜底保障力度，整改农村危旧房29户，为739名低保及残疾人发放补贴350万余元，慈善众筹1户困难家庭助学资金3.3万元。强化就业创业服务，申请发放创业贷款120万元，减税降费200万元，完成大学生人才招引70人。开通章村至递铺夜间公交、章村至高二及章村至茅山班车，方便居民出行。举办首届片区联合运动会，章村村、章里村、高山村成功创建省“小康体育提升村”。成功争取“两山银行”改革试点，收储存量建设用地49亩，为镇村发展提供土地保障。八村联建移民物业用房（一期）完成建设并对外招租，6个财政“一事一议”项目全面完成并通过验收。郎村村顺利完成省“美丽宜居示范村”创建，并以全县第二名好成绩创成“美丽乡村精品示范村”。长潭村创成省电子商务示范村。茅山村被评为市“三年强村计划”工作突出贡献集体。

全力整合资源建立镇级矛盾纠纷调处化解中心，探索推进“道德银行”建设，健全“乡贤+”治理模式，开展“两个排查见底”专项行动，化解各类矛盾纠纷54起。加大工贸企业、旅游行业、建筑工地、道路交通、食品药品等重点领域监管力度，排查整改安全隐患1400余处，全年未发生重大安全事故。建立“扫黑除恶”专项斗争长效机制，发挥“家园卫士”“网格员”队伍作用，维护镇域稳定。

深入开展法治政府建设，强化法治思维，不断提高依法行政水平。充分尊重民意、依法规范运作，顺利完成村级组织换届工作。自觉接受人大监督和社会舆论监督，主动向人大主席团报告工作，办理各类议案、建议27件，办结率100%。阳光政务更加透明，全年受理阳光热线275件，办结率100%。章村镇荣获湖州市创建全国法治政府突出贡献先进集体称号。

以“连心走亲”“三服务”等活动为抓手，坚持问题导向和效果导向，走访企业36家、农户800户，收集解决问题500余个。加强干部队伍建设，镇村干部发扬“5+2”“白加黑”连续作战精神，狠抓工作推进。开展机关效能督查14次，刊发督查通报17期。严格执行重大事项报告、“三重一大”“五不直接分管”和村级民主决策制度，强化项目资金、财务收支管理，严控公务支出。深化村级“三务”公开，创新开展村级工程管理、深入实施“组账村管”，大力推广“村务清”系统，确保“三资”管理规范化。

【全县第四次增强“四力”教育实践“拼比争”活动】 1月7日下午，2019年度全县第四次增强“四力”教育实践“拼比争”活动来到了章村。县委宣传部班子领导，县级宣传思想文化单位相关负责人，县委宣传部机关各科室长，各乡镇（街道）宣传委员、宣传干事等人员参与此次活动，镇党委书记唐春燕陪同郎村村新时代文明实践站以村文化礼堂为阵地，具有浓郁的少数民族风情，在文化礼堂内部，不仅设有新时代文明实践阅读室、宣讲讲堂、舞台、健身房等一体化功能室，同时还设有畲族文化展示长廊及各类畲族器具展示区，充分发挥出宣传教育的阵地作用。爱国主义教育基地畲族宗祠以畲族文化为主线，以畲族祭祀、非遗传承、文化展示等为基础，通过免费向青少年等群体开放，讲解畲族文化，是民族团结、理论宣讲的重要阵地。

【“水美乡村”“乐水小镇”创建验收】 县水利局、治水办联合开展“水美乡村”“乐水小镇”创建验收工作。目前，章村镇高山村、郎村村、河垓村、章村村、长潭村已全部通过县级验收。今年，章村镇通过开展“水美乡村”“乐水小镇”创建工作通过实施水系连通、清淤疏浚、堤岸加固沿河绿化、生态修复、滨水绿道便民设施建设和保洁管护等综合措施成功打造了一个集颜值与内涵于一体的美丽村镇。

【“环浙·登顶11峰”活动】 11月15日，“环浙·登顶11峰”活动湖州安吉龙王山站在章村镇隆重举行。湖州市体育局党组副书记、副局长龚贵庭、共青团浙江省委志工权益部副部长童斌、湖州市体育局产业处处长张静华、安吉县文体旅游局党委副书记、副局长罗福娣、章村镇党委书记唐春燕出席启动仪式。此次活动省登山协会、江南100作为全程活动技术支持单位，以“登顶11峰立牌 点亮环浙步道”为串联主线，以“全省11峰联动登顶立牌＋点亮环浙步道仪式”组成活动，以4.5小时不间断直播全程串联为表现形式，最大化体现“环浙”概念，凸显仪式感。经过一路的艰难险阻，登顶成功。龙王山的美景陶醉着现场的每一位登山人，也为“环浙·登顶11峰”活动的圆满成功添上了亮丽的风景线。原始的山地环境，天然的大氧吧，让登山队员充分领略了龙王山的秀美自然风光。

【章村镇为“赤脚医生”群体塑像】 为弘扬“赤脚医生群体”不畏艰苦、一心为民的高尚品格，树立传递正能量的示范标杆，11月18日上午，章村镇举行“赤脚医生群体”铜像揭幕仪式。县人大常委会副主任王捷，县卫健局党委委员、副局长李贵洪，章村镇党委书记唐春燕，党委副书记、镇长董建波，人大主席程晖等班子成员、人大代表、中层以上干部、站所负责人、各村书记及赤脚医生代表参加揭幕仪式。章村广泛开展爱国卫生运动，群众健康水平大大提高，人人精神振奋，信科学、讲卫生、移风易俗，山村面貌焕然一新。群众热情歌颂说：赤脚医生就是好，合作医疗就是好，卫生革命就是好，感谢毛主席的好领导！“赤脚医生”为人民服务的优秀事迹，先后见诸《浙江日报》《人民日报》等媒体，还进入杭州人民大会堂做报告，受到省委、省政府表彰。为进一步弘扬、传承以驻地军医为代表的“薪火相传、导师帮带”精神和以“赤脚医生”为代表的全心全意为人民服务的精神，特立此雕塑，传递正能量，建设新章村，以新时代章村党员干部群众的应有担当，为中国最美县域建设作出新的更大贡献！

11月18日，“赤脚医生”群体铜像揭幕仪式在章村镇举行

【首个食品安全主题公园亮相】 12月25日，为普及食品安全知识，营造良好的食品安全氛围，章村镇食安办在茅山村新建公园的基础上，把食品安全知识融入公园设施和景观中，创建了食品安全主题公园。该主题公园中将内容丰富贴近群众的食品安全科普知识、食品安全事故应急常识、真假食品鉴别常识、法律法规、警示漫画等。结合茅山村灵芝种植基地，采用一个个立体逼真的灵芝雕塑形象生动展现出来。

(施　俊)

食品安全主题公园

2020年章村镇各村基本情况表

表19

村(社区)名称	村民小组(个)	农户数量(户)	人口数量(人)	劳动力数量(个)	土地面积(亩)	农村经济总收入(万元)	农民人均收入(元)	村级经济总收入(万元)	村级固定资产(万元)	书记	主任
长潭村	17	520	1737	1025	641	14605	44870	5510614.39	19586941.16	朱雪慧	朱雪慧
河垓村	15	598	2006	1169	1440000	30016	33974	56	692	储李梅	储李梅
章村村	23	921	2871	1730	147758.75	26025.1168	37986	447.205544	1906.548179	郎洪业	郎洪业
郎村村	13	463	1562	1093	745	623	39908	660	1862	应朝根	应朝根
浮塘村	10	350	1123	711	821	439.02	36000	233.67	527.31	张　星	张　星
高山村	11	338	1043	603	14685	9495	43085	150.852193	511.094577	胡　旭	胡　旭
章里村	19	660	2070	1860	14864	13625	32623	345.410394	992.912864	李胜平	李胜平
茅山村	16	726	2356	1889	9638	13339	39430	210	23692357	王永富	王永富
合　计	124	4576	14768	10080	1629152.75	108167.1368	—	5512717.528	43285790.03	—	—

上墅乡

【概况】 上墅乡位于安吉县西南部，区域面积77.5平方公里，下辖7个村，共107个村民小组，4434户农户，总人口13953人。2020年全乡规上工业总产值、规上工业增加值、财政收入分别达到9.63亿元、2.19亿元、6809万元，同比分别增长4.9%、8.5%、19.8%，农民人均收入39087元，同比增长6.6%。2020年是上墅乡“十三五”的收官之年，这五年，乡村两级获得了包括“全国卫生乡”“全国文明村”在内的国家级荣誉14项，省级荣誉46项；首创“三村联创”“四村共建”模式，推行“6＋N”改革创新试点；投入约3亿元，建成了黄浦江源精品观光带、获得了小城镇环境综合整治省级样板称号、实现了新时代美丽乡村精品村全覆盖和省AA级景区村庄全覆盖；首创全民享受的“九个一”普惠政策，完成民生项目78个；落地亿元以上项目13

个，新增国家高新技术企业6家，新增规上企业6家，规上工业总产值从5.21亿元增至9.63亿元；财政收入从5054万元增至6809万元；农民人均收入从27500元增至39087元。

2020年初，新冠疫情暴发，上墅乡党员干部、乡村医生、村民骨干的积极参与和企业、群众的主动配合下，组建了653人的志愿服务队，活跃在交通卡点、隔离管控、健康监测、跑腿服务等岗位上，大家全身心投入、全天候服务，牢牢守住了人民生命健康的防线。压实责任、严密纪律、严查漏洞，整改问题15项，通报批评6人，换来了防控战的阶段性胜利。上墅乡坚持防控体系不变、工作力量不减、联防机制不松，积极做好防疫物资储备，时刻上紧“发条”，为全县“零”确诊、“零”病例做出了上墅努力。全面推进“驻企专员”“夜光会战”“企业三服务”等一系列举措，相继成立企业复工复产、白茶用工管理、农家乐恢复营业等工作专班，创新编制了《复工复产“三大员”，推进“三服务”辅导指南》，为各行各业恢复运行提供疫情防控、政策指导、隐患排查等专项服务，在全县率先实现了规上工业全员复工和主要经济指标逆势反弹。

持续深化“争先创优”和“三服务”活动，对标营商环境优化政策十条，进一步提升服务水平。指导创新技改，创建国家高新技术企业3家、省级科技型中小企业6家，新增自动生产线5条，引进生产机器人28台。规上工业研发经费投入3264万元，同比增长32.4%。助企招才引智，引进顶尖人才1人，领军人才2人，大学生和其他各类人才743人。成功申报“南太湖特支项目”1个，“美丽英才计划”5个，新建县级技能大师工作室1个。全力帮扶纾困，为工商主体提供“支农支小再贷款”“稳外贸贷款”等金融服务，协调贷款3000万元；返还社保资金32.16万元；发放中央纾困资金43.1万元；为657名外来员工争取交通补贴32万元。护航安全生产，建立健全责任体系，检查发现并整改隐患1621处，关停“三合一”企业5家。全年实现规上工业增加值5500万元，亩均税收18.51万元，增幅18.57%。深化“亩均论英雄”改革，全年出清低效工业企业32家，关停“低散乱污”企业10家，完成低效用地收储35亩。新增市级四星级绿色工厂1家、县级三星级绿色工厂6家。全年新增规上工贸企业3家，湖州市“瞪羚”企业3家。居然雅竹入选县亩均领跑者30强、荣获“安吉县政府质量奖”。坚持招商选优，完成在谈项目16个，签约亿元以上项目5个，完成合同外资9000万美元。其中“董岭精制红茶项目”“每一天智能家具项目”入选湖州市工业大好高。致力项目提速，“两山”优创园、“每一天智能家具”、云半间二期开工建设；雅圣灵芝二期、国际艺术山谷完成土地摘牌；蜗牛山谷音乐小镇项目通过评审；隐上古道项目投入运营。推动融合发展，龙王村成功创建文旅融合示范村；董岭村凡人微舍民宿创建省级银宿；星潮营地竹林漂流、百福夜吉市等游乐项目填补业态空白。

扎实推进“6+N”改革，挂牌全县首家乡镇“两山银行”，相关做法得到了央视新闻联播的报道；完成竹林股改10338亩，建成林下经济试点4个，竹林亩均增值2500元；启动现代农业展示厅竹建筑建设；“上墅·这乡有礼”品牌首批12类农产品亮相；定稿智慧乡村实施方案；完成7户农家乐整治提升，董岭农家乐污水尾水处理湿地公园开工建设。按照“盘活要素、开发资源、增加收益”的原则，鼓励各村收储、保护优质资源，探索资源变资产的有效路径。全年收储盘活闲置宅基地50户，建设用地83亩，争取农业标准地12.1亩。刘家塘电商中心项目启动建设，职工公寓项目完成前期工作，力争首批集体建设用地入市。7个村全年完成物业用房等经营性项目10个，通过出租等方式，年均增长收入250万元以上。依托七兴公司、进源公司，增强抱团发展合力，首批实现50万元分红。2020年七个村固定资产增加5300万元，增幅达38.6%。

忠实践行“绿水青山就是金山银山”理念，高要求开展生态建设，深化山水资源的保护，全力推行“五水共治”、治气治霾，生态环境进一步优化。乡镇交接断面水质始终保持Ⅱ类以上，空气$PM_{2.5}$浓度26微克/立方米，空气优良率达95.6%。中央环保督察期间，乡域环境问题零投诉。龙王村建成古树公园，荣获“浙江省森林氧吧”称号，田垓村创成“水环境优美村”，上墅村获评“一村万树”示范村，罗村村荣获省级森林人家，董岭村成为

“省级森林康养试点单位”。高质量完成新时代美丽乡村精品示范村“四村共建”,刘家塘村成功创建新时代美丽乡村治理示范村,田垓、罗村、上墅三村顺利通过美丽乡村精品示范村验收,实现全乡美丽乡村精品示范全覆盖。完成道路提升9.1公里,背街小巷整治5.6公里,完成龙王村古道修复5条,“三改一拆”共计完成27440平方米,乡域面貌更加美丽。全力助推安吉县创成全国文明城市。开展综合整治,常态化文明劝导,梳理集镇秩序,新增停车场2个、停车位183个。高标准开展“美丽家庭”“美丽细胞”评选,将个人、家庭美丽小环境纳入乡风文明大环境。全力推进垃圾分类智慧化管理,全域推行文明养犬,全面推广生态殡葬理念,完成生态整治迁坟272穴。刘家塘村首创首成“全国文明村”。

接续升级“九个一”工程,保障更全面更有力。开展机关干部与贫困人群结对,设置小学幼儿园“流动教室”,返还失业保险费32万元。“奖特扶”工作新增奖扶69人、特扶1人、县扩面15人。完成了移民项目5个。困难家庭房屋适老化改造4户、危房改造1户。医疗参保率99.95%,全县第一。罗村村残疾人之家工作被央视新闻联播报道。董岭创业示范园和就业创业服务指导站通过认定。刘家塘村获评“市级高质量就业村”。施阮村创成县“美丽乡村幼儿园”。工、青、妇、残、老龄、统战、人武等各项社会事业有序发展。紧盯群众关心的身边事,把实事办细办实。完成4个农村饮用水水站提标、刘彭线供水管网改造工程,用水质量更有保证。完成建设文化礼堂2座、文化广场3处,实现文化礼堂、文化广场全覆盖。完成7村消防站标准化建设,就近应急响应更迅速。新增市县两级儿童之家各1家,未成年人保护站1家。完成乡矛调中心建设,完善组团帮带服务。通过“微网格”排查化解矛盾104起,服务群众212次,矛盾纠纷发生率同比下降63%,处置“12345”县长热线277条,处理成功率98%。办结信访积案3件,全年实现零进京、零非访。公安接警407件,同比下降12%。

强化“传帮带”的群众意识,建设服务型政府。全力推进“最多跑一次”改革,畅通网上办、掌上办、就近就便办及帮办代办等多元服务模式,开展有温度的为民服务,全年受理群众事项182件。开展低收入农户结对94户,每月2次走访慰问,实行一户一策帮扶。同时,加大政务督查督办力度,坚决整治不作为和懒政怠政行为,营造干事创业、为民利民的浓厚氛围。强化“传帮带”的学习态度,建设学习型政府。持续深化队伍建设,开展政府执政能力提升工程,不断巩固执政、强政能力。召开专题学习会18次,深入学习习近平总书记视察安吉、赵乐际考察调研上墅的重要讲话精神,参加党委中心组理论学习12次,开展乡、村干部业务能力提升培训7场次,组织条线外出考察3次。强化“传帮带”的务实内涵,建设廉洁型政府。不断巩固规矩意识,落实各项责任制度,为清廉镇村建设提供作风保障。开展各类巡查200余次,行政执法立案96件,制发“首错不罚单”96件;接受县委第九轮巡察,严格落实整改问题132个。主动接受人大、纪委监督,按时推进代表议案办理,全年办结议案10件,代表满意度100%。2020年票决民生项目5项完成建设、1项完成招投标工作。

【新型冠状病毒感染肺炎疫情防控工作推进会】 1月23日,上墅乡召开新型冠状病毒感染肺炎疫情防控工作推进会,全面认识目前疫情的严峻性,全力打好疫情防控战。会上上墅乡党委书记刘斌强调:一、切实增强责任意识,要从对全国人民生命健康负责的高度,做到有序防控、规范操作;要从对上墅人民生命健康负责的态度,做到守土有责、扛起重托;要从对自己家人生命健康负责的角度,做到减少外出、远离陌生人。二、切实加强滚动排查,发动全民参与,做好信息全面排查上报。三、切实加强信息畅通,要确保第一手资料精确,情况上报及时,引导群众不信谣、不传谣、不造谣。四、切实加强日常管理,各责任单位要明确职责、各司其职,重点加强对农贸市场、民宿、农家乐等场所的指导、管理和监督,严厉打击野生动物交易;高度关注节后务工人员返工情况。五、切实加强组织纪律,各责任单位严格落实日报告及零报告制度,严明值班纪律、加强值班值守,不得举办聚餐、聚会和公共活动,严格落实追责、问责机制,同时,引导乡内群众不要前往疫情区。

【2020年度经济社会发展大会召开】 3月8日，上墅乡召开2020年度经济社会发展大会。安吉县人民政府副县长杜尉栋，县政协副主席伍水荣，县委宣传部常务副部长金枫涛，团县委书记许进京，县委组织部副部长、县人力社保局党委书记、局长王红缨，安吉新闻集团党委书记、台长宋焕新，杭州联合银行安吉支行行长助理马伟军，乡党委书记刘斌，乡党委副书记、乡长康锡刚，乡人大主席肖建忠及乡全体班子成员，乡机关干部，老干部代表，站所负责人，村两委班子，企业代表，项目业主，村民代表、党小组长、网格员、志愿者和群众代表出席活动。活动表彰了疫情防控先进个人、疫情防控先进集体、文明细胞获奖者、优秀网格员、优秀志愿者、村级攻坚克难奖获奖单位、2019年度村级考核先进集体，活动就上墅乡企业的规模晋级、科技创新、服务业发展等方面做出贡献的企业进行了表彰。在本次大会上，共有小微企业园二期、云半间二期、灵芝漫谷、海偲凯雅及华夏民生与公益研究院战略合作项目五个项目签约，百福文创园、益医企业服务有限公司、金荣电子科技有限公司三个项目开业，小微企业园一期项目、田中园度假项目、吾想园田园综合体项目、可莎蜜儿项目等四个项目开工。

【上墅乡加快推进“6＋N”改革创新试点工作】 4月10日，安吉县政协党组书记赵德清带队赴上墅乡检查指导“6＋N”改革创新试点工作推进情况。副县长杜尉栋、政协副主席伍水荣及发改局、民政局、资源规划局、交通运输局、农业农村局、水利局、文体旅游局、大数据局和新闻集团负责人参加，赵德清一行先后来到田垓村和龙王村实地调研，并在龙王村召开座谈会。赵德清对上墅乡“6＋N”改革创新试点工作推进情况给予充分肯定，并为“6＋N”改革创新试点的未来工作提出要求，助推上墅乡勇当新时代“两山”试验区建设的排头兵、模范生。

3月8日，上墅乡举行项目集体开工奠基仪式

【“青春创想，合兴乡村”五四系列活动】 4月30日下午，上墅乡开展“青春创想，合兴乡村”五四系列活动，本次活动由安吉团县委、嘉善团县委、安吉县文体旅游局、安吉县农商银行、上墅乡人民政府、西塘镇人民政府联合主办。上墅、西塘两地团青干部，青年创业代表参加活动。安吉县文体旅游局党委委员、副局长王正南，安吉团县委副书记刘建超为上墅乡青年民宿联盟基金成立揭牌，安吉县农商银行、上墅支行行长刘天影为上墅青年民宿联盟进行3000万元的专项助创资金授信。本次活动，以“文化＋”为智囊，以“民宿及相关产业发展”为主轴，整合专家智库、资金对接、民宿资源、上下游产业链、资本融入等休闲产业发展业态，打造两地互补互助式乡村休闲产业交流展示平台，对推动上墅、西塘乡村旅游业发展，助力乡村繁荣振兴起到重要的作用。

【第二期企业家大讲堂开讲】 5月24日，上墅乡举办2020年度第二期企业家大讲堂。特邀美的集团制造MBS协同组长、集团制造智库专家李永军老师，福迪威FBS精益专员付娆老师为乡规上企业负责人、六家中小微企业主及部分休闲民宿业主授课。上墅乡党委委员、常务副乡长鲍鲲讲解“争先创优”政策汇编上墅专版；李永军老师指出随着经济全球化的发展，在企业生产与管理领域也进行着管理哲学和方法的进化；付娆老师围绕日常管理文化开展授课，详细讲解管理KPI指标、目视化管理、问题解决流程、Genba 领导等日常管理四个组成部分。两位老师对企业家提出的员工激励机制的设置、企业精益化管理实操等问题一一作出了耐心细致的解答。最后,上墅乡党委书记夏中金对在场的企业家朋友们提出四点希望:要学以致用、要活用政策、要合作共赢、要激情创业。

【安吉县农村文化礼堂建设工作推进会】 6 月 9 日,安吉县农村文化礼堂建设工作推进会在上墅乡召开。安吉县委常委、宣传部部长何承明,安吉县委宣传部、县资源规划局、县财政局、县文体旅游局相关领导及各乡镇(街道)宣传委员、宣传干事,文化礼堂待建村负责人等 80 余人参加。安吉县委常委、宣传部部长何承明一行首先实地考察了田垓村和刘家塘村文化礼堂,听取了两村当前的推进情况,对两村深挖自身农耕文化、文化礼堂的特色布展、综合利用方面、做好文化礼堂结合文章表示赞同和肯定。

【“导师帮带制”15 周年工作研讨会】 6 月 10 日,安吉县推行“导师帮带制”15 周年工作研讨会 50 余位嘉宾赴上墅乡刘家塘村考察调研导师帮带制工作。考察组一行先后参观了村文化礼堂、师说馆、村便民服务大厅、卢永琴导师工作室。了解了村发展历程,党建特色,文化礼堂运用情况,导师帮带的发展历程、工作做法及成效,村级便民服务事项等。发扬传帮带的好传统好作风,经过 15 年的探索,上墅乡“导师帮带制”得到了更广泛的实践。

【庆祝建党 99 周年系列活动暨争先创优攻坚行动动员会】 6 月 29 日,上墅乡召开庆祝建党 99 周年系列活动暨“深耕实验田·争当排头兵”争先创优攻坚行动动员会。乡班子成员、全体机关干部、站所负责人、村两委干部、机关退休老干部、退出现职的村两委干部、两新工委负责人、受表彰人员代表先后在余村重走“两山”路和刘家塘村师说馆回顾了解“导师帮带制”工作 15 年来发展历程,会议上集中表彰了一批先锋团队和先锋个人,导师帮带集中签约,上墅乡党委书记夏中金提出今年总的要求是:在常态化疫情防控形势下目标不变、化危为机、能快则快、全力攻坚、奋力突破。

【上墅乡正能量人物选树——董彩宝铜像揭幕仪式】 7 月 25 日,在上墅乡刘家塘村举行上墅乡正能量人物选树——董彩宝铜像揭幕仪式。安吉县人大常委会副主任徐勇,安吉县人民政府副县长杜尉栋,安吉县政协副主席伍水荣,县委组织部副部长、老干部局局长石晨熹,上墅乡党委书记夏中金,上墅乡人大主席肖建忠,县退役军人事务局副局长黄菽,及乡全体班子成员,董彩宝同志亲属代表,上墅乡各级人大代表,各村党组织书记、第一书记、指导员以及党员群众代表参加揭幕仪式。董彩宝,女,孝丰刘家塘(今属安吉县上墅乡)人。1945 年因送子参加新四军,遭国民党县政府搜捕,避走章村。以打零工、做长工维持生计。她对牛犁耙耖、栽秧割稻、砻谷舂米等各项农活皆能,在当时县内女子中属少见。中华人民共和国成立后,返回故居。20 世纪 50 年代初,她发动妇女参加互助合作,在当地率先组织互助组,带领群众积极投售粮、猪,支援国家建设。1958 年,参加中国共产党。1959 年,出席全国军属模范代表大会,受到毛泽东主席接见。后曾任中共安

7 月 25 日,董彩宝铜像揭幕仪式举行

吉县委委员、县革委会副主任、嘉兴地区革委会副主任和妇联副主任、中共浙江省委委员等职。她刻苦勤劳，一心向公，20世纪60年代起，常以自身经历和学习毛泽东著作的体会教育广大青年，在当时颇有影响。

【全国首个乡镇人大监督工作规范正式发布】 8月7日，安吉县举办《上墅乡人大监督工作规范》和《孝源街道人大工委工作规范》新闻发布会，此次发布会由县人大主持召开，邀请新华网、浙江之声、《文汇报》、《杭州日报》、《湖州日报》、安吉新闻集团等15家媒体参加。各乡镇人大主席、中国计量大学专家、上墅乡县乡两级人大代表等共同见证该规范发布。《上墅乡人大监督工作规范》内容涵盖乡人大监督原则、监督主体、监督形式、监督内容、监督保障、重点事项监督和监督评价等，形成了乡人大监督工作闭环的3+4+1模式(3大保障、4项重点工作监督、1个监督评价)，并且通过流程图的形式为乡人大各类履职监督活动提供清晰明了的操作指引。

【上墅乡第九届慢生活主题文化节暨首届百福夜“吉”市】 8月7日晚，上墅乡第九届慢生活主题文化节开幕暨首届百福夜“吉”市开市仪式。县委常委、宣传部部长何承明，县人大常委会副主任孙松，副县长杜尉栋，县政协副主席侯献荣，县政协副主席伍水荣，县委宣传部、县总工会、团县委、县工商联、县文联、县人力社保局、县文体旅游局、安吉新闻集团等相关部门负责人，上墅乡全体班子成员、机关干部，各乡镇工会主席、文联各协会代表出席活动。安吉县文联主席、县委宣传部副部长易国兵，县委宣传部副部长、县文明办主任麻爱军为百福院文化创意产业园揭牌。浙江两山共建设计院有限公司、安吉罗可雕塑有限公司、浙江安吉芈春蜂业有限公司、安吉了竹茶生活文化发展有限公司等四家文创企业与百福院文化创意产业园签订入驻协议。安吉县团县委副书记刘建超为安吉青年文创联盟成立授牌。安吉县委常委、宣传部部长何承明，县人大常委会副主任孙松，副县长杜尉栋、县政协副主席侯献荣，县政协副主席伍水荣，共同上台，鸣钟开市。

【全县首个乡镇级“两山银行”】 8月23日，上墅乡“两山银行”签约揭牌活动在上墅乡政府举行。安吉县发改局、县两山公司、上墅乡等相关负责人参加活动。上墅乡党委书记夏中金、县发改局党组成员、副局长周建忠共同为“安吉上墅两山生态资源资产经营有限公司”揭牌。城投集团党委书记、董事长周斌与上墅乡党委副书记、乡长康锡刚签订《上墅两山公司委托管理协议》，并移交营业执照，城投集团党委副书记朱浚氲与上墅乡党委委员、常务副乡长鲍鲲签订《县乡两级两山公司合作协议》，下一步上墅乡将借此平台，持续用好“两山银行”县乡两级联动运营机制，着力保障生态资源转化项目资金链，加速生态资源资产经营与市场融合。

【“画里龙王·纸短情长”2020湖州市“亲青恋”安吉专场活动】 9月13日，上墅乡龙王村造纸广场(爱国主义教育基地)举办“画里龙王·纸短情长”2020湖州市“亲青恋”安吉专场活动。团县委副书记刘建超、县妇联副主席徐笛、上墅乡党委副书记陈鑫、安吉县青年文创联盟代表、上墅乡各村代表以及社会各界青年代表参加活动。团县委副书记刘建超进行亲青恋活动基地授

8月23日，上墅乡举行“两山银行”揭牌

牌,县妇联副主席徐笛为"慢姐牵手"志愿者授旗,安吉县青年文创联盟代表进行光盘行动倡议发言。对来自全县不同领域、工作岗位的年轻男女相聚于此以纸为媒,寻觅良缘。

【全市首家文创妇联成立】 10月30日,全市首家文创妇联在上墅乡成立。安吉县妇联副主席张惠红,上墅乡党委副书记陈鑫出席活动,安吉县妇联深入推进妇联改革破难行动,以行业妇联组织为突破口,推动新兴领域妇联组织蓬勃发展,百福院文创园妇联第一届执行委员会委员第一次会议,谢思思当选为主席,楼惠兰、施娟云2名同志当选为副主席。百福院文创园妇联与上墅乡七村妇联签订帮带协议,安吉律姐志愿服务团与百福院文创园妇联签订咨询服务协议。

【全国首个"导师帮带制"工作规范正式发布】 11月13日,上墅乡举办《上墅乡导师帮带制工作规范》新闻发布会。此次发布会由上墅乡主持召开,湖州师范学院、安吉县委组织部、县市场监管局相关负责人,上墅乡全体班子成员,各行政村、企事业单位党组织负责人,部分导师代表等共同见证该规范发布。新华网、《中国青年报》、《浙江日报》、《杭州日报》、新浪网、浙江之声、《都市快报》、《湖州日报》、湖州电视台等10余家媒体参加。上墅乡党委书记夏中金做主旨发布。湖州师范学院教授成新民,上墅乡党委书记夏中金,安吉县委组织部副部长郑时骏分别就《上墅乡导师帮带制工作规范》回答记者提问。《上墅乡导师帮带制工作规范》内容涵盖"导师帮带制"的基本原则、组织建设、帮带领域、导师管理、帮带对象管理、帮带工作要求以及帮带工作考核等多项定义,明确了"导师帮带制"的作用范围、受益对象、管理部门、工作目的等,为"导师帮带制"从安吉走向全国提供了一套可复制、可推广的实践样本。

11月13日,导师帮带制工作规范新闻发布会召开

【安吉县青少年心理健康"青"护航暨真善美大实践模拟法庭驻校园活动】 12月5日,在第七个全国宪法宣传日来临之际,由县文明办、县人民法院、团县委、县司法局、县教育局共同主办,上墅乡人民政府、县少工委、安吉两山红领巾学院、安吉县上墅小学共同承办的安吉县青少年心理健康"青"护航暨真善美大实践模拟法庭驻校园活动在上墅小学举行。安吉县人民法院党组成员、副院长孟黎明、团县委副书记汤永磊以及安吉县滴水公益代表上台共同签订《关于建立安吉青少年事务社工参与涉未成年人案件社会支持体系的合作协议》,团县委书记管田甜发布安吉县青少年心理健康"青"护航三大打"虎"行动,县委宣传部副部长、县文明办主任麻爱军为青少年心理健康志愿服务队"帮小青"授旗,上墅小学校长周志强为县法院、县司法局青年干部颁发红领巾法学院"模拟法庭"技术指导聘书。还开展了现场心理咨询活动,专业的心理咨询师对部分学生困惑问题进行心理疏导,并开展跟踪辅导为青少年心理健康成长保驾护航。

【2020长三角生态寺院建设现场会】 12月11日,2020长三角生态寺院建设现场会在上墅乡百福院召开。中国社科院世界宗教研究所所长郑筱筠发言,浙江省委统战部副部长、省民宗委主任楼炳文讲话,湖州市委常委、统战部部长李上葵致辞,安吉县委副书记、县长宋波作交流发言。上海市民族和宗教事务局副局长王凡、江苏省民族宗教

事务委员会二级巡视员郭志清、安徽省宗教事务局副局长韩雷、安吉县政协副主席侯献荣、长三角地区“三省一市”民族宗教工作部门代表、国内高校和研究机构的专家学者，以及佛教协会代表共120余人参加本次现场会。会上发布了《浙江省生态寺院建设管理与规范》团体标准，并发布了长三角地区生态寺院建设联合倡议。

（李 进 徐 苗）

2020年上墅乡各村基本情况表

表20

村(社区)名称	村民小组(个)	农户数量(户)	人口数量(人)	劳动力数量(个)	土地面积(亩)	村级经济总收入(万元)	村级固定资产(万元)	书记主任
董岭村	3	132	498	349	19183	307.25	4019	王文贤
龙王村	14	692	2026	1218	39711	923.56	6739	张春华
施阮村	15	707	2209	1155	14128	408.77	4457	顾界泽
罗村村	16	685	2150	1610	7699	293.6	1356	鲍俞林
上墅村	28	991	2910	1995	9492	263.87	3785	蔡松鹤
田垓村	17	606	1983	1693	11133	227.75	3772	陈吾强
刘家塘村	14	621	2177	1812	11259	604.66	10710	褚雪松
合 计	107	4434	13953	9832	112605	3029.46	34838	—

天荒坪镇

【概况】 天荒坪位于安吉县南端，东与杭州市余杭区交界，南与临安区接壤，西连上墅乡，北接灵峰街道，属西苕溪流域。行政区域面积113.63平方公里。2020年全年规上工业总产值13.04亿元，同比增长5.1%；财政总收入1.73亿元，同比增长25.9%，11个村经营性总收入同比增长17.3%。全年共夺得8面流动红旗，并获乡镇唯一综合季度流动红旗。财政总收入从0.93亿元增加到1.73亿元，其中地方财政收入从1.39亿元增加到1.47亿元，年均分别增长86.1%和6.2%，农民人均收入从29768元增长至45021元，年均增长10.9%。五年来，11个村集体经济总收入增长181.1%，集体经济经营性收入增长182.9%。完成固定资产投资22.7亿元，规上工业总产值超70.8亿元。“最多跑一次”改革和政府数字化转型全面深化，“两山”银行实体化运营，零土地增高扩容扎实推进，拆除旧厂房10多万平方米，新建在建标准厂房19万平方米，极大提高工业园区容积率和承载力。创新推出“党群心连心”“掌上矛调”“文明币”等新载体，构建村庄共商、社会共建、区域共享的基层治理体系。$PM_{2.5}$平均浓度从每立方米100多微克下降至23微克，空气质量优良率提高至96.4%。美丽乡村长效管理不断深化，农村生活垃圾分类实现全覆盖。大力开展人居环境整治提升，生产生活环境显著改善，获评省级美丽乡村示范镇。建成“两山”绿道8.5公里，推进集镇小城镇环境综合整治，获省级标杆。坚持新增违建零容忍，累计拆违15万平方米。全速推进道路桥梁改造、道路绿化、沿线综合整治。纵深推进新时代美丽乡村建设，创建精品示范村5个，经营示范村3个。获评市级“四好农村路”示范镇、新时代美丽城镇建设省级样板。基本养老保险和基本医疗保险参保率分别达到99.83%和99.93%。普惠性幼儿园覆盖率达到县级标准。县域重点民生项目镇中心小学、镇卫生院完成新建。建成省级社区多功能运动场。卫生、教育、文化、体育等社会事业协调推进。社会治理全面加强，创新“三上门”“大会商”“细排查”信访机制，建立“1+3+N”矛盾纠纷化解体系，打响“余村经验”品牌。

疫情就是命令，防控就是责任。第一时间启动重大突发公共卫生事件一级响应，全面组建联防联控指挥部，快速落实、高效运行“源头查控+硬核隔离+精密智控”机制,强化属地管理、行业监督和企业主体责任,实现闭环管理,严守安吉南大门,顺利迎接省首批援鄂一线医务人员疗休养。针对疫情形势变化,及时调整“外防输入、内防集聚”“防外输入”“常态化防控”等阶段性重点,先后组织志愿者9000余人次,设置卡点25个,开展洗楼式排查1.6万人次,严格执行长龙山电站、天建公司防疫中高风险地区返回人员预报告制度,实现“零确诊”“零疑似”“零感染”,荣获县疫情防控集体嘉奖。积极开展“三服务”,成立企业服务专班7个,派驻服务专员30余名,指导防疫复工规上企业17家、规下及小微企业346家。以“夜光会战”“机器换人”等行动为抓手,创新推出“1616”工作法,积极开展小微企业纾困1286户,接引外来务工人员共15批次1200余名。长龙山电站项目成为全省首个复工的省重大项目。

聚焦生态余村、人居山河、水上横路、红色马吉、影视银坑五村特色,推动形成“一村一产业、五村大融合”,全面构建“宜学宜居宜旅”的抱团发展大格局。组建7大专班,开展“奋战200天·‘两山’焕新颜”专项攻坚,整体提升全域面貌,顺利保障绿水青山就是金山银山理念提出15周年系列重大活动,迎来“两山”示范区建设高光时刻。余村大道、两山绿道、游行步道全线贯通,美丽安吉绿色发展展示馆投入运营,游客集散中心、环村绿道全面开建,43项攻坚任务顺利收官。拆迁企业27家,面积为6.2万平方米,完成示范区土地复垦80余亩,山林耕地全域流转6680余亩。5G物联网+溪泉鱼、横路水上运动项目等加快推进,四季更替观光农业逐步成型。大力发展乡愁产业,乡宿联盟成立运行,首批15家开放庭院完成建设,“两山”合作共建馆、电商服务中心投入使用,余村入选全省唯一乡村版未来社区试点。

有效投资持续扩大。完成新增在谈项目16个,新增签约项目6个,新增“大好高”项目2个,合同外资3000万美元。签约佳源、艺创文旅、中稹实业3个固投5亿元以上重大服务业项目。文旅融合提质增效。金栖堂项目成功盘活,陶源君澜酒店、玺源居等项目有序推进。余村获评长三角红色旅游示范基地,五鹤民宿村落、文旅融合示范村创建通过培育验收。大溪、银坑创成省AAA级景区村庄,实现省AA级景区村庄全覆盖,成功创建省AAAA级景区镇。全年住宿餐饮业增长20%以上,零售业增长40%以上。“笋菌茶稻药”五大特色产业示范初具规模,“双百双千双万”生态农业生产基地形成布局,港口笋竹链式发展项目、乡村振兴森林综合体高品质建成。打造“1+2+N”农业品牌新体系,成功申报国家绿色食品19个,完成市重点农业项目入库2个。成功创建省级农业绿色发展示范区、省级森林康养名镇。

规上工业增加值增幅6.9%,规上工业产销率98.6%,工业性投入7839万元。全年自营出口9.6亿元,同比增长31%。扎实推进“亩均论英雄”改革,完成工业企业和个体工商户用地调查350家,录入亩均评价系统268家,出清低效企业101家。积极盘活产能,完成新三和等厂房收储2万平方米,零土地增高扩容12万平方米。完成白水湾工业园区环评编制,启动万航家具项目区块、井村小微产业园政策处理。成功引进顶尖人才1名,领军人才2名,海外工程师2名。全力保障长龙山抽水蓄能电站500千伏输变电工程建设,全面完成环库道路征地、政策处理和工程复测。首台机组转轮顺利吊装,电站移民安置初验通过市、县两级验收,上下库具备蓄水条件,为2021年6月30日前第一台机组并网发电提供坚实保障。

深入开展美丽乡村建设,持续深化“三四五”联动,全年累计拆除违法建筑4.65万平方米,腾出土地2.7万平方米。完成205省道沿线景观提升,新建饮用水管网延伸12公里,新增受益人口3400人,整治河道15公里,除险加固山塘3座,顺利通过省级污水零直排区创建。坚决打赢“蓝天保卫战”,顺利完成第二轮中央环保督察。年度空气优良天数达353天,$PM_{2.5}$全市第一。白水湾成功创建乡村经营示范村,五鹤、港口顺利通过复评。荣获2020年度湖州市新时代美丽城镇建设和城乡环境整治工作突出贡献集体。完善出台人居环境美丽乡村长效管理、新增违法建筑防控处置、美丽城镇精细管理等多项管护机制。启动智慧化垃圾分类,实现全镇11个村垃圾精准分类覆盖率100%。扎实开展犬类管理、户外广告、扬尘管控行动。全年开展“绣花行动”51次,发动干部群众 8000 余人次，全方位、无死角开展全国文明城市创建，四个季度均获得优胜单位，荣获创建全国文明城市集体三等功、市级城镇精细化管理先进集体。

公共服务不断完善。深入推进"最多跑一次"改革，余村成为全县首个医保业务下延试点村。重点人群责任医生签约实现全覆盖。设立大溪物流智慧服务站，打通农村物流服务"最后一公里"。民生项目有序推进。启动国家卫生镇创建，顺利通过省级卫生镇复评。山河创成国家级向日葵亲子小屋项目点，新卫生院投入使用，中心幼儿园新建工程前期完成，横路、港口教学点完成加固改建。民族宗教工作持续加强，妇女儿童、关心下一代、红十字、慈善、残疾人等事业提质发展。社会治理精准发力。第二轮安全生产三年行动有效进行，全年对 492 家企事业单位开展"洗楼式"排查，联合部门、行业检查 78 次，完成整改隐患问题 1132 处，行政处罚单位 6 家，责令关停企业 1 家。强化基层食品安全监管，保障群众舌尖上的安全。扫黑除恶持续发力，信访处理及时有效。成功创建市级"文明规范公正"司法所、全县唯一省级"枫桥式"退役军人服务站，获评市级爱国拥军模范、征兵先进集体。一年来，公安、综合执法、交警、环保、市监、供电、交通、广电、金融、通讯、财税、邮政等部门统筹联动，服务大局作用进一步显现。

行政决策更加规范。及时更新执行"三重一大"决策制度，全年共完成重大决策 264 项。规范性文件实行报备登记，严格执行签约前置审批机制，全年共审查合同 398 份。全镇各项工作细化分解、责任到人，开展项目、效能、长效管理等各类督查考核 97 次，召开政府工作例会 52 次。主动接受人大监督，全年共办理人大代表建议 16 条，办复率、满意率均 100%。认真落实党风廉政主体责任，严格执行"一岗双责"制度，全年梳理排查干部岗位风险点 12 次，共计 19 个。修订完善审计、监理、广告、公务用车等管理制度，严把三公经费支出关，党风廉政建设和反腐败工作取得新成效。

【《诗意栖居——在"浙"里看见美丽中国》新书首发活动】 4 月 22 日上午，《诗意栖居——在"浙"里看见美丽中国》新书首发暨赠书活动在天荒坪镇余村举行。省委宣传部副部长李杲，浙江出版联合集团党委书记、董事长、总裁鲍洪俊，新华社浙江分社社长何玲玲，市委常委、宣传部部长范庆瑜，市委常委、县委书记沈铭权分别致辞，浙江出版联合集团副总裁吴雪勇，县委常委、宣传部部长何承明参加。活动以报告文学的方式展现"千村示范 万村整治"工程的浙江经验、浙江模式，并全景展现了"千万工程"浙江实践的壮阔图景，透过浙江生态文明实践这扇窗户，反映了浙江"三个地"的使命担当。

【安吉县"两山"科技志愿服务队授旗仪式】 5 月 22 日，以"科技为民·奋斗有我"为主题的安吉县"两山"科技志愿服务队授旗仪式在余村党建广场举行。浙江省科协党组成员、副主席陆锦，湖州市科协党组书记、主席董黎明、湖州市科协党组副书记、副主席沈维勇，安吉县委常委、组织部部长朱伟、县委常委、天荒坪镇党委书记高发义等领导出席活动，15 个乡镇(街道)科协主席、副主席、秘书长，各学协会会长、秘书长，以及科技特派员等百余名"两山"科技志愿者代表参加。

5 月 22 日，"两山"科技志愿服务队授旗仪式在天荒坪镇余村举行

【"两山共建合作馆"暨"余村味道特色街"开馆(街)仪式】 6月22日,天荒坪镇"两山共建合作馆"暨"余村味道特色街"开馆(街)仪式在余村党建广场举办。县委常委、天荒坪镇党委书记高发义,县人大常委会副主任黄先国,副县长任贵明,中国农业银行湖州分行、县发改局、县总工会、县农业农村局、县财政局、县商务局、县文体旅游局、县文旅集团等单位领导亲临现场。

【"两山"理念发表十五周年】 8月15日,天荒坪镇历经200天的努力奋战,成立产业运营专班、政策处理专班、环境提升专班、村庄经营专班、遗留问题化解专班、党建民情专班、项目推进专班七个推进专班,顺利推进"两山"示范区建设各项工作,深入贯彻落实3月30日习近平总书记视察余村重要讲话精神,全力全速抓推进、奋力奋勇做标杆,进一步推进生态文明建设提供经验和示范以全新面貌、最佳形象,全面成功迎接"两山"理念发表十五周年的到来,为"两山"理念诞生十五周年献礼!

【"天荒坪之光"生态夜集市活动】 8月16日,"天荒坪之光"生态夜集市启动仪式在大年初一商业街举办。县委常委、天荒坪镇党委书记高发义参加。为期2天的"天荒坪之光"生态夜集市在天荒坪交警支队、天荒坪综合执法局、青年志愿者、家园卫队及镇村干部的共同努力下顺利举办。夜市期间共计4万余人次共赴浪漫之夜,共享夏日盛宴。

【"余村经验"(掌上矛调)App推广部署会】 9月10日下午,全县平安建设、信访工作联席会议暨"余村经验"(掌上矛调)App推广部署会在天荒坪镇召开。县委副书记、政法委书记徐卫勇,副县长、公安局局长陈悦,县委政法委常务副书记王国明,县信访局局长沈高飞,各乡镇(街道)分管副书记、分管领导、社会治理办主任,县部门分管领导,各乡镇(街道)村(社区)书记代表共同参加会议。

天荒坪镇全面推广"余村经验"、抓实抓好平安建设和信访工作,是深入贯彻落实习近平总书记在浙江、安吉考察时的重要讲话精神,全面落实省委巡视反馈意见整改工作的实际行动。狠抓"两个化解",依托闭环管理等手段,实现"小事不出村、大事不出镇、难事不出县、矛盾不上交"。狠抓"余村经验""掌上矛调"两个品牌建设,按时有序推广"掌上矛调"App,并与"微网格"建设有机结合,确保百姓愿意用、方便用、用得有效。

【天荒坪之光旅游节暨国风华服文化节】 10月6日,天荒坪之光旅游节暨国风华服文化节在余村大草坪举办。县委常委、统战部部长任烽,县委常委、天荒坪镇党委书记高发义,县妇联主席朱海燕,县科协主席朱昌发,县社科联主席、宣传部副部长王伟静,团县委副书记管田甜,县文体旅游局副书记、副局长罗福娣,县文旅集团副总经理康海滨,浙江盛世余村文旅集团有限公司董事长胡林福参加。

【"锦绣中华盛世余村"暨2020中国安吉余村首届大地丰收节活动】 10月23日,"锦绣中华盛世余村"暨2020中国安吉余村首届大地丰收节活动在天荒坪镇余村举办。县委常委、天荒坪镇党委书记高发义,浙江省农业农村规划研究院副院长赖齐贤,县文化和广电旅游体育局局长彭忠心,县资源规划局总工程师胡可易,县农业农村局副局长马道青,县文旅集团党委委员、副总经理康海滨,农行安吉县支行行长汤晓莺等参加。

【天荒坪镇卫生院新院区落成启动仪式】 11月11日,天荒坪卫生院"新院区落成启动仪式"活

11月11日,天荒坪镇卫生院新院区落成揭牌仪式举行

动在天荒坪镇马吉村举行。县委常委、天荒坪镇党委书记高发义，县卫生健康局党委副书记、副局长秦光明，天荒坪镇党委副书记、镇长张天滨，县卫生健康局党委委员诸晓旭，县中医院党委副书记、院长华军益等参加。

【村两委“履新课堂”】 11月25日，天荒坪镇新一届村两委“履新课堂”开课——第一讲“书记面对面”座谈会在镇四楼大会议室召开。履新课堂由县委常委、天荒坪镇党委书记高发义对各村新任党组织书记(村委会主任)集体授课，强化政治担当，激发干事热情，实干建设“重要窗口”。天荒坪镇党委在顺利圆满完成村两委换届的基础上，第一时间启动“履新课堂”系列活动，帮助村干部迅速转变思维，投入新角色。

（马　颖）

2020年天荒坪镇各村基本情况表

表21

村(社区)名称	村民小组(个)	农户数量(户)	人口数量(人)	劳动力数量(个)	土地面积(亩)	农村经济总收入(万元)	农民人均收入(元)	村级经济总收入(万元)	村级固定资产(万元)	书记	主任
大溪村	11	630	2176	1903	218	40855	48140	505	673	陈　军	陈　军
横路村	21	920	3341	2380	750	49192	33556	418	584	郎文火	郎文火
山河村	12	536	1618	956	308	86954	44388	707	2834	邵林峰	邵林峰
余村村	8	280	1060	577	580	719.7	55680	724	974.9	汪玉成	汪玉成
银坑村	6	245	880	593	9397	5929	49954	76	878	邵水良	邵水良
马吉村	17	553	1982	1100	1200	4141.5	37650	422.3	699.4	徐　滨	徐　滨
井村村	12	439	1512	980	1103	27654	39940	254	545	王秀耀	王秀耀
白水湾	15	702	2719	1887	12753	10600	38988	904	1879	盛锂鈮	盛锂鈮
西鹤村	17	427	1546	973	850	9322	40720	660	893	梅良红	梅良红
五鹤村	15	521	1872	1241	27447	646	45000	646	270	李照宏	李照宏
港口村	28	841	2796	1684	970	15283	39891	1040.6	1505.6	凌云海	凌云海
合　计	162	6094	21502	14274	55576	251296.2	41457	6356.9	11735.9	—	—

山　川　乡

【概况】 山川乡位于安吉县南端，东界杭州市余杭区、南邻杭州市临安区，西北与天荒坪接壤。行政区域总面积46.72平方公里。2020年全年财政收入4086万元，同比增长36%；农民人均收入达4.4万元；全年接待游客180万人次，同比增长84.6%，全年旅游收入达4.18亿元，同比增长40.7%。获评全省首批山地休闲度假发展试点单位、全省乡村旅游产业集聚区、全省体育振兴乡村贡献奖、全市践行“绿水青山就是金山银山”理念15周年先进集体等。

打赢“疫情防控阻击战”。成立新冠肺炎疫情防控工作领导小组，组建群防群治网格6个，发动一线防疫人员1.5万余人次，发放各类宣传册、告知书1.2万余份，精准做好全乡“三洗”工作，落实居家隔离对象管控。创新“一劝二签五覆盖”工作法，严防死守，设人员进出卡点5个，24小时巡查，劝返外来车辆360余辆，检测体温734余人次。投入各类防疫救治资金50余万元。开展“疫情财”违法行为检查，保障群众基本生活需求。广大干部群众迎难而上、冲锋在前、坚守一线，涌现出一批先进典型。山川乡荣获县级防疫集体三等功，1人荣获浙江省防疫先进个人称号，1人入选全省城乡社区千名抗疫人物英雄谱，《山川“653”防疫工作法》信息被中央文明办录用，“浙北海拔最高卡口风雪中的坚守”被新华社、央视《新闻联播》等国家媒体报道。

打赢“经济发展攻坚战”。提

前完成全年经济发展目标任务。精准开展"一企一案一专班"帮扶行动,创新复工复产"三张清单"工作法,落实各类企业优惠政策,实现企业退税 2800 万元。组织开展"网红打卡浪漫直播"线上营销活动,助力企业营收增长 5000 余万元。云上草原、灵溪山、老奶奶食品等企业顺利复产。新增规上住宿餐饮企业 2 家。项目双进不放松,新增签约项目 3 个,新增在谈项目 10 个,新增市定大好高项目 2 个。文旅项目固定资产投资再创新高,全年完成投资额 1.73 亿元。听涧山川、璞拉那乡村酒店正式营业,树屋山居酒店、星空酒店启动试运营,宋院南禅开工建设,白玉兰水厂加速建设,宛若故里主体完工。持续优化营商环境,"五未"土地处置加速推进,消化批而未供土地 54 宗 60.12 亩,完成建设用地出让 68.35 亩。项目服务不断升级,推行乡村干部集中组团,为"1+16"个项目精准服务。制定"两进两回"奖励政策,协助乡内企业招才引智,鼓励青年、退役军人返乡创业,全年引进大学生及技能人才 351 名。

打赢"乡村振兴持久战"。把"三农"问题作为重中之重,深化实施乡村振兴战略,不断提升乡村生活品质。交通环境持续改善,霞大线公路改扩建工程完成 55%,提升改造北弄至马家弄、续目至秧田坞、东舍线等道路 8.3 公里,完成山川集镇临时停车场建设,新增停车位 800 余个,新增 AAA 级旅游厕所 3 座。完成农村饮用水提标达标工程,铺设联村供水管网 31 公里,建成新时代美丽水站 1 座、单村水站 5 座,全省农饮水现场会在山川召开。人居环境不断改善,深化四大行动,$PM_{2.5}$、空气优良率等指标持续全市领先。九亩村创成省 AAA 级景区村庄,高家堂村创成乡村经营示范村,大里村创成文旅融合示范村,山川村、船村村、九亩村通过精品示范村复评,马家弄村入选最美农村文化礼堂群。美丽乡村精细化管理、长效管理(垃圾分类)考核等系列制度逐步完善。实施"无废景区"创建,垃圾分类智能化收集全覆盖。产业发展不断提质,全年乡村旅游接待人数和产业收入双增长,云上草原全年接待游客 57 万人次,营业额 1.4 亿元。新增农家乐等各类经营主体 56 家,新增床位 1000 个,日接待能力达 1 万人次。举办全国山地户外运动多项赛,获评省级品牌赛事。云上草原、灵溪山景区创成国家 3A 级旅游景区。村集体经营性收入平均超过 200 万元。

打赢"基层治理保卫战"。巩固平安基石,完成山川乡矛调中心建设,完善"浪漫山川云上平安"诉援体系,创新开展线上"云"调解模式,解决调解时间、区域限制等难题。率先开展全域放心消费活动,提升全域消费环境。深入开展安全隐患和矛盾纠纷排查见底工作,加强安全事故预防和查处力度,完成全县极端天气条件应急演练,安全形势持续向好。基层武装规范化水平得到提升,浪漫山川国际营地获评浙江省"国防教育基地"。提升文明素养。"浪漫山川云尚生活"品牌进一步打响,助力全国文明城市创建成效显著,获国测组专家现场点赞。全乡文明创建实现满堂红,山川乡通过全国文明村镇复评,高家堂村通过全国文明村复评,省级文明村创建全覆盖。发展社会事业,加大文化教育、卫生事业投入,同比分别增长 14.5%、45.1%,山川中心小学荣获全国青少年冰雪特色学校称号。全县首个"快递超市"5 月正式营业,12 月实现快递超市村级全覆盖。发放低保、特扶、优抚及老龄补贴等救助资金 62.3 万元。完成"非遗文化"活动进村、景区 15 场,完成小康体育提升工程 3 个,建成社区多功能运动场、健身

6 月 5 日,"无废景区"创建启动仪式

路径、百姓健身房等一批健身设施。山川乡人大先后对项目复工、企业复产情况、各项中心工作开展视察调研11次，企业项目推进座谈会43次，收集交办复工复产、项目推进等建议121条，有针对性地帮助解决企业复工复产难题。但受新冠肺炎疫情和宏观环境等因素影响，2020年有2项民生实事未能达到预期目标。

【2020中国美丽乡村嘉年华——第九届浪漫山川风情文体旅游系列活动】 4月22日，2020中国美丽乡村嘉年华第九届浪漫山川风情文体旅游系列活动暨首届“灵溪山映红”摄影大赛盛装启幕。安吉县文化和广电旅游体育局副书记、副局长罗福娣，山川乡人大主席朱毅，山川乡马家弄村党总支书记沈广宏，杭州市文旅局原副书记、副局长王建，杭州市摄影艺术学会会员等领导、嘉宾，以及村民、游客，《杭州》杂志等媒体记者千余人出席开幕式。山川乡马家弄村党总支书记沈广宏主持仪式。

12月18日上午，2020中国美丽乡村嘉年华第九届浪漫山川风情文体旅游系列活动暨云上草原滑板节云上草原野奢酒店酒店群开业仪式举办，副县长任贵明、景尚旅业集团董事长孙晓东、常运集团董事长谢星、山川乡党委书记邱竞明、山川乡人大主席朱毅，景尚旅业集团、常运集团职工代表，安吉县旅游企业代表、山川乡村两级代表、山川小学学生代表、游客、村民以及多家新闻媒体500余人出席了本次活动。

【省体育局属党支部结对山川乡云上草原党支部】 5月14日，浙江省体育局机关第二、第三、第七直属党支部赴安吉县山川乡联合开展“践行‘两山’理念服务基层体育”主题党日共建活动。浙江省体育局党组副书记、副局长、一级巡视员鲍学军，安吉县委组织部副部长、县委两新工委书记董良，县文体旅游局党委委员、副局长周忠林，山川乡党委副书记、乡长华建伟，乡人大主席朱毅，乡党委委员郭峰，山川省级旅游度假区管委会副主任诸海波，副科级组织员张翠云，浙江云上草原旅游发展有限公司总经理丁颢等领导以及双方支部党员、入党积极分子等参加了本次活动。

5月14日，省体育局属党支部结对山川乡云上草原党支部

【“无废景区”创建】 6月5日上午，“无废景区”创建启动仪式开幕。县人大常委会副主任黄先国，县人大常委会、农业与农村工作委员会主任盛文明，县农业农村局局长杨忠义，县分类办副主任张柏林，县文体旅游局副局长乔云松，山川乡党委副书记、乡长华建伟，山川乡人大主席朱毅等领导，安吉县有关部门负责人，山川乡旅游企业代表、山川乡村两级代表、游客、村民以及多家新闻媒体出席了本次活动。

【主题党日暨“全民健身日”登山活动】 8月8日，为迎接“全民健身日”的到来，鼓励引导机关党员干部积极参加体育锻炼，提高机关党员干部的身体素质，山川乡机关党支部开展“走古道 护青山 忆长征 强党性”主题党日暨“全民健身日”登山活动。

【全省农村饮用水达标提标行动决战决胜及清盘验收推进会】 8月27日，全省农村饮用水达标提标行动决战决胜及清盘验收推进会在安吉召开。副省长彭佳学出席并讲话，省政府副秘书长蒋珍贵主持，省水利厅厅长马林云作工作部署，市县领导夏坚定、宋波、项侃文、陈小龙参加。会前，与会人员前往山川乡高坞里供水站召开现场会，并通过视频连线山川乡桃花岭水站，了解山川乡农村饮用水达标提标行动开展情况。

【浙江省运动休闲小镇建设工作第4次交流会】 10月15—16日,浙江省运动休闲小镇建设工作第4次交流会在安吉县山川乡举行。浙江省体育局党组成员、副局长李华,浙江省体育局体育经济处处长姜建成等省市体育局领导,浙江大学教育学院副院长、教授周丽君等国内知名专家学者,以及运动特色小镇代表、体育产业单位代表、中新社等媒体记者等60余人参加,通过实地考察、汇报小镇建设工作情况、小镇导师受聘仪式等活动形式,搭建平台,促进交流,进一步宣传浪漫山川运动休闲产业和项目。

【残疾人文化下乡暨山川乡农民文化节活动】 10月15日晚,由安吉县残疾预防综合试验区领导小组办公室、安吉县残疾人联合会主办,山川乡人民政府、安吉县同行残疾人艺术团承办的残疾人文化下乡暨山川乡农民文化节活动,在山川乡九亩村举行。晚会在舞蹈《是你给我爱》拉开帷幕。整场晚会演出节目紧扣“追梦新时代·同行共芬芳”主题,以舞蹈、声乐、器乐为构架,通过《苏幕遮》《精准扶残送温暖》《天上掉下个林妹妹》《爷爷们奶奶们》《童年》《采茶舞》《挥着翅膀的女孩》《竹山谣》《感谢》等一首首动人的歌曲、一段段优美的舞蹈、一曲曲器乐演奏歌颂社会主义新风尚,传播社会正能量,展现安吉县残疾人各方面才艺及积极向上的精神面貌,传递积极、和谐、互爱的理念,推进了乡村文化建设,活跃了乡村文化生活,促进残健融合,促进残疾人小康进程。

【2020中国安吉·云上草原杯全国山地户外运动多项赛】 11月7日上午,2020中国安吉·云上草原杯全国山地户外运动多项赛在安吉山川运动休闲小镇拉开战幕。安吉县人民政府副县长任贵明主持活动开幕仪式,中共安吉县委副书记、安吉县人民政府县长宋波致辞,湖州市体育局党组书记、局长宋捷致辞,浙江省体育局体育竞赛处二级调研员马素萍致辞,运动员代表、裁判员代表宣誓,国家体育总局登山运动管理中心副主任、中国登山协会秘书长张志坚宣布活动开幕。来自全国700余名运动员和户外运动爱好者参加了本次全国山地户外运动多项赛专业组、俱乐部组、业余组的各项比赛。

【新任村“两委”干部就职仪式活动】 11月26日上午,为进一步巩固村两委换届工作成果,促进新一届村两委干部在仪式中有所感染,思想上再受教育,时刻牢记肩负的责任和使命,努力工作,兑现就职承诺,山川乡举行新任村“两委”干部就职仪式活动。乡全体班子成员、乡全体中层正职干部和6个村新一届“两委”干部等参加。乡党委副书记施旭锋主持就职仪式,乡党委委员郭峰宣布村“两委”选举结果,乡纪委书记张圣安传达中共第十九届五次全会和浙江省委十四届八次全会精神。

(沈静怡)

2020年山川乡各村基本情况表

表22

村(社区)名称	村民小组(个)	农户数量(户)	总人口(人)	劳动力(个)	土地面积(亩)	农村经济总收入(万元)	农民人均收入(元)	村级经济总收入(万元)	村级固定资产(万元)	书记	主任
山川村	11	405	1389	820	10035	6231.75	44865	459.99	2069.54	钟炳鑫	钟炳鑫
高家堂村	9	249	859	525	9735	3941.52	45885	406.3	2598.74	周斌	周斌
马家弄村	7	254	874	430	12600	3906.61	44698	250.68	1152.06	丁爽	丁爽
大里村	6	356	1099	719	12585	4978.79	45403	742.1	3616.42	应忠东	应忠东
船村村	7	287	1035	686	15825	4138.45	39985	401.73	2321.02	张阳春	张阳春
九亩村	3	112	395	214	8670	1554.44	39353	711.73	1192.18	诸海波	诸海波
合计	43	1663	5651	3394	69450	24751.56	43858	2972.53	12949.96	—	—

说 明

1. 本索引采用主题分析方法，按主题词首字拼音字母顺序和音序排列，首字相同，则按第二字的音序排列，以此类推。
2. 阿拉伯数字、外文字母开头的词，单独排列。
3. 本年鉴的特载、专记、大事记的内容及插图不做索引。

A

B

C

D

E

F

G

H

J

R

S

T

W

X

数字、字母开头